海口年鉴

HAIKOU YEARBOOK

2018

海 口 市 人 民 政 府　主办
海口市地方史志办公室　编

南海出版公司

2018 年·海口

图书在版编目（CIP）数据

海口年鉴. 2018 / 海口市地方史志办公室编. --海口：南海出版公司,2018.9

ISBN 978-7-5442-9425-6

Ⅰ. ①海… Ⅱ. ①海… Ⅲ. ①海口市—2018—年鉴 Ⅳ. ①Z526.61

中国版本图书馆 CIP 数据核字（2018）第 221114 号

HAIKOU NIANJIAN（2018）

海口年鉴（2018）

编　　者　海口市地方史志办公室

地　　址　海口市长滨路海口行政中心 5 号楼一楼

电　　话　0898-68721208

编者信箱　hksszb@haikou.gov.cn

地图编制　国家测绘地理信息局海南测绘资料信息中心

责任编辑　孙翠萍

出版发行　南海出版公司　电话：（0898）66722926（出版）　65350227（发行）

社　　址　海南省海口市海秀中路 51 号星华大厦五楼　邮编：570206

电子信箱　nhpublishing@163.com

印　　刷　海南嘉豪椰城彩印包装有限公司

开　　本　889mm×1194mm　1/16

印　　张　39.75

字　　数　1468 千

版　　次　2018 年 9 月第 1 版　2018 年 9 月第 1 次印刷

书　　号　ISBN 978-7-5442-9425-6

审 图 号　琼 S（2018）044 号

定　　价　280.00 元

编辑说明

一、《海口年鉴》是海口市人民政府主办、海口市地方史志办公室主编的年度资料性文献。1995年创刊，每年出版1部，本年鉴是第24部。其宗旨是全面、系统地记述海口市自然、政治、经济、文化、社会等方面的基本情况，为各级党政机关、研究部门、社会各界人士及中外投资者了解、认识和研究海口提供准确、翔实的信息资料，并为海口市的未来发展积累经验。

二、本年鉴以马克思列宁主义、毛泽东思想、邓小平理论、“三个代表”重要思想、科学发展观、习近平新时代中国特色社会主义思想为指导，遵循实事求是的原则，科学、客观地反映实际情况。

三、《海口年鉴》按分类法编辑，主体内容分为类目、分目、条目，在个别分目中增加子分目层次。以不同字体、字号及版式设计区别不同层次。条目的标题统一用黑体字加“【】”号表示。

四、《海口年鉴（2018）》着重反映2017年海口市的基本情况。全书设34个类目：（1）要闻·大事，（2）特载，（3）特辑，（4）总述，（5）组织机构及负责人名录，（6）创新发展，（7）中国共产党海口市委员会，（8）海口市人民代表大会，（9）海口市人民政府，（10）中国人民政治协商会议海口市委员会，（11）纪检监察，（12）民主党派和工商联，（13）群众团体，（14）法治，（15）军事，（16）城乡建设与管理，（17）工业，（18）农业，（19）交通运输业，（20）邮电·信息，（21）商贸服务业，（22）旅游业，（23）金融，（24）财政税务，（25）经济监督管理，（26）教育·科技，（27）文化传媒，（28）卫生·体育，（29）社会民生，（30）保税区·开发区·农场，（31）市辖区，（32）人物，（33）附录，（34）统计资料。

五、本年鉴配备目录和索引双重检索系统。索引采用主题分类法，款目按汉语拼音字母顺序（同音字按声调）排列。

六、本年鉴稿件主要由市直各部门、各区，以及部分驻海口中央、省直属单位和部分企（事）业单位编撰人员提供，并经单位领导审核。统计资料由海口市统计局提供。因统计口径等原因，有关部门所用个别数据与统计资料中的不尽一致，凡涉及海口地区国民经济和社会发展的全局性数据概以海口市统计局提供的资料为准。

七、本年鉴的编纂出版工作得到海口市党政领导和有关部门及社会各界的大力支持，谨此致谢。书中如有疏漏、差错之处，恳请批评指正。

海口市地方史志办公室

2018年9月

《海口年鉴》编纂委员会

顾　　问： 张　琦

主　　任： 丁　晖

副 主 任： 鲍　剑　鞠　磊　林海宁　王小峰　邓立松　韩云秋　欧少珍

委　　员： （以姓氏笔画为序）

王业天　王旭明　王和娇　王晓龙　王善来　冯　明　冯　勇
冯本彦　厉　春　龙舒华　伍振湘　刘　东　刘立武　刘名松
刘辉平　庄儒勇　朱韶雄　佟吉强　吴树强　吴家宏　张东鹏
张伟斌　李世高　杨卫国　肖惠珠　陈　芳　陈　超　陈全能
陈建军　陈朝芳　周　健　林　明　林一民　林榕明　夏琛舸
郭　刚　淡利锋　符　勇　黄　舸　富天放　曾昭长　董孟清
韩艺师　廖小平　蔡能浩　谭忠庭

《海口年鉴》编辑部

主　　编： 欧少珍

副 主 编： 吕书萍　杜惠珍

责任编辑： 吴坤涛　吴钟宝　赵华锋　张纯龙　付红琼　王美芳
李　敏　姚　锐　陈清海　文海川

工作人员： 颜　阳　李振娥

图文编辑： 杜惠珍（兼）

2018年《海口年鉴》撰稿人名单

万岸哲　牛　微　王　华　王　健　王　聂　王　冰　王乙嵋　王方圆
王冬青　王华东　王思纯　王炫云　王晓燕　王润鹏　王菲菲　王跃聪
王雪梅　王路明　王澄峰　王儒壮　付　良　冯　宁　冯　浩　卢　荔
台德超　叶　超　邝红梅　任毅衡　刘　勇　吕　潇　孙　皓　巩　翔
庄楚旭　朱世贤　朱珮珮　许秀楠　许杰峰　严宇霞　何定培　何荣真
劳俊享　劳家丰　吴　秦　吴云竹　吴佩婷　吴健宇　吴淑华　吴鸿化
宋玉敏　岑明多　张　帅　张　珲　张　奕　张丰彩　张肖明　张运强
张林杰　张珊珊　张晓芳　张德利　李　艳　李　喆　李之乔　李伟军
李泊宏　李信文　李彦贤　李家煌　李晓霞　李海燕　杨　丽　杨克丰
杨宗晏　杨晓菲　沈音钊　肖　念　苏小芹　苏文姬　苏岐勇　邱秀娟
邱海珊　邵国海　陆勇荣　陆振中　陈　宇　陈　娜　陈　晨　陈　通
陈大敏　陈少阳　陈文丰　陈永够　陈在民　陈有敏　陈明燕　陈南安
陈庭军　陈思卉　陈珍娥　陈嘉萱　陈德壮　周发华　周玉梅　周玉菊
周道斌　易建雄　林　涛　林　珺　林　慧　林子淳　林书东　林方兴
林丽雯　林怀宇　林芳泉　林学涛　林春妹　林贻巍　林晓君　林晓婵
林晓梅　竺玉贞　罗昌华　郑　威　郑尼亚　郑洁颖　姚启皓　姜黎立
娄朝祥　段芷薇　洪章海　胡建广　贺　昊　赵宁宁　赵华锋　钟文婷
钟生兵　唐顺德　唐嶒琪　夏　凡　夏蓓丽　班熙宁　翁敦伟　钱国波
顾少兴　顾宁宁　高　慧　高元兴　梁　丹　梁　翩　梁少丽　梁丽芳
梁定军　梁鸿鹏　符　骏　符英诗　符倩碧　符祥泰　符惠媛　黄丹丹
黄壮锋　黄丽颖　黄育春　黄晓平　龚晓明　彭　刚　曾　勇　曾　涛
曾丽娥　温志钧　董笑然　蒋团冀　谢荣文　韩艾芩　韩逊元　廖文霏
廖珍臻　蔡丽萍　蔡树虹　蔡嘉怡　潘　蓉　潘冬春　潘孝悦　潘宜武
黎　鸣　黎莹莹　黎鹏霄

目 录

组织机构及负责人名录

创新 发展

中国共产党海口市委员会

海口市人民代表大会

海口市人民政府

中国人民政治协商会议海口市委员会

纪检监察

民主党派和工商联

法　治

军 事

城乡建设与管理

工　业

农 业

交通运输业

邮电·信息

商贸服务业

旅游业

金　融

财政税务

经济监督管理

教育·科技

文化传媒

保税区·开发区·农场

市辖区

人 物

附 录

统计资料

索　引

2017

SHUSHUO

HAIKOU

数说海口·2017

·总面积：3119 平方公里

·建成区面积：151.6 平方公里

·常住人口：227.21 万人

·户籍人口：171.05 万人

·地区生产总值：1390.58 亿元

·第一产业增加值：62.51 亿元

·第二产业增加值：252.22 亿元

·工业增加值：142.22 亿元

·第三产业增加值：1075.85 亿元

·第一、第二、第三产业构成：4.6∶18.1∶77.3

·人均地区生产总值：61583 元

·工业总产值：542.49 亿元

·农业总产值：103.71 亿元

·地方一般公共预算收入：125.36 亿元

·地方一般公共预算支出：198.32 亿元

·全社会固定资产投资：1415.5 亿元

·社会消费品零售总额：715.5 亿元

·房地产开发投资总额：603.25 亿元

·房屋施工面积：3332.56 万平方米

·房屋竣工面积：548.1 万平方米

·外贸进出口总额：31.09 亿美元

·实际利用外资：2884.7 万美元

·旅客运输量：9599.97 万人次

·货物运输量：1 亿吨

·港口货物吞吐量：1.01 亿吨

·机场旅客吞吐量：2258.48 万人次

·邮电计费业务总量：123.06 亿元

·接待游客：2033.56 万人次

·旅游业总收入：265.99 亿元

·本外币年末存款余额：5409.98 亿元

·本外币年末贷款余额：5600.33 亿元

·证券交易总额：10576 亿元

·原保险保费收入：99.62 亿元

·保险赔款及给付：29.2 亿元

·城镇常住居民人均可支配收入：33320 元

·农村常住居民人均可支配收入：13763 元

·城镇居民人均生活消费支出：26110 元

·农村居民人均生活消费支出：10142 元

·居民消费价格总指数：103.3

·城镇登记失业率：0.9%

·城镇常住居民人均住房面积：30.16 平方米

·农村常住居民人均住房面积：32.8 平方米

·专任教师：2.6 万人

·在校学生数：43.61 万人

·卫生机构总数：1298 个

·卫生机构床位数：1.61 万张

·卫生技术人员：3.41 万人

·森林覆盖率：38.39%

·建成区绿化覆盖率：40.8%

·人均公共绿地面积：12.3 平方米

·用电总量：73.54 亿千瓦时

·供水总量：2.34 亿吨

·天然气供气总量：1.31 亿立方米

（杜惠珍）

2017 年 4 月 6 日，海南省委书记刘赐贵（前右三）一行到海口市石山镇施茶村调研基层党建和村民脱贫致富情况（秀英区政府办 供）

2017 年 10 月 1 日，海南省委书记刘赐贵（中）到海口调研节日市场情况，看望慰问坚守在工作一线的工作人员和志愿者（张俊其 摄）

2017 年 11 月 5 日，海南省省长沈晓明（中）率队到美舍河凤翔湿地公园调研，听取海口市全面推行河长制工作和美舍河凤翔湿地公园治理成果汇报 （市水务局 供）

2017 年 1 月 22 日，海南省委常委、市委书记张琦（中）看望贫困户黄忠海 （张俊其 摄）

2017 年 3 月 7 日，海南省委常委、市委书记张琦（中）率市四套班子领导在灵山中心小学调研 （张其俊　摄）

2017 年 6 月 6 日，海口市人大常委会主任杜立文（中）率领人大调研组到市政府服务中心开展调研 （市人大办　供）

2017 年 5 月 28 日，海口市委副书记、市长倪强（前右二）对中心城区道路积水点改造工作进行专题调研 （麦春鸣 摄）

2017 年 9 月 19 日，海口市政协主席王云霞（中）率队对永秀花园住宅小区开展专项调研 （范平健 摄）

2017年9月28日，中共海口市第十三届委员会第四次全体会议召开，会议审议通过《中共海口市委关于贯彻落实中共海南省委关于进一步加强生态文明建设的决定的实施意见》和《中共海口市委关于加快推进海口市城市更新工作的行动方案》（张俊其 摄）

2017年1月21—22日，海口市第十六届人民代表大会第二次会议召开（市人大办 供）

2017 年 1 月 21 日，政协海口市第十四届委员会第二次会议召开　　　　（毛爱民　摄）

2017 年 7 月 27—28 日，第十二届城市发展与规划大会在海南国际会展中心召开
（市会展局　供）

2017 年 6 月 28—30 日，海南国际高新技术产业及创新创业博览会在海南国际会展中心举办。图为 6 月 28 日召开的军民融合院士高端论坛 （市会展局 供）

2017 年 8 月 17 日，为期 3 天的 2017 亚太地区酒店合作论坛在海口举办 （市会展局 供）

2017 年 9 月 1 日，2017 中国（海口）会议产业交易会召开。图为协会酒店、会议公司等负责人就“海口构建特色会议目的地的策略与方法”主题进行解读　　（市会展局　供）

2017 年 11 月 30 日至 12 月 2 日，第十二届中国城镇水务发展国际研讨会与新科技设备博览会在海南国际会展中心举办　　（市会展局　供）

2017年12月12—15日，2017年中国（海南）国际热带农产品冬季交易会在海南国际会展中心举行 （市会展局 供）

2017年12月15日，2017海南国际房车（汽车）露营休闲旅游博览会在海口世纪公园开幕 （市会展局 供）

2017 年 12 月 20 日，2017（第十二届）品牌年度人物峰会在海南国际会展中心举办。图为 2017 品牌年度人物峰会颁奖盛典　（市会展局　供）

2017 年 5 月 25 日，海口市政府与中国船舶重工集团公司签署《战略合作框架协议》

（市商务局　供）

2017 年 9 月 20 日，2017 海口中英品牌 & 文化交流节在海南生生国际购物中心开幕

（市外事侨务办　供）

2017年6月27日，历时1周的2017海南综合招商活动开幕。下图为海口综合招商推介会项目签约仪式现场

（市商务局　供）

2017 年 4 月 28 日，海口开通至徐闻的琼州海峡直升机航线　（海南海峡航运股份有限公司　供）

2017 年 8 月 29 日，“海口—菲律宾”外贸航线在秀英港集装箱码头举行首航仪式，这是海口港连接东南亚地区的第五条外贸直达航线

（海南港航控股公司　供）

2017 年 7 月 26 日，琼州海峡水上飞机首飞，完成海口至湛江航线验证飞行，从海口至湛江仅需半小时

（海南海峡航运股份有限公司　供）

海马汽车工业园　　（海口国家高新区　供）

海口整车进口口岸　　（海口综合保税区　供）

2017 年 10 月 15 日，海口市艺术团赴马来西亚新山市参加“艺术节”交流演出

（杨晶涛　摄）

2017 年 9 月 25 日，海南椰雕技艺省级传承人吴名驹在友城塞舌尔维多利亚市向当地艺术爱好者传授椰雕技艺

（市外事侨务办　供）

2017 年 12 月 28 日，以色列艺术家大卫·歌诗坦应邀在海口举办“城市美化　雕塑与城市品位”专题讲座

（市外事侨务办　供）

2017 年 12 月 10 日，2017 年度国家舞台艺术精品创作扶持工程重点扶持剧目——舞蹈诗《黎族家园》专场惠民演出（接受文化部专家组考核评估）（市文体局 供）

2017 年 1 月 20 日至 5 月 3 日，第二届海南国际旅游岛三角梅花展举办。图为在海口滨海公园内的三角梅花展，吸引众多游客前来赏花（张俊其 摄）

长影环球 100 项目建设现场。摄于 2017 年 12 月（市文体局 供）

2017年10月30日，2017第十二届环海南岛国际公路自行车赛海口赛段，在海南国际会展中心起点开赛

（市公安局 供）

2017年11月5日下午，海口国际沙滩马拉松在假日海滩开跑

（市文体局 供）

2017年11月15—19日，第四届国际旅游岛帆板大奖赛在海口市西海岸举行

（市文体局 供）

海口西海岸帆板帆船训练基地 （张俊其 摄

355
293
299

2017年11月29日，海口市“双创”工作总结表彰暨“净化、绿化、彩化、亮化、美化”五化工作动员大会召开

（市“双创”指挥部　供）

2017年7月14日，海口市获评国家卫生城市

2017年11月14日，海口市获评全国文明城市

（市“双创”指挥部　供）

2017 年 5 月 20 日，海口突降暴雨，多条道路积水严重。在海秀中路奥林匹克花园小区附近，一位“守坑叔”在大水坑旁坚持 1 个小时充当警示牌，央视等媒体报道点赞其为“最美侧影”

（市“双创”指挥部　供）

市民游客在潜移默化中接受社会主义核心价值观熏陶　（佚名）

2017年3月5日，“益起向善·全民公益”活动启动仪式在中山路骑楼老街举行

（市“双创”指挥部　供）

2017年9月2日，海口市中华慈善日晚会举办。图为受到表彰的慈善人物　（张俊其　摄）

2017 年 9 月 30 日，海口市全面实施“多证合一”改革暨全市“多证合一、一照一码”营业执照颁发仪式在市政府服务中心举行　　（市工商局　供）

2017 年 5 月 26 日，海口市 12345 政府服务热线新系统上线。图为该热线工作场景

（市政府服务中心　供）

D3方评估平台

荣誉证书

CERTIFICATE OF HONOR

海口市12345政府服务热线：

贵单位在第三方评估平台（D3方）公布的“2017年上半年全国334个城市12345热线监测结果”中，荣获“骏马”奖。

特发此证！

2017 年 9 月 19 日，海口市 12345 政府服务热线获全国 12345 热线“骏马”奖

D3方评估平台

荣誉证书

CERTIFICATE OF HONOR

海口市12345政府服务热线：

贵单位在第三方评估平台（D3方）公布的“2017年上半年全国334个城市12345热线监测结果”中，荣获“先锋”奖。

特发此证！

2017 年 9 月 19 日，海口市 12345 政府服务热线获全国 12345 热线“先锋”奖

（市政府服务中心　供）

2017年7月21日，在菲律宾马尼拉举办的中国(海南)·菲律宾项目签约仪式上，海口市市长倪强代表海口市与菲律宾塔贡市签署友城意向书

（市外事侨务办　供）

2017年7月25日，在印尼雅加达举办的中国(海南)·印尼项目签约仪式上，海口市市长倪强代表海口市与印尼北龙目市签署友城意向书　（市外事侨务办　供）

2017年12月28日，海南国际离岸创新创业基地在海口复兴创新创业城揭牌成立

2017 年 12 月 28 日，孙汉董院士工作站在海口市秀英区石山镇挂牌成立

（市科工信局 供）

2017 年 12 月 29 日，姚建铨院士工作站揭牌仪式在海口市秀英区石山互联网农业小镇运营中心启动

（市科工信局 供）

2017年4月28日，海口市菜篮子产业集团引资成立的海口新苗豆业有限公司的标准化豆芽生产线投入生产，5月取得海南首张工业化豆芽食品生产许可证　　　　　　（市菜篮子集团　供）

2017年，海口与湛江加强“菜篮子”合作。图为两地共建的“琼州海峡经济带　海口—湛江蔬菜合作项目暨海口菜篮子—湛江康星·露天叶菜种植示范基地”

（市菜篮子集团　供）

2017年起，海口市建立“一元菜”“基本菜”惠民长效机制，确保老百姓特别是困难群众吃上新鲜、优质、放心、实惠的蔬菜

（市菜篮子集团　供）

海口桂林洋高校区分布鸟瞰图　　(桂林洋经济开发区　供)

2017 年 8 月 22 日，北京师范大学海口附属学校（高中部）项目交付使用

(范平健　摄)

2017 年 11 月 27 日，由上海市第六人民医院海口骨科与糖尿病医院合作的海口市骨科与糖尿病医院试运行并对外接诊

(市卫生局　供)

2017年2月9日，美舍河一期水体综合治理的5个生态修复示范段同时开工，清表作业、定位放线、绿植进场、去除渠化、种植水草、开凿树岛……治理工作有条不紊地进行。6月1日，凤翔湿地公园、长堤路示范段、东风桥—白龙桥示范段、国兴桥示范段、高铁桥示范段同时全面对外开放，美舍河最大排污口——日排放量约1.5万立方米的安德园截污工程竣工。113天的时间，东风桥首次栽种了红树，昔日垃圾场上建起了凤翔湿地公园，美舍河5个示范段的改变翻天覆地。现如今，美舍河凤翔湿地公园焕然一新，园内处处是美景，绿地与城市相结合，人与自然更融洽。这个结合了“海绵城市”理念，构建生态过滤系统、搭建生态廊道的大型城市湿地公园，不仅提升了城市品位、树立了椰城形象，更是承担着海口生态修复的示范作用

（本栏目图片除署名外，均由黄一笑摄）

20世纪90年代的美舍河
（陈达清　摄）

生态修复前的美舍河

2017年，美舍河沿岸的硬质河床护岸正被拆除

治理中的美舍河长堤路段

建设中的美舍河凤翔湿地公园八级人工梯田

2017 年 3 月 18 日，美舍河东风桥生态修复示范段，随着桐花、玉蕊、水黄皮、银叶树、秋茄等 5 个品种城市红树的种植，海口成为除三亚外第二个在城市内河种植红树的城市

生态修复后的美舍河

生态修复后的美舍河长堤路段

生态修复后的美舍河国家湿地公园

夜幕下的美舍河国兴段

市民游客在生态治理后的美舍河凤翔湿地公园游玩

美舍河凤翔湿地公园内的八级人工梯田

《美舍河美景》 刘孙谋——一等奖

《今日凤翔》 黄修远——二等奖

《生态之美》揭育端——二等奖

《美舍河绿韵》林文钦——优秀奖

（本版图片选自“江海之滨·生态海口”海口美舍河生态摄影大赛作品，由市文体局提供）

海口市有湿地面积 29093.09 公顷。近年来，海口把湿地保护作为深入实施“山水林田湖草一体化”生态保护和修复的重要抓手。2017 年，编制并实施《海口市湿地保护修复总体规划（2017—2025 年）》，规划建设 7 处湿地公园，45 处湿地保护小区。9 月 22 日，海口市获得中国政府向《湿地公约》秘书处提交认证国际湿地城市遴选提名资格，成为全球首批入选国际湿地城市认证提名城市。12 月 27 日，国家林业局批准五源河、美舍河开展国家湿地公园建设试点工作。海口湿地公园和湿地保护小区破茧重生，百花齐放。

海南东寨港国家级自然保护区：中国红树林物种的基因库

湿地内生存的滩涂鱼

红树枝头的白耳鹎鸟

海南东寨港国家级自然保护区位于美兰区演丰镇，是以保护红树林湿地为主的北热带边缘河口港湾和海洋滩涂生态系统及越冬鸟类栖息的重要自然保护区，是国内红树林自然保护区中红树林资源最多，树种最丰富的自然保护区。保护区总面积 3337.6 公顷，其中红树林面积 1771 公顷，分布有红树植物 19 科 36 种，占全国红树植物种类的 97%。

（本版图片除署名外，均由石中华摄）

白鹭栖息的东寨港红树林湿地（吴健华　摄）

羊山湿地：海口的“湿地博物馆”

“羊山”泛指海口南部火山熔岩地区，总面积3.7万公顷。其湿地类型涵括淡水泉、河流、洪泛区、沼泽、湖泊、水稻田、池塘、水库等，堪称“湿地博物馆”。因其特殊的地理和生态环境，成为海口重要的水源涵养地和绿色屏障，被誉为“海口之肺”和“海口之肾”。

羊山沙坡水库　　（石中华　摄）

羊山湿地公园　　（石中华　摄）

火山熔岩沼泽湿地　（摘自《海口市湿地修复保护调研报告》）

国家二级保护植物——水蕨　（石中华　摄）

白胸翡翠

华南雨蛙（摘自《海口市湿地修复保护调研报告》）

三十六曲溪湿地：维护南渡江水生态安全

三十六曲溪湿地位于琼山区云龙镇，湿地内的鱼类资源、湿地物种、植被资源丰富，茂密的树林和宽阔的水稻田为众多鸟类觅食和繁衍提供优越的条件，保持风光秀丽、生态良好的湿地系统。三十六曲溪省级湿地公园规划总面积316.7公顷，其中湿地面积274.55公顷，湿地率86.69%。

（本版图片由石中华摄）

三十六曲溪下游冲积田洋风光秀美

三十六曲溪属南渡江支流，被当地人称为“三十六道湾”。鬼斧神工的自然之力，把这段南渡江支流压缩成36个弯曲的河道，全长28千米

三十六曲溪下游冲积田洋水稻丰收

潭丰洋湿地：独特的火山熔岩湿地景观

潭丰洋湿地位于龙华区新坡镇及龙泉镇，面积424.74公顷，核心组成部分是超过320公顷的火山熔岩湿地景观。具有河流湿地、湖泊湿地、沼泽湿地、人工湿地4类特点。区内生态系统完整，水资源、地质资源、动植物资源、人文资源丰富，有6处百年以上历史的古石桥和多处古牌坊等文物。

（本版图片由石中华摄）

湿地田洋中种植水稻

潭丰洋湿地日出全景

国家二级保护植物——水菜花盛开

珍稀水生植物——水角

湿地石桥

铁炉溪湿地：河流—水库复合型湿地资源的典型代表

铁炉溪湿地位于琼山区三门坡镇。拟建的铁炉溪省级湿地公园规划总面积474.56公顷，其中湿地面积346.3公顷，湿地率72.97%。铁炉溪周边遍布着郁郁葱葱的树林及各种农作物，是海南最大河流南渡江的一级支流，对维护南渡江水生态安全具有重要意义，上游的铁炉水库内不仅是国家Ⅱ级重点保护动物虎纹蛙的分布地，也是鸟类迁徙路线的重要驿站。

（本版图片由石中华摄）

五源河湿地：不可多得的天然湿地植物园

五源河湿地南起永庄水库，北至五源河河口海域，主要包括永庄水库、五源河及五源河河口海域3个湿地单元。是一个次生性半天然湿地，也是海口城市中稀缺的动物栖息地和植被生境。五源河国家湿地公园规划总面积1300.58公顷，其中湿地面积958.39公顷，湿地率73.69%。

（本版图片由石中华摄）

生态修复后的五源河入海段

新旧沟湿地：海南千年“都江堰”

新旧沟湿地位于龙华区龙泉镇，具有羊山的自然生态与南渡江冲积平原的生态，生态品种多样性。现有面积181.3公顷，规划保护面积326.34公顷。湿地内有海南千年“都江堰”之称的水利工程，是唐永贞元年（805年）宰相韦执谊被贬崖州后，创筑岸塘水陂，引水灌田；后由其后代子孙分别于宋、明时期接力完成总体工程。经过1000余年的沧桑变化，现在渠道仍然灌溉着周边的万亩良田。

新旧沟湿地风光秀美（张俊其　摄）

“水盈为洋，水退为田；成田种稻，为洋养鱼”，具有浓厚田洋文化的新旧沟湿地　　（张俊其　摄）

在新旧沟湿地保护区附近，有一条如蛇般的火山岩石桥横卧在美味河上，当人地称之为“蛇桥”。蛇桥宽约 1 米，长约 150 米，方便村民过河至对面新旧沟田洋劳作　　（石中华　摄）

美味河旁的美味山　　（石中华　摄）

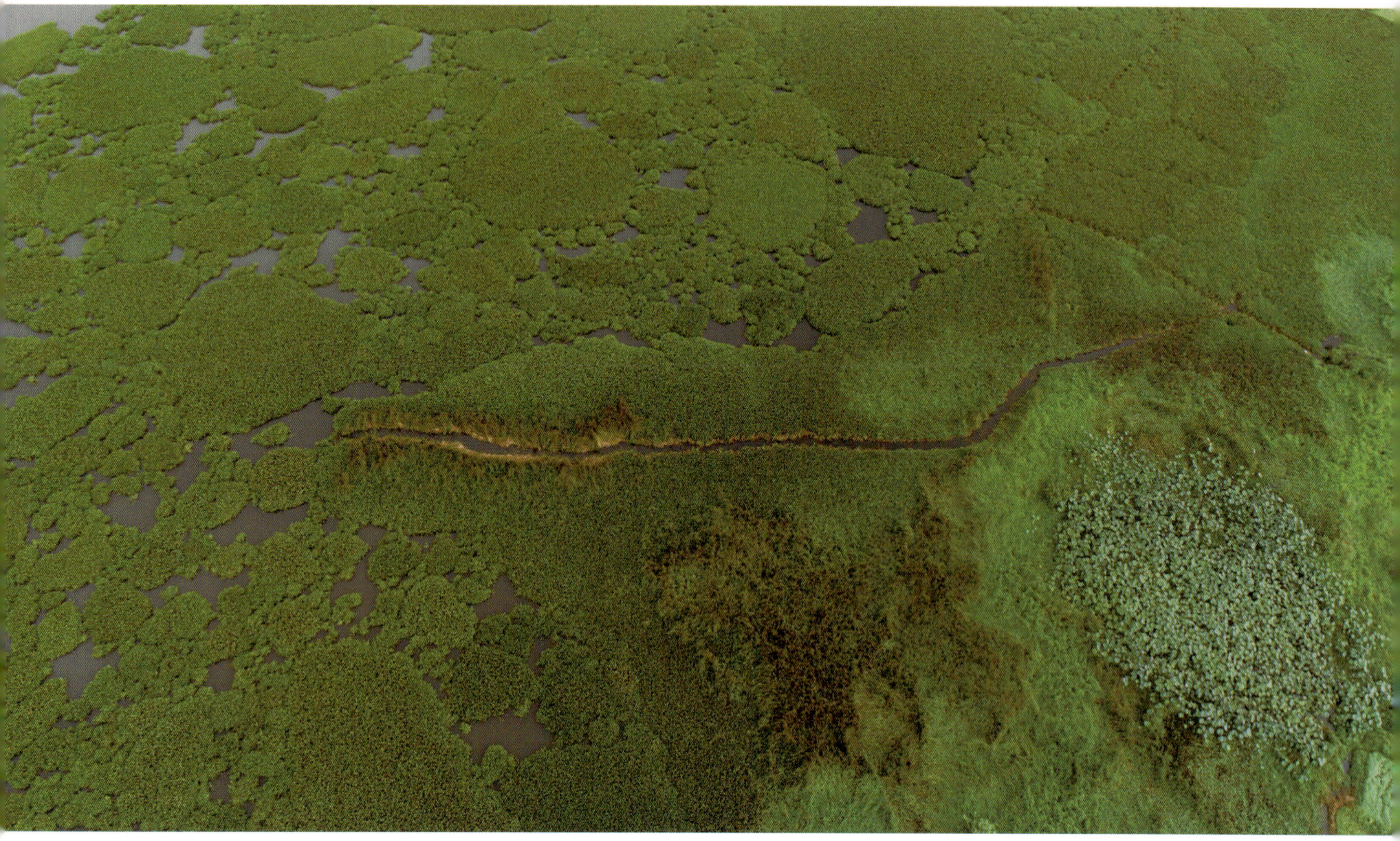

响水河湿地：城郊保存完好的湿地

响水河流域是湿地乡土野生动植物繁育最重要的区域之一，有较多珍稀濒危动植物分布。拟建的响水河省级湿地公园西、南起白水塘湿地，东、北至响水河入南渡江河口，规划总面积330.92公顷，其中湿地面积215.65公顷，湿地率65.17%。

（本版图片由石中华摄）

金沙湾湿地保护小区：蜂虎的栖息地

海口金沙湾位于秀英区粤海铁路火车站西侧，是海南近市区唯一的一个栗喉蜂虎栖息地，也是海南已知最大的栗喉蜂虎繁殖地和海南已知少数几个的蓝喉蜂虎繁殖地之一。金沙湾湿地保护小区的规划面积为40.35公顷，湿地面积20.18公顷，将通过生境营造等方式为蜂虎提供适宜的繁殖栖息地。（本版图片由石中华摄）

蓝喉蜂虎

栗喉蜂虎

下塘水鸟湿地保护小区：越冬鸟类的天堂

下塘水鸟湿地保护小区位于美兰区演丰镇，总面积约200公顷，以越冬水禽、水禽栖息地及湿地生态系统为主。湿地内有鸟类127种，其中国家二级保护动物11种；省级保护动物78种；被IUCN红色名录列为“濒危”级别1种（黑脸琵鹭）。（本版图片由石中华摄）

鸟儿在湿地中嬉戏

水中觅食的黑翅长脚鹬

下塘湿地特殊的生境类型利于水鸟栖息

湿地上空自由飞翔的水鸟

黑塘湿地保护小区：滋养万亩田洋

黑塘湿地位于龙华区龙泉镇，面积16.67公顷。黑塘由一个大水塘和周边几个小型水塘组成。每一个水塘，当地人都给它们命了名，都各有用处。黑塘周围植被茂盛，环境良好，且未遭破坏，鸟类很丰富。在雨季旺盛时黑塘不仅可以泄洪，还能在旱季时浇灌周边田地，保障村民的生产生活。（本版图片由石中华摄）

要闻·大事

海口十大新闻

1. 三年磨一剑，海口一举拿下全国文明城市、国家卫生城市两块金字招牌。

海口“双创”历经3年攻坚克难，终于在2017年夺得两块金字招牌，实现海南全国文明城市创建零的突破。3年来，全市上下勠力同心，锲而不舍接续奋斗，让海口市容市貌、干部作风、群众观念、市民素质、社会治安等明显转变，老百姓真正得到实惠，也极大地推动经济发展。

2. 海口创建国际湿地城市，立法分级分类保护湿地，美舍河美丽回归，生态文明建设成效突出。

2017年，《海口市湿地保护修复总体规划》编制完成，市人大常委会出台《关于加强湿地保护管理的决定》。经过生态治理的美舍河获批国家水利风景区，并与五源河共同获批国家湿地公园。海口还推行“河长制”，试点“湾长制”，以环保督察为契机解决群众身边环保问题，取得生态文明建设的突出成效。

3. 智慧海口高效联动，“12345+网格化”“椰城市民云”建设提升城市治理体系和治理能力现代化水平。

2017年，海口12345政府服务热线全新升级，在全国首创“12345+网格化”模式，高效解决群众的诉求。在2017全国12345政府服务热线峰会上，荣获“骏马奖”和“先锋奖”。12月14日，一站式“互联网+”公共服务平台“椰城市民云”上线，标志着智慧海口建设又迈出坚实的一步。

4. 城市更新“五化”先行，本地花草树木扮靓椰城，海上看海口夜景如画。

2017年，以净化、绿化、彩化、亮化、美化为重点，海口远学新加坡、近学厦门等国内外城市先进理念和经验，大力实施城市更新工作。种植椰子树、大叶油草、三角梅，凸显了椰城特色和风貌；实施城市景观亮化工程，打造统一、丰富的夜景画面，海口湾滨海特色夜景与游轮观光相结合，填补海口海上旅游观光产品的空白。

5. 海口双港驱动迈上新台阶，携手湛江推进琼州海峡经济带建设。

2017年，海口推进东西双港驱动战略，美兰国际机场二期项目和海口新海港项目加快建设。美兰国际机场旅客年吞吐量首次突破2000万人次。海口与湛江携手推进琼州海峡经济带建设，双方进行走亲戚式的互访互动，市政协百名委员五渡琼州海峡，调研献策，力推两市合作发展。随着海峡半小时立体交通圈逐步形成，更是让合作的双手握得更加有力。

6. 海口全力保持经济健康运行，以人民为中心增进教育医疗等民生福祉。

2017年，海口深入推进供给侧结构性改革，实现经济运行稳中有进、稳中向好、稳中提质的良好态势。地区生产总值1390.48亿元，同比增长7.5%。固定资产投资1415.5亿元，增长11.3%。金融、会展、物流、医药、低碳制造五大产业在全省占比超过50%。坚持以人民为中心，海口发展成果不断惠及全市百姓。民生支出139.7亿元，占财政支出的70.4%。新增学位约9500个。上海六院海口骨科与糖尿病医院试营业，上海中医药大学附属岳阳中西医结合医院等高端医疗资源落户。

7. 讲好海口故事，塑美海口形象，宣传思想文化工作弘扬正能量。

2017年，海口以学习宣传贯彻党的十九大精神为主线，宣传思想文化工作取得显著成效。党的十九大精神等主题宣讲活动受众达127万人次。对外宣传实现重大突破，《人民日报》、新华社、央广、央视等宣传报道海口388篇（次）。《永远的更路簿》《黎族家园》等文化精品创作结出硕果。

8. 市委巡察全覆盖，基层党建“两个清单”，推动全面从严治党纵深发展。

2017年，市区两级全面推进巡察工作，共巡察80家单位党组织。市委组织部下发《关于印发党组织书记抓基层党建责任清单和负面清单的通知》，推动“两学一做”学习教育常态化、制度化。责任清单明确共性任务12项，负面清单明确任务10项，实现全面从严治党向基层延伸。风清气正的政治生态，为发展提供了根本保障。

9. 海口禁毒三年大会战取得“一升一降”阶段性成效，社会治安为近3年来最好水平。

2017年，平安海口建设不断深化，圆满完成禁毒三年大会战第一阶段工作，取得毒品刑案破获数大幅上升、刑事案件发案率大幅下降的“一升一降”明显成效。禁毒大会战推动全市社会治安明显好转，全市破获刑事案件同比上升4.5%、立案数下降23%，社会治安为近3年来最好水平。

10. 海口创新精准帮扶模式，开动“电商”扶贫快车。

2017年，海口借助“互联网+”平台推动农村电子商务发展。以全省第一个互联网镇域服务合作示范点——永兴电商扶贫中心为代表，一批电商扶贫网点遍地开花，把“扶贫”与“扶志”“扶智”相结合，带动脱贫攻坚整体质量和效益的提升。

（杜惠珍编辑）

大事记

1月

3日

△全省首家区级文化馆和图书馆——秀英区文化馆在秀英区金榆路海秀镇政府旁建成并免费开放。文化馆面积 4500 平方米，图书馆面积1420 平方米。

6日

△龙华区城西镇丁村村委会“村改居”，分为丁村南、丁村北两个社区居委会。

8日

△2017年富力海口马拉松赛开赛。全程42.195千米，起点在日月广场，终点在海南国际会展中心，有14个国家和地区的1万多名选手参赛。

9日

△海口市政府、中国人民大学附属中学联合学校及中国人民大学附属中学、海航实业集团有限公司、海口人航教育管理有限公司在北京签订合作办学框架协议，四方将合力在海口市设立人大附中海口学校。

10日

△即日起，海南省在海口至徐闻客滚航线（包含粤海铁路）、海口至北海客滚航线，全面实施水路旅客运输实名制管理。

12日

△海口互联网医院在海口市启动。启动仪式现场，海口互联网医院与海南医学院第一附属医院签署海医附院医联体信息平台合作协议，实现包括海南医学院第一附属医院、海口市大园社区卫生服务中心、三沙市人民医院在内的海南14家医疗机构联合体信息资源的互联互通。

13日

△“感动海南”2016十大年度人物颁奖典礼在海南省歌剧院举行，海口市周伟民、唐玲玲、陈清琪、王小虎获评为“感动海南”十大年度人物，盘丽芬、龙桂娟、郑健和海口琼山飞鹰大队获“年度致敬奖”殊荣。

15日

△根据财政部印发的《关于将铁路离岛旅客纳入海南离岛旅客免税购物政策适用对象范围的公告》，从即日起将海南铁路离岛旅客纳入离岛免税政策适用对象范围，支持海南加快国际旅游岛建设。

17日

△中国共产党海口市第十三届委员会第二次全体会议暨市委理论研讨会、全市经济工作会议在市第二办公区召开。会议深入学习贯彻党的十八届六中全会、中央经济工作会议和全省经济工作会议精神，全面总结2016年市委常委会工作和全市经济工作，部署2017年工作。全会由市委常委会主持。出席会议的市委委员45人，市委候补委员9人。会议审议通过《中国共产党海口市第十三届委员会第二次全体会议决议》，通过海口市推荐提名海南省出席党的十九大代表候选人推荐人选。

19日

△省文明委召开第一届全省文明家庭表彰大会，表彰100个文明家庭。海口市有8个家庭获得全省文明家庭表彰，分别是秀英区西秀镇龙头下村的王梦娜家庭、永兴镇永兴社区的郑丽琴家庭，龙华区海垦街道金山社区的甘性莉家庭、垦中社区的李萍家庭、金垦社区的卢黄雅静家庭，琼山区凤翔街道高登社区的曾小丽家庭，美兰区白沙街道白龙社区的李丹家庭、海府街道龙舌坡社区的吴丽姿家庭。

20日

△国务院批复《北部湾城市群发展规划》。该规划与以前最大的不同处，就是把广东雷州半岛与海南岛（主要是海口三亚以西的沿北部湾部分）包含在里面。

△以“新花城·新海口”为主题的2017第二届海南国际旅游岛三角梅花展开幕。此次花展设置滨海公园主展区、日月广场精品花艺科普展区、玉龙泉海口国际三角梅花主题公园三大展区，同时还在全市20个重要路段节点进行园艺造景，4个区及桂林洋开发区各设有3个三角梅主题街区和5个休憩景观区。作为本届花展最大的亮点之一，海口邀请海南多个市县和农垦集团共同参与布展，通过花卉花艺结合小品构筑物等方式，展现各市县的地域文化特色。本届花展由海口市政府主办，展期持续至4月15日，历时86天。

21—22 日

△海口市第十六届人民代表大会第二次会议在海南国际会展中心大剧院召开。开幕大会应出席代表 299 人，实到 285 人，符合法定人数。大会由主席团常务主席、本次会议执行主席杜立文主持。市委副书记、市长倪强代表市政府向大会作工作报告。

1 月

△农业部公布 2017 年第一批农产品地理标志登记产品信息，海口永兴荔枝和永兴黄皮上榜。永兴荔枝、黄皮划定的地域保护范围为秀英区永兴镇 8 个村委会和 1 个居委会，包括 79 个自然村，75 个村民小组；地理坐标为东经 110° 12′ 43″ ~110° 18′ 35″ ，北纬19° 17′ 24″ ~19° 52′ 28″ 。

2月

7 日

△海口市人民政府与中国城市规划设计研究院签署合作协议，携手开展海口城市更新规划设计工作，同时聘请中国城市规划学会理事长孙安军为海口市城市更新工作总顾问。

14 日

△有媒体报道《国务院取消的认定在海口复活》一事，引起社会关注。海口市随即展开调查。经核查，媒体反映情况基本属实，涉事协会涉嫌违规收费，市民政部门已依照相关规定对涉事协会予以撤销。市住建局监管不力，相关人员依有关程序对其约谈问责。所有收费项目立即清理，所有不合规定的收费一概取消。海口市连夜召开“放管服”（即简政放权、放管结合、优化服务）自查工作专题会议，专题部署后续整改工作。

17 日

△全球首款智能共享单车摩拜单车进入海口开始试运营，首批单车投放 2 万辆。试运营期间，该单车主要在海口市区内运营。

18 日

△国内首座集公路、有轨电车、输水、电网、燃气、光纤等六大通道功能于一体的跨海大桥——海口如意岛跨海大桥全面开工。

20 日

△“中国经济生活大调查数据发布之夜”特别节目在北京录制，并公布 2016 年度全国幸福城市榜单，海口位列其中。

21 日

△海南省城乡环境综合整治领导小组办公室对全省各市县 2016 年城乡环境卫生综合整治绩效考核优秀市县进行通报表扬。海口城区、农村环境综合整治绩效考核在全省城乡环境综合整治中首次获得“双冠”佳绩。

23—24 日

△亚太经济领袖（海口）高峰论坛在海口举行。来自中国、美国、加拿大、德国、法国、意大利、比利时及中国港澳台等 20 多个国家和地区的政经领袖、世界 500 强、中国 500 强企业家及来自美国华尔街的投资金融界巨头共 300 多人出席论坛。本届会议期间专题举行“建设海口国际金融城分论坛”“海口市投资洽谈会”等，并颁发“2017 亚太最具创造力经济领袖”和“2017 亚太最具社会责任经济领袖”奖项。

24 日

△海口市政府与中国中医科学院广安门医院医疗项目合作意向协议在海口签订，标志着北京的优质医疗资源正式进驻海口。

△西班牙巴塞罗那足球俱乐部与中国观澜湖集团在海口签订合作协议，双方将合资在海口共建中国首家巴塞罗那足球学校和足球互动体验区。这是巴塞罗那足球俱乐部 118 年历史以来首次在中国建立直管的国际级足球学校。巴塞罗那俱乐部主席巴托梅乌、CEO 格劳以及巴萨全球大使、两届世界足球先生获得者罗纳尔迪尼奥与海南省副省长王路、省文体厅厅长丁晖共同出席签约仪式。

△海口⇌广州⇌仰光航线正式开航，这是海南首条通往缅甸的客运航班。

3月

1 日

△《海口市城市管理综合执法条例》正式实施。该条例首次全面规范城管执法行为，并创新性地规定了“公安 + 城管”联运机制。

7 日

△海口入选中央电视台公布的“2016 年度最具幸福感的城市”。

10 日

△海口市长流镇善堂村，西秀镇荣山村、儒宗村，龙泉镇玉西上村，龙桥镇道贡村，三门坡镇石井村、龙茂山村，龙塘镇多贤村，旧州镇黄群村获评省级卫生村。

△海口⇌泰国外贸班轮航线开通，是海口港继越南、印尼外贸班轮航线后开通的第三条外贸直达航线。

14 日

△海口湿地保护与修复工作办法获全国推广。国家林业局湿地保护管理中心将《海口市人民政府湿地保护修复制度工作实施方案》等 3 个文件向全国林业系统印发，为各地落实湿地保护修复制度方案提供经验借鉴。

17 日

△海口市教育局与北京幼师教育科技有限公司签订《学前教育合作协议》，标志着海口市开始用政府购买服务的方式引进优质的学前教育资源。

18 日

△美兰区三江镇三江居、琼山区三门坡镇红明居挂牌成立，这标志着海口国有农场全部完成社会管理职能属地化改革。三江居、红明居的组织

架构由党支部委员会、居民委员会、居民服务中心三部分组成，形成一个在党的领导下集居民自治、社会管理和公共服务为一体的基层社会治理体系。其中，居民服务中心受政府委托，通过政府购买服务的方式，为居民提供公共服务。

20日

△在上海举行的2016年中国马拉松年会中，海口国际沙滩马拉松赛荣获中国田径协会2016年“中国马拉松自然生态特殊赛事奖”和“中国马拉松银牌赛事”两项大奖。海口是唯一荣获“中国马拉松自然生态特殊赛事奖”的城市，也是此次年会中唯一荣获两项大奖的城市。

24日

△在博鳌亚洲论坛2017年年会“中国—东盟省市长对话”会上，海口市与缅甸仰光市共同签署缔结友好城市关系协议。

29日

△海口市政府正式发布《海口市网络预约出租汽车经营服务管理实施细则（试行）》。

30日

△以中国科学院院士吴养洁命名的“吴养洁院士工作站”落户海口国家高新区。

31日

△由海口市卫生局主导开发的海口健康医疗便民信息服务平台正式运营。

4月

7日

△海口美兰国际机场通过航空业内权威评估机构、全球航空公司与机场服务调研机构SKYTRAX的评审，获得“SKYTRAX五星级机场”荣誉称号，正式成为全球第八家、国内首家（除港澳台地区）SKYTRAX五星级机场。

11日

△海口“购房入户”政策有效期结束，12日起停止办理相关业务。

13日

△海南省住建厅、省国土资源厅、中国人民银行海口中心支行联合下发《关于限制购买多套商品住宅的通知》，明确从4月14日起，在全省范围内暂停向在海南已拥有1套及以上商品住宅（含普通住宅、高档公寓、低层住宅和酒店式公寓）的非本省户籍居民出售新建商品住宅；提高居民家庭购买第2套商品住宅的首付比例；暂停向购买第3套及以上商品住宅的居民家庭发放商业性个人住房贷款。

20日

△2017中国“互联网+”数字经济峰会上，腾讯研究院发布《中国“互联网+”数字经济指数（2017）》，海口成为海南省唯一入选“互联网+”数字经济总指数百强城市。同时，海口市旅游发展委员会获评2016全国十佳“互联网+”旅游市级示范单位。

28日

△海口市秀英区与广东省湛江市徐闻县缔结友好区县签约仪式在广东省湛江市徐闻县举行，两地正式确立友好合作关系。

△北京首航直升机股份有限公司与海南港航控股股份有限公司在海口新海港举行琼州海峡试飞仪式。琼州海峡直升机摆渡航线试飞，从海口新海港乘坐直升机至广东徐闻海安港，空中飞行时间仅需10分钟。

29日

△海南省政府批准认定海口桂林洋经济开发区为海南省省级高新技术产业开发区。

5月

4日

△海南首家“海峡两岸青年创业就业基地”在海口泰龙城琼台小吃街揭牌。

7日

△秀英区永兴镇举行电商启动大会暨电商扶贫中心招商会。这是海南省第一个镇级电商扶贫中心，正式开启互联网+农业、电商+扶贫的实践模式，为贫困户生产的优质农产品搭建“线上线下”交易平台，有助于提高产业扶贫及精准帮扶成效。

5月

△继永兴荔枝和黄皮获得国家地理标志证明商标认证之后，石山黑豆和壅羊正式通过国家地理标志证明商标认证。

6月

8日

△海口龙华区与湛江赤坎区缔结为友好城区。

△海口市公安局旅游警察支队挂牌成立。

11日

△《海口市湿地保护修复总体规划（2017—2025年）》通过专家评审。

16日

△北京首航直升机股份有限公司开通的湛江—海口商务飞行首航成功。这是继4月28日首航直升机开辟徐闻海安港到海口新海港的10分钟海峡摆渡飞行以来，在琼粤两地开飞的第二条空中包机旅行线路。

19日

△国家海洋局和财政部联合下发《关于批复海口市海洋经济创新发展示范工作实施方案的复函》，标志着海口成功申报国家海洋经济创新发展示范城市。此次申报成功，海口将获得中央财政资金3亿元的奖励支持。国家原则同意海口市的海洋经济创新发展示范工作实施方案，要求海口以推进海洋高端装备、海洋生物产业的产业链协同创新与产业孵化集聚创新

为重点，通过统筹协调推进、集成要素资源、创建创新政策环境，探索科技引领、创新驱动、军民融合、绿色发展的模式。

21日

△国务院办公厅发布《关于建设第二批大众创业万众创新示范基地的实施意见》，在92个双创示范基地名单中，海口国家高新区是海南省唯一入选单位，也是迄今为止海南省首家入选单位。

28日

△农业部认定29个传统农业系统为第四批中国重要农业文化遗产，海口羊山荔枝种植系统上榜，填补海南省在这一领域的空白。

7月

1日

△《海口市扬尘污染防治办法》正式施行。

3日

△《海口市人民代表大会常务委员会关于加强湿地保护管理的决定》公布实施。

14日

△全国爱卫会发布《关于命名2015—2017周期国家卫生城市（区）的决定》，命名海口等69个城市（区）为国家卫生城市（区）。

18日

△住房城乡建设部印发《关于将保定等38个城市列为第三批生态修复城市修补试点城市的通知》，海口被列入第三批“城市双修”试点城市。

20日

△海口市交通运输和港航管理局与菲律宾港口管理局签署《合作备忘录》，共同争取近期开通海口至菲律宾马尼拉港集装箱航线，推动两地邮轮产业发展。

21日

△海口市与菲律宾塔贡市签署友好城市意向书。至此，海口市共与28个国家34个城市结为友好城市。

25日

△“中国（海南）·印尼项目签约仪式”在印尼雅加达省举行。海口市市长倪强与印尼北龙目市市长纳吉姆·阿卡雅签订友好城市关系意向书；海南港航控股有限公司与印尼富海占碑工业园发展有限公司签订在海南建设印尼占碑吴聪伽翁工业园配套基地的战略合作框架协议；海南立升净水科技公司和世纪星源巴厘星源水资源公司签订长期战略合作协议；海南华锦旅业集团、海南康泰旅游股份有限公司与斯里维加亚航空公司签订开通海口—雅加达直航定期航线协议。

27日

△2017（第十二届）城市发展与规划大会在海口开幕。来自国内外规划领域管理部门和组织机构的200余名专家学者等1800多人参加会议。本届大会以“城市双修·生态宜居·绿色智慧”为主题，开设1场主论坛和24场分论坛。

7月

△住房和城乡建设部公布第二批37个城市设计试点城市名单，海口和三亚成功入选。

△海口琼山区三门坡镇入选全国一村一品示范村镇。

8月

1日

△“海口滨海游”首航仪式在秀英港客运中心举行。海口滨海夜游项目的投入使用，将成为海口首艘水上夜游游轮，打造海口海上夜游第一品牌。

△海口美兰国际机场交通枢纽中心（GTC）正式投入使用。CTC集高铁、公交巴士、城际快线、出租车等多种交通方式于一体，为往来旅客提供一站式换乘服务。

2日

△海口市与国家开发银行举行座谈会并签署《开发性金融支持美好新海口城市更新合作备忘录》。

△海口公安交警创新科技管理手段，启动电子监控和人脸识别系统，在金龙路与龙华路路口和国兴大道与大英三路路口设置两套抓拍系统，通过车牌识别和人脸识别技术，对电动自行车违法、行人闯红灯进行监控抓拍和现场曝光。

3日

△广东省湛江市徐闻县对海口市秀英区党建示范点进行考察，同时，为共同推进琼州海峡经济带建设和一体化发展，两地互派3名干部开始挂职锻炼。根据协议，双方3年内互派干部挂职，每批干部挂职时间为半年或1年。

△国家质量监督检验检疫总局动植司批准海口港设立进境水果指定口岸立项。

8日

△海南首家无现金乡村旅游示范项目在海口冯塘绿园乡村旅游示范区建成并投入使用。这是省内首家全部接入微信支付、全场景提供无现金支付的乡村旅游度假区。

9日

△琼山区大坡镇塔昌村污水收集与处理工程完工，成为全市第一个农村污水治理示范点。

12日

△J'GO衡美形象、红妆美业、红范儿文化传媒等11家爱心企业，在海口Fun花酒吧举行2017年海南“U盟”成立仪式，启动联盟公益助学计划，这是海口市成立的首个公益助学联盟。

16日

△海口市开始试运行全流程互联网“不见面”审批工作。

17日

△海口港开通直达柬埔寨外贸航

线。至此，海口港共有36条内、外贸航线。

18日

△海口市人民政府印发《海口市促进互联网产业发展若干规定》。根据《规定》，每年将安排不少于5000万元财政资金用于各项优惠扶持和互联网产业的其他扶持。

21日

△海口市琼山区新民林场揭牌成立，标志着新民林场改革顺利收官。改革后，林场更突出生态保护，转向林地保护。林场原4个分队调整为森林管护站布局，分为4个管护站，每个管护站按林班号块设置15个管护点。

△海口市琼山第一小学正式拆分为“海口市琼山东门第一小学”和“海口市琼山文庄第一小学”两所学校，并举行揭牌成立仪式。琼山第一小学拆分后，将在一定程度上缓和该校规模过大的压力，更有利于开展教育教学工作。

23日

△水利部公布第十七批全国“国家水利风景区”名单，海口市美舍河被批准为国家级水利风景区。

△琼山区12家基层医疗机构与海南金域医学检验中心正式签约，成立琼山区检验专科医联体，是海南省成立的首个检验专科医疗联合体。

26日

△2017年海峡两岸休闲农业发展（海南）研讨会在海口举行，与会代表围绕“休闲农业与美丽乡村建设”的主题进行交流。

29日

△海口—菲律宾外贸集装箱班轮航线在海口港集装箱码头举行开通仪式。该航线的开通是琼菲合作项目之一，也是中菲共同建设“一带一路”海上互联互通的成果。

8月

△由海南省文体厅选送、海口市演艺有限公司创作的大型原创舞蹈诗《黎族家园》成功入选2017年度国家舞台艺术精品创作扶持工程重点扶持剧目，全国仅10部作品入选。作为海南省唯一的入选剧目，《黎族家园》成为10部剧目中唯一的舞蹈类作品，更是省内舞台文艺作品首次获此殊荣。

△住建部下发《关于公布第二批全国特色小镇名单的通知》，海口石山镇榜上有名。

9月

11日

△第十三届海口市委第三轮巡察工作启动。采取“一托二”方式开展“常规＋专项”巡察，从9月11日起至10月底，市委巡察一组对市文化广电出版体育局党组开展常规巡察，并以扶贫工作为重点对市委农村工作领导小组办公室党支部开展脱贫攻坚专项巡察；市委巡察二组对市交通运输和港航管理局党组开展常规巡察，并以棚改工作为重点对市房屋征收局党组开展棚户区改造专项巡察；市委巡察三组、四组对市城市建设投资有限公司党委、市住房和城乡建设局党组、海口旅游文化投资控股集团有限公司党委、市统筹城乡发展（集团）有限公司党委开展常规巡察。

△北京师范大学海口附属学校正式揭牌，为北京师范大学与海口市人民政府合作创办的一所国有公办性质学校。

△由秀英区委宣传部联合海口新华书店有限公司打造的诚信驿站正式启用。这是海南省第一家诚信驿站，也是全国图书行业的第一家诚信驿站书店。诚信驿站完全是自助式的，无人收银，不设找零，自助取物，自助付款。

15日

△海口市与美国硅谷人才交流座谈会暨签约仪式在海口举行，此举旨在进一步加强海口与美国硅谷在互联网和医疗等多个领域的友好交流与合作。

19日

△海口市委副书记、市长倪强在海口会见印尼北龙目市市长纳吉姆·阿卡雅一行，双方就加强两市交流合作进行友好会谈。

△2017全国12345政府服务热线峰会在北京举行，海口12345热线凭借完善的平台管理和制度建设及高效快捷的服务质量，获“先锋奖”和“骏马奖”两大奖项，成为全国334条12345政府服务热线中的佼佼者。

25日

△国内首个旅游类中外合作办学机构——海南大学与美国亚利桑那州立大学(ASU)联合举办的国际旅游学院在海口揭牌，实现海南省中外合作办学机构零的突破。国际旅游研究中心也正式成立，定位海南国际旅游岛智库，为推进全域旅游建设提供国际化的高素质人才支撑。

28日

△中国共产党海口市第十三届委员会第四次全体会议召开。会议由市委常委会主持。会议应到市委委员45人，实到35人。全会深入学习贯彻习近平总书记系列重要讲话精神和治国理政新理念新思想新战略，传达学习省委七届二次全会精神，审议通过《中共海口市委关于贯彻落实〈中共海南省委关于进一步加强生态文明建设，谱写美丽中国海南篇章的决定〉的实施意见》和《中共海口市委关于加快推进城市更新工作的行动方案》及全会决议。

30日

△海口市全面实施“多证合一”改革暨全市“多证合一、一照一码”营业执照颁发仪式在市政务中心举行，这标志着海口市继企业、农民专业合作社“五证合一”登记制度改革

和个体工商户“两证整合”改革后，全市范围内全面开始实施“多证合一”改革，此举将进一步降低市场主体制度性交易成本。

10月

11日

△国家海洋局批复《海口市“湾长制”试点工作方案》，标志海口市正式成为全国首批“湾长制”试点城市。

19日

△海南目前最大的“互联网+平行进口车”“互联网+二手汽车”综合体——海南汽车小镇正式开业。汽车小镇位于海口保税区内，由海南恒远泰富实业有限公司投资2亿元兴建，占地3.33公顷，总建筑面积6万平方米，共设10个展厅，室内展厅面积5万平方米，可展出车辆近4000辆，是集平行进口车交易、二手汽车交易及车主休闲娱乐生活于一体的汽车文化小镇。

27日

△按省委统一部署，海口召开全市领导干部大会暨党的十九大精神宣讲报告会。党的十九大代表、省委常委、市委书记张琦作党的十九大精神宣讲报告。市委副书记、市长倪强主持会议，并就贯彻落实本次会议精神作出具体要求。

28日

△美兰区灵山片区改造项目（二期）征收工作正式启动。项目计划投资75亿元，高标准规划建设，打造更加亮丽的“海南门户”。

29日

△《海口市鼓励民航业发展财政补贴实施办法》正式开始实施，市政府将对航空公司或包机公司在海口美兰机场新开国内航线、国际航线和港澳台航线、招徕境外旅客、美兰机场旅客吞吐量增长率等给予财政补贴。

10月

△海南省住建厅发布《海南省住房和城乡建设厅关于延长住房限制转让年限的通知》，将《关于限制购买多套商品住宅的通知》及市县政府有关文件规定的居民家庭或企事业单位、社会组织新购买的住房限制转让年限，暂按规定统一提高到5年。除三亚将购房转让年限提高到5年外，海口、万宁和陵水也实施此政策。

△海南省国土资源厅发布的《关于暂停办理土地二级市场转让交易有关用地手续的通知》指出，为加强和规范海南省土地二级市场管理，严厉打击违法违规炒买炒卖土地行为，促进全省土地二级交易市场平稳健康发展，暂停办理土地二级市场转让交易用地手续。

△全国最大绿色装配式管廊产业基地——中铁四局海口综合管廊预制厂投产，管廊预制构件年产量和工厂生产自动化程度处于全国领先水平，海口超级管廊建设步入工厂预制的现场拼装新时期，可缩短约30%的工期。该基地位于秀英区，占地4公顷，划分为预制生产区、构件堆放区、混凝土搅拌站等多个功能区。

△海口入围全球首批国际湿地城市遴选认证名单，推荐材料和视频均递交国际湿地缔约国组织。

11月

3日

△海口市纪委派驻机构全覆盖工作动员部署会议召开，标志着海口实现对全市69个市一级党和国家机关的纪委派驻机构全覆盖。

△海口市政府下发《关于市政府工作部门名称调整的通知》，海口市规划局更名为市规划委员会，海口市市政市容管理委员会（海口市城市管理行政执法局）更名为市城市管理委员会（海口市综合行政执法局），海口市海洋和渔业局加挂“海口市海洋综合行政执法局”。

5日

△2017年海口国际沙滩马拉松赛在海口西海岸假日海滩鸣枪起跑。这是国际沙滩马拉松赛连续5年在海口举办。有法国、美国、俄罗斯、中国等20个国家和地区的3000多名专业及业余运动员参赛。海口国际沙滩马拉松是2017年在中国田径协会备案的专业马拉松赛事之一，共设男女沙滩马拉松（10.5千米）以及男女迷你沙滩跑（2.5千米）两项比赛。经角逐，肯尼亚的选手双双获男子、女子10.5千米组的冠军。

6—14日

△以“同一个海湾，同一个梦想”为主题的第一届北部湾城市运动会在广东省湛江市体育中心体育馆举行。本届运动会共有11个城市参加，设有足球、篮球、乒乓球、气排球、网球、游泳、羽毛球、棋类8个比赛项目。海口代表团共有83名教练员和运动员参加篮球、足球、羽毛球和网球4个项目的比赛。14日运动会落幕。代表海南出战的海口、儋州代表队共收获7金4银5铜，两座城市代表队还获得“体育道德风尚奖”。

10—12日

△2017中国足球协会“一带一路杯”海口国际沙滩足球邀请赛在白沙门公园沙滩足球场举行。本次邀请赛作为国际A级赛事，由国际足联和参赛国所在洲际足联批准。12日比赛结束，阿曼、阿富汗、马来西亚、中国队获得1~4名。最佳门将、最佳射手、最佳球员分别由马来西亚队12号纳斯里、阿曼队2号阿卜杜拉、阿曼队4号叶合耶获得。

14日

△中央文明委发布《关于表彰第五届全国文明城市（区）、文明村镇、文明单位的决定》，海口作为新命名的5个省会城市之一，荣膺“全国文

明城市”称号，成功跻身全国文明城市行列。

△15—18时，海口市3小时最大雨量超过200毫米，海口湾最高潮位达1.87米，是海口市有气象观测以来短时间内的降雨量最高值，短时间内达到如此大的雨量实属罕见，为历年来11月份单次降水量最强的一次。据监测，共有19个监测站雨量超过100毫米，5个监测站雨量超过200毫米，3小时内共有16个监测站雨量超过100毫米，2个监测站雨量超过200毫米。累积雨量最大为蓝天街道244.8毫米。

16日

△钙立速杯2017第四届国际旅游岛帆板大奖赛(WGP)海口大奖赛在西海岸开赛。全国19个省市自治区及港澳台地区、日本、英国、德国等地的近20家帆板俱乐部近200名选手参加比赛。海口大奖赛分为场地赛、团体赛、对抗赛、障碍赛，其中场地赛设有男子组、女子组以及青少年组。

17日

△全国精神文明建设表彰大会在北京举行。海南省海口市、琼海市获评“第五届全国文明城市”。会议表彰“第六届全国道德模范提名奖”获得者，海口市的海南港航控股有限公司党委工作部企业文化室主任林琳、海口才茂食品厂总经理郑芳茂获此荣誉；海口市第二十七小学获评“全国未成年人思想道德建设工作先进单位”；海口市美兰区灵山镇中心小学校长陈继俊获评“全国未成年人思想道德建设工作先进工作者”；海口市琼山第五小学获评“全国文明校园”。

△美国食品药品监督管理局（FDA）经过5天的细致检查，确定齐鲁制药海南公司500车间、800车间、700车间以零缺陷通过口服产品的PAI检查和美国已批准及已上市产品的常规GMP检查。

△2017海南世界休闲旅游博览会在海南国际会展中心举行，共有30多个国家和地区旅游局，国内20多个省市区的旅游部门，近千家国内外旅游企业参展。展会持续至19日。本届海南休博会是2017年（第十八届）海南国际旅游岛欢乐节的主题活动之一，设有海南休闲旅游展示、澳门馆、中外休闲旅游展示、休闲旅游业态、休闲旅游展卖等五大板块，展会3天期间还举行“候鸟”文化节、美食长桌宴、泰国传统舞蹈、国际竹竿舞、中国休闲旅游发展论坛暨中国休闲旅游推广联盟成立大会、2017海南世界休闲旅游博览会颁奖典礼等多项主题活动。

18日

△2017年（第十八届）海南国际旅游岛欢乐节在海南国际会展中心开幕，活动持续到12月30日。本届欢乐节主要分为“欢乐开幕、欢乐节主体活动、海口和三亚主会场配套活动及全域旅游欢乐主题月活动”四大板块。欢乐节坚持“全民同欢乐”的办会宗旨，在全省举办欢乐开幕、“欢乐海南”大型旅游推介会、中国休闲旅游推广联盟成立大会暨中国休闲旅游发展论坛、世界休闲旅游博览会、琼港澳旅行商大会、活力澳门推广周、欢乐节专场文艺演出、蓝色国际电子音乐节、海南国际旅游美食博览会等活动，全省18个市县还举办118项旅游节庆活动。

△2017海南（21世纪海上丝绸之路）合唱节在海口启幕，开幕式暨开幕式音乐会在省歌舞剧院上演。共有国内13个省、3个自治区、2个直辖市的66支合唱团报名参加。此外，组委会还特邀来自10个国家和地区的12支海外合唱团共375人参加合唱节期间的展演和交流活动。参赛和展演总人数3522人。本届合唱节持续至24日，活动期间开展主题系列活动，包括合唱节开幕式暨音乐会、闭幕式颁奖音乐会、系列合唱比赛、合唱艺术进校园进社区交流展演，走进陵水、临高、三亚站交流，特邀海外合唱团专场音乐会、加拿大同声律动阿卡贝拉工作坊，“21世纪海上丝绸之路”合唱发展研讨会和系列专家讲座等。

19日

△海口市工商局在西班牙皇家品牌“sel mark”入驻望海国际商城当天（周日）特事特办，为商家办理工商执照。此举标志着海口全面实行准入前国民待遇和负面清单管理制度。

22日

△海口市秀英区石山镇施茶村、琼山区大坡镇树德村获评为海南省五星级美丽乡村；海口有10个村庄入选海南省三星级美丽乡村，14个村庄入选海南省一星级美丽乡村。

26日

△中国村庄家训家风施茶馆揭牌仪式暨首届中国（海南）新时代文明家风论坛在秀英区石山镇施茶村委会举行。坐落在美富村的中国村庄家训家风施茶馆极具传统的火山民居建筑风格，是中国村庄首个规模化、系统化的家训家风馆。该馆分家训板块和家风板块，共8个篇章，收录家训家风106条，整个展馆古色古香、古今照应。

27日

△由中国饭店协会、海南省商务厅联合主办的第二届中国国际饭店业大会在海口开幕。本届大会授予海口市“中国休闲美食名城”称号，并颁发证书。

△历时1年筹备改造建设的公立三级专科医院——上海市第六人民医院海口骨科与糖尿病医院在海口揭牌试运营。海口市骨科与糖尿病医院同时挂牌海南省骨科医学中心和海南省糖尿病医学中心。设有临床科室和医技科室。一期开放床位190张，重点开展骨科疾病、糖尿病的诊断治疗、

预防控制、科研教学和疾病管理等工作。医院作为市财政预算补助管理事业单位，不设行政级别，按照现代医院管理制度，实行医院管理委员会领导下的院长负责制。

28日

△海口市琼山区迈瀛片区棚户区（城中村）改造项目启动。迈瀛片区（一期）棚改项目位于城南路以东、凤翔路以南、美舍河以西、凤翔公园以北的区域。共598户3622人，征收土地面积约21.69公顷，征收建筑物总面积约27.19万平方米。

11月

△海甸街道“12345+网格化”联动中心建成启用。这是海口首家街道层级的“12345+网格化”联动中心，发挥12345热线“指挥棒”“绣花针”“连心桥”作用，形成以网格化管理为基础、“六个平台”为手段，纵向全联动、横向全覆盖的基层社会治理体系，探索形成靠前指挥、资源下沉、联勤联动、将问题解决在一线的高效工作机制。

12月

2日

△第十二届中国城镇水务发展国际研讨会与新技术设备博览会在海口落幕。本届会议于11月30日开幕，近10个国家和地区的260多家知名企业、3000多名专家学者参会。会议由开幕式、同期平行的综合论坛和33场分论坛、实地考察等组成，围绕海绵城市规划建设与管理、城镇水务改革与发展战略等数十个热点议题，深入分析当前行业存在的问题及面临的新挑战，加快水污染防治，城镇水务发展，水生态修复，探索城市水务绿色循环低碳之路。在海南国际会展中心举办的博览会总面积2万平方米，展位800多个，参展单位260多家，设有地方展区、发展理念区、综合展区、主题展区和新产品新技术发布区。本次展览范围涵盖智慧水务、海绵城市相关技术与设备、水处理技术设备、给排水管网系统技术设备、膜与膜分离技术设备、污泥处理新技术和新设备六大板块，集中展示国内外先进适用的供水、节水和污水处理技术、设备、典型工艺及工程实例。

2—3日

△2017海南亲水运动季海口国际风筝冲浪公开赛在海口假日海滩举行。比赛设水翼板国际公开组、双向板竞速男子国际公开组、双向板竞速女子国际公开组、双向板竞速男子中国精英组和双向板竞速女子中国精英组5个组别，共有70名国际国内的风筝冲浪选手及爱好者参与，总奖金5万元。经过两天角逐，来自中国山东潍坊滨海的邓晓成获得男子双向板国际公开组冠军，陈静乐和张浩然获得女子双向板国际公开组、水翼板竞速国际公开组冠军。在中国精英组男子组角逐中，辽宁选手冯凡、田嵩分获得冠亚军，海南选手吕旸获得季军；中国精英组女子冠军为四川选手何欣，来自潍坊滨海的李科汶和付彭娟分获亚军、季军。

2—5日

△2017“体育之窗杯”我爱足球民间争霸赛总决赛在海口举行。共有32支球队、数百名参赛选手及教练员、领队参加。赛事设5人制“青年组”“少年组”“娃娃组”，以及11人制“社会组”。最终，上海华交足球俱乐部队获得冠军，杭州吴越钱唐获亚军，湖南体彩足球俱乐部获季军，东道主海南万宁鼎力队获第四名。上海华交足球俱乐部队和杭州吴越钱唐直接获得2018年中国足协杯资格赛决赛阶段参赛资格。此外，11人制组还评选出最佳球员、最佳射手和最佳教练等奖项。5人制三个组别中，娃娃组冠军为上海嘉定博击足球俱乐部，少年组冠军为肇庆立讯足球俱乐部，青年组冠军为四川德阳奥校。东道主球队海南中海足球俱乐部队获得少年组亚军。

3日

△2017全国沙滩排球巡回赛总决赛在海口落幕。全国10余个省区市的男女各26支沙滩排球队举行为期4天的比赛。最终，男子组由上海队高鹏/李阳夺冠，浙江队王凡/丁晶晶组合获得女子组冠军。当天举行的颁奖晚会上，上海队高鹏获评年度最佳男运动员，最佳女运动员为浙江队王凡。

7—8日

△海口市十六届人民代表大会第三次会议在海南国际会展中心举行。出席大会代表273名。会议选举产生56名海口市出席海南省第六届人民代表大会代表。

12—15日

△2017年中国（海南）国际热带农产品冬季交易会在海南国际会展中心举行，共设35个展区。有32个国家和地区，以及国内28个省区市的2700多家企业、5300多名客商参加展会，签订农产品订单总额666.29亿元，比上届增加145.03亿元；签约农业投资项目40个、金额451.52亿元，比上届增加11.2亿元。

14日

△一款集96项公共服务功能为一体的超级APP——“椰城市民云”正式上线，上线发布会在市第二行政办公区举行。“椰城市民云”，是海口市打造的以市民为中心的一站式“互联网+”公共服务平台。该平台具有查询信息、生活缴费、寻求帮助三大功能，旨在解决市属各单位APP平台多头建设且大部分功能单一、知晓率不高、使用率低等问题，实现“一号通行、一库共享、一站服务、一体运营”。

19日

△历时25个月、投资4.53亿

元、按三级甲等专科医院建设、位于海口市长滨路西侧的海南省儿童医院（复旦大学附属儿科医院海南分院）完成主体工程建设，启动门急诊部试营业。在试营业仪式上，海南省卫计委和复旦大学附属儿科医院签署框架协议。

20日

△中国指数研究院在北京举办“第十四届中国数字地产节”，即第二届中国房地产数据年会，年会发布“2017～2018中国百城建筑新地标”研究成果，海口双子塔项目获评“2017～2018中国百城建筑新地标”。

△“新音乐　新时代——2017第二届海丝天籁·国际音乐论坛”在海口举行。郭淑珍、王立平、李海鹰等著名音乐艺术家，以及第六届奥斯卡国际歌剧奖获奖音乐家近百人出席论坛，围绕“新音乐　新时代”主题畅所欲言。

22日

△海南省首家通过海关验收的国际快件监管中心在海口美兰国际机场启用，标志着海南省国际快件进境业务正式开通，结束了以往海南省国际快件只能在广州、深圳等设有海关快件监管中心的地点办理异地口岸通关业务的历史。

24日

△海口市美兰区演丰镇演东村上榜民政部公布的首批全国农村幸福社区建设示范名单。

海口—越南邮轮旅游航线启航仪式在海口市秀英港举行。

27日

△国家林业局公布全国64处湿地开展国家湿地公园试点名单，海口五源河国家湿地公园、海口美舍河国家湿地公园上榜。

28日

△中国科学院孙汉勇院士工作站在海口市秀英区石山镇昌道村农馨火山南药园揭牌，为海口首个在乡镇建立的院士工作站。

29日

△海口市“双创”工作总结表彰暨“净化、绿化、彩化、亮化、美化”工作动员大会召开。会上，市委副书记、市长、市“双创”工作领导小组组长倪强总结海口市“双创”、12345政府服务热线和美舍河水体治理等工作，并部署“五化”工作；市政协主席、市“双创”工作领导小组组长王云霞宣读表彰决定；来自龙华区、市教育局、12345政府服务热线、志愿者、美舍河水体治理单位、市园林局的代表先后上台发言。会议还为获得表彰的先进集体和个人代表颁奖。会议由市人大常委会主任、市“双创”工作领导小组组长杜立文主持。

△中国科学院姚建铨院士工作站在秀英区石山镇互联网运营中心挂牌成立，今后将在农业物联网技术、农畜产品质量安全监管及溯源关键技术等方面进行科学研究。

29—30日

△由海口市人民政府、中国城市规划设计研究院主办的海口市城市更新论坛召开。国内外规划设计、建筑工程等相关领域的600余名专家学者参会，为海口城市发展“把脉问诊”，并就海口如何加快推进城市更新、建设国际化滨江滨海花园城市建言献策。

31日

△海口市三江农场发展控股有限公司揭牌成立，标志着海口市三江农场公司化改造取得突破性进展。

12月

△《黎族家园》获评文化部2017年度国家舞台艺术精品创作扶持工作十部重点扶持剧目，并全票通过文化部专家组的最终考核评估。

△海口市荣获“全国地市级防震减灾工作综合考核先进单位”称号，这是海口连续6年获此殊荣。

△海口市“丝路海口·田园综合体建设试点项目”上榜财政部公布田园综合体建设试点名单。

△国家知识产权局公布第十九届中国专利奖评选结果，海南省有4项专利获奖，其中3项归属海口国家高新区，即海南椰国食品有限公司“冰爽椰果及含冰爽椰果的食品和饮料”与海南灵康制药有限公司“一种奥美拉唑钠半水合物及其制备方法”2项专利获中国专利优秀奖，一汽海马汽车有限公司“汽车”专利获中国专利外观设计优秀奖。

（杜惠珍）

坚持生态引领 推进城市更新 切实扛起生态文明建设的省会担当

——在市委十三届四次全会上的总结讲话

张 琦

（2017 年 9 月 28 日）

同志们：

市委召开这次会议，主要任务是深入贯彻落实省委七届二次全会精神，坚持生态引领，推进城市更新，切实扛起生态文明建设的省会担当。刚才，倪强同志传达了省委七届二次全会精神，文斌同志、顾刚同志分别就《关于贯彻落实〈中共海南省委关于进一步加强生态文明建设谱写美丽中国海南篇章的决定〉的实施意见》《关于加快推进城市更新工作的行动方案》作了说明，全会审议通过了两个文件和全会决议。全市各级党政组织一定要从讲政治、顾大局的高度，快速传达、快速行动，不折不扣地贯彻落实好全会部署的各项工作任务。

党的十八大以来，以习近平同志为核心的党中央高瞻远瞩，对加强生态文明建设作出了一系列战略部署，建立健全了“四梁八柱”制度，为全国深化生态文明建设指明了方向，提供了根本遵循。省委、省政府坚决贯彻落实党中央、国务院决策部署，坚持生态立省不动摇，大力加强生态文明建设，省委七届二次全会审议通过了《关于进一步加强生态文明建设，谱写美丽中国海南篇章的决定》，以全会的形式研究出台生态文明建设的文件，这在海南历史上尚属首次。这是贯彻落实习近平总书记 2013 年视察海南时重要讲话精神的具体行动，是海南发展理念和发展方式的重大转变，是深化大研讨大行动的重大思想和制度成果，充分体现了省委的历史担当和责任担当，对海南省长远发展和生态文明建设具有里程碑式的重大意义。

这次全会审议通过的两个文件，是指导我市今后一个时期生态文明建设、城市更新工作的纲领性文件。全市各级各部门要切实把思想和行动统一到中央、省委和市委的决策部署上来，牢固树立正确的政绩观，坚持以生态为引领，大力推进城市更新，高起点规划、高标准建设、高效能管理，增强城市的魅力和活力，扛起生态文明建设的省会担当。下面，我代表市委常委会讲六个方面的意见。

一、统一思想，充分认识加快城市更新的重大意义

城市更新是城市发展到一定阶段时，为进一步提升完善城市功能而进行的改造和建设，是一个系统性的综合工程，几乎伴随着城市发展的全过程。推进城市更新，是海口市贯彻落实省委七届二次全会精神、加强生态文明建设的具体行动，是转变发展理念和方式、提升城市综合承载能力的重要抓手，符合城市发展规律，目的就是完善城市功能，提升城市品位和价值。

推进城市更新，是贯彻落实以习近平同志为核心的党中央和省委决策部署的具体实践。以习近平同志为核心的党中央高度重视城市工作，2015 年 12 月，中央时隔 37 年再次召开城市工作会议，习近平总书记强调要“有序实施城市修补和有机更新，解决老城区环境品质下降、空间秩序混乱、历史文化遗产损毁等问题”，为我们做好城市更新工作指明了方向。去年 12 月 10 日，全国生态修复城市修补工作三亚现场会一结束，海口市就邀请国家住建部黄艳副部长带着中规院的专家实地考察、把脉海口的规划建设。今年 5 月 23 日，我带队拜访了住建部时任部长陈政高同志，争取住建部对海口城市更新、城市设

计、海绵城市、轨道交通建设等工作的支持。在国家建设雄安新区工作千头万绪之时，国家住建部给予海口大力支持，派出中规院80人国家级团队组成9个工作组进驻海口半年多，帮助编制《海口城市更新行动纲要》，为我们科学实施城市更新提供了强有力的支持。省委刘赐贵书记在省第七次党代会上明确提出："大力推进城市更新，保护好天际线、景观风貌和历史文脉，高水平建设独具海南特色的新型城镇"；7月7日调研海口时，勉励海口"谋大事干成事"，抓好"高水平高起点规划建设新海港、滨江滨海规划建设、健全城市社区功能、加强城市信息化管理"四项重点任务，对海口发展具有重要的指导意义。我们一定要把贯彻落实中央、省委精神作为首要政治任务，坚定不移地推进城市更新工作。

推进城市更新，是海口对标定位、加快发展的现实需要。从海口的发展来看，纵向比发展很快，城市的面貌发生了很大变化；但横向比差距较大，特别是与新加坡、厦门等地相比，无论是城市规划建设，还是治理管理等方面，都有很大差距，都还有很大的提升空间。现代意义上的大规模的城市更新始于上个世纪60年代的美国，深圳、广州等国内一些城市也进行了城市更新的探索与实践，深圳市出台了《城市更新办法》《城市更新实施细则》，广州成立城市更新局，城市更新工作成效明显。实施"一江两'岸'、东西双港驱动、南北协调发展"战略，加快建设国际化滨江滨海花园城市，迫切需要对标深圳、厦门等发达城市，加快推进城市更新，全面提升城市综合竞争力，实现弯道超车，加快海口发展。

推进城市更新，是补齐短板、提升形象的必然选择。海南建省办经济特区29年来，海口从一个人口不足30万、城区面积不到30平方公里的边陲小镇，发展为人口达224万人、建成区面积164平方公里的热带滨江滨海城市，在野蛮式、追赶式的快速发展过程中，跟其他大多数城市一样，出现了生态环境受损、道路交通拥堵、水体受到污染、新旧城区发展失衡等"城市病"，影响城市功能，影响城市形象，影响城市的可持续发展。城市更新是解决城市发展矛盾问题的战略途径，是解决"城市病"的有效方法。我们一定要站在战略和全局的高度，把城市更新作为建设国际化滨江滨海花园城市的重要举措，以生态为引领，举全市之力加快推进，确保尽快见到成效。

二、系统推进生态修复，重整生态本底

这是城市更新的首要任务。要牢固树立"绿水青山就是金山银山""山水林田湖草是一个生命共同体""望得见山，看得见水，记得住乡愁"的新理念，把城市作为一个整体生态系统，综合考虑山水林田湖草等生态要素，系统推进生态修复，守护好海口的绿水青山。9月21日，省委刘赐贵书记主持召开省委财经领导小组会议，听取了生态环境保护"六项整治"等重点工作的汇报，对生态修复工作进行具体部署，我们要认真抓好贯彻落实。一是大力推进水体治理。全面落实"河长制""湾长制"，建立量化指标体系和考核评价体系。在全市推广美舍河"控源截污、内源治理、生态修复"系统治理的科学路径和经验，全力抓好龙昆沟、大同沟、东西湖、红城湖等32个水体治理，确保年底前主城区全部达到治理标准，并谋划和推进水系连通工作，恢复和保持河湖水系的自然连通和流动性，恢复海口"水城"风貌。二是加强湿地保护修复。落实好《海口市湿地保护与修复工作实施方案》《海口市湿地保护修复三年行动计划》，保护好2.91万公顷湿地，做好潭丰洋省级湿地公园土地整理项目置换工作，打造美舍河、五源河、三十六曲溪等国家级湿地公园和省级湿地公园，申报国际湿地城市和国家森林城市，把湿地打造成海口新名片。结合美丽乡村建设，规划建设一批具有较大规模、自然条件较好、公共交通便利的郊野公园、湿地公园。三是加快山体矿坑修复。加强对城市山体自然风貌的保护，严禁在生态敏感区域开山采石。对各区范围内的矿坑、黄土裸露地表、村庄及厂房等进行全面排查，摸清底数；因地制宜采取科学的工程措施，加快复垦复绿，把损毁的山体矿坑建成景观区，恢复自然形态。保护山体原有植被，重建植被群落。同时，借鉴上海经验，研究利用现有矿坑，谋划建设矿坑酒店，变废为宝。当前，修复工作的重点之一，是飞机航线可视范围内黄土裸露及矿坑等修复工作，确保明年3月份前初见成效。

三、加强基础设施建设，不断完善城市功能

推进绿色"五网"基础设施建设，加快G15疏港大道快速路、江东大道二期等项目建设，启动海秀快速路二期、海甸溪下穿隧道等工程规划建设，规划建设一批重大路网项目，加强街区的规划建设，优化城市路网结构，打通"断头路"，拓宽"瓶颈路"，畅通"毛血细管"，提高道路畅通水平。加快新海港片区建设，启动轨道交通规划建设。合理开发利用城市地下空间，建设地下综合管廊。加快城市停车场建设，结合老旧城区更新改造、建筑新建和改扩建，综合利用地上地下空间，规划建设一批地下停车场、立体停车楼，增加停车位供给。抓好城市净化绿化彩化亮化美化，按照"透绿见蓝、透光见海"的要求，多种植椰子树、大叶油草、三角梅等本地树、本地草、本地花，重点围绕美兰国际机场、海口火车站、火车东站、滨海大道及其西延线、海府路、白龙路、龙昆路、海秀快速路、环岛高铁（海口段）沿线、海甸溪两岸等重要道路和节点，提升绿化景观水平、道路建设标准、夜景灯光品位，加强城市的海绵化改造，建设一百公里左右的生态绿道，建设一批海绵学校、海绵社区。统筹新片区开发，用好"多规合一"成果，积极拓展城市发展空间，按照"经营城市"理念，打造宜居宜业的城市新区，比如西海岸片区已经初具规模，要大力完善商业、金融、教育、医疗卫生等功能，让新区更宜居；在滨江滨海开发建设中，要特别注重产城融合、港城融合、城乡融合。加快棚户区改造，统筹“三无”小区、老旧小区和城市危房改造。注重加强公共设施的规划，配套完善学校、商场、公交、停车场、公厕、垃圾中转站、居委会服务场所、社区文体广场等公共服务设施，打造生态街区，让百姓共享棚改成果。坚持“底数不清不能进、思想不通不能拆、人员对抗不能动”的“三不”原则，抓好打违控违工作。

四、复兴历史文化，让海口记得住“乡愁”

文化是城市的灵魂，海口是一个有着深厚底蕴的国家历史文化名城，人文古迹丰富，文脉的保护和复兴对延续“乡愁”至关重要。我们要深入研究，把海口的历史脉络理清，让历史记忆在城市发展中得到很好的传承。坚持在保护中发展、在发展中保护，强化历史文化街区和历史建筑核心保护区保护，学习上海建业里等地的历史文化保护与“活化”模式，加快推进骑楼老街、五公祠、琼台福地、琼台书院、鼓楼等古迹保护修缮及周边地区的“活化”开发与保护修复；修复老海关大楼，恢复建筑神韵；抢救性保护美舍河流域片区的历史文脉；实施三角池片区综合更新示范，再现老海口的市井文化。深入挖掘历史文化内涵，宣传文化部门、社科研究机构和广大人文社科工作者要在这方面狠下功夫，多做些细致的整理和系统的研究，弘扬冼夫人文化，保护八音器乐、琼剧折子戏等非物质文化遗产，讲好美舍河“石室仙踪”、府城“一里出三贤、五里三进士”“七井八巷十三街”等历史典故，努力擦亮海口国家历史文化名城招牌。加大龙华东谭、琼山包道等13个“中国传统村落”和火山民居古村落的保护力度，原生态还原“乡土文化”。

五、加强城市治理管理，提升治理体系和治理能力现代化水平

把“12345”热线作为提升城市治理体系和治理能力现代化的平台和载体，充分发挥“12345”热线“绣花针”“指挥棒”“连心桥”的作用。加强资源整合，把城市管理交通港航服务、数字城管热线等各类热线进行整合，打通数字城管、网格员指挥中心、公共联动中心、“三防”指挥系统、交通视频系统等信息通道，打造城市管理联动中心。完善工作机制，落实好监督考核问责、首问责任、区（局）长值班、30分钟响应处置、紧急办件处理、督办通报等制度，形成闭合、完善、高效的工作机制，更快速地办理投诉件，解决群众需求。对现有“12345”投诉件进行数据分析，提出合理化建议，为市委、市政府科学决策提供参考。强化党建引领，充分发挥“12345”热线党支部的战斗堡垒和党员先锋模范作用，大力推进“12345+网格化”，建立健全网格化管理运行机制。加强“12345”热线工作人员培训，提升业务能力和水平。坚持严管重罚，市人大要加强城市治理管理领域的立法，为生态文明建设保驾护航。同时，高起点规划建设市民游客中心，“12345”热线、新闻中心等要入驻，提供一站式服务，力争将首期示范项目打造成海口经典地标。

六、加强组织领导，确保扎实有序推进

城市更新的任务、责任、具体的项目都很明确，关键在于狠抓落实，马上就办，办就办好。一是抓统筹协调。城市更新领导小组及其办公室要发挥作用，整合各方力量和资源，及时研究解决工作推进中遇到的问题；各区各部门要把城市更新工作作为重中之重来抓，密切配合、全力推进。二是抓示范带动。已经启动的三角池综合示范项目、骑楼老街“活化”改造、海甸溪两岸综合整治等项目，要加快推进，尽快出形象、见成效，树立标杆；各区、镇（街），市级相关职能部门都要谋划策划一批示范点。三是抓能力素质。坚持国际化方向，加强干部教育培训和管理，拓宽各级干部的世界眼光、战略思维和国际视野，引导干部转变思想、转变观念、转变能力、转变作风，适应新形势下生态文明建设的需要，不折不扣地贯彻落实好习近平总书记系列重要讲话精神和治国理政新理念新思想新战略。四是抓督查问责。督查部门要加大督办力度，推动工作落实；纪检监察机关要加强监督，对不作为、慢作为、乱作为的，坚决问责；组织部门要研究建立正向激励机制，按照“认识好干部，培养好干部，重用好干部”要求，对在工作一线表现突出的，提拔重用。

同志们，让我们更加紧密地团结在以习近平同志为核心的党中央周围，全面贯彻落实好省委七届二次全会精神，发扬敢闯敢试、敢为人先、埋头苦干的特区精神，坚持生态引领，推进城市更新，建设国际化滨江滨海花园城市，坚决扛起建设美好新海南的省会担当，以实际行动和优异成绩迎接党的十九大胜利召开和建省办经济特区30周年！

政府工作报告

——2018年2月10日在海口市第十六届人民代表大会第四次会议上

海口市代市长　丁晖

各位代表：

现在，我代表海口市人民政府向大会报告工作，请予审议，并请各位政协委员和列席人员提出意见。

一、2017年工作回顾

一年来，我们坚持以习近平新时代中国特色社会主义思想为指导，认真贯彻落实党的十八大和十九大精神，在省委省政府和市委的坚强领导下，在市人大、市政协的监督支持下，坚持稳中求进的总基调，高质量推进国际化滨江滨海花园城市建设，统筹抓好稳增长、促改革、调结构、惠民生、防风险等各项工作，较好完成了市第十六届人民代表大会第二次会议确定的目标任务，成功创建全国文明城市和国家卫生城市，实现了本届政府的良好开局。全年实现地区生产总值1390亿元，同比增长7.5%；固定资产投资1415.5亿元，增长11.3%；全口径一般公共预算收入388.5亿元，增长16.6%，其中地方一般公共预算收入125.4亿元，增长12.8%；社会消费品零售总额726亿元，增长11%；城乡常住居民人均可支配收入28701元，增长8.5%；居民消费价格指数上涨3.3%。

一年来，主要抓了以下六个方面的工作：

（一）以决战决胜之势，成功摘得全国文明城市和国家卫生城市“金字招牌”

城市规划优化提升。搭建“多规合一”[1]综合信息平台，启动新一轮城市总体规划修编。科学制定城市更新规划和行动纲要，海甸溪两岸综合整治、骑楼老街改造等首批城市更新示范项目加快实施。“五网”[2]综合规划、城市轨道交通线网规划和新海生态临港新城概念规划基本完成。滨江滨海、海绵城市[3]、湿地和郊野公园等专项规划加快推进。入选全国第二批城市设计试点和第三批生态修复城市修补试点。

城市建设有序推进。持续加大“五化”[4]力度，建立健全环卫监督净化考核机制，建成区主要道路机扫率达100%；滨海大道、国兴大道等主要道路和西海岸带状公园、万绿园等23个门户景观完成绿化提升；实施三角梅储备和控花工程，龙昆南路等城市主干道完成彩化；海口湾片区235栋建筑楼宇和滨海大道、火车站等重点路段完成亮化改造；外立面改造、广告牌整治等美化工作稳步推进。省重点项目完成投资691亿元，占年度计划的108%。美兰机场二期、绕城高速改扩建、南渡江引水工程等“五网”项目加快建设，市民游客中心开工建设，汽车客运总站投入试运行，地下综合管廊建成38.5公里。累计打通“断头路”64条，改造主干道路93条、小街小巷2603条、农贸市场46家、城区积水点24处，打造15分钟便民生活圈46处，筑牢了城市的“里子”。

城市管理明显改善。智慧海口加快建设，“12345”联动平台+“椰城市民云”[5]“椰城政务云”[6]“椰城创新云”[7]的智慧城市框架基本形成。“椰城市民云”整合38个部门、139项公共服务事项，为市民提供全生命周期的大数据服务；“12345”智慧联动平台发挥“指挥棒”“绣花针”“连心桥”作用，推行区（局）长值班制，探索建立综合行政执法体制，创新实施“12345+网格化”和30分钟快速响应处置机制，日均接话量增长6.1倍，群众满意率从48%提高到95%，获全国政府服务热线“先锋奖”“骏马奖”。

城市文明日益彰显。社会主义核心价值观和优秀传统文化广泛弘扬，《永远的更路簿》获国家“五个一工程”[8]奖，《原始黎陶》《椰壳新生》等非物质文化遗产纪录片在央视播出。大坡镇和斌腾村、美孝村、冯塘村等获评全国文明村镇。立法设立“全民公益日”，全市注册志愿者超过26万人，入选中国“志愿之城”试点城市。凡人善举层出不穷，11人获得全国道德模范提名奖、21人入选中国好人榜，甘当积水警示牌的“守坑叔”、街头抢救老人的“好医生”、生命最后一瞬停稳公交车的“好司机”等一大批最美人物的先进事迹传遍琼州大地，得到社会各界和中央等各级媒体的广泛赞誉，文明风尚正成为全体市民的自觉行动和价值追求，见贤思齐、崇德向善的社会氛围更加浓厚，城市变得更有温度、更加温馨。

各位代表，全市上下众志成城、勠力同心，经过艰苦卓绝的接续奋斗，成功创建了全国文明城市和国家卫生城市，这是我们贯彻落实习近平新时代中国特色社会主义思想和习近平总书记2013年视察海南重要讲话精神的重大成果，是海南建省办经济特区30年来文明城市“零的突破”，也是海口建设国际化滨江滨海花园城市的重要里程碑，凝聚起全市人民团结奋进的磅礴力量，为我们奋力走好新时代的长征路注入了强大动力。

（二）深入推进供给侧结构性改革，产业结构不断优化

全市十二个重点产业增加值占全省的35.9%，其中6个产业占全省比重超过50%，发展的质量和效益不断提高。全域旅游扎实推进，“美丽海南百千工程”[9]加快建设，镇墟旅游化改造有序开展，施茶村等26个村入选海南美丽乡村；成立旅游警察支队，美兰机场旅客吞吐量达2258万人次，创历史新高；全市接待游客2428万人次，旅游总收入266亿元，分别增长11.1%和14.3%，获评全国厕所革命先进市。热带高效农业加快发展，成功申报实施“丝路海口·田园综合体”[10]和农村产业融合发展试点等国家级项目，石山黑豆、石山壅羊获国家地理标志证明商标，桂林洋国家热带农业公园一期开园。房地产业平稳健康发展，落实和深化“两个暂停”[11]政策，出台装配式建筑[12]发展政策。互联网产业蓬勃发展，营业收入205亿元，增长32.3%；滨海国际电子商务园区加快建设，复兴城互联网创新创业园、江东电子商务园获评国家级示范基地，海口入选2017中国“互联网+”数字经济总指数百强城市。医疗健康产业稳步推进，上海六院海口骨科与糖尿病医院、上海中医药大学附属岳阳医院海口分院开诊，观澜湖中医国际康养中心投入运营。金融业不断壮大，民生银行和5家证券公司落户，浦发银行创新开展离岸金融业务，全年实现增加值167亿元，增长9.8%。会展业快速发展，举办上规模会展活动270场，综合收入突破100亿元，分别增长27%和25%，荣获中国会议大会“会奖之星”。海洋产业创新发展，获批国家海洋经济发展创新示范城市。现代物流业加快推进，马村港区三期散货码头、新海港区二期建成投产，秀英港区滚装轮渡业务完成搬迁；海口港集装箱吞吐量183万标箱，增长30.6%。医药产业集群初步成形，出台鼓励药企开展“一致性评价”[13]的政策，全年实现医药产值191.6亿元，增长19.3%，全省占比98%。低碳制造产业加快培育，新增高新技术企业64家，总数达207家，占全省77%；新增12家院士工作站，灵康制药、椰国食品、一汽海马等3家企业获中国专利奖；获评国家知识产权试点城市先进集体。文体产业发展提速，中国足球（南方）训练基地、国家帆船帆板训练基地、五源河文体中心加快建设，《芳华》等4部影视作品在我市完成拍摄并上映，大大提升了海口旅游品牌。

（三）深化改革开放，发展的内生动力持续增强

重点领域改革深入推进，“多规合一”“放管服”[14]等改革持续发力，实施“一窗受理、集成服务”[15]，在“五网”基础设施建设中全面推行“极简审批”[16]，“不见面审批”[17]达84.5%，提前一年完成省政府任务要求。综保区推出40项复制自贸区改革试点经验清单，高新区入选国家创业创新示范基地。全面推行“多证合一”[18]，全年新增市场主体5.1万个，占全省四成。国资国企改革稳步推进，完成国有农场公司化改革和社会职能属地化管理。在全省首批通过农村土地承包经营权确权登记颁证成果验收，农村集体产权制度改革琼山试点得到国家农业部肯定。

对外开放不断扩大。推进“一带一路”互联互通建设，新增外贸集装箱班轮航线3条，新开通境外定期直飞航线12条，开通海口至越南、菲律宾邮轮旅游航线。在境外12个国家（地区）举办旅游促销活动，全年接待入境游客18.2万人次，同比增长33.3%。服务贸易创新试点稳步推进，跨境电商产业园建成使用。全年实现外贸出口55.5亿元，同比增长6.4%。与菲律宾塔贡市、印尼北龙目市结好，国际友城达到35个，遍布全球5大洲29个国家。

区域合作全面加速。积极推进琼州海峡经济带建设，湛江—海口高铁、铁路物流等前期规划加紧推进；与湛江建立全方位常态化沟通联席机制，以港航一体化为先导，两岸直升机通航运行，水上飞机试飞成功，客滚快船加快推进。铺前大桥、江东大道二期等“海澄文”[19]基础设施联通项目加快建设。坚持“用最好的资源吸引最好的投资”，华侨城等一批大型央企和民企落户海口，全年引进项目141个、签约金额1781亿元，注册落地率79%。

（四）不断强化生态环境保护，生态文明建设成效明显

认真抓好中央环保督察和国家海洋督察反馈问题整改，严管重罚，立案查处环境违法案件530宗，制定防治汽车鸣笛和远光灯违法行为、环境违法行为有奖举报等11个管理办法，出台《海口市扬尘污染防治办法》《海口市美舍河保护管理规定》《关于加强湿地保护管理的决定》，在秀英区开展自然资源资产责任审计试点。扎实开展“六大专项整治”[20]，城市、农村生活垃圾无害化处理率分别达100%、95%以上，全市中型以上餐饮企业油烟净化设施安装率达90%以上，出租车、公交车的清洁能源使用率分别达100%、83%以上，空气质量连续五年在全国74个重点城市中排名第一。拆除违法建筑212万平方米、防控违法建筑73万平方米。在全省率先推行“河长制”，对32个水体进行综合治理，美舍河“控源截污、内源治理、生态修复、景观提升”治理模式在全省推广，获批国家级水利风景区。海口入围全国首批“湾长制”试点城市，实现“河湾同治”。民航航线俯视区等修复工作稳步推进，湿地保护修复的做法在全国林业系统推广，五源河湿地公园、美舍河湿地公园获评国家湿地公园试点，潭丰洋等5个省级湿地公园加快建设，获首批国际湿地城市认证提名。

（五）以人民为中心，发展成果不断惠及全市百姓

全年民生支出139.7亿元，占地方一般公共预算支出的70.4%，获评“中国十大幸福城市”和全国“惠民服务优秀城市”省会十强。引进“好校长、好教师”12名，北大附中附小海口学校加快建设，北师大海口附

校、海景学校建成招生，新增学位9500个。全年城镇新增就业3.5万人，组织农村富余劳动力转移就业7300人，年末城镇登记失业率1.3%。新增社保扩面6.6万人，发放低保和特困救助金1.2亿元，惠及困难群众2.6万人。新一轮省市财政体制改革拉平了海口与其他市县共享税分成比例，为改善民生增强了财力保障。深入推进脱贫攻坚，完成建档立卡贫困人口629户2773人的减贫任务，5个村退出贫困村行列。成功引进一批岛外优质医疗资源，新增微信、支付宝、“椰城市民云”等网上预约诊疗、挂号、结算等便民措施，所有公立医疗机构实施住院“先看病、后付费”，累计垫付费用4.1亿元，受益群众7.1万人；6家公立医院全面取消药品加成，为群众节省费用4128万元；成功创建国家流动人口卫生计生基本公共服务示范市。完成城市棚户区改造2.3万户，占省下达任务的121.8%；改造农村危房400户，全省考核第一。让公交回归民生本位，基本完成全市公交运营主体整合，优化调整公交线网，总线路从96条增加至152条，37条公交线路实现实时位置可查询。狠抓“菜篮子”工程，坚持“基本菜”“一元菜”等惠民措施，15种蔬菜平均零售价同比下降17.7%，在全国36个大中城市和全省各市县的菜价排名“双下降”。启动“放心粮油”工程建设，粮油市场供需双稳。食品药品安全状况明显提升，得到国务院督察组高度肯定。圆满完成禁毒三年大会战第一阶段工作，破获刑事案件同比上升4.5%、立案数下降23%，获评第二届“全国创新社会治理城市”，龙华蝉联全国综治“长安杯”；全市安全生产形势整体稳定，全省考核排名第一；获评“全国地市级防震减灾工作综合考核先进单位”。

（六）坚持实干担当，政府自身建设进一步加强

各级政府认真学习宣传贯彻习近平新时代中国特色社会主义思想和党的十九大精神，扎实推进“两学一做”学习教育常态化制度化，深入开展“大研讨大行动”，开展重点课题研究71项。严格落实中央八项规定、省委省政府二十条规定和市委二十一条规定，坚决履行党风廉政建设“一岗双责”[21]，建立巡察与审计协作机制，支持纪检监察部门依纪依法查处腐败案件，立案462件，处分465人，为发展提供了坚强的政治保证和纪律保证。自觉接受人大法律监督、工作监督和政协民主监督，认真办理人大代表建议484件、政协委员提案654件，办结率为100%。强化政府立法工作，提请市人大常委会审议法规议案4件，修改政府规章1件、废止13件，依法行政工作获评全省第一。全市各级各部门牢固树立“四个意识”，工作夜以继日，坚持“钉钉子”、马上就办、办就办好，锤炼了一支吃苦耐劳能打硬仗的干部队伍，确保了党中央国务院、省委省政府和市委各项决策部署得到有效落实。

此外，统计荣获全国先进单位，人防、气象、三防、保密、档案、史志、科协、工商联、民族宗教、外事侨务、海防口岸、对台事务等工作取得新进展，工会、青少年、妇女儿童、老龄、残疾人、慈善等事业取得新进步。

各位代表！2017年是很不平凡的一年，成绩来之不易，这是党中央国务院、省委省政府和市委坚强领导的结果，是市人大、市政协及各位代表、各位委员支持的结果，是全市224万人民群众攻坚克难、共同奋斗的结果。在这里，我谨代表市人民政府，向全市人民，向各位人大代表、政协委员、各民主党派、工商联和社会各界人士，向驻市部队、武警官兵和公安司法干警，向关心支持海口的广大海外侨胞、港澳台同胞，表示崇高的敬意和衷心的感谢！

在肯定成绩的同时，必须清醒看到，我们的工作与人民日益增长的美好生活需要还有差距，发展不平衡不充分的问题突出。经济总量小，实体经济不强，城乡居民收入不高，发展质量和效益有待提升；交通领域短板突出，教育、医疗等方面还需持续发力，镇墟和农村基础设施和公共服务投入不足；生态环境保护任重道远，社会文明水平有待进一步提高；对外开放、国际化水平还不够高，人才资源相对匮乏，体制机制活力有待进一步释放；营商环境有待进一步改善，群众和企业仍受证照证明、审批环节过多之累和办事慢、办事难之苦；一些公职人员的庸懒散奢和吃拿卡要等行为屡禁不止。这些问题都需要我们认真加以整改。

二、2018年工作安排

2018年，是我们贯彻落实党的十九大精神的开局之年，是全国改革开放40周年、海南建省办经济特区30周年，是习近平总书记视察海南重要讲话5周年，也是海口决胜全面建成小康社会、实施“十三五”规划承上启下的关键一年。

根据市委部署，今年政府工作的总体要求是：高举中国特色社会主义伟大旗帜，全面贯彻党的十九大精神，以习近平新时代中国特色社会主义思想为指导，深入贯彻习近平总书记2013年视察海南重要讲话精神，落实省第七次党代会、省委七届历次全会和市第十三次党代会、市委十三届历次全会的决策部署，坚持稳中求进的工作总基调，践行新发展理念，按照高质量发展要求，统筹推进“五位一体”总体布局和协调推进“四个全面”战略布局，坚持以供给侧结构性改革为主线，突出抓重点、补短板、强弱项，坚决打好防范化解重大风险、精准脱贫、污染防治“三大”攻坚战，加快以“五化”先行的城市更新工作，深入实施乡村振兴战略，做大做优做强海口，建设国际化滨江滨海花园城市，坚决扛起建设美好新海南的省会担当。

主要预期目标是：全市生产总值增长7.2%左右，固定资产投资增长10%左右，社会消费品零售总额增长10%左右，地方一般公共预算收入增长10%左右，城乡居民收入增长8%左右，居民消费价格涨幅控制在3.8%左右，城镇登记失业率控制在

3%以内，全面完成省下达的节能减排降碳控制目标。

围绕上述目标，我们将着力抓好以下五个方面、20项工作。

（一）提高经济发展质量和效益，着力打造经济繁荣海口

坚持质量第一、效益优先，通过质量变革、效率变革、动力变革，培育新增长极、形成新动能，做大做强实体经济，逐步构建具有海口特色的现代化经济体系。

1. 深入推进供给侧结构性改革。加快重点产业成形成势，力争十二个重点产业占GDP比重超过80%，占全省比重提高2个百分点。“点线面”推动全域旅游，长影环球100试营业，启动桂林洋国家热带农业公园研创中心、展销中心建设，力争年内建成国家全域旅游示范区。大力实施“旅游+”工程，加快培育和发展邮轮旅游、房车自驾游、低空飞行等旅游新业态。制定鼓励出入境旅客海口中转和邮轮旅游的扶持政策，力争入境游客增长15%。加快互联网产业发展，推进复兴城互联网创新创业园建设，实现互联网产业营业收入300亿元以上。继续深化与岛外优质医疗健康资源合作，推进上海第一妇婴保健院合作项目落地。大力发展现代金融和总部经济，争取引进新型金融业态机构、配套服务机构落户海口，积极申报第二批绿色金融示范区。抓好大型会展场馆建设，引进和培育一批会展和会议品牌。推进国家海洋经济创新发展示范城市建设，加快海洋生物产业、海洋高端装备等示范项目建设。加快大型物流园区、配套完善分拨中心以及货运枢纽建设，完善机场、港口等物流设施和集疏运体系。做大做强医药产业，加快医疗器械、生物医药和海洋生物制药布局，引进国内外龙头医药企业、研究机构，全力争取国家重大新药创制成果转移转化试点，力争医药产业产值突破200亿元。积极培育发展影视制作、动漫游戏等文体产业，吸引国内外顶级文化平台和体育赛事落户。坚持“房子是用来住的，不是用来炒的”定位，保障性需求由政府统筹，改善性需求由市场调节，投资性需求靠制度限制，促进房地产市场持续平稳健康发展。

当前海口进入了高质量发展的转型攻坚期，我们要通过盘活挖潜、提质增效、改革创新、优化营商环境“四大举措”，盘活闲置和低效开发土地、盘活签约项目落地开工、盘活存量楼宇厂房、盘活国企国资，制定三年行动计划，在产业、民生、基础设施等领域谋划一批大项目，同时研究出台鼓励总部企业聚集发展的政策措施，积极引进一批跨国公司、行业龙头企业在海口设立区域总部，推动海口经济持续健康发展。

2. 全面强化创新驱动。落实人才新政，围绕重点产业和战略性新兴产业，开展高层次人才、紧缺人才引进计划，开通高校青年引才直通车。在企业和人员落户、人才激励、办公补助、出入境与通关、子女教育、住房保障等方面出台政策，吸引更多企业和优秀人才。加强国家重大科技专项对接，争取更多科研院所、国家重点实验室、院士工作站落户。重点招商引进和培育一批创新型企业，力争今年新增高新技术企业30家以上。鼓励企业创建产学研创新联盟，强化知识产权创造、保护和运用，确保每万人有效发明专利拥有量达到7件。加快推进创新型城市建设，引导全社会加大科技研发投入。

3. 大力实施乡村振兴战略。按照产业兴旺、生态宜居、乡风文明、治理有效、生活富裕的总要求，加快推进农业农村现代化。大力发展热带特色高效农业，围绕“一镇一业”“一村一品”，培育壮大海口特色农业品牌。大力发展农产品电子商务，争取海南农产品拍卖交易中心落户海口。加快推进一二三次产业融合发展，出台鼓励农产品深加工、田园综合体、乡村民宿、共享农庄发展扶持政策。推进“美丽海南百千工程”，加快演丰、石山等10个特色产业小镇建设，打造一批美丽乡村示范点。加强农村房屋建设规划报建和宅基地管理，改造农村危房1600户，加快推进农村公路、农田水利等“五网”基础设施建设，全面完成自然村通硬化路等六大类工程[22]960公里。启动农村生活污水处理设施建设三年行动计划，完成农村改厕7400户。推进农村集体产权制度改革，完成琼山区农村集体产权制度改革国家级试点验收和推广。引导规范农村土地流转，恢复撂荒地生产6000亩以上。鼓励和支持农民工、高校毕业生和退役士兵等各类人员返乡下乡创业，积极培育新型农业经营主体，培养造就一支懂农业、爱农村、爱农民的“三农”工作队伍。千方百计提高农民收入，确保农民人均可支配收入增长8%以上。

4. 加快“五网”基础设施建设。加快构建“一江两‘岸’、东西双港驱动、南北协调发展”城市格局。按照“一枢纽、两地、三中心”[23]定位，加快新海生态临港新城建设，上半年开工建设新海港区客运枢纽；高标准推进滨江规划建设，加快美兰机场二期扩建、马村港区三期四期、新海港区三期等重大交通工程建设，推进疏港货运快速干道、海秀快速路二期、海甸溪和南渡江下穿通道等工程。统筹建设地上地下市政公用设施，加快主城区地下通信管网建设，实现光纤宽带网络和4G信号全覆盖。加快推进城市积水点改造，完善雨污分流管网配套，力争三年内解决城市内涝问题。基本完成南渡江引水工程建设，开工建设永庄十万吨水厂三期、江东十万吨水厂及配套管网。全力推进电网供电保障和抗灾能力三年行动计划，实现主城区年户均停电时间降至4个小时以内，达到全国一流水平。

5. 持续深化重点领域改革。着力优化营商环境，不断激发市场活力和社会创造力。深化行政审批制度改革，围绕市民游客和企业反映的痛点和难点问题，针对市场准入、施工许可、服务贸易等审批办理制定专项行动计划，进一步清理行政事业性收费，减轻企业负担。加快培育和引进

一批高水平的会计、审计、法律、仲裁、咨询、检验检测、评估等专业服务机构。“不见面审批”实现100%上线，所有市场主体的各项登记业务实现全程电子化。探索实施“证照分离”改革[24]，力争全年新增市场主体4万个以上。完善促进消费的体制机制，增强消费对经济发展的基础性作用。统筹推进财政体制机制改革，合理划分市、区事权和支出责任，强化对四个区和三个开发区绩效考核。健全“多规合一”“编、审、管、监分离”的规划管理机制，调整完善市、区城乡规划管理体制，加强城乡规划集中统一管理。推进“拨改投”改革[25]，引导民间资本进入更多的领域。完善债务风险预警机制，以经营城市的理念加大政府存量债务化解和处置力度。推进国有企业混合制改革，积极引进国内外战略资本和行业龙头企业参与我市国有企业改革，引导和支持本地企业上市。继续深化医药卫生、教育、农场管理体制机制等各项改革。

6. 努力构建全方位开放格局。积极落实海南参与“一带一路”行动计划，推进泛南海经济圈建设，新开通境外空中航线8条以上，开通海口至新加坡、马来西亚集装箱班轮航线，实现与东盟沿海国家集装箱航线全覆盖。以港通路通为纽带，深化泛珠三角区域合作，积极融入粤港澳大湾区、北部湾城市群建设；加强琼州海峡经济带建设，继续推进琼州海峡港航一体化，年内开通高速客滚船，积极推动湛江—海口高铁规划建设，谋划开通湛江、北海、钦州等地的水上飞机线路，打造琼州海峡“半小时立体交通圈”。加快海澄文一体化进程，积极推动琼北滨海旅游公路、绕城高速二期等互联互通项目规划建设，加快推进与文昌清澜港、临高金牌港等公共码头资源整合。发展跨境电商外贸新业态，积极申报海口跨境电商综合试验区，推进国际购物中心规划建设。

（二）加强和创新社会治理，着力打造社会文明海口

秉承“城市管理应该像绣花一样精细”理念，科学地规划、合规地建设、绿色地发展、优化地管理、贴心地服务，建立持续巩固提升“创文创卫”[26]的长效工作机制，统筹全市社会文明和文化事业各方面建设。

7. 加强精细化治理的智慧城市建设。不断强化“12345”智慧联动平台“指挥棒”“绣花针”“连心桥”的作用，充分利用“椰城市民云”“椰城政务云”“椰城创新云”等先进技术手段和功能，建立跨部门、跨行业、跨层级的大数据共享和开发利用机制，为市民游客和企业提供便捷、实用的信息服务。继续推行“12345+网格化”，强化各区各部门一体化联动，努力构建快速响应诉求、一线化解矛盾的联动格局，不断提升城市治理水平和服务质量。启动交通治堵三年行动计划，开展轨道交通前期工作和环岛高铁海口站—美兰站城际快线化改造，优化主次干道路、重要支路和过街通道建设，打通断头路10条；实施公交优先战略，加强公交专用道建设，继续优化公交线路，年内实现智能电子站牌全覆盖；加快智慧交通建设，实施“路长制”，优化交通组织，鼓励和引导市民绿色出行。健全市、区、街、社区四级联动物业管理体制机制，修订完善市物业管理办法。提升和完善“三无”小区[27]消防设施。

8. 打造共建共治共享的社会治理格局。推动社会治理重心向基层下移，探索建立“百姓点单、志愿者参与、网格服务”的社会综合治理模式。积极推进社会诚信建设和志愿者服务制度化，申报第三批国家社会信用体系建设示范城市。加强对旅游、交通、环境卫生、违法建筑、流动人口等重点领域的综合治理，提高治理社会化、法治化、智能化、专业化水平。完善重大决策社会稳定风险评估机制和社会预警体系，加强网络舆情监测和应急处置。强化领导干部接访下访约访，及时排查化解基层矛盾纠纷。深化“平安海口”建设，加快“天网”[28]二期建设，依法打击和惩治各类违法犯罪活动，坚决打赢扫黑除恶专项斗争和禁毒三年大会战。坚守城市安全红线，落实安全生产责任，杜绝重特大安全事故。坚持军民融合发展，做好军转干部和士官安置，全力争创全国双拥模范城“九连冠”。

9. 推动文化事业发展。大力培育和践行社会主义核心价值观，全方位、多层次开展社会文明大行动。鼓励创作和引进高水平文艺精品，深入实施文化惠民和全民健身工程，启动市图书馆、博物馆、科技馆建设，建成五源河体育场和市民游客中心。加快农村文化室、体育活动场所建设，推进公共文体服务设施的免费开放，开展优秀电影进工地活动。加大历史文化遗产保护和利用，加快推进骑楼老街、五公祠、琼台书院等古迹保护修缮及周边地区的“活化”开发与修复，保护好美舍河流域片区的历史文脉。加强八音器乐、琼剧等非物质文化遗产的保护和传承，原生态还原“乡土文化”。

（三）牢固树立和践行绿水青山就是金山银山的理念，着力打造生态宜居海口

坚持节约优先、保护优先、自然恢复为主的方针，切实加强生态文明建设，像对待生命一样对待生态环境，统筹山水林田湖草系统治理，让城乡环境更宜居、人与自然更和谐。

10. 推进绿色发展。进一步完善和强化水源保护地、自然保护区、重要湿地、森林等敏感区域的生态保护立法，推进环保监测监察执法垂直管理体制改革。进一步加强土地宏观调控，开展第三次土地调查，落实建设用地总量和强度双控制度，切实提高亩产效益。提高园区企业的节能环保准入门槛，加快主城区、港澳开发区企业“退二进三”[29]，发展创新创业和绿色低碳循环产业。严格实行领导干部自然资源资产离任审计、生态环境损坏责任追究制度。全面推广绿色节能建筑，加快推进装配式建筑发展。倡导低碳生活方式，开展节约型机关、绿色家庭、绿色社区、绿色园

区等创建行动。

11. 持续开展生态环境“六大专项整治”。坚决抓好中央环保督察和海洋督察反馈问题彻底整改并建立长效机制，坚决制止和严惩一切破坏生态环境的行为。加强大气污染源监测，强化建筑工地和道路扬尘污染治理，强化餐饮业油烟、露天烧烤和垃圾秸秆焚烧的整治，确保空气质量保持全国领先。全面实施“河长制”“湖长制”“湾长制”，推广美舍河生态治理模式，确保32个水体全面达标。大力开展垃圾分类处理。加强饮用水源地保护与整治，加快推进桂林洋污水处理厂二期和丁村污水处理厂建设。实施化肥农药减施行动，确保化肥、农药施用量零增长。做好复垦复绿，完成民航航线俯视区黄土裸露及矿坑的修复。持续实施绿化宝岛和海岸带保护等生态工程。加强湿地保护与修复，加快推进五源河、潭丰洋等湿地公园、郊野公园建设，积极申报国际湿地城市和国家森林城市。继续保持打违控违高压态势。

12. 加快“五化”先行的城市更新。按照建省办特区30周年节点，加快推进机场、火车站、海秀快速路等重要道路和区域的“五化”工作，完成城市更新56个首批示范项目建设，启动海秀公园等第二批17个示范项目，营造生态宜居的城市环境。提倡种植大叶油草、椰子树、三角梅等本地花草树木，强化对城市报刊亭、售货亭、公交站台等“城市家具”的整治改造，按照国际化标准规范设置路名牌、指示牌。加强城市设计和建筑风貌管控，推出一批高水准的城市艺术雕塑，推动棚户区改造与旅游体验品质和业态升级相结合，探索打造一批试点示范。加强城市海绵化改造，建设百里生态绿道和一批海绵学校、海绵社区。

（四）提高民生保障和改善水平，着力打造人民幸福海口

紧紧抓住群众最关心最直接最现实的利益问题，为民办实事，一件接着一件办，一年接着一年干，让全市人民的获得感幸福感安全感更加充实、更有保障、更可持续。

13. 优先发展教育事业。加大普惠性幼儿园资助力度，全面实施“一校两园”建设计划[30]，四个区至少各新建1所公办中小学及2所公办幼儿园。继续加大优质教育资源引进力度，建成北大附中附小、人大附中海口分校，新增学位3200个以上。抓实“好校长好老师”和乡村教师等培养和引进工程，大力推广强弱学校捆绑、教育联盟等均衡办学模式，有计划选派优秀校长、优秀教师到薄弱学校、乡村支教。积极推进教师编制管理改革，均衡配置师资力量。加强特殊教育、职业教育和网络教育，办好“2018年全国职业院校技能大赛”。加强学校体育、卫生、艺术、海洋、生态、科技等方面教育，推进中小学信息化和游泳池建设。

14. 推进健康海口建设。全面实施《“健康海口2030”行动计划》，加快健康城市、健康村镇建设。积极推进“三医联动”[31]，实行多元化复合式医保支付方式改革，完善分级诊疗制度，推进“紧密型医联体”[32]建设。深化基层医疗卫生机构人事制度改革，探索建立“区管镇用、镇管村用”的人才柔性流动机制。全力配合推进省中医院、省疾控中心等省级医疗卫生项目，推动上海六院海口骨科与糖尿病医院二期和市第三人民医院江东院区项目建设，启动市国际中医中心和妇幼保健院江东新院区项目前期工作，推动中国残疾人福利基金会孤独症儿童（南方）康复基地落地。广泛开展爱国卫生运动，倡导健康文明生活方式；全面加强食品药品安全监管，创建国家食品安全示范城市。

15. 全面加强社会保障体系建设。促进更高质量和更加充分就业，城镇新增就业3.3万人。全面实施全民参保计划，推进社会保障公共服务平台建设。着力提升社会救助能力和水平，加强对农村留守儿童、困境儿童、孤儿的关爱保护，实现精准救助，完善养老服务体系。加大保障性住房建设与管理力度，建立货币补贴、租购并举的住房保障制度，力争新增保障性住房和人才房配租配售5000套以上。全力稳控物价，落实低收入群体价格补贴与物价上涨联动机制，抓好“菜篮子”“米袋子”工程，推动大型农副批发市场一期正式运营、二期加快建设，继续加大“基本菜”“一元菜”等惠民蔬菜供应；实施“中国好粮油”行动计划，完善粮油应急供应网点建设，多措并举保供稳价。

16. 坚决打赢脱贫攻坚战。坚持扶贫与扶志、扶智相结合，用好脱贫致富电视夜校，完善扶贫政策与群众参与情况挂钩的正向激励机制。实施就业帮扶计划，确保贫困家庭有劳动能力人员至少一人实现就业。做好特色产业帮扶的组织引导，构建企业与群众之间的良好利益联结机制。加强贫困户动态管理，做到精准识贫、精准帮扶、精准退出，今年要在全面巩固提升脱贫攻坚成果的基础上，实现34户、155人脱贫出列。

继续做好统计、人防、地震、气象、三防、档案、史志、科协、工商联、保密、老龄、慈善、外事侨务、对台、海防口岸、民族宗教等各项工作，充分发挥工会、共青团、妇联、残联等人民团体桥梁纽带作用。

（五）全面加强政府自身建设，着力打造人民满意政府

全市各级政府要坚持以党的政治建设为统领，持续深入推进全面从严治党，不断提高治理和服务水平，增强公信力和执行力，为海口做大做优做强、建设国际化滨江滨海花园城市提供坚强保障。

17. 努力推进学习型政府建设。把学习宣传贯彻习近平新时代中国特色社会主义思想和党的十九大精神作为全年工作的灵魂和主线，扎实推进“两学一做”学习教育常态化制度化，深入开展“不忘初心、牢记使命”主题教育，增强“四个意识”，坚定“四个自信”，提升“八种本领”[33]，切实把党中央决策部署不折不扣贯彻落实到政府工作的方方面面，使党的十九大精神在海口开花结果、落地生根。

18. 全面推进依法行政。深入贯彻落实法治政府建设实施纲要，将政府工作全面纳入法治化轨道。加大普法力度，严格规范行政执法行为，严肃行政执法责任追究。认真落实市人大及其常委会各项决议决定，自觉接受人大监督，积极支持人民政协履行职能，认真办理人大代表建议和政协委员提案。广泛听取民主党派、工商联、无党派人士、人民团体等各界人士的意见建议。完善政府立法工作机制，深入推进政务公开，推进决策的科学化、民主化、法治化。

19. 着力提高政府服务效能。稳妥有序推动政府职能转变和机构改革，统筹使用各类编制资源。着力建设诚信政府，探索建立政务诚信专项督导、社会监督等政务诚信监督机制。严格执行工作责任制，马上就办、办就办好，以“钉钉子”精神做实做细做好各项工作。完善市直机关绩效管理办法，建立正向激励和问责相结合的考核机制，激发政府工作人员奉献担当、改革创新精神，让实干者得实惠。探索试点实行公务员聘任制，吸引更多专业化的优秀人才到政府工作、为人民服务。

20. 切实强化廉政建设。深入贯彻落实中央八项规定精神和省委省政府三十三条实施细则，驰而不息纠正“四风”。严格落实党风廉政“一岗双责”和全面从严治党主体责任，强化行政监察改革，推进审计监督全覆盖，强化保障性住房分配、土地使用权和政府采购、工程项目招投标等交易、配置各环节监督，开展好扶贫领域腐败和作风问题专项治理，严厉惩治吃拿卡要、庸懒散奢行为，坚决打击发生在群众身边的腐败和不正之风，始终保持反腐高压态势。

各位代表，新时代已经扬帆起航。让我们紧密团结在以习近平同志为核心的党中央周围，在习近平新时代中国特色社会主义思想的指引下，在省委省政府和市委的坚强领导下，发扬敢闯敢试敢为人先埋头苦干的特区精神，不忘初心，牢记使命，把为人民谋幸福的事情办好办实，发挥示范带头作用，扛起省会责任担当，以优异的成绩向全国改革开放40周年和海南建省办特区30周年献礼！

主要名词解释：

[1] 多规合一：指在一级政府一级事权下，强化国民经济和社会发展规划、城乡规划、土地利用规划、环境保护、文物保护、林地与耕地保护、综合交通、水资源、文化与生态旅游资源、社会事业规划等各类规划的衔接，确保“多规”确定的保护性空间、开发边界、城市规模等重要空间参数一致，并在统一的空间信息平台上建立控制线体系，以实现优化空间布局、有效配置土地资源、提高政府空间管控水平和治理能力的目标。

[2] 五网：路网、光网、电网、气网、水网。

[3] 海绵城市：通过加强城市规划建设管理，充分发挥建筑、道路和绿地、水系等生态系统对雨水的吸纳、蓄渗和缓释作用，有效控制雨水径流，实现自然积存、自然渗透、自然净化的城市发展方式。

[4] 五化：对城市进行净化、绿化、彩化、亮化、美化。

[5] 椰城市民云：整合多部门的信息资源，以市民为中心打造的一站式“互联网+”公共服务平台。

[6] 椰城政务云：以政务管理为中心，一站式政府管理平台。

[7] 椰城创新云：以科技创新为中心，面向科技工作者、企业管理者和科技爱好者的一站式综合服务平台。

[8] 五个一工程：指中宣部每年组织开展的“一部好戏剧、一部好电视剧、一部好图书、一部好理论文章、一部好电影”的精神文明建设创建评选活动。

[9] 美丽海南百千工程：指海南省开展的百个特色产业小镇和千个美丽乡村建设。

[10] 田园综合体：根据2017年中央一号文件精神，指以农民合作社为主要载体，让农民充分参与和收益，集循环农业、创业农业、农事体验于一体的综合发展方式。

[11] 两个暂停：2016年2月23日，省政府印发《关于加强房地产市场调控的通知》，决定即日起对商品住宅库存消化期超过全省平均水平的市县，暂停办理新增商品住宅（含酒店式公寓）及产权式酒店用地审批，暂停新建商品住宅项目规划报建审批。

[12] 装配式建筑：建筑的部分或全部构件在工厂预制完成，然后运输到施工现场，将构件通过可靠的连接方式组装而建成的建筑。

[13] 一致性评价：即仿制药一致性评价，是指对已经批准上市的仿制药，按与原研药品质量和疗效一致的原则，分期分批进行质量一致性评价，在质量与药效上达到与原研药一致的水平。

[14] 放管服：“放”即简政放权；“管”即放管结合；“服”即优化服务。

[15] 一窗受理、集成服务：分类设置一窗通办的综合服务窗口，实行“一窗综合受理、分类审核办理、统一窗口出件”的服务模式，实现基于一级政府层面横向贯通、跨越部门的“一窗式”审批。

[16] 极简审批：指采取“规划代立项”、以区域评估取代单个项目评估、优化项目服务、推行承诺制度、建立“准入清单”、打造两个平台、加强两项监管、实行联合验收、建立诚信档案、实施退出机制等十大措施。

[17] 不见面审批：指政务服务全流程网上办理，即申请人通过实名注册、网上申请、网上上传申报材料并承诺材料真实性的方式办理事项，审批部门在申请人申报材料齐全的情况下，即可在承诺办结的时限内办结，并通过快递将办理结果送达申请人手中，实现全过程不见面不跑腿。

[18] 多证合一：在全面实施企业、农民专业合作社工商营业执照、组织机构代码证、税务登记证、社会保险登记证、统计登记证“五证合一、一照一码”登记制度改革和个体工商户工商营业执照、税务登记证“两证整合”的基础上，将涉及企业

（包括个体工商户、农民专业合作社）登记、备案等有关事项和各类证照进一步整合到营业执照上，实现“多证合一、一照一码”。

[19] 海澄文：指海口市、澄迈县、文昌市。

[20] 六大专项整治：即生态环境六大专项整治，是指整治违法建筑、城乡环境综合整治、城镇内河（湖）水污染治理、大气污染防治、土壤环境综合治理、林区生态修复和湿地保护。

[21] 一岗双责：是指国家各级政府机关党员干部在做经济建设、履行本职岗位应有的管理职责的同时还要对所在机关的党风廉政建设负责。

[22] 六大类工程：即交通扶贫六大工程，自然村通硬化路工程、窄路面拓宽工程、县道升级改造工程、生命安全防护工程、农村公路桥梁建设及危桥改造工程和旅游资源路工程。

[23] 一枢纽、两地、三中心：即陆岛综合交通枢纽，港航现代服务中心，购物中心，休闲娱乐中心，全域旅游集散地和精品旅游目的地。

[24] “证照分离”改革：通过采取改革审批方式和加强综合监管改革商事登记制度，实现市场准入领域的“先照后证”，使企业办证更加快速便捷高效；也就是只要到工商部门领取一个营业执照，就可以从事一般性的生产经营活动，如果需要从事需要许可的生产经营活动，再到相关审批部门办理许可手续。

[25] “拨改投”改革：创新财政资金使用手段，通过参股产业引导基金共同投资运营，吸引激励金融资本和社会资本，为初创企业和成长企业雪中送炭，支持新兴产业发展。

[26] 创文创卫：创建全国文明城市、创建国家卫生城市。

[27] “三无”小区：指无物业管理单位、无垃圾收集设施、无卫生保洁人员的城区老旧小区、安置小区、倒闭企业小区。

[28] 天网：指为满足城市治安防控和城市管理需要，利用图像采集、传输、控制、显示等设备和控制软件组成，对固定区域进行实时监控和信息记录的视频监控系统。

[29] 退二进三：是指对依法取得土地使用权的工业企业利用已有存量建设用地和厂房，就地发展符合产业政策和商业布局规划要求的第三产业（旅游休闲、文化创意等第三产业和总部经济），有效盘活土地资源，实现产业高端化、空间集聚化、生态低碳化。

[30] “一校两园”建设计划：从2018年开始，全市每个区每年在主城区内至少新建1所公办中小学校及2所公办幼儿园，到2020年合计新建15所公办中小学校及30所公办幼儿园。

[31] 三医联动：即医疗、医保、医药改革联动。

[32] 医联体：即医疗联合体，一般由较高级别医疗机构牵头，联合数家不同级别、类别的医疗机构组成。

[33] 八种本领：党的十九大报告中提出，我们党要全面增强执政本领，重点增强学习本领、政治领导本领、改革创新本领、科学发展本领、依法执政本领、群众工作本领、狠抓落实本领、增强驾驭风险本领。

2017年海口市国民经济和社会发展统计公报

海口市统计局　国家统计局海口调查队

2018年2月5日

2017年，面对复杂多变的外部环境和经济下行压力，全市人民在市委、市政府的坚强领导下，认真学习贯彻习近平新时代中国特色社会主义思想，坚决落实省委、省政府的决策部署，紧紧围绕建设国际化滨江滨海花园城市的发展目标，坚持稳中求进的工作总基调，积极践行新发展理念，深入推进供给侧结构性改革各项工作，全力保持经济健康运行，经济运行实现稳中有进、稳中向好、稳中提质的良好态势。成功创建全国文明城市和国家卫生城市，实现海南建省办经济特区30年来文明城市“零的突破”。

一、综合

（一）总体经济

初步核算，2017年全市实现地区生产总值（GDP）1390.48亿元，按可比价格计算，比上年增长7.5%。其中，第一产业增加值63.72亿元，增长3.7%；第二产业增加值252.22亿元，增长5%；第三产业增加值1074.54亿元，增长8.4%。三次产业结构为4.6：18.1：77.3，其中第三产业占GDP比重比上年提高1个百分点。按常住人口计算，人均GDP为61583元，比上年增加5268元，增长6.2%。

（二）财政

2017年，全市全口径一般公共预算收入388.48亿元，同口径（下同）比上年增长16.6%。其中，地方一般公共预算收入125.37亿元，增长12.8%。在地方税收收入中，国内增值税14.96亿元，增长10.1%；改增增值税22.46亿元，增长83.1%；企业所得税20.04亿元，增长19.1%；个人所得税6.89亿元，增长40%；土地增值税13.03亿元，增长11.3%。

2017年，全市地方一般公共预算支出198.5亿元，比上年下降

4.8%。全年财政民生支出139.7亿元，占地方公共财政预算支出的70.4%。其中，教育支出31.41亿元，增长0.2%；文化体育与传媒支出3.05亿元，增长0.2%；医疗卫生与计划生育支出18.67亿元，增长3.6%；农林水事务支出19.85亿元，增长10.5%。

（三）固定资产投资

2017年，全市完成固定资产投资1415.5亿元，比上年增长11.3%。分产业看，第一产业投资17.03亿元，增长78.4%；第二产业投资61.49亿元，增长45.9%；第三产业投资1336.99亿元，增长9.6%。分行业看，工业投资56.8亿元，增长48.4%。

全市民间固定资产投资持续发展。2017年，全市民间固定资产投资995.09亿元，比上年增长2.4%，占全市固定资产投资比重为70.3%，民间投资的持续发展促进了全市投资发展环境的优化。

全年固定资产投资施工项目1182个，比上年增加187个。其中，本年新开工项目323个，比上年减少11个。分区看，秀英区完成固定资产投资466.14亿元，增长25.3%；龙华区完成固定资产投资325.34亿元，增长12.2%；琼山区完成固定资产投资131.59亿元，增长7.3%；美兰区完成固定资产投资373.39亿元，增长7.6%。

（四）深化改革成效明显

供给侧改革深入推进。房地产去库存稳步推进，商品房去库存周期为15.16个月，低于全国全省水平。从去杠杆的情况来看，全市规模以上工业企业资产负债率为48.4%，比去年同期高0.9个百分点。企业成本下降，全市规模以上工业企业每百元的主营成本为69.25元，比去年同期下降4.6元。补短板投入增长较快。全市以“双创”为载体，持续加大公共财政投入，补齐城市功能、城市管理、生态环境、民生事业短板，不断扩大优质服务供给。2017年全市财政民生支出139.7亿元，占全市财政支出的70.4%。全市基础设施建设累计完成投资456.47亿元，增长1.2%。其中，交通运输业投资202.58亿元，下降3.3%；水利环境和公共设施管理业投资196.77亿元，下降4.4%。

坚持“以人民为中心”的发展理念，忠实践行“规范、便民、廉洁、高效”的宗旨，以“放管服”工作为重点，并充分发挥12345政府服务热线的作用，提高了政府行政效能。2017年海口市政府服务中心共计受理各类政务办件14.41万件，办结14.12万件，提前办结率86.4%，群众满意率99.1%。“海口12345”微

2017年海口市财政收支完成情况

指标名称	绝对数（亿元）	同口径同比增长（%）
全口径一般公共预算收入	388.48	16.6
中央一般公共预算收入	173.24	20.6
省一般公共预算收入	89.88	14.5
地方一般公共预算收入	125.37	12.8
1. 地方税收收入	105.82	16.4
国内增值税	14.96	10.1
改增增值税	22.46	83.1
企业所得税	20.04	19.1
个人所得税	6.89	40.0
城市维护建设税	6.88	19.7
房产税	4.18	30.8
契税	6.29	12.3
2. 地方非税收入	19.55	–3.3
行政事业性收费收入	2.63	–2.8
罚没收入	2.61	57.9
地方政府性基金预算收入	150.28	38.3
地方公共财政预算支出	198.50	–4.8
一般公共服务	18.17	–11.8
公共安全	11.24	9.7
教育	31.41	0.2
科学技术	1.03	–63.4
文化体育与传媒	3.05	0.2
社会保障和就业	23.70	–2.5
医疗卫生	18.67	3.6
节能环保	6.05	–59.4
城乡社区事务	20.12	–27.8
农林水事务	19.85	10.5
交通运输	4.29	–3.7
商业服务业等事务	3.74	–2.7
国土资源气象等事务	1.65	10.6
住房保障支出	12.11	–4.7
粮油物资储备事务	0.46	3.0
其他支出	2.78	40.8
地方政府性基金预算支出	148.60	36.6

2017 年海口市分产业（行业）固定资产投资及其增长速度

产业（行业）名称	投资额（亿元）	比上年增长（%）
固定资产投资	1415.50	11.3
第一产业	17.03	78.4
第二产业	61.49	45.9
制造业	31.67	7.7
电力、燃气及水的生产和供应业	25.13	183.5
建筑业	4.69	21.3
第三产业	1336.99	9.6
交通运输、仓储和邮政业	202.58	-3.3
信息传输、计算机服务和软件业	57.11	59.7
批发和零售业	27.85	20.1
住宿和餐饮业	18.89	-69.1
金融业	0.73	-
房地产业	660.79	8.4
租赁和商务服务业	7.24	-28.2
科学研究技术服务和地质勘查业	2.89	144.5
水利环境和公共设施管理业	196.77	-4.4
教育	45.81	83.4
卫生、社会保障和社会福利业	21.19	84.1
文化、体育和娱乐业	89.25	269.5
公共管理和社会组织	5.83	85.4

信公众号关注用户达 16.3 万人，12345 热线通过多来源途径受理市民诉求办件，共 103.06 万件，形成有效办件 93.92 万件，截至目前已办结 102.92 万件，办结率 99.9%。公共资源交易中心完成交易项目共 721 个，交易金额为 562.26 亿元。智慧海口加快建设，“椰城市民云”“椰城政务云”“椰城创新云”的智慧城市框架基本形成。

深化“放管服”改革，营商环境不断改善。工商登记改革实行简政放权，推进“多证合一”，实行简易注销登记，加强与银行合作，拓展工商登记新途径，试行银行网点无偿代办工商注册业务。2017 年，全市新增市场主体 5.15 万户，其中新增企业 2.25 万户，新登记个体工商户 2.89 万户。办理“多证合一”业务共 2.18 万笔，其中设立 1.15 万笔，变更 0.74 万笔，换照 0.29 万笔。

推进医改纵深发展，全面破除“以药养医”。实行取消药品加成改革，全市共 6 家公立医院全面取消药品加成，群众减少开销 4128.62 万元。推进分级诊疗制度建设，选择了市人民医院、市中医医院、市第三人民医院等 3 家医院分别牵头，联合若干镇卫生院或社区卫生服务中心，构建“1+X”紧密型医联体。实施医疗控费，进一步强化公立医院内部管理，有效控制公立医院医疗费用不合理增长。

（五）城市文明提升

“双创”是我市历史上范围空前、力度空前的社会总动员，带动海口从市容市貌到干部作风都发生了历史性转变。2017 年，全市以党风廉政建设和“双创”工作为抓手，以提高核心竞争力为着力点，有力推进各项工作落到实处，分别在 2017 年 7 月和 11 月成功创建了“全国卫生城市”和“国家文明城市”，对外影响力和城市美誉度不断提升，是海口建设国际化滨江滨海花园城市的重要里程碑。

二、居民生活和民生事业

（一）居民生活

城乡居民生活水平逐步提高。2017 年，全市常住居民人均可支配收入 28701 元，增长 8.5%，扣除价格因素，实际增长 5%。从收入来源看，工资性收入 20034 元，增长 8.9%；经营净收入 2295 元，增长 3.2%；财产净收入 1620 元，增长 3.6%；转移净收入 4752 元，增长 11.3%。

按常住地分，城镇常住居民人均可支配收入 33320 元，增长 8.3%。其中，工资性收入 23937 元，增长 8.4%；经营净收入 1602 元，增长 4.3%；财产净收入 1984 元，增长 2.6%；转移净收入 5797 元，增长 11%。农村常住居民人均可支配收入 13763 元，增长 8.6%。其中，工资性收入 7414 元，增长 11.6%；经营净收入 4535 元，增长 2.8%；财产净收入 444 元，增长 15.6%；转移净收入 1370 元，增长 10.5%。

（二）就业

就业形势总体稳定。2017 年，全市城镇新增就业 3.47 万人，完成年任务的 102.9%，其中，城镇登记失业人员再就业 0.9 万人；就业困难人员实现就业 847 人；组织农村富余劳动力转移就业 7277 人。城镇登记失业率 1.3%。新增办理失业人员申领失业保险待遇 5049 人，累计发放失业保险金 6.92 万人次、1.39 亿元。为领取失业金人员缴纳基本医疗保险费 3452 万元。新增就业见习基地 15 家，新增见习岗位 131 个，吸收接纳见习人员 490 人。

（三）物价

物价持续较快上涨。2017 年，海口市居民消费价格总水平上涨

3.3%。其中，服务项目价格上涨7.2%；消费品价格上涨1.1%。工业生产者出厂价格上涨0.4%，购进价格上涨2.8%。分类别看，食品烟酒价格上涨0.2%，衣着价格下降3.0%，居住价格上涨7.8%，生活用品及服务价格下降0.6%，交通和通信价格上涨1.9%，教育文化和娱乐价格上涨3.9%，医疗保健价格上涨14.8%，其他用品和服务价格上涨4.4%。

（四）安居工程建设

以统筹住房和城乡建设发展为主线，完善保障性住房工作管理体系，强化建设工程质量安全监督，推进房地产业供给侧结构性改革。

推进棚户区改造工作。2017年，全市垦区职工危房改造已开工建设270套，占省下达指导性任务计划的100%（其中，占分解下达国家任务计划的126.2%），相关基础配套设施已全面开工，100%完成年度计划建设任务。

强化农村危房改造。把工程质量安全管理作为重点工作，2017年全市农村危房改造工作围绕省政府下达的400户（建档立卡贫困户276户）农村危房改造任务，400户农村危房改造已全部竣工，竣工率100%，竣工面积3.2万平方米。

（五）扶贫

2017年，我市深入推进脱贫攻坚工作，全市完成629户、2773人减贫任务和5个贫困村脱贫出列。进一步加大帮扶力度，落实各项帮扶措施。实施产业扶贫帮扶贫困人口819户、2936人。举办农业实用技术培训73期，参训人数达5742人次。实施电子商务扶贫完成投入资金137.1万元，建成镇级服务站1个，村级电商服务站11个，受益贫困户231户、1004人。实施就业扶贫，全年投入208.86万元，开展劳动力转移培训1072人次、创业致富带头人培训63人，举办乡村旅游服务技能等专场培训12场次，实现转移就业485人次。实施金融扶贫，省下达任务数为925户，我市小额信贷完成1523户，发放贷款2775万元，完成计划任务的164.6%。实施光伏扶贫，完成村级屋顶光伏建设项目11个，项目总规模为866千瓦，已完成投入690.95万元。实施整村推进扶贫，实施5个贫困村整村推进项目和13个已脱贫村整村推进提升工程，完成建设3个产业发展项目和132个基础设施建设项目。

2017年海口市居民消费价格指数（CPI）

指标名称	价格指数（上年=100）
居民消费价格指数	103.3
一、食品烟酒	100.2
1、粮食	101.1
2、鲜菜	94.1
3、畜肉	98.4
4、水产品	100.3
5、蛋	97.1
6、鲜瓜果	103.0
二、衣着	97.0
三、居住	107.8
四、生活用品及服务	99.4
五、交通和通信	101.9
六、教育文化和娱乐	103.9
七、医疗保健	114.8
八、其他用品和服务	104.4

（六）教育

教育事业优先发展。全年新建或改扩建中小学校和幼儿园10所，北大附中附小海口学校加快建设、北师大海口附校、海景学校建成招生，新增学位9515个。全市公办幼儿园首次摇号入学。2017年，全市共有普通高校11所，普通高等教育本专科招生4.28万人，在校生14.66万人，毕业生4.22万人；研究生教育招生0.23万人，在校生0.57万人，毕业生0.13万人。全市中等职业教育在校生7.62万人。九年义务教育巩固率99.3%，高中阶段教育毛入学率90.5%，基本普及高中阶段教育。特殊教育招生145人，在校生607人。全市共有幼儿园763所，比上年增加25所；在园幼儿11.17万人，比上年增加3067人。学前三年教育毛入园率82%。

教育保障工作进一步完善，完善城乡义务教育经费保障机制，2017年财政性教育经费投入31.41亿元。改善义务教育薄弱学校基本办学条件，经费投入0.39亿元。推动普及普通高中教育，落实普通高中生均公用经费投入0.43亿元。继续实施现代职业教育质量提升计划，经费投入0.33亿元，对中职学校实现全面免学费补助。不断扩大教育资源供给，为北师大海口附校及培训基地、海口市（美兰）示范性综合实践基地、“10+2”学校改扩建等项目做好资金保障工作，财政累计拨付1.7亿元，有效扩大了学位供给。

（七）医疗卫生

2017年，全市辖区内有医疗卫生机构1302家。其中，医院123个、乡镇卫生院26个、妇幼保健院（所、站）6个、专科疾病防治院（所、站）5个、疾病预防控制中心6个、急救中心2个、血液中心1个、卫生监督所（中心）6个、门诊部103个、诊所和卫生所及诊疗室665个、医学教育机构5个、社区卫生服务中心(站)117家(服务中心25个、服务站92个)、计划生育服务站6个、村卫生室231家。城区每1~3万人口拥有1家社区卫生服务站(中心),实现15分钟医疗卫生服务圈的目标。实现农村每一个建制镇拥有1家卫生院(共26家)、每一个行政村拥有1家村卫生室(共231个)的目标,城乡卫生服务全覆盖率达100%。医疗卫生机构总床位数1.61万张,每万人口拥有床位71.51张。其中医院拥有床位1.47万张,增长4.5%;乡镇卫生院拥有床位689张。全市现有卫生人员3.71万人,其中卫生技术人员3.19万人,占86%。执业(助理)医师1.12万人,注册护士1.57万人,每万人口执业(助理)医师数为50.03人,每万人口护士数为60.97人。

(八)社会保障、救助和福利

社会保障体系进一步完善。2017年末,全市参加城镇从业人员基本养老保险63.2万人,比上年末增加10.46万人。其中,在职人员52.03万人,离退休人员11.17万人。参加城镇职工基本医疗保险53.01万人。参加城镇居民基本医疗保险40.56万人。参加失业保险46.28万人,减少3万人。参加工伤保险40.54万人。参加生育保险40.02万人。参加城乡居民养老保险33.79万人。参加新型农村合作医疗保险人数59.77万人,参合率98.8%。年末领取失业保险金职工人数5426人。获得政府最低生活保障的城镇居民0.46万人,发放最低生活保障资金2234.15万元;获得政府最低生活保障的农村居民1.76万人,发放最低生活保障资金6991.99万元。城镇建立城镇社区综合服务设施数量458个。

三、国民经济各行业

(一)农业

农业生产平稳发展。全年农林牧渔业完成总产值104.8亿元,比上年增长4.9%。其中,农业49.01亿元,林业6.71亿元,渔业12.34亿元,牧业29.71亿元,分别增长7.2%、4.3%、1.7%和1.7%;农林牧渔服务业7.04亿元,增长10.7%。全市粮食总产量14.8万吨,下降2%;蔬菜产量51.47万吨,下降7.5%;水果产量23.37万吨,增长10.1%;肉类产量8.83万吨,增长2.8%;水产品产量7.42万吨,增长1.3%。有效灌溉面积增长1.07万亩,旱涝保收面积增长0.17万亩。

(二)工业和建筑业

工业生产小幅下降。全年全市规模以上工业总产值500.08亿元,比上年下降1.5%。实现规模以上工业增加值130.29亿元,增长4.5%。规模以上工业中,轻工业产值为320.74亿元,增长10.1%;重工业产值为179.34亿元,下降17.1%。

规模以上工业中,医药、烟草、机电三大主导行业实现产值268.43亿元,比上年增长8.1%。其中,医药行业实现产值188.5亿元,增长18.4%;烟草行业实现产值27.96亿元,增长5.8%;机电行业实现产值51.97亿元,下降17.9%。三大支柱行业产值占全市规模以上总产值53.7%,对全市规模以上工业经济增长的贡献率为14.7%。

全年规模以上工业企业主营业务收入497.02亿元,比上年增长1.1%;实现利润总额29.95亿元,下降16.3%;工业产销率98.1%,提高1.1个百分点。

工业企业产值超10亿元的有12家,产值超亿元的有73家。产值超亿元企业共完成工业产值463.46亿元,占规模以上工业总产值的92.7%。

建筑业平稳发展。全年全市建筑业实现增加值110.38亿元,比上年增长6%。全市资质以上建筑业企业完成建筑业总产值240亿元,增长9.9%。其中建筑工程产值198亿元,增长9%;安装工程产值29亿元,增长12.6%。当年建筑企业新签合同价款30亿元。建筑业期末从业人员5.27万人,全员劳动生产率41.11万元/人。

(三)旅游业和房地产业

深化“旅游+”,旅游产业转型进一步升级。以发展民宿产业为突破口,盘活城乡资源要素,打造精品旅游线路,形成“旅游+”新业态。2017年海口综合招商推介会上,全市共签约旅游产业项目12个,桂林洋国家热带农业公园项目成功入选2017全国优选旅游项目名录。2017年全市共接待游客2427.66万人次,比上年增长11.1%。其中,接待入境游客18.19万人次,增长33.3%;人均逗留天数1.44天,延长0.01天。实现旅游总收入265.99亿元,增长14.3%。其中,入境旅游收入5938.29万美元,增长31.9%。全市A级旅游

2017年海口市主要农产品产量及增长速度

产品名称	单位	产量	比上年增长(%)
粮食	万吨	14.8	-2.0
早稻	万吨	6.5	-4.8
晚稻	万吨	5.8	1.3
油料	万吨	0.8	6.9
花生	万吨	0.73	8.1
糖蔗	万吨	2.58	-20.9
水果	万吨	23.37	10.1
蔬菜	万吨	51.47	-7.5
橡胶	万吨	0.28	4.7
胡椒	万吨	0.39	12.0

2017年海口市主要工业产品产量及增长速度

产品名称	单位	产量	比上年增长(%)
饲料	万吨	88.43	-0.8
罐头	万吨	22.60	17.2
软饮料	万吨	54.57	2.8
中成药	吨	1459.12	21.4
饮料酒	亿升	0.57	-17.8
变压器	万千伏安	1166.84	0.3
电力电缆	万千米	6.57	-59.0
太阳能电池	万千瓦	23.88	-38.2
乳制品	吨	2811	-16.1
卷烟	亿支	120	0.4
光缆	万芯千米	11.00	-90.1
汽车	万辆	3.96	-41.1
发动机	万千瓦	421.71	-24.1

景区10家，其中4A级及以上旅游景区4家；星级宾馆酒店40家，其中五星级宾馆酒店6家。

房地产开发投资增势稳定。全年全市房地产业实现增加值113.83亿元，比上年增长9.3%。房地产开发投资603.25亿元，比上年增长9.5%。房屋销售面积549.47万平方米，比上年增长27%。全年房地产开发投资到位资金1013.06亿元，比上年增长21.2%，资金到位率为100%。其中本年资金来源829.22亿元，增长16.2%，占全部资金来源的81.8%。本年资金中，自筹资金221.81亿元，下降34.1%；国内贷款143.86亿元，增长12.9%；其他资金463.56亿元，增长86.0%。

（四）交通运输和邮电业

全力推进互联互通建设。2017年，海口新开通国际航线9条，累计62条；新开通海上外贸集装箱班轮航线2条，累计7条。海口美兰国际机场实现旅客吞吐量突破2000万人次，达到2258.48万人次，比上年增长20.1%，在全国机场排名中凭借实力升至第17名。港口货物吞吐量10112.78万吨，比上年增长14.1%。其中外贸货物吞吐量136.5万吨，增长31.3%。集装箱吞吐量163.6万标箱，增长16.7%。

年末全市民用汽车拥有量77.25万辆，比上年增长13.9%，其中私人汽车68.69万辆，增长13.1%。全年新注册汽车12.46万辆，报废5547辆。

邮电通信业快速增长。全年全市完成邮电业务总量125.04亿元，比上年增长110.7%。其中，电信业务总量115.40亿元，增长127.3%；邮政业务总量9.64亿元，增长12.5%。年末固定电话用户58.1万户，下降11.4%；移动电话用户387.1万户，增长15.7%。电话普及率为每百人170.1部，互联网宽带用户85.4万户。全年短信业务量11.4亿条，下降19.7%。

（五）国内贸易和会展业

市场消费增长较快。全年全市社会消费品零售总额726.12亿元，比上年增长11%。其中，餐饮收入额93.51亿元，增长8.8%；商品零售额632.61亿元，增长11.4%。城镇消费品零售额662.22亿元，增长11.4%；乡村消费品零售额63.90亿元，增长7.5%。

主要商品销势良好。在限额以上单位商品零售中，服装鞋帽、针纺织品类零售额21.47亿元，增长7.6%；日用品类零售额15.28亿元，增长20.6%；家用电器和音像器材类零售

2017年海口市旅游接待情况

指标名称	单位	绝对数
接待海外旅游人数	人次	181931
外国人	人次	97734
港澳同胞	人次	29415
台湾同胞	人次	54782
接待海外旅游人天数	人天	311299
外国人	人天	182988
港澳同胞	人天	45941
台湾同胞	人天	82370
旅游外汇收入	万美元	5938.29
国内旅游		
接待国内游客	万人次	2409.47
旅游收入	亿元	262.05
旅游总收入	亿元	265.99

2017 年海口市客货运输量及增长速度

运输方式	旅客				货物			
	运输量（万人次）	增长速度（%）	周转量（亿人公里）	增长速度（%）	运输量（万吨）	增长速度（%）	周转量（亿吨公里）	增长速度（%）
合计	9600	7.9	738	15.0	10036	-3.1	460	-31.1
公路	2666	-2.7	28	-2.9	3023	18.3	28	18.1
民航	3198	10.6	652	15.7	35	5.9	12	25.2
铁路	2724	17.1	54	18.8	972	21.5	18	22.2
水路	1012	7.1	3	7.5	6006	-13.9	402	-35.1

额 18.6 亿元，增长 10%；石油及制品类零售额 112.21 亿元，增长 11%；汽车类零售额 139.41 亿元，增长 11.9%；化妆品类零售额 13.88 亿元，增长 45.1%。

会展业发展态势喜人。2017 年，我市共举办各类会展活动共计8002 场，增长 27%，其中，规模以上会展活动 270 场，增长 13.4%；规模以上会议 242 场，增长 35%；1000 人以上会议 46 场，增长 76.9%；国际性会议 20 场，增长 81.8%。规模以上展览总面积 80.35 万平方米，增长 18.5%；含 1 万平方米以上展览 28 个，增长 17.4%。全年会展业综合收入突破 100 亿元，初步预计达 103 亿元，比上年增长 20%。采取“走出去、请进来”多维度开展会展营销宣传，完成了 6 场岛外促销活动，圆满完成年度任务。当前，我市每年固定举办的会议和展览共计 30 多个，大力扶持本地会展企业举办政府引导、市场化运作的展会。

（六）银行、证券期货和保险业

信贷投向持续优化。2017 年末，全市金融机构本外币各项存款余额 5420.27 亿元，比年初增加 430.97 亿元，增长 8.6%。其中，个人存款余额 1576.09 亿元，增加 107.87 亿元，增长 7.3%。年末金融机构本外币各项贷款余额 5600.33 亿元，比年初增加 331.85 亿元。其中，中长期贷款余额 4105.72 亿元，增加 250.98 亿元，增长 6.5%；短期贷款余额 1150.25 亿元，增加 235.59 亿元，增长 25.8%。

证券市场交易较为活跃。全年证券公司总交易金额 10576 亿元，比上年增长 7.3%。其中股票交易额 6167.33 亿元，下降 14.3%；债券交易额 3471.82 亿元，增长 67.3%；基金交易额 735.1 亿元，增长 40.8%。年末证券账户开户 91.83 万户，增长 9.5%。全年期货市场成交额 16476.11 亿元，下降 26.9%。

保险业持续较快发展。全年保费收入 105.43 亿元，比上年增长 31.9%。其中，财产险保费收入 46.49 亿元，增长 50.4%；人身险保费收入 58.94 亿元，增长 20.2%。全年支付各项赔款和给付 34.37 亿元，下降 6.1%。其中，财产险赔款支出 20.66 亿元，下降 4.5%；人身险赔付支出 13.71 亿元，下降 8.6%。

四、对外贸易和对外开放

（一）对外贸易

据海口海关统计，全年全市进出口总额 210.22 亿元，比上年下降 18.5%。其中，出口 55.46 亿元，增长 6.4%；进口 154.76 亿元，下降 24.9%。一般贸易进出口 132.53 亿元，增长 19.1%，占进出口总额 63%。对美国进出口 112.8 亿元，增长 11.1%，仍为全市第一大贸易伙伴。欧盟为全市最大出口市场，对欧盟出口 6.34 亿元，占出口份额的 11.4%。

（二）对外开放

我市紧紧围绕省委、省政府提出的“十三五”期间重点发展的十二大产业，创新招商方式，重点策划了书记、市长赴北京、上海敲门招商活动，组织举办了第二届“海博会”海口综合招商推介会、2017 海口综合招商活动、2017 中国（海口）—新加坡经贸交流洽谈会、2017 厦门国际投资贸易洽谈会（以下简称厦洽会）和自主招商活动等一系列经贸活动，招商引资工作成效明显,共签约项目 141 个，总协议投资额为 1780.7 亿元。综合招商活动共签约 109 个项目，总协议投资额 1237.45 亿元。以北京板块和央企为主题的“国际化滨江滨海花园城市 美好新海口”——2017 海口综合招商推介会于 2017 年 6 月 27 日上午在海口召开，把海口招商目标定位为“像绣花一样精细”，落细落小、做出品位、做出形象。

五、科学技术、文化和体育

（一）科技

2017 年，全市各项专利指标持续领跑全省。全年专利申请量为 3193 件，增长 23.3%，占全省的 72.3%；专利授权量为 1451 件，增长 5.2%，占全省的 69.6%；PCT 国际专利申请 14 件，占全省 82.4%，全市 PCT 国际专利申请总量达到 49 件；有效发明专利 1759 件，占全省的 75%；每万人有效发明专利拥有量达 7.83 件。我市有 3 项专利获第十九届中国专利奖，全省占比 75%。2017 年成功入选为第一批中小企业知识产权战略推进工程试点城市，并荣获“国家知识产权试点城市工作先进集体”。全年全市拥有市级及以上重点

2017 年海口市外贸进出口情况

单位：亿元

指标	绝对数	比上年增长（%）
外贸进出口总额	210.22	18.5
按企业性质分		
外商投资企业	108.22	15.0
国有企业	2.06	-17.3
集体企业	50.08	-50.6
民营企业及其他	99.93	-38.1
按贸易方式分		
一般贸易	132.53	19.1
加工贸易	18.89	9.6
其他贸易	0.34	-88.6
出口总额	55.46	6.4
按企业性质分		
外商投资企业	16.73	16.4
国有企业	1.30	-21.5
集体企业	17.17	209.8
民营企业及其他	37.43	3.8
按贸易方式分		
一般贸易	40.03	7.4
加工贸易	13.84	0.6
其他贸易	0.17	-57.7
进口总额	154.76	-24.9
按企业性质分		
外商投资企业	91.49	14.7
国有企业	0.76	-8.9
集体企业	32.91	-65.6
民营企业及其他	62.50	-50.1
按贸易方式分		
一般贸易	92.51	24.9
加工贸易	5.05	45.0
其他贸易	0.17	-93.5

实验室 66 家（其中国家级 1 家、省级 30 家）、市级及以上技术研发中心 64 家（其中国家级 3 家、省级 37 家）。全年全市共有众创空间 40 余家，总数居全省第一，提供创新创业场地逾 18 万平方米，专业创业导师 40 多名，服务团队 100 多人，聚集创客 1500 余人，入驻企业（团队）1000 多家，累计孵化毕业企业 100 多家。

（二）文化

公共文化服务繁荣发展。2017 年，全市共有艺术表演团体 32 个，艺术表演场馆 11 个，博物馆 1 个，公共图书馆 5 个，群众艺术馆、文化馆 5 个，文化站 34 个。全年出版各类图书 2188 种，报纸 17 种，杂志 42 种。年末广播人口综合覆盖率为 100%，电视人口综合覆盖率为 100%，公共图书馆藏书量 50 万册。

文艺创作和竞技体育再创佳绩。琼剧 4K 电影《喜团圆》，是继 1962 年首部琼剧电影《红叶题诗》之后海南戏曲百花园中涌现的又一精品力作，有力地呈现了琼剧魅力。创作《旋风女队》儿童电影，荣获“最佳中国儿童片特别奖”“我最爱的儿童片”“最佳儿童女演员”三项大奖。我市艺术家全面发表美术书法作品 63 幅，其中油画作品《风再起时》发表在全国性刊物《中国油画》，出版长篇小说《红戏》。市演艺有限公司创作的大型歌舞诗剧《黎族家园》被国家文化部列入“2017 年度国家舞台艺术精品创作扶持工程十大重点扶持剧目”。特别是海口群艺馆阳光合唱团编排的我省原创黎族风格歌曲《斗牛调》《久久不见久久见》，在第十四届中国合唱节比赛中获成人混音组金奖，标志我市合唱艺术新高度。

（三）体育

体育事业持续较快发展。2017 年，我市继续打造海口国际沙滩马拉松赛，本次比赛响应十九大号召，践行人与自然和谐共生理念，开展以“绿色沙马公益先行”为主题，吸引世界 20 多个国家的 3000 多名选手参赛，荣获全国最具特色马拉松奖。积极融入一带一路建设，首次策划推出“一带一路杯”海口国际沙滩足球邀请赛和“一带一路”海口国际青少年足球邀请赛，提高了海口城市的知名度和影响力。我市体育健儿参加第十三届全运会、全国女子青年举重锦标赛、“体育彩票杯”2017 年全国冠军赛等重大赛事，共收获奖牌 91 枚，其中金牌 16 枚、银牌 14 枚、铜牌 24枚，延续了我市在竞技体育比赛中的稳健趋势。2017 年 8 月国家体育总局授予海口市文化广电出版体育局2013—2016 年度全国群众体育先进单位。

六、节能减排、城乡建设、生态环境和环境保护

（一）节能减排

2017 年，深入实施“大气十条”“水十条”“土十条”。大力淘汰黄标车，全年共淘汰黄标车 6807 辆，在全省率先采用遥感监测设备对道路行驶机动车进行排气监督抽测，防治机动车污染。在全省率先推行“河长制”，建立水体常态化管理机制，全面开展水质监测。详查全市土壤环境质量状况，对土壤环境影响突出的工业园区 2 个，土壤污染问题突出区域 2 块，详查单元 52 个，核实农用地详查点位 2326 个。现有城镇污水处理设施 10 个，比上年增加 1 个；年末城镇污水处理厂日处理能力达 59.47 万立方米，比上年提高 0.7%；城镇生活污水集中处理率达到 95%，比上年提高 2 个百分点。年末垃圾处理设施达到 3 个，城镇生活垃圾无害化处理率为 100%。

（二）城乡建设

搭建“多规合一”综合信息平台，加快滨江滨海、海绵城市、湿地和郊野公园等专项规划，入选全国第二批城市设计试点。持续推动“双创”升级，加大“五化”力度。完成 23 个门户景观绿化提升，完成龙昆南路等城市主干道彩化，完成海口湾片区和滨海大道、火车站等重点路段亮化改造，外立面改造、广告牌整治等美化工作稳步推进。

公用事业服务建设步伐加快。2017 年，全年全市优化实施 111 条公交线路（其中保留 39 条、新增 19 条、优化调整 53 条），较 2016 年新增 14 条。公交车辆数由去年的 1334 辆增加到今年的 2218 辆，增加率 66.3%。推进公交 100%清洁能源化工作，全市新能源公交车 1048 辆，占总量 2218 辆的 47.3%；9 个场站完成 65 个充电桩配套建设，能够满足 172 辆纯电公交车和 44 辆插电式公交车的充电需求，计划增建 46 个充电桩。全市 2956 辆出租汽车已全部使用清洁燃料，占比 100%。

全市共有自来水厂 3 座，综合生产能力 51 万吨 / 日，地下补压井生产能力 10 万吨 / 日，全市总供水能力合计 61 万吨 / 日。全年供水总量 2.22 亿吨，其中生活用水 1.14 亿吨。管道天然气供气总量 1.31 亿立方米，其中民用用气 4173 万立方米，全市天然气用气普及率 86%。全社会用电量 73.44 亿千瓦时，增长 4.4%。其中居民用电 14.3 亿千瓦时，增长 4.3%；工业用电 15.17 亿千瓦时，下降 9.9%。

（三）生态环境

成功入选第三批生态修复城市修补试点。全市共完成植树造林面积 2.28 万亩，占年度任务的 162.9%。其中经济林造林 0.59 万亩，防护林造林 1.3 万亩，其他造林 0.11 万亩，四旁植树 0.24 万亩。2017 年，全市新增绿地面积 162.72 公顷，建成区绿化覆盖率 40.8%，绿地率为 36.3%。

（四）环境保护

环境空气质量保持优良。2017 年我市环境空气质量优良。一级优天数为 261 天，二级良天数为 91 天，PM2.5 比去年同期下降 4.2%，PM10 比去年同期下降 5.1%，空气优良率 96.4%。四类噪声功能区昼间等效声级均达到相应指标要求。我市城区地表水体水质有所提升。南渡江龙塘段、永庄水库等城市集中式饮用水源地水质达标率 100%；国控的水质测断面水质达标率 100%。近岸海域海水水质达标率 92.8%。

新建并投入运行的污水处理厂 1 座，新增日污水处理能力 0.4 万吨。集中转运生活垃圾共计 104.34 万吨，垃圾焚烧量 86 万吨，填埋垃圾量 18.34 万吨，发电量 3.41 亿千瓦，飞灰处理量 2.28 万吨，渗滤液处理量 26.69 万吨。

七、安全生产

2017 年，全市共发生生产经营性安全事故 59 起，死亡 42 人，受伤 17 人，直接经济损失 1027.2 万元。与 2016 年相比，事故起数、死亡人数、受伤人数、直接经济损失各减少 12 起、9 人、4 人、778.4 万元，分别下降 16.9%、17.6%、19%、43.1%。四项指标呈全面下降态势。

八、人口

人口低速增长。年末全市常住人口 227.21 万人。从区域年末常住人口分布看，秀英区 38.78 万人、龙华区 66.98 万人、琼山区 51.17 万人、美兰区 70.28 万人。年末户籍人口 171.05 万人，其中城镇人口 103.95 万人、乡村人口 67.1 万人。从区域年末户籍人口分布看，秀英区 32.5 万人、龙华区 47.46 万人、琼山区 39.04 万人、美兰区 52.05 万人。

注释：

1. 本公报部分数据为初步统计数，部分数据为预计数，最终核实数以中国统计出版社出版的《海口统计年鉴－2018》公布的数据为准；

2. 地区生产总值和各产业增加值绝对数按现行价格计算，增长速度按可比价格计算。

3. 地区生产总值和各产业增加值绝对数按现行价格计算，增长速度按可比价格计算。根据《国民经济行业分类》（GB/T4754-2011）对三次产业进行划分。

4. 本公报中部分指标合计数与分项数有出入主要是由于四舍五入的原因，均未作机械调整。

关于海口市2017年国民经济和社会发展计划执行情况与2018年国民经济和社会发展计划草案的报告

——2018年2月10日在海口市第十六届人民代表大会第四次会议上

海口市发展和改革委员会

各位代表：

受市人民政府委托，现将海口市2017年国民经济和社会发展计划执行情况与2018年国民经济和社会发展计划草案提请大会审议，并请市政协委员和其他列席人员提出意见。

一、2017年计划执行情况

面对复杂多变的外部环境，全市上下在省委、省政府和市委的坚强领导下，全面贯彻落实党的十八大和十九大精神，以习近平新时代中国特色社会主义思想为指引，以提高发展质量和效益为中心，以推进供给侧结构性改革为主线，以国际旅游岛建设为契机，以建设国际化滨江滨海花园城市为目标，坚持稳中求进工作总基调，突出生态文明建设，持续改善民生，总体实现全市经济社会平稳有序发展。

（一）经济保持平稳运行，主要指标较好完成

全市生产总值完成1390.48亿元，增长7.5%；固定资产投资完成1415.5亿元，增长11.3%；全口径一般公共预算收入完成388.48亿元，增长16.6%，其中地方一般公共预算收入完成125.4亿元，同口径增长12.8%；社会消费品零售总额完成726.12亿元，增长11%；旅游总收入完成265.99亿元，增长14.3%；城乡常住居民人均可支配收入28701元，增长8.5%；居民消费价格指数上涨3.3%，低于年度控制目标4%。

总体看，全市经济运行稳中有进，主要呈现三个特点：一是经济增长质量稳步提升。城乡收入差距从2016年的2.43∶1缩小为2.42∶1。财政收入质量改善，地方一般公共预算收入中税收占比84.4%，分别较2016年提高2.6个百分点。省会城市首位度继续提升，全市生产总值、固定资产投资、全口径一般公共预算收入占全省比重31.2%、34.3%、31.8%，分别较2016年提高0.1、0.4、1.2个百分点。房地产业投资占固定资产投资比重回落0.7个百分点。旅游总收入增速高于接待游客总人数增速3.2个百分点。成功创建“全国文明城市”和“国家卫生城市”两块金字招牌，这是全市上下撸起袖子加油干，贯彻落实习近平新时代中国特色社会主义思想和习近平总书记2013年视察海南时重要讲话精神的重大成果，是海南建省办经济特区30年来文明城市“零的突破”，也是海口建设国际化滨江滨海花园城市的重要里程碑。二是经济增长方式趋于协调。长期以来我市经济主要依靠投资拉动，到2016年，投资已连续9年保持20%以上增长，连续4年增幅在全国35个大中城市排名前三。受益于多年来投资的高速增长，建成了一批旅游吸引物和商业综合体，同时一批重大民生和产业项目也相继建成或竣工投产，消费对经济促进作用逐步回升，由前两年的个位数增长回稳到2017年的两位数增长，经济增长呈现出投资和消费双轮驱动，发展后劲稳步增强。三是经济增长更加注重生态。在全省率先探索建立生态系统生产总值（GEP）核算体系和推行“河长制”“湾长制”。出台扬尘防治、美舍河保护、湿地保护等环保管理规定。空气质量在全国74个重点城市中排名稳居第一。城市细颗粒物（PM2.5）浓度同比下降4.2%。城镇生活垃圾无害化处理率100%，农村生活垃圾收集转运率90%。

（二）供给侧结构性改革加快步伐，现代产业体系初步构建

着力培育发展新动能，提振实体经济，出台产业发展政策累计23项。完成海南国际旅游岛海口市建设发展中期评估。接待游客总人数、旅游总收入分别增长11.1%、14.3%，美兰机场进出港人数突破2000万人次，再次荣获全国厕所革命先进市。“丝路海口·田园综合体”和农村产业融合发展试点区成为国家级项目。“石山黑豆”“石山壅羊”获国家地理标志认证商标。落实深化“两个暂停”调控政策，出台装配式建筑发展政策，全年供应房地产用地75万平方米，盘活利用存量建设用地近10万平方米，全年房屋销售面积549.47万平方米。互联网产业相关营业收入205.2亿元，增长32.2%。海口市骨科与糖尿病医院试营业。获批中医养生服务准入试点城市。民生银行和5

家证券公司落户海口，全市各类金融机构由2016年的185家增加到205家，金融业增加值占全市生产总值比重12%，浦发银行创新开展离岸金融业务。规模以上会展活动增长13.4%，获评第十届中国会议大会“会奖之星”。成功申报第二批海洋经济创新发展示范城市，入选全国首批“湾长制”试点城市。医药产业产值全省占比97%。高新技术产业实现较快发展，高新技术企业占全省比重77%，美安科技新城、海口高新区等省六类产业园区加快发展。中国足球（南方）训练基地、五源河文体中心等项目加快建设。

（三）投资消费双轮驱动，内生动力不断增强

投资结构持续优化。面对“两个暂停”“多规合一”等政策影响，我市始终严守生态底线，严格执行省海岸带保护与开发细则、省陆域生态保护红线管理等生态保护法律法规，在南国明珠生态岛、东海岸如意岛、万达文化旅游城、美兰临空产业园、海南之心等大项目开发滞后情况下，积极调整投资结构，促进投资进一步向重点产业、基础设施、民生等领域倾斜。省重点项目完成年度投资目标108%。三次产业投资更趋均衡，分别增长78.4%、45.9%、9.6%。制造业加快建设，先声药业、普利制药等改建新建项目进展顺利，海马、康宁等技术改造项目有序推进。互联网加快培育，海航云数据中心、智慧海岛等互联网项目加快推进。文化、体育和娱乐业投资增长2.7倍。基础设施投资450亿元，继续保持增长态势，马村港区三期散货码头、新海港区二期建成运营，美兰机场二期、南渡江引水工程等项目加快推进，地下综合管廊试点建设完成38.5公里。一批民生项目建设稳步推进，海景学校在内的“10+2”项目以及北师大海口附中（一期）全部投入使用，北京大学附属中小学等项目进展顺利。

消费基础性作用增强。一是消费转型升级态势明显。旅游休闲娱乐消费快速增长，与旅游相关的住宿业营业额和餐饮业营业额分别增长11.2%和15.1%。化妆品类消费增长45.1%。全省首家线上线下业务与实体商业融合电商平台“星汇商城”正式上线。成功试点智慧农贸市场运行模式。二是消费环境日益提升。友谊阳光城等大型商业综合体开业。日月广场进驻商家达300家，区域消费中心辐射作用增强。三是节假日消费促进作用突出。成功举办“互联网+新型消费”“互联网+年夜饭外卖”“全家福之我爱我家”等一系列节假日消费促销活动，全年零售业销售额增长14%。

（四）改革开放向纵深推进，区域引领更加突显

重点领域改革扎实推进。“放管服”改革不断深入。启动“一窗”改革。实施“五网”建设项目简化行政审批改革。全面实施“多证合一”，全年新增市场主体5.15万户。成功推出面向城市管理的“智慧海口综合联动指挥平台”、面向市民服务的“椰城市民云”等一批典型应用，基本形成“市民云”“政务云”“创新云”的智慧海口总体框架。“不见面审批”提前一年完成省目标。取消或停征41项中央设立的行政事业性收费。及时停止实施国家已取消的职业资格许可和认定事项。不动产统一登记改革有序推进，税务和住建部门实现数据共享。“多规合一”改革取得阶段性成果，市“多规合一”总体规划获国务院办公厅批复，组建市规划委员会，搭建“多规合一”信息平台。国有农场完成社会职能属地化改革。同时，公车改革、公立医院综合改革、林场改革等工作进展顺利。

对外开放和区域合作更加深入。一是对外交流合作迈上新台阶。积极参与“一带一路”建设，海港、空港航线基本覆盖东南亚主要国家，新增海口至柬埔寨、菲律宾海上直航贸易，国际贸易航线累计开通5条，海马、立升膜、金鹿拖拉机等企业“走出去”效果显著。二是区域合作初显成效。海口港至广东、广西、福建等地港口集装箱吞吐量占全市总吞吐量50%以上。与湛江成功签订交通港航、旅游等多项合作协议，初步完成《琼州海峡经济带发展规划研究》，琼州海峡两岸直升机航线开通，水上飞机成功试飞，高速快船项目启动建设。海澄文一体化扎实推进，海澄文地区生产总值增长7.6%，海口占比73.8%，中心引领作用突出。三是用最好的资源吸引最好的投资效果显著。中船重工、中民投、中交建、中建、华侨城等一批央企和大企业陆续进驻海口。全年招商签约项目141个，协议投资总额为1780.63亿元。

（五）坚持生态本底方略，城市更新步伐加快

深入推进生态文明建设。坚持立行立改，落实中央第四环境保护督察组的督察意见。健全生态文明建设体制机制。全面推行“河长制”，涵盖全市373个主要水体、水系。加强湿地保护工作，抓好美舍河、五源河等国家湿地公园和潭丰洋、三十六曲溪等省级湿地公园建设。获得全球首批国际湿地城市认证提名。出台海岸带保护与利用规划，启动实施金沙湾、海口湾等生态整治与修复项目。全面启动西海岸沙滩和岸线保护工作。积极开展民航航线俯视区生态修复等工作。全年环境空气质量优良率96.4%。城市集中式水源地水质达标率100%，近岸海域海水水质达标率92.8%。植树造林面积完成省任务163%。获批气候适应型城市试点。

积极推进城市更新。入选第三批全国城市“双修”试点。首批示范项目加快推进，五公祠、兴丹路口交通优化等9个项目已完工，椰海大道延长线、五指山南路南段、博巷路—豪苑路贯通工程等项目加快建设。全力推进红城湖等32个水体治理。加快推进骑楼老街“活化”改造等一批项目，有效保护了海口历史文化资源，延续海口乡愁。

加快建设"百镇千村"。全面启动18个镇墟改造，演丰国家新型城镇化综合试点工作稳步推进。开展142个美丽乡村（行政村）规划编制，基本建成33个美丽乡村（行政村）。三卿村、冯塘村等13个村庄入选中国传统村落名录。仁里村和建新村分别被评为全国美丽乡村示范村和全国环境整治示范村。30个村庄被评为海南省星级美丽乡村，其中五星级2个。

（六）持续保障改善民生，人民幸福感不断增强

全年新增学位9515个，新增国家级校园足球特色学校19所，主城区公办幼儿园摇号入园受社会称赞。全年新增城镇就业34665人，农村富余劳动力转移就业7277人，城镇登记失业率1.3%。全年发放城乡低保金9226万元，发放特困供养救助资金2073万元，临时救助对象和医疗救助对象分别为5112人次、3092人次。新农合参合率99.7%以上。全面破除"以药养医"，11家公立医院全面取消药品15%加成比例。纵深推进脱贫攻坚工作，制定行业帮扶政策20余项，全面完成5个整村推进脱贫任务，完成建档立卡贫困人口2773人的减贫任务。12345热线服务成效显著，建立"30分钟响应处置"机制，群众对政府服务满意率从年初的48%提高到95%，"指挥棒""绣花针""连心桥"作用更加突出，荣获全国峰会"先锋奖"和"骏马奖"。基本完成全市公交运营主体整合，总线路从96条增加至152条。创新推出"一元菜""基本菜"等惠民措施，10种基本蔬菜日均价较2016年下降0.4元/斤。安全生产全省考核排名第一，安全生产事故起数、死亡人数、受伤人数、直接经济损失分别下降16.9%、17.6%、19%、43.1%。成功创建3家全国综合减灾示范社区和1家第一批国家地震安全示范社区。

在总结成绩的同时，也清醒地看到，经济总量不大、产业实力不强、创新基础薄弱、区域发展不平衡不充分等问题仍制约海口未来的发展。主要表现为，三次产业内部结构不合理，产业核心竞争力弱、支柱性不强、附加值低、实体经济吸引力和竞争力还有待增强，对外开放水平、国际化程度仍有待提高，城市规划建设管理还存在薄弱环节，人才吸引力有待进一步提升，等等。这些问题需要我们高度重视并在今后的工作中加以解决。

二、2018年经济社会发展预期目标和工作措施建议

2018年是全面贯彻十九大精神的开局之年，是我国改革开放40周年、海南建省办经济特区30周年，也是决胜全面建成小康社会、实施"十三五"规划承上启下的关键一年。全市各级各部门将以十九大精神和习近平新时代中国特色社会主义思想为指引，按照省七次党代会和省委七届历次全会部署要求，牢固树立"四个意识"，坚持稳中求进工作总基调，坚持新发展理念，坚持以人民为中心，紧扣社会主要矛盾变化，按照高质量发展要求，认真落实"五位一体"总体布局和"四个全面"战略布局，立足海口实际，围绕"盘活挖潜、提质增效、改革创新"三大举措，推动质量变革、效率变革、动力变革，打好防范化解重大风险、精准脱贫、污染防治的攻坚战，做大做优做强海口，加快建设国际化滨江滨海花园城市，切实发挥好省会城市的"排头兵"作用。

根据中央、省、市关于2018年经济工作会议部署要求，结合我市面临的挑战和机遇，建议2018年全市经济社会发展主要预期目标如下：

全市生产总值增长7.2%左右，固定资产投资增长10%左右，社会消费品零售总额增长10%左右，旅游总收入增长12%左右，地方一般公共预算收入增长10%左右，城乡常住居民人均可支配收入增长8%左右，居民消费价格涨幅控制在3.8%左右，城镇登记失业率控制在3%以内，全面完成省下达的节能减排降碳和安全生产控制目标。

为完成上述目标，建议2018年抓好以下方面工作：

（一）以供给侧结构性改革为主线，提质增效重点产业

推动重点产业成形成势，力争十二个重点产业占全市生产总值比重超过80%。根据省总部经济政策，出台我市总部经济配套政策，按照省总部经济目标要求，加大招商引资力度，吸引更多总部企业落户我市。力争建成国家全域旅游示范区，长影环球100、桂林洋国家热带农业公园（一期）试营业。出台邮轮游艇奖励、鼓励出入境旅客海口中转等扶持政策，全年实现接待游客总人数增长10%，旅游总收入增长12%左右。争取高新技术企业达到220家以上，培育国家、省级众创空间4家以上。加快美安科技新城建设，做好主城区、港澳开发区企业"退二进三"。大力发展金融业，规划建设绿色金融聚集区，争取新设消费金融公司、法人保险公司等金融机构，促进形成金融和实体经济、金融和房地产、金融体系内部的良性循环。培育壮大医药制造业，做大做强海口药谷，打造医疗器械、生物医药和海洋生物制药等行业。推动海口高新区申报重大新药创制国家重大科技专项成果转移转化试点。壮大互联网产业，设立互联网产业基金，推进互联网与旅游、海洋、医疗等优势特色产业融合发展。推动物流枢纽中心城市建设，继续推进新海港区、马村港区、美兰机场等海港空港建设。完善会展场馆设施建设，力争年举办规模以上会展活动310场，实现会展业综合收入10%以上增长。引导房地产持续健康发展，调整优化产品结构，提高高端地产比重，发展住房租赁市场。

（二）以改革创新为动力，激发各类市场主体活力

进一步深化"放管服"改革、商

事登记制度改革。力争全年新增市场主体4万户以上。继续推动“五网”建设项目简化行政审批改革。“不见面审批”100%上线。推进“多规合一”下的行政审批制度改革。推动国有企业混合制改革，推动社会资本和行业龙头企业参与国有企业改革。创新城市治理模式，继续提升“椰城市民云”公共服务功能，同时在农村群众中推广使用。进一步推进电子政务建设，实现市直各部门之间的互换互通和数据交换。进一步整合12345平台、公共应急联动指挥中心、城管数字指挥、社区网格管理等资源。完善和规范政府与社会资本合作模式，深入推进财政“拨改投”工作，鼓励民间资本参与重大基础设施、公共服务、生态环保等领域建设。做好财政体制机制改革。申报第三批国家社会信用体系建设示范城市。

（三）以盘活存量资源为抓手，不断扩大有效投资

一是盘活闲置和低效开发土地，强化建设用地供后监管，制定国有建设用地批后监管、规范延长土地开工竣工期限等相关规定，加强开工竣工管理，发挥存量土地有效投资。二是盘活签约项目落地开工，加快督促生产性项目开工建设，进一步降低对房地产的依赖，缓解产业转型升级压力。三是盘活存量楼宇厂房，鼓励企业创业创新，发展总部经济。四是盘活国企国资，提升国企对全市经济发展的贡献。

在产业项目方面，推进观澜湖新城、金盛达、新海港商业综合体、帆船帆板基地等项目建设。推进海口复兴城互联网创新创业园项目建设。启动桂林洋国家热带农业公园研创中心、展销中心建设。同时力控房地产开发投资平稳增长。在重大基础设施方面，重点推进美兰机场二期、疏港货运快速干道、新海港区三期、红城湖过江隧道等项目，加快研究城际轨道交通、海甸溪下穿通道、海口绕城公路美兰机场至演丰段公路等“五网”基础设施项目建设。力推三仙大道、三永公路等区域协调项目。全力推动全市水系连通。推进雨污分流改造，完善城市排水系统。全力推进电网供电保障和抗灾能力三年行动计划，力争中心城区年户均停电时间低于4小时，达到国内一流水平。在公共服务方面，深化“城市家具”规划设计，加快建设市博物馆、市图书馆、市科技馆和湿地鸟类观测陈列馆等项目，建成五源河体育场、市民游客中心等项目。加快建设海南大学国际旅游学院、海口技师学院高技能人才公共实训基地等项目。建设海口市国际中医中心、上海市第六人民医院海口骨科和糖尿病医院改造等项目。同时积极对接省厅，加强省市联动、共建共享，加快推动音乐厅、美术馆等项目建设。在生态环保方面，加快推进龙昆沟、大同沟等水体治理，推动五源河国家湿地公园（一期）、美舍河凤翔湿地公园、海口湾带状公园等公园及湿地建设，推进白龙路、海府路等道路景观提升工程建设。基本完成南渡江引水工程。

（四）以消费需求为导向，加速提升发展新质量

一是围绕国家“十大扩消费行动”和省“八大消费工程”，加大项目、资金扶持力度，增加多层次、多样化产品供给，深入实施旅游、免税品、汽车、医疗健康、信息、教育文化等消费行动。推动设立市内免税店，进一步放大离岛免税等政策效应。发展“互联网＋”和“体验式消费”，满足消费者多元化需求。大力发展共享农庄。推动智慧海口建设，加快培育信息消费。加快推进琼州海峡水上飞机、高速客滚船项目，吸引更多外来消费群体。二是做好城市商圈规划，进一步完善商业网点布局，推动商圈差异化发展。抓好便民生活圈建设，巩固提升远大购物中心、日月广场等商业综合体消费潜力，加快构建高端城市商业综合体、15分钟便民生活圈、电子商务互为补充的商业综合体系。三是完善商贸流通体系建设。加快发展物流配送行业，提高物流业社会化和专业化水平，降低物流成本。四是推动居民收入持续较快增长，确保城乡居民收入增速跑赢经济增速，保持生活必需品物价稳定，提升城乡居民消费水平。

（五）以实施乡村振兴战略为契机，推动城乡融合发展

一是以“多规合一”为引领，完善和提升乡村建设规划，全面推进农房报建，加强村庄建设风貌管控，严厉打击农村区域违法用地，盘活利用闲置农房和宅基地。二是推进美丽乡村建设，持续推动农村“五网”基础设施建设，完善城乡路网和客运班线。全面开展农村生态环境专项整治。推动“五化”进农村，实现城乡全域干净整洁。三是推进农业供给侧结构性改革，坚持科技兴农，继续调减低质低效作物，大力发展冬季瓜菜、热带作物、热带水果、热带花卉等高效经济作物。推动农产品加工业转型升级和产业集聚。以共享农庄为切入点，推进农业与旅游、教育、文化、康养等产业深度融合，高层次、高品位开发乡村旅游资源，打造特色田园综合体。发展农村电子商务，推进农村物流现代化。全面铺开琼山区农村集体产权制度改革，其余三个区分别启动3~4个镇改革试点。加快引导推进农村土地流转，恢复撂荒地生产6000亩以上。千方百计提高农民收入，确保农村常住居民人均可支配收入增长8%以上。

（六）以区域合作为重点，夯实中心城市基础

深度参与“一带一路”建设，力争新开通境外空中航线8条以上。积极拓展航运业务，争取在国际贸易细分市场上占有一席之地，开通海口至马来西亚、新加坡等国家的集装箱外贸航线。积极申报海口跨境电商综合试验区。深化泛珠三角区域合作，积极融入粤港澳大湾区、北部湾城市群建设。积极推进琼州海峡经济带建

设，推动港航一体化，加快构建直升飞机、水上飞机、高速客船“三位一体”的琼州海峡“半小时立体交通圈”。加快海澄文一体化建设，推进绕城高速二期、铺前大桥、江东大道二期、东寨港大道等重大基础设施项目建设，促进产业分工协作和集聚发展，推动医疗卫生、公共交通、社会保障等基本公共服务同城化。加快推进四个行政区协调发展。加快秀英区长流组团开发建设，进一步完善城市功能，推动秀英港滚装业务整体搬迁至新海港区。推动龙华中心城区“腾笼换鸟”“退二进三”、提档升级，进一步增强传统商贸、现代服务业、休闲文化等中心作用。实施“琼台复兴”计划，加快打造琼台书院、琼台福地、鼓楼和七井八巷十三街等特色文化资源。积极推进城市东进，加快美兰临空产业园建设，进一步加大东海岸江东片区开发力度。

（七）以生态文明建设为引领，大力推进城市更新

继续巩固全国文明城市和国家卫生城市创建成果。抓好中央环保督察和海洋督查反馈问题的整改工作。争创国际湿地城市。落实好“河长制”“湾长制”，建立河湖、海湾管护长效机制和统筹合作常态化机制，构建海域、陆域、岸上、河道、海洋周边等综合治理体系。全面落实“河长制”工作方案。全力抓好32个水体治理。加快推进“五化”先行的城市更新，完成56个首批示范项目建设，提升城市重要道路和节点绿化景观水平，不断增强城市活力与魅力。提高道路清洁保洁效率。多种植本地花、本地草、本地树，节约利用好移栽树木。注重亮化节能，打造简约、大气的城市风貌，在打造椰城风貌、水体治理、湿地保护等方面凸显海口特色。抓好共享共治，充分调动企业、社会各界的力量参与到“五化”工作中来。推进我市第二次污染源普查工作，掌握全市、区域、流域、行业污染物产生、排放和处理情况。全面启动我市第三次全国土地调查，摸清土地家底。率先探索将环保责任纳入离任审计内容。

（八）以保障改善民生为根本，提升市民幸福感

坚决打赢脱贫攻坚战，把扶贫和扶志、扶智结合起来，抓好精准识贫、精准扶贫、精准退出，全年实现34户155人脱贫出列。优先发展教育事业，规范学前教育，鼓励普通高中特色化发展，加快发展现代职业教育，努力扩大教育对外交流合作，抓好北大、人大以及海南大学国际旅游学院等国内外合作办学项目。推进“一校两园”、教育信息化（一期）、学校游泳池等项目建设。探索部分公办学校推行集团化办学、合作办学、委托管理等办学模式改革，鼓励优秀校长和教师到薄弱学校、乡村支教，增强公办学校活力。全年新增学位3200个以上。做好社会保障工作，加快推动精神病人福利机构、老年人福利院、老年康复中心等项目升级改造工作，加快孤儿、农村留守儿童和困境儿童关爱保护体系建设。完善医疗卫生体系建设，制定医疗服务质量评价体系，降低药品耗材虚高价格，推进医保支付方式改革，构建分级诊疗体系，继续深化与复旦大学附属华山医院、上海第六人民医院、上海岳阳中西医结合医院等国内优质医疗资源合作。加快市第三人民医院项目建设。启动海口市国际中医中心和市妇幼保健院江东新院区项目前期工作。抓好“菜篮子”工程，做好蔬菜保供稳价工作，加大蔬菜批发市场及“菜篮子”基地建设，保障菜农权益。着力解决城乡供水不平衡问题，开展永庄水厂三期扩建工程建设，建设文岭、高黄和观澜湖等镇域供水厂及配套管网工程项目，新建365座分散式供水工程和9座集中式供水工程。加快公交国有化改革，通过增加公交车辆投放、完善站点设置、开辟公交专用道等措施，实现公交体系优化重组，推动海澄文公交一体化发展。做好高校毕业生、农村转移劳动力、城镇困难人员等重点群体就业工作，新增就业3.3万人。加快解决交通拥堵问题，牢固树立全市“一盘棋”理念，强力提升海口路网规划，加快道路积水点改造，加大交通执勤调度力度。

各位代表，习总书记在新年贺词中提到“幸福都是奋斗出来的”，2018年是全面贯彻十九大精神的开局之年，是改革开放40周年、海南建省办经济特区30周年，让我们以此为契机，开拓创新，扎实工作，加快建设国际化滨江滨海花园城市，努力当好省会城市“排头兵”！

海口市2017年主要经济社会发展指标情况表

指标名称	单位	2017年完成数		2017年预期目标	
		绝对值	增长率	绝对值	增长率
一、全市生产总值	亿元	1390.48	7.5%	1381	7.5%左右
第一产业	亿元	63.72	3.7%	73	4%左右
第二产业	亿元	252.22	5%	258	7%左右
工业	亿元	142.22	4.3%	142	5%左右
第三产业	亿元	1074.54	8.4 %	1050	8%左右
二、工业总产值	亿元	540.85	-1.2%	557	4%左右
三、固定资产投资	亿元	1415.5	11.3%	1475	16%左右
四、社会消费品零售总额	亿元	726.12	11%	706	8%左右
五、地方一般公共预算收入	亿元	125.4	12.8%	120	8%左右
六、出口总值	亿美元	8.2	3.4%	8.4	6%左右
七、旅游总收入	亿元	265.99	14.3%	211	10%左右
八、城乡常住居民人均可支配收入	元	28701	8.5%	28431	7.5%左右
九、居民消费价格指数	%	103.3%		104%以内	
十、城镇登记失业率	%	1.3%		3%以内	

注：1. 全市生产总值的预期目标绝对值受价格因素影响，故完成数和预期目标有出入

2. 工业总产值预期目标数受价格因素和企业增减影响，故完成数和预期目标有出入

3. 因统计口径调整旅游总收入完成数绝对值含日租短租房，但同比未纳入

海口市2018年国民经济和社会发展计划表（草案）

类别	指标名称	单位	2017年实施情况					2018年		“十三五”预期		属性	责任单位（排第一位为牵头单位）
			预期目标		实际完成		目标实现情况	预期目标		2020年预期	年均增长（或累计）（%）		
			绝对额	增速（%）	绝对额	增速（%）		绝对额	增速（%）				
经济发展	（1）全市生产总值	亿元	1381	7.5左右	1390.48	7.5	达到	1510	7.2左右	1706	8	预期性	市发展改革委、市财政局（同为牵头单位）、市直有关部门
	（2）人均地区生产总值	元	增长6%		61583	6.2	超0.2个百分点	增长6%左右		69500	>5.8	预期性	市发展改革委、市财政局（同为牵头单位）、市直有关部门
	（3）地方一般公共预算收入	亿元	120	8左右	125.4	12.8	超4.8个百分点	164	10左右	165左右	8	预期性	市财政局、市直有关部门
	（4）固定资产投资	亿元	1475	16左右	1415.5	11.3	低4.7个百分点	1550	10左右	“十三五”期间8000亿元以上	16.1	预期性	市发展改革委、市直有关部门
	（5）社会消费品零售总额	亿元	706	8左右	726.12	11	超3个百分点	798	10左右	874	8	预期性	市商务局、市直有关部门
	（6）城镇化水平　常住人口城镇化率	%	–		78.21		–	79		79.61		预期性	市住建局、市规划委、市公安局（同为牵头单位）、市直有关部门
	（6）城镇化水平　户籍人口城镇化率		–		58.43		–	58.8		51左右		约束性	
	（7）服务业增加值占地区生产总值比重	%	76		77.28		超1.28个百分点	77.3		76左右		预期性	市商务局、市直有关部门
	（8）接待游客总人数	万人次	2400	10	2427.66	11.1	超1.1个百分点	2670	10	1600以上	>7	预期性	市旅发委、市直有关部门
	（9）旅游总收入	亿元	211	10左右	265.99	14.3	超4.3个百分点	298	12左右	250左右	10	预期性	市旅发委、市直有关部门

续表

类别	指标名称	单位	2017年实施情况					2018年		“十三五”预期		属性	责任单位（排第一位为牵头单位）
			预期目标		实际完成		目标实现情况	预期目标		2020年预期	年均增长（或累计）（%）		
			绝对额	增速（%）	绝对额	增速（%）		绝对额	增速（%）				
创新发展	（10）研究与试验发展经费投入强度	%	1.3		1.3		达到	1.5		2.0左右		预期性	市科工信局、市教育局、市财政局、市人社局
创新发展	（11）每万人发明专利拥有量	件	7.8		7.33		达到	7		12		预期性	市科工信局（市知识产权局）、市直有关部门
创新发展	（12）互联网普及率：固定互联网宽带接入用户数	万户	82.9		82.9		完成	89		66	<5	预期性	市科工信局、市直有关部门
创新发展	（12）互联网普及率：移动互联网用户数	万户	374.5		381.97		超7.47万户	395		190	2.5	预期性	市科工信局、市直有关部门
民生福祉	（13）城乡常住居民人均可支配收入	元	28431	7.5左右	28701	8.5	超1个百分点	30997	8左右	35900	8	预期性	市人社局、市农业局（同为牵头单位）、市直有关部门
民生福祉	其中：城镇常住居民人均可支配收入	元	-		33320	8.3	-	35986	8左右	42000	8	预期性	市人社局、市直有关部门
民生福祉	农村常住居民人均可支配收入	元	-		13763	8.6	-	14864	8以上	17100	8	预期性	市农业局、市直有关部门
民生福祉	（14）城镇新增就业人数	万人	3.37		3.47		超0.1万人	3.3		完成省下达目标		预期性	市人社局、市直有关部门
民生福祉	（15）农村贫困人口脱贫	人	达到脱贫标准应退尽退		2773		达到	155		按照现行标准，2017年贫困人口全部脱贫		约束性	市扶贫办、市直有关部门
民生福祉	（16）劳动年龄人口平均受教育年限	年	11.4		11.4		完成	11.6		12左右	1.8	约束性	市教育局、市直有关部门
民生福祉	（17）城乡居民基本养老保险参保率	%	95		98		超3个百分点	95以上		95以上		约束性	市人社局、市财政局

续表

类别	指标名称	单位	2017年实施情况					2018年		“十三五”预期		属性	责任单位（排第一位为牵头单位）
			预期目标		实际完成		目标实现情况	预期目标		2020年预期	年均增长（或累计）（%）		
			绝对额	增速（%）	绝对额	增速（%）		绝对额	增速（%）				
民生福祉	（18）城镇棚户区住房改造	套（户）	19194		23386		完成121.8%	4500		8000户		约束性	市房屋征收局（市重点委）、市发展改革委、市住建局、市财政局
民生福祉	（19）人均预期寿命	岁	78.2		78.3		达到	78.5		79	0.3	预期性	市卫计委、市直有关部门
民生福祉	（20）生产安全事故控制指标 事故起数	起	控制在省下达指标以内					控制在省下达指标以内		控制在省下达指标以内		预期性	市安监局、市直有关部门
民生福祉	（20）生产安全事故控制指标 死亡人数	人	控制在省下达指标以内					控制在省下达指标以内		控制在省下达指标以内		预期性	市安监局、市直有关部门
民生福祉	（20）生产安全事故控制指标 受伤人数	人	控制在省下达指标以内					控制在省下达指标以内		控制在省下达指标以内		预期性	市安监局、市直有关部门
民生福祉	（20）生产安全事故控制指标 直接经济损失	万元	控制在省下达指标以内					控制在省下达指标以内		控制在省下达指标以内		预期性	市安监局、市直有关部门
生态文明	（21）新增建设用地规模	万亩	1.086（含国家单独下达指标0.741万亩）		1.086（含国家单独下达指标0.741万亩）		达到	0.35		完成省下达目标		预期性	市国土局、市直有关部门
生态文明	（22）单位地区生产总值用水量下降	%	9.7		全年数据尚未公布		–	14.3		4		约束性	市水务局、市住建局、市科工信局、市农业局
生态文明	（23）单位地区生产总值能耗降低		–		全年数据尚未公布		–	控制在省下达指标以内		完成省下达目标		约束性	市科工信局、市发展改革委、市财政局、市住建局、市交通港航局、市环保局、市国资委、市质监局、市机关事务管理局
生态文明	（24）非化石能源占一次能源消费比重		–		省尚未下达		–	完成省下达目标		完成省下达目标		约束性	市能源办、市科工信局、市城管委

续表

类别	指标名称		单位	2017年实施情况					2018年		“十三五”预期		属性	责任单位（排第一位为牵头单位）
				预期目标		实际完成		目标实现情况	预期目标		2020年预期	年均增长（或累计）（%）		
				绝对额	增速（%）	绝对额	增速（%）		绝对额	增速（%）				
生态文明	（25）单位地区生产总值二氧化碳排放量降低		%	2.97		省尚未考核		–	2.97		完成省下达目标		约束性	市发展改革委、市直有关部门
	（26）耕地保有量		万亩	–		2017年变更调查成果尚无法统计		–	102.82		102.05		约束性	市国土局、市直有关部门
	（27）森林增长	森林覆盖率	%	38.38		38.38		完成	38.38		38		约束性	市林业局、市直有关部门
		森林蓄积量	万立方米	280		280		完成	280		280		约束性	市林业局、市直有关部门
	（28）空气质量	城市细颗粒物（PM2.5）浓度下降	%	–		4.2		–	保持不增加		保持不增加		约束性	市环保局、市科工信局、市财政局、市住建局、市交通港航局
		空气质量优良天数比例	%	–		96.4		–	98		98		约束性	市环保局、市科工信局、市财政局、市住建局、市交通港航局
	（29）地表水质量	达到或好于III类水体比例	%	100		100		达到	100		94		约束性	市环保局、市科工信局、市财政局、市住建局、市水务局、市农业局
		劣V类水体比例		0		0		达到	0		0		约束性	市环保局、市科工信局、市财政局、市住建局、市水务局、市农业局

续表

类别	指标名称		单位	2017年实施情况					2018年		“十三五”预期		属性	责任单位（排第一位为牵头单位）
				预期目标		实际完成		目标实现情况	预期目标		2020年预期	年均增长（或累计）(%)		
				绝对额	增速(%)	绝对额	增速(%)		绝对额	增速(%)				
生态文明	（30）主要污染物排放总量减少	化学需氧量排放量	吨	11748		省生态环境保护厅尚未对我市2017年主要污染排放量进行核算		–	以省核定和下达为准		完成省下达目标		约束性	市环保局、市水务局、市农业局、四个区政府
		氨氮排放量		3609									约束性	市环保局、市科工信局、市水务局、市农业局、四个区政府
		二氧化硫排放量		1955									约束性	市环保局、市科工信局、四个区政府
		氮氧化物排放量		10384									约束性	市环保局、市公安局、四个区政府
	（31）城市生活垃圾无害化处理率		%	100		100		达到	100		100		预期性	市环卫局、市直有关部门
	（32）城镇污水集中处理率		%	95		95		达到	95		95以上		预期性	市水务局、市直有关部门
	（33）农村生活垃圾收集转运率		%	90		90		达到	95		100		预期性	市环卫局、市直有关部门

注：1. 全市生产总值的绝对值未考虑价格因素

2. 地方一般公共预算收入绝对值按统计口径调整

3. 接待游客总人数绝对值按统计口径调整

4. 固定互联网宽带接入用户数、移动互联网用户数2017年数据以省通管局发布为准

5. 为确保脱贫质量，按国家扶贫办文件新标准提出2018年的农村贫困人口脱贫预期目标

6. 地表水质量指国控、省控地表水断面质量

7. “–”表示无该项数据

2017年海口市环境状况公报

海口市生态环境保护局

2018年6月5日

一、环境空气质量

（一）城市环境空气质量

2017年，全市环境空气质量保持优良水平。有效监测天数为365天，其中，环境空气质量指数（AQI）一级优天数为261天，二级良天数为91天，超二级天数为13天，环境空气质量优良率（AQI≤100的天数）为96.4%。全市二氧化硫（SO_2）、二氧化氮（NO_2）、可吸入颗粒物（PM10）和细颗粒物（PM2.5）平均浓度分别为6μg/m³、12μg/m³、37μg/m³和20μg/m³。一氧化碳（CO）24小时平均第95百分位数是0.8mg/m³，臭氧（O_3）日最大8小时平均第90百分位数是127μg/m³。在环保部公布的实施新空气质量标准的京津冀、长三角、珠三角区域及直辖市、省会城市和计划单列市等74个城市中，海口市名列第一。

（二）主要旅游景区空气负离子浓度

2017年，雷琼海口火山群世界地质公园空气质量优良，空气负离子年均浓度为1684个/cm³，大于世界卫生组织规定的清新空气1000~1500个/cm³的标准，对人体健康有利。

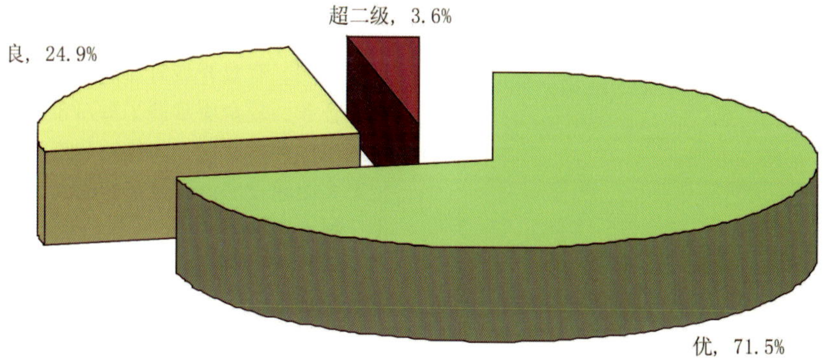

2017年海口市空气质量级别分布示意图

二、水环境质量

2017年海口市水环境质量状况总体良好。城市集中式生活饮用水水源地和国控断面水质达标率均为100%，省控断面水质达标率为87.5%，近岸海域水质达标率为92.8%，典型乡镇和农村集中式饮用水源地水质稳中有升，城市内河（湖）通过整治水质大幅度提高。

（一）集中式生活饮用水水源地

1. 城市集中式生活饮用水水源地

城市集中式生活饮用水水源地分为地表水集中式生活饮用水水源地和地下水集中式生活饮用水水源地，监测点位分别为龙塘水厂、永庄水库和秀英水厂。2017年，龙塘水厂、永庄水库109项地表水源水质指标和秀英水厂39项地下水源水质指标分别达到《地表水环境质量标准》（GB 3838—2002）Ⅲ类标准和《地下水质量标准》（GB/T 14848—93）Ⅲ类标准，达标率为100%，符合国家饮用水水源地水质标准。

2. 典型乡镇和农村集中式饮用水水源地

海口市典型乡镇和农村集中式饮用水水源地监测点位共19个，其中，地表水型水源地点位5个，地下水型水源地点位14个。2017年，5个地表水型水源地点位水质均达标；14个地下水型水源地中，石山镇和龙塘镇2个水源地水质达标，其余12个水源地水质除总大肠菌群外，均达到《地下水质量标准》（GB/T 14848—93）Ⅲ类标准。与2016年相比，地表水型水源地水质持平，地下水型水源地水质有所提高。

（二）地表水

1. 国控断面

地表水国控断面共有5个，分别为儒房渡口、后黎村、农垦橡胶所一队、龙塘和演州河。2017年，5个国控断面水质均达到相应的控制目标。其中，儒房渡口、后黎村和农垦橡胶所一队等3个监测断面水质均达到《地表水环境质量标准》（GB 3838~2002）Ⅱ类标准；龙塘和演州河水质均达到《地表水环境质量标准》（GB 3838—2002）Ⅲ类标准。与2016年相比，后黎村断面水质有所提高，其他4个断面水质持平。

2. 省控断面

我市共有8个省控断面，分别为儒房渡口、后黎村、农垦橡胶所一队、龙塘、演州河、群益村、巡崖村和福美村，其中儒房渡口、后黎村、农垦橡胶所一队、龙塘和演州河等5个断面既是国控断面又是省控断面，这5个断面的水质已在国控断面部分阐述。其他3个地表水省控断面中，除福美村外均达到相应的控制目标。其中，群益村和巡崖村水质均达到地表水Ⅲ类的控制目标；福美村水质为地表水Ⅲ类，未达到地表水Ⅱ类的控制目标。与2016年相比，这3个省控断面水质均持平。

3. 省政府要求治理的水体

我市有 18 个水体纳入《海南省城镇内河（湖）水污染治理三年行动方案》，监测频次为 1 次 / 月。2017 年 12 月，18 个水体中有 13 个水体达到相应的水质管理目标，分别是美舍河、五源河、龙昆沟、电力沟、龙珠沟、鸭尾溪、海甸沟、响水河、红城湖、东西湖、金牛湖、工业水库和丘海湖，达标水体比 2016 年 12 月多 8 个。

4. 建成区黑臭水体

据 2015 年调查核实，我市建成区范围内共有 19 条（21 处）黑臭水体，监测频次为 1 次 / 月。2017 年 12 月份，东西湖、工业水库、龙珠沟、电力沟、美舍河（A、B、C 段）、红城湖、响水河和鸭尾溪等 8 个水体均无黑臭，比 2016 年 12 月份增加 4 个。

（三）近岸海域

2017 年，全市 14 个近岸海域监测点位中除东寨港红树林水质超标外，其余 13 个水质均达到《海水水质标准》（GB 3097—1997）规定的相应环境功能区标准或年度水质管理目标。与 2016 年相比，桂林洋水质持平，东寨港红树林水质变差，其余 12 个点位的水质均有提高。

三、声环境质量

2017 年海口市功能区昼间平均等效声级符合《声环境质量标准》，区域环境昼间噪声总体水平为三级（一般），道路交通昼间强度等级为二级（较好）。

（一）城市功能区声环境

全市 4 类声环境功能区昼间平均等效声级符合《声环境质量标准》（GB 3096—2008）。与 2016 年相比，4 类声环境功能区昼间平均等效声级保持稳定。

（二）区域环境噪声

全市区域环境噪声昼间平均等效声级为 56.0 分贝，总体水平为三级（一般），比 2016 年上升 0.3 分贝。

（三）城市道路交通噪声

全市交通噪声昼间平均等效声级为 69.2 分贝，强度等级为二级（较好），比 2016 年上升 0.3 分贝。

四、辐射环境质量

2017 年海口市辐射环境质量总体良好，处于正常环境本底水平。各个监测点的 γ 辐射空气吸收剂量率保持在本底水平；气溶胶中天然放射性核素铍 -7、铅 -210 和钋 -210 活度浓度和人工放射性核素锶 -90、铯 -137 活度浓度处于本底水平，其余 γ 放射性核素未检出；饮用水源地水中放射性核素活度浓度、地下水中放射性核素活度浓度、土壤中天然放射性核素铀 -238、钍 -232、镭 -226、钾 -40 和人工放射性核素铯 -137 及电磁辐射监测点的射频电场、工频电场和磁感应强度等监测结果与历年相比无明显变化。

2017 年海口市海洋环境状况公报

海口市海洋和渔业局
2018 年 7 月

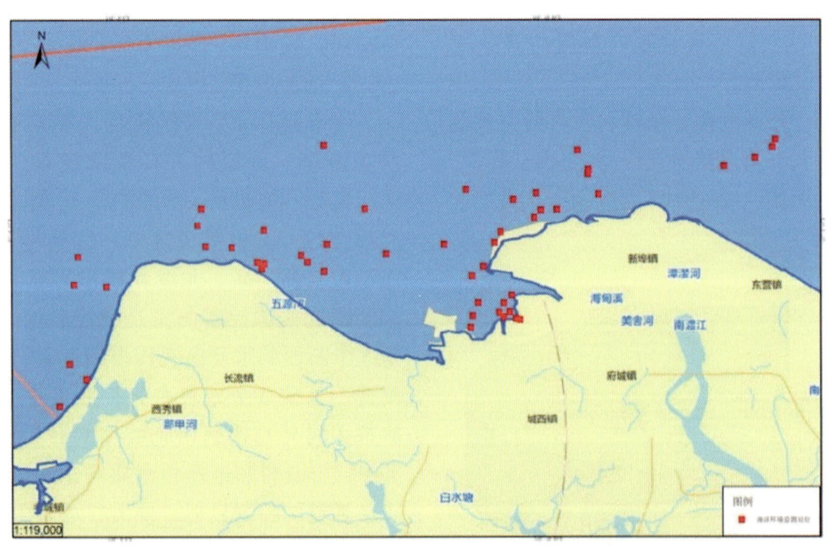

海口市管辖海域部分监测站位示意图

1. 概述

2017 年，海口市海洋和渔业局切实履行海洋环境监督管理职责，组织实施了海口市所辖海域的海洋环境监测监视工作，开展了海水质量、海水增养殖区和海水浴场等主要海洋功能区环境状况监测，加强了涉海工程用海区、主要入海污染源及邻近海域环境监测，有效开展海洋环境风险监测等任务，较全面掌握了海口市近岸海域海洋环境状况，为推动我市海洋生态文明建设和海洋经济健康发展提供了技术服务。

2017 年，海口市近岸海域海水水质保持优良，符合第一类或第二类海水水质标准；海洋沉积物质量良好，符合第一类海洋沉积物质量标

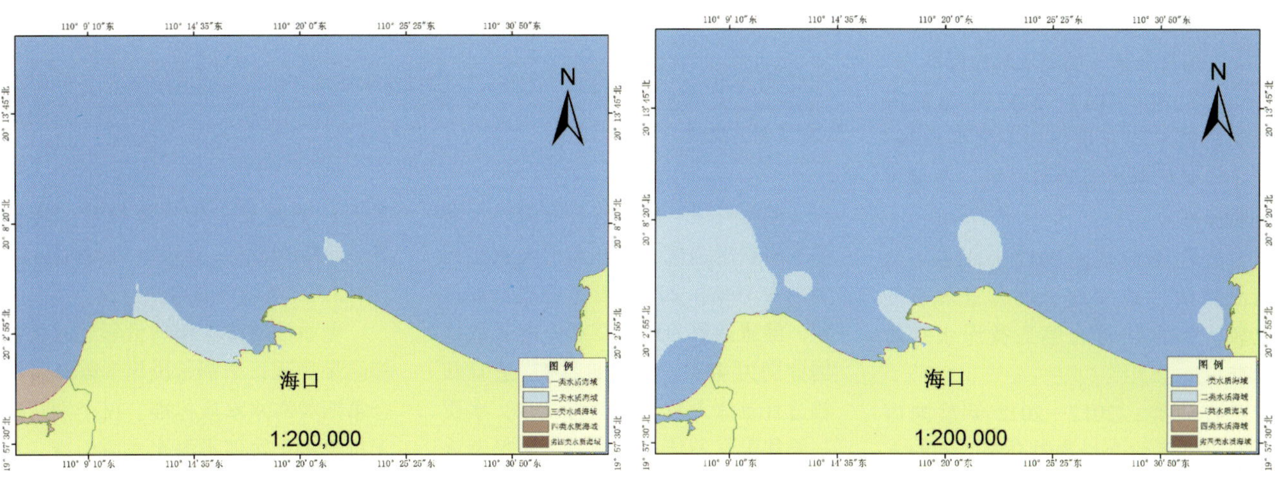

2017 年海口市春季海水水质分布图　　　　2017 年海口市夏季海水水质分布图

准。五源河入海口附近海域的水质状况良好；龙昆沟入海排污口的邻近海域环境质量依然较差，主要污染要素为无机氮、活性磷酸盐和生化需氧量；东寨港海水增养殖区水质状况一般；海口假日海滩海水浴场适宜和较适宜游泳天数的比例为 75%，影响游泳适宜度主要原因是水质或天气状况不佳；全年监测到赤潮 2 次，累计面积约为 1.5 平方公里，未造成明显的生态环境损害和经济损失。

2. 近岸海域环境质量状况

2.1 海水

2017 年春季、夏季，对海口市近岸海域开展了海水质量监测，监测要素包括水温、溶解氧、pH、盐度、化学需氧量、营养盐、悬浮物、石油类、重金属和叶绿素 -a 等。

春季，一类海水海域占海口近岸海域面积的 96.10%，二类海水海域占 3.58%，三类海水海域占 0.32%。夏季，一类海水海域占海口近岸海域面积的 82.82%，二类海水海域占17.18%。

与 2016 年同期数据相比，2017 年海口市一类海水水质海域面积有所增多。

化学需氧量：2012—2017 年监

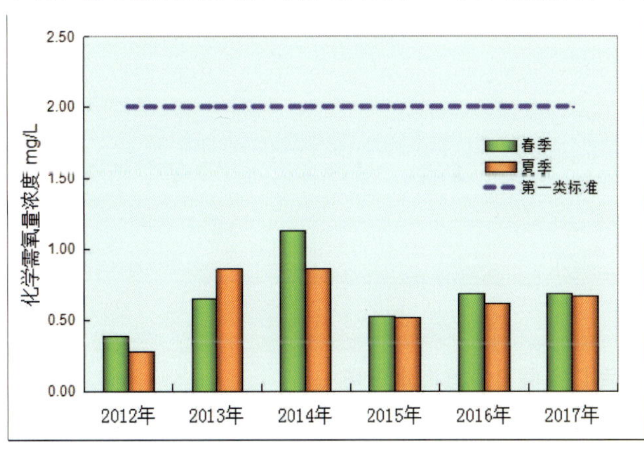

2012—2017 年海口市近岸海域海水化学需氧量浓度变化状况

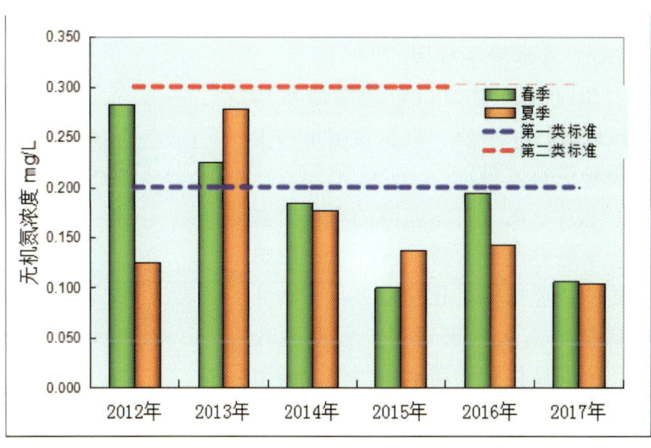

2012—2017 年海口市近岸海域无机氮浓度变化状况

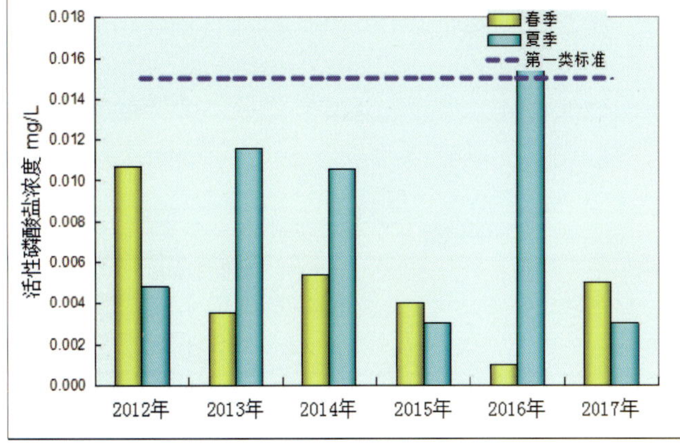

2012—2017 年海口市近岸海域活性磷酸盐浓度变化状况

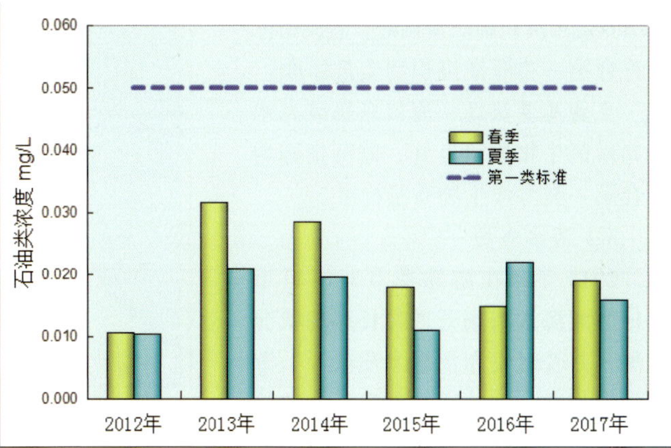

2012—2017 年海口市近岸海域石油类浓度变化状况

测海域海水化学需氧量平均含量变化不大，均符合第一类海水水质标准。

无机氮：2012—2017 年监测海域无机氮平均含量出现下降的趋势，近 4 年无机氮含量均符合第一类海水水质标准。

活性磷酸盐：2012—2017 年监测海域活性磷酸盐平均含量季节变化较大，但均符合第二类海水水质标准。

石油类：2012—2017 年监测海域石油类平均含量均符合第一类海水水质标准。

2.2 海洋沉积物

2017 年，对海口市近岸海域开展了海洋沉积物质量状况的监测，监测要素包括总汞、砷、锌、镉、铅、铜、铬、有机碳、石油类、硫化物、滴滴涕、多氯联苯等。结果表明，海口近岸海域海洋沉积物质量状况良好，所有监测要素均符合第一类海洋沉积物质量标准。与 2015 年相比，海洋沉积物质量继续保持良好。

3. 主要海洋功能区环境状况

3.1 海水增养殖区

2017 年，对海口东寨港海水增养殖区开展了水质、沉积物质量和生物质量综合监测。

水质状况 实施监测的海口东寨港海水增养殖区水质状况一般，影响水质的主要指标是化学需氧量、活性磷酸盐与粪大肠菌群等。监测时段内，个别站位化学需氧量、粪大肠菌群、活性磷酸盐含量劣于第三类海水水质标准。

沉积物质量状况 海口东寨港海水增养殖区沉积物质量良好，监测指标均符合第一类海洋沉积物质量标准。

生物质量状况 海口东寨港海水增养殖区生物质量良好，监测指标均符合第一类海洋生物质量标准。

3.2 海水浴场

2017 年，在游泳季节对海口市假日海滩海水浴场开展每日环境状况监测，并及时发布浴场水质状况、游泳健康指数、游泳适宜度和最佳游泳时段等信息，有力地促进了海口市滨海旅游业的发展。

海口假日海滩海水浴场综合环境等级

浴场名称	健康指数	适宜、较适宜游泳时间（%）	不适宜游泳的主要因素
海口假日海滩	74	75	水质一般和天气不佳

监测时段，海口假日海滩海水浴场水质状况为优、良和差的天数比例分别为 79%和 21%，游泳健康指数为 74，健康指数为优、良和差的天数比例分别为 48%、31%和 21%。适宜和较适宜游泳天数的比例为 75%，水质一般和天气不佳是影响海水浴场游泳适宜度的主要原因。

3.3 工程用海区

2017 年，对美丽沙项目、美源贵族游艇码头、金沙湾项目、新埠岛北岸、如意岛项目、南海明珠项目、千禧酒店项目、新海滚装码头项目等 8 个涉海工程的邻近海域开展海洋环境监测。监测要素包括水温、pH、盐度、溶解氧、化学需氧量、无机氮、活性磷酸盐、悬浮物、叶绿素-a。

3.3.1 美丽沙项目

美丽沙用海工程项目邻近海域监测结果显示，个别站位化学需氧量符合第四类海水水质标准，仅个别站位无机氮劣于第四类海水水质标准，其余站位的各项监测要素符合第一类或第二类海水水质标准。

3.3.2 美源贵族游艇码头

美源贵族游艇会码头邻近海域监测结果显示，各项监测要素均符合第一类或第二类海水水质标准。

3.3.3 新埠岛北岸

新埠岛北岸用海项目邻近海域监

海口市假日海滩海水浴场

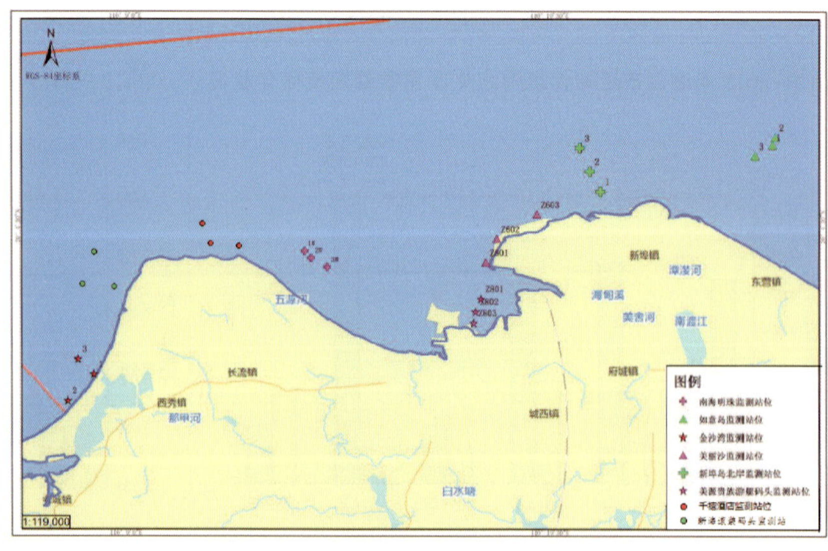

海口市部分工程用海项目监测站位图

测结果显示，各项监测要素均符合第一类或第二类海水水质标准。

3.3.4 如意岛项目

如意岛项目邻近海域监测结果显示，个别站位化学需氧量测值符合第三类海水水质标准，其余各监测要素均符合第一类海水水质标准。

3.3.5 南海明珠项目

南海明珠项目邻近海域监测结果显示，各项监测要素均符合第一类或第二类海水水质标准。

3.3.6 千禧酒店项目

千禧酒店项目邻近海域监测结果显示，各项监测要素均符合第一类或第二类海水水质标准。

3.3.7 新海滚装码头项目

新海滚装码头项目邻近海域监测结果显示，个别站位化学需氧量符合第四类海水水质标准，其余站位的各项监测要素均符合第一类海水水质标准。

4. 主要入海污染状况

4.1 部分江河入海口环境状况

2017 年，对海口市五源河入海口附近海域开展了水质监测。结果表明，五源河入海口附近海域的水质状况良好，所有监测要素 pH、溶解氧、粪大肠菌群、化学需氧量、溶解氧、无机氮、活性磷酸盐含量均优于或符合第二类海水水质标准，满足所在海洋功能区的要求。

4.2 入海排污口邻近海域环境质量状况

2017 年，对海口市龙昆沟入海排污口、海口市秀英工业排污口、白沙门污水处理厂深海排污口的邻近海域开展了监测。5 月、8 月和 10 月实施了水质监测，8 月实施了海洋沉积物监测。结果表明 3 个入海排污口的邻近海域均受到不同程度的污染。

海口市龙昆沟入海排污口邻近海域　监测结果表明，该海域水质状况总体较差。5 月、8 月大部分监测海域海水为第四类或劣四类海水水质，主要超标因子为无机氮、活性磷酸盐和生化需氧量；10 月，监测海域海水水质劣于第四类海水水质标准。主要超标因子为无机氮、活性磷酸盐。沉积物质量劣于第三类海洋沉积物质量标准，主要超标因子为硫化物和石油类。与上年相比，海口市龙昆沟重点排污口邻近海域环境质量依然较差。

海口市秀英工业排污口邻近海域　监测结果表明，该海域水质状况一般。5 月、8 月监测海域大部分海水为第三类或四类海水水质，主要超标因子为无机氮、粪大肠菌群；10 月，部分监测海域海水为第四类海水水质，主要污染因子为粪大肠菌群。与上年相比，海口市秀英工业排污口邻近海域海水质量略有下降。

白沙门污水处理厂深海排污口邻近海域　监测结果表明，该海域水质状况总体一般。5 月、10 月监测海域海水为第二类或三类海水水质，主要超标因子为无机氮；8 月，监测海域海水为第二类海水水质。沉积物质量符合第一类海洋沉积物质量标准，满足所在海洋功能区沉积物质量要求。与上年相比，白沙门污水处理厂深海排污口邻近海域海水质量略有下降。

5. 海洋环境灾害和风险

5.1 海浪

2017 年，海口海域出现波高（有效波高，下同）大于 2 米的日数共 85 天，波高大于 3 米的日数 11 天。其中 3 米以上大浪由较强冷空气、1719 号强台风“杜苏芮”和 1720 号 强台风“卡奴”引发。2017 年度因热带气旋产生浪高大于 3 米的日数为 6 天，因冷空气产生的 3 米以上大浪日数为 7 天，两者共同影响产生 2天。

5.2 风暴潮

2017 年，海口市沿岸出现两次较明显的风暴潮过程，主要由 1719 号强台风“杜苏芮”和 1720 号强台风“卡奴”引发。据验潮站资料显示，“杜苏芮”影响期间，海口秀英验潮站最大增水为 32 厘米，最高潮位出现在 9 月 15 日 12 时 42 分，为 276 厘米；“卡奴”影响期间，海口秀英验潮站最大增水为 67 厘米，最高潮位出现在 10 月 15 日 12 时 09 分，为 280 厘米，两次过程的最高潮位均未超过当地蓝色警戒潮位，未造成风暴潮灾害损失。

5.3 赤潮

2017 年，海口市近岸海域共监测到赤潮 2 次，赤潮累计面积约 1.5 平方公里。赤潮主要发生在海口市荣山寮至澄迈县盈滨半岛一带近岸海域、海口美源贵族游艇码头海域。赤潮生物种类为球形棕囊藻、细弱海链藻、米氏凯伦藻，赤潮未造成明显生

2017 年海口海域各月出现各级别浪高日数统计表

月份	1	2	3	4	5	6	7	8	9	10	11	12	合计
>2m（天）	14	7	4	4	—	—	2	1	4	12	18	19	85
>3m（天）	1	—	—	—	—	—	1	—	2	3	3	1	11

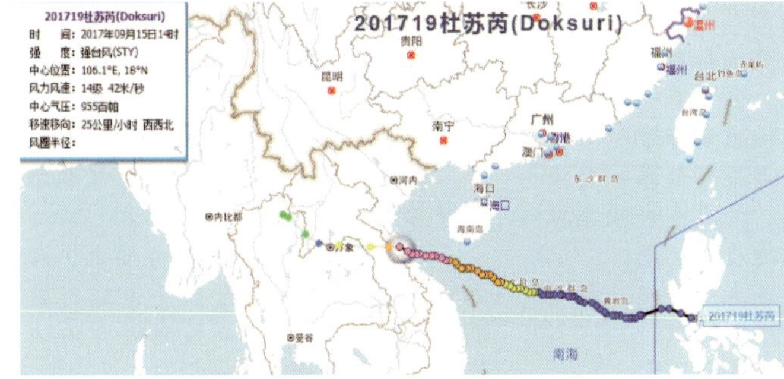

1719 号强台风“杜苏芮”路径图

1720 号 强台风“卡奴”路径图

态环境损害，也未造成明显经济损失。

6. 海洋环境保护与管理

6.1 先试先行湾长制度改革

2017 年 10 月，国家海洋局正式批复《海南省海口市“湾长制”试点工作方案（2017 年—2019 年）》，海口市成功入选全国首批“湾长制”试点城市。海口市“湾长制”试点将以改善海洋生态环境质量、维护海洋生态安全、促进海湾可持续利用和永续发展为目标，创新管理机制，解决海洋生态环境突出问题，建立健全陆海统筹、河海兼顾、上下联动、协同共治的海湾治理新制度。

6.2 加强监管力度，保护海洋环境

2017 年，海口市海洋和渔业局加强海洋管控力度，强化监督执法管理和海域使用动态监管，严厉打击各类破坏海洋生态环境的违法行为，有效保护了我市管辖海域生态环境安全，确保海洋资源合理开发利用。全年开展海洋执法巡查检查 120 次，完成海岛巡查 4 批次。立案 31 宗，撤案 2 宗，10 宗建设项目案正在调查中；19 宗下达处罚决定书，其中 18 宗共缴罚款 3821.2872 万元，结案率约达 95%。

6.3 开展公益活动，提升海洋意识

海口市海洋和渔业局利用“5·12”防灾减灾日、“6·8 世界海洋日”等时机，以“现场活动 + 媒体宣传”等多种形式，加大海洋宣传力度，增强市民海洋环境保护意识。结合“6·8 世界海洋日”，组织了海洋知识进渔村、海洋知识进学校、海洋知识进社区以及水生野生动物保护宣传进“四区”等系列活动。

6.4 开展海洋“亮剑”专项行动

2017 年，我市严格执行南海伏季休渔制度，加大伏季休渔执法检查力度。扎实做好“亮剑 2017”系列渔政专项执法行动，开展陆地及渔港检查 6 次，组织海上执法行动 15 次，收缴罚金金额 4.3 万元。查处没收违规渔具 2400 张，查处涉渔“三无”船舶 7 艘。联合工商部门查扣砗磲制品 83 件。对全市各型渔船 1880 艘进行年审，完成率 94.4%。回购渔船 268 艘，拆解涉渔“三无”船舶 40 艘。全市休渔安全形势稳定。

2017 年海口市近岸海域发生的赤潮事件统计

时间	发生海域	面积（平方公里）	赤潮生物种类	密度（个 / 升）
3 月 16—25 日	海口市荣山寮至澄迈县盈滨半岛一带近岸海域	0.5	球形棕囊藻、细弱海链藻	1.15×10^7 9.82×10^6
4 月 19 日至 5 月 5 日	海口美源贵族游艇码头海域	1.0	米氏凯伦藻	1.18×10^7

海洋巡查执法

说明：

1. 依据《海水水质标准》（GB 3097-1997），按照海域的不同使用功能和保护目标，海水水质分为四类：

第一类：适用于海洋渔业水域、海上自然保护区和珍稀濒危海洋生物保护区。

第二类：适用于水产养殖区、海水浴场、人体直接接触海水的海上运动或娱乐区、以及与人类食用直接有关的工业用水区。

第三类：适用于一般工业用水区、滨海风景旅游区。

第四类：适用于海洋港口水域、海洋开发作业区。

2. (1) 单个监测站位沉积物质量

良好：最多一项指标超第一类海洋沉积物质量标准，且没有一项指标超第三类海洋沉积物质量标准；

一般：一项以上指标超第一类海洋沉积物质量标准，且没有一项指标超第三类海洋沉积物质量标准；

较差：有一项或者更多项指标超第三类海洋沉积物质量标准。

(2) 区域沉积物综合质量

良好：有不到 5%的站位沉积物质量等级为较差，且 70%以上的站位沉积物质量等级为良好；

一般：有 5%～15%的站位沉积物质量等级为较差，或不到 5%的站位沉积物质量等级为较差，30%以上的站位沉积物质量等级为一般和较差；

较差：有 15%以上的站位沉积物质量等级为较差。

注：根据国家监测任务要求，沉积物质量状况只在奇数年份进行监测，2016 年海南省未监测近岸海域沉积物质量状况。

全国文明城市和国家卫生城市创建成功

【“双创”工作概况】2017年7月14日和11月14日，海口分别夺得国家卫生城市和全国文明城市两块“金字招牌”，“双创”获得成功。自2015年7月31日海口开启“双创”模式，两年多来，全市上下众志成城、勠力同心，多措并举，2015年、2016年，海口创建国家卫生城市分别通过省爱卫会、全国爱卫会暗访检查和技术评估，创建全国文明城市连续两年在中央文明办组织的参评测评的9个省会城市中排名第二。特别是2017年进入全力冲刺阶段，海口市围绕建设国际化滨江滨海花园城市的目标，坚持标准不变、力度不减，“一张蓝图干到底”，大力推进城市更新，打造“双创”升级版，“双创”工作成绩显著，圆满完成既定目标任务。这是海南建省办经济特区30周年来文明城市“零的突破”，也是海口建设国际化滨江滨海花园城市的重要里程碑。

【构建合力推进“双创”工作大格局】2015—2017年，海口市委、市政府把“双创”工作作为事关海口发展的大事、事关群众利益的实事来抓，高位推进、高效运转，构建上下一体、合力推进的工作格局。⑴领导主体责任全覆盖。成立市“双创”工作领导小组，实行市四套班子主要领导担任组长的四组长制；领导小组下设“双创”工作指挥部，指挥长由1名市委副书记担任，3名副指挥长由市级领导担任，指挥部内设8个工作组，对应创建标准，各管一块、各负其责。在涉及“双创”指标的软硬件建设项目中，由指挥部定期召开会议或报请领导小组会议研究决定，简化程序、缩减环节，实现快速推进。两年多来，共召开市“双创”工作领导小组会议32次、指挥部指挥长会议80次，及时研究解决困难和问题近800项，强力推动“双创”各项工作部署落实。把43个镇（街）作为创建主体，按照“条块结合、以块为主”的原则，将创建工作指标精确分解到全市每一级组织、每一个一把手，落实到挂点市级领导和75个包点单位，实现主体责任全覆盖，构建“横向到边、纵向到底”的“双创”工作责任制。⑵督查考核促落实。市“双创”工作指挥部推出一整套严密详尽的督考方法和操作细则，实行督查无禁区、考评无间歇，做到严管不松懈、重罚不手软，奖惩分明。两年多来，全市共对241家考评排名靠前的单位和示范点给予奖励，发放奖金6712万元（含以奖代拨资金）；182家单位主要负责人公开检讨；累计提拔重用干部372人，问责干部1490人。通过考评机制，既有效地落实存在问题的整改，使“双创”工作扎实推进，又有效地促进主体责任的落实、干部作风的转变。⑶省市联动、全民参与，形成众志成城、万众一心的工作合力。海口设立“全民公益日”和“公益海口”网络服务平台，着力推动全民公益活动，至2017年，全市注册志愿者超过26万人，志愿服务

2017年11月29日，海口市“双创”工作总结表彰暨“净化、绿化、彩化、亮化、美化”五化工作动员大会召开。图为受表彰的先进单位（市“双创”工作指挥部 供）

总时长超过713万小时，志愿服务队伍3203支。被列为中国“志愿之城”试点城市。省直机关单位、驻市军警部队等250多个驻市单位团体和全市广大党员干部利用下班或双休日时间到社区开展志愿服务活动。

【实行绿色创建】2017年，海口市在“双创”工作中，大力加强生态文明建设，推动“双创”工作再上新台阶。加快城市更新，打造“双创”升级版，制定海口城市更新行动纲要，实施城市天际线、轮廓线、建筑风貌、绿化设计、城市色彩、夜景灯光照明、公共服务配套7大城市更新计划，加快推进三角池综合示范项目、骑楼老街“活化”改造、海甸溪两岸综合整治等项目，高标准建设市民游客中心。全省率先推行“河长制”，以美舍河凤翔段治理为示范样板，对32个水体进行综合治理，建设凤翔湿地公园。美舍河治理成效显著，得到中央环保督察组和省委、省政府的充分肯定，获评“国家级水利风景区”。全省推进河长制暨城镇内河（湖）水污染治理现场会在海口市召开，海口推行河长制的做法得到充分肯定。开展净化、绿化、彩化、美化、亮化“五化”工程，先后完成23个景观改造提升项目、192条道路和12个小游园绿化美化工程，完成滨海大道透绿见蓝、透光见海工程和景观亮化示范段工程；民航航线俯视区生态修复、22个全域旅游镇墟改造、高铁高速沿线整体景观提升成效明显，不断提升城市颜值和魅力。自2013年新环境空气质量标准实施以来，海口市环境空气质量连续4年在全国74个重点城市排名第一，环境空气质量始终保持一流水平。

【以问题为导向做实民生工程】2015—2017年，海口市在“双创”工作中，以问题为导向，补短板、惠民生，通过推动市政基础设施、文化体育科普设施、农贸市场、环卫设施、城市水体、园林景观绿化和交通、消防、环保等十大领域基础设施281个建设项目（总投资137.2亿元），建设功能完善、独具品位的宜居城市。⑴完善市政基础设施。加快城市道路建设，改造老旧市政主干道路93条，打通“断头路”64条，在主城区规划建设立体快速路18.42千米，建成通车14.7千米，改造小街小巷2603条，有效缓解交通压力。加快海绵城市建设，改造城市积水点24处，建成排涝泵站3个，城市地下综合管廊（一期）工程建设完成。⑵打造15分钟便民生活圈。全市主城区范围内打造46处“15分钟便民生活圈”；21个特色餐饮街（区）完成提升改造；重点打造12处特色餐饮街，如欢乐海岸、老稻美食大街、福地美食街、潮立方美食城等，既解决困难群众的就业，又方便市民游客的生活，市民百姓的幸福感、获得感明显提升。⑶创新惠民工程。投向民生支出的资金占财政总支出的75%。对标取缔各类占道经营点和马路市场181个，方便交通和市民出行。完成225所中小学校“改薄”，增加中小学学位6262个、公办幼儿园学位990个，解决市民子女上学难问题。深化医疗改革，公立医院全部实行“先看病，后付费”，解决市民看病就医难问题。对574个“三无小区”进行整治，专门配备保安员、保洁员、宣传员，既解决“三无小区”无业人员1700多人的就业，又有效整治“三无小区”的乱象。组建海口市菜篮子产业集团公司，推出“一元菜”和“基本菜”，2017年春节期间菜价下降44.59%，是近5年来海口春节菜价首次下降。先后分三批公布260家放心特色餐饮名录供市民游客参考，升级和完善信息查询平台系统，提供对外公开查询的餐饮、便民服务数据6大方面44类265项共97657条，不断满足广大市民和游客的需求。为就业困难、家庭困难的小摊贩、残疾人士开发公益性岗位，鼓励企业安排就业，让创建成果惠及更多群众。据不完全统计，全市得到妥善安置及实现转岗就业的流动商贩有3200多名。中央电视台《新闻联播》播出“海口小街巷，牵挂大民生”，点赞海口以“双创”为抓手，筑牢民生“里子”，撑起城市“面子”。

【持续开展城市管理专项整治】2015—2017年，海口市在“双创”工作中，统筹兼顾、重点整治，集中开展道路交通秩序、农贸市场、占道经营、违法建筑、水环境、环境卫生等18个专项整治行动，强力整治各类突出的城市管理乱象。开展道路交通秩序整治，抓交通治堵，查扣、处罚违法“三车”、电动自行车4.8万辆次。严格限定电动自行车市场准入，大力强化电动车牌照及行驶安全“九不准”管理，十二届全国人大常委会第25次会议上对海口市电动车管理给予充分肯定。加快农贸市场整治，全面完成42家农贸市场的升级改造，新增市场3万平方米，相当于新增10家农贸市场的功能服务。2016年9月19日，国务委员王勇调研海南，对海口农贸市场建设和管理给予高度评价。强化占道经营治理，规范城市秩序，落实“门前三包”主体责任单位（业主）4.2万家，取缔各类占道疏导点和马路市场181个。开展违法建筑专项整治，拆除违法建筑694.2万平方米、防控违法建筑113.3万平方米。开展城乡环境卫生整治，加强“三无”小区的环境卫生管理，推行垃圾分类试点工作。全市配备农村保洁人员2421名，建立“户分类—村收集—镇转运—市处理”农村生活垃圾收运体系，惠及农村人口60多万人。全市共有公厕442座，建成餐厨垃圾及粪渣无害化处理厂和建筑垃圾资源化处理厂，病媒生物防制密度达到国家控制水平标准C级要求，重点行业和单位防蝇设施合格率和防鼠合格率分别达95.46%、95.24%。开展食品单位脏乱差整治。通过“双创”解决困扰海口市多年的食品单位特别是小餐饮店脏乱差现象，1.02万家餐饮店和小食品店完成升级改造，对餐饮店后厨和熟食店加工区硬件全面更新，配齐消毒设施设备。全市食品生产经营单位的食品生产经营场所店面整洁，布局合理，老百姓买得放心、吃得安心，参与支持食品药品安全监管和“双创”工作的人群不断扩大，老百姓对政府的认可度和满意度也在逐步提升。经过全市上下的共同努力，海口市水域整治、道路交通、市政市容、农村环境卫生、农贸市场和大型商场环境等重点问题，取得历史性的突破。

2017 年 5 月 2 日，海口市决战决胜“双创”工作动员会召开

（市“双创”工作指挥部 供）

【营造全民参与、全员文明的社会氛围】 2015—2017 年，海口市在“双创”工作中，强化宣传、提升素质，营造全民参与、全员文明的社会氛围。坚持将舆论宣传摆到重要位置，整合各方资源，策划部署，为“双创”工作提供强有力的舆论支持。据统计，自开展“双创”工作以来，中央、省、市各类媒体共刊发报道海口“双创”工作 9 万余篇次。海口广播电视台开设“双创”频道，全天候播报“双创”工作，《海口晚报》更名为《海口日报》并开辟“双创”新闻专版，及时报道“双创”工作。全市各类 LED 屏、社区宣传栏、微信、微博、微景等多种媒介均投入“双创”宣传中，公益广告基本覆盖全市各个主次干道、各小街小巷、各社区（村庄）、各学校、各大商业广场和城区建筑工地等等，总面积累计 12 万多平方米。还通过文艺汇演、歌咏比赛、知识竞赛、创作等深入宣传“双创”内涵，使市民文明素质和生活习惯得到有效的引导和提升。全市各机关、医院、学校、企事业单位、街道、社区等单位均设置“双创”宣传栏，刊登“双创”宣传内容。不断加强对市民群众教育引导，通过印发资料、培训指导等，加深市民群众对“双创”工作的了解，促进市民群众由等、靠、怀疑、观望和“要我创建”向“我要创建”转变。

围绕提高市民素质和城市文明程度这一重点，推动创建文明家庭、文明社区、文明学校、文明村镇，开展文明卫生先进单位、先进个人评选和“文明道德模范”“身边好人”评选活动。《海口日报》、海口广播电视台联合推出《寻找“双创”先锋》专栏和专题报道，深入挖掘新世界花园公厕的管理员王亚平、公交保洁员谢桂梅、环卫工人林海梅、带病坚守岗位的盘丽芬等一大批“双创”一线工作岗位先进事迹和个人，给海口城市精神注入的强大正能量。全市评选出文明卫生街（镇）、文明卫生村（居）等文明卫生先进集体 763 个、文明卫生先进个人 98 人。通过开展“小手拉大手”、文明卫生签订单位和个人评选等系列活动，带动一个个家庭，市民的卫生习惯逐步养成，市民文明素质不断提升，凡人善举层出不穷。共评选出道德模范 129 名（其中全国道德模范提名奖 9 名、海南省道德模范 20 名），海口好人 345 名（其中入选中国好人榜 21 名），美德少年 101 名。两年多来，海口市坚持用社会主义核心价值观引领创建活动，把核心价值观要求体现到创建工作各个环节，融入市民群众的生产生活之中，增强市民文明意识，规范市民文明行为，营造城市文明氛围。

【完善保障“双创”工作长效化机制】 2015—2017 年，海口市在“双创”工作中，创新思路、完善制度，建立着眼长效、立足根本的体制机制。（1）创建工作模式。成立旅游警察支队和城市警察支队，实行多部门融合的联合执法，有效开展综合执法；推行“执法 + 媒体”，整合资源，实现执法效率最大化；在金宇街道开展“城管巡回法庭”试点，为“双创”工作提供法律服务保障；秀英区率先成立“双创”监督员工作站，全市共成立 48 个“双创”监督员工作站、93 支“双创”义务监督队伍，形成“双创”监督常态化模式。（2）强化制度保障。出台《海口市爱国卫生管理办法》《海口市关于深入开展全民公益活动的决定》《海口市城市管理综合行政执法条例》和《海口市美舍河保护管理办法》等 4 个法规条例，实施《海口市个人信用信息征集和使用管理办法》《海口市企业信用信息征集和使用管理办法》和《海口市诚信“红黑名单”发布和奖惩管理办法》等 3 个长效管理制度。同时，完成交通、城管、人劳、税务、质监等 8 个行业诚信“红黑名单”发布管理标准，“诚信海口”“公益海口”“海口城市管家”3 个网络服务平台方便市民游客咨询和投诉。开展 39 个职能部门和窗口单位的服务文明测评，修改完善 8 项诚信体系法规制度和 9 项公益与志愿服务体系法规制度，有效推动诚信与公益两个信息平台的建设，社会诚信体系、志愿服务等长效机制逐步形成。一系列“双创”工作法规和规章制度，推动“双创”工作走向法治化、制度化、规范化、长效化。（3）推进精细化管理。发挥

12345热线“指挥棒”“绣花针”“连心桥”作用，整合全市服务热线、政务平台、数据信息等资源，实行职能部门负责人轮流值守，建立“半小时响应处置机制”，为群众诉求搭建统一的受理、监督及政务公开平台；探索“12345+网格化”，以移动互联网、大数据分析等信息化技术为支撑，推进社会治理、城市管理精细化、科学化；强化考核机制，加大督办力度，努力抓热点、解疑点、破难点，真心实意地帮助群众排忧解难。2017年，12345热线通过多渠道受理办件总量100.15万件、办件总量增长约2.6倍，办结99.65万件，办结率99.5%，办件满意率从年初的48%提高到94%。推进智慧城市建设，推出“椰城市民云”APP，向广大市民提供掌上查询、咨询、政务办理等多项公共服务，持续增强便民服务水平。

（市“双创”工作指挥部）

2017年11月10日，海南省常委、市委书记张琦（右一）在海口美舍河凤翔湿地公园宣讲党的十九大精神（张俊其 摄）

“两学一做”学习教育

【“两学一做”学习教育工作概况】2017年，海口市要求全市各基层党支部每月集中学习一次、每季度开展一次集中学习研讨等，共组织党员学习讨论8245场次、上党课7586场次，编印发放学习资料20多万册，培训党员干部20余万人次。邀请金一南、俞孔坚等知名专家学者围绕理想信念教育、海绵城市与生态修复等内容作专题讲座，结合主题党日活动等强化党性教育和集中学习，坚定理想信念，拓宽发展思路。制定《关于推进“两学一做”学习教育常态化制度化的实施方案》，从“学、做、改、严、带”5个方面推进“两学一做”学习教育常态化制度化，深化大研讨大行动活动，得到省委组织部的充分肯定，多次在《海南省“两学一做”学习教育情况通报》上刊发海口的经验做法，并在2017年全省组织部长会上作题为《“学”在深处 “做”在实处》的经验介绍。

【宣传贯彻党的十九大精神】2017年，海口市把学懂弄通做实党的十九大精神作为首要政治任务，制定《海口市基层党员干部深入学习党的十九大精神教育培训实施方案》《市管干部学习贯彻党的十九大精神专题培训实施方案》，按照分级分批、示范带动、全员覆盖的原则，对全市党员干部全面轮训。印发《关于认真学习贯彻党的十九大精神 推进“两学一做”学习教育常态化制度化的通知》，明确提出“六个全覆盖”的学习宣传贯彻具体举措。开展“双千党课活动”（千名书记上党课、千堂党课送基层），编制学习卡、口袋书，推动十九大精神在海口落地生根，全市开展十九大精神宣讲学习活动846场次，累计7.2万党员干部及群众参加。

【各级领导带头示范树立榜样标杆】2017年，海口市各级党组织坚持领导机关和领导干部“四个带头”，即在强化政治学习上带头、在严格组织生活上带头、在切实改进作风上带头、在奋力担当作为上带头。按照省委的安排，省委常委、市委书记张琦同志主讲全省“两学一做”电视夜校第二期节目，带领市四套班子领导成员集中观看全省“两学一做”电视夜校节目，并通过召开专题学习会、理论中心组学习会、常委会等，带头抓好学习；“七一”期间，带领市委办公厅第一党支部全体党员到中共琼崖一大旧址开展主题党日活动，并与同志们分享自己学习贯彻习近平总书记系列重要讲话精神、学习省第七次党代会精神的心得体会；多次深入党建联系点琼山区指导党建、“双创”、精准扶贫等重点工作。各级党员领导干部层层跟进，以上率下，在“两学一做”学习教育中充分发挥表率作用。美兰区三套班子成员于7月17—26日晚连续10个晚上深入9个街道和灵山镇，与当地干部群众一起集中观看专题片《将改革进行到底》，一线开展学习、组织研讨；海口综合保税区工委班子坚持先学一步、学深一层，先后组织15次集中学习，分专题组织4次学习研讨，为园区党员干部开展学习发挥积极的示范作用。

【夯实“学”的基础】2017年，海口市委理论中心组带头学习，共召开理论中心组学习会11次，还邀请金一南、俞孔坚等知名专家学者围绕理想信念教育、海绵城市与生态修复等内容作专题讲座。各级党组织依托理论中心组、“三会一课”、《我是共产党员》栏目以及网络在线等学习平台，组织党员干部学习党章党规、习近平总书记系列重要讲话精神，特别是习总书记2013年视察海南时的重要讲话精神，省第七次党代会、市第十三次党代会精神，以及省委书记刘赐贵、省长沈晓明的重要讲话精神等，教育引导广大党员进一步坚定理想信念、强化党性观念，将思想和行动凝聚到“做大做优做强海口、建设国际化滨江滨海花园城市”的实践中来。全年全市党组（党委）召开理论中心组开展专题学习研讨388次，党员干部讲党课3547次，党员集中轮训165期次，参加轮训党员68405人次。

【扣紧“做”的关键】2017年，海口市各级党组织紧扣“做”这个关键，坚持学用结合，加强分类指导，深入学习廖俊波等优秀党员先进事迹，教育引导广大党员牢固树立“四个意识”，对照“四个合格”，履职尽责，实干担当，为推动全市经济社会发展建功立业。农村党组织围绕精准扶贫、美丽乡村建设积极发挥作用，美兰区三江镇茄芮村党支部党员带头成立莲雾和红柚专业合作社，帮助村民脱贫解困；琼山区旧州镇雅秀村党支部带领党员、村民种植景观苗木，大力建设美丽乡村。街道社区党组织围绕“双创”工作、城市更新积极发挥作用，秀英区海秀街道工委率先成立“两站一港”、大型商场和7个社区“双创”监督员工作站，完善“双创”监督体系；龙华区滨海街道滨海新村社区党支部开展“文明卫生家庭”“文明卫生商铺”评比等活动，带动辖区居民参与“双创”工作。企业党组织围绕“深化改革、做大做强做优”发挥作用，市统发公司建成13.33公顷金钗石斛野外种植基地，大力发展特色产业；海口保税区建总组织党员开展“我为园区发展争做贡献”主题实践活动，24小时全天候为租赁公司厂房的企业提供优质的物业服务。机关事业单位党组织围绕转变作风、为民服务积极发挥作用，市纪委组织开展主题党日+学习、主题党日+志愿服务等活动，帮助退休老干部代缴水电费；市司法局组织开展律师所与司法所“所所联合”法律服务行动，大力推进全民法治宣传教育工作。“两新”组织党组织围绕诚信守法经营、履行社会责任积极发挥作用，海南和泽生物有限公司党支部组织党员职工开展“争当岗位能手、共创美好未来”等系列活动，为企业带来直接经济效益50多万元；海南新苏模塑有限公司党支部联合同行业其他党支部共同开展行业劳动竞赛，引导党员和职工在节能减排、改进生产技术等方面动脑筋、出主意，帮助企业解决转型升级中的难题。

【以“严”为导向筑牢基层堡垒】2017年，海口市各级党组织把推进“两学一做”学习教育常态化制度化与加强基层组织建设紧密结合起来，扎实推进基层党建工作各项任务的落实，坚持不懈抓基层打基础。坚持把加强制度建设作为加强基层党建工作的基础性和根本性工作，先后出台《中共海口市委关于全面从严治党严肃党内政治生活的实施意见》《关于建立市委常委联系党（工）委抓基层党建工作制度的通知》《党组织书记抓基层党建责任清单和负面清单》《关于全面加强城市基层党建工作的指导意见》等制度文件，对严肃规范党内政治生活、强化党建责任、加强城市社区党建工作等方面进行系统设计、整体包装，形成较为完善的基层党建制度体系。紧紧围绕脱贫攻坚加强农村基层党建工作，从市区直机关选派82名优秀干部驻村担任第一书记。各第一书记履行“双争四帮”的职责，推动脱贫攻坚各项任务落到实处。探索加强城市基层党建工作的新路径，制定出台《关于全面加强城市基层党建工作的指导意见》，省委组织部在海口召开全省城市基层党建工作经验交流会，海口市把支部建在一线的经验获得肯定。全面推行基层党组织标准化建设，对组织生活、班子建设、队伍建设、阵地建设、考核管理、台账资料6个方面和“三会一课”、主题党日等23项基础性党务工作统一标准、规范程序，着力提升党建工作科学化水平。组织召开全市国有企业党建工作会议，印发《海口市2017年国有企业党的建设工作重点任务清单表》。专门印发机关党组织书记抓党建责任清单和负面清单，要求各机关基层党支部以落实“三会一课”制度和党员领导干部双重组织生活制度为抓手，着力解决机关党建“灯下黑”问题。开展集中推进“两新”组织“两个覆盖”百日攻坚大行动，大幅提升党的组织和党的工作在新兴领域的覆盖面。对全市基层党组织进行末位倒排，建立全市《软弱涣散基层党组织工作台账》，按照“因地制宜、分类施策”的原则，对25个农村软弱涣散基层党组织进行集中整顿。

【以学习教育促推中心工作】2017年，海口市坚持把查摆问题、解决问题贯穿学习教育的全过程，印发《关于在“两学一做”学习教育中从严从实抓好问题整改的通知》，用“两学一做”学习教育的成效推动建设美好新海口。在决战决胜“双创”工作中，广大党员干部以学习教育促进作风转变，坚持干在一线，主动担当作为，带头参加卫生整治、文明劝导、政策宣传，以实际行动让海口实现大变样，顺利获评国家卫生城市、全国文明城市荣誉称号。在脱贫攻坚中，82名驻村第一书记认真履行职责，抓党建促民生办实事，发挥带头作用，组织贫困群众一户不落地参加脱贫致富电视夜校学习和讨论。在推进重点项目中，贯彻落实张琦书记关于“一抓三促”（抓党建，促发展、促改革、促民生）的指示要求，在“双创”、棚改、治污、治堵、扶贫等一线成立临时党支部，深入践行“一线工作法”，鼓励党员充分发挥主观能动性，认真核查处理项目涉及的历史遗留问题和矛盾纠纷，确保了省、市重点项目的落地和顺利推进。

（台德超）

（编辑：杜惠珍）

总 述

海口概况

【建置沿革】西汉时期，海口分属珠崖郡的瞫都、玳瑁、珠崖三县（其治所均在今海口市境内），后珠崖郡被汉王朝废弃。唐高祖时期分属于崖州的舍城、颜卢、琼山三县，后分属于崖州的舍城县、颜城县和琼州的琼山县（其治所均在今海口市境内）。明洪武三年（1370年）称海口都，十七年（1384年）设海口千户所，二十八年（1395年）年筑海口城池，称海口所城，至清末不变。民国初年，时称海口港。宋元明清至民国初期，海口基本属琼山县管辖。1926年12月9日，广东省批复设立海口市政厅，“习惯上始称海口市”，辖有第一、第二、第三警察区。1929年8月，改市政厅为市政局。1931年2月，复隶琼山县，设立警察区署进行管理。1949年8月7日，海南特别行政区行政长官公署代国民政府行政院内政部决定，从琼山县划出6个乡镇和部分村庄设立海口市政筹备处，筹备处隶属行政长官公署。1950年4月23日海口解放，市政筹备处自行消亡。1950年6月1日，海口市人民政府成立。1958年12月，琼山县并入海口市。1959年10月，琼山县恢复。1974年，中共广东省委通知将海口市恢复为省辖市，实行省、地双重领导。1975年11月22日，国务院批准海口市为地级市（但直到20世纪80年代后期，海口市还按副地级执行）。1986年5月31日，经国务院批准，海口市升为地级市，仍属海南行政区政府领导。1988年4月13日，海南建省办经济特区，海口市为海南省省会。1990年11月，经国务院批准，设立振东、新华、秀英3个市辖区（县级）。2002年10月16日，经国务院批准，撤销琼山市和海口市振东区、新华区、秀英区，以原琼山市和海口市原秀英区、新华区、振东区的行政区域组成新海口市，设立秀英、龙华、琼山、美兰4个区。

【位置与面积】海口市位于东经110° 07′ 22″ ~110° 42′ 32″，北纬19° 31′ 32″ ~20° 04′ 52″。地处海南岛北部，东邻文昌市，南接定安县，西连澄迈县，北临琼州海峡与广东省隔海相望。东起大致坡镇老村，西至西秀镇拔南村，两端相距60.6千米；南起大坡镇五车上村，北至大海，两端相距62.5千米。总面积3119平方千米。其中陆地面积2289平方千米，占73.39%；海域面积830平方千米，占26.61%。

【行政区划】海口市分设秀英、龙华、琼山、美兰4个区，共22个镇、21个街道办事处、196个社区、248个行政村。其中，秀英区辖秀英、海秀2个街道办事处，长流、西秀、海秀、石山、永兴、东山6个镇，共24个社区居民委员会、70个村民委员会；龙华区辖中山、滨海、大同、金贸、金宇、海垦6个街道办事处，城西、龙桥、龙泉、新坡、遵谭5个镇，共78个社区居民委员会、51个村民委员会；琼山区辖国兴、府城、滨江和凤翔4个街道办事处，龙塘、云龙、红旗、旧州、三门坡、甲子、大坡7个镇，岭脚、中税2个热作场和新民林场，共37个社区居民委员会、74个村民委员会，2个居（红明居、东昌居）；美兰区辖白龙、白沙、博爱、海甸、蓝天、海府路、人民路、新埠、和平南9个街道办事处，灵山、美兰、三江、大致坡4个镇，共57个社区居民委员会、53个村民委员会和三江居，海口市三江农场位于辖区内。

【自然环境】海口市地形略呈长心形，地势平缓，海南岛最长的河流——南渡江从中部穿过。西北部和东南部较高，中部南渡江沿岸低平，北部多为沿海小平原。全市除石山镇境内的马鞍岭（海拔222.2米）、旧州镇境内的旧州岭（199.9米）、甲子镇境内的日晒岭（171米）、永兴镇境内的雷虎岭（168.3米）等38个山丘较高外，绝大部分为海拔100米以下的台地和平原。马鞍岭为全市最高点。

地质　海口市地质构造属于雷琼裂谷南部拗陷区。中新世及上新世海南岛王五—文教大断裂以北至琼州海峡发生断陷，形成陆海面积约3135平方千米的琼北断陷盆地，堆积巨厚的新生代（第三纪）地层，至全新世（第四纪），并有多次地震和海底火山活动，有多期火山岩相间分布于第三纪和第四纪沉积层之中，出露于地表组成琼北基性（为主）火山熔岩台地，分布面积广。上新世晚期，海岛北部地壳上升，其中也有几次火山喷发；中全新世以后，北部和东北部地壳缓慢下降，接受沉积。海口市位于琼北新生代断陷盆地中，由新生代琼北断陷盆地（为主）与琼东北隆起（东南部）构成，位于区域性近东西向、近南北向、北东向和北西向断裂的交接复合部位。地层主要属新生代古近纪（为主）至第四纪的滨海相、海陆交互相地层。岩浆岩有零星出露的侵入岩和大面积广布的基性（为主）、超基性火山岩。

地 貌　类型大致分为滨海平原、河流阶地、丘陵及熔岩台地三部分。北部为滨海平原带，地势低平，面积广大，占总面积的 52%；中部为南渡江沿江阶地带，占总面积的 43%；东南部为丘陵台地带，西部为熔岩台地带，仅占总面积的 5%。西北部和东南部较高，中部南渡江沿岸低平，北部多为沿海小平原。地表主要为第四纪基性火山岩和松散沉积物大面积分布，滨海以滨海台阶式地貌为主，西部以典型的火山地貌为主。

土 壤　分为水稻土、砖红壤、菜园土、潮沙泥土、滨海盐渍沼泽土、滨海盐土、滨海沙土、石质土 8 个土类，12 个亚类，43 个土属，110 个土种。

气 候　海口地处低纬度热带北缘，属热带季风海洋性气候，气候温暖宜人，长夏无冬。海口北濒南海，海洋性气候特征也特别显著，具有温暖多雨、光热充足、温差较小、无霜期长等气候特征。同时受季风影响明显，降水时期集中，雨季分明，主要集中在 5—10 月，占年降雨量的 81.9%，多为热带气旋雨和对流雨（热雷雨），水热同期，11 月至翌年 4 月是少雨季节，常有冬春旱发生。灾害性天气主要有台风、暴雨、雷电、大雾、大风、干旱。年平均气温 24.4℃，年平均最高气温 28.2℃左右，年平均最低气温 18℃左右。月平均最高气温 28.8℃，出现在 7 月；月平均最低气温 18.0℃，出现在 1 月。年平均降雨量 1816 毫米，降雨日数（日雨量≥0.1 毫米）102 天。年平均日照时数 1954.7 小时。年平均蒸发量 1834 毫米，平均相对湿度 85%。常年以东北风和东南风为主，年平均风速 3.4 米 / 秒。

水 文　海口自产水资源总量 19.07 亿立方米，水资源总量折合地表径流深为 830 毫米。海南岛最长的河流南渡江穿过海口市中部入海。南渡江主流在市区长 75 千米，流域面积 1300 平方千米，年径流量 60.99 亿立方米。海口市主要河流有 17 条。其中，南渡江水系 7 条，南渡江干流从海口市西南部东山镇流入境内，穿过中部，于北部入海，入海口段从西向东主要分流有海甸溪、横沟河、潭览河、迈雅河和道孟溪。支流有铁炉溪、三十六曲溪、鸭尾溪、昌旺溪（南面溪）、美舍河和响水河；独流入海的有 9 条，分别为演洲河、五源河、荣山河、演丰东河、演丰西河、罗雅河、芙蓉河、龙昆沟和秀英沟，另外有白石溪流从文昌市境内出海。境内有凤潭、铁炉、东湖、风圯、云龙、丁荣、岭北、玉凤、沙坡等水库，总库容量 1.5 亿立方米。海口市地处南渡江下游河口河网地带和休眠火山口地带，潜水、承压水分布广泛。地下水位于琼北自流盆地面积 4605 平方千米范围内，980 米深度内共分布自上往下具生活饮用水、生活饮用水 + 饮用天然矿泉水、医疗热矿水三元结构的 10 个含水层：即潜水 2 层，半承压水 1 层，承压水 7 层。潜水含水层以南渡江三角洲潜水和玄武岩孔隙裂隙潜水为主，分布范围 813.7 平方千米，单位涌水量为 20 ~ 5084.6 立方米 / 日·米，允许开采量 21.2 万立方米 / 日。地下承压水处于雷琼盆地，含水总厚度达 200 ~ 350 米，老海口、秀英两段可采量共 27 万立方米 / 昼夜。地下热矿泉水处于琼北自流水盆地东北部新生代厚层，分布面积约 200 平方千米。

海 域　海口市北面临海，海域面积 830 平方千米，海岸线长 136.23 千米。海水平均水温 25℃，最高 34℃，最低 17.2℃。透明度 1 米，最大达 2 米。浅海盐度 29.6% ~ 31.8%。大部分海底平缓，以软泥为主，泥沙次之；靠近沙滩海岸一带海底以细沙为主。近海水质富含有机物质和无机盐。60 ~ 100 米等深线以内的海域面积约 200 平方千米，10 米等深线以内的浅海、滩涂面积上百平方千米。大部分海岸坡度平缓，岸线开阔连绵，沙岸带沙细洁白，有假日海滩、西秀海滩、粤海铁路通道南站码头海滩、白沙门海滩、东寨港海滨海滩、桂林洋海滩等海滨风景区和游乐区。港湾与近海还有少许岛礁和潮滩。近海海水清澈，常年风轻浪平，有多处为适宜游泳的傍岸泳区。

【自然资源】动植物　海口处在橡胶、胡椒等热带经济作物产区，拥有林地 9.58 万公顷，约占土地面积的 42%。地上有野生植物 1980 种，其中海南特有的 40 多种，被列为国家一级保护的有苏铁、坡垒、海南黄花梨 3 种，国家二级保护的有黄檀、粗榧、土沉香、见血封喉等 10 多种。乔、灌木 180 多种，其中 80 多种属经济价值较高的树种，诸如橡胶、椰子、棕榈、龙眼、荔枝、菠罗密、咖啡、黄皮、莲雾、胡椒、槟榔等。药用植物 1200 多种，其中较著名的有巴戟、益智、砂仁等。境内有野生陆栖脊椎动物 199 种，其中红胸角雉、山鹧鸪、海南虎鳽（jiān）等 5 种为海南特有种；列入国家一、二类重点保护名录的有蟒蛇、唐鱼、海南山鹧鸪等 13 种。

海洋资源　海口有 830 平方千米的海域、上百平方千米的海湾滩涂，有利于发展海洋捕捞及海水养殖。管辖海域内共有海岛 13 个，其中有居民海岛 1 个，即北港岛；自西向东分布着诸多天然港湾，如金沙湾、新海港、西海岸、秀英港、海口湾、东海岸、东寨港等。其中，海口港为海南交通枢纽和客货集散中心，是中国大陆沿海港口到东南亚各地通航贸易船舶的必经之港，素有“琼州门户”之称。港口岸线资源丰富，从西到东可分为马村岸段、盈滨—天尾岸段、海口湾岸段等多个岸段。马村岸段10米等深线离岸1500米～1700米；盈滨—天尾岸段港湾开阔，对巨型船舶稳泊条件较好，适宜建深水港；海口湾的稳泊条件好，可建设大型港口。海洋渔业资源主要有鱼类、虾类、蟹类、贝类等。其中鱼类有100多种，常见且质优的鱼类有马鲛鱼、黄花鱼、鲻、金线鱼、石斑鱼、海鲤鱼等；虾类有斑节对虾、沙虾、青虾等；蟹类有锯缘青蟹、小蟹、花蟹、膏蟹、梭子蟹等；头足类与贝类有乌贼、墨鱼、鲍鱼、泥蚶、牡蛎等；大型藻类主要为长茎蕨藻、麒麟菜、马尾藻等；传统药用海洋生物有海蛇、海马、海龙、海参、海胆、海星、海兔等。

矿 产 境内已探明矿产资源20种，其中能源矿产有石油、天然气、褐煤、低热值油页岩（油炭质页岩）、泥炭5种；金属矿产有铝土矿、钴土矿、褐铁矿3种；非金属矿产有高岭土、耐火黏土、砖瓦黏土、硅藻土、膨润土、沸石、浮石、建筑用玄武岩、建筑用砂9种；水气矿产有饮用天然矿泉水、热矿水、地下水3种。具备明显优势和开发潜力的矿产资源主要有饮用天然矿泉水、地热水、地下水，以及建筑大宗用的河砂、玄武岩石材、砖瓦黏土等；比较重要的矿产资源有钴土矿、铝土矿、褐煤、低热值油炭质页岩、高岭土、耐火黏土等。地热资源丰富，地热田控制面积约4平方千米，分布在350～700米深度内，水温39.5℃～49℃，矿化度1～2.3克/升。

【旅游资源】海口市傍江临海，环境优美，拥有集自然风光、热带生物、文化古迹和民族风情于一体的热带海岛资源、自然旅游资源、人文旅游资源和社会旅游资源，是一座休闲城市、港湾城市、生态宜居城市、温泉海岸城市、历史文化名城。全长136.23千米的海岸线上，沙滩宽阔且坡度小，沙细洁白，多数沙滩岸边绿树成荫，临沙岸海面风平浪静，海水清澈，是海滨浴场和海上运动的理想之地。在东寨港红树林风景区，有明万历三十三年（1605年）琼州大地震时陷下海底的72个村庄遗址，称为“海底村庄”；港区内生长成片的红树林，被列为国家级自然保护区，划小船游弋其中，观树、观鱼、观鸟，趣味盎然。海口市拥有被联合国评为世界自然遗产的火山群世界地质公园，是中国为数不多的休眠火山，也是世界上保存完好的火山之一。老城区内有5条骑楼建筑老街，形成独特的骑楼文化，2009年被评为中国历史文化名街。

海口较为知名的历史古迹景点有：始建于洪武年间（1368—1398年）的古代军事遗址——明代海南卫所在地城门楼的府城鼓楼，为纪念明代琼籍名贤王佐而建于1567年的西天庙，为纪念为维护祖国统一、促进民族团结的历史名人冼英而始建于1602年的新坡冼太夫人庙，为纪念明代琼籍清官海瑞而始建于1589年的海瑞墓园，为传播文化、培养海南子弟而始建于1710年的琼台书院，为纪念被贬谪来海南岛、传播文化推动海南文化发展和交流的唐代名臣李德裕和宋代名臣李纲、李光、胡铨、赵鼎而始建于1889年的五公祠，为抵御外侮而于1891年建成、与天津大沽口、上海吴淞口、广州虎门炮台并称中国清末四大炮台的秀英炮台等历史古迹；有始建于1919年的中共琼崖党、政、军主要领导人冯白驹出生地的冯白驹故居，有1926年6月召开的中共琼崖第一次代表大会旧址，为纪念中国民主革命先行者孙中山而始建于1926年的中山纪念堂，为纪念长期坚持琼岛革命斗争和英勇渡海作战解放海南牺牲的2万名多烈士而建于1951年的海南革命烈士纪念碑，为纪念第二次国共合作时期琼崖红军改编为抗日独立队而始建于1952年的云龙改编旧址，为纪念解放海南渡海作战英雄烈士而建于1957年的金牛岭烈士陵园，为纪念土地革命战争时期赴琼指导武装斗争而英勇就义的中共广东省军委书记李硕勋而建于1986年的李硕勋烈士纪念亭等革命纪念地。此外还有琼州大地震遗址（海底村庄）、雷琼世界地质公园海口园区、东山热带动植物园、东寨港红树林国家自然保护区、西海岸带状公园、万绿园等。2007年3月，国务院批复同意将海口市列为国家历史文化名城。

【人口】2017年底，海口市常住人口227.21万人，比上年增加2.61万人，增长1.16%。其中，秀英区38.78万人，龙华区66.98万人，琼山区51.17万人，美兰区70.28万人。年末户籍人口171.05万人，其中城镇人口99.95万人，占58.43%；乡村人口71.1万人，占41.57%。

【语言】海口市使用语言包括海南话、普通话、白话、军话、客家话、闽南话与四川、河南、湖南及其他地方话和各少数民族话等语种。主要方言为海南话，其中长流地区讲长流村话，东南部的龙塘、龙桥、石山、永兴、遵谭、云龙等镇及镇辖的部分村庄讲临高羊山土语。

【民族】2017年，海口市常住人口中，有汉族、黎族、苗族、回族、满族、瑶族、蒙古族、朝鲜族、土家族、布依族、傣族、侗族、壮族等48个民族，其中汉族人口占98.6%，少数民族人口占1.4%。

【宗教】海口市的主要宗教有佛教、道教、伊斯兰教、天主教、基督教。各宗教分别成立爱国宗教团体，设有宗教活动场所，宗教活动正常开展。2017年，全市有信教群众约5万人，经批准登记的宗教活动场所31处。

【民俗】海口市经历近千年的发展，在不同历史时期文化熏陶和特定社会环境的共同催化下，逐渐形成自身的一些民风习俗。1988年海南建省后，海口市迅速发展，移民日益增多，海口传统文化风俗与外来文化相互渗透与融合。琼剧为海口市主要地方剧种，椰雕、贝雕是海口市的主要地方传统手工艺品。海口原居民民风淳朴，保留了较多的民间习俗。除夕吃围炉，年初一吃斋。农历正月初九是“老爸”生日，生日过后海口各村（坊）便陆续开始抬神公游村“行符”，驱走村中鬼邪。“行符”在振东街、水巷口、大兴东街、振龙坊、人和坊、永兴街、盐灶村等地日期是固定的，但个别村如白沙坊则由村中父老烧香点烛拜神，请求神灵择定日期举行。“行符”活动为2天，第一天晚上为“放灯”，第二天为正式“行符”日。农历正月十五日元宵节，海口人俗称小年，市民集聚府城、万绿园等地，相互送花、换花，传递友情，互祝好运，逐渐成为元宵换花节。农历二月初九至十二日，海口市有“闹军坡”、赶庙会的传统，祭祀南北朝时期南方女英雄冼太夫人冼英。传统的祭祀也逐步演变成为每年于3月在龙华区新坡镇主会场举办的海南冼夫人文化节。海口地区“公期”“婆期”较为繁多，一年四季几乎月月有。公婆期是公祖、婆祖神灵或历史人物的出生纪念日，由于各乡村供奉的神主不同，故其公婆期也不同，每到公期、婆期，以一乡或一村为单位庆祝，家家设宴，款待亲友；晚上还有戏班来演戏，谓“公祖婆祖戏”。海口人有喝“老爸茶”（又称大众茶）的习俗，这种花费10元左右，冲上一壶茶，配上一些小点心，边饮茶边叙情谊、谈家常、交流信息商情的大众茶在海口市随处可见。

【土特产品】海口市有丰富的海产、果类、禽类等地方特产，比较著名的有永兴荔枝、永兴黄皮、演丰咸水鸭、曲口海鲜、石山壅羊等。

永兴荔枝 永兴镇种植荔枝已有近2000年的历史，种植面积居全省之冠，被誉为“荔枝之乡”。其品种颗大肉美。清代以前曾有一些优良品种当作“贡品”，有“晋举”之称。

演丰咸水鸭 以当地麻鸭、红鸭、白鸭为主要品种，放养于淡水和海水交界处的滩涂地，以玉米、稻谷及滩涂上的小贝壳、小鱼虾为主食，饲养期120天以上，体重约2.5千克，肉质介于养殖鸭与野鸭之间，皮下脂肪层薄而肉质坚实，肉色由鲜红变黝黑，口味香浓，滑而不腻。

曲口海鲜 因产地在东寨港曲口湾而得名。曲口湾出产的海鲜久负盛名，其中青蟹、血蚶、蚝、对虾为最好，味道鲜美，营养丰富，药用价值高，食法特别。

石山壅羊 又称黑山羊。饲养壅羊在海口羊山地区历史悠久。《琼州府志》载：“壅羊是以小羊为栏栅畜之，足不履地，采草木以饲之，肥而多脂，味极美。”壅羊肉质细嫩，皮薄肉厚，骨质酥软，多脂少膻味，肉汁乳白，味美独特。

【市树】市树——椰子树。1987年7月，海口市第九届人民代表大会第一次会议根据市民呼吁和代表建议，做出以椰子树为市树的决议。椰子树象征着海口市人民坚毅、自信、奋进、求实、奉献的高尚品质，认同椰风海韵、阳光沙滩是热带海岛滨海城市——海口的地方特色。

（杜惠珍）

国民经济和社会发展

【国民经济和社会发展概况】2017年，海口市坚持稳中求进的总基调，践行新发展理念，适应和引领经济新常态，深入推进供给侧结构性改革，积极作为，奋力拼搏，全力保持经济健康运行。经济运行呈现稳中有进、稳中向好、稳中提质的发展态势。成功创建全国文明城市和国家卫生城市，实现海南建省办经济特区30年来文明城市“零的突破”。全市完成地区生产总值（GDP）1390.58亿元，按可比价格计算，比上年增长7.5%。其中，第一产业增加值62.51亿元，增长3.8%；第二产业增加值252.22亿元，增长5%；第三产业增加值1075.85亿元，增长8.4%。人均地区生产总值6.16万元，增长6.4%。三次产业结构由上年的5.1∶18.6∶76.3调整为4.6∶18.1∶77.3。地方一般公共预算收入125.36亿元，增长12.8%；地方一般公共预算支出198.32亿元，下降4.8%。

【重点产业发展持续向好】2017年，海口市坚持把发展经济的着力点放在实体经济上，围绕十二个重点产业和六类园区建设，深入推进供给侧结构性改革，全市十二个重点产业增加值1180.36亿元，增长10.4%，占全省的35.9%，其中医疗健康产业、现代金融服务业、会展业、现代物流产业、医药制造产业、低碳制造产业6个产业占全省比重超过50%，12个重点产业已成为海口市经济增长的支撑点和推动力。“点线面”结合推进全域旅游，美兰机场旅客吞吐量达2258万人次，创历史新高；全市接待游客2033.56万人次，旅游总收入265.99亿元，分别增长11.1%和14.3%，连续两年获评全国厕所革命先进市。热带高效农业加快发展，成功申报实施丝路海口·田园综合体和农村产业融合发展试点等国家级项目，海口农业十大品牌影响力不断扩大，石山黑豆、石山壅羊获国家地理标志证明商标，桂林洋国家热带农业公园一期开园。房地产业平稳健康发展，落实和深化“两个暂停”政策，出台装配式建筑发展政策；房地产去库存稳步推进，商品房去库存周期为15～16个月，低于全国和全省平均水平；全年供应房地产用地75万平方米，盘活利用存量建设用地近10万平方米，房屋销售面积549.47万平方米。互联网产业蓬勃发展，营业收入205亿元，增长32.3%；滨海国际电子商务园区加快建设，复兴城互联网创新创业园、江东电子商务园获评国家级示范基地，海口入选2017中国“互联网+”数字经济总指数百强城市。金融产业进一步高质发展，民生银行和5家证券公司落户海口，全市各类金融机构由上年的185家增加到205家，金融业增加值占全市生产总值比重12%，浦发银行创新开展离岸金融业务。会展业快速发展，举办上规模会展活动270场，综合收入突破100亿元，分别增长27%和25%，荣获中国会议大会“会奖之星”。医疗健康产业加快培育，上海六院海口骨科与糖尿病医院、上海中医药大学附属岳阳医院海口分院开诊，观澜湖中医国际康养中心投入运营，海口获批中医养生服务准入试点城市。海洋产业创新发展，获批国家海洋经济发展创新示范城市。现代物流业加快推进，马村港区三期散货码头、新海港区二期建成投产，秀英港区滚装轮渡业务完成搬迁；海口港集装箱吞吐量183万标箱，增长30.6%。医药产业集群初步形成，出台鼓励药企开展“一致性评价”的政策，全年实现医药产值191.6亿元，增长19.3%，全省占比98%。低碳制造产业加快培育，新增高新技术企业64家，总数207家，占全省77%；新增12家院士工作站，3项专利获中国专利奖；获评国家知识产权试点城市先进集体。文体产业发展提速，中国足球（南方）训练基地、国家帆船帆板训练基地、五源河文体中心加快建设，《芳华》等4部投资超亿元的影视作品在海口市完成拍摄并上映，极大提升海口旅游品牌。

【对外开放和区域合作更加深入】2017年，海口市对外开放不断扩大，推进“一带一路”互联互通建设，海港、空港航线基本覆盖东南亚主要国家，新增海口至柬埔寨、菲律宾海上直航贸易，国际贸易航线累计开通5条，新开通境外定期直飞航线12条。服务贸易创新试点稳步推进，海口综合保税区跨境产业园建成使用；海马汽车与伊朗、菲律宾签订万台出口订单，立升净水技术进入印尼、俄罗斯等国市场。全年实现外贸出口55.5亿元，增长6.4%。与菲律宾塔贡市、印尼北龙目市结好，国际友城达到35个，遍布全球5大洲29个国家。区域合作全面加速，积极推进琼州海峡经济带建设，与湛江建立全方位常态化沟通联席机制，以港航一体化为先导，打造琼州海峡“半小时立体交通圈”，两岸直升机通航4月开通运行，水上飞机10月试飞成功，高速快船项目启动建设。海澄文一体化扎实推进，新海生态临港新城概念规划设计基本完成，铺前大桥、江东大道二期等海澄文地区基础设施联通项目加快建设。坚持“用最好的资源吸引最好的投资”，华侨城等一批大型央企和民企落户海口，全年引进项目141个、签约金额1781亿元，注册落地率79%。

【重点领域改革不断深入】2017年，海口市“多规合一”改革深入推进，成立市规划委员会，搭建“多规合一”综合信息平台，启动新一轮城市总体规划修编工作。“放管服”改革持续发力，在“五网”基础设施建设中全面推行“极简审批”模式。智慧海口“椰城市民云”“政务云”“创新云”三大平台加快推进，其中，“政务云”上线，“不见面审批”事项1433个，占全部事项的84.5%，比重提前完成省政府要求；“椰城市民云”一站式“互联网+”公共服务平台整合34个部门、105项公共服务，为市民提供全生命周期的大数据服务；“创新云”平台即将上线。海口综合保税区推出40项复制自贸区改革试点经验清单，海口国家高新区入选国家创业创新示范基地。全面推行“多证合一”，全年新增市场主体5.1万个，占全省四成。国资国企改革稳步推进，完成国有农场公司化改革和社会职能属地化管理。在全省首批通过农村土地承包经营权确权登记颁证成果验收，农村集体产权制度改革琼山试点得到农业部肯定。

【生态优势日益彰显】2017年，海口市将生态环境保护放在优先位置，重视发挥生态优势。出台《海口市扬尘污染防治办法》《海口市美舍河保护管理规定》等，在秀英区开展自然资源资产责任审计试点。抓好中央环保督察和国家海洋督察反馈问题整改，严管重罚，立案查处环境违法案件530宗，制定防治汽车鸣笛和远光灯违法行为、环境违法行为有奖举报等11个管理办法，建立长效机制。扎实开展“六大专项整治”，空气质量连续在全国74个重点城市中排名第一；在全省率先推行“河长制”，变“九龙治水”为“一龙治水”，对32个水体进行综合治理，“最难啃的”美舍河治理成效明显，获批国家级水利风景区。全面开展海岸带保护与开发专项治理，成为全国首批5个“湾长制”试点城市之一，实现“河湾同治”。加强湿地保护修复，湿地保护修复的做法在全国林业系统推广，五源河湿地公园、美舍河湿地公园获评国家湿地公园试点，潭丰洋等5个省级湿地公园加快建设，获首批国际湿地城市认证提名。

【城乡区域发展格局不断优化】2015年7月起，海口市上下经过近3年的努力，终于在2017年成功摘下“全国文明城市”“国家卫生城市”两块金字招牌，实现海南建省办经济特区30年来文明城市“零的突破”，也是海口建设国际化滨江滨海花园城市的重要里程碑。城市更新加快实施，入选全国第二批城市设计试点和第三批生态修复城市修补试点。科学制定城市更新规划和行动纲要，重点抓好交通优化、增绿护蓝、文化复兴等7项综合性工程，实施56个城市更新首批示范项目。坚持“透光见海、透绿见蓝”，持续加大城市的净化绿化彩化亮化美化力度，集中对滨海大道、国兴大道、龙昆南路等主要道路和西海岸带状公园、万绿园小游园、天桥等23个门户景观进行改造提升，对192条道路和12个小游园绿化补植增绿；完成海口湾片区209栋建筑楼宇和滨海大道、火车站等重点路段节点的亮化改造；民航航线俯视区、黄土裸露、矿坑等修复工作稳步推进。继续开展城区道路、文化科普设施、环卫设施、农贸市场改造等项目281个。全市105个省重点项目完成投资691亿元。马村港区三期散货码头、新海港区二期建成运营，美兰机场二期、南渡江引水工程等项目加快推进，市民游客中心开工建设，汽车客运总站投入试运行，地下综合管廊试点建设完成38.5千米。不断提升和改善城市管理水平，成立综合行政执法局、市海洋综合行政执法局和旅游警察支队，探索建立适应“1+N”的综合行政执法体制。发挥“12345”政府服务热线的“指挥棒”“绣花针”“连心桥”作用，推行区（局）长值班制，创新实施“12345+网格化”和30分钟快速响应处置机制，日均接话量增长6.1倍，群众满意率从年初的48%提高到95%，在第三方评估的全国12345热线服务质量监测中，获全国“先锋奖”和“骏马奖”。“美丽海南百千工程”加快建设，18个镇墟旅游化改造有序开展，完成34个美丽乡村建设，施茶村等26个村入选海南美丽乡村；演丰镇演东村荣获全国首批农村幸福社区，逐步构建“日月同辉满天星”的全域发展格局。

【民生保障持续改善】2017年，海口市发展始终坚持以人民为中心，在教育、医疗、卫生、扶贫济困等方面主动作为，多举措补齐短板，民生保障不断改善。全年民生支出139.7亿元，占地方一般公共预算支出的70.4%，获评“中国十大幸福城市”和全国“惠民服务优秀城市”省会十强。优先发展教育，引进“好校长、好教师”12名，全年新建或改扩建中小学校和幼儿园10所，北大附中附小海口学校加快建设、北师大海口附校、海景学校建成招生，新增学位9515个，全市公办幼儿园首次摇号入学。全年城镇新增就业3.47万人，组织农村富余劳动力转移就业7300人，年末城镇登记失业率1.3%。全面落实全民参保登记计划，新增社保人数6.59万人，城镇居民医保参保42.5万人，城乡居民养老保险参保33.6万人，参保率97.9%。发放低保和特困救助金1.2亿元，惠及困难群众2.6万人。纵深推进脱贫攻坚工作，制定行业帮扶政策20余项，全面完成5个整村推进脱贫任务，完成建档立卡贫困人口2773人的减贫任务。深化“健康海口”建设，推进“三医联动”，实行多元化复合式医保支付方式改革和“医联体”；成功引进一批岛外优质医疗资源，新增微信、支付宝、“椰城市民云”等网上预约诊疗、挂号、结算等便民措施，市属公立医疗机构全部实施“先看病、后付费”的诊疗模式，并全面取消药品加成；成功创建国家流动人口卫生计生基本公共服务示范市。完成城市棚户区改造2.3万户，占省下达任务的121.8%；改造农村危房400户，全省考核第一。让公交回归民生本位，基本完成全市公交运营主体整合，优化调整公交线网，总线路从96条增加至152条。抓好“菜篮子”工程，坚持“基本菜”“一元菜”等惠民措施，15种蔬菜平均零售价同比下降17.7%，在全国36个大中城市和全省各市县的菜价排名“双下降”。启动“放心粮油”工程建设，粮油市场供需双稳。食品药品安全状况明显提升，得到国务院督察组高度肯定。成功创建3家全国综合减灾示范社区和1家第一批国家地震安全示范社区。深化“平安海口”建设，获评第二届“全国创新社会治理城市”；圆满完成禁毒三年大会战第一阶段工作。全市安全生产形势整体稳定，安全生产考核位列全省第一。

（杜惠珍）

重点项目建设

【重点项目建设概况】2017年，海南省政府下达海口市省重点项目105个（含增补），年度计划投资638.97亿元，1—12月累计完成投资691.46亿元，比上年增长4.03%，占全年投资计划的108.22%，提前1个月完成全年投资目标。这批重点项目主要集中在旅游产业、热带特色高效农业、互联网产业、医疗健康产业、现代物流业、医药产业、低碳制造业、科教文体产业和基础设施、城镇化建设、社会民生等11大方面。

【重点项目投资计划编制】根据海南省发改委《关于申报2018年省重点项目投资计划的通知》要求，海口市于2017年9月开展2018年海口市省重点项目申报工作。经初步研究、筛选及汇总，10月19日形成初稿，12月5日，市政府专题会议研究《海口市2018年省重点项目投资计划（送审稿）》，并依照省发改委“项目少而精”“去除地产项目”“产业园项目优先”的原则，在原有项目的基础上进行删减。

【重点项目分类完成投资情况】⑴在建项目推进情况。105个项目中，海口港新海港区汽车客货滚装码头二期工程、省儿童医院项目、省结核病医院项目、新城吾悦广场项目、现代美居生活物流园等15个竣工项目，全年完成投资48.64亿元，占全年累计完成投资的7%；海口东海岸人工岛工程项目、海口美兰国际机场二期扩建项目、海口国家高新区美安科技新城（一期）基础设施项目、海口地下综合管廊工程、长影海南“环球100”项目、海口市旧城改造项目、桂林洋国家热带农业公园项目、林安智慧物流商城项目等56个续建项目，全年完成投资590.71亿元，占全年累计完成投资的85.43%。⑵新开工项目推进情况。34个新开工项目中，定海大桥海口连接线工程、海口足球训练基地配套道路、海口镇墟改造、海口凤翔公园、海口“菜篮子”示范基地、海口石山互联网小镇、海口罗牛山祥源城、海口罗牛山广场、海口碧桂园中央首府、海口九州通大健康综合服务平台、海南呼叫与大数据服务中心、海口灵康美安制药基地、省农业科学院科研实验楼建设、海南普利制药欧美标准注射剂生产线、长江证券股份有限公司海南分公司注册挂牌、北京大学附属中小学、海口万达文体旅游、海口疏港货运快速干道工程、海口宏达商城、全省农业大数据服务平台、海口海甸干休所合作改造、省药物研究与开发科技园、海口演丰观光农业养生度假区、海口泰禾嘉年华旅游度假区、海口青龙湖生态休闲旅游度假区、海口红城湖公园、海口庆豪天悦、海口西城汇物流中心、广州维力海南医用乳胶产品建设、海口信义300兆瓦农光互补旅游观光园、海南农垦控股集团有限公司并购KM公司、海口市2018年高标准农田建设工程32个项目开工，占新开工项目的94.12%。海口复兴城西海岸互联网总部基地项目、省中医院新院区项目年内未开工建设。

【重点项目推进保障】（1）落实“一个指挥部、一个实施方案、两个清单、两个机制”责任模式，按照“一线工作法”要求加快推进重点项目建设。2017年，海口市制定并印发《2017年省重点项目责任分解推进工作方案》和《2017年省重点项目服务月活动方案》，各辖区政府和开发区管委会委派专人下沉到项目一线研究制定工作措施，采取一站式服务，点对点跟踪落实市政府决策事项。同时，各区加大对重点项目可能存在的维稳风险进行排查和评估，做出预案和预警，及时化解项目选址、征地拆迁及历史遗留等焦点问题；结合海口市重点项目服务月（4月8日至6月30日）活动，4个区、开发区管委会及各责任单位对省重点项目进行实地走访，摸清项目存在问题，组织召开项目专题协调会，协调各相关部门议定解决方案，制定解决措施，对自身层面无法解决的问题，每月报送市重点委汇总后分报各相关责任市领导协调解决。至12月底，各责任市领导、各区、各管委会累计现场调研533次，召开专题会408次，累计处理问题552件次，有力地推动重点项目的顺利实施。（2）全市上下形成联动机制，全力推动重点项目建设。市长及各分管副市长不定期召开重点项目专题协调会，各责任单位每周组织2次重点项目协调会（其中至少一次下到项目现场协调解决问题）。同时，为确保服务月活动顺利进行，项目推进达到预期目标，市重点委于5月3日组织召开省重点项目、新开工项目固定资产投资统计入库培训会，对新开工项目计划开工时间进行再核实。在重点项目要素条件配给落实方面，市重点委也多次主动联系项目业主单位反复核定重点项目用地、农地转用、土规调整、占林需求、供电、用水等问题，并将相关问题归集汇总上报市政府。国土部门开展重点项目批次农地转用申报材料组织、土地征收的权属调查、方案报批工作；林业部门开展重点项目建设占用林地的指标申请和材料申报工作；辖区政府开展重点项目房屋征收方案编制和申报工作，同时协调发改、财政部门制定重点项目征地拆迁、前期工作、开工建设以及配套设施建设的资金保障方案。⑶“双创模式”和“海口12345”政府服务热线创造海口市良好投资环境。自海口市开启“双创模式”和“海口12345”政府服务热线以来，全市党员干部发扬“四种精神”，着力抓好“天大的小事”，干部作风转变，政府服务意识不断加强，行政效能不断提升，各行政审批部门竭力优化项目建设环境，优化重点项目联合审批制度，各审批部门提前介入、主动服务，敢于担当，各项目审批环节进度能快则快，环节能省则省、程序能减则减，原则上提速50%以上。为海口市重点项目企业建设营造良好氛围，创造良好的投资环境，增强企业投资信心。

【重点项目建设督查】2017年，按照省投资项目督查考核要求，海口市对重点项目推进情况每月通报一次，对4个区、开发区管委会、各责任单位负责的重点项目年度完成投资率及新开工项目开工率进行汇总排名；对项目投资滞后的单位进行通报。至12月底，对投资滞后的责任单位共下发督查建议书和督办函79件次，督促滞后单位分析原因，制订切实可行的具体措施和追赶计划，加大推进力度，确保全年投资目标完成。

（庄楚旭）

固定资产投资

【固定资产投资概况】2017年，海口市固定资产投资完成1415.5亿元，比上年增长11.3%，占全省比重34.3%，增幅比全省快1.2个百分点。其中，新建投资1263.54亿元，增长14.5%；扩建投资81.8亿元，增长45.9%；改建投资36.75亿元，增长22%。基础设施建设完成投资456.47亿元，增长1.2%。生产性项目完成投资718.9亿元，占固定资产投资比重51%。按辖区划分，秀英区完成投资466.14亿元，增长25.3%；龙华区完成投资325.34亿元，增长12.2%；琼山区完成投资131.59亿元，增长7.3%；美兰区完成投资373.39亿元，增长7.6%；海口综合保税区完成投

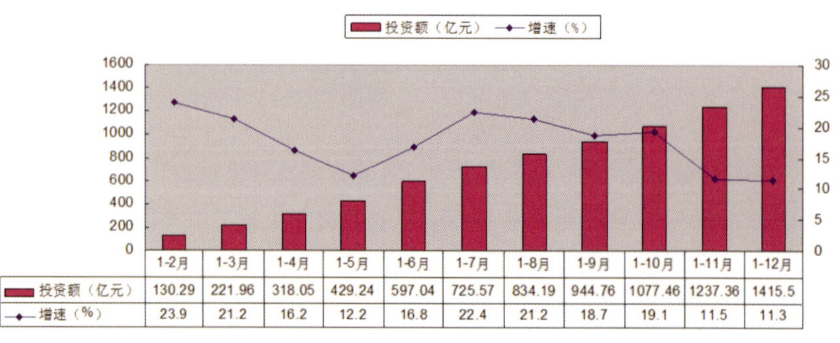

2017年海口市固定资产投资情况图

资15.15亿元，增长74.4%；海口桂林洋经济开发区完成投资33.39亿元，增长38.5%；海口高新区完成投资67.21亿元，增长17.3%。随着投资领域放管服改革步伐稳步推进，民间投资完成995.09亿元，增长2.4%；占全市投资比重为70.2%，对全市投资增长的贡献率16.3%。全年全市施工项目1182个，增长25.6%。其中本年新开工项目323个，下降3.3%，共完成投资额401.18亿元，占全市投资的比重28.3%。

【产业投资】2017年，海口市三次产业投资结构比为1.2：4.3：94.5。第一产业完成投资17.03亿元，增长78.4%，占比为1.2%。第二产业完成投资61.49亿元，增长45.9%，占比4.3%，其中先声药业、普利制药等改建新建项目进展顺利，海马、康宁等技术改造项目有序推进。第三产业完成投资1336.99亿元，增长9.6%，占比94.5%。其中，信息软件业和批发和零售业投资增长较快，全市信息传输计算机服务和软件业投资增长59.7%、批发和零售业投资增长20.1%，分别高于全市固定资产投资增速48.4和8.8个百分点；科学研究技术服务和地质勘查业、教育业、卫生社会保障和社会福利业、文化体育和娱乐业、公共管理和社会组织等领域投资保持较高增长水平，分别为144.5%、83.4%、84.1%、269.5%和85.4%。

【基础设施投资】2017年，海口市继续补基础设施短板，道路、公共设施、水利等行业投资继续加强，全市基础设施完成投资456.47亿元，增长1.2%，占全部投资比重的32.2%。马村港区三期散货码头、新海港区二期建成运营，美兰机场二期、南渡江引水工程等项目加快推进，地下综合管廊试点建设完成38.5千米。

2017年海口市固定资产投资分行业完成情况表

指标名称	累计投资(亿元)	累计增长(%)	占投资比重(%)
固定资产投资	1415.50	11.3	100
第一产业	17.03	78.4	1.2
第二产业	61.49	45.9	4.3
制造业	31.67	7.7	2.2
电力、燃气及水的生产和供应业	25.13	183.5	1.8
建筑业	4.69	21.3	0.3
第三产业	1336.99	9.6	94.5
交通运输、仓储和邮政业	202.58	-3.3	14.3
信息传输算机输服务和软件业	57.11	59.7	4.0
批发和零售业	27.85	20.1	2.0
住宿和餐饮业	18.89	-69.1	1.3
金融业	0.73	—	0.1
房地产业	660.79	8.4	46.7
租赁和商务服务业	7.24	-28.2	0.5
科学研究技术服务和地质勘查业	2.89	144.5	0.2
水利环境和公共设施管理业	196.77	-4.4	13.9
居民服务和其他服务	0.04	-47.5	0.0
教育	45.81	83.4	3.2
卫生、社会保障和社会福利业	21.19	84.1	1.5
文化、体育和娱乐业	89.25	269.5	6.3
公共管理和社会组织	5.83	85.4	0.4

【民生工程投资】2017年，随着海口市政府进一步重视民生事业，引进一大批民生项目（如长影海南生态文化产业园、五源河文体中心一期工程体育场、海南省肿瘤医院等）落地建设，全市民生工程投资156.26亿元，增长1.6倍，增速远高于全部投资，对全市投资增长的贡献率为66.5%，拉动投资增长7.5个百分点。其中，教育投资增长83.4%，卫生和社会保障福利业投资增长84.1%，文化、体育和娱乐业增长2.7倍。

【固定资产投资资金来源】2017年，海口市固定资产投资本年资金1356.62亿元，增长0.6%。其中，预算内资金36.8亿元，下降68.7%；国内贷款272.2亿元，增长59.7%；自筹资金475.5亿元，下降37.6%；其他资金571.3亿元；增长92.4%；债券0.6亿元，下降60.1%；利用外资0.22亿元，增长11.6%。

【10亿元以上重大资金项目】2017年，海口市固定资产投资完成10亿元以上项目有22个，包括美兰国际机场二期扩建工程、五源河文体中心一期工程体育场、长影海南生态文化产业园、南渡江饮水工程等。年内，市民游客中心、北京大学附属中小学海口学校等项目开工建设，北师大海口附校和海口培训基地、桂林洋国家热带农业公园等项目投资进展顺利。

（劳俊享）

精神文明建设

【社会主义核心价值观宣传】2017年，海口市开展社会主义核心价值观12个主题词和“讲文明树新风”公益广告宣传。组织新闻媒体在重要时段、重要版面开设专题专栏，多层次多角度广泛深入宣传。深入机关、企事业单位、社区开展核心价值观宣讲，提高知晓率。在全市开展“双创”知识、社会主义核心价值观、中

2017年3月9日，中宣部部长、中央文明办主任黄坤明（中）一行到海口调研
（市“双创”工作指挥部 供）

国特色社会主义理论宣讲360场。开展“海口好人”评选表彰学习宣传活动。表彰2016年度助人为乐、见义勇为、敬业奉献、诚实守信、孝老爱亲类“海口好人”60名，评选出2017年度“海口好人”19名，欧阳亚洲、王小虎、符良玲等6名同志荣登2017年“中国好人榜”，曾弘祥荣获“感动海南”2017十大年度人物提名奖获。海口文明网和“文明海口”微信公众平台推出“海口好人”专栏。加强乡贤文化建设，5月6日印发《海口市第二届“新乡贤”评选方案的通知》，12月26日在海口大坡镇召开第二届“新乡贤”表彰大会，蒙美明、曾庆鹏等10人获评海口第二届“新乡贤”。

【市民思想道德建设】 2017年，海口市深入学习贯彻党的十九大精神，充分发挥先进典型的示范引领作用，广泛动员市民群众参与道德建设，联合有关部门开展第六届海口市道德模范评选表彰活动，授予丁海军等39名同志海口市第六届海口市道德模范荣誉称号，薛小兰等4名同志入选海南省第六届道德模范，林琳、郑芳茂2名同志获全国第六届道德模范提名奖。加大对困难道德模范和身边好人的帮扶力度，帮扶梁红英等5名困难道德模范4万多元，树立“好人有好报”的社会价值导向。春节、中秋和重阳等传统节日，开展走访慰问道德模范活动80余人次。利用海口市道德讲堂总堂，举办弘扬中华优秀传统文化，培育社会主义核心价值观大型公益讲座，全年共举办37场，听众逾4000人。

【未成年人思想道德建设】 2017年，海口市印发《2017年创建全国文明城市实施方案》《2017年未成年人思想道德建设工作实施方案》；组织开展六一儿童节关爱孤残儿童、留守儿童等慰问活动，开展“小手拉大手”“红领巾小交警”文明交通劝导志愿服务。开展优秀童谣传唱、“七一”童心向党歌咏、“未成年人道德讲坛”活动，在海口市一中等中小学校举办“未成年人道德讲坛”39场。加强乡村学校少年宫建设。开展海口市“最美孝心少年”评选表彰活动，授予苏姿帆等11名中小学生海口市“最美孝心少年”称号，授予高祥等10名中小学生为海口市“最美孝心少年提名奖”称号，并推荐曾弘祥入选2017年全国“十佳最美孝心少年”。在全市中小学校开展“戏曲进校园”主题活动，举办戏曲知识讲座、制作戏曲音像资料、开展观看戏曲演出活动、组织戏曲文化进乡村学校少年宫、搭建校园戏曲展示舞台等，弘扬中华优秀传统文化，提高学生戏曲素养，丰富校园精神文化生活。开展文明校园创建，启动83所学校文明校园创建。加强未成年人心理健康辅导，通过各类新媒体方式为青少年及家长提供心理咨询服务。

【群众性精神文明创建活动】 2017年，海口市委宣传部联合共青团海口市委、海口市志愿服务联合会等单位主办“3·5学雷锋纪念日”和“益起向善·全民公益”活动启动仪式，表彰文明家庭代表60名、海口好人60名、“四最”获奖者90名、文明卫生单位及个人代表40名、志愿者代表40名，充分弘扬“奉献、友爱、进步”的志愿服务精神，传播“学习雷锋、奉献他人、提升自己”的志愿服务理念。印发《关于开展第一届海南省文明城市、文明校园，第二届海南省文明家庭，第五届海南省文明村镇、文明单位和精神文明建设工作者评选表彰活动的通知》和《关于开展社会文明大行动督查和对候选新一届省级文明村镇、文明单位、文明校园进行考核的通知》，开展2017年文明单位、文明村镇、文明校园和文明家庭评选表彰活动，同时对往届文明单位、文明村镇进行复评。年内，海口市入选第五届全国文明城市，新入选省级文明村镇12个、全国文明村镇4个，新入选省级文明单位14个、全国文明单位5个，新入选省级文明校园13所、全国文明校园1所，新入选省级文明家庭7个、全国文明家庭1个。海口市拥有全国文明单位19个，省级文明单位45个，市级文明单位113个；全国文明村镇9个，省级文明村镇32个，市级文明村镇104个，各级文明村镇总数145个；全国文明校园1所，省级文明校园13所，市级文明校园74所；全国文明家庭1个，省级文明家庭15个，市级文明家庭80个。

【文明城市创建长效机制】 2017年，制定《海口市志愿服务条例（草案）》和《海口市星级志愿者评定嘉许回馈办法》2件法规，规范志愿服务活动，促进和谐社会建设。为规范与引导公民行为，培育社会主义核心价值观，倡导文明行为，制止不文明行为，提升社会文明水平，制定《海口市文明行为促进条例（草案)》。完善1个平台即“公益海口”功能，运营维护标准志愿服务站20个。打造民间应急救援、心理健康辅导2类专业化志愿服务队伍，发展壮大府城志愿者联盟、海口市青年志愿者协会2个志愿服务团队。

【开展“我们的节日”主题活动】2017年，海口市委宣传部印发《海口市2017年“我们的节日”主题活动方案》的通知，协调中央、省、市新闻媒体对节日期间的活动安排和节庆文化活动进行宣传报道。深入开展主题教育活动。元宵节期间举办元宵换花节、万春会等活动。清明节期间，突出纪念先人、缅怀先烈、饮水思源主题，全市共开展祭扫活动100多次，参与网上祭英烈活动的中小学生110万多人次。端午节期间，突出“讲卫生、健身体、热爱祖国、人与自然和谐”主题，组织开展龙舟赛、拔河赛、包粽子赛、登山赛、中小学生爱国歌曲传唱和中华经典诵读等活动180多场次。中秋节期间，开展中秋文艺晚会20场次，深入老龄公寓、福利院、社区开展孤寡、空巢老人志愿服务活动57次。重阳节期间，举办传统文化讲座、老龄书法展、文艺演出、重阳登高、老龄健身操展演、家政服务、心理抚慰志愿服务等活动，参与老人9000多人次。

【文明生态村创建】2017年，海口市扎实推进60个新创建村庄和4个重点示范村建设，全市累计建成文明生态村2063个，占自然村总数87%。市财政投入专项资金600万元，指导各区、桂林洋经济开发区配套资金1200多万元，发动村民和社会力量筹措80多万元，开展村庄整治，改善生态环境。发展文明乡风，打造家风家训品牌。投入52万元开展家风家训作品展、制作家风家训小册子和牌匾，率先在昌道村、美富村、冯塘村等8个文明生态村庄800多户家庭开展家风家训进家庭试点工作，支持和指导秀英区施茶村建设家风家训主题馆。发展乡贤文化，评选表彰海口市第二届“新乡贤”，在《海口日报》、海口网等媒体上开设《走近海口新乡贤》专栏，加大对乡贤的宣传力度。整合资金资源，争取省文明办文明生态村专项补助资金150万元支持海口市10个村庄的宣传文化室和文化设施建设。成功举办全省文明生态村建设经验交流现场会，引领全省文明生态村建设转型升级。

2017年海口市文明单位

级　别	序号	文明单位	备　注
国家级	1	海口市龙华区滨海街道滨海新村社区	继续保留全国文明单位称号（2018年第二批），市2009—2011年公示名单
	2	海口市龙华区大同街道大同里社区	获第一批全国文明单位称号，2007—2010年海南省文明单位
	3	海口市英才小学	获第三批全国文明单位称号
	4	海口市龙华区玉沙社区	获第四届全国文明单位称号
	5	海口市美兰区中山街道居仁坊社区	获第五届全国文明单位称号
	6	海口市龙华区海垦街道滨濂北社区	获第五届全国文明单位称号
	7	海口市秀英区人民检察院	获第三批全国文明单位称号
	8	海口市群众艺术馆	获第二批全国文明单位称号
	9	海口市邮政局	获第二批全国文明单位称号
	10	海口市琼山区委宣传部	获第四届全国文明单位称号
	11	海口市高新区管委会	获第五届全国文明单位称号
	12	海口市城市建设投资有限公司	获第五届全国文明单位称号
	13	海口海关（机关）	获第三批全国文明单位称号（海口市辖区双管单位）
	14	海口市公安局龙华分局	获第四届全国文明单位称号（海口市辖区双管单位）
	15	海口市地方税务局民声东路办税服务厅	获第四届全国文明单位称号（海口市辖区双管单位）
	16	海口市国家税务局（机关）	获第二批全国文明单位称号（海口市辖区双管单位）
	17	海口农村商业银行股份有限公司	获第四届全国文明单位称号（海口市辖区双管单位）
	18	中国移动通信集团海南有限公司海口分公司	获第二批全国文明单位称号（海口市辖区双管单位）
	19	海口地方税务局	获第五届全国文明单位称号（海口市辖区双管单位）

续表

级别	序号	文明单位	备注
省级	1	海口市委办公厅	复查确认继续保留荣誉称号的省级文明单位（2007—2010年省级文明单位）
	2	海口市人力资源和社会保障局	复查确认继续保留荣誉称号的省级文明单位（2007—2010年省级文明单位）
	3	海口市公安局特警支队	复查确认继续保留荣誉称号的省级文明单位（2007—2010年省级文明单位）
	4	海口市高新区管委会	复查确认继续保留荣誉称号的省级文明单位（2007—2010年省级文明单位）
	5	海口市环境保护局	复查确认继续保留荣誉称号的省级文明单位（2011—2013年省级文明单位）
	6	海口市法制局	复查确认继续保留荣誉称号的省级文明单位（2011—2013年省级文明单位）
	7	海口市城市建设投资有限公司	复查确认继续保留荣誉称号的省级文明单位（2011—2013年省级文明单位）
	8	海口市美兰区政府服务中心	复查确认继续保留荣誉称号的省级文明单位（2011—2013年省级文明单位）
	9	海口市排水收费所	复查确认继续保留荣誉称号的省级文明单位（2011—2013年省级文明单位）
	10	美兰区府城街道龙舌坡社区	复查确认继续保留荣誉称号的省级文明单位（2007—2010年省级文明社区）
	11	美兰区蓝天街道塔光社区	复查确认继续保留荣誉称号的省级文明单位（2007—2010年省级文明社区）
	12	美兰区人民街道万福社区	复查确认继续保留荣誉称号的省级文明单位（2011—2013年省级文明社区）
	13	琼山区府城镇大园社区	复查确认继续保留荣誉称号的省级文明单位（2007—2010年省级文明社区）
	14	琼山区国兴街道攀丹社区	复查确认继续保留荣誉称号的省级文明单位（2007—2010年省级文明社区）
	15	龙华区中山街道竹林社区	复查确认继续保留荣誉称号的省级文明单位（2007—2010年省级文明社区）
	16	龙华区中山街道居仁坊社区	复查确认继续保留荣誉称号的省级文明单位（2011—2013年省级文明社区）
	17	龙华区金宇街道金坡社区	复查确认继续保留荣誉称号的省级文明单位（2011—2013年省级文明社区）
	18	龙华区金贸街道玉沙社区	复查确认继续保留荣誉称号的省级文明单位（2007—2010年省级文明社区）
	19	秀英区海秀街道海口港社区	复查确认继续保留荣誉称号的省级文明单位（2007—2010年省级文明社区）
	20	秀英区海秀街道爱华社区	复查确认继续保留荣誉称号的省级文明单位（2007—2010年省级文明社区）
	21	秀英区海秀街道东方洋社区	复查确认继续保留荣誉称号的省级文明单位（2011—2013年省级文明社区）

续表

级　别	序号	文明单位	备　注
省级	22	海口市政府服务中心	获第五届省级文明单位称号
	23	龙华区滨濂北社区	获第五届省级文明单位称号
	24	海南金鹿投资集团有限公司	获第五届省级文明单位称号
	25	海南银行股份有限公司	获第五届省级文明单位称号
	26	海口市 120 急救中心	获第五届省级文明单位称号
	27	海南电网有限责任公司海口供电局	获第五届省级文明单位称号
	28	龙华区文化馆	获第五届省级文明单位称号
	29	琼山区生态环境保护局	获第五届省级文明单位称号
	30	秀英区委宣传部	获第五届省级文明单位称号
	31	海口市救助管理站	获第五届省级文明单位称号
	32	美兰区上坡社区	获第五届省级文明单位称号
	33	美兰区新安社区	获第五届省级文明单位称号
	34	琼山区博桂社区	获第五届省级文明单位称号
	35	秀英区秀英街道秀中社区	获第五届省级文明单位称号
	36	琼山区国兴街道米铺社区	2007—2010 省级文明社区
	37	海口市气象局	2011—2013 年省级文明单位（海口市辖区双管单位）
	38	海口市第一车辆管理所	2007—2010 年省级文明单位（海口市辖区双管单位）
	39	海口市公安局指挥中心	2011—2013 年省级文明单位（海口市辖区双管单位）
	40	中国联合网络通信有限公司海口分公司	2007　2010 年省级文明单位（海口市辖区双管单位）
	41	中国建设银行海南分行营业部	2007—2010 年省级文明单位（海口市辖区双管单位）
	42	海口市工商局龙华工商所	2007—2010 年省级文明单位（海口市辖区双管单位）
	43	海口市金贸文华市场	2011—2013 年省级文明单位（海口市辖区双管单位）
	44	海口市雷琼海口火山群世界地质公园	文明风景旅游区
	45	海口市假日海滩景区	文明风景旅游区
市级	1	美兰区白龙街道美舍社区	2013 年撤销省级文明单位称号
	2	秀英区秀英街道秀新社区	2009—2011 年市级文明社区公示名单
	3	龙华区大同街道华海社区	2009—2011 年市级文明社区公示名单
	4	龙华区大同街道正义社区	2009—2011 年市级文明社区公示名单
	5	龙华区海垦街道金山社区	2009—2011 年市级文明社区公示名单
	6	龙华区城西镇四季华庭社区	2009—2011 年市级文明社区公示名单
	7	龙华区滨海街道盐灶三社区	2015 年撤销，2009—2011 年市级文明社区公示名单
	8	龙华区金贸街道世贸社区	2009—2011 年市级文明社区公示名单
	9	琼山区府城镇高登社区	2009—2011 年市级文明社区公示名单
	10	琼山区府城镇府城社区	2009—2011 年市级文明社区公示名单

续表

级 别	序号	文明单位	备 注
市级	11	琼山区国兴街道巴伦社区	2009—2011年市级文明社区公示名单
	12	美兰区白沙街道白沙坊社区	2009—2011年市级文明社区公示名单
	13	美兰区博爱街道南联社区	2015年撤销，2009—2011年市级文明社区公示名单
	14	美兰区海甸街道新安社区	2009—2011年市级文明社区公示名单
	15	美兰区海府路街道东湖里社区	2009—2011年市级文明社区公示名单
	16	美兰区和平南街道上坡社区	2009—2011年市级文明社区公示名单
	17	秀英区海秀街道天海社区	2012—2014年市级文明社区
	18	秀英区秀英街道秀中社区	2012—2014年市级文明社区
	19	秀英区海秀街道金鼎社区	2015—2017年市级文明单位
	20	龙华区滨海街道滨海社区	2012—2014年市级文明社区
	21	龙华区金宇街道坡巷社区	2012—2014年市级文明社区
	22	龙华区中山街道园内里社区	2012—2014年市级文明社区
	23	龙华区海垦街道滨濂北社区	2017年全国文明单位，2015—2017年市级文明单位
	24	美兰区海府街道白坡里社区	2012—2014年市级文明社区
	25	美兰区蓝天街道龙岐社区	2012—2014年市级文明社区
	26	美兰区新埠街道新东社区	2015—2017年市级文明单位
	27	万恒城市花园	2009—2011年市级文明社区
	28	琼山区凤翔街道凤翔社区	2012—2014年市级文明社区
	29	琼山区滨江街道博桂社区	2015—2017年市级文明单位
	30	秀英区海秀街道东方洋社区	2011—2013年省级文明社区
	31	秀英区海秀街道爱华社区	2007—2010年省级文明社区
	32	秀英区海秀街道海口港社区	2007—2010年省级文明社区
	33	琼山区国兴街道米铺社区	2007—2010年省级文明社区
	34	琼山区国兴街道攀丹社区	2007—2010年省级文明社区
	35	琼山区府城镇大园社区	2007—2010年省级文明社区
	36	美兰区蓝天街道塔光社区	2007—2010年省级文明社区
	37	美兰区海府路街道龙舌坡社区	2007—2010年省级文明社区
	38	美兰区人民街道万福社区	2011—2013年省级文明社区（直接推荐省文明办，未列入市级名单）
	39	龙华区中山街道竹林社区	2007—2010年省级文明社区
	40	龙华区金宇街道金坡社区	2011—2013年省级文明社区
	41	龙华区滨海街道滨海新村社区	继续保留全国文明单位称号（2008年第二批），市2009—2011年公示名单
	42	龙华区大同街道大同里社区	2011年获第三批全国文明单位称号，2007—2010年海南省文明单位

续表

级 别	序号	文明单位	备 注
市级	43	龙华区金贸街道玉沙社区	2014 年第四批全国文明单位（直接推荐中央文明办，未列入市级名单）
	44	龙华区中山街道居仁坊社区	2017 年第五届全国文明单位，2011—2013 年省级文明社区
	45	海口市委政法委员会	
	46	海口市审计局	
	47	海口市机构编制委员会办公室	
	48	海口市会展局	
	49	海口市文物局	
	50	海口市园林管理局	
	51	海口市妇女联合会	
	52	综合保税区	
	53	海口市人民检察院	
	54	海口市法律援助中心	
	55	海口市政府服务中心	
	56	海口市城建集团有限公司	
	57	海口市水务集团有限公司	
	58	海口市交通港航综合执法支队	
	59	海口市救助管理站	
	60	海口市人民医院	
	61	海口市 120 急救中心	
	62	海口市中医医院	
	63	海口市公安局交通警察支队指挥监控中心	
	64	海口市人事劳动仲裁院	
	65	海口市人防（民防）指挥信息保障中心	
	66	海口市道路运输管理处	
	67	海南复兴城嘉宾国际酒店有限公司	
	68	海口市旅游发展委员会	2015—2017 年度文明单位
	69	海口市教育局	2015—2017 年度文明单位
	70	海南电网有限责任公司海口供电局	2015—2017 年度文明单位
	71	海南省海口市地方税务局	2015—2017 年度文明单位
	72	中华人民共和国海口海事局	2015—2017 年度文明单位
	73	海南金鹿投资集团有限公司	2015—2017 年度文明单位
	74	海南现代科技集团有限公司	2015—2017 年度文明单位
	75	齐鲁制药（海南）有限公司	2015—2017 年度文明单位
	76	秀英区委组织部	
	77	秀英区委宣传部	
	78	秀英区人民法院	

续表

级　别	序号	文明单位	备　注
市级	79	秀英区审计局	
	80	秀英区财政局	
	81	秀英区纪委监察局	
	82	秀英区石山镇政府	
	83	秀英区西秀镇计划生育办公室	
	84	秀英区秀英工商所	
	85	海南英利新能源有限公司	
	86	共青团海口市秀英区委员会	2015—2017 年度文明单位
	87	龙华区委宣传部	
	88	龙华区大同街道便民服务中心	
	89	海口市龙华区文化馆	2015—2017 年度文明单位
	90	海南银行股份有限公司	2015—2017 年度文明单位
	91	琼山区委组织部	
	92	琼山区水务局	
	93	琼山区文化体育和旅游发展局	
	94	琼山区政府服务中心	
	95	共青团琼山区委	
	96	琼山区文学艺术界联合会	
	97	琼山区旧州镇人民政府	
	98	琼山区甲子镇人民政府	
	99	琼山区中山工商所	
	100	琼山区生态环境保护局	2015—2017 年度文明单位
	101	美兰区委宣传部	
	102	美兰区海甸工商所	
	103	美兰区文明东工商所	
	104	美兰区大致坡中心卫生院	
	105	美兰区环境卫生管理局	
	106	共青团海口市美兰区委员会	2015—2017 年度文明单位
	107	海口旅游职业学校	2015—2017 年度文明单位
	108	海口实验中学	2015—2017 年度文明单位
	109	海口市第二十七小学	2015—2017 年度文明单位
	110	海口市第十一小学	
	111	琼山区第三小学	
	112	琼山区第四小学	
	113	海口市三江中学	

2017 年海口市文明村镇

级　别	序号	文明村镇/文明生态村镇				
国家级		文明镇	文明村			
	1	琼山区三门坡镇	琼山区三门坡镇龙鳞村			
	2	琼山区红旗镇	琼山区大坡镇马宛大村			
	3	琼山区大坡镇	龙华区城西镇苍东村			
	4		龙华区新坡镇斌腾村			
	5		秀英区永兴镇美孝村			
	6		秀英区永兴镇冯塘村			
省级		文明镇	文明村		文明生态示范村	
	1	琼山区大坡镇	1	龙华区新坡镇斌腾村	1	秀英区永兴镇美孝村
	2	琼山区云龙镇	2	琼山区红旗镇泮边村	2	秀英区永兴镇冯塘村
	3	美兰区演丰镇	3	琼山区大坡镇田心村	3	秀英区东山镇福寨村
	4		4	琼山区红旗镇岭门村	4	龙华区新坡镇斌腾村
	5		5	琼山区三门坡镇加乐湖村	5	琼山区大坡镇塔昌村
	6		6	琼山区红旗镇南畴湖村	6	琼山区大坡镇田心村
	7		7	琼山区大坡镇塔昌村	7	琼山区红旗镇岭门村
	8		8	琼山区三门坡镇大水村	8	琼山区红旗镇南畴湖村
	9		9	琼山区红旗镇荫生村	9	琼山区红旗镇泮边村
	10		10	琼山区大坡镇马宛大村	10	琼山区红旗镇荫生村
	11		11	美兰区三江镇溪头村	11	琼山区三门坡镇加乐湖村
	12		12	美兰区大致坡镇美浑村	12	琼山区三门坡镇大水村
	13		13	美兰区三江镇东坡湖村	13	美兰区三江镇溪头村
	14		14	美兰区三江镇博布村	14	美兰区三江镇仙鹤村
	15		15	美兰区演丰镇禄尾村	15	美兰区三江镇禄尾村
	16		16	美兰区二江镇仙鹤村	16	美兰区三江镇博布村
	17		17	秀英区东山镇福寨村	17	美兰区三江镇东坡湖村
	18		18	秀英区永兴镇美孝村	18	美兰区大致坡镇美浑村
	19		19	秀英区永兴镇冯塘村	19	
	20		20	桂林洋开发区迈进社区迈德村	20	
	21		21	美兰区演丰镇山尾头村	21	
	22		22	美兰区演丰镇瑶城村	22	
	23		23	龙华区新坡镇仁台村	23	
	24		24	琼山区大坡镇新昌肚村	24	
	25		25	琼山区三门坡镇美南村	25	
	26		26	琼山区龙塘镇多贤村	26	
	27		27	秀英区石山镇施茶村	27	
	28		28	秀英区石山镇昌道村	28	
	29		29	秀英区永兴镇美梅村	29	
市级		文明镇	文明生态示范村			
	1	龙华区新坡镇	1	秀英区石山镇美贯村	51	美兰区大致坡镇永群村委会
	2	龙华区龙桥镇	2	秀英区石山镇春藏村	52	美兰区大致坡镇大道湖村
	3	琼山区云龙镇	3	秀英区石山镇儒黄村	53	美兰区大致坡镇美贴村
	4	琼山区三门坡镇	4	秀英区石山镇昌道村	54	美兰区大致坡镇洽教村
	5	琼山区红旗镇	5	秀英区石山镇美富村	55	美兰区灵山镇福同村

续表

级 别	序号	文明镇	文明生态示范村			
市级	6	琼山区大坡镇	6	秀英区东山镇紫罗村	56	美兰区灵山镇北偘村
	7	美兰区演丰镇	7	秀英区东山镇玉下村	57	美兰区山尾头村
	8		8	秀英区东山镇福寨村	58	美兰区桃园村
	9		9	秀英区东山镇下寮村	59	美兰区群田前村
	10		10	秀英区永兴镇美孝村	60	美兰区乔木东村
	11		11	秀英区永兴镇冯塘村	61	美兰区礼让西村
	12		12	秀英区永兴镇博昌村	62	美兰区龙窝村
	13		13	秀英区永兴镇美梅村	63	琼山区大坡镇坡头村
	14		14	秀英区永兴镇儒张村	64	琼山区大坡镇龙保村
	15		15	秀英区长流镇富教村	65	琼山区大坡镇新昌肚村
	16		16	秀英区长流镇美德村	66	琼山区大坡镇北昌村
	17		17	龙华区城西镇苍东村	67	琼山区大坡镇马宛大村
	18		18	龙华区城西镇大样村	68	琼山区大坡镇石桥村
	19		19	龙华区新坡镇斌腾村	69	琼山区大坡镇塔昌村
	20		20	龙华区新坡镇旺太村	70	琼山区大坡镇田心村
	21		21	龙华区新坡镇仁台村	71	琼山区红旗镇岭门村
	22		22	龙华区新坡镇文山村	72	琼山区红旗镇南畴湖村
	23		23	龙华区龙泉镇道斐村	73	琼山区红旗镇泮边村
	24		24	龙华区龙泉镇托村	74	琼山区红旗镇荫生村
	25		25	龙华区龙泉镇坡佑村	75	琼山区红旗镇西湖村
	26		26	龙华区龙泉镇儒王村	76	琼山区旧州镇包道村
	27		27	龙华区龙桥镇博潭村	77	琼山区旧州镇知州村
	28		28	龙华区龙桥镇陈礼村	78	琼山区旧州镇黄群村
	29		29	龙华区龙桥镇道贡村	79	琼山区三门坡镇加乐湖村
	30		30	龙华区遵潭镇卜创村	80	琼山区三门坡镇大水村
	31		31	龙华区遵潭镇卜门村	81	琼山区三门坡镇礼云村
	32		32	美兰区演丰镇宫后村	82	琼山区三门坡镇环水村
	33		33	美兰区演丰镇长宁头村	83	琼山区三门坡镇龙鳞村
	34		34	美兰区演丰镇瑶城村	84	琼山区三门坡镇美南村
	35		35	美兰区三江镇坡上村	85	琼山区三门坡镇东边坡村
	36		36	美兰区三江镇前田村	86	琼山区三门坡镇兑水园村
	37		37	美兰区三江镇乔木东村	87	琼山区云龙镇槟榔园村
	38		38	美兰区三江镇东田村	88	琼山区云龙镇白水湖村
	39		39	美兰区三江镇茂才湖村	89	琼山区龙塘镇美儒村
	40		40	美兰区三江镇排田村	90	琼山区龙塘镇多贤村
	41		41	美兰区三江镇三江居岐山头村	91	琼山区龙塘镇亭子村
	42		42	美兰区三江镇溪头村	92	琼山区甲子镇新塘村
	43		43	美兰区三江镇仙鹤村	93	琼山区益新村委会龙塘村
	44		44	美兰区三江镇禄尾村	94	琼山区青云村委会青云村
	45		45	美兰区三江镇博布村	95	琼山区凤翔街道尚道村
	46		46	美兰区三江镇东坡湖村	96	桂林洋经济开发区迈德村
	47		47	美兰区大致坡镇美浑村	97	桂林洋经济开发区美伦村
	48		48	美兰区大致坡镇福久何村		
	49		49	美兰区大致坡镇西排岭村		
	50		50	美兰区大致坡镇良坡村		

2017 年海口市文明校园

级　别	序号	文明校园	备　注
国家级	1	海口市琼山第五小学	第一届全国文明校园
省级	1	海口市琼山第五小学	第一届省级文明校园
	2	海南华侨中学	
	3	海口中学	
	4	海口实验中学	
	5	海口市第二中学	
	6	海口市第四中学	
	7	海口市第九中学	
	8	海口市第一职业中学	
	9	海口市滨海第九小学	
	10	海口旅游职业学校	
	11	海口市第十一小学	
	12	海口市第二十七小学	
	13	海口灵山镇中心小学	
市级	1	海口市滨海第九小学	第一批市级文明校园（市直属学校）
	2	海口市第二十五小学	
	3	海南白驹学校	
	4	海南华侨中学	
	5	海口市第一中学	
	6	海口实验中学	
	7	海口市琼山中学	
	8	海口市第四中学	
	9	海口市第二中学	
	10	海口市港湾小学	
	11	海口中学	
	12	海口景山学校	
	13	海口灵山中学	
	14	国科园实验学校	
	15	海口旅游职业学校	
	16	海南金盘中等职业技术学校	
	17	海口市第一职业中学	
	18	海口市第十四中学	第一批市级文明校园（秀英区属学校）
	19	海口市第二十七小学	
	20	海口市第三十三小学	
	21	海南职工秀英子弟学校	
	22	海口市秀英中心小学	
	23	海口市长德学校	
	24	海口市长流中心小学	
	25	海口市林青小学	
	26	海口市东山中学	
	27	海口市东山中心小学	
	28	海口市义龙中学	第一批市级文明校园（龙华区属学校）
	29	海口市玉沙实验学校	

续表

级　别	序号	文明校园	备　注
市级	30	海南省农垦直属第三小学	第一批市级文明校园（龙华区属学校）
	31	海口市第十一小学	
	32	海口市第九小学	
	34	海口市海燕小学	
	35	海口市金盘实验学校	
	36	海口市城西小学	
	37	海口市西湖实验学校	
	38	海口市龙华小学	
	39	海南省农垦直属第一小学	
	40	海南省农垦直属第二小学	
	41	海口市城西中学	
	42	海口市滨海小学	
	43	海口市高坡小学	
	44	海口市苍西小学	
	45	海口市第七中学	第一批市级文明校园（美兰区属学校）
	46	海口市第九中学	
	47	海口市第十中学	
	48	海口市大华中学	
	49	海口市演丰中学	
	50	海口市三江中学	
	51	海口市桂林洋中学	
	52	海口市英才小学	
	53	海口市龙峰小学	
	54	海口市美兰实验小学	
	55	海口市白龙中心小学	
	56	海口市白沙门小学	
	57	海口市美苑小学	
	58	海口市第十三小学	
	59	海口市第二十一小学	
	60	海口市第二十八小学	
	61	海口市第三十一小学	
	62	海口市第三十四小学	
	63	海口市琼山第一小学	第一批市级文明校园（琼山区属学校）
	64	海口市琼山第二小学	
	65	海口市琼山第三小学	
	66	海口市琼山第四小学	
	67	海口市琼山第五小学	
	68	海口市攀丹小学	
	69	海口市府城中学	
	70	海口市琼山第二中学	
	71	海口市三门坡学校	
	72	海口市三门坡镇中心小学	
	73	海口市旧州中学	
	74	海口市旧州中心小学	

2017年海口市文明家庭

全国文明家庭	1	李朵家庭				
省级文明家庭	1	李丹家庭	9	陈艳萍家庭		
	2	卢黄雅静家庭	10	梁定妹家庭		
	3	吴丽姿家庭	11	吴爱琼家庭		
	4	郑丽琴家庭	12	吴乾信家庭		
	5	王梦娜家庭	13	邢福莉家庭		
	6	甘性莉家庭	14	邢小曼家庭		
	7	曾小丽家庭	15	薛小兰家庭		
	8	李 萍家庭				
市级文明家庭（一届60个家庭，二届20个家庭）	1	范彩明家庭	31	周惠芝家庭	61	王昭梅家庭
	2	吴末花家庭	32	吴有盈家庭	62	卢黄静家庭
	3	关文姬家庭	33	吴 坚家庭	63	邢福莉家庭
	4	黄明忠家庭	34	任 翼家庭	64	朱琼香家庭
	5	王 芬家庭	35	孙泰丰家庭	65	陈赛格家庭
	6	张琼花家庭	36	李秋飞家庭	66	陈艳萍家庭
	7	梁定妹家庭	37	王地平家庭	67	陈春香家庭
	8	洪迎辉家庭	38	胡若莲家庭	68	陈彩英家庭
	9	陈 梅家庭	39	王红燕家庭	69	杜海英家庭
	10	李素萍家庭	40	廖素珍家庭	70	黄 诚家庭
	11	陈 妹家庭	41	刘 艳家庭	71	吴海珠家庭
	12	吴爱琼家庭	42	王丽芳家庭	72	吴乾信家庭
	13	李婷婷家庭	43	陈 梅家庭	73	吴崇东家庭
	14	李弄萍家庭	44	雷艳霞家庭	74	杨媛越家庭
	15	林 芬家庭	45	郑 薇家庭	75	吴素梅家庭
	16	林小兰家庭	46	英丁光家庭	76	张秀凤家庭
	17	吴毓彬家庭	47	谢凤如家庭	77	季海晶家庭
	18	周兴富家庭	48	曾 海家庭	78	林燕青家庭
	19	张运齐家庭	49	陈少玲家庭	79	欧阳亚洲家庭
	20	黄景良家庭	50	周经美家庭	80	周德美家庭
	21	王玉莲家庭	51	李 丹家庭		
	22	吴国斌家庭	52	卢黄雅静家庭		
	23	洪秋景家庭	53	吴丽姿家庭		
	24	金英琴家庭	54	郑丽琴家庭		
	25	邢小曼家庭	55	王梦娜家庭		
	26	陈妙兰家庭	56	甘性莉家庭		
	27	薛小兰家庭	57	曾小丽家庭		
	28	吴清强家庭	58	李 萍家庭		
	29	吴清强家庭	59	朱诗燕家庭		
	30	杜春香家庭	60	黄春珍家庭		

（王 华　王跃聪）

（编辑：杜惠珍）

组织机构及负责人名录

中共海口市委员会

书　记　张　琦
副书记　倪　强　吴川祝（9月止）
常　委　郑柏安　顾　刚（2月任）
巴特尔（蒙古族，2月止）
李　湖（5月止）
王艳萍（女）　林海宁
李向明　王忠云
冯汉芬（女，5月任）
秘书长　林海宁
副秘书长　王旭明（11月止）
刘川海　吴畏（1月任）
罗　浪

海口市人民代表大会常务委员会

主　任　杜立文
副主任　方中里　揭晓强　叶　霞
郑国建　许焕中　盛　林
秘书长　王小峰
副秘书长　吴胜刚（12月止）
陈文培（11月止）
陈　洪（11月任）
陈业胜

海口市人民政府

市　长　倪　强
副市长　巴特尔（蒙古族，4月止）
顾　刚　鞠　磊　孙世文
任清华（女，土家族）
文　斌　龙卫东
孙　芬（6月任）
邓海华（9月任，挂职）
秘书长　邓立松（3月任）
副秘书长　林　明
王和娇（女，兼）
吴大海
柳战良（7月任，兼）
吴秋云（女，兼）
温海鸿　李　革
杜欣能　朱　军
郭凯明（10月止，挂职）
王红江（10月任）

政协海口市委员会

主　席　王云霞
副主席　王传荣（女）　刘辉平
冯鸿浩　符　军
厉　春　李顺华
冯玉英（女）
秘书长　韩云秋（女）
副秘书长　戴国镇　詹尊南
卢　萍（女）
罗宗标（11月任）

中共海口市纪律检察委员会（监察局）

书　记　李　湖（4月止）
冯汉芬（5月任）
副书记、局长　杨卫国
副书记　曾照宇　林耀平
常　委　王　克　左　娟（女）
林道诗　冯　军（女）
常委、副局长　杨　柏

法院、检察院

海口市中级人民法院
院　长　陈文平
海口市人民检察院
检察长　李思阳

市委部门

市委办公厅
主　任　林海宁
市委组织部
部　长　王艳萍（女）
市委宣传部
部　长　王忠云
市委统一战线工作部
部　长　郑柏安

市委政法委员会
书　记　吴川祝（9月止）
常务副书记　肖惠珠（女）
市委直属机关工作委员会
书　记　林海宁
常务副书记　陈　超
市机构编制委员会办公室
主　任　庄儒勇
市委台湾工作办公室
主　任　张东鹏
市委群工部（市信访局）
部　长　吴川祝（9月止）
常务副部长、局长　王和娇（女，兼）
市委党校
校　长　吴川祝（9月止）
常务副校长　欧阳卉然
市委党史研究室
主　任　符　中
市委政策研究室
主　任　刘　旭
市委农村工作领导小组办公室（市扶贫开发领导小组办公室）
主　任　郑柏安
常务副主任　陆来浩（11月止）
市委老干部局
局　长　王　海
市社会管理综合治理委员会办公室
主　任　冯少雄

市人大常委会各工作委员会（部门）

办公厅
主　任　王小峰
财经工委
主　任　郑　峰
法制工委
主　任　严音莉（1月任）
城建工委
主　任　吴　琼
教科文卫工委
主　任　朱宗英
华侨外事民宗工委
主　任　黎永伟
内务司法工委
主　任　邓爱军（1月免）
农村工委
主　任　林　养
选举任免联络室
主　任　王振华
市依法治市办
专职副主任　肖成武

市政府部门

市政府办公厅
主　任　邓立松
市发展和改革委员会
主　任　黄　舸
市科学技术工业信息化局
局　长　刘立武
市财政局
局　长　伍振湘
市人力资源和社会保障局
局　长　朱韶雄
市教育局
局　长　厉　春
市文化广电出版体育局
局　长　富天放
市卫生局
局　长　曾昭长
市公安局
局　长　李向明
市司法局
局　长　淡利锋（3月止）
市民政局
局　长　淡利锋
市农业局
局　长　李世高
市林业局
局　长　冯　勇
市海洋和渔业管理局
局　长　陈　芳（女）
市水务局
局　长　陈　超（9月止）
市国土资源管理局
局　长　刘涌涛（3月止）
　　　　韩艺师（3月任）
市环境保护局
局　长　刘　东
市规划委员会
主　任　龙舒华
市住房和城乡建设局
局　长　罗宗标（11月任）
　　　　王旭明（11月任）
市城市管理委员会
主　任　冯鸿浩
市市政管理局
局　长　周　健
市环境卫生管理局
局　长　刘　建
市园林管理局
局　长　刘名松
市民防局
局　长　张伟斌
市交通运输港航局
局　长　林　健（11月止）
市商务局
局　长　林道坚
市旅游发展委员会
主　任　廖小平（女）
市外事侨务办公室
主　任　吴家宏
市法制局
局　长　陈建军
市审计局
局　长　冯　明
市人口与计划生育委员会
主　任　吴　优（11月止）
市统计局
局　长　王善来
市安全生产监督管理局
局　长　佟吉强
市政府国有资产监督管理委员会
主　任　陈朝芳
市政府服务中心
常务副主任　吴秋云（女）
市政府研究室
主　任　柳战良
市供销合作社
主　任　温　文
市粮食局
局　长　张　鸥（女）
市会展局
局　长　蔡　俏
市房屋征收局（市重点委）
局　长　冯本彦
海口国家高新技术产业开发区
主　任　林一民

海口综合保税区
主　任　刘辉平
海口桂林洋经济开发区
主　任　夏琛舸
市民族宗教事务局
局　长　杜欣能
市地方史志办公室
主　任　欧少珍（女）
市档案局（馆）
局（馆）长　张小敏
市物价局
局　长　吴健林
市文物局
局　长　王大新
市爱国卫生运动委员会办公室
主　任　周文雄
市海防和口岸管理办公室
主　任　邓立松
专职副主任　饶平如（女）
海南东寨港国家级自然保护区管理局
局　长　辜绳福
海口市公共资源交易中心
主　任　黄晓川

政协海口市委员会工作部门

办公厅
主　任　韩云秋（女，兼）
提案法制委员会
主　任　黄新春
经济委员会
主　任　李永胜
教文卫委员会
主　任　陈文说
港澳台侨委员会
主　任　钱云岗
督查研究室
主　任　李　明

民主党派、工商联

民革海口市委员会
主　委　林　青
民盟海口市委员会
主　委　厉　春
民建海口市委员会
主　委　叶　霞（女）
民进海口市委员会
主　委　刘心红（女）
农工党海口市委员会
主　委　张玉霞（女）
致公党海口市委员会
主　委　林尤干
九三学社海口市委员会
主　委　王俊刚
台盟海口市委员会
主　委　周朝东
市工商业联合会（总商会）
主　席　叶　茂

群众团体

市总工会
主　席　程国林（4月止）
　　　　盛　林（12月任）
共青团海口市委员会
书　记　周　健（3月止）
市妇联
主　席　董孟清（女）
市科协
书　记　徐　伟
市文联
党组书记　潘善武
市侨联
主　席　陈文培
市社科联
党组书记　董光海
市残联
理事长　蔡志森
市台联
专职副会长　吴　柳（女）
市红十字会
专职副会长　罗　平

驻市部、省属与双管单位

市国家税务局
局　长　王辉若
市地方税务局
局　长　林　川
市工商行政管理局
局　长　潘永强
市邮政管理局
局　长　殷　雨（女）
海口质量技术监督局
局　长　王　阶
市烟草专卖局（公司）
局长（经理）　王斌斌（12月止）
　　　　　　　李　云（12月任）
市气象局
局　长　潘家利（7月免）
　　　　蔡亲波（7月任）
国家统计局海口调查队
队　长　林志岩
市食品药品监督管理局
局　长　符　勇
海口海关
关　长　吕伟红（女，5月止）
　　　　陈振冲（9月任）
海南出入境检验检疫局
局　长　钱葆龙
海口海事局
局　长　周荣忠
中国人民银行海口中心支行
行　长　曹协和
中国船级社海南分社
总经理　靳克军
海南保监局
局　长　王小平
海南证监局
局　长　周四波

企　业

海南港航控股有限公司
董事长　林　毅（11月止）
　　　　林　健（11月任）

海口市公共交通集团有限公司
总经理　王燕雄
海口市水务集团有限公司
董事长　龙翔春
海口市城建集团有限公司
董事长　李俊勇（2月止）
海口市城市建设投资有限公司
董事长　韩东光
海口市统筹城乡发展（集团）有限公司
董事长　谢辉文
海口国家高新区发展控股有限公司
董事长　焦任翔（6月止）
　　　　龙翔春（6月任）
市三江农场
场　长　郑作东（7月止）
海口旅游文化投资控股集团有限公司
董事长　杨晓峰
海口市燃气集团公司
董事长　孙南峰
海口市国有资产经营有限公司
董事长　徐海波
海口保税区开发建设总公司
董事长　章　黔
海口市担保投资有限公司
董事长　王治平
海口投资管理有限公司
董事长　李俊勇
海口市菜篮子产业集团有限责任公司
董事长　符明全
海口骑楼老街投资有限公司
董事长　杨晓峰
海南电网公司海口供电局
局　长　陈　东
海南铁路有限公司
董事长　陈向前
海口美兰机场
董事长　王　贞
中国电信海口分公司
总经理　韩　军
中国移动通信集团海南有限公司海口分公司
总经理　李正勇
中国联合网络通信有限公司海口市分公司
总经理　梁　炎

新闻和文化系统

海口广播电视台
台　长　陈积流
海口日报社
社　长　张树广（8月任）
海口图书馆
馆　长　张文国
海口市群众艺术馆
馆　长　吴圣彪
市电影公司
总经理　谢　华(5月代理，法人代表)

驻市军警部队

海口警备区
司令员　彭　军
政　委　曾利华
武警海口市支队
支队长　陈远征（11月止）
政　委　刘祖文
省海警总队海警第一支队
支队长　彭建文
政　委　郭　超
海口市公安消防支队
支队长　汤　坚
政　委　徐宗勇
武警海口边防支队
支队长　侯槎平
政　委　云倩偌

体制改革

【供给侧结构性改革】 2017年，海口以供给侧改革为主线推进市场体系建设，努力构建现代产业体系。围绕十二大产业，先后出台《加快推进品牌农业建设的意见》《海口市促进医疗健康产业发展若干规定》等9条产业政策。推进龙华区服务业综合改革试点，促进经济转型升级。龙华区自开展试点以来，全区服务业总体上呈现规模快速扩张、结构持续优化、效益质量明显提升的良好发展态势。支持主导产业创新发展，形成以金融、商贸物流、旅游、互联网创新创业、文化创意等五大主导产业为重点支撑的产业体系，龙华区单位面积服务业增加值明显提升。制定出台《海口市促进小微企业创业创新若干措施》，对14家基地项目、22个服务平台、5家农村合作社、11家众创空间等给予资金支持，涉及金额1.147亿元，充分发挥2亿元国家小微企业创业创新发展专项资金的使用效能。探索"互联网+"中小企微企业服务的运营经验，海口市中小企业公共服务平台网络建设项目通过省级终审验收，进入实际运营阶段。稳步推进"政保贷"业务，合作金融机构10家，共注入政府风险补偿金2.9亿元，可撬动30亿元贷款融资规模。"政保贷"平台向全市260家中小微企业提供贷款授信15.3亿元，平台业务整体运营情况良好，无代偿发生。海口将市本级中小企业发展专项资金支持方式调整为以贷款贴息项目为主，进一步拓宽扶持的范围，降低企业融资的成本。

【"多规合一"改革】 2017年，海口市进一步深化"多规合一"改革。11月，国务院办公厅批复《海口市总体规划（空间类2015—2030）》。按照省编委要求组建市规划委员会，拟定将6个部门承担的11项有关空间总体规划的职能划入市规划委员会，将市规划局更名为市规划委员会，正式挂牌运行，并对其职能进行调整。搭建海口市城乡规划综合管理信息平台（"多规合一"信息平台），于7月1日试运行，服务于全市空间规划编制审批与实施管理，强化海口空间规划实施管控能力。海口作为全国第三批"城市双修"试点城市，正在大力推进城市更新工作，委托设计单位编制《海口市城市更新建筑风貌管控指引》，城市设计与城市更新双轮导向相互借力，促进城市设计实施与管理，增强城市更新项目的品质。

【生态文明体制改革】 2017年，海口市全面推行"河长制"，以美舍河治理为示范推动全市32个水体治理，确定流域面积50平方千米以下河流分级名录，做到河湖全覆盖。实施"湾长制"试点。10月，国家海洋局批复海口市"湾长制"试点工作方案，"湾长制"各成员单位全力推进试点各项工作；编制《海口市海岸带保护与利用规划》等，启动西海岸岸滩整治与修复等部分生态修复项目。加快湿地保护体系建设。印发《海口市人民政府办公厅关于成立海口市湿地保护修复工作领导小组的通知》《海口市湿地保护与修复工作实施方案》《海口市湿地保护修复三年行动计划（2017—2019年）》3份文件，得到国家林业局湿地保护管理中心充分肯定，被转发全国林业系统学习借鉴。组建"海口市湿地保护专家委员会"，为海口湿地保护修复提供技术支撑。批复实施《海口市湿地保护修复总体规划（2017—2025年）》。该规划是在全国省会城市中率先编制，也是在生态文明建设背景下的第一个区域性的湿地保护修复总体规划。全面开展全市域的湿地资源本底调查工作，完成外业调查工作。开展完善湿地保护立法工作，审议通过《海口市人民代表大会常务委员会关于加强湿地保护管理的决定》《海口市人民代表大会常务委员会关于加强美舍河保护管理规定》。开展创建国家湿地公园和国际湿地城市工作。海南海口五源河国家湿地公园（试点）、海南海口美舍河国家湿地公园（试点）于12月8日通过国家林业局湿地保护管理中心组织的专家评审。在做好创建国家湿地公园工作的基础上，同时申报国际湿地城市认证工作，获得"国际湿地城市"认证提名。

【社会事业改革】 2017年，海口市着力构建产教深度融合的现代职业教育体系，以技能大赛为抓手，引导职业教育教学改革，组织中职学校参加全国、全省技能大赛，获得省级大赛奖项 97 个。落实“3+2”“3+4”中高职、中职本科一体化人次培育试点项目，海口旅游职业学校“3+4”专业项目、海口市第一职业中学等 3 所中职学校“3+2”专业项目招生顺利。年内，海口旅游职业学校“3+4”项目 36 名学生顺利通过考试进入海南师范学院就读本科。广泛建立中外医疗交流合作关系，引进国内优质医疗项目，与上海六院合作建设海口市骨科与糖尿病医院，填补海南省骨科、糖尿病专科医院的空白，医院于 11 月 27 日试运营。与复旦大学附属华山医院签订合作协议，华山医院定期指派专家来海口市人民医院坐诊，共派出专家 114 人次到海口市人民医院工作。4 月与上海六院签署合作举办高峰学术论坛协议，并确定论坛永久落户海口，首次在海口成功举办中国海口·上海六院骨科（糖尿病）联盟高峰论坛，全国骨科领域的知名专家和学者出席论坛。

【加快构建对外开放新体制】2017 年，海口市全力推进琼州海峡经济带建设，推进琼州海峡经济带发展规划编制，促进琼州海峡一体化，全力打造由高速客运船、水上飞机、直升机等多种交通方式构成的琼州海峡水上“半小时交通圈”。年内，开通海口至柬埔寨、海口至菲律宾两条海上直航贸易航线，海口国际贸易航线增至 5 条。推进跨境电商综合示范区建设，海口综合保税区是海南省跨境电商综合示范区之一，跨境电商产业园完成线下查验、监管平台建设并通过海关、国检验收，完成与省单一窗口的各项对接，引进电商企业 8 家，签约电商物流企业 3 家（顺丰、EMS、圆通）；配合申报中国（海口）跨境电子商务综合试验区，申报材料已由省政府上报国务院。

【商事制度改革】2017 年，海口市进一步推进商事制度改革，探索推进“多证合一，推进“一照多址”“一址多照”改革试点工作。9 月，正式实施“多证合一”改革暨全市“多证合一、一照一码”营业执照改革，将涉及到商务、公安、工信、旅游、住建、文体、交通 7 个部门的 15 项管理备查类一般经营项目涉企证照事项，进一步整合到营业执照上（即“二十证合一”），通过审批系统的数据共享实现由工商窗口直接核发加载统一社会信用代码的营业执照。企业只需填写一份表格，向一个窗口提交一套材料，市场准入便利度得到提升。

【信用体系建设】2017 年，海口市加快建设企业信用信息共享平台，建立健全市场主体诚信档案、行业黑名单制度和市场退出机制，构建跨部门执法联动响应及失信约束机制，努力创建社会信用体系建设示范城市。（1）建设信用信息共享平台。“海口市信用信息共享平台”上线正式启用，平台归集企业法人基础信息 49.6 万条、“双公示”信息 4.8 万条、其他信息 1500 条。海口市信用信息共享平台和信用门户网站平台建设促进全市信用体系建设工作的开展，同时也更好地服务“双创”工作的推进。（2）构建跨部门执法联动响应及失信约束机制。海口市守信联合激励和失信联合惩戒措施在市法院、市工商局、市食药监局、市质监局、市地税局、市国税局、市人社局、市环保局、市政市容委、市发改委、市住建局、海口警备区等部门实施。要求各行业在行政审批过程中，对当事人的信用信息特别是“双公示”“红黑名单”信息做到“逢报必查”“逢办必查”，以此实施守信联合激励和失信联合惩戒措施，逐步增强全社会的信用意识。

【实施公务用车制度改革】2017 年 6 月 30 日，《海口市公务用车制度改革实施方案》（下称《方案》）印发，标志着海口市公务用车制度改革正式开始实施。此次车改范围包括：海口全市党政机关，各级民主党派和工商联，各级参照公务员法管理的人民团体、群众团体、事业单位，共 427 个单位。参改人员为在编在岗的厅（局）级及以下工作人员（不含使用事业编制的工勤人员），共 10130 人。取消一般公务用车，保留必要的机要通信、应急公务、特种专业技术用车和符合规定的一线执法执勤岗位车辆及其他车辆。改革前，全市参改单位共有公务用车 3019 辆，其中机关一般公务用车 1391 辆，一般执法执勤车辆 1506 辆，特种专业技术用车 21 辆，特种执法执勤车辆 101 辆；改革后，保留公务用车 1911 辆，其中执法执勤用车 1109 辆（含特种执法执勤用车 101 辆）。《方案》明确改革公务交通保障方式，对参改的厅（局）级及以下工作人员（含使用行政编制的工勤人员）发放公务交通补贴，在绕城高速公路以北与海口市东、西行政界线围合区域内的公务出行，自行选择出行方式，不再另外报销交通费。公务交通补贴划分为 4 个层级档次：厅局级每人每月 1690 元、县处级单位主要负责人每人每月 1040 元、县处级（除县处级单位主要负责人外）每人每月 940 元、乡科级及以下每人每月 650 元。同时，加强公务用车监督检查。纪检监察机关负责对公务用车制度改革执行情况进行监督检查，及时受理群众举报，纠正和查处违纪违法行为，严肃追究相关责任人员的责任；审计部门对公务用车改革情况进行监督，并将改革后公务用车配备和运行维护费用、交通补贴发放、车辆处置情况等纳入日常和专项审计监督。对于取消的公务用车，由市、区财政部门负责统一规范处置，在 6 月底前全部封存停驶，并在封存开始后通过公开拍卖完成处置工作。

（劳俊享）

【农垦改革】海口市辖区范围内共有东昌农场、红明农场、桂林洋农场和三江农场 4 个国有农场，总面积约 2.5 万公顷，占全市的 11%，总人口约 12 万人，占全市的 5%。近年来，农垦发展中遇到“农垦内部管理机制僵化、生产要素配置不合理、民生事业滞后”等困难。长期以来，农垦、农场担负基层政府的诸多职能，大量社会事务由企业承担，由于政企不分、政社不分、社会治理主体不明确等因素，导致农垦管理效率低下。2008年以来，省委、省政府先后印发《关于海南农垦管理体制改革的实施措施意见》等8份政策文件，稳步推进农垦改革，按照中央“三融入”的要求，推动海南省农垦总局与农垦集团政企分开，教育、民政、社保等社会管理职能属地化管理，把桂林洋、新星等9个农场移交市县管理。2015年12月，海南省委、省政府印发《关于推进新一轮海南农垦改革发展的实施意见》，明确提出要推进农场社会管理属地化改革。2016年，海南省委、省政府把海口市东昌农场、儋州蓝洋农场、澄迈县金安和红光农场作为改革试点单位，按照远离中心城镇、人口规模、地域面积等指标符合设镇条件的农场，在充分考虑历史沿革的前提下设立镇；人口规模、地域面积较小，或城镇毗邻融为一体的农场设立“居”，由附近的乡镇或市县政府管理的要求，采取“一场一策”甚至“一场多策”的方式推动农场改革。6月15日，全国首创的东昌居正式成立。随着东昌居的揭牌成立，该农场被作为全省设居改革的试点，先后探索出农场改革的3项主要工作职能：管理职能、服务职能和群众自治职能，并隶属镇政府管辖，具有独立法人资格的权利及义务的综合单元的总体思路，将农场担负的14大项、100个小项的社会管理职能全部移交当地政府管辖。10月，海口市根据工作要求，结合实际制定《新一轮农垦改革责任单位清单表》，将涉及海口市的七项重点工作进行细化分解，明确各责任事项的牵头、配合单位。2017年1月5日，海口市再次成立国有农（林）场改革领导小组，下设办公室和8个专项工作小组，明确责任和时间节点，从此全面启动农（林）场改革工作。4个国营农场和国营新民林场列入这次深化改革范围，其中东昌农场和红明农场由海南省农垦投资控股集团有限公司管辖，桂林洋农场和三江农场由海口市管辖。3月17日，随着美兰区三江镇三江居、琼山区三门坡镇红明居正式挂牌，至此，海口属地内的桂林洋、东昌、三江、红明4家农场全部完成社会管理职能属地化改革，海口农垦改革也进入全新阶段。大坡镇东昌居的14大项100小项社会管理与公共服务职能、三门坡镇红明居的21大项116小项社会管理与公共服务职能、三江镇三江居27大项61小项社会管理与公共服务职能均于6月30日前完成移交并全部进入常态化管理。8月21日，国营海口市琼山区新民林场更名为海口市琼山区新民林场，把林场企业改为副科级事业单位，定岗定编。市管农场公司化改革工作也全面落实，12月29日，海口桂林洋投资发展控股有限公司揭牌成立；12月31日，海口市三江农场发展控股有限公司挂牌成立。为让农场社会职能移交及市管农场改革工作顺利进行，海口市、区两级和相关部门加大资金投入力度，及时拨付资金到位。2016—2017年，共投入农场各项经费3.28亿元；为移交后提高居委会成员和其他工作人员的业务水平、工作能力，转变工作作风，先后组织7次，共332人次进行业务和岗位技能培训工作。

（杜惠珍）

行政审批改革

【行政审批改革概况】2017年，海口市围绕“改革、服务”主线，以“放管服”工作为重点，制定下发《海口市2017年行政审批制度改革工作计划》《2017年海口市政府服务体系建设工作要点》，启动建设项目审批“一窗受理，集成服务”工作，推进“五网”（路、光、电、气、水网）建设项目行政审批改革；在美安生态科技新城实施“极简审批”经验做法的基础上，在海口综合保税区推行“极简审批”工作；探索综合审批试点，初步拟定28家单位划转121项行政审批服务事项，推动海口市简政放权工作向纵深发展。市政府服务中心被省审改领导小组评为“行政审批制度改革”先进单位。

【全流程“不见面审批”试运行】2017年7月，海口市政府服务中心着手开展“不见面审批”改革工作。全面梳理市、区、镇街三级审批服务事项，打造“不见面审批”信息系统，实施“外网受理、专网审批、全程公开、快递送达”审批新流程，开启“受理不见面、审批不见面、送达不见面”全新审批服务模式。经过多次梳理核准，截至12月底，上线不见面审批事项共1433项（全市目录清单内事项共1705项，涵盖镇街一级事项），占全部事项的84.05%，提前完成省审改办的改革工作目标，实施进度位居全省前列，为全省探索推行“不见面审批”改革起到较好的先行示范作用。

【“一窗受理，集成服务”审批新模式试行】2017年，海口市政府服务中心在群众诉求率较高的建设类领域先行先试“一窗受理，集成服务”审批新模式。（1）整合部门资源，受理“一窗式”。5月下旬，启动建设项目审批“一窗受理，集成服务”工作。8月14日，完成全市建设项目审批涉及规划、住建、环保等9个部门81个审批事项的筛选，并在政府服务网站上公布。通过实行“一口受理、受办分离”工作机制，改变过去“一站式、一条龙”各部门“物理层面”的集中办公形式，实现受理与审批环节相分离。建设口“一窗”改革后，原有9个部门25个受理窗口减少为15个，受理人员由25人整合为15人，核减率超过40%，节约近一半的行政服务成本。“一窗”改革后，实行“五个一”（一张清单、一口受理、一次性告知、一网通办、一窗出证）运行机制，无论是咨询还是办理业务，申办人选择任何一个窗口就能办完所有的事，免去排队等待的时间。这一便利化的审批服务流程，将“服务对象逐个找部门”变成服务对象只找政府服务中心“一窗”窗口，只需进行“提交”和“收证”两个动作，而审批的全部过程都将在后台进行或者由工作人员代办、督办，真正做到“只进一个门，办好所有事”，实现审批提质增效，使服务对象感受到行政审批服务的便捷和高效。全年“一窗”受理事项4623件，运行顺畅。（2）夯实一窗受理基础，告知“一个口”。编制《“一窗受理”事项标准化办事指南》，将受理要件“标准化”告知群众，倒逼部门消除模糊语言和兜底条款，大幅度压减自由裁量空间，清单式面向群众，真正做到“人人看得懂、个个会办事”，操作简便。按照群众办理事项设计操作流程，重新制定建设项目“一窗受理”审批流程图，使各个办事环节一目了然。对综合受理窗口工作人员进行全方位、多技能培训，不断提升其受理多部门、多专业、多领域及复杂业务的综合能力，提高人力资源的利用率。（3）深化“互联网+”应用，办理“一网通”。依托海口市政务服务网，开发完成建设口“一窗式”综合受理平台，拓展覆盖权力事项81项，实现市级审批平台与建设口9个部门的自建系统数据库的互通共享，打通部门审批业务系统与政务网的通道，实现基础数据库与政务网实时交换共享，有效激活沉淀在各部门的行政审批数据，提高审批的准确性、时效性。

【“五网”建设项目行政审批改革】 2017年3月8日，海口市正式实施“五网”建设项目简化行政审批改革。经市规划部门确定改革范围内的“五网”项目，进入“五网”建设项目审批“绿色通道”，不再进行政府投资项目建议书审批、建设工程规划设计方案审查（建设项目规划设计条件）、建设工程抗震设防要求确定、建设工程抗震设防要求审查等；必须进行的审批事项，审批时限一律为3个工作日内。至12月底，有208个“五网”建设项目进入“绿色通道”，审批工作进展顺利。在“多规合一”规划基础上，最大限度简化行政审批改革，推进“五网”项目建设，印发《海口市“五网”建设项目行政审批改革方案（试行）》，通过推行简化审批、创新审批模式，实施取消审批3个、暂停审批事项2个、暂停改备案事项3个、即办审批事项3个，简化行政审批推进“五网”项目建设，加快海口市基础设施建设速度。

【投资项目在线并联审批全面推进】 2017年，海口市重视投资项目在线审批监管平台的应用，采取与省在线监管平台进行对接的方式，在线办理项目审批业务。至年底，省、市平台共赋码项目5466个，办件8080件。与省级在线审批监管平台对接后，实现逐层向省级平台、国家平台报送项目审批信息，提高审批效率，实现全省“一张网”审批的目标。

【推广“极简审批”试点工作】 2017年，在美安生态科技新城实施“极简审批”经验做法的基础上，海口综合保税区结合本区实际，建立5大体系（监管标准体系、极简审批体系、事中事后监管体系、承诺及信用体系、服务保障体系），制定40项改革措施，行政审批服务事项精减33%，审批环节精简31%，整体承诺时限比法定时限压缩90%，初显成效。

【以“七清”落实简政放权工作】 2017年，海口市通过开展“七清”工作，确保简政放权改革提质增效。（1）由市政府服务中心牵头负责全市行政审批事项清理复核工作，经过清查，初步核定全市的行政审批服务事项大项由原306项缩减为293项，小项由原来710项缩减为524项，减少26.2%。（2）开展最大限度精简行政审批服务事项申报材料中各种证明材料工作，最大限度砍掉无法律法规依据的各种证明材料。经梳理，41家市级单位、4个区和3个开发区共精简各种证明材料447项，精简率14.71%。（3）清理规范市级行政审批中介服务事项和中介服务机构。共清理规范的市级行政审批中介服务事项38项，涉及15个职能部门，清理规范后继续保留的54项市级行政审批中介服务事项纳入《海口市市级行政审批中介服务事项清单目录》管理。凡未纳入该目录的行政审批中介服务事项，一律不得作为行政审批的受理条件。（4）坚决执行中央和省取消、停征、免征的行政事业性收费、政府定价管理的经营服务性收费和政府性基金项目的相关文件，协调财政部门及时公布海口市行政事业性收费和政府性基金项目清单。（5）市人社部门进一步规范职业资格和证书管理，加强对职业资格制度实施情况的监督，实行清单之外一律不得开展职业资格许可和认定工作，清单之内除准入类职业资格外一律不得与就业创业挂钩。（6）市民政部门开展行业协会清查工作。全市的行业协会完成脱钩，行业协会商会结社自由、依法设立、自主办会、独立运行。（7）市法制部门开展规范性文件清理。市政府先后公布《海口市人民政府关于公布废止保留拟修改市政府规章目录的决定》《海口市人民政府关于公布废止保留拟修改调整市政府规范性文件目录的决定》，标志着海口市2017年启动的50件政府规章、175件规范性文件全面清理工作顺利完成。

（王晓燕）

推进琼州海峡一体化发展

【推进琼州海峡一体化发展工作概况】 2016年4月启动琼州海峡港航一体化工作以来，在琼粤两省政府的主导和推动下，2017年海口、湛江两市政府和政协多次相互往来考察并召开座谈会，共商琼州海峡经济带建设及一体化发展合作事宜，以实现琼州海峡交通运输方式转型升级，推动新海港建设，联手进行旅游推介，建立农业互动协作机制，推进琼州海峡经济带建设及一体化发展。

【《北部湾城市群发展规划》获批】2017年1月20日获国务院批复，成为指导今后一个时期北部湾城市群发展的宏观性、战略性行动规划。原本仅限于广西的南宁，钦州，北海，防城港等市的北部湾城市群规划，扩展至广东雷州半岛与海南岛部分地区（主要是海口三亚以西的沿北部湾部分），相较于之前更具发展前景。北部湾城市群是以广东湛江、广西南宁和海口为核心的城市集群，土地面积4万余平方千米。北部湾城市群明确提出打造面向东盟、服务“三南”，建设宜居城市和蓝色海湾城市群的战略定位。北部湾城市群规划的获批，为海南国际旅游岛的全面协调发展，开拓新空间，提供新机遇，增强新动能。特别是海口和广东省湛江市纳入北部湾城市群后，北部湾城市群不仅在规模上较以前上一个台阶，还可取长补短，加速群内各城市的发展。海口作为北部湾城市群重要“一极”，以打造21世纪海上丝绸之路支点城市为方向，充分发挥海口综合政策优势，推动集约集聚发展，推进海澄文一体化，加快建设海岛及南海海洋研发和综合产业开发基地。海口通过加强与北部湾区域成员城市在设施互联互通、产业互补发展、生态联防联治等方面的深度合作，共同推动北部湾区域大发展，打造国际国内著名的蓝色生态湾区。

（劳俊亭）

【琼州海峡交通运输方式转型升级】2017年，广东省湛江市与海南省海口市携手合作，实现琼州海峡交通运输方式转型升级，促进琼州海峡经济带建设及一体化发展。琼州海峡是中国三大海峡之一，连通海南、广东两省，是海南省货物、人员进出岛的主要途径之一。畅通琼州海峡对琼粤两省的发展有举足轻重的作用，但港口吞吐能力不足、服务设施不完善、船舶公司服务标准不统一等问题，也阻碍了琼州海峡运输的发展。借助琼粤两省打造琼州海峡经济带的契机，海口港新海港区和湛江港徐闻港区南山作业区同时开展多层次、多渠道、多环节沟通，琼州海峡一体化工程逐步展开。除加强基础设施建设外，海南对海口港新海港区功能重新布局，将新海港区从原来的运输中心定位提升至旅游中心，对标海南国际旅游岛建设，在原来设定的客货滚装、危险品运输功能的基础上，增加快船泊位、水上飞机泊位和消防站点等配套功能，建成后将成为专业化、规模化、集约化、现代化的港区。为解决目前琼州海峡过海难、过海时间长的问题，打破传统的单一运输模式，海口规划多种交通方式，进行交通运输方式的转型升级，开展高速客滚船、水上飞机和直升机等方面的工作，打造水上半小时交通圈。4月28日，直升机“琼州海峡航线”正式开通，从海口至湛江徐闻县仅需18分钟；6月16日，吴川市至海口的直升飞机开通，将以往6小时的船程缩短至1小时；7月26日，琼州海峡首批水上飞机起航，完成海口至湛江航线验证飞行，从海口至湛江仅需半小时。同时，连接两地的高速客滚船也正在同步推进。海口、湛江两市交通部门建立每季度交流一次的常态化沟通协调机制。两市交通部门启动琼州海峡综合交通规划、快船项目研究、两岸港航资源整合方案，对标建设新海港和南山港、规范建设危险品滚装码头、共同建设琼州海峡防台锚地、统筹建设海上消防站。

琼州海峡图（海南海峡航运股份有限公司 供）

【海口湛江签订多项合作协议】2017年7月13日，海口湛江合作交流座谈会在湛江举行。会上，双方签署四项协议，合作范围涉及政法、交通港航、农业、旅游等多个领域。这标志着两地携手推进琼州海峡经济带建设及一体化发展迈入深化合作新阶段。（1）政法，实现区域共创共治。两地将以资源整合为抓手，以信息共享为支撑，除在国家安全、公安、法院、检察、司法行政等方面加强工作协作外，还将联手建立多种协作机制。将建立政法协作工作会商机制，定期或不定期进行协作会商；建立信息互通共享机制，建立跨区域社情、政情、民情、案情等情报信息汇集整合、分析研判、预警发布、共享应用的合作机制，实现各类情报资源在两地的大整合、大共享、大应用；建立侦查破案协同配合机制，形成办案部门之间有机衔接、相互配合的工作机制；建

2017 年 1 月 10 日，湛江—海口菜篮子工程（徐闻）供应首发暨海口市菜篮子工程徐闻供应基地揭幕（市菜篮子集团 供）

立两地政法干部学习交流机制，就政法协作的相关内容及人员培训、队伍建设、制度保障等组织业务培训、参观考察、交流学习，促进两地政法工作的交流和发展，实现两地政法资源优势互补。推动形成区域共创共治、互帮互助、齐抓共管的良好格局。（2）交通，携手打造港航一体化。根据协议，两地将以琼州海峡港航一体化为核心，统筹普铁、高铁、公路、水路、通用航空等多种运输方式，以规划引领琼州海峡港航一体化发展，促使两岸重大交通基础设施建设项目规划一体、规模相当、功能匹配；促使两岸重大建设项目同步建设，重点推进海口新海港、徐闻南山港及配套基础设施加快建设。同时，完善海峡两岸安全、运营、应急、救援等联防联治监管机制，确保琼州海峡运输通道安全、通畅；推动两地港航企业有序整合，实现两岸“统一经营管理、统一调度指挥、统一服务标准”的港航一体化等。（3）农业，建立长期定向购销机制。两市将建立有利于海口和湛江两地农业优势互补、错位发展、配套协作的区域特色农业联动发展机制；开展两地农产品生产、购销、调运全面合作机制，完善“菜篮子”应急调运协作机制。根据协议，每年 4 月轮流举办农产品产销合作、应急协作交流会议，每年 10 月轮流举办冬季农业产销对接会；加强合作，建立定向供给“菜篮子基地”，支持海口菜篮子集团和湛江蔬菜种植基地对接合作，建立长期定向购销机制。（4）旅游，建区域旅游合作联盟。两地旅游部门将建立区域旅游合作联盟，在产品开发、联合促销、项目合作交流、联合联动联检等方面合作，携手打造琼州海峡国际旅游带。两地将优化、整合旅游资源，积极合作开发旅游新产品，共同打造“一程多站式”精品旅游线路；双方旅游管理部门定期制定联合营销计划，充分利用资源互补优势，相互输送客源；双方旅游管理部门相互推荐优质旅游开发项目，鼓励扶持当地旅游品牌公司、旅游管理公司、旅游投资公司到对方投资兴业。此外，两地将建立完善的海口、湛江区域旅游投诉、突发事件的处理联动机制。

【海口湛江深化产业合作】2017 年，海南、广东两省将琼州海峡一体化发展联席会议机制化，抓住“一带一路”建设、北部湾城市群等发展机遇，共同推进琼州海峡经济带规划、交通运输建设、“菜篮子”合作、公共安全建设、旅游合作等 6 方面、25 项一体化具体合作事项。随着两市联席会议的召开，两地交通、旅游、农业等领域加强合作，共同推动琼州海峡一体化发展稳步向前。旅游方面，海口、湛江两市签署《区域旅游联盟合作协议》，打造湛江—海口“一程多站”精品旅游线路，推出“一路向南去看海”等 5 条精品旅游线路。共同打造具有热带滨海休闲特色的“琼州海峡热带旅游目的地”。建立旅游联席沟通协商机制，定期召开由两市旅游行政主管部门、旅游企业、研究机构、行业组织等参加的相关会议，制定具体的合作策略和措施，促进旅游资源优化配置。农业合作发展是海口、湛江一体化发展的重要内容之一。农业方面，海口市菜篮子集团分别与徐闻县余记北运果菜农民专业合作社、湛江康星蔬果公司签订供销合同、蔬菜生产包销协议，合作建设叶菜生产基地。此外，市菜篮子集团还与湛江霞山江南果蔬批发市场搭建战略合作姊妹市场关系，建立起日常购销、应急调运的互动协作机制。1 月 10 日，举行湛江海口菜篮子工程（徐闻）供应首发仪式暨海口菜篮子徐闻供应基地揭牌，开启大规模叶菜南运。徐闻县余记北运果菜农民合作社的种植基地是徐闻县首个供应海口的蔬菜基地，与海口市菜篮子市场运营管理有限公司签订每日供应蔬菜约 10 吨的种植保供合同。此外，徐闻还有 341 家农民合作社种植蔬菜供应海口。

【海口城投公司与徐闻县政府签署战略框架协议】2017 年 9 月 5 日，在广东省徐闻县举行的 2017 年招商项目签约仪式上，海口市城市建设投资有限公司与广东省湛江市徐闻县政府签署战略合作框架协议书，约定双方以推进琼州海峡经济带建设及一体化发展，打造海南、粤西一小时经济圈，实现区域经济一体化为指导思想，在徐闻县基础设施建设、片区开发、产业园开发、棚户区改造、教育等城市综合开发以及旅游产业开发、生态环境保护等领域开展全方位、多层次的合作。战略框架协议涉及海安经济开发区旅游地产项目、海安杏磊湾旅游片区开发项目、城南大道片区开发项目、进港大道安置区项目、南山临港产业新城片区开发项目、大汉三墩旅游区项目、龙泉森林公园片区开发项目等意向项目。

【秀英徐闻互派干部挂职交流】2017年4月，海南省海口市秀英区与广东省湛江市徐闻县正式确立友好合作关系。为加快琼州海峡经济带建设和一体化发展，秀英区委组织部主动对接徐闻县委组织部，探索互派干部双向挂职工作机制，为促进两地经济建设提供强有力的干部队伍保障。8月3日，徐闻县对秀英区党建示范点进行考察，同时，两地互派3名干部正式开始挂职锻炼。根据协议，双方3年内互派干部挂职，每批干部挂职时间为半年或1年。秀英区在向徐闻县选派干部标准上，结合岗位需求、干部自身优势及成长需求，选派挂职干部和确定挂职岗位，将充分发挥挂职干部在专业、特长、经历等方面的优势，努力营造干事创业的良好氛围，着力提高干部的综合素质和工作能力。

2017年9月5日，海口市城市建设投资公司与徐闻县政府签署《徐闻县杏磊湾和城南片区土地综合开发项目合作框架协议》 （市城投公司 供）

资料链接：海口湛江深化交流合作纪事 2016年9月28日，广东、海南两省政府推进琼州海峡港航一体化发展联席会议第一次会议在徐闻县举行，广东省省长朱小丹，海南省省长刘赐贵出席会议并讲话，提出要探索实施琼州海峡一体化管理、一体化发展，抓好相关项目的实施，扎实推进琼州海峡一体化进程。同年11月18日，海口市十三次党代会报告确定“一江两‘岸’、东西双港驱动、南北协调发展”、建设国际化滨江滨海花园城市的城市发展新格局，提出要建设琼州海峡经济带，以琼州海峡港航一体化为先导，力争将琼州海峡经济带上升为国家支持的区域合作项目，积极推动建设琼粤深度合作区。12月16日，海口市与湛江市召开推进琼州海峡一体化发展第一次联席会议，在发展规划、交通港航、旅游、农业、安全生产、反恐维稳等方面议定具体合作事项，制定线路图、时间表。2017年1月17日，海南省委常委、市委书记张琦率市四套班子领导乘坐“海琨”号高速客船抵达徐闻海安港，调研琼州海峡港航一体化和水上半小时交通圈航线推进情况，要求推进港航资源一体化，建设互联互通的海上交通大平台。1月19日，广东省第十二届人民代表大会第五次会议《政府工作报告》提出，“推进琼州海峡经济带和跨省区重大合作平台建设。”2月20日，海南省第五届人民代表大会第五次会议《政府工作报告》提出，“推动琼州海峡经济带建设，启动编制琼州海峡南北两岸发展规划，推进琼州海峡港航资源整合。” 4月15日，海南省代省长、沈晓明到海口考察，表示要进一步加强海南省与广东省之间的沟通，密切配合，共同推进琼州海峡一体化建设。4月25日，海南省第七次党代会报告提出，“密切与泛珠三角‘9+2’经济区、北部湾城市群的战略合作，扎实推进琼州海峡经济带建设。” 4月29—30日，广东省省长马兴瑞在徐闻港实地考察调研时表示，南山港是进一步畅通琼州海峡的通道、推动粤琼两省更紧密合作的重点项目。要抓紧完善湛江市高速公路网，打造“智慧港口”，构筑跨琼州海峡的车、客、货黄金通道，在确保质量安全的前提下，加快推进工程建设，确保项目如期建成。5月3日，湛江市委书记郑人豪、市长姜建军率湛江市党政代表团赴海口市进行考察，就深化湛江与海口务实合作、推进琼州海峡一体化发展进行深入交流，进一步深化共识、拓展合作。7月13—14日，海南省委常委、市委书记张琦率海口市党政代表团一行到湛江市考察学习，湛江市委书记、市人大常委会主任郑人豪，市委副书记、市长姜建军陪同。其间，双方签订《政法工作协作框架协议》《共同推动琼州海峡一体化发展合作备忘录》《农产品产销合作框架协议》《区域旅游合作协议》4个协议。7月26日，海南港航控股有限公司联合幸福运通用航空有限公司，在秀英港举办首场水上飞机验证飞行活动并取得圆满成功。此举意味着构建琼州海峡半小时交通圈又迈出了新步伐，对今后琼州海峡立体交通网络建设具有重要意义。

（杜惠珍）

推进海澄文一体化发展

【海澄文一体化发展概况】 2017年，“海澄文”（海口市、澄迈县、文昌市）地区生产总值1884.6亿元，比上年增长7.6%，占全省经济总量的42.2%（2014年占全省40.6%，提高1.6个百分点），增幅高于全省0.6个百分点；固定资产投资1949.4亿元，增长11.2%，占全省总量的47.3%（2014年占全省39.8%，提高7.5个百分点），增幅高于全省1.1个百分点；地方一般公共预算收入163.4亿元，增长14%，占全省总量的24.2%，增幅高于全省2.5个百分点。海口为海澄文地区发展贡献突出。2017年，海口地区生产总值占海澄文地区总量73.8%（2014年占三市县70.7%，提高3.1个百分点）；固定资产投资占“海澄文”地区总量72.6%（2014年占三市县67.9%，提高4.7个百分点）；地方一般公共预算收入占海澄文地区总量76.7%（2014年占三市县74.9%，提高了1.8个百分点）。海口作为省会城市和“海澄文”中心城市的首位度进一步凸显。同时，推出总投资约1.28万亿元、涵盖基础设施、产业、社会民生和生态环境等四大领域391个海澄文一体化重大项目，把海澄文发展落实到项目上。

【空间规划一体化取得新成果】 2017年，海口市加快构建“一江两‘岸’、东西双港驱动、南北协调发展”的城市新格局。“一江两‘岸’”，就是坚持在保护中开发、在开发中保护，有序推进南渡江沿岸开发，加快东海岸江东片区、桂林洋经济开发区建设，推动西海岸片区加快发展。“东西双港驱动”，就是坚持“港、产、城”融合发展，形成东有以美兰机场为依托的空港新城，辐射带动东寨港与木兰湾片区，促进江东组团和木兰湾片区融合发展；西有以海口港为依托、港城一体化的临港经济带战略布局。围绕马村港、新海港、秀英港和海口综保区，布局临港产业园，辐射美安生态科技新城及澄迈老城经济开发区。南北协调发展，就是管控好南部地区生态，有序开发、高水平建设东线高速、绕城高速沿线地区，加快形成以观澜湖新城等为重点的新区商圈；科学推进北部沿海开发建设。

【以交通“一盘棋”加速海澄文一体化】 基础设施一体化是“海澄文”一体化的重要发力方向。2017年，海口、澄迈、文昌加快推进铺前大桥、江东大道二期等重要基础设施建设，全力构建优势互补、互联互通、共建共享、无缝衔接的综合交通网络。至2017年，海口港新海港区一期、二期，马村港区一期、二期建成运营，秀英港搬迁、新海港区三期、美兰机场二期加快推进。海口协调澄迈共同推进马村港三期、四期建设。美安一期基础设施基本建成，实现功能性通车，与老城生态软件园基础设施道路工程实现交通互通共享。南渡江引水工程、定海大桥海口段连接线、铺前大桥、绕城高速二期、疏港货运快速干道工程（G15）、海口东站、新海港综合客运枢纽等项目稳步推进，海澄文区域互联互通水平进一步提升。海口正全力打造琼州海峡水上“半小时交通圈”，实现海口、文昌与环北部湾和泛珠三角的区域协作。同时，推动公交同城化步伐。海口先后开通55路、57路、59路、游6路，共3条常规公交线路、1条旅游公交线路连接老城经济开发区。

【产业布局一体化成效初显】 2017年，海口市围绕十二个重点产业，出台支持金融、互联网、工业、影视、会展、医疗健康等21项产业的扶持政策，重点支持高新技术、医药制造、低碳制造企业做大做优做强。同时加快产业园区基础设施和配套建设，进一步放大园区集聚集群效应。海口高新区与扬子江医药、贵州益佰、中食集团等一批科技含量高、产业带动性强的龙头企业和央企达成合作意向；海口综保区用足钻石通关一体化政策，创新“保税＋免税”模式，打通保税转免税销售通道；依托美兰空港积极推进临空产业园建设，大力发展航空维修与培训、临空物流高附加值制造、研发设计、商贸展销、现代服务业等临空产业，为增强园区核心竞争力，发挥园区推动海澄文大发展积蓄动力。与澄迈共同建设“飞地产业园”，发展飞地经济。与文昌在航天产业链上形成对接。深化与澄迈、文昌在热带高效农业方面的合作，共同推进蔬菜保供稳价基地建设、畜牧产业、农产品质量安全监测合格报告单互认等方面合作。

【推进生态环保制度建设】 2017年，海口市协同澄迈、文昌共同推进海口湾、澄迈湾、铺前湾、东寨港等重点近岸海域的整治。与澄迈签订南渡江联防联控协议，共同构筑区域生态环境安全防护体系，打造海澄文一体化生态示范区。与文昌加强东寨港红树林的生态修复，东寨港的生态质量大幅提升。

【公共服务一体化稳步推进】 至2017年，海口不断加大辐射海澄文全区域的基本公共投入，三市县居民医疗和社保共享进一步深化。引进优质教育资源，北京大学附中附小、北师大附中、人大附中以及广东外语外贸大学等知名学校相继来海口办学，北师大海口附校和教师培训基地落成。海口近5年累计增加中小学位2.6万个、公办幼儿园学位1.7万个，非海口籍学生约占40%，确保在海口务工的文昌、澄迈等地随迁子女的义务教育。医疗方面，省肿瘤医院正式运营，上海华山医院海口友好医院合作建设，省儿童医院主体封顶，上海六院海口骨科与糖尿病医院建成试营。组建国有海口市菜篮子集团，新建大型农副产品综合批发市场，努力实现海澄文地区菜篮子的保质、保供、稳价，让老百姓吃上"放心菜""便宜菜"。

【推进创新体系一体化】2017年，海口市依托海口高新区、老城经济开发区、美安生态科技新城等创新型产业园区建设，聚焦海洋工程、新一代信息技术、新材料、新能源、环境、医药、健康、生物和现代农业等领域加强科技合作，促进高新技术产业更好更快发展。

【谋划海洋旅游经济整体发展】海澄文3市县是北部湾经济圈、东盟经济圈与环太平洋西岸经济带的交汇点，海岸线总长约500千米、海域面积7262平方千米，海洋经济总量约占全省海洋经济的20%。2017年，3市县以西起澄迈湾、东至木兰湾，涵盖海口湾、铺前湾的海域和海岸带为规划区域，推动海洋旅游业创新发展、差异化发展、跨越式发展，带动现代金融、总部经济、互联网产业、海洋交通运输业等产业发展，进而拓展海澄文发展空间，培育壮大蓝色经济，增强经济发展新动能，形成"海—岛—港—城"四位一体，景观带、产业带、生态文明带、历史文化带4带叠加的"海澄文"海洋旅游经济带发展新格局。

（劳俊享）

推进城市更新

【城市更新工作概况】2017年2月7日，海口市政府与中国城市规划设计研究院正式签署城市更新合作协议，携手开展海口城市更新规划设计工作。海口计划按照"一江两'岸'、东西双港驱动、南北协调发展"总体思路，在"双创"工作基础上，以推进公共产品供给制结构性改革为主线，实施产业规划与城市规划双轮驱动，进一步修复城市自然环境，完善城市功能设施，改善城市环境面貌，推动城市健康可持续发展。9月底出台《中共海口市委关于加快推进城市更新工作的行动方案》，确定"海绵城市""透绿见蓝、透光见海""简约、大气"等城市设计理念。同时，编制《城市更新行动纲要》，制定各专项系统的核心内容、指标体系、行动步骤、实施构架，作为统筹各项专项规划和实施示范工程的纲领。制定《城市更新工作实施方案》，明确将重点从交通优化、棚户改造、水体治理、城市增绿、功能提升、文化复兴、土地修复7大方面开展城市更新工作。通过系统施治、整体提升、项目带动、远近结合的模式，推进海口城市更新，实现重整生态本底、交通网络、优质设施、空间场所、文化认同、社会善治6个重整的目标。编制《城市更新项目清单》，共谋划项目107个，总投资约1100亿元。

在城市更新中，海口标本兼治，对全市32个水体开展治理和生态修复，加快打造"水清、鱼游、鸟飞"的城市内河生态链。创建国家湿地公园，申报国际湿地城市和国家森林城市，重点规划建设4个国家湿地公园、3个省级湿地公园和1个湿地自然保护区。按照"绿水青山就是金山银山""统筹山水林田湖草系统治理""望得见山，看得见水，记得住乡愁"理念，围绕建设国际化滨江滨海花园城市目标，学习先进城市经验，结合本地特色，全力推进"五化"等城市更新工作，城市形象品位快速提升。在2017年的56个首批示范性项目中，美舍河水体治理和生态修复5个示范段、五源河湿地公园、西海岸公园修复整治一期工程、景观亮化工程滨海大道、国兴大道、龙昆南示范段、滨海大道、龙昆南、国兴大道等10条道路绿化改造基本完工，老城区绿道环一期建设（美舍河绿道）、五源河文体中心、市民游客中心、西海岸公园带景观提升工程、万绿园生态修复项目、综合环境整治—三角池片区（一期）项目、美舍河二期生态修复项目、丘浚墓陈列馆建设项目等开工建设，累计投资约22亿元。

【保障城市更新工作可持续】2017年2月7日，海口市政府与中国城市规划设计研究院签订合作协议后，印发《海口市城市更新工作实施方案》，成立海口市城市更新领导小组，负责城市更新工作的决策部署、工作指导、统筹协调、督促落实，议定相关重大事项。城市更新领导小组下设办公室和规划统筹、交通优化、棚户改造、水体治理、城市增绿、功能提升、文化复兴、土地修复、项目统筹等9个具体工作组。3月22日、5月17日、7月27日先后召开三次书记专题会，审议通过《海口市城市更新行动纲要》及6个专项规划，确立海口城市更新"一江两岸、五网络；东西双港、两融合"的总体结构和"重整生态本底、重织交通网络、重塑空间场所、重构优质设施、重铸文化认同、重理社会善治"的六大施治纲领；从市民需求出发，将海口城市更新重点锁定在水体治理、增绿护蓝、交通优化、文化复兴、棚户区改造、品质提升、山体矿坑修复等7个方面，形成全市一盘棋的城市更新总体蓝图和系统格局。为深入贯彻落实省委《关于进一步加强生态文明建设谱写美丽中国海南篇章的决定》，9月28日，市委十三届四次全会审议通过《中共海口市委关于加快推进城市更新工作的行动方案》，坚持生态引领，举全市之力，加快推进城市更新工作，高起点规划、高标准建设、高效能管理，增强城市的魅力和活力，扛起生态文明建设的省会担当。为了保证城市更新的可持续性，加大资金保障，将重要的城市更新工程项目纳入市区两级年度财政预算计划，保持每年安排一定比例的资金用于城市更新项目，并争取中央、省级各类专项资金和项目支持，引导社会力量参与城市更新。同时，加强制度创新。建立城市更新项目规划公示制度和公众参与制度，加大宣传力度，保障市民的知情权与参与权，提高社会公众对城市更新工作的认识。搭建城市更新公共服务平台，加强政府服务，促进产业与空间对接，实现信息公开与共享。结合全省"五网"基础设施建设"极简审批”，开辟城市更新项目绿色通道，建立涵盖城市更新全流程的网上申报管理系统，严格按照统一标准和时限进行办理，绝不允许在法定程序之外增设审查事项。

【全面提升市容环境品质】2017年，海口市在城市更新工作中紧抓市民投诉的城市环境热点问题，“问情于民”“问需于民”“问计于民”，从空间织补、市容整治、环境提升3方面入手，锁定问题突出的片区、街道和节点，对街道界面、城市家具、广告牌匾、夜景照明、公共信息导向系统等提出城市更新与城市管理技术指引，助力城市精细化管理，做到内外兼修，让城市更有活力、更有气质。在市容整治方面，启动三角池片区综合环境整治、重要道路和重点商圈广告牌匾整治、绿色智能公共照明系统、城市景观亮化工程（二期）、海口戏院改造等7个品质提升项目。在环境提升方面，完成国兴大道（海秀快速—五指山路段）、滨海大道（丘海大道—假日海滩）、龙昆南路、白龙路、海府路道路夜间绿化景观提升。此外，坚持经营城市理念，采用留、改、拆相结合的棚改模式，将棚户区改造与保护历史文化、疏解传统功能、加快业态转型有机结合，有序纾解老城区人口、资源和交通压力，重点抓好美舍河沿线、五源河、迈仍片区综合更新示范项目建设，打造棚改新标杆。

【推进“五化”先行的城市更新】2017年，海口市着力推进“五化”（净化、绿化、彩化、亮化、美化）先行的城市更新项目，做足“绿”文章、凸显“水”格调、布局“光”资源，将城市打造成“水在城中、城在绿中、人在画中”的美丽画卷。净化方面，建立健全环卫监督考核机制，道路清洁保洁效率不断提高，严格落实“门前三包”责任制，实行环卫综合一体化PPP模式，加强公共厕所管理，建立环卫保洁长效机制，提高城市的整洁度；绿化方面，通过种植椰子树、大叶油草等本地植被，凸显本地特色；彩化方面，在城市主干道种植三角梅，请厦门三角梅专家来研究海口三角梅的花期和培育问题，注重不同层次、不同颜色的植被搭配，凸显仪式感和艺术性；亮化方面，启动城市景观亮化工程，通过凸显地标、营造天际线、丰富层次的方式，打造统一、丰富的夜景画面，展现独特的夜景魅力；美化方面，学习厦门曾厝垵城中村改造经验，重点做好海秀快速路和环岛高铁海口段沿线的美化提升。6月起，启动城市更新绿化彩化提升工作，全力推进城市园林绿化建设。采用高大俊朗的椰子树与遮荫、开花的阔叶树同本地大叶油草相结合的方式，对机场进出通道、滨海大道、国兴大道、龙昆南路、海府路、白龙路、椰海大道、海秀快速路和高铁沿线道路等23个门户景观进行改造提升。实施西海岸带状公园、滨海大道机非隔离带改造，完成面积约5万平方米，打造“透绿见蓝”和“透光见海”示范点。推进完善道路设施建设，完成10条道路护栏安装，21条道路边角地及街边绿地、小游园绿地改造整治，对63条道路的树池进行装饰美化，实施滨海立交桥绿化美化工程。全面开展民航航线俯视区生态修复，主要任务有黄土裸露修复、矿坑生态修复以及厂房仓库屋面美化与村民房屋屋顶环境卫生整治。612.93公顷矿坑已修复375.06公顷；409.45公顷裸露黄土已修复374.52公顷；67.32公顷屋面已整治64.26公顷；48.4公顷乱堆放土地已清理46.67公顷。城市绿量大幅提高，生态环境显著改善，城市形象品位快速提升。实施立面改造（一期）项目，改造范围包括龙昆路（椰海大道至滨海大道）和凤翔西路、海秀路（南大立交桥至长天路）、滨海大道东北段（泰华路口至龙华路口）两侧街景共380栋建筑物立面改造与修补。进行三角池更新工程，完成可视范围内新增17栋建筑外墙立面更新。城市景观亮化工程着重打造“两轴、两带、八区、多节点”的城市景观照明体系，并于2016年12月9日采用PPP模式正式启动项目一期（一阶段）建设。建设范围主要为海口湾片区，具体涉及建筑楼宇、滨海大道（滨海立交至丘海大道）沿线绿化带、世纪公园海岸线和万绿园海岸线。建设以滨海大道沿线的南洋国际公馆、天邑国际、琼泰大厦等标志性建筑为统领，通过高亮度照明以及局部彩光，彰显高层建筑挺拔突出的形态特征。一期（二阶段）于2017年9月开工建设，以拓展城市商务轴景观带（国兴大道）、城市迎宾轴景观带（龙昆路）、滨江景观带（海甸溪北岸）为重点，力求形成格局清晰、重点覆盖、有效串联的城市夜景照明形象，逐步改善

2017年滨海大道实施亮化工程后的夜景　　（市市政管理局 供）

西海岸带状公园景观提升后，达到了“透绿见蓝”和“透光见海”的影视效果。摄于2017年 （市园林局 供）

海口城市夜间环境，为海口市民夜间出行增加新景点、新线路。至2017年12月底，建成海口湾片区209栋楼宇亮化建设及21.8千米的绿化带亮化建设。

【彰显城市文脉特色】2017年，海口市在城市更新工作中注重彰显城市文脉特色，将以文化为引领，实现文化遗产保护及活化利用、历史与时代文化精神传承、市民文化自信提升与城市文化品牌重塑。这是文化复兴的目标。为实现这一目标，海口将构建“点、线、面”一体的文化旅游系统：市域层面，提出面向海口全域的宏观战略和总体结构；主城区层面，明确海口重要的文化廊道和文化节点；中心城区层面，通过文化旅游线路，串接重要的文化片区和节点。将对文化遗产进行补充调查；抢救性修复具有重大价值且保存状况不佳的文物；逐步提升历史文化街区内的功能业态、基础设施、人居环境和空间风貌，形成宜游、宜业、宜居的城市特色片区。立足与古为新，“活化”骑楼老街，抓住保存修缮遗产、拼贴新旧界面、活化内部空间、置入合宜业态等关键点位，激活历史街区全面复兴。年内，完成《海口城市更新——文化传承与复兴专项》深化方案，启动骑楼建筑历史文化街区保护与综合整治、五源河文体中心体育场、丘浚墓陈列馆3个相关项目建设。

【水体治理取得阶段性进展】2017年，海口市在城市更新过程中，标本兼治，长效保持水体环境。整合11个部门职责，变“九龙治水”为“一龙治水”，采取“控源截污、内源治理、生态修复、景观提升”的治理方法，全市32个水体共截流污水直排口467个，铺设截污管网41.3千米，新建污水提升泵站16座，一体化污水处理站13座，新增污水处理能力3.85万吨/天。以“最难啃的硬骨头”美舍河作为更新治理示范，开展水污染治理和水生态修复。通过构建内河湿地等方式，控制底泥存量，通过河道形态整体恢复，优化水动力条件，有效削减底泥增量，内源治理成效明显。同时，一改过去人工化、“三面光”的河道硬化、渠化治理方式，退堤还河、退塘还湿，重塑健康自然的弯曲河岸线，营造自然深潭浅滩和泛洪漫滩，恢复水体自然去污、自然净化、自我调节的能力，构建水生态安全空间，实现水岸共治。以美舍河为例，海口在3.5万平方米的垃圾堆填场上建成具有八级净水功能的1.4万平方米梯田湿地，构建可呼吸的生物多样性水生态系统，每天可处理污水5000吨；通过种植三角梅、大叶油草等本地花、本地草，沿岸景观焕然一新。通过“一河一湖一策”和“河长制”的全面实施，对全市32个水体开展治理和生态修复，加快打造“水清、鱼游、鸟飞”的城市内河生态链，让市民享受绿色发展成果。

（杜惠珍）

湿地保护修复

【湿地资源】海口市有湿地面积29093.09公顷，有近海与海岸湿地、河流湿地、湖泊湿地、人工湿地4个湿地类及11个湿地型，湿地率12.7%，湿地保护率55.53%。有1992年中国首批列入国际重要湿地名录、被称为“中国红树植物基因库”的东寨港红树林湿地；有中国唯一的独具特色的羊山热带火山熔岩湿地。海口湿地生物多样性十分丰富，有湿地野生维管植物439种，其中蕨类植物26种、被子植物413种，常见湿地植物有水龙、草龙、长叶肾蕨、通泉草、野芋、风箱树、露兜树、卡开芦、大穗蘼草等；湿地野生动物514种，占全国脊椎动物的22.23%。有国家Ⅱ级重点保护水生植物水蕨、水菜花、野生稻以及濒危植物水角等，而水菜花和水角目前仅见于中国琼北火山熔岩地区；有国家Ⅰ级重点保护野生动物蟒蛇和国家Ⅱ级重点保护野生动物25种。

【构建湿地保护制度网格】为高位推进湿地保护修复工作，2017年3月，海口市成立“海口市湿地保护修复工作领导小组”，设立市区两级“湿地保护管理中心”，在市林业局加挂“海口市湿地保护管理局”牌子，构成湿地保护组织管理体系，构建强有力的合力保护制度网格。组建国内知名湿地专家参与的“湿地保护专家委员会”，加强技术层面的指导。3月3日，出台《海口市湿地保护修复三年行动计划（2017—2019年）》及

《海口市湿地保护与修复工作实施方案》。7月3日，市人大常委会颁布实施《关于加强湿地保护管理的决定》，理顺湿地保护管理体制机制，加大保护修复力度。出台《海口市生态文明建设考核评价方案（试行）》，明确将湿地面积、湿地保护率和湿地生态状况等指标纳入生态文明建设目标考核制度体系。实施顶层规划设计，在中国省会城市中率先编制并实施《海口市湿地保护修复总体规划（2017—2025年）》。9月28日，海口市首个关于城市内河水系保护的地方性法规《海口市美舍河保护管理规定》对外公布，自2018年1月1日起施行。

【《海口市湿地保护修复总体规划（2017—2025年）》】2016年底，由海口市委托国家湿地保护与修复技术中心、天泽（北京）湿地保护技术研究院编制；2017年7月16日，经海口市政府批复同意实施。《规划》将海口市湿地资源的空间布局归纳为“一轴、一带、两区、多点”。“一轴”为南渡江流域发展轴；“一带”指近海与海岸带；“两区”是指海口市独具特色的两大湿地片区：羊山湿地片区和东寨港红树林片区；“多点”是以美舍河湿地公园、五源河湿地公园、白水塘—响水河湿地公园、三江湿地公园、潭丰洋湿地公园、铁炉水库湿地公园、三十六曲溪湿地公园等为主要节点的湿地片区。《规划》还根据海口市地形地貌特点、城市空间分布特点等因素，划分了4个湿地功能区，12个亚区，对海口市的湿地资源分区、分类、分方向加以保护利用。《规划》实施期分两期，近期为2017—2020年，远期为2021—2025年。通过规划的实施，最终实现把海口打造成中国滨海湿地生态文明高地和国际湿地城市样板的总体目标。根据《规划》，到2020年，海口将初步形成全市湿地保护体系，建立湿地保护管理体系、宣传教育体系、科研监测体系；使海口市湿地总面积不低于29093公顷，湿地保护率55%以上，自然岸线保有率不低于70%，湿地污染基本得到遏制或解决，湿地保护管理能力显著提高。在此期间，海口将规划建设7处湿地公园，其中重点建设国家湿地公园4处，建设1处国家级海洋公园，建设45处湿地保护小区，重点建设下塘、新旧沟、那央、金沙湾海岸、东营岸段、桂林洋岸段

海口市湿地类型、面积

湿地类	湿地型	湿地型面积(hm^2)	比例(%)	湿地类面积(hm^2)
近海与海岸湿地	浅海水域	12039.55	41.38	19200.34
	沙石海滩	4591.45	15.78	
	淤泥质海滩	240.68	0.84	
	红树林	1771.08	6.08	
	河口水域	557.58	1.92	
河流湿地	永久性河流	4334.03	14.90	4534.69
	洪泛平原湿地	200.66	0.69	
湖泊湿地	永久性淡水湖	164.63	0.57	164.63
人工湿地	库塘	3912.23	13.45	
	运河、输水河	358.31	1.23	5193.43
	水产养殖场	922.89	3.17	

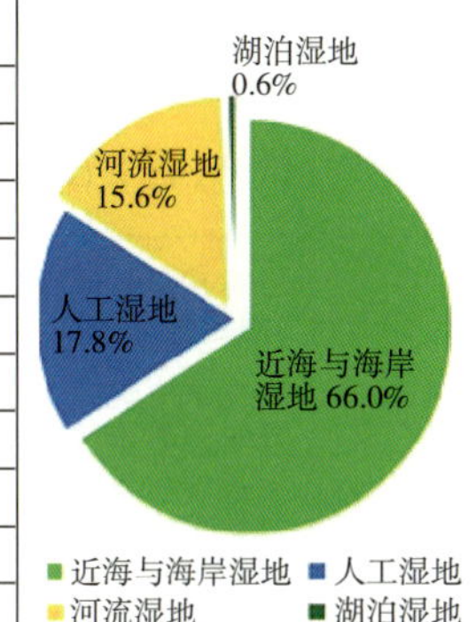

海口市湿地类型占比情况

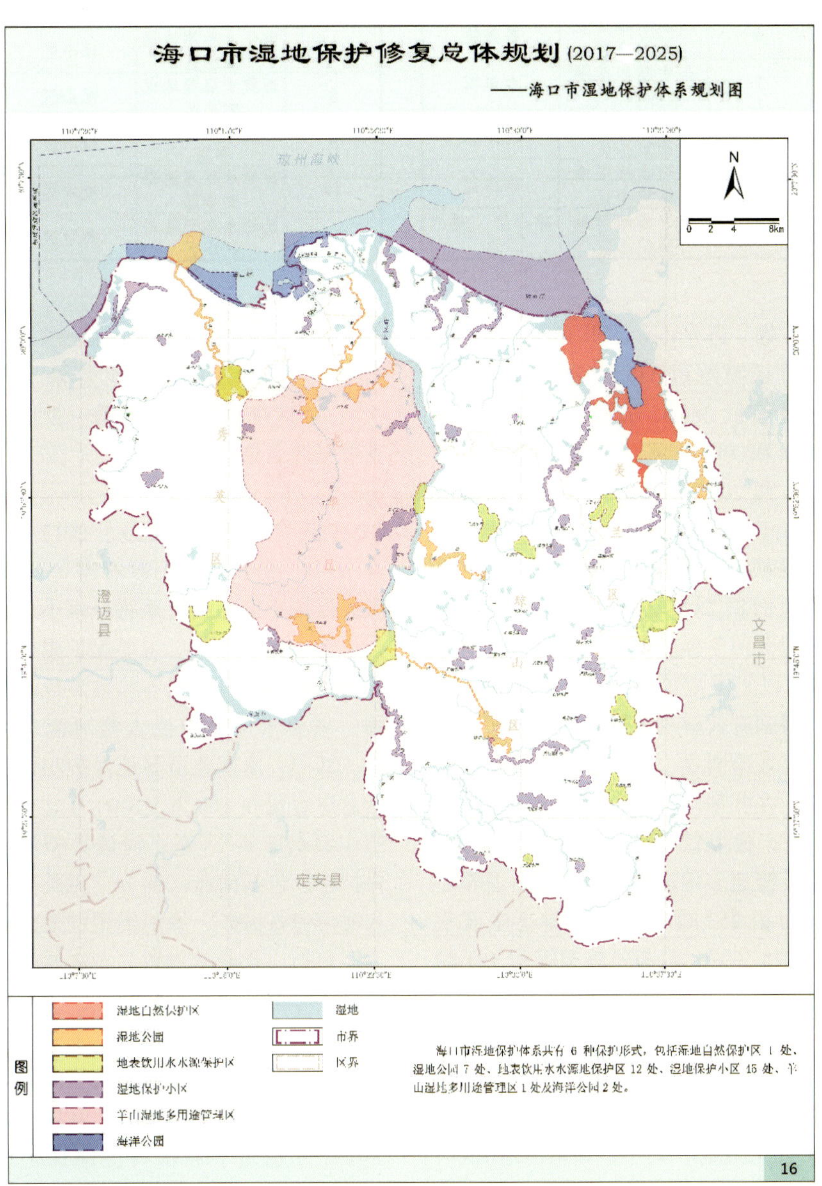

2017年海口市第一批市区级重要湿地名录

市级重要湿地名录

序号	保护小区名称	所在区县
1	桂林洋岸段湿地保护小区	东营港片区东侧至新溪角岸段
2	那央水生植物湿地保护小区	龙华区、琼山区
3	下塘水鸟湿地保护小区	美兰区
4	新旧沟湿地保护小区	龙华区、琼山区
5	金沙湾蜂虎湿地保护小区	秀英区
6	东寨水库湿地保护小区	秀英区
7	金牛湖水库湿地保护小区	龙华区
8	玉凤水库湿地保护小区	秀英区
9	风圯水库湿地保护小区	琼山区
10	演丰东河湿地保护小区	琼山区、美兰区

区级重要湿地名录

序号	保护小区名称	所在区县
1	金沙湾海岸湿地保护小区	秀英区
2	东城水库湿地保护小区	秀英区
3	保村水库湿地保护小区	秀英区
4	昌旺溪水生植物湿地保护小区	龙华区
5	黑塘湿地保护小区	龙华区
6	福湖水库湿地保护小区	琼山区
7	南任水库湿地保护小区	琼山区
8	高黄水库湿地保护小区	琼山区
9	鸭程溪湿地保护小区	琼山区
10	西排水库湿地保护小区	美兰区
11	社论水库湿地保护小区	美兰区

等6处。退养还湿面积1768.23公顷；退耕还湿面积336.61公顷；红树林恢复面积284.45公顷；湿地植被恢复面积185公顷。在远期建设目标中，到2025年，海口全市湿地面积不低于31918.09公顷。其中，滨海湿地保护面积不低于8000公顷，新增湿地面积2825公顷（含退耕还湿），湿地保护率提高到60%以上；使全市60%以上湿地得到良好保护，湿地污染得到有效解决，退化湿地生态功能恢复效果明显，湿地修复面积大大提高。在此期间，建设国家级海洋公园1处；建设饮用水水源保护区5处；建设湿地多用途管理区1处；退养还湿面积953.82公顷；退耕还湿面积212.24公顷；红树林恢复面积181.89公顷；湿地植被恢复面积142公顷。《规划》将湿地保护修复具体分为新增湿地面积、湿地保护率、水鸟种类、自然岸线保有率、海岸修复长度等10项指标。其中，新增湿地面积、主要河流湖库水质优良率、近岸海域水质达到或优于Ⅱ类标准的比例3项为高难度指标。

【市区级重要湿地名录公布】2017年9月2日，海口市政府批复同意海口市第一批市级重要湿地名录（10个）；各区批复同意设立第一批区级重要湿地名录（11个）。

【45处湿地保护小区建立】2017年8月16日，海口市人民政府建立45处湿地保护小区，系统地将全市小斑块湿地有效保护起来。主要保护黑脸琵鹭、水菜花、野生稻等珍稀濒危动植物，重要水库、独流入海河流水环境。其中，水库类型湿地保护小区包括总库容量在100万~1000万立方米的小型水库共25座；河流类型湿地保护小区包括南渡江部分支流及独流入海河流共8条；湖泊类型湿地保护小区包括（除长钦湖外）5处湖泊湿地；滨海湿地保护小区3处，分别是金沙湾海岸湿地保护小区、东营岸段湿地保护小区和桂林洋岸段湿地保护小区；珍稀濒危动植物湿地保护小区3处，分别是下塘水鸟湿地保护小区、金沙湾蜂虎湿地保护小区和那央水生植物湿地保护小区；湿地文化保护类型小区1处，即新旧沟湿地文化保护小区。

【湿地保护修复成效显著】2017年2月，五源河示范段开工建设；9月，五源河湿地公园开建；11月，五源河湿地公园（一期）项目完成0.5千米的出海口示范段建设。2月9日，美舍河湿地公园凤翔段开工建设；6月1日，美舍河湿地公园凤翔段对外开放。建设后的美舍河湿地公园凤翔段拥有功能性湿地、生态湿地和梯田雨水净化湿地，建成全国最大的八级梯田湿地，日处理污水能力5000吨，实现水生态和水休闲功能相统一。东寨港红树林湿地保护区重点开展红树林造林修复、生态围网、有害生物防治、科研监测、加强巡护、打击违法行为等工作，取得较好的保护成效。东寨港保护区的水质从Ⅴ类提升到Ⅲ类，鸟类分布种类由119种增加至160种，鱼类分布种类由204种增加至212种。同时，结合开展“河长制”“湾长制”工作，将美舍河水体治理经验推广到全市水体治理工作中，全力推动南渡江、凤潭水库等江河湖库的湿地保护修复工作。将潭丰洋土整项目部分用地范围，调整为规划建设潭丰洋省级湿地公园，并采取土地整理与湿地保护利用协同共生的方式，拯救性保护潭丰洋近万亩湿地。8月16日，省林业厅批准设立响水河、三江红树林、潭丰洋、三十六曲溪、铁炉溪5个省级湿地公园；海口市人民政府同意建立金沙湾海岸等45个湿地保护小区和羊山湿地多用途管理区。9月22日，海口市获得中国政府向《湿地公约》秘书处提交认证国际湿地城市遴选提名资格，成为全球首批入选国际湿地城市认证提名城市。12月27日，国家林业局批准五源河、美舍河开展国家湿地公园建设试点工作。

【湿地合理利用永续发展】至2017年，海口市继续在加强湿地保护的基础上大力发展湿地产业、开展生态旅游活动，实现湿地保护利用与经济发展的双赢。（1）开展湿地生态旅游。利用美舍河凤翔示范段、五源河出海口示范段、白沙门公园、假日海滩生态旅游区，开展湿地生态旅游，吸引大量游客来观光旅游、生态体验和拍鸟观鸟。（2）湿地农业发展势头较好。龙华区龙泉镇涵泳村的千亩荷塘，当地村民依靠荷塘增加超过1500万元的收入；琼山区凤翔街道办的新潭村，每逢初夏时节，潭面上开满荷花，吸引2万至3万名游客前来体验观光；琼山区三门坡镇的龙鳞村，是远近闻名的青蛙和罗非鱼生态养殖村。（3）激活湿地生态旅游市场。美兰区三江镇的“鹤舞九湖”，是湿地文化与农耕文化相结合的乡村生态旅游片区，每年吸引近5万游人到此旅游观光；秀英区永兴镇的冯塘绿园，是一个集羊山湿地、生态农业、民俗文化、创意产业等多元素融合的乡村生态旅游区，每年给每户村民带来2万多元收入；美兰区演丰镇依托红树林湿地开展的民宿体验，年接待游客20多万人次。

【湿地保护体系国际研讨会召开】2017年12月4—6日在海口召开。由国家林业局调查规划设计院、省林业厅、市政府、省发展和改革委员会及联合国开发计划署驻华代表处联合主办。有240多名国内外湿地专家学者参加。大会围绕湿地保护体系的6个主题展开深入研讨，进行39个分会场报告，分别涵盖国内外湿地保护政策实践与保护体系建设、湿地修复与模式、湿地可持续利用、湿地应对气候变化、湿地监测与调查技术、湿地大数据与公民科学。研讨会为全国湿地保护体系建设搭建交流合作的平台，加强了政府、科研机构、民间环保组织以及地方湿地管理机构之间的沟通交流。

【羊山湿地】羊山是由1.3万年前火山爆发，地下熔岩喷发流溢而形成的高低起伏的火山熔岩地貌区。羊山地区所涵养的丰富地下水以地下涌泉形式流出，形成独特的火山熔岩湿地羊山湿地，是国内唯一的热带火山熔岩湿地。羊山地区独特的气候及地形地貌，孕育了丰富多样的湿地类型，包括淡水泉、河流、洪泛区、沼泽、湖泊、水稻田、池塘、水库等湿地类型，堪称“海口湿地博物馆”。尤其独特的是，出露的淡水泉形成涓涓细流，滋润着野生荔枝群落和热带林，野生荔枝林和村落周边茂密植被，与湿地水乳交融，形成独特的“热带林—火山涌泉—河溪—沼泽湿地复合体”“野生荔枝林—热带林—淡水泉—草本沼泽复合型火山熔岩湿地”。羊山湿地栖息着多达21种国家级保护动植物，例如国家Ⅰ级保护动物蟒，国家Ⅱ级保护鸟类11种、两栖类1种、哺乳类5种，也是国家Ⅱ级保护植物水菜花、野生稻、水蕨的重要栖息地；并保留着完好的湿地文化遗产，如火山石堆砌的旧沟、新沟古水利工程（被称为海南的都江堰），火山石蛇桥、火山石古井系统、五孔尖墩桥等。根据羊山湿地涉及面积广，土地利用现状较为复杂等现状条件，2017年，海口市规划建设羊山湿地多用途管理区加以保护管理。羊山多用途湿地管理区北临海口市区，南至新坡镇，东起龙塘镇，西至海石山镇，总面积369.83平方千米。主要保护对象为羊山火山熔岩湿地自然—文化遗产综合体、羊山湿地的水文与水环境和羊山湿地生物多样性，特别是珍稀濒危特有物种及其生境。

【美舍河国家湿地公园】南起羊山湿地玉龙泉，北至白沙一桥，总规划面积468.38公顷，湿地面积253.37公顷，湿地率54.09%，以永久性河流、灌丛沼泽、淡水泉、库塘、水产养殖场、稻田6个湿地型为主。公园内共有野生维管束植物99科243属301种，有水菜花、水蕨、普通野生稻三种国家Ⅱ级保护植物，是国内野生水菜花的主要分布区；有野生脊椎动物24目57科137种。公园南段地处特殊的火山熔岩地貌；公园北段贯穿城区，是海口市区的滨河生态景观系统，也是海南最大河流南渡江的重要补水河，承载着重要的生态功能。海口美舍河国家湿地公园凤翔段位于美舍河中下游，占地面积75.93公顷，河道蜿蜒、水面开阔，是承接海口南部协调发展的重要生态节点。2017年2月9日，美舍河湿地公园凤翔段开工建设；6月1日，美舍河湿地公园凤翔段对外开放。12月27日，国家林业局批准美舍河开展国家湿地公园建设试点工作。

【五源河国家湿地公园】规划总面积1300.58公顷，其中湿地面积958.39公顷，湿地率73.69%。湿地公园南起永庄水库，北至五源河河口海域，主要包括永庄水库、五源河及五源河河口海域3个湿地单元。湿地公园内包括近海与海岸湿地638.61公顷，河流湿地71.91公顷，沼泽湿地120.88公顷，人工湿地126.99公顷。湿地公园分布有野生维管束植物96科318属427种。国家Ⅱ级保护植物1种，省级重点保护植物4种；分布有野生脊椎动物25目66科154种，国家Ⅱ级重点保护野生动物10种。五源河流域面积84平方千米，干流长约27千米。上游的永庄水库及周边大面积的火山熔岩湿地和灌丛沼泽区是海口市区内自然生态保存最为完好的区域，拥有城市内稀缺的动物栖息地和植被生境。五源河湿地公园规划以椰海大道为界南北向将公园分为两期建设，充分考虑河流湿地各项生态功能的有效发挥，将防洪供水水利工程与湿地公园建设有机融合，在湿地资源、湿地野生动植物生境得到良好保护的前提下，兼顾河流行洪安全，提升河流景观，优化人居环境质量。通过河流自然水系连通、自然形态恢复、生态河岸设计、动植物生境营造等多种生态手段，更好地保护湿地生态系统结构的完整性与功能的稳定性。2017年2月，五源河示范段开工建设；9月，五源河湿地公园开建；11月，五源河湿地公园（一期）项目完成0.5千米的出海口示范段建设。12月27日，国家林业局批准五源河开展国家湿地公园建设试点工作。

【潭丰洋湿地公园】位于海口市龙华区新坡镇境内，面积424.74公顷。

湿地资源包括河流湿地56.03公顷，湖泊湿地82.84公顷，沼泽湿地251.26公顷，人工湿地34.61公顷。有海南省重点保护植物8种，脊椎动物共20目49科101种，有国家Ⅰ级保护动物蟒蛇，国家Ⅱ级保护动物红原鸡、褐翅鸦鹃、小鸦鹃、领角鸮、黑翅鸢、虎纹蛙6种；有野生维管束植物90科278属335种，有国家Ⅱ级保护植物野生稻、水蕨和水菜花3种以及濒危植物水角。海口市将以潭丰洋土地整治生态化为契机，进行潭丰洋山、水、林、田、湖、草生命共同体综合设计，让潭丰洋成为土地整治生态化与湿地保护协同共生的试验示范区。制定《潭丰洋土地整治生态化与湿地保护协同共生优化方案》，采用“土地整治+湿地保护”“土地整治+生态系统保护与修复”“土地整治+多功能田洋湿地产业”的理念，重点建设包括地块分类整治、灌溉与排水工程、道路体系建设工程、热带农田生态防护体系建设工程、污染治理及河溪生态恢复工程、村容与村貌改造工程、配套工程（宣教体系、监测体系）、其他生态基础设施保护及建设8个方面。2017年8月16日，被省林业厅批准为省级湿地公园。

【三十六曲溪湿地公园】规划总面积316.7公顷，其中湿地面积274.55公顷，湿地率86.69%。湿地公园的建立对保护三十六曲溪自然蜿蜒形态，维护南渡江水生态安全具有重要意义。湿地公园内湿地资源包括河流湿地197.07公顷，沼泽湿地9.45公顷，人工湿地68.13公顷。湿地公园内分布有野生维管束植物90科242属309种，有5种重点保护植物。有野生脊椎动物23目66科153种，国家Ⅱ级重点保护野生动物13种，分别为鸟类11种、两栖类1种、鱼类1种。2017年8月16日，被省林业厅批准为省级湿地公园。

资料链接：海口市湿地保护修复工作重要节点 2016年12月6—7日、20—24日和2017年1月18—21日，邀请国内知名湿地专家对海口市湿地资源进行考察调研，并形成《海口市湿地保护调研报告》。2017年1月20日书记专题会研究《海口市湿地保护调研报告》，部署海口市湿地保护修复工作。2月9日，美舍河5个生态修复示范段同时开工。3月3日，市政府印发《海口市湿地保护与修复工作实施方案》和《海口市湿地保护修复三年行动计划（2017-2019年）》。3月6日，市政府批准成立海口市湿地保护修复工作领导小组。3月30日，拟建的五源河、美舍河国家湿地公园作为遗留项目，通过省级评审并报国家林业局待批。4月7日，美舍河凤翔湿地公园梯田湿地蓄水首次试验成功。5月上旬，各区落实湿地保护志愿服务制度，分别成立区级湿地保护志愿服务队伍。5月15日，美舍河国兴大道生态修复示范段北岸初次亮起夜灯。5月21日，美舍河生态修复示范段首次迎来暴雨，水位正常，“海绵城市生态治水”经受住考验。6月1日，凤翔湿地公园对外开放，同时长堤路示范段、东风桥—白龙桥示范段、国兴桥示范段也全面对外开放。6月19日，美舍河长堤路至东风桥二期开工。7月3日，市人大常委会颁布实施《关于加强湿地保护管理的决定》。7月16日，市政府批复同意实施《海口市湿地保护修复总体规划（2017—2025年）》。7月17日，市编委批准成立“海口市湿地保护管理中心”。7月24日，市政府批准组建“海口市湿地保护专家委员会”。7月26日，省政府推荐海口市作为国际湿地城市认证提名城市。8月3—4日，国家林业局湿地保护管理中心组织专家对海口市申报的五源河、美舍河国家湿地公园进行试点考察评估。8月上旬，秀英区、龙华区、琼山区、美兰区分别成立区级“湿地保护管理中心”。8月16日，省林业厅批准设立响水河、三江红树林、潭丰洋、三十六曲溪、铁炉溪5个省级湿地公园；海口市人民政府同意建立金沙湾海岸等45个湿地保护小区。9月1日，市人大常委会审议通过《海口市美舍河保护管理规定》。9月2日，市编委同意市林业局加挂“海口市湿地保护管理局”；市政府批复同意第一批市级重要湿地名录（10个），各区批复同意设立第一批区级重要湿地名录（11个）。9月3日，市政府批复同意建立“羊山湿地多用途管理区”。9月22日，海口市获得参与国际湿地城市认证遴选提名。9月26日，美舍河历史文脉梳理研讨会召开，开始系统挖掘和塑造美舍河的文化遗存与文化特质。9月28日，海口市第十六届人民代表大会常务委员会公告公布《海口市美舍河保护管理规定》，自2018年1月1日起施行。2017年12月3—7日，湿地保护体系国际研讨会在海口（观澜湖酒店）成功召开。12月21日，五源河、美舍河2个湿地经国家林业局批准同意开展国家湿地公园试点工作。

（杜惠珍 岑明多）

美舍河生态治理

【美舍河生态治理工作概况】美舍河发源于海南省北部，是纵贯海口南北的一条主要河流，是海南“母亲河”南渡江的重要支流，全长23.86千米，流域面积50.16平方千米，被称为海口“母亲河”。从20世纪90年代起，水体水质日益恶化。历届政府均对美舍河进行治理，但因治理手段主要通过末端截污、硬化河道和清淤等传统模式展开，效果始终有限，水质没有得到根本改变。2017年，海口市启动美舍河综合治理，从城市设计角度出发，将美舍河修复和城市设计融为一体，采用“控源截污、内源治理、生态修复、景观提升”的多元系统水环境提升战略，融入海绵城市、生态治水、基础设施修复、城市更新等理念进行生态治水和生态修复。工程建设包括污水处理厂、人工湿地、水生态构建、截污纳管、河道清淤、信息系统建设、滨河生态景观示范段建设等。率先在全省推行“河长制”、创新治水工作机制，变“九龙治水”为“一龙治水”，加快推进湿地保护及修复，并选取其中最难的5个点作为一期水体治理的示范段进行综合治理，打造海口水体治理样板工程。创新地采用“PPP（公私合营）+EPC（总承包）+跟踪审计+全程监管”模式，和PPP公司签署15年的运营协议，按效付费，中间一旦出现反复由PPP公司负责，保障水环境治理效果持久。2月9日，美舍河一期水体综合治理的5个生态修复示范段同时开工；6月1日，5个示范段完工全面对外开放。6月18日，美舍河二期工程正式启动。9月28日，海口市首个关于城市内河水系保护的地方性法规《海口市美舍河保护管理规定》出台，为保护美舍河提供制度保障。8月23日，海口市美舍河获批为国家级水利风景区；12月21日，美舍河、五源河2个湿地经国家林业局批准同意开展国家湿地公园试点工作。

定期监测数据表明，治理后的美舍河水体透明度、溶解氧、氧化还原点位、氨氮4项指标全面达标，水体质量达国家、省、市治理要求，实现“水清、岸绿、白鹭飞”的美好景象。海口通过对美舍河的治理，不仅让美舍河变美，提升城市品位，树立椰城形象，承担着海口生态修复的示范作用，更是将海南文化体育公园、府城、五公祠、仙人峒、南溟古刹大悲阁、海口老城等人文历史场所串联起来，南洋文化、海南本土文化在此交相辉映。美舍河治理中在苍屹湖畔发现仙人峒，明万历年间海南副总兵邓钟题写的“石室仙踪”遗址重见天日，重整了美舍河文脉。美舍河的修复，让这些海口文化的“根”和灵魂得以延续。美舍河的生态修复不仅给市民营造一个良好的生活环境，还带动全市人文历史和旅游的发展，推动周边土地升值、经济发展，形成城市发展新动能。

【5个生态修复示范段建设】2017年2月9日，美舍河一期水体综合治理的5个生态修复示范段同时开工。6月1日，凤翔湿地公园对外开放，同时长堤路示范段、东风桥示范段、国兴桥示范段、高铁桥示范段也全面对外开放。（1）凤翔示范段。从椰海大道美舍桥至凤翔桥的美舍河凤翔段，规划面积93.33公顷，同时拥有功能性湿地、生态湿地和梯田雨水净化湿地，实现水生态和水休闲功能相统一。其核心区位于椰海大道北侧，结合原状地形，打造山地造型台地景观，并建设一个“市民果园”。在湿地公园内有着海南最大的人工梯田湿地，具有八级净水功能的1.4万平方米人工梯田湿地，是人工建造控制的强化湿地污水处理系统，日污水处理水量可达5000吨，远期可达1万吨。（2）高铁桥示范段。处于美舍河上游，在整个美舍河生态修复过程中对水质的改善工程显得尤为重要。位于迎宾大道丁村石材市场以西，该示范段以高铁桥下分界，上下游总长2.2千米，约40米宽。对原有的河道河床进行整理，在水体内种植近4万平方米的各类水草，根据水体情况，清理河面和投放水体调节药剂，河道内新添加两个橡胶坝；为达到水生态平衡，提升水源涵养、生物多样性，打造自然生态循环体系，投放乌鳢与河蚌、环棱螺、萝卜螺等水生物，河道两岸种植千曲菜和蒲葵草。河道内，存在雨污合流排入美舍河，要全面治理高铁桥示范段，需先将污水截流。因此，根据实际情况，设置3处短期污水处理站，后续将规划丁村污水处理厂。3个一体化处理站于2月15日全面开工建设，4月10日全部完工，排出水均达标。高铁桥示范段保留了原生态，补植黄土裸露，增加生境岛屿和湿地，丰富生物多样性。（3）东风桥示范段。主要为生态修复及景观改造，原先三面光河道改造成具有生态修复功能的景观河。拆除1500米的原挡墙后，重建1500米的生态挡墙。首次进行湿地亲水设计，两岸进行分层次的湿地建设，由岸上的林木、草皮、灌木再进栈道湿地，让雨水充分渗透吸收。湿地植物种植桐花、玉蕊、水黄皮、银叶树、秋茄5个品种红树，海口成为除三亚外第二个在内河种植城市红树的城市。通过水体治理和生态修复后，东风桥至白龙南路段河道蜿蜒，水流缓慢，有滨河湿地净化带及生境岛屿，为生物提供栖息地，向世人展示着河湾之美。（4）长堤路示范段。对道路沿岸的土地进行合理的规划和整治，共浇筑完成380米的自行车道；两岸的排水铺设1300米的PE管道；对两岸场地进行共1.97万平方米的场地平整和种植土回填，并且在此基础上设计亲水广场和碎石广场，方便市民出行活动。为使长堤路有一个新的面貌，还特别定制庭院灯，对于以前破损的河堤进行改建。两岸绿化种植重阳木、小叶榕、凤凰木、火焰木、海南蒲葵、散尾葵、印度紫檀等数十种植物，同时大量种植大叶油草以及上万株的棕竹、三角梅、蜘蛛兰、肾蕨、再力花等。（5）国兴大道示范段。国兴大道位于城市核心区，示范段1千米的范围内，依次是海南省图书馆、海南省歌舞剧院、海南省博物馆等建筑，连接着多个人文历史场所。此次水体治理结合旧城改造，同步开发，改善人居环境，实现城市更新，展现人文之美。

【美舍河控源截污】为全面准确掌握美舍河沿岸污水来源，2017年1月下旬至3月中旬，海口市开展美舍河沿岸污水排入雨水管网及河道外业调查工作。共调查20米以上市管道路23条，小区493个、城中村16个、居民点33个、建筑工地16个，学校22个。调查总住户10.99万户，总人口33.16万人，调查已实施末端截流的拍门51座（其中污水溢流拍门16座）；错接、乱接用户395户。调查美舍河雨水管道覆盖范围北至长堤路，南至沙坡水库，共长16千米；东西两岸排入美舍河道路排水管网覆盖范围约24.2平方千米，雨污水汇水面积19.4平方千米，长约216.8

千米的雨水管网的污水排入情况。结果发现，美舍河沿岸排水口共339个，其中排污口130个，雨水口209个，每日排放污水约8万吨。在全面调查基础上，本着水岸同治、统筹治理、因地制宜的原则，将美舍河两岸共33千米长的沿岸污水分为3个系统截流和处理。上游由于污水管网尚未覆盖，于是结合规划采用三个一体化污水处理设备进行处理，每天处理污水7500吨，尾水作为生态用水补充河道；在中上游的凤翔公园位置，打造一个八级梯田湿地处理系统，作为生态用水补充河道，每天可以处理污水5000吨，将来还可以深度处理上游丁村污水处理厂的尾水1万吨。美舍河全线共铺设截污管道总长13.5千米，杜绝外源污染。同时，相关部门一方面对排污口进行截污，另一方面对私排污水的行为进行严惩，启动全天候排查污染源机制，发现企业存在偷排行为第一次将处罚10万元，第二次顶格处罚50万元。

【美舍河二期工程启动】 2017年6月18日，美舍河二期工程正式启动，主要分为长堤路下游至东风桥段、白龙南路至和邦路段、和邦路至海府一横路段、海府一横路至海府二横路段、海府二横路至国兴桥段、国丰桥至流芳桥段6个标段的生态修复工作。其硬质建设注重打造亲水栈道、亲水平台、景观骑行车道、过滤水质挡墙等；软质建设注重打造生态湿地修复，种植红树林、水生植物，增加各类本地特色乔灌木种植以及铺种本地特色草皮等，岸线之美日渐凸显。美舍河二期在一期治水理念和生态修复的模式上进行更好的推进。一方面，对于岸线的修复，更多的是采用草坡入水和低矮的侧坡排水的方式，让市民能更好地去贴近水和亲近自然，形成比较好的人与自然共生的一个活动空间；另一个方面，在整个治理过程当中更好地去吸收周边居民的需求，将其中一些好的建议吸纳进来，融入二期的建设当中。

【美舍河凤翔湿地公园回归自然打造三大亮点】 2017年2月9日，美舍河凤翔段开工建设；6月1日，工程完工对外开放。建设后的美舍河凤翔湿地公园拥有功能性湿地、生态湿地和梯田雨水净化湿地，实现水生态和水休闲功能相统一，治理成效显著，得到社会各界的点赞，治理工程成为可复制、可学习、可借鉴的典范。（1）打造优质生态空间。按照海绵城市的理念开展生态治水，改善水岸生态，健全管理体系，构建水岸融合、蓝绿交织、多功能复合的生态景观节点。开展绿地海绵建设。采用“源头减排、过程控制、系统治理”的方法，利用大面积的绿地空间构建“渗、滞、蓄、净、用、排”的海绵城市体系，让自然做功，实现雨水的自然积存、自然渗透、自然净化。开展水岸生态修复。退堤还河、退塘还湿，将硬质的河床护岸，改造成符合水文学、河流动力学的岛屿、滩涂、湿地等弹性空间。一方面，增加水体、土壤、微生物和植物充分接触的内河湿地，降解入河污染物；另一方面，连通主河道与湖体，增强蓄洪排涝能力。开展休闲空间打造：依托良好的资源，营建以滨河休闲为特色，集市民休闲、科普教育、滨水游憩、生态保育为一体的城市综合性生态公园。（2）打造鸟类栖息空间。凤翔湿地公园曾经鸟类资源丰富，不仅有国家二级保护的褐翅鸦鹃，还有海南省级保护的白鹭、池鹭、牛背鹭、苍鹭、矶鹬、金眶鸻、普通翠鸟、白胸翡翠等资源。为更好地恢复美舍河的鸟类资源，按照湿地鸟类群落生境特点，将原有的硬质护岸改造为浅滩，构建岛屿、浅滩、密林等符合鸟类栖息的场地，形成主河道和乾坤湖四周密林环抱的密闭生境空间。在较低人为干扰和保留原来物种的基础上，重建或招引一些新的湿地鸟类，打造海口城区独有的鹭鸟天堂。（3）打造功能性潜流湿地。构建梯田式的人工湿地，突出自然栖息和水生系统净化和科普教育功能，营造多层次、丰富多样的梯级景观。凤翔人工湿地为8级梯田湿地，建设规模为1.6万平方米，近期可处理0.5万吨的生活污水，相当于解决周边约1.5平方千米范围内近6000户居民的污水处理问题，远期可作为1万吨污水处理厂尾水的深度处理工艺。它融合中科院水生所的10余项专利技术，三级台地作为一个组合处理单元，污水在三级台地中有组织地进行自上而下，再自下而上垂直流动。通过填料的吸附、过滤，植物根系的吸收、固定、转化、代谢，微生物的分解、利用等物理、化学、生物协同作用，有效去除水中的有机物、氮、磷、病原微生物等污染物质。湿地处理后的出水经消毒处理后，作为城市的绿地浇灌及景观补水使用，实现水资源循环利用。从昔日的黄土空地到现在林茂草丰的湿地公园，只花短短3个多月的时间。治理后的美舍河凤翔湿地公园焕然一新。这个结合“海绵城市”的理念，构建生态过滤系统、搭建生态廊道的大型城市湿地公园，不仅提升城市品位、树立椰城形象，更是承担着海口生态修复的示范作用。

资料链接：美舍河保护修复工作重要节点 2017年2月9日，美舍河5个生态修复示范段同时开工。3月13日，美舍河最大排污口安德园截污工程竣工。3月19日，长堤路示范段试种红树林苗木。3月20日，凤翔公园湿地梯田建成。3月30日，拟建的五源河、美舍河国家湿地公园作为遗留项目，通过省级评审并报国家林业局待批。4月3日，美舍河国兴段南段开工。4月7日，美舍河凤翔湿地公园梯田湿地蓄水首次试验成功。4月16日，美舍河最后一个排污口源头确定，意味着美舍河排污口全部排查完毕。5月15日，美舍河国兴大道生态修复示范段北岸初次亮起夜灯。5月21日，美舍河生态修复示范段首次迎来暴雨，水位正常，“海绵城市生态治水”经受住考验。6月1日，凤翔湿地公园对外开放，同时长堤路示范段、东风桥—白龙桥示范段、国兴桥示范段也全面对外开放。6月19日，美舍河长堤路至东风桥二期开工。8月3—4日，国家林业局湿地保护管理中心组织专家对海口市申报的五源河、美舍河国家湿地公园进行试点考察评估。8月23日，国家水利部公布第十七批全国“国家水利风景区”名单，海口市美舍河被批准为国家级水利风景区。9月1日，市人大常委会审议通过《海口市美舍河保护管理规定》。9月26日，召开美舍河历史文脉梳理研讨会，开始系统挖掘和塑造美舍河的文化遗存与文化特质。9月28日，海口市第十六届人民代表大会常务委员会公告公布《海口市美舍河保护管理规定》，自2018年1月1日起施行。12月21日，五源河、美舍河2个湿地经国家林业局批准同意开展国家湿地公园试点工作。2018年2月3日海口举行五源河和美舍河国家湿地公园揭牌暨海口湿地网上线仪式。

（杜惠珍）

海口12345政府服务热线

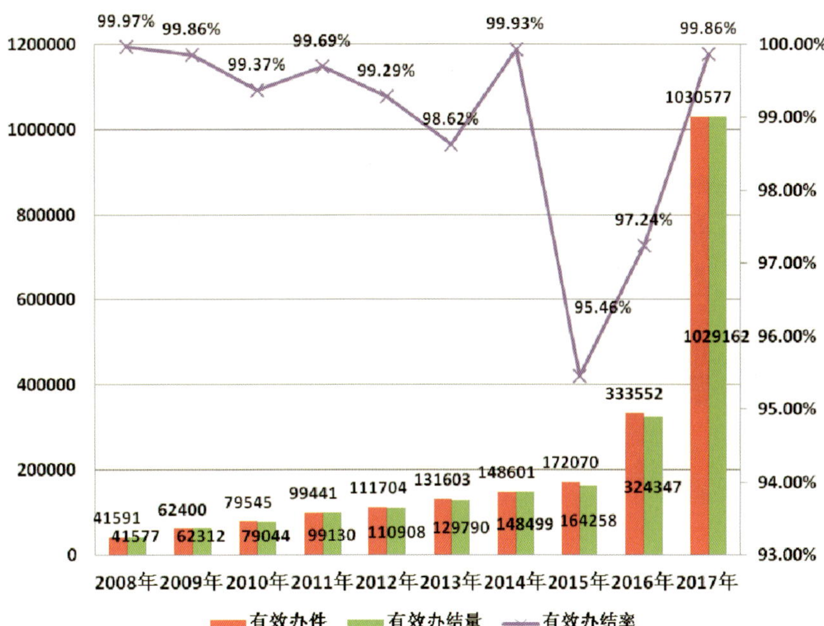

海口12345政府服务热线数据图（2008—2017年）

【海口12345政府服务热线概况】2017年，海口市在12345政府服务热线的基础上，升级成立12345海口市民服务智慧联动平台，构建“一个指挥体系抓调度、一个大数据平台抓管理、一个快速反应机制抓处置、一张风险地图抓安全”的综合治理格局。市委、市政府坚持以人民为中心，充分发挥海口12345“指挥棒”“绣花针”“连心桥”作用，推行“12345+网格化”工作模式，以12345热线为中心开展全市大联动、以网格为基础推行“一线微联动”，形成快速响应群众诉求、一线化解矛盾的社会治理大联动格局。全年通过多渠道受理办件总量103.06万件，办结102.92万件，办结率99.86%，办件满意率从年初的48%提高到95%，热线前台接通率从年初73.7%提高到98.5%。在全国12345政府服务热线峰会获得“先锋奖”和“骏马奖”两大奖项。“海口12345”微信公众号关注用户超16万人，并在第三方机构监测全省政务微信号排名中位列第三。

【出台三项制度打造高效“12345”】2017年4月8日，海口出台《12345热线监督考核问责暂行办法》《12345热线首问责任制度》《12345热线成员单位负责人轮流值班制度》。根据《海口市12345热线监督考核问责暂行办法》，通过强化日常监督与考核监督两种手段更好督促热线成员单位及其工作人员依法自觉履责，以提高热线办件的工作效率和服务质量，实现海口12345热线的高效有序运行。各轮值单位在轮值期间履行首问责任，协调其他部门办理重要接办事项、处理疑难办件和突发事件，充分发挥总指挥长的统一协调作用自4月5日实行区（局）长值班制度，至年底，共受理办件14.23万件，办结数14.20万件，办结率99.79%。

【推进“一号归口对外”】2017年，海口12345政府服务热线推进“一号归口对外”，城市管理部门一体联动。除110、119、120等国家面向全国统一设置的紧急求助热线和服务热线外，全市范围内非紧急类求助热线全部归口到12345，先后整合83条政府部门服务热线，提供7×24小时全天候服务，解决以往群众反映问题难、不知道找哪个部门处理的难题。打通市三防办、公共安全联动中心、交警指挥中心等6个城市治理管理主要平台；91个主要部门和机场、港口等重点单位全部建立12345热线工作专班、指定办理人员，实现一体式联勤联动。

【实施“一套指挥体系调度”】2017年，海口12345政府服务热线实施“一套指挥体系调度”，打造横向到边、纵向到底的市、区、镇（街）三级城市管理治理平台。在市级层面，成立以主要领导统一指挥的热线工作领导小组，所有副市长和全部城市管理部门一把手为成员，市纪委、组织部、督查室靠前监督、考核、督办；在区级和镇（街）层面，各区、各镇（街）相应成立领导小组，一把手任组长；在12345热线前台，成立由热线办、入驻单位、热线员代表组成的党支部，充分发挥党建引领作用，打造战斗堡垒。12345区（局）长轮流值班形成常态化、制度化，每月28日前向社会公布下月值班职能部门，

2017年9月27日，海口12345政府服务热线举办市民开放日活动（市政务中心 供）

每日安排一名区（局）长在热线前台解决问题、接听群众诉求。先后出台监督考核问责、首问责任、紧急办件处理、督办通报等多项制度，完善管理体系。

【优化热线服务机制】2017年，海口市优化12345热线服务机制，加强联勤联动。（1）优化工作流程。将办件流程细分为接听、跟进、回访、督办四个流程，提高专业化程度；合理增加坐席，将12345热线的前台坐席由40个增加到130个，接通率提高到98.5%，高于国家标准。（2）建立并落实“30分钟响应处置机制”。明确规定紧急类办件30分钟响应或到现场解决，非紧急类30分钟内签收办件，咨询和建议类24小时内回复，投诉类48小时内回复。紧急办件时限比其他城市缩短20小时，国内绝大多数12345热线响应时间为1日。年内，紧急类办件满意度99%，基本实现办件“零逾期”，办结率99.48%（仅指紧急类办件）。（3）标准化业务“秒派”办件。将各类城市治理问题科学分类，实行四级业务体系（一级6项，二级88项，三级977项，四级1919项），各类问题汇总后可以“秒派”到责任部门，极大提升管理效率，从根本上避免推诿扯皮问题。（4）热点单位进驻热线现场办公，加强联勤联动。6月6日开始，各区政府、供电、供水、交警、交通、城管等单位进驻热线现场办公，与热线前台联勤联动、互通信息、快速响应，确保12345热线办件流转畅通，及时帮助市民解决诉求问题，缓解热线接话压力，在高考、中央环保督查、创建文明城市活动等工作中发挥重要作用。同时，12345海口市民服务智慧联动平台与市区教育部门、公安部门联合开展高考报名、中小学划片入学、出入境等咨询服务，在线快速答疑解惑。此外，市热线办共主持召开办件专题协调会10余场，协调了书场村和向荣村供电增容改造、海钢大酒店积水、新海港码头海沙堆积等疑难办件，解决群众的长期诉求。

【建立数据分析预警机制】2017年，12345海口市民服务智慧联动平台加强研判预警，提升数据分析功能。制定三级研判预警机制。对噪音、停水、停电、讨薪、安全生产、交通堵塞、重大群体事件等热点问题，根据事件可能发生的严重性、危害性、紧急性划分为三级，第一级报市委、市政府主要领导，第二级报市政府分管市长，第三级由12345热线联动职能部门解决。结合市委、市政府工作重点，先后完成环保、海洋、高考、电力供应、出租车、积水、电动车上牌等各类分析报告380余份，第一时间上报和解决群众反映的突出问题，为市委、市政府利用网络走“群众路线”提供信息和情报支撑。配合做好中央环保督查工作，完成12345热线环保督查专报33期，及时反映和解决群众反映的突出问题。

【加大12345热线办件督办督查力度】2017年，海口市严格督办落实12345热线办件。每月开展一次市民开放日活动，邀请市民对城市管理工作进行公开监督；制定热线疑难办件会商、

海口市12345直播间。摄于2017年12月12日（市政务中心 供）

监督考核问责、首问责任、紧急办件处理、督办通报等多项制度，加强监督管理；建立催办督办制度，发布办件黑榜，与市电视台联合举办《12345直播间》，市热线办联合市纪委、组织部、督查室对逾期处置、敷衍懈怠办理等情况进行严格问责。全年共跟踪督办热线办件533件，曝光典型办件54起，涉及46家单位（6家单位被通报批评），共问责处理170件339人次。通过严督办、抓落实，促进干部作风进一步转变，基本实现办件"零逾期"。

【拓宽热线投诉渠道】2017年，海口市拓宽投诉渠道，提高12345热线服务质量，让"连心桥"更顺畅更坚固。在线上，自5月26日海口12345政府服务热线新系统3.0版正式上线试运行后，12345热线在电话受理基础上，新增微信公众号、门户网站、短信等受理渠道，方便市民游客根据自身实际情况进行选择，满足市民游客多层次、多样化、个性化的服务需求。在线下，12345热线还通过组织开展12345进社区、市民开放日、市民座谈会等活动，打破传统热线与市民之间的交流隔膜，提升群众对热线的使用率和参与度。日均接话量从年初的700多个增加到4300多个（最高峰值1.04万个），增长约5.1倍。

【推进"12345+网格化"】2017年，海口市有网格4489个（网格员1835名），其中主城区网格2428个，主城区网格力量由原来的1576名提高到7655名，平均每个网格由原来的0.7名提高到3.1名。7月起，借鉴上海"闵行模式"，推行"12345热线+网格化"，把网格员纳入到联动成员单位中，发挥网格员熟悉管辖区域、靠前工作的优势，以"治好小网格，管理大城市"为方向，以12345热线为中心的"全市大联动"、网格为基础的"一线微联动"为工作目标，联合推动"12345+网格化"工作，打通基层服务"最后一公里"。（1）推行"1+N"模式，开展社区试点工作。即1个社区网格员与N个专业网格员共同服务一个网格，发动职能部门专业网格员和社会力量入格。年内，以民政网格为最小基础，叠加城管、综治、环保、工商、消防、食药监等专业网格，配实专业网格员3309名、拓展网格员（物业、律师等）708名。在此基础上，选择新安社区作为试点，取得运行经验后，各区结合社区地理区位、基础设施、历史、文化等特点，分别筛选确定2~4个社区作为"12345+网格化"及社区功能提升的试点社区，如秀英区东方洋社区开展以风情街区文化建设为特点的试点，龙华区居仁坊社区开展以老城社区为特点的社区人居环境更新的试点等。8月，龙华区全市首个区、镇（街）、社区三级城市运行综合管理联动中心正式运行；11月，美兰区海甸街道镇（街）级城市运行综合管理联动中心开始试运行。综合运用移动互联网、地理信息、大数据为代表的新一代信息技术，为网格员量身打造"12345微联动"APP，建立覆盖综合网格员、专业网格员、志愿者的联动工作群，推进社区台账数字化，实现12345前台与网格员工作在线协同、可视化指挥，网格员单兵服务能力大大强化。（2）建立"12345+网格化"机制，强化联勤联动。将网格员与12345联动的职责分为发现、响应、核实，要求网格员发挥自身熟悉管辖区域、靠前工作的优势主动发现上报问题，响应12345下放办件，核实群众问题处理结果，建立三级处理问题机制：网格员自身解决不了的，首先联动专业网格员和社会力量；还不能解决的，上报区网格中心或街道社区协调；区网格中心不能解决的，上报12345热线统筹全市力量解决。（3）推进资源下沉，社会治理重心下移。通过力量下沉、多方支持，网格员信息、岗位职责和工作流程等均制度上墙，网格员工作积极性、主动性大大增强，网格员化解问题的能力不断提升，在所属辖区也赢得群众的信任和肯定，主动发现问题、化解矛盾的作用凸显。7月初以来，来自群众直接来电的办件比重从48.9%降低到42.1%；来自基层一线干部主动发现的办件比重从51.1%提高到57.9%；1—12月，网格微联动APP累计上报办件总数10.71万件、办结率99.7%。在12345政府服务热线效益的促进下，通过信访渠道反映的问题明显减少，全市信访形势发生明显的变化，

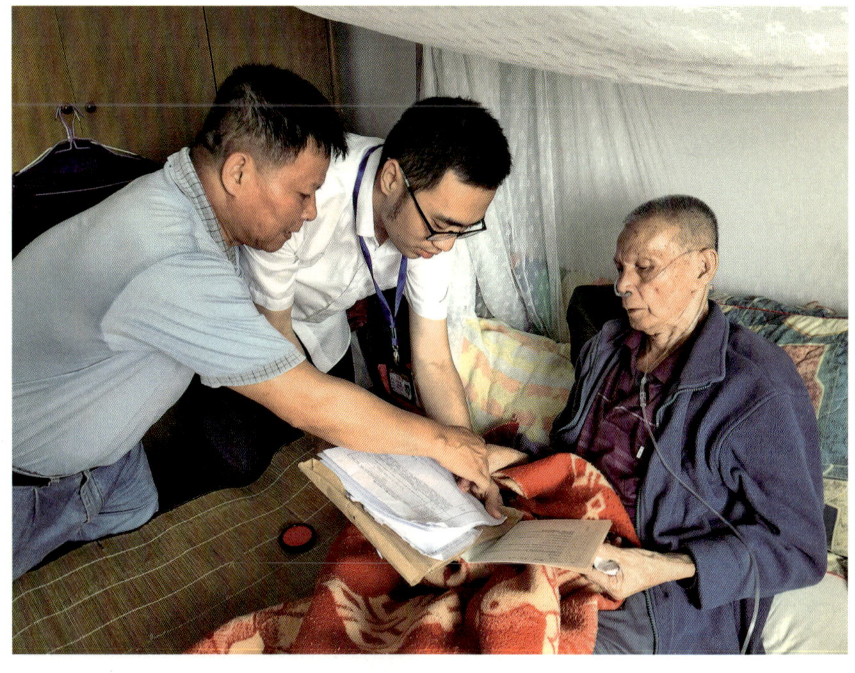

海口市政府服务中心工作人员开展上门服务。摄于2017年4月14日

（市政务中心 供）

信访人次比上年下降23.7%；重信重访量下降20.4%；到省到市群体性上访批次、人次分别下降21.2%和33%。（4）摸清网格底数，掌控社区民情。运用数字化手段来处理、分析、管理整个城市，用半年时间收集城市部件底数21.36万条，掌握民情信息9302条，并采用移动互联网技术动态更新数据，努力做到底数清、情况明。各区发动网格员在信访维稳台账的基础上建立民情台账，并将社区中的2123个安全隐患点、373个水体、2844家重点单位、1877名重点关注人员、4884个帮扶对象以及15.59万个井盖、5.12万个路灯等城市部件信息进行定位、上图入库，由网格员定期开展巡检，建立网格工作日记，实现网格工作有记录、有台账、有派发、有处置。

【首个街道“12345+网格化”联动中心建成】 2017年12月1日，海口市美兰区海甸街道“12345+网格化”联动中心成立。这是海口首家街道层级的“12345+网格化”联动中心，旨在发挥12345热线“指挥棒”“绣花针”“连心桥”作用，形成以网格化管理为基础、“六个平台”为手段，纵向全联动、横向全覆盖的基层社会治理体系，探索形成靠前指挥、资源下沉、联勤联动、将问题解决在一线的高效工作机制。海甸街道“12345+网格化”联动中心最大化整合城市管理资源，融合12345政府服务热线、“12345+网格化”美兰联动管理平台、平安美兰视频监控、数字城管、民情台账、三防会议六大平台，设联动指挥、综治、三防、办件、应急协调、网格管理、公共服务、监督考核8个基本席位，承担发现问题、指挥协调、快速处理、监督评价、提供预警、决策支持6项职责，促进形成集约高效扁平的基层管理体系。联动中心高效运转的背后离不开建立社区工作站，形成“1+N”工作机制，1是社区居委会，N是各职能部门和社会人士。年内，海甸街道推进各社区居委会主任联动区环卫、城管等25个职能部门107名专业网格员、81名社区网格员及937名志愿者、热心市民等社会力量。

【首个社区居民工作站成立】 2017年7月13日，海口市秀英区海秀街道海口港社区、海秀镇海榆东社区率先在全市试点成立“社区居民工作站”，推行“12345”网格化“1+N”工作机制。这是海口12345政府服务热线借鉴上海经验指导秀英区率先实践、创新工作模式的一大成果。此举旨在及时将各类问题主动发现并解决在基层末端，全面提升城市管理与社会治理科学化、精细化水平和组织化程度。“1”即为网格长，由村（居）书记兼任，实行网格长指挥制，负责牵头统筹调度网格内资源解决问题。“N”指整合城管、公安、工商、食药监、环卫、供电、志愿者、法律顾问等N支专业网格员队伍，配实网格资源，提高网格员为民服务专业水平和质量。

【12345政府服务热线系统升级改造】 2017年5月26日零时，海口12345政府服务热线新系统3.0版正式上线试运行，把率先试点的“12345+网格化”模式，通过信息化技术手段固化进12345运行流程，实现扁平化管理。新系统采用“打点定位”技术，能够更加精确投诉问题所在位置。市民除了可以电话拨打12345外，还可以通过微信反映诉求，进一步实现热线“接得进、打得通”。新系统升级与市民息息相关的功能主要有4个：接听诉求不再排队、动动手指即可反映诉求、社区网格员加入、投诉问题所在位置更精准。本次上线的“12345”新系统包括面向前端热线员的12345多媒体坐席、面向社会公众的12345微信公众号、面向各职能部门的微信企业号和桌面端、面向领导决策的大屏展示、面向网民的12345热线门户网站等10个子系统。运营“海口”12345微信公众号，该微信公众号在原来的“热线动态”“人工客服”“热线简介”3项功能基础上，增加“上报诉求”“人工服务”“进度查询”“账户绑定”“热线办件查询”“今日办件公告”“工作简报”“公告通知”8个功能。全年市民通过微信渠道反映问题共9.66万件，占总办件9.48%；微信公众号关注用户超16万人，第三方评估机构评估在全省政务微信号排名第三。开发综合指挥中心展示系统2.0版，依托12345打造城市管理联动中心初具雏形，核心业务系统的支撑达到30分钟响应处置的业务要求，实现从市民问题上报、办件派发、现场处置、进展反馈、市民回访、工单归档的全过程可视化管理。

【加强热线员及办件处置员管理培训】 2017年，海口市以军事化标准强化

2017年5月26日，海口12345热线新系统上线启动　（市政务中心 供）

前台现场管理，执行交接班制度，设立总值班长、值班长专席，每日安排1名电信和1名热线办工作人员值班，把控前台秩序和对接各单位热线联络员。对热线员开展日常业务培训，将制度理论与真实案例相结合，强调紧急件办理流程、首问负责制、热线各单位职能职责等重点知识，提升热线员业务能力和工作效率。对职能部门工作人员、网格员等办件处置人员，集中组织业务知识、沟通技巧培训和疑问解答会。全年共开展热线员培训208场7100人次，办件处置人员培训10余场逾3000人次。

（郑洁颖）

“菜篮子”工程建设

【“菜篮子”工程建设概况】 2017年，《海口市落实“菜篮子”市长负责制考核任务分解的通知》出台，明确各部门责任，合力推动全市“菜篮子”工作。全年共召开3次海口市“菜篮子”工程建设联席会议研究“菜篮子”保供稳价工作。在全省率先推出“一元菜”惠民措施，加快末端网点建设步伐，优化“三个全覆盖”，推进公益性大型农批市场一期建设运营并建成466.67公顷田洋基地。实施夏秋季叶菜价格指数保险，进一步调动菜农在夏秋季的生产积极性。年内，海口菜价在全国、全省的监测结果实现“价位齐降”。据国家价格监测中心数据显示，2017年海口市15种蔬菜平均零售价格为3.23元/斤，比上年下降17%，在全国36个大中城市排名第12位，下降2名。据省价格网数据显示，2017年海口市10种基本蔬菜平均零售价格为3.01元，下降12.2%，在全省18个市县排名第7位，下降5名。全市蔬菜供应充足、价格平稳，群众满意度越来越高。特殊时期的菜价平稳，2017年春节期间菜价同比下降44.59%，实现近5年来海口春节菜价的首次下降。全市蔬菜供应充足，价格平稳，群众满意度越来越高。海口市在省稳价办对全省开展的“菜篮子”市县长负责制考核工作中，评定等级为优秀（第一名）。

（林晓婵）

【市场菜价】 2017年，海口市发改委（物价局）监测的农贸市场15个蔬菜品种全部下降，平均零售价格每斤（下同）为3.34元，比上年价格3.82元下降12.57%。降幅较大的有：土豆、白萝卜、上海青和茄子，分别下降22.62%、21.58%、20.21%和17.19%。从每月情况看，1—3月海口市蔬菜价格呈持续下降走势，平均零售价格分别为3.26元、3.09元和3.05元，环比分别下降12.37%、5.21%和1.29%。蔬菜价格持续下降主要原因是为避免出现2016年春节期间菜价异常波动影响市民生活，确保2017年春节期间海口蔬菜价格稳定，市委、市政府以及各区政府采取一系列措施保供稳价。虽然春节期间菜价出现小幅上涨，但随着节后市场恢复正常营业，节日效应逐渐减退，菜价回落到节前水平。进入2、3月，海口市保持良好的天气状况，由于本地蔬菜种植面积增加，蔬菜产量大增，市场蔬菜供大于求，导致蔬菜田头价不断下跌，出现菜贱伤农现象，而市场蔬菜价格低位运行。4—6月海口市蔬菜价格虽然呈波动上涨走势，但涨幅不大。7月海口蔬菜价格整体明显上涨，平均零售价格为3.44元，环比上涨10.97%。主要原因是7月以来，海口雨水天气明显比往年增多，加上台风“塔拉斯”“桑卡”带来的强降雨天气，长时间的降雨导致本地蔬菜难以生产，产量明显减少。从供应情况看，海口蔬菜供应可以满足市场需求，但市民比较喜欢小白菜、菜心、上海青等本地叶菜，虽然市场供应充足，但受消费观念影响叶菜类价格仍出现较大上涨。8—10月海口蔬菜价格持续小幅上涨，平均零售价格分别为3.50元、3.69元和3.83元，环比分别上涨2.94%、5.43%和3.79%。主要原因是受8月下旬的台风“天鸽”“帕卡”、9月中旬的“杜苏芮”以及10月中旬的“卡努”影响，海口出现持续强降雨天气，推动市场蔬菜价格小幅上涨。11—12月海口蔬菜价格持续小幅回落，平均零售价格分别为3.63元、3.48元，环比分别下降5.22%、4.13%。主要原因是11月后海口进入蔬菜生产旺季，本地蔬菜种植面积明显扩大，随着本地蔬菜持续上市，加上岛外进岛蔬菜批发价格也出现回落，带动市场蔬菜价格下降，但是由于11—12月受到多股冷空气影响，导致本地蔬菜种植、生长发育受到不同程度的影响，蔬菜价格虽然持续下降，但下降幅度不明显。

（劳俊亨）

【叶菜价格指数保险工作】 2017年，《海口市2017年叶菜价格指数保险工作实施方案》通过并实行，夏秋季叶菜价格指数保险试点转为全年，财政补贴菜农投保保费90%，菜农自缴10%，减少菜农的市场风险，进一步调动菜农生产积极性。全年累计投保面积2300.67公顷，涉及农业企业与菜农4200户次，保费752.96万元（政府补贴677.66万元），理赔688.71万元。

【推进“菜篮子”末端销售网点建设】 截至2017年，海口市商务局全面完成42家农贸市场升级改造，扩建面积3万平方米。为解决市民买菜难、买菜贵、买菜远等问题，市菜篮子产业集团对“菜篮子”网点运营进行优化，持续采取建设社区平价菜店、在农贸市场中设立蔬菜直销摊位等措施推进末端网点建设，增加直营、加盟网点数量，增强担负着平价投放“一元菜”“基本菜”等保供稳价职责的“菜篮子”末端网点作为市场蔬菜价格调控的主要抓手的作用。春节期间在全市设置60个“菜篮子”临时直销点。至年底，菜篮子在营末端网点数144个，其中菜篮子直营网点39家，加盟网点14家，平价菜供货合作网点65个。在21家农贸市场里布设有48个“菜篮子”平价菜直营摊

市菜篮子集团在农贸市场的菜篮子平价菜销售专区。摄于2017年1月

（市菜篮子集团 供）

位，在6家农贸市场开展批发直销（含1家设有直营摊位的农贸市场）。按照“15分钟便民生活圈”的要求，基本覆盖海口建成区内21个街道、164个社区、291个300户以上小区。

（陈 敬）

【出台“一元菜”等惠民利民政策措施】海口市建立常年“一元菜”供给机制，确保困难群众吃得起菜。自2017年1月22日起，市菜篮子产业集团推出“一元菜”“基本菜”等惠民菜，并总结春节保供稳价经验成果，让市民“365天，天天买到一元菜”，日常确保有3个“一元菜”，在特殊天气及节假日会适时增加“一元菜”品种。调整的品种主要有白萝卜、白洋葱、包菜、冬瓜、南瓜、豆芽、短丝瓜、黄瓜、空心菜、莲花白、椰子菜等，同时注重提升质量，满足市民对多样化、高品质的需求，进一步提升惠民菜的为民办实事的效果。至年底，“一元菜”投放量近3000吨。“一元菜”的推出，对平抑菜价及惠及低收入群体两个方面起到重要作用。

（林晓婵）

【菜篮子蔬菜种植基地建设】至2017年，海口市建成菜篮子蔬菜保供基地4个，总面积455.30公顷，含菜篮子大荒洋蔬菜种植基地180.95公顷、菜篮子七水洋蔬菜种植基地242.29公顷、菜篮子三江蔬菜种植基地14.53公顷与菜篮子林昌蔬菜种植基地17.53公顷。4个基地完成整地并安排种植153.33公顷，产量3020吨。

（陆振中）

【菜篮子蔬菜种植基地合作】2017年，海口市为加快推进菜篮子蔬菜种植基地建设，广泛加强与国内蔬菜龙头企业、岛内外优秀企业的深度合作，邀请优秀企业前来调研菜篮子蔬菜种植基地，引优靠强实现深度合作。市菜篮子产业集团先后赴山东寿光、广东湛江、广州等地考察蔬菜产业与合作项目10余次，同时加强与甘肃农垦、山东寿光等地大型蔬菜生产基地紧密合作，对接种植企业、合作社及种植户50余家，并开展基地种植生产、田园综合体项目等合作。为促进琼州海峡经济带建设及一体化发展合作，1月7日与湛江的蔬菜种植公司正式签署战略合作协议开展叶菜合作种植，于3月22日产出第一批叶菜，至10月底累计完成叶菜种植166.67公顷，产出各类叶菜55.3万余斤；3月3日与寿光蔬菜产业控股集团初步达成合作意向，为“南菜北运”“北菜南调”模式打开新局面。

（陆振中）

【推进豆芽标准化生产】2017年，为让百姓吃上放心豆芽，海口市菜篮子产业集团引进岛外豆芽加工企业，于3月31日共同成立海口市新苗豆业有限公司，建设省内首家标准化生产豆芽厂。工厂位于港澳开发区三顺物

2017年，市菜篮子产业集团继续加强菜篮子基地建设，4个菜篮子基地种植面积153.33公顷

（市菜篮子集团 供）

流园区，投资600万元，从国内外引进先进的孵化技术和生产流水线设备，建成工厂化豆芽生产基地。设自动转化孵化车间2个，全程以优质标准水喷淋，无人体接触，不使用任何添加剂，让豆芽在纯天然恒温环境下生长，用现代化的机械设备配合科学的栽培管理技术，日产能可达20吨，促进豆芽生产规模化、产业化、标准化。4月28日，豆芽投入生产；5月，豆芽厂取得海南首张工业化豆芽食品生产许可证，同月菜篮子“放心豆芽”上市。年内，“放心豆芽”生产种类有黄豆芽、绿豆芽、黑豆芽3类，上市量693.2吨。（符祥泰）

【创建放心肉菜示范超市】2017年，海口市菜篮子产业集团以菜生鲜和风江岸平价超市为创建点，推进“放心肉菜示范超市”建设，已通过省食安办复核审评。该点安装并投入使用肉菜追溯系统，店内肉菜均可进行追溯，建立起以百姓安全消费、放心消费、满意消费为基础，加大对种养殖、采摘、屠宰、包装、贮存、运输、销售各环节的全链条规范管理，实现肉菜产地可追溯、产品质量可管控、检测数据可查看、优质品牌可享用、建立规范管理和肉菜质量信得过、看得见、摸得着的示范超市。

【发展“互联网+菜篮子”】为进一步建设“智慧海口”，海口市实施“互联网+”行动计划，小菜侠APP被列为海口市公共服务平台之一。2017年12月14日，海口市公共服务超级APP“椰城市民云”中实现菜篮子“小菜侠”便民服务，可让市民更加便捷地发现身边的“菜篮子”销售网点，了解到菜篮子每日平价菜销售价格、农残检测、每日菜价排名等信息。市菜篮子产业集团启动建设全景菜篮子项目，2017年上半年完成整体项目的可研报告和初步设计，开展其中供应链管理信息系统项目建设，系统部署完成，并通过试运行阶段验证系统的可行性。（符惠媛）

【建立蔬菜供应调节机制】2017年，海口市建立蔬菜岛内外供应调节机制，增加省内外蔬菜调入数量。在重大节假日及异常天气前夕，及时协调大型蔬菜批发市场加大岛外菜的调运储备力度。市菜篮子产业集团敞开收购，在市内设立田头蔬菜收购点，对接基地、散户收购本地叶菜；加大岛内南部地区蔬菜基地采购量，增加本地叶菜储备；对接海口、乐东、屯昌等岛内基地，同时寻求与云南、广东、广西、甘肃、山东等岛外大型蔬菜基地的合作，与省内外21个基地签订供销协议，达成合作意向的省外基地3333.33公顷以上。加大投放量，采取多次配送，保障灾害天气新鲜岛外蔬菜供应，满足市民对平价菜需求。全年供应本地菜8426.03吨，外地菜1.73万吨。（周玉梅）

【开通蔬菜运输绿色通道】2017年，海口市继续开通“菜篮子”平价蔬菜运输车辆进入市区的24小时“绿色通道”。在海口秀英港、海口南港设置2个绿色通道工作站，为过海绿色通道运输车辆核发《海南省鲜活农产品道路运输证》，保障绿色通道运输畅通；为200辆蔬菜、水果运输车办理货车入市通行证，供“菜篮子”蔬菜配送车辆及流动菜车使用；组织协调两省五港4家公司组建琼州海峡绿色通道微信群，为春节保供的蔬菜运输车辆提供优先过海的政策，为迅速保供调运提供有力保障。（顾宁宁）

【落实基本蔬菜品种价格区间调控管理办法】2017年2月9日，海口市人民政府办公厅印发《海口市基本蔬菜品种价格区间调控管理及考核实施办法（试行）》，确保基本蔬菜品种供应和价格水平保持稳定，自4月1日起执行。落实通报约谈机制，每日实时关注海口市基本蔬菜品种价格走势，监控的小白菜（本地品种）、上海青、圆白菜、地瓜叶、菜心、生菜、白萝卜、茄子、空心菜、土豆10个品种基本蔬菜价格保持在目标价格调控水平内：平时价格涨幅不超过目标价格的30%，台风、旱涝、长期低温阴雨等灾害天气期间及春节期间（大年三十至大年初六）价格涨幅不超过目标价格的50%，极端重大灾害天气等特殊情况除外。

【“菜篮子”明察暗访检查】2017年12月4日起，海口市发改委（物价局）牵头4个区物价监督检查局，对各区蔬菜批发市场、农贸市场和“菜篮子”平价菜店开展“菜篮子”明察暗访检查工作，重点检查蔬菜品种、产地、数量和价格等，是否明码标价，是否存在捏造散布蔬菜涨价谣言，囤积居奇、串通涨价、哄抬价格、搭车收费等扰乱蔬菜市场价格秩序等价格违法行为。经检查，蔬菜批发市场、农贸市场、平价菜店货源供应充足，品种丰富，价格基本稳定，明码标价规范，未发现囤积居奇和哄抬物价的行为。

【“菜篮子”价格交叉检查】2017年12月11日起，海口市开展菜篮子价格交叉检查工作，各区物价监督检查局对市内的农贸市场及菜篮子平价菜店进行交叉检查。重点检查农贸市场及菜篮子平价菜店是否明码标价，诚信经营，并同时打击拒不执行明码标价规定，囤积奇居、操纵价格、恶意涨价和利用标价误导、诱骗、欺诈消费者等价格违法行为，保障今冬明春保供稳价工作顺利完成。（劳俊享）

【海口市菜篮子公益性大型农副产品批发市场投入运营】海口市菜篮子公益性大型农副产品批发市场由海口市菜篮子产业集团建设，项目规划分为三期建设。一期、二期为公益性项目，属政府投资项目；三期为经营性项目，由企业融资建设。2017年，累计投入资金6.50亿元（其中征地款3.12亿元），完成1栋1.5万平方米的交易大棚（2号楼）和4栋0.8万平方米的交易厅（3、4、5、7号楼）建设，共4.70万平方米。1月15日，海口市菜篮子公益性大型农副产品批发市场蔬菜交易区试营业，39家省内外的一级批发商户入场交易，当天进场蔬菜总净重426吨。12月15日，项目二期动工，进行园区内室外配套管网建设。（林晓君）

【海口市菜篮子产业集团】 2017年，海口市菜篮子产业集团全力以赴抓好“菜篮子”工程，落实省政府稳定菜价十项措施和市政府稳定菜价十六条措施的各项工作要求，扛起“菜篮子”保供稳价的社会责任和“保基本、兜底线、补短板”的国企担当，从生产、检测、加工、流通、配送等环节发力，发展生产种植和加工基地，成立果蔬检测配送中心，布局“菜篮子”末端网点，建设公益性大型农副产品综合批发市场，开发农副产品综合交易公共信息服务平台，逐步建立海口菜篮子蔬菜生产、流通、销售等环节的有效调控机制。至年底，共有12家子公司，平均职工598人。（林晓婵）

互联网产业发展

【互联网产业发展概况】 2017年，海口市委、市政府以“人民生活新体验、城市治理新手段、产业发展新业态”为目标，在“互联网+”、城市信息化建设、数据互联互通三大层面进行重点布局，制定实施《海口市推进智慧城市建设实施方案及三年行动计划》，基于智慧海口综合服务平台，重点打造面向市民的“市民云”、面向企业的“创新云”和面向政府的“政务云”三大云平台，全面促进城市信息化建设迭代升级，力争将海口打造成为特色引领的全国新型智慧城市标杆城市。至年底，海口市互联网企业数量由上年的1500家增长至3000家，其中天标科技、南海网等8家企业在新三板挂牌，易建科技首次入选全国互联网百强企业。互联网从业人员约3000人。创新创业载体30个，孵化初创企业300家，带动创业就业大学生人数6500人以上。互联网产业相关营业收入205.2亿元，比上年增长约32.3%，占全省比重47.7%。实现增加值72.46亿元，增速达到3.5%，占全省比重40.4%，对全市GDP贡献率为4.3%。在2017中国宽带速率状况报告中，海口宽带速率跃升全国第七；在2017中国“互联网+”数字经济指数报告中，海口成为海南省唯一入选“互联网+”数字经济总指数百强城市。

2017年1月19日，海口复兴城互联网创新创业园、海南数据谷被海南省工信厅授牌为海南省互联网重点创新创业基地（市科工信局 供）

【互联网产业发展扶持】 2017年，海口市支持复兴城等重点园区发展，在西海岸等优质地段规划建设互联网产业园，解决互联网发展空间不足的问题。开展务实有效的招商引资工作。通过点对点招商、园区招商、上门招商等方式，策划开展一批专业性、针对性强的招商对接活动，推动阿里巴巴、科大讯飞等行业龙头企业的区域总部或行业总部加快落户海口。拓宽互联网行业直接融资渠道，政府出资5000万元，首期筹备设立规模为1.5亿元的互联网产业风险投资基金，将进一步发挥财政资金的杠杆作用，引导和带动社会投资，培育发展“互联网+”领域创新领军企业。加快信息基础设施建设。促进“光网”专项规划纳入“多规合一”规划，加快推进信息化基础设施建设，争取推进5G技术应用试点落地海口；在实现城市小区、行政村光纤宽带网络和4G信号基本全覆盖的基础上，逐步向特色产业小镇、农业基地和自然村延伸，补齐农村信息基础设施短板。8月18日印发《海口市促进互联网产业发展若干规定》，每年将安排不少于5000万元财政资金用于各项优惠扶持和互联网产业的其他扶持，年薪超12万元签3年以上劳动合同的员工可落户海口。

【复兴城互联网创新创业园】 2017年，在打造国际化精品园区的基础上，重点引进相关产业龙头企业落地。设立省中小企业公共服务复兴城互联网创新创业服务平台、海南青年创业服务中心两家公共服务平台，联合清科集团、顺为资本等国内知名创投机构设立创投基金和创新学院。12月28日，海南国际离岸创新创业基地落户，将面向海外人才，构建低成本、便利化、开放式、配套成熟完善的空间载体，实现“区内注册、海内外经营”的离岸模式。至2017年，共有酷秀、超级船东、星捷安、长桑科技等203家互联网创新创业企业入驻园区，其中园区17家企业获得海南省互联网天使投资基金投资，42家企业获得海口市互联网产业发展专项资金，64家企业获得社会资本投资超18.4亿元，1家企业新三板上市，10家企业获得A轮，4家企业获得B轮和49家企业获得种子轮。实现产业规模89亿元，增速71%，营业收入5.2亿元。获“国家小型微型企业创业创新示范基地”“海南省科技企业孵化器”称号。

【石山互联网农业小镇建设】至2017年，石山互联网农业特色小镇创建成效显著：（1）农业品牌效益逐渐显现，现代高效农业稳步发展。先后受邀在全国“互联网+”现代农业工作会议暨新农民创业创新大会、全国农业物联网大会介绍石山互联网农业小镇建设经验，建设成效得到国务院、农业部领导的充分肯定。推进万众创新，全省首批两个乡镇级院士工作站落户石山镇，加快建设农馨火山南药科技产业园等一批重大科技项目，促进“产学研”创新创业基地加快形成，火山石斛产业园获得2017年省级现代农业示范产业园称号。（2）创新产业发展模式，激发农村农业活力。石山互联网农业创业创新示范基地获评海口小微企业创业创新基地，奖励资金500万元；海南农馨火山南药科技产业园星创天地获评海南省星创天地；海口施茶石斛种植专业合作社及海口美社仕星互联网民宿专业合作社获评海口市农村专业合作社创业创新项目。有近50家不同创业主体活跃在石山，带动产业发展，培育新农民，引导农民转变观念，促进农业生产方式转型，吸引返乡创业大学生300多名。（3）实施“互联网+”工程，促进创新创富。继续深入推进互联网农业小镇试点工作，重点通过招商引资、创业创新、产业培育、平台拓展等方面加快挖掘培育新农民，充分利用各类培训资源，加大新农民的培训力度，使其成为农村产业兴旺的领头雁；发展农村物流，打通小生产联结大市场的通道；推进标准化生产，引导新农民专注一个品种，打造“火山优品”品牌；依托两个院士工作站培养和引进农业科技领军人才和创新团队，更好地服务石山三农发展。石山镇农村常住居民人均可支配收入由2015年的8652元提高到2017年的12559元。

【演丰镇互联网产业小镇建设】至2017年12月31日，演丰互联网产业小镇共注册企业112家，新增52家，其中文化教育类企业48家、互联网科技类企业36家、其他类型企业28家。海南首家移动互联网众创空间——正益工场于12月14日落户海口演丰镇，为创客提供一站式创新创业服务。海口正益工场是由海口演丰创新创业服务中心与新三板上市企业正益移动共同建设的集团队孵化、项目培育、投融资服务为一体的专业化移动互联网创新创业方向的创业园区，以正益移动平台化资源对接导入，为创业者提供企业服务+创新创业能力提升+产品推广+项目融资+政策对接的全生命周期创业孵化服务，有入园企业22家。全年举办创业沙龙、创业讲堂、政策宣讲、人才对接会、培训、路演等共10余场，来自政府、企业、高校的1100人次参加。演丰互联网小镇主要办公区域无线网络覆盖。海口市全力推进小镇配套基础设施建设。其中，机场二期扩建项目完成签订供地协议工作的93.74%，赔付补偿工作的84.48%；临空产业园项目完成征地工作的93.82%；演丰棚户区改造项目房屋征收和拆除进度均突破97%；江东大道二期工程项目全部完成征收和赔付工作；铺前大桥全部完成土地及房屋的征收工作；东寨港大道北段项目完成地面附属物的清点和数据上报；万达文化旅游城项目演丰段31.92公顷土地征收协议全部按照时间节点签订完毕，成立国开融乡海口演丰市民农庄项目指挥部，全面启动项目征地工作。

【众创空间建设】2017年，海口市按照“多规合一”要求和“产城融合”模式，构建共享生态，高标准打造互联网创新创业园区。新增培育认定海南数据谷·海创空间等7家市级众创空间，全市共有市级以上众创空间17家（国家级5家、省级5家）。截至年底，相继打造包括国家小型微型企业创业创新示范基地——复兴城互联网创新创业园、海南省创业村科技产业园、省重点互联网创新创业基地（省互联网众创空间）——海南数据谷、阿里云创客+、海南互联网+众创中心等在内近30家创业创新聚集地，形成产业园区、创新创业基地、众创空间、产业小镇等多维度的产业发展格局。共引进光谷咖啡、洪泰创新空间、新加坡岛峰科创、硅谷食堂、58众创等国内外知名孵化机构及加速器入驻，累计孵化初创企业超300家，聚集超过4000多名互联网行业人才。其中，84家园区内企业获得海南省互联网天使投资基金或社会资本的投资，企业融资总额18.86亿元。

（梁少丽　黄丹丹）

（编辑：杜惠珍）

中国共产党海口市委员会

市委综述

【市委常委会工作概况】2017年，中共海口市委常委会紧密团结在以习近平同志为核心的党中央周围，深入学习宣传贯彻党的十九大精神，以习近平新时代中国特色社会主义思想为指导，按照省第七次党代会、省委七届二次、三次全会和市第十三次党代会、市委十三届历次全会的部署，带领全市各级党组织和广大党员干部群众，成功夺得“全国文明城市”和“国家卫生城市”两块金字招牌，以美舍河为突破口的水体治理与湿地保护、以“五化”先行的城市更新工作、以“12345”热线和“椰城市民云”为重点的智慧城市建设等取得突出成效，“一江两‘岸’、东西双港驱动、南北协调发展”的发展格局加快构建，琼州海峡经济带建设积极推进，全面从严治党向纵深发展，蝉联全国双拥模范城“八连冠”，全市经济、政治、文化、社会、生态文明建设和党的建设迈上新台阶。

【民主法治建设】2017年，中共海口市委常委会发挥党委总揽全局、协调各方的领导核心作用，坚持党的领导、依法治国和人民当家作主有机统一，发展社会主义民主政治，凝聚社会各界力量。加强对人大工作的领导，指导市人大完成换届选举工作，支持市人大依法行使地方立法职权，推动制定《美舍河保护管理规定》《城市黄线管理办法》《扬尘污染防治办法》《电梯安全管理若干规定》和《地方性法规条例》，作出《关于加强湿地保护管理的决定》，开展生活垃圾分类、南渡江河口段保护管理、民宿旅游发展、电动自行车管理、志愿服务等16个立法项目的调研，支持市人大强化监督工作，开展专项督查和执法检查。充分发挥人民政协协商民主重要渠道作用，指导市政协圆满完成换届，配强政协班子、支持市政协围绕市委中心工作组织系列委员视察监督，开展琼州海峡港航一体化、城市更新、“五化”、民宿经济、海绵城市、垃圾分类等多个课题调研，召开协商议政会4次，形成提案378篇。巩固和扩大统一战线，召开市委统一战线工作领导小组第一次全体会议，圆满完成各党派换届工作，加强党外知识分子工作，成立海口留学人员联谊会，依法管理民族宗教事务，加强和改进工会、共青团、妇联工作。

【从严治党】常委会自身建设　2017年，中共海口市委常委会落实市委中心组学习制度、市委常委会重点课题调研制度、市委常委联系党（工）委抓基层党建工作制度等。坚决执行民主集中制，召开49次市委常委（扩大）会议，讨论、研究、审议一系列事关海口发展全局和国计民生的重大问题。落实函询办法等制度，进一步强化纪律的刚性约束。

基层党组织和干部队伍建设　2017年，中共海口市委常委会出台《市委全面加强城市基层党建工作的指导意见》，建立党组织书记抓基层党建责任清单和负面清单制度，全面推进党群活动中心建设，全员轮训全市村（社区）“两委”干部和党务工作者，实行“一村一策”发展农村党员，着力解决国企党建工作短板问题。选拔任用市管干部258人次，从市直机关选派百名科级干部到一线挂职锻炼，选优配强各级领导班子；探索建立干事创业正向激励机制，从优秀村（社区）“两委”干部中选聘任用事业单位人员15名；严格落实中央新出台的领导干部报告个人事项“两项法规”，全年抽查核实277人，从严处理漏报情节较重或隐瞒不报干部46人。建立市人才工作联席会议制度，推动人才服务平台建设；分批组织人员赴台湾学习垃圾分类处理、民宿经济和美食特色街经验，组织两批干部到新加坡就花园城市建设管理进行学习培训。

党风廉政建设　2017年，中共海口市委常委会出台《市委关于全面从严治党严肃党内政治生活的实施意见》，用好监督执纪“四种形态”，谈话提醒3990人，问责1040人，比上年增长28.7%。严肃查处“职业认定复活”事件、“瘦身钢筋”问题责任人。强化党内监督，实现派驻全覆盖。配合省委巡视组开展工作，开展三轮巡察监督。推进市区监察体制改革。组织开展“讲政治、守法纪、知敬畏、强作风”集中整治，抓好党风政风行风建设社会评价工作。加强对公共投资领域和领导干部履行经济责任情况的审计监督。推行“四议三公开”制度，开展信访三项整治和问题线索大起底活动，加大扶贫领域执纪监督问责力度，共查处扶贫领域问题113件，处理相关责任人221人次。持续保持惩治腐败的高压态势，全市纪检监察机关处置问题线索908件，立案462件，结案452件，给予党纪政纪处分465人。

【市委十三届全会】2017年，海口市委常委会在海口第二行政办公区主持召开市委十三届全会4次（二至五次）。

二次全会暨市委理论研讨会、全市经济工作会议　1月17日召开。会议应到229人，实到228人。其中市委委员应到45人，实到45人。全会深入学习贯彻党的十八届六中全会、中央经济工作会议和全省经济工作会议精神，书面听取《中共海口市委关于深化重点领域改革的决定》和《中共海口市委关于推进供给侧结构性改革促进经济行稳致远的实施意见》贯彻落实情况报告，听取张琦受市委常委会委托作的工作报告。全会期间套开市委理论研讨会和全市经济工作会议。

三次全会　3月29日召开。会议应到54人，实到50人。其中市委委员应到45人，实到42人。全会审议通过《中共海口市委关于全面从严治党严肃党内政治生活的实施意见》。

四次全会　9月28日召开。会议应到232人，实到217人。其中市委委员应到45人，实到35人。全会深入学习贯彻习近平总书记系列重要讲话精神和治国理政新理念新思想新战略，传达学习省委七届二次全会精神，审议通过《中共海口市委关于贯彻落实〈中共海南省委关于进一步加强生态文明建设的决定〉的实施意见》和《中共海口市委关于加快推进海口市城市更新工作的行动方案》。

五次全会　11月1日召开。会议应到229人，实到217人。其中市委委员应到44人，实到38人。全会审议通过《中共海口市委关于贯彻落实〈中共海南省委关于认真学习宣传贯彻党的十九大精神的意见〉的实施意见》。

2017年11月1日，中共海口市委第十三届委员会第五次全体会议召开

（张俊其　摄）

【通过加快推进城市更新行动方案】2017年9月28日，海口市委十三届四次全会审议通过《中共海口市委关于加快推进海口市城市更新工作的行动方案》，提出将城市更新作为推动供给侧结构性改革的重要任务，以改善生态环境质量、补足城市基础设施短板、提高公共服务水平为重点，转变城市发展方式，提升城市治理能力；通过全面提升城市品质、加快片区棚改更新、持续开展水体治理、推进全域增绿护蓝、优化道路交通组织、着力推动文化复兴、开展山体矿坑修复等举措，加快打造国际化滨江滨海花园城市，引领建设经济繁荣、社会文明、生态宜居、人民幸福的美好新海南。

【综合协调服务】2017年，海口市委办公厅起草市委主要领导在市委理论中心组、市委常委会发言、市委全会总结讲话等重要讲话稿、致辞，媒体署名文章，海口市工作汇报，市委常委会专题会议纪要等重要文稿300余篇、80余万字，其中向中央领导及省委、省政府的重要汇报材料60余篇。审核审定新闻稿300余篇，策划《海口双创成功系列评论》《琼州海峡建设进行时》等多组宣传专题，组织省市媒体大型采访团赴徐闻市进行琼州海峡经济带专题采访。扛起“大研讨大行动”办公室责任担当，全面铺开研讨发展行动，共总结出行动经验20余篇，编发活动简报55期，编纂学习汇编2册。全年向中办报送信息244条，被采用23条；向省办报送信息883条，被采用263条，信息采用量遥居全省各市（县）之首。编印《海口要情》76期、《书记专报》20期、《领导参阅》5期、《调查与研究》12期，举办信息业务培训247人次。省领导对重要信息批示6（件）次，市领导在《海口要情》批示20多（件）次。信息工作多次在全省作经验交流发言。共制发市委、市委办公厅文件583件，及时办理中央、省、市等各级来文3475件（份），快速反应办理市委领导批示件1130件（份），分发报刊杂志信件6.41万件，整理归档文书档案828件，印制资料29余万张。完成市委十三届二次、三次、四次、五次全会的文件核校、印制、分发、签到等工作。推进全市党内规范性文件审核报备工作，共向省委办公厅报备党内规范性文件24件，审核备案各区委、市委各部门规范性文件4件。提前谋划市委常委会、各类专题会议、市委书记调研、会见会谈等会议活动，全年共筹备会议237次，调研活动78次。

【督查督办】2017年，海口市委办公厅对党的十八届六中全会、十九大和省第七次党代会、市委第十三次党代会等重要会议精神，以及省、市主要领导讲话精神、市委常委会工作要点、重点改革工作事项进行责任分解、细化指标，全面督查后以《督查专报》定期报告进展情况。开展对省委市委主要领导批示件、市委重要会议议定事项的跟踪督查，共办理省、市领导批示件356件。其中，省领导批示件32件，办结29件；市委书记张琦批示件324件，办结290件。注重把督查触角延伸到基层和一线，通过一线调研、明察暗访、走访工作等现场督查方法，加大对重点工程、民生事项的督查，联动开展城市景观亮化工程项目、12345政府热线服务、党内法规贯彻情况等重大事项督查，其中在中央督察组环境保护群众信访投诉重点件（第1—33批）的联合督查中，牵头起草督查专报5期进行反馈，再次回访时整改已落实。联合研究招商活动落地考核办法，加强对赴北京、上海等地招商项目落地情况专项督查考核，以《招商签约项目进展情况》专报。

【保密机要】2017年，海口市委办公厅起草《市委关于加强和改进保密工作的实施意见》《海口市保护国家秘密应急预案》《2017年保密工作要点》，编制《“十三五”时期保密事业发展规划》，开展全市保密自查自纠、检查考评工作，覆盖计算机9800余台、门户网站63个、微信公共平台28个、互联网办公信息系统10个、政务微博5个、互联网政务邮箱多个。组织全市机关单位保密工作干部100余人到复旦大学进行业务提升培训，分批次、分门类对全市保密专兼职干部近2000人次进行教育轮训。组织征订保密刊物、订阅“保密观”微信公众号、观看教育片等，加大保密工作宣传教育。建设完成互联网接入口保密监测平台，完成2家涉密设备采购、4家秘密载体印制资质的初审工作，跟踪检查和重点管理涉密地理信息，全程巡查督导各类国家考试保密工作。依法开展失泄密案件查处，对全市4宗涉密相关人员进行处理。落实机要通信收发办理制度，完成党和国家秘密任务传递，实现机要通信服务零压误、零差错、零事故。

【应急值守】2017年，海口市委办公厅坚持节假日领导值班要求，执行领导干部外出报备规定，实行24小时值班制度。及时更新各级各部门负责人信息，落实应急处理工作规范和工作流程，创新使用市委值班室专用短信平台，高效率做好突发事件、重要情况、紧急信息传达处置工作。在十九大、省第七次党代会、市委全会、防御台风等重要特防时期，确保市委指令传送、信息流转、协调联络全天候、无缝隙、不间断。全年传达各类紧急会议、活动通知156次5980人次，转办各类应急文电806件，完成市委领导交办事项超200次。

（林贻巍）

组织工作

【组织工作概况】2017年，海口市组织系统抓基层、打基础，“两学一做”学习教育常态化制度化见长效，基层党组织建设不断夯实筑牢，一线培养使用、考察考验、提拔任用干部取得突出成效，人才队伍积极性创造性持续增强，全市各项组织工作齐头并进全面进步。年内发展党员1413人，共有党员7.72万名。全市各基层党支部共组织党员学习讨论8245场次，上党课7586场次，编印发放学习资料20多万册，培训党员干部20余万人次。全年提请选拔任用市管干部258人次。开展村（社区）“两委”班子及成员绩效考核，全市445个村（社区）共评出21个五星级村（社）党组织和33个五星级村（社）党组织书记。海口市委组织部被评为2015—2016年度全省组织系统信息工作先进单位。

【农村基层党建】2017年，海口市委组织部共选派82名驻村第一书记，实现全市建档立卡贫困村和软弱涣散基层党组织全覆盖。琼山区凤翔街道儒逢村党支部第一书记唐东林、三门坡镇清泉村党支部第一书记黄亮、秀英区永兴镇罗经村党支部第一书记罗经辉等被评为海南“最美第一书记”或被省委组织部通报表扬。开展软弱涣散党组织整顿，结合不同领域、不同行业基层组织特点，采取走访了解、召开座谈会、测评、群众评议、实地检查及基层党（工）委依次排号等多种方式，对整顿工作进行严密部署，建立组织部门指导抓、镇（街道）党（工）委直接抓、结对单位协助抓、第一书记具体抓的工作机制，有效形成上下联动、各司其责、通力合作的良好工作格局，全市54个软弱涣散党组织实现有效转化。开展村霸整治工作，结合海口实际制定印发《关于加强农村基层组织建设着力整治“村霸”问题的通知》，明确海口整治范围和对象、工作方法和步骤。排查出的陈某科、苏某芳2名村霸被开除党籍并移交司法机关处理，分别被判处有期徒刑1年6个月和有期徒刑6个月（缓刑1年）。

【城市基层党建】2017年，海口市出台《关于全面加强城市基层党建工作的指导意见》，建立区委、街道党工委、社区党组织党建工作联席会议制度，探索加强城市基层党建工作的新路径。8月28日，在海口召开全省城市基层党建工作经验交流会时，省委组织部组织全省各市县的代表实地考察6个海口城市基层党建示范点，集体观看海口市抓城市基层党建工作专题片，向全省介绍推广海口的经验做法。年内，召开全市城市基层党建工作推进会，贯彻落实全国、全省城市基层党建工作经验交流座谈会，对

2017 年 3 月 31 日，海口市秀英区石山镇施茶村党建示范基地揭牌（敖日丹 摄）

加强全市城市基层党建工作进行再研究、再部署、再推进、再加强，提出构建四级联动机制，明确市、区、镇（街道）、社区四级党组织在城市基层党建工作中的职能定位、重点任务、保障措施和工作责任等创新性举措。

【企业党建】2017 年，海口市委组织部组织召开全市国有企业党建工作会议，出台《关于在深化国有企业改革中坚持党的领导加强党的建设的实施意见》，印发《海口市 2017 年国有企业党的建设工作重点任务清单表》，指导签订国有企业党建工作目标责任书，着力解决国有企业党的领导和党的建设弱化、淡化、虚化、边缘化等问题。推动出台《市国资系统关于在深化国有企业改革中坚持党的领导加强党的建设的实施意见》，明确党组织在国有企业中的法定地位和党建工作总体目标。明确在企业中设置党组织机构和党组织工作职能，指导 18 家重点监管企业配备专职的党务工作者，把党务工作经费纳入企业的年度预算，配置党员活动场所，做到党建工作有机构、有人员、有经费、有场地。在 16 家设立董事会企业的 111 名班子成员中，党委委员有 68 名，占 61.3%。

【“两新”组织党建】2017 年，海口市委组织部参照省委组织部成立省非公有制和社会组织党工委的做法，协调联系市编办，增加 5 个干部编制，成立专门处室，负责全市非公企业和社会组织党建的统筹协调和工作指导。市区财政安排拨付“两新”组织党建经费 816.2 万元，其中党组织党建工作经费 371 万元、党组织书记工作补贴 445.2 万元。制定下发《2017 年“两新”组织工作要点》《2017 年“两新”组织党建工作责任清单》等，对“两新”组织新一轮排查和“两个覆盖”“回头看”进行全面及时部署，进一步强化组织领导。组织各“两新”组织工委对全市 4307 家企业和 675 个“两新”党组织“两个覆盖”开展“回头看”，每月按时报送进度，对各项任务进行销号管理，形成边排查、边组建、边建台账的长效机制；对市人才交流服务中心 180 余名流动党员的组织关系进行排查，按属地管理的原则，组织各“两新”工委将流动党员组织关系分批分次转入企业。举办 7 期“两新”组织入党积极分子培训班，发展 140 名“两新”组织党员。

【党建工作巡回检查】2017 年，海口市发挥市委党建工作巡回检查办公室的作用，对各区、市直各单位各项党建工作任务落实情况进行全覆盖巡查，强化基层党建工作问责问效，确保各项制度落到实处、取得实效。年内派出 6 个巡查组，对 11 个党（工）委的 91 家单位进行党建巡查覆盖。围绕党建工作自身存在问题、党建工作重点任务、基层党组织书记抓党建工作注意事项等，对市直机关、企事业单位党委（党组）书记进行约谈，

2017 年 6 月 12 日，海口世纪海岸小区的“两新”党支部揭牌成立（市社科联 供）

增强党组织书记抓好党建工作的自觉性和主动性。

【基层党建工作取得成效】2017年，海口市对各领域基层党建的主要目标、工作重点、推进措施进行系统设计、整体包装，形成协调推进基层党建的路线图、时间表。坚持把加强制度建设作为加强基层党建工作的基础性和根本性工作，制定出台《关于全面从严治党严肃党内政治生活的实施意见》《关于推进“两学一做”学习教育常态化制度化的实施方案》《市委常委联系党（工）委抓基层党建工作制度》《党组织书记抓基层党建责任清单和负面清单》《关于全面加强城市基层党建工作的指导意见》等一系列配套制度文件，健全完善“2+6”制度体系。持续推动人财物向基层倾斜，打造水头村、国贸大院等示范点，在全市3个开发区、445个村（社区）和部分“三无”小区全面建设党群活动中心。各领域党建工作亮点纷呈、全面开花，秀英区施茶村将基层党建与脱贫致富深度融合，美德村用党建引领美丽乡村建设，龙华区复兴城互联网创新创业园以红色引擎驱动互联网产业创新发展，琼山区“支部建在项目一线”有力推动凤翔公园等重点项目建设，美兰区率先选聘15名优秀村（社区）“两委”干部进入事业单位任职，高新区党建共享平台为全省非公党建工作规范化建设提供样版。各党建示范点以点带面效果显著，助推市基层党建工作水平走在全省前列。着力破解党建难题，出台《关于在深化国有企业改革中坚持党的领导加强党的建设的实施意见》，农村党员年龄知识结构等各项指标在全省排名前列，并在2017年全省基层党建重点任务推进会作经验介绍。开展村（社区）“两委”班子及成员绩效考核，全市445个村（社区）中，共评出五星级农村党组织9个，五星级社区党组织13个，五星级农村党组织书记15名，五星级社区党组织书记18名。

【干部教育培训】2017年，海口市委组织部开展热带滨海花园城市建设赴新加坡、城市精细化管理赴新加坡、市管干部学习贯彻党的十九大精神、“坚定理想信念，加强党性修养”、全面推行“河长制”工作等9个主题培训班次，参训干部5000余人次。1月4日至3月3日，联合市委党校举办6期处级干部学习贯彻党的十八届六中全会精神轮训班，全市处级干部约900人参加轮训。3月14—21日，举办市直机关正科级干部学习贯彻党的十八届六中全会精神轮训班，市直机关正科级干部1680人参加培训。6月11—19日，联合市委党校、陕西省委党校举办2017年领导干部“坚定理想信念，加强党性修养”专题培训班，市、区组织部门组工干部，市委各部门、市直各党（工）委、部分市直单位机关党委分管组织人事工作的领导或组织人事部门负责人共43人参加培训。8月12日，联合市水务局、市河长办举办全面推行河长制工作专题培训班，培训市河长制工作领导小组成员单位负责人、区、镇（街）级河长、各区相关单位负责人、相关村委会（居委会）负责人等536人。联合市外侨办于9月24日至10月3日、10月1—10日分别举办热带滨海花园城市建设、城市精细化管理2期赴新加坡专题培训班。选派与国际化滨江滨海花园城市建设及城市精细化管理密切相关的发改、规划、市政管理、水务、园林、住建、国土、环卫、人社、交通港航、城建集团等单位的领导干部和各区负责城市治理的领导干部共28人参加培训。11月27日，联合市委党校举办6期市管干部学习贯彻党的十九大精神专题培训班，1000余名市管干部参加培训。12月14日，联合市安全生产监督管理局举办全市领导干部安全生产专题培训班，市安委会成员单位分管安全生产的领导和联络员，4个区安监局局长及执法大队长，各镇政府、街道办事处主要领导，市属国有企业分管领导及联络员共210人参加培训。

【干部日常管理监督】2017年，海口市委组织部综合运用干部考察考核、巡察、选人用人检查、“一报告两评议”、离任检查、“带病提拔”倒查、个人有关事项报告抽查核实、经济责任审计、信访举报等，开展干部日常管理监督，全市党委（党组）组织人事部门开展提醒谈话1188人次，函询24人次，诫勉82人次。抓好中央新出台《领导干部报告个人有关事项规定》《领导干部个人有关事项报告查核结果处理办法》的贯彻落实，及时开展业务培训，按时发放《学习辅导百问》等相关材料。指导全市领导干部完整、准确填报个人有关事项，全年抽查核实市管处级干部277名，其中按照10%的比例随机抽查95名，拟提拔或重用考察和换届工作需要进行重点查核182名。根据比对结果对不如实填报的领导干部从严处理，给予批评教育处理86名，函询12名，诫勉处理22名，其中1名按规定移交市纪委追究纪律责任；根据2016年度随机抽查和重点抽查核实的结果，对37名不如实填报的处级干部从严处理，并利用《海口日报》、海口党建网等主流媒体对约谈情况进行宣传报道。大力推进干部能上能下，建立市区组织部门入驻“12345”海口市民服务智慧联动平台工作机制，选派组织部门干部现场办公。通过建立组织工作台账，对被通报的6名处级干部、65名科级干部问责处理情况跟踪督办；加大对“双创”工作推进不力的51件176人和中央环保督察发现问题整改落实不力、责任落实不到位的43起129人追责问责情况跟踪督查督办；旗帜鲜明为敢于担当的干部担当、为敢于负责的干部负责，对表现较差、能力较弱、工作不力的领导干部坚决予以调整，有效推动和形成能者上、庸者下、劣者汰的用人导向和良好政治生态。在全市开展领导干部在企业、社会团体兼职（任职）问题专项清理，限期责令退还领导干部兼职（任职）期间违规领取的报酬、补贴、占用办公用房和公车及其他额外利益，始终保持严管严治态势。

【干部选拔任免】2017年，海口市委组织部共提请市委常委审议干部议题17次，选拔任用市管干部258人次，其中提拔重用51人次（包括女干部35人、党外干部10人、少数民族干部3人）、平级调整207人次。严把程序关口，对选拔重用人选全部听取纪检监察机关意见并在媒体或单位系统内进行任前公示，对1名选拔担任重要领导职务的干部征求市委委员意见，有效防止“带病提拔，带病上岗”。新选派或继续选派市直机关处级干部到基层一线挂职锻炼10人。

【干部选拔任用监督】2017年，海口市委组织部编发《海口市科级干部选拔任用工作指南》《海口市科级干部选拔任用工作纪实监督系统应用手册》，举办全市业务培训班，建立运行科级干部选拔任用工作纪实监督系统，监督指导各单位做好干部选拔任用工作，对科级干竞争上岗、个别提拔任用工作进行审批、指导82批次，通过系统进行任职审核278人，不断规范选人用人行为。开展超职数配备干部问题自查，进一步巩固专项整治成果，坚决防止反弹回潮。开展“带病提拔”倒查工作，确定倒查对象4名，其中处级干部1名，科级干部3名，科级干部由所在单位作出自查后，市委组织部成立调查组进行复查和审理。执行“四项监督制度”，结合年度考核在各区、市直各单位开展2017年度“一报告两评议”工作；审核科级干部选拔任用工作有关事项，批复19批87人；对7名离任党委（党组）书记开展离任检查，针对存在的问题及时要求整改，要求1个市直单位党组作出书面检查，并约谈该单位组织人事工作负责人。抓好换届正风肃纪工作，通过压实主体责任、开展学习宣传教育、落实“四必看”“四必谈”“四必训”“凡提四必”、加大查处力度等一系列措施，以“零容忍”的政治态度抓好正风肃纪工作，为省人大政府政协领导班子换届营造风清气正的良好环境。

【处理举报干部信访件】2017年，海口市委组织部发挥“12380”信访举报在干部日常管理中的监督和预防作用，全年受理来信来电来访和网络举报59件。其中，“12380”专用举报电话和网站举报21件、来信来访办件38件；反映选人用人问题17件，其他反映干部作风等问题42件，办结率100%。根据举报线索，开展函询4人次，提醒约谈3人次。注重加大公示期间举报查核力度，全年公示期间信访举报13件，其中1名处级拟任职人选由市纪委谈话函询后作信访了结，不影响其任职；1名科级干部暂缓提拔任用，由市人社局进行函询。

【市管干部档案管理】2017年，海口市委组织部初步建成全市在职市管干部人事档案信息库，完成956卷在职市管干部档案数字化建设工作。全年向省委组织部考察组报送市管干部档案12卷，向省委组织部信息办移交省管干部档案31卷，转出市管干部人事档案11卷，接收市管干部档案77卷（含2016年正团职军转干部人事档案8卷），并对其进行整理、改版、审核。收集归档干部任免审批表、公务员登记表、退休审批表、工资审批表，因公出国人员审批表、备案表等相关档案材料2375份，办理市管干部档案查借阅业务590人次。完成52名2017年团级军转干部档案的接档审核工作。5月3日，印发《海口市市管干部任前档案审核暂行办法》，要求全市各单位组织人事部门遵照执行。10月24日，举办为期1天的干部人事档案工作业务培训班，各区、市直机关单位、企事业单位干部人事档案工作负责同志共140余人参加培训。

【党员队伍建设】2017年，海口市共发展党员1413人，占年度发展党员任务的100%。其中，发展女党员488名，占总数的32.91%；35岁以下（含35岁）1005名，占总数67.77%；大专以上学历983人，占总数66.28%。全市共有党员7.72万名，其中男党员5.54万名，占71.80%；女党员2.18万名，占28.20%。加强对党员的教育培训，对4800多名党务工作者进行发展党员业务培训，选派150多名新任的村（社区）党组织书记参加省委组织部举办的村（社区）党组织书记培训班。

按党委（总支、支部）数量及分布对比：全市共161个党委。其中，机关单位75个党委，占46.58%；事业单位21个党委，占13.04%；国有企业33个党委，占20.50%；集体企业4个，占2.48%；非公企业6个党委，占3.73%；镇22个党委，占13.67%。全市共187个党总支。其中，机关单位56个党总支，占29.95%；事业单位55个党总支，占29.41%；国有企业20个党总支，占10.70%；集体企业2个党总支，占1.07%；非公企业5个党总支，占2.67%；镇（街道）49个党总支，占26.20%。全市共3433个支部。其中，机关单位930个支部，占27.09%；事业单位609个支部，占17.74%；国有企业373个支部，占10.87%；集体企业104个支部，占3.03%；非公企业664个支部，占19.35%；社会组织30个支部，占0.87%；民办非企业52个支部，占1.51%；农村328个支部，占9.55%；社区207个支部，占6.03%；其他单位136个支部，占3.96%。

按党员的学历分布：研究生学历党员1562名，占2.03%；大学本科学历党员2.23万名，占28.87%；大学专科学历党员1.58万名，占20.42%；中专学历党员6255名，占8.11%；高中、中技学历党员1.39万名，占18.04%；初中及以下学历党员1.74万名，占22.53%；

按各领域党员情况分布：公有制企业在岗职工党员2.69万名，占34.83%；非公有制企业在岗职工党员5069名，占6.57%；农牧渔民中的党员1.93万名，占25.07%；离退休党员1.67万名，占21.62%；其他领域的党员9192名，占11.91%。

按年龄结构分布：30岁及以下的党员9815名，占12.72%；31～40岁的党员1.54万名，占20.02%；41～50岁的党员有1.65万名，占21.43%；51～60岁的党员有1.29万名，占16.76%；61岁以上的党员有2.24万名，占29.07%。

【人才队伍建设】2017年，海口市大力实施人才强市、聚集人才战略，创新人才引进制度，优化人才发展环境，提高人才服务质量，完善人才激励机制，先后制定出台《海口市“候鸟型”人才工作实施办法》《海口市引进和培育科技创新创业团队实施办法》《海口市人民政府关于促进人才引进的若干意见》等政策措施，增强人才黏性。同时，明确要依靠特色优势产业吸引人才，通过提高教育、医疗等公共服务水平留住人才，为海口市经济社会发展提供智力支持。坚持招商与引智相结合原则，促进高层次人才集聚。充分发挥海口国家高新区“海南省人才服务管理改革试点园区”作用，打造区域性人才高地。重点引进建设旅美科学家工作站、欧亚国际科学院海南院士专家服务中心、吴养洁院士工作站。1月，海口市人才工作协调小组更名为海口市人才工作领导小组，同时新增市编委办、市海洋和渔业局、市住建局、市总工会、团市委、市妇联、市地税局、市工商局、市食品药品监督局9个单位的主要负责同志为领导小组成员，进一步加强和充实市人才工作领导机构。4月11日，海口市人才工作领导小组办公室印发《2017年全市人才工作要点》。8月中旬，举办人才工作者专题培训班和“大研讨大行动人才工作专题研讨”座谈会，研究解决人才发展体制机制改革中遇到的新情况新问题。打造人才培养基地，创新推出“政府主导、部门协作、产业带动”的培训机制。先后在石山镇施茶村委会、新坡镇新发地果蔬基地、云龙镇云阁村委会、三江镇茄芮村委会、美兰区职业培训中心打造5个农村实用人才培训基地。依托当地农业示范基地、产业化龙头企业，发挥农村致富带头人的示范带动作用，举办农村实用人才致富经验宣讲会，为农民提供技术咨询、技术培训、技术服务和小额贴息贷款等服务，使农民就近获得经常性培训。推动平台建设，健全人才管理服务体系。8月中旬，市人才办会同市人社局组织市科工信局、教育局等14个单位开展海口市人才发展体制机制建设调研，采取实地考察、政策宣讲、座谈交流等方式，对市党政部门、科技创新和信息产业、教育产业等13个方面的人才情况进行调研。9月，由美中硅谷协会会长、美中硅谷投资有限公司董事长王旸率领的硅谷代表团访问海口，双方签订关于开展人才交流合作意向协议，进一步加强海口与美国硅谷在互联网和医疗等多个领域的友好交流与合作，开启海口市与美国硅谷人才合作的快速通道。10月初，市人才办牵头市国资委、高新区管委会、龙华区委组织部、复兴城互联网创新创业园等单位，组织人员赴合肥市人力资源和社会保障局、深圳市人力资源和保障局实地考察，学习借鉴省外兄弟单位在人才“一站式”服务平台建设、运行、管理等方面的经验做法。持续推进人才服务工作数字化、科技化建设，打造线上线下同步的“1+N”人才服务综合平台（即一个线上“海口市人才工作网”+N个线下人才服务平台）。12月，海口市人才工作网正式上线，实现在线人才信息登记、供需信息发布、人才评聘等功能。海口市高层次人才服务平台、企业经营管理人才服务平台、创新创业人才服务平台3个线下平台完成建设。审议通过市委宣传部、市教育局、市卫生局、市外事侨务办、海口高新区管委会、龙华区委组织部、美兰区委组织部7单位柔性引进的52名“候鸟型”专家人才，拨付柔性引进人才资金128万元。

【《我是共产党员》专栏】2017年，海口市继续办好《我是共产党员》专栏，制作播出52期，挖掘树立十九大代表、市公安局琼山分局便衣大队长冯晖等一大批优秀党员典型，以“身边人、身边事”教育激励党员干部，影响和带动党员干部学先进、赶先进、作表率，在全社会凝聚浓厚的对标先进、见贤思齐的正向氛围。年内，《我是共产党员》获第十一届“纪录·中国”创优评析三等栏目，第一集图书出版发行，29期专题片被纳入中组部主办的全国党员干部现代远程教育网及全国党员干部现代远程教育卫星频道滚动播出。

【电视夜校教学管理】2017年，海口市委组织部加强脱贫致富电视夜校教学管理，举办全市夜校管理员培训班，分2期对全市450名区、镇、村电视夜校管理员开展专题业务培训。通过严格管理，贫困户参学率和“钉钉”系统管理员签到率均在98%以上，在省委组织部评比中多次名列全省第一。在11月全省脱贫致富电视夜校评比中，海口市获海南省脱贫致富电视夜校先进市县夜校称号，3个镇分校获先进乡镇分校称号，26个村（社区）获先进教学班（组）称号，3名镇委书记、9名夜校管理员、26名教学点管理员获优秀个人荣誉称号，169名贫困户获优秀学员称号。

【组织工作调研】2017年5—6月，海口市委组织部就加强和改进干部挂职锻炼工作开展专题调研。通过深入各区重点项目一线、“双创”工作前沿、农业生产基地等现场了解挂职干部的工作情况，组织召开多场区委组织部、接收单位、挂职干部代表等参加的座谈会，在全市范围内开展问卷调查等方式，形成《新形势下加强和改进干部挂职锻炼工作问题研究》调研报告。推动课题调研成果转化，印发《海口市干部挂职锻炼工作管理办法》在全市实施。11—12月，为深入贯彻落实党的十九大精神，探索建立干部正向激励机制，开展专题调研，通过发放调查问卷、召开座谈会、个别谈话、文献梳理等多种形式，在深入调查了解、综合分析的基础上形成《充分发挥正向激励效应 激扬敢闯敢试特区精神——关于建立健全干部正向激励机制的研究与思考》的课题研究报告。11 月 7 日，市委印发《中共海口市委关于激励干部干事创业担当有为的实施意见》。

【组织工作宣传】2017 年，海口党建网站发布各类信息 1100 余条，海口党建微信公众号发布各类信息 600 余条。市委组织部向《今日海南》《海南党建》等媒体报送信息稿 70 余篇，宣传海口组织工作特色做法和工作亮点。其中，《从严治党，必须从严管理干部》被《今日海南》刊发，《“学”在深处 “做”在实处》《对加强换届后干部跟踪管理的思考》《坚持正确选人用人导向 营造良好政治生态》《“五项举措”提升机关党建工作水平》《关于组织信息工作的思考》等被《海南党建》采用。

（台德超）

宣传工作

【宣传工作概况】2017 年，海口市委宣传部深化理论武装工程，推进学习型党组织建设。坚持正确舆论导向，为推进海口经济社会全面发展营造良好氛围。加大对外宣传工作力度，推动国际化滨江滨海花园城市建设。开展全市社会文明大行动，不断提高海口城市文明程度。深化文化体制改革，促进海口文化产业融合发展和繁荣。开展群众性文化活动，丰富市民文化生活。大力建设海口公共文化服务设施，推进海口文化惠民工程。推荐的广播剧《永远的更路簿》获中宣部第十四届精神文明建设“五个一工程”奖，原创舞蹈诗《黎族家园》入选 2017 年度文化部国家舞台艺术精品创作扶持工程重点剧目；指导创作儿童电影《旋风女队》，获“最佳中国儿童片特别奖”“我最爱的儿童片”“最佳儿童女演员”3 项大奖；微电影《相》获三等奖；禁毒微电影《消失》获 2017 年首届全国禁毒微电影视频摄影大赛海南赛区二等奖；推荐的作品《领导带头基层宣讲，广接地气凝聚合力》获海南省基层理论宣讲微视频大赛特等奖。市委讲师团获海南省委宣传部表彰的 2017 年基层理论宣讲先进集体称号。

【理论宣传】2017 年，海口市委宣传部组织市委理论学习中心组集体学习 22 次，召开 6 次市委理论学习中心组（扩大）学习报告会，市四套班子领导、全市副处级以上干部约 5000 人次参加。印发《2017 年海口市各级党委（党组）理论学习中心组学习意见》，抓好各级党委（党组）中心组理论学习工作。在全省理论工作会议上做党委（党组）理论学习中心组经验交流。举办市委“大研讨大行动”研讨成果交流会暨 2017 年理论研讨会，收到重点调研课题 115 篇。开展落实意识形态工作责任制督查。组织开展“党的十九大精神”“党的十八届六中全会精神”、习近平总书记“7·26”重要讲话精神、深化“两学一做”学习教育、“省七次党代会精神”等主题宣讲及“五讲四进”基层微宣讲活动累计 6171 场次，受众人数 127 万人次。编制《海口市党委（党组）理论学习中心组“两学一做”学习教育参考资料》（附学习光盘）20 个专题 2200 本，发放《习近平谈治国理政》（第二卷）、《实践论、矛盾论导读》等理论书籍 1000 余册。

【新闻宣传】2017 年，海口市委宣传部协调省市新闻单位通过报纸、广播、电视、网络以及微博、微信、手机客户端以丰富生动、精彩感人的笔触、声音、镜头、画面为全市经济社会发展鼓与呼。深入宣传海口市学习宣传贯彻党的十九大精神和省第七次党代会的宣传报道情况，宣传贯彻全国、省、市“两会”精神，及时准确报道市委十三届二次全会暨市委理论研讨会、全市经济工作会议，市委常委会，书记专题会等重要会议活动，宣传“大研讨大行动”活动、国家环境保护督察和国家海洋督察，围绕城市更新“五化”先行、生态文明、脱贫攻坚、禁毒三年大会战等市委市政府重点工作开展系列专题宣传。协调省市媒体加大对“双创”的宣传力度，其中市属媒体共刊出版面 356 个、稿件 3239 条、照片 709 幅、栏目 80 个、公益广告 450 幅，《海南日报》、海南广播电视总台、《南国都市报》等省级媒体共刊（播）新闻稿件 1500 余条。利用“两微一端”全方位做好“双创”新闻宣传工作，加强对清明、端午、中秋和春节等传统节假日的宣传，营造平安祥和的节日氛围，其中稿件《20 多万人“洗龙水”》受到《人民日报》和中央电视台等中央主流媒体的关注。

【典型人物宣传】2017 年 2 月开始，海口市委宣传部指导海口日报社和海口广播电视台联合策划推出《寻找“双创”先锋》系列报道，组织媒体挖掘报道“22 年像打扫家一样打扫马路”的海口环卫工人罗杰珍，一年收到 180 封表扬信的“好闺女”海航特殊旅客服务人员麦燕双，“老人坐公交晕倒闯红灯送医”的海口 4 路公交车司机郑洪，“5 年坚持免费接送老弱病残”的海口爱心车队，“暴雨中守护他人安全”的“守坑叔”等多个典型。组织市属各媒体转载《人民日报》、中央电视台、新华社等中央媒体对海口先进人物的点赞报道。在海口网 PC 端开设“海口正能量”专栏，对海口道德模范、先进人物、践行社会主义核心价值观的先进典型、好人好事进行点赞报道，宣传椰城暖心事，传递社会正能量，弘扬社会好风气，讲好海口故事。

【舆论监督】2017 年，海口日报社、海口广播电视台通过开设专题专栏、设置曝光台等，开展舆论监督工作。《海口日报》舆论监督主要结合“双创”工作，开设“双创红黑榜曝光台”曝光社会上各种不文明行为，5—12月，共刊出20期。海口广播电视台以《椰城纠风热线》《热带播报》《直播12345》所构建的舆论监督平台，在力度、广度、深度上均比上年有较大提升。海口网开设《最美海口 你来找茬》栏目，对“双创”工作中的问题进行曝光，并由记者跟踪报道。《椰城纠风热线》栏目全年共播出143期，上线单位150个，上线一把手150人次（其中上线市领导8位）。《直播12345》共接听咨询、求助、投诉、建议等各类型诉求办件956件，节目帮忙跑腿督办办结837件，办结率87.6%。

【社会宣传】2017年，海口广播电视台联合湛江广播电视台共同举行2017年春节联欢晚会，组织策划“为了225万个笑容——海口市学习贯彻落实党的十九大精神”群众文艺晚会，举办“三下乡”大型集中示范活动4场次。市文体局举办“我们的节日”和十九大精神宣贯等系列主题演出活动10余场。海口市围绕学习贯彻党的十九大精神，开展户外广告宣传，共安装立柱广告画面50多面、公交车站广告灯箱180个、落地广告牌4个、户外大型LED广告屏28处，交通护栏、桥体护栏、天桥安装条幅200多条，设计安装建筑围挡示范点1000多平方米。围绕博鳌亚洲论坛2017年年会，开展户外广告宣传，协调在高速公路、机场路显要位置设立立柱广告牌6处12面，在国兴大道、琼州大道等市区重要路段安装灯杆道旗1500面。围绕省第七次党代会开展户外广告宣传，共协调大型户外LED显示屏28块，每天滚动播放党代会标语口号画面3.6万频次；公交车、出租车后置LED显示屏不间断滚动播放党代会宣传标语；制作安装党代会宣传道旗1600杆，立柱广告画面14面，天桥广告两面，大型背景板19块，悬挂条幅30多条。

【对外宣传】2017年，中央主要媒体对海口关注度大大增强，采访频次及发稿量显著提升，推出《海口：生态修复 让水清岸绿城市更新》《海南海口：守护湿地换来惠民好生态》《一根针穿起民生“万家线”》等有分量、有影响的新闻稿件388篇，其中《人民日报》26篇、新华社报道（含《新华每日电讯》、新华社通稿）100篇、中央人民广播电台（含央广网）报道167篇、中央电视台报道70篇（其中《新闻联播》13篇，比上年增长160%）。助推琼州海峡经济带建设及一体化发展，探索建立海口与湛江两市新闻宣传互通长效机制，实现两地每日报纸互通、新闻节目互播。策划制作海口形象宣传片、城市记录片、《海口故事》画册等精品外宣作品，扩大海口对外宣传力度。借助博鳌亚洲论坛、2017年全国旅游工作会议、国际环岛自行车赛等重大活动，组织策划对外宣传，展现海口和谐发展的良好城市形象。落实党委和政府新闻发言人制度，推动新闻发布工作规范化建设，全年举办40场新闻发布会。

【网络宣传】2017年，海口市委宣传部围绕社会经济快速发展、决战决胜“双创”、生态文明建设、社会管理机制改革、违法建筑整治、精准扶贫等市委市政府中心工作及党和国家重大政治题材、重大节庆活动，发挥海口网、海广网等市属媒体网站的主阵地作用，指导海口网、海广网开设品牌栏目和开展特色宣传活动，将每日热点进行筛选，通过微博、微信等新媒体进行推广。利用人民网海南视窗、新华网海南频道、南海网、今日头条海南、新浪网海南、凤凰海南、天涯社区、凯迪网络等网络媒体都在海口的便利，与他们进行深度合作，开展“创文工作宣传”“活力海口”“了不起的城市——遇见海口最美时光”“2017中国经济潮流人物”等活动，宣传海口风土人情，讲好海口故事，提高海口的知名度、美誉度和影响力。

【国防教育】2017年，海口市委宣传部组织民政、文体等部门对全市国防教育基地和爱国主义教育基地进行调研，并确定12个市级爱国主义教育基地。组织编写《全国爱国主义教育基地云龙改编旧址巡礼丛书》。利用社区宣传栏、主要道路的户外LED显示屏及公共交通等广泛开展征兵宣传，投入宣传车辆6辆，深入大街小巷开展宣传。

【网络和新闻管理】2017年1月，中共海口市委办公厅、海口市人民政府办公厅联合印发《海口市网络舆情处置暂行办法》。5月，海口市在海口人民公园举行“净化网络空间·争做中国好网民”活动启动仪式，广泛发动网民参与到精准扶贫、关爱自然等网络公益活动中来，让文明上网成为共识，自觉抵制不文明上网行为，净化网络环境。8—9月，开展对海口网、海广网、市政府门户网站等关键信息基础设施网络安全检查工作。11月，中共海口市委办公厅、海口市人民政府办公厅印发《海口市网络舆情防控方案》，提出充分利用舆情监控智能系统、海口记者圈信息发布微信群等，全方位、不间断监测负面舆情，做到舆情监控无死角。年内，海口市委宣传部有效处置“海口职业资格认定死灰复燃”等多起重大舆情事件。全年共清理各类有害信息300多条，编印《海口舆情监测报告》365期、《舆情简报》1095次，市委主要领导批示16次。

（王 华　王跃聪）

统战工作

【统战工作概况】2017年，海口市统一战线采取进党派、进非公企业、进宗教场所、进党外政协委员群体、进包点社区、进扶贫帮扶点、进门户网站、进全市统一战线微信群“八进”措施，通过集中收听收看盛会实况直播、专题学习、轮流诵读、条块解析、开展宣讲、座谈交流等方式，统领全市统战工作。市本级和4个区的党委统战部部长全部由同级党委常委担任，全市基层统战工作“三级网络”初步建立，全市大统战工作格局基本形成。

【市委统一战线工作领导小组成立】2017年3月，成立以海南省委常委、海口市委书记张琦为组长的市委统一战线工作领导小组，负责全市统一战线工作。8月，协调市委办公厅组织召开市委统一战线工作领导小组第一次全体会议，传达学习习近平总书记在中央统战工作会议上的重要讲话精神，审议通过有关文件，研究部署当前和今后一个时期全市统战工作。全面贯彻落实统战工作条例，深入一线走访调研，指导各区委加强统战工作的组织领导，建立健全基层统战工作网络，推进统战工作向基层一线延伸。市本级和4个区的党委统战部部长全部由同级党委常委担任，全市基层统战工作“三级网络”初步建立，4个区43个镇（街道）都设有兼职统战委员，417个行政村（社区）均设有兼职统战联络员（信息员），全市大统战工作格局基本形成。

【多党合作及无党派人士工作】2017年，海口市委统战部分别举办海口市各民主党派骨干及新进成员培训班和海口市统一战线干部培训班，不断提升全市统一战线骨干成员综合素质和履职能力，夯实共同思想政治基础。推荐3名民主党派干部提拔至副处级领导岗位；推荐缺少基层工作经验或缺少两个岗位锻炼的7名党派机关正科级干部到基层单位或党派省委会挂职锻炼，进一步增强党派干部的实践能力。严格按照组织程序，协助各民主党派市委会圆满完成换届工作。与市委组织部共同组织召开全市各民主党派市委会新一届领导班子集体座谈会，引导全市各民主党派市委会新一届领导班子进一步牢固树立“四个意识”，增进共识、凝聚合力。不断完善民主党派后备干部信息，为党外干部选拔任用提供充足人选。推荐8名省人大代表初步人选，30名省政协委员初步人选。鼓励和支持民主党派参政议政，全市各民主党派在省市人大、政协“两会”期间，共提交提案、议案和建议299件。其中，省人大议案3件，省政协提案81件，列为督办7件；市人大议案29件，列为督办2件；市政协提案186件，列为督办13件。组织召开全市统一战线开展“深入学习贯彻习近平总书记视察海南时的重要讲话精神建设美好新海南”大研讨大行动活动动员大会，将市委明确的“十个方面”重点内容逐项分解到全市统一战线各成员单位，同时加强组织领导，明确任务、强化责任，深入学习调研，形成《关于提升海口城市国际化水平的对策研究》《关于做大做强海口热带特色现代高效农业》等10多篇高质量调研报告，为市委市政府科学决策建言献力。

【港澳台统战工作】2017年，海口市委统战部成立专项工作组，先后5次召开专题会议，梳理研究部署解决港籍企业26项诉求，整理编制《解决港籍企业诉求的意见建议汇总表》和《协调解决港籍企业诉求的工作分工》呈报市政府，明确任务分工，强化责任落实，帮助港资企业排忧解难。实地走访调研全市台资企业，深入了解企业发展状况，帮助协调解决台商台胞反映的困难问题20余项。

【非公经济领域统战工作】2017年，海口市委统战部组织非公企业家到结对帮扶点考察学习，组织“3·15”诚信教育活动，开展理想信念教育培训，进一步坚定非公有制经济人士理想信念。主动走访调研全市非公有制经济企业，为企业协调解决困难20余项，引导企业积极适应经济新常态，主动转型升级、节能增效、做大做强。成立非公有制经济代表人士综合评价领导小组，建立海口市非公有制经济代表人士综合评价工作联席会议制度，对全市非公有制经济人士开展综合评价200多人次。多次深入非公有制经济企业一线宣传党的十九大精神，坚持用党的十九大精神教育引导非公有制经济企业诚实守信、依法经营、开拓进取，促进全市非公制经济健康发展。

【民族宗教事务工作】2017年，海口市委统战部加大宗教政策宣传，举办宗教人士培训班，组织宗教人士座谈会，着力夯实宗教人士爱国爱教、遵规守法意识，引导宗教与社会主义社会相适应。深入贯彻落实党的宗教政策和《宗教事务条例》，主动做好宗教事务管理工作。11月，牵头组织全市宗教界代表人士赴深圳弘法寺、弘法寺志愿者协会、南湖街道文锦社区、清水河街道梅园社区、大华兴寺、本焕学院等场所和社区，调研学习宗教助力社会管理的经验和做法。召开全市宗教工作联席会议，全面开展民族宗教领域风险排查，协调市相关单位，通过取缔基督教私设聚会点、解决宗教场所用地问题、推动清真餐饮（食品）行业健康发展等工作，为维护全市社会和谐稳定贡献力量。深入走访宗教代表人士和省市相关单位，听取意见建议，推动成立市佛教协会、市道教协会。进一步加强少数民族流动人口服务管理工作，帮助少数民族在海口务工人员解决困难，促进社区各民族交往交流交融。

【港澳台及海外联谊工作】2017年，海口市委统战部注重发挥社团平台作用，加强与港澳台地区及海外社团、琼籍乡亲的交流交往；指导中国香港海口联谊会吸收新会员922名，帮助落实香港海南社团企业家捐款港币2143.94万元，用于中国香港海口联谊会会址建设。7月26日，中国香港海口联谊会香港会址正式启用，市委副书记、市长倪强率团参加启用仪式，并通过各种联谊活动，广泛推介海口，鼓励在港乡亲回乡旅游观光、投资兴业。举办联谊会骨干培训班，组织百人香港青年大中学生到海口学习交流，增进乡情乡谊，搭建两地青年大中学生的友谊桥梁，加强两地交流交往，促进两地共同繁荣发展。推动成立海口欧美同学会（海口留学人员联谊会），不断扩大海外统战工作力量，为全市经济社会发展引资引智。

（邵国海）

市直属机关工委工作

【直属机关工委工作概况】2017年，海口市直机关工委深入学习贯彻习近平总书记系列重要讲话精神，推进“两学一做”学习教育常态化、制度化，紧扣“服务中心、建设队伍”两大任务，以落实全面从严治党要求为主线，扎实推进机关党建标准化、规范化建设。推送的市地税局微电影《特殊考验》荣获全国党建创新成果金奖，获省直机关工委2017年度全省机关党建理论优秀研究成果组织奖和市委市政府授予的2015—2017年“双创”工作先进单位等奖项。

【机关基层党建】2017年，海口市直机关工委根据市委关于开展“两学一做”学习教育常态化制度化的工作部署，指导机关各级党组织开展“两学一做”学习教育常态化制度化，对全市76个机关单位落实“两学一做”学习教育常态化制度化进行“5个回头看”，对开展“三会一课”、民主生活会、组织生活会、民主评议党员情况进行专项督查。举办市直机关基层党组织书记学习贯彻十九大精神培训班，邀请海南大学宋增伟教授对党的十九大精神和新党章进行专题授课辅导。举办“三会一课”专题轮训班，井冈山、遵义党务干部理想信念培训班，共2100人次参加，实现基层党组织书记培训全覆盖。开展“深入学习贯彻习近平总书记视察海南时的重要讲话精神建设美好新海南”大研讨大行动。组成调研组深入77个市直属机关党组织开展“服务机关党建”调研工作。同时，按省直工委部署，将《严肃机关党内政治生活，加强机关党内监督研究》作为机关党建研究的主课题，并细化为13个子课题，把党建课题研究作为全面从严治党新形势下推动机关党建创新发展的重要举措，作为提升机关党建理论素养的重要途径，组织市直机关各党组织撰写论文103篇报送省直机关工委。开展以“不忘初心、勇当先锋”为主题的微党课评选活动和以“严肃机关党内政治生活，加强机关党内监督研究”为主题的党建论文评选活动，评选出优秀论文33篇、优秀微党课课件25篇，充分展现市直机关“两学一做”学习教育和学习贯彻十九大精神的成果。

【市直机关党员发展】2017年，海口市直机关工委共吸收预备党员112名。举办1期入党积极分子培训班，450名入党积极分子参加为期3天的培训。至年底，市直机关有中共党员1.4万名，其中女党员5000名、少数民族党员300名、大专及以上学历的党员1.08万名。

【市直机关党内表彰】2017年“七一”期间，海口市直机关工委评选表彰46个先进基层党组织、82名优秀共产党员和75名优秀党务工作者。联合《海口日报》共同举办《机关党旗红》栏目，主要报道市直机关通过抓机关党建工作促业务工作的先进经验和做法，全年共刊出13期。做好《我是共产党员》栏目人选推荐，宣传一批基层优秀共产党员的先进事迹。发放光碟300张，组织机关党员1.2万余人次观看《我是共产党员》教育片，弘扬正能量，教育引导广大党员在平凡的岗位做出不平凡的业绩。

【机关党建规范化建设】2017年，海口市直机关工委在总结2005年以来经验的基础上，根据十九大精神和新党章的要求，按照“简化、统一、协调、优化”的原则，系统梳理机关党建工作职责、工作事项、工作程序、常用文书表格等，印发《海口市直机关党建标准》，通过党建标准化，全面加强市直机关党的政治建设、思想建设、组织建设、作风建设、纪律建设。在机关基层党组织中广泛开展比学赶超活动，创建党建示范点，评选机关党建示范点党组织，为全市党建工作树典型，立标杆。

【机关作风纪律检查】2017年，海口市直属机关工委先后6次组织检查组对机关工作纪律进行明察暗访，纠正不良行为。办理信访举报，及时查处违纪违法案件。共受理市纪委交办问题线索5件，自收问题线索1件，函询了结3件，初核移交市纪委处理1件，立案2件，结案2件，给予党纪处分2人。

【机关党员志愿服务】2017年，海口市直机关工委助力“双创”，组织开展机关党员志愿者服务活动。组织市直机关干部职工2次共862人参加无偿义务献血活动，献血23.58万毫升。组织市直机关干部职工300多人次参加在海口国际三角梅主题公园以“绿色生态、美丽海口”为主题的2017年“全民公益日”义务植树活动。以“绿色生态、美丽海口”为主题，组织1200名市直机关干部在凤翔公园开展生态修复义务植树活动，共种植椰子树、菩提树、高山榕、蒲葵、木棉、凤凰木、火焰木、黄花风铃木等乔木700多棵。发动和组织市直机关100余名党员志愿者参加“绿水青山志愿先行”美舍河生态修复志愿服务大型公益活动，组织市直机关1000多名党员志愿者参加“文明交通、助力‘双创’”为主题的文明交通劝导活动。协调、发动和组织省直机关单位、市直机关党员6254人次参与环境卫生整治和义务植树等“双创”志愿服务活动，总时长1.35万小时。全年市直机关840余个基层党组织开展各类志愿者服务活动2.03

万余次，参与活动的在职党员30.53万人次，服务总时长64.19万小时。

（翁敦伟）

机构编制

【机构编制工作概况】2017年，海口市机构编制委员会办公室突出深化行政审批制度改革、深化政府机构改革，推进综合行政执法体制改革、深化事业单位机构改革调整工作，大力加强机构编制监督和信息化建设，着力加强机构编制队伍自身建设。先后完成党委系统职能转变和机构改革、深化政府机构改革、调整市级事业单位机构设置、推进综合行政执法体制改革、推进事业单位分类改革等重要工作。

【纪检监察体制机构改革】2017年7月，海口市机构编制委员会办公室印发《关于市纪委向市一级党和国家机关派驻纪检机构有关机构编制调整的通知》，完成13个派驻纪检组设置工作。撤销市纪委监察局4个派驻纪检监察组，新设13个派驻纪检组，并从市委办公厅等30个部门核减行政编制63名划转派驻纪检组。12月，印发《关于中共海口市纪律检查委员会机关　海口市监察委员会机关机构编制职数调整方案的批复》，将市检察院43名编制划转市监察委，并对市纪委机关市监察委机关内设机构、领导职数进行调整，将13个市纪委派驻纪检组更名为市纪委市监委派驻纪检监察组。通过改革，实现对市公职人员纪检监察全覆盖。

【政府机构改革和完善】2017年，海口市机构编制委员会办公室完成市、区卫生、计划生育部门职能整合，设置市、区卫生和计划生育委员会。贯彻落实“多规合一”的改革精神，调整完善规划职能配置，在推进综合行政执法体制改革中做到相互衔接，调整设置市规划委员会、市城市管理委员会（市综合行政执法局）、市海洋和渔业局（市海洋综合执法局）等机构。市林业局加挂市湿地保护管理局牌子，加强并明确湿地保护管理职能，增设湿地保护管理中心，为市林业局下属副处级机构。在市政府办督查议案室增设专项督查处，加强省市领导批办件督办力度。在市科工信局信息化处增设大数据管理分析处牌子，加强市大数据管理职能。

【调整优化公安司法系统机构设置】2017年，海口市机构编制委员会办公室为保障全省禁毒“三年大会战”，落实全省农垦改革工作，进一步调整优化公安、司法机构设置。市公安局调整优化情况：撤销垦区桂林洋分局，明确草坡、红明、东昌派出所隶属关系，并重新分配划转的人员编制，妥善做好人员安置工作；在市公安局增设旅游警察支队、刑事技术支队，增强公安局机关和交通警察支队，特别是涉及禁毒工作的监所管理支队等部门的机构编制力量；在城市警察支队增加环境保护、食品药品犯罪查处的职责；对市公安局各分局出入境管理机构名称和职责进行调整，办证中心更名为人口和出入境管理服务中心（办证中心）。市、区司法系统调整优化情况：调整优化市罗牛山强制隔离戒毒所政法编制，增设两个大队，同时下达3名政法专项编制给秀英、龙华、美兰区的基层司法所；调整市司法局内设机构的名称和职责；指导各区在区司法局加挂社区矫正管理局牌子，加强基层社区矫正管理工作职责。

【市非公有制经济组织和社会组织党工委机构调整设置】2017年，海口市机构编制委员会办公室将市非公有制经济组织和社会组织党工委机构设置由原在市委组织部下属的市党巡办挂牌调整为在市委组织部挂牌，并更名为中共海口市委非公有制经济组织和社会组织工作委员会。为承接好“两新”组织工委的具体工作，在市委组织部增设组织二处（加挂“两新”工委办公室牌子），负责工委日常工作。同时加强对各区的指导，完成区级非公有制经济组织和社会组织党工委机构设置工作。

【综合行政执法体制改革】2017年，海口市机构编制委员会办公室为建立适应“多规合一”、城市管理以及其他重点领域监管要求的综合行政执法体制，整合执法权责，编制清单目录，逐步形成一个机构负责执法、一套目录划清边界、一套机制协调配合的执法监管格局，进一步实现综合行政执法机构和政府职能部门职责边界清晰，行政执法体系集约高效、运作协调、规范有序的目标。制定《海口市综合行政执法体制改革工作实施方案》及相关改革配套方案，市政府于8月31日报省政府审批。会同相关部门研究综合行政执法局、海洋综合行政执法局的“三定”规定。

【设置调整市级事业单位机构】2017年，海口市机构编制委员会办公室根据《中共海南省委关于进一步加强生态文明建设谱写美丽中国海南篇章的决定》以及市委市政府及市编委的指示，设立市河长制办公室，为市水务局下属正科级事业单位；设立市湾长制办公室，为市海洋和渔业局下属正科级事业单位。给市政府服务中心热线处（市热线办）增加人员编制5名，充实12345热线人员力量；从市市政工程维修公司事业编制空编中调剂出20名编制，用于补充专业技术人员，既不增加编制又解决了市排水管道养护所专业技术人才不足的困难。完成对市委政策研究室机构调整工作，增设新闻宣传处；完成设立市法治教育基地的工作，为隶属于市政法委的正科级事业单位。调整市人社局内设的公务员局，在市公务员局增加机关绩效管理工作职责；综合管理处更名为任免培训处，录用考核奖惩处更名为录用管理处；增设考核奖惩处，为市公务员局内设正科级机构；将市效能办更名为市干部作风监督中心。海口帆船帆板训练基地机构规格由正科级升格为副处级，不增加人员编制，增设3个正科级内设机构。完成市事业单位登记管理局从市编办内设改为单独设立的工作，加强市事业单位登记和党政群机关组织机构代码管理工作。在市安全生产监督管理局增设应急救援管理处，加挂“职业健康处”的牌子，增加行政编制3名；给市安全生产执法监察大队增加事业编制5名，设立市安全生产宣传教育中心，为市安监局下设正科级机构。完成对桂林洋经济开发区工委管委会内设机构调整工作，在不增加编制的情况下，撤销纪检监察处，增设生态环境保护处和农林水务处、安全生产监督管理处。

【调整中小学和公办幼儿园教职工编制】2017年6月上旬，海口市机构编制委员会办公室完成市属、各区中小学校及公办幼儿园教职工编制核定工作。根据新学年实际招生情况，给市五源河学校和市港湾小学分别增加事业编制，缓解这2所学校老师紧缺，确保学校正常开学需要。完成新设立北师大海口附属学校和市海景学校2所公办学校机构设置和编制核定工作，确保9月新学期正常招生开学。

【推进公立医院管理体制创新试点工作】2017年4月7日，经海口市编委批准设立海口市骨科与糖尿病医院（上海市第六人民医院骨科与糖尿病医院），市编办建立现代医院法人治理结构改革试点，创新医院机构编制管理。市政府印发实施《海口市建立现代医院管理制度实施意见（试行）》。

【机构编制监督核查】2017年，海口市机构编制委员会办公室分层级对海口控编减编工作开展专项督查，严控机构编制数和领导职数。将市行政、事业编制和实有人数与2012年统计基数做对比，分析编制、人数的变化情况和变动原因，总结市控编减编工作的主要做法和成效，分析控编减编工作存在的主要问题和困难，提出进一步落实控编减编工作的四项措施，并顺利通过省编办督查组的实地检查验收。另外，为落实省委常委、市委书记张琦，市长倪强在《省编办关于控编减编工作需强调的意见（沈晓明省长批示件）》上的批示，针对海口市“苦乐不均、忙闲不均”的现象制定《部门职能运行专项调研工作实施方案》，先后到市发改委、市司法局、海口高新区等40多家市、区级机关事业单位实地调研，起草《关于“苦乐不均、忙闲不均”情况的调研报告》。

【党政机关中文域名和中编办云平台推广】2017年10月，海口市机构编制委员会办公室完成机构编制云平台基础数据录入工作，将现代信息技术应用到日常机构编制管理中，使机构设置更加规范、职能职责界定科学合理、编制使用精简高效、充分挖掘机构编制潜力，破解机构编制瓶颈，增强机构编制使用效益，形成“用数据说话、用数据决策、用数据管理、用数据创新”的机构编制管理新模式。11月8—10日，市编办举办“2017年度海口市机构编制统计及中文域名工作”培训班，为314家单位的482人对机构编制及实名制管理系统进行统一业务培训。

【事业单位统一社会信用代码网上登记管理】2017年，海口市机构编制委员会办公室开展事业单位法人登记管理工作，做好新增事业单位设立申请、变更、年度年审、注销和机关群团统一社会信用代码工作。共完成事业单位法人申请设立9家、变更120家、年度报告年审230家，机关统一社会信用代码赋码87家、垂管机关1家、群团赋码11家，实现全事项、全流程网上办理、审批。

（黎　鸣）

对台工作

【对台工作概况】2017年，海口市有定居台胞835人，常住台胞426人。市台资企业协会会员151家，其中企业会员129家、个人会员22个。年内，海口市引进4家台企；位于泰龙城的海峡两岸青年创业就业基地引进台湾青年来基地创业33家，创业人员33人。创新工作方式，加强对在琼台胞台属的服务工作。开展新春、端午、中秋联谊活动4场，加强椰城台商交流联系。继续开展两岸交流活动，加强两岸沟通往来，学习借鉴台湾的经验，并将学习考察成果及时转化为实际举措和具体行动，落实到“双创”工作和城市各项建设上。

【台资企业发展】2017年5月，海南美之盟医疗健康管理有限公司——俪贵人在海口市注册，注册资金500万元（台资40%、陆资60%）。6月，海口市政府与海南恩祥医疗投资有限公司、台湾信合国际健康产业股份有限公司签约，由恩祥集团、台湾彰基医院共同出资，引进台湾医疗先进的管理理念、技术、人才和服务，成立一家涵盖妇幼医院、月子中心、眼科中心、牙科中心、美容中心、抗衰医疗中心、体检中心等领域的综合医院。医院院址设在海口恩祥新城，占地面积约6.67公顷，总投资额10亿元。至年底，海口市共有注册台企465家，投资总额约6亿美元，正常经营的会员企业129家。与其他市县台资企业大部分都集中在一产的情况相比，海口市的台资企业涵盖省内台商投资的所有产业类型。市台资企业不断更新生产理念、研发和引进代表国际先进生产技术、丰富产品种类、创造独具特色的企业文化，成为海口企业先进生产力的典型代表。其中，海南蔚蓝海洋食品有限公司是中国百优水产企业，全国最具影响力的罗非鱼生产和加工企业，全国质量诚信企业，全省出口创汇企业；泰龙商业城、大润发超市是海南连锁超市的龙头企业，在海口市开设3家大型超市；全兴工业（海南）有限公司是海南规模最大的汽车内装配件企业，海马汽车十大优秀供应商，海口市著名工业企业；上岛咖啡、亨美乐等台企都是海南知名餐饮品牌，其中上岛咖啡在海口市有自营店2家、加盟店20家；欣奇食品有限公司是海口市食品卫生管理先进单位，海南品牌创建示范企业；金德丰、坤捷、旺来等一大批农业开发公司建立质优价廉的热带水果和花卉种植基地，先后引进台湾“黑金刚”莲雾、“琼台1号”改良型菠萝以及泰国椰子、泰国榴莲蜜等多个优良品种。

【党政代表团赴台交流】2017年，海口市党政机关组团赴台交流学习31团277人次。主要对台湾夜市及美食街（区）规划建设与管理、民宿管理、垃圾处理、高效农业等进行学习考察。市委副书记吴川祝、市政府副市长文斌等市领导先后率团赴台，与台北市、新北市的环境保护局、新北市政府主计处、台湾省农会等多家单位进行座谈交流，进一步拓宽与台湾各县市的交流渠道，建立起互访交流机制，为巩固和发展琼台合作奠定基础。

【台湾参访团来访交流】2017年，海口市台办先后接待苗栗县卓兰镇代表团、台湾“中国统一联盟”屏东分会参访团等22个团体近400人次来访。同时，协助邀请商贸项目、农业项目、教育文化产业、民宿项目等各类台湾商务考察团26个近百人次来琼考察交流。考察团主要考察海口的商贸、农业、民宿、教育、乡村旅游等产业，结合海口休闲农业、乡村旅游、台湾民宿规划项目工作，给予专业的建议意见，促进琼台两地的经济、文化交流工作。其中，台湾民宿专家郑庆敏博士、台湾民宿协会吕人凤会长先后为全市副处级以上干部、镇街村居主要负责人、旅游行业协会和旅游企业负责人开展民宿专题培训，推动市民宿产业发展。

【赴台考察成果转化】2017年，海口市通过赴台考察交流，学习借鉴台湾的经验，尤其重视借鉴台湾先进技术和管理经验，并将学习考察成果及时转化为实际举措和具体行动，以推动海口市夜市管理、民宿旅游、垃圾处理等工作迈上新的台阶。年内，全市计划完成龙华区金盘夜市等10处特色夜市建设。其中，金盘、福地美食街、东湖嘉丰与海大南门4个夜市投入运营；美俗、海垦、滨濂、文坛（国兴特色创业美食城）4个夜市基本完工。推动城市生活垃圾管理及分类处理，建立垃圾分类投放、分类收运和分类处理体系。制定并印发《海口市生活垃圾分类减量工作方案》；规范标准，出台垃圾分类地方性法规；投入资金，完善硬件设施建设；加大社会宣传力度，营造氛围。推动民宿发展，邀请台湾民宿专家郑敏庆、台湾民宿协会副会长吕人凤、厦门民宿产业发展联盟理事长董启农到海口做民宿专题讲座，指导海口民宿建设。各区依据各自资源特点和现状，开展乡村旅游服务技能及民宿建设运营等专项培训13场次，培训人数2706人次，提高乡村旅游就业人员的服务技能。至2017年，海口先后建成连理枝渔家乐、枷椗山居、美社有个房、人民骑兵营、冯塘绿园、世外桃源客栈、花梨之家民宿等20多家特色民宿。

【引进台湾专业人才就业】2017年，海口共引进44名台湾各类专业人才到海口就业（农业专家3人、医疗专家7人、文创专家1人、特色小吃创业者33人）。其中，琼山区农业部门聘请台湾农业专家张岳玄担任琼山特色农产品销售顾问，海南省休闲农业协会聘请台湾农业专家黄一峰为技术顾问，海南坤捷农业开发有限公司百香果种植园区聘请吴思宪为技术顾问，秀英区政府聘请郑敏庆为秀英区全域旅游创建特邀顾问、秀英区培训中心名誉主任。

【台商合法权益保护】2017年，海口市台办深入开展“台企大走访”活动，将工作重心向服务台商、台企转移，将落脚点放在维护台商、台企的合法权益上。先后深入到82家台企的生产基地、车间、店面进行调研，解决台企实际困难4起。重视台商、台企来信来访工作，成立专项工作领导小组，协调处理各种信访问题。全年共收到各类来信来访14宗，函复14宗，办结12宗，剩余2宗正跟踪推进中。

【服务台胞台属】2017年，海口市台办慰问第一代老台胞、台胞遗孀及特困台胞16人次，发放慰问金1.6万元。开展首次台企春节慰问活动，慰问市各产业代表性台企10家。出具台胞台属证明等，切实帮助台胞台属解决实际困难。

【对台网站建设】2017年，海口市台办以“南海明珠—海口”网站为阵地，不断更新海口新闻及各项方针政策，共更新信息2000多条，向华夏经纬网、琼台姊妹岛等网站投稿10多篇，宣传海口市涉台相关活动及工作成效。

【协助开展两岸媒体海南行活动】2017年6月初，海口市台办协助开展澳门媒体涉台报道负责人参访团海南行活动。12月初，协助省台办开展第三届两岸网络媒体海南采风活动，邀请两岸网络媒体记者40人来琼参访，在海口期间重点参观采访海口骑楼老街、天涯社区、海南日报社、海南省规划馆及海口“双创”工作成果。

（李　喆）

群众信访

【信访工作概况】2017年，海口市信访形势呈现信访总量、进京到非接待场所上访、群众到省到市集体访、重信重访和网上信访总量“四下降一上升”态势，在党的十九大、全国“两会”、博鳌亚洲论坛年会、“一带一路”高峰论坛、金砖国家领导人第九次会晤等重要会议和活动期间，均实现“零”进京到非接待场所上访工作目标。市信访局被国家信访局评为金砖国家领导人第九次会晤信访工作先进集体，被海南省委、省政府评为十九大安保维稳工作先进集体。

【信访及网络问政】2017年，海口市信访总量5447件（人次），比上年下降30.8%。其中，到省集体访85批1896人次，到市集体访67批1297人次，群众到省、市集体访批次和人次分别下降23.6%和52.1%，重信重访量下降39.4%。海口网络问政平台共受理网络问政信件2773件，办结2757件，办结率99.4%。

【民情台账】2017年，海口市、区、镇（街道）、村（居）委会、村（居）民小组五级全面推行民情台账工作，共收到民情诉求1.73万件，办结1.63万件，办结率94.36%。

【信访督查督办】2017年，海口市信访工作联席会议办公室联合市委维稳办、市综治办、市委（市政府）督查室等相关单位，先后组成督查组联合开展实地督查20多次，促进解决一批信访事项。

（胡建广）

党校教育

【党校工作概况】2017年，海口市委党校累计举办各类培训班18期，培训各类干部3825人次。教师深入机关、镇街开展专题培训和理论宣讲活动61场，培训6930人次。主办哲学社会科学综合性理论刊物《海口学刊》（季刊），出刊4期，刊登领导讲话、理论研究文章、调查报告等61篇，约28万字。出版《干部论坛》8期，编印研讨论文集1册。开展课题研究共18个，其中获省部级立项课题2个、地厅级立项课题5个，累计获得课题立项资助经费10万元。在省内外各类刊物上公开发表理论文章50篇，完成高质量的调研报告7篇。

【干部教育培训】2017年，海口市委党校在干部教育培训中解读习近平总书记系列重要讲话精神、习近平新时代中国特色社会主义思想、十八届六中全会精神、党的十九大精神、省第七次党代会精神、市第十三次党代会精神及海口经济发展等内容，并结合理想信念、道德品行、党性教育和海口工作实际，开设深入解读《中国共产党章程》《习近平新时代中国特色社会主义思想》《中国共产党党内监督条例》和《推进生态文明，建设美丽中国》《坚定不移全面从严治党，争取反腐败斗争的压倒性胜利》等课程，共举办各类培训班18期，培训各类干部3825人次。其中，市领导干部学习贯彻党的十八届六中全会精神轮训班6期18天894人次，市直机关正科级干部学习贯彻党的十八届六中全会精神轮训班3期6天1639人次，市“坚定理想信念，加强党性修养”专题研讨班1期8天43人次，美兰区科级干部领导力提升研修班1期13天38人次，市公安局党支部书记学习贯彻十九大精神培训班1期3天234人次，市管干部学习贯彻党的十九大精神专题培训班6期30天977人次。利用教学资源，发挥优秀教师的示范辐射作用，把教育培训延伸到基层，鼓励并组织教师深入机关、企事业单位和基层开展十八届六中全会精神、省第七次党代会精神、党的十九大精神专题培训和理论宣讲活动70场，培训近7000人次。

【党校教学格局】2017年，海口市委党校在干部培训中，落实习近平总书记关于把党的理论教育和党性教育作为党校主业主课的要求，在党的十九大召开前将党的十八届六中全会、省第七次党代会和市第十三次党代会精神列为党员干部教育培训主体班重要学习内容。党的十九大召开后，及时跟进党的新思想、新观点、新论断，丰富和创新党性教育教学内容，围绕党的十九大报告、党章和习近平总书记在党的十九届一中全会上的重要讲话精神，第一时间开展为期1个多月的大规模培训。发挥党校特色，把本地教育与异地教育结合起来，把课堂教学与实地考察结合起来，把集中培训与网络培训结合起来，并安排知识测试、分组讨论、学员论坛等内容和环节，加强学习交流，巩固对党的理论知识的理解，进一步提升学习培训的成效。通过组织学员到陕西省委党校、清华大学等地学习培训和实地考察，增强培训方式的多样性和灵活性。利用中共琼崖一大旧址等干部教育培训体验基地开展党性教育，进一步增强学员的理想信念和党性修养，提升培训的深度和内涵。在办好培训班的同时，以“两学一做”专题教育和海口市“双创”工作为契机，深入到海口市直机关、4个区进行理论宣讲活动，把党校教育从校内拓展到校外。坚持服务大局，培养提升领导干部“看家本领”。开设处级干部、科级干部、农村基层干部培训班，并将与各机关单位联合办班工作转为常态，使海口市领导干部适应新的机遇和挑战，增强新本领，提高发展经济建设的能力，成为海口“双创”工作和其他各项事业的领导者和有力推动者。

【党校课题科研】2017年，海口市委党校共开展课题研究18个，其中国家行政学院立项课题1个、省委党校立项课题4个、省社科立项课题1个、校级课题11个，在杂志报刊上公开发表的理论文章50篇。年内，组织开展“学习贯彻省第七次党代会精神 建设美好新海口”理论研讨会，进一步扩大在加快建设美好新海口、推进国际化滨江滨海花园城市建设等方面理论成果的研讨与交流；紧扣城市“五化”、城市“双修”“两学一做”学习教育常态化制度化、“双创”工作和“十三五”规划等中心工作开展课题调研。撰写《海口市机关党建服务深化供给侧结构性改革研究》《找准机关党建工作和业务工作结合点，切实解决“两张皮”问题研究》《建立海口干部关爱机制的建议》《以“看齐意识”引领法治中国建设》《促进人口均衡发展 打造国际化滨江滨海花园城市》等11篇调研报告；出版《海口学刊》4期，刊登各类文章61篇，计30余万字，发行数量6000册，全方位探讨海口经济社会文化发展中的重大理论和现实问题；组织教职工调研并形成理论成果，出版《干部论坛》8期，约4万字；编印“学习贯彻省第七次党代会精神 建设美好新海口”理论研讨会研讨论文集1册，发行数量300册；围绕海口市“双创”工作，组织教师开展调研和理论研讨，在报刊上发表有关文章约30篇。

（韩艾芩）

老干部工作

【老干部工作概况】2017年，海口市委老干部局以组织全市离退休干部深入开展“畅谈十八大以来变化，展望十九大胜利召开”增添正能量活动为主线，紧扣海口市“双创”、精准扶贫等中心工作，按照持续推进“两学一做”学习教育制度化常态化的要求，全面落实老干部的政治、生活待遇，抓好关心下一代工作，较好地完成全年各项目标任务。全年，各区、市直各单位共组织参观考察活动40次，3000多名老干部参加。至年底，海口市有离休干部250人，平均年龄89.4岁，进入“双高”期。

【老干部政治待遇】2017年，海口市委老干部局为全市老干部购买、编印党的十九大学习刊物和《海口老干部学习省第七次党代会辅导材料》，为26名厅级老干部订阅《海南日报》、8名厅级老干部订阅《海口日报》，及时满足厅级老干部阅读党报和学习中央和省市重要会议精神的要求。在市老年大学开设“时政班”，组织老干部开展集中政治学习，时刻与党中央保持高度一致。组织一期160名离退休干部党支部书记及老干部工作者培训。推荐7名离退休干部党支部书记、2名老干部网络宣传员参加省委老干部局离退休干部党支部书记培训。全年组织56人次厅级老干部参加市团拜会、征求《政府工作报告》意见老干部座谈会；组织3名厅级老干部参加市委中心组（扩大）学习会暨理想信念教育专题讲座。征集厅级老干部对市委常委班子及成员民主生活会征求的意见建议，共下发征求意见表12份，上门访谈8人，电话征询32人，老干部在经济发展、城市建设、教育医疗、民生及“双创”等工作上提出五方面共22条建议。组织30人次厅级老干部参加单月一次的阅文活动，共阅读各类文件210份；组织61名老干部及老干部工作者参加省委老干部局举办的全省离退休干部学习宣传贯彻省第七次党代会精神（海口片区）报告会。组织老干部参加全市学习宣传贯彻党的十九大精神宣讲报告会，组织一期全市老干部学习党的十九大精神报告会。各区、市直各单位也通过多种形式，组织老干部学习宣传贯彻党的十九大精神。

【老干部生活待遇】2017年春节期间，海口市主要领导带队，分组走访慰问17名厅级离退休干部，市老干部局领导带队慰问33名厅级离退休干部；市老干部局领导带队分组赴文昌、琼海、万宁、儋州等市县慰问易地安置离休干部12名及困难离休干部10名，慰问住院厅级离休干部18人次；为全市344名离休干部及43名厅级离休干部（包括厅级离休干部遗孀）发放慰问金约47万元。下发《关于进一步做好联系老干部工作的通知》，建立老干部联系制度，各区、市委老干部局机关各处室及下属单位分为8个小组对全市各单位老干部联系工作进行监督指导，加强走访慰问工作。年底，组织两个慰问小组赴广东慰问易地安置离休干部12名。开展有益老干部身心的健康休养活动。组织开展3批离休干部健康休养活动，共有70名老干部在家属陪伴下参观海口凤翔公园、石山互联网小镇及新老城区。组织厅级老干部和全市离休干部共45名在上海市第六人民医院海口骨科和糖尿病专科医院进行专项体检，保障老干部健康生活。

【困难离休干部帮扶】2017年初，建立海口市特殊困难离休干部帮扶机制，市委办公厅、市政府办公厅印发《关于建立特殊困难离休干部帮扶机制的意见》和《海口市离休干部困难帮扶资金使用办法》，市财政安排离休干部专项困难帮扶资金100万元。全年共审批帮扶资金97万元，帮助96名离休干部解决住房困难、生活不能自理等家庭原因造成的生活困难。加强核查审批生活不能自理护理费工作力度，共审批发放80名离休干部的生活不能自理护理费。

【老干部文化养老】2017年，海口市委老干部局借助市老干部活动中心和老年大学平台，组织开展“喜迎十九大”书画摄影展、乒乓球混合双打比赛、助力“双创”钓鱼比赛和纪念中国共产党诞辰96周年文艺演出等文体活动38次，实现日日有活动，月月有赛事，重大节日有重大活动。市老年大学由原有的4个专业增加至8个，共有19个教学班，学员近800人，新开设钢琴班、电脑班。

【老干部增添正能量活动】2017年，海口市委老干部局组织开展“畅谈十八大以来变化、展望十九大胜利召开”增添正能量系列活动。召开“畅谈十八大以来变化”主题座谈会23场，600多名老干部参加；开展“谈变化、话改革、促发展 ”访谈活动13场，150名老干部参加；组织300名老干部参加“最振奋人心十件大事”推荐活动；开展“寄语十九大·说说心里话”征文活动，共收集到老干部征文65篇；开展“我关注、我参与、我点赞”文明网评活动，老干部共发帖2438条、转帖1932条、点

2017年7月29日，海口市老干部开展"热爱海口、助力双创"增添正能量主题活动
（市委老干部局 供）

赞3316条，撰写文明网评文章23篇，其中推荐16篇上报省老干部局。经过活动组委会的评比，共有8篇文明网评文章入选全省30篇优秀作品。

【关工委工作】2017年，海口市关工委会同市委宣传部、市教育局、团市委，在全市各中小学广泛开展"五好"小公民"阳光校园·我们是好伙伴"主题教育读书活动，举办征文、演讲、朗诵比赛。参与读书活动的中小学生20多万人次，撰写读书征文近万篇，其中100多篇分别获全国征文比赛特等奖和一、二、三等奖。开展爱国主义教育电影巡回放映活动，在全市190所中小学放映爱国主义教育电影415场。为纪念琼崖纵队建立90周年，会同市委党史研究室制作党史人物动漫片《双枪婕母刘秋菊》，组织全市中小学生观看。召开全市关工委参与禁毒工作经验现场会，总结推广秀英区石山镇美社"无毒"村的工作经验，推动全市关工委未成年人思想道德建设再上新台阶。开展捐资助学活动，全年各级关工委共筹集资金100多万元，资助贫困学生1300多人次。全年进行各种专题教育报告200多场，受教育青少年30多万人次。市关工委等12个单位被省关工委、省文明办评为全省关心下一代工作先进集体，23名"五老"被评为全省关心下一代先进工作者。

（劳家丰 张 帅）

政策研究

【政策研究工作概况】2017年，海口市委政策研究室共起草各类文字材料300多篇、80多万字。《海口打造12345综合服务热线服务群众"马上就办"》《海口推行"河长制"美舍河发生蝶变》等改革信息在省委改革办内参刊发。参谋建议推出的"一元菜"惠民机制、成立滨江办、加强人才建设等转化为市委决策。

【重点课题调研】2017年，海口市委政策研究室围绕中心工作、重点工作和领导关注的大事、群众关切的难事、改革发展中的要事，收集信息、开展调研，撰写《"菜篮子"稳价保供常态化建议》《关于实体经济发展的几点建议》《海口市志愿服务事业发展的调研报告》等调研报告，完成《支持加快琼州海峡经济带建设的建议》《深化海南与港澳台及东南亚国家交流合作建议》《支持发展绿色环保产业的对策建议》《争取政策支持国际旅游岛升级版建议》4篇向省委报告的专题研究建议。全年共编辑《书记专报》20期、《领导参阅》5期、《调查与研究》12期，《关于新加坡祖屋模式的几点启示》在《今日海南》和省委《政策与决策》发表，《建设"美好新海南"的海口中院实践》在《今日海南》发表。

【市委各类文件起草】2017年，海口市委政策研究室起草市委十三届二次、三次、四次、五次全会文稿13份，主要有《坚持生态引领 推进城市更新 切实扛起生态文明建设的省会担当》《中共海口市委关于贯彻落实〈中共海南省委关于认真学习宣传贯彻党的十九大精神的意见〉的实施意见》等。组织起草2017年市委常委会工作要点、市委改革工作方案、市委工作总结、市委改革工作总结、市委常委班子年度述职报告等重要文件30余件。

【各类汇报材料起草】2017年，海口市委政策研究室起草《〈关于深化重点领域改革的决定〉落实情况报告》《刘赐贵书记7月7日到海口调研时的汇报》《向省委巡视组的工作汇报》《关于海口与湛江加快推进琼州海峡经济带一体化建设的报告》《关于推进净化绿化彩化亮化美化工作的情况汇报》《关于潭丰洋湿地保护报告》《关于创建全国文明城市和国家卫生城市工作情况的报告》等各类向中央领导及省委、省政府汇报的重要材料60余篇。

（班熙宁）

（编辑：吴钟宝）

海口市人民代表大会

市人大综述

【市人大工作概况】 2017年，海口市人大常委会共召开代表大会2次，制定地方性法规4件，听取和审议专项工作报告5项，开展执法检查、专题调研和专项视察21次，作出决议、决定8项，办理代表提出的议案2件、建议247件，任免国家机关工作人员243人次，受理群众来信来访117件599人次，完成新一届市人大常委会开局之年的各项工作。

【人大立法】 2017年，海口市人大常委会审议通过法规4件，初次审议法规草案1件，开展立法调研15项。1月22日，市十六届人大二次会议审议通过《海口市制定地方性法规条例》，全面总结《海口市制定地方性法规规定》施行以来的实践经验，突出人大及其常委会对立法工作的主导，完善科学立法、民主立法、依法立法的体制机制，促进地方立法质量和立法效率的提高。5月2日，审议通过《海口市扬尘污染防治办法》，明确规范建设施工、裸露土地等重点领域的扬尘污染防治主体和防治要求，具体细化绿化、保洁、物料运输和堆放等活动的扬尘污染防治措施，保护和改善大气环境质量，保障市民和群众健康。9月1日，先后审议通过《海口市美舍河保护管理规定》《海口市城市黄线管理办法》，初次审议《海口市生活垃圾分类管理办法》《海口市电梯安全管理若干规定》《海口市扬尘污染防治办法》。《海口市美舍河保护管理规定》将“河长制”入法，破解九龙治水难题，对污水直排、农业面源污染等主要污染源进行严格管控，实现水岸共治，进一步加强美舍河的保护管理，改善生态环境和人居环境，推进生态文明建设。《海口市城市黄线管理办法》明确城市公共交通设施、供排水设施、环境卫生设施等11大专业44类基础设施用地应当划定城市黄线，综合考虑城市发展远景，补齐城市基础设施用地短板，为城市正常运行和健康发展保驾护航。年内，调研起草《海口市电动自行车管理办法（修改）》《海口市湿地保护管理规定》《海口市志愿服务条例》等15个立法项目。

【人大执法检查】 2017年，海口市人大常委会组织开展4项执法检查及1项跟踪监督。4月，检查贯彻实施《中华人民共和国食品安全法》情况，了解全市食品安全现状、监管体系建设、监管能力建设、风险监测力度等方面的情况，提出“加大食品安全宣传力度、加强食品安全综合协调能力、强化政府属地管理意识、筑牢食品安全基础、提高检验检测能力、加大考核力度”等工作建议。6月，跟踪监督《海口市电动自行车管理办法》执法检查整改意见落实情况。8月，检查贯彻《中华人民共和国禁毒法》和《海南经济特区禁毒条例》实施情况，了解禁毒工作领导体制机制、“禁毒三年大会战”成效、禁毒宣传教育工作以及强制隔离戒毒、社区戒毒、社区康复工作等情况，提出“强化职能作用，进一步建立健全禁毒工作的长效机制；继续保持高压态势，严厉打击毒品犯罪活动；扎实做好强制戒毒、社区戒毒、社区康复等基础工作，提高对吸毒人员的动态管控能力；切实加强禁毒工作保障，全面提升禁毒实战能力”等工作建议。8月，检查贯彻实施《社会救助暂行办法》及扶贫工作情况，了解最低生活保障、特困人员供养以及医疗、教育、住房、就业、临时救助等情况，提出“要完善社会救助和扶贫工作中的运行机制，实现‘应保尽保、应退尽退’，要加强社会救助及扶贫的管理工作，提高社会救助规范管理水平；要注重扶贫工作中思想帮扶与产业扶持的相结合，确保政策落实到位；要健全社会力量参与社会救助和扶贫工作的支持政策，扩大帮扶力量”等工作建议。

【人大审议报告】 2017年，海口市人大常委会听取和审议4项专项工作报告。3月23日，听取和审议《海口市人民政府关于2016年依法行政工作情况的报告》。9月1日，听取和审议市政府《关于我市2017年上半年国民经济和社会发展计划执行情况的报告》《关于我市2016年市级财政决算及2017年上半年财政预算执行情况的报告》《关于2016年度海口市市本级预算执行情况及其他财政收支的审计工作报告》，表决通过以上报告的审议意见，通过关于批准

2016年海口市市本级财政决算的决议，批准2017年海口市和市本级一般公共预算与政府性基金预算调整方案。

【人大人事任免】2017年，海口市人大常委会依法行使人事任免权，做好拟任材料初核、任免议案撰写、法律知识考核、供职发言、颁发任命书、向宪法宣誓、发布新闻公告等任免环节，共选举、任免国家机关工作人员246人次（任命193人、免职53人）。

2017年海口市人大及其常委会人事任免一览表

时 间	届 次	任或免	姓 名	职 务
1月16日	16届2次	通过	郑国建	海口市十六届人大常委会代表资格审查委员会主任委员
		通过	王振华	海口市十六届人大常委会代表资格审查委员会副主任委员
		通过	陈全能	海口市十六届人大常委会代表资格审查委员会副主任委员
		通过	刘小琴	海口市十六届人大常委会代表资格审查委员会委员
		通过	李会文	海口市十六届人大常委会代表资格审查委员会委员
		通过	李春明	海口市十六届人大常委会代表资格审查委员会委员
		通过	吴光亮	海口市十六届人大常委会代表资格审查委员会委员
		通过	唐火根	海口市十六届人大常委会代表资格审查委员会委员
		通过	曾照宇	海口市十六届人大常委会代表资格审查委员会委员
		任命	严音莉	海口市人大常委会法制工作委员会主任
		任命	韩东光	海口市人民代表大会常务委员会城市建设与环境资源工作委员会委员
		任命	胡志华	海口市人民代表大会常务委员会城市建设与环境资源工作委员会委员
		任命	谢昭辉	海口市人民代表大会常务委员会城市建设与环境资源工作委员会委员
		任命	付海涛	海口市人民代表大会常务委员会城市建设与环境资源工作委员会委员
		任命	栗 生	海口市人民代表大会常务委员会城市建设与环境资源工作委员会委员
		任命	庄志勇	海口市人民代表大会常务委员会城市建设与环境资源工作委员会委员
		任命	吴小平	海口市人民代表大会常务委员会城市建设与环境资源工作委员会委员
		任命	黄远云	海口市人民代表大会常务委员会城市建设与环境资源工作委员会委员
		任命	卢海瑞	海口市人民代表大会常务委员会城市建设与环境资源工作委员会委员
		任命	欧曼琛	海口市人民代表大会常务委员会教科文卫工作委员会委员
		任命	金剑君	海口市人民代表大会常务委员会教科文卫工作委员会委员
		任命	郑大裕	海口市人民代表大会常务委员会教科文卫工作委员会委员
		任命	赵树学	海口市人民代表大会常务委员会教科文卫工作委员会委员
		任命	陈少萍	海口市人民代表大会常务委员会教科文卫工作委员会委员
		任命	苏丽娜	海口市人民代表大会常务委员会教科文卫工作委员会委员
		任命	陶秀青	海口市人民代表大会常务委员会教科文卫工作委员会委员
		任命	叶振汉	海口市人民代表大会常务委员会教科文卫工作委员会委员
		任命	谢明豪	海口市人民代表大会常务委员会教科文卫工作委员会委员
		任命	杨长缨	海口市人民代表大会常务委员会华侨外事民族宗教工作委员会委员
		任命	吴青展	海口市人民代表大会常务委员会华侨外事民族宗教工作委员会委员
		任命	潘永伟	海口市人民代表大会常务委员会华侨外事民族宗教工作委员会委员
		任命	舒晓燕	海口市人民代表大会常务委员会华侨外事民族宗教工作委员会委员

续表

时间	届 次	任或免	姓 名	职 务
1月16日	16届2次	任命	欧英豪	海口市人民代表大会常务委员会华侨外事民族宗教工作委员会委员
		任命	王燕雄	海口市人民代表大会常务委员会华侨外事民族宗教工作委员会委员
		任命	谢江波	海口市人民代表大会常务委员会华侨外事民族宗教工作委员会委员
		任命	陈德壮	海口市人民代表大会常务委员会华侨外事民族宗教工作委员会委员
		任命	郭 勇	海口市人民代表大会常务委员会华侨外事民族宗教工作委员会委员
		任命	王子健	海口市人民代表大会常务委员会内务司法工作委员会委员
		任命	王龙奎	海口市人民代表大会常务委员会内务司法工作委员会委员
		任命	陈宏城	海口市人民代表大会常务委员会内务司法工作委员会委员
		任命	宋小怡	海口市人民代表大会常务委员会内务司法工作委员会委员
		任命	余同成	海口市人民代表大会常务委员会内务司法工作委员会委员
		任命	杨爱地	海口市人民代表大会常务委员会内务司法工作委员会委员
		任命	林鸿宇	海口市人民代表大会常务委员会内务司法工作委员会委员
		任命	梁亚荣	海口市人民代表大会常务委员会内务司法工作委员会委员
		任命	廖文川	海口市人民代表大会常务委员会内务司法工作委员会委员
		任命	陈 辉	海口市人民代表大会常务委员会农村工作委员会委员
		任命	王永仕	海口市人民代表大会常务委员会农村工作委员会委员
		任命	吴 敏	海口市人民代表大会常务委员会农村工作委员会委员
		任命	陈吉祥	海口市人民代表大会常务委员会农村工作委员会委员
		任命	符明全	海口市人民代表大会常务委员会农村工作委员会委员
		任命	林鸿善	海口市人民代表大会常务委员会农村工作委员会委员
		任命	吴学步	海口市人民代表大会常务委员会农村工作委员会委员
		任命	吴宗礼	海口市人民代表大会常务委员会农村工作委员会委员
		任命	钟其秀	海口市人民代表大会常务委员会农村工作委员会委员
		免去	邓爱军	海口市人大常委会内务司法工作委员会主任职务
		决定任命	李向明	海口市公安局局长
		决定任命	冯鸿浩	海口市市政市容管理委员会主任
		决定任命	厉 春	海口市教育局局长
		决定任命	黄 舸	海口市发展和改革委员会主任
		决定任命	刘立武	海口市科学技术工业信息化局局长
		决定任命	伍振湘	海口市财政局局长
		决定任命	朱韶雄	海口市人力资源和社会保障局局长
		决定任命	富天放	海口市文化广电出版体育局局长
		决定任命	曾昭长	海口市卫生局局长
		决定任命	淡利锋	海口市司法局局长
		决定任命	杨卫国	海口市监察局局长
		决定任命	陈益君	海口市民政局局长
		决定任命	李世高	海口市农业局局长
		决定任命	冯 勇	海口市林业局局长
		决定任命	陈 芳	海口市海洋和渔业局局长
		决定任命	陈 超	海口市水务局局长

续表

时 间	届 次	任或免	姓 名	职 务
1月16日	16届2次	决定任命	刘涌涛	海口市国土资源局局长
		决定任命	刘涌涛	海口市规划局局长
		决定任命	刘 东	海口市生态环境保护局局长
		决定任命	罗宗标	海口市住房和城乡建设局局长
		决定任命	张伟斌	海口市民防局局长
		决定任命	林 健	海口市交通运输和港航管理局局长
		决定任命	林道坚	海口市商务局局长
		决定任命	廖小平	海口市旅游发展委员会主任
		决定任命	吴家宏	海口市外事侨务办公室主任
		决定任命	陈建军	海口市法制局局长
		决定任命	冯 明	海口市审计局局长
		决定任命	吴 优	海口市人口和计划生育委员会主任
		决定任命	王善来	海口市统计局局长
		决定任命	佟吉强	海口市安全生产监督管理局局长
		决定任命	陈朝芳	海口市国有资产监督管理委员会主任
		决定任命	王和娇	海口市信访局局长
		任命	武雪丽	海口市中级人民法院副院长、审判委员会委员、审判员
		任命	宋家法	海口市中级人民法院副院长、审判委员会委员、审判员
		任命	曾小凡	海口市中级人民法院刑事审判第一庭庭长、审判委员会委员
		任命	林蔚茹	海口市中级人民法院刑事审判第二庭庭长、审判委员会委员
		任命	傅海燕	海口市中级人民法院行政审判庭庭长、审判委员会委员
		免去	李顺华	海口市中级人民法院副院长、审判委员会委员、审判员职务
		免去	黄胜春	海口市中级人民法院副院长、审判委员会委员、审判员职务
		免去	徐 伟	海口市中级人民法院副院长、审判委员会委员、审判员职务
		免去	何霖吉	海口市中级人民法院审判委员会委员、审判员职务
		免去	石 鑫	海口市中级人民法院审判员职务
		免去	符汉平	海口市中级人民法院行政审判庭庭长职务
		免去	林蔚茹	海口市中级人民法院刑事审判第一庭副庭长职务
		免去	傅海燕	海口市中级人民法院民事审判第一庭副庭长职务
		任命	曾广津	海口市人民检察院副检察长、检察委员会委员、检察员
		任命	周桂芳	海口市人民检察院检察委员会委员
		免去	陈皇新	海口市人民检察院检察员职务
3月23日	16届3次	决定任命	邓立松	海口市人民政府秘书长
		决定任命	淡利锋	海口市民政局局长
		决定任命	龙舒华	海口市规划局局长
		决定免去	淡利锋	海口市司法局局长职务
		决定免去	陈益君	海口市民政局局长职务
		决定免去	刘涌涛	海口市规划局局长职务
		任命	郭朝阳	海口市中级人民法院副院长
		任命	陈文红	海口市中级人民法院民事审判第一庭副庭长

续表

时间	届次	任或免	姓名	职务
3月23日	16届3次	任命	陈桂华	海口市中级人民法院民事审判第二庭副庭长
		任命	廖端明	海口市中级人民法院环境资源审判庭副庭长
		任命	李玉民	海口市中级人民法院民事审判第三庭副庭长
		任命	张珂瑜	海口市中级人民法院行政审判庭副庭长
		任命	温智勇	海口市中级人民法院刑事审判第一庭副庭长
		任命	崔玉坤	海口市中级人民法院刑事审判第二庭副庭长
		任命	傅　萍	海口市中级人民法院民事审判第三庭副庭长
		任命	王　滢	海口市中级人民法院未成年人案件审判庭副庭长
		免去	陈文红	海口市中级人民法院行政审判庭副庭长职务
		免去	廖端明	海口市中级人民法院民事审判第三庭副庭长职务
		免去	李玉民	海口市中级人民法院环境资源审判庭副庭长职务
		免去	梁　琼	海口市中级人民法院民事审判第三庭副庭长职务
		免去	温智勇	海口市中级人民法院刑事审判第二庭副庭长职务
		免去	崔玉坤	海口市中级人民法院立案庭副庭长职务
		免去	傅　萍	海口市中级人民法院审判监督庭副庭长职务
		免去	王　滢	海口市中级人民法院刑事审判第二庭副庭长职务
		免去	李　燕	海口市中级人民法院民事审判第二庭副庭长、审判员职务
		批准任命	王　若	海口市琼山区人民检察院检察长
		批准任命	冯永忠	海口市美兰区人民检察院检察长
		批准免去	邓兴国	海口市琼山区人民检察院检察长职务
		批准免去	郭慧丽	海口市美兰区人民检察院检察长职务
		免去	倪家壮	海口市人民检察院检察委员会委员、检察员职务
		免去	黄宏杰	海口市人民检察院检察委员会委员、检察员职务
		免去	秦瑞静	海口市人民检察院检察委员会委员、检察员职务
		任命	吴清武	海口海事法院海事庭副庭长
		任命	曾建华	海口海事法院海商庭副庭长
		任命	陈运洪	海口海事法院博鳌法庭副庭长
		任命	张蕴华	海口海事法院八所法庭副庭长
		免去	吴清武	海口海事法院博鳌法庭副庭长
		免去	陈运洪	海口海事法院八所法庭副庭长
5月2日	16届4次	决定免去	巴特尔	海口市人民政府副市长职务
6月30日	16届6次	决定任命	孙　芬	海口市人民政府副市长
9月1日	16届7次	决定任命	邓海华	海口市人民政府副市长
		决定免去	陈　超	海口市水务局局长职务
		任命	符汉平	海口市中级人民法院民事审判第二庭庭长
		任命	符敏秀	海口市中级人民法院立案庭副庭长
		任命	蒋小马	海口市中级人民法院刑事审判第二庭副庭长
		任命	伍卓斌	海口市中级人民法院未成年人案件审判庭副庭长
		任命	陈　学	海口市中级人民法院审判监督庭副庭长
		免去	王曼莉	海口市中级人民法院民事审判第二庭庭长职务

续表

时　间	届　次	任或免	姓　名	职　　务
9月1日	16届7次	免去	蔡红曼	海口市中级人民法院立案庭庭长职务
		免去	熊鹤祥	海口市中级人民法院立案庭副庭长、审判员职务
		免去	陈杰林	海口市中级人民法院民事审判第二庭副庭长职务
		免去	张珂瑜	海口市中级人民法院行政审判庭副庭长职务
		免去	蒙国丰	海口市中级人民法院审判监督庭副庭长、审判员职务
		免去	李必雄	海口市中级人民法院审判员职务
		免去	李文娟	海口市中级人民法院审判员职务
		免去	李　楠	海口市中级人民法院审判员职务
		免去	詹晓黔	海口市中级人民法院审判员职务
		免去	肖正新	海口市中级人民法院审判员职务
		任命	吴清武	海口海事法院海事庭庭长
		任命	曾建华	海口海事法院海商庭庭长
		任命	陈映红	海口海事法院三亚法庭庭长
		任命	王　安	海口海事法院博鳌法庭庭长
		免去	吴　平	海口海事法院审判委员会委员、审判员职务
		免去	吴清武	海口海事法院海事庭副庭长职务
		免去	曾建华	海口海事法院海商庭副庭长职务
		免去	陈映红	海口海事法院三亚法庭副庭长职务
11月17日	16届8次	任命	陈　洪	海口市人大常委会副秘书长
		任命	林忠德	海口市人大常委会农村工作委员会副主任
		免去	陈文培	海口市人大常委会副秘书长职务
		决定任命	王旭明	海口市住房和城乡建设局局长
		决定免去	林　健	海口市交通运输和港航管理局局长职务
		决定免去	罗宗标	海口市住房和城乡建设局局长职务
		决定免去	吴　优	海口市人口和计划生育委员会主任职务
		任命	黄海鹰	海口市中级人民法院立案庭副庭长
		任命	何姿玲	海口市中级人民法院民事审判第二庭副庭长
		任命	张莲凤	海口市中级人民法院行政审判庭副庭长
		任命	何亚敏	海口市中级人民法院审判监督庭副庭长
		任命	周慧娟	海口市中级人民法院审判员
		任命	杜　蕾	海口市中级人民法院审判员
		任命	范　晨	海口市中级人民法院审判员
		任命	詹少明	海口市中级人民法院审判员
		免去	张建良	海口市中级人民法院审判员职务
		免去	胡宏志	海口市中级人民法院审判员职务
		重换任命书	冯鸿浩	海口市城市管理委员会主任
		重换任命书	龙舒华	海口市规划委员会主任
12月4日	16届9次	撤销	吴胜刚	海口市人民代表大会常务委员会副秘书长职务

【代表议案建议督办】2017年，海口市十六届人大二次会议期间及会后，代表共提出2件议案和247件建议。截至12月，《关于修改〈海口市城乡规划条例〉的议案》完成相关的调研、论证和立法后评估等方面的前期工作，待省相关条例修改完成后再启动法规修改的审议程序；《关于尽快制定府城历史文化保护管理办法的议案》，经研究决定，不启动立法程序，待时机成熟后根据《海口市历史文化名城保护条例》的精神，结合府城实际情况，细化实施操作细则。247件代表建议全部答复代表。其中，代表所提建议得到解决或基本解决的（A类）96件，占38.87%；计划逐步解决（B类）128件，占51.82%；因地方财政困难或受客观条件限制暂时难以解决的（C类）23件，占9.31%。对办理工作态度满意的237件，占96.95%；基本满意的10件，占4.05%。对办理结果满意的227件，占91.90%；基本满意的20件，占8.10%。市人大常委会主任会议成员领衔督办的15件重点建议，已经解决或基本解决8件，占总数的53.3%，5件已列入计划逐步解决。《关于加快白驹大道辅路建设的建议》《关于解决海口市中级法院"停车难"问题的建议》2件建议因客观原因暂时未能有效解决。

【表决通过《关于加强湿地保护管理的决定》】2017年6月30日，海口市第十六届人大常委会第六次会议表决通过《海口市人民代表大会常务委员会关于加强湿地保护管理的决定》，7月3日公布实施。《决定》共分20条，主要从湿地概念及范围、管理体制及部门职责、湿地保护规划和管理、湿地恢复、保护制度及机制、法律责任等方面做明确规定，规定以湿地保护专项规划为依据，实行分级保护，要求建立健全生态补偿制度、资源监测联动机制、保护管理考核评价机制，以统筹推进湿地的保护和管理，科学发挥湿地的功能和作用，实现湿地与城市共融，促进生态文明建设。

【生态修复监督】2017年，海口市人大常委会加强生态修复监督工作力度，全程参与美舍河整治工作的监督，共56次深入一线工地现场督办，及时就整治中的重点工作、关键环节加强协调、提出建议，确保美舍河治理和生态修复工程质量与进度符合市委要求和百姓期盼。开展美舍河文化资源专题调研，发掘美舍河的文化价值、自然价值和经济价值，丰富和拓展美舍河两岸景观文化。聚焦新吴溪海口段、老城河海口段等7个水体的水资源保护、岸线管理保护、水污染防治、水生态修复等，深入一线调查研究，摸清水体特征，提出整治重点和进度要求，努力将市委部署转化为务实可行的环保行动。督促抓好中央环保组反馈问题整改，按照"问题出现在哪里、监督跟进到哪里"的要求，由市人大常委会领导牵头，分为6个督导组，第一时间深入现场和一线，督促36个中央环保督察组反馈问题立行立改。

市人大及其常委会会议

【市十六届人大二次会议】2017年1月20—22日在海南国际会议展览中心举行。出席会议代表279名。会议听取、审议并表决通过《政府工作报告》《关于海口市国民经济和社会发展第十三个五年规划纲要的决议》《关于海口市2016年国民经济和社会发展计划执行情况与2017年国民经济和社会发展计划草案的报告》《关于2016年海口市和市本级预算执行情况及2017年海口市和市本级预算草案的报告》《海口市人民代表大会常务委员会工作报告》《海口市中级人民法院工作报告》《海口市人民检察院工作报告》；表决通过《海口市制定地方性法规条例》。

【市十六届人大三次会议】2017年12月7—8日在海南国际会议展览中心举行。出席会议代表273名。会议选举产生王杰、王忠云、王和娇（女）、王艳萍（女）、王雄姿、毛和顺、龙翔春、卢国纲、刘东、刘小琴（女）、刘文民、刘名松、刘赐贵、刘源明、严音莉（女）、杜立文、李会文、李春明、杨爱武（满族）、杨惠明（女）、吴勇、吴敏（女）、吴圣彪、吴光亮、吴秋云（女）、张萍、张琦、张霁、张玉花（女）、张晓辉、陆受伦（壮族）、陈文培、陈积流、陈清琪、林一民、林茵茵（女）、林晓斌（女）、周健、郑国建、郑爱芳（女）、屈建民、胡亚玲（女）、倪强、徐世亮（女）、黄剑、黄海珠（女）、符剑（女）、符师晓（女）、符良玲（女，黎族）、符明全（黎族）、韩斌、韩金光、曾昭长、蔡建家、谭春雷（土家族）、潘华莉（女，壮族）等56名海口市出席海南省第六届人民代表大会代表，按照法定程序报海南省人大常委会代表资格审查委员会确认。

【市人大常委会会议】2017年，海口市第十六届人大常委会主任杜立文在市第二行政办公区11号楼常委会会议厅，先后主持召开第二至第九次常委会会议。

第二次会议　1月16日召开。审议并表决通过《海口市人民政府关于市十五届人民代表大会第七次会议代表建议批评意见办理情况的报告》《海口市十五届人大七次会议以来代表建议办理工作绩效评估情况报告》《海口市第十六届人民代表大会常务委员会关于设立代表资格审查委员会的决定》《海口市第十六届人民代表大会常务委员会代表资格审查委员会主任委员、副主任委员、委员名单》《海口市第十六届人民代表大会常务委员会各工作委员会委员人选名单》等。表决通过将《海口市人民代表大会常务委员会工作报告》《关于海口市十六届人民代表大会第一次会议以来代表变动情况的报告》等一系列材料提请市十六届人大二次会议审议。

补选屈建民、胡志荣为海南省第五届人民代表大会代表，并表决通过新一届市人民政府组成部门主要负责人及有关人事事项。

第三次会议　3月23日召开。听取和审议并表决通过《海口市人民代表大会常务委员会关于深入开展第七个五年法治宣传教育的决议》；听取和审议《海口市人民政府关于2016年依法行政工作情况的报告》，并表决通过关于报告的审议意见；举行海口市第十六届人民代表大会第二次会议代表提出的议案以及建议、批评和意见交办仪式，将2件议案和240件建议、批评和意见分别移交给市人大常委会办公厅、市人民政府、市中级人民法院办理；表决通过有关人事事项。

第四次会议　5月2日召开。审议并表决通过《海口市扬尘污染防治办法》，表决通过有关人事事项。

第五次会议　5月31日召开。审议有关人事议案并表决通过有关决定。

第六次会议　6月30日召开。审议并表决通过《海口市第十六届人大常委会立法规划》《关于加强湿地保护管理的决定》，审议《海口市美舍河保护管理规定（草案）》；听取和审议市人大常委会《关于检查我市实施〈中华人民共和国食品安全法〉情况的报告》和市人民政府《关于海口市人大常委会检查贯彻实施〈海口市电动自行车管理办法〉情况的报告的审议意见》落实情况的报告，并表决通过市人大常委会关于这2个报告的审议意见；表决通过有关人事任免事项。

第七次会议　9月1日召开。审议并表决通过《海口市美舍河保护管理规定》《海口市城市黄线管理办法》，审议《海口市生活垃圾分类管理办法（草案）》并提出修改意见，听取和审议《市政府关于我市2017年上半年国民经济和社会发展计划执行情况的报告》《关于我市2016年市本级财政决算及2017年上半年财政预算执行情况的报告》《关于2016年度市本级预算执行情况及其他财政收支的审计工作报告》，表决通过市人大常委会关于以上报告的审议意见。表决通过《关于批准2016年海口市市本级财政决算的决议》，审议批准《2017年海口市和市本级一般公共预算与政府性基金预算调整方案》，听取和审议《市人大常委会关于检查贯彻〈中华人民共和国禁毒法〉和〈海南经济特区禁毒条例〉实施情况的报告》，并表决通过关于该报告的审议意见。表决通过有关人事任免事项。

第八次会议　11月17日召开。听取和审议《海口市人大常委会主任会议关于提请审议〈关于召开海口市第十六届人民代表大会第三次会议的决定（草案）〉的议案》，并表决通过该决定；表决通过有关人事任免事项。

第九次会议　12月4日召开。审议并表决通过《关于海口市第十六届人民代表大会第二次会议以来代表出缺及代表资格审查情况的报告》，表决通过《海口市第十六届人民代表大会第三次会议议程（草案）》《海口市第十六届人民代表大会第三次会议主席团和秘书长名单（草案）》《海口市第十六届人民代表大会第三次会议选举办法（草案）》等需要提请市十六届人大三次会议审议的一系列文件材料，为即将召开的海口市第十六届人大三次会议做好准备。表决通过有关人事任免事项。

专门委员会工作

【法制委员会】2017年，海口市人民代表大会法制委员会共召开10次全体会议，审议《海口市第十六届人民代表大会常务委员会立法规划》《海口市人大常委会2017年立法计划》，将30件项目列入立法规划和20件项目列入立法计划并公布执行。统一审议5件法规案和1件决定案，其中《海口市制定地方性法规条例》《海口市扬尘污染防治办法》《海口市美舍河保护管理规定》《海口市城市黄线管理办法》4件法规案提请市人大常委会通过并报省人大常委会审查批准后公布施行，《海口市电梯安全管理若干规定》提请市人大常委会审议通过，《海口市人大常委会关于加强湿地保护管理的决定》公布施行。开展《关于促进民宿旅游发展的决定（草案）》《海口市生活垃圾分类管理办法（草案）》《关于加强南渡江河口段保护管理的决定（草案）》《海口市政府投资工程项目招标投标管理条例》（废止）的调研修改，将适时提请常委会审议。对市现行有效的43件地方性法规和7件决定的合法性进行审查和21件涉及生态文明建设和环境保护的地方性法规及决定进行专项清理。

【财政经济委员会】2017年，海口市人民代表大会财政经济委员会审查《关于海口市2017年上半年国民经济和社会发展计划执行情况的报告》《关于2016年海口市市本级财政决算及2017年上半年财政预算执行情况的报告》，并围绕保持经济增长、调整经济结构、深化改革开放、加强生态建设、改善民生、防范风险等方面提出意见。先后开展全市政府性债务专题调研、棚户区改造资金使用情况调研和产业结构调整优化调研。与省人大财经委沟通协调，推动制定《海南省实施新一轮分税制财政体制方案》，拉平海口与其他市县税收分享比例。配合省人大常委会在海口市开展政府性债务专题调研和2014年以来海口市非税收入管理有关情况调研，以及海口市综合保税区就如何用好国家赋予优惠政策，推进国际旅游岛建设调研等。

视察与调研

【人大代表视察】2017年，海口市人大常委会围绕市委中心工作，发挥人大代表在“双创”决战决胜攻坚战中的监督和模范带头作用，进一步推进“双创”工作。6月6日、7月6日，先后组织200多名市人大代表分成6个视察组，采取听取汇报、召开座谈会、实地走访及现场查看等方式，深入了解全市市政道路设施建设和背街小巷升级改造、水体综合整治、城市交通秩序整治、未成年人教育工作、镇墟改造、窗口服务行业“双创”工作等情况，建言献策，助推“双创”工作巩固提升。11月13—14日，组织部分市人大代表深入到市各区、镇、村，视察精准扶贫工作开展情况，实地察看合作社规模，了解帮扶企业帮扶成效，并走访贫困户，详细了解扶贫政策落实情况。

2017年10月12日，海口市人大常委会副主任许焕中（右二）率队考察品牌农业建设情况 （市人大办 供）

【专题调研】 2017年，海口市人大常委会围绕全市经济社会发展的重点工作，开展9项调研。3—5月，开展市民宿产业发展情况专题调研，提出“强化顶层设计，引导良性发展；规范扶持范围，制定专项规划；完善基础设施，整治城乡环境；突出海口特色，挖掘民宿特点；理顺管理体制，形成发展合力”等建议。开展市垃圾分类情况专题调研，提出“我市生活垃圾分类政策应与国家最新政策衔接；加快我市生活垃圾分类立法进程；加快垃圾分类收运处理体系建设；加大垃圾分类宣传力度，全面提高居民垃圾分类意识”等建议。5月，开展市违法建筑整治工作情况调研，提出“把防控和处置违法建筑纳入城市更新工作全局，科学谋划、统筹推进；统一思想，坚定信心，以破釜沉舟的胆魄打赢拆违攻坚战；着力构建运转协调、运行顺畅、运作高效的工作指挥体系，高位推进违法建筑整治工作；压实责任、加强督查、严格奖惩，确保违法建筑整治工作取得实效；立足长效管理，建立存量违法建筑集中成片整治机制，切实把整治违法建筑的各项工作举措落到实处”等建议。5—6月，开展行政审批体制改革调研，提出“再上新台阶，统一技术支撑体系；再推新举措，优化再造政务服务；再出新方式，丰富政务服务内容；再展新高度，提升用户体验感知”等建议。7月3日，与省人大常委会联动开展以“治理城镇内河（湖）污染，创建生态宜居家园”为主题2017年海南环保世纪行活动暨海口市城镇内河（湖）水污染治理专题调研，提出“加强对城市污水的排查，落实水体治理责任； 完善城市排水系统，科学治理城市水体；严格项目建设管理，提升水体治理效果”等建议。7—10月，开展加快推进品牌农业建设调研，提出“统筹完善品牌农业规划和设计，建立品牌农业发展长效机制；以品牌为抓手，打造农村一二三产业融合发展新格局；扶优扶强，提高新型农业经营主体组织化水平；加强品牌宣传推介；重视科技支撑，加大品牌农产品开发的科研推广；加快土地合理有序流转，促进品牌农业规模化经营；完善要素保障机制，营造品牌农业发展良好环境”等建议。9—10月，开展市开展外事侨务工作服务“一带一路”建设情况专题调研，提出“结合海口实际，在顶层设计上统筹规划海口参与‘一带一路’建设方案；发挥对外交流平台作用，加深与‘一带一路’沿线国家的经贸合作；发挥海外华侨华人独特作用，提升我市参与‘一带一路’建设的软实力；加强人才智慧引进工作，为‘一带一路’建设提供智力支持”等建议。9—10月，开展市政府性债务专题调研，提出“增强海口经济实力，提升偿债能力；加强对债务率‘分子’的管控，加速化解债务；严格审批程序，加大对形成长期支出责任的项目的管控力度；盘活国有资产，引入市场机制全面拓宽城市经营空间；提高资本运作能力，探索推动基础设施资产证券化；积极争取省里支持，提高海口事权与支出责任的匹配度”等建议。10月，开展市法院深化司法公开，促进司法公正情况专题调研，提出“要强化司法公开理念，进一步增强推进司法公开的自觉性和主动性；要加大对司法公开的保障力度；要逐步完善司法公开的制度机制”等建议。

（陈　娜）

（编辑：陈清海）

海口市人民政府

市政府综述

【为民办实事事项】2017年，海口市为民办实事事项在向各区各部门以及全社会公开征集的基础上，按照民生实事更加符合广大人民群众愿望和要求的原则，经过多次会议研究，最终筛选出15项事项作为2017年为民办实事事项内容。3月3日，印发《海口市2017年为民办实事责任分解表》并向社会公开。至年底，各项为民办实事完成情况如下：

1. 实施精准扶贫项目。全市扶贫资金共8775万元全部拨付到各区，其中秀英区东山镇城西村、龙华区龙泉镇美定村、美兰区灵山镇爱群村、琼山区三门坡镇清泉村和云龙镇云岭村5个整村推进建设中，计划3个产业发展项目和132个基础设施建设项目全部完成。

2. 提升便民服务水平，拓宽老百姓诉求渠道项目。年内，在新热线系统上开拓微信公众号、门户网站、短信等受理渠道，满足市民游客多样化服务需求。同时，海口12345政府服务热线通过“12345进社区”、招募办件市民监督员、“市民开放日”等活动，提升群众对热线的使用率和参与度。建立“30分钟响应处置”机制，做到快速处理、及时反馈，保证第一时间让民众了解情况。

3. 推进志愿者服务事业发展项目。琼山博桂社区志愿服务站、龙华区义龙东社区志愿服务站、万绿园志愿服务站、汽车西站志愿服务站等运营维护“七有”志愿服务站共20个建成。完成打造民间应急救援、关爱心理辅导等专业化志愿服务队伍，支持海口市120急救志愿服务队在全市开展急救知识培训110余场、购买一批专业急救培训装备。

4. 完善社会保障体系，提升公共服务均等化项目。安排资金1720万元建设社会福利院孤儿生活楼分配到位，孤儿生活楼主体完工；4个区老人日间照料中心建设资金全部拨付到位，4个区按照工程进度完成项目主体建设；残疾儿童康复训练救助项目为257名0~6岁听力、孤独症、脑瘫、智力残疾儿童提供康复训练经费补助。

5. 实施“优秀电影进工地、真情慰问农民工”公益电影放映活动项目。完成放映专场电影300场，电影票发放6万张，放映公益电影1000场。

6. 人行道贯通及沿街小区出入口修复项目。完成80条道路人行道贯通及沿街小区出入口修复工作，完成计划维修总量的99.1%。除海甸一西路、大同路、南沙路、中山南延长线4条道路中5处因被建筑物、高压电线塔等占道，实施难度大尚无法贯通外，其余道路均完工。

7. 解决农村垃圾收运难问题项目。市环卫局完成在全市22个乡镇2342个自然村中各建一个农村垃圾屋，并对产生的垃圾定期进行清运。

8. 整合公共交通资源，优化公交线网，提高公共交通运输能力项目。落实公交线网规划，完成111条公交线路优化；市公交集团完成在瑞华特、文华东、龙华总站、东环铁、白沙门、千江悦、狮子岭、白水塘、石塔村9个场站建设65个充电桩，其中石塔村建设12个插电式充电桩、白沙门建设10个移动式充电桩，能够满足300辆纯电公交车的充电需求和45辆插电式公交车的充电需求。

9. 建设海景中学项目。海景学校交付使用，并于9月1日顺利开学。

10. 农贸市场、超市检测点试剂项目。4个区食药监局通过政府集中采购形式确定试剂供应商，完成114个检测点设置及购置农残、兽残检测试剂的任务。

11. 提升120应急救援能力项目。年内，完成升级120指挥调度系统招标和合同签订工作，系统升级工作现正在实施；完成配置各种类型救护车32辆并配备相应车载医疗系统设备；将新增人员费用列入年度预算，完成《增加院前人员实施方案》的编制，待市政府批复后启动人员招聘工作。

12. 提升医疗卫生服务水平项目。全年华山医院派出专家121人次到市人民医院工作，其中会诊和疑难病例分析1051人次，门诊接诊670人次，教学授课108节次，开展疑难手术56台，并指导多个学科的建设发展。12月18日，海口市人民医院与华山医院签订建立专家诊疗工作室合作协议，并按方案完成医院专家诊疗工作室就诊场所。5月，将购置达芬奇手术机器人可行性研究报告报国家卫计委，至12月30日仍在待批当中。

13. 强制隔离戒毒所改造项目。完成编制该项目建议书和可行性研究报告，报市发改、规划、住建部门审批。至12月30日，市发改委批准项目立项，正在研究建设设计方案，施工图纸正在确定中。

14. 完善交通基础设施，规范交通出行行为项目。10月17日，市发改委完成该项目初步设计及概算的审核工作；11月2日，市财政局回文将按项目进展情况给予资金保障；11月10日，市公安局回复明确关于施工招标的公司并由市局项目办牵头组织开展后续工作。

15. 完善乡镇医疗设施建设，提高农村医疗保障水平项目。红旗中心卫生院综合门诊楼建设完成立项、可研评估、设计文本编制、环评批复等前期准备工作，并进行现场施工，截至12月30日，完成主体工程建设的50%。琼山区7家乡镇卫生院污水处理站改造项目中，已完成2家卫生院一体化设备安装工作，其他5家卫生院正在进行设备安装。

【市政府十六届第一次全体会议】 2017年1月20日晚，海口市委副书记、市长倪强在市第二行政办公区7号楼三楼会议室主持召开市政府十六届第一次全体（扩大）会议。出席会议代表45人，列席28人。会议审议表决通过《海口市2017年政府工作报告（送审稿）》《海口市2016年国民经济和社会发展计划执行情况与2017年国民经济和社会发展计划草案的报告（送审稿）》《2016年海口市和市本级预算执行情况及2017年海口市和市本级预算草案的报告（送审稿）》，并决定将3个报告提交即将召开的市“两会”审议和民主协商。

【市政府十六届常务会议】 2017年，海口市政府在市第二行政办公区7号楼三楼会议室召开第十六届第3—19次常务会议。会议由市委副书记、市长倪强主持。

第3次常务会　2月26日下午召开。出席会议代表8人，列席76人。会议传达学习省“两会”及罗保铭书记、刘赐贵省长参加海口代表团审议时的重要讲话精神，省委常委（扩大）会议暨省委理论研讨会、市委常委会精神，中共海口市第十三届纪律检查委员会第二次会议、六届省政府第五次全体（扩大）会议、全省安全生产工作会议、市第二次安委会成员单位会议、全省审计工作会议等会议精神；审议并原则通过《2017年政府工作报告任务分解表》《2017年为民办实事任务分解表》《海口市关于鼓励医药企业积极开展仿制药质量和疗效一致性评价工作的若干规定》等事项。

第4次常务会　3月22日上午召开。出席会议代表7人，列席88人。会议传达学习国务院第五次廉政工作会议和全省第五次廉政工作会议、市委常委会等会议精神；审议并原则通过《海口市健康城市健康村镇发展规划》《海口市促进医疗健康产业发展若干规定》《海口市残疾人保障办法》《海口市参加各类残疾人体育运动会奖励办法》《海口市健康扶贫工程实施方案》《海口市计划生育家庭奖励扶助若干规定》《海口市出租汽车深化改革实施意见》《海口市网络预约出租汽车经营服务管理实施细则（试行）》等事项。

第5次常务会　4月8日下午召开。出席会议代表6人，列席87人。会议第一时间传达学习省委刘赐贵书记到海口调研基层党建工作时的讲话精神、代省长沈晓明任职讲话精神和市委张琦书记在中国共产党海口市代表会议上的讲话精神；审议并原则通过《12345热线监督考核问责暂行办法（审议稿）》《海口市12345热线首问责任制度（审议稿）》《海口市12345热线成员单位负责人轮流值班制度（审议稿）》《海口市人民政府海南师范大学合作框架协议》《关于加快构建海口市现代公共文化服务体系的实施意见》《海口市级储备粮管理暂行办法》；原则同意成立五源河文体中心“一场两馆”项目领导小组和项目指挥部，并对《人大附中海口学校合作办学框架协议书》进行备案。

第6次常务会　5月5日上午召开。出席会议代表6人，列席48人。会议审议并原则通过《海口市人民政府2017年度制度建设（立法）计划（草案）》《海口市支持乡村教师实施计划》《海口市人民政府贯彻落实〈关于限制购买多套商品住宅的通知〉的实施细则》。

第7次常务会　6月14日下午召开。出席会议代表8人，列席64人。会议审议并原则通过《2017年投资项目计划》《开发性金融支持美好新海口城市更新合作备忘录》及4个有关农村教育方面的事项；审议并原则通过《关于加强湿地保护的决定（送审稿）》《海口市美舍河保护管理规定（草案）》《关于促进民宿发展的决定（送审稿）》，要求有关部门尽快修改完善，提交市人大常委会审议；审议并同意废止《海口市人民政府办公厅关于加强政府采购管理工作的意见》。

第8次常务会　7月6日上午召开。出席会议代表9人，列席50人。会议重点结合“深入学习贯彻习近平总书记视察海南时的重要讲话精神建设美好新海南”大研讨大行动活动第二阶段要求进行工作部署。会议传达中央、省、市有关会议精神，审议并原则通过《海口市居住证管理办法（送审稿）》《海口市促进互联网产业发展若干规定》《海口市促进互联网产业发展实施细则》，并备案一系列事项。会议还对抓好财政资金支出、强化督查通报制度、中小学招生划片入学、中小学生游泳安全管理、“大众创业万众创新”示范基地建设、“12345热线+网格化”等工作进行部署。

第9次常务会　7月16日上午召开。出席会议代表9人，列席82人。会议专题研究部署环境保护工作。

第10次常务会　8月9日下午召开。出席会议代表10人，列席98人。会议研究部署配合中央环保督察下一阶段工作、迎接国家海洋督察工作。会议听取中央环保督察组移交群众举报件处置情况汇报，传达国家海洋督察组（第六组）督察海南省工作动员会精神及市委常委（扩大）会议精神，审议并原则通过《海口市综合行政执法体制改革工作实施方案》《海口市“十三五”加快残疾人小康进程发展规划》《海口市政府投资项目管理规定》等17个事项。

第11次常务会　8月22日下午召开。出席会议代表9人，列席86人。会议研究部署配合中央环保督察下一阶段工作、国家海洋督察组（第六组）督察海南省工作等事项；审议并原则通过《海口市扶贫小额信贷风险补偿资金管理办法》《海口市环境违法行为有奖举报试行办法》《中国足球（南方）训练基地合作协议书》《2017年海口市和市本级一般公共预算与政府性基金预算调整方案（草案）》《2017年海口市食品安全工作要点》《海口市食品安全工作评议考核办法（试行）》等事项。

第12次常务会　8月23日下午召开。出席会议代表9人，列席59人。会议研究部署中央第四环境保护督察组下沉督察的有关工作，并听取《海口市环境保护工作情况汇报》的起草情况汇报。

第13次常务会　8月23日下午召开。出席会议代表8人，列席73人。会议研究部署海口市迎接国家食品安全督查及国务院安委办安全生产大检查准备工作，审议并原则通过《海口市迎接国家食品安全督查工作方案》《海口市迎接国务院食安委食品安全督查资料整理责任分解表》《海口市迎接国务院安委办安全生产大检查督查工作方案》。

第14次常务会　9月3日下午召开。出席会议代表8人，列席46人。会议研究部署配合国家海洋督察组（第六组）下沉海口开展专项督察工作，审议并原则通过《海口市解决结构性污染问题长效机制方案》等10个涉及全市环境保护专项长效机制方案以及《海口市生活垃圾分类管理办法（草案）》等事项。

第15次常务会　9月30日下午召开。出席会议代表7人，列席86人。会议传达学习《人民日报》9月30日头版评论文章《从严治党 有腐必反》、省委“大研讨大行动”活动总结交流暨理论研讨会议、省扶贫开发领导小组会议、全省人民防空会议、全省安全生产暨节日旅游市场工作电视电话会议、市委党委（扩大）会议精神，以及省委刘赐贵书记在《关于开展全国安全生产大检查综合督查的通知》上的重要批示、关于海岸带整治工作的重要批示精神，《省安委办关于贯彻落实刘赐贵书记重要批示精神扎实做好当前安全生产工作的通知》精神，听取海口市配合中央环保督察、国家海洋督察、国务院安委办安全生产大检查督导、国务院食安委食品安全大检查以及海口市海岸带保护与开发专项整治等工作汇报，审议并原则通过《海口市村务公开和民主管理工作实施细则》《海口市鼓励民航业发展财政补贴实施办法》等事项。

第16次常务会　11月1日下午召开。出席会议代表9人，列席103人。会议传达学习习近平总书记在中央政治局第一次集体学习时的讲话精神和省委七届三次全会、市委十三届五次全会等会议精神，部署相关工作；审议并原则通过《海口市安全生产工作职责规定》《海口市“十三五”消防事业发展规划（2016—2020）》等事项。

第17次常务会　11月6日下午召开。出席会议代表9人，列席102人。会议传达学习省政府研究谋划2018年和未来五年政府工作专题会精神，审议并原则通过《海口市环境违法行为有奖举报试行办法》《关于清理规范市级行政审批中介服务事项和中介服务机构的决定》《海口市“五网”建设项目行政审批改革方案》等事项，传达学习全省防御强降雨工作视频会商会议精神，对海口市近期重点工作做部署。

第18次常务会　12月21日下午召开。出席会议代表7人，列席29人。会议征求《省政府工作报告》意见，原则同意《海口市三江农场发展控股（集团）有限公司组建方案》《海口市桂林洋农场公司化改制方案》等事项。

第19次常务会　12月26日中午召开。出席会议代表7人，列席43人。会议审议并原则通过公交整合重组事项、《海口市地下综合管廊有偿使用收费办法（暂行）》，听取市《关于粮食安全市县长责任制考核工作有关情况的汇报》。

【调查研究】2017年，海口市政府办公厅围绕“双创”、城市更新、生态文明建设等重点工作和重要领域，以及事关改革稳定发展的全局性问题，经济社会发展中的突出问题，社会普遍关切的热点、难点、焦点问题及民生工程等突出问题，协调市政府领导深入一线、深入基层进行深度调研，解决实际问题。全年共协调组织市级以上领导调研500多次，其中省部级领导调研16次、市长倪强调研56次，形成《海口市城镇中低收入家庭及人才安居住房保障工作方案》等一批惠民政策。

【政务综合协调服务】2017年，海口市政府办公厅与有关部门联系沟通，做好市政府领导率团赴上海、广州、厦门、北京等地的大型招商签约活动，出席2017年世界侨商海口峰会、海口“城市更新”论坛等重要会议活动，接待外国使节，参加国务院教育督导委员会办公室、国家档案局、海南省人大、海南省依法办对海口市相关工作的检查、考核等重要政务商务活动的协调工作。协调新闻媒体报道市政府重要会议、重大活动，协助市委宣传部召开政府系统新闻发布会28次。协调12345政务热线建设，出台《海口市12345热线首问责任制度》等相关制度。印发《海口市提升电网供电保障和抗灾能力三年行动计划实施方案》，召开三年行动计划推进会，做好省三年行动检查组到市的督查考核工作。配合省政府开展大面积停电应急演练。协调解决遵谭等110千伏输变电工程建设受阻和维稳问题；协调完成玉沙等6个110千伏新建输变电工程，基本完成东营3个110千伏输变电工程开工建设前期工作。

【政务督查】2017年，海口市政府办公厅对市牵头的省重点工作、省政府主要领导26件批示件进行专项督办。印发《2017年政府工作报告及为民办实事责任分解表》，对2017年政府工作报告、市委市政府为民办实事事项进行责任分解、挂牌督办。对市政府常务会议、市政府专题会议议定事项和书记、市长批示件、督办件跟进督办。对中央环保督查组交办的633件案件整改督办，办结619件，办结率97.78%。派专人协调督办12345热线事项。编印《督查通报》20期，向市政府领导和有关单位通报重点工作督查情况，提出工作建议。

【政务公开】2017年年初，海口市政府办公厅制定印发《海口市2017年政务公开工作实施方案》，分解2017年市政府政务公开工作主要任务。抓好以政务公开助力稳增长、以政务公开助力促改革、以政务公开助力调结构、以政务公开助力惠民生、以政务公开助力防风险、增强政务公开实效等6个方面公开工作，重点推进减税、降费、降低要素成本、重点建设项目和公共资源配置、政府和社会资本合作（PPP）项目、“放管服”改革 、农业供给侧结构性改革信息公开、财税体制改革、扶贫脱贫和社会救助、环境保护、教育卫生领域、食品药品安全领域等17项主要工作信息公开。全市政务公开工作统一依托各类政府网站为平台向社会全面公开政务工作动态，每月必须更新工作动态，保障政府信息持续公开，集中展示牵头事项政务公开情况，接受群众监督。集约化建设全市各区各部门政府网站，原则上各区政府只保留一个区政府门户网站，区各部门已开设政府网站的全部整合迁移到区政府门户网站，不再单独开设政府网站，市级各部门只允许开设一个部门政府网站，已开设多个政府网站的必须全部整合迁移到部门政府网站进行管理。同时，全市统一规范各区各部门政府网站的英文域名和中文域名，政府网站页面布局也整体保持统一的风格，功能设置采用标准化+个性化模式，与省政府门户网站保持一致，实现统一模版设置、统一标准服务、统一用户体验。将政务公开工作纳入政府绩效考核体系，占总分值的4%。全年编印《海口市人民政府公报》12期。在2017年度全国政府网站排名中，海口政府网站信息公开指标名列省会城市第一名、综合排名第九，被评为优秀等级。

【建议提案办理】2017年，海口市政府办公厅强化对政府系统承办的人大代表建议和政协委员提案的统筹协调，建立责任分解、定期调度、绩效评估、全程监督的办理机制。定期向市政府报告，推动解决重点、难点、焦点、热点问题，提高建议提案落实率和代表委员满意率。对承办的256件省市人大代表建议、340件省市政协委员提案进行责任分解，交由各责任单位办理。适时向市人大、政协汇报督办情况。强化督查指导，及时牵头协调会办，建议提案办理满意率100%。

【应急管理】2017年，海口市政府编制《海口突发事件应急体系建设“十三五”规划》等规划方案，完成《海口市自然灾害救助应急预案》等专项预案修编，出台《海口市地方政府性债务风险预警与应急预案》，督导有关单位完成专项应急演练31场次，协调成立235支应急队伍，协调处置20起突发公共安全和卫生事件，向省有关部门报送应急信息28次，协调建立海口市突发事件预警信息发布中心。

【值班值守工作】2017年，海口市政府办公厅坚持24小时不间断值班，受理群众来电。做好重大节假日、重要时段的值班工作，确保联络畅通。年内，上传下达信息3100件次，零失误。专人值守市长信箱和承办群众来信，及时分办200件网络问政信件、281件市政府主要领导群众来信，办结480件，办结率97.5%。

（张林杰）

人事工作

【人事工作概况】2017年，海口市人社部门进一步推进事业单位聘用制度和岗位管理制度，规范事业单位人事管理，强化公开招聘计划报备，规范公开招聘程序。严格执行公务员考试录用和公开选调制度，共完成51家单位82个职位公务员公开招录工作。继续开展公务员网络在线学习培训，8597人参加学习，参训率97%。继续推进市属国有企业负责人薪酬制度改革，落实派出单位实施公务员职务与职级并行制度。完成100名营级以下军转干部安置。

【公务员招录与选调】2017年，海口市人社部门完成全市51个单位82个职位公开招录公务员工作。审核批准3家单位面向全省公开选调公务员（参公管理工作人员）工作方案。办理86名公务员调动手续、136名公务员转正定级和205名公务员登记手续，办理14批次98人的人大政府任免手续。

【公务员培训】2017年，海口市人社部门继续组织开展公务员在线学习工作，全市86家单位8597人参加学习，参训率97%。举办2017年海口市行政机关公务员初任培训班，142名新录用公务员参加培训，参训率100%。举办2017年海口市行政机关科级领导干部任职培训班，139名科级领导职务公务员参加培训。

【公务员考核与奖惩】2017年，海口

市人社部门完成101家单位年度考核备案；审核办理265人年度考核奖励备案（其中嘉奖104人，三等功161人）。推荐省部级先进集体25个，先进工作者30人。

【军转干部安置】2017年，海口市顺利完成军转安置工作，安置军转干部100名、随调家属4名，基本做到军转干部、接收单位和部队“三满意”。

【工资福利】2017年，海口市继续推进市属国有企业负责人薪酬制度改革；完成市级84名法官、56名检察官工资套改工作。印发《海口市关于派出单位实施公务员职务与职级并行制度工作方案的通知》，完成13个单位72人的职级待遇审核，相应提高工资待遇。审核市本级159家机关单位6012名公务员及参公人员的公务交通补贴；审核市本级314家机关单位17036名工作人员及离退休人员的住房物业补贴和通信补贴。

【事业单位人员管理】2017年，海口市有274家（次）事业单位动态调整各类岗位1440个，人员聘用备案11260个。市人社部门完成海口市安全生产执法监察大队等14家（次）事业单位公开招聘工作，共核准录用人员169名；办理事业单位人员流动人事调入手续34人，调出手续59人；完成海口市科技协作中心、海口市水利电力局物资供应公司和海口市水电建筑工程公司3家单位17人“转企改制”相关工作。

【专业技术人员管理】2017年，海口市深化专业技术人员职称制度改革，对中级以下职称评审条件一律取消计算机和外语职称考试。在组建中小学教师、建设工程、工业工程、农业、林业系列职称评审委员会的基础上，新增水利水电工程、制药工程、海洋工程系列职称评审委员会。全年共评审通过中级专业技术人员1732名，初级专业技术人员728名。

（冯　宁）

外事工作

【外事工作概况】2017年，海口市外事侨务办服务中央总体外交，进一步扩大海口对外交往，促进对外交流与合作，完成出席博鳌亚洲论坛2017年年会的阿富汗政要团接待工作，接待42个外国来访团组291人次。海口市先后与菲律宾塔贡市及印度尼西亚北龙目市签订结好意向书，国际友城增至35个。

【外事接待】2017年，海口市外事侨务办接待出席2017年博鳌亚洲论坛年会的阿富汗长老院议长穆斯利姆亚尔代表团，接待任务包括政要团成员出席论坛年会开幕式、张高丽副总理欢迎午宴和与其他外国政要代表、企业代表会见等活动。全年共接待42个外国来访团组291人次。

【国外重要代表团来访接待】2017年，海口市外事侨务办共接待各国使领馆代表团来访团组12个23人次。主要团组：乌干达驻华大使克里斯帕斯·基永嘉一行；赞比亚驻广州总领事罗伯特·凯拉·卡里米一行；美国驻广州总领事白智理一行；柬埔寨驻广州总领事兴波；吉尔吉斯斯坦驻广州总领事坚季米夫·马克萨特一行；伊朗驻广州总领事希尔·高拉米一行；阿联酋驻广州总领事拉哈曼·本·阿普杜·拉赫曼·沙姆希一行；以色列驻广州总领事南可安一行；尼泊尔驻广州总领事拉维·巴塔拉伊一行；日本驻广州副总领事高垣了士、越南驻广州总领馆领事阮志忠以及法国、韩国和印度尼西亚驻广州总领馆代表团的来访。接待国外商务考察合作团和友好交流访问团：1月21日和6月12日，市委张琦书记两次在办公区会见来访的世界小姐组织主席茱莉亚·莫莉女士一行7人。2月7日，副市长任清华会见来访的美国莫弗西斯建筑设计公司负责人托马斯·梅恩一行4人。4月24日，副市长龙卫东会见来访的加拿大海南总商会会长卢武约翰和加拿大卑斯省理工大学副校长道格拉斯·考柏克先生一行7人。5月16日，市长倪强会见来访的瑞典潮汐发彭电公司董事长艾斯彭先生一行3人；5月20日，陪同省委书记、省人大常委会主任刘赐贵在海口会见菲律宾众议院议长潘塔里昂·迪亚兹·阿尔瓦雷兹一行；7月2日，会见以马达加斯加总统府国土部部长拉菲迪马纳纳·纳尔松为团长的“2017年马达加斯加中国经济发展经验部级官员研讨班”一行。9月12日，市委书记张琦会见美国男子职业篮球联赛（NBA）中国主要执行官舒德伟和科比·布莱恩特一行；9月14日，会见由莫斯科卫生厅医疗管理及发展局局长、外事局局长叶夫根尼·雷昂尼多维奇率队的莫斯科医疗代表团，双方就推动医疗项目合作，增进中俄人民友好交流等话题深入交流；12月18日，会见美国梅奥医疗诊所集团代表团国际企业发展总裁大卫·希尔一行，双方探讨在海口建设中国海口生命科学城项目的可行性。12月24日，市外事侨务办邀请越南驻广州总领馆阮志忠领事出席海口—越南邮轮旅游航线启航仪式。12月25—30日，以色列著名雕塑艺术家大卫·歌诗坦一行应邀回访海口市，其中12月28日，在海口举办城市雕塑与城市品位专题讲座，向参会的市四套班子领导、各部门及企事业单位负责同志共约270人讲述城市雕塑与城市文化内涵、城市规划、城市品位的关系。

【第十届海口—东盟驻广州总领馆对话会】2017年11月1—3日在海口市举办。来自东盟7国驻广州总领馆总领事、领事及相关企业代表共13人出席。11月2日，海口市委副书记、市长倪强在海口会见前来参加第十届海口—东盟国家驻广州总领馆对话会的东盟国家驻广州总领事代表团一行，双方就“一带一路”沿线邮轮产业发展合作达成一致。对话会期间，代表团还实地参观考察一汽海马汽车有限公司、海口市秀英港、椰国食品

2017 年 11 月 1—3 日，第十届海口—东盟国家驻广州总领馆对话会在海口市举办。图为出席会议的代表合影（市外事侨务办 供）

有限公司以及秀英区石山互联网农业小镇等海口市重点企业和项目。

【友好城市工作】2017 年，海口市先后与菲律宾塔贡市及印度尼西亚北龙目市签订结好意向书，国际友城增至 35 个。友城高层互访：3 月 26 日，市长倪强在海口会见前来参加博鳌亚洲论坛 2017 年年会的国际友城缅甸仰光市市长貌貌梭一行，双方就经贸、旅游、文化教育等领域继续开展交流与合作交换意见；4 月 7 日，市政协副主席王传荣率团出访友城塞古尔维多利亚市，期间，会见该市市长大卫·安德里（David Andre），双方就友城交往、旅游、文化、艺术等领域交流合作交换意见，特别是椰雕艺术合作方面达成共识；9 月 18—21 日，印尼北龙目市长阿卡雅博士率团友好访问海口，旨在落实 7 月在印尼签署的结为友好城市意向书，市长倪强会见印尼北龙目市市长纳吉姆·阿卡雅一行，双方就进一步加强两市在旅游、农业、经贸、产业及港口物流等领域之间的交流合作深入探讨，达成合作共识。扩大友城文化、教育交流：3 月 2 日，由新西兰北方理工学院主办，海口市友城新西兰旺阿雷市政厅和海口经济学院协办的“对话”中新国际高校艺术展在新西兰举行；5 月 25 日，旺阿雷高中国际部主任凯蒂（Katy）女士和北方理工国际运营经理瑞雪尔（Rachelle）女士和中国区业务负责人谭雪琴女士一行来访海口市，访问期间与海口市实验中学校长正式签署姊妹校合作协议，并就短期学生交流项目达成交流意向；8 月 8—23 日，海口市实验中学 20 名学生前往旺阿雷男子高中和女子高中进行游学，麦雪莉市长会见海口市实验中学代表团师生；8 月 26 日，由市教育局、文体局等有关部门人员组成代表团应邀参加弗拉基米尔“城市日”活动；9 月 21—27 日，由海南椰雕省级代表性传承人、省民间文艺家协会副主席吴名驹等组成的代表团前往友城塞舌尔维多利亚市举办“传承”椰雕艺术展，并在当地开展椰雕技术培训，向塞舌尔椰雕工匠传授海南非遗项目椰雕技艺；10 月中旬，友城新西兰旺阿雷的首批新西兰北方理工学院 9 名师生来海口市海口经济学院进行为期半个月的交流学习，领略具有浓厚中国传统文化特色的昆曲、国画、书法、陶艺、汉服、茶艺、中式面点等内容，体验具有海南民俗风情的黎陶、黎锦等文化艺术。

【国外智力引进】2017 年，海口市外事侨务办组织向国家外专局申报的海口市人民医院“加强对外合作，提高科研水平”和海南英格地效翼船制造有限公司“海南英格地效翼船制造项目”两个引智项目获立项批准，争取引智经费 40 万元；申报 2018 年国家引智项目 6 个，申请资助拟引进外国专家 41 人 112 人次。全年共接待来访智囊团成员 10 批 54 人次，举办“海口参与‘一带一路’建设、提升国际化水平”智囊研讨会。其中，浙江中科领航汽车电子有限公司董事长金星与海马汽车厂开展技术合作；爱尔兰国际孤儿基金会与省残疾人基金会签署合作项目书，定向捐助 30 万

2017 年 8 月 11 日，友城新西兰旺阿雷市市长麦雪莉（二排中）女士慰问到该市游学的海口市实验中学师生（市外事侨务办 供）

元帮助改造琼山福利院基础设施；爱尔兰 MML 马业公司与海南省马术协会签订合作意向书，拟在海口合作建设国际骑士学院；菲律宾上好佳（国际）集团分别与海口市科工信局、海南罗牛山食品集团签署战略合作框架协议。全年通过资助外国专家项目、直接或间接邀请等形式协助引进 50 位海外高层次人才。9 月 15—17 日，由硅谷市长和海外高层次人才组成的硅谷代表团一行 9 人受邀请到访海口市。期间，举办海口与美国硅谷人才交流座谈会暨签约仪式。市外侨办与美中硅谷协会签订关于开展人才交流合作意向；海口市人民医院与美国加州翔鹰公司签订双方人才和学术交流合作意向。增设海外引才网点，首创海口市海外引才基地，在美国硅谷增设 1 个海口引才联络站，在南非设立海口南非引智工作站。12 月 27 日，在复兴城挂牌设立首个“海口市海外引才(复兴城）基地”，标志着海口市海外高层次人才工作触角延伸至园区，引智工作及服务下沉至基层。

【海口—南非合作交流推介会】2017 年 12 月 10 日，在南非约翰内斯堡举办海口—南非合作交流推介会暨签约仪式。驻约堡总领馆官员、南非皇家学院院士、南非科学与艺术院院士、南非专家学者、媒体、留学生及侨界代表 50 多人出席推介会。会上，海口市重点介绍在“一带一路”机遇建设美好新海口、实施人才战略和国际旅游岛省会城市概况和优惠政策，并分别与南部非洲华人专家学者工程师联合会代表、南非约堡文创园签订文创园人才合作交流协议，向南非金雅迪国际交流服务中心颁发“南非引智工作站”证书。12 月 22—23 日，邀请南部非洲华人华侨专家学者工程师联合会副会长祁安全到海口市访问；22 日，市外侨办联合复兴城举办南非—海口文化产业园合作交流座谈会，就南非与海口开展文创产业与人才交流合作进行交流与探讨。

【出国（境）培训】2017 年，海口市共派出 54 名相关单位（部门）的骨干人员赴国（境）外培训。其中，申报并组织实施“海口市赴新加坡城市管理精细化管理培训班”和“海口市赴新加坡热带滨海花园城市建设培训班”两期领导干部深化“双创”赴新加坡培训班。两个培训班分别由市委常委、副市长顾刚和副市长任清华带队，选派市直相关职能部门主要负责人及 4 个区党委或政府相关负责人共 25 人参加，并把培训成果总结汇编成册。10 月 12 日召开成果汇报会，全市 1000 多名副处以上领导干部出席。

【外国人来华工作许可】2017 年 4 月 1 日起，海口市外事侨务办公室全面实施受理审批外国人来华工作许可事项。4 月 21 日，市外侨办外国专家局给一名加拿大籍药业研发人员郭夏签发出全市第一张外国人来华工作许可证，标志着海口市外国人来华工作许可管理服务进入新阶段。4 月 25 日，市外侨办举办“海口市首批外国人来华工作许可证颁证仪式”。截至 12 月 31 日，有 132 家用人单位在新系统注册，共受理核发外国人工作许可通知 74 张、许可证 195 张。

【外国人在海口】2017 年，海口市外侨办挖掘和发挥海口地区外国专家、外国友人的作用，组织开展两次外国友人体验海口活动，摄制《外国人在海口》纪录片，依托外国人创办的《热带海南》英文网站，宣传海口，讲海口故事，提高海口国际知名度和美誉度。5 月 20 日，组织策划外国友人在三门坡镇体验七彩荔枝嘉年华活动，有来自英国、美国、加拿大等 16 个国家的 30 多名外国友人参与。开展外国友人摩托车骑行拍摄活动。8 月 13 日，两位分别来自爱尔兰和英国的外国友人骑摩托车进入骑楼老街开始拍摄，当天晚上在骑楼老街“还客 1921”举行首站出发仪式，次日 7 时出发，途经文昌、琼海等 9 个市县后返回海口。海口电视台对骑行活动进行跟踪拍摄。以西方人视角拍摄的视频在热带海南英文网播出后，引起广泛关注。9 月，市外侨办联合海口市广播电视台打造《外国人在海口》栏目，这是海口市首个以外国人为主体的纪实性专题节目。截至年底，节目物色第一期人选 Timothy Noel Stephens 沈义扬（澳大利亚）、第二期人选 Patrick Quinn（爱尔兰）、第三期人选 Kay Feske（德国）、第四期人选 Jake Canning（英国）、第五期人选 Garett Martin Reid（美国）、第六期人选 Darren Nigli（加拿大）6 位外国友人参与节目拍摄制作 6 期节目。7 月 6 日，邀请爱尔兰籍 Patrick Quinn 到博桂社区居委会开展“双创”培训宣讲，内容是《从爱尔兰社区管理看社区干部在“双创”中的重要作用》，介绍爱尔兰社区管理的方法和经验介绍，旨在为海口“双创”提供可资借鉴的做法和经验。发挥和利用由爱尔兰籍外国人创办的《热带海南》英文网的优势，宣传与推介海口，市外侨办先后帮助网站申报海外人才经费并下拨宣传资助经费 6 万元，与网站合作开设《海口导读 HAIKOU GUIDE》宣传栏目。组织申报省政府“椰岛奖”，其中市人民医院沈义扬（Timothy Noel Stephens，美国籍）获 2017 年度“椰岛友谊奖”，海口佛罗拉文化传播有限公司帕崔克·奎恩（Patrick Quinn，爱尔兰籍）、海南英格地效翼船制造有限公司西罗特金·维塔利（Sirotkin Vitalii，俄罗斯籍）、海南华益泰康药业有限公司谭海松（美国籍）、海南双成药业股份有限公司李建明（美国籍）等人获得 2017 年度“椰岛纪念奖”。

【公务出访管理】2017 年，海口市外侨办共受理出访团组 59 个 156 人次（不含港澳团组 13 个 24 个人次）。其中，培训团组 15 个 50 人次。按团组性质划分，党政团组 50 个 133 人次，其他团组 9 个 23 人次；按组团方式划分，双跨团组 27 个 35 人次，自组团组 32 个 121 人次。拒批、劝退及未成行团组 12 个 33 人次。

【外国人来华签证邀请函办理】2017 年，海口市外侨办共签发 22 份《被授权单位邀请函》，被邀请人 47 人次，被邀请人国家包括美国、英国、澳大利亚、意大利、德国、俄罗斯和乌克兰等，支持海口市进出口贸易、酒店产业、国际文化教育交流和特色餐饮产业发展。

侨务 港澳事务

【侨务及港澳事务概况】2017 年，海口市外事侨务办共接待来访海外华侨华人、港澳同胞 45 批 700 多人次。“走出去”开展海外联谊，组团参加第 15 届世界海南乡团联谊大会、第 14 届世界华商大会等社团活动。为 830 多名符合条件的归侨退休职工及 350 多名无固定收入的困难归侨发放每人每月 100 元生活补贴。开展“关爱工程——送温暖医疗队”义诊活动暨侨法宣传活动 3 场。接到来信 10 件，解决美国华侨王录文反映的土地征收及拆迁补偿问题、泰国归侨陈长荣回国定居落户问题。

【涉侨服务】2017 年，海口市外事侨务办开展“百家万户行”活动，组织实施 “关爱工程” “侨爱工程”，推动解决一批涉侨民生问题。1 月 10 日，由市人大侨工委、市侨办、市政协港澳台侨委、市侨联和致公党海口市委组成的“五侨”春节慰问团，走访慰问市归侨侨眷、南侨机工眷属。国庆、中秋、重阳等节日期间，市外侨办组织慰问侨乡红明居、东昌居困难归侨侨眷 80 多户。全年慰问全市知名侨界人士和困难归侨侨眷 800 多人，发放慰问金 20 多万元；为 61 名侨界学子发放“潘先钾、黄玉珍教育基金”奖（助）学金约 20 万元，为 830 多名符合条件的归侨退休职工发放每人每月 100 元生活补贴约 99.6 万元，为 350 多名无固定收入的困难归侨发放每人每月 100 元生活补贴约 42 万元，给 2 户散居农村的困难归侨侨眷户每户 5000 元的危房改造支持资金，为 3 名报考全国普通高等院校的学生及 22 名海外华侨华人、归侨侨眷分别出具“三侨生”和有关涉侨身份证明。投入资金 4.5 万元，对滨海新村社区“侨之家”进行升级改造，提高明星社区为侨服务水平，依托“侨之家”开展各种惠侨、暖侨活动。联合省外侨办、市人民医院先后在秀英区马坡村和东星村、琼山区东昌居开展“侨爱工程——送温暖医疗队”义诊暨侨法宣传活动，为归侨侨眷提供健康咨询、义诊医疗，同时开展侨法宣传，为归侨侨眷提供侨法咨询服务，受益群众 800 多人。

2017 年 12 月 25 日，海口市组团参加在香港举行的第 15 届世界海南乡团联谊大会（市政协办 供）

【服务侨资企业】2017 年 1 月 18 日，海南省外侨办主任王胜、海口市副市长孙世文率队赴红旗镇项目现场调研，帮助企业加快推动项目建设。6 月 22 日，市侨务工作专题调研组考察齐鲁制药（海南）公司、双成药业、万达包装等侨资企业，实地查看厂房、生产线，了解侨资企业权益保护现状及面临的困难和问题，广泛听取和收集侨资企业的建议和意见，引导侨资企业参与海口发展建设。7 月 26 日，为帮助帮扶东山镇马坡村整村推进，破解缺乏龙头企业带动、社会组织带动经济发展不足短板，市外侨办组织昌导集团、通澳经济开发公司、广物地产等 6 家侨资侨属企业实地考察马坡村并座谈交流，为马坡村发展经济出谋策划。9 月 21 日，赛诺集团、南洋国际物流公司、骏文湖农业公司等 10 家侨资企业应邀参加由市外侨办主办的“海口参与‘一带一路’建设、提升国际化水平智囊研讨会”，与来自新加坡、泰国、加拿大、日本等国家的 10 多名海外智囊团成员、专业学者互动交流。推荐海南华益泰康药业公司申报国侨办“第五批重点华侨华人创业团队项目”；及时向市侨资企业传达第 14 届世界华商大会、2017 首届世界通商大会暨“海外知名侨商南通行”活动和 2017 区域投资论坛等境内外招商引资活动信息。

【港澳同胞及海外侨界联谊活动】2017 年，海口市外事侨务办共接待来访的海外华侨华人、港澳同胞 45 批 700 多人次。接待的代表团主要有缅甸中华总商会代表团、马来西亚海南会馆联合会代表团、新加坡海南商会代表团、美国南加州海南会馆代表团、美国海商会代表团、加拿大海南

2017年12月9日，美国海商会会长韩和元（左二）率商务考察团访问海口

（谢江波 摄）

总商会代表团、泰国九属会馆代表团、2017年海外华裔青少年中国寻根之旅夏令营等；接待的海外侨领主要有马来西亚新山海南会馆理事长黄循积、泰国华人青年商会会长李桂雄、英国柏斯华人联谊会会长陈长友、新加坡海南协会理事长陈学汉、瑞士瑞中友好交流协会会长杨善中、阿联酋华侨华人联合会副主席陈志远、亚太经济领袖联合会主席罗伦诗·余博士等。先后组团参加香港第十五届世界海南乡团联谊大会、缅甸仰光第14届世界华商大会、马来西亚新山海南会馆成立136周年庆典、马来西亚亚庇海南会馆90周年庆典、澳门海南同乡总会成立23周年庆典等活动。海口公务团组利用出访的机会，拜会新加坡海南会馆、海南协会、海南商会，马来西亚海南会馆联合会、新山海南会馆、马六甲海南会馆，印尼海南总会、巴厘海南同乡会，香港海南社团总会、海口联谊会等海外琼籍侨社，密切与海外琼籍侨社的联系。协助市政府组团赴新加坡、马来西亚考察天后宫的经营和管理模式，协助市商务部门在新加坡举行“2017中国（海口）—新加坡经贸交流洽谈会暨项目签约仪式”，开展旅游、会展、医疗健康和高新技术等产业推介；协助加拿大海南总商会在第44届温哥华华埠春节大游行活动上宣传推介海口。10月，市艺术团作为海口的艺术使者赴马来西亚新山进行为期5天的文艺演出交流，为当地华文学校义演筹款160万元。

（蒋团冀）

行政服务

【行政服务工作概况】2017年，海口市政府服务中心围绕“改革、服务”主线，以“放管服”工作为重点，充分发挥12345政府服务热线“指挥棒”“绣花针”“连心桥”的作用，规范公共资源交易活动，提高政府行政效能。获省级文明单位称号，被省审改领导小组评为行政审批制度改革先进单位。海口12345政府服务热线获全国12345政府服务热线“先锋奖”和“骏马奖”两大奖项。

【大厅服务运行与管理】2017年，海口市政府服务中心共有35个职能单位进驻，派驻工作人员189人。将不动产业务的派号时间从早上8时提前至7时30分，改善办事群众等待时间较长的现状，不动产业务大厅中午继续受理对外业务。推行便民利民举措，共配合不动产登记窗口开展上门服务26次，累计服务申办人42人次。4月28日，在海口市网上办事大厅开通网上预约办理业务。7月25日，新增手机APP预约途径，合理安排时间方便市民办事，解决排队长、办事难的问题，全年累计为4304人次提供预约服务。7月，不动产业务办事大厅正式投入使用。

【窗口办件服务】2017年，海口市政府服务中心窗口受理办件14.41万件，比上年减少8.81万件，办结14.12万件，提前办结率86.37%，下降6.80个百分点；群众满意率99.12%，提升0.25个百分点。

【“双随机”抽查机制】2017年，海口市针对“双随机一公开”抽查工作存在抽查事项不够细化、覆盖不全的情况，组织全市29家单位召开5次专题会议，要求各单位根据本部门权责清单和调整的法律、法规对随机抽查事项进行补充完善。全市“双随机一单二库”包含全市29家市直属单位343项随机抽查事项，以及3.39万个抽查对象和988名检查人员名录。截至年底，完成市场监管执法和其他行政执法抽查事项100%的比例。“双随机”抽查结果均进行公示，同步将公示内容归集到“双公示”“诚信海口”等平台公示。同时，推送至“信用海南”网站公示，为信用“红黑名单”发布和联合奖惩提供依据，推动社会信用体系建设及监管常态化。

【行政审批服务监管】2017年，海口市政府服务中心共编写《政务办件情况周报》51期、《政务办件情况月报》5期，对办件进行周分析、月通报，并对逾期件进行督办，通过督办，逾期率降低23.26%。海口市行政审批系统接入海南省在线审批监管平台并使用上报的办件总数6629件，办结6460件。其中市级部门涉及审批项目2611件，备案项目1269件，合计办结3729件；区级部门涉及审批项目1700件，备案项目858件，合计办结2543件；开发区涉及审批

2017 年 6 月 10 日，海口市秀英区政府服务中心新大厅揭牌运行

（市政府服务中心 供）

项目 54 件，备案项目 137 件，合计办结 188 件。

【“12345”市政府热线办件受理】2017 年，“12345”市政府热线通过多渠道受理办件总量 103.06 万件，办结 102.92 万件，办结率 99.86%，办件满意率从年初的 48% 提高到 95%，热线前台接通率从年初 73.7% 提高到 98.5%。

（张肖明）

调查研究

【政府研究工作概况】2017 年，海口市政府研究室承担起草、审修市政府及主要领导在政府全体会议上的讲话和其他综合性文稿 308 篇、近 65 万字，组织全市经济社会发展等方面的重点、热点、难点问题的调查研究工作，撰写 6 篇调研报告，近 7 万字。

【重点课题调研】2017 年，海口市政府研究室先后在推进琼州海峡经济带建设、港航一体化建设、城区义务教育存在的突出问题、房产交易中介监管等方面开展调查研究，撰写《集聚极核，做大做优做强省会城市》《服务国家战略、扛起省会担当、加快推动泛南海旅游经济合作圈建设》《城市更新研究》《准确把握新时代海口市社会主要矛盾的变化》《学习上海、厦门情况报告》6 篇调研报告，近 7 万字。同时，不断加强全市政府系统调研网络建设，联合市直各部门开展《基于 12345 热线下的城市信息化管理研究》《滨江滨海发展规划研究》等 21 个重点课题，形成调研报告 51 篇。

【文稿起草】2017 年，海口市政府研究室共撰写各类综合文稿 308 篇、近 65 万字。其中汇报材料 140 余篇、会议文稿 136 篇、月（季）度经济分析报告 12 篇、政务活动致辞 40 多篇。负责起草的《2018 年市政府工作报告》在市十六届人大二次会议上以全票（279 票）通过。

【信息编报】2017 年，海口市政府研究室编发《政务信息》197 期，上报国办、海南省政府办公厅政务信息 929 条，其中被省政府办公厅采用 74 条，3 条信息获得省委刘赐贵书记批示。全年编发《参阅信息》206 期、《互联网信息》81 期，提高参谋服务水平，挖掘有参考价值的信息归纳总结，供市领导参考。

【海口经济蓝皮书】即《海口发展形势与预测》。至 2017 年共编印 19 本。全书约 27 万字，通过对 2017 年海口经济社会发展全面、深入、翔实的回顾与评价，对海口经济运行的主要因素进行分析、研究和预测，提出发展对策和建议。

（牛　微）

（编辑：吴钟宝）

中国人民政治协商会议海口市委员会

市政协综述

【市政协工作概况】2017年，海口市政协团结带领各参加单位和广大政协委员履行政治协商、民主监督、参政议政职能，充分发挥思想引领、协调关系、汇聚力量、建言献策、服务大局作用，调查研究扎实深入，协商议政广泛开展，民主监督力度增强，团结联谊不断拓展，共召开全体会议1次、常委会议5次、主席会议14次、“季协商”座谈会3次，开展课题调研9项、专题视察9次，举办提案集中交办会1次，举行提案办理协商、对口协商18次，立案提案378件，编印《社情民意专报》25期。《以服务业市场全面开放为主线推动海口服务贸易创新发展》调研报告获海南省政协优秀调研报告评选二等奖。

【政治协商】2017年，海口市政协在市十六届人大会议期间，组织委员讨论政府工作报告及其他报告，围绕事关海口发展全局的重大问题和人民群众反映强烈的问题坦诚建言；同市委、市政府领导议政座谈，围绕“双创”攻坚、环境整治、城市更新、供给侧结构性改革、新旧动能转换、绿色特色产业发展、“多规合一”和“放管服”改革、脱贫攻坚以及就业、教育、医疗、文化、交通等问题踊跃献计献策，提交发言材料58份。年内，先后5次组织百名委员赴广东湛江、徐闻，就“琼州海峡港航一体化建设”“琼州海峡半小时立体交通圈打造”“琼州海峡经济带构建”等专题开展视察调研、考察互访活动，召开专题议政性常委会议，同有关部门就深化海口与湛江两地交通、旅游、农业、商贸合作，以及争取将琼州海峡经济带上升为国家支持的区域合作项目等问题进行深入协商探讨，递交专题报告4份，市委常委会议专门听取政协方面的意见建议。经考察调研，在充分研究海口市民宿发展基础条件和借鉴云南、浙江等地先进经验做法的基础上，形成一批发展民宿产业推动美丽乡村建设具有全局性、前瞻性的对策建议。在第三次“季协商”座谈会上，邀请市政府办公厅和市发改、财政等部门，向委员们解读海口市“十三五”规划制定和落实工作，通报海口市国民经济和社会发展计划、财政预决算计划执行情况。与市委有关部门、4个区党委和各民主党派就海口市建立区级政协组织的问题进行专题协商，充分吸纳各方面意见，向市委报送关于成立区级政协组织的专题报告。全年应邀组织委员200多人次，参加市委、市政府及有关部门召开的重要会议，就“双创”、精准扶贫、湿地保护、城市更新等重大事项进行协商议政。

【民主监督】2017年，海口市政协对群众反映的污水排放、水体污染、垃圾死角等问题，政府推动的垃圾整治、水体治理、湿地修复项目，中央环保督察组反馈的环境污染问题，先后组织委员30多批400多人次对全市环境治理工作进行视察，深入现场座谈交流，提出治理建议，督促整改落实。助推重点项目建设，围绕“十二个重点产业”“六类园区”和“五网”基础设施重点项目建设和为民办实事事项，深入滨江滨海规划、生态循环农业、镇墟改造、国家热带农业公园、互联网创新创业园、国家南方足球训练基地、国家帆船帆板训练基地、海口帆船帆板公共游艇码头、五源河文体中心、海绵城市、地下管廊等项目现场，了解项目进展情况，提出切实可行的建议，较好地推动项目按时间节点高质量推进。助推为民办实事落实，就“菜篮子”保供稳价、保障性住房建设、新建住宅小区配套教育设施、医疗联合体建设、旧城道路改造、残疾人无障碍设施建设等专题开展一系列视察活动，针对存在不足和问题，提出客观批评和改进工作的具体意见建议，有力推动海口民生举措落实。年内，先后选派委员100多人次参加市文明办、纠风办、效能办、市政市容委等部门组织的专项检查评比等活动，较好地发挥政协的民主监督作用。

【提案督办】2017年，海口市政协将在市政协十四届二次会议征集到的378件提案，集中交由市党群口、市政府口、市中级人民法院等59个单位承办，在提案办理过程中沟通协商。同时，从47件重点提案中遴选17件由市政府领导和政协主席会议成员领衔重点督办。分类编印12期《重点提案摘报》呈送市委、市政府各分管领导，提高提案督办层次。主席会议成员领衔对《关于规范当前我市物流业管理的建议》等提案进行重点督办协商，使提案合理化意见建议得到较好采纳落实。

【“推进海口市品牌农业发展”专题调研】2017 年 5—9 月，海口市政协组织委员对海口市永兴、石山、红旗、云龙、新坡、三江、甲子等地，澄迈县金江、桥头、福山等地，福建漳州、龙岩和台湾南投、台中等地开展品牌农业发展实地调研，通过剖析个例和总结经验，提出加快海口市品牌农业发展的对策和建议，形成《关于推进海口市品牌农业发展的调研报告》。报告建议市委、市政府加大政策扶持品牌农业建设，实施“海口市品牌农业发展提升计划”，全力构建品牌农业营销体系，加强农业品牌的管理保护等方面下大力气，力争用3～5 年的时间把海口市品牌农业打造成带动全市社会经济发展的新引擎。

【“加快发展公交导向型城市研究”专题调研】2017 年 4—9 月，海口市政协组织委员对海口市加快发展公交导向型城市建设，切实解决交通拥堵问题进行专题调研，形成《海口市公交导向型城市发展策略研究——兼论交通拥堵的治理》报告。报告从坚持“规、建、管、限”多管齐下，“加、减、乘、除”多措并举，优化“四横、五纵、两连”快速路网规划，加快轨道交通建设，挖掘城区骨干路网通行潜能，开辟公交专用车道，加快“互联网 +”智能交通发展，出台机动车管理限制性政策等方面提出建设性意见建议，以公共交通为导向的城市建设与管理，解决城市交通拥堵，推动市绿色公共交通体系建设，加强城市交通管理，满足市民出行需求。

【“水环境生态治理现状及对策研究”课题调研】2017 年 4—10 月，海口市政协围绕海口市水环境生态治理工作进行专题研究，形成《海口市水环境生态治理现状及对策研究》报告。报告深入梳理海口市水环境生态治理、基础设施及城市建设管理等方面的现状及问题，分析水环境生态治理在技术、管理等方面的基础及拟解决的重点问题，从控源截污、内源治理、水动力提升、生态修复等方面，提出一套专业性极强的水环境治理建议方案。

【“海口特色小镇建设的现状、问题及对策研究”课题调研】2017 年 4 月 10 日至 7 月 30 日，海口市政协组织调研组对“海口特色小镇建设的现状、问题及对策研究”进行专题调研。课题组深入云龙镇工贸服务小镇、演丰镇红树林国家湿地公园风情小镇、新坡镇民俗文化旅游小镇等地实地调研，赴四川成都，浙江杭州、嘉兴，江苏无锡等地的特色小镇建设进行考察，与区、镇和企业就各自领域在发展建设中所遇到的问题进行广泛交流和深入分析探讨，充分吸收先进地区成功的做法和经验，形成《海口特色小镇建设的现状、问题及对策研究》的调研报告。

【“琼州海峡港航一体化建设”课题调研】2017 年 3 月 21 日至 9 月 20 日，海口市政协主席王云霞牵头成立由市政协委员和社会各界组成的专项调研课题组，分别在海口新海港和徐闻南山港开展多次实地考察、深入调研，形成《关于琼州海峡港航一体化建设的报告》。报告分析两港码头建设情况，两港港区配套建设情况，两港建设存在的主要困难和问题，建议加强沟通协调，统筹细化工作方案，加快推进两港建设；深入研究琼州海峡经济带的规划建设；全力推动湛江—徐闻高铁项目建设；在确保高质量的前提下不断加快海南相关项目建设。

【“成立海口市区级政协组织”课题调研】2017 年 5—10 月，海口市政协成立专门课题组，通过召开 4 个区级座谈会，走访全国政协和省政协、省编办，深入开展调研，了解有关情况，借鉴外地设置区级政协组织的好做法好经验，形成《关于成立海口市区级政协组织的调研报告》。报告深入分析市本级政协基本情况和区级情况及建立区级政协组织的可行性，探讨建立区级政协组织机构的重要性和必要性，提出尽快建立海口市的区级政协组织，完善上下顺畅的民主协商体系。

【“美丽乡村建设及民宿产业发展研究”课题调研】2017 年 3—10 月，海口市政协成立专门课题组，组织相关领域委员、专家及相关职能部门，先后赴云南及江浙地区对美丽乡村建设及民宿产业发展现状、成功经验、存在问题进行考察，并对海口市 4 个区民宿产业发展情况进行调研，形成《海口市美丽乡村建设及民宿产业的

2017 年 9 月 20 日，海口市政协主席王云霞（右一）带领近百名委员视察海口新海港，就“琼州海峡港航一体化建设”课题进行调研 （毛爱民 摄）

发展研究报告》。报告建议明确民宿定义，确定管理范围；先行制定法规，确保发展规范；挖掘地方特色民宿；设置准入门槛，体现海口特色；政府统筹指导，企业适当参与；多种方式支持，拓宽富民途径；成立行业协会，搭建中间桥梁；完善基础设施，提供基本保障；建立预订平台，丰富营销手段；加强人才培训，组织专家讲座。

【“健康产业发展研究”课题调研】2017年4—9月，海口市政协成立专门课题组赴上海、江苏、浙江、广东和台湾等地开展实地考察，深入调查研究，形成《海口市健康产业发展研究报告》。报告分析海口市健康产业发展现状、指导思想、主要目标和重点领域，指出当前海口正处在健康产业发展的窗口期，机遇与挑战并存，建议把健康城市建设和健康产业发展提上重要日程，以健康城市建设为抓手，在组织领导、政策扶持、财政支持、平台建设和舆论引导方面下大力气，力争用3~5年的时间把健康产业打造成带动全市社会经济发展的新引擎。

【“加快我市教育信息化发展”专题调研】2017年4—10月，海口市政协成立专门课题组对加快市教育信息化发展进行专题调研，形成《以信息化为手段推动教育均衡优质发展——关于加快我市教育信息化发展的调研报告》。报告提出：未来5年，海口市贯彻落实国家教育信息化“十三五”规划，以促进教育均衡优质发展为目标，以“三通两平台”建设为重点，以“教育光网工程”“基础设施进化工程”“海口教育云”建设为抓手，大力加强教育信息化建设，力争在基础设施、教学资源、教育教学创新、发展机制等方面实现新的突破，使海口市教育信息化达到国内先进水平的实现路径。

【政协委员专项视察】2017年4月13日，海口市政协副主席厉春组织委员视察《海口市新建住宅小区配套教育设施建设管理办法》贯彻落实情况。视察组实地察看恒大文化旅游城、和风江岸、海航豪庭等大型新建住宅小区，听取情况介绍、座谈讨论，建议进一步完善检查监督机制，开展控规和专规动态修编，严格对照国家新标准新要求，尽快对《办法》进行认真修改完善，争取市人大常委会将其上升为地方立法。6月28日，副主席冯玉英组织部分委员视察海口生态循环农业建设情况。视察组实地考察琼山大坡镇牧榕农业开发有限公司文昌鸡养殖基地、罗牛山10万头现代化猪场、红旗镇师霖农业开发有限公司青龙山种猪场的生态循环建设情况，并召开视察座谈会。8月31日，副主席王传荣、冯鸿浩组织委员视察海口镇墟改造项目建设工作。视察组实地视察秀英区永兴镇、龙华区遵谭镇、琼山区龙塘镇、美兰区大致坡镇镇墟项目建设和“双创”工作，分别听取汇报，重点了解镇墟地下管网建设及改造工程，城市基础设施（主要是道路工程）和公共服务设施建设以及街景立面整治提升工程等方面情况，形成专题视察报告，建议加快推进全域旅游、美丽乡村建设，加快推进镇墟改造，巩固提升“双创”工作成果。9月7日，市政协主席王云霞率王传荣、李顺华等政协委员及相关职能部门对市滨江滨海和美舍河两岸规划建设工作情况进行视察，建议尽快设立专门协调机构加强规划的整体统筹，以产业发展为引导，高度重视生态保护，扩大滨水活动空间，注重挖掘南渡江及美舍河沿岸的历史脉络和文化脉络，讲好海口故事，提高城市文化底蕴。9月11日，王云霞率厉春、李顺华及20余名委员视察海口湾国家海洋公园帆船帆板公共游艇码头和帆船帆板训练基地，就如何更好地推进帆船帆板公共游艇码头和海口帆船帆板训练两个项目建设进行深入探讨，要求有关部门要切实解决投资主体、资金、用地、建管模式等瓶颈问题，把该项目打造成为集国家帆船帆板训练基地港池、海口湾国家海洋公园公共游艇码头、市民游客水上运动休闲平台、休闲渔业示范基地四大功能为一体的“体育旅游综合体”。9月15日、19日，王云霞率王传荣、李顺华等10余名委员对永秀花园开展专项视察，提出6个方面的意见建议，及时化解矛盾，妥善解决小区部分住户持续向有关部门和“12345”热线反映的住宅质量差、用水不达标等问题。10月20日、11月21日，李顺华带队实地视察五源河农贸市场，了解当前五源河农贸市场项目开发建设的情况和建设过程中存在的相关问题。

【政协提案工作】2017年1月21日召开海口市政协十四届二次会议以来，政协委员、政协各参加单位和各专委会共提交380件提案，经市政协提案法制委员会审查，决定立案378件，撤案2件。立案提案中，各民主党派、人民团体和政协各专委会提案76件，委员个人或联名提案302件。按类别分，经济建设类161件，政治建设类33件，文化建设类24件，社会建设类104件，生态文明建设类56件。按照“归口管理、分级负责”原则，立案提案集中交市党群口、市人大口、市政府口、市中级人民法院等59个单位负责承办。截至11月10日，所有提案均按时答复并办结。其中，提案所提问题解决或基本解决的占93%，正在解决和列入计划解决的占7%。收回委员反馈意见满意和基本满意率95%。

【提案表彰】2017年，政协海口市十四届委员会评选出2017年度优秀提案58件，民革海口市委、民盟海口市委、民建海口市委、民进海口市委、市妇联提案组织工作先进单位5个，市委办公厅、市委组织部、市委宣传部、市“双创”工作指挥部、市政府办公厅、市发展和改革委员会、市科学技术工业信息化局、市财政局、市人力资源和社会保障局、市教育局、市文化广电出版体育局、市规划局、市城市管理委员会（原市市政市容管理委员会）、市环卫局、市商务局、市旅游发展委员会、秀英区政府提案办理工作先进单位17个。

政协海口市第十四届委员会 2017 年度优秀提案（共 58 件）

序号	提案号	案　由	提案人
1	第 3 号	关于加强我市建筑垃圾有效处理的建议	教文卫委员会
2	第 5 号	关于建立“双创”长效机制，提高市民参与率的建议	提案法制委员会
3	第 7 号	关于倡导全社会责任担当，建立产业精准扶贫长效机制的建议	徐建荣
4	第 10 号	关于统筹推进海绵城市建设的建议	市总工会
5	第 11 号	关于规范海口市住宅小区物业管理问题的建议	董万程
6	第 14 号	关于推动供给侧改革，将海口市西海岸新区打造成新生活、新经济、新发展经济区的建议	九三学社市委
7	第 39 号	关于加强混凝土搅拌车和渣土车管理的建议	黄鹏程
8	第 43 号	关于推进海口市绿色交通出行体系的建议	蔡　铁
9	第 51 号	关于进一步推进海口民宿经济发展的对策建议	吴肖淮、王安兴
10	第 58 号	关于切实履行特许经营协议，破解企业融资难题，加快供水基础设施建设的建议	陈　洪
11	第 63 号	关于抓住创新试点机遇，加快发展海口服务贸易的建议	刘心红
12	第 67 号	关于引进社会资本，加强规划，加快棚户区改造的建议	农工党市委
13	第 73 号	关于创新发展模式、健全保障体系，推动我市服贸创新发展的建议	台盟市委
14	第 83 号	关于加强城市基础测绘工作的建议	王恩君
15	第 84 号	关于建立成本规制机制，确保政府蔬菜保供稳价资金足额高效的建议	陈小燕
16	第 86 号	关于因地制宜打造特色产业，提升精准扶贫成效的建议	致公党市委
17	第 95 号	关于加强装饰装修行业管理的建议	林　青
18	第 97 号	关于加强公共交通建设，缓解城市道路拥堵的建议	港澳台侨委员会
19	第 100 号	关于规范我市木材交易市场管理的建议	张移洲
20	第 101 号	关于海口经济发展与民营企业进步的建议	王成栋
21	第 103 号	关于加快三江农场垦区棚户区（职工危旧房）改造的建议	李晓峰
22	第 106 号	关于海口市公务用车制度改革后交通出行需求的建议	经济科技城建委员会
23	第 108 号	关于促进海口“双创”与全域旅游融合发展的建议	梁泽金
24	第 110 号	关于加强城市电动自行车管理的建议	刘长军
25	第 112 号	关于加强商品房部分功能设计审查和物业管理的建议	黄　炜
26	第 115 号	关于加快海口市城市快速路网建设的建议	王俊刚
27	第 117 号	关于引进地埋式垃圾站，有效扼制“四害”，为卫生城市保驾护航的建议	万　年
28	第 118 号	关于进一步平抑我市物价的建议	市侨联
29	第 121 号	关于以“双创”为契机，加强民生热点难点问题整治的建议	詹尊南
30	第 124 号	关于推动海口服务贸易创新发展的建议	何冬妮
31	第 138 号	关于加快推进媒体融合发展，巩固主流媒体舆论阵地的建议	赵彦双

续表

序号	提案号	案　由	提案人
32	第 145 号	关于加快推进“海澄文”一体化，推动省会经济圈建设的建议	董光海
33	第 147 号	关于修改禁摩政策，打造阳光骑行之城的建议	邓宇泽
34	第 149 号	关于完善农村宅基地建房管理的建议	民革市委
35	第 166 号	关于进一步完善农村垃圾处理设施的建议	市妇联
36	第 181 号	关于大力发展文化创意旅游，促进海口城市特色化转型的建议	曾友意、吴肖淮 、王安兴
37	第 187 号	关于进一步发展海口非公经济的建议	市工商业联合会
38	第 190 号	关于加大我市社会工作人才体系建设力度的建议	匡贤明
39	第 194 号	关于加强村（居）“两委”组织建设的建议	戴国镇
40	第 210 号	关于践行党政机关绩效管理，创新干部考核评价机制的建议	林　川
41	第 226 号	关于充分发挥媒体宣传作用，大力宣扬先进人物事迹，积极为海口市“双创”提供持久精神动力的建议	黄光周
42	第 230 号	关于加快推进海南珠崖乡村文化产业的建议	民盟市委
43	第 237 号	关于利用“互联网 +”整合海口文化资源，助推海口文化产业发展的建议	王景霞
44	第 248 号	关于关注未成年人犯罪，助力青少年健康成长的建议	谢源博
45	第 263 号	关于服务全面实施两孩政策，提前谋划增加学位的建议	梁崇忠
46	第 271 号	关于实施集团化办学模式，促进我市教育公平发展的建议	吴允秀
47	第 275 号	关于强化中小学校体育教育，提高学生身体素质的建议	吴　馨
48	第 281 号	关于建立农民工就业创业服务长效机制的建议	朱丽萍
49	第 285 号	关于加强我市“双创”工作常态化管理的建议	陈敬华
50	第 300 号	关于提高医院信息化水平，实现区域范围内医疗信息共享的建议	徐世亮
51	第 307 号	关于海口的学校要开设心理健康课程的建议	民进市委
52	第 313 号	关于提升海南乡村教育发展的建议	叶　茂
53	第 335 号	关于加大安全监管力度，创建食品安全城市的建议	范立宏
54	第 338 号	关于加强未成年人思想道德建设，提高青少年综合素质的建议	市科协
55	第 342 号	关于扶持海口市制药企业参与仿制药质量和疗效一致性评价的建议	刘立武
56	第 347 号	关于促进海口南渡江沿岸有序开发的建议	詹汉钦
57	第 357 号	关于在我市落实“河长制”的建议	林小玉
58	第 378 号	关于实施以“爱德、诚德、孝德、仁德”为主要内容的“四德”工程宣传教育，全面提高市民素质，进一步推动我市城市文明建设的建议	唐树宝

【反映社情民意信息】2017年，海口市政协共收到社情民意信息50多条，编辑《社情民意专报》25期，报市党政领导参阅。其中，市政府领导22人次对《社情民意专报》作出批示，市有关部门采取措施积极处置，切实解决群众有关诉求，并对处理情况作出书面答复及反馈。如中央大道南延长线道路标高建设、长滨六路周边公交线路建设、建议尽快搬迁威特电器生产厂区等问题，均得到迅速有效妥善解决。

市政协重要会议

【市政协十四届二次会议】2017年1月21日上午在海南国际会展中心召开。市政协主席王云霞，副主席王传荣、刘辉平、冯鸿浩、符军、厉春、李顺华、冯玉英，秘书长韩云秋出席开幕大会。王传荣主持会议。省委常委、市委书记张琦，市人大常委会主任杜立文，市委副书记、市长倪强，市委副书记吴川祝，市委、市人大常委会、市政府其他领导，市中级人民法院、市人民检察院主要领导，海口综合保税区、海口高新区主要领导，已离职尚未退休的正厅级领导韩美及其他副厅级市领导，市政协离任的历届主席陈斌、郑绍儒、黄行光，以及市直有关单位的领导和各界群众代表出席开幕大会。市政协十四届二次会议应出席委员282人，实到265人，符合规定人数。王云霞代表政协海口市第十四届委员会常务委员会作工作报告，李顺华向大会报告市政协十四届一次会议以来的提案工作情况。同日下午，举行闭幕大会，王云霞主持。会议审议通过市政协十四届二次会议关于常务委员会工作报告的决议、关于提案工作情况的报告的决议、政治决议。

【市政协常委会议】2017年，政协海口市第十四届委员会召开常务委员会会议6次。

一次常委会议　1月12日召开，王云霞主席主持。审议关于召开市政协十四届二次会议的决定，审议十四届二次会议有关文件，集中交办市政协十四届一次会议以来提案。

二次常委会议　1月21日召开，王云霞主席主持。会议听取各小组召集人汇报本小组讨论各项决议（草案）情况；审议通过市政协十四届二次会议关于常务委员会工作报告的决议（草案）；审议通过市政协十四届二次会议关于常务委员会提案工作情况报告的决议（草案）；审议通过市政协十四届二次会议政治决议（草案）。

三次常委会议暨“季协商”座谈会　4月21日上午召开，王云霞主席主持。市政协主席王云霞，市政府副市长文斌，市政协副主席王传荣、冯鸿浩、符军、厉春、李顺华、冯玉英，秘书长韩云秋，市政协常委、各专委会主任、副主任和有关职能部门主要负责人出席。会议传达学习中共中央办公厅《关于加强和改进人民政协民主监督工作的意见》（以下简称《意见》）；传达学习全国“两会”精神，全国创建文明城市工作经验交流会精神，省委副书记、代省长沈晓明本月15日在海口调研的重要指示精神；审议并原则通过市政协2017年工作要点。

四次常委会议暨“季协商”座谈会　6月22日下午召开，王云霞主席主持。会议传达学习习近平总书记视察海南时的重要讲话精神及海口市大研讨大行动实施方案；传达海口市“创文”工作再动员大会工作部署；邀请市发改委石晟屹同志讲解《海口市国民经济和社会发展第十三个五年规划纲要》并开展讨论。市政协主席王云霞，副主席刘辉平、冯鸿浩、符军、李顺华、冯玉英，秘书长韩云秋，市政协常委，各专委会兼职副主任、机关全体干部出席。

五次常委会议　9月20日召开，副主席王传荣主持会议。会议学习贯彻习近平总书记“7·26”重要讲话精神，听取海口市近期经济社会发展情况、琼州海峡经济带发展规划研究编制情况通报；组织近百名委员、政协机关干部、琼州海峡建设相关单位负责人，赴徐闻县专题调研南山港区规划、建设进展情况；召开进一步推动琼州海峡港航一体化专题协商会，为琼州海峡经济带建设建言献策。市政协主席王云霞，副主席王传荣、刘辉平、符军、李顺华，秘书长韩云秋出

2017年4月21日，政协海口市第十四届委员会常务委员会第三次会议暨“季协商”座谈会在第二办公区综合楼三楼召开　　（市政协办　供）

席会议并参加调研。市委常委、常务副市长顾刚及副主席冯鸿浩参加新海港调研；秀英区，市发改、财政、规划、国土、交通港航、农业、海洋渔业、旅游等单位负责人参加调研并列席会议。徐闻县委副书记、县长吴康秀，徐闻县政协主席林桂芳等参加在徐闻召开的座谈会。

六次常委会议　11月9日召开，王云霞主席主持。会议传达学习贯彻中国共产党第十九次全国代表大会精神、政协第十二届全国委员会常务委员会第二十三次会议精神、中共海南省委七届三次全体会议精神、中共海口市委十三届五次全体会议精神、《中共海口市委关于贯彻落实〈中共海南省委关于进一步加强生态文明建设的决定〉的实施意见》《中共海口市委关于加快推进海口市城市更新工作的行动方案》；审议通过《政协海口市委员会关于学习贯彻中国共产党第十九次全国代表大会精神的决议（草案）》；审议通过人事事项。

【市政协主席会议】海口市政协十四届常务委员会主席会议于2016年12月召开第一次会议，2017年共召开14次主席会议。会议由主席王云霞主持。

一次主席会议　2016年12月16日上午召开。会议协商通过十四届政协主席会议成员分工、专门委员会设置、专委会委员组成人员以及专委会专职主任、副主任，兼职副主任建议人选，研究组织全国、省、市三级政协委员视察海口市重点项目、召开政协海口市第十四届委员会第二次会议、市政协2017年经费预算，部署召开各专门委员会征求意见座谈会等。

二次主席会议　2017年1月5日上午召开。会议审议市政协十四届二次会议事宜，研究常委会第一次会议和提案交办会方案，部署“创卫”迎检工作等。

三次主席会议　1月21日上午召开。会议审议市政协十四届二次会议关于常务委员会工作报告的决议（草案）、提案工作情况报告的决议（草案）政治决议（草案）。

四次主席会议　2月6日上午召开。会议传达学习国务院关于《北部湾城市群发展规划》的批复精神，就市政协如何围绕《规划》，找准履职切实点，融入“海上丝绸之路”，助推海口滨江滨海花园城市建设进行研究讨论。

五次主席会议　4月10日召开。会议传达贯彻全省领导干部会议精神，研究市政协十四届三次常委会暨“季协商”座谈会方案，部署有关工作。

六次主席会议　5月10日召开。会议研究部署委员培训、考察及推动琼州海峡经济带建设等事宜。

七次主席会议　6月1日上午召开。会议传达学习市推进“两学一做”学习教育常态化制度化工作部署会议精神，研究贯彻落实意见，部署市政协6月份工作，研究关于市政协委员视察“双创”决战决胜攻坚战工作实施方案及人事事项等。

八次主席会议　7月5日召开。会议协商讨论对市人大常委会《关于促进民宿发展的决定（草案）》的意见建议，审议市政协《开展“深入学习贯彻习近平总书记视察海南时的重要讲话精神”大研讨大行动　建设美好新海南实施方案》。

九次主席（扩大）会议　7月24日召开。会议传达学习新修订的《中国共产党巡视工作条例》、王岐山同志署名文章《巡视是党内监督战略性制度安排　彰显中国特色社会主义民主监督优势》，审议有关事项，部署市政协近期各项工作。

十次主席会议　9月5日召开。会议审议市政协十四届第五次常委会议暨“季协商”座谈会方案，研究筹办琼州海峡经济发展论坛、省政协于迅主席到海口调研工作方案，部署市政协委员调研活动、市政协“创文”巩固提升工作。

十一次主席会议　10月27日召开。会议部署市政协学习宣传十九大工作；协商讨论市政协十四届六次常委会议议程及有关事宜。

十二次主席会议　11月7日召开。会议审议《政协海口市委员会学习贯彻中国共产党第十九次全国代表大会精神的决议（草案）》，协商讨论人事事项，研究十九大精神宣讲工作。

十三次主席会议　11月23日召开。会议研究精准扶贫工作督导和市政协十四届一次会议以来提案工作表彰奖励等事宜。

十四次主席会议　12月18日上午召开。会议听取各专委会近期工作情况汇报，审议《关于表彰2017年度优秀提案、提案组织工作和提案办理工作先进单位的决定》，研究市政协十四届三次会议筹备工作，研究2018年市政协工作要点、部署机关2017年年度考核事宜，研究《人民政协报》征订工作等。

十五次主席会议　12月27日召开。会议听取市政协十四届三次会议筹备工作领导小组各工作组工作情况、提案工作表彰会筹备情况、机关工会2018年经费开支安排汇报，讨论关于设立区级政协组织机构的调研报告等，安排部署有关工作。

（周道斌）

（编辑：陈清海）

纪检监察

党风廉政建设

【党风廉政建设工作概况】2017年，海口市纪委监察局发挥党内监督专责机关职责，找准政治定位，聚焦监督执纪问责，推动全面从严治党不断向纵深发展，全市党风廉政建设和反腐败工作取得新成效。全市各级纪检监察机关共受理处置反映党员干部问题线索908件，初核753件，立案462件，给予纪律处分465人，移送司法机关7人，挽回经济损失774万元。立案数、处分人数分别比上年增长13.51%和3.5%。市纪委监察局被评为全省纪检监察系统先进集体，在全省纪检监察系统2017年度绩效考核中被评为“优秀”等次。

【落实全面从严治党主体责任和监督责任】2017年，海口市纪委监察局抓住管党治党“牛鼻子”，以问责推动落实主体责任和监督责任。(1)明确监督责任。落实市纪委十三届二次全会部署的党风廉政建设监督责任事项任务，跟踪梳理年初制定的责任事项落实情况，细化责任，具体分解为7大类42条责任，明确责任领导、牵头部门、配合部门、落实工作举措和工作要求。(2)强化监督考核。开展党政主要负责人向市纪委十三届二次全会公开述责述廉述作风，5名党政主要负责人接受市纪委委员现场评议，真正起到“红脸出汗”的效果。向2017年责任制考核发现问题的84家考核单位发函要求整改，提请市领导约谈2016年度责任制考核评为C档的8家单位党组织主要负责人和分管领导。(3)开展履职行权监督检查。紧盯“关键少数”，加大对全市各级各部门履职行权情况的监督执纪，发现问题线索772件，督促各级党组织主动运用第一种形态对646人次进行责任追究。(4)加强环保领域监督执纪。督促中央环保督察反馈问题整改落实，全市共处理130人。(5)出台12345热线监督考核问责办法，实行办件问责情况月通报制度，严肃查处热线办件中推诿拖延等问题，问责处理339人次，通报12期62起典型问题，热线办件有效办结率98.68%，紧急办件30分钟响应率100%。(6)加大查处“双创”工作不作为、慢作为、失职等问题力度，问责434人。(7)坚持“一案双查”。严肃问责67个发生重大违纪案件和不正之风滋生蔓延的单位，处理责任人员75人。

【违反政治纪律和组织纪律行为查处】2017年，海口市纪委监察局严肃查处违反政治纪律和组织纪律的行为。在全市组织开展“讲政治、守法纪、知敬畏、强作风”集中整治，查处党员干部违反政治纪律问题10人次、违反组织纪律问题23人次。查处市住建局“职业认定复活”舆情事件中4名相关责任人员违反政治纪律和国家法律法规的问题。秀英区从严查处永兴镇罗经村党支部原委员、村委会原主任违反政治纪律，区疾控中心主任违反组织纪律等典型问题。

【规范监督执纪问责】2017年，海口市纪委监察局完善执纪审查工作中的请示报告和集体研究制度，对线索处置、下一级党委（党组）主要负责人的初核、立案、处分、审查措施的运用等重要环节、重点工作，在向上级纪委报告的同时，主动向市委主要负责人请示报告，线索处置、立案、审理等环节，均经过书记专题会和市纪委常委会集体研究决定。加强制度建设。细化和规范执纪审查工作流程，完善和规范线索处置、评估会，书记专题会机制，进一步细化操作方法，明确工作流程和审批权限。完善反腐工作机制。修订反腐败协调小组工作细则，强化市委反腐败协调小组职能，完善工作机制，健全协作模式，实现执纪审查、组织处理、涉嫌违法移送同频共振，无缝对接。严明审查纪律。加强对各环节、措施的管理和监督检查，出台《海口市纪委纪律审查工作流程（试行）》《关于对谈话函询工作程序的规定》等，加强规范监督，确保执纪审查全过程依规依纪、安全文明，继续保持执纪审查安全零事故记录。出台《关于运用监督执纪“四种形态”的指导意见》，对实践“四种形态”的总体要求、主要原则、适用范围、处理方式、运用程序、量纪尺度以及履行的政治责任等关键环节予以明确和规范。强化问题线索管理。梳理出超过半年未处置的274件问题线索，坚持每月一次集体研究的信访分析会、线索处置评估会制度，评估处置205件问题线索，集中力量解决暂存待查件多、登记备案手续不完善不规范等问题。

【“四风”纠治】2017年，海口市各级纪检监察机关既严肃查处违反中央八项规定精神的问题，又不放过“不干事、不担事”、违反工作纪律的作风问题。全市共组织开展明察暗访490次，查处违反中央八项规定精神问题41件，处理109人，通报5批27件59人；查处作风问题445件，处理1075人，通报33批156件311人。紧盯“四风”新动向新表现，通报形式主义、官僚主义典型案例16起。继续办好椰城纠风热线，全年播出143期，上线单位150个，受理群众建议、咨询、投诉1417件。强化警示教育，通过宣布处分决定、回访教育、制作警示教育片等举措，用身边案例教育身边人。推进廉政文化建设，在全市5000多名科级以上干部中开展廉洁家庭建设活动，塑造廉洁家风。

【纪律审查】2017年，海口市各级纪检监察机关坚决减存量、遏增量，严肃惩治腐败。共受理处置反映党员干部问题线索908件，初核753件，立案462件，给予纪律处分465人，移送司法机关7人，挽回经济损失774万元。立案数、处分人数分别增长13.51%和3.5%。紧盯“关键少数”，立案审查市管干部24人。加强对所监督地区和单位党风廉政建设情况的分析研判，运用监督执纪“四种形态”处理892人次，其中，第一、第二、第三、第四种形态处理的人员分别占47.42%、41.48%、8.97%和2.13%。加强反腐败协调小组成员单位协作，检察机关立案侦查职务犯罪

2017年8月30日，十三届海口市委第二轮巡察集体约谈会召开　（市纪委 供）

案件51件58人，法院系统审结一审职务犯罪案件65件74人。全力推进“天网行动”，成功劝返在逃人员4名。

【源头治理“微腐败”】2017年，海口市各级纪检监察机关开展信访举报三项治理，建立台账、强化督办、定期通报，集中力量推进暂存待查件办理，着力解决信访重复件、扶贫领域和群众身边的腐败等突出问题。开展“走基层察民情，助力脱贫攻坚”大下访活动，受理群众信访问题670件，接收信访件113件。开展纪检监察干部入户大走访活动，共走访3464户群众。集中开展扶贫领域专项督查，加大督促问责与直接查办力度，市、区两级纪检监察机关分别开展了扶贫领域专项巡察。全市共查处扶贫领域问题113件，处理相关责任人232人，立案34件，给予纪律处分25人，通报曝光扶贫领域典型案例27件，斩断伸向扶贫资金的“黑手”。系统治理“微腐败”，在全国率先出台《农村基层四议三公开监督办法》，实现由查处“微腐败”案件治标向紧盯“四议三公开”执纪问责、筑牢“篱笆”遏腐治本的转变；组织召开监督办法实施推进会，开展“四议三公开”落实情况监督检查，通报典型案例8件13人，农村基层民主决策进一步规范，反映农村基层干部的信访举报下降28.8%。

【市委巡察工作】2017年，海口市制定市、区两级巡察工作五年规划，明确党委任期内实现巡察监督全覆盖。探索建立“市、区巡察联动”“各区交叉巡察”“常专结合”“巡审结合”“巡驻结合”等机制。市委完成对4个区及市发改委等13个单位的常规巡察，并对涉及扶贫、打违、棚改、生态文明建设领域的市委农办等4个部门开展专项巡察。各区委先后派出28个巡察组，对59个党组织开展巡察。市、区两级巡察共发现问题线索341件，年内纪检监察机关根据巡察移交的问题线索立案69件，给予纪律处分75人，移送司法机关5人。在市纪委审查的违纪案件中，22%的线索来自巡察，利剑作用初步显现。

【市一级党和国家机关纪委派驻机构全覆盖】2017年，海口市纪委监察局转职能、转方式、转作风，以创新精神推动纪检监察体制机制改革。推进派驻监督全覆盖，制发《关于全面落实市纪委向市一级党和国家机关派驻纪检机构的方案》《关于加强市纪委派驻机构建设的意见》，在全市设

立13个市纪委派驻纪检组，人员编制共83人。11月3日，市委召开市纪委派驻机构全覆盖工作动员部署会议，将派驻监督的“探头”覆盖到全市69个市一级党和国家机关。制定《海口市纪委派驻机构工作规定（试行）》，规范和加强派驻机构工作，确保派驻机构正确履行监督责任。至12月，13个派驻纪检组完成人员培训、线索移交、走访驻在单位等工作。

【纪检监察干部队伍建设】2017年，海口市纪委监察局落实主体责任，坚持党的一切工作到支部，严格执行“三会一课”等制度，开展主题党日活动38场次，班子成员参加支部组织生活200多人次，处级领导干部讲党课24场次，制定完善各项工作制度40项。落实监督执纪工作规则和海南省实施办法，完善执纪审查工作中的请示报告和集体研究制度，细化执纪审查工作流程，完善线索处置评估会、书记专题会机制，自觉把权力关进制度的笼子。拓宽选人用人视野，面向全省择优选调干部49名，组织54期1259人次参加各类培训，干部队伍整体素质、业务水平明显提升。编印《严重违纪纪检监察干部忏悔录和剖析报告选编》，强化干部监督工作，严查“灯下黑”，立案审查违纪纪检监察干部5人。

【党风廉政宣传教育】2017年，海口市各级纪检监察机关强化新修订的《中国共产党章程》《中国共产党廉洁自律准则》《中国共产党党内政治生活若干准则》《中国共产党纪律处分条例》《中国共产党问责条例》《中国共产党内监督条例》的宣传教育力度，在全市5000多名科级以上党员领导干部中开展廉洁家庭建设活动。制作警示教育片《镜鉴·贪欲不归路》，协调全市2500多人次党员干部到海口监狱参观警示教育基地；发布党风廉政宣传稿件367篇，其中中国纪检监察报、中央纪委监察部网站、中央电视台《新闻联播》等中央媒体34篇，增长13.6%。

2017年11月3日，海口市纪委派驻机构全覆盖工作动员部署会议召开

（市纪委 供）

行政监察与效能监察

【“963333”作风监督投诉热线】2017年，海口市强化“963333”作风监督投诉热线督办问责，切实解决百姓反映的干部作风问题。做到专人值班，耐心接听，受理群众反映投诉，并进行跟踪、督办。全年“963333”作风监督投诉热线共接到咨询、投诉类问题184件，形成办件55件。其中，已办结47件，正在办理8件，发出逾期督办、催办通知14次。群众反映问题主要集中在违法建筑、土地纠纷、不作为、慢作为等方面。

【椰城纠风热线】2017年，海口市不断强化“椰城纠风热线”舆论监督作用，增强监督合力。共播出143期，上线单位150个，上线一把手150人次（市领导8位），上线人数3009人次，接到建议、咨询、投诉问题1417件，通过节目直播及日常电话等形成办件546件。为进一步强化作风监督，对全年所曝光上线单位存在的作风问题进行梳理、汇总、跟踪、督办和问责，切实纠正上线单位“庸懒散”、不作为、乱作为、慢作为问题，形成纠风工作常态，并一一回访上半年所有办件，督促责任单位进一步核实处理其中涉及干部作风问题的办件。从8月开始，椰城纠风热线栏目借鉴12345热线模式，每月初将上一个月热线办件情况形成月报，直观反映每月纠风热线办件中的热点问题、逾期情况、回访情况等内容。

【作风监督管理员工作】2017年，海口市创新监督方式，充分发挥作风监督专员作用，形成工作合力。完成作风监督专员（特邀监察员）报名人员的资格审查、提请审核通过等选聘工作，向80名作风监督专员颁发聘书。在日常工作中，为加强管理、沟通，建立作风监督专员工作微信群、反映问题登记和办理情况台账，收集并认真督办作风监督专员反映的作风问题。全年作风监督专员共提出工作建议、反映作风问题27件，主要涉及交警、消防、教育、交通道路、社保民生及12345政府服务热线等单位，办结20件，正在跟踪督办7件。

2017年2月13日，中共海口市第十三届纪律检查委员会第二次全体会议召开
（市纪委 供）

市纪委主要会议

【市纪委十三届二次全会召开】2017年2月13日在海口行政中心综合楼召开。市委常委、纪委书记李湖主持会议并作工作报告。出席会议的纪委委员28人、列席332人。全会深入学习贯彻习近平总书记重要讲话和党的十八届六中全会、十八届中央纪委七次全会、省纪委六届七次全会精神，总结2016年纪律检查工作，部署2017年任务，审议通过《中国共产党海口市第十三届纪律检查委员会第二次全体会议工作报告》《中国共产党海口市第十三届纪律检查委员会第二次全体会议决议》。5个单位主要负责人在会上向市纪委全会述责述廉述作风。

【全市“讲政治、守法纪、知敬畏、强作风”集中整治动员大会】2017年2月27日在海口行政中心综合楼召开。市委副书记、市长倪强主持会议。市人大常委会主任杜立文，市政协主席王云霞，市委副书记吴川祝，市委常委郑柏安、顾刚、巴特尔、王艳萍、林海宁等市四套班子领导，法检“两长”及各区、各部门主要负责人等参加会议。市委常委、市纪委书记李湖在会上宣读《全市开展“讲政治、守法纪、知敬畏、强作风”集中整治实施方案》。省委常委、市委书记张琦在会上作重要讲话，要求全市各级各部门要充分认识集中整治工作的意义，做到旗帜鲜明讲政治，增强法制意识，坚持依法行政，坚定不移地推进全面从严治党，以“严实硬”作风决战决胜“双创”，把各项工作抓紧抓实抓好，以坚定的政治态度、饱满的工作热情、良好的精神状态迎接党的十九大和省第七次党代会胜利召开。

【海口市人民政府第一次廉政工作会议召开】2017年3月29日在海口行政中心综合楼召开。市委常委、副市长顾刚主持会议，市委常委、纪委书记李湖，副市长鞠磊、孙世文、任清华、文斌、龙卫东参加会议。会议回顾2016年海口市政府系统廉政工作。部署2017年重点要抓好的六个方面的工作。会上，市领导向80位市作风监督专员（特邀监察员）颁发聘书，其中民革海南省委委员、海南省农业交流协会主席、海口无锡商会常务副会长兼秘书长周大卫被中共海口市委、海口市人民政府特聘为海口市作风监督员（特邀监察员）；市长倪强与分管副市长签订《党风廉政建设责任书》。

（邱秀娟）

（编辑：赵华锋）

民主党派和工商联

民革海口市委

【民革市委概况】2017年，民革海口市委会做好参政议政、组织发展和社会服务、祖国统一等工作。海口市“两会”期间，民革海口市委会及党员撰写提案和社情民意，共提交集体提案5件、个人提案36件、社情民意10件。全年共出民革简讯12期，发展40名新党员。至年底，共有党员370人。党员通过探亲、会友、文化往来等形式，持续开展对台民间交往，与新党、“中国统一联盟”、台湾海南同乡会、中华工商业联合会等多个台湾政党组织、社团和各界民众交流，推动祖国统一工作。获民革全国组织建设先进集体、民革全国社会服务先进集体。

【民革市委组织建设】2017年，民革海口市委会吸纳40位优秀人才为民革组织新党员。至年底，共有民革党员370名。完成八届市委会的换届工作，林青当选为民革海口市八届市委会主委，韩涛当选为八届市委会专职副主委，陈安妮、黄玉臣、符丹瑜当选为八届市委会副主委。重视后备力量的培养，多名党员当选为省人大代表和任省政协委员、常委，市政协常委。如谭春雷、张玉花当选为第六届省人大代表；蒋会成任第七届省政协委员，当选为第七届省政协常委；陈安妮任第七届省政协委员，当选为第十四届市政协常委。

【民革市委参政议政】2017年，民革海口市委会在海口市“两会”期间，共提交集体提案5件、个人提案36件、社情民意10件。集体提案《关于完善农村宅基地建房管理的建议》被列为市长督办案，林青委员《关于加强装饰装修行业管理的建议》和张移洲委员《关于规范我市木材交易市场管理的建议》被列为重点提案。议政大会上，党员袁慧鹰做《关于统一全市中小学校服的建议》大会发言。林青委员《关于设立公办自闭症儿童学习康复机构的建议》提案、麦发壮委员《关于结合我市棚改提升学校配建的建议》提案、吴英委员《关于加强公民道德修养，助推“双创”工作》提案引发媒体关注，受到社会认可。

【民革市委社会服务】2017年春节和中秋节前夕，民革海口市委会开展慰问活动。通过面对面交谈、登门慰问等形式，向各基层组织领导、退休老同志和困难党员送上节日的问候和组织的关心。全年民革海口市委会及各基层组织共走访慰问老党员共60多人次。龙华总支先后赴龙华区龙桥镇三角园村和琼中黎母山中心小学，组织开展“博爱牵手，结对同行送温暖”活动，除慰问定点帮扶贫困户，还为村民、学生送上食物、药品、图书、学习用具等慰问品。美兰一支部为美兰区委统战部挂点贫困户的危房改造项目赠送水泥、瓷砖等建筑用品。

（李信文）

民盟海口市委

【民盟市委概况】2017年，民盟海口市委做好参政议政、自身建设和社会服务等工作。海口市“两会”期间，提交56份提案、4份人大建议案。民盟海口市第十五次代表大会召开，选举产生第十五届委员会。全年发展新盟员31人，盟员总数840人。

【民盟市委思想建设】2017年，民盟海口市委开展“不忘合作初心，继续携手前进”专题教育，多层次多模式宣讲中共十九大精神。11月6日，组织由主委厉春宣讲的十九大精神报告会，盟市委会领导班子、委员、各区总支正副主委、各基层支部主委，盟内市政协委员、人大代表及各基层支部盟员代表等53人一起参加。购买《党的十九大辅导读本》《党的十九大报告学习百问》专业学习读本发放给各基层支部帮助进行专业化学习。12月9—10日举办为期2天的2017年“学习十九大”骨干盟员培训班。各区总支结合盟市委传统盟务活动重阳节慰问老盟员，组织老青盟员开展“学习十九大，畅谈十九大”座谈会，开展学习活动。

【民盟海口市第十五次代表大会】2017年5月31日召开，共60名代表参会。会议听取并审议通过厉春同志代表中国民主同盟海口市第十四届委员会所作的《凝心聚力促发展 尽职尽责谱新篇》的工作报告和《中国民主同盟海口市第十五次代表大会决议》，选举产生厉春、江玫、李顺华、陈洪、陈学博、蔡铁、吴泽纯、陈细明、林日源、陈小锋、李壮志、王金花、黄光周、叶定、叶丽锋、赵忠、白树堂、唐树宝、符雁、徐家燕、周莉莹、张建中、吴允秀23名第十五届委员会委员和30名出席出席民盟海南省第七次代表大会代表。在第十五届委员会第一次全体会议上选举产生新一届领导班子，厉春当选为主任委员，江玫、李顺华、陈洪、陈学博当选为副主任委员，江玫当选为专职副主委。

【民盟市委组织建设】 2017年，民盟海口市委发展新盟员31人，年龄平均35岁，盟员总数840人。10月27日，组织近3年入盟的新盟员参加省民盟组织的2017年新盟员培训班。11月26日，组织召开专题会议，对总支机关支部、一中高中部支部、一中初中部支部主委人选进行改选，张铎膑当选为机关支部主委，袁玉蓉为一中高中部支部主委，李贞为一中初中部支部主委。年内，先后选派盟员参加海口市委统战部组织的2017年海口市各民主党派骨干及新进成员培训班、在南开大学举办的2017年盟务干部培训班、在中国（海南）改革发展研究院举办的2017年海口市统一战线干部培训班及中共海南省委统战部组织的海南省民主党派学习党的十九大精神和省委七届二、三次全会精神专题培训班。

【民盟市委参政议政】 2017年，海口市“两会”期间，民盟海口市委提交4份集体提案、52份个人提案、4份个人人大建议案。其中，陈洪的《关于切实履行特许经营协议，破解企业融资难题，加快供水基础设施建设的建议》、厉春的《关于对我市临聘教师工资制度进行改革的建议》、李顺华的《关于在我市中小学校开展防毒禁毒专项教育的建议》列为督办案，蔡铁的《关于推进海口市绿色交通出行体系的建议》、黄光周的《关于充分发挥媒体宣传作用，大力宣扬先进人物事迹，积极为海口市“双创”提供持久精神动力的建议》、集体提案《关于加快推进海南珠崖乡村文化产业的建议》、吴允秀的《关于实施集团化办学模式，促进我市教育公平发展的建议》分别列为重点提案。

【民盟市委调研】 2017年，民盟海口市委组织各基层组织开展“深入学习贯彻习近平总书记视察海南时的重要讲话精神建设美好新海南”大研讨大行动活动，对照大研讨大行动活动方案提出的“十个方面”重点内容，确定以“关于做大做强海口热带特色现代农业”为研讨题目，与中共海口市委统战部对接调研任务。7月下旬至8月上旬先后深入市重大农业种植基地、龙头企业、合作社、乡村和农民田头地间及相关部门，并深入到澄迈等地考察，为市发展好现代高效农业献计献策，由陈小锋执笔撰写的调研报告选入《调查与研究》第12期。9月2日，联合海口市龙华区委和海南产业经济研究院举办“2017遵谭特色小镇研讨会”，邀请省内民盟在产业经济规划、南药开发、文艺电影、乡土文化、旅游策划等领域的著名专家学者刘明生、张品成、蒙乐生、李壮志、柴勇、韩嘉怡、黄振福、江玫以及企业家代表为海口特色小镇发展出谋划策。为提出更接地气更有实际参考意见的提案扎实开展课题调研，4月12日，调研美舍河水体改造项目、琼山区传统文化旅游资源；4月19日，调研石山镇官良村民宿发展；5月12日，前往琼山区古村落迈瀛村和中山路的妈祖庙调研海口市传统文化旅游资源保护；10月24—30日，与琼山区人大、区财政局、区教育局、区财政国库支付局、区校外活动中心联合组织到四川、贵州考察调研“如何进一步完善我市青少年活动中心（综合实践基地）建设”课题。

【民盟市委社会服务】 2017年，民盟海口市委做好“精准扶贫”帮扶点琼山区甲子镇昌西村委会新村塘4户和长尾冲6户的脱贫巩固工作，组织各基层总支与贫困户一起观看电视夜校，并送上慰问物品价值1万元，赠送300只鸡苗价值1.14万元。购买2部办公电脑赠送给村委会。民盟海口市委的志愿者服务大队参与海秀镇文明交通劝导志愿者服务，累计次数55次人数230人。4月12日，秀英区总支组织盟员参加由民盟上海市委、民盟海南省委主办的“农村教育烛光行动”暨赠送图书活动，通过整合社会各界资源，为农村贫困地区和贫困儿童送去温暖和关爱。5月12日，龙华区总支和民盟教育界别特色组织盟员联合龙华区教育局开展“献礼母亲节，关爱退休女教师”慰问活动。秀英区总支参与海口市秀英区委统战部、永兴镇政府主办的2017年秀英区统一战线端午情暖扶贫户志愿活动，给永兴镇10名贫困母亲和5户精准扶贫户家庭送上节日问候和慰问金，组织盟员当场认购贫困户的粽子；组织盟员参加秀英区统战部举办的“剪纸技艺下乡活动”、在石山镇昌道村举行的“践行大研讨大行动服务基层群众”爱心志愿活动、“海口市扶贫爱心集市”爱心扶贫活动。琼山区总支组织盟内法律专家积极参与琼山区委统战部组织的琼山区统一战线助力“双创”法律进校园活动，在攀丹小学向1000多位学生和家长详细讲解了校园欺凌、学生出走、人身财产安全等多个方面的法律常识。11—12月，法律服务专门委员会共开展5场送法进琼山区各中心小学法律讲座活动。

（李　艳）

民建海口市委

【民建市委组织建设】 2017年3月4日，中国民主建国会海口市第十二次代表大会召开，选举产生23名市委委员，顺利完成换届工作。叶霞当选为主任委员，李爱国当选为专职副主任委员，吴承敏、谢源博、邓爱军当选为副主任委员。市委会根据工作需要，对新一届专委会进行调整。在民建海南省第六次代表大会上，六位市委会领导分别当选为省委会副主任委员、常委、委员及省监督委员会委员。民建海口市委会共发展新会员15名，平均年龄35岁。截至年底，市委会共有375名会员。市委会为企业家搭建交流平台，选派班子成员和骨干会员参加民建中小企业发展论坛、2017中国（江西）非公有制经济发展论坛和2017年中国风险投资论坛。会员陈朝霞、马晓红、郑炳南3位科级干部被选派到龙华区政府、美兰区和平南街道办事处挂职锻炼。以“一站一刊一栏”为载体，全年出版2期《海口民建》。

【民建市委社会活动】2017年，民建海口市委会共下点督查包点社区琼山区滨江街道铁桥社区170余次，开展义务劳动、交通疏导、入户宣传等志愿服务活动50余次；向社区赠送2部办公电脑改善办公条件；节假日慰问一线环卫工人和困难群众；龙华总支送去三角梅美化社区环境。到精准扶贫点琼山区甲子镇昌西村委会和美兰区大致坡镇永群村委会开展精准扶贫调研工作20余次。响应市委“我为残疾人捐助一元钱”活动号召，共捐款1.66万元。“三八”节期间，民建海口市妇女委员会联合民建海南省妇女委员会、省机关支部慰问红旗镇敬老院58名老人。民建秀英总支向屯昌县枫木镇琼凯村小学和澄迈仁兴镇小学学生捐赠文具。全年民建海口市委多名会员在扶贫开发、捐资助学、帮扶贫困户、孤寡老人、残疾人等弱势群体的社会服务中共投入100多万元。

（梁丽芳）

民进海口市委

【民进市委概况】2017年，民进海口市委履行参政议政、民主监督职责，不断加强党派自身建设，做好组织建设和社会服务等工作。海口市“两会”期间，民进海口市委及会员提交市政协提案19篇。年内共发展会员19名，至年底，共有会员647名。

【民进市委思想组织建设】2017年，民进海口市委通过主委会议、骨干会员学习成长会、优秀教师座谈会、重阳节座谈会等及时传达中共中央、中共海南省委、中共海口市委的会议精神及民进中央和民进海南省委的工作精神，筑牢思想政治基础。全年以理论加实践的方式，创新开展骨干会员培训；组织骨干会员参加民进省委和统战部以及民进中央举办的培训班，通过培训加强人才队伍建设。3月，民进海口市委会完成第八届委员会换届工作，选举产生新一届的市委班子，刘心红连任主委，史玉敏、符约明连任副主委，吴煌亮、王小龙当选副主委，赵彦双等23位会员当选为市委会委员。全年发展新会员19名，其中公务员5名、教师5名、企业界精英9位、医务工作者1位，在界别、年龄、男女比例方面不断优化会员结构。

【民进市委参政议政】2017年，民进海口市委专委会的会员成员深入实地广泛调研，围绕市经济和社会发展的重大问题积极建言献策，在保证提案数量的前提下，提案的质量不断提高，提交市政协提案19篇（集体提案5篇、个人提案14篇），其中刘心红主委《关于抓住创新试点机遇，加快发展海口服务贸易的建议》、赵彦双委员《加快推进媒体融合发展巩固主流媒体舆论阵地》、集体提案《关于海口的学校要开设心理健康课程的建议》获评市政协优秀提案。

【民进市委社会服务】2017年，民进海口市委共组织600人次参与世贸社区内的“门前三包”“病媒防治”“六小”管理、三无社区、卫生治理、“双创”宣传、入户调查、在社区内开展健康知识讲座等工作。春节前夕，组织书画界会员为所帮助的10家农户书写对联。开展“双月”送温暖献爱心活动，6次到农户家中慰问，购买慰问品价值1.2万元。组织3批民进企业家进农村调研，支持和鼓励企业家在扶贫点搞合作经营。7月，组织医疗界会员赴甲子镇昌西村开展健康知识宣传、高血压普查。建军节前夕，慰问军区干休所离退休军人，民进书画界会员与军区退休军人交流创作体会，向干休所赠送书画作品。

（苏文姬）

农工党海口市委

【农工党市委概况】2017年，农工党海口市委完成新一轮换届。履行参政议政、民主监督职责，在市政协会议提交集体提案4件，个人提案12件。组织中、高级医务人员到街道、托老院、乡镇、农村开展2次大型义诊、送医送药活动，免费发放药品总价值4万元。发展新党员12名，共有党员384名。

【农工党市委思想组织建设】2017年3月5日，农工党海口市委会召开中国农工民主党海口市第十二次代表大会，完成新的一轮换届工作。5月6—7日农工民主党海口市委员会组织5个总支和15个支部的党员骨干参加学习中共海南省第七次党代会培训班，100多人次参加。发展有代表性、层次高、参政议政能力强的人员入党，新发展12名新党员。至年底，共有党员384名。有计划地开展政治理论学习，先后组织学习中共十九大会议精神，社会主义核心价值体系，坚持以习近平新时代中国特色社会主义思想为指导，深入贯彻党的十九大和十九届一中、二中、三中全会精神，围绕海口市“十三五”规划中心的指导思想、战略目标、主要任务和重大举措，做好市委会工作。

【农工党市委参政议政】 2017年，农工民主党海口市委员会履行参政议政、民主监督职责。完成市政协会议集体提案4件、个人提案12件。农工党市委《关于引进社会资本，加强规划，加快棚户区改造的建议》被列为副市长督办案；党员陈敬华《关于加强我市“双创”工作常态化管理的建议》被列为重点提案。

【农工党市委社会服务】 2017年“5·12”国际护士节，农工民主党海口市委会联合医学界和金融界等30多名爱心人士来到甲新社区开展帮扶贫困户义务就诊活动。7月，为深入推进“建设美好新海南”大研讨大行动，决战决胜“双创”工作，与海口桂林洋经济开发区在桂林洋场部举行“助力海口‘双创’，医疗下乡义诊，中医防治未病，免费药品服务”大型义诊活动。10月，组织农工党医疗专家到甲子镇甲新社区开展“精准扶贫送健康，义诊活动暖人心”活动，受诊人数共800多人次，为群众测量血压300多人次，赠送药品价值3万多元。联系万达集团海口公司在“双创”包点单位桂林洋传忠居委会开展爱心帮扶活动，慰问残疾人、低保户、孤寡老人、留守儿童共39人，发放粽子、食用油、大米等慰问物资；给忠东小学13名学生每人发放一个书包、一套校服、一双鞋，赠送学校电脑一台、打印机一台、体育用具一批。为贫困户销售上百只走地鸡，与社区两委干部一起带动贫困户、农户用无公害栽培方法种植出绿色叶菜，并成功通过微信订货的方式进行销售。开展第二十九届国际科学与和平周暨环保酵素讲座。利用春节、中秋、重阳节对广大老党员老领导进行慰问70人次，并送上慰问金和慰问品。

（林　珺）

致公党海口市委

【致公党市委概况】 2017年，致公党海口市委履行参政议政，民主监督职能，以集体名义和个人名义提交议案、提案和社情民意信息30余件，接待“三胞”23人次、海外华侨200余人次。发展新党员5人，共有党员300余人。

【致公党海口市委员会第八次代表大会】 2017年5月31日在海口市海南军区迎宾馆召开。大会听取并审议致公党海口市第七届委员会工作报告，选举产生致公党海口市第八届委员会。选举产生致公党海口市第八届委员会委员23名，林尤干为致公党海口市第八届委员会主任委员，陈东、周干、陆士娟、吴翠蕊为副主任委员。

【致公党市委参政议政】 2017年，致公党海口市委员会委员中有省级政协委员1人、市级人大代表4人、市政政协委员10人。在市“两会”期间，以集体名义和个人名义提交议案、提案和社情民意信息30余件。11月，参政议政骨干党员到贵阳、毕节、绵阳和成都开展课题调研，对海口民俗文化产业发展提出意见和建议。

【致公党市委社会服务】 2017年1月初，致公党海口市委员会开展“奉献爱心送温暖，同心共筑中国梦”活动，到龙华区中山街为群众送春联和开展爱心义诊活动。4月，开展“文明礼仪进万家”大型主题活动，在中山街道和平南路5号信兴电器广场开展文化礼仪宣传。7月，市医院支部内科、中医科、皮肤科、口腔科、儿科、妇产科部分党员医生到大致坡镇载群村委会、大致坡中心卫生院开展送医送药下乡义诊活动，开展免费发放药品、咨询等服务。

（陈在民）

九三学社海口市委

【九三学社市委概况】 2017年，九三学社海口市委员会的人大代表和政协委员共提交人大建议案4件、政协提案19件、社情民意8件。至年底，共有社员237名。全年累计向社中央、社省委会、中共海南省委统战部、中共海口市委统战部的刊物、网站报送宣传信息稿件144篇。年内，被九三学社中央评为“坚持和发展中国特色社会主义学习实践活动先进集体”，被九三学社海南省委员会评为“先进基层组织”。

【九三学社市委组织建设】 2017年3月5日，九三学社海口市第六次代表大会在海南新燕泰大酒店召开，选举产生九三学社海口市第六届委员会，王俊刚当选主任委员，林银燕（专职副主任委员）、顾建中、张珂瑜、余莉当选副主任委员，孔祥标等22名社员当选市委委员。6月17—18日，九三学社海南省第七次代表大会在海南豪生大酒店召开，王俊刚当选九三学社海南省第七届委员会副主任委员和第七届委员会监督委员会副主任，林银燕当选九三学社海南省第七届委员会委员和第七届委员会监督委员会委员，顾建中当选九三学社海南省第七届委员会委员。年内发展和接收社员17名，其中高中级职称8名。至年底，共有社员237名。通过主委会议、全体委员会议和各基层委员会活动等形式多样的学习活动，凝聚广大社员坚持中国特色社会主义的思想共识和政治共识，巩固多党合作的思想政治基础。先后组织200多人次参加各种研修班和培训班。9月12日，九三学社中央办公厅副主任张魁林率九三学社中央巡查组对九三学社海口市委员会机关建设工作进行巡视检查。

【九三学社市委参政议政】2017年，九三学社海口市委员会共有省政协委员1名、市人大代表3名、市政协委员7名。其中，专职副主委林银燕任九三学社海南省委员会对外联络与妇女工作委员会副主任，副主委张珂瑜、市委委员李宏文任九三学社海南省委员会法律工作委员会副主任。12月2—8日，王俊刚主委作为海南团代表参加九三学社第十一次全国代表大会。海口市"两会"期间，九三学社海口市委员会的人大代表和政协委员共提交人大建议案4件，政协提案15件（集体提案3件、个人提案12件），社情民意4件；平时提交提案4件，社情民意4件。其中，王俊刚委员提交的《关于加快海口市城市快速路网建设的建议》被市政协列为重点提案；集体提案《关于推动供给侧改革，将海口市西海岸新区打造成新生活、新经济、新发展经济区的建议》被市政协列为市长督办案。3件社情民意得到市领导的批示督办，林银燕委员提交的《关于设置兴丹路与国兴大道丁字路口红绿灯的建议》得到副市长龙卫东批办并落实；顾建中委员提交的《关于尽快增加开通长滨六路公交线路的建议》得到副市长任清华批办；社市委《关于整治海口汽车"加塞"现象的建议》得到副市长龙卫东批办。共向九三学社海南省委员会提交社情民意6件。开展大研讨大行动活动，围绕"深刻理解和贯彻落实：要履行好南海维权、维稳、保护、开发的重要使命"课题，向九三学社海南省委和中共海口市委统战部提交《正确理解南海维权、维稳、保护、开发的重要使命，打造海洋飞地产业园，发挥海口服务南海的战略作用》的调研报告；在考察三沙市永兴岛后，提交《关心渔民权益，发展飞地经济，打造三沙军民融合示范区》的考察报告。报告中关于打造飞地合作模式的建议被列入《海口市2017年重点改革工作方案》中。

【九三学社市委社会服务】2017年4月20日，九三学社海口市委员会与九三学社海南省委员会妇委会联合在海口市长流中学举办"善待自己，健康成长"为主题的青春期女性生理健康知识讲座，共有200多名中学女生参加活动。5月31日，与美兰区白龙街道振兴社区居委会联合在社区内的海口雨润特殊儿童教育培训中心开展"与星相伴 欢度六一"活动，为孩子们送去水彩笔、篮球、足球、牛奶和蛋糕等节日礼物。6月24日，组织社内医疗专家前往琼山区甲子镇卫生院开展送医送药义诊暨入户巡诊活动，来自海口市第三人民医院、海口市中山医院的内科、外科、骨科、妇产科、儿科等医疗专家为120余名群众进行免费义诊，并对新昌村罗思雄、陈显昌、许声兴等精准扶贫户进行入户巡诊，活动累计赠送药品价值3000余元。7月5日，向美兰区白龙街道振兴社区居委会赠送图书221册价值5000余元。

（邝红梅）

台盟海口市委

【台盟市委参政议政】2017年，台盟海口市委在海口"两会"期间，提交提案5件（集体提案3件、个人提案2件），涉及教育、双创等市民关注方面的内容，其中"关于加强特殊儿童发展和教育的建议""创新发展模式、健全保障体系，推动我市服贸创新发展的建议""培育居民主体意识，积极参与双创""以供给侧改革为契机，推动海口市西海岸经济圈发展的建议"得到市领导作重要批示。围绕市委、市政府中心工作，深入开展调查研究，与民建海口市委会联合完成《挖掘美舍河文化资源，彰显人文优势，助推海口市国际化滨江滨海花园城市建设——美舍河历史文化遗存调研》调研课题。

【台盟市委自身建设】2017年，台盟海口市委采取不同的形式组织盟员和部分台胞听取中共十九大精神、全国"两会"以及省市"两会"精神。关心盟员的工作和生活，利用节假日和盟内活动开展好盟员的联谊活动。注重后备干部培养锻炼，选派骨干盟员参加省政协、省委统战部、台盟省委、市委统战部举办的各类培训班近60人次。青年工作委员会组织青年盟员、台胞开展联谊、体育等活动。3月，召开台盟海口市第六次盟员大会，审议并通过周朝东代表台盟海口市第五届委员会所作的工作报告，选举产生台盟海口市第六届委员会和领导班子。周朝东当选台盟海口市第六届委员会主任委员，文飞燕、陈雯、吴柳当选台盟海口市第六届委员会副主任委员。

【台盟市委社会服务】2017年元旦和春节等传统节日，台盟海口市委深入走访、慰问台胞台商12人次，组织慰问华海社区8户困难群众和甲子镇琼新村委会10户困难户，送去价值约2万元的生活物品。联合台盟海南省委、中共美兰区委统战部在"六一"儿童节到美兰金色儿童智障（自闭症）康复训练中心调研并看望慰问智障儿童，赠送价值7000多元的文体用具及生活用品。赠送甲子镇琼新村委会一套价值4000元的会议音响系统，解决该村困难群众收看扶贫夜校设备短缺的问题。

【台盟市委对台联络】2017年，台盟海口市委利用台资企业协会平台，对投资海口的台商进行走访，配合统战部做好联谊、招商、引资工作。加强与在琼台胞、台商的交流沟通，增进共识，共叙乡亲情谊，接待台湾来访客10人次，为台商提供各类咨询服务5人，组织协助台商投资考察3人次，走访慰问台商20人次。

（吴云竹）

市工商联（总商会）

【市工商联工作概况】 2017年，海口市工商联（总商会）做好对全市非公有制经济人士的教育、培训、引导、融资、维权、联谊及宣传等各项服务工作，引导全市非公经济人士积极参政议政，参与“双创”“精准扶贫”及其他社会事务工作，促进全市非公经济按照“两个健康”（非公有制经济健康发展，非公经济人士健康成长）发展目标发展。全年共组织会员企业中工商界政协委员提交政协提案53件，人大代表提交人大建议批评与意见33件，先后协调解决海口润园国际家居广场有限公司等6家企业反映的问题，走访会员企业或商会单位100多家，吸收68个企业和2个团体入会。

【市工商联参政议政】 2017年，海口市工商联（总商会）企业中的10名人大代表向市人大撰写建议、批评和意见33件，46名政协委员向市政协提交个人提案53件、团体提案5件。其中《关于倡导全社会担当建立产业精准扶贫长效机制的建议》《关于加强混凝土搅拌车和渣土车管理的建议》《关于海口经济发展与民营企业进步的建议》《关于加快三江农场垦区棚户区（职工危旧房）改造的建议》《关于促进海口“双创”与全域旅游融合发展的建议》等13件提案被市政协评为优秀提案，《关于倡导全社会担当建立产业精准扶贫长效机制的建议》《关于加强城市电动自行车管理的建议》《关于进一步发展海口非公经济的建议》《关于提升海南乡村教育发展的建议》《关于促进海口南渡江沿岸有序开发的建议》《关于加大安全监管力度，创建食品安全城市的建议》6件提案被列为市政协重点提案。

【市工商联课题调研】 2017年，海口市工商联（总商会）联系并走访企业，与商会企业负责人开展座谈，了解全市非公企业发展与经营情况，先后撰写《2016年度海口市非公经济运行情况分析》《从我市部分走出去企业的发展现状看我市招商引资的差距》调研报告。

【市工商联会员队伍建设】 2017年年初，海口市工商联（总商会）向各区工商联及会员印发《海口市工商业联合会关于开展理想信念教育活动的通知》，要求各区工商联根据通知要求在会员中开展理想信念教育活动。组织60多名企业家参加全联、省联的理想信念教育活动报告会，听取全国各地优秀企业家的理想信念报告；结合党的十九大报告，分别在海南椰树集团有限公司、海南力神集团有限公司等3家企业中进行宣讲活动，有300多名企业代表参加宣讲活动；共举办3次学习传达十九大报告精神专题学习会，2次党员集中学习讨论会。全年先后走访会员企业或商会单位100多家，吸收68个企业和2个团体入会，并指导海口市四川筠连商会、海口市临高商会、江西武宁商会、海口湖北通城商会、海口湖南安乡商会、海口市湖北阳新商会、海口环岛平江商会7家异地商会筹备成立。动员会员企业做好2017年全国、省五一劳动奖推荐评选和申报工作，市工商会副主席单位齐鲁制药（海南）有限公司获“全国五一劳动奖状”、椰树集团海南椰汁饮料有限公司8万吨安装团队获“全国工人先锋号”；海南弘远泰斯科技有限公司、海南龙泉集团有限公司获得“海南省五一劳动奖状”、徐自力获得“海南省五一劳动奖章”。11月，在第八届湘商大会暨五届湘南投洽会上，海南省湖南商会被评为“兴湘贡献”奖。

【商会会员维权服务】 2017年，海口市工商联（总商会）先后派员参加全国工商联在北京举办的维权培训班，2次参加市组织的协调劳动关系“三方、五家”培训，与辽宁省工商联、三亚市工商联分别进行维权经验交流。11月，成立海口市总商会人民调解委员会。开展为会员企业维护正当权益的工作，先后为海口润园国际家居广场有限公司协调解决租赁海南省农垦第一物资供销公司仓库事宜、海南椰吉岛生物工程有限公司厂房拆迁补偿问题、内蒙古商会假日海滩蒙古大营餐厅拆迁缓拆问题、海南金盛达建材广场拖欠海南蓝色海岸会议有限公司参展费余款未结清问题的6家企业解决矛盾纠纷和维护正当权益。

2017年11月8日，海口市总商会人民调解委员会揭牌成立　（市工商联 供）

【非公党建】2017年，海口市工商联（总商会）非公党建共投入经费45万元。3月和5月，分别派员到天涯社区网络科技有限公司和海南贝尔呼叫与大数据服务有限公司调研指导党建工作。10月14—19日，组织58名非公企业优秀党员和党务工作者、入党积极分子赴武汉大学进行企业精英管理培训，学习企业管理与党建方面的知识。全年共指导天涯社区网络科技股份有限公司、海南浙元建设工程有限公司、海口市文学艺术界联合会、海南米高教育服务有限公司、海南贝尔呼叫与大数据服务有限公司、海南壹大科技有限公司、海口安徽桐城商会等8家企业或机构组建党组织，接收15名企业家的党组织关系，发展10名优秀企业家为入党积极分子。

2017年，海口市工商联党组发动34家会员企业爱心捐款61万元，为琼山区三门坡镇清泉村委会美宋村打一口同心井。10月13日建成启用，美宋村几十户群众从此告别缺水的历史

（市工商联 供）

【商会联谊与交流服务】2017年，海口市工商联（总商会）组织会员企业、商会参加2017年海口市工商界迎春联谊会、第三届中国（重庆）国际物流展、2017海南家居（春季）博览会暨海南康养生活（春季）商贸活动、海南星盛通集团有限公司观摩、“梦翔南海、智雅绽放”海口女企业家喜迎三八活动、“利润倍增、一带一路发展机遇论坛”、格局商学海口分院落成典礼、武汉大学企业精英培训班主题沙龙活动、海南滨海国际中小企业项目路演辅导会暨凤凰网海口工作室揭牌仪式、2017（第十二届）品牌年度人物峰会、2017海南首届人工智能大会等活动。

【光彩事业】2017年，海口市工商联（总商会）发动会员企业捐资20万元，分别为银甸社区辖区内的市物资局小区订制10张石凳，为捕捞社区制作300多米的宣传栏，为邦敦社区制作宣传栏和花坛，向邦敦社区捐赠图书800多册并建立读书阅览室。发动会员企业助力海南乡村教育，全年“助力海南乡村教育”项目共筹款104万元，其中实际筹款约80万元，得到腾讯配捐近24万元。

【工商联社会服务】2017年，海口市工商联（总商会）引导非公有制企业和非公有制经济人士响应政府号召，主动参与海口市“双创”、农村扶贫工作，帮贫济困、捐资助学，履行企业及企业家的社会担当。全年发动50多家商会企业开展“重自身修养、重社会责任、树良好形象”“创建全国文明城市，构建诚信消费环境”“重品行、树形象、做榜样”“同心同行，助力双创”等“双创”志愿者活动，参加活动9000多人次。7月，设立精准扶贫专项基金，1个月内发动34家会员企业捐款61万元，为琼山区三门坡镇清泉村委会美宋村打一口“同心井”；发动企业出资6万元，为琼山区甲子镇民兴村委会的扶贫点的4个自然村全部安装水管；出资2.5万元为13户扶贫对象购买槟榔苗；安排资金8000元为2户贫困户买牛；出资9000元为3户残疾人家庭购买阉鸡和饲料；1万元资助3名大学生。市工商联责任帮扶的13户精准扶贫户年底按计划全部实现脱贫目标。

【商会招商与融资服务】2017年，海口市工商联（总商会）主动与建行、农行、招行、平安银行等金融机构对接与合作，努力帮助企业加大融资服务力度。7月13日，在建行人民大道支行举办银企座谈交流活动，12家会员企业前往参与。11月3日，与海口市电商协会在海秀中路海口昌海中小微企业加速基地公共会议室联合举办银企对接会议，邀请建行、邮政储蓄银行、农业银行等机构，对小微企业负责人进行融资辅导，30位会员代表参会。活动后，海口瑞安顺贸易有限公司在建行获得贷款100万元。引导52家非公企业获得政府扶持资金6440万元，有效帮助解决会员企业在融资方面的困难和压力。

（龚晓明）

（编辑：吴钟宝）

市总工会

【市总工会概况】2017年，海口市工会会员总数40.7万人，基层工会组织8335个。慰问困难职工、农民工、劳动模范2785人次，发放慰问金286.78万元；帮扶救助困难职工3717人次，发放帮扶资金528.34万元。健全协调劳动关系“三方”机制，广泛开展工资集体协商，全市共签订集体合同1680份，覆盖企业9036家，涵盖职工51.36万人。12月，获得海南省总工会经费审查委员会授予的“2017年度全省工会经费审查工作规范化建设考核评比一等奖”。

【基层工会建设】2017年，海口市总工会开展工会组建和法人资格登记“两同步”工作，基层工会法人资格登记同步进行，促进工会组建的进一步规范化。采用灵活方式，进一步强化吸收农民工入会工作，农民工在会员中的比例进一步提高，工会组织在农民工中的影响力逐步增强。截至年底，全市工会会员总数40.7万人，基层工会组织8335个，工会组织覆盖法人单位2万多家，建会率91.2%。

【职工帮扶解困】2017年元旦、春节期间，海口市总工会筹集慰问金286.78万元，慰问困难企事业单位61家（含下辖46家基层工会），慰问困难职工、农民工、劳动模范2785人次（困难职工、农民工2396人次，劳动模范389人次），慰问建档困难职工实现全覆盖。开展“金秋助学”活动，全年市总工会本级“金秋助学”468人次，共发放资金190.7万元。针对职工中特殊困难群体开展专项帮扶活动，共帮扶救助困难职工3717人次，发放帮扶资金528.34万元（生活救助2159人次263.58万元，医疗救助1085人次72.56万元，助学救助473人次192.2万元）。开展第二期职工医疗互助活动，共有761个单位参加，参加人数8.54万人，收缴金额约1281万元，截至12月1日，报销人次1237人，报销金额244.9万元。关爱一线职工，组织1005名一线职工（农民工）免费体检。投入资金约50万元，建立户外劳动者服务流动站点10处。

【“夏送清凉”活动】2017年夏季，海口市总工会先后慰问市交警支队交通警察2155人，交通服务志愿者376人；慰问市园林、市排水管道养护、市政工程维修公司等一线职工1787人次。联合徐闻县总工会对海口秀英港、海安港两地港航企业3000多名一线职工进行慰问。

【职工权益维护】2017年，海口市总工会建立健全协调劳动关系“三方”机制，广泛开展工资集体协商，签订集体合同工作。主动与市人社、国资委、工商联、企业家协会等“三方五家”进行沟通协商，联合下发《推进实施集体合同制度攻坚计划工作方案》。截至年底，全市共签订集体合同1680份，覆盖企业9036家，涵盖职工51.36万人，建制率87%。推荐海南港航控股有限公司工会、海口市公共交通总公司工会等7家单位为市开展集体合同签订集体协商工作的示范点。召开2017年全市民主管理工作会议，部署厂务公开民主管理工作“星级”创建活动，全市80余家单位，近220名相关人员参加会议。全市推行厂务公开民主管理制度的单位有6583家，覆盖企业1.99万家，其中已建工会规模以上国有及其控股企业、集体企业推行厂务公开率91%，职代会建制率90%以上；机关、学校、医院等机关事业单位建制率100%，全面实行政务公开、校务公开、院务公开和职代会等制度；已建工会规模以上非公有制企业推行厂务公开率93%，职代会建制率91%。启动开展创建星级职代会工作，通过职代会的创建工作，充分发挥职代会在企事业单位管理中的作用，构建和谐劳动关系。评选出海南港航控股有限公司等14家为四星级职代会创建单位；向省总工会推荐以海南红塔卷烟有限责任公司等7家单位为五星级职代会创建单位；海口市教育幼儿园等10家单位为三星级职代会创建单位。以市协调劳动关系“三方五家”办公室名义，共同制定构建和谐劳动相关评分标准和评价细则，全市有100多家单位参与开展构建和谐劳动关系工作。

【劳模表彰与关怀活动】2017年“五

一”前夕，海口市评选推荐全国“五一”劳动奖状、奖章、全国工人先锋号和海南省五一劳动奖状、奖章、工人先锋号，宣传先进集体，带动全市各行各业职工创先争优、勇当先锋。经评选，齐鲁制药（海南）有限公司被授予全国“五一”劳动奖状，椰树集团海南椰汁饮料有限公司8万吨安装团队被授予全国工人先锋号；海南弘远泰斯科技有限公司、海口市美兰区人民法院被授予海南省“五一”劳动奖状，盘丽芬、羊永梅、傅海燕、徐自力被授予省“五一”劳动奖章，海南海峡航运股份有限公司“五指山”轮、海口市120急救中心急救科、海口市排水管道养护所秀英管养所被授予省工人先锋号。召开海口市2017年工会工作表彰大会，表彰一批先进人物和先进集体，启动市首届“五一”劳动奖状奖章评选活动和创建市工人先锋号和模范职工之家（小家），选出并授予海口广播电视台《直播12345》栏目组等20家单位“2017年海口市工人先锋号”的称号、市公安局琼山分局飞鹰大队等16家单位“2017年海口市工人先锋号”达标单位。以全国劳模叶茂和省级劳模刘文民为创新工作室带头人的“叶茂劳模工作室”和“刘文民创新工作室”被授予省级劳模创新工作室。全年向劳模发放全国劳模“三金”、省级劳模“二金”、市级劳模援助金143.8万元，共慰问劳动模范500余人次，其中慰问市级劳模153人次，发放慰问金15.3万元。上门慰问7名退休、患病的劳模及劳模遗属并送上慰问金3600元。组织市150名劳模参加免费体检，与省总工会组织3批27名劳模参加疗休养活动。

【职工文化建设】2017年，海口市总工会先后举办“聚力双创，劳动最美”全市职工文艺汇演活动、喜迎“十九大”全市职工大合唱文艺汇演、以省市党代会精神、城市更新、“双创”升级版等为主要内容的“工会杯”电视知识竞赛。开展“我们的节日”主题活动，在主要街道举办5场“送春联 惠职工”活动。组织1000名一线职工参加“观巨变、拓视野、促双创” 体验日活动。举办第三届“工会杯”职工乒乓球赛，有43个代表队374名职工参加。组队参加海南省教职工羽毛球赛，获得市县组第一名，市教育工会获得优秀组织奖和体育道德风尚奖。举办“工会佳缘”青年职工联谊交友活动。

【劳动竞赛】2017年，海口市开展“践行新理念，建功‘十三五’”为主题的劳动竞赛活动，全市50多家机关企事业单位开展劳动竞赛活动。市总工会联合市安监局组织20多家企业参加2016年全国“安康杯”竞赛先进评选活动；举办首届“工会杯”农民工种植技能劳动竞赛，200多位农民工参与。

【职工（农民工）培训】2017年，海口市培育创业就业基地，向省总工会推荐三门坡大荒洋蔬菜种植培训基地、石山镇石斛种植基地为全省工会创业就业培训基地。11月，在三门坡大荒洋蔬菜种植基地为邻近村庄的150余名农民工开展“田头大讲堂”蔬菜种植技能培训，在石山镇石斛种植基地为150名农民工开设石斛种植技术培训班。年内，举办2017年度育婴员职业技能培训班，共培训240名职工；在三江农场、桂林洋农场开展冬季瓜菜、海水养殖技术订单式培训班，共234名职工（农民工）参加培训；举办电子商务（淘宝网店）、育婴师等职业培训班，1000多位劳动者参与；开办海口职工“双创”大讲堂，深入企业开班20场，4000余名职工参与。创办首家农民工创业就业培训基地，东山镇统丽岭村周边的农户在自家门口免费学到瓜菜种植技术、互联网销售技能，被省总工会授予农民创业就业培训示范基地。

（王 聂）

共青团海口市委

【团海口市委概况】2017年，共青团海口市委员会共有团组织4656个，其中，机关事业单位团组织263个、学校团组织2659个、国有企业团组织261个、非公企业团组织481个、社会组织团组织300个、城市社区团组织217个、农村团组织475个，团员8.08万人。团市委“绿水青山共卫美舍河”志愿服务项目获得海南省志愿服务项目大赛金奖。

【团组织建设】2017年，共青团海口市委员会印发《共青团海口市委员会党组“三重一大”决策制度实施办法》，新建市直属团组织10个，创建服务型团组织示范点4个，党建带团建示范点4个。开展2017年全市基层团组织规范建设暨团员先锋岗（队）创建活动，在基层团组织和基层生产一线创建团员先锋岗（队）3个。在“五四”期间，授予32个基层团组织“海口市五四红旗团委”“海口市五四红旗团支部（总支）”称号，授予38名团干部、团员“海口市优秀共青团干部”“海口市优秀共青团员”称号。不断加强对团干部的培训力度，开展各类型团干部培训班10场次，培训团干部2000余人次。

【团员发展】2017年，共青团海口市委员会落实从严治团要求，着力提升团员队伍先进性，降低团青比例，按照团章规定的标准进行，履行入团程序和入团手续，全市新发展团员5150人。至年底，共有团员8.08万人。

【青少年思想政治引领】2017年，共青团海口市委员会把凝聚青年、为党育人作为首要政治责任，以全覆盖、多形式、有实效为原则，开展省七次党代会精神宣讲、“社会主义核心价值观”等主题教育活动，不断深化中国特色社会主义、社会主义核心价值观宣传教育。普遍开展“向上向善好青年”学习实践活动，引导青年聚焦爱岗敬业、创业创新、诚实守信、崇义友善、孝老爱亲，明确人生成长的努力方向。面向全市各级团组织广泛开展“砥砺奋进的五年”群众性主题宣传教育活动，通过丰富多样的活动形式引导广大团员青年自觉践行社会主义核心价值观。组建青年宣讲团，采取“快闪”演出、“微讲堂”路演、新媒体互动等形式，深入学校、企业、社区和农村开展党的十九大精神宣讲系列活动30余场次，覆盖青少年群体近万人，实现社会主义核心价值观宣传教育对全市中学中职学校全覆盖。

【青少年思想道德建设】2017年，共青团海口市委员会推进社会主义核心价值观教育，开展“清明祭英烈 共铸中华魂”主题宣传教育“与人生对话——我的中国梦”校园报告会、“彩虹人生——奋斗的青春最美丽”优秀中职毕业生报告会、18岁成人礼主题教育等系列活。“六一”期间，集中开展“红领巾相约中国梦”主题队日活动。在建队68周年纪念日期间，组织全市各级少先队组织集中开展“我们是共产主义接班人”主题队日活动。围绕中国梦和理想信念教育，结合海口实际和少先队文化特点，组织开展“椰城童趣汇”“向上向善好青年”、爱国主义理想信念教育、少先队员学习交流等主题教育活动220余场次，参与人数18万余人次。开展教育实践、帮教服务、心理健康辅导等公益活动493场次，打造市未成年人心理健康辅导站等品牌项目。

【少先队基础建设】2017年2月8日，共青团海口市委员会联合市教育局印发《关于印发〈2017年少先队活动课程表〉的通知》，对队活动课的课时要求、任务目标、主题内容等进行了详细部署。10月20日，组织召开少先队改革方案讨论会，邀请优秀少先队辅导员及各区少工委工作人员就少先队改革工作进行深入探讨和交流，并于11月9日印发《关于对〈海口市少先队改革实施方案（征求意见稿）〉征求意见的函》，广泛征求基层少先队辅导员的意见和建议，举办少先队队工作交流观摩活动，增进各校经验交流，共同进步。加强少先队辅导员培训。全年市、区两级团委共举办培训班3期，面向全市各中小学校少先队辅导员进行基础理论、实操技能的专业培训。

【新媒体和“青年之声”平台推广】2017年，共青团海口市委员会依托海口共青团新媒体发展中心，采编制作具有较强教育引导意义的微信新媒体作品，利用微信公众号“海口共青团”“椰青汇”推送涉及政治事件、共青团工作、生活常识、“双创”知识普及等各类信息469条，受到青少年的关注。“椰青汇”微信公众号始终位于全省政务类微信排行榜前十。在“椰青汇”微信公众号上推出“小椰青爱海口”栏目。“六一”儿童节期间，结合“两学一做”教育实践和海口“双创”工作内容，制作一批儿童节动态表情包，并在官方微博、微信公众号上发布，以青少年喜闻乐见的方式宣扬社会主义核心价值观，传播青春正能量。利用教师节这一重要时间节点，制作“感念师恩 传递祝福”主题H5，并通过“海口共青团”微信公众号进行发布，广泛征集教师节祝福语，通过新媒体手段引导广大青少年学会感恩，传承尊师重教的优良传统美德。制作“学习贯彻十九大精神在线问答大闯关”主题H5，以青少年喜闻乐见的形式宣传贯彻党的十九大精神。普及推广“青年之声”平台，全年共有230名专家在线答疑解惑，平台访问量1895.16万人次，共提出有效问题5.39万个，提供有效回答17.29万个。

【“青春正能量”共青团微电影宣传推广】2017年，共青团海口市委员会发动全市各级团组织开展观影活动，利用新媒体及微电影作品传播青春正能量，不断扩大共青团组织在青少年中的覆盖面和影响力。全年面向全市各级团组织共发放《获奖作品集》300份，组织集体观影1180场次，参与人数5.93万人；组织召开观影座谈会32场次，参与人数1200人；收集微电影观影影评100余篇。

【青年典型宣传】2017年5月4日，共青团海口市委员会通过《海口日报》专刊刊发2016年度海口市共青团先进集体和先进个人名单。5月3—7日，联手海口广播电视台《热带播报》栏目，制作《传承五四精神 激扬青春风采》人物系列报道，对符承文、符绵学、吴坤仲、张冰洁、王琼5名青年典型的优秀事迹进行专题报道，引导广大青少年向先进学习。对接《中国青年报》《海南日报》《海口日报》《南国都市报》、海口广播电视台、人民网海南视窗、中新网、南海网、海口网等新闻媒体共报道共青团重点工作350余次。

【青年就业创业服务】2017年，共青团海口市委员会与市创业小额贷款担保中心合作，发放青年创业小额贷款224笔、2200万元。共举办“青年创业直通车”“青年创业就业沙龙”“三农”政策大讲堂等培训系列活动50场次，参与青年2500余人，有效覆盖青年逾万人次。举办青年创业就业沙龙13期，近1500人次参与。扎实推进电商培育工程，广泛开展“互联网+三农”、创业直通车系列活动50场，选树和培养农村青年电商创业带头人21人。联合市人社局举办2017年海口市创新创业大赛，重点倾斜选拔农村电子商务产业和带动贫困户脱贫的创业项目，共85个项目团队230名青年报名参赛，推选35个优秀项目团队175名青年参加海南省青年农村电商大赛。举办“见习助就业 牵手毕业生”主题活动8场次，参与青年1600余人。推进就业见习工作，保有见习基地27家，组织见习人员上岗409人；在海口桂林洋大学城青年创业创新中心、江东电子商务产业园、海南工商创业孵化基地等地打造“海口市青年创业平台”。成立海口市农村青年致富带头人协会，召开2017年政府部门与农村青年致富带头人“倾听心声 共促发展”面对面座谈会3场，市区人社、商务等职能部门相关负责人及农村青年近300余人参加。深入全市乡镇（农场）开展创业培训、项目扶持、金融服务、结对帮扶、学习交流等活动19场次，参与青年2000余人，有效覆盖青年逾万人。将农村青年致富带头人654名录入海南青年“领头雁”智能管理服务平台，打造10家青年创业就业示范基地，并充分发挥示范基地作用，有效促进农村青年创业就业。

按“七有”标准建立的博桂社区志愿服务站。2017年被评为海口市学雷锋志愿服务先进站点（市“双创”指挥部 供）

【青少年志愿者行动】2017年，共青团海口市委员会秉承“奉献、友爱、互助、进步”的志愿理念，围绕“机制化、专业化、品牌化”的发展目标，坚持服务大局、服务社会、服务青年，务实推进青年志愿服务工作，团结带领广大青年志愿者为打造幸福美丽海口发挥生力军作用。推动8.86万名团员注册成为志愿者。联合海口市志愿服务联合会共同制定《海口市志愿服务培训规划（2017—2020）》。举办以应急救援等为主要内容的志愿服务技能培训192场次。围绕民生保障、城市文明、生态环保等主题，常态化开展60余项志愿服务项目，累计参与青年人数12万余人次，服务时长36万小时。打造“绿水青山·共卫美舍河”“绿水青山·环保嘉年华”“青春绿化宝岛”等共青团品牌项目，持续开展生态环保主题活动121场，参与青少年逾万人次。开展“创业扶贫直通车”“希望工程圆梦行动”“志愿扶贫建功新农村”志愿服务等扶贫攻坚活动，募集资金332.15万元，资助贫困学子627名，为贫困青少年提供创业、助学、志愿服务等全方位、多层次的扶贫帮扶。

【关爱服务青少年成长】2017年，共青团海口市委员会开展“领巾飞扬欢乐假期”公益冬（夏）令营、航模科技普及与辅导等。启动“阳光护航 助梦同行”关爱留守儿童志愿服务项目，针对农村留守儿童群体开展菜单化项目帮教服务，依托秀英区检察院未成年人观护站和海口市未成年人法制教育中心，为失足青少年群体提供心理、就业、法律援助等多项服务，帮助他们重新塑造自我，顺利回归社会。在秀英区阳光服务基地的基础上，新建秀英区海秀镇新村青少年成长驿站、龙华区滨濂北社区青少年成长驿站、琼山区甘蔗园社区青少年成长驿站和美兰区新安社区青少年成长驿站等社区帮教示范基地，通过政府购买服务的形式聘请5名专职社工驻点开展摸排走访、团体辅导、个案咨询、“四点半”小课堂等帮教服务活动，服务社区青少年群体成长成才。面向全市各级团、队组织，加大《未成年人保护法》和《海南省未成年人保护若干规定》宣传普及、执法检查和督导调研力度；面向全市广大青少年启动“无毒海口·健康生活”禁毒宣传教育活动，组建青年禁毒志愿服务队伍，组织开展第三届“童心画禁毒”漫画大赛、第一届“争当禁毒小勇士”主题征文比赛、禁毒宣传教育“六进”（禁毒宣传进场所、社区、农村、学校、单位、家庭）活动、重点青少年群体教育引导等活动。做好未成年人心理健康辅导，在椰城青年网开通网页版“心理直通车”，建立“海口青少年心灵驿站”微信公众平台，组建心理QQ群和微信群，提供线上心理咨询服务；开通未成年人心理公益热线，安排心理咨询师不间断接听热线；组建心理咨询专家队伍，利用假期开展现场授课、公益讲座、个体辅导等活动。全年共开展中小学校公益讲座50场次，心理团辅活动45场次，个案咨询460余人次，服务未成年人及家长共计1.2万余人次。联合海口海事局、市120急救中心和市公安局消防支队深入全市各中小学普及防触电、防溺水、防火、防震、急救自护等基本知识，切实服务青少年健康成长。组织发动全市各级团员青年，举办“七夕鹊桥会 缘定侏罗纪”“青春有约 你我同行”等市、区级青年婚恋交友活动10场，镇级婚恋交友活动22场次，参与青年2000余人次。联系市青创会、市农致协等青年社会组织，开展创业沙龙、电商培训、电商主题沙龙等青年喜闻乐见活动50场次，参与青年2500余人。

2017年11月20日，海口市应急救援志愿者在市咸来小学举办防灾知识普及活动（团市委 供）

【打造未成年人活动品牌】2017年，共青团海口市委员会策划推出“领巾飞扬 欢乐假期”海口市公益冬（夏）令营活动，活动涵括“户外拓展营”“小职业家”“自护先锋队”“关爱成长营”“爱国小标兵”“科技小达人”“公益课堂”“关爱篇”“年味篇”“安全篇”等各大主题共31场次，覆盖城乡各类青少年群体3000余人次。依托海口青少年活动中心，推出“椰城童趣汇”少儿公益活动品牌，结合少年儿童的年龄特点和兴趣爱好，开设科技、环保、文体、自护等各类主题活动，推出“亲子闹元宵”“小小面点师”“小小园艺师”“小小画家”“扮靓最美妈妈”“奇思妙想，童心布语”“陶冶情操，艺享人生”等主题活动57期，吸引5000余名少年儿童参与其中。加强重点青少年群体帮教体系建设工作，以帮教小组为载体，重点打造“阳光护航”重点青少年帮扶项目，通过建立专业化的社会化帮教工作队伍，加强重点青少年服务管理研究。组织心理专家深入法制教育中心，了解法制教育中心每个学员的心理发展状况，制定一套专门针对“问题少年”的心理矫治方案，探索问题少年心理矫治规律。

【青年技能服务大赛】2017年7月，共青团海口市委员会联合海口市旅游发展委员会、海口市人力资源和社会保障局、海口市交通运输和港航管理局共同举办“青春建功椰城，技能助力双创”海口市2017“双创杯”青年服务技能大赛。大赛紧扣“国际化滨江滨海花园城市”和“双创”主题，围绕“大众旅游时代”，精选具有代表性的职业类别，开展相关竞赛，全市41个单位的152名优秀选手参加中式烹饪、西式烘焙、出租车驾驶、动画制作4个赛项冠亚季军的角逐。

【“共青团与人大代表、政协委员面对面”座谈会】2017年1月19日上午，海口市2017年“共青团与人大代表、政协委员面对面”座谈会在市政府第二办公区14号楼第三会议室举行。会议围绕电商培育推动农村青年创业主题，邀请部分市人大代表、政协委员与党政职能部门负责人、部分电商创业孵化基地负责人、创业导师和创业青年代表等共35人进行交流，为在市“两会”上集中发出“青年好声音”搜集了解社情民意。

【青少年禁毒宣传教育】2017年3月，共青团海口市委员会启动第三届“童心画禁毒”漫画大赛，面向全市少先队员征集主题鲜明、格调健康，突出禁毒防毒拒毒的核心元素的漫画作品。联合市教育局、市人民检察院举办“法治禁毒宣传进校园”系列活动，组织法治禁毒宣传讲师分别走进26所中小学，通过课堂授课、视频播放、趣味问答等形式向青少年学生讲授毒品的危害和识毒防毒的方法，覆盖青少年人数5000余人次。依托社区阵地，通过开设禁毒小课堂、组织禁毒签名、发放禁毒宣传资料等形式开展禁毒宣传活动80余场次，发放禁毒宣传资料2.4万份，覆盖人数3万余人次。发动各镇（街）团干、禁毒志愿者、专业社工、心理咨询师、安全自护教育讲师、法律工作者走进东山镇、甲子镇、龙泉镇、永兴镇等地开展禁毒宣传活动30余场次，发放禁毒资料7000余份，覆盖人群1.2万人。组织禁毒志愿者深入企业开展禁毒宣传知识讲座，通过播放禁毒宣传片、发放禁毒宣传手册等方式引导企业青年珍爱生命、远离毒品，覆盖人数200余人次。年内，以学校为重点，以村级团组织为枢纽，深入开展禁毒三年大会战宣传教育活动300余场次，依托椰城青年网、“椰青汇”等官方网站和微信公众号发布禁毒新闻175余篇，开展12期禁毒知识有奖竞猜活动，引导青少年正确识毒防毒拒毒。

【海口市青年足球赛】2017年3月开赛，由共青团海口市委员会主办。历时1个月，全市12支青年足球队伍、300余人参加比赛，观看人数约1万人次。比赛分5轮小组赛、1轮淘汰赛，共有34场比赛。赛后，选拔海口海航红色战车队、海口琼山青年队代表海口市参加“激扬青春·快乐健康”2017年海南省青少年足球赛青年组比赛，并分获第一名和第四名。

（朱世贤）

市妇联

【妇联组织概况】2017年，海口市新增妇女组织2个，机关、事业单位妇委会2个。全市妇女组织共5657个，其中区妇联4个、镇妇联22个、街道妇联21个、社区居委会妇联196个、村妇联会248个、机关事业单位妇委会92个、妇女小组16个、女职工委员会5031个、市属高校妇女组织3个、其他领域妇女组织24个。

【基层妇女组织建设】2017年5月，海口市被确定为海南省基层妇联组织区域化改革试点。至年底，全市4个区级妇联完成改革工作，在全省率先完成基层妇联组织区域化改革试点工作。镇（街）、村（社区）妇联组织改建率100%。构建无断层的妇联组织网络，全市区、镇（街道）、村（社区）三级妇女组织健全率100%。拓宽各领域中妇女组织力度，全市5家医院、3所高校成立妇委会，17家“两新”组织组建妇委会或“丽人之家”。不断创新拓宽妇女工作领域，全年创建“妇女之家”示范点4个。全市有镇（街）、村（社区）妇联组织475个。镇（街）妇联中，新增兼职副主席80人，新增执委530人，共有执委737人，增幅71.91%，其中45岁以下执委539人、大专以上学历执委470人。村（社区）妇联组织中，新增村（社区）兼职副主席546人，执委3319人，其中45岁以下2135人、大专以上学历1062人。

【妇女发展服务】2017年，海口市妇联推选表彰一批先进个人和集体。大致坡镇妇联主席冯燕作为优秀的基层妇女工作者被推荐到《我是共产党员》栏目，赵金玲获评全国巾帼建功标兵，范彩明家庭获评全国最美家庭，张艳红获评全国“三八”红旗手，海口市人民检察院政治部和海南海口红妆美容管理有限公司海府店获评全国巾帼文明岗，吴乾信家庭等7户家庭获评海南省最美家庭。授予中国电信海口公司综合服务支撑中心等10家单位海口市“三八”红旗集体荣誉称号，李菁等10人海口市“三八”红旗手荣誉称号，王伟等25人海口市优秀妇女工作者荣誉称号。评选出田国斌家庭等20户海口市“最美家庭”，杨翘名家庭等200户海口市“平安家庭”。举办南京大学—海口市女干部“创新与管理”能力提升培训班，市直机关、企事业单位110多名妇女干部参加培训。举办2期基层妇联主席培训班，全市妇联组织区域化改革后新当选的490多名镇（街）、村（社区）妇联主席及市妇联机关干部参加培训。开展海口市庆“三八”2017城市健康舞蹈大赛，2000多名妇女群众近百支舞蹈队参加大赛。评选出海口市优秀“妈妈训教团”成员20名。

【文明家庭教育】2017年，海口市妇联联合市教育、文体、卫生、计生、民政、文明办、科协、关工委8个部门制定出台《海口市指导推进家庭教育五年规划（2016—2020年）》。挖掘“最美家庭”背后的感人故事，组成“最美家庭”宣讲团到企业、社区、机关开展“和谐家庭·德润椰城”海口市2017年好家风好家训巡讲宣传活动；评选出在夫妻和睦、尊老爱亲、科学教子、勤劳创业、邻里互助、情系国防、尚俭廉洁等方面事迹突出、感人至深的20户“最美家庭”。指导、联合4个区妇联在全市举办“百万家庭共成长”家庭教育社区乡村行活动和“家和万事兴”传播好家风好家训主题讲座等活动70余场，惠及近5500名家长。利用微信等新媒体，创建“海口市妇联家庭教育学习群”“家校合作海口群”等5个微信群，每天发送家庭教育相关知识，每周开展家庭教育图书共读活动和心得交流活动，总计1639名家长入群学习家庭教育知识。开展督导检查，推进市177所社区家长学校管理

2017年4月28日，海口市妇联联合琼山区妇联在府城街道龙昆南社区举办海口市“妈妈训教团”走进社区亲情关爱家庭教育活动。图为讲师与家长互动

（市妇联 供）

和使用经常化，全年市各级妇联组织在家长学校举办的家庭教育主题实践活动246场次，服务家长、儿童约8700人次。全民征集最适合亲子阅读的20本书。举办“我的最美妈妈”童画大赛，倡扬文明好家风。

【助推巾帼创业就业】2017年，海口市妇联利用“三八”宣传周、“科技月”“妇代会培训班”等平台，通过媒体、宣传栏、现场答疑、入户宣传等途径，大力宣传小额担保贷款财政贴息政策。主动与财政、农信联社、邮政储蓄银行等部门沟通协调，帮助妇女解决贷款难、担保难问题，鼓励女农民工自主创业。全年共为2514名妇女申请贷款10371.80万元，贴息116.72万元。“科技月”期间，分别在秀英区永兴镇、石山镇，美兰区三江镇举办花卉、瓜菜种养殖培训班4期，培训妇女群众400多人。开展以“春风行动惠民生，促进转移就业、助力脱贫攻坚”为主题的“春风行动”系列活动，组织女性专场招聘会2场次，166家企业提供就业岗位2300多个，有378人签订初步就业双边意向书。年内，举办“梦翔南海·智雅绽放”——2017海口女企业家迎“三八”发展论坛，到海南春秋西点商务会议展览有限公司深入调研，举办首期女性服刑人员免费SYB创业培训班等，增强女性的创业意识、掌握创业知识、提高创业能力，最终达到创办企业并实现盈利。

【妇儿权益保障】2017年，海口市妇联建设和利用12338妇女维权热线、维护妇女儿童合法权益律师志愿者服务中心和心理咨询师队伍。年内，市、区妇联共受理来信来电来访192件，调处率100%。以“三八”节、“三下乡”“妇女科技月”种养殖培训班等活动为契机，开展“三八”维权周、“法制文明·巾帼行动”——“11·25”国际反家暴日宣传咨询等活动，为妇女群众送政策、送法律知识、送维权服务，并为广大妇女群众提供家庭暴力、婚姻家庭等方面的法律咨询。在市妇儿工委协调、督促下，市妇儿工委39个成员单位开拓创新，市妇女儿童七大领域定量指标130项（妇女定量指标达标50项、儿童定量指标达标46项）目标任务完成情况总体良好。

【关爱妇女儿童】2017年，海口市妇联举办“全国妇联2017年‘贫困母亲两癌救助’中央专项彩票公益金发放仪式暨心理健康辅导”活动，关爱18位“两癌”患病贫困妇女，发放每人1万元的专项救助金，邀请心理专家讲授患病母亲心理疏导方法。全市共为“两癌”贫困母亲申请救助金62.40万元，救助211人。举办海口“（2017）情系粉红丝带——关爱伟大母亲公益活动”，为海口14名贫困乳腺癌母亲提供术后后续捐赠，每人5000元，共7万元；联合爱心企业捐助20万元，救助40名贫困患癌妇女。

举办“暖冬温情 爱心相随”“传递温情·让爱留守”等关爱留守儿童志愿服务活动，帮助留守儿童释放内心情感，纾解不良情绪；发放《海口市妇联留守儿童生活现状调查问卷》，深入了解留守儿童的生活、学习、心理状况。举办“关注 聆听 展望”“温情点燃端午·粽香巾帼关爱”等关爱流动儿童志愿服务活动。组织爱心妈妈等志愿者与流动儿童座谈、互动，赠送手织爱心毛衣、礼包等礼物。开展“恒爱行动”，举办“爱润春蕾·情暖中秋”等志愿服务活动，在全市征集70余名爱心妈妈编织、捐赠爱心毛背心等衣物143件，捐赠给新疆地区和市贫困家庭儿童。组织爱心志愿者与贫困女童共度国庆、中秋，并赠送中秋礼物。征集100名特殊儿童的节日梦想，并通过海南音乐广播等媒体和市妇联自有网络平台广泛宣传发动，征集100个爱心志愿家庭一对一认领特殊儿童梦想，为受助儿童征集到总价值2.9万元的100份梦想礼物。开展“六一”慰问活动，牵头组成由市四套班子有关领导带队的4个慰问组，慰问海南（海口）特殊教育学校、海口市中心幼儿园等8个单位。

【妇联禁毒工作】2017年，海口市妇联在“三八”维权周、“妇女科技月”、“6·26”禁毒日、“11·25”反家暴日、“12·1”防艾日、“12·4”宪法宣传日、“三下乡”和妇女培训班等活动中开展禁毒宣传，发放禁毒宣传资料1.23万份。关爱涉毒家庭，开展“大家访”活动，组织志愿者到

2017年5月20日，海口2017“全家健康跑 文明我先行”暨文明城·粉红爱系列公益活动启动仪式在日月广场举行 （市妇联 供）

社区戒毒康复人员家中慰问，鼓励她们摆脱毒瘾的决心。开展禁毒帮教活动，组织“妈妈训教团”志愿者走进海口市罗牛山强制隔离戒毒所，与学员们进行面对面促膝长谈，为他们解疑答惑、疏导情绪。加强禁毒队伍的培训，全年共组织家庭教育讲座35场，讲授毒品危害后果，解析禁毒法律法规。在全市培育树立200户平安家庭标兵户，倡导禁毒，共塑平安。开展“双承诺”活动，在全市范围内各级妇联组织要层层向上级妇联组织承诺，全市各个家庭向所在基层妇联组织承诺，承诺做到“不让毒品进我家”。

（苏岐勇）

市科协

【市科协工作概况】2017年，海口市科协发挥党和政府联系科学技术工作者的桥梁和纽带作用，把提高全民科学文化素质作为总体目标，调动科技工作者积极性和创造性，建设海口市科技工作者之家，成立创新创业孵化基地。围绕未成年人、城镇居民、农民、公务员四大人群开展多种形式的科普主题活动，指导协调市属行业学会、企业协会开展学术交流10次。开展以“蓝色海洋 绿色的家”为主题的2017年全国科普日活动，有10多个单位、10万多人参与。

【第十三届海口市青少年科技创新大赛】2017年2月7日，海口市科协、市教育局在市科协青少年科学工作室联合举办。大赛收到作品2000件。经大赛组委会组织专家评委评选并选送获奖作品参加海南省和全国比赛。市中小学生获得第32届全国青少年科技创新大赛青少年科技创新成果三等奖2项、少儿科学幻想绘画三等奖6项、青少年科技实践活动二等奖1项，市科协获得优秀组织奖。

【市“七巧科技”竞赛活动】2017年6月10日，由市科协、市科工信局和市教育局联合举办。全市近20所学校、300名学生参赛。竞赛活动分为个人赛、团体赛和“智力七巧板多幅组合”创新作品评比活动。经过评选，海口市海瑞学校被评为优秀组织单位，王舒漫、郑茜元等23名同学获得个人赛一等奖，海口市第七中学和海口市英才小学获得团体赛一等奖。

【科技“三下乡”活动】2017年，海口市科协先后在秀英区海秀镇、美兰区灵山镇、琼山区云龙镇、龙华区龙泉镇以科普图片展、播放种植养殖知识宣传片、发放科普知识资料、发放环保袋、农村实用技术培训等形式的文化科技卫生“三下乡”活动，送农民朋友们新春科普挂历、科普资料、科普书籍和各类农技知识手册共1万多本（册），展出科普展板100多张，发放环保袋1500个。

【基层科普行动计划】2017年，海口市科协、市财政局联合实施 “基层科普行动计划”项目。经过推荐、评选，评选出先进农村科普示范基地4个、先进科普示范社区4个、农村科普带头人4名，给予奖补资助27万元。

【农业实用技术培训】2017年，海口市、区科协组织专家深入农村为群众授课，举办蜜柚种植技术培训班、香蕉高产种植技术培训班、淮山高产栽培技术培训班、养猪技术培训班等农业实用技术培训班8期，受训农民2000多人。

【社区科普知识讲座】2017年，海口市科协邀请有关防震减灾方面的老师在侨中里社区、市公交集团、市公交场站公司、市国资委等社区和单位开展科普健康知识讲座21场，受益群众1000多人。

【“全国科普日”活动】2017年，海口市科学技术协会开展以“蓝色海洋 绿色的家”为主题的全国科普日活动，9月共开展八大主题活动，有科技、教育、卫生、环保、农林、海洋和渔业等10多个单位，10万多人参加宣传活动，共展出科普挂图、展板200余张（块），设科技咨询台20多个，接受咨询3000多人，科技馆体验1万多人次。

【科普载体建设】2017年，海口市科协创办“椰城科普”微信公众平台。微信公众号设置三个版块：科协动态、走进科普、与您分享。科协动态主要宣传科协工作，设有科普工作、学会工作、“双创”工作、“扶贫”工作、其他工作等栏目；走进科普主要宣传科普知识和科技动态，设有科技前沿、科普生活、科普视频等栏目；与您分享版块主要分享优秀科普人物、科普书籍和科普设施，设有趣味互动、精彩分享、关于我们等栏目。联合市民防局、市消防局和市环保局建成市科技馆一期。科技馆一期建筑面积1000多平方米，共分消防科普馆、青少年创客梦工场、环保科普馆、蜂文化科普馆、地震科普馆、急救科普馆和VR体验馆7个展区。以海口市科技大厦3楼作为互动平台，建设海口市科技工作者之家，为全市科技工作者搭建一个科技前沿学术交流的平台、服务大众创业万众创新的平台、服务科技工作者成长成才的平台。成立海口市科学技术协会创新创业孵化基地，发挥中介服务机构的作用，帮助企业快速入轨。

【学术交流】2017年，海口市科协指导协调市属行业学会、企业协会开展学术交流10次（椰树集团2次、力神咖啡集团1次、市建筑业协会1次、市机械工程学会1次、市护理学会3次、市营养学会2次），推动有关行业的产业升级，促进企业的经济效益提高。指导科协属下海口市营养学会组织专家到各地开展健康养生知识讲座和咨询5次，听课266人次。

（王润鹏）

市文联

【文联工作概况】2017年，海口市文联围绕“出作品出人才，出影响出形象”目标，开展近百项文艺活动，其中重大系列文艺活动3项，支持文艺创作与研究5项，文艺下乡131场，展览赛事8场，文艺采风交流47场。

【文艺创作与研究】2017年，海口市文联编撰出版《海口市非物质文化遗产丛书》，拍摄电影《旋风女队》，拍摄上映琼剧电影《喜团圆》。5月23日，组织市音乐家协会的裴英杰等词曲创作骨干26人开展创作采风活动，创作完成《放歌三沙去巡航》《荔枝红了》《百里儒美我的家》《海口之恋》《爱恋》《火山人之歌》《太阳照耀母亲河》《槐花飘香》《铁血军魂》9首歌曲，并完成录音等工作。其中，《放歌三沙去巡航》获得2014—2016年度海南省优秀精神产品奖（海南省“五个一工程”）。市戏剧家协会陈素珍老师完成个人琼剧唱腔专辑《南海珍音》17个选段的录制工作。

【《海口市非物质文化遗产丛书》】2017年12月，海口市文联组织编撰完成。该丛书将海口市纳入国家级、省级、市级非物质文化遗产的代表性项目分册编撰成书，共11册：《琼剧的前世今生》《海南八音》《海南椰雕》《海南公仔戏》《海南斋戏》《海口天后宫祀奉》《冼夫人信俗》《府城元宵换花节》《海南黄花梨工艺 龙塘雕刻》《龙舞 虎舞 狮舞 麒麟舞》《琼式月饼 海南粉 鹿龟酒 土法制糖》。

【《旋风女队》】电影。海口市作协主席张品成主持拍摄。2017年2月28日在琼中开拍，10月上旬在全国各地院线上映。影片以海南琼中女队为原型，讲述一名支教教练来到海南琼中中学，将来自偏僻山村、从未接触过足球的女孩子组织起来，经历无数失败与泪水，最终凭着满腔热情和一股韧劲“踢出”大山，走向世界的故事。该片在第三届中国欧盟电影节中荣获中欧人文交流特别贡献奖；在第十三届中国国际儿童电影节中荣获最佳中国儿童片特别奖、最佳儿童片女演员奖、我最喜爱的儿童片奖。

【《喜团圆》】琼剧电影。2016年，海口市戏剧家协会拍摄。2017年4月6日在海口举行首映礼暨新闻发布会。被列入2016年度中国戏剧梅花奖数字电影工程，是海南省首部琼剧4K数字电影，是继1962年拍摄琼剧戏曲电影《红叶题诗》之后的又一部经典之作。由国家一级演员、“梅花奖”获得者、市文联主席陈素珍领衔主演，是一部地地道道的“海南电影”。对海南省琼剧文化的传承发展具有里程碑的意义，是振兴地方戏曲工程的一项重大举措。

【文艺采风】2017年3月2日，椰树下的三角梅——第二届艺术家眼中的海口之美暨南方品格中国南方油画山水派海口写生创作活动在观澜湖启动。3月2—8日，海口市文联邀请来自北京、重庆、浙江等20个省市的70名著名画家、高校教授、博士导师等在海口玉包港、东水港、新埠岛、美孝村、滨海公园等地写生创作。写生展分别于4月15—21日、4月23日至5月2日在海南省博物馆展出。通过艺术写生创作、作品成果展示的方式引领人们去体验椰树下的三角梅之美、海口之美，并借此展现海口文化艺术的魅力、海口滨海城市的魅力。4月25日，由市文联和秀英区政府联合主办的“百里儒美我的家——山海相约，秀美英姿”采风创作活动在秀英区石山镇美社村启动。活动以“百里儒美我的家”为主题，分3个阶段：采风活动启动阶段（2017年）；采风创作活动全面推进阶段（2018年）；创作成果展示阶段（2019年）。2017年第一阶段，分批分次带领摄影家、作家、民俗专家和音乐家先后35趟共458人次反复探寻秀英区密集着的以“美”和“儒”字开头命名的美社村、美孝村、儒洪村等72个历史古村落进行采风创作。9月20日，“美丽旅游乡村”摄影作品展在永兴镇美梅村举行，同时举行海口美丽旅游乡村摄影创作基地挂牌仪式。参展的摄影图片均来自市摄影家协会会员深入海口22个乡村采风的风光、乡村建设以及人文风貌等70幅作品，集中展现海口美丽乡村崭新的面貌，崭新的人文精神。

【文艺交流】2017年5月6日至6月17日、7月1—11日，南海风——油画家眼中的海南之美艺术邀请展分别在江苏无锡凤凰艺都美术馆和海口骑楼老街水巷口国新书苑展出。通过“请进来、走出去”的方式，对油画本土化地域性的研究成果进行检阅，促进海南海口同南方文化重镇之间的交流与进步。兰州—海口—南昌书画交流展分别于6月27—29日在兰州美术馆、9月19—23日在海口市徽宝轩艺术馆、11月15—19日在南昌365艺术馆举办，共展出364幅书画佳作。展出期间，3市书法家、美术家代表在当地进行交流笔会、采风写生等系列活动。海口—三亚书法作品联展分别于9月9—13日在海口市徽宝轩艺术馆展出，9月29日在三亚巡展。展出书法作品99幅，其中海口作品60幅、三亚作品39幅。此次联展作为两地书法艺术交流的平台，促进两地书法文化艺术的交流。

【第三届海口市戏曲票友大赛】2017年3月18—26日，在海口市万达广场举办“美丽海口助力双创”2017第三届海口市戏曲票友大赛。大赛设置初赛、复赛、决赛、颁奖等环节，参赛选手不限年龄和地域，剧种涵盖琼剧、京剧、豫剧、黄梅戏、越剧等，由海南省著名琼剧表演艺术家黄庆萍、陈振安和知名京剧马派表演艺术家姬小明、著名豫剧名家吴斌等戏曲专家组成评委组。活动吸引 200 多名戏曲票友参加初赛选拔，选手们大多选用经典唱段。

【纪念中国人民解放军建军 90 周年书画展】2017 年 8 月 1 日，在海口市徽宝轩艺术馆举办铸我军魂——纪念中国人民解放军建军 90 周年书画展。各界书画爱好者共 200 余人及南航部队 30 多名官兵参加开幕式。本次展览共展出书画作品 90 幅，其中书法作品 70 幅、美术作品 20 幅。作品表现手法不同、内容鲜活、风格各异，呈现出对祖国强军强国复兴梦的深刻情感。

【滨江滨海花园城市摄影作品展】2017 年 10 月 25 日至 12 月 15 日，在海口市点测光摄影展厅举办“你我之城 海口视觉”滨江滨海花园城市摄影作品展。展出作品 80 幅。参展的作品均为市摄影家协会会员拍摄的海口城市风光、城市建设以及人文风貌等图片。展览以 4K 电子屏全新的方式展出，重复滚动展出 50 天。

【文艺下乡】2017 年春节期间，海口市文联组织 40 余人次的书法家奔赴秀英区海秀镇水头村、美兰区灵山镇、龙华区龙泉镇、琼山区红旗镇开展义务挥春服务，书法家们现场挥毫泼墨书写春联。全年市戏剧家协会艺术家志愿者先后深入到海口各个社区、乡村等演出《五女拜寿》《喜团圆》《桃李梅》《林秋娘》《伦文叙》《孟丽君》折子戏等十几部经典琼剧共 110 场次。市文艺轻骑队先后开展“文艺进万家”惠民志愿服务 10 场次。

【《椰城》杂志】期刊。由海口市文联主办。2017 年出版 12 期正刊，其中第 6 期和第 7 期合刊出版，累计发表各类作品 400 多篇。为提高《椰城》杂志市场竞争力，从第 8 期开始进行全面改版升级。在封面设计、包装、内容、页码和价格上都有变动，主要刊登内容积极健康、具有较高水准的文学作品，体裁上以诗歌为主，兼顾小说和散文。

（沈音钊）

市侨联

【为侨服务】2017 年初，海口市侨联调整充实市侨联法律顾问委员会成员，聘请一批专职律师为法顾委委员，为归侨侨眷提供法律咨询服务。3 月初，召开法律顾问委员会主任工作会议，讨论市中院起草的《关于建立涉外、涉港澳台和涉侨司法事宜协调解决机制的若干意见》、法顾委委员分区负责和主要工作任务、法顾委委员受理归侨侨眷诉讼案件的收费问题和 2017 年法顾委主要工作，出台《海口市侨联法律顾问委员会管理办法》等。年内，分别深入海南枫华动漫文化发展有限公司、海口远兮细胞分子技术应用研发有限公司、海南芳绿源科技开发有限公司等侨资侨属企业调研指导，协调关系、解决问题；协调解决华人、华侨的民事纠纷问题等；分别与各区侨联联合举办 4 场次涉侨法律法规知识讲座，发放《侨法知识选编》2000 多册，增强侨界群众运用法律维护自身权益的意识和能力。

【侨谊联络交流】2017 年 6 月和 9 月，海口市侨联与海口广播电视台组成代表团分别赴马来西亚、新加坡和柬埔寨、老挝开展“一带一路”看海南华侨华人系列采访和联谊活动，分别走访参观当地的海南同乡会社团、华人社团、华文学校、企业、开发区等，拜会重要侨领，介绍近年来海南、海口社会经济发展取得的新成就，尤其是海口市开展“双创”工作给海口带来的新变化。9 月和 11 月，分别派员参加澳门海南同乡总会成立 20 周年纪念大会暨新理事就职典礼庆典活动和在香港召开的第十五届世界海南乡团联谊大会。中秋、国庆期间，与市政协港澳台侨委联合举办中秋、国庆节侨界群众茶话会等活动。12 月世界侨商海口峰会期间，邀请来自 40 多个国家和地区的 300 多名海内外侨商参观考察海口。全年共接待旅德侨领、德国中华文化促进会副会长莫桂莲女士一行，世界舜裔宗亲联谊会副主席、马来西亚陈氏宗亲总会总会长陈声评、世界符氏文化研究会会长符绩熙、新加坡海南会馆会长潘家海等回乡探亲、祭祖、观光旅游和考

2017 年 12 月 9—12 日，2017 世界侨商海口峰会在海口举行（市外事侨务办 供）

察的海外侨胞100多人次。指导和参加海南符确文化研究会、海南比干文化研究会、海南冼夫人文化研究会等社团的联谊活动，指导海口市南侨机工眷属联谊会开展联谊活动。

【市第十三次归侨侨眷代表大会】 2017年9月20日，海口市侨联在海口新燕泰大酒店召开第十三次归侨侨眷代表大会。大会代表及嘉宾共180余人参加会议。会议听取和审议市侨联第十二届委员会所作的题为《凝聚侨心，发挥侨力，为建设国际化滨江滨海花园城市作出新的贡献》的工作报告，通过海口市侨联第十二届委员会工作报告的决议，选举产生63名委员、21名常务委员和第十三届委员会领导班子。同时，聘请40名知名侨领为市侨联海外顾问。

【《海南华侨》栏目】 2017年，由海口市侨联与市广播电视台合作制作。栏目共采访播出马来西亚海南总会会长林秋雅、柬埔寨徐氏太平洋集团公司董事长符金川和徐光秀勋爵夫妇、柬华理事总会常务副会长、中国—东盟建筑行业合作委员会主席韩强畴勋爵等50位多位侨领和海内外各领域的代表人物的爱国爱乡赤子情怀，回报祖国、建设家乡的感人故事。全年播出50多期。栏目的题材被央视四套节目多次采用和播出。

【2017世界侨商海口峰会海口考察招商推介活动】 2017年12月9—12日在海口举办。共有40多个国家和地区的300多名侨商代表参加活动。招商推介活动达成初步意向项目6个，投资意向近50亿元。中国侨联经济科技部副部长、中国侨商联合会副会长兼秘书长安晨、海南省侨联主席黎才旺、省侨联副巡视员陈勇、海口市政府副市长孙世文、市政协副主席刘辉平等出席专题招商推介会。

（陈德壮）

市社科联

【社科联工作概况】 2017年，海口市社科联完成重点课题研究1项、规划课题研究50项，组织文明礼仪宣讲74场，开办《海口人文大学堂》升级版《海口观察》7期，在《海口日报》刊发理论专版5期共25篇理论文章，参加全国、省、市社科联（社科院）学术交流活动3次，编辑出版社科书籍4本，开展科普活动3场，组织专家学者和社科工作者深入城乡基层开展形势政策教育、宣传社会主义核心价值观10次，开展社团活动日2场，组织海口市第五届社会科学优秀成果评奖工作，召开社团工作会议1次，组织筹建40人专家库。获“全国先进社科组织”“海南省社科普及先进集体”。

【社科规划课题申报立项】 2017年，海口市社科联组织开展2017年度社科规划课题申报和立项工作，共收到各类课题申请105项。3月17日，召开2017年度海口市哲学社会科学规划课题立项评审会，经省市专家认真初评、复评、公示，确定海口市2017年度社会科学研究规划课题立项66项，内容涵盖“海绵城市”、精准扶贫、“一带一路”“多规合一”、毒品犯罪治理、全民健身服务体系构建6个方面。截至11月30日，共收到申请结项的课题52项，其中资助课题20项、自筹课题32项，经过评审委员会的初审和终审，50项课题准予结项。12月13日，召开2017年度海口市哲学社会科学规划课题结项评审会。

【琼州海峡经济带建设重点课题调研】 2017年，海口市社科联参与琼粤两省琼州海峡经济带建设工作，组织社科专家到海口、湛江、徐闻、茂名等多个部门进行调研，加强信息沟通和工作对接，收集6篇关于琼州海峡经济带建设的第一手资料，完成《扛起琼州海峡经济带建设的海口担当》重点课题研究任务。重点课题从琼州海峡经济带建设的战略意义、琼州海峡经济带建设的优势与不利因素、加快琼州海峡经济带建设的举措三个方面进行系统全面的阐述，为琼州海峡经济带建设提供理论参考和智力支持。

【社科成果评奖活动】 2017年，海口市社科联开展海口市第五届社会科学优秀成果评奖工作。参评社会科学成果为2014年1月1日至2016年12月31日的海口市哲学社会科学工作者和各社会科学学会会员公开发表或出版的论文、研究报告、专著、编著、译著、教材、科普读物、古籍整理出版物、工具书，在市级及以上新闻出版部门批准的内部刊物上发表的论文、研究报告，没有被发表但被市级以上（含市级）决策部门采用、推广并出具证明的研究报告等。活动共收到申报成果69项。10月26日，召开终审评审会，评出25项成果获海口市第五届社会科学优秀成果奖，其中一等奖3项、二等奖5项、三等奖17项。

【文明礼仪培训】 2017年4—6月，海口市社科联共举办文明礼仪培训74场，投入资金6万余元，培训听众约7500人，宣讲单位涵盖市、区政府服务中心、社区服务中心、网格员、卫生系统、交通系统、公安系统等窗口服务行业以及非公企业人员、中小学校。发放《与文明同行 建幸福家园》文明手册共1000余册，供参会人员日常学习。

【社科知识普及】 2017年4月29日至5月7日，海口市社科联在海口鼎臻古玩城开展“闯海文化系列主题展览活动”，通过开展媒体见面会、征集实物、书画雕塑展、座谈会、编辑出版《闯海记忆》画册、社科书籍赠阅、颁奖等活动，传播社科知识，受益群众1000多人次。11月15日，携手海口市工艺美术协会在降香缘黄花梨文化艺术馆，联合举办社科普及日活动和《黄花黎》作者签名活动，中国古代家具研究鉴定专家、《黄花黎》作者周默先生针对黄花梨的普及、文物鉴定的基本知识、价格评估等方面进行讲解。打造《海口人文大学堂》升级版，在《海口日报》刊发《海口观察》理论文章7期，搭建社科专家、学者学习交流和展示的平台，填补海口此项社科栏目的空白，其中《满城凡人善举彰显海口文明底蕴》被人民网、中国网进行全文转载报道，《海口：撬动“海上丝绸之路”开放发展的城市支点》被中国海洋网和中国山东网进行全文转载报道，《海口要积极抢抓北部湾城市群发展机遇》被中国城市规划网、搜狐网进行全文转载报道，《海口“双创”彰显创建特色》被海口文明网、问政海口网进行全文转载报道，《以“特色小镇”引领城乡》被海口旅游网进行全文转载报道。年内，编辑出版发行《美好新海口》《今日海口》《南海龙君》和《诚信学》4本社科书籍。

【社科社团管理】2017年11月16号，海口市社科联组织下属23个社科社团召开2017年社团工作会议。会议总结2017年社团工作及部署2018年工作并书面传达学习相关文件。市养老文化研究会、市收藏文化研究会普及基地、市冼夫人文化学会、市乡贤文化研究会、市闯海人交流合作协会5个社团代表汇报2017年工作总结及2018年工作计划，对先进单位(海口市乡贤文化研究会、海口市经济学院人文与经济研究基地)和个人(林凤姊、唐晓阳、雷石标)进行表彰。6月23日，组织市冼夫人文化学会、龙文化研究会、知青联谊会等社团到定安母瑞山瞻仰革命先烈，重温入党誓词和聆听老党员上党课。11月10日，组织社团主要负责人在兰花谷举行一场“关爱老年群体与建设‘健康海口’”的研讨会。邀请中国社会科学院学部委员教授田雪原等7名省内外专家学者到会交流，与会多位专家分别就“人口老龄化影响与养老保障体制创新”“中华传统沿老养生文化释义与当代社会价值”“重视常见疾病防治，提高老年人健康水平”“推进海口‘文化养老’的对策研究”等课题进行深入交流，60余名老干部参与。年内，成立社科系统联合党支部，出台《海口市社会科学界联合会关于进一步加强社科类社会组织党建工作的实施意见》《中共海口市社科联党组关于在社科类社会组织中建立党建工作负责人和党建工作指导员、党建工作联系人制度的通知》2份文件。

【社科专家库建设】2017年，海口地区大中专院校和社科组织的专家、学者129人申请加入专家库。经过资格审查、市社科联党组会议研究，确定40人入选专家库。

（赵宁宁）

市残联

【市残联概况】2017年，海口市残联加强残疾人社会保障体系和服务体系建设，加快推进残疾人小康进程，出台《海口市人民政府关于加快推进残疾人小康进程的实施意见》《海口市“十三五”加快残疾人小康进程发展规划》《海口市残疾人保障办法》《海口市参加各类残疾人体育运动会奖励办法》《海口市残疾人精准康复服务实施方案（2016—2020年)》等重大惠残政策，残疾人事业实现新发展。全市持证残疾人2.39万人，有3928名残疾人领取困难残疾人生活补助，1.23万名残疾人领取重度残疾人护理补贴。全年发放残疾人托养补贴资金555.69万元，投入1200余万元为2000余名残疾人开展康复服务。

【残疾人基础服务设施】2017年，海口市残疾人康复中心和残疾人就业服务中心基础设施建设加快推进。中国残疾人福利基金会孤独症儿童（南方）康复基地项目在市残疾人综合服务中心落地，按照公建民营的模式，计划建成集医疗、康复、教育、辅具、培训为一体的残疾人康复中心，为市残疾人提供专业化的康复服务。在市残疾人综合服务中心挂牌成立市残疾人艺术中心，为残疾人免费提供舞蹈、器乐等培训，促进市残疾人文艺事业的发展。

【残疾人基础性工作】2017年7月1日，海口市全面启动残疾人基本服务状况和需求专项调查。至9月31日，完成调查录入人数共2.27万人。全市459个村（社区）参与专项调查，实现全覆盖，入户调查率98.62%，各项任务均超额完成目标。全年共办理3602份残疾人证，新增持证人员2547人。至12月，全市持证残疾人2.39万人，持证率27.7%。

【残疾人社会保障】2017年，海口市残联落实困难残疾人生活补贴和重度残疾人护理补贴制度，共有3928名残疾人领取困难残疾人生活补助，1.23万名残疾人领取重度残疾人护理补贴。全年发放残疾人托养补贴资金555.69万元，为4043名残疾人提供居家托养服务。为重度残疾人购买商业保险，对市一、二级重度残疾人情况进行核查，为全市8707名一级重度残疾人购买每人100元的商业保险。

【残疾人康复】2017年，海口市开展宣传、义诊、调研工作，推进残疾预防，组建精准康复领导小组，举办培训班，推动残疾人精准康复。加大对民办康复机构的扶持力度，首次将听力康复机构纳入残疾儿童补贴范围。全市共投入1200余万元开展康复服务，惠及全市2000余名残疾人。筹措资金754.55万元，为符合条件的257名智力、脑瘫、孤独症、听力言语等四类残疾儿童提供康复训练救助。投入救助资金40万元，提供免费住院救助100名精神病患者。为1080名精神病人免费发放价值34.5万元的药物。联合省眼科医院，对白

2017年5月17日，海口市残疾人联合会举办盲人定向行走培训 （市残联 供）

内障患者进行排查和免费康复手术。组织50名盲人开展定向行走培训，20名聋儿家长参加聋儿家长培训班，并对聋儿家庭提供支持性康复服务。发放580余名残疾人各类辅助器具。

【残疾人教育】2017年，海口市残联开展“阳光助学”工程，对2016—2017学年的3827名残疾学生及贫困残疾人子女学生进行资助，共资助503.18万元；对76名残疾大学新生和残疾人子女大学新生给予奖励，奖励金额共18.2万元。会同市教育部门对6名残疾高考生开通“绿色通道”，帮助他们使用助听器、放大镜等辅具参加高考，为残疾考生平等参与考试保驾护航。

【残疾人培训就业】2017年，海口市残联组织开展“就业援助月”活动，举办两场残疾人专场招聘会，推荐各类残疾人就业90多人次，实现就业20人，5名残疾人应届毕业生落实就业岗位。开展残疾人农村实用技术培训，442名残疾人参加。为1348家用人单位办理按比例安排残疾人就业审核工作，全市按比例安置残疾人就业3054人。为2517家用人单位办理2016年度残疾人就业保障金免征手续，免征金额263.76万元；为2515家用人单位办理2017年度残疾人就业保障金免征手续，免征金额604.28万元；为48家用人单位办理残疾人就业保障金退费，退费金额136.82万元；对市用人单位按比例安排残疾人就业情况进行公示，进一步提高按比例安排残疾人就业的社会认知；对24家超比例安排残疾人就业单位进行奖励。

【残疾人扶贫】2017年，海口市将残疾人扶贫融入政府扶贫工作，继续推进实施残疾人危房改造工程，对398个建档立卡的贫困残疾人户、低保和低收入残疾人发展生产项目进行扶持，扶持资金199万元。

【残疾人维权】2017年，海口市残联牵头有关部门对海口市落实《无障碍环境建设条例》进行检查，组织残疾人在图书馆、商场、机场、公园等公共场所开展“百城万店”残疾人集中式无障碍体验活动，开展“星儿快乐飞”自闭症儿童乘坐飞机体验活动，呼吁社会关注和改善残疾人出行无障碍设施，推进城市文明。通过调查摸底，共有3000户残疾人家庭有无障碍改造需求，共投入256万元，为302户低保和困难残疾人家庭优先实施无障碍改造。做好“12345”“12385”热线办件工作，共接收办件205件，处理网络问政办件2件，办结率100%，利用“法律援助工作站”平台，解决残疾人法律需求2次。核实2017年残疾人机动轮椅车燃油补贴对象，为1111名残疾人发放燃油补贴资金28.86万元。

【残疾人宣传与文体活动】2017年，海口市残联开通“海口市残疾人联合会”微信公众号，每周更新不少于5次。和省残疾人传媒中心合作，依托省残联的《今日海南残联》报纸发行《海口残联专刊》，每周一期，共刊登23期，发布信息130条。在美兰区大致坡镇举行“助力双创 共享芬芳”海口市残疾人特殊艺术文化下乡暨第二十七次“全国助残日”公益晚会。市残疾人运动员在全省残疾人乒乓球、羽毛球、飞镖、中国象棋、田径、游泳等运动会中获得3个团体总分第一、1个团体总分第二的成绩。选派的残疾人运动员在全国残疾人体育锦标赛上获得5个冠军、3个亚军和1个季军，选派的残疾人艺术人在全国残疾人艺术汇演上获得全国特别奖和1个二等奖。

【第二十七次全国助残日】2017年5月21日第二十七次全国助残日，海口市各级机关、企事业单位、社会各界组织助残志愿小组深入到贫困残疾人家中、康复机构、特教学校、托养机构、福利院走访慰问孤残儿童和特困残疾人户，开展为残疾人送温暖活动。各单位组织开展送艺术下乡公益晚会、无障碍体验、为残疾人家庭免费看病、自闭症儿童免费观影、志愿服务、义诊等活动。全市助残日期间，共为600多户残疾人贫困户和特教学校送去慰问品和慰问金50多万元。

（孙 皓）

市台联

【市台联概况】2017年，海口市台联召开市第五次台湾同胞代表大会，选举产生新一届理事会理事。举办“迎重阳，敬孝道，叙乡情”活动。截至年底，全市定居台胞登记人数835人，其中中共党员28名、高山族台胞11户23人。

【市台联参政议政】2017年，海口市台联理事中有1名海南省政协委员和2名海口市政协委员，其中文飞燕理事在省政协六届五次大会上作题为《关于进一步推动我省车用沼气项目产业化发展的建议》的大会发言，吴柳和黎述庆理事向政协海口市第十四届一次会议提交大会书面发言材料1份、集体提案1件、个人提案2件。开展“深入学习贯彻习近平总书记视察海南时的重要讲话精神建设美好新海南”大研讨大行动活动专题调研，撰写并上报《充分发挥海南经济特区优势 推动海口两岸货币清算与“跨境贷”中心建设》的调研报告和市委理论研讨文章。

【市第五次台湾同胞代表大会】2017年8月6日在海口新燕泰酒店召开，80名台胞代表参加会议。大会听取并审议通过王琼瑾代表海口市台联第四届理事会所作的工作报告，选举产生11名海口市台联第五届理事会理事（按姓氏排列）：文飞燕（女）、吴柳（女）、陈凌霄、林毅、林声保、柯文辉、洪丽明（女）、黄翔、符洪犊、黎述庆、潘小敏（女）。在第五届理事会第一次全体会议上选举产生新一届领导班子，吴柳当选为专职副会长，符洪犊当选为兼职副会长。

【台胞服务联谊】2017年春节、中秋等节日期间，海口市台联慰问海口地区第一代老台胞（遗孀）、病困台胞以及机关退休干部，发放慰问品和慰问金。继续配合省台联做好全市60岁以上老台胞和第一代台胞遗孀生活补贴金登记发放工作，形成动态管理。同时，做好来访台胞的来访接待，为他们提供户籍更改证明及其他相关服务。开展市台胞职业技能培训的指导与帮扶，指导青年台胞根据自身实际情况合理选择职业技能培训项目，提高其就业能力和综合素质。以“大走访”的形式开展海口市台胞基本情况精准摸底调查，以台胞家族为主线，每一家庭每一人地开展核对。10月26日，举办“迎重阳 敬孝道 叙乡情”活动，共有30余名老年台胞参加。

（符 骏）

市红十字会

【人道救助】2017年，海口市红十字会发扬“人道、博爱、奉献”的红十字精神，开展一系列的慰问救助活动。全年发放价值30万元的粮油、饼干慰问1500多名一线工人、困难群众和福利院的儿童老人。

【遗体器官捐献】2017年，海口市遗体、器官捐献工作取得突破性进展，登记10多例，累计登记20多例，并实现捐献2例。

【卫生救护知识培训】2017年，海口市红十字会先后携同美兰区教育局、琼山区教育局、海南省技师学院等多家单位开展各式各样的红十字应急救护知识培训及讲座，培训40多场次，普及1万人次，培训开展救护知识宣传，普及应急救护知识，提高市民在紧急状态下的自救互救能力。

【无偿献血】2017年，海口市红十字会利用宣传媒体和红十字志愿者深入社区和农村，在海口电视台和《海口日报》高频率播放刊登献血公益宣传片，继续推动市公民无偿献血活动的健康发展。截至11月，全市的无偿献血比例达到20‰，远超中央文明办“创文”要求的10‰的比例。全年全市献血6.17万人次，献血量96776（u）。

【红十字志愿者队伍建设】2017年，海口市红十字会为提高志愿者服务大队的遂行应急救援能力，在人力、物力上加大投入，有专职人员管理志愿者队伍，志愿者队伍有5000人，并无偿提供救护培训中心给救援队使用。同时，从中挑选一批业务骨干培养成一支100多人训练有素的专业化救援队伍，在救灾备灾、公益服务和无偿献血、救护培训、各项文体赛事中服务。

（王雪梅）

（编辑：吴钟宝）

法治

政法综述

【政法工作概况】 2017年，海口市政法机关坚持一手抓维护政治安全和社会稳定，一手抓推动政法事业长远发展，深入推进平安海口、法治海口和过硬政法队伍建设，政法各项工作落到实处，取得明显的成效。年内，全市政法系统受全国、全省表彰的先进集体62个，先进个人81名，其中受全国表彰的先进集体22个、受省表彰的40个；受全国表彰的先进个人15名、受省表彰的个人66名。

【社会治安防控体系建设】 2017年，海口市政法机关全面推进《关于加强社会治安防控体系建设的实施意见》的贯彻落实。全市建立治安联防专业组织83个，人员2787人（其中治安联防队1755人），最大限度下沉治安联防力量，增强街面巡逻防控和提高管事率；建立政府+企业购买服务落实群防群治经费保障机制，形成14287名小区安保人员，2720名城乡社区专（兼）网格员及数以万计的小区居民共同参与的人防网络体系。推进市、区、镇（街）、社区四级监控平台建设160个，单位内部、物业小区、人员聚集场所等社会自建近7万多个视频探头并联网应用；推进全市城市社区安装巷道视频监控探头累计6442个，覆盖率90%；实现164个城市社区警务室视频与25个治安重点地段治安岗亭互通互联。龙华区、美兰区分别构建"实时龙华""平安美兰"视频监控共享平台。7月，中央综治办将海口市作为2018年公共安全视频监控建设联网应用（雪亮工程）项目建设全国重点支持城市，配套资金2200万元。

【平安创建工作】 2017年，海口市政法综治部门抓好《2014—2017年深化平安海口建设规划纲要》的贯彻落实，坚持把基层平安创建与生态文明村（居）建设结合起来，以"平安村居"创建为基础，以达标考核为抓手，努力推进各类平安创建活动全面发展。全市各类平安创建活动达标率85%以上，创建平安社区（村）415个，覆盖面90%以上；平安镇（街）43个，覆盖面100%；平安小区1266个，覆盖面80%以上。秀英区石山镇美社村充分发挥村组干部和党员带头作用，引导村民深化无毒村创建活动，全省禁毒三年大会战"严管"工程（海口）现场推进会期间，与会代表考察观摩该村"无毒村"创建工作成果，给予充分肯定。

【见义勇为工作】 2017年，海口市大力弘扬见义勇为精神。7月20日下午，召开海口市第九次见义勇为人员表彰大会，表彰2015年下半年以来涌现出的邓振奎等40名见义勇为先进分子、积极分子、先进群体，并颁发荣誉证书和88万元奖金，中国人民财产保险股份有限公司海南分公司为4名见义勇为牺牲者的家属各发放保险理赔金60万元。年内，在为8名见义勇为人员每人扶助8～12万元解困房补助的基础上，争取省基金会

2017年5月5日，全省禁毒三年大会战"严管"工程（海口）现场推进会在海口市召开
（市委政法委 供）

“海航公益·关爱见义勇为人员”两期7人助居款项40万元；为5名见义勇为人员争取到“海航公益”见义勇为帮扶项目24万元；为1名创业办涂料厂的见义勇为人员解决建厂费用5万元；为7名家庭困难、又需长期治疗的见义勇为人员解决14万元的医疗救助；为11名家庭困难见义勇为人员子女争取到助学补助8.3万元等。在全市范围内广泛开展见义勇为宣传活动，市见义勇为基金会被省见义勇为基金会评为宣传工作先进单位。

2017年7月20日，海口市召开第九次见义勇为人员表彰大会。图为市领导与受表彰人员合影 （市委政法委 供）

【铁路护路联防】2017年，海口市政法综治部门健全市、区、镇（街）三级铁路护路联防机构，补充铁路护路基层组织51个258名义务联防队员。坚持以保障铁路运输安全为目标，以反恐防爆工作和压控交通事故、危行案件为重点，深入开展涉路矛盾纠纷和不稳定因素排查化解、沿线治安安全隐患整治、爱路护路宣传教育、平安铁路创建、基层基础建设等工作，确保海口市境内铁路运输的安全畅通和治安稳定有序。海口被评为全省铁路护路宣传月活动先进市，市委政法委（综治办）被评为海南省铁路护路联防工作先进单位。

【特殊人群管理】2017年，海口市政法部门健全完善政府、社会、家庭三位一体的关怀帮扶体系，提升刑满释放人员和社区矫正对象的安置帮教和教育矫治效果。全市刑满释放人员和社区矫正对象衔接管理率100%、帮教率95%以上、安置率90%以上，重新犯罪率控制在2.5‰以内。加强严重精神障碍患者服务管理，建立健全救治救助、康复体检、社会帮助、综合保障、责任机制等六大工作体系。全市在册登记严重精神障碍患者9756例，检出率4.32‰，管理率82.92%，均达到国家、省精神卫生服务管理项目工作要求。继续贯彻落实《海口市落实严重精神障碍患者监护人“以奖代补”措施暂行意见》，筛查确诊3级以上危险性严重精神障碍患者168人，落实“以奖代补”经费50多万元，最大限度预防和减少肇事肇祸案（事）件。开展艾滋病高危行为干预工作，干预各类高危人群。

【重点青少年服务管理】2017年，海口市政法综治部门创新预防青少年违法犯罪机制，推进重点青少年群体服务管理。全市集中矫治“问题少年”1767人，闲散未成年人、有不良行为和严重不良行为青少年、监外执行未成年人、服刑人员未成年子女帮教衔接明显提高；流浪乞讨儿童、留守儿童关爱救助率100%。

【综治中心建设】2017年，海口市政法综治部门按照实体化运作、信息化支撑、网格化管理、组团化服务、实战化运行“五化”模式，加强综治中心建设。执行《社会治安综合治理综治中心建设与管理规范》国家标准，按照全省综治中心、“雪亮工程”、网格化管理“三位一体”新机制建设现场推进会要求和“五化”模式，着力推进市、区、镇（街）、村（居）综治中心规范化建设，打造以龙华区综治中心、海垦街道综治中心和滨濂社区综治中心为代表的规范化建设试点先行单位。其中，海垦街道综治中心和滨濂社区综治中心按照“五化”运行模式，开展群众接待服务、矛盾纠纷化解、社会治安形势监测研判、信息汇总研判和公共安全管理，努力提升基层社会治理能力和水平的实战化应用工作经验在全市推广。年内，市综治中心建设处在规划设计阶段，综治中心信息共享平台（软件）建设正在申报立项。4个区、桂林洋经济开发区和43个镇（街）综治中心全部挂牌；全市458个村（居），挂牌453个，占98.9%。龙华区和美兰区综治中心已经具备实战能力，秀英区秀英街道、东方洋社区及琼山区大园社区等基层综治中心硬件建设基本达到规范化建设要求。

【综治信息化建设】2017年，海口市政法综治部门完成市综治信息管理系统优化升级工作，建立市、区、镇（街）、村（社区）用户终端1967个，采集录入各类信息310多万条。探索推进综治中心信息系统建设，按照全省综治中心、“雪亮工程”、网格化服务管理“三位一体”新机制建设要求，向市科工信局报送了市综治中心信息系统项目建设申请，市科工信局将其列入2018年全市信息化重点项目建设计划。推进综治视联网系统建设，印发《海口市综治视联网建设实施方案》，明确目标任务和时间节点，龙华区在全市率先建立区、海垦街道和滨濂社区三级互连互通的视联网系统，示范引领全市视联网系统建设。

【涉法涉诉信访接访】2017年，海口市政法部门加强涉法涉诉信访工作，建立完善律师参与化解和代理涉法涉诉信访案件制度，创新完善接访工作方式。全年，全市政法系统共受理涉法涉诉信访案件来信325件，来访443件，网络约访312件，共1080件，其中法院217件、检察院435件、公安机关405件。政法各部门除自身办理外，还组织25名律师参与代理和化解涉法涉诉信访案件工作，全年办结涉法涉诉信访案件1011件，办结率93%，对59件案件74人发放司法救助资金235万元，帮助部分涉法涉诉信访群众解决生活困难问题。

【政法队伍建设】2017年，海口市政法部门以贯彻落实《关于新形势下加强政法队伍建设的意见》为契机，按照“五个过硬”（政治过硬、业务过硬、责任过硬、纪律过硬、作风过硬）的要求，大力加强队伍建设。通过开展宣传贯彻党的十九大精神、“两学一做”学习教育、社会主义核心价值观和社会主义法治理念教育等学习教育活动，加强队伍思想政治建设。通过抓基层党建工作，以抓党建促进队伍建设。推进教育培训工作，组织全市政法干警参加中央政法委举办的视频讲座；举办全市基层政法综治维稳干部培训班；组织各级干部参加省、市有关部门举办的学习宣传贯彻党的十九大精神专题培训班和各种专业理论培训班，通过组织干部队伍集中轮训，不断提升干部队伍的能力和素质。强化党风廉政建设，塑造风清气正的工作氛围。

（付　良）

政府法制

【政府法制概况】2017年，海口市法制局充分发挥政府法制部门参谋助手作用，积极履行政府法制工作职能，各项工作都取得新进展、新成效。对99件市政府规范性文件进行有效期预警，比上年增长141%；全年安排地方性法规、法规性决定、政府规章和规范性文件项目（含调研）增长81%，完成率92%，增长率和完成率均创历史新高；首次组织召开政府立法基层联系点代表立法论证会，对重点立法项目《海口市公共停车场建设和管理规定》进行论证，实现民主立法和科学立法的有机结合。年内，海口市在迎接省2016年度依法行政工作考核中再摘桂冠，连续9年全省依法行政考核排名第一。

【政府立法】2017年，海口市法制局编制《海口市人民政府2017年度制度建设（立法）计划》，安排计划项目（含调研）38件，增长81%。推动出台《海口市美舍河保护管理规定》《海口市城市黄线管理办法》《关于加强湿地保护管理的决定》等地方性法规、法规性决定，立法保障作用更加明显。健全和完善政府立法工作机制，修改《海口市规章制定程序规定》，在全省率先建立计划编制衔接、规章中止审查、规章的征询意见及意见反馈、通报问责、社会第三方评估、实施情况报告、立法后评估7项立法工作机制。起草《海口市政府立法项目委托起草管理办法》，推动政府立法委托起草工作体制机制的创新。首次组织政府立法基层联系点代表围绕《海口市公共停车场建设和管理规定》等项目开展座谈，实现民主立法和科学立法的有机结合。

【依法行政】2017年，海口市法制局起草《海口市法治政府建设工作方案》，从路线图、时间表、任务书等方面对海口市今后3年法治政府建设进行全面规划，为加快海口市法治政府建设进程提供制度保障和操作指南。制定《海口市2017年依法行政工作要点》，从依法全面履行政府职能等7个方面对全市2017年依法行政工作进行科学部署。修改完善《海口市2017年度法治政府建设暨依法行政考核评分体系》，进一步细化和量化了考核标准，发挥考核评分体系的“指挥棒”和“风向标”作用。组织依法行政考核，组织开展对4个区政府、3个开发区及全市39家市政府直属部门的依法行政工作进行考核，并将考核结果纳入绩效考评。组织开展迎接省政府依法行政考核，及时印发迎考方案，分解细化考核目标，明确迎考任务，海口市在2017年的全省依法行政考核中取得91.63分，居全省市县榜首，实现依法行政考核“九连冠”。撰写《海口市人民政府2017年依法行政工作报告》，及时向省政府和市委、市人大常委会报告。

【规范性文件管理】2017年，海口市法制局率先在全省落实“有件必备、有备必审、有错必纠”工作机制。全年审查各类文件517件次，增长33.9%；办理市政府规范性文件向省政府备案登记29件，报备率100%，报备量增长7.4%；受理各区政府、市直各部门规范性文件向市政府备案登记58件，增长132%，对报备的各区政府、市直各部门规范性文件进行审查，提出书面整改意见3份。对全市99件市政府规范性文件进行有效期预警，预警量增长135.7%，确保各项政策措施顺利衔接、平稳过渡。

【规章、规范性文件全面清理】2017年，海口市法制局在全省首次采用引入社会第三方参与清理的工作方式，率先完成50件政府规章、175件市政府规范性文件的全面清理工作，及时完善海口市现有政策体系。通过清理，决定废止政府规章13件、保留15件、拟修改22件，废止市政府规范性文件109件、保留36件、拟修改22件、不作为规范性文件管理8件。

【行政应诉】2017年，海口市各级行政机关新收各类一审行政应诉案件1296件，结案件1117件，未结案件179件。其中，胜诉1028件（确认合法或有效5件，驳回诉讼请求858件，驳回起诉162件，调解3件），胜诉率92.03%；败诉89件（撤销52件，确认违法或无效35件，变更2件），败诉率7.97%。

【行政复议】2017年，海口市各级行政复议机关共办理行政复议申请359件，涉及公安、城乡规划、房屋征收补偿、不动产登记、土地、环保等多个领域。审结行政复议案件331件，其中，维持原具体行政行为162件，终止复议47件，驳回复议申请20件，撤销原具体行政行为61件，确认原具体行政行为违法10件，变更原具体行政行为7件、责令履行6件，以其他方式结案18件，结案率为92.2%。办理以市政府为被申请人的省政府行政复议答复46件，办结率为100%。加强行政复议规范化建设，首次对全市行政复议规范化建设情况开展检查，重点抽查8家单位的190个案件，进一步提高行政复议案件办理质量和规范化水平；创新行政复议办案方式，在办理海南蓝海湾旅行社有限公司不服市旅游发展委员会行政处罚案中，采用听证与调解相结合的办案方式化解矛盾，首次以制作行政复议调解书的方式结案，真正做到"案结事了"；加大行政复议工作的指导和监督，对全市行政复议决定执行情况开展督查，督促职能部门积极履行省政府行政复议决定9件，跟踪督办市政府做出的行政复议决定71件。

【行政执法监督】2017年，海口市法制局检查执法案卷1823件，发出行政执法监督通知书37份，办理行政执法投诉案件1件，有效监督和规范行政执法行为。加强行政执法人员管理，全年共审核清理行政执法人员2405人，对全市139名相关人员进行专题培训，组织533名执法人员参加省行政执法资格考试，完成174名新任行政执法人员证件申领和1120名人员执法证件补证换证工作。推动全面建立"双随机"抽查机制。从市场主体中随机抽取检查对象，从执法人员名录库中随机选派执法人员，抽查情况及结果及时向社会公开，接受社会监督，有效规范市场执法行为。

2017年海口市地方性法规规章与规范性文件目录

序号	地方性法规名称及公布日期
1	《海口市城市管理综合行政执法条例》 （海口市人民代表大会常务委员会第11号公告发布　2017年1月23日）
2	《海口市制定地方性法规条例》 （海口市人民代表大会常务委员会第12号公告发布　2017年4月5日）
3	《海口市扬尘污染防治办法》 （海口市人民代表大会常务委员会第13号公告发布　2017年6月5日）
4	《海口市人民代表大会常务委员会关于加强湿地保护管理的决定》 （海口市人民代表大会常务委员会第14号公告发布　2017年7月3日）
5	《海口市美舍河保护管理规定》 （海口市人民代表大会常务委员会第15号公告发布　2017年9月28日）
6	《海口市城市黄线管理办法》 （海口市人民代表大会常务委员会第16号公告发布　2017年10月17日）
序号	政府规章名称及公布日期
1	《海口市人民政府关于修改〈海口市规章制定程序规定〉的决定》 （海口市人民政府令第105号发布　2017年3月20日）
2	《海口市人民政府关于公布废止保留修改市政府规章目录的决定》 （海口市人民政府令第106号发布　2017年11月23日）
序号	市政府规范性文件名称及公布日期
1	海口市人民政府关于加强2017年春节元宵节期间烟花爆竹安全管理工作的通知（海府〔2017〕3号　2017年1月15日）
2	海口市人民政府办公厅关于印发《海口市旅行社开发客源市场奖励办法》的通知（海府办〔2017〕21号　2017年2月3日）
3	海口市人民政府关于进一步促进房地产市场平稳健康发展的实施意见（海府〔2017〕20号　2017年3月3日）
4	海口市人民政府关于印发《海口市鼓励医药企业积极开展仿制药质量与疗效一致性评价的若干规定》的通知（海府〔2017〕23号　2017年3月8日）

续表

序号	市政府规范性文件名称及公布日期
5	海口市人民政府办公厅关于印发《海口市农民小额贷款贴息工作实施细则》的通知（海府办〔2017〕54号　2017年3月20日）
6	海口市人民政府关于印发海口市网络预约出租汽车经营服务管理实施细则（试行）的通知（海府〔2017〕29号　2017年7月1日）
7	海口市人民政府办公厅关于进一步支持和引导社会办医的实施意见（海府〔2017〕63号　2017年4月1日）
8	海口市人民政府关于出租汽车行业深化改革的实施意见（海府〔2017〕28号　2017年3月31日）
9	海口市人民政府办公厅关于印发海口市促进医疗健康产业发展若干规定的通知（海府办〔2017〕65号　2017年4月5日）
10	海口市人民政府办公厅关于延长《海口市城市垃圾处理费征收管理实施办法》和《海口市城市生活垃圾处理费收费标准》有效期的通知（海府办〔2017〕83号　2017年8月10日）
11	海口市人民政府办公厅关于印发海口市市级储备粮暂行办法的通知（海府办〔2017〕99号　2017年6月1日）
12	海口市人民政府关于印发海口市贯彻落实省住房城乡建设厅等三部门关于限制购买多套商品住宅的通知的实施细则的通知（海府办〔2017〕37号　2017年5月10日）
13	海口市人民政府办公厅关于印发海口市残疾人保障办法的通知（海府办〔2017〕108号　2017年5月26日）
14	海口市人民政府办公厅关于印发海口市残疾人体育运动会奖励办法的通知（海府办〔2017〕109号　2017年5月26日）
15	海口市人民政府关于2017年高考及会考期间控制考点及周边区域噪声的通告（海府〔2017〕45号　2017年6月2日）
16	海口市人民政府办公厅关于印发海口市公办中小学校临聘教师管理办法的通知（海府办〔2017〕223号　2017年10月1日）
17	海口市人民政府关于推进装配式建筑发展实现建筑产业现代化的实施意见（海府〔2017〕86号　2017年9月4日）
18	海口市人民政府关于印发海口市促进互联网产业发展若干规定及细则的通知（海府〔2017〕88号　2017年9月6日）
19	海口市人民政府关于印发海口市棚户区（城中村）改造房屋征收补偿安置暂行办法的通知（海府〔2017〕95号　2017年9月6日）
20	海口市人民政府关于印发海口市居住证管理办法的通知（海府〔2017〕73号　2017年9月6日）
21	海口市人民政府关于印发《海口市鼓励家庭服务业发展若干规定》的通知（海府〔2017〕97号　2017年9月8日）
22	海口市人民政府关于印发海口市政府投资项目管理规定的通知（海府〔2017〕99号　2017年9月14日）
23	海口市人民政府办公厅关于印发海口市公共资源交易管理暂行办法和海口市公共资源交易目录（暂行）的通知（海府办〔2017〕251号　2017年9月14日）
24	海口市人民政府办公厅关于印发海口市举报毒品违法犯罪奖励办法的通知（海府办〔2017〕252号　2017年9月14日）
25	海口市人民政府关于全面治理拖欠农民工工资问题的实施意见（海府〔2017〕108号　2017年10月25日）
26	海口市人民政府办公厅关于印发海口市鼓励民航业发展财政补贴实施办法的通知（海府办〔2017〕310号　2017年10月26日）
27	海口市人民政府关于印发海口市环境违法行为有奖举报试行办法的通知（海府〔2017〕123号　2017年12月7日）
28	海口市人民政府关于公布废止保留拟修改调整市政府规范性文件目录的决定（海府〔2017〕124号　2017年12月12日）
29	海口市人民政府办公厅关于淘汰燃煤小锅炉的通告（海府办〔2017〕372号　2017年12月28日）

【政府法律事务】2017年，海口市法制局做好重大行政决策法律审核，向市政府及各部门出具法律意见493件，为市政府常务会议提供法律意见14件，为市政府“两重一大”专题会议提供法律意见102件，参加各类涉法工作会议223次，切实防范政府重大决策法律风险。12月12日，《海口市人民政府办公厅关于进一步落实政府法律顾问制度的通知》印发实施，推动建立以政府法制机构人员为主体、吸收专家学者和律师参加的政府法律顾问队伍，在全省率先实现市、区、镇三级法律顾问网络全覆盖。全市各级行政机关共有政府法律顾问142名，其中律师128名，政府法律顾问制度基本建立。10月18日，《海口市政府办公厅进一步加强政府合同管理工作的通知》印发实施，从磋商起草、合法性审查、履行、备案和定期清理等方面对政府合同工作进行规范，有效预防和减少政府合同纠纷。

【权力清单审核】2017年，海口市法制局开展权力清单检查和审核工作，对市政府各部门的3084项权力清单提出1731条清理意见建议，对4个区政府各部门的3607项权力清单提出420条清理意见建议，圆满完成市委、市政府交给的工作任务。

（娄朝祥）

公安工作

【公安工作概况】2017年，海口市公安机关围绕党的十九大安保维稳工作这一主线，牢记使命，忠诚履职，围绕中心，服务大局，各项公安工作取得新的成绩，有力维护海口政治安全和社会稳定。特别在“迎接十九大忠诚保平安”主题活动中，全警动员，全力以赴，扎实推进“五场安保战役”，较好实现“三个不发生”（不发生暴恐案事件、不发生在全国有重大影响的大规模群体性事件、不发生重大公共安全案事件）目标。因成绩突出，被评为全省党的十九大安保维稳工作先进集体，并被省厅记集体三等功一次。

【打击刑事犯罪】2017年，海口市公安局深入开展“社会矛盾大排查”行动，排查涉稳群体52个并逐一落实稳控措施。依法处置聚集上访事件237起，比上年下降33%，妥善处置涉军、“跨亚欧”“善心汇”等涉众型利益受损群体维权及恒大文化旅游城业主聚集上访等一批群体事件。以“三打击一整治”专项行动为抓手，推动社会治安形势持续向好，刑事案件立破案数继续保持“一降一升”的良好态势，共立刑事案件数1.39万起，下降21.3%，其中八类严重暴力犯罪案件数下降19.4%；破获刑事案件数7410起，上升11.6%。18起现行命案全部破获，命案数下降35.7%。破获故意杀人等刑事案件24起，抓获17人。

【打击毒品犯罪】2017年，海口市公安局紧紧围绕公安部、省、市领导对禁毒工作的重要批示要求，深入开展禁毒三年大会战，共破获毒品刑事案件1588起，抓获犯罪嫌疑人1777名，其中部级目标案件6起、省级目标案件15起、重大案件39起，缴获各类毒品1.04吨（净重）、枪支25支，强制隔离戒毒1855人，破案数、抓获人数、破获重特大毒品案件数和缴获毒品数均居全省第一。禁毒支队被省委省政府授予“全省禁毒三年大会战第一阶段先进集体”。

【打击经济犯罪】2017年，海口市公安局加强警税协作，向税务部门移交涉税线索103条。成功侦破海南跨亚欧网络经济有限公司特大网络传销案，共出动200多名警力同时在海南、北京、江苏、广东、四川、湖北6个省市进行抓捕，抓获主要犯罪嫌疑人28人；涉案金额40.6亿元，涉案人员4.7万人，为海南省建省以来侦破的最大的一起组织领导传销案件。

【公共治安管理】2017年，海口市公安局以提升执法公信力为重点，扎实落实“打、防、管、控”各项工作措施，共受理治安案件1.73万起，处罚违法人员9715人。深入开展矛盾纠纷排查调处工作，排查出重大矛盾5起，可能引发群体性事件因素7起，矛盾纠纷41起，成功调处37起。加强重性精神障碍患者管控工作，录入全国重性精神障碍患者管理信息系统列管的精神障碍患者244人，均稳控到位。全年共处置肇事肇祸精神病人事件22起，因处置及时未造成严重社会舆论影响。先后组织开展“扫黄禁赌”“打击私彩”等专项行动，办理赌博刑事案件20起，刑事拘留74人；办理行政案件1996起，行政处罚2822人，收缴赌资200万余元，其中查处“私彩”案件1268起，抓获涉嫌贩卖私彩人员1314人。查处涉黄案件261起，其中立容留卖淫刑事案件4起，刑拘17人，治安案件259起，治安处罚399人。深入开展治爆缉枪专项整治行动，共破获涉枪涉爆案件16起（其中刑事案件13起、治安案件3起），打掉1个涉枪犯罪团伙，捣毁窝点4处，抓获各类违法犯罪人员27人，收缴各类枪支68支、子弹87发、黑火药2千克、废旧炮弹27枚、山猪炮5枚、管制刀具248把。全面加强金融系统安全检查，对新建、改建26个金融营业网点、45个自助银行进行审核，发放《金融机构营业场所和金库准予施工通知书》71张；对36家金融营业网点、46家自助银行进行验收，核发《安全防范设施合格证》82张。全市426个营业网点全部达标。

【道路交通管理】2017年，海口市机动车保有量77.25万辆，电动自行车保有量71.15万辆，驾驶人保有量76.64万名。市公安局坚持强化交通秩序管理，深化智能交通应用，3月21日，“海口公安交警APP”上线，

2017年3月21日，海口市公安局举行海口公安交警APP上线启动仪式

（市公安局 供）

具备路况推送、违法举报、信息查询等11大板块共35项应用功能。开展的“三驾”“三乱”“两闯”（“三驾”是酒驾、醉驾、毒驾，“三乱”是乱停车、乱变道、乱用灯，“两闯”是闯红灯、闯禁行）等交通违法整治行动，坚持超载一律予以暂扣、货物一律卸载转运、改装和加装车厢一律切割复原、驾驶人一律依法从重处罚的“四个一律”措施开展全天候整治，共查处货车超载交通违法行为4.66万起，暂扣超载货车411辆、驾驶证219张；查处货车改装车厢交通违法行为3076起，并强制切割复原；查处不按规定货车放大号牌交通违法行为612起，对19名驾驶人一次记满12分。实行“岗长制”“路长制”，共查处电动自行车交通违法行为11.67万起，查扣电动自行车6.78万辆，对7.07万名交通违法人员进行法制教育，责令9.07万名交通违法行为人站岗参加体验性交通管理。全年共查处各类交通违法76.02万起（其中现场查处24.93万起，非现场查处51.10万起），查扣车辆8.08万辆，查处酒后驾驶855起、醉驾345起，共拘留409人（其中醉驾拘留345人、无证拘留64人）。共接处警6.20万起，办理普通程序交通事故案件562起、死亡104人、受伤654人，经济损失84.01万元。与上年同比，事故起数上升7.25%，死亡人数上升0.97%，受伤人数上升10.1%，经济损失下降33.35%。

【监所管理】 2017年，海口市公安局以开展看守所“五化建设”、拘留所“三项重点工作”和戒毒所“两基础四深化”工作为推手，推进基础信息化、警务实战化、执法规范化、队伍正规化“四项建设”，进一步夯实基础工作，确保监管安全，实现全年无非正常死亡、无自杀、无脱逃、无集体中毒、无疫情传播的安全工作目标。成立深挖犯罪侦查大队，开辟狱侦“第二战场”，深入开展教育感化深挖犯罪工作，共收集获取犯罪线索84条，其中毒品犯罪线索59条，其余线索29条，共协助办案单位破获故意杀人案、贩毒案、寻衅滋事案、系列盗窃案等案件共24宗，抓获犯罪嫌疑人12名。第一看守所、第二看守所和行政拘留所分别被公安部授予全国一级看守所、标兵看守所和标兵拘留所称号。

【网络安全管理】 2017年，海口市公安局坚持依法管网、以人管网、技术管网、综合管网，深入推进“净网”专项行动，打击涉网违法犯罪，维护网络空间安全。开展网络安全进校园活动，向6000余名大中小学生倡导文明守法上网理念，介绍防范网络诈骗的方法手段。全面落实有害信息一分钟迅速处置机制，封堵有害信息30万余条，查处违规网吧82家，侦办案件216起，抓获嫌疑人119人，协助破获多起诈骗、杀人案件。成功侦破“2017·3·23海南广播电视台网站被攻击案”。

【户政服务与流动人口管理】 2017年，海口市公安局不断深化“放管

2017年7月3日，海口市公安局举行全国标兵拘留所暨一级看守所授牌仪式

（市公安局 供）

2017年12月28日，海口公安交警正式启动交警“铁骑勤务”，进一步提升路面见警率和管事率 （市公安局 供）

服”改革，重点落实积分落户省外迁入，往届毕业生就业迁入，居住就业省内迁入三项户籍新政，成功受理省外居民积分落户2007人次、2003年后往届高校毕业生就业落户6578人次、居住就业省内迁入4030人次。加快实现全市居住证制度全覆盖，共受理发放居住证19.15万张。落实居民身份证异地受理工作，共为在琼居住的外省人员办理异地证18331人，为本省户籍居民办理异地证1338人。全面清查核销死亡人员未销户口工作，第一批死亡未销线索核实率92%，第二批死亡未销线索核实率83%。在全市范围内开展户籍档案数字化大会战，共有户籍档案12.55万卷，需要数字化加工的户籍档案条目著录约300万条，需要扫描录入的户籍档案约1634.37万页，已清理、录入户籍档案2.7万户。全年共办理出生登记28082人，死亡注销14839人，迁入33170人，迁出22030人。

【出入境管理】 2017年，海口市公安局共受理、审批公民出国（境）证件32.38万份，增长22.8%，占全省出入境办证受理总量一半以上。其中，护照8.52万份，赴台证件4.23万份，制作港澳签注11.17万枚。共受理、审批境外人员证件申请6006份，其中美兰机场口岸共办理普通签证1551件，台湾居民证件1362件，中国公民出入境通行证22件，团队签证33件；支队前台共办理居留许可2394件，普通签证216件，停留证件250件，台湾居民证件127份，出入境通行证51件。共查处外国人违反《中华人民共和国出境入境管理法》案件112起，遣送出境外国人20人，报列不准入境人员15人，查处违反免签团管理案件23起。全年境外人员住宿登记18.58万条，住宿登记准确率99.8%，及时率100%。

【110接处警服务】 2017年，海口市公安局110报警服务台共接报警电话76.71万次，其中有效警情37.99万起。其中“两抢”类警情476起、盗窃警情3.39万起、诈骗警情5078起、群体性事件237起8031人次、交通类警情8.02万起，帮助群众解决纠纷2.62万起、解决群众求助2.75万起。

【公安科技发展】 2017年，海口市公安局坚持向改革要警力、向科技要警力、向提升素质要警力、向整合资源要警力的路径，先后推出部门间共享平台、椰城警民通、“天网”视频大数据实战平台等一批好的成果。在交通管理方面，与百度地图、高德地图、滴滴出行等国内优秀企业建立合作关系，通过整合应用大数据，为实现城市交通管理新发展提供有力抓手。

【警卫安保】 2017年，海口市公安局按照“严之又严、实之又实、细之又细”的总要求，圆满完成国家法定假日、G20峰会、博鳌亚洲论坛2017年年会、澜湄会议、第12届环海南岛国际公路自行车赛等324批次大中型安保任务及152批次警卫任务，做到“大事不出，小事也不出”，确保大型活动和警卫对象的绝对安全。

【公安队伍建设】 2017年，海口市公

2017年5月22日，海口市公安局举行警察训练营启动仪式 （市公安局 供）

安局牢牢把握习近平总书记“四句话、十六字”总要求，全面贯彻新时代党的建设总要求，坚持政治建警、全面从严治警，努力打造一支党和人民满意的过硬公安队伍。坚持从严治党治警，落实管党治警主体责任，推进党风廉政建设和反腐败工作，约谈371人次，立案查处10起16人，分别下降33.3%和23.8%；落实市纪委监察委派驻制度，扎实公车改革工作；深入推进“两学一做”学习教育常态化制度化，开展“大研讨大行动”活动；推进科级干部选拔任用，晋升科级干部161名，面向全国和公安院校选调录用新警157人；建成民警健康服务中心、“警察书屋”，组建起东部警察训练营，开展“领导干部上讲堂”等307期各类培训活动。民警冯晖同志作为全省唯一一名公安代表出席党的十九大，第一看守所、第二看守所和行政拘留所分别被公安部授予全国一级看守所、标兵看守所和标兵拘留所称号，涌现出全国优秀基层单位美兰办证中心、全国特级优秀人民警察周永恒、全国优秀人民警察王先文等一批先进集体和先进个人。

（王路明）

检察工作

【检察改革】2017年，海口市检察机关不断推进司法责任制改革，落实进入员额的院领导带头办案机制，进入员额的院领导承办案件952件；将综合部门的入额检察官全部调整到办案一线岗位，充实办案力量。健全完善司法责任制改革配套制度，坚持司法办案核阅制度，核阅案件3961件；构建常态化的案件质量评查机制，对800多件取保候审案件开展评查。推进内设机构改革，将4个区检察院的内设机构进一步整合为“六局一部+派驻乡镇检察室”（反贪污贿赂局、侦查监督局、公诉局、诉讼监督局、检察业务管理局、检察事务保障局、政治监察部），适用新的运行规则，推动内设机构改革在“物理整合”基础上实现“化学融合”。推进以审判为中心的刑事诉讼制度改革，充分发挥检察机关在审前程序的主导作用，推动轻刑快办、繁简分流，对情节轻微不需要判处刑罚的117人依法作出不起诉决定。推进涉法涉诉信访改革，建立人大代表、律师、人民调解员等第三方力量参与化解涉检信访案件机制，化解息诉涉检信访21件。加大“智慧检务”建设力度，有序推进人工智能辅助办案系统建设，探索试用量刑建议辅助系统，在审讯工作中运用智能语音识别转换系统，龙华区检察院率先在全省启用远程视频庭审系统，实现检察院、法院、看守所三地“隔空”开庭，利用现代科技促进提升办案质效。

资料链接：司法办案核阅制度指在检察官可自行决定的案件或事项中，涉及的具有决定性或重要影响的法律文书和工作文书，由核阅人进行审核把关的内部监督机制。核阅人在核阅时，主要针对案件事实认定、法律适用、办案程序等提出意见建议，不改变检察官的处理决定或意见。

【惩治职务犯罪】2017年，海口市检察机关立案查办职务犯罪案件51件58人，为国家挽回直接经济损失1247.3万元。坚决查办大案要案，立案查处大案39人，县处级以上要案11人，其中厅级干部3人，查处厅级干部为历年最多。查办高等教育领域职务犯罪，立案侦查琼台师范高等专科学校原党委书记李某，原党委副书记、校长程某等受贿窝串案5件5人。强化职务犯罪追逃工作，检察长亲自挂帅，敦促5名在逃人员归案，占全省检察机关追逃人数27.8%，成效显著。配合国家监察体制改革，做好侦查预防部门转隶准备工作，加快办案进度，开展案件线索清理、涉案财物清查等工作，提前完成最高人民检察院和海南省检察院交办的任务。

【预防职务犯罪】2017年，海口市检察机关坚持打击与预防并重，结合办案提出风险防控检察建议22份。加强重点建设项目职务犯罪预防，对美安科技城新项目、南渡江工程PPP项目等投资总金额721.6亿元的8个重点工程开展专项预防，保障项目建设顺利推进。加强源头防腐，开展警示教育、预防宣传90场次，受教育人数1万多人。开展行贿犯罪档案查询7700件。与中国邮政集团公司海口市分公司联合举办“预防职务犯罪邮路”宣传活动。

【批捕起诉】2017年，海口市检察机关受理审查逮捕案件3817人，批捕3414人；受理审查起诉案件3770件

2017年12月28日，海口市“预防职务犯罪邮路”活动启动　（王巍添 摄）

4806人，审结3441件4187人，审结率91.3%。打击多发性侵财犯罪，批捕抢劫、抢夺、盗窃犯罪705人，起诉789人。坚决打击故意杀人、故意伤害等严重影响社会治安的犯罪，对社会关注的吴志强故意杀人案、杨德伦抢劫杀人案等严重暴力刑事犯罪案件依法从严处理。参与打击治理电信网络新型违法犯罪专项行动，批捕电信网络诈骗犯罪22人、起诉33人，净化电信网络环境。

【刑事诉讼监督】 2017年，海口市检察机关强化刑事诉讼监督，监督公安机关立案31件、撤案9件，纠正侦查活动违法情形52次，对认为不构成犯罪或证据不足的案件决定不批捕256人、不起诉67人；对认为确有错误的刑事裁判提出抗诉13件15人；被告人陈某诈骗案经抗诉由一审无罪判决被二审法院改判为有罪判决，被告人被判处有期徒刑十年。强化民事行政检察监督，开展“基层民事行政检察工作推进年”专项活动，受理民事行政监督案件239件、审结252件，其中法院再审改判案件7件，再审改判率为100%；向法院、行政执法机关发出检察建议45份。美兰区检察院被评为全国检察机关“基层民事行政检察工作推进年”专项活动先进基层检察院。

【刑事执行监督】 2017年，海口市检察机关审查提请罪犯减刑、假释、暂予监外执行案件2190件，提出纠正意见66件，已纠正62件，纠正率94%。加大对职务犯罪、金融犯罪、黑社会犯罪3类罪犯减刑、假释、暂予监外执行的监督力度，对提请的3名职务犯假释案件提出不予假释建议，监狱采纳建议并撤销呈报假释。受理羁押必要性审查案件137件，提出变更强制措施建议105件，被采纳90件，采纳率为86%，维护在押人员合法权益。加强派驻检察室规范化建设，海口市检察院4个派驻检察室在第五届派驻监管场所检察室规范化等级评定中，被海南省检察院评定为二级规范化检察室3个，其中驻海口市第二看守所检察室被最高人民检察院评定为一级规范化检察室。

2017年12月4日，海口市检察院检察干警回访仙月仙河生态检察情况

（王巍添 摄）

【控告申诉监督】 2017年，海口市检察机关完善倾听群众诉求常态化工作机制，受理来信来访案件972件，均及时审查办理并反馈；受理刑事申诉案件77件，审结71件，审结率为92.2%；坚持检察长接待日制度，开展活动98次，接待群众300人次，推动解决问题73件。开展反向审视工作，依法监督和纠正公安机关侦查违法行为，并对责任人员给予纪律处分。全市检察机关3个控告申诉接待室被授予全国检察机关“文明接待室”称号，市检察院连续五届获得全国检察机关“文明接待示范窗口”的殊荣。

【未成年人检察监督】 2017年，海口市检察机关加强涉罪未成年人特殊司法保护，依法不批捕涉罪未成年人45人、不起诉32人，通知市司法局给予法律援助191人次，封存犯罪记录127件。开展为期3年的“法治进校园”系列宣讲活动，努力实现全市233所中小学宣讲全覆盖，已开展宣讲47所。联合教育部门首次走进幼儿园开展法治宣传活动，促进幼儿园安全防范机制建设。坚持“一站两基地”工作模式（以未成年人观护站为依托，以福利院、特殊学校为延伸观护基地的涉罪未成年人帮教体系），观护帮教287人次，帮助58名涉罪未成年人回归社会，彰显检察温情，其中龙华区检察院观护帮教的一名学生在国际赛事上取得突出成绩。

【生态检察工作】 2017年，海口市检察机关深入推进“绿色宝岛·生态检察”专项工作，出台《海口市检察机关关于深化生态检察工作的实施意见》，完善工作机制；坚持打击与修复并重，依法起诉破坏环境资源犯罪66人，推行生态修复赔偿机制，督促犯罪嫌疑人补植林木6958株。开展“破坏环境资源犯罪专项立案监督活动”，走访行政执法机关30多家，勘察破坏、污染环境现场12次，监督行政执法机关向公安机关移送案件线索11件，制发检察建议书11份，督促行政执法机关依法履职。配合党委政府做好民航航线俯视区生态修复工作，助推城市更新。秀英区检察院建成全省检察机关第一个生态文明教育基地并向社会开放，提升公众环保意识。

【乡镇检察室建设】 2017年，海口市检察机关主动延伸监督触角，充分发挥派驻乡镇检察室司法办案和联系群众的一线平台作用，完善“定点+巡回”工作模式，打造百姓“家门口的检察院”。收集涉农职务犯罪线索43件，立案查办 21件23人，对基层派出所、司法所、人民法庭的执法司法活动开展监督54次，开展法治宣传、警示教育186场次，深入农户走访，化解农村矛盾纠纷63件，助推基层治理法治化建设。

（林晓梅）

地方审判

【审判工作概况】2017年，海口两级法院共受理各类案件8.26万件，增长43.16%；结案7.92万件，增长43.73%，结案率95.84%。其中，市中院本级受理各类案件1.06万件，结案1.02万件，结案率96.41%。市中院被最高法院评为“在司法宣传工作中做出突出成绩的人民法院”，被省高院评为“2012—2017年度全省法院调研工作先进集体”“2016—2017年度全省法院信息工作先进集体”。

【刑事审判】2017年，海口两级法院受理刑事案件4092件5072人，增长22.51%，审结3960件4781人，结案率96.77%，其中判处5年有期徒刑以上刑罚的190人。其中，市中院本级受理886件1352人，审结838件1198人，结案率94.58%，判处10年有期徒刑以上刑罚的49人。全面深入开展禁毒三年大会战，审结毒品犯罪案件1559件1725人，从重从快审结海南省首例制造毒品案件，组织8场公开宣判活动，依据最高法院命令将一批罪大恶极的毒犯执行死刑。市中院刑一庭、刑二庭分别被评为全省、全市禁毒三年大会战第一阶段先进集体。严惩危害社会治安犯罪，审结故意杀人、“两抢一盗”等案件894件1215人；严惩破坏社会主义市场经济秩序犯罪，审结集资诈骗、非法吸收公众存款等案件51件77人；严惩职务犯罪，审结受贿案件104件121人。

【民商事审判】2017年，海口两级法院受理民商事案件54647件，增长52.64%，审结53010件，结案率97%。其中，市中院本级受理5193件，审结5016件，结案率96.59%。落实省委、市委关于生态保护、水体治理、城市更新的决策部署，集中管辖南渡江流域环境资源一审案件，审结涉东寨港红树林等环境资源案件196件；坚持房子是用来住的、不是用来炒的定位，审结房地产纠纷案件3174件；依法处置“僵尸企业”，审结破产、清算案件26件；审结劳动争议案件2617件，在市人事劳动仲裁院设立劳动争议案件驻点工作室，维护和谐稳定的劳动关系。在全省法院率先设立物业纠纷巡回法庭和便民联系点，多元化解物业纠纷694件；健全交通事故巡回法庭诉调对接机制，会同公安交警部门高效化解交通事故纠纷；继续抓好旅游巡回法庭工作，服务全域旅游示范区建设。实现人民调解、行政调解、司法调解相衔接的“大调解”格局，调解、撤诉案件33211件，调撤率60.77%。

【行政审判】2017年，海口两级法院受理行政案件2838件，增长158.94%，审结2748件，结案率96.83%。其中市中院本级受理1417件，审结1380件，结案率97.39%。审查行政非诉执行案件438件，裁定准予执行380件，裁定不准予执行51件。创新行政审判“三步工作法”，妥善处理涉及棚改、拆违、拆除非法广告牌等案件1041件。依法审理涉民生行政案件，支持工商部门对南北蔬菜市场批发商的行政处罚，支持政府解决好人民群众切身利益问题。落实司法与行政良性互动机制，与政府相关行政部门沟通、协调常态化，针对行政执法突出问题提出司法建议4件，为行政执法人员进行业务培训300余人次。

【案件执行】2017年，海口两级法院受理执行案件18777件，增长31.52%，执结17209件，执结率91.65%，执结标的额34.18亿元，执行到位率70.22%。其中市中院本级受理1861件，执结1749件，执结率93.98%，执结标的额20.74亿元，执行到位率76.02%，实现“三升四降”的目标。市委市政府高度重视并大力支持解决执行难，在全省率先出台《关于支持人民法院基本解决执行难问题的意见》，为法院打赢“基本解决执行难”攻坚战提供有力保障。继

2017年7月3日，海口市美兰区法院物业纠纷巡回法庭揭牌（市中级法院 供）

续保持执行高压态势，集中开展“椰城烈焰”等4次专项行动，将5655个被执行人纳入失信被执行人名单，对5191人限制乘坐飞机和高铁，对16人限制出境，司法拘留153人，判处拒执罪4人。加大对“老赖”的曝光力度，将1010名“老赖”信息在中国执行信息公开网、海口电视台、《海口日报》等媒体上予以公开，在万绿园、日月广场、望海国际商场的电子显示屏上滚动播放，并在全省法院率先使用“今日头条”弹窗向“老赖”周边的手机用户进行精准推送，让“老赖”无处遁形。

【审判监督】2017年，海口两级法院受理申请再审案件192件，结案188件，结案率97.92%；受理再审案件57件，结案47件，结案率82.46%。其中，市中院本级受理申请再审案件152件，结案149件，结案率98.03%；受理再审案件33件，全部由院庭长办理，审结28件，结案率84.85%。再审改判案件18件，及时纠正司法过程中的错误，切实保障当事人的合法权益。推动减刑假释案件规范化管理，规范财产刑的执行，对1017名罪犯依法予以减刑假释，对其中103件职务犯罪等三类案件全部开庭审理、当庭宣判。落实罪刑法定、疑罪从无等法律原则，依法宣告5名被告人无罪。坚持宽严相济的刑事政策，对572名被告人依法宣告缓刑、判处管制、单处附加刑或免予刑事处罚。

【立案信访】2017年，海口两级法院落实立案登记制，当场立案率95.67%。配备智能机器人“小法”，完善诉讼服务查询终端，为当事人法律咨询和案件信息查询提供便利。开展律师参与化解和代理申诉工作，妥善处理来信420件，接待来访654人次。为7518件案件当事人缓、减、免诉讼费241.28万元。开展司法救助工作，发放司法救助金501.44万元，救助困难当事人399人。

【司法改革】（1）落实院庭长办案制度，强化示范引领作用。2017年，海口市中院制定《院庭长办理重大疑难复杂案件工作规程》，明确院庭长办理案件的类型和数量，对院庭长办理重大疑难案件提出刚性要求，即“再审案件全部办、重审案件部分办、一审案件重点办、上级监督的案件指定办”，确保重大疑难案件的办理质量。海口两级法院院庭长办案45946件，占案件总数55.6%，结案率98.49%。其中市中院院庭长办案4448件，占案件总数42.16%，结案率96.72%。（2）严抓审判监督管理，落实司法责任制。坚持问题导向，以案件评查为抓手，强化监督管理，开展案件质量常规评查3次，专项评查10次，共评查案件6211件，对评查出来的问题及案件承办人不姑息、不护短。实行庭审巡查制度，院庭长通过旁听庭审和观看庭审录播等方式对开庭情况进行监督，规范庭审活动，提高庭审质量。修订专业法官会议制度，增加院庭长提请召开法官会议的职责，强化院庭长对重点案件的监管，确保案件质量不出问题。8月，省高院在市中院召开全省法院院庭长审判监督管理工作现场会，向全省法院推介海口经验。（3）推行案件扁平化管理，基本实现收结案均衡。市中院主动承担改革任务，打破以庭室为单位的分案模式，出台民商事、刑事、立案和审监案件扁平化管理的实施办法，对4个民商事审判庭、3个刑事审判庭、立案庭和审监庭分别实行统一、均衡分案，构建“大民事审判”“大刑事审判”“立案审监一体化”工作格局，从根本上解决业务庭之间、员额法官之间忙闲不均的现象，基本实现月度、季度、年度收结案均衡，扭转长期以来“年头松、年尾攻”的被动工作局面。（4）推进案件繁简分流，实现简案快审快结。根据案件情况，选择适当的审理程序，努力以最小的司法成本，更好更快办理更多案件。立案庭设置调解工作室，采取“诉前调解+人民调解+司法确认+案件速裁”的工作模式，实现案件诉前分流。指导辖区法院开展刑事案件庭审程序简化改革，对1425件认罪认罚案件适用要素式裁判文书，对2205件轻微刑事案件适用快速审理机制。试点开展劳动争议、商品房买卖等类型案件要素式审判模式改革，大大提高审判效率。龙华区法院被最高法院评为“全国法院案件繁简分流制度改革示范法院”。（5）完善审判运行机制，深化人员分类管理。市中院主动承担最高法院布置的推进刑事审判“三项规程”改革任务，通过“排非”程序充分保障被告人的合法权益。构建立、审、执相互协调及监督机制，强化立案、审判、执行中各个环节的衔接配合，以执行为中心逆向监督立案、审判工作，助推解决执行难。推动员额法官二次选任工作，海口两级法院增补员额法官47名。在审判人员单独序列管理的基础上，完成员额法官等级晋升，初次确定法官助理、书记员职务等级。成立法官权益保障委员会，保障法官依法履职。

【司法公开】2017年，海口两级法院坚持以人民为中心的思想，通过完善司法公开四大平台，努力打造透明法院，实现阳光审判，以公开促公正。市中院连续6年在中国社科院组织的司法透明度指数测评中名列前茅。（1）强化审判流程公开，打造“零距离”体验的案件信息公开平台。建成案件流程信息大屏显示系统，滚动播放案件信息，设置触摸查询终端，方便群众自助查询。在全省法院率先采用“二维码”对案件实行“一案一码”管理，方便当事人及时了解案件的详细信息，成为海南省司法改革“三大创举”之一。建立电子阅卷系统，实现诉讼档案管理信息化，为当事人查阅卷宗提供便利。开通申诉信访远程视频系统，让信息多跑路，当事人少跑腿。（2）强化庭审活动公开，方便社会公众随时随地旁听案件庭审。在全省法院率先开展庭审网络直播，实现庭审活动同步录音录像。在中国庭审公开网等4个网络平台上

2017年12月4日，海口市中级法院邀请20余名社区干部参加“法院开放日”活动
（宋研 摄）

直播庭审105件。实行职务犯罪、毒品犯罪、危害食品药品安全犯罪案件庭审旁听制度，把审判法庭打造成为法治宣传教育基地。(3) 强化裁判文书公开。海口两级法院在中国裁判文书网上公开生效裁判文书19294篇，其中，市中院6745篇。(4) 强化执行信息公开，促进阳光执行。将执行案件信息实时录入“全国法院执行案件信息公开系统”，全面公开执行信息。实现被执行人的存款网上查询、网上冻结、网上划拨，被执行人的房产、车辆网上查控。全年网络拍卖涉案财产成交250件，成交金额3.7亿元。(5) 强化普法宣传力度，提升社会公众法治意识。落实“谁执法谁普法”的要求，组织开展法治宣传“六进”活动63次，与省、市广播电台合办普法教育栏目，安排法官上线《法治之声》《法官零距离》节目336期，在“两微一端”新媒体平台发布信息1.25万条。开展“法院开放日”活动8次，共邀请人大代表、政协委员、社区干部、高校学生等不同群体代表231人到法院参观和座谈，增进社会各界对法院工作的了解和理解。在《法制日报》等多家媒体刊发稿件1.78万篇，讲好法院好故事，传播法治好声音。市中院拍摄禁毒微电影《惊梦》，在多家媒体同步推送，在中央政法委、中央综治委组织的全国第二届平安中国微电影微视频比赛中获评微电影优秀奖。(6) 加强信息化建设，打造智慧法院。建成“一个数据中心、四大网络、三十五个平台”的智慧法院信息系统，完成执行指挥中心建设，实现远程视频庭审、远程视频提讯、远程视频接访，运用智能语音识别技术记录庭审和起草法律文书，有效提升审判能力现代化水平。中院技术装备处被最高法院评为“全国法院信息化工作先进集体”。

（宋玉敏）

司法行政

【人民调解】2017年，海口市司法局率先在全省建立海口总商会，山西、福建、潮汕商会人民调解委员会，设立专家听证委员会，对商会矛盾纠纷实施全程指导或会诊作用。推行“人民调解+行政调解+法律援助”相互对接的非诉讼调解模式，如龙华区司法局与区法院共同制定《关于构建对接机制的实施方案》《诉调对接工作制度》，有11家司法所被龙华区法院颁发特邀调解员聘书；龙华区城管法庭、龙泉法庭、新坡法庭分别与五镇六街的11家司法所进行非诉调解对接，通过诉调对接机制，有效地将矛盾纠纷化解在诉前，减轻法院案多人少的压力。深入开展矛盾纠纷排查调处工作，全面实施“五定”（定目标、定任务、定人员、定时间、定责任）措施。全年开展社会矛盾纠纷排查4068次，预防矛盾纠纷1243宗，调处各类矛盾纠纷6415宗，成功调处6283宗，调处成功率97.9%，申请司法确认114宗；防止群体性事件7起，涉及138人。

【社区矫正】2017年，海口市司法局落实司法体制改革工作，指导4个区成立社区矫正管理局，圆满完成海口市社区矫正组织机构改革工作任务。强化“治本安全观”教育矫治理念，举办“立德迁善·共享阳光”中华优秀传统文化教育活动7期，不断创新矫正内容、载体和方法，受教育的社区服刑人员有6000余人。规范社区矫正相关规定，加强与公检法等部门配合，出台社区矫正经费管理办法，建立市、区两级社区矫正指挥中心管理平台，采取政府购买服务的形式落实专人管理，进一步完善社区矫正指挥平台监控，人数录入率100%，手机定位监控人数95%以上。全年，共接收社区矫正人员545人，解除505人，现在册681人，再犯罪率控制在0.2%以下。至年底，累计接收4361人，累计解除3668人。

【强制隔离戒毒】2017年，海口市司法局紧贴全市禁毒三年大会战“严收”任务要求，加强戒毒场所硬件设施建设，市罗牛山强戒所B区宿舍楼生产厂房建设并投入使用，完成A区宿舍楼卫生院、警戒大楼防漏建设、探访室维修改造和巡逻道硬化工程。扩大收治规模，完成禁毒三年大会战第一阶段和秋冬攻势收戒收治任务。深化落实治本安全观，加大教育矫治力度，通过开设海南戒毒教育矫治集中班、举办“6·26”禁毒主题宣传教育晚会、龙塘戒毒（康复）社区指导工作等措施，以不断降低戒毒复吸率

2017 年 6 月 23 日，海南省山西商会人民调解委员会在海口市成立（市司法局 供）

为宗旨，不断提高戒毒教育矫治的质量。全年，强制隔离戒毒所共收治 672 人，解除 500 人，在所在册 855 人，场所连续 15 年实现“六无”(无毒品流入、无戒毒人员逃跑、无非正常死亡、无所内案件、无生产安全事故、无重点疫情）工作目标。

【安置帮教】2017 年，海口市司法局推进《海口市司法行政系统 2017 年刑满释放人员安置帮教工作目标管理责任书》相关工作，落实包帮教安置、包跟踪教育、包思想转化的“三包”责任，做好社会适应性帮扶工作。共接收刑满释放人员 1023 名，安置 943 名，安置率 92%，帮教率 100%，衔接率 100%。

【未成年人法制教育】2017 年，海口市未成年人法制教育中心推进“问题少年”教育矫治工作，通过开设法律课堂、开展心理健康教育、心理危机预警、心灵破冰扩展训练、职业技术培训等教育矫治措施，抓好问题少年教育矫治工作。构筑由家庭、学校、社会、中心构成的立体式帮教群体，广泛动员社会各方面力量积极参与，有效跟踪后续辅导、教育引导和各类帮扶。累计接收学员 1899 人，结业 1870 人，其中 2017 年接收 122 人，结业 156 人，现在队 29 人。

【律师公证管理】2017 年，海口市司法局建立健全维护律师执业权利快速联运处置机制，规范律师公证执业行为，加强执业监督，加大投诉查处力度，维护律师、公证员及投诉当事人的合法权益。对市管 40 家律师事务所、市管 2 家公证处进行 2016 年度考核，市直管 40 家律师事务所均为合格等次，其中五星级 2 家，四星级 5 家，三星级以下 33 家。椰城、椰海公证处均为优秀等次。全年，市直管 40 家律师事务所共担任法律顾问 950 家，代理案件 10049 件；2 家市直管公证处共办理公证 19517 件。

【法律援助】2017 年，海口市司法局共办理法律援助案件 8052 件，完成全年任务的 100.7%，为受援人挽回经济损失和取得经济利益 7633 万元，接待群众来电来访网络法律咨询 3.5 万人次，超额完成省委省政府“为困难群众和农民工提供法律援助”为民办事事项指标。建立法律援助值班律师制度，依托法院、看守所，新设和规范法律援助工作站 7 个，全市共设立法律援助工作站 198 个、法律援助联系点 404 个，法律援助渠道更加畅通便捷。海口市法律援助中心被中共海口市委宣传部、海口市精神文明建设指导委员会评为 2017 年海口市“文明服务窗口”。

【公共法律服务】2017 年，海口市司法局深化和完善公共法律服务体系，探索和打造公共法律服务窗口实体平台，做好“12348”热线平台和网络平台协助建设工作。建成市、区两级公共法律服务窗口 3 个，在 12 个村（居）开展法律顾问试点工作，同时完善各级公共法律服务窗口规范化建设，制定公共法律服务清单、服务事项、办事流程等各项管理制度，确保公共法律服务高起点规范运行。加强“12348”公共法律服务热线管理，正确引导当事人按法律程序办事，共接待群众来电法律咨询 3 万余人次。做好“12348”中国法网上线运行工作，安排 2 名公职律师、2 名社会律师、2 名人民调解员担任法网驻场服务人员，实时解答群众提供的公共法律服务问题。海口市公共法律服务正在逐步形成以人民为中心、以民生为导向，集法律咨询、法律援助、人民调解、律师公证、司法考试、法治宣传教育、法律服务资源库查询等多项功能为一体，覆盖“市、区、镇（街）、村（居）”四级组织网络，依托窗口、热线、网络三大平台运行的信息化、专业化、便捷化的总体格局。

【司法考试】2017 年，海口市司法局推进国家统一法律职业资格制度，坚持“依法治考、从严治考、诚信参考”原则，以“考卷、考场、考试、人员”4 个安全体系为重点，确保海口考区考务工作试卷安全保密“零事故”、考试组织实施“零失误”、服务考生“零投诉”的既定目标。严密组织国家司法考试海口考区（市第一中学高中部）考务工作，启用人像对比系统进行人脸识别入场检查，统筹协调各单位，共同维护 85 个考场、2479 名报名考生的考试工作，实现连续 6 年“零差错”的目标任务。

【司法所建设】2017 年，海口市以创建现代化文明司法所工作为抓手，深入开展省、市级现代文明司法所创建工作。全市有 20 家司法所被命名为省级现代化文明司法所，占全省省级

2017年5月19日，海口市司法局在美兰区群上村举办“我学法·我受益”法治宣传教育进万家活动 （市司法局 供）

现代化文明司法所总数的40%；有24家司法所被命名为市级现代化文明司法所，占全市司法所的54.5%，现代化文明司法所创建走在全省的前列。

【法治宣传】2017年，海口市司法局聚焦“双创”决胜攻坚、禁毒三年大会战、重点项目建设等中心工作，结合市民群众日益增长的法律需求，开展“我学法·我受益”“尊法学法守法用法”“12·4”全省法治宣传月等主题法治宣传教育活动。贯彻落实国家机关“谁执法谁普法”普法责任制，组建由法学专家学者、法官、检察官、知名律师等组成的海口市“七五”普法讲师团，参与全市各级理论中心组学习及“法治讲堂·律师以案释法”“法律宣讲进校园”等专题法治讲座、网络在线解答等各类普法宣传教育活动。拓宽法治宣传载体，利用LED显示屏、板报、墙报、宣传栏、标语等宣传设施宣传法律，同时积极探索利用微信、微博平台开展法治宣传，发挥传统媒体和现代媒体的作用，扩大法治宣传社会覆盖面和影响力。全年共开展“法治讲堂·律师以案释法”“法律宣讲进校园”“法治影视进村居”“琼剧普法”“趣味普法”“媒体普法”等各类普法宣传活动1600余场，发放法治资料120万余份，直接受益人群近百万人。深入推进法治城市、法治区和民主法治示范村（社区）等创建工作，完善创建标准，强化指导力度。推荐申报全国法治县市（区）1个，省级民主法治示范村（社区）3个。“我学法我受益”普法微视频荣获全国“我与宪法”优秀微视频作品征集展播活动优秀奖。

（邱海珊）

（编辑：姚　锐）

2017年12月3日，海口市司法局在明珠广场举办海南省暨海口市“12·4”国家宪法日法治宣传广场活动 （市司法局 供）

海口警备区

【警备区思想政治建设】2017年，海口警备区把学习贯彻党的十九大精神作为首要政治任务和头等大事，制定下发《学习宣传贯彻党的“十九大”精神方案》，集中组织观看大会盛况，警备区领导到基层一线和扶贫点开展巡回宣讲活动，组织党员到中共琼崖一大会址开展重温入党誓词活动，充分利用省军区“南海前哨”APP平台开展学习，兴起党的十九大精神学习宣讲热潮。组织开展“维护核心、听从指挥”主题教育活动和推进“两学一做”学习教育常态化制度化重大教育，区分5个层面，梳理35个需要解决的问题，配合11项推进措施，制定完善学习教育实施方案；先后组织2次授课辅导、5次集中学习和2次理论测试；结合部队调整改革进程，扎实开展“转职能、转作风、转工作方式”大讨论，进一步理清工作思路，激发工作干劲；充分发挥机关党支部主阵地作用，“三会一课”等组织生活制度得到较好落实。经常性思想政治工作不断深入。完成党委中心组带全区干部4个专题的理论学习，组织对习主席“7·26”讲话、沙场阅兵讲话、在庆祝建军90周年大会上的讲话，以及党的十九大精神等内容，进行深入学习领会，确保党的创新理论迅速进入思想、指导实践、推动工作。结合“两学一做”学习教育，深入学习贯彻军委主席负责制，自觉践行“三个维护”，从政治上把准部队建设方向。着眼加强党委班子建设，不断强化《党章》《党委工作条例》和民主集中制学习，各级党委班子凝聚力、战斗力都有较大提升。组织召开党委常委民主生活会，突出问题导向，深刻检查剖析，达到预期目的。自觉落实党风廉政建设“两个责任”，及时传达学习违规违纪案件通报，加强对住房管理、车辆动用、工程建设、兵役征集等方面的监督力度，进一步严明纪律规矩。

【警备区防风救灾工作】2017年，海口警备区根据海口市防风防汛特点，会同市防汛防风防旱指挥部，对三江农场、桂林洋经济开发区等重点地段进行现地勘察，组织召开防汛救灾联席会议，修改完善《驻海口地区军警部队参加防汛防风救灾行动方案》，规范《警备区防风防洪工作流程》，进一步提高防抗台风能力。先后18次参加省、市“三防”工作会议，做好第4号“塔拉斯”、第8号“桑卡”、第19号“杜苏芮”和第20号“卡努”等台风的防范工作，共出动民兵2455人次，协助转移群众5060人。

【兵役工作】2017年，海口警备区贯彻落实国防部征兵办和省征兵办指示精神，按照“精准筹划上水平、精准征集保质量、精准评估促落实”的思路，围绕“五率”工作要求，以征集高素质兵员为核心，周密部署，及早展开，扎实推进年度征兵工作，全市18周岁适龄男青年网上兵役登记，登记率99.46%；大学生征集比例58.19%，超额完成年度征集任务。

【警备区综合保障】2017年，海口警备区着眼正规管理秩序，加强安全防范，改善工作环境，加大基础设施建设投入，有效提升综合保障水平。对机关单身宿舍及部分公寓房进行改造配置，整修机关就餐食堂，改善营区环境；新建营区大门门禁系统，对营区防雷设施和水电线路进行检测检修，加强安全设施建设；对基地体育馆地板和功能房进行改造，更换基地水塔电缆，提升基地训练保障条件；完成营区各类安防系统建设，信息化安防能力得到进一步提升。

【驻市部队有偿服务关停工作】2017年，海口警备区先后6次召开党委会、推进会、对接会就有偿服务项目关停工作进行协调部署，推动区本级和龙华、琼山区人武部7个项目的关停工作。稳妥推进驻市部队有偿服务项目关停工作，协调成立领导小组和职能机构，建立停偿工作微信群，参与协调沟通12次，政策咨询23次，现场稳控3次，协调市政府相关职能部门和市中级人民法院，分别召开维稳工作座谈会和法律诉讼工作对接会，制定突发事件应急处置预案，确立重大案件跟踪督办机制，多元化解矛盾纠纷，确保停得住、停得稳。

【警备区扶贫攻坚工作】2017年，海口警备区持续抓好对扶贫点加美村的帮扶，在实现整村脱贫摘帽的基础上，重点帮助14户已经脱贫的家庭抓好巩固提升，以文昌市开展的“美丽乡村”建设为契机，先后5次到村里开展慰问帮建和现地调研，确立“大力发展扶贫产业、积极募集社会资金、有效加强组织建设、盯紧盯实精准帮扶”的抓建思路，努力把加美村打造成为全省脱贫攻坚的示范点。海南省评估考核中，被评为扶贫“A级”单位。

（王思纯）

武警海口市支队

【武警支队工作概况】2017年，武警海口市支队坚持以习近平新时代中国特色社会主义思想为统领，认真落实总部、总队党委思路要求，着眼“五个大考”新形势和稳中求进总基调，围绕迎接保卫学习贯彻党的十九大这条主线，突出听党指挥、举旗铸魂的要事，全力干好维稳的大事，持续抓好正风肃纪的难事，聚精会神抓基层、真抓实干促发展、全力以赴保稳定，部队建设呈现出持续进步、稳中向好的良好态势。

【武警支队思想政治建设】2017年，武警海口市支队坚持把深入学习习近平新时代中国特色社会主义思想作为政治工作的头等大事、首要的政治任务。以《习近平论强军兴军》“两个读本”为主要教材，采取通读、精读的办法，落实“五学机制”，不断提高理论学习效果，强化官兵“四个意识”。扎实开展“维护核心、听从指挥”主题教育和“两学一做”学习教育常态化、制度化，进一步增强官兵对党忠诚、无私奉献的高度自觉。参加总队第二届“强军杯”卫士动力足球比赛，荣获冠军；参加总队优秀“四会”（会搞思想调查和计划安排教育、会运用现代化教学手段备课讲课、会做思想工作、会进行心理教育疏导）政治教员评比竞赛，3人被表彰为十佳优秀“四会”政治教员。

【武警支队执勤处突】2017年，武警海口市支队扎实开展“学规范、查隐患、找问题、补漏洞”执勤安全教育整顿、执勤“三治”（执勤制度治粗、执勤隐患治漏、执勤能力治弱）和“两清六查”（清理规定外警卫目标和哨位、清理超范围用兵，查执勤领导、查执勤部署、查执勤制度、查执勤能力、查执勤设施、查执勤枪弹）活动，有效治理隐患278处，执勤目标安全系数不断提高。坚持“临时勤务固定建”，严密组织各类临时勤务。共担负省“两会”警卫、博鳌年会安保、重大敏感时期巡逻、冬休警卫、卫星发射外围警戒、高考试卷守卫、环岛自行车赛安保等临时勤务，成功处置执勤险情17起。

【武警支队综合保障】2017年，武警海口市支队深入贯彻“后勤变前勤”要求，坚持向中心聚焦、向基层倾斜、向难题开刀，着力增强服务效能，不断提升核心保障能力。组织开展第29个爱国卫生月活动，卫生队每季度赴基层开展医疗巡诊和健康讲座，全年共组织卫勤保障128人次。先后投入82万元用于训练场地建设、76万元用于战备库室建设和购买后勤装备器材、80余万元保障博鳌年会勤务和执勤设施维修维护，后勤保障效能明显提升。

【武警支队基层建设】2017年，武警海口市支队贯彻武警部队党委1号文件精神，落实精准抓建要求，坚持重心下移、力量下沉，加大对基层的帮建指导，部队建设水平稳步提升。组织《纲要》复训和干部骨干经常性工作培训，深入开展岗位大练兵活动，有效提高干部骨干带兵治队能力。贯彻依法从严治军要求，贯彻执行《正规化管理规定》，强力推进“六三八六”（“六三”是指正三相、纠三手、扣三扣、剪三长、系三带、振三响。“八六”是指每天至少利用八次集合机会完成六件事。八次集合包括：早操、两次操课、三次开饭、看新闻、晚点名。六件事是指：查人数、整军容、练军姿、学条令、唱军歌、练呼号）规范运行，部队秩序进一步正规，官兵素养明显提升。支队被武警部队表彰为“暑期百日安全竞赛活动优胜单位”，9个中队被总队评为基层建设先进单位。

（任毅衡）

海南省海警总队海警一支队

【海上综合执法】2017年，海警一支队共派遣舰艇438艘次，航时5460小时，航程4.17万海里，在西沙海域、琼州海峡、北部湾海域开展维权执法任务，共驱赶外籍渔船380艘，实施海上搜救4起。加强辖区治安管控，打击非法采砂、非法捕捞、走私、毒品等违法犯罪活动，大力清查“三无”（无船名船号、无船舶证书、无船籍港）船舶和违规出海作业人员。年内，破获刑事案件7宗，其中办理非法捕捞水产品案件3宗，查获走私案件1宗，查扣柴油82.93吨、涉案船舶4艘；办理行政案件40宗，行政处罚136人次，治安调解1宗，处置海上浮尸3具；破获“2016-996”部督毒品目标案件，抓获涉案人员17人，缴获冰毒9988.2克，缴获毒资12万余元。

【海警一支队队伍建设】2017年，海警一支队开展正规化工作调研和督导检查3次，修改完善安全规定及应急预案5项11个，制定措施28条。严格落实管理教育、形势分析、预防犯罪、检查排查等制度，强化兵员管控，抓好零散人员、接舰人员及重点人员管理，全面构建安全工作大格局。全年开展安全形势分析11次、安全隐患排查8次，派出联合督察96组次，消除各类隐患105个。设立陆勤、舰艇正规化试点，分3批次组织机关干部开展正规化集训，召开

12 次座谈交流会，梳理完善各类规章制度 56 项。坚持党委常委基层联系点和党委为基层办实事制度，着力解决官兵婚恋、考学等困难 8 项。加大重点敏感事项的监督力度，督办完成常委会、办公会、交班会议定或交办事项 143 项。定期分析基层建设形势、开展机关与基层“双向讲评”，分批安排 53 名机关干部下基层蹲舰住舱，指导、帮扶基层建设。

2017 年 7 月 24 日，海警一支队官兵到辖区码头帮助渔民进行防台风工作（吴意 摄）

【海警一支队综合服务保障】2017 年，海警一支队加强与驻地党委政府和职能部门的沟通协调，争取地方经费支持 560 多万元。在经费投向投量上向基层建设、中心任务倾斜，投入 4400 多万元，安排基层维持性经费 200 多万元，重大执勤及中心工作 750 余万元。不断修缮和更新各类营产营具设施，改善官兵生活条件，丰富官兵业务生活。投入 400 多万元，用于舰艇抢修和舰艇救生筏、固定灭火站安全检测及配备损管救生器材。加强舰船、车辆管理，年内开展主辅机等级保养 12 次，更换备品备件 500 多件，勤务用车 5300 多台次，安全行驶 18 万千米。创建海警“光荣 e 家”，建立完善干警官兵家庭数据库，在重大节日、安保等时机，支队党委成员带头看望在外执勤官兵家属、烈士遗属、困难官兵等 94 人次，解决官兵家属就医、子女入学、家庭矛盾等困难 31 件，帮助 6 名随军未就业家属进入地方保障服务中心。

【海警一支队警地共建和精准扶贫】2017 年，海警一支队主动加强与地方党政机关、企事业单位、学校等部门的共建交流，开展“警营开放日”“防灾减灾夏令营”“走访渔船民宣讲党的十九大精神”“警地青年联谊”等活动 20 余次，受邀承担海南大学、海口市一中、二十五小等重点学校的军训工作，增强国防教育的辐射面。为进一步推进精准扶贫工作，海警一支队指派专人担任大田村第一书记，专职对接扶贫工作落实，支队常委先后 12 次带领工作组协调东方市职能部门争取扶贫资金和项目建设，拨付扶贫专款 48 万元，完成 87 户危房改造，引导 126 户贫困村民实施集中连片冬季瓜菜种植项目，建成羊圈 50 间，种植象草 6.2 公顷，引入优质黑山羊 400 余头，以产业促进村民增收，使村民人均纯收入由原来不足 2000 元增长至 3000 多元，实现 109 户村民完成脱贫。

2017 年 3 月 2 日，海警一支队官兵到海口市第二十五小学开展学习雷锋精神宣讲活动（符伟潼 摄）

【海警一支队重大安保】2017 年，海警一支队先后派遣舰艇圆满完成博鳌亚洲论坛年会安保、党的十九大安保维稳、越南海警来访文化游活动、702 专项安保、西沙机制会议保障、“1658”安全警卫、端午节“洗龙水”等重大安保勤务。派遣舰艇赴西沙执行管控任务 90 次，较好地履行海警职责使命，维护国家海洋权益。

（林学涛）

海口市公安消防支队

【基本概况】2017年，海口市公安消防支队围绕“两个稳定”（社会面火灾防控形势稳定和部队管理形势稳定）和“两个满意”（官兵满意的领导班子和人民满意的消防队伍）目标，圆满完成了党的十九大、省第七次党代会和欢乐节等重大活动消防安全保卫，成功处置了“3·5”琼山区金花村民宅火灾、“3·7”龙华区世贸雅苑火灾等灭火救援任务，全市社会面火灾防控和部队管理形势持续向好。支队参加全省消防部队第十二届实战化练兵比武竞赛，获第一名。

【部队管理】2017年，海口市公安消防支队坚持规范抓建、精细管理，狠抓安全防事故工作，加强对队伍安全稳定工作的分析，在执勤训练和日常工作中深入排查部队不稳定因素，查找并消除事故苗头，杜绝各类违法违纪行为和事故案件的发生，确保部队高度稳定。扎实开展“条令条例月”活动，组织官兵深入学习条令条例，强化日常作风养成。坚持从严治警，采取定期督察与不定期督察相结合、专项督察与日常督察相结合、部门督察与多部门联合督察相结合的方式，加强重点单位、重点时期和重点人员的监督管理，有效地弥补管理漏洞，确保“四个秩序”（生活秩序、工作秩序、训练秩序和执勤秩序）正规。

【消防体系与安全环境建设】2017年，海口市政府印发实施《海口市“十三五”消防事业发展规划(2016—2020)》。支队配合市交通管理部门对《海口市电动自行车管理办法》进行修订，增加电动车停放与充电安全规范要求，为预防电动车火灾提供规范标准和法律依据；全面清查1990—2017年的文件 24771份，废止文件9份，拟修订文件4份；配合教育、商务等职能部门对《海口市中小学生托管机构管理暂行办法》《关于促进民宿旅游发展的决定》和《人员密集场所消防安全管理》等22份部门规章、规范性文件和消防标准规范进行修订，共提出修改意见54条，不断健全全市消防法律法规；制定出台《海口市公安消防支队“红黑名单”发布与奖惩规定》，将消防行政处罚、行政许可等信息内容录入诚信海口信息平台，对单位和个人消防安全违法行为进行社会监督和制约，督促遵守消防法律法规。

【社会消防管理】2017年，海口市公安消防支队制定消防行政审批受理容错机制、简化消防行政审批受理程序、落实消防工作“一线工作法”等12项便民利民措施。将消防设计审核、验收、消防设计备案和竣工验收消防备案由法定时限20个工作日缩减为12个工作日，将开业前消防安全检查由法定时限10个工作日缩减为7个工作日。先后组织技术小组提供预审、联审及预验服务272次，预约技术指导189次，各类业务咨询2500多次，验收项目现场指导整改火灾隐患1900余处，为海口塔、西海岸王府井、长影环球100等97家企业纠正违反技术规范4000余处，节约投资约3亿元。全年共受理各类行政许可、备案项目1466件，办结1402件，其中提前办结638件，占总办结量的45.5%。

【火灾防控】2017年，海口市公安消防支队按照“政府统一领导，部门依法监管”的原则，充分发挥市消防安全委员会的科学专业优势，完善联合检查执法、信息函告等工作制度，实现齐抓共管、群防群治。市民政、住建、商务、卫生、教育、文体等20多个职能部门先后开展高层建筑和大型城市综合体、社会福利机构、易燃易爆场所、学校及群租楼等10项专项整治行动，对全市50座大型城市综合体、1724栋高层建筑、45家社会福利机构、165家劳动密集型企业、147处易燃易爆场所、1086家学校、10416栋群租楼进行全面的排查整治；同时，市公安消防支队联合相关职能部门分类、分批对全市1040家消防安全重点单位责任人、管理人进行集中约谈，全方位督促社会单位

2017年3月7日，海口市公安消防支队扑救世贸雅苑电缆井火灾

（市公安消防支队 供）

海口市公安消防支队消防队员对消防设施进行维护。摄于2017年3月16日

（市公安消防支队　供）

落实消防安全主体责任。全市消防部门共检查单位1.5万家，督促整改火灾隐患和违法行为2.08万处，下发责令整改通知书1.16万份，临时查封151家，责令“三停”（停产、停业、停止施工）78家，罚款565.06万元，拘留16人。

【灭火救援】2017年，海口市公安消防支队共接处警1176起，其中火灾356起，火灾造成死亡7人，受伤12人，直接经济损失794.47万元；出动消防车2548辆次、警力12797人次，抢救被困人员639人，疏散被困人员1250人，抢救财产价值2.35亿元。

【消防装备及基础设施建设】2017年，海口市公安消防支队按照《2017年消防工作目标责任书》的要求，支队所属海甸消防站年底完成建设并投入使用；观澜湖特勤消防站完成项目建设用地的土地征收、“三通一平”（水通、电通、道路通和场地平整）等工作。提请市政府将小型消防站纳入棚户区改造项目同规划、同建设，确定年内新增红旗镇、大英社区和日月广场3个政府专职站。完成招聘消防文员18名、政府专职队员61名，消防车辆和器材装备待营房交付后同步配发，“灭早打小”（灭早期、打小火，意指将火灾消灭在初起阶段）的灭火应急救援体系逐步形成。全年共投入1.02亿元采购车辆器材装备。其中，投入5980万元采购14辆消防车；投入224.5万元采购170吨灭火药剂；投入3705.47万元采购器材装备14522件（套）。

【消防设施建设和维护】2017年，海口市公安消防支队协同市水务部门对全市3049个市政消火栓和11处天然水源取水点进行全面排查，登记在册，并建立常态化维护保养机制。年内，新增市政消火栓429个，维修和更换消火栓328个。

【消防执勤训练】2017年，海口市公安消防支队结合海口市火灾形势和应急救援特点，以大型综合体、高层建筑和人员密集场所为重点，组织所有执勤中队和政府（企业）专职消防队及部分微型消防站进行全时段、全要素演练。先后组织支队级灭火救援实战演练9次、夜间无预案拉动演练4次和应急通信保障拉动演练2次；各大、中队按照每周3次熟悉2次演练的工作要求，先后完成百方广场、明光国际、希尔顿酒店和日月广场等重点场所“六熟悉”（熟悉责任区内交通道路、水源情况，熟悉责任区内重点单位的分类、数量及分布情况，熟悉责任区内主要灾害事故处置的对策及其基本程序，熟悉责任区内重点单位建筑物使用及重点部位情况，熟悉重点单位内部的消防设施情况，熟悉重点单位的消防组织及其灭火救援任务分工情况）1650次，实战演练1120次，制定、更新“六熟悉”卡片605份，修订灭火救援预案124份。在2017年省消防总队组织的第十二届实战化练兵比武竞赛中，支队龙华

2017年7月28日，海口市公安消防支队在百方大厦进行消防演练

（市公安消防支队　供）

大队、特勤大队分别获得总分第一、第三名的优异成绩，其中5个大队参赛队在9个比武竞赛科目，先后摘取了6个项目第一名、3个项目第二名、6个项目第三名。

【“119”服务】2017年，海口市公安消防支队“119”指挥中心推进“互联网+”背景下的消防服务创新，进一步做强海口消防网平台和支队官方微博、微信，拓展消防宣传和为民办实事新渠道，使消防服务从传统阵地向网络媒介延伸。同时，立足消防警力实际，规范力量编成和等级调派。制定《灭火救援力量编成等级调度规定》，严格落实等级力量编成调度规定，针对不同类型灾害事故特点规律，科学划定灾情分级，明确响应机制，实现定性定量、准确调度。

【消防宣传】2017年，海口市公安消防支队拍摄制作《电动车火灾警示片》《高层建筑火灾警示片》《血浓于火微电影》在科普教育展馆和万绿园、假日海滩等人流聚集的景区景点开展集中宣传。联合市文体局在影视院线播放影片前放映消防安全宣传短片，与海口电视台联合创办《火线消防》栏目，制作“高层建筑火灾逃生”“消防灭火救援实战演练”等4期节目在电视台播放，在市内重点路段显要位置的4块LED户外广告立柱上循环播放，并同步在全市3000余辆出租车和公交车的LED广告牌播放消防安全提示信息，不断提升消防宣传的覆盖率。联合市人社局将消防安全列为公务员初任培训、任职培训和提升能力培训必修课，纳入公务员培训学分制管理并形成常态化机制。同时，突出抓好重点单位消防安全责任人、管理人、消防专兼职人员、消防控制室操作人员和保安等“五类人员”培训，确保人人达到懂本单位（场所）火灾危险性、会报警、会灭火、会逃生的标准。全年共培训“五类人员”1.14万人，组织各类培训300余次，60余万人受到教育。

（吴健宇　张运强）

武警海口边防支队

【海口边防支队工作概况】2017年，武警海口边防支队围绕确保边防辖区和部队内部安全稳定的总目标，团结奋战，顽强拼搏，边防主业和部队建设均取得突破性进展，实现“两个稳定”。支队党委连续4年被总队评为“先进支队级党委”；年内共获公安部荣誉1人次、获部局、省委省政府荣誉7人次，获总队、市政府荣誉22人次，12人荣立三等功。

【海口边防支队党委班子建设】2017年，武警海口边防支队党委坚持以民主集中制专题教育活动为抓手，在提升支队党委和基层党组织能力水平上做真功，组织党委中心组学习13次，安排各常委下基层调研、督导80余次，对各大队党委、支部正副书记进行全员培训，坚持每月调阅党支部会议记录，定期开展正副书记谈心、党务技能实操训练等活动，在部局网、总队网刊发党建经验快讯11篇，撰写理论文章15篇，各级班子的责任意识、规范意识和理论水平进一步提升。同时着力打造“党建朋友圈”这一亮丽名片，支队各基层边防派出所和辖区村（社区）党（总）支部进行结对共建，还与海南大学师生事务保障中心党委、华侨商业学校党委签署联创联建协议书，建立会议联席、组织联建、党课联上、党日联动“四联”制度，其经验做法被部局网刊发。年内，1个大队被部局评为基层建设先进大队级单位，1个派出所被部局评为基层建设标兵单位，1人被部局评为基层建设标兵个人。2个支部被总队评为“先进党支部”；8名同志被总队评为“优秀党务工作者”和“优秀共产党员”。

【海口边防支队思想政治工作】2017年，武警海口边防支队坚持向强警目标聚焦用力，以两项重大教育活动为统揽，不断创新举措，扎实锤炼官兵忠诚品格，始终把“两学一做”学习教育摆在首位，全面贯彻落实学习贯彻习总书记“四句话、十六字”总要求，支队党委每月召开党委理论中心组学习会，各支部严格落实“三会一课”制度，支队党委正、副书记均带头为官兵授课，各基层正、副书记共开展授课交流活动12次。特别是着力抓好党的十九大精神的学习宣传贯彻，第一时间收听收看，第一时间召开专题会议进行动员部署，组织全体官兵开展报告原文重读、大会精神重学、入党誓词重温、知识要点常记、心得体会常交、精神指示常宣等“三重三常”活动，确保“十九大”精神内化于心、外化于行。同时进一步深化“维护核心、听从指挥”主题教育，开展观看红色影片、参观红色教育基地、八一升旗仪式等活动，引导官兵自觉传承红色基因、切实增强“四个意识”，在总队“维护核心、听从指挥”主题教育暨纪念建军90周年歌咏比赛中取得第一名。

【海口边防支队服务中心工作】2017年，武警海口边防支队以禁毒三年大会战和集中打击盗抢骗等专项行动为抓手，聚力于打团伙、破大案。共破获刑事案件250宗，破案总量居全总队第一，查处行政案件1102起，抓获各类违法犯罪嫌疑人1392人，打掉团伙9个，收缴各类枪支21支，子弹296发，废弃炮弹12枚。聚力于堵源截流、打赢禁毒人民战争。共侦破贩毒案114起，抓获吸贩毒人员506人，捣毁涉毒制枪窝点2个，缴获各类毒品28.15千克，先后侦破“2017-7”“2017-372”和“2017-64”部省级堵源截流毒品目标案件。红岛所被总队、市禁毒委评为禁毒三年大会战先进单位，3人被省市禁毒委评为禁毒三年大会战先进个人。同时，还与海口渔政、海事、海警等职能部门建立联合执法长效机制。共查获违规运输入岛牛羊等活体动物1.6万只，涉案价值300余万元，查处违规

2017 年 3 月 31 日，武警海口边防支队开展“共建平安边防辖区”主题爱民活动，与群众一起张贴法律宣传资料，向辖区群众宣讲法律知识 （代龙超 摄）

船舶案件 444 起，处罚渔船民 356 人，查处数位列总队第一。零差错完成“两会”、博鳌亚洲论坛年会、冬季警卫、“十九大”安保等 100 余项安保任务。出色完成海安琼粤联合执勤任务，查获各类案件 30 起，缴获毒品 346.8克。

【海口边防支队爱民固边工作】 2017 年，武警海口边防支队深入推进“平安海南”建设，开展“共建平安边防辖区”主题爱民活动，开展“送法进乡村”“安全防范上渔船”等便民利民服务活动。同时，规范窗口服务，推行“笑容美一点、耐心多一点、语气缓一点、动作快一点”“四点”窗口服务法，群众满意度大幅提升。2 个派出所和 1 个警务室被评为海口市“文明服务窗口”，3 人被评为海口市“文明服务标兵”，1 人被秀英区政府评为“十佳政法人物”。与琼山区群壁村结成扶贫共建对子，为村民种植价值 3 万余元的椰子树，送去价值 2 万余元的生活用品；协调相关单位筹集资金 130 万元为村民修村路、打水井，极大改善群众的生产生活条件。特别是新海所所长王剑波发动爱心人士 426 人，捐款 19.66 万元帮助 19 名贫困大学生入学，被评为全国优秀人民警察，获得第二十三届“海南青年五四奖章”。

2017 年 5 月 4 日上午，海口边防支队新海边防派出所所长王剑波获得“海南青年五四奖章”，在共青团海南省委召开的海南省各界青年学习省第七次党代会精神暨先进团员青年（集体）表彰座谈会上，受到海南省委书记刘赐贵（右一）、省委副书记李军（右二）的接见 （海口边防支队 供）

【海口边防支队后勤保障】 2017 年，武警海口边防支队加强与市委市政府、财政局等部门沟通协调，争取地方经费，将 4 个新建工程纳入代建制和 PPP 项目建设。着力破解基建短板，为东营所新址征地 0.47 公顷，为博南湾所重新选址 0.56 公顷。协调万绿园管理处建设 130 余平方米警务室，完成红岛所营房搬迁，三江、新海所营房改造工作，有效推进塔市、西海岸、桂林洋所警务服务厅建设。着力完善后勤管理机制，出台支队《接待审批规定》《差旅费管理规定》《集中采购管理规定》等 5 类规章制度。着力推进全面停止对外有偿服务工作，停止 8 个空余房地产租赁项目。

（李泊宏）

（编辑：张纯龙）

城乡建设与管理

城乡规划

【城乡规划概况】2017年11月3日，海口市规划局更名为海口市规划委员会。年内，市规划委以“多规合一”为引领，进一步完善规划编制体系，做好专项规划及片区控规的编制和修编工作，构建“一江两‘岸’、东西双港驱动、南北协调发展”城市新格局；进一步推进审批制度改革，加大审批服务力度，全年共完成建筑类项目批建面积952.57万平方米，针对重点项目采用即到即办、主动上门跟踪服务、承诺制等方式给予及时办结；高起点高标准完成棚改项目、市政项目的审查、审批工作；强化地方性法规、政府规章和规范性文件建设，完成《海口市城乡规划条例》《海口市城市管理技术规定》的修订工作。

【总规修编】2017年，海口市规划委委托中国城市规划设计研究院开展城市总体规划实施评估工作，形成总体规划实施评估报告成果。7月17日，海口市报请省政府启动总规修编，同时开展前期准备工作，制定《海口市城市总体规划修编工作实施方案》，开展现场踏勘、座谈调研、资料收集等基础性工作，提出总规修编思路。

【控规编制】2017年，海口市规划委结合海口市“多规合一”“一张蓝图”成果，对全市主城区内27个片区控制性详细规划进行梳理，开展控规编制和调整工作。其中，新海港片完善综合规划和综合交通枢纽设计方案；金牛岭、长秀片控规和西海岸人工岛控规编制完成，拟报市政府审批；如意岛控规和火山群公园控规（核心区）通过专家评审；金沙湾控规（调整）、江东组团控规（修改）和新埠岛控规（修改）正在编制中。

【专项规划】2017年，海口市规划委继续开展专项规划编制工作。(1)交通类专项规划：《2016年海口市交通状况年度报告》形成初步成果并组织专家评审；《海口市综合交通枢纽体系研究》上报市政府审批；《海口市主城区立体人行过街设施规划》正进一步修改完善、《海口市“十三五”期间道路交通基础设施建设规划》再次呈报市政府审定，《海口市公共停车场专项规划(2016—2030)》编制完成并报市政府审批；《海口市海绵城市专项规划》和《海口市海绵城市规划设计技术导则》通过专家评审和社会公示。(2)历史文化保护类专项规划：《海口府城传统建筑历史文化街区保护规划》通过专家评审，正修改完善。(3)其他专项规划：《地下综合管廊专项规划》于6月经市政府批复实施；《消防专项规划》编制完成，拟提交规委会审议；《市美食街近期建设布点方案》《海口市重点地段公共停车近期实施方案》《海口市汽车修理厂专项整治方案》编制完成并报市政府审定；启动《滨江滨海专项规划》，形成中期成果。

【镇村规划建设】(1)镇墟改造。2017年，海口市规划委全面启动18个镇墟改造项目，以引入、培育产业，解决群众生产生活的市政基础设施和公共服务设施为重点，年底正加快立面改造工程收尾工作。(2)美丽乡村建设。按照省市工作安排，2017年完成142个美丽乡村（行政村）规划编制工作，建成71个美丽乡村（行政村）。龙华区新坡镇仁里村和秀英区石山镇建新村分别被评为2017年全国美丽乡村示范村和2017年全国环境整治示范村，30个村庄被评为海南省星级美丽乡村，其中五星级2个，三星级14个，一星级14个。(3)农村宅基地建房规划报建。指导各区、桂林洋开发区依据《海口市农村宅基地建房管理办法》开展农宅报建工作，组织编制《海口乡村特色民居建筑方案图集》（第二册），更好地指导海口乡村居民建房，打造具有海口地方特色的乡村民居。(4)传统村落保护与发展规划建设。上报第五批传统村落共11个村庄，完成50个传统村落的信息录入工作。其中三卿村、冯塘村等13个村庄入选中国传统村落名录。

【“多规合一”】2017年，海口市继续开展“多规合一”相关工作。(1)成立海口市规划委员会。根据海南省域“多规合一”改革试点相关部署，参照省规委会《关于市县规划委员会主要职责的指导意见》，制定《海口市规划委员会主要职责、内设机构和人员编制规定》《海口市规划委员会规

一星级美丽乡村——冯塘村　　（秀英区政府办 供）

合规划》完成港区布局方案、交通规划及集疏散组织方式，片区产业发展研究与城市设计方案，达到控制性详细规划深度的功能及用地布局方案。其中交通专项规划总体方案已通过专家评审，其余设计方案正按专题会意见修改完善。

【控规动态维护】 2017年，海口市规划委组织召开建设项目专家评审会17项、咨询会5项、控规修改专家论证会13项。按专家论证、社会公示、上报审批的法定程序修改海甸岛片区、核心滨海区、府城片区等43项已批控规的动态维护工作。

【规划审批服务】 2017年，海口市规划委共核发《建设项目规划选址意见书》128宗，用地面积760.78公顷；核发《建设用地规划许可证》97宗，用地面积1201.34公顷；核发建筑类《建设工程规划许可证》155宗，建筑面积地上745.09万平方米，地下207.48万平方米；核发市政类《建设工程规划许可证》195宗，道路管线总长度约为453.78千米。

划督察局（原海口市规划编制审查办公室）机构编制方案》《海口市规划委员会各规划局（原海口市规划局各分局）机构编制方案》等多项具体的文件。11月3日，成立海口市规划委员会。⑵搭建“多规合一”综合信息平台。该平台2016年7月启动，至2017年完成平台搭建、部署应用及各成员单位系统操作培训工作，12月底完成总体验收。实现信息数据共享，解决各部门业务尢法与地方政务平台互通的问题，实现“图文一体化”空间项目审批机制。

【城市设计】 2017年7月12日，住建部公布第二批城市设计试点城市名单，海口名列其中。市规划委按照城市设计试点管理体制、工作机制、城市设计体系、重点地段城市设计的工作要求，制定《海口市城市设计试点城市工作方案》，明确工作要求、思路、任务、进度安排及保障措施。9月12日、10月6日，由市分管副市长带队，组织两批人员到新加坡学习城市规划管理先进做法，听取关于城市设计的经验介绍。海口市于2015年7月启动《海口市总体城市设计》编制，市委、市政府多次听取城市总体设计思路、方案成果汇报，多次征求相关职能部门意见，结合省第七次党代会精神进行修改完善，2017年按程序完成规划公示，并于11月上报市政府审批。2017年下半年，先后完成美舍河、南渡江、海甸溪两岸的城市设计招标工作，与中规院签订设计合同，并形成初步成果。

【《海口市滨江滨海专项规划》编制】 2017年7月，海口市规划委按照市委市政府工作部署，委托中国规划院开展《海口市滨江滨海地区专项规划》编制工作。海口市滨江滨海区域呈T型格局，沿海岸线向陆地约1～3千米，沿南渡江两岸各约1～2千米，占地面积约578平方千米。年内，《海口市滨江滨海专项规划》（中期方案）经多轮研讨，拟报市政府审定。

【《新海港片区综合规划》编制】 2017年初，海口市规划局组织开展新海港片区概念规划国际竞赛工作，并报市委专题会议确定竞赛优胜方案。4月后，市规划局委托中国规划院开展《新海港临港生态新城综合规划》编制工作。按照“一枢纽，三中心，两地”的规划定位，市政府先后17次召开专题会议研究编制问题，市规划局先后6次组织召开协调会、内审查会议，邀请相关职能部门以及各有关设计单位共同讨论研究规划编制问题。年底，《新海港临港生态新城综

【重点项目规划审批服务】 2017年，海口市规划委针对重点项目均采用即到即办、主动上门跟踪服务、市政审批、承诺制等方式即时给予办结。⑴配合加快重点项目审批工作。市民游客中心、美兰机场二期扩建工程机场信息楼等配套项目等数十宗重点项目核发建设工程规划许可证；对省委党校新校区、省卫计委等7个重点医疗项目等89宗省市重点、“双创”项目出具规划选址意见或规划条件。⑵继续做好市政项目审批工作。核发疏港货运快速干道工程项目以及新琼片区、下洋瓦灶片区、五源河片区等11个棚户区道路及市政管网的建设工程规划许可证；以大英山片区和龙昆路沿线为切入点提出近期缓堵计划，打通断头路，完善国兴大道及龙昆路两侧道路网络。⑶高起点高标准建设棚改项目。完成红城湖片区等4个棚改片区的策划方案规

划修改工作，推进龙岐片区等5个片区的规划修改和审查工作。全年完成棚改项目方案预审共12宗，方案审核通知书发证面积为地上133.15万平方米，地下26.74万平方米。

【规划批后管理】2017年，海口市规划委严格执行规划批后管理制度，从放线核验、±0.0验线、主体工程封顶核验、竣工规划核实等4个环节对建设项目进行规划监督管理，确保建设项目按批准的规划实施。共办理建设项目竣工规划核实196宗，竣工规划核实面积地上874.79万平方米，地下218.3万平方米。

【规划制度建设】2017年，海口市规划委强化地方性法规、政府规章和规范性文件建设。启动《海口市城乡规划条例》修改程序，于10月底报至市政府；开展《海口市农村宅基地建房管理办法》修订工作，形成该办法修订稿草案；为解决主城区停车难问题，牵头制定《海口市停车场建设和管理规定》并上报市政府审批；为强化城市管理、规范设计标准，《海口市城市管理技术规定》经过多次征求意见和修改，正申报市法制局备案；《海口市地下综合管线管理办法（草案）》按照2017年立法计划于9月22日报送市政府。同时开展《海口市城市基础设施配套费管理办法》等7件规范性文件的修改工作。

（陈　晨）

市政建设

【市政建设概况】2017年，海口市城市道路建设投资59.7亿元，累计完成管廊项目投资26.2亿元。成立道路建设统筹协调工作小组，负责统筹编排年度市政道桥工程建设计划，协调项目加快推进，督促相关建设单位优化施工组织方案等措施的落实。年内，城市道路建设有琼山大道、江东大道二期、椰海大道C段等项目，管廊开工建设项目有新海中路、长椰路（原规划一路）、盐灶路等11项。

【琼山大道北段】位于海口江东片区，南起琼山大道与白驹大道交叉口，北至东海岸皇冠大酒店，道路全长5028米，规划红线宽度60米。工程主要内容包括：道路工程、桥涵工程、排水工程、照明工程、交通工程、绿化工程及附属工程等。项目概算总投资3.76亿元，其中建安费3.28亿元。2017年底全线贯通。

【大英山片区路网】海口市大英山片区路网项目共16个，其中大部分项目在2016年开工。至2017年底，环湖路、南宝南路延长线、省府北路西段、国兴大道道路交通优化工程、大英一路、大英二路、大英四街西段、大英四街东段、大英五街、道客路10条道路实现通车（其中6条道路局部通车）；省府北路东段、大英八路、五指山南路南段3个项目正在施工。大英山片区路网的建设，可改善海秀快速路出口及大英山片区路网交通拥堵问题。

【江东大道二期】西起海口江东大道一期，向东与铺前跨海大桥引道相接，道路设计总长15.96千米，道路红线宽40米。主要建设内容包括道路工程、桥梁工程、涵洞工程、排水工程、交通及照明工程等，全线共设4座桥梁，18座排水涵洞，其中箱涵15座，圆管涵3道。概算批复总投资14.57亿元。2015年12月31日开工建设，至2017年底项目完成投资8.31亿元。

【椰海大道延长线】位于海口市美兰区灵山镇，南起琼山大道，北至白驹大道，全长2744米，道路红线宽分别为60米和32米（长度各约一半），总投资2.12亿元，其中建安费1.81亿元。2017年5月开工，至年底，完成椰海大道与琼山大道交叉口改造工程、1000米道路工程及排水工程、桥涵工程全部桩基础及规划二桥和规划三桥部分下部结构施工、K1+260—K1+560段特殊路基处理和圆管涵一座、箱涵一座等。

【地下综合管廊建设】截至2017年底，海口市管廊项目累计完成投资43.28亿元，其中2017年完成投资26.2亿元；建成管廊廊体33.65千

2016年3月开工、2017年1月贯通的市政道路环湖路，南起红城湖路，西接规划大英山西二路，长1672米，宽20米

（市城建集团　供）

米，其中2017年完成长秀大道东段、经一路北段、江东大道二期、长滨路南延线、海涛东路等管廊项目的廊体施工。其中，江东大道二期长3171米，管廊舱数为双舱，总投资3.04亿元，年内完成入廊管线种类为给水、中水、信息、10千伏电力等；海涛东路长834米，其中340米管廊为单舱，494米管廊为双舱，总投资5760万元，年内完成入廊管线种类为给水、中水、信息、10千伏电力等。年内，海口市出台入廊收费指导意见，并逐步建立有偿使用收费机制，结合管线需求，有管线入廊段8条38.6千米，入廊管线包括燃气、污水、供水、电力和通信5大类。其中，燃气管道入廊3.2千米，通信管线入廊12.32千米，供水管线入廊11.3千米，电力管线入廊11.3千米，污水管线入廊0.487千米。在全国试点城市中，海口市率先实现第一条天翔路管廊燃气管线入廊。在2016年度和2017年度住建部、财政部绩效考核中，海口市地下综合管廊建设均进入优秀档，全年接待全国各地观摩学习团50批次。

【全国首创“双层四舱”管廊设计】2017年，为解决施工作业面不足以及满足沿线管线的需求，在建的椰海大道地下综合管廊工程采用中央绿化带设计“双层四舱断面”，该项设计系全国首个“双层四舱”管廊。椰海大道地下综合管廊是海口在建管廊中交通疏导难度最大、地质条件最复杂、地下管线最多、开挖深度最深、工期最紧的一段管廊，施工方设置双层四舱，分别是综合舱、燃气舱、高压舱、电力舱，最高有3.7米。

（王　健）

【滨海大道两个过街通道建成开放】2017年8月3日，海口市滨海大道长怡路和假日海滩两处过街通道正式开放通行。长怡路通道位于滨海大道与长怡路交叉口东侧，主通道长89.55米，宽18.5米，地面设置4个出入口，总投资4780万元。假日海滩通道位于滨海大道假日海滩大门入口与长彤路之间，主通道长68.6米，宽20米，总投资额6511.4万元；2016年10月8日进行主体施工，12月23日完成通道主体并恢复滨海大道通车，2017年6月30日完工。是优化西海岸带状公园外部交通线路的重要设施；通道内部配置商业铺面，是海口市首个具备商业经营功能的地下过街通道。

（杜惠珍）

【市政项目房屋征收】2017年，海口市房屋征收局完成美舍河水环境综合治理工程、凤翔公园、博爱街道三角池片区、海秀公园项目秀英沟段等34个市政项目房屋征收补偿安置概算审核，共审定征收补偿安置经费11.56亿元，核减征收补偿安置经费1.31亿元，项目涉及征收的土地面积11.6公顷（不含集体土地），房屋面积31万平方米。

（蔡树虹）

2017年10月1日，全国首台U型盾构机首发投入海口管廊项目使用

（市住建局　供）

棚户区（城中村）改造

【棚户区改造概况】2017年，海口市继续推进2016年续建项目，至年底，实际完成城市棚户区改造23386户，占省政府下达给海口市2017年城市棚户区改造任务目标（19194户）的121.8%。

【棚改项目年度计划】2017年，海口市根据省政府下达的年度城市棚户区改造任务目标、《海口市2015—2017年城市棚户区（城中村）改造规划》以及各区政府提出的棚改建议，结合海口市工作部署，年度计划启动棚户区（城中村）改造项目7个，分别是五源河片区、凤翔片区（丁村）、椰海大道商圈片区、博义盐灶八灶二期、迈瀛片区、凤翔商贸城片区、灵山镇墟片区，总面积390.57公顷，涉及约13046户43480人。

【五源河片区（一期）博抚村棚改项目】项目位于海口市海秀快速路与长滨路交叉口东侧，棚改范围100.73公顷，包括五源河片区博抚村及长滨路西侧的博抚村现状房屋和海鲜城，涉及征收土地面积24.89公顷，房屋面积33.56万平方米，涉及1073户2747人。2017年项目概算获批复，10月26日正式发布征收决定公告。

【凤翔片区（丁村）棚改项目】项目位于海口火车东站以东、凤翔东路以南、美舍河西侧、椰海大道两侧，棚改范围51.2公顷，涉及2108户5278人。至2017年底，完成征收调查工作，正在开展房屋建成时间调查登记、土地及房屋权属复核确认及违法建筑认定工作。

【椰海大道商圈片区棚改项目】 项目位于海口市椰海大道以南、南渡江大道以北、迎宾大道以西区域，棚改范围83.33公顷，涉及650户1607人。2017年底，龙华区政府正在进行入户调查摸底工作，完成该项目拆迁服务单位、测绘单位的招投标工作，明确项目初步征收范围内的土地权属确认图、已征收地块示意图、户籍人口信息、经营者信息等资料，指挥部组织架构基本组建完毕，人员配备初步到位，并召开棚改征收工作部署动员大会。

【博义盐灶八灶二期棚改项目】 项目位于海口市主城区内，西邻龙昆北路，东接龙华路，南邻玉河路，北近城市主干道滨海大道。棚改范围4.2公顷，涉征613户2278人。至2017年12月，龙华区房屋征收局、滨海街道办与博义盐灶八灶指挥部组成的调查小组已对拟征收范围每个被征收户进行摸底调查。道路征收范围待市政府职能部门对道路管廊设计调整完成后，再根据规划设计重新划定征收范围上报市棚改办审批。

【迈瀛片区棚改项目】 项目位于海口凤翔公园东西翼、凤翔东路以南、高登路以西、椰海大道以北，棚改范围70.13公顷，涉及3469户10328人。至2017年底，项目概算获批复。

【凤翔商贸城片区棚改项目】 项目位于凤翔公园以南、南渡江大道以北、美舍河以东片区，棚改范围103.27公顷，涉及1719户1.10万人。至2017年底，琼山区政府已完成征收区域内的民生调查基础性工作，初步完成征收区域内土地性质区分，正在进行征收范围的边界走界、放点工作。

【灵山镇墟片区棚改项目】 项目为美兰区2013年棚改项目，2015年完成灵山一期项目征收工作，并在2016年开展灵山二期的前期摸底调查工作，棚改范围54.8公顷，涉及3414户10242人。2017年，项目概算获批复，11月18日发布征收决定公告，启动镇墟片区征收工作。美兰区抽调工作组继续进村入户开展调查动员和签约工作。

【回迁商品房建设】 海口市2015—2016年启动的14个棚改项目中，有回迁需求的项目有10个，分别是新海、博义盐灶八灶、面前坡、坡博坡巷、红城湖、夏瑶二期、下洋瓦灶、龙岐、白沙坊、新琼。2017年，海口市继续推进2016年底完成土地出让的新海、博义盐灶八灶（大部分）、红城湖（一期）、白沙坊（一期）、下洋瓦灶（一期）、新琼（一期）6个项目。年底，新海、白沙坊回迁房项目完成规划许可，正在办理施工许可证，现场施工桩基工程基本完成。博义盐灶八灶B-06、B-09地块、红城湖、新琼、下洋瓦灶回迁商品房项目取得施工许可证，其中博义盐灶八灶B-06、B-09地块楼体即将封顶。红城湖项目板房搭建11栋，围墙及大门搭建完毕。下洋瓦灶项目完成临建施工、工程桩施工、基坑支护施工。尚未出让土地的回迁房项目均完成回迁房选址，确定回迁房设计单位并开展回迁商品房建筑方案设计。年底，面前坡（两宗地）、白沙坊（二期）、新琼（二期）、龙岐村回迁商品房建筑设计方案通过规划审批，其余项目回迁房建设方案均已报送市规划委审查。

【棚改项目房屋征收】 2017年，海口市房屋征收局对6个棚改项目进行房屋征收。（1）面前坡村棚改项目征收，范围四至为：东至龙昆南路、南至昌茂花园小区、西至南沙路、北至海秀快速路；项目位于龙昆南路西侧、海口市CBD核心区西部延伸线南侧、金牛岭公园与红城湖公园1千米服务半径范围内；规划总面积29.83公顷，涉及征收房屋面积64万平方米。年底，累计签订征收补偿协议户数4474户。（2）坡博坡巷村项目征收，范围四至为：东至龙昆南路、南至南海大道、西至南沙路及豪苑路、北至现代花园小区；项目位于海口南站北侧，规划范围100.90公顷，涉及征收土地面积71.50公顷，征收房屋面积178万平方米。年底，累计签订征收补偿协议户数5652户。（3）红城湖片区棚户区（城中村）改造项目，位于琼山区国兴街道、府城街道，东起海府路，西至龙昆南路，北起国兴大道，南至红城湖路。征收土地面积64.17公顷，涉及到道客社区、北官社区、米铺社区和塔光农工贸公司，征收房屋面积125.28万平方米。年底，累计签订征收补偿协议户数8863户。（4）夏瑶二期项目征收，范围四至为：东起美舍河西岸，西至海府路，南临海南省林业机械厂，北接夏瑶一期项目南端界线的围合区域（以规划红线为准）；项目位于琼山区国兴街道办事处辖区下洋新村；涉及征收土地面积3.34公顷，房屋面积6.66万平方米，居民276户。年底，累计签订征收补偿协议户数145户。（5）新琼片区棚户区改造项目征收，范围四至为：东至琼山大道，南至规划路，西至南渡江防潮堤，北至规划路围合区域（以规划红线范围为准）；规划改造范围共43.29公顷，涉征建筑面积41.12万平方米，人数7443人。年底，累计签订征收补偿协议户数3264户。（6）白沙坊二期项目征收，范围四至为：东至白沙街道办事处板桥经济联合社用地，南至规划路，西至白龙路，北至滨江路（以规划红线为准），规划改造范围共19.99公顷，涉征房屋面积33.42万平方米，居民1608户，人数7248人。年底，累计签订征收补偿协议户数988户。

【棚改项资金管理】 2017年，海口市房屋征收局主抓棚改和市政资金的统筹、审核、拨付和监管，较好地完成棚户区改造和房屋征收补偿安置资金计划编制、补偿资金申拨的审核等各项工作任务。年内，新建棚改项目有五源河片区（二期）、博义盐灶八灶片区（二期）、灵山镇片区（二期）、迈瀛（原用名迈仍）片区、凤翔片区（丁村）5个片区，续建棚改项目有坡博坡巷、面前坡等13个片区，累计拨付棚改资金74.61亿元。市政房屋征收项目有向荣路二期、高等东路贯通工程、滨江西安置小区等7个，累计拨付资金5939.71万元。

【城市更新棚改专项工作】2017年，海口市房屋征收局根据城市更新工作要求，委托中规院开展城市更新棚户区改造专项规划、首批棚改示范项目的策划编制。结合城市更新各系统要求，分析识别海口城市更新的重点区域和关键战略节点，明确城市更新示范棚改项目、备选项目。针对城市更新示范棚改项目，结合控规、“多规合一”、棚改策划方案等，从功能定位、产业导入、强度控制、风貌控制等方面进行全面的梳理与设计指引。11月23日，《海口城市更新棚户区改造专项及棚改首批示范项目规划管控》通过专家会评审，完成征求相关职能部门意见工作。

（韩逊元　梁　丹　李晓霞　王华东）

市政市容管理

【市政市容管理概况】2017年，海口市城管委围绕贯彻落实市委、市政府“城市更新”“生态修复”等重大决策部署，加快推进城市景观亮化工程，稳步推进“数字城管”建设，开展中心城区5条道路积水点改造，坚决打击违法建筑，全年拆除违法建筑211.74万平方米，扎实推进城市管理各项工作，城市环境得到极大改善。为深化城市执法改革，11月3日，海口市市政市容管理委员会（海口市城市管理行政执法局）更名为海口市城市管理委员会（海口市综合行政执法局）。

【市政设施维修养护】至2017年底，海口市管市政道路305条，总长450千米，面积1607万平方米（车行道1224万平方米，人行道383万平方米）；道路路灯39183盏，涵洞106座；市政排水设施总长度1741千米，其中雨水管道长度956千米，污水管道长610千米，合流管道长度1175千米，排水井99816座，明渠长24158.14米，河沟护栏28499.21米，拍门49座，闸门52座，阀门6座。共维修养护车行道48.03万平方米、人行道8.47万平方米、涵洞60座次、路灯8510盏次；清理下水道1194千米，盲沟、明沟、涵洞11265米；维修检查井6037座、进水井30959座，清运淤泥垃圾9921立方米。

【市政设施桥梁维修养护】至2017年底，海口市管桥梁共有129座，长度39.426千米，投影面积67.38万平方米。年内，完成桥梁安全巡检18730座次，桥梁巡检日报335份/座，开展桥梁BCI评定122座次，发现和处理桥梁病害及突发情况360余件；对负责管养127座桥梁完成一次定期常规结构检测，对存在隐患桥梁及时进行治理，完成滨海立交桥等不合格桥段加固及治理工作，确保桥梁运营安全。

【景观亮化工程】为加快推进城市景观亮化工程建设，2016年12月，海口市城市景观亮化工程启动，12月9日开工建设一期（一阶段），采用PPP模式实施，以海口湾为中心，重点展示海口自然景观、历史文化、南洋文化等内容。一期（二阶段）于2017年9月开工建设，以拓展城市商务轴（国兴大道）景观带、城市迎宾轴景观带（龙昆路）、滨江景观带（海甸溪北岸）为重点，力求形成格局清晰、重点覆盖、有效串联的城市夜景照明形象，逐步改善海口城市夜间环境，为海口市民夜间出行增加新景点、新线路。至2017年12月底，完成海口湾片区209栋楼宇亮化建设及21.8千米的绿化带亮化建设。楼宇亮化建设主要通过三大手法来形成统一、丰富、特异的夜景画面：凸显地标。以滨海大道沿线的南洋国际公馆、天邑国际、琼泰大厦等标志性建筑为统领，通过高亮度照明以及局部彩光，彰显高层建筑挺拔突出的形态特征。营造天际。将建设范围内其他建筑组团顶部作为统一的视觉元素，通过勾勒屋顶、洗亮山墙，着力打造连缀整体的天际线。丰富层次。依据建筑的进深远近、视觉影响力，将其划分为主题建筑、氛围建筑和背景建筑等3个等级，通过光色上的冷暖错落，塑造丰富的空间纵深。绿化带亮化建设中，主要通过对富有本地特色和热带风情的高大绿化树木（椰子树、棕榈树）的照亮，凸显“乡愁”理念。

【占道经营整治】2017年，海口市整治校园周边、农贸市场（大型商场）周边环境，落实门前三包，拆除乱搭乱建和违章招牌广告，清除占道经营，停车划线，取缔马路市场，定人、定岗、定责，确保重点区域达到“双创”标准。全市共出动83.44万人次、11.76万车次，整治占道经营8.26万宗，共处罚门前三包、占道经营违规行为10.4万宗，罚款810.01万元。

【打击违法建筑】2017年，海口市对违法建筑保持高压态势，通过违建举报市长微信号及短信号、卫星图片比对、利用无人机巡查等手段，对东环铁路沿线，国道、省道沿线，绕城高速等门户路段门户道路、海岸线、河岸、水源保护地、占用基本农田和旧改棚改片区等重点区域的违建进行处置和防控。全年拆除违法建筑2887宗211.74万平方米，防违控违2183宗73.17万平方米，快速处置队伍处置违法建筑181宗6.55万平方米，共下达督办件221宗，办结88宗，办结率39.8%。

【违建分类处置】2017年，为全面摸清海口市人口、房产、用地的基本情况，进一步摸清违建底数，提速推进分类处置工作，制定《海口市"人、房、地"三清管理实施方案》，同时启动"人、房、地"三清工作。至年底，"人、房、地"三清调查工作共投入工作经费239万元，24个责任单位累计核查39138户，完成归档并移交三清领导小组办公室35852宗，数据入库33100份。完成分类处置287宗9.485万平方米。

【"无违建"创建】2017年初，海南省整违办组织开展2016年"无违建"创建活动考核验收工作，海口市海秀街道办、金贸街道办、白沙街道办、美社村、道贡村、龙昆南社区居委会、上坡社区居委会通过省考核验收。经省政府同意，海口市成立"无违建"创建工作现场推进会议筹备领导小组。按照《海口市关于开展"无违建"创建工作的实施方案》的工作部署，2017年底，市整违办对各区"无违建"创建点进行考评，逐步推进全市"无违建"创建工作。

【共享单车停放管理】至2017年底，海口市面上共有OFO、HELLO BIKE、摩拜、快兔4家共享自行车企业，投放量超过11万辆，其中OFO公司现有总量28973辆，HELLO BIKE公司现有总量29551辆，摩拜公司现有总量48200辆，快兔公司现有总量6000辆。针对共享单车乱停乱放、车辆运营维护不到位、企业竞争无序、企业主体责任不落实、用户资金和信息安全风险等突出问题，市城管委制定《海口市共享单车规范管理实施方案》《海口市支持和鼓励共享单车健康发展若干意见》，细化管理部门和企业职责，加强对共享单车的规范管理。协调各有关部门，通力协作，抓好共享单车整治。市交警支队开展共享单车专项整治行动，指导企业施划停车位共612个。市环卫局召集各区环卫局及各环卫公司进行座谈和动员，鼓励和发动环卫工人及时

海口市数字化城市管理指挥监督中心。摄于2017年　　（市城管委 供）

纠正乱停放车辆。市数字城管指挥中心与共享单车企业建立联系，发现乱停放及时派发通知单，要求共享单车企业及时纠正。各区城管局要求城管人员加大街面巡查力度，因无执法依据，对发现的乱停放行为予以教育放行。

【"数字城管"建设】2017年，海口市数字化城市管理信息系统（5期）项目对数字化城管系统进行升级改造，建立城管数据分析系统、信息归集与发布系统、"公安＋城管＋N"综合执法系统、数字化城管日常监管电子档案和数字化城管开放平台。其中，"海口市城市管理行政执法系统"建成并完成上线测试，该系统全面支持移动执法办案，支持现场取证、现场文书制作、移动审批和执法辅助查询，实现办案全过程的廉政监控，提高执法规范性，为"高效执法、规范执法、文明执法、廉洁执法、和谐执法"提供信息和技术支撑。4月27日，海口市数字城管指挥监督中心在市城管委管理体制内逐步培训推广"城市管理"微信企业号。至年底，通过内部微信上报问题2.35万宗，处理2.28万宗，处置率97%，提高城市管理的效率。

【"城市管家"平台建设】"城市管家"为海口市数字化城市管理信息系统平台，至2017年底共受理市民投诉2.13万件，处置1.92万件，处置率90.14%。问题涉及全市职能单位及相关企业80家，其中涉及市政、园林、环卫、城管的问题基本实现点对点扁平化派发，将问题直接派发给一线工作人员，确保半小时到达现场处理问题。市民通过平台能查询到15分钟便民生活圈、台风路径、积水点视频、路况等10万多条便民信息，为市民的安全出行和生活提供全方位的便民服务，其中在恶劣天气、节假日和应急事件中发布的温馨告知有64条（次），关注人数3.7万人，总点击数30万次。

【工程车运输管理专项整治】2017年，海口市城管委重点开展整治渣土及混凝土运输车辆抛、洒、滴、漏污染路面及扬尘污染空气等问题，至年底，累计整改渣土运输车辆403宗，查处车辆运输污染560宗，整治工地2305宗，查处乱倒垃圾26宗，其中处罚549宗，处罚金额51.45万元。

【民航航线俯视区生态修复督查】2017年，海口市城管委联合市委督查室、市园林局、市规划局、市城管督察支队等单位相关负责人及工作人员组成专项工作督查组，采用听取汇

报、现场查看、数据汇总、督查建议等方式先后对4个区和高新开发区内的民航俯视区修复工作展开督查。督办各区完成矿坑修复375.06公顷，完成率61.49%；黄土裸露修复374.52公顷，完成率91.32%；屋面整治64.26万平方米，完成率95.44%；乱堆放整治修复46.67公顷，完成率96.42%。

【广告招牌管理】2017年，海口市启动重要道路、重点商圈广告牌匾和高立柱广告及天桥广告整治，共拆除广告牌匾5159块，面积24.8万平方米。其中，高立柱广告牌45座、天桥广告2座，其他广告牌匾拆除5112块，未拆除218块，完成率95.9%。在已拆除的广告牌匾中，违法设置的广告牌匾5099块，占比98.84%。

【中心城区积水点改造】为有效解决对群众生活影响较大的道路严重积水问题，2017年，海口市城管委开展5个道路积水点改造。其中，勋亭路积水点改造完成可研批复，丘海大道海瑞桥路段积水点改造调整优化方案报市政府，蓝天路、和平南路、龙华路积水点已纳入PPP道路提升改造之中，完成滨涯路、金牛路雨水管道清淤工作。

（朱珮珮　刘学视）

建筑业

【建筑业概况】2017年，海口市住建局监督建筑工程项目435项，总建筑面积2783万平方米，工程总造价702亿元（新报监开工项目116项，建筑面积923万平方米，工程总造价278亿元）；监督市政工程项目138项，工程总造价152.39亿元（新报监开工市政项目47项，工程总造价51.94亿元）。监督建筑工程竣工验收155项，建筑面积840万平方米，造价194亿元；竣工备案161项，总建筑面积1043万平方米。监督市政项目竣工验收33项，道桥面积57.49万平方米，造价9.16亿元；竣工验收合格率100%，竣工备案6项。有12个项目获评为“绿岛杯”省优质样板工程，13个项目获评为“椰城杯”市优质样板工程。

【建筑市场管理】2017年，海口市住建局加强对工程参建各方主体责任质量安全行为的监督检查，发现违法违规行为即报送执法部门，或记入不良行为记录。加大对建设工程领域违法违规行为和不良行为的查处力度。推进建筑市场诚信体系建设和信息化监管措施，逐步实现全国建筑市场“数据一个库、监管一张网、管理一条线”的信息化监管目标。按照《海南省建筑市场诚信评价管理办法（试行）》的要求，督促各勘察、设计、施工、监理等责任主体单位及检测、预拌混凝土企业等机构在省住建厅的“海南省建筑市场监管公共服务平台”登记办理企业诚信档案手册；将参建方良好行为和不良行为采集录入海南省建筑市场监管信息平台。年内，市住建局在对监管项目的日常监督检查、专项检查中，发现并上报的未取得施工许可证擅自施工、未按照规定在施工起重机械设施验收合格后登记、建设单位将工程发包给不具有相应资质等级的勘察、设计、施工单位等各类建筑市场违法违规行为共543起，记不良行为109起；开展施工现场质量安全专项监督检查10余次，检查项目1000余项次，检查塔吊374台、施工升降机254台，下发整改通知书1000余份；对钢筋、水泥、砂、灰砂砖、防水卷材、防水涂料、PVC管材等原材料监督抽取样品累计406批次（组）送检测机构检测，未发现有不符合技术标准规范的材料。推进信息化监管，网上报监项目238个，开展移动执法381项次，有263个项目开展二维码见证取样，推动逐步实现监督管理信息化、标准化、规范化。

【建筑业安全生产】2017年，海口市住建局完善工程项目质量监管体系，明确主体责任，强化监管责任，落实终身责任，提高项目工程质量安全水平。2月，组织召开2017年海口市建设工程安全生产工作会议，在建项目参建企业关键岗位人员等400余人参加会议。5月，举办“2017年海口市建设工程企业法人安全生产政策法规培训班”，建设工程企业法人代表约400人参加。6月，组织开展主题为“全面落实企业安全生产主体责任”“关爱生命，关注安全”的安全生产月活动。7月，深入天街华府等项目现场指导企业开展安全生产应急预案演练活动，加强上下协调联动能力。8月，举办建筑起重机械安全管理培训班，全市在建工地施工单位、监理单位、检测单位、安拆单位、产权单位约380人参加。开展面对面的安全生产法律法规及安全知识咨询服务，发放安全知识宣传资料、播放主题宣传片、警示教育片，举办“三违”事故案例的图片展览等。同时，加大质量安全监管力度，通过随机抽查、巡查、跟踪检查和专项检查，采取差异化管理，加大对监管“死角”和“盲区”建设工程的监督。先后组织建筑工地春节后恢复施工的安全生产检查、今冬明春安全生产检查、博鳌亚洲论坛年会环境综合整治和全国农垦综合改革海南现场会环境综合整治、全国两会和省党代会期间综合整治检查等专项检查，同时开展施工现场质量安全专项检查10次，下发整改通知书1000余份。开展建筑起重机械专项检查，强化建设工程建筑起重机械备案、安拆告知、使用登记及使用过程等各个环节的监督管理工作，防范各类建筑起重机械生产安全事故发生。共检查项目163个、塔吊374台、施工升降机254台，下发隐患整改通知书85份，上报违法违规7宗。开展预拌混凝土生产企业专项检查，重点检查企业管理体系、质量、安全管理、“双创”、环保等方面工作开展情况。

【招投标管理】 2017年，海口市住建局完成建设工程招标投标备案127项，合同备案金167.28亿元。其中，公开招标91项，合同备案金116.72亿元；邀请招标36项，合同备案金50.56亿元（以上数据不含4个区及3个管委会管辖的项目）。修订房屋建筑和市政基础工程招投标备案清单，流程及服务事项目录；修订招标文件中施工（监理）项目部人员任职条件及配备要求；废止《建设工程项目招标代理管理规定（试行）》等8份规范性文件；修订部门文件《海口市住房和城乡建设局关于优化直接发包项目审批相关问题》。做好“双随机一公开”工作，试行远程监管模式，由相关部门提供监管通道（终端），对“开标、专家抽取、评标活动”实施网上监管。

【建筑节能与抗震监管】 2017年，海口市贯彻落实《民用建筑节能条例》，将建筑节能审查作为规划许可的前置条件，开展建筑节能审查，共通过节能审查139个。执行《海南省公共建筑节能设计标准》《海南省居住建筑节能设计标准》等规定，对不符合节能和绿色建筑设计标准的项目，图审机构不予批准；贯彻落实建设部《民用建筑节能信息公示办法》，要求建设单位新建建筑在施工、销售现场张贴民用建筑节能信息，并在房屋买卖合同、住宅质量保证书和使用说明书中载明。6月、9月，开展2次建筑节能和绿色建筑行动专项检查，共对18个建筑项目执行建筑节能法律法规和规范标准等方面进行综合性抽查，及时下发建筑节能整改通知书16份，要求参建各方按时限完成整改；开展建筑节能见证取样检测，把好施工质量关和建筑节能验收关，要求在建项目在节能工程完成后竣工验收之前必须按照《建筑节能施工质量验收规范》《海南省建筑节能分部工程质量验收程序》，对建筑节能分部工程进行专项验收，并按要求将节能资料单独汇编成册，建筑节能分部工程验收不合格的，建设单位不得组织单位工程竣工验收。在抗震监管方面，对施工图设计文件必须经图纸审查机构审查合格才能用于施工，保证设计文件100%符合国家及地方的抗震规范要求；项目施工过程中，监督机构严格监督参建各方责任主体按图施工，严把质量关，确保施工质量符合抗震设计规范及施工规范的要求，结构实体合格率100%。

【扬尘治理】 2017年，海口市住建局多次召开扬尘污染防治专项工作部署会议，落实各项扬尘防治措施，确保海口市优良环境空气质量。特别对大气污染监测点周边、重点路段、重点区域高度重视，加强对工地主要硬化道路的尘土清理，裸露堆土和黄土进行有效覆盖或绿化处理、安全网悬挂整齐美观等扬尘污染防治措施落实到位。年内，加大督导检查与处罚力度，分别对在建工地和商混搅拌站的防扬尘污染工作进行专项检查，共检查1060个项次、24家混凝土搅拌站，下发整改通知书310份，涉及整改问题730余条，报送违法违规109起，责令停工4起，记入不良行为记录8宗。落实中央第四环境督察组督察工作，对建筑工地环境保护问题进行排查，重点对居民区周边的项目及基础开挖的项目进行排查，共检查674项次，发现环保问题1373条。针对排查发现的问题，督促企业对环保问题对标整改到位，确保各项环保措施落到实处。

【绿色建筑应用推广】 2017年，海口市开展并通过139项建筑项目的节能审查，完成新建绿色建筑报建117个，总建筑972.5万平方米，获得绿色建筑设计评价标识建筑项目5个。开展2次建筑节能和绿色建筑行动专项检查，共对18个建筑项目执行建筑节能法律法规和规范标准等方面进行综合性抽查，下发整改通知书16份，并要求参建各方按时限完成整改。引进中民筑友科技集团在海口建设海南规模最大、科技化程度最高的装配式建筑产业园。年内，用于管廊建设的装配式工厂投入使用，海口建成2个新建装配式建筑，总建筑面积35.96万平方米；开展中国人居环境奖的复查自查评估工作，力争海口市通过中国人居环境奖的复查；编制完善《海口市建筑节能与绿色建筑“十三五”专项规划》，出台《海口市关于加快推进装配式建筑发展实现建筑产业现代化的实施意见》，组织编制《海口市装配式建筑发展专项规划》和《海口市推进装配式建筑发展的实施方案》。

【建设工程档案管理】 2017年，海口市住建局接收保管城建档案总长度286米；接收进馆的建设工程档案项目157个，档案总长度266米。

2017年度海南省建设工程绿岛杯奖获奖工程名单(海口市项目名单)

(排名不分先后)

序号	工程名称	建设单位	施工单位	监理单位	参建单位
1	海航国际广场工程A座	海南海控置业有限公司	中国建筑第六工程局有限公司	深圳市合创建设工程顾问有限公司	1. 中建钢构有限公司(钢结构工程) 2. 浙江诸安建设集团有限公司(安装工程) 3. 苏州金螳螂建筑装饰股份有限公司(装饰装修工程)
2	海南省肿瘤医院一期医院主楼	海南省肿瘤医院有限公司	中天建设集团有限公司	深圳市建星项目管理顾问有限公司	
3	中环国际广场	海南新瑞都实业投资有限公司	龙元建设集团股份有限公司	上海新宇工程建设监理有限公司	
4	海南省第一中级人民法院审判法庭大楼	海南省第一中级人民法院	江苏省华建建设股份有限公司	河南卓越工程管理有限公司	
5	滨海国际金融中心	海南华侨会馆有限公司	海南第四建设工程有限公司	海南省建设工程顾问监理有限公司	
6	海口五源河片区棚户区(城中村)改造项目C1101-02地块一期10号、11号楼	海口绿地五源置业有限公司	浙江万汇建设集团有限公司	上海华申工程建设监理咨询有限公司	
7	海南大厦	海航地产集团有限公司	北京建工集团有限责任公司	北京赛瑞斯国际工程咨询有限公司	1. 江河创建集团股份有限公司(幕墙工程) 2. 北京建工四建工程建设有限公司(钢结构工程)
8	晨晖·西海岸广场一期晨晖·帝景工程6~9号楼	海南晨晖置业有限公司	海南第三建设工程有限公司	江西省赣州江南工程监理有限公司	
9	海南省博物馆二期工程	海南文体设施建设管理公司	中太建设集团股份有限公司	海南肯特工程顾问有限公司	
10	蓝城一号(南区)2号、3号、4号、5号楼	海口市城市建设投资有限公司	海南第五建设工程有限公司	海南航达工程建设监理有限公司	
11	综合实验教学楼	海南大学	海南第一建设工程有限公司	海南时利和建设项目管理有限公司	

2017 年度“椰城杯”（市优）建设施工优质样板工程名单

（排名不分先后）

序号	工程名称	施工单位	建设单位	监理单位	设计单位
1	中环国际广场	龙元建设集团股份有限公司	海南新瑞都实业投资有限公司	上海新宇工程建设监理有限公司	中元国际工程设计研究院海南分院
2	海南省肿瘤医院一期医院主楼	中天建设集团有限公司	海南省肿瘤医院有限公司	深圳市建星项目管理顾问有限公司	上海市卫生建筑设计研究院有限公司
3	滨海国际金融中心	海南第四建设工程有限公司	海南华侨会馆有限公司	海南省建设工程顾问监理有限公司	海南省建筑设计院
4	昌建·逸海国际广场 1 号酒店	中建三局集团有限公司	海南昌建房地产开发有限公司	海南中外建工程管理有限公司	海南华磊建筑设计咨询有限公司
5	综合实验教学楼	海南第一建设工程有限公司	海南大学	海南时利和建设项目管理有限公司	海南华磊建筑设计咨询有限公司
6	蓝城商务大厦	海南万泰建筑工程有限公司	海口市城市建设投资有限公司	海南时利和建设项目管理有限公司	雅克设计有限公司
7	鑫生棕榈泉国际公馆二期（11 号、12 号、13 号、15 号、16 号、20 号楼）	中天建设集团有限公司	海南鑫生置业有限公司	北京华兴建设监理咨询管理有限公司	海南华磊建筑设计咨询有限公司

房地产业

【房地产业概况】2017 年，海口市为促进房地产市场平稳健康发展，提升海口产业发展的整体水平，坚持“房子是用来住的，不是用来炒的”定位，严肃市场秩序，深入开展房地产市场专项整治，出台《关于进一步促进房地产市场平稳健康发展的实施意见》。同时，采取限购、限售、限贷、限转等一系列调控措施，切实落实省委、省政府“两个暂停”政策，全年海口市房地产市场总体呈平稳发展态势。全市进行资质备案的房地产开发企业 637 家，其中三级资质 34 家、四级资质 69 家、暂定资质 534 家；完成房地产开发投资 603.25 亿元，比上年增长 9.5%。全年商品房屋施工面积 3332.56 万平方米，增长 8.28%；竣工房屋面积 548.1 万平方米，增长 78.78%。商品房实际销售 549.47 万平方米，增长 27%。其中，商品住宅类销售 487.27 万平方米，商业营业用房销售 29.84 万平方米，办公楼销售 13.27 万平方米，其他类销售 19.08 万平方米。商品房库存面积 1169.87 万平方米，其中商品住房库存面积 443.23 万平方米。全年完成房屋面积审核 537 宗，面积 1788 万平方米。

【房地产开发投资】2017 年，海口市商品房规划报建 927.27 万平方米，下降 9.89%；商品房施工报建 531.4 万平方米，下降 15.7%；批准预售商品房 524.05 万平方米，下降 14.27%。全年建安投资完成 930.92 亿元，增长 18.5%；房地产开发投资额 603.25 亿元，增长 9.5%，占固定投资额的 42.6%；房地产业占国内生产总值的 8.2%，房地产税收占比 29%。

【商品房销售】2017 年，海口市实际销售商品房 549.47 万平方米，增长 27%；商品房均价 10062.37 元 / 平方米，增长 13.72%（扣除团购后商品房均价 10901 元 / 平方米，增长 11.41%）。全年登记销售的商品住房中，岛外购房面积 216.73 万平方米，岛内购买商品住房面积 149.62 万平方米，占比分别为 59.16% 和 40.84%。二手房交易面积 213.16 万平方米，交易均价 5882.62 元 / 平方米。

【房地产市场监管】2017 年，海口市政府组织市住建、工商、物价等部门，分别在 3 月 30 日、5 月 10 日、7 月 28 日，开展对房地产市场监督检查活动，并在“五一”、国庆、中秋假期不间断进行巡查，查处商品房销售中存在的违反政策要求和违法违规行为，集中处理和曝光一批违法违规的企业和机构。全年约谈房地产开发企业 125 家，巡查房地产项目 155 个，共处罚存在违规销售的开发企业 8 家，存在虚假宣传、违规代理销售的中介机构 10 家。

【房地产调控】2017 年 3 月 3 日，海口市人民政府出台《关于进一步促进房地产市场平稳健康发展的实施意见》，严管市场秩序，防止房价大起大落。4 月 13 日，海南省政府下发

《关于限制购买多套商品住宅的通知》。5月10日，海口市政府出台《关于贯彻落实〈关于限制购买多套商品住宅的通知〉的实施细则》。9月20日，省住建厅下发通知，提高限转年限，要求新购住房限制转让年限一律按照5年执行。9月28日，省政府出台《进一步深化两个暂停促进房地产业平稳健康发展的意见》，从8个方面长短结合，提出系统的调控要求。9月29日，省住建厅和省规委会下发严禁小户型商品住宅规划审批的通知，停止审批套型100平米(含)以下户型的商品住宅。10月19日，省住建厅下发按计划开展商品住宅规划报建审批的通知，明确海口市下半年的规划报建控制指标。

保障性安居工程。摄于2017年4月5日 （市住建局 供）

【住房保障】2017年，海南省下达海口市垦区棚户区改造任务270套（含国家计划214套），年底，垦区职工危改建设270套全部竣工，占省下达指导性任务计划的100%（其中占分解下达国家任务计划的126.17%），相关基础配套设施全部完成。年内，市住建局组织制定《海口市2017年垦区职工危房改造工作实施方案》，完成《海口市经济适用住房管理办法(修订草案)》并报市政府，调整《海口市公共租赁住房、经济适用住房及限价商品住房保障标准》并报市政府，组织编制《海口市城镇低收入家庭、公职人员及人才安居住房保障实施方案》，并相应组织落实好《方案》中有关工作事项。全年共受理政府统筹建设保障性住房申请4242户，审核通过3162户；公共租赁住房配租594套，经济适用房配售668套，限价商品住房配售407套。全市发放城镇低收入公租房货币补贴家庭920户，金额633万元。

【农村危房改造】2017年，海口市农村危房改造400户，开工、竣工率100%，其中精准扶贫275户建档立卡贫困户改造任务全部竣工，竣工面积3.2万平方米。海口市农村危房改造在全省年终绩效考核中名列榜首。

【房地产中介机构监管】2017年，海口市住建局加强中介市场监管，及时公布中介机构备案情况，提醒消费者审慎选择中介机构；中介机构存在违法违规行为的，一经查出，列入诚信黑名单并依法依规取消从业执照。年内，处罚存在虚假宣传、违规代理销售的中介机构10家。

【房屋安全管理】2017年，海口市房屋管理部门共受理审查D级危险房屋鉴定文书179件，均及时在海口市房屋安全信息网上公布并函告房屋所在区属房屋安全行政管理部门。受理申领项目施工周边区域影响房屋完损状况鉴定备案意见共77件，发放备案意见53件，复函5件。根据《2015年海口市老楼危楼安全隐患大排查大整治工作方案》部署及住建部、省住建厅排查整治专项巡查工作要求，部署开展老楼危楼隐患安全排查整治各项工作，形成《海口市2015年老楼危楼隐患安全排查工作成果报告》和《海口市老楼危楼隐患安全排查整治工作情况汇报（PPT）》，并草拟《海口市危险房屋治理工作五年行动方案》和《海口市房屋安全突发事件预案》，其中《海口市房屋安全突发事件预案》正邀请有关专家审议。

【房屋白蚁防治】2017年，海口市备案的白蚁防治从业单位22家。市房屋管理部门完成房屋白蚁预备案158宗，面积1003.5万平方米；完成房屋白蚁防治竣工备案141宗，面积860.38万平方米。

【住宅专项维修资金管理】2017年，海口市共缴存商品住宅专项维修资金约2.6亿元，涉及4.43万名业主，建筑面积336.78万平方米，结余17.8亿元；单位住房基金缴存141.87万元，结余2.73亿元，资金建档率100%。全市商品房维修资金使用共审核提取金额514.81万元，涉及35个物业小区，5963名业主；提取单位住房基金用于公有住房维修资金13宗，金额221.95万元；办理退房4宗，退房款34.47万元；棚户区改造征收拆迁房业主维修资金退款，上半年共退86户、20.84万元。

【物业管理】2017年，海口市住建局完成海口市前期物业企业选聘119宗，其中招标方式75宗、协议方式44宗。落实市“双创”工作要求，共投入整治资金6428万元，加强对全市574个“三无”小区的整治，实施道路硬化、卫生环境整治、清理乱搭乱建、增设环卫设施设备、配备“三员”（宣传员、保安员、保洁员）等一系列工作，基本解决“三无”小区的脏乱差问题。

【历史遗留办证】2017年，海口市遗留办共召开联席会议4次，协调会议23次，解决历史遗留问题36个项目，移交国土不动产登记中心56宗档案，办理面积24.61万平方米，历史遗留办证15.57万平米。

（王 健）

水 务

【水务概况】2017年，海口市水务局推行城市更新计划，突出抓好水环境治理、河长制、南渡江引水工程建设、“三防”等一批重点任务，开展精细化、规范化、制度化水务工作，推动水务事业可持续发展。年内，海口市荣获2016年度海南省农田水利建设先进市县一等奖，连续9年获得省政府农田水利基本建设评比先进市县荣誉称号。

【水务发展规划】2017年，海口市水务局参与市“多规合一”总体规划中生态红线的划定、一张蓝图的绘制、水网规划的编制等工作，先后组织开展《海口市水系规划》《海口市水务发展“十三五”规划》《城镇供水设施建设“十三五”规划》《海口市镇区排水市政专项规划》《城镇供水设施建设“十三五”规划》《城镇污水处理及再生利用设施建设“十三五”规划》《海口市第一批河长制河流情况调查方案》《海口市水系连通工程——永庄水库至秀英沟连通工程的初步设计报告》《海口市美兰机场二期扩建场外排水工程初步设计报告》《小微水利“十三五”规划》《农村饮水安全巩固提升“十三五”规划》等编制并上报市政府审批，全面统筹城乡水务发展，规范水行政管理职能，提升依法治水能力。

【水环境综合整治】2017年，海口市在城镇内河（湖）水体治理中，坚持以点带面、逐个突破，特别是以美舍河为示范开展水生态治理，把美舍河打造成为全市水体治理和生态修复的示范和模板，继而全面推动全市32个城镇内河（湖）水环境综合整治，助推城市更新工作。（1）健全组织架构，统筹推进，抓体制创新。为高效推进海口市水环境综合治理工作，改变过去多头管理、信息不畅、各自为战的管理架构，成立海口市城镇内河（湖）水环境综合整治工作领导小组办公室（以下简称“市治水办”），作为工作组织机构，水务、环保、国土、城管委等11个部门参与，变“九龙治水”为“一龙治水”，强化体制机制创新，按照区域整合、流域统筹、专业衔接、技术协调的总原则，负责统筹、监督、协调全市的治水工作。全年共组织召开水体治理及美舍河生态修复专题会议69次，开展专题调研和召开现场会133次。市治水办下设综合组、项目组、专家组、截污纳管组、摸排组、环保组、园林组、质监组、解说组、宣教组10个工作组，同各区治水办及其他相关部门互相配合、互相支持，通过高效的沟通协调、强有力的实施推进、严格的监督管控、全方位的解说宣传，全方位多角度履行政府对项目公司的监管职责，建立健全高效、灵活的工作机制。市治水办从系统规划、设计审查、总控、协调、施工指导及宣传等方面出发，将工作扎根于施工现场，利用微信工作群等高效沟通方式进行全周期管控，为水体治理提供强有力的协调保障。（2）创新工作方法，突出重点，抓科学治理。继续融入海绵城市、基础设施修复、城市更新的理念，采取“控源截污、内源治理、生态修复、景观提升”的治理方法，实施城镇内河（湖）水污染治理专项行动，开展水生态修复和岸线整治，实施退堤还河、退塘还湿，持续推进生态治水。以美舍河治理为突破口，采用系统思维、点线面统筹推进方式。点上，以问题为导向，通过PPP项目可落地平台，形成治理的范式，显现治理成效；线上，以流域为视角，以系统思维的方式，融入海绵城市、生态治水、城市基础设施更新的理念，协同解决流域水体质量问题；面上，以经营城市为视角，结合城市更新改造，腾挪出用地空间，提升水体环境，完善基础设施，带动水系周边土地的综合利用及价值提升，实现人、水、城的和谐发展。以点带面，通过“一河一湖一策”，对全市32个水体开展生态化改造和生态修复治理。（3）坚持持续发展，简约俭约，抓成本控制。在内河（湖）水环境综

生态修复后的美舍河凤翔湿地公园景观。摄于2017年 （黄一笑 摄）

合治理工作中，坚持走可持续、可复制的治理道路。在美舍河生态修复的设计方案和施工过程中充分考虑场地现状条件、保留现状，尽可能保留原有树木与设施。在绿化植物的选择上，以本地草、本地花、本地树为主，体现本地特色的同时有效控制成本。在河道沿线浅滩湿地和树岛的建设过程中，利用河底淤泥就地回填，避免淤泥清运的二次污染，淤泥中的富营养物质可为植物生长提供充足的养分。在凤翔湿地公园段建设水回收泵站，将凤翔湿地公园内人工梯田湿地的出水作为再生水回用于公园及美舍河沿线绿化的浇灌。美舍河生态修复注重以人民为中心，以便民惠民为出发点和落脚点，让市民享受生态修复成果，增建市民活动广场 22 个，面积 1.19 万平方米。（4）加大宣传发动，全民参与，抓社会共治。美舍河水体治理和生态修复过程中，注重征求市民意见、响应民众诉求，关注百姓评议评价。设计方案制定过程中，在美舍河沿线制作展板张贴，收集沿线居民意见。在工程实施过程中，采纳吸收媒体记者、沿线居民提出的增加广场舞场地、座椅、公厕，有坡度的步行道增设扶手，保留门球场，设置鹅卵石步道等意见，力争把美舍河沿线空间建设成为市民满意的休闲游憩场所。为加深市民对美舍河治理理念的了解。加大新闻宣传和舆论引导力度，美舍河治理启动至 2017 年底，在广播、电视、报纸、网站等各种媒体刊登报道美舍河治理相关报道 1200 余篇。同时，根据《海口市美舍河保护管理规定》，美舍河流经的 8 个镇（街）组织社区干部、沿线居民、热心市民共 144 人成立美舍河保护志愿队伍。志愿者们每天巡查美舍河沿线，对各类非法捕捞、垂钓、破坏植物等行为进行劝导和制止，对发现的污水溢流、企业偷排等行为报告有关部门及时处理。美舍河保护志愿者队伍的建立，形成政府、企业、公众共同参与治理这一新模式，助力海口生态环境修复。（5）强化监督考核，完善制度，抓长效管理。海口市在内河（湖）水环境综合治理中，把生态环境保护放在最优先位置，注重环保立法和制度建设，先后出台《海口市美舍河保护管理规定》《龙塘饮用水源环境保护管理规定》《海口市环境违法行为有奖举报试行办法》等相关配套法律法规和规章制度，明确任务职责，加强监督检查，严明奖惩机制，不断建立和完善长效管理机制。经过综合治理，美舍河水质明显改善，定期监测数据表明，美舍河水体透明度、溶解氧、氧化还原点位、氨氮 4 项指标全面达标，水体质量达到国家、省、市治理要求。5 个生态修复示范段建设成效喜人，特别是海口美舍河湿地公园凤翔段的建设，不仅净化美化城市水体，而且带动周边商贸区的快速发展，成为海口市的一张新名片。8 月 31 日，海口美舍河水利风景区被水利部评为国家水利风景区。

2017 年 11 月 15 日，全省推进河长制暨城镇内河（湖）水污染治理现场会在海口市琼山区召开　（市水务局 供）

【全面推行河长制】2017 年 5 月 31 日，《海口市全面推行河长制工作方案》印发，将全市 373 个水体纳入实施河长制范围，涵盖全市主要水体、水系，做到河湖全覆盖，率先在全省推行河长制。实施第一总河长、总河长带领下的市、区、镇（街）、村（居）四级河长制。将跨境的 11 个水体、跨区的 11 个水体和 1 个重点水库共 23 个水体分级为市管水体，其余 350 个分级为区管水体；市、区、镇（街）三级行政区域总河长、河湖水库四级分级分段河长全部设置完成，河长名单全部在各级政府门户网站上公告。成立市河长制工作领导小组和市河长制办公室，组建水体巡查队伍，落实河长制工作经费 600 万元；高规格举办全市河长制培训，设立省、市、区、镇（街）级河长公示牌 472 块。颁布《海口市美舍河保护管理规定》，出台《海口市河长制会议制度》《海口市河长制工作信息共享制度》《海口市河长制工作督察制度》《海口市河长制工作信息报送办法》《海口市河长制工作考核办法》《海口市河长制工作验收办法》《海口市河长巡查制度》《海口市环境违法行为有奖举报试行办法》等相关配套文件，构建责任明确、协调有序、监管严格、保护有力的河湖库渠管理保护机制。按照海口市 2017 年全面推行河长制工作要点，市河长制办公室，以听取汇报、询问交流、查阅文件资料、实地查看等方式对各区河长制工作开展督查 8 次，并形成督查专报，督促各区河长制工作成员单位按时间节点，扎实推进河长制各项工作。10 月，市水务局联合市政府 12345 信息中心和其他相关职能部门，建设海口市“12345+ 河长制监控平台”这种具有本土特色的新型联动模式，在河长制推进中充分发挥12345政府热线的“指挥棒”和技术支撑作用，加大资源整合，强化信息保障，规范办理流程，推动纵横联动的作用，在30分钟内受理群众热线咨询和投诉，精准高效监管解决水体难题。市民可通过12345热线或12345微信公众号进行水体类的相关投诉，由12345快速响应快速处置水体问题，达到全民共治的目标。河长制工作启动以来，共收到水体管理举报投诉3600多件，处理率、办结率均为100%。11月15日，全省推进河长制工作暨城镇内河（湖）水污染治理现场会在海口召开，海口推行河长制的做法得到充分肯定。

【水质监管】2017年，海口市水务局外出采样1069次，采集样品3179个，共取得检测数据3.8万个，占年计划目标2.6万个的146%。出厂水水质综合合格率100%，管网水综合合格率99.7%，供水水质安全得到保障。其中，海口市永庄水库、南渡江龙塘水源地水质监测项目29项，每月监测2次，共取得监测数据4237个；城镇污水处理厂水质监管监测，白沙门污水处理厂一期、二期及桂林洋、长流、龙塘、狮子岭一期、二期、云龙、金牛湖、美舍河等14个污水处理厂（站）共取得监测数据1.8万个；城市供水水质监督监测，每月对4个水厂及13个管网点进行水质抽查采样检测，水厂出厂水监测项目36项，供水管网水水监测项目10项，共取得监测数据3380个；市政污水处理厂污泥监测，监测项目为含水率、有机物含量，取得监测数据160个；海口市污水提升泵站水质监测，对海甸泵站、疏港泵站、美舍河泵站、新埠岛泵站、金贸泵站、秀英沟泵站、桂林洋1号和2号泵站采样监测，监测频率为每月1次，监测项目14项，取得监测数据1316个；海口市27条主要河流33个监测点位水质检测，取得检测数据2112个；海口市中心区水网动力工程水质监测，20个地表水体29个监测断面共取得监测数据1624个；对海口市水务局管辖中型水库水质监测，共取得监测数据476个；对黑臭水体进行水质监测，共取得监测数据1144个；对河长制水体进行水质监测，共取得监测数据888个；临时增加的供、排水水质监测工作任务，共取得监测数据4633个。

【城市供水】2017年，海口市水务局组织编制《海口市镇域供水厂及配套管网工程项目实施方案》，保证镇域供水经济社会效益。全年原水供应总量2.44亿立方米，比上年增长1.43%；自来水供应总量2.34亿立方米，增长2.3%，较好地完成全年供水任务。

【城市排水】2017年，白水塘排涝泵站、五西路排涝泵站由海口市排水泵站管理所接管运行。全市泵站共20座，其中污水提升泵站12座、排涝泵站6座、补水泵站2座。市排水泵站管理所全年完成泵站设施、设备的运行管理、养护维修及市区污水提升输送、河湖沟补水、雨天排涝的工作任务。其中，海甸、疏港、美舍河等污水泵站共提升输送污水2.90亿立方米，增加1470万立方米，增幅5%；滨海、国兴、白水塘、五西路等排涝泵站共排涝763万立方米，增加318万立方米，增幅71%；中心区水网动力工程河口路、东风桥补水泵站向红城湖、美舍河、东西湖、大同沟、玉河沟等市内河湖沟输送清水1.14亿立方米，增加199万立方米。20座泵站共清理栅渣垃圾1352立方米。全年投入473万元维修维护泵钻设备设施。

【污水处理费征收】2017年，海口市污水收费征收采取“专职机构收费为主，供水企业代征为辅”的收费模式，实行随水费代征和直接征收相结合的办法。全年征收污水处理费1.60亿元，完成年度征收计划的166%，比年计划多征收6368.13万元，增长66.33%，年收费率89.64%。

【污水处理设施建设】2017年，海口市加快推进灵山镇污水收集排放工程、海口市雨污分流改造工程等一批排水管道项目前期工作，启动江东、丁村、滨江西等污水处理厂及配套污水管网工程及桂林洋污水处理厂改扩建工程、镇域污水处理厂及配套管网工程、白沙门等5座污水处理厂提标升级改造工程等工程的前期工作。

【南渡江引水工程】2017年，南渡江引水工程续建项目为东山闸坝工程，

海口市演丰污水处理厂。摄于2017年　（市统筹城乡发展公司 供）

新开工子项目包括中东山泵站工程、中西部城市供水线路压力管道工程、中西部城市供水线路箱涵和渡槽工程、中部输水隧洞工程、五源河综合整治工程、美安科技新城供水线路工程、东部城市供水线路工程。11月后，南渡江引水工程建设进度得到有力推动，日均产值由原来的163万元提高到771万元，最高达到2000万元，完成投资4.58亿元。至年底累计完成投资26.94亿元，占总投资36.2亿元的74.42%，其中2017年度完成10.09亿元，完成年度最低不低于90%的投资计划。

【农村饮水安全】2017年，海口市启动农村饮水提质增效工程（分散式供水工程），建设规模包括340座分散式供水工程，1座市政集中供水工程，项目概算总投资1.57亿元。建成后将解决18个镇389个村庄17.25万人的饮水不安全问题。投资381万元全面按时完成2017扶贫工作牵头事项整村推进农村饮水项目。建设东山镇城西村委会黄銮村改造工程、龙泉镇美定村委会美定村改造工程、旧州镇旧州村委会富文一村改造工程、旧州镇旧州村委会富文三村改造工程和旧州镇旧州村委会勋德村改造工程5宗整村推进农村饮水项目，涉及3个区3个镇，受益人口4028户20049人，其中涉及贫困人口2745人。

【农田水利基本建设】2017年，海口市水务局完成冬修水利项目前期工作及小型水源建设项目前期和申报工作，制定南渡江试点灌区农业水价综合改革工作计划、《2017年海口市小型农田水利工程管理体制改革试点计划和实施方案》及各区《小型农田水利工程管理体制改革工作方案》，对辖区内的小型农田水利工程现状进行摸底，逐步推进和不断深化海口市小型农田水利工程管理体制改革。年内，农田水利基本建设投资4582万元，实施项目122宗。

【江海堤防建设】2017年，海口市水务局综合治理南渡江新坡至东山段防洪工程、南渡江左岸片区农田排涝工程、桂林洋防潮堤加固工程等项目，防洪排涝工程体系进一步完善。其中，南渡江新坡至东山段防洪工程总投资6.62亿元（其中建安投资4.40亿元），2017年累计完成建安投资4.33亿元。南渡江左岸片区农田排涝工程总投资4.36亿元（其中建安投资2.35亿元），2017年累计完成建安投资2.26亿元。桂林洋防潮堤加固工程总投资6399万元（其中建安投资5013.3万元），2017年累计完成建安投资4988.23万元。

【五源河生态修复】五源河生态修复工程示范段位于秀英区滨海大道五源河桥北面区域，属于南渡江引水工程其中一个子项。五源河生态修复工程作为海口市旅游景观带的重要部分，针对河道生态环境遭到破坏、原生植被退化严重和生物多样性差的现状，通过恢复河道湿地的自然形态和增加岸线长度，能够给场地带来更大的边缘效应、隔离效应和生态效益，为水体净化、多种鸟类和生物的栖息创造条件，并营造出丰富的景观效果。2017年2月25日，五源河生态修复工程示范段开工，10月1日，作为五源河湿地公园园区对市民开放。整个工程建设面积6.23万平方米，绿化景观面积3.84万平方米。种植乔木1848株、红树林8.6万株、地被1.87万平方米，河岸堆填树岛12个、景观盒子1个，建设步行栈道约900米以及其他广场、道路及景观挡墙等。

【抗旱防风防汛】2017年，海口市水务局科学安排，部署三防工作。汛前做好全市安全大检查，全年发现问题23宗，及时整改完毕；组织召开全市三防工作会议和军地联席会议，部署汛期三防工作；修订《海口市防御强台风应急总预案》《海口市防风防洪预案》以及各区、成员单位、水利工程等3大类共196个预案；落实全市镇、村级“三防”队伍4852人，各中小型水库应急抢险队伍129支2670人；开展市级行政责任人培训1次、应急演练2次，培训演练500多人次。全年共启动防汛防台风应急响应15次，其中Ⅱ级应急响应2次、Ⅲ应急响应4次、Ⅳ级应急响应9次；召开防汛防风会议12次；派出工作组检查防汛防风工作30次；有效抵御6个台风、4个热带低压和6轮强降雨的袭击，实现全市无一处水库工程出险、无一起防汛安全责任事故发生。

【水土保持】2017年，海口市水务局新核发取水许可证3个，延续取水许可34个，封自备井29个，征收水资源费540万元。完成生产建设水土保持方案审批196宗、生产建设项目水土保持设施竣工验收90宗，征收水土保持补偿费1360万元。落实省水务厅下达的水土保持生态建设任务指标，完成海口美舍河国家级水利风景区评选工作，开展风翔公园水土保持科技园建设。

【水政监察】2017年，海口市水务部门共检查二次供水单位985家，清查欠缴污水处理费单位30家、欠缴水资源费单位13家。开展河道执法巡查164次，出动执法车（艇）183台次、执法人员802人次，与各区、相关部门及相邻县联合执法69次，取缔各种违法机具（采砂船、挖掘机、装载机、运输车等）80台。受理12345热线办件81件、来文来电办件94件，办结率和满意率100%。全年共立案9起，罚款18万元。

【节水管理】2017年，海口市水务局开展以“全面建设节水城市，修复城市水生态”为主题的节水宣传活动，开展计划用水超计划加价、水资源保护节约工作。完成节水建设项目规划报建213宗，施工备案129宗，竣工验收136宗，推广节水卫生洁具15万套。贯彻落实最严格水资源管理制度，完成国务院、省政府对海口市2016年最严格水资源管理工作考核，被评为优秀等级。6月14日，通过国家节水型城市第三次复查。

【松涛灌区海口水利工程管理】2017年，海口市松涛灌区水利工程管理处完成白莲东干渠至永庄水库5.5千米、黄竹分干至羊山水库35.5千米的清淤、清杂等工作，确保春耕生产用水正常。全年，松涛灌区完成供补水量9580万立方米；合理调度灌区补水用水，共补充农业用水2430万立方米，永庄水库生活用水4100万立方米，羊山和沙坡水库生态用水3050万立方米，确保灌区农业生产用水、生活用水、生态用水正常。

【南渡江引水枢纽工程管理】2017年，海口市南渡江引水枢纽工程管理处科学制订全年用水计划，保证南渡江灌区灌溉面积3866.67公顷农田全年的灌溉用水。全年农业灌溉用水量1000.8万立方米，帮助灌区大部分农田解决缺水干旱等问题，保证灌区的农业生产。龙塘水源保护站指派专人负责龙塘一级水源保护区范围日常巡查，及时清理水上漂浮物，重点保障城区原水供应。制订《海口市南渡江管理处防洪应急预案》，对闸门的启闭设备进行操作性检查，运行人员现场实地操作，发现问题及时处理，保证排洪工作顺利进行。实行汛期24小时值班制。第20号台风“卡努”期间，南渡江龙塘大坝上游水位高达8.72米，未超出警戒水位，超出坝面1.02米，为做好防风、防汛工作，值班人员每小时观测一次水位，为上级做好受灾地区人民群众的转移提供可靠的数据。

【永庄水库管理】2017年，海口市永庄水库管理所有效地组织协调从松涛水库补水4100万立方米，向永庄水厂供水4411万立方米，确保永庄水厂正常生产用水需求，为城市居民生活用水和工农业用水提供稳定保障。为保证永庄水库的水源水质安全，完善《海口市永庄水库饮用水源保护区环境污染事故应急预案》。加强保护区的巡查，共出动1048人次，及时打捞清理库区水面漂浮的垃圾杂物，严格控制原水供水指标合格率达到100%。制订《汛期值班管理制度》和《永庄水库安全防汛抗灾抢险应急预案》，有效防御4号台风“塔拉斯”、8号台风“桑卡”、19号台风“杜苏芮”，确保水库的安全渡汛，做到零损失。

（王冬青 黎莹莹）

城乡供电

【城乡供电概况】2017年，海口地区电网持续安全稳定运行。海口供电局全年化解电网风险18项、设备风险84项，未发生电网事故和较大及以上设备事故，设备事故和障碍总数比上年下降39.22%。电力设施被盗发案数下降54.32%，外力破坏导致的主、配网线路跳闸分别上升18.75%和100%。全年售电量73.54亿千瓦时，增长4.98%；固定资产投资9.55亿元；电费回收率100%。关键指标接近国内一流水平。客户平均停电时间17.88小时/户，降低55.2%，比国内一流水平12小时/户高5.88小时/户。第三方客户满意度79分，提升7分，比国内一流水平81分低2分。综合电压合格率98.704%，提升2.90个百分点，比国内一流水平99.2%低0.50个百分点。综合线损率4.32%，下降0.21个百分点，优于国内一流水平。海口供电局先后荣获海南省委、省政府“第五届海南省文明单位”、中国电力设备管理协会“第六届全国电力行业设备管理工作先进单位”、省国资委“先进基层党组织”“海口市2015—2017年文明单位”、南方电网公司“五四红旗团委”等76项荣誉。

【电网建设】2017年，海口供电局修编的《海口市“十三五”配电网规划》《海口电网跨越式发展规划》《海口市电力专项规划》通过市规委会审议，实现电网规划和市政各类规划无缝对接。编制完成国家批准的增量配电业务试点区域（美安科技新城和金鹿产业园）电力专项规划，并取得政府批复文件。高压电网方面，共取得支持性文件60份，电网前期工作计划完成率100%。中低压配网方面，完成800项10千伏及以下配网项目储备，项目总投资约6亿元，列入2017年投资计划650项、投资额约4亿元，有效解决配网线路低电压、重过载、安全隐患、报装受限等问题。工程建设全过程管控取得成效，开工计划、进度计划和结算计划完成率均达100%。年度电网建设目标顺利完成，完成投资9.55亿元，

海口供电局工作人员为农家装好电灯。摄于2017年 （海口供电局 供）

城区、城镇电缆化率从49.1%提升至57%；清理输配电线路走廊树障4.5万棵，完成2058个住宅小区用电安全检查。受阻多年的铁桥、江东、甲子等项目取得突破性进展，220千伏大英山#3主变扩建等9个输变电工程、508个配网项目相继投产。完成中心村112个配网项目、2个贫困村通动力电项目，实现18个特色旅游小镇双电源供电，全面解决美丽乡村124个用电质量等问题。完成基建项目工程结算24个（批次），金额7.27亿元，创历史最好水平。与海口市政府紧密沟通协调，有效解决项目青苗赔偿阻工问题，江东、永玉Ⅱ回、铁桥等项目顺利推进。

海口供电局利用无人机巡视线路并对可能影响线路运行安全的飘挂物进行喷火清除作业。摄于2017年10月16日　（海口供电局 供）

【供电安全生产】2017年，海口供电安全生产风险管理体系落地见效，完成839项风险防控措施，闭环管控134项电网风险，全年发生电力安全事件7起，下降53%。安全生产风险管理体系建设在全省率先通过南方电网公司“四钻”评审，220千伏大英山变电站被评为网级变电运行示范基地，实现海南电网“零”的突破。配网管理更加精细，10千伏公用线路故障率低于年度计划值，大坡所、演丰所配网主线零跳闸，配电中心成立后城区10千伏公用线路故障率同比下降15.6%。科技助力运维效率大幅提升，累计开展带电作业536次，增长41%。无人机小组协同巡检865千米，增加近40倍，节省输电运维人力近1/3。45条10千伏主线初步实现配网自动化，为中心城区停电“1小时”目标奠定坚实基础。海口电网在全省率先完成第一、第二批防风加固工程，有效提升电网抗风能力，抗击台风“鲸鱼”“彩虹”期间主网零跳闸、小区配电房无一因进水导致停电。

【电力供应】2017年，海口供电局电力供应风险管理水平再上台阶，在“杜苏芮”“卡努”等台风期间实现主网零跳闸、小区配电房零进水。定时发布保供电信息，实时把握保电工作动态。圆满完成十九大会议、博鳌亚洲论坛年会、文昌卫星发射特级保电，以及两会、党代会等129项、428天次保电任务，累计投入1752人次，出动应急发电车、电源车72辆次。

【行业用电】2017年，海口市完成售电量73.54亿千瓦时，增长4.98%。客户总数达35.52万户。其中，第一产业客户数1.27万户，全年用电量1.39亿千瓦时，占全部售电量的1.88%，增长13.43%；第二产业客户数1.32万户，全年用电量18.03亿千瓦时，占全部售电量的24.52%，减少4.08%；第三产业客户数3.10万户，全年用电量39.82亿千瓦时，占全部售电量的54.14%，增长9.63%。居民生活用电客户数29.83万户，全年用电量14.31亿千瓦时，占全部售电量的19.45%，增长4.33%。其中，城镇居民8.78万户，全年用电量9.19亿千瓦时，增长0.16%；乡村居民21.05万户，全年用电量5.12亿千瓦时，增长12.74%。

【供电节能减排】2017年，海口供电局投资1644万元建设电动汽车充电桩项目14个，有力支持海口绿色节能环保城市建设。持续贯彻落实海口市委、市政府节能降耗工作部署，在输配电业务中开展专业节能降耗工作，有效降低电力损耗。主动承担社会责任，定期在供电所召开大客户节能研讨座谈会，涵盖政府、部队、学校、医院、工业领域等不低于30家的大客户。在公共场所组织开展以“节能、低碳、环保”为主题的绿色宣传活动，大力推广节能技术和设备，深入开展节能减排服务，深化电力需求侧管理。有效推行节能诊断服务工作，走访了解工业、酒店、医疗等行业8家大客户，为客户出具详细的节能诊断报告，并协助上邦百汇城、大润发等6家节能潜力较大的客户探讨挖掘节能可行方案，为下一步促进客户实施节能改造项目打下基础。

【电力营销及管理】2017年，海口供电局电费回收率100%，实现全部电费颗粒归仓。供电服务流程大幅精简，高压报装审批用章由23个大幅简化至6个，高、低压客户报装时限分别大幅压缩51%、43%，远程报装占比95%。首次建立投诉倒逼机制，书记、局长每月入驻12345、95598热线现场办公，对客户投诉和媒体曝光事件实行销号式管理，全年投诉量下降87.5%。继续夯实营销基础，全年累计改造居民户表24.7万户，实现低压集抄全覆盖。以金花园小区为试点，探索建立起业主、政府、供电局三方出资共同整改“三无”小区用电安全隐患的新模式，为解决“三无”小区管理难题提供经验。完成甸昆小区等11个敏感小区双电源改造，堵塞客户安全管理漏洞。新区配网实施建设15户，缴费金额5000万元。演丰供电所、220千伏大英山变电站创建全省班站所规范化建设的标杆，为全面推行班站所规范化建设、提升精益管理积累宝贵经验。非现金缴费率完成99.96%，全年撤销11个营业站，共设立268个邮政便民缴费点，有5家供电所完全实现非现金缴费。加强线损过程管控，做到指标分解、预控、分析与考核，推进线损竞标，综合线损率完成4.32%，在全省供电系统中处于领先水平。

2017年海口供电局各供电所售电量情况表

供电所	售电量（万千瓦时）	供电所	售电量（万千瓦时）
龙华所	191383	云龙所	5080
美兰所	102813	红旗所	1785
秀英所	150062	三门坡所	7842
长流所	81320	大坡所	1803
琼山所	68635	旧州所	2406
灵山所	34791	新坡所	1822
演丰所	23162	东山所	4839
三江所	7680	石山所	30002
大致坡所	4127	龙桥所	15897

【供电科技创新】2017年，海口供电局以技能培训、技术攻关、成果应用等为重点拓展科技创新模式，鼓励基层首创精神，职工创新日趋活跃，劳模工作室创建工作成效显著。其中，“智能配电网运行与控制集成示范工程”荣获海南电网科技进步二等奖；“钟声”创新工作室获得实用新型专利6项，编撰全国高等教育规划教材1项，荣获南方电网生产技术精益管理铜奖等荣誉。“应用于接线端子的防锈喷涂装置”“一种新型变电检修用起重装置”“拉拔式环网柜电缆T型头拆卸器”和“一种多角度旋转接地棒”等一批创新成果应用于实际工作中，进一步提高了工作成效。“拉拔式环网柜电缆T型头拆卸器”缩短电缆线路抢修复电时间近一个小时，为客户和供电企业创造良好的经济效益和社会效益。

【小区抄表到户】2017年，海口供电局投资1.9亿元对海口25.54万户居民电表进行升级改造，实现全市低压集抄全覆盖，为打造海口智能电网奠定基础。小区抄表到户工作稳步推进取得阶段性成效。严格按照配套收费政策《海口市新建住宅小区抄表收费到户供配电设施建设及维护收费标准》要求对新建居民住宅小区实施抄表收费到户建设，确保小区抄表到户改造依法依规有序开展。

【有序用电】2017年6月，海口市出现持续高温天气，空调等防暑降温设备用电负荷飙升。受此影响，部分地区供电设备故障导致停电。其间，海口电网共有1条110千伏线路、12台主变以及41条配网线路过负荷运行。台区重过载102台，台区低压主线重过载160条。府城、海垦、国贸等片区由于设备过载严重且无法转供，只能采取错避峰用电。海口供电局为应对停电事件，及时制定整改方案和近、中、远期整改措施123项，全部明确整改时限和责任人；落实资金，紧急立项安排新建82个台区项目和8个10千伏配网线路项目计划解决台区和线路重过载问题，协调相关部门加快项目建设和投运。至年底，上述紧急项目全部完成。

【抢修复电】2017年，“卡努”台风来袭，海口供电局按照市三防办的部署要求，及时跟踪气象和水文信息，研判台风趋势并发布预警，及早部署“灾前防、灾中守和灾后抢”的各项工作措施，全面排查设备安全隐患，

2017年6月3—4日，海口遭遇罕见的持续高温天气，供电工作人员及时派人开展抢修复电工作 （海口供电局 供）

开展输配电线路树障清理（完成21条线路走廊清理工作，共清理树障2.72万棵），加固杆基及修复受损拉线，做好低洼变电站的排水防涝工作，组建应急队伍共38支810人，车辆98辆，清点、完成3388.4万元应急物资储备工作。灾前各项准备工作井然有序，为科学有效应对台风灾害，最大程度减少灾害影响提供保障。启动I级台风响应后，海口供电应急指挥中心与海口市三防办和海南电网公司应急指挥中心互联互通，各级人员24小时轮流值班，主要领导及职能部门负责人划片区驻点督战协调、赶赴抢修复电一线靠前指挥，运用微信、QQ等即时通信平台实现受灾信息共享、队伍调配、物资需求传递等工作高效运转，确保抢修复电工作可控在控。抢修复电工作中，在保证安全的前提下，调集12支共115人的抢修队伍连夜巡查停运线路故障点，赶在天亮前抢先恢复因强风造成停电的9238户用户，台风过后共计修复7条10千伏主线，41条10千伏支线、145个公变台区，确保海口市停电区域及时恢复用电。

（陈庭军）

民生供气

【管道燃气管网建设】 2017年，海南民生管道燃气公司在海口管道天然气管网及配套工程上累计投资9.83亿元，其中管网资产9.42亿元，管网总里程约1530千米。燃气管网覆盖海口市主城区的90%，东抵桂林洋高校区、西达粤海大道、南至云龙产业园、北到海甸岛碧海大道。加快推进乡镇燃气管道铺设，与镇墟改造同步实施。演丰镇、云龙镇、长流镇、灵山镇实现通管道天然气；龙塘镇、新坡镇、三江镇、大致坡镇、大坡镇进入管道施工阶段；龙塘镇配合道路施工完成管道铺设600米，新坡镇完成450米，三江镇完成1600米，大致坡镇完成2085米，大坡镇完成500米。

【管道燃气供应】 2017年，海南民生管道燃气有限公司天然气供应能力2.2亿标准立方米/年；居民用户合同签约户数近50万户，工商用户超过2500户。管道燃气销售量1.31亿标准立方米，比上年增长10%；管道燃气居民新用户3.86万户，减少11%。

【瓶装液化气供应】 2017年，海口市瓶装液化气总储气能力2848吨，供气总量1.3万吨，用气人口48.37万人，其中居民家庭11.86万户，年销售气总量1.3万吨。瓶装液化石油气实现乡镇全覆盖。各乡镇建成二级瓶装液化石油气充装站20家，三级瓶装网点约100家，瓶装液化石油气基本实现气化全覆盖。

【气源供应】 2017年，海口管道燃气气源构成主要为：中海油东方及乐东天然气、中石油福山管输天然气及其他非管输高价气源。总供气量约1.35亿标准立方米，增长9.64%。其中，中海油东方天然气及乐东天然气全年供气量9551.8万标准立方米，增长14.18%；福山气天然气供气量2897.8万标准立方米，增长5.13%；其他高价气源（液化石油气、液化天然气、压缩天然气）供气量1054.9万标准立方米，增长80.69%。

【管道燃气安全用气管理】 2017年，海南民生管道燃气有限公司采取日常不定期安全抽查和重大活动及节日前安全专项大检查等形式，深入一线对安全生产工作情况进行监督检查。全年组织春节、3月博鳌亚洲论坛年会、6月“安全生产月”、中秋节、国庆节、党的十九大召开前、12月岁末年初等时间进行管道燃气安全大检查，下发《安全隐患整改通知书》39份，完成451个整改项目，同时建立隐患整改动态跟踪管理台账，实时跟踪每项隐患整改情况。组织各类安全教育及技能培训167期，进社区进行安全用气宣传7次，安检用户15.48万户，增长6%，发现并处理安全隐患5.59万户次。全年处理漏气用户4168户，更换燃气表调压器1.28万户次，对存在严重腐蚀的331户户内支管和存在安全隐患的2043户表前阀进行技术改造。对49家学校食堂和85家工业用户燃气报警器系统进行检查并督促整改。开展候鸟用户小区安全员培训工作，加大候鸟用户小区（主要是智能表小区）的安检工作。全年完成6943户次的安检工作，发现隐患全部处理完毕，举行2期用户端安全员培训，近150个小区和单位用户的安全员参加。

2017年海南民生燃气公司各气源供应情况表

气源种类	福山气	中海油	深南管输LNG	神州CNG	新星CNG	LPG调质	LNG（二厂）	盈气	合计
气量（万Nm^3）	2897.8	9551.8	150.7	135.6	182.7	575.4	11.0	-0.47	13504.5
占总量比例（%）	21.46	70.73	1.12	1.00	1.35	4.26	0.08	0	
与上年比较（%）	5.13	14.18	-35.22	-12.74	6.15	-8.99	-13.35	-95.53	9.64

【安全用气管理】2017年，海口市城管委定期组织燃气行业联合安全检查，特别是在春节、博鳌论坛、党代会、国庆节等重要活动时期，组织开展专项检查。全年共检查38家二级液化石油气充装站和汽车加气站，发现隐患53宗，均全部整改完毕。开展燃气黑网点专项整治，查获93家燃气无证经营网点，查扣5188个燃气瓶。落实国务院安委会安全生产巡查发现问题整改，并将整改情况上报市安委办。制定《海口市高层建筑燃气设施、广告设施消防安全综合治理工作实施方案》，开展高层建筑消防安全综合治理。编制海口市燃气设施安全风险分布图，制定燃气安全风险等级辨识，明确风险等级内容，绘制企业安全风险空间分布图等内容，以及燃气应急储备体系和应急预案。

（朱珮珮）

国土资源管理

【国土资源管理概况】2017年，海口市国土资源局落实省国土资源厅“暂停二级市场交易”政策，全面清理整顿土地二级市场，规范二级市场交易，避免恶性囤地炒地行为。完成市域5.4万公顷永久基本农田划定及宣传培训工作；报批土地831.93公顷，保障美兰国际机场二期、美安科技新城一期等重大基础设施和省市重点项目；上缴市财政土地收益130.31亿元，追缴出让金6.45亿元（追缴金额率82.17%）；清理管护海口市储备地近0.6万公顷，完成全市282宗2053.33公顷闲置土地处置，处置率93.38%；加强土地供后监管，建成土地供后动态信息监管系统并投入运行；落实2017年例行督察发现的875个问题的整改，整改率98.74%；完成《海口市（2016—2020）矿产资源规划》编制和海口民航航线俯视区矿坑修复范围内12个矿坑（面积612.87公顷）中316.87公顷的复绿工作。

【国土规划】2017年，海口市国土资源局配合《海口市总体规划（空间类2015—2030）》的编制，在推进划定永久基本农田控制线、生态保护红线和城市开发边界基础上，保障落实重点民生项目用地，编制完成中心城区建设用地布局调整方案。跟踪落实海口市总体规划开发边界内拟核减国有发证建设用地核查工作；完成海口市总体规划与土地规划调整完善差异存在问题的梳理工作。推进镇级土地利用总体规划调整完善工作。市中心城区外16个镇中，龙桥等5个镇完成规划调整并备案实施；新坡等3个镇的规划获市政府批复，正按规定组织材料上报省国土资源厅备案实施；石山等5个镇的规划待市政府批复；大坡等3个镇的土地利用总体规划调整完善方案完成专家论证会、听证会及公示。中心城区内，长流等6个镇完成专家论证会、听证会，并完成批前公示工作。

【土地储备管理】2017年，海口市国土资源局通过征收、收购、置换收回等方式收储入库土地72宗，面积1244.07公顷；办理土地出库63宗，面积245.07公顷。开展储备库数据清理和系统升级改造，实现基本信息的快速检索、查询，数据库准确率进一步提升。制定《海口市国土资源局储备土地巡查管护和临时利用工作管理规定》报市政府审定，委托市属国企对储备地进行巡查管护，在摸清占用情况的基础上，将59块储备地（面积186.67公顷）的违建情况，分批次报市政府批转各区政府进行拆除和清场。筛查出一批约333.33公顷具备开发、利用潜力的土地并加强管护。

【土地资源信息化建设】2017年，市国土资源局以“一张图”为核心，构建土地资源信息化建设体系。开发完成土地供应动态监测管理系统、存量国有建设用地清理处置建库、存量建设用地“一张图”成果展示等业务系统，并在原有的业务系统上进一步改版、升级完善。

【土地交易】2017年，海口市国土资源局组织出让土地32宗，面积110.54公顷，成交价款72.66亿元；划拨土地20宗，面积37.97公顷，成交价款37.97亿元；增容及改变土地用途417宗，面积106.19公顷，成交价款12.56亿元；办理土地转让46宗，面积80.07公顷。

【土地经营】2017年，海口市国土资源局加大力度协调推进南片区、金沙湾一级开发和招商工作。对南片区一期项目B05、B06等多个地块进行地上附着物清除、土地平整，为储备地供应奠定基础；促成华侨城项目在南片区成功落地，积极为雅居乐公司项目落地金沙湾片区提供服务。对储备地临时租赁业务全面清理，进一步严格和规范储备地临时租赁工作。

【土地评估】2017年，海口市国土资源局组织评估单位实施城市地价动态监测工作，按时完成土地挂牌评估及重点项目评估工作，落实棚改项目地价评估工作，确保在时间节点内完成，全年土地评估备案363宗。

【地价管理】2017年，海口市国土资源局组织评估单位实施城市地价动态监测工作，完成全年度地价动态监测数据成果，上报国土资源部。开展基准地价更新工作报省国土资源厅审查，组织编写的基准地价成果涵盖海口市主城区范围及主城区外16个镇区，对商服用地、住宅用地、工矿仓储用地及非政府投资公共服务项目用地等土地级别和基准地价进行修正。

【土地整理与复垦】2017年，海口市国土资源局南渡江流域土地整治重大工程（共27个子项目）新增完工项目4个，累计完工19个（其中竣工验收11个）。21个耕地开垦（复垦）及旱改水耕地提质项目，项目区总面积1659.47公顷，预计新增耕地1215.47公顷（水田593.47公顷，旱地及水浇地622公顷），改造水田面积155.33公顷，投资预算（估算）3.09亿元。年内进场开工15个，完工2个（竣工1个）。

【土地征用及供应】2017年，海口市共签订征地协议面积704.47公顷，全年度土地收益上缴市级财政130.31亿元。按年度国有建设用地供应计划和商品住宅建设用地供应计划，供应商业住宅用地面积84公顷，下降26.63%。

【地籍管理】2017年，海口市国土资源局推进农垦改革工作中的土地权属纠纷调处工作，开展红明等4个农场确权发证212公顷，调处红明农场土地权属纠纷案件2宗，面积9.67公顷； 启动桂林洋农场与周边村庄29.33公顷土地争议调处工作，完成现场指界测量、盖章、确认、收集证据材料等工作。编制《海口市棚户区（城中村）改造项目土地确权工作方案》，明确棚户区（城中村）改造范围内土地所有权和使用权的归属。解决商品住宅小区土地确权问题。随着不动产统一登记工作的开展，没有办理土地登记小区的问题逐渐凸显，年内共办理土地确权90宗，解决90个小区的遗留问题，使这些业主能够顺利办理不动产登记业务。根据不动产登记要求，办理12个开发项目土地合并变更登记手续，为小区业主办理分摊登记做好服务。

【不动产登记】2017年，海口市不动产统一登记工作目标是“完善规范和接入平台”。市国土资源局秉承规范与创新精神，将工作重点转向规范与深化服务。通过优化流程、减少环节、压缩办件时限，将47项不动产登记办件时限从法定的30个工作日进行二次分类压缩，总体压缩率67%。为优化营商环境，便利企业和群众办事，市国土资源局开通预约服务、绿色通道、自助服务、上门服务、延时服务、邮政送证等便民利民措施，提高办事效率。从部门衔接、政策执行、办事效率、登记能力、历史遗留问题5个方面排查不动产登记“中梗阻”问题，研究解决历史上分散登记时的遗留问题；加快数据整合，按照信息平台建设规范和标准，接入省国土资源厅及国家信息平台；与市住建局协调，推进信息协同共享及登记档案移交工作，同时与税务部门建立查询共享，推进海口房产交易涉税平台的上线，此外，创新“互联网+政务”改革，推进市科工信局的椰城市民云平台的不动产登记信息查询共享。市国土资源局坚持“始于群众需求，终于群众满意”为工作导向，以争创“全国百佳不动产登记便民利民示范窗口”为契机，全面推进不动产登记规范化建设。全年共受理各类不动产登记业务20.70万件，完成登簿19.68万件，办结率95%。颁发《不动产权证书》11.91万本、《不动产登记证明》10.36万份；开具不动产登记查询利用证明19.34万份；为组织部门、教育部门等及全省各市县不动产登记中心核查房产6.31万人次；累计完成房地关联及编制不动产单元编码84.43万套，房地关联率51.16%，接入国家信息平台5.81万条。

【土地调查】2017年，海口市国土资源局完成海口市2016年度土地利用现状变更调查工作，并将相关数据成果报国土资源部备案后发布实施。根据2016年海口市土地利用现状变更调查成果显示，海口市土地总面积22.89万公顷，其中建设用地面积4.91万公顷，农用地面积16.6万公顷，其他土地面积1.39万公顷。

【耕地保护】2017年，海口市国土资源局划定城市周边永久基本农田7120公顷，全域永久基本农田5.40万公顷。新增设永久基本农田保护牌200块、宣传牌200块、界桩1042支，同市、区、镇、村签订责任书282份，填写发放农户责任卡8.88万张。12月组织开展基本农田和耕地保护专项培训活动，培训区、镇、村干部1200余人，发放宣传材料2500余份，挂图200余份。

【高标准农田建设】2017年，海口市高标准农田投资建设任务共6个，总面积1273.33公顷，总投资0.84亿元。年内建成1140公顷，完成投资0.65亿元。完成2015年度耕地质量等别更新评价与监测工作，成果通过验收并报省国土厅备案；2016年度耕地质量等别更新评价与监测工作正在开展中。

【重点项目用地保障】2017年，海口市国土资源局通过优化审批流程、压缩审批时限的超常规做法，做好项目用地审批工作，共办理椰海大道地下综合管廊监控中心等92个项目用地预审，为企业降低建设成本，创建良好的社会投资环境。年内，海口获批建设用地总规模831.93公顷。其中，美兰国际机场二期扩建工程项目用地576.33公顷，海口市2014—2016年度城市批次实施方案11个批次用地165.13公顷，2017年例行督察整改7个项目70公顷，中心城区外4个项目用地20.47公顷。主要保障江东大道二期、琼山大道延长线、美安科技新城一期、长影100项目、美安综合物流园、桂林洋热带农业公园、观澜湖等省市重点项目用地。年内，向省国土资源厅申请调剂耕地占补指标，省国土资源厅同意从昌江县叉河镇老羊地村土地开发整理项目、东方市感城镇不磨村耕地开垦项目等省级耕地指标中调剂83.33公顷，专项用于落实海口市美安科技新城等2017年度例行督察急需整改办理用地报批手续建设项目占用耕地的先补后占，保障项目用地及时落地。

【闲置土地清理处置】2017年，海口市国土资源局清理存量国有建设用地810宗，合计3653.33公顷。其中，疑似闲置土地311宗2106.67公顷中完成处置282宗2053.33公顷，处置率93.38%；疑似低效用地70宗194公顷，通过发送竣工提醒和督促项目竣工，全部完成处置；属于已开发用地有429宗1353.33公顷。在减少存量的同时严控增量，建成土地供后动态信息监管系统并投入运行，实现开工竣工提醒功能，加强土地供应后的规范化管理，减少新增闲置土地。

【土地测绘】2017年，海口市国土资源局完成验收数字海口地理空间框架建设项目，完成政务版、公众版服务器的安装；完成并接收国家第四期航空航天遥感影像获取计划（海口测区）的航摄工作成果；基本完成全市网格地图更新项目和测绘基准升级改造项目并通过质量检查待验收。全年完成地籍调查业务993宗；完成日常宗地测量2992宗及专题图编制11375幅；完成不动产落宗落幢测量4928宗；完成农宅报建（含危房改造）测量1930宗；完成2016年度土地变更调查与遥感监测图斑外业测量及内业制图4369个；完成2016年度土地卫片执法图斑外业测量及内业制图2551个；完成2017年全天候遥感监测一、二期图斑外业测量及内业制图905个。

【矿产资源管理】2017年，海口市国土资源局完成《海口市（2016—2020）矿产资源规划》编制初稿。办理石料矿出让6宗，成交价款3437万元，资源储量1234.48万立方米。采取清理石料、回土填埋、种植富贵竹、撒草籽等方式，修复复绿海口民航航线俯视区矿坑366.72公顷，完成总体工作量的60.12%。

【地质公园管理】2017年，海口市国土资源局完成雷琼世界地质公园扩园规划编制工作，将原379平方千米调整为3050平方千米，构成一个单一、完整的公园边界，并联合湛江市完成公园规划初稿；准备雷琼世界地质公园扩园申报评估迎检工作，通过联合国教科文组织世界地质公园网络执行局的评审。雷琼世界地质公园经国土部评估并命名为“国家国土资源科普基地”。加强地质遗迹保护，协调辖区政府依法打击公园范围内7家非法采挖点和7处非法加工点；核查地质公园范围内194宗土地的发证、现状、权属、疑似闲置等情况并依法处置。

【地质灾害防治】2017年，海口市国土资源局落实措施做好地质灾害防治，牵头起草编制《海口市2017年汛期地质灾害防治方案》《防台风和强降雨应急预案》《美舍河凤翔公园段边坡崩塌地质灾害隐患治理实施方案》等文件，在台风、强降雨期间，分三级启动防台风和强降雨等地质灾害应急预案的防治工作。协调指导海口市秀英区丘海一横路南侧等6处地质灾害隐患点的防灾工作。

【土地执法监察】2017年，海口市国土资源局组织2015年、2016年土地例行督察后续整改工作，所涉及67个问题完成整改39个。组织2017年例行督察发现875个问题整改工作，完成整改864个，整改率98.74%。组织2016年度土地卫片执法检查发现5615宗违法用地查处工作，其中立案查处191宗，非立案处理5424宗。对2016年度矿产卫片执法发现11个违法图斑进行查处移交，罚没款53.10万元全部收缴到位并结案。

（陈　宇）

海洋管理

【海洋管理概况】2017年，海口市海洋和渔业局围绕省委省政府建设海洋强省战略目标，合理开发利用海洋资源、有效保护海洋生态环境，全力推动区域用海项目建设，保障重点项目用海需求，强化海洋综合管理，开展海域岸线领域突出问题专项治理，加大海洋执法力度，提升海洋环境监测能力，为海洋经济发展保驾护航。全年开展海洋执法巡查检查120次，派出执法人员300余人次，完成海岛巡查4批次；责令整改违规占用海岸带问题27件，立案31宗，撤案2宗，19宗下达处罚决定书，18宗完成缴款共3821.29万元。全市海洋产业生产总值497.7亿元，比上年增长66.62%。

【海域管理】2017年，海口市海洋和渔业局受理项目海域使用权申请17宗，海口市本级批准海域使用面积1.69公顷，颁发不动产权证书2宗，报请省海洋与渔业厅审批如意岛三期（15个单个项目）进入审批阶段。依法办理海口丹娜国际游艇都会游艇码头工程项目海域使用权人变更，组织海口丹娜国际游艇都会游艇码头工程项目竣工海域使用验收工作。全年征收海域使用金51.1万元。开展海口市东海岸海洋牧场构建与示范项目的前期工作。对海口市如意岛三期、南海明珠二期、海口港新海港区客货滚装码头等在建重点围填海项目进行地面跟踪监视监测，实现海域使用监管动态化。

【如意岛填海项目】位于海口市江东片区北侧海域，铺前湾白沙浅滩内，距离陆地岸线约4.4千米，距美兰机场约17千米，距海口市中心约14千米。项目总投资约150亿元。至2017年12月底，如意岛填海工程完成全部沉箱预制共1112个，沉箱安装1042个，安装完成率94%；形成护岸结构总长19.3千米，占围岸线总长20千米的96.5%；吹填形成陆域面积约260公顷，累计完成投资约16亿元。

【海洋环境保护】2017年，按照中国海警局工作部署，海口市海洋和渔业局制定《海口市2017年海洋工程环境保护执法示范建设工作实施方案》《海口市打击危害海洋生态环境专项整治方案》《海口市打击非法采挖海砂专项执法行动实施方案》，成立工作领导小组，加强对如意人工岛、铺前大桥、南海明珠大桥海洋工程项目和海洋倾废项目监管。开展海洋环境

2017年9月25日，海口市海洋环境监测中心工作人员对入海近岸主要陆源污染源进行摸底调查 （市海洋和渔业局 供）

保护执法检查35次，查处海上非法采砂破坏海洋生态环境案16宗，查处海洋非法倾废案1宗，组织相关部门拆除5个非法装卸码头。按照《海口市2017年海洋工程环境保护执法示范建设工作实施方案》要求，加强对海砂开采、海洋倾废等损海行为的督管，有效保护海洋环境。

【海洋环境监测】2017年，海口市海洋和渔业局加强重点区域海水水质监测力度。制定《2017年海口市海洋环境监测工作方案》，邀请行业内多名专家参加评审，加强对陆源入海排污口邻近海域、东寨港海洋生态脆弱区、滨海旅游度假区及重点围填海工程项目的监测力度，编写发布海洋环境监测通报58期。做好海域使用动态监视监测。制定《2017年海口市海域动态监视监测管理系统工作方案》，完成海口丹娜国际游艇都会游艇码头工程项目、海口港新海港区新增用海项目、海口如意岛区域用海规划一期项目（14个子项目）等海域使用动态竣工验收监视监测报告16期；完成海口市东海岸如意岛跨海大桥项目、海口丹娜国际游艇都会游艇码头工程项目等在建围填海项目地面监视监测报告15期，疑点疑区用海项目监测报告2期，海口碧海大道西延长线工程项目违法用海核查报告1期，总计发布海域动态监视监测报告34期。

【成功申报第二批海洋经济创新发展示范城市】2017年，按照《财政部办公厅 国家海洋局办公室关于组织申报“十三五”期间第二批海洋经济创新发展示范城市的通知》精神，海口市海洋和渔业局组织编制“十三五”海洋经济创新发展示范工作实施方案，将依托南海的区位优势和丰富的热带海洋生物资源，整合全省乃至全国海洋科技创新集成要素，大力发展海洋战略性新兴产业，以海洋生物、海洋高端装备为主攻方向，重点构建6条产业链，包括智慧海洋观测/监测/探测装备产业链、海水养殖装备产业链、海水淡化与综合利用产业链、热带海洋生物医药产业链、热带海洋功能食品产业链、热带海洋生物制品和工业原料产业链。6月13日，国家海洋局、财政部正式批复，海口成为“十三五”第二批海洋经济创新发展示范城市，海口市申报的24个项目全部入选，其中18个项目被评为A类、6个项目被评为B类。

【试行“湾长制”】2017年7月，海口市设立市湾长办公室，隶属于市海洋和渔业局，为正科级公益一类事业单位，承担“湾长制”工作领导小组日常工作，分解落实“湾长制”工作任务，协调解决“湾长制”推进工作中的重点难点问题。10月10日，海口市获批成为全国首批“湾长制”试点地区。11月21日，印发《海南省海口市“湾长制”试点工作方案(2017—2019)》，由市委书记和市长任双总湾长，建立市、区、镇（街道）三级湾长体系，明确23个成员单位职责；成立“湾长制”工作领导小组，市四套班子领导任组长，负责“湾长制”工作的策划实施、宣传和督促考核，并设立市、区两级“湾长制”领导小组办公室。制定《海口市“湾长制”规定》《海口市海岸带保护与利用规划》《海口市“湾长制”试点工作督查考核细则》等16项制度，通过实施西海岸海湾整治与生态修复项目、海口海湾生态环境本底调查、海洋生态环境在线监测系统等26个工程项目，有效改善海洋环境质量，提升海洋生态服务功能，美化海岸景观，强化海洋防灾减灾能力，引导建立适度有序的海湾空间布局体系和绿色循环低碳的海洋产业布局体系。

【海南海洋产业联盟成立】为实现重点海洋产业创新和集聚，促进政产学研交流合作、资源共享，科学合理开发利用海洋资源，2017年12月29日，在海口市政府和有关部门的推动下，海南海洋产业联盟正式成立，标志着全省涉海“政产学研用”单位实现抱团发展、集聚发力，推动海南省特色海洋产业体系的建设，为海洋经济创新转型提供强大动力。海南海洋产业联盟将着力打造五大平台，全方位助力海南海洋强省建设：“交流合作平台”，联盟成员单位之间将实现情报共享、技术交流、产品共营、市场共达、产业共发展、金融互惠等，推动产业链上下游合作和区域协调发展；“成果转化平台”，通过召开科技成果发布会、进行创业创新路演、申报国家重要科技进步奖、承接国家重大科研课题重大项目等方式促进海

2017年12月29日，2017海南省海洋产业发展论坛暨海南海洋产业联盟成立大会召开。图为联盟副理事长单位授牌并合影 （市海洋和渔业局 供）

洋信息、海洋生物等重点领域的技术研发和成果转化；“智库服务平台”，发挥联盟高校、科研机构及专家委员会的智囊作用，对联盟及国内外涉海项目进行科学论证、评审，组织对重要涉海课题、行业热点开展专题研究和交流，为地方海洋经济发展建设提供参考和依据，开展行业专业人才教育培训等服务；“招商引资平台”，发挥联盟的资源优势，建立联盟项目库，积极对接适宜海南发展的行业企业，大力发展海洋新兴产业，促进海洋产业迈向全球价值链中高端，实现海洋经济向质量效益型的转变；“政商对话平台”，构建涉海企业与政府部门有效沟通的桥梁，促进项目便捷落地，解决企业实际困难。

【国家海洋专项督察】2017年8月21日至9月21日，国家海洋督察组（第六组）进驻海南。其间，全省共受理群众举报件175件，其中海口市收到交办件34件（海河水体污染问题12件、围填海项目问题8件、养殖污染问题5件、海岸带违建问题4件、涉海项目影响渔民生计问题4件、渔港卫生问题1件），占全省19.4%。至9月30日，全部办结，办结率100%。专项督察期间，全市共责令整改违规占用海岸带问题27件，立案处罚3件，罚款23万元，集中解决一批群众关注的重点、难点问题；对全市无证水产养殖业主下达《责令改正通知书》113份；约谈规模化养殖单位2家，拆除东寨港红树林保护区生态红线内渔排网箱1535口、网箱575口，面积1.50公顷；对4个单位案件办理工作进行督办，诫勉谈话18人、书面检查3人、提醒谈话1人。此外，编发《海洋专项督察工作简报》37期，第一时间在市政府门户网站或各单位门户网站公开34件案件办理情况，在《海南日报》《海口日报》、海口广播电视台等主要媒体刊发或播出有关报道131篇，为海口市海洋督察工作顺利开展营造良好的舆论氛围。

【海洋执法】2017年，中国海监海口市支队加强海洋管控，重点加强海域使用、海洋环境监督执法，全年开展海洋执法检查315次。出动执法船艇巡航70航次，共140航时，航程1000海里；出动执法车辆210车次，派出执法人员300人次，监督跟踪检查各类涉海项目2个，海岛巡查4批次，做到每月对近岸海域进行一次以上全面巡查，用海项目检查覆盖率100%。全年立案20宗，撤案1宗，19宗下达处罚决定书，其中18宗共缴罚款3821.29万元，结案率95%，所办案卷没有出现行政复议、变更处罚决定和行政诉讼情况。加强和上级海监部门、海事处、交通港航、工商联合执法，开展联合执法行动20次，出动执法车辆20次，派出执法人员60人次，检查用海项目2个，海岛3个，有效促进规范用海。开展海岸线专项执法行动，专项执法与市12345热线办理相结合，及时反馈实时情况，做好海岸线修复工作。

（张德利）

环境保护

【环境保护概况】2017年，海口市坚持以改善环境质量为核心，以迎接中央环保督察为抓手，各项工作取得积极进展。空气环境质量持续保持优良，在74个直辖市、省会城市、计划单列市中排名第一。地表水水环境质量总体状况良好，国控断面、城市集中式饮用水源地均达到或优于相应的功能区划类别（控制目标），市控近岸海域水质达标率92.86%，主要江河、湖库水质总体良好。声环境质量符合国家标准，四类噪声功能区昼间等效声级均达到相应指标要求。各项环境保护考核成绩优异，市生态环保局在生态省建设、全省水污染防治工作、绩效考核、依法行政考核中均获评优秀，先后被评为“全国环境保护系统先进集体”“环保部2015—2017年环境信访工作中表现突出的集体”“海南省2017年环境执法大练兵先进集体”等。

【大气环境质量】2017年，海口市环境空气质量继续保持优良水平，有效监测天数365天，其中环境空气质量指数（AQI）一级优天数261天，二级良天数91天，超二级天数13天，环境空气质量优良率（AQI≤100的天数）96.4%。全市二氧化硫（SO_2）、

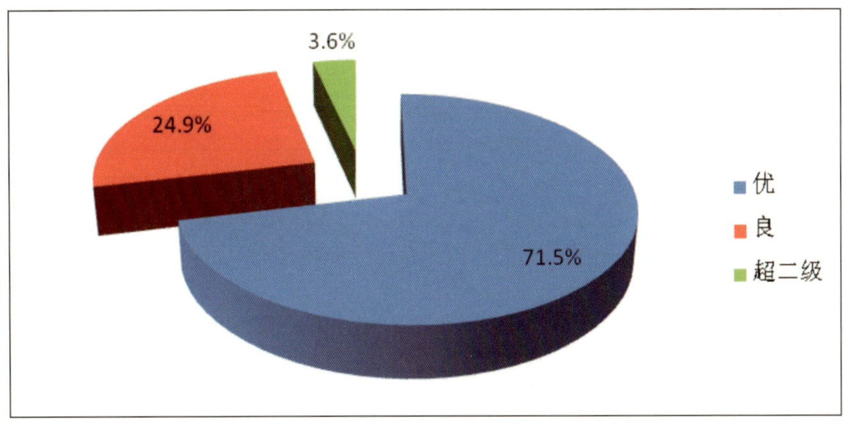

2017 年海口市空气质量级别分布示意图

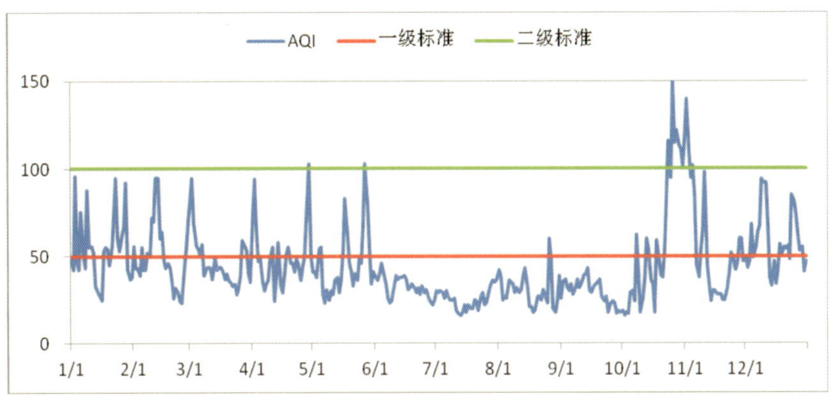

2017 年海口市环境空气质量指数（AQI）值变化趋势图

二氧化氮（NO_2）、可吸入颗粒物（PM10）和细颗粒物（PM2.5）平均浓度分别为 6 微克 / 立方米、12 微克/ 立方米、37 微克 / 立方米和 20 微克 / 立方米。一氧化碳（CO）24小时平均第 95 百分位数是0.8 毫克 / 立方米；臭氧（O_3）日最大 8 小时平均第 90 百分位数是 127 微克 / 立方米。

注：AQI（空气质量指数），0～50 为一级（优），51～100 为二级（良），101～150 为三级（轻度污染），151～200 为四级（中度污染），201～300为五级（重度污染），>300 为六级（严重污染）

【水环境质量】2017 年，海口市水环境质量总体良好，南渡江龙塘段、永庄水库等城市集中式饮用水源地水质，国家控制的水质监测断面水质和近岸海域海水水质达标率均 100%。（1）集中式生活饮用水水源地。其中，城市集中式生活饮用水水源地监测点位分别为龙塘水厂、永庄水库和秀英水厂，龙塘水厂、永庄水库 109 项地表水源水质指标和秀英水厂 39

2017 年海口市典型乡镇和农村集中式饮用水水源地达标情况统计表

序号	类别	典型乡镇和农村集中式饮用水水源地名称	达标情况
1	地表水	海口市凤潭水库饮用水水源地	达标
2		海口市东山镇岭北水库水源地	
3		海口市新坡镇地表水饮用水水源保护区	
4		海口市琼山区东昌农场白石溪河水源地	
5		海口市甲子镇九尾水库饮用水水源地	
6	地下水	海口市龙华区新坡镇光荣村地下水型水源地	不达标
7		海口市永兴镇地下水型水源地	
8		海口市遵谭镇地下水型水源地	
9		海口市红旗镇地下水型水源地	
10		海口市旧州镇地下水型水源地	
11		海口市西秀镇地下水型水源地	
12		海口市石山镇地下水型水源地	
13		海口市龙泉镇地下水型水源地	
14		海口市龙桥镇地下水型水源地	
15		海口市龙塘镇地下水型水源地	
16		海口市三江镇地下水型水源地	
17		海口市演丰镇地下水型水源地	
18		海口市云龙镇地下水型水源地	
19		海口市美兰区灵山镇东和村地下水型水源地	

2017年海口市国控、省控、其他河流达标情况统计表

序号	水体类别	断面名称	水体功能区划类别/控制目标	水体现状	超标因子	水体评价
1	国控断面	儒房渡口	Ⅱ类	Ⅱ类	无	达标
2		农垦橡胶所一队				
3		后黎村	Ⅲ类	Ⅲ类		
4		龙塘				
5		演州河				
6	省控断面	群益村	Ⅲ类	Ⅲ类	无	达标
7		巡崖村				
8		福美村	Ⅱ类	Ⅲ类	总磷	超标
9	其他河流	昌旺溪	Ⅲ类	Ⅳ类	溶解氧、高锰酸盐指数、化学需氧量	超标
10		铁炉溪	Ⅲ类	Ⅳ类	化学需氧量	
11		三十六曲溪	Ⅲ类	Ⅳ类	溶解氧	
12		演丰东河	Ⅳ类	Ⅳ类	无	达标
13		演丰西河	Ⅳ类	Ⅳ类		
14		罗雅河	Ⅲ类	Ⅴ类	溶解氧	超标
15		荣山河	Ⅳ类	劣Ⅴ类	氨氮总磷	
16		芙蓉河	Ⅳ类	Ⅴ类	氨氮、总磷	

2017年海口市近岸海域水质达标情况统计表

序号	点位名称	功能区划/控制目标	水质现状	水质评价	超标项目
1	东寨港红树林	Ⅱ类	Ⅳ类	超标	活性磷酸盐
2	海口湾旅游度假区	Ⅱ类	Ⅱ类	达标	无
3	假日海滩	Ⅱ类	Ⅱ类		
4	桂林洋	Ⅱ类	Ⅱ类		
5	三联村	Ⅱ类	Ⅱ类		
6	寰岛海滩	Ⅲ类	Ⅱ类		
7	荣山寮	Ⅲ类	Ⅱ类		
8	海口湾	Ⅱ类	Ⅱ类		
9	秀英港	Ⅲ类	Ⅲ类		
10	粤海铁路南港	Ⅳ类	Ⅱ类		
11	海口倾废区	Ⅳ类	Ⅲ类		
12	天尾角	Ⅱ类	Ⅱ类		
13	铺前湾	Ⅱ类	Ⅱ类		
14	新海港区	Ⅳ类	Ⅳ类		

2017年海口市4类声环境功能区环境质量

类型	功能区	昼间平均等效声级/dB（A）	标准
			昼间/dB（A）
1类区	居住文教区	49.2	55
2类区	居住、商业、工业混杂区	54.4	60
3类区	工业区	60.5	65
4a类区	交通干线两侧区域	66.4	70

项地下水源水质指标分别达到《地表水环境质量标准》（GB 3838—2002）Ⅲ类标准和《地下水质量标准》（GB/T 14848—93）Ⅲ类标准，达标率100%；典型乡镇和农村集中式饮用水水源地监测点位共19个（地表水型水源地点位5个，地下水型水源地点位14个），5个地表水水源地点位水质均达标；14个地下水型水源地水质均超标，超标因子均为总大肠菌群。（2）地表水。其中，5个国控断面中，后黎村、龙塘和演州河3个监测断面的水质均达到《地表水环境质量标准》（GB3838—2002）Ⅲ类标准，儒房和农垦橡胶所一队水质均达到地表水Ⅱ类标准，5个国控断面水质均达到相应的水质控制目标；3个省控断面中，群益村和巡崖村水质均达到地表水Ⅲ类标准，达到相应的水质控制目标；福美村水质达到地表水Ⅲ类标准，未达到地表水Ⅱ类标准的控制目标，超标因子为总磷；其他河流，包括昌旺溪、铁炉溪、三十六曲溪、演丰东河、演丰西河、罗雅河、荣山河和芙蓉河8条河流，演丰东河和演丰西河水质达标，达到《地表水环境质量标准》（GB 3838-2002）Ⅳ类标准，昌旺溪、铁炉溪、三十六曲溪、罗雅河、荣山河、芙蓉河水质均超标。（3）近岸海域。14个近岸海域中，13个监测点位水质均达到《海水水质标准》（GB 3097—1997）规定的相应环境功能区标准或年度水质管理目标，其中东寨港红树林不达标，为92.86%。

【声环境质量】2017年，海口市4类声环境功能区昼间平均等效声级符合《声环境质量标准》（GB 3096—2008）；区域环境噪声昼间平均等效声级56分贝，总体水平为三级（一般）；交通噪声昼间平均等效声级69.2分贝，强度等级为二级（较好）。

【环境规划】2017年，海口市生态环境保护局强化资源环境约束，优化生态环境空间布局，对《海口市环境保护“十三五”规划》《海口市畜禽养殖污染防治规划》进行补充完善，完成《南渡江流域（海口段）生态保护与环境综合整治规划》前期资料收集、监测、生态调查等工作，筑牢海口市生态安全屏障。

【生态海口建设】2017年，海口市落实海南省生态文明建设工作要点精神，编制印发《海口市贯彻落实2017年度海南省生态文明建设工作要点实施方案的通知》，多措并举推进全市生态市建设。建立健全生态环境保护制度，海口市生态环境保护委员会办公室组织召开海口市第一届生态环境保护委员会第二次会议，市委、市政府联合印发《海口市各级党委、政府及有关部门生态环境保护工作职责》，全面落实生态环境保护责任。深入推进省域“多规合一”改革，加强生态红线保护管理；开展生态环境专项整治，落实国务院《大气污染防治行动计划》《水污染防治行动计划》《土壤污染防治行动计划》，加强机动车排污污染防治，认真落实最严格水资源管理制度，推动“河长制”“湾长制”工作；加快生态修复，编制《海口市湿地保护修复三年行动计划（2017—2019年）》，完成7个湿地公园的总体规划编制，启动五源河、美舍河、潭丰洋湿地公园的建设，实施新旧沟乡村湿地公园、羊山湿地多用途管理区的保护建设；开展城乡环境综合治理，加快美丽乡村、百镇千村工程建设，开展农村生活污水治理工作，完善农村垃圾分类收集和转运处理等基础设施建设，推进“绿化宝岛”行动，加强东寨港红树林保护区生态保护建设；开展2017年“海南省小康环保示范村”“海南省生态文明乡镇”申报创建工作，推荐美兰区演丰镇申报“海南省生态文明乡镇”，推荐秀英区永兴镇儒本村等26个村庄申报“海南省小康环保示范村”；开展生态旅游示范区创建工作，申报创建国家级海洋公园；加强生态环境保护执法和监督，大力开展生态环境保护宣传教育活动；继续加大生态文明建设资金投入，全年在生态文明建设方面投入资金7.58亿元。

【环境影响评价】2017年，海口市生态环境保护局以“生态保护红线、环境质量底线、资源利用上限和环境准入负面清单”为手段，不断强化海口市空间、总量、准入环境管理。对《海口市镇区排水市政专项规划环境影响报告书》进行审查，梳理海口市产业园区规划环评开展情况，全面推进规划环评。加强环评审批，在办理审批时在充分考虑项目与规划的相符性，共办理1175个办件，其中环评审批375件，环保竣工验收281件，排污许可证519件。

【环境监测】2017年，海口市生态环境保护局共编制各类监测报告773个，获取各类监测有效数据11.98万个，编制《2016海口市环境质量报告书》。不断丰富环境信息公开，在海口市生态环境保护局门户网站和环保官方微博发布各类环境质量信息，满足公众需求；在4个区政府、高新区、东寨港自然保护区设置LED显示屏发布当日环境空气质量信息，在市政府门户网站启动城镇内河（湖）水质监测和信息发布工作，方便市民了解海口市各类环境质量信息。启动机动车遥感监测，在全省率先采用移动遥感监测设备对道路行驶机动车进行排气监督抽测，为海口市机动车污染防治提供科学依据。全年完成环境空气质量日报、预报365期，水质自动监测周报53期，海滨浴场周报53期，污染源简报12期，环境质量月报12期，地表水环境质量季报4期，环境质量公告12期。

【环保督查】2017年8月10日至9月10日，中央第四环保督察组进驻海南省。督察期间，海口市加强组织领导，明确职责分工，成立迎接中央环保督察工作领导小组，全力支持、主动配合做好督察。共受理涉及海口市的群众举报件共33批次633件（来电487件，来信146件），占全省的26.1%。至年底，办结件627件，办结率99.1%（重点件62件，办结61件，办结率98.4%）。其中，责令整改607件，罚款706.5万元；立案侦查1件，拘留2件，约谈101宗，问责55人。

【重点企业环境信用评价】2017年，海口市生态环境保护局为建立和完善海口市企业信用评价体系，落实企业环境保护主体责任，加快建立环境保护"守信激励、失信惩戒"的机制，对海口市31家企业从污染防治、生态保护、环境管理、社会监督4个方面开展环境信用审核评价工作，评价结果分为环保诚信、环保良好、环保警示、环保不良4个等级，并以绿牌、蓝牌、黄牌、红牌标识。对于环境信用诚信企业和良好企业，将优先办理环保行政许可，对企业申报项目优先安排资金支持，优先授予其有关环保荣誉称号；对于环境信用警示企业，环保部门将适当增加现场检查频次，限制参加环保评先评优活动；对环境信用不良和严重失信的红牌企业，环保部门将把企业列入重点监管对象，联合有关部门依照规定对其实行联合惩戒。最终评定环境良好企业（蓝牌）28家，环境警示企业（黄牌）3家，评价结果纳入全市信用评价体系并在全社会公布，作为开展企业整体信用评级、行政许可、公共采购、绿色信贷、上市核查、金融支持、财政补贴资金申请等工作的重要参考依据。

【大气污染防治】2017年，海口市政府印发《海口市2017年度大气污染防治实施计划》《海口市加强冬春大气污染防治工作方案》，通过采取控车、降尘、禁烧（烤）、治企、增绿等措施，着力推进大气污染防治工作。强化机动车污染防治，印发《海口市2017年机动车尾气污染防治工作方案》，通过严格登记管理、开展强制报废、严格检验管理、严格控制准入、实施提前淘汰补贴等措施，淘汰黄标车6466辆。落实黄标车淘汰补贴政策，依照《海口市提前淘汰黄标车财政补贴工作方案》，受理补贴申请车辆1733辆，拨付补贴资金2767.4万元。根据《关于在全市实施高污染排放机动车禁止通行的通告》，开展查处"冒黑烟"车辆、黄标车行动16次，累计查处黄标车1481辆。实施机动车迁入管理政策，从12月1日起禁止低于国五排放标准的省外机动车迁入海口市。重新划定高污染燃料禁区，编制《海口市人民政府关于调整高污染燃料禁燃区的通告》，改善环境空气质量。抓好重点工业源治理，开展海南鑫旺建材有限公司、海南中地煤长昌砖厂脱硫塔改造以及污染源在线监控等工程验收工作，琼山区甲子镇长昌墟15家砖厂全部完成脱硫设施的升级改造工程。开展废气自动监控现场端设备委托第三方运维管理工作，全方位监控废气污染物排放。加快推进燃煤小锅炉淘汰工作，海口市列入全省淘汰任务的156台燃煤小锅炉（含燃用木柴板材的锅炉）全部完成淘汰。强化餐饮业油烟污染治理，印发《海口市油烟污染专项整治长效机制方案》，组织开展餐饮服务单位油烟污染整治，加强餐饮服务场所油烟排放情况监管，全市共整治油烟污染1632宗，处罚13宗，罚款11.3万元。完善扬尘污染防治管理，出台《海口市扬尘污染防治管理办法》，于7月1日正式实施。

【水污染防治】2017年，海口市印发《海口市2017年度水污染防治工作计划》《海口市2017年城镇内河（湖）水污染专项整治工作方案》，加强城镇内河（湖）水污染专项整治工作，切实解决水环境污染突出问题。对全市治理水体实施环境划片管理，建立水体常态化管理机制，将治理水体划分为若干环境监管责任段并树立管理责任牌，明确责任段范围、责任领导、巡查人员、巡查事项、举报电话

2017年8月17日，海口市环境保护督察工作协调联络组在办理中央第四环境保护督察组交办的群众举报件（市生态环保局 供）

2017年12月28日，海口市生态环保局执法人员对辖区某药厂污水排放进行现场勘查 （市生态环保局 供）

及监督电话，确保每一治理水体段责任到人、任务到人。全面开展水质监测，每月对18个城镇内河（湖）水体，每季度对32个水体开展水质监测，水质监测结果及时在门户网站予以公布。严格水环境执法，重点围绕美舍河国兴桥河段和美舍河湿地公园凤翔段两个生态修复示范点开展环境执法，分别对2个违法项目工地顶格处罚50万元，对相关负责人移送公安机关实施行政拘留。开展农村生活污水治理，根据《海口市农村生活污水治理工作方案》，委托海口美丽村庄投资有限公司作为海口市农村生活污水治理项目的前期代理单位，开展农村生活污水治理项目入村调查、测绘、设计、立项等前期工作。

【土壤污染防治】2017年，按照全国土壤污染状况详查工作的安排和农用地土壤污染状况详查点位核实工作的有关要求，海口市对农用地开展土壤污染状况调查，共计划定详查单元52个，核实农用地详查点位2326个。其中，表层土壤采样点位2326个，深层土壤采样点位39个，农产品协同调查点位548个；表层土壤密码平行样采集点位62个，深层土壤密码平行样采集点位1个，农产品密码平行样采集点位15个；土壤重金属可提取态测试点位1057个，土壤多芳烃测试点位217个；重点污染源影响区采样点位129个，各重点污染源影响区土壤样品采集点位的特征污染物均已确定。海口市农村土壤环境质量监测的村庄为龙桥镇三角园村、演丰镇苍头村和东山镇东溪村，以村庄为点位布设单位，在基本农田、园地和饮用水源地周边各布设1个监测点位，在重点区域土壤中选测两类各布设1个监测点位，每个村庄合计5个点位，共15个采样点，采集土壤样品45份。监测项目包括pH、阳离子交换量、镉、汞、砷、铅、铬、滴滴涕、六六六、苯并[α]芘等10个项目。根据《土壤环境质量标准》GB 15618—1995中的二级标准对监测结果进行评价，龙桥镇三角园村的镉和铬超标，东山镇东溪村达标，演丰镇苍头村的铬超标。

【医疗及危险废物处置】2017年，海口市、区两级环保部门对辖区内43家危险废物产生、经营单位开展现场检查，其中危险废物产生单位37家，危险废物经营单位6家。根据环保部《关于印发〈“十二五”全国危险废物规范化管理督查考核工作方案〉和〈危险废物规范化管理指标体系〉的通知》中合格率计算公式计算抽查合格率。检查结果显示，37家危险废物产生单位中，27家达标、7家基本达标、1家不达标，合格率86.2%；6家危险废物经营单位中，4家达标、1家基本达标、1家不达标，合格率78.3%。

【核与辐射安全监管】2017年，海口市生态环境保护局不断规范核与辐射安全管理，确保核与辐射环境安全。开展放射源安全检查专项行动，做到底数清、情况明。海口市有涉及核技术利用的国控、省控重点企业和三级医院共25家，其中9家三级医院有放射源32枚（Ⅱ类源钴-60有30枚，Ⅲ类源钠-22有1枚，Ⅴ类源铱-192有1枚），射线装置162台；16家涉及核技术利用的国控、省控企业放射源主要核素有^{60}Co、^{137}Cs、^{238}Pu、^{63}Ni、^{192}Ir、^{226}Ra、^{241}Am、^{90}Sr、^{147}Pm等共298枚，其中Ⅰ类源37枚，Ⅱ类源6枚，Ⅲ类源18枚，Ⅳ类源101枚，Ⅴ类源136枚。射线装置共7台，其中Ⅱ类射线装置5台，Ⅲ类射线装置2台。加强制度建设，严格落实《辐射安全许可证》申领制度，督促全市许可证过期或临近过期企业按要求做好办证和换证工作。加强监督检查，结合污染源“双随机”抽查，对25家企业和医院的放射源管理情况开展日常核查，堵塞监管漏洞。加强核与辐射安全监管能力建设，参加省环保厅组织的核与辐射安全监管培训工作，熟悉和掌握核与辐射类相关专业知识，提高执法人员专业技能。2017年，海口市未发生核安全事故和突发事件。

【饮用水源地保护】海口市有龙塘饮用水水源地和永庄水库饮用水水源地2处城市集中式饮用水水源地，均完成保护区的划定和规范化建设。龙塘饮用水水源地保护区总面积12.81平方千米，其中一级保护区0.65平方千米，二级保护区2.12平方千米，准保护区10.03平方千米。永庄水库饮用水水源保护区总面积6.03平方千米，其中一级保护区1.87平方千米，二级保护区4.16平方千米。共建设水源地保护区界碑7座、界桩54座、交通警示牌4座、宣传栏2座。2017年，海口市生态环境保护局不断加大饮用水源地保护力度，确保饮用水源安全。强化环境监管，严格把好审批关，严禁在保护区内建设有污染物排放的建设项目和在保护区周边建设有可能威胁饮用水源安全的建设项目。开展水源保护区内及周边建设项目现场监察，每月对饮用水源地巡查不少于3次，发现违法行为即时查处。加强饮用水水源一级保护区的防护和隔离，完成龙塘、永庄水库饮用水水源一级保护区隔离工程及龙塘饮用水水源保护区护岸整治工程。开展饮用水水源保护区环境状况评估，对2处城市集中式饮用水水源保护区开展环境状况评估，2处城市集中式饮用水水源地水质达标率100%。开展饮用水水源保护区环境综合整治，印发《海口市2017年饮用水水源保护区环境综合整治工作方案》，组织各区开展饮用水水源保护区环境综合整治，确保饮水安全。每月对2处城市集中式饮用水水源地水质进行监测，监测结果在市生态环保局门户网站发布。开展环境应急演练。围绕饮用水水源地保护工作开展应急演练，规范应急事件的处理程序和方法，提升环境监察、监测队伍快速反应、上下协调联动的实战能力，进一步提高对突发环境污染事件的应急处置能力。

【环境监察执法】2017年，海口市生态环境保护局集中开展海口市环境大排查、综合督查、打击典型水环境违法行为、大气污染整治、环境综合整治等多项专项工作，对环境违法问题进行集中整治，依法严肃查处一批典型违法案件，促进社会和谐。全年下达行政处罚决定书83起（不含区环保局），罚款1345.86万元，申请法院强制执行案件20起，移送公安机关行政拘留2起，移送公安机关环境污染犯罪案件1宗，立案数、处罚金额比上年上升73%和334%。

【环境执法大练兵】2017年6—10月，根据环保部和省生态环保厅的统一部署，海口市生态环境保护局把大练兵活动与中央环保督察组反馈问题整改等重点工作相结合，采取实战练兵、理论培训、案卷点评等方式在全市开展环境执法大练兵活动，不断提高全市环境执法队伍执法规范化水平。其间，共立案查处各类违法企业44家，处罚金额677.08万元，下达《行政处罚决定书》33宗。其中，废水超标10宗；噪声超标4宗；粉尘超标1宗；私设排污口偷排废水1宗；废水超标按日计罚1宗，罚款72.50万元；违反“三同时”制度案17宗；未批先建6宗；违反固废管理规定2宗；擅自处置危险废物1宗；造成危险废物扬散、流失1宗；申请法院强制执行16宗。

【生态系统生产总值核算】2017年，海口市生态环境保护局贯彻落实生态文明建设改革各项工作，加快推进生态文明建设。探索构建海口市生态系统生产总值（GEP）核算体系项目，通过计算森林、湿地等生态系统以及农田、牧场、水产养殖场等人工生态系统的生产总值，来衡量和展示生态系统的状况。年内，完成《海口市生态资产与生态系统生产总值核算报告（2015）》《海口市生态资产与生态系统生产总值核算报告（2016）》，成为海南省首个探索建立生态系统生产总值（GEP）核算体系的城市。经核算，海口市生态系统生产总值（GEP）从2015年的2326.22亿元增加到2016年的2519.45亿元，剔除价格因素同比增长7.18%。

【环境信息化建设】2017年，海口市生态环境保护局搭建环保信息数据库，完成《海口市城市内河湖环保管理系统》等信息系统开发建设，推动《海口市污染源动态管理系统》在市、区两级环保部门管理工作中的应用，进一步汇总整理环保审批、环境监测、环境监察执法、环境规划及环境地理信息等，初步形成环保“一张图”。推出海口环保APP（安卓版），完善海口环保微信公众号相关功能，充分利用新媒体的辅助作用，服务海口市生态环境保护工作，为社会公众提供更加便捷、全面的综合环境信息。

2017年6月5日，海口市生态环境保护局和琼山区人民政府在凤翔湿地公园举行“六五”环境日启动仪式。仪式上，对首届“海口最美环保人物”进行表彰

（市生态环保局 供）

2017年12月28日，省市水务、环保部门联合在海口白沙门污水处理厂（一期）开展环保设施公众开放日活动　（市生态环保局　供）

【环保宣传教育】2017年，海口市生态环境保护局扎实推进宣传教育各项工作，为全市生态环保工作顺利开展营造良好的社会舆论氛围，累计发放宣传手册5.1万册，宣传挂图370余幅，宣传物品1.72万份。在《海南日报》《海口日报》刊登宣传专版3.5个。向社会公开环境质量、环境监管、行政审批、环保服务等各类信息900余条。利用海口环保“双微”平台，发布微信1204条，微博1610条。发表政务信息167篇。把公众参与环境保护放在更加重要的位置，让污染治理设施在群众监督下运行，完成海口市环境空气质量自动监测站等3家环保设施和城市污水垃圾处理设施向公众开放，满足公众的知情权、监督权、参与权。开展首届“海口最美环保人物”评选活动，对10名“首届海口最美环保人物”和10名“海口优秀环保人物”进行表彰。建设环保科普展馆，设宣传展板、科普节目、监测展示、互动体验四块区域，安排专业的环保宣传人员驻守，定期开展环保宣传讲座。共开展活动4次，接待青少年1000余人次，开展讲座10余场，发放环保宣传资料3000多本。

（谢荣文）

园林绿化

【园林绿化概况】2017年，海口市园林局以创建“国家生态园林城市”和“国际化滨江滨海花园城市”为目标，围绕贯彻落实市委、市政府“城市更新”“生态修复”的工作部署，全力打好“双创”攻坚战，并结合“透绿见蓝、透光见海”“简约、俭约、大气”“推广本土植物应用”“加强地域特色文化的融合”等设计理念，加快推进美舍河公园带生态修复、海秀快速路和高铁沿线桥梁垂直绿化、机场进出市区通道改造提升、西海岸带状公园生态修复、万绿园生态修复和功能修补，滨海大道、龙昆南路、椰海大道（龙昆南路至海瑞桥段）、海府路和白龙路景观更新等各项园林绿化工程建设，提升园林绿化品质，取得显著成效。至12月底，全市建城区绿地面积5103公顷，绿地率36.3%；绿化覆盖面积5736公顷，绿化覆盖率40.8%；公园绿地面积1885公顷，人均公共绿地面积12.3平方米。

【公园建设改造】2017年，海口市园林局实施“300米见绿，500米见园”工程，大力推进城市公园绿地尤其是综合性公园建设。2月，美舍河湿地凤翔公园开工建设。6月1日，该项目核心景观区基本完工并开放使用，总建设地面积约33万平方米，完成总进度的60%；左岸迈瀛桥以南部分继续施工。12月，滨江西带状公园（南渡江公园）工程建设全面完成，白沙坊段绿化种植及园路、广场铺装总面积12万平方米；友好园段完成绿化种植14万平方米及停车场、广场、园路建设，续建段完成绿化种植4.8万平方米及园路铺装，双拥园完

生态修复后的万绿园一角。摄于2017年　（市园林局　供）

成绿化种植、广场、园路铺装4万平方米。于2016年11月开工建设的万绿园改造项目，至2017年底完成工程量的15%。其中，计生专题教育区域绿化工程完成90%，园建、水电工程完成80%；儿童乐园园建工程完成42%，水电工程完成10%，绿化工程完成5%；区域热带植物花园累计完成5%。

【道路绿化景观提升工程】2017年，海口市园林局推进城市园林绿化项目建设，实现景观大提升。完成西海岸带状公园景观提升工程（一期）清理绿化地老化灌木、草皮17.45万平方米，苗木移植1500株，硬质路面、建筑、设施拆除2.94万平方米，种植乔木312棵、大叶油草12.78万平方米，实现西海岸的“透光见海”和“透绿见蓝”；实施国兴大道等5条道路景观提升工程建设，其中龙昆南路景观提升工程完成形象进度96%，椰海大道（海瑞桥至海榆中线）景观提升工程完成进度14.6%，国兴大道景观提升工程完成形象进度39%；实施主城区重要道路景观提升工程建设，完成滨海大道清表24.50万平方米、草皮种植32.05万平方米、种植椰子树3160株，完成海秀东路种植椰子树75株，清表0.32万平方、种植大叶油草0.32万平方米；完成滨江西路清表1万平方米，种植椰子树523株，大叶油草0.99万平方米；实施高铁沿线环境整治及景观提升工程，完成形象进度14.24%，累计完成清表3000立方米，种植菩提榕等乔木8131株、灌木3292株、地被9951平方米，铺草皮1.28万平方米。

【园林绿化更新提升】2017年，海口市园林局全面落实海口市道路“五化”建设和海绵化改造，采用高大俊朗的椰子树与遮荫、开花的阔叶树同本地大叶油草相结合的方式，做好机场进出通道、滨海大道、国兴大道、龙昆南路、海府路、白龙路、椰海大道、海秀快速路和高铁沿线道路等道路绿化的景观更新工作，营造简约、俭约、大气的道路绿化景观。6月启动城市更新首批示范项目包7个，其中开工建设2个项目（海府路和白龙路），开展5个项目包前期工作。推进机场进出市区通道改造景观提升项目可研、立项、施工图设计及预算审核等前期工作；清理灌木并铺设草皮2万平方米；完成西海岸带状公园景观提升二期立项及规划选址并进场施工；完成老城区绿道环一期大同沟南侧滨水绿带施工图设计及预算批复、施工招标文件等前期工作；推进海口湾带状公园立项、可研批复、设计招标、初步设计及概算等前期工作；推进老城区小游园项目设计方案、施工图设计及预算批复等前期工作；推进海秀快速路垂直绿化项目、东环高铁垂直绿化项目立项、可研批复及设计招标、初步设计及概算等前期工作；完成海秀公园项目立项、规划选址和编制可行性研究报告等前期工作。

【园林绿化提升改造】2017年，海口市园林局推进城市园林绿化提升改造。实施西海岸带状公园、滨海大道机非隔离带改造，完成面积约5万平方米，打造“透绿见蓝”和“透光见海”示范点；推进完善道路设施建设，完成10条道路护栏安装，21条道路边角地及街边绿地、小游园绿地改造整治，对63条道路的树池进行装饰美化，以及完成国兴大道、滨海大道等主干道景观提升；实施滨海立交桥绿化美化工程，完成工程量的85%；实施主要道路树池装饰美化工程，完成红城湖路、凤翔路、人民大道、国贸大道等11条路透水树池共3850个，完成总工程量的35%，投资额约785万元；实施边角地及街边绿地小游园绿地改造整治项目，完成整理绿化地11.11万平方米，清理建筑垃圾5.79万立方米，回填种植土4.96万立方米，种植乔木712株、灌木782株、花灌木5070平方米，铺设大叶油草10.24万平方米，预埋灌溉给水管1150米，阀门井砌筑5个，项目投资额约1500万元。完成长滨一路延长线、金沙湾片区市政一期路网、绕城高速沿线绿化、镇海路、海府立交桥第八匝道改扩建工程等25项市政绿化工程绿地接管工作，新接管绿地面积14.8公顷。

【首次引进新型透水材料改造行道树树池】2017年，海口城区多条道路行道树的树池树根部铺设一层浅红色的“碎石”。该“碎石”是一种新型透水性材料，名为生态透水彩胶石，具有透水、透气及防滑功能，可以快速渗水、蓄水，改善土壤环境，保护树木，更起到缓解热岛效应、清新空气的作用，是一种“会呼吸”的生态

绿化美化后的海口新港立交桥。摄于2017年　（市园林局 供）

地面，契合海口建设“海绵城市”的理念。海口城区部分道路栽种的行道树树池内黄土裸露易扬尘，尤其是下雨天，泥土流失还会污染道路。因此，综合考虑行人通行、树木生长和美观等因素，市园林部门结合海口城市更新工作，引入新材料对部分道路的行道树树池进行改造。这是海口市首次使用生态透水彩胶石改造行道树树池。

【天桥绿化美化工程】2017年6月23日，海口市园林局实施滨海立交桥绿化美化工程，投资额615万元。至年底，完成制作焊接镀锌管花架3700米，安装镀锌管花架3550米，制作玻璃钢花盆3626个，种植三角梅7500株。

【绿化养护管理】2017年，海口市园林局推进园林绿化精细化养护管理，重点对主干道的道路绿地、街边街心绿地进行杂草清除、施肥、树木修枝整形等常态化精细化管理。年内，对国兴西道路两侧20米绿化带进行景观提升，对龙昆南路、滨江路、滨海东路等补植点缀提升。完成施肥759吨，清理杂草135.3万平方米，绿化带草坪修剪316.5万平方米，乔木打药4.5万株次，椰心叶甲防治13.3万株次，树木护桩4052株，清运绿化垃圾18801车，修剪花灌木722.8万平方米，修枝整形乔木12万株，清理棕榈类植物15.6万株次。完成对滨江西路、琼山大道、白驹大道、海榆大道、美兰机场出入口、世纪大桥绿地等153条道路、绿地小游园补植花灌木约11286平方米、草皮4.13万平方米、乔木643株、三角梅3526株。完成春节、博鳌亚洲论坛、全国农垦综合改革海南现场会、清明节、省第七次党代会、五一、端午节、十一、党的十九大等重要节日、会议期间的园林服务保障工作，整治绿地面积1万平方米。

【古树名木保护】2017年，海口市园林局加强古树名木管理保护巡查，组织完成对256株古树名木修枝、支撑加固、病虫害防治；组织做好八灶、海甸西路等11个棚户区和长影100电影城、五源河文化体育中心等重点建设项目43株古树名木保护和建设项目摸底调查工作。

【节日摆花造景】2017年元旦、春节、国庆等节假日及博鳌论坛年会期间，海口市园林局组织完成摆花造景工作，分别在美兰机场出口处、海秀东路、三角池、省委门口、省政府门口、国兴大道中间隔离带、粤海火车站广场、长滨路与滨江西路交叉口、西海岸观海台、龙华路一中转盘、世纪大桥与五西路红绿灯交叉口、滨海大道、海秀东路、龙昆北和西海岸等主要道路、景点及万绿园、金牛岭公园、海口人民公园等摆放鲜花布景，共摆放鲜花及地栽鲜花近150万盆，营造节日浓厚气氛。

【义务植树活动】2017年，海口市组织6场大型义务植树活动，参加人员约6000人，累计完成义务植树4426株，绿化面积约16万平方米。（1）“公益日”群众性义务植树活动。3月5日，在新大洲大道的海口国际三角梅主题公园，省直机关、市直机关和琼山区的800名党员干部与200余名群众志愿者参加以“传递公益爱心，建设生态文明”为主题的“全民公益日”义务植树活动。共种植菠萝蜜、芒果、黄皮、洋蒲桃、柚子、龙眼等14个品种的乔灌木926株，片植三角梅1000多平方米，铺种大叶油草3500多平方米，完成绿化面积5万多平方米。（2）春季群众义务植树活动。3月12日，3000余名各区政府机关干部职工和社会各界志愿者在滨海大道西延线（南港码头西侧）、城西镇高坡村、凤翔街道儒蓬路、灵山镇大昌路4个植树活动点开展“3·12”植树节群众性义务植树活动，共种植重阳木、黄槿、三角梅等1500株。3月31日，省市机关和企事业单位干部职工、驻市部队官兵、青年志愿者和少先队员2000人在凤翔公园示范段开展“绿化宝岛”生态修复群众性义务植树活动，种植椰子树、菩提树等乔木2000株。

【第二届三角梅花展布展】2017年1月20日至4月15日，以“新花城新海口”为主题的第二届海南国际旅游岛三角梅花展在海口市举办。在第二届三角梅花展期间，市园林管理局完成滨海公园主展区、日月广场精品花艺科普展区和玉龙泉海口国际三角梅花主题公园三大展区的布展工作，以及20个重要路段节点园艺造景，共摆放草花30万余盆、三角梅9万盆。

【第十一届中国（郑州）国际园林博览会海口园建成开放】2017年7月29日，第十一届中国（郑州）国际园林博览会（以下称园博会）在郑州航空港经济综合实验区开幕。园区总面积119公顷，有74个国内城市（含港澳台地区）、18个国外城市、2个国际风景园林设计大师参建的94个展园，集中展示国内外风景园林设计艺术。海口市园林管理局代表海口市人民政府承建并圆满完成博览会“海口园”项目建设。该项目于3月27日开工，至7月5日，完成“海口园”园林亭廊、景墙、水景、园路铺装、绿化种植等项目建设，总面积1800平方米，总投资517.2万元。9月30日，“海口园”建成对公众开放。

（梁定军）

环境卫生管理

【环境卫生管理概况】2017年，海口市环卫局以“双创”创建工作为契机，以加快城市“净化”工程深入推进为抓手，在稳步推进城乡环境卫生综合整治、环卫一体化改革、农村生活垃圾治理、环卫设施基础建设等方面开展一系列工作。全市清扫保洁的道路3343条，总面积3925万平方米；主城区内水面保洁面积2536.38万平方米，滩涂保洁829.82万平方米，水域岸线总长度61.61万米，护堤保洁面积44.71万平方米。继续实施环卫PPP综合管养模式，3家企业承包全市城市道路清扫保洁、垃圾清运、环保公厕管理、水域卫生保洁等环卫业务；2家社会公司参与垃圾焚烧发电、餐厨与粪渣处理工作。全市日产生活垃圾3000多吨，基本做到日产日清，无害化处理率100%。全年征收生活垃圾处理费4500万元，顺利完成年度征收任务。

【环卫一体化PPP模式】2017年，海口市继续实施环卫PPP综合管养模式，全市3343条道路，总面积3925万平方米；主城区内水面保洁面积2536.38万平方米，滩涂保洁829.82万平方米，水域岸线总长度61.61万米，护堤保洁面积44.71万平方米，全部纳入环卫PPP企业管理，做到环卫PPP一体化科学管理的全覆盖。3家承包企业加大投入，新增机扫车、清运车、护栏清洗车等各类环卫作业车辆投入城市“净化”作业，全市机械化清扫率由原来的19%提高到80%，建成区一、二级城市道路机扫率100%。市环卫局建立城区全覆盖的巡查发现机制。从各基层单位抽调人员，成立120多人的网格巡查员队伍，全员配备“城管通”手机，按照定人、定岗、定责、定标的要求，对各类环卫作业质量问题进行发现、上传、核实、整改、反馈。11月，又通过引入第三方专业机构海口市社情民意调查队，依据《海口市环卫作业质量考核办法》，依托数字化城管信息平台，对环卫PPP企业负责的清扫保洁、水域卫生、垃圾收集清运、转运站及公厕管理等环卫作业质量进行检查考核及量化评分。各区环卫局也成立专门的考评队伍，对辖区环卫作业质量常态化考核评分。考核评分每月一报告，每季度汇总形成季度考评报告上报市政府，通过市政府专题会议审议通过后印发各区政府和有关部门，作为向环卫企业支付服务经费的依据。

【环卫基础设施建设】2017年，海口市环卫局继续加强城市环境卫生基础设施建设。完成海口市“双创”重点建设项目颜春岭垃圾渗滤液处理站二期工程，7月31日正式投入使用，使海口市垃圾渗滤液水质达到国家排放标准。为进一步做好生活垃圾前端分类投放模式，投资775万元，在琼山区建设34座、美兰区建设5座、龙华区建设2座共41座智慧垃圾分类屋，年内全部投入正常使用。继续加强对131座新建公厕和37座小型转运站的后续监督管理，在保证公厕实用性的同时注重提升外观和景观效果，着力做到“一厕一景”，并指导和统筹4个区环卫部门和PPP企业整合社会公厕资源，每个区在人流较密集的地方各增设10座（共40座）公厕。加强餐厨垃圾和粪渣无害化以及焚烧发电厂二期等项目的日常监管，餐厨垃圾和粪渣无害化处理项目进入试运行阶段，年底餐厨垃圾收集覆盖率35%。垃圾焚烧发电厂二期工程日处理垃圾1200吨，加上一期的正常运转，年处理生活垃圾量可达到40万吨，发电量1.71亿千瓦时，基本满足海口市垃圾焚烧处理需求。长流中型垃圾转运站交付使用，设计规模为日转运生活垃圾300吨。西秀建筑资源再生利用项目完成场地平整等前期工作。

海口玉禾田环卫公司在假日海滩实施环卫作业。摄于2017年7月21日（曾桂 摄）

【道路和水域保洁】2017年，海口市环境卫生管理局严格按照“双创”标准，全面提升城区环境卫生质量。（1）加强城区道路清扫保洁工作监督管理力度。落实定人、定岗、定时间、定任务、定标准“五定”和“两扫三保”制度，切实做好道路主次干道、绿化带、水域、商业繁华区、游园广场、车站码头、机场等点位的清扫保洁工作，要求122名环卫网格员严格按照《海口市城市环卫作业质量考核办法》和《海口市环卫作业质量监督考核评估方案》，对全市各PPP环卫一体化公司负责的区域清扫保洁、垃圾清运、水域环卫管理、公厕管理以及垃圾转运站管理等开展环卫日常巡查，对巡查中发现的问题责令责任单位及时对标整改，全年出动巡查人员3万多人次，上报问题12.3万件。（2）实现水域环境卫生管理全覆盖。年底，主城区内水面保洁面积2536.38万平方米，滩涂保洁829.82万平方米，水域岸线总长度61.61万米，护堤保洁面积44.71万平方米。水域日常保洁管理按属区划归各PPP企业负责，管理费用暂由企业垫资，具体费用正在按规定程序向市政府报批中。

【农村环境卫生治理】海口市辖区有22个镇，265个行政村，2342个自然村，农村人口81.53万人，日产生活垃圾约500吨。2017年，海口市扎实推进农村生活垃圾治理工作，在全市农村逐步建立起城乡一体化的生活垃圾收运处理体系和农村环境卫生长效管理机制，实现农村生活垃圾收运全覆盖和无害化处理率95%的目标，农村人居环境得到较大改善。（1）推进环卫基础设施建设。大力推进农村生活垃圾收运工程项目建设，建成农村小型生活垃圾收集站47座，增设垃圾收集分类亭2342个，购置垃圾运输车217台、清扫车35台、保洁车1040辆、垃圾桶13742个等垃圾收集设备充实到村镇，农村环卫设施设备得到进一步完善。做好镇、村卫生保洁工作，全市除城西镇、海秀镇卫生已纳入城区管理外，其余的20个镇都建有环卫站，配备保洁人员1009名。在农村配备保洁员人员2421名，平均每个行政村拥有保洁员10名以上。建立城乡一体化的垃圾收运处理体系。各区、镇按照属地管理的原则，对农村生活垃圾实施统一收集、统一运输、统一处理。户投放、村收集、镇转运、市处理的农村生活垃圾收运体系和城乡一体的无害化处理机制基本形成。全市行政村生活垃圾收集点覆盖率100%，生活垃圾无害化处理率95%以上，基本达到省政府提出的生活垃圾治理工作目标。镇有环卫队伍、村有保洁人员和道路有人扫、垃圾有人收的农村卫生长效管理机制初步形成。（2）探索农村环卫作业市场化运作模式。各区在道路清扫、生活垃圾收运等方面进行有益的尝试，秀英区、龙华区各镇全部纳入环卫PPP一体化管理。至2017年，环卫一体化PPP项目承包范围向2个区的7个镇（石山镇、永兴镇、东山镇、遵谭镇、龙泉镇、龙桥镇、新坡镇）和全国农垦系统第1个农场改居试点东昌居延伸。（3）继续做好农村生活垃圾分类试点工作。按照“政府引导、骨干带头、群众参与”的工作思路，挑选海秀镇儒益村、石山镇施茶村、城西镇苍东村、龙桥镇道贡村、红旗镇苏寻三村、云龙镇长泰村、三江镇苏寻三村以及三江镇上云村作为垃圾分类试点。（4）继续加强农村垃圾治理专项督查。为做好迎接2017年国家住建部联合十部委对海南省农村垃圾治理考核验收工作，海口市、区环卫联合专项督查组共12个，每月对4个区22个镇墟、桂林洋开发区、三江农场以及红明农场、东昌农场实行专项督查考评，对照《农村生活垃圾治理督查考评评分表》的考评项目进行量化打分，并对各区以及各镇的综合平均得分进行排名，对在督查中发现的问题立即督促整改落实，并对得分排名靠后的乡镇全市通报批评。

【垃圾分类工作】2017年，海口市在主城区131个试点单位推行垃圾分类，实行“干湿分类”，覆盖人口约10万人。建立“互联网+分类回收”模式，共建设39座智慧垃圾分类屋，设置500个有害垃圾垃圾桶，日平均回收有害垃圾0.005吨。餐厨垃圾和农贸市场果蔬垃圾开始单独收集，进入餐厨垃圾无害化处理厂处理，日均处理量约80吨。可回收物大多数都被居民在家里分类收集、变卖，进入废旧物资回收利用体系，日均回收量约100吨。大件垃圾进入大件垃圾处置场，通过破拆分解，回收其中的可再生物资，日均处理量约40吨。其他垃圾运往颜春岭垃圾焚烧发电厂处理，日均处理约2700吨。

【建筑垃圾和废旧家具处置】2017年，海口市环卫局加大对建筑垃圾和废旧家具处置的管理力度，建立健全各项管理制度和台账资料，明确责任，落实措施，并通过环卫网格员巡查，加强城乡结合部、空旷地建筑垃圾排放巡查管控，极大程度上减少建筑垃圾乱排放现象。全年全市处置场共处置建筑垃圾5.49万吨。在海榆中线8千米的废旧家具处置场，收纳处置废旧家具1.03万吨。

（潘宜武）

海南东寨港国家级自然保护区管理

【东寨港保护区概况】至2017年，海南东寨港国家级自然保护区保护区总面积3337.6公顷，红树林面积1771公顷。区内有红树植物19科36种，占全国的97%；鸟类208种、软体动物115种、鱼类160种、虾蟹等甲壳类动物70多种，是物种的基因和资源的宝库，也是迄今为止中国红树林自然保护区中连片面积最大、保育最好、资源最丰富、树种最多的自然保护区。年内，海南东寨港国家级自然保护区管理局加大力度开展保护区资源保护管理和生态修复工作，湿地生态功能持续稳定健康发展。

【东寨港保护区生态修复】2017年，海南东寨港国家级自然保护区管理局利用多种方式，采取多种措施，重点对区域内生态脆弱、退化、敏感地带开展生态修复工作，提升湿地生态系统功能。（1）开展红树林造林修复，增强红树林及湿地生态系统。在保护区连理枝段利用中央边境地区补助资金开展1.51公顷沿线沿岸造林修复，共使用红树林苗木2.7万株；在三江镇溪头村开展1公顷红树林造林修复，共使用红树林苗木1.2万株；在保护区长宁头段开展5.93公顷灾后补植补造红树林修复，共使用红树林苗木6.5万株；在塔市片区仓头村开展3.1公顷灾后红树林造林修复，共使用红树林苗木2.9万株；在保护区码头对面台风摧毁区域开展移栽大苗修复，共使用大苗2000株；在低洼河水冲刷严重地带利用生蚝壳堆积填高滩面造红树林510米。（2）以人工干预方式开展红树林森林抚育，促进本地红树林乡土树种快速生长，提高林分质量。组织保护区干部职工对野菠萝岛外滩2015年种植的红树林进行4次抚育，面积5.6公顷；组织专业队伍对星辉村2014年所造红树林进行修枝控株，面积3公顷。（3）

做好2017年度生态修复项目有关准备工作。做好海南东寨港保护区管理局负责的《海南东寨港国家级自然保护区资源保护与湿地修复项目》前期有关工作；协调对接做好美兰区政府移交的《海口市东寨港红树林退塘还林、复耕PPP项目》有关准备工作。至12月底，2个项目有关材料上报市发改委等有关部门进行联审。

【东寨港保护区资源保护】2017年，海南东寨港国家级自然保护区管理局组织开展不定时不定点巡护巡查，及时发现制止破坏保护区资源行为，全年开展巡护巡查次数2846人次，其中夜间巡护430人次。对鸟类、昆虫、禽流感、河流水质、土壤、红树林生态因子等实施动态监测，全年监测次数2042人次。联合辖区林业公安派出所、边防派出所开展专项行动，打击破坏保护区资源的乱捕滥猎行为，全年出动执法人员384人次。开展珍稀濒危红树植物红榄李培育。组织科研团队加强对珍稀濒危红树红榄李进行培育和开展野外种植试验。至年底，王式军和他的科研团队培育出红榄李幼苗710多株，并在保护区道学保护站建设1.33公顷的红榄李野外种植基地，种植红榄李420株。

【东寨港保护区社区宣教】2017年，海南东寨港国家级自然保护区管理局多形式广渠道开展保护区社区宣教工作。向公众发放《神秘东寨港 最美红树林》画册、《红树林植物图谱》《海南东寨港鸟类图鉴》等5000多份宣传资料，提高公众生态环保意识。配合有关新闻媒体做好宣传工作，充分展示东寨港保护区生态保护成效和生态文明建设成果，全年在《人民日报》《海南日报》《海口日报》和中央电视台、海南电视台及海口电视台等媒体刊登及播出东寨港保护区新闻68篇（条），东寨港生态建设和保护受到《人民日报》及中央电视台等媒体点赞。组织举办多项大型宣教活动。2月6—11日，组织举办中韩大学生志愿服务活动，保护区与中国教育学会国际交流中心、韩国现代集团联手开展第18届HAPPY MOVE全球青年志愿者团志愿活动，来自中韩两国的大学学生志愿者125人，在保护区开展为期5天内容为红树林插种育种、红树林种植、红树林抚育、绘制彩色壁画、铁栏杆打磨刷漆、红树林保护知识讲座、红树林栈道宣讲、海滩垃圾清理的红树林保护志愿服务活动，共种植红海榄3.7万株，扦插秋茄种子5万多棵。3月10日，与中粮可口可乐公司、大学生志愿者联手开展红树林认种认养活动，共80多人在东寨港保护区开展红树林认种认养、补植造林活动，种植红树1万多株。3月12日，在东寨港保护区生态修复区开展植树节义务植树造林活动，种植红树2公顷。3月25日，与市林业局、市林业执法支队等单位在海口东山湖野生动物园共同举办2017年爱鸟周活动，向群众发放东寨港常见100种鸟类宣传折页，宣传鸟类保护知识。开展省内外大学生志愿者保护区志愿服务活动，组织新加坡南洋理工学院、海南师范大学、海南职业技术学院、海南经济学院、海南经贸职业技术学院、琼台师范学院等多所大学院校大学生志愿者300多人到保护区开展红树林实地参观、红树林知识专题讲座、红树林育苗造林、周边垃圾清理和环境卫生整治的志愿服务活动。4月28日，开展“青春绿化宝岛”主题团日活动，联合海南省网信办、共青团海南省委宣传部、中共海南省委宣传部机关团委、海南日报报业集团团委、海航航空技术股份有限公司团委等多家单位共80多人，在保护区举办主题为“青春绿化宝岛”的团日活动，活动内容包括观看《神秘东寨港最美红树林》宣传片、开展红树林义务植树活动以及清理红树林滩涂垃圾等，共种植水黄皮5000多株。8月24日，联合海南省义工互助协会、海口广播电视台共同组织博爱社区多个家庭共80多人开展主题为“大手拉小手”的亲子环保教育活动，从家庭角度普及生态环保知识。

（黄育春）

气象事业

【2017年气候特点】2017年，海口气候影响属正常年景，年平均气温正常，年降水量偏多，年日照时数偏多。年平均气温24.6℃，比常年偏高0.2℃，各乡镇平均气温在24.0℃～25.4℃之间，北部、中部地区气温较高。年降水量2009.4毫米，较常年偏多22.1%，各乡镇年降水量1014.7～2314.4毫米，北部、中部降水量较大。年日照时数1994小时，较常年偏多114.9小时（6.1%），属正常年份。全年共受8个热带气旋（6个台风和2个热带低压）影响，集中在7—10月，影响个数偏少、程度偏轻，除出现局地短时的城市积涝、短时的海峡停航、部分农作物受害外，没有出现明显灾情。汛期短时强降水频发、重发，主要气象灾害有雷雨大风、短时强降水、台风、高温、大雾等灾害性天气。

【热带气旋】2017年，有8个热带气旋影响海口，其中台风6个，热带低压2个。（1）第4号台风“塔拉斯”（热带风暴级）于7月15日17时加强为热带风暴级，16日上午开始从南部近海擦过，17日凌晨在越南北部沿海登陆。受其影响，7月15日8时至16日22时，海口市普降大雨，局地暴雨，最大雨量61.8毫米，出现在红旗镇，陆地伴有6～8级大风，最大风力7级（17.5米/秒）出现在灵山镇。（2）第8号台风“桑卡”（热带风暴级）于7月22日17时加强为热带风暴级，23—25日在南海中西部回旋后，于25日17时左右在越南登陆，登陆时中心附近最大风力8级（20米/秒）。受其外围环流影响，22日8时至25日17时，全市普降小雨，局地中雨，最大累积雨量66.9毫米，出现在三江镇，陆地伴有

5～7 级阵风，最大风力 7 级（15.3 米/秒）出现在灵山镇。（3）第 13 号台风“天鸽”于 8 月 23 日 7 时加强为强台风，23 日 12 时 50 分前后在广东珠海南部沿海登陆，登陆时中心附近最大风力有 14 级（45 米/秒），中心最低气压 950 百帕。受其外围环流影响，8 月 22 日 23 时至 24 日 12 时，海口市普降大雨，局地暴雨，强降水中心主要在市区及东部乡镇，最大雨量 55.8 毫米，出现在大致坡镇，全市并伴有 6～8 级阵风，最大风力 8 级（19.0 米/秒）出现在灵山镇。（4）第 14 号台风“帕卡”于 8 月 24 日生成，27 日 8 时加强为台风级，27 日 9 时前后在广东省台山市东南部沿海登陆，登陆时中心附近最大风力 12 级（33 米/秒），中心最低气压 978 百帕。受其环流影响，26 日 8 时至 27 日 21 时，海口市普降大雨，局地暴雨，强降水中心主要在市区及东部乡镇，最大雨量 108.9 毫米出现在灵山镇，全市伴有 6~7 级阵风，最大风力 7 级（15.7 米/秒）出现在甲子镇。（5）第 19 号台风“杜苏芮”于 9 月 15 日 4 时加强为强台风级，12 时 15 分前后在越南广平省北部沿海登陆，登陆时中心附近最大风力 14 级（45 米/秒）。受其影响，12 日 15 时至 15 日 17 时，海口市普降小到中雨，局地大雨到暴雨，降水中心在南半部乡镇，最大累积雨量 71.1 毫米，出现在甲子镇，陆地伴有 6～9 级阵风，最大风力 9 级（22 米/秒）出现在灵山镇。（6）第 20 号台风“卡努”（强台风级）于 10 月 15 日 12 时加强为强台风级，16 日 3 时 25 分前后在广东省徐闻县沿海登陆，登陆时中心附近最大风力 10 级（28 米/秒）。受其影响，15 日 8 时至 16 日 8 时，海口市出现大范围降雨天气，降水大值区位于市区东北部和东半部乡镇，全市平均降雨量 100.7 毫米，30 个自动站的过程累积雨量超过 100 毫米，最大累积雨量 144.7 毫米，出现在城西镇保税区，陆地伴有 6～8 级大风，阵风 8～9 级，最大风力 9 级（20.3 米/秒）出现在灵山镇。

【低温阴雨】2017 年，海口出现 4 次明显冷空气过程，包括 1 次中度低温阴雨过程和 3 次轻度低温阴雨过程，相比常年而言低温阴雨影响程度偏弱，分别出现在 2 月、3 月、12 月。

【高温】2017 年，海口累计高温日数（日最高气温大于 35℃）25 天，高温天气主要集中在 4、5、6、8 月；年极端最高气温 39.9℃，出现在龙泉镇。

【暴雨】2017 年，海口暴雨日数 8 天，主要受冷空气、台风、季风槽、海陆风影响造成暴雨；最大日累计雨量 123.3 毫米，出现在 10 月 15 日。

【强对流天气】2017 年，海口受冷空气、季风槽、海陆风影响，5—9 月出现多次雷雨大风、短时强降水等强对流天气，4 月 24 日、5 月 5 日、5 月 15 日、5 月 20 日、7 月 7 日、7 月 18 日、8 月 4 日、11 月 14 日出现短时强降水。其中，5 月 20 日 8—20 时，受华南沿海槽影响，全市出现大范围短时强降水，并伴有5～6 级阵风，主雨带呈西北—东南走向，市区及东南部乡镇普降大暴雨。共有 10 个乡镇累积雨量超过 50 毫米，6 个乡镇超过 100 毫米，最大累积雨量 173.6 毫米，出现在红旗镇。此次强降水过程持续时间较长，雨势较强，造成较严重的城市内涝。11 月 14 日 8—20 时，受台风“海葵”残余环流和弱冷空气共同影响，海口北半部出现大暴雨到特大暴雨，全市 19 个监测站雨量超过 100 毫米，最大雨量 244.8 毫米出现在蓝天街道，小时雨强 98.7 毫米。琼山气象站 3 小时雨量 191.7 毫米（15 时 01 分至 18 时 01 分），突破该站历史极值。此次降水范围小，雨强，强降水持续 3 小时，适逢下班高峰，对市民出行和交通造成严重影响。

【气象业务】2017 年，海口市气象局稳步推进业务质量，海口综合观测站高空业务设备稳定运行率 100%，到报率 100%，较上年同期有所提高。探空高度 30427 米，雷达综合测风高度 29237 米，雷达单独测风高度 20806 米，全部完成中国气象局下达的业务技术指标。海口地面业务，设备稳定运行率、到报率、数据可用率均为 100%，较上年同期有较大提高，酸雨观测及辐射观测到报率均为 100%。地面气象观测质量 100 分；农气观测错情率 0.0‰，土壤湿度观测和水库水情监测运转正常。11 月 13 日起，全省旅游景点天气预报统一由省气象服务中心制作发布。

【气象防灾减灾】2017 年，海口市气象局启动气象灾害应急响应 12 次，发布《重要气象信息快报》67 期，《重要气象信息专报》19 期，气象灾害预警信号 297 期，气象预报预警信息 190 余万条。利用“3·23”世界气象日、防灾减灾日、科技活动月，深入社区、学校、农村开展气象法制和科普宣传 12 次，举办气象信息员培训班 3 期。

【气象服务】2017 年，海口市气象局把气象服务放在气象工作第一位，围绕服务经济社会发展和保障人民安全福祉等中心任务提供优质高效的气象服务保障。做好春运、三角梅花展、高（中）考、水上飞机飞行、国庆等专项气象服务工作。针对台风“杜苏芮”“卡努”以及“5·20”“11·14”强降水等灾害天气过程，早准备、早汇报、早预警，多渠道、高频率、高强度服务，向市委市政府及三防、海洋、旅游、交通、市政等应急部门提供每 3 小时、每小时滚动精细化风雨预报，为市委市政府指挥防灾抗灾提供决策依据。海口市城市内涝气象预警服务被省气象局评选为全省气象服务创新项目二等奖，并被推荐参加第一届全国气象服务创新大赛。经综合考评，市气象局官方微博在 2017 年海南省政务微博中排名第二。

【灾害监测预警平台建设】2017 年，海口市气象局完成海口市气象监测预警中心项目土地证办理，项目进入初步设计和概算阶段。完成海口市气候查询系统建设和海口市城市内涝系统升级改版工作，并于汛期前投入使用。完成海口市突发事件预警信息发布中心建设，突发事件预警信息发布平台建成投入使用，与市卫生、农业、供电等25个应急单位实现互联互通，预警中心工作人员到位，中心运转正常。

【气象服务“三农”】2017年，海口市气象局与市农业局、省农科院等单位建立涉农专家联盟，每周联合制作发布瓜菜、莲雾等农业气象专报47期；为“菜篮子联席会议”“蔬菜大棚种植基地”提供未来3天天气预报及台风、暴雨、高温、低温阴雨等灾害性天气预报预警。与省农科院蔬菜所合作在东山镇统历岭种养合作社建立了苦瓜气象防灾减灾示范基地，在美兰区新和蔬菜农庄建立农业气象服务示范基地，通过“互联网+”开展智慧农业气象服务，取得良好的经济效益。此外，开展蔬菜种植和新品种引进的气候应对调研及农业气象灾害防御指导和灾情调查等工作。

【气象社会管理】2017年，海口市气象局按照审批更简、服务更优的要求，加快推进行政审批制度改革，完成防雷装置设计审核和竣工验收及施放气球审批事项“一窗”受理工作，其中防雷装置设计审核和施放气球审批列入“不见面”审批事项，占所有审批项目的67%。至年底，市气象局审批窗口共受理、办结行政审批事项366件，按时办结率100%，全部实现零差错、零投诉。同时，按照“双随机一公开”工作要求，建立本单位随机抽查事项清单、执法人员库和抽查事项对象库，制定“双随机一公开”工作方案和实施细则，推进“双随机一公开”执法检查工作。5月27日，与市住建局签订《建设工程防雷安全监管交接书》，完成建设工程防雷许可交接工作，并做好事中事后防雷安全监管；加强对防雷减灾、施放气球安全、气象信息发布、气象探测环境保护等工作的管理。

【气象法制建设】2017年，海口市气象局完成《海口市人民政府关于优化建设工程防雷许可的实施意见》《海口市防雷安全重点单位管理办法》《海口市突发事件预警信息发布管理暂行办法》和《海口市突发事件预警信息传输和发布流程规定》等规范性文件的编写工作，并协调推进市政府出台，为进一步加强海口市防雷安全和突发事件预警信息发布管理提供制度保障。

（钟文婷）

2017年3月23日，海口市气象局在海口市人民公园开展“3·23”世界气象日宣传活动。图为工作人员向市民讲解人工增雨作业的原理　（王淞 摄）

防震减灾

【震灾防御体系建设】2017年，海口市民防局推进编制海口市防震减灾“十三五”规划工作，与中国地震灾害防御中心共同完成编制防震减灾“十三五”规划。推进防震减灾工作，将《2017年海口市防震减灾重点工作任务分解表》发至市抗震救灾指挥部成员单位，完成对4个区政府及17个市抗震救灾指挥部成员单位2017年度防震减灾工作考核，考核结果首次纳入市综合考评体系。加强建设工程抗震设防要求监督管理。根据《海口市2017年建设工程抗震设防执法检查工作方案》，联合省地震局、市住建局、市图审中心、市教育局等多个部门开展建设工程抗震设防要求执法检查工作，重点检查海口市2017年新建的学校、医院、商场、体育场等人员密集场所抗震设防要求执行情况，同时抽查部分2016年6月1日后规划报建项目落实第五代区划图情况，通过抽查，海口市建设工程基本能按照国家相关标准落实抗震设防要求。推进地震安全示范社区、示范学校的创建工作。琼山第五小学被认定为国家防震减灾科普示范学校，琼山区滨江街道办博桂社区、秀英区镇海社区被认定为国家级地震安全示范社区，秀英区镇海社区、美兰区白龙街道振兴社区被评为海南省省级地震安全综合示范社区，海口市第九小学、琼山第二小学、海口市第十四中学、长流中心小学获得海南省防震减灾科普示范学校称号。结合农村危房改造项目，推进农居地震安全工程，完成抗震农居推广户192户档案资料网上填报工作，4个区地震局在各镇举办多期农居工程培训。海口市连续6年获得“全国地市级防震减灾工作综合考核先进单位”称号。

【地震监测】2017年，海口市民防局稳步推进地震监测工作。(1)完善地震台站建设。海口市地震监测台网分布在秀英区、龙华区、美兰区，共有4个专业地震台。年内，完成流动子台网络接入系统、秀英监测站视频监控系统、4个地震台站监控系统联网工程建设，海口市地震台站全部实现视频监控管理，进一步提升地震监测水平。同时，不断加强各地震台站的观测环境和监测设施保护工作，把地震监测设施和观测环境依法纳入保护范围，向国土、规划、公安等部门申报，在台站周边建设工程项目须经市民防局许可才可实施，每个台站都纳入辖区的派出所安保范围，确保台站的安全运行。抓好台站设备的日常运作及维护工作，坚持365天不间断的数据接收和分析处理工作，为地震预测分析提供可靠、准确的资料。在全国地震监测预报观测质量评比中，海口市地震局秀英监测站向荣村井地下流体观测资料获得优秀奖，地震监测台网仪器运行率和资料连续率98%以上。(2)开展群测群防工作。在48个村庄挂牌成立地震宏观观测站，加强群众性的地震宏观观测工作。根据人员变动及时进行调整，保证群测群防队伍稳定，按时足额发放群测群防联络员补贴。组织各区镇防震减灾助理员、村联络员、街道办事员的地震群测群防、宏观观测知识培训，提高群测群防联络员专业技能。

【地震小区划工作】2017年，海口市民防局推动地震小区划工作成果在城市建设中的应用，配合市规划局为雅居乐地产控股有限公司意向开发海口市西海岸金沙滩片区项目和省“十二五”规划重点项目新海物流园等提供地震小区划成果资料，为企业提供科学的地震安全服务。同时，推进万达文化旅游城项目地震活断层精细探测工作，提前1个月向万达集团提交项目地震活断层精细探测报告，为企业对项目的整体规划设计、合理开发建设提供科学有效的地震安全服务。

【防震防空演练】2017年，海口市组织4个区政府、市卫生局、市水务局、市市政管理局、海口供电局、市公安消防支队、武警海口支队、海南民生管道燃气有限公司等单位，开展针对地震灾难各种演练30多场(次)；派出地震专家到全市17所中小学校开展防震减灾知识讲座及指导开展地震模拟活动，全市近2万名师生参加培训和应急疏散演练。通过演练，锻炼应急队伍，完善应急机制，提高应急处置能力。9月18日上午，举行“9·18”防空警报试鸣演练，组织群众及师生50多万人进行防空袭演练。4个区、桂林洋经济开发区、高新区、保税区、市教育局及三江农场等组织防空袭紧急疏散掩蔽演练，海口供电局、市公安消防支队组织抢险救灾演练。海口市组织试鸣演练的主要经验做法被省人防办全省转发予以学习借鉴。

【防震防空宣传】2017年5月12日，海口市民防局在琼山区第五小学举办“民防知识进学校、防灾减灾助双创”防震减灾知识宣传大型公益活动。活动内容有地震应急演练、防震减灾科普知识和应急救援设备展示、防震减灾知识有奖问答、文艺演出等。“5·12”宣传周活动期间，组织《海南日报》《海口日报》等省市主要媒体，连续多日报道海口市防震减灾工作亮点等内容，营造全社会共同参与防震减灾工作的良好氛围。组织4个区地震部门设立防震减灾咨询点17处，制作宣传栏6期，发放宣传手册2万多册、宣传单1万多张、宣传帽子5000多顶。组织全市中小学校开展地震科普知识讲座、主题班会、板报宣传、观看地震科普电教片、举办地震科普知识答题竞赛等防灾减灾知识宣传教育活动。在海秀中心小学、西秀中心小学、美苑小学、解放路九小、琼山二小等20多所学校组织开展地震模拟演练活动。同时，美兰区还组织各镇街志愿者及救援队员进行应急操练。组织开展“9·18”防空警报试鸣宣传活动。通过单位网站向省属、市属新闻单位征集“9·18”防空警报试鸣演练活动宣传“金点子”15条，采用8条。在海口广播电视台黄金时段、海南东环铁路海口东站大厅、南港大厅连续播出“9·18”防空警报试鸣宣传片，在海南有线电视开机界面、转台条播出宣传画面；在局网站、海南在线、海口网开设专栏，向广大市民宣传人防知识等；通过《海口日报》、海口广播电视台等媒体和移动、电信、联通三大通信运营商连续发布防空警报试鸣公告；《海南日报》《南国都市报》出版人防科普知识专版，联合海南广播电视总台新闻广播在明珠广场举办“护民之盾”海口市“9·18”防空警报试鸣演练户外特别直播节目。安排专人在海口12345热线值守，解答市民疑问，达到零投诉目标。据不完全统计，演练当天海南在线、海口网人防知识专栏的点击量达10万人次。

(叶　超)

(编辑：吴坤涛)

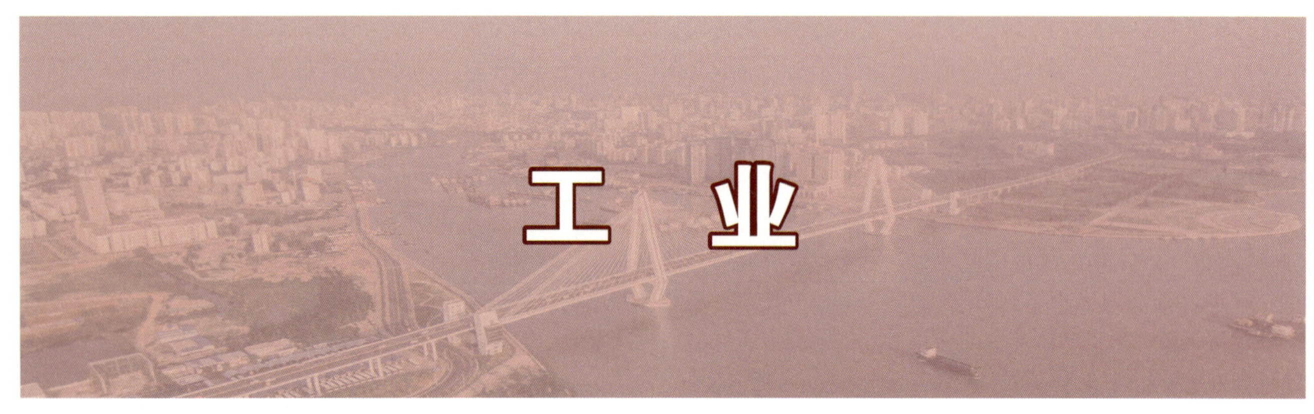

工 业

工业综述

【工业概况】 2017年，海口市工业经济总量增长缓慢，但是工业经济质量有所提升，主要表现为：工业增加值率提高，产业结构优化，企业总体库存下降等。海口市工业经济发展存在的问题主要是：经济增长点单一，内生动力不足，新旧动能转换缓慢，项目投资建设周期长，企业成本增加等。全年全市完成工业增加值142.2亿元，比上年增长4.3%，占全省比重26.9%，下降1.2个百分点。其中，低碳制造业增加值112.1亿元，增长9.9%；医药产业增加值56.1亿元，增长18.7%。完成工业总产值540.8亿元，下降1.2%。工业环节入库税收58.4亿元，下降1.2%。制造业固定资产投资31.7亿元，增长7.7%。用工人数4.7万人，下降5.7%。151家规模以上工业企业完成工业增加值130.3亿元，增长4.5%；完成规模以上工业总产值501.72亿元，下降1.5%。其中，轻工业322.61亿元，增长10.1%，重工业179.11亿元，下降17.1%。产销率98.1%，上升1.1个百分点；出口交货值29.36亿元，增长3.2%；亏损企业35家，占比24.2%，增加9家；利润总额29.9亿元，下降16.3%。工业经济效率进一步提高，规模以上增加值率26.1%，提高1.2个百分点；产业结构进一步优化，轻工业产值占比64.1%，提高7.4个百分点，医药和低碳产业增速明显加快；企业参与“一带一路”建设，出口实现小幅增长；“去库存”成绩显著，产销率提升1.1个百分点，库存商品下降40.8%。但是，企业负债增加，盈利水平下降，应收账款增加，税收贡献下降，就业人数减少，集中反映企业成本增加。

2017年海口市工业经济主要指标表

单位：万元

指标名称	1—12月累计	比上年同期增减（%）
		累计
一、全部工业总产值	5424858	0.4
二、规模以上工业总产值	5017200	-0.4
1. 按轻重工业分		
轻工业	3226091	12.8
重工业	1791109	-17.7
2. 按经济类型分		
国有工业	506720	-1.6
集体工业		
其他经济类型工业	4510480	-0.2
外商及港澳台投资工业	708698	-15.5
在总计中：国有控股工业	1010641	-4.6
大中型工业	3843248	1.6
三、规模以上工业销售产值	5018445	2.6
# 出口交货值	293625	9.1
四、规模以上工业销售率（%）	100	0

注：1. 本表绝对数按当年价格计算，增长速度按可比价格计算；2. 规模以上工业为年主营业务收入2000万元及以上工业企业（本表由市统计局统计报表提供）

【工业主要行业运行监测】2017年，海口工业主要有汽车制造、食品饮料及农副产品加工、医药制造、机电设备及金属制品业、新能源产业、化工制品、新材料制造业、印刷包装业、矿业和建材物制品、水电气供应、木材加工制品业11个主要行业。11个行业中从重点监测的146家规模以上工业企业来看，完成工业总产值497.1亿元，占全市工业总产值的91.9%，占全市规模以上工业总产值的99.4%。汽车制造、食品饮料及农副产品加工、医药制造、机电制造和新能源产业仍是海口工业的5个支柱行业，其总产值占全市规模以上工业总产值的83.7%。医药制造业是拉动工业增长的主要动力，拉动规模以上工业经济增长6.4个百分点。

2017年海口市11个主要工业行业工业总产值增减表

（监测的146家工业企业）

主要行业	监测重点企业数（家）	2017年累计总产值（亿元）	上年同期总产值（亿元）	累计增速（%）	占规上企业比重（%）	对规上增速的影响（%）
汽车运输设备制造业	23	51.4	67.1	-23.4	10.3	-3.1
食品及农副产品加工业	41	117.2	115.2	1.7	23.4	0.4
医药制造业	42	188.5	155.9	20.9	37.7	6.4
机电设备金属制品业	9	47.7	58.5	-18.5	9.5	-2.1
新能源产业	1	13.7	17.9	-23.8	2.7	-0.8
水电气供应业	6	55.1	65.1	-15.4	11.0	-2.0
新材料制造业	2	4.8	3.8	24.0	1.0	0.2
矿业和建材行业	9	7.0	5.9	19.6	1.4	0.2
印刷包装业	8	7.2	7.2	-0.4	1.4	0.0
化工制品业	4	3.2	3.4	-4.7	0.6	0.0
木材加工及木、竹、藤、棕、草制品业	1	1.3	1.2	14.2	0.3	0.0
合计	146	497.1	501.3	-0.8	99.4	-0.8

注：本表为市科工信局运行监测数据统计

【工业发展专项资金】2017年，海口市工业主管部门继续通过政策引导，加快企业转型升级和产业结构调整；及时兑现《海口市加快工业发展若干规定》，全年共拨付企业专项扶持资金1.96亿元，惠及86家工业企业，其中优势产业（医药产业）获得扶持资金1.5亿元，占兑现资金总数的77%，惠及企业36家。为鼓励市医药企业参与仿制药质量和疗效一致性评价工作，降低企业成本，3月市政府出台《海口市鼓励医药企业积极开展仿制药质量和疗效一致性评价工作的若干规定》，凡是通过国家一致性评价的药品，每个品种给予50万元一次性奖励。如是国内首家通过的品种，则给予100万元的一次性奖励。

【落实中小企业扶持资金】2017年，海口市政府继续推行“政保贷”政策，政府主动联合金融机构服务中小微企业的理念受到众多企业的肯定，取得明显的社会效益和经济效益，无代偿发生，“政保贷”平台业务整体运营情况良好。年内，“政保贷”业务合作金融机构10家（中国建设银行海口分行、海南省农村信用合作社、海南银行、海口联合农村商业银行、农行海南省分行、平安银行海口分行、工行海南省分行、邮政储蓄银行海口市分行、中行海南省分行、光大银行海口分行），共注入政府风险补偿金2.9亿元，预计可撬动30亿元贷款融资规模。“政保贷”平台向海口市260家中小微企业提供贷款授信15.3亿元。通过制定《海口市2016年中小企业发展专项资金项目申报指南》，调整市本级中小企业发展专项资金扶持方向，采取重点以贷款贴息为主的扶持方式，进一步拓宽扶持的范围，降低企业融资的成本，截至2017年，海口市担保机构完成担保贷款22.23亿元，其中为321家中小微企业提供信用担保贷款13.76亿元。此外，组织海口市企业申报省级贷款贴息项目，形成政策叠加效应，至2017年底，兑现贷款贴息1.97亿元。在获得国家小微企业创新

2亿元资金的基础上，制定出台《海口市促进小微企业创业创新若干措施》，并对全市各类型的中小企业服务基地、平台、众创空间、农村合作社等给予专项资金的倾斜，其中，对14家基地项目、22个服务平台、5家农村合作社、11家众创空间等给予资金奖补，金额1.15亿元。

【工业招商引资】2017年，海口市围绕低碳制造业和医药产业展开招商，完成签约项目21个，签约投资金额170亿元，项目涵盖医疗器械、生物医药、电梯生产、光纤预制棒、风电设备、潮汐发电设备、新型建材等。其中，高新区签约项目12个，签约金额147亿元，占比86%；综合保税区签约项目7个，签约金额11亿元。

【工业科技创新】2017年，海口市政府批准海南大学筹建设立“海口市海洋无人智能装备与海洋信息技术重点实验室”等8个重点实验室，批准海南葫芦娃药业集团股份有限公司筹建“海口市中药制剂现代化工程技术研究中心”等3个研发中心。年内，全市拥有市级及以上重点实验室66家（其中国家级1家、省级30家）、市级及以上技术研发中心64家（其中国家级3家、省级37家）、市级及以上创新型（试点）企业53家、省级院士工作站18家。新增高新技术企业64家，净增58家，总数207家（全省269家，占比77%）；高新技术企业实现营业收入376亿元，高新技术产业工业总产值290亿元，占全市工业总产值的54%。海口市工业企业有27个新立项的科技创新项目，共获得市政府各类科技研发经费支持1283万元，其中，12个医药产业项目获扶持经费645万元；8个机电和机械设备项目获扶持经费340万元；2个新材料技术项目获扶持经费48万元；5个食品及农副产品加工项目获扶持经费250万元。

【重点工业项目建设】2017年，海口市制造业固定资产投资继续平稳增长，但年末增速有所下降，累计投资31.7亿元，增长7.7%。省级重点工业项目共10个（新增项目5个），计划总投资79.7亿元，累计完成投资39亿元；2017年计划投资16.2亿元，完成投资13.8亿元，完成全年投资计划85.2%。大部分项目基本完成当年投资计划，有部分项目超额完成计划。其中，海口市制药厂有限公司计划投资1亿元，实际投资2.4亿元；康宁（海南）光通信有限公司计划投资2亿元，实际投资5.1亿元。投资进展较为缓慢的重点项目主要是康迪电动汽车（海南）有限公司和海南中汽宏远汽车有限公司两个新能源汽车项目。其中，康迪电动汽车（海南）有限公司计划投资8亿元，含7亿元流动资金，实际投资1.9亿元；海南中汽宏远汽车有限公司计划投资1亿元，至2017年高新区所划给企业的土地尚未征收，因此尚未投资。

2017年海口市工业科技创新研究与开发项目立项表

项目编号	承担单位	项目名称	扶持经费（万元）
001	齐鲁制药（海南）有限公司	注射用紫杉醇（白蛋白结合型）的研制	100
002	海南皇隆制药股份有限公司	抗高血压药阿齐沙坦片的临床研究和产业化	100
003	海口市制药厂有限公司	氟非尼酮原料及制剂的临床研究	100
004	海南金盘电气有限公司	树脂浇注干式抽水蓄能静止变频启动装置（SFC）变压器	100
005	海南全星制药有限公司	药物大品种注射用丁二磺酸腺苷蛋氨酸产业化	75
006	海南葫芦娃药业集团股份有限公司	肠炎宁颗粒再评价临床试验及其药效学和药理毒理研究	50
007	海南森瑞谱生命科学药业股份有限公司	抗HPV病毒生物活性因子CSE生产工艺研究	50
008	海南中济医药科技有限公司	国家三类新药坎地沙坦酯氨氯地平片申报生产阶段药学研究、生产技术应用与示范	30
009	海南云皓生物科技有限公司	椰子综合加工关键技术研究与产业化	50
010	海南思香源食品有限公司	山茶油绿色安全高效加工关键技术研究与应用	50
011	海南蛛王药业有限公司	海南特种养殖示范物种——蜘蛛的功能安全研究及其特色产品的开发与产业化	50

续表

项目编号	承 担 单 位	项 目 名 称	扶持经费
012	海南海垦胡椒产业股份有限公司	胡椒绿色加工技术集成及应用	50
013	海南佳德信食品有限公司	罗非鱼片微冻气调新技术的研发及示范推广	50
014	海南智合健科技有限公司	新型一体化医疗 CT 设备辐射防护装置研制	50
015	海南宝通实业公司	多功能转信台	50
016	海南纽康信息系统有限公司	基于近海小型适航艇的无人智能化控制系统开发与应用	20
017	海南省蓝波新能源科技有限公司	抗风式风力发电机专利技术在风光互补 LED 照明工程中的应用	30
018	海口尚维科技有限公司	全自动连续送罐及送盖压盖设备研发项目	30
019	海南南塑高新科技有限公司	轻质防火保温 EPS 板材开发及其在建筑中的产业化应用	30
020	海南乾腾农业机械设备有限公司	新型步行式插秧机的研制及产业化	30
021	海南春江智慧农业科技有限公司	果园喷药机器人的研究与应用	30
022	海南昆仑新材料科技股份有限公司	共挤木塑环保高分子复合材料研发项目	18
023	海南益尔生物制药有限公司	低毒溶剂提取分离神经节苷脂新工艺的研发及应用	30
024	海南朗腾医疗设备有限公司	非热效应式远红外线治疗仪的研制及临床应用研究	30
025	海南海神同联生物科技开发有限公司	新型芦荟软胶囊保健品的研制及产业化	30
026	海南合瑞制药股份有限公司	乳酸米力农注射液的产业化研究	30
027	海南葫芦娃药业集团股份有限公司	海口市中药制剂现代化工程技术研究中心	20
合计			1283

2017 年海口市重点工业项目建设情况表

单位：万元

序号	项目名称	建设规模和内容	项目建设单位	所属行业	建设地点	总投资额	已累计投资	2017 年计划投资	2017 年已投资	建设年限	计划开工或竣工时间	工程进展情况
1	海口海药生物医药项目	分两期建设，一期拟建抗体楼、1 号制剂楼、2 号制剂楼、3 号制剂楼、4 号制剂楼，仓库、检验中心、行政办公楼等，配套建设给排水、电气、消防等工程。二期完成余下车间净化装修、设备安装	海口市制药厂有限公司	医药	南海大道 192 号）	72076	5500	10000	23612.62	2015—2018	预计 2018 年竣工	正在进行 1 号楼、2 号楼、3 号楼、4 号楼、5 号楼、6 号楼、检验中心、会议中心、行政办公楼、动力中心的施工，工程量完成 30%～80%不等。
2	海口奇力制药生物基因工程抗肿瘤一类新药 rhCNB 产业化项目	建设 1 万平方米厂房；安装 rhCNB 原液生产设备、注射用 rhCNB 冻干生产线设备；建设 rhCNB 三废处理工程以及消防、公用工程、生物制品冷库等	海口奇力制药股份有限公司	医药	海口国家高新区药谷	25400	10018	4200	1830	2016—2020	预计 2018 年竣工	已试生产，进行 GMP 认证。
3	海口齐鲁（海南）制药扩建高端药品研制及产业化项目	对 4 条生产线地下管网、机械设备安装、动力配电、车间净化、洁净管道等工程进行建设，提高现有产能；按照美国和欧盟 cGMP 要求，为生产线配置更加先进的设备仪器；完善研发中心技术平台	齐鲁制药（海南）有限公司	医药	海口国家高新区药谷	12689	4900	2500	3499	2016—2018	预计 2018 年竣工	500 车间基本建设完毕；400 车间、600 车间建设基本完工。
4	海南普利制药欧美标准注射剂生产线建设项目	本厂预留用地内新建一栋建筑面积为 1.36 万平方米的 4 层制剂大楼，新增 2 条冻干粉针剂联动生产线，并配置 4 台冻干机；新增 1 条最终可灭菌水针生产线，新增针剂产品年产能 3000 万支；配套建设空调和洁净系统、厂房的 GMP 装修、道路、绿化等。新增 3000 万支针剂的生产能力	海南普利制药股份有限公司	医药	桂林洋经济开发区	20206	3225	6000	8326	2017—2018	计划 2017 年二季度开工	7 月 16 日举行动工仪式，项目土建工程正式开工；已订购两大套项目生产设备：分别是“冻干机及自动进出料系统”（上海东富龙科技生产，2150 万元）和“洗烘灌轧联动线”（博世包装技术公司生产，2154 万元）；

续表

序号	项目名称	建设规模和内容	项目建设单位	所属行业	建设地点	总投资额	已累计投资	2017 年计划投资	2017 年已投资	建设年限	计划开工或竣工时间	工程进展情况
5	海口灵康美安制药基地项目	在美安新药谷建设制药基地	海南灵康制药有限公司	医药	海口美安生态科技新城	36000	0	5000	4650	2017—2020	计划 2017 年一季度开工	1 号厂房土方开挖完成 70%，基础垫层完成 50%，正在基础钢筋绑扎
6	海南康迪电动汽车项目	总建筑面积 19.7 万平方米，建设冲压车间、焊装车间、涂装车间、总装车间、检测车间及试车跑道、配送中心、成品车停放场等，年产 10 万辆纯电动轿车	康迪电动汽车（海南）有限公司	汽车	海口美安科技新城	201690	121690	80000	19000	2016—2017	计划 2017 年二季度竣工	1.涂装设备安装完成 90%；2.冲压机安装完成 80%；3.总装线安装完成 97%；4.检测线安装完成 97%；5.厂区道路完成 85%
7	海口威特电气项目	建设高效节能变压器制造基地，厂房 6 万平方米，生产规模 1000 万千伏安 / 年；新型智能成套高低压开关设备制造基地，厂房 5 万平方米，生产规模 4 万面 / 年；节能环保新型电线电缆制造基地，厂房 10 万平方米，电缆导体加工能力 4 万吨 / 年	海南威特电气集团有限公司	机电	海口美安科技新城	140000	30000	15000	17387	2014—2018	预计 2018 年竣工	1. 各车间主体施工完成，设备安装调试中。2. 综合办公楼内、外部装修
8	海口金鹿工业园标准化工业厂房项目	以分期建设方式，对金鹿工业园内的厂房进行配套改造，即建设标准化工业厂房、仓储、办公用房、周转楼、地下车库、厂区道路、设备用房和绿化等	海南金鹿投资集团有限公司	园区	海口美安科技新城	123200	30500	9000	8860	2014—2020	预计 2020 年竣工	二期 C1 厂房进行场地平整、桩基施工；三期设备房装修收尾
9	海口宏远新能源汽车零部件项目	建设钢结构厂房、倒班楼、办公楼	海南中汽宏远汽车有限公司	汽车	海口国家高新区	100000		10000	0	2017—2018	计划 2017 年二季度开工	完成厂区总平面设计，正在进行勘探的前期准备工作
10	海口光纤预制棒车间技术改造项目	对光纤预制棒车间进行技术改造，分两期建设，建成后将形成年产 3200 万千米的光纤预制棒生产能力，其中一期形成 1700 万千米光纤预制棒年产能	康宁（海南）光通信有限公司	电子	海口综合保税区	66000	46000	20000	51200	2016—2017	计划 2017 年四季度竣工	设备安装完成，并进行试生产
11	合计					797261	251833	161700	138364.62			

【节能降耗】 海南省政府给海口市下达的“十三五”能耗总量和强度“双控”目标为：能耗强度降低11%，能耗增量137.34万吨标准煤。2017年，海口市能耗总量490.93万吨标煤，增长5.31%（在年度任务指标6%的控制范围内）；单位GDP能耗0.3647吨标煤/万元，下降2.04%，完成“十三五”双控责任目标年度任务；单位工业增加值能耗（当量值）0.1556吨标煤/万元，下降12.33%。根据《海口市2017年燃煤锅炉淘汰实施方案》，海口市政府淘汰156台列入淘汰范围的燃煤锅炉，完成更换新炉18台、改造旧炉14台、拆除75台、停用49台，实现全市燃煤小锅炉的“清零”，并指导企业申报补贴资金。组织新能源汽车推广企业申报2015年、2016年度地方财政补贴。2015年度在海口市推广应用并通过国家清算的新能源汽车共3122辆，依据国家清算结果，该批车辆获得中央财政补助资金3.48亿元，需安排地方补贴资金2.09亿元（省、市财政各承担一半），已落实市级资金1.04亿元。2016年度海口市共推广新能源汽车2005辆，第一批补贴车辆1814辆，拟安排地方补贴资金2.3亿元。

【工业安全生产】 2017年，海口市工业主管部门召开安全生产工作会议15次；组织企业开展隐患自查，发现隐患1579项，整改1492项，整改率94%；出动126人次对87家企业开展安全生产大检查，发现隐患21处，整改隐患9处。举办3期安全生产政策培训，共172家工业企业176名企业法人代表及企业负责人参加，进一步强化“红线”意识。全年油气管道企业、工业企业无重大安全生产事故发生。

运输设备制造业

【运输设备制造业概况】 2017年，海口市运输设备制造业有规模以上企业23家，其中1家轿车整车生产企业、22家为轿车配套生产企业、1家农用拖拉机制造企业，累计完成工业总产值51.4亿元，下降23.4%；工业销售产值51.9亿元，下降18.1%；产销率101.1%；出口交货值13.6亿元，增长429.6%。汽车产量约4万辆，下降41.1%；拖拉机产量952辆，下降57%。

【一汽海马汽车有限公司】 2017年，有3个整车工厂，1个发动机工厂，1个技术中心，整车年产能15万辆，发动机年产能20万台，直属员工2344人，2个零部件工业园入驻22家配套企业。公司虽然提出“华南战略”“品类战略”和“出口战略”，但由于多年来科研投入不足，产品更新换代缓慢，错失历史发展机遇，造成品牌影响力下降，国内市场萎缩，短时间内很难扭转下滑的惯性。2月27日，与伊朗霍德罗（IKCO）集团签订万台订单及战略合作协议；7月21日，与菲律宾罗斯（LAUS）集团签订3年1万台整车出口订单。5月18日，福美来七座超值版车型在全国正式上市；9月27日，福美来F7上市；11月3—5日，纯电动MPV普利马EV、A00级纯电动轿车海马爱尚EV、A级纯电动三厢轿车海马@3上市。全年，一汽海马公司（含一汽海马动力有限公司）产值仅完成38.5亿元，下降21.6%；汽车产量约4万辆（轿车产量约1万辆，不及上年1/4；MPV产量0.7万辆，不及上年1/2），下降41.1%；出口交货值13.6亿元，增长434.6%；出口汽车1.8万辆，增长404%，出口订单主要来自于SUV，占SUV产量2.3万辆的比重3/4。

【汽车零部件配套企业】 2017年，海口市汽车配件重点企业有20家，主要为一汽海马汽车有限公司提供配件，部分企业也向岛外整车车企提供汽车配件。全年产值12.9亿元，下降28.7%。主要产品有发动机、车架、车门、座椅、空调、音响等。配件企业除少数企业通过拓展省外市场而保持增长外（其中海南钧达汽车饰件股份有限公司4月成功在中小板上市），大部分企业生产下滑明显，甚至出现停产。20家零配件供应商仅4家保持正增长，16家负增长的企业有9家跌幅超过40%，其中有2家停产（海口通达排气系统有限公司和海南超力电器有限公司）。

【拖拉机生产企业】 2017年，海口市唯一的一家拖拉机生产企业海南金鹿农机发展股份有限公司完成工业总产值3149.6万元，下降46.3%。公司产业辐射农机、商业物业、房地产、标准化工业厂房等多个领域，农机产业在国内6个省市建立7个生产基地，在马来西亚和印度尼西亚设立分公司，形成“以海南为基地，背靠泛珠三角，面向东南亚”的产品销售新格局。

【运输设备制造业科技创新】 2017年，一汽海马汽车有限公司通过“国家知识产权示范企业”复核，继续保持该称号，获第十九届中国外观设计优秀奖，获2017年度海口市专利奖优秀奖（专利号：201310331784.1）。海南金鹿农机发展股份有限公司通过引进日本、德国的先进技术，打造优质产品满足现代农业的需求，在其产品线上，四轮驱动型拖拉机所采用的分动箱，凭借优于日本产品的品质占领东南亚市场。特别在马来西亚，金鹿拖拉机年销售量约600台，成为中国在马来西亚最大的农用车品牌。

2017 年海口市规模以上运输设备制造业企业生产情况表

单位：万元

序号	企业名称	主要产品	工业总产值			工业销售产值			产销率（%）
			2017 年累计	2016 年累计	同比（%）	2017 年累计	2016 年累计	同比（%）	
	汽车运输设备制造业	合计	513977.1	671340.8	-23.4	519446.3	633952.0	-18.1	101.1
1	一汽海马汽车有限公司	海马系列整车	350759.5	444095.1	-21.0	355669.4	404254.0	-12.0	101.4
2	一汽海马动力有限公司	发动机	34210.8	46478.5	-26.4	34210.8	46478.5	-26.4	100.0
3	浙江万向系统有限公司海南分公司	海马系列配件	14720.8	27781.4	-47.0	14536.6	27552.0	-47.2	98.7
4	海南钧达汽车饰件股份有限公司	海马系列配件	33861.8	23962.2	41.3	32183.2	22675.9	41.9	95.0
5	全兴工业（海南）有限公司	海马系列配件	14505.0	13577.0	6.8	13842.9	14266.1	-3.0	95.4
6	海南元创机械有限公司	海马系列配件	3543.3	4556.3	-22.2	3677.7	4805.4	-23.5	103.8
7	六和机械工业（海南）有限公司	海马系列配件	4705.5	8178.8	-42.5	5014.0	7959.4	-37.0	106.6
8	海南宇傲汽车配件有限公司	海马系列配件	2472.9	7713.6	-67.9	2557.1	7572.0	-66.2	103.4
9	海南瑞利工业有限公司	海马系列配件	2687.0	10394.2	-74.1	2982.6	10843.4	-72.5	111.0
10	海南威昌汽车配件有限公司	海马系列配件	1600.8	8362.9	-80.9	1811.1	9549.8	-81.0	113.1
11	海南华福汽车零部件制造有限公司	海马系列配件	3337.5	5001.5	-33.3	3432.6	5858.6	-41.4	102.8
12	海南明芳机械有限公司	海马系列配件	8326.5	16462.6	-49.4	8795.0	16316.4	-46.1	105.6
13	海南宇龙汽车部件有限公司	海马系列配件	10260.0	12500.0	-17.9	10260.0	12500.0	-17.9	100.0
14	海口通达排气系统有限公司	海马系列配件	1662.7	4294.7	-61.3	1693.1	4361.3	-61.2	101.8
15	海南超力电器有限公司	海马系列配件	995.0	3867.2	-74.3	925.0	3642.8	-74.6	93.0
16	海口全盛汽车配件有限公司	海马系列配件	4483.3	4995.2	-10.2	4483.3	4995.2	-10.2	100.0
17	海南瑞德夏工业有限公司	海马系列配件	6014.8	4188.1	43.6	6589.8	4453.9	48.0	109.6
18	海南瑞应鑫汽车配件有限公司	海马系列配件	3183.8	3626.6	-12.2	3058.3	3268.5	-6.4	96.1
19	海南联顺金属工业有限公司	海马系列配件	2975.9	3983.7	-25.3	3710.6	5109.6	-27.4	124.7
20	海南誉球汽车部件有限公司	海马系列配件	1825.1	4586.2	-60.2	1825.1	4586.2	-60.2	100.0
21	海南台丰交通器材有限公司	海马系列配件	2931.8	2630.3	11.5	2931.8	2630.3	11.5	100.0
22	海南鑫永成塑胶有限公司	海马系列配件	1763.7	4241.8	-58.4	1763.7	4241.8	-58.4	100.0
23	海南金鹿农机发展股份有限公司	拖拉机	3149.6	5862.9	-46.3	3492.6	6030.9	-42.1	110.9

食品及农副产品加工业

【食品及农副产品加工业概况】2017年，海口市食品及农副产品加工业实现小幅增长，运行态势前高后低。从细分行业来看，饮料业平稳较快增长，卷烟业小幅增长，食品、水产和饲料加工业小幅下降。行业41家规模以上企业全年累计完成工业总产值117.2亿元，增长1.7%；工业销售产值115.9亿元，下降2.6%；产销率98.1%；出口交货值9亿元，下降7.3%。

【酒和饮料制造业】2017年，海口市酒和饮料制造业共有椰树集团海南椰汁饮料有限公司、椰树集团海口罐头厂有限公司、海南椰岛酒业发展有限公司、喜力酿酒（海南）有限公司（原海南亚太酿酒）、海南太古可口可乐饮料有限公司（原海南中粮可口可乐饮料有限公司）、海口力神咖啡饮品有限公司、海南红牛饮料有限公司等规模以上企业15家，主要产品有啤酒、白酒、饮料酒、椰汁、热带果汁、汽水、功能饮料、矿泉水等。全年受龙头企业椰树集团的拉动，行业生产实现较快增长。年内，海南红牛饮料有限公司因技改升级停产，海南中粮可口可乐饮料有限公司被太古集团收购，更名为海南太古可口可乐饮料有限公司。行业全年累计完成产值46.3亿元，增长8.2%。啤酒产量3.82万吨，下降28.7%；软饮料产量54.57万吨，增长2.8%。

【食品制造业】2017年，海口市有海南迪爱生微藻有限公司、海南罗牛山食品集团有限公司、海南南国食品实业有限公司、海南佳宁娜食品有限公司、海口欣奇食品有限公司等规模以上企业12家，有3家企业产值过亿元，比上年减少1家。主要产品有咖啡粉、椰子粉、饼干、糖果、蛋糕、面包、月饼、食盐、大米和肉类等。行业全年累计完成产值8.9亿元，下降3.3%。

【水产加工业】2017年，海口市水产加工业共有海南照丰水产有限公司、海南蔚蓝海洋食品有限公司、海南泉溢食品有限公司、海南华绿食品冷冻有限公司、海南东洋水产有限公司、海南昌之茂食品有限公司、海南佳德信食品有限公司7家规模以上企业，主要加工产品有罗非鱼、带鱼、马头鱼、金线鱼、马鲛鱼、鱿鱼、海鳗鱼片、马头鱼片、墨鱼片、凤尾虾、去头虾和寿司虾等。因原材料、销售市场激烈竞争，加上下半年人民币汇率上升，年末企业普遍存在亏损。行业全年累计完成产值10.7亿元，下降1.8%；出口交货值8.4亿元，下降6.7%；产量3.7万吨，下降3.2%。7家规模以上企业中，4家企业产值过亿元，比上年增加1家。海南泉溢食品有限公司首次突破亿元大关，海南照丰水产有限公司7月开始停产。

【饲料加工业】2017年，海口市饲料加工业共有海口双胞胎饲料有限公司、海南恒兴饲料实业有限公司、海南裕泰科技饲料有限公司、海南青牧原实业有限公司、海南华星饲料有限公司和海南港翔农牧有限公司6家规模以上企业，主要生产加工鸡料、鱼料、虾料和猪料等。行业全年累计完成产值24亿元，下降7.7%；产量88.4万吨，下降0.8%。海南华星饲料有限公司由于靠近水源保护地，于9月关停。

【烟草加工业】2017年，海口市烟草加工业只有海南红塔卷烟有限责任公司1家规模以上企业，主要生产红塔烟、椰王烟和三沙烟等。年内企业进行产品结构优化，产值增长，产量下降。全年烟草产量117.5亿支，下降1.7%，其中三类烟占比70%，增加5个百分点，四类烟占比6%，下降6个百分点，其余类别基本持平。由于三类烟占比大，附加值高，虽然总体产量小幅下降，但仍完成年产值27.2亿元，小幅增长3.1%。

【食品及农副产品加工业科技创新】2017年，海口市食品及农副产品加工业新立项的科技创新项目共有5个，分别来自海南云皓生物科技有限公司的椰子综合加工关键技术研究与产业化、海南思香源食品有限公司的山茶油绿色安全高效加工关键技术研究与应用、海南蛛王药业有限公司的海南特种养殖示范物种——蜘蛛的功能安全研究及其特色产品的开发与产业化、海南海垦胡椒产业股份有限公司的胡椒绿色加工技术集成及应用和海南佳德信食品有限公司的罗非鱼片微冻气调新技术的研发及示范推广，5家企业均为海口市工业科技创新研究与开发项目，共获得250万元经费支持。

2017 年海口市食品饮料及农副产品加工业规模以上企业生产情况表

单位：万元

序号	企业名称	主要产品	工业总产值			销售产值			产销率（%）
			2017 年累计	2016 年累计	同比（%）	2017 年累计	2016 年累计	同比（%）	
	食品饮料及农副产品加工业	合计	1171796.2	1152365.7	1.7	1149561.2	1180445.8	−2.6	98.1
1	海南红塔卷烟有限责任公司	卷烟	272499.4	264317.5	3.1	276009.2	271828.9	1.5	101.3
2	椰树集团海南椰汁饮料有限公司	椰子汁、热带水果饮料	205376.9	176709.1	16.2	185061.9	183273.5	1.0	90.1
3	椰树集团海口罐头厂有限公司	饮料、果酱食品、椰子糖等	142888.0	124357.2	14.9	135622.5	127112.9	6.7	94.9
4	海南椰岛酒业发展有限公司	白酒、保健酒	31436.5	24602.8	27.8	27149.2	24298.7	11.7	86.4
5	喜力酿酒（海南）有限公司	啤酒	13479.7	21365.9	−36.9	14774.8	23031.8	−35.9	109.6
6	海南太古可口可乐饮料有限公司	可口可乐、雪碧、芬达、美汁源果粒橙等	27479.9	27905.8	−1.5	30818.8	30672.8	0.5	112.2
7	海口椰树矿泉水有限公司	纯净水	5887.7	5201.1	13.2	5971.2	4808.9	24.2	101.4
8	海南红牛饮料有限公司	红牛饮料	0.0	10402.1	−100.0	0.0	10708.6	−100.0	#DIV/0!
9	海南海航饮品有限公司	椰子汁、菠萝汁等	4910.6	3902.6	25.8	6448.2	3780.5	70.6	131.3
10	海南金盘饮料有限公司	纯净水	2854.6	3746.7	−23.8	3050.7	3722.8	−18.1	106.9
11	海口力神咖啡饮品有限公司	咖啡、椰子粉、咖啡饮料、椰子汁、生咖啡豆等	4259.2	4363.6	−2.4	3974.3	4154.8	−4.3	93.3
12	海南椰岛食品饮料有限公司	椰子糖、咖啡糖、椰子粉、咖啡粉、饮料、饼干等	3660.1	3947.9	−7.3	4793.3	4993.4	−4.0	131.0
13	海南艾森乳业有限公司	巴氏鲜牛奶、特纯酸奶、传统型酸奶、妙客餐饮乳、苹果醋等	3006.4	3420.6	−12.1	2944.2	3427.8	−14.1	97.9
14	海口富利食品有限公司	纯净水与饮料	4425.9	4715.9	−6.1	4435.6	4710.3	−5.8	100.2
15	海南椰国食品有限公司	椰果、糖化椰果、乳制品专用椰果、冷饮专用椰果等	5433.0	5052.7	7.5	5409.3	5016.4	7.8	99.6
16	海南康美食品有限公司	饮料	3049.5	3035.6	0.5	3000.0	3000.1	0.0	98.4
17	海南迪爱生微藻有限公司	螺旋藻制品	3439.6	1746.1	97.0	2278.9	3218.7	−29.2	66.3
18	海口双胞胎饲料有限公司	鸡料、鱼料、猪料	88735.4	97499.5	−9.0	86176.3	94497.5	−8.8	97.1
19	海南恒兴饲料实业有限公司	禽畜饲料、水产饲料	57259.9	77225.0	−25.9	61002.1	80016.3	−23.8	106.5
20	海南裕泰科技饲料有限公司	禽畜饲料、水产饲料	58918.8	54599.5	7.9	58841.6	54186.4	8.6	99.9
21	海南青牧原实业有限公司	禽畜饲料	18688.4	17130.2	9.1	18676.2	17119.3	9.1	99.9

续表

序号	企 业 名 称	主要产品	工业总产值			销售产值			产销率（%）
			2017 年累计	2016 年累计	同比（%）	2017 年累计	2016 年累计	同比（%）	
22	海南华星饲料有限公司	禽畜饲料、水产饲料	8920.0	8440.5	5.7	9571.4	7951.9	20.4	107.3
23	海南港翔农牧有限公司	禽畜饲料	7483.4	4866.2	53.8	7906.9	5199.7	52.1	105.7
24	海南照丰水产有限公司	虾仁、罗非鱼、带鱼、鱿鱼、海鳗、红鼓鱼、蟹、贝类、食品罐头等	27137.1	33119.3	-18.1	24263.2	33527.7	-27.6	89.4
25	海南蔚蓝海洋食品有限公司	单冻虾仁、带头虾、生块冻虾、裹粉裹浆虾仁、冻鱼、鱼片等	19218.3	15601.7	23.2	21205.7	17739.8	19.5	110.3
26	海南泉溢食品有限公司	罗非鱼加工、蝴蝶面包虾、凤尾面包虾等	10897.4	8773.1	24.2	11142.7	8715.9	27.8	102.3
27	海南华绿食品冷冻有限公司	海鳗鱼片、马头鱼片、墨鱼片、凤尾虾、去头虾、寿司虾、带鱼、罗非鱼、鱿鱼、马头鱼和金线鱼	4544.7	5148.8	-11.7	5042.3	5736.7	-12.1	110.9
28	海南东洋水产有限公司	水产品与农产品深加工	7034.7	6661.5	5.6	7462.4	7258.8	2.8	106.1
29	海南佳德信食品有限公司	水产品深加工	28951.8	30124.8	-3.9	28673.2	30513.4	-6.0	99.0
30	海南昌之茂食品有限公司	水产品深加工	9381.6	9175.0	2.3	9381.6	10033.1	-6.5	100.0
31	海口盛泰热带作物有限公司	椰肉	8152.3	14800.7	-44.9	8152.3	14800.7	-44.9	100.0
32	海南南国食品实业有限公司	咖啡饮品、椰子糖果等	16342.0	14880.1	9.8	16342.7	14880.0	9.8	100.0
33	海南佳宁娜食品有限公司	月饼	9697.0	7264.9	33.5	9697.0	7264.9	33.5	100.0
34	海口欣奇食品有限公司	蛋糕、月饼	2950.7	2604.3	13.3	2922.5	2591.3	12.8	99.0
35	海南罗牛山食品集团有限公司	冷鲜分割猪肉、冻猪分割肉、冻（鲜）猪副产品、冻（鲜）骨头类、冻（鲜）油脂类等	17150.1	19169.9	-10.5	17150.1	19169.9	-10.5	100.0
36	海南国威隆实业有限公司	大米加工	2685.9	4564.6	-41.2	2161.7	5241.2	-58.8	80.5
37	海南新大食品有限公司	椰子汁、热带水果饮料	9046.7	9186.3	-1.5	7829.2	9069.1	-13.7	86.5
38	海南晶辉盐业有限公司	碘盐、多品种食用盐、保健用盐、洗涤用盐、医疗用盐	3222.5	3120.6	3.3	3270.1	3483.5	-6.1	101.5
39	海南航空食品有限公司	飞机上餐食、点心、饮料、食品等	14704.7	12980.8	13.3	14704.7	12980.8	13.3	100.0
40	海南绿元琼脂工贸有限公司	水产品深加工	4537.8	4923.7	-7.8	4385.5	4826.8	-9.1	96.6
41	南派实业有限公司	果粉	2048.0	1711.5	19.7	1857.7	1880.2	-1.2	90.7

医药制造业

【医药制造业概况】 2017年，海口市医药产业保持较好的增长势头，并实现两位数增长，行业充满活力。全市共有药品生产企业80家，其中72家企业取得GMP（药品生产质量管理规范）证书，规模以上生产企业42家（占全省的88%），年产值亿元以上企业29家。全市医药产业从业人数2万人。全年56家正常生产的制药企业完成工业总产值191.62亿元，增长19.29%，产值占全省总产值的98%，其中42家规模以上药品生产企业完成工业总产值188.50亿元，增长20.9%。全市56家医药工业企业实现利税47.4亿元，增长40.32%；有11家亏损，亏损面20%，亏损额1.11亿元，下降77.21%。年内新获取的药品批准文号8个（其中化药6类6个，补充申请2个）。除海口市制药厂有限公司入选全国医药百强企业外，还有5家百强企业的6家关联公司在海口落户。行业创新能力进一步增强。齐鲁制药（海南）有限公司首仿新药吉非替尼上市销售，海口市制药厂有限公司、海口奇力制药股份有限公司等企业有多个在研品种进入临床试验阶段。行业国际化步伐加快。齐鲁制药（海南）有限公司成为国内首家头孢类注射粉针剂出口美国的企业，海南普利制药股份有限公司新增注射用泮托拉唑钠出口欧洲，全行业出口交货值增长逾40%；企业上市、兼并重组活动频繁，海南普利制药股份有限公司3月成功在创业板上市，双鹤集团收购海南中化联合制药工业股份有限公司，将其更名为双鹤药业（海南）有限责任公司；海口奇力制药股份有限公司收购海南华拓天涯制药有限公司；海口市制药厂有限公司、海南天煌制药有限公司、海南伊顺药业有限公司、海南中和药业股份有限公司等企业均有兼并重组或上市的计划。

2017年海口市医药产业情况表

一	企业总数（家）		80
	其中	取得GMP	72
		正常生产	56
		规模以上	42
		欧盟和美国FDA认证	5
		主板上市	5
		新三板上市	2
二	全市共有药品批准文号（个）		2627
	其中	在生产的文号	1576
		不生产的文号	1051
		当年新获取的药品批准文号	8
三	完成总产值（亿元）		191.62
	其中	规模以上企业总产值	188.50
四	产值亿元以上的企业（家）		29
	其中	40亿元以上企业	1
		10亿元以上企业	3
五	全市医药工业从业人员（万人）		2

2017 年海口市医药制造业规模以上企业生产情况表

单位：万元

序号	企业名称	总产值			销售产值			产销率（%）
		本年累计	上年累计	同比（%）	本年累计	上年累计	同比（%）	
	医药制造业	1884983.9	1558602.9	20.9	1761914.8	1448115.4	21.7	93.5
1	海口市制药厂有限公司	435781.5	392423.0	11.0	434575.3	389889.7	11.5	99.7
2	海南海灵化学制药有限公司	221148.1	124605.9	77.5	183748.9	121204.4	51.6	83.1
3	齐鲁制药（海南）有限公司	161088.9	128843.8	25.0	130475.1	111054.3	17.5	81.0
4	海口奇力制药股份有限公司	128062.3	111198.2	15.2	120103.2	106300.2	13.0	93.8
5	先声药业有限公司	81103.8	60966.7	33.0	75715.0	62188.1	21.8	93.4
6	海南中和药业股份有限公司	80523.0	52567.6	53.2	70339.5	49878.0	41.0	87.4
7	海南通用三洋药业有限公司	78876.0	41847.0	88.5	79074.0	42031.0	88.1	100.3
8	海南皇隆制药股份有限公司	71530.9	64503.9	10.9	50225.3	45472.2	10.5	70.2
9	海南长安国际制药有限公司	55741.2	41463.0	34.4	58491.0	37264.9	57.0	104.9
10	海南碧凯药业有限公司	52774.4	55229.1	−4.4	48226.7	43107.2	11.9	91.4
11	海南葫芦娃制药有限公司	50955.9	40386.4	26.2	41788.3	26893.3	55.4	82.0
12	海南养生堂药业有限公司	44873.8	31980.9	40.3	46857.5	29627.4	58.2	104.4
13	海南灵康制药有限公司	30597.1	28272.4	8.2	29702.4	23606.5	25.8	97.1
14	海南亚洲制药股份有限公司	30011.1	30075.5	−0.2	28776.0	24539.2	17.3	95.9
15	海南普利制药股份有限公司	25196.3	23912.9	5.4	22299.9	19013.3	17.3	88.5
16	海南新合赛制药有限公司	24834.9	37470.5	−33.7	25151.2	33300.0	−24.5	101.3
17	海南通用康力制药有限公司	23179.9	19281.1	20.2	27935.6	21860.3	27.8	120.5
18	双鹤药业（海南）有限责任公司（原海南中化联合制药工业股份有限公司）	22483.1	18738.2	20.0	13960.1	18082.9	−22.8	62.1
19	海南双成药业股份有限公司	21019.9	12362.8	70.0	21867.6	12630.2	73.1	104.0
20	海南伊顺药业有限公司	20896.6	23878.6	−12.5	20896.6	23878.6	−12.5	100.0
21	海南赞邦制药有限公司	19049.4	17293.4	10.2	20256.2	14945.3	35.5	106.3
22	海南锦瑞制药有限公司	17884.5	11127.4	60.7	16022.3	10794.5	48.4	89.6
23	海南全星制药有限公司	16880.2	17198.0	−1.8	15830.0	15515.2	2.0	93.8
24	海南澳美华制药有限公司	16270.9	18252.1	−10.9	17142.2	18386.1	−6.8	105.4

续表

序号	企业名称	总产值			销售产值			产销率（%）
		本年累计	上年累计	同比（%）	本年累计	上年累计	同比（%）	
25	海南通用同盟药业有限公司	16168.9	26075.7	-38.0	20336.6	23501.4	-13.5	125.8
26	海南康芝药业股份有限公司	15778.9	14349.1	10.0	14581.9	14602.1	-0.1	92.4
27	海南海神同洲制药有限公司	15721.0	13910.0	13.0	12301.2	12472.4	-1.4	78.2
28	海南海力制药有限公司	13218.3	10702.9	23.5	14868.8	9986.3	48.9	112.5
29	海南益尔生物制药有限公司	10738.3	6630.1	62.0	10871.6	5384.4	101.9	101.2
30	海南合瑞制药股份有限公司	9965.3	7155.8	39.3	9021.1	7926.8	13.8	90.5
31	海南爱科制药有限公司	9716.9	10951.1	-11.3	14742.7	11150.5	32.2	151.7
32	万特制药（海南）有限公司	9323.1	10094.3	-7.6	9323.7	10055.0	-7.3	100.0
33	海南惠普森医药生物技术有限公司	9017.6	10607.1	-15.0	8927.4	10343.4	-13.7	99.0
34	海南新世通制药有限公司	7181.0	7851.9	-8.5	6668.1	7828.9	-14.8	92.9
35	海南三叶制药厂有限公司	6918.1	5540.3	24.9	6850.3	6693.0	2.4	99.0
36	海南林恒制药有限公司	6638.9	4762.6	39.4	6841.3	5001.3	36.8	103.0
37	海南天煌制药有限公司	6122.4	11410.9	-46.3	8177.3	7485.5	9.2	133.6
38	海南赛立克药业有限公司	5698.5	2992.7	90.4	5360.5	2661.6	101.4	94.1
39	三叶美好制药有限公司	5575.6	3473.3	60.5	5575.6	3473.3	60.5	100.0
40	海南美好西林生物制药有限公司	3660.7	3297.9	11.0	3581.7	3297.9	8.6	97.8
41	海南九芝堂药业有限公司	2522.5	3555.6	-29.1	2398.6	3329.0	-27.9	95.1
42	海南华拓天涯制药有限公司	254.2	1363.2	-81.4	2026.5	1459.8	38.8	797.2

【医药制造业科技创新】 2017年，海口市医药制造业新立项的科技创新项目有12个，占全市27个在研项目和新立项的工业科技创新项目的44%，共获得市政府科技研发经费支持645万元。有：齐鲁制药（海南）有限公司的注射用紫杉醇（白蛋白结合型）的研制，海南皇隆制药股份有限公司的抗高血压药阿齐沙坦片的临床研究和产业化，海口市制药厂有限公司的氟非尼酮原料及制剂的临床研究；海南全星制药有限公司的药物大品种注射用丁二磺酸腺苷蛋氨酸产业化，海南葫芦娃药业集团股份有限公司的肠炎宁颗粒再评价临床试验及其药效学和药理毒理研究，海口市中药制剂现代化工程技术研究中心、海南森瑞谱生命科学药业股份有限公司的抗HPV病毒生物活性因子CSE生产工艺研究，海南中济医药科技有限公司的国家三类新药坎地沙坦酯氨氯地平片申报生产阶段药学研究、生产技术应用与示范；海南益尔生物制药有限公司的低毒溶剂提取分离神经节苷脂新工艺的研发及应用，海南朗腾医疗设备有限公司的非热效应式远红外线治疗仪的研制及临床应用研究，海南海神同联生物科技开发有限公司的新型芦荟软胶囊保健品的研制及产业化，海南合瑞制药股份有限公司的乳酸米力农注射液的产业化研究等项目。

机电设备及金属制造业

【机电设备及金属制造业概况】 2017年，海口市机电设备及金属制造业共有9家规模以上企业，产品主要有镀锌板、涂漆板、废旧金属、工程机械、变压器、配电柜、电缆、光纤、光缆、电子通信设备等。9家规模以上企业完成工业总产值47.71亿元，下降18.5%；销售产值53.62亿元，下降4.8%；产销率112.4%；出口交货值3.9万元，下降24.3%。就业人数约3600人，减少700余人。

【电气设备制造业】 2017年，海口电气设备制造业有金盘电气、威特电气、美亚电缆厂3家规模以上企业，主要生产变压器、变电柜、电线电缆等。3家规模以上企业共完成工业总产值33.3亿元，下降7.8%；变压器产量1167万千伏安，增长0.3%。年内，海南威特电气集团有限公司在美安科技新城投资的新厂年底投产；海南金盘电气有限公司从美国退市，更名为海南金盘智能科技股份有限公司，并拟在A股上市。

【金属制品业】 2017年，海口金属制品业有规模以上企业3家，主要生产经营镀锡板、涂漆板、饮料罐、废旧金属、车牌、交通指示牌等。3家规模以上企业共完成工业总产值7.9亿元，下降37.8%；产量6.9万吨，下降60.6%。其中海南椰树制罐工业有限公司受椰树集团整体提振，产量增加；海南海宇锡板工业有限公司8月全面停产，正引入战略投资者；海南建航废旧金属加工配送有限公司停止营业。

【信息通信制造业】 2017年，海口有信息通信制造业规模以上企业2家，主要生产光纤光缆、电子通信设备等。2家规模以上企业完成工业总产值6.2亿元，下降34.7%；光纤产量1500万千米，增长19.7%；光缆产量11万芯千米，下降90%。年内，海南宝通实业公司仍未走出生产经营困境，产值持续下跌；康宁（海南）光通信有限公司下半年月产值逐步稳定在4000万元左右，逐月收窄降幅。

【机电设备及金属制造业科技创新】 2017年，海口市机电设备制造业有8家重点企业的8个项目获海口市应用技术研究与开发项目立项，分别是海南金盘电气有限公司的树脂浇注干式抽水蓄能静止变频启动装置（SFC）变压器；海南智合健科技有限公司的新型一体化医疗CT设备辐射防护装置研制；海南宝通实业公司的多功能转信台；海南纽康信息系统有限公司的基于近海小型适航艇的无人智能化控制系统开发与应用；海南省蓝波新能源科技有限公司的抗风式风力发电机专利技术在风光互补LED照明工程中的应用；海口尚维科技有限公司的全自动连续送罐及送盖压盖设备研发项目；海南乾腾农业机械设备有限公司的新型步行式插秧机的研制及产业化；海南春江智慧农业科技有限公司的果园喷药机器人的研究与应用等。共获得市政府科技研发经费支持340万元。

2017年海口市机电设备及金属制造业规模以上企业生产情况表

单位：万元

序号	企业名称	主要产品	工业产值			销售产值			产销率(%)
			2017年累计	2016年累计	同比（%）	2017年累计	2016年累计	同比（%）	
1	海南海宇锡板工业有限公司	镀锡板、涂漆板、印刷板	17095.4	71942.6	-76.2	17810.0	78323.9	-77.3	104.2
2	海南金盘电气有限公司	干式变压器、电抗器、开关成套设备、中压充气环网柜、C-GIS、SVG动态无功补偿系统等	178025.1	187660.8	-5.1	178025.1	187660.8	-5.1	100.0
3	海南威特电气集团有限公司	高低压开关柜、组合箱式变电站、油浸式变压器、干式变压器、变电站自动化设备、高低压电缆	136245.3	159784.6	-14.7	175126.7	146222.5	19.8	128.5
4	海南椰树制罐工业有限公司	椰子汁、芒果汁等包装空罐	61301.0	52187.9	17.5	61220.1	52211.4	17.3	99.9
5	康宁（海南）光通信有限公司	光纤、光缆	47106.0	54344.5	-13.3	47106.0	54344.5	-13.3	100.0
6	海南美亚电缆厂有限公司	高压电缆、低压电缆	19136.9	13367.5	43.2	15298.4	13175.0	16.1	79.9
7	海南宝通实业公司	短波通信设备、超短波通信设备、多波段通信设备、城市移动通信系统等系列产品	14532.1	40209.4	-63.9	38358.3	25541.0	50.2	264.0
8	海口高新区宏邦机械有限公司	工程机械	3290.0	2694.7	22.1	3290.0	2694.7	22.1	100.0
9	海南建航废旧金属加工配送有限公司	废钢铁、废旧塑料制品回收	410.0	3104.0	-86.8	0.0	3104.0	-100.0	0.0
		合计	477141.8	585296.0	-18.5	536234.6	563277.8	-4.8	112.4

其他工业行业

【化工制品业】2017年，海口市化工制品业共有规模以上企业4家，主要产品有乳化炸药、膨化硝酸铵炸药、化妆品、PET（聚酯）塑料瓶胚、食品用塑料包装袋。全年4家规模以上企业完成工业总产值3.24亿元，下降4.7%；销售产值2.98亿元，下降6.1%；产销率91.8%。

【光伏（新能源）产品制造业】2017年，海口市光伏（新能源）产品制造业有海南英利新能源有限公司和海南汉能公司2家企业。海南汉能公司一期项目自2013年3月建成后，由于产品市场不景气，尚未达到规模以上企业的产值标准，未列入统计，产值统计主要是以海南英利公司产值为主。英利公司产品以硅太阳能电池及其相关配套产品为主，同时生产风机及其相关配套产品、热发电产品，从事控制器、逆变器、兆瓦级跟踪器的研发、生产、销售，技术咨询及服务，太阳能光伏电站工程的设计、安装、施工等。光伏产业受企业调整产业布局的影响，全年完成工业总产值13.7亿元，下降23.8%；销售产值14.2亿元，下降20.5%；产销率104.2%；出口交货值1.2亿元，下降87.7%；电池组件产量23.9万千瓦，下降38.2%。

【新材料制造业】2017年，海口市新材料制造行业有海南赛诺实业有限公司和海南立升净水科技实业有限公司2家规模以上企业，产品以BOPP膜和超滤膜为主。海南赛诺实业有限公司受全国控烟影响，BOPP膜产量8792吨，增长17%；产值2亿元，下降9.3%；销售产值2亿元，下降9.3%。海南立升净水科技实业有限公司与印尼巴厘星源水资源有限公司签订战略合作协议，在印尼全国境内开展工业级净水设备技术改造业务，全年完成工业总产值2.8亿元，增长68.6%；销售产值2.3亿元，增长39.5%。

【印刷包装业】2017年，海口市印刷包装业共有规模以上企业8家，产品或业务包括发票、小额货币、书籍和二维码等的印刷，以及各类产品包装物的生产。全年完成工业总产值7.16亿元，下降0.4%；销售产值6.63亿元，增长2.9%；产销率92.6%。

【木材加工等制品业】2017年，海口市木材加工及木、竹、藤、棕、草制品业仅有海南农垦林产集团股份有限公司1家规模以上企业，是海南天然橡胶产业集团股份有限公司的全资子公司，主要生产指接板、方条、碳化木等板材，以及实木门和橱柜等产品。全年完成总产值1.3亿元，增长14.2%；销售产值1.3亿元，增长10.3%；产销率100.6%。

【建材行业概况】2017年，海口市建材行业共有9家规模以上企业，产品以商品预拌混凝土和混凝土预制件、新型墙体材料为主，同时还包括不锈钢丝编织管、建筑用节能玻璃和钢结构材料等。因受房地产市场因素提振，全年完成工业总产值7亿元，增长19.6%；销售产值7.03亿元，增长19.5%；产销率100.4%。

【水电气供应业概况】2017年，海口市水电气供应业共有6家规模以上企业，产品以城市生产、生活用自来水、天然气和电力的供应为主。全年完成工业总产值55.13亿元，下降15.4%；销售产值54.98亿元，下降15.1%；产销率99.7%。其中3家供水龙头企业的自来水供应总和2亿吨，增长4.9%；民生管道燃气售气量1.35亿立方米，增长9.8%；海口供电局售电量73.5亿千瓦时，增长5%。

2017年海口市规模以上化工制品企业生产情况表

单位：万元

序号	企业名称	主要产品名称	工业产值			销售产值			产销率（%）
			2017年	2016年	同比（%）	2017年	2016年	同比（%）	
1	海南云海民爆有限责任公司	炸药产品	9729.1	9990.5	-2.6	9652.8	9834.0	-1.8	99.2
2	海南京润珍珠生物技术股份有限公司	珍珠化妆品、美容保健品	16914.9	18410.9	-8.1	14377.7	16137.7	-10.9	85.0
3	海口中南瓶胚有限公司	PET（聚酯）塑料瓶胚	2706.7	2831.6	-4.4	2666.6	2927.1	-8.9	98.5
4	海口成兴塑胶有限公司	食品用塑料包装袋	3073.7	2789.9	10.2	3073.7	2789.9	10.2	100.0
		合计	32424.4	34022.9	-4.7	29770.8	31688.7	-6.1	91.8

2017 年海口市印刷包装业规模以上企业生产情况表

单位：万元

序号	企业名称	主要产品名称	工业产值			销售产值			产销率（%）
			2017 年	2016 年	同比（%）	2017 年	2016 年	同比（%）	
1	海南万达包装制造有限公司	包装产品生产	4723.2	4604.7	2.6	4779.9	4585.4	4.2	101.2
2	中钞华森实业公司（原海南华森实业公司）	发票印刷、人民币小币种印刷	34498.2	38000.0	–9.2	30441.8	31540.0	–3.5	88.2
3	海南昱华纸品科技有限公司	包装产品生产	12342.9	9039.0	36.6	12342.9	9039.0	36.6	100.0
4	海南宝岛实业有限公司	包装产品生产印刷	3628.4	3417.3	6.2	3524.8	3505.6	0.5	97.1
5	海南现代彩印包装有限公司	包装产品生产	2391.0	2265.2	5.6	2391.0	2265.2	5.6	100.0
6	海南广鑫印务股份有限公司	包装产品、书本印刷	7074.3	7897.3	–10.4	6822.4	7652.3	–10.8	96.4
7	海口永发印刷厂有限公司	包装产品、书本印刷	2934.9	3317.2	–11.5	2934.9	3317.2	–11.5	100.0
8	海南拍拍看信息网络技术有限公司	二维码印刷	4001.8	3328.7	20.2	3045.3	2514.3	21.1	76.1
		合计	71594.7	71869.4	–0.4	66283.0	64419.0	2.9	92.6

2017 年海口市建材行业规模以上企业生产情况表

单位：万元

序号	企业名称	主要产品名称	工业产值			销售产值			产销率（%）
			2017 年	2016 年	同比（%）	2017 年	2016 年	同比（%）	
1	海南瑞泽新型建材股份有限公司海口分公司	商品混凝土生产与配送、新型墙体材料生产与配送	12999.1	10899.5	19.3	12999.1	10899.5	19.3	100.0
2	海南盛亨混凝土有限公司	预拌混凝土生产及销售	8148.8	7370.9	10.6	8148.8	7370.9	10.6	100.0
3	海南智海混凝土有限公司	预拌混凝土、混凝土机械施工	15718.4	10101.4	55.6	15718.4	10101.4	55.6	100.0
4	海南兆诚混凝土有限公司	各类商品混凝土及混凝土预制件	8559.7	6285.3	36.2	8559.7	6285.3	36.2	100.0
5	海南广胜新型建材有限公司	墙体环保砖	3374.1	3306.7	2.0	3211.2	3425.5	–6.3	95.2
6	海南莱仕普卫浴有限公司	从事不锈钢丝编织管、塑料卫浴软管等研发	2958.4	3249.3	–9.0	2965.0	3418.4	–13.3	100.2
7	共享钢构有限责任公司	钢结构材料加工安装	7556.8	7758.4	–2.6	7556.8	7758.4	–2.6	100.0
8	海南海玻工程玻璃有限公司	生产高档建筑节能玻璃	3222.5	3832.3	–15.9	3222.5	3483.9	–7.5	100.0
9	海口海岛混凝土有限责任公司	预拌混凝土生产及销售	7429.1	5713.8	30.0	7892.7	6076.8	29.9	106.2
		合计	69966.9	58517.6	19.6	70274.2	58820.1	19.5	100.4

2017 年海口市水电气供应业规模以上企业生产情况表

单位：万元

企业名称	主要产品名称	工业产值			销售产值			产销率（%）
		2017 年	2016 年	同比（%）	2017 年	2016 年	同比（%）	
海南电网有限责任公司海口供电局	供电	453889.5	429845.3	5.6	453889.5	429845.3	5.6	100.0
海南民生管道燃气有限公司	供气	44152.3	41775.7	5.7	42690.1	38388.6	11.2	96.7
中海油管道燃料化学（海南）有限公司	供气	11165.0	140497.9	－92.1	11165.0	140497.9	−92.1	100.0
海口威立雅水务有限公司	供水	27266.8	25851.3	5.5	27266.8	25851.3	5.5	100.0
海口开源水务资产管理有限公司	供水	7794.4	6889.6	13.1	7794.4	6889.6	13.1	100.0
海口永庄水务有限公司	供水	7035.4	6524.9	7.8	7035.4	6524.9	7.8	100.0
	合计	551303.4	651384.7	−15.4	549841.2	647997.6	−15.1	99.7

工业园区

【工业园区概况】2017 年，海口国家高新区、海口综合保税区和桂林洋开发区有规模以上工业企业 84 家，占全市 149 家规模以上工业企业数的 56.38%；完成工业产值 284.9 亿元，增长 0.1%，占全市规模以上工业总产值的 51.9%；完成销售产值 245.2 亿元，下降 4.2%，占全市规模以上工业销售产值的 57%；完成出口交货值25 亿元，增长 7.3%，占全市规模以上工业出口交货值的 85%。

【海口国家高新区工业】海口国家高新技术产业开发区管委会管辖的产业园范围包括：药谷工业园（港澳开发区和国科园）、狮子岭工业园、云龙产业园、海马第二汽车工业园、开发建设中的美安园区和国际创意港，主要产业有电子信息、汽车配件、生物制药、光伏组件制造、印刷包装、新材料等。2017 年，园区内规模以上工业企业有 66 家，完成工业总产值 212.41 亿元，增长 5.2%，工业销售产值 203.06 亿元，增长 6%，工业产值和销售产值分别占全市规模以上工业的 39.3%和 37.6%，与上年基本持平。

【药谷工业园区】海口药谷工业园区包括药谷一期、二期和国科园及港澳开发区。2017 年，园区共有 51 家工业企业，其中规模以上工业企业 35 家（一期 6 家、二期 17 家，港澳开发区 12 家）；规模以上工业高新技术企业 22 家。全年园区内规模以上工业企业总产值 102.3 亿元，增长 21.1%。主要产业有制药、医疗器械、印刷包装、酒、化妆品生产等，是海口市医药生产企业聚集区，也是全省医药生产企业聚集区。其中规模以上制药企业 20 家，占全市规模以上制药企业的 47.6%，完成工业总产值 84.1 亿元，增长 24.6%，占全市医药产业比重 43.9%。

【狮子岭工业园】海口狮子岭工业园重点发展新能源、新材料、节能环保、轻工包装业和食品饮料业。至 2017 年底，园区引进海南英利光伏电池、现代包装工业园等项目，吸引投资超过百亿，成为海南新能源产业集群的标志性园区。共有 14 家工业企业，其中规模以上工业企业有 10 家，规模以上企业完成工业总产值 34.4 亿元，下降 17.5%。

【云龙产业园】为综合科技产业园，依托临空港优势，重点发展航空装备及应用技术的研发和制造、航空运输指向性的现代制造业、依托机场发展的现代物流业及航空服务业。2017 年，有工业企业 4 家，但正常生产的只有海南共享钢构有限责任公司、海南红塔卷烟有限责任公司 2 家，完成工业产值 28 亿元，增长 2.9%。海南立升净水科技实业有限公司 2013 年开始建设的“膜分离科技产业化基地工程项目”陆续投产。

2017 年海口国家高新区规模以上工业企业生产与销售总量表

单位：万元

指 标 名 称	企业单位数（个）	本年实际产值	比上年增减（%）
工业总产值总计(现行价格)	66	2124074	5.2
在总计中：轻工业	47	1730051	7.6
重工业	19	394022	–14.7
在总计中：国有企业	1	34498	–10.4
集体企业	0	0	0.0
股份合作企业	0	0	0.0
股份制企业	52	1742701	3.2
外商及港澳台商投资企业	13	346875	18.9
其他经济类型企业	0	0	0.0
在总计中：国有控股企业	6	351183	3.5
在总计中：大中型工业企业	24	1693160	8.8
其中：国有企业	1	34498	–10.4
工业销售产值总计(现行价格)	66	2030622	6.0
在总计中：出口交货值	8	18811	–81.9

（本表由市统计局统计报表提供）

【海马汽车工业园】2017 年，海马汽车工业园分为一期园区和二期园区，其中一期园区由海口综合保税区管理，有 11 家规模以上企业；二期园区由海口国家高新区管理，有 7 家规模以上企业。年内园区内的 18 家规模以上零部件配套生产企业由于受一汽海马整车生产影响，完成产值 11.3 亿元，下降 29.4%。

【海口综合保税区工业】2017 年，海口综合保税区（包括美国工业村）有工业企业 33 家，其中规模以上企业 23 家，主要产业有汽车制造、医药制造和机电设备等。全年规模以上企业完成工业总产值 103.8 亿元，下降 8.2%，占全市规模以上工业总产值的 20.8%。

【桂林洋开发区工业】2017 年，海口桂林洋经济开发区有工业企业 17 家，其中规模以上工业企业有 11 家，主要工业产业有食品和水产品加工、医药制造等产业。全年规模以上企业完成工业总产值 14.5 亿元，占全市规模以上工业总产值的 2.9%，下降 2.7%。

其他工业开发区

【永桂开发区工业】2017 年，海口永桂开发区有 3 家工业企业，均为规模以上企业，分别是海南通用三洋药业公司、海南通用同盟药业公司、海南海力制药公司。全年完成工业总产值 10.8 亿元，增长 36.7%。

【金盘开发区工业】2017 年，海口金盘开发区有工业企业 11 家，其中规模以上工业企业有 3 家，主要生产饮料、建材、印刷品和化工等产品。全年规模以上企业完成工业产值 1.3 亿元，下降 13.3%。

【江东开发区工业】2017 年，海口江东开发区有工业企业 8 家，其中规模以上企业有 7 家，主要产业有食品及农副产品加工、医药制药和新材料制造业。规模以上企业完成工业总产值 11.3 亿元，增长 10.8%。

（潘冬春）

（编辑：吴坤涛）

农　业

农业综述

【农业概况】2017年，海口市全面深化农村改革，转变农业生产发展方式，在推进产业结构调整，深入贯彻落实各项支农惠农政策，着力培育优势特色农产品推进规模化、标准化、品牌化等因素作用下，农业经济呈现稳中有增态势。全年农林牧渔业完成总产值103.71亿元，比上年下降0.12%。其中，种植业产值49.5亿元，增长3.21%；牧业产值29.13亿元，下降11.39%；渔业产值12.26亿元，增长8.19%；林业产值5.79亿元，增长5.6%；农林牧渔业服务业产值7.03亿元，增长13.65%。实现农业增加值67.84亿元，增长0.7%。全市粮食总产量14.8万吨，下降2%；蔬菜产量51.47万吨，下降7.5%。农村常住居民人均可支配收入1.38万元，增长8.6%。年末耕地面积4.81万公顷，增加191.5公顷。

【农业种养结构调整】2017年，海口市畜牧业以稳猪、促禽、增牛羊为发展思路，调整优化畜牧产业结构，促进畜牧业转型升级，发展畜禽粪便资源化利用及种养结合的循环农业。稳定生猪生产同时促进文昌鸡等家禽发展，大力发展草食家畜，重点推进海南黑山羊产业发展，适度发展海南黄牛和海南和牛产业，开发特种养殖（兔子、蜜蜂等），保障有效供给。针对海口牛、羊等草食动物肉产品自给率低的现状，通过政府引导、政策扶持、项目带动、产业化经营等措施，使畜牧业向品种良种化、饲养规模化、生产标准化、管理规范化、防疫程序化、排污达标化为特点的现代畜牧业转变。在种植业结构调整方面，继续引导农民优选替代产业或品种。按照调减低效作物、调优传统作物品种的思路，加快调整优化种植业产业结构，共调减、调优甘蔗、老龄橡胶等低效作物1660公顷，新增种植荔枝、莲雾、香蕉、菠萝等热带水果628.07公顷；新增种植胡椒、槟榔、石斛、牛大力等热带经济作物860公顷。

【农村土地承包经营权确权登记】至2017年12月底，海口市辖的4个区、22个镇和1个街道基本完成农村土地确权登记颁证工作。共完成测量和测绘成果审核公示面积6.47万公顷，占应确权耕地面积的105%；签订承包合同面积5.81万公顷，占应确权耕地面积的112%；签订承包合同11.18万份，占应确权登记农户的98%；建立登记簿11.18万份，占应建立登记簿的98%；建立农户档案32.99万件，占应建立农户档案的96%；清理“三过”问题64宗，占应清理“三过”问题的98%。

【琼山区农村集体产权制度改革试点】2017年9月，海口市琼山区被国家农业部和中央农办确定为2017年度全国农村集体产权制度改革试点单位。琼山区选定凤翔街道凤翔社区、五岳村委会、三门坡镇龙盘村委会扶南村民小组为第一阶段试点区域。至年底，已清理资金3099.51万元、资源性资产131.35公顷、经营性资产350万元、非经营性资产599万元、债权1144.8万元，成员认定2926人。

【农村土地流转】2017年，海口市贯彻落实《中共中央办公厅国务院办公厅关于完成农村土地所有权承包权经营权分置办法发展农业适度规模经营的实施意见》《海南省委办公厅海南省政府办公厅关于完善农村土地所有权承包权经营权分置办法发展农业适度规模经营的实施意见》，引导农村土地承包经营权有序流转。全年全市各类流转耕地583宗，涉及面积1467.70公顷，超额完成计划任务200公顷的733.85%。其中流转撂荒地13宗，面积194.38公顷。土地流转趋于集中化、规模化。海口初步形成技术服务、股份合作（含土地入股）、利润返还、保底收购等多种利益联结模式，新型农业经营主体与农户的利益联结机制得到进一步完善。

【强农惠农政策】2017年，以农业部、省农业厅农业品牌推进年为契机，海口市农业局加大落实品牌农业奖励工作力度，海南丽康农业综合开发有限公司、海南新发地现代农业发展有限公司、海口办内种养专业合作社等31家单位，获得海南省品牌农业发展资金639.52万元，列全省第一。继续开展农业保险工作，涉及海口市农业保险的有水稻、橡胶、能繁母猪、育肥猪、甘蔗、香蕉、大棚瓜菜、蔬菜价格指数、羊、鸡、胡椒树11个险种，全年农业保险收入5037万元（共保体数据。其中中国人保财险3532万元），累计赔款支出3077万元（已决数据），赔付率61.08%。根据《2016年海口市耕地保护与质量提升补助项目工作方案》，开展耕地保护与质量提升补贴项目工作，全市完成耕地地力保护补贴面积2.05万公顷，补贴农户8.43万户，共发放补贴资金5505万元。

【农产品质量安全监管】2017年，海口市农业局共出动检测人员325人次、车辆81车次，抽样检测72个常年蔬菜生产基地和12个农贸市场与超市，抽样共1272个蔬菜和水果样品，其中蔬菜样品1032个、水果样品240个，农产品检测合格率99.97%，未发生农产品质量安全事件，实现质量安全事故零发生。从4月16日开始，海口市出岛瓜果菜补检工作地点从秀英码头搬迁到南北水果市场农产品检测室，在南北水果批发市场检测室，开展农残检测相关工作，并按上级主管部门要求，累计对1.28万辆未持证的果蔬运输车辆的瓜菜、水果进行抽检，合格后及时发放农药残留检测合格证。加大饲料监管治理工作，确保畜产品安全。对全市规模生猪、牛、羊养殖企业及屠宰场进行全面抽检，共抽检样品1.5万份，化验全部合格；对饲料生产经营企业、自配料（饲养场）进行巡查，重点对违禁药物及化合物以及生产、经营、使用假冒伪劣饲料行为进行检查，没有发现“瘦肉精”等违禁药物；抽取饲料样品52份，肉蛋样品80份，检测结果全部合格；配合农业部抽样103份，检测结果全部合格。

【农业科技创新与推广】2017年，海口市农业局与省农科院、海南新发地现代农业发展有限公司合作，开展光辉番茄等10个新品种的试验，筛选出光辉番茄、紫帅尖椒、水果黄瓜、奶油南瓜4个产量高品质好的新品种供生产上使用，在瓜类、茄果类、豆类、叶菜等蔬菜上展示黄、蓝板等绿色防控技术1.67公顷。完成60名基层农技员和600户科技示范户的筛选，统一印制发放科技示范户门牌及手册。建设科技网络书屋，开通账户60个，为农技指导员网上学习专业知识、发布工作信息、咨询相关专业问题，项目实施单位监督农技指导员工作等提供平台。在东山、云龙等镇建立瓜菜、水果、养殖科技示范基地各1个。在三门坡镇、旧州镇、红旗镇、云龙镇、遵谭镇、东山镇、永兴镇、城西镇、统历岭科技示范基地等地举办技术培训班17期，共培训农技指导员及农户675人次。年内，受省农村环保能源站的委托，开展示范推广厚地膜工作。与云龙镇农业服务中心合作，在云龙镇选定2个示范点，示范推广使用0.02毫米易回收黑色地膜，示范总面积38.53公顷，其中云蛟村委北庄洋28.67公顷、云阁村委会博洽洋9.87公顷，涉及农户169个。举办培训班1期，培训菜农60人次。通过跟踪调查表明，0.02毫米厚度地膜不易破碎，碎片少、方便回收，可减轻“白色污染”，适合在海口市推广。

【农业面源污染防治】2017年，海口市农业局完成4个区种植业的清查，石山、大坡、旧州、东山、新坡、云龙、龙泉、龙塘、三江、红旗、城西11个镇120个典型地块调查和大坡、红旗、三门坡、旧州、龙塘5个镇20个典型畜禽养殖单元调查，及时在典型地块调查数据采集系统的填报相关数据，摸清各区的耕地面积、园地面积、主要种植模式、种植面积、地膜使用与回收利用情况，畜禽养殖规模、畜禽种类、养殖数量、清粪方式、粪污处理状况等情况，为下步抓好面源污染防治工作打好基础。推进测土配方施肥项目。成立4个工作小组，在秀英区6个镇共采集土样2000个，基本覆盖该区主要农业生产用地。完成土壤制样工作并送至省农科院化验，摸清秀英区土壤类型分布情况和土壤养分含量情况。发放秸秆腐熟剂220.83吨，推广应用秸秆腐熟还田面积7093.33公顷。据调查与测算，使用秸秆腐熟剂后，每亩田地减少化肥用量6.8千克/亩，共减少用肥723.5吨。发放商品有机肥666.98吨，推广应用增施有机肥技术1733.33公顷。通过项目的实施，减少了秸秆焚烧、乱弃造成的污染，大量秸秆用于还田，通过化肥与有机肥混合施用，增强土壤肥力，减少化肥的挥发与流失，减轻环境污染。

【生态农业循环体系建设】2017年，海口市农业局以畜禽规模养殖场（小区）为核心，以沼气建设为抓手，加快推进现代生态循环农业示范基地建设。确定海口办内种养专业合作社、海口罗牛山新昌种猪有限公司、海南牧榕农业开发有限公司、海口师霖农业开发有限公司，作为海口市2017年生态循环农业示范基地。通过采用“猪—沼—菜—果”循环模式，建成4个农业生态循环示范基地。（1）海口办内循环农业示范基地。位于琼山区云龙镇，已建成年出栏量达3000头的规模化养殖小区。为进一步推进废弃物综合利用，该项目配套建设一个500立方米的大型沼气池，实现养殖小区生产过程中的粪便和污水，通过发酵产生沼气和有机肥料，变废为宝，做到废水、废渣的零排放。同时，可为全村100多户农民免费提供沼气作为燃料，免费为村民提供沼液作为肥料灌溉周边133.33公顷荔枝、香蕉、橡胶和蔬菜等农作物。仅此两项为村里100多户农民每年每户节省近千元的燃料开支和千元以上的肥料开销。已发展成为一个集荔枝（龙眼）标准化生产、生猪标准化生态养殖、沼气综合利用推广、农业技术培训和实践操作的综合性示范基地。由于推行果园标准化生产规范管理，水果生产稳产高产，果园8.4公顷，年亩产水果1200千克，总产量150吨。（2）海口师霖循环农业示范基地。位于琼山区红旗镇合群村委会青龙山北兴坡，有猪舍总面积2.82万平方米，存栏母猪1050头，其中原种公猪58头，原种母猪存栏数750头。年出栏2.3万头，辐射带动基地养殖量为5万头。基地充分利用沼液，种植辣木、冬季瓜菜、水果等，形成猪—沼—树（蔬菜、水果）生态循环模式的种养示范基地。基地附近6个村实现沼气池联户、沼气联网、沼液联灌、生产联片“四联”的生态型、环保型、立体型的新型农业。(3) 罗牛山十万头现代化猪场循环农业示范基地。位于琼山区甲子镇桃村，项目总投资3.5亿元，占地面积32.8公顷。项目年存栏生猪4.5万头，年出栏量12万头（其中优质原种猪1万头、二元种猪2万头、猪苗3万头、肥猪6万头），年产沼液25.5万吨。配套引进全套美国智能化养猪技术设备和管理体系，是海南省内单体养殖规模最大、智能化程度最高的养猪场。项目遵循“两减、三增、三结合”的基本思路，即“减施农药和化肥；增施有机肥和生物菌肥，增加秸秆综合利用，增加废弃物的回收利用；种养结合、水肥结合、地力改善与病虫害防控相结合”，提高农业生产效益。引用罗牛山十万头现代化猪场沼液，设计灌溉覆盖范围约340公顷，充分利用项目周边橡胶、胡椒、青桔、荔枝、菠萝等农作物种植水肥需求，将沼液与中水通过铺设管道输送到田间地头，发展畜禽养殖废弃物资源化利用，实现农业增产，农民增收，也能满足养殖场沼液消纳，达到猪场节能减排的目的；推进测土配方，合理指导沼液利用。同时循环农业示范项目在田间建设农膜、农业包装物等废弃物回收点，最终建成总规模666.67公顷以上的生态循环农业示范基地。(4) 海南牧榕农业开发有限公司。前身是海南牧榕文昌鸡养殖基地，基地创办于20世纪80年代，是一家集文昌鸡品种选育、种苗生产与供应、坡鸡养殖、育肥、配送销售，以公司+合作社+基地+农民的模式，发展牧榕文昌鸡产业的企业。海南牧榕循环农业示范基地建立了牧榕文昌鸡提纯育种场、孵化场、坡鸡饲养场、育肥品控场、鸡粪有机肥场、初加工配送中心，建筑面积超过4万平方米。牧榕文昌鸡种鸡饲养规模达到3万套，年生产鸡苗300万只以上，出栏牧榕文昌鸡200万只，牧榕蛋年生产360万枚以上，牧榕有机肥年生产1.02万吨。结合当地实际，基地把种鸡、肉鸡场和沼气池建在荔枝园中，通过有机肥及沼气池将鸡粪、废水变废为宝进行发酵，为鸡场供电、供暖；利用有机肥及沼液作为荔枝生产的肥料，不仅减少购买荔枝生长所需肥料的成本，也避免鸡粪污染空气环境。

【田头预冷库建设】 截至2017年12月底，海口市历年（2007—2017年）累计建设农产品冷藏保鲜库30家（琼山区9家，美兰区10家，秀英区10家，龙华区1家），总库容量6.06万吨。

2017年海口市田头预冷库建设统计表

序号	所属区域	经营单位	冷库容量（吨）	冷库所在地
1	琼山区	海南钟龙实业开发有限公司	12876.96	府城街道
2	琼山区	海口盛民瓜菜专业合作社	2584.07	红旗镇土桥墟
3	琼山区	海口绿民农业开发有限公司	1626.4	红旗镇
4	琼山区	海南顺得发贸易有限公司	1160	甲子镇仙民农产品交易市场
5	琼山区	海口天源叶花卉产销专业合作社	57	三门坡三门街
6	琼山区	海南成丰种业有限公司	204	琼州大道178号、三门坡镇谭仙大道
7	琼山区	海口农盛达荔枝产销专业合作社	128	甲子镇民兴村
8	琼山区	海口宏利水果种植专业合作社	38	三门坡红明农场
9	琼山区	海口瀚居果蔬产销专业合作社	2980	三门坡镇龙马村
10	美兰区	海口绿佳果菜产销专业合作社	800	灵山镇

续表

序号	所属区域	经营单位	冷库容量（吨）	冷库所在地
11	美兰区	海口群绿种养专业合作社	42	灵山镇锦丰村委会锦堂村
12	美兰区	海南绿川种苗有限公司	402	灵山镇
13	美兰区	海口大民乐瓜果菜产销专业合作社	1952.6	大致坡镇
14	美兰区	海南裕昌龙实业有限公司	379	三江镇莲雾基地
15	美兰区	海口炎龙食用菌科技有限公司	3175	三江镇
16	美兰区	海南罗牛山农业科技有限公司	288	罗牛山农场内
17	美兰区	海口洪庄种养专业合作社	36	演丰镇苏民村委会红庄二队
18	美兰区	罗牛山大吉畜牧有限公司	727.5	大致坡罗牛山农场
19	美兰区	海口美连养殖专业合作社	30	三江镇
20	秀英区	海口秀顺香蕉产销专业合作社	800	永兴镇海榆中线 24 公里处
21	秀英区	海口绿必康瓜果菜专业合作社	990	海榆中线 9 公里石山路口 1 号
22	秀英区	海口永吉利冷冻厂	785.65	海榆中线 3 公里处
23	秀英区	海南力合泰食品有限公司	3556	狮子岭工业园
24	秀英区	海南中商农产品中心市场有限公司	15000	西秀镇
25	秀英区	海口鸿琛工贸有限公司	158	富康路南
26	秀英区	海南亚蔬高科技农业开发有限公司	5760	海南现代农业示范园内
27	秀英区	海口美港包装有限公司	753	永桂开发区内
28	秀英区	海南广地农业科技有限公司	580	东山镇
29	秀英区	海南金田农业科技发展有限公司	2675	海榆西线工业科技城内
30	龙华区	海南龙浩生态农业有限公司	17.2	龙泉镇大叠村
	合计		60561	

【国有农场农业用地规范化管理】 海口市从 2016 年开始实施，至 2017 年基本完成该项工作。通过土地清理规范管理，有效解决租金过低、租期过长、面积过大“三过”问题；解决长期形成的退休不退地问题；采取“分地”或“分利不分地”等方式，解决分配不公及无地少地职工生活困难问题，同时实行“两田制”；采取政府主导，各农场公司全力配合方式解决土地确权问题，确权面积完成 98%以上；解决私垦私占、农民侵占土地等问题。其中：红明农场，农业用地面积 6786.67 公顷，应清理规范 3353.33 公顷，全部完成规范化管理，完成率 100%，并通过省农垦总局的验收；桂林洋农场，农业用地面积1533.33 公顷，全部完成规范化管理，完成率 100%；东昌农场，农业用地面积 3846.67 公顷，应清理规范 3526.67 公顷，全部完成规范化管理，完成率

100%；三江农场，农业用地面积3826.03公顷，均完成外业测量及内业信息录入工作，完成率100%。

【羊山荔枝种植系统上榜中国重要农业文化遗产】2017年6月28日，农业部认定29个传统农业系统为第四批中国重要农业文化遗产并公布，海口羊山荔枝种植系统上榜，填补海南省在这一领域的空白。海口羊山荔枝种植系统以羊山地区野生荔枝及荔枝产业集中分布的区域作为遗产地范围，包括永兴和石山两镇，总面积226.34平方千米。羊山地区有近2000年的荔枝种植历史，至今保留有野生荔枝母本群4000公顷，种质资源极其丰富，仅遗产地范围就有野生半野生荔枝林面积2933.33公顷，有百年以上古荔枝树1800余株，形成世界罕见的野生荔枝母本群。独特的地理环境和火山地质土壤，造就和蕴藏世界上最稀奇的荔枝品种。在这里选育出国内第一个无核荔枝品种——海南岛无核荔枝；选育出中国最大果形荔枝品种——大丁香荔枝王。遗产地荔枝大致可分为栽培荔枝及野生荔枝两大类，品系主要有：蜂蜜味荔枝、蟾蜍皮荔枝改良荔枝王、青皮荔枝、猪血型荔枝、丁香荔枝改良大丁香、盆水味荔枝等；引进的外来种主要有：三月红、妃子笑、白蜡、白糖罂等。遗产地除荔枝外，其他生物品种多样、物种丰富，构成荔枝林内丰富的生物多样性。羊山地区有野生维管束植物1980多种，占海南省的44%，其中海南特有种40多种，列入国家二级保护9种；乔灌木180多种，占全省的9.1%，其中80多种属经济价值较高的用材树种；药用植物1200多种，占全省的60.6%。有野生陆栖脊椎动物199种，其中两栖类22种，爬行类36种，鸟类119种，兽类24种，其中海南特有种有3种，列入国家一、二类重点保护名录的野生动物有13种，省重点保护动物有70种。鲜明的复合型农业生态景观，是海口羊山荔枝种植系统的重要特征。千百年来，人们垒石造田，植树护田，并利用火山石修建房屋；农田、火山石与林网浑然一体，古树—火山—古村落古朴宁静，村落—荔枝林带—火山梯田独具特色，构成遗产地丰富多彩的自然与人文景观。同时，农林石构成的复合生态系统，也发挥着着遗传资源与生物多样性保护、防风固土、水源涵养与水量调节等重要的生态功能。遗产地人民在长期的劳动和生活中，形成浓厚的荔枝文化。琼剧、石山情歌与麒麟舞生动展示遗产地人民对荔枝的喜爱与赞美；祭神、风水树、拜井公、送水缸和过火山等传统民俗融入人们的生产生活；与荔枝相关的饮食文化、生活艺术等也是丰富多彩。遗产地土壤大多是火山灰土与石地，犁、耙等传统农具也形成它的特色。

【新型职业农民培育】2017年，海口市共培训农民6884人，完成目标任务的344%。其中：委托海南新起点职业培训学校和海南金地职业培训学校等6家培训机构组织实施新型职业农民培育工作，在甲子、红旗、云龙、永兴等镇，分别举办果树栽培、蔬菜种植、生猪养殖等内容的生产经营型和专业技能型培训班23期，培训765人；蔬菜水果农药残留检测技术培训635人，农业实用技术精准扶贫培训5484人。

【2017年冬交会】2017年12月12日，中国（海南）国际热带农产品冬季交易会在海南国际会展中心举行。本届“冬交会”以“共谋农业新发展、共建美好新海南”为主题，紧扣党的十九大精神和省第七次党代会精神。共设35个展区，参展企业2700多家，参展客商5300名。其中海口展馆内参展展品涉及农、林、牧、渔及农产品加工等方面，重点展示海口市十大农业品牌；参展的农产品加工企业48家，有椰子系列、咖啡系列、胡椒系列等上百种加工农产品，豇豆、木瓜、圆椒、泡椒、尖椒、香蕉、莲雾等30多个冬季瓜果菜特色农产品，以及扶贫农产品。12日下午，海口市人民政府举行农产品订单和农业招商项目签约暨冬季瓜果菜优秀运销商表彰大会。

12月15日，冬交会闭幕。冬交会期间举办中非农业合作研讨会暨首届中非咖啡产业合作高端论坛、乡村振兴与农业品牌建设高端论坛、“家乡的味道”——我为品牌农产品代言推介公益活动、海南农产品网上交易暨专业采购团洽谈签约仪式等10场重点活动。签订农产品订单总额666.29亿元，比上届增加145.03亿元；签约农业投资项目40个，金额451.52亿元，增加11.2亿元。累计31.2万人次“逛冬交”，现场交易额3.88亿元，增长2.6倍。海口市经过市场调研和订单洽谈，共落实农产品订单607宗，金额37.43亿元，增长43%。其中农产品合同订单401宗，金额25.75亿元；落实意向订单206宗，总量11.3万吨，金额11.8亿元；落实农业招商项目8个，计划投资总金额34.8亿元，增长235%。共邀请国内外客商210名。冬交会期间，海口市通过多种形式加大对海口农业的宣传推介力度，有效提升海口农业的知名度：通过“家乡的味道，我为家乡品牌农业代言”“高端访谈”等活动大力宣传农业品牌农业；通过“‘一带一路’中外新闻媒体记者聚焦冬交会”活动，宣传海口现代农业发展成就；通过省市新闻媒体从多方面、多角度宣传海口农业。

农业产业化

【农业产业化概况】2017年，海口市农业局以重点项目带动特色农业向标准化、规模化、产业化发展，全面推进海口现代农业示范区建设，促进海口农业绿色崛起。全市从事和涉及休闲农业产业的企业82家；新成立208家农民专业合作社，累计成立2268个合作社。带动农户6.63万户，海南石斛健康产业股份有限公司、海南港翔农牧有限公司等5家公司被认定为2017年度海南农业产业化重点龙头企业。

【观光休闲农业】至2017年，海口市从事和涉及休闲农业产业的企业82家，其中，农家乐10家、休闲农园44家、休闲农庄22家、休闲乡村6家。24家获评省级休闲农业示范点，6家通过国家休闲农庄星级评定，其中五星级2家，四星级4家；世外桃源被评为“全国最美休闲农庄”，海南丰惠佳莲雾休闲观光果园、三江豪福江莲雾休闲观光果园、海南世外桃源菠萝蜜休闲观光果园、金德丰中国红莲雾休闲观光果园、冯塘绿园橄榄休闲观光果园、明国荔枝休闲观光果园、“永兴红”荔枝休闲观光果园7家果园被评为省级休闲观光果园，占全省获评31家省级休闲观光果园的22.6%。全市休闲农业企业接待游客130.92万人（含体验式游客），营业收入4.47亿元，利润1.09亿元；带动周边农副产品销售收入2.84亿元，周边农民户均年增收1.3万元。

海口施茶石斛种植专业合作社 （张俊其 摄）

【共享农庄建设】2017年9月下旬，海口市农业局组织14家企业申报2017年海南“共享农庄”创建试点项目，其中冯塘绿园共享农庄、兰花谷联合共享农庄、椰乡·世外桃源共享农庄、翰香园共享农庄、国开演丰市民农庄、百香果共享农庄、云龙御养共享农庄7家被列入创建试点，获得省财政专项资金560万元支持，撬动社会资本106亿元投入共享农庄项目建设。12月17日，海口市政府办公厅印发《海口市开展“共享农庄”（2017—2020年）创建行动实施方案》，规划到2020年，打造30～40个“共享农庄”，筹备田园综合体2～3个，年均接待游客超过150万人次，形成亿元以上产值的新业态。

海口东山现代农业产业示范园内种植的百香果 （市统筹城乡发展公司 供）

【农民专业合作社】2017年，海口市新成立农民专业合作社208个，合作社总数2268个，社员人数1.53万人，带动农户6.63万户。其中，种植面积66.67公顷以上的合作社16个，畜牧存栏千头以上的36个，禽类出栏万只以上的13个，营业额300万元以上的56个。培育省、市级农业专业合作社示范社38家。制定下发全市农民专业合作示范社规范化试点建设方案，全力推进海口市10家农民专业合作示范社规范化建设试点。

【农业龙头企业】2017年，海口市农业局对海南罗牛山调味品有限公司、海南恒兆橡胶有限公司等31家龙头企业进行监测，有25家通过监测，6家被取消农业产业龙头企业资格。海南石斛健康产业股份有限公司、海南港翔农牧有限公司、海南师霖农业开发有限公司、海南特色农产品直销有限公司、海南香树沉香产业股份有限公司5家企业被认定为2017年度海南农业产业化重点龙头企业。全市有国家级和省级农业龙头企业共42家。

2017年海口市省级以上农业龙头企业（42家）一览表

序号	企业名称	认定时间	企业注册类型	经营产业类型	公司地址	总资产（万元）	固定资产（万元）	销售收入（万元）	所属区域（公司注册地为准）	备注
1	海南裕泰科技饲料有限公司	2010	有限责任公司	农产品加工业	港澳大道6-1号	28087	3809	60503	秀英区	国家级龙头企业
2	海南卓津蜂业有限公司	2011	有限责任公司	畜牧业	永兴镇海榆中线16公里处	1566	906	1599	秀英区	
3	海南思坦德生物科技有限公司	2010	有限责任公司	农产品加工业	高新技术产业开发区科技大道裕科大厦一楼	3569	1217	1481	秀英区	
4	海南力合泰食品有限公司	2014	有限责任公司	农产品加工业	秀英区狮子岭工业园	10986	3205	3296	秀英区	
5	海南康美食品有限公司	2009	有限责任公司	农产品加工业	港澳大道21号	5952	724	3698	秀英区	
6	海南金田农业科技有限公司	2012	有限责任公司	养殖业	秀英区东山镇东升村委会	4732	706	2550	秀英区	
7	海南港翔农牧有限公司	2016	有限责任公司	加工业	秀英区西秀镇华煌科技工业城	10036	3050	6065	秀英区	
8	海南博大兰花科技有限公司	2013	有限责任公司	种植业	秀英区金福路3号	8300	822	1104	秀英区	
9	海南泓缘生物科技有限公司	2009	有限责任公司	畜牧业	海口保税区七号厂房二楼203室	5634	1527	2427	秀英区	
10	海南金鹿农机发展股份有限公司	2014	有限责任公司	农业机械制造	秀英区海榆中线	26235	10224	4186	秀英区	
11	海南天兆畜牧科技有限公司	2013	有限责任公司	畜禽养殖	龙昆南路76号	4467	1378	5035	龙华区	
12	海南省农业生产资料有限公司	2010	有限责任公司	生产与经营	龙昆北路15号中航大厦4楼	5206	1728	2276	龙华区	
13	海南农垦畜牧集团股份有限公司	2014	有限责任公司	畜牧养殖	金垦路	21342	8438	16818	龙华区	
14	海南永基畜牧股份有限公司	2009	有限责任公司	畜牧养殖	文华路18号文华大酒店601室	41817	19218	30337	龙华区	国家级龙头企业
15	海南天然橡胶产业集团股份有限公司	2014	有限责任公司	农产品加工业	滨海大道财富大厦	1419536	157062	566123	龙华区	国家级龙头企业
16	海南神农基因科技股份有限公司	2014	股份有限公司	农业种植业	紫荆路2－1号信息公寓	228150	32454	33274	龙华区	国家级龙头企业
17	海南兆涛科技发展有限公司	2004	有限责任公司	农产品加工业	玉沙路5号国贸中心20C	18357	21	10533	龙华区	
18	海南泓茂农业开发有限公司	2013	有限责任公司	畜禽养殖	华海路	1389	1158	2318	龙华区	

续表

序号	企业名称	认定时间	企业注册类型	经营产业类型	公司地址	总资产（万元）	固定资产（万元）	销售收入（万元）	所属区域（公司注册地为准）	备注
19	海南芭芭乐食品股份有限公司	2013	有限责任公司	农产品加工业	龙昆南路 89 号	1230	680	1150	龙华区	
20	海口伟德牧业有限公司	2012	有限责任公司	畜禽养殖	国贸路 48 号港澳发展大厦 10 楼 A1	1853	1180	2500	龙华区	
21	海南石斛健康产业股份有限公司	2016	有限责任公司	种植业	龙华区新坡镇斌腾村	6587	1568	3586	龙华区	
22	海南海垦农资有限责任公司	2014	有限责任公司	农资产品运销流通业	海垦路 13 号绿海大厦 3 楼	54756	862	42239	龙华区	
23	海南新发地农业发展有限公司		有限公司	种植业	龙华区龙泉镇	8520	3215	32546	龙华区	
24	海南金港生物科技股份有限公司	2008	股份有限公司	畜牧业	府城镇那央新潭	15666	6222	2947	琼山区	
25	海南金德丰农业开发有限公司	2013	有限责任公司	种植业	琼山区云龙镇	1996	802	1977	琼山区	
26	海南恒兆橡胶有限公司	2014	有限责任公司	农产品加工业	琼山区云龙镇岭脚热作场橡胶厂	2077	859	2054	琼山区	
27	海南富汇达农业开发有限公司	2012	有限责任公司	农林渔牧	琼山区凤翔东路天鹅花园 A 栋 1165 号	2168	1205	2206	琼山区	
28	海南师霖农业开发有限公司	2016	有限责任公司	畜牧业	琼山区红旗镇	30050	1180	2525	琼山区	
29	海南特色农产品直销有限公司	2016	有限责任公司	种植业	琼山三门坡镇	2863	1050	3033	琼山区	
30	海南钟龙实业开发有限公司	1993	有限责任公司	农产品运销流通	中山南路南北水果市场	21132	6238	11879	琼山区	
31	海南绿川种苗有限公司	2010	有限责任公司	种植业	流芳路 9 号金岛楼 101 室	1186	546	618	琼山区	
32	罗牛山股份有限公司	2007	股份有限公司	种养殖业	滨海大道珠江广场帝豪大厦 9 楼	291147	103736	51184	龙华区	国家级龙头企业
33	海南香树沉香产业股份有限公司	2016	股份有限公司	种植业	美兰区演丰镇	7499	705	3761	美兰区	
34	海南海航饮品有限公司	2011	有限责任公司	农产品加工业	海口美兰国际机场进场路	11812	5746	4501	美兰区	
35	海南建一水产股份有限公司	2014	有限责任公司	水产养殖	美兰区大致坡镇园林西街	9610	1500	18288	美兰区	
36	海南罗牛山调味品有限公司	2013	有限责任公司	农产品加工业	人民大道 50 号	25164	1397	1652	美兰区	

续表

序号	企业名称	认定时间	企业注册类型	经营产业类型	公司地址	总资产（万元）	固定资产（万元）	销售收入（万元）	所属区域（公司注册地为准）	备注
37	海口力神咖啡饮品有限公司	2012	有限责任公司	农产品加工业	滨河路3号	19171	1051	4789	美兰区	
38	海南（潭牛）文昌鸡股份有限公司	2010	有限责任公司	畜牧业	罗牛山农业综合开发区	5000	3000	6000	美兰区	
39	海南南国食品实业有限公司	2006	股份有限公司	农产品加工业	顺达路5-1号	17060	6574	19252	美兰区	国家级龙头企业
40	海南新大食品有限公司	2007	有限责任公司	农产品加工业	顺达路1号	18468	5456	10330	美兰区	
41	海南航空食品有限公司	2014	有限责任公司	农产品加工业	美兰国际机场海航基地8号楼	21378	3927	11443	美兰区	
42	海南思香源食品有限公司	2013	有限责任公司	农产品加工业	桂林洋经济开发区	1550	759	1503	桂林洋开发区	
	合计					2423304	407105	995586		

【现代化农业示范基地创建】 2017年，海口市新增创建并获认定的省级现代农业示范基地3家，全市获认定的省级现代农业示范基地共有12家，占全省总数的22.2%，位居全省首位。

2017年海口市省级现代农业产业园一览表

序号	示范基地名称	实施主体	建设地点	产业类别	主导产业	认定年度
1	海口罗牛山农产品加工产业园	罗牛山股份有限公司	桂林洋经济开发区	加工、物流仓储	农产品工、物流仓储	2015
2	海口柏盈兰花产业园	海南柏盈兰花产业开发有限公司	琼山区旧州镇	花卉	兰花	2015
3	海口潭牛文昌鸡产业园	海南潭牛文昌鸡股份有限公司	罗牛山农业综合开发区	养殖业	畜禽养殖	2015
4	海口市万亩蔬菜产业园（马坡洋广地基地、新发地基地）	海南新发地农业发展有限公司、海南广地农业科技有限公司	龙华区龙泉镇、秀英区东山镇	蔬菜种植	无公害蔬菜	2015
5	海口莲雾标准化产业园（云龙金德丰基地、三江豪福江基地）	海南金德丰农业开发有限公司、海南裕昌龙实业有限公司	琼山区云龙镇、美兰区三江镇	水果种植	莲雾	2015
6	海口荣丰热带花卉产业园	海南荣丰热带花卉产业园	琼山区红旗镇	种植	花卉	2015
7	海口牧榕文昌鸡养殖产业园	海南牧榕农业开发有限公司	大坡镇	畜禽类	文昌鸡	2016
8	海口康馥纳热带芳樟树种植产业园	海南康馥纳生物有限公司	东山镇溪南村	种植业	热带芳樟培育种植及植物油提炼	2016

续表

序号	示范基地名称	实施主体	建设地点	产业类别	主导产业	认定年度
9	海口椰乡世外桃源休闲农业产业园	海南世外桃源休闲农业有限公司	旧州镇墩插村、红旗镇那佑村	休闲农业	休闲度假、观光体验，高效农业	2016
10	海口现代化生猪养殖产业园（甲子镇10万头现代化种猪场基地、旧州镇雅龙猪场基地、海南天兆循环养殖示范基地）	海南罗牛山新昌种猪有限公司、广东壹号食品股份有限公司海口分公司、海南天兆畜牧科技有限公司	琼山区甲子镇、旧州镇、大坡镇	畜禽养殖	生猪养殖和销售	2017
11	海口香树沉香产业园（海口演丰基地）	海南香树沉香产业股份有限公司	海口市美兰区演丰镇文班村	种植业（林业）	沉香及其衍生产品	2017
12	海口羊山金钗石斛现代农业产业园	海南石斛健康产业股份有限公司	新坡镇仁里村、石山镇施茶村	种植业	石斛种植	2017

说明：2015年共评定14家省级现代农业产业园，其中海口市评定6家，占全省现代农业产业园的42.85%；2016年共评定20家省级现代农业产业园，其中海口市评定3家，占全省现代农业产业园的15%；2017年共评定20家省级现代农业产业园，其中海口市评定3家，占全省现代农业产业园的15%。截至2017年10月，全省共有54家省级现代农业产业园，其中海口市共有12家省级现代农业产业园，占全省现代农业产业园的22.22%

【农产品品牌建设】2017年，海口市新增无公害农产品认证15个、绿色食品认证2个，组织申报无公害农产品认证18个。全市共有无公害农产品77个、绿色食品12个、有机农产品36个。“永兴黄皮”“永兴荔枝”分别获得农业部认定的“农产品地理标志称号”；“石山黑豆”“石山壅羊”分别获得国家工商总局评选的“国家地理标志证明商标”。全市获得国家地理标志认证的产品共6个。

（洪章海）

【丝路海口·田园综合体建设试点项目】2017年，按照财政部《关于开展田园综合体建设试点工作的通知》，海口市菜篮子产业集团按照市政府的要求，将丝路海口·田园综合体试点项目作为国家田园综合体试点申请项目。6月上旬至7月中旬，配合市政府相关部门编制完成《丝路海口·田园综合体建设试点项目三年规划》和《丝路海口·田园综合体建设试点项目2017年度实施方案》，7月27日经国家农发办审核并批准。至此，丝路海口·田园综合体试点项目作为全国10个试点省份之一的海南省田园综合体建设试点项目正式落户海口。项目位于海口市琼山区南部红旗镇和三门坡镇交界处，范围涵盖大荒洋、七水洋2个田洋以及周边4个行政村、60余个自然村，规划面积27.6平方千米，总投资估算14.9亿元。项目以农业为根本，以农民获益为核心，主要通过培育新型农业经营主体，提高农业组织化程度，加强综合体基础设施、产业支撑、公共服务、环境风貌建设，探索共享农庄试点，实现农村生产生活生态“三生同步”，一二三产“三产融合”、农业文化旅游“三位一体”。建设内容包括一带、三园、三中心、九区，一带即“美丽乡村”带。三园即创新园、创业园、产业园。三中心即加工配送中心、综合服务中心、配套服务中心。九区即共享农庄示范区、露天蔬菜种植区、水生蔬菜种植区、大棚蔬菜种植区、蔬菜种苗繁育区、百花田洋区、互联网果蔬区、循环农业示范区与农乐体验区。至年底，完成项目整体概念规划编制、田园综合体2017年度产业化项目与七水洋高标准农田改造项目可研报告、设计概算与实施方案的编制工作。

（顾宁宁）

农村扶贫

【农村扶贫概况】2017年，海口市在2016年重点做好产业和设施帮扶、培训和转移就业帮扶、教育帮扶、医疗救助帮扶、社会保障兜底5项措施的基础上，全面开展电商扶贫、旅游扶贫、金融扶贫、光伏扶贫等各项帮扶措施；明确区、镇政府为脱贫攻坚主体责任和农业、人社、教育、卫生、民政、商务、旅游、住建、交通、规划、发改等部门的行业为牵头责任。按照“对象捆绑、资金捆绑、措施捆绑、责任捆绑、成效捆绑”的工作要求，进一步完善“领导挂点、单位包村、干部包户”长效运行机制；以“高位推进、周密部署、落细落小、精准脱贫、明确责任、强化督查”的工作制度推动脱贫攻坚工作，取得较好的成效。年内，省下达海口市的减贫任务是2913人。至年底，全市脱贫户共629户2773人，除深度贫困群体、个别低保贫困户和贫困人口自然增减原因外，实现应退尽退；5个整村推进实现脱贫出列。全年共受理新增贫困户申请1719户7389人、返贫户申请65户312人，按贫困人口“一比对、一评议、两公示、一公告”的识别程序，全部完成对新增和返贫户的入户调查、比对工作，最后确认新增户34户155人和返贫户2户7人。

2017年5月4日，海口市扶贫开发工作会议召开　（张俊其 摄）

【督导落实扶贫工作责任】2017年，海口市按照“市负总责、区镇落实主体责任”的责任体系框架，市、区、镇、村层层签订脱贫攻坚责任状。将“三保障”、产业扶持、金融扶贫、光伏扶贫、电商扶贫、旅游扶贫等各项工作任务落到18家牵头责任单位，形成攻坚合力。出台《海口市2017年脱贫攻坚督查考核方案》《海口市扶贫领域监督执纪问责专项整治工作方案》《海口市脱贫攻坚奖惩办法》等一系列规范责任文件，以更严厉的考核监督，强化督查问责，落实约谈制度，市领导对开展脱贫攻坚工作滞后的区、镇领导进行约谈，对推进工作不力的相关单位和个人进行通报，对相关责任人进行问责。全年共查处扶贫领域问题113件，处理相关责任人221人次，立案30件，党政纪处分22人，实名通报曝光典型案例23件。特别是7月纪检介入开展专项整治后，全市纪检监察机关对扶贫领域违纪违规问题聚焦再聚焦，加大督促问责与直接查处力度，在不到4个月的时间里，查处扶贫领域问题62件，处理责任人74人次，立案26件，党政纪处分18人，通报曝光典型案例21件，纪律威慑进一步凸显，专项整治成果明显。通过强化督查，倒逼各区镇、各牵头责任单位落实工作责任，履职尽责能力得到明显提升。

【向贫困村和基层力量薄弱村派驻第一书记】2017年，海口市按省统一部署，印发《关于选派机关优秀干部到村任第一书记工作方案》，向全部贫困村和基层力量薄弱村（党组织涣散村）派驻第一书记达到全覆盖，共派驻11名第一书记；印发《关于“十三五”期间贫困村定点扶贫和驻村帮扶工作安排的通知》，进一步完善定点帮扶工作机制。按省《驻村工作队管理办法（暂行）》《贫困户帮扶责任人管理办法（暂行）》和《脱贫攻坚驻村第一书记工作进行定期通报的通知》等文件要求，加强对驻村第一书记和驻村工作队管理，对驻村第一书记和驻村工作队员进行名册管理，落实考勤销假、工作记录、联系群众、定期汇报、教育培训等10余项制度，同时从单位经费中保障各派出人员的正常工作经费。第一书记和驻村工作队较好地发挥“帮党建、帮发展、帮民生、帮稳定”的作用，推动脱贫攻坚、农村组织建设等各项工作取得新成效。琼山区凤翔街道儒逢村党支部第一书记唐东林、三门坡镇清泉村党支部第一书记黄亮，秀英区永兴镇罗经村党支部第一书记罗经辉等被评为海南“最美第一书记”或被省委组织部通报表扬。

【制定行业帮扶政策】2017年，海口市财政、民政、农业、教育、医疗、住建、人社、发改、商务、旅游等牵头责任单位履行行业牵头责任，制定《海口市财政专项扶贫资金管理办法》《海口市做好农村最低生活保障制度与扶贫开发政策有效衔接的实施方案》《海口市农村低保对象特困人员教育医疗住房保障和产业扶持实施方案》《海口市发展特色产业促进精准脱贫实施方案》《海口市健康扶贫工作实施方案》《海口市健康扶贫分类救治及大病专项救治工作实施方案》《海口市2017年农村危房改造工作实施方案》《海口市农村低保对象、特困人员危房改造工作实施方案》《2017年资助贫困大学新生活动方案》《海口市农民小额贷款贴息工作实施细则》《关于2017年就业脱贫实施方案》《关于推进贫困村电商服务站建设实施方案》《海口市2017年旅游扶贫推进（考核）工作方案》等20余项行业帮扶政策，细化各项措施，强化行业指导，确保政策落地执行。市区建立完善定期通报、专项督查等机制，自上而下建立较为完整的检查、监督、指导等制度，从而保障海口市各项帮扶措施得到全面落实。

【对标整改扶贫问题】2017年，海口市针对历次省督查考核反馈问题，印发《全省2017年脱贫攻坚督查反馈问题整改方案》《落实2016年省级党委政府扶贫开发工作成效考核反馈问题整改方案任务分解》《落实2016年市县党委政府脱贫攻坚成效考核反馈问题整改的通知》《海口市脱贫攻坚存在问题整改责任表》《转发〈省扶贫办关于抓紧准备迎接督查相关资料的通知〉的通知》《关于做好省督查反馈问题整改工作的通知》《海口市2017年脱贫攻坚自查自纠活动方案》《关于落实全省动态调整交叉检查反馈问题整改工作的通知》《关于年底攻坚工作存在问题整改的方案》等一系列整改文件，对照问题逐条明确整改目标、任务、措施，进一步明确责任。加强监督检查，对整改完成事项逐一进行验收销号，确保整改收到实效。以问题为导向开展整改，扭转一度影响海口市脱贫攻坚工作的扶贫产业项目组织化程度不高，产业项目单一、危房改造工作进度慢、扶贫资金拨付和项目推进速度慢、小额信贷工作推进力度有待加大、教育培训工作有待加强、电商扶贫工作尚未开展、光伏扶贫项目进展缓慢、精准扶贫基础工作不扎实等问题。针对年中动态调整疑似漏评率较高、两项制度衔接工作不到位等突出问题，及时印发《海口市农村低保对象、特困人员教育医疗住房保障和产业扶持实施方案》，组织力量进行全面排查，针对问题进行全面整改。整改期间，共发放贫困户申请、识别以及“两项制度”衔接的有关政策宣传资料15.50万份，全市农村人口政策知晓达到全覆盖。组织2878人次，分387个调查组，进村入户对全市22个镇248个行政村13185户农村家庭进行拉网式排查，对初步掌握的疑似漏评对象全部纳入新增识别对象，全市农村低保对象、特困人员“三保障、一扶持”工作全部按省里的要求落实到位。

【脱贫致富电视夜校工作有效开展】2017年，海口市出台《脱贫致富电视夜校工作实施方案》和做好组织收看教学节目、加强夜校教学管理工作等一系列文件。市四套班子领导率先带队到教学点与贫困户一起上夜校，并组织开展课后讨论，为全市夜校工作带好头，很好地带动全市各结对帮扶责任人参加夜校学习。为确保电视夜校有序运转，市财政安排400万元，用于完善场所、设备和开展工作。印发《海口市电视夜校督查工作方案》，成立4个检查组轮流到各教学点实地检查收看情况，进一步完善“钉钉”系统管理，建立定期汇报、考核评估、巡查、信息反馈、课堂守则、责任追究等10多项制度，为电视夜校工作顺利开展提供机制保障。不断创新办学方式，有奖电视夜校、评选夜校之星等好的方式不断涌现，提高群众参与的积极性。配合省夜校办，录制4期专题教学片，向全省推广海口市脱贫攻坚经验成效。6月，在全省脱贫攻坚工作督查考核中，海口市夜校工作排名全省第一，荣获全省脱贫致富电视夜校先进市县夜校的荣誉称号。

【宣传营造脱贫攻坚氛围】2017年，海口市通过向群众发放《致广大农民朋友的一封信》《关于新增、返贫申请识别相关政策告知书》、政策宣传折页、口袋书等宣传品共20余万份。利用机关、公共场所的LED显示屏和广告牌、宣传栏等，在市区主要街道、机场、码头、车站等人流集中的地段和镇、村主要街道开展扶贫宣传，共刷标语、悬挂横幅3687条，制作宣传板报624块，利用LED和广告牌宣传310块，营造浓厚的社会宣传氛围。在《海口日报》、海口电视台等宣传媒体开辟专版专栏，通过中央、省、市各级各类媒体大力宣传海口市扶贫开发的经验和成效。设立“海口扶贫”微信公众号，利用新媒体平台加强扶贫工作宣传。

【调动社会力量共同参与扶贫工作】2017年，海口市以政企联动为支点，调动社会力量共同参与扶贫工作。市工商联发动11个商会、30余家企业投入资金105万元，参与扶贫工作。7月，市工商联发动34家会员企业捐款61万元，设立“精准扶贫专项基金”，为琼山区三门坡镇清泉村委会美宋村打一口“同心井”，成为精准扶贫的示范工程。此外，4个贫困村与4家企业签订《村企（商会、协会）结对帮扶及共建协议书》：琼山区云龙镇云岭村对接海南华南农业科技有限公司，签订实用技术培训项目；琼山区云龙镇云岭村结对海南农垦现代农业有限公司，签订三角梅等种植帮扶项目；龙华区龙泉镇美定村委会对接海南新发地现代农业发展有限公司，签订发展蔬菜种植产业项目；琼山区三门坡镇清泉村委会对接海口盛茂大红灯笼餐饮管理有限公司，签订辣椒种苗发放回收项目。

【精准扶贫措施有效落实】2017年，海口市精准施策，着力抓好扶贫各项措施的有效落实。（1）预脱贫人口全部实现“三保障”。教育保障方面，春秋两季学期分别帮扶对象3088人、3094人，共发放教育扶贫资助金1140.43万元。医疗保障方面，投入参合补贴234.43万元，建档立卡贫困人口11366人全部参加新农合和购买大病保险，覆盖率100%；全市医疗救助精准扶贫对象520户638人，共实施普通门诊2.34万人次，慢性病门诊371人次，新农合住院485人次，医疗报销补偿475.28万元，大病保险、民政医疗救助、健康商业补充保险等补偿金额68.97万元。贫困人口实现医疗一站式结算和先诊疗后付费服务，实际住院报销补偿比例达94.26%。安全住房保障方面，建档立卡贫困户危房改造对象227户，年底危房改造全部竣工，应补贴危房改造资金1060.35万元，全部拨付到位，在全省评价中排名第一。（2）实施产业扶贫。专项产业扶贫资金支出1728万元，共帮扶贫困人口819户2936人，种植经济作物、热带水果、花卉等作物54.37公顷，家禽、家畜、水产养殖16.85万头（只、尾），牛栏、羊舍等生产设施建设540.96平方米，发放饲料肥料3077包；完成农业实用技术培训73期，5742人次，实现贫困户全覆盖；建立11个扶贫示范基地，动员20家合作社和龙头企业等新型经营主体参与扶贫开发，带动建档立卡贫困户588户2542人共同发展生产，帮扶产业组织化程度87.30%（按2017年预脱贫人口计算）。（3）培训和转移就业。全年投入培训和转移就业资金187.25万元，开展劳动力转移培训1072人、创业致富带头人培训63人，举办乡村旅游服务技能等专场培训12场次；计划转移就业的535人当年全部实现就业。（4）社会保障兜底。经各区民政局与区扶贫办开展农村低保对象和建档立卡贫困人口台账比对及入户调查核实，符合社会保障兜底扶贫对象为218户611人，累计发放资金387.93万元，实现应保尽保。

【扶贫项目全面推进】（1）电商扶贫。至2017年12月底，海口市电商扶贫工作计划投入资金137.1万元，完成投入资金137.1万元。建成镇级服务站1个，村级电商服务站11个，受益贫困户231户1004人。秀英区永兴镇电商扶贫中心作为全省首个镇级电商扶贫中心投入运营，线上交易总额突破1450万元，其中贫困户交易额突破150万元。（2）乡村旅游扶贫。统筹政府和社会资金投入乡村旅游建设，共投入1.54亿元，完成年度计划的115.8%。其中政府投入资金3912.2万元，直接带动贫困人口241户500人增收。5家乡村旅游点（民宿）建成投入使用，推出“海口乡村旅游扶贫特产店”13家，结合乡村旅游扶贫新推出4条特色旅游线路，举办主题乡村游节庆活动3场。（3）金融扶贫。省下达海口金融扶贫小额信贷计划任务为925户。通过各区、镇、村委会的协调配合，海口农商行、海口市农信社、农行红城湖支行、邮储银行海口分行4家合作银行工作人员利用白天进村入户宣传、晚上在扶贫电视夜校集中发动，全力推进金融扶贫工作。至12月底，全市小额信贷完成1523户，发放贷款2775万元，完成计划任务的164.6%。（4）光伏扶贫。市委办、市政府办联合印发《海口市光伏扶贫实施方案》，计划“十三五”期间在11个贫困村建设村级屋顶光伏项目10个，项目总规模为852.3千瓦，总投资700.21万元。至12月底，10个项目全部完工。待安装电表和签订购售电合同后，设备可运行发电获得售电收益，所有收入归村集体支配，用于村中建档立卡贫困户、五保户、低保户、残疾户等困难群众的帮扶和村中公共项目。（5）整村推进扶贫。计划投入整村推进和提升改造工程资金4059.32万元，实施5个村庄（秀英区东山镇城西村委会、龙华区龙泉镇美定村委会、琼山区云龙镇云岭村委会、琼山区三门坡镇清泉村委会、美兰区灵山镇爱群村委会）整村推进和13个村整村推进提升工程，用于建设3个产业发展项目和132个基础设施建设项目。至12月底，完成3个产业发展项目和129个基础设施项目，资金支出3980.53万元。（6）老区项目建设。全年共安排中央专项扶贫资金1342万元投入老区建设，建设项目41个，涉及12个镇23个村委会32个自然村，受益群众3996户18390人。至12月底，项目全部完工，支出资金1267.27万元。

【扶贫专项资金筹措】2017年，海口市财政部门按照扶贫资金优先安排、统筹使用的原则，在精准测算年度精准扶贫资金需求的前提下，积极筹措确保足额到位。共筹集专项扶贫资金8775万元。其中，中央资金5321万元，省财政资金2654万元，市财政资金800万元。至11月底，完成支出8775万元，资金进度100%，排全省第一，提前完成省2017年12月31日达到95%以上的要求。

【五种产业扶贫模式带动贫困户增收】2017年，海口市充分调动和发挥贫困群众、农村低保对象的主体作用以及农业企业等新型经营主体的带动作用，着力提高产业组织化水平。探索“企业＋贫困户”“合作社＋贫困户”“企业＋合作社＋贫困户”“合作社＋基地＋贫困户”和“村集体＋合作社＋贫困户”5种产业扶贫模式，增强贫困户“造血”功能和自我发展能力，促进贫困群众增收脱贫奔小康。（1）“企业＋贫困户”，变资源为资本，变村民为股东。是海南石斛健康产业股份有限公发展石斛产业、带动羊山地区农民脱贫致富的一种创新模式，带动贫困户参与特色农业产业和休闲农业等新业态，让贫困户变为股民参与生产经营。按此模式，农民将流转的林石地、丢荒地、自家火山石围墙出租，获取租金收入；农民入股分红，每股最低500元，每年不低于10%分红，上不封顶；公司为农民提供就业，每月获取工资收入。（2）“合作社＋贫困户”，组成小型合作社资源互补。模式的特点在于指导贫困户联合组成小型合作社，通过资源互补达到抱团发展、共同受益的目的。如秀英区永兴镇发动罗经村28户贫困户自主成立海口罗经生态养羊合作社，利用政府帮扶资金41万元建设羊舍羊圈，购进优种繁殖母羊，抱团养殖永兴壅羊。（3）“企业＋合作社＋贫困户”，强化风险共担、利润共享。如琼山区旧州镇雅蔡黑山羊绿色养殖示范基地，充分发挥海南广鑫牧业公司的技术保障作用，实现“企业＋合作社＋贫困户”这一模式“造血”功能的最大化，强化风险共担，利润共享。旧州镇雅秀村委会有46户贫困户196人，黑山羊养殖一直是该村传统的发展方式。年初，雅秀村建立海南冷泉黑山羊绿色养殖科技示范基地。村委会负责多方协调，合作社组建贫困户联合体。海南广鑫牧业公司负责提供优质种羊、技术服务和销售，雅秀村冷泉黑山羊绿色养殖基地和贫困户负责养殖，形成扶贫良性循环。（4）“合作社＋基地＋贫困户”，建生态养殖示范场带动脱贫。如大坡镇养羊农户有100多户，大部分属于散养，容易对自然环境造成破坏。王峰种养专业合作社探索圈养技术，并邀请旧州江富种养专业合作社对种羊驯化等一系列养殖管理技术进行帮扶指导，逐渐形成规模化养殖。在合作社的带动下，周边农户以羊议价参加合作社一起发展。部分贫困户以政府购买的山羊入股到王峰种养专业合作社，贫困户不用看管，可以解放劳动力出去打工。合作社负责种羊的饲养、防疫、管理、销售，贫困户每户每年净分红6000元，可连续分红5年，实现双赢。（5）“村集体+合作社+贫困户”，整合产业壮大村集体经济。如云龙镇云岭村利用三角梅示范基地空闲期和空闲空间发展萝卜产业。以22户贫困户扶持资金入股到云龙镇萝卜协会，共建1.33公顷萝卜示范基地，保证贫困户受益率50%，总收入约10万元，超出受益部分作为云岭村集体经济收益。

（许杰峰）

农业机械化

【农业机械化作业】2017年，根据农机系统数据统计，海口市主要农作物水稻机耕面积2.67万公顷，水稻机收面积2.78万公顷，水稻机耕水平85%，机收水平88%；花生机耕面积1.11万公顷；农机作业综合水平60.65%。

【农机购置补贴】2017年，海南省农业厅安排农机购置补贴中央资金450万元、农机购置补贴省级资金80万元，海口市完成购机补贴资金264.7万元。受益农户53户，补贴机具64台。

【农机安全管理】2017年，海口市农业局完成农机牌证核发年度计划，核发拖拉机、联合收割机行驶证32本，拖拉机驾驶证过户335本，换发746本；核发拖拉机、联合收割机驾驶证271本，完成年度计划136%。拖拉机年检3772台，完成年度计划的126%。全年开展专项整治行动59天（次），其中交警与农机主管部门联合执法46次，纠正违章拖拉机1639（辆次）。开展下镇集中年检巡回服务工作42场，现场办理拖拉机年检2866台。全年开展宣传教育46场，参加机手3965人。隐患排查拖拉机2386台，排查出一般事故隐患763台，全部整改。

【农机教育培训】海口市农业机械学校作为全市目前唯一规范化、权威化农机驾驶培训机构。2017年，举办常规农机驾驶员培训班5期，培训学员271名，培训内容包括道路交通法等理论教育和场地及道路的驾驶训练，学员培训后通过各科目考试合格可以取得拖拉机驾驶证。

【农机专业合作社】2017年，海口市有7个农机合作社，分别是红旗镇农机作业专业合作社、海口琼南农业机械专业合作社、海口金宇农机服务专业合作社、海口益民农机作业服务合作社、海口云阁收割机服务专业合作社、海口云岭农机服务专业合作社、海口应民农机专业合作社。合作社从业人数96人，有机具161台，全年完成机耕面积3935公顷，机收面积4169.6公顷。

【农机质量监管】2017年，海口市有19个农机维修网点，均取得相应等级的《农业机械维修技术合格证》，从业人员45人，均办理相应的执业资格证书。开展“3·15”农资打假活动，检查现代绿野公司等10个农机经销商以及农机产品1369件。

种植业

【种植业概况】2017年，海口市以促进农业增产、农民增收为目的，抓好种植业产业结构调整，加快发展热带果蔬产业，发展无公害生产，提高果蔬产品质量，取得显著成效。全年种植业产值49.5亿元，比上年增长3.21%。常年瓜菜基地保有面积3528公顷，其中瓜菜设施大棚376公顷。瓜菜种植面积2.59万公顷，产量51.47万吨，分别下降7.8%和7.5%；农作物种植面积7.34万公顷；水果种植面积1.88万公顷，产量23.37万吨。

【粮食生产】2017年，海口市粮食作物播种面积3.36万公顷，总产量14.8万吨，分别下降6.4%和2%。其中早稻种植面积1.3万公顷，产量6.5万吨，分别下降7%和4.8%；晚稻种植面积1.41万公顷，产量5.81万吨，分别下降3.3%和增长2%；薯类种植面积6026.8公顷，产量2.33万吨，分别下降11.6%和3.7%；豆类种植面积422.46公顷，产量1473.18吨，分别下降1.4%和增长45.7%。

【热带经济作物生产】2017年，海口市热带经济作物种植面积1.93万公顷，其中新种面积390公顷；收获面积9298公顷。其中，橡胶种植面积1.22万公顷，收获面积4139万公顷，产量2762.82吨，增长4.74%；槟榔种植面积2261公顷，收获面积1226公顷，产量2978吨，增长2.16%；胡椒种植面积3148公顷，收获面积2847公顷，产量3905吨，增长12.31%；椰子种植面积1689公顷，总产量1300.54万个，增长60.9%。

【蔬菜生产】2017年，海口市常年瓜菜基地保有面积3528公顷，其中瓜菜设施大棚376公顷。瓜菜种植面积2.59万公顷，产量51.47万吨，分别下降7.8%和7.5%。为提高菜农种植叶菜积极性，继续开展叶菜价格指数保险工作，全年共承保面积2300.67公顷，参加投保的涉农企业86户次，乡镇农户参保4500户次，赔款688.71万元，惠及的涉农企业与种植农户4369户次；采取补贴5年地租方式集中流转土地，引入16家农业企业、合作社创建叶菜生产基地，规模种植叶菜246.67公顷，有效地扩大叶菜生产，提高市场供给。

【瓜菜育种基地】2017年，海口市有集约化育苗中心5个，占地面积1.67公顷。全年集中育苗1863.17万株，主要有苦瓜、丝瓜、南瓜、毛瓜、泡椒、线椒、尖椒等品种。

【水果种植】2017年，海口市水果种植面积1.88万公顷，其中当年新种面积798公顷，总产量23.37万吨。其中，荔枝种植面积6308公顷，产量2.96万吨，分别增长10.3%和下降1.1%；香蕉种植面积3469公顷，产量9.2万吨，分别增长15.71%和22.9%；菠萝种植面积2287公顷，产量5.06万吨，分别增长11.13%和4.35%；龙眼种植面积647.06公顷，产量1525吨，分别下降4%和增长23.98%。

【十大品牌农产品生产】2017年，海口十大农业品牌种植规模比上年增加653.45公顷。其中，美兰三角宁地瓜增加29.87公顷，海口莲雾增加58.73公顷，永兴荔枝增加60.2公顷，永兴黄皮增加47.33公顷，云龙淮山增加66.67公顷，大坡胡椒增加133.33公顷，石山黑豆增加26.67公顷，海口火山石斛增加48.25公顷，海口蜜柚增加166.67公顷，海口甲子牛大力增加15.73公顷。

【农作物病虫害防治】2017年，海口市农业局通过进行现场指导，提供防控药物等手段，陆续在三江镇、东山镇、新坡镇、三门坡镇、云龙镇、红旗镇、大致坡镇、新坡镇开展水稻统防统治工作，防治总面积1333.33公顷。

【农药管理】2017年，海口市农业局累计出动执法车辆160多台次、执法人员约620多人次，检查农药经销单位1560余家次，取缔无证流动农药经营点1个，查处违法行为2起，查获从省外购进的未经备案的农药489瓶、假农药83瓶，罚没款1.71万元，在物流中心查获不合格农药1100箱。

畜牧业

【畜牧业概况】2017年，海口市科学规划，促进畜牧业转型升级，发展生态循环农业，实现畜禽产品的提质增量，畜牧业取得健康发展。优化畜牧产业结构，罗牛山十万头现代化猪场建成投产，进一步提高海口市生猪生产能力；发展羊产业、禽类产业，扶持建设1个蛋鸡场、1个种羊场；完成海南名牌农产品标准化项目、畜禽标准化养殖建设项目和“菜篮子”基地建设畜产品生产项目共4个，3家畜禽养殖场获省级畜禽标准化示范场称号。加强畜禽污染治理工作，促进畜牧业转型升级。依法全部关闭95家涉及污染水体的畜禽养殖场（户），完成16家省级改造升级任务，投入资金1000万元完善10个生猪养殖场环保设施，建设1个有机肥厂。全年出栏生猪72.02万头、增长2.19%，禽类1280万只、下降0.39%，牛1.68万头、下降25%，羊10.06万只、下降2%；禽蛋产量9392吨、下降0.74%，生牛奶产量1488.28吨、增长7.69%，肉类总产量8.78万吨、增长2.15%。牧业总产值29.13亿元，下降11.39%。

【畜牧品种改良】2017年，海口市农业局选择具有种畜禽生产经营许可证、有一定养殖规模、具有相当技术实力及良种需求的种猪养殖企业4个发放优质杜洛克种公猪20头；整村推进的扶贫点和省畜牧技术推广站黑山羊养殖示范点发放优质海南黑山羊20只。实施单位做好品种改良推广和繁育管理工作，建立种畜改良配种及产仔记录档案，确保项目实施进度与实施效果。同时，大力推广先进实用的科学饲养技术和疫病防治技术，实行良种良法配套。全市拥有种猪场17个、种牛场1个、种羊场3个、种鸡场4个、种鹅场1个、种鸽场2个、种蜂场1个。

【家禽养殖】海口市家禽养殖以文昌鸡、鸭、鹅等为主。家禽业是海口畜牧产业中发展速度快、规模比重大、产业化水平高的产业。2017年，有肉鸡出栏5万只以上的规模场16个，年存栏万只以上的蛋鸡场19个。通过实施标准化生产，加快无公害农产品认证，鼓励支持龙头企业参与名牌畜产品评选认定，培育起一批富有特色、生态高效、质量安全的畜牧品牌——潭牛文昌鸡、牧榕文昌鸡、潭牛鸡蛋、良农鸡蛋、曾氏乳鸽等特色畜牧品牌。生产规模不断扩大，家禽产业向标准化、规模化、产业化、自动化养殖方向发展态势。

【猪养殖】2017年，为促进生猪产业化发展，推进生猪产业转型升级，海口市大力发展生态型和资源综合利用型的生猪养殖产业，改善生产条件，转变产业发展方式，促进产业现代化建设，提高生产技术，加快实施品种、技术、知识更新工程步伐。利用省厅下达的畜牧业转型升级项目资金1000万元，完善10个生猪养殖场环保设施，建设1个有机肥厂。海南裕泰、罗牛山十万头2个生猪养殖场获省级畜禽标准化示范场称号。全市年出栏量500头以上规模养猪场244个，其中出栏万头以上的大型规模猪场8个。全年出栏生猪72.02万头，期末存栏生猪34.31万头，下降9.1%，其中能繁母猪存栏4.34万头，下降15.56%。

【食用牛养殖】2017年，海口市饲养的牛的主要品种仍是海南黄牛（雷琼黄牛）和海南水牛，仍以农户散养为主，规模养殖场相对较少且规模较小，没有形成规模化、标准化生产。全市年出栏50头以上的规模牛场有16个。年内全市出栏肉牛1.68万头，期末存栏牛2.25万头，下降59.82%。

【羊养殖】2017年，海口羊养殖品种仍为当地海南黑山羊（东山羊）。海口市肉羊消费需求量大，本地黑山羊缺口大，生产供不应求。为加快黑山羊产业发展，建设黑山羊产业化生产体系，打造黑山羊知名品牌，增加羊肉市场供应，促进农民增收，年内扶持建设1个黑山羊种羊场，增加存栏规模羊1000只。海南火山壅羊公社获省级畜禽标准化示范场称号。全市出栏肉羊 10.06 万只，期末存栏羊 6.03 万只，增长 0.09%。

【特种动物饲养】海口市饲养的特种动物主要有鸽子、肉兔、鹌鹑、蜜蜂等。 2017 年出栏肉鸽 136 万只，鸽肉产量 572 吨；饲养蜜蜂 1.62 万群，蜂蜜产量 1.9 吨。肉兔、鹌鹑农户饲养不多，饲养量少，产品主要依靠岛内外供应。

无规定动物疫病区建设

【动物疫病防控】2017 年，海口市扎实推进春秋两季重大动物疫病强制免疫和常年补免工作，共完成应免猪 87.3 万头、牛 7.75 万头、羊 12.5 万只、禽约 855.32 万羽的强制免疫，免疫抗体合格率全年保持在 70% 以上，定点检疫率 100%。全年共对 331 个场、点开展疫病监测，采取血清、棉拭子等样品样数量 1.55 万份，开展病原检测 5415 份，均未发现个体阳性样本；抗体检测 10092 份，其中感染抗体检测 4634 份，无发现个体阳性，免疫抗体检测 5458 份，免疫抗体合格率为 89%，符合国家规定。对被抛弃到水沟、河流、水塘或路边的 5739 只畜禽进行无害化处置。全年无重大动物疫情发生。

【兽医兽药管理】2017 年，海口市有动物诊疗机构 24 家，注册执业兽医师 53 人，备案助理兽医师 1 人。市农业管理部门强化兽药药政监管，把监管工作覆盖到兽药生产、经营和使用全过程。在生产环节，检查兽药生产企业 5 家次；在经营环节抽取兽药样品 43 批次，进行监督检测；在使用环节，加强畜产品质量安全监管工作，监督抽查 241 批次畜产品的兽药残留检测。全年立案查处经营假兽药案件 2 宗，罚没款2.6 万元。

【屠宰监管】2017 年，海口市农业管理部门抓好生猪定点屠宰场点整治，强化屠宰环节病害猪无害化处理监管，严查屠宰违法行为。落实屠宰派驻检疫制度。在全市 10 家生猪屠宰厂（场）共派驻官方兽医或检疫人员 87 人。强化定点屠宰企业主体责任，督促企业落实各项规章制度，规范台账管理，共检查屠宰场点 75 家次；指导过渡屠宰场采取临时有效的防污治污措施，如增加化粪池，处理后回田应用，建立防污治污台账等。全年共组织打击私宰行动 36 次，出动相关人员 226 人次、车辆 101 辆，查处打击私宰窝点 27 处，取缔 18 处，查获待宰生猪 25 头、宰后猪白条 10 头、活羊 461 只、宰后羊 57 只，没收私宰猪肉 3011 斤，捣毁、没收屠宰工具和场所 17 批次。屠宰环节病害猪无害化处理 2192 头。制定《海口市畜禽屠宰行业“十三五”规划实施方案》，明确海口市畜禽屠宰行业规划总体目标和要求，按照畜禽屠宰企业等级要求，全市设置生猪屠宰企业 1 家 A 级、1 家 B 级和 7 家 C 级。其中，A 级生猪屠宰企业“海南罗牛山食品集团有限公司桂林洋屠宰厂”建设投产，位于美兰区桂林洋经济开发区灵桂路北侧；B 级屠宰企业设置在龙华区。

（洪章海）

林 业

【林业概况】2017 年，海口市有林地面积 89870 公顷，森林地面积 87875 公顷，森林覆盖率 38.39%，森林蓄积量 282 万立方米。全年林业经济总产值 57.95 亿元，比上年增长 3.6%。

【森林资源管理】2017 年，海口市林业局下拨森林生态效益补偿基金 277.59 万元，组织完成 2016 年度公益林管护考核验收。开展林业不动产登记工作。对全市林权档案资料进行调查摸底、登记和研究，整理集体林权制度改革中建立的林权档案和台账，8 月 26 日，林权登记档案台账移交市不动产登记中心。开展林区生态修复和湿地保护工作。研究制定《海口市关于开展林区生态修复和湿地保护专项行动实施方案》，配合省野生动植物保护管理局对羊山湿地进行调查，推进东寨港保护区湿地和玉龙泉湿地公园废弃矿坑的生态修复，按 PPP 模式对沙坡—白水塘湿地公园和三江湿地公园进行规划设计。主动对接涉及使用林地项目，建设项目使用林地审核审批手续办理顺利，保证建设项目按时开工建设，省林业厅批复含“百日大行动”在内 25 个建设项目使用林地，面积共 226.5 公顷。执行森林采伐限额管理。对林木采伐进行全过程监督，全市（含各区）共办理采伐许可申请 1914 宗，面积 1870.65 公顷，蓄积量 8.23 万立方米。加快推进海口市森林资源监测系统建设。在巩固完成软件开发、安装、调试、数据录入和本底外业调查及外业验收、本底内业数据统计（小班共 47670）工作的基础上，进一步对系统数字审核完善，7 月 21 日通过市科工信局组织的专家终期验收。

【植树造林】2017 年，海口市持续开展绿化宝岛大行动，着力开展城市生态修复绿化及湿地保护，推进造林绿化工作。完成中央防护林造林面积 868.87 公顷的任务；完成灾损林地的恢复造林 233.33 公顷，占任务计划的 175%；完成更新改造低产低效桉树林和橡胶林 42.33 公顷；完成“四边”复绿面积 244.87 公顷，其中水边复绿面积 50 公顷，路边复绿面积 29.33 公顷，城边复绿面积 13.33 公顷，村边复绿面积 152.21 公顷。市财政安排造林绿化资金 1100 万元（其中预算安排 300 万元，植被恢复费 800 万元）用于造林绿化，扶持农户造林。3 月 12 日、3 月 20 日和 10 月 20 日分别在东寨港红树林、琼山区云龙镇、琼山区龙塘镇举行纪念植树节、国际森林日和秋季义务植树活动。全年共完成植树造林面积1493.65公顷，占省下达年度造林计划（933.33公顷）的160.55%，占市里下达计划（1200公顷）的124%，其中防护林造林868.87公顷，经济林造林382.94公顷，其他造林75.13公顷，四旁植树166.7公顷。

【林下经济】2017年，海口市林业局充分利用丰富的动植物资源，大力发展“林蜂”“林药”和“林禽”模式的林下经济产业，扶持林下套种石斛13.33公顷，新增“林药”15.33公顷。同时，因地制宜发展林下养鸡、养鸭、果子狸、滑鼠蛇、龟等驯养业。充分利用有限森林资源发展立体林业，演丰、灵山、三江、红旗、云龙、三门坡、咸来等镇及岭脚热作农场，依托橡胶林及果园种植散尾葵、巴西铁、龟背竹等鲜切叶植物1333.33公顷。

【林业产业示范基地】2017年，海口市培育和创建一批省、市林业示范基地，辐射和带动全市林业产业的发展。全市共有11家省、市级示范基地。其中，新增海口东山金茂苗木有限公司、海口文瑞蛇养殖农民专业合作社、海口天源叶花卉产销专业合作社3家省级林业经济示范基地，海南香树沉香示范基地获评省级现代农业产业园。

【苗木基地】2017年，海口市共有2300个苗圃，育苗面积333.33公顷，苗木产量1800万株。其中，海南荣丰花卉产业园种植苗木面积57.33公顷、睡莲40公顷、切枝切叶植物30公顷、小盆栽母树20公顷，具有年生产100万盆标准化小盆栽的生产能力；海口文山沉香产业园种植10万株沉香树；海南香树沉香苗木基地种植白木香38.53公顷，近6万株，约2000株沉香老树林，年产天然沉香原料20千克~30千克。

【花卉产业】2017年，海口市花卉种植面积4653.33公顷，占全省花卉生产面积的50.7%，花卉年产值10.87亿元。年内下拨热带特色高效农业产业资金720万元给4个区，发展热带兰花、油茶等。推进三角梅产业发展，通过举办第二届三角梅花展和三角梅产业发展论坛，带动花企、花农扩大三角梅种植规模，全市新增三角梅种植面积13.33公顷。“公司+基地+农户”“合作社+基地+农户”等产业化经营形式发展平稳。海口天源叶花卉产销合作社有员工100多人，年产值2000多万元，合作社有固定物流车10多辆，制冰设备2套，冷藏设备2套，是省内目前唯一能够实现产、销、运一条龙服务的花卉专业合作社，产品经广州市场分销到全国各地。海口柏盈兰花智能温室亩均销售额33.5万元，出口日本的小盆栽蝴蝶兰苗亩产值130多万元。海口兰花产业园、海南荣丰花卉产业园、海南国际花卉产业园等产业园逐步建设完善，集交易、检疫、物流为一体的综合性交易平台初步显现。

【林业科技】2017年，海口市通过举办第二届三角梅产业发展论坛，开展三角梅的引种驯化和适应性研究，研发海口本土的三角梅品种。年内，绿化观赏苗木分会海口三角梅工作站成立，促进全国三角梅产业的资源整合，培育具有自主知识产权的新品种。继续引导和鼓励龙头企业、示范基地等有条件的企业制作产品质量标准和生产技术规程，向有关部门申报，从种植方面扩展到养殖方面。9月，海南省质量技术监督局批准发布由海南汇鑫源置业有限公司牵头编制的地方标准《三角梅扦插育苗技术规程》《三角梅容器苗木生产技术规程》，养殖方面公布《果子狸人工养殖技术规程》《中华龟人工养殖技术规程》，林业产业标准化体系逐年健全，为带动产业标准化发展奠定基础。

【森林防火】2017年，海口市森林防火形势极为严峻，大部分地区受高温、少雨、大风天气影响，高火险期出现早、解除晚、持续时间长。共接处非涉林警情22起（主要集中在3—7月），火源主要为祭祀用火和生产性用火，火场燃烧物载体均为茅草和垃圾，过火总面积7.17公顷；出动队员276人次，车辆60辆次；全年未发生涉林火灾和扑救人员伤亡事故，火情当日扑灭率100%，森林火灾受害率为0‰。

【森林病虫害防治】2017年，海口市林业局在演丰、三门坡等8个镇设立宣传咨询点，出动宣传车等形式开展森林病虫害防治检疫宣传活动。加强

2017年6月20日，海口市林业局工作人员在海口绕城高速路两侧开展薇甘菊防治工作

（市林业局 供）

林业有害生物监测预报工作，健全测报队伍网络建设。全市林业有害生物发生面积799.6公顷，其中花卉苗圃红火蚁疫情223.73公顷，薇甘菊88.6公顷，椰心叶甲475.93公顷，椰子织蛾11.33公顷。开展林业有害生物的防治工作。在椰心叶甲防治工作上继续推行以生物防治为主。全年繁殖椰心叶甲寄生蜂8020万头，在全市乡镇防治点释放防治，对景观椰子树喷药防治椰心叶甲及椰子织蛾1.3万株次，防治12个镇的古树名木及古树后续资源803株，防治薇甘菊75.27公顷；开展红火蚁疫情监测工作，组织花卉企业开展红火蚁防控223.73公顷。红火蚁、薇甘菊、椰心叶甲、椰子织蛾疫情得到很好的控制。加强产地检疫和调运检疫工作，遏制林业有害生物传播扩散。全年办理花卉、苗木产地检疫76宗1222.2公顷；调运检疫2.46万车次，省内调运苗木1.92万车次，出省调运苗木5447车次；种苗产地检疫7宗，面积383.45公顷，产地检疫率100%。根据省林业厅、农业厅“利剑2017”植物检疫联合执法专项行动实施方案的要求和部署，市林业局自11月1日至12月底，每天派出检疫检查人员参与省林业厅、农业厅在海口南港、新海港码头开展的植物检疫联合执法活动，共检疫检查调运森林植物及其产品进岛车辆435辆次，查扣违规调运进岛森林植物及其产品车辆26辆次，并依法依规进行除害处理。

【涉林违法案件执法】2017年，海口市继续开展打击非法侵占林地及湿地、盗伐滥伐、违法违规野外用火、破坏野生动植物资源、破坏湿地资源、在保护区公益林区内采石（矿）采沙、非法经营加工木材、森林火灾违法犯罪、破坏古树名木及盗运风景树等破坏森林资源违法犯罪专项行动。市森林公安局共出动警力3854人次、车辆2445台次，立刑事案件38宗，侦破案件61宗（其中4宗重大涉林案件），刑拘32人，取保7人，逮捕25人，移送起诉28人；查处行政案件110宗，行政处罚110人，罚没款50.64万元，没收各类野生动物2194只、各类野生动物肉体47公斤，没收31株活立木，责令恢复林地面积3.94万平方米。

【野生动物保护】（1）开展野生动物保护执法联合行动。2017年，海口市林业局共安排执法人员外出执勤检查4800人次；受理12345政府热线、市民举报、上级移交及日常巡查等各类事务400宗，其中野生动物救助215宗、野生动物案件36宗、其他事务149宗，野生动物处罚1.11万元；共没收或收留陆生野生动物1524只，无公害处理968条（只），7只陆生野生动物送海口市金牛岭动物园救治，6只送海口市野生动物保护协会救治，217只送海口市野生动物救护中心救治，经专业鉴定、检疫救护后放归大自然的野生动物226条（只），100只驯养繁殖陆生野生动物移交给有海南驯养繁殖陆生野生动物及其产品经营资质的单位。（2）开展系列保护宣传活动。3月，在海南热带野生动植物园举办2017年海口市“爱鸟周”活动启动仪式。4月，开展“爱鸟护鸟走乡村进校园”系列宣传活动。9月，开展“保护野生动物宣传月”活动。围绕“依法保护野生动物，守护绿色生态家园”主题，策划形式多样的科普活动。内容包括：野生动物科普知识图片展、有奖问答、宣读倡议书、签名活动、发放野生动物宣传材料、野生动物保护专家讲座。全年，市林业局利用海口市陆生野生动物救护中心这个平台，救护和收容陆生野生动物30余种，2143只，其中国家级保护动物85只，省重点保护动物1586只，其他动物472只。海口市陆生野生动物救护中心外出救助野生动物53次，颁发“保护野生动物，关爱野生动物”荣誉证书32本。实施野外放归16次，26种类，其中有国家一级保护野生动物蟒蛇10条、国家二级保护野生动物19只。

（岑明多）

渔 业

【渔业概况】2017年，海口市海洋和渔业局以渔业增效、渔民增收为目标，落实各项工作措施，促进渔业稳定健康发展。全市共有渔业乡镇6个，渔业村59个，渔业户7140户，渔业人口29551人，渔业从业人员15967人，有登记在册海洋捕捞渔船1880艘，总吨1.15万吨，总功率3.36万千瓦。有国家一级渔港1个（海口渔港），二级渔港1个（东营渔港），三级渔港3个（曲口渔港、新海渔港、沙上渔港），另有等级以下群众性渔港和避风锚地36处。全市水产品总产量7.31万吨，与上年基本持平，其中海水养殖产量2.14万吨、淡水养殖产量3.09万吨、海洋捕捞产量1.92万吨、淡水捕捞产量1719吨；渔业经济总产值22.14亿元，增长3.5%。

【海洋捕捞】2017年，海口市有海洋捕捞渔船1880艘，总吨1.15万吨，总功率3.36万千瓦（其中45千瓦以上渔船46艘，总吨4915吨，功率1.16万千瓦；44千瓦以下渔船1834艘，总吨6581吨，功率2.2万千瓦）；全年海洋捕捞产量1.92万吨，减少11.6%。海洋捕捞作业方式主要以流刺网、张网、拖网为主，捕捞产量分别为8409吨、6271吨、1845吨，分别占海洋捕捞总产量的43.9%、32.4%、9.6%；兼顾围网、钓具及其他渔具，捕捞产量分别为646吨、595吨、1397吨，三者约占海洋捕捞总产量的13.8%。海洋捕捞产品种40多种，其中鱼类26种，产量1.30万吨，约占捕捞总产量的68%，其中海鳗、鲫鱼、石斑鱼、鲷、蓝圆鲹、白姑鱼、大黄鱼、小黄鱼、带鱼、金线鱼、梭鱼、鲅鱼、鲳鱼、鲻鱼等14个品种（产量在400吨以上的品种）

产量9762吨，约占捕捞鱼类产量74.9%；甲壳类7种，产量2861吨，约占捕捞总产量的14.9%；头足类3种，产量1093吨，约占捕捞总产量的5.7%；贝类、藻类及其他种类产量2176吨，约占捕捞总产量的11.4%。此外，海洋捕捞产量中优质鱼产量581吨，约占海洋捕捞总产量的3%。

【海水养殖】2017年，海口市海水养殖面积1780.9公顷，减少17.36%。海水养殖产量2.14万吨，增长4.8%。主要养殖方式有5种，其中：高位池养殖669.8公顷，产量4725吨；低位池养殖775.1公顷，产量1.4万吨；工厂化养殖水体6.65万立方米，产量80吨。主要养殖品种有11种。其中鱼类3种，即石斑鱼、军曹鱼、鲷鱼，养殖面积114.2公顷，产量975吨，分别占海水养殖面积和产量的6.4%和4.6%；虾类2种，即南美白对虾、斑节对虾，养殖面积822.88公顷，产量9765吨，分别占海水养殖面积和产量的45.9%和45.7%；蟹类1种，即青蟹，养殖面积29.1公顷，产量35吨，分别占海水养殖面积和产量的1.6%和0.2%；贝类4种，即牡蛎、蚶、螺、鲍，养殖面积468.8公顷，产量887吨，分别占海水养殖面积和产量的26.1%和4.2%；藻类1种，即江蓠，养殖面积205公顷，产量7990吨，分别占海水养殖面积和产量的11.4%和37.4%。

【淡水养殖】2017年，海口市淡水养殖面积3523.38公顷，减少13%。产量3.09万吨，增长4%。主要养殖品种有罗非鱼、四大家鱼（青鱼、草鱼、鲢鱼、鳙鱼）、鲤鱼、鲫鱼、鲶鱼、黄鳝、鳗鲡、克氏原螯虾、南美白对虾、龟、鳖、蛙、观赏鱼16种。其中罗非鱼养殖面积2814.13公顷，产量2.4万吨，分别占淡水养殖面积和产量的79.9%和77.7%。

【水产苗种基地】2017年，海口市登记在册水产苗种场有海口市灵山水产良种繁育场、海南海康水产有限公司、海南良之海生态养殖研究有限公司4家，苗种生产养殖水面面积共23公顷（其中亲本池8公顷，苗种池5公顷），亲本数量共105.3万尾（只、粒、株），全年苗种产量3.23亿尾。

【水产品质量安全管理】2017年，海口市海洋和渔业局全面加强水产品质量安全监管，确保全市水产品质量安全。建立健全水产品质量安全监管机制。把水产品质量安全纳入局党组重要议事议程。成立以局长为组长的初级水产品质量安全监管领导小组，研究制定《2017年水产品质量安全监管工作方案》《2017年水产品质量安全工作要点》《初级水产品质量安全监督管理责任制》等。与4个区和桂林洋经济开发区渔业主管部门签订《2017年海口市水产品安全责任书》，明确水产品质量安全监管责任，落实水产品质量安全资金保障。加强水产品质量安全宣传教育和培训。分别邀请省、市水产养殖专家对海口市执法人员和从业人员进行培训，共开展3场，80多人参训；开展水产品质量安全宣传周、水产品质量安全知识咨询现场宣传等活动。配合农业部、省厅开展水产品质量的抽检工作。配合农业部共开展4次例行抽检，抽检80个样品，合格率100%；配合农业部、省厅对海口市产地的检查，共抽检22个样品，合格率100%；配合市水产技术推广站开展快速检测工作，共抽检50个样品，合格率100%。加强水产品质量安全的监管执法检查。先后开展元旦、春节、五一和国庆中秋等重大节假日期间水产品质量安全专项整治工作，开展无公害水产品产地认定与产品认证工作、罗非鱼磺胺类药物残留专项整治工作，全年共检查水产养殖场（户）98家。加强水产品质量安全追溯系统建设。不断推动追溯系统（一、二期）的使用，有2家养殖场和3家水产加工厂安装使用追溯系统；组织10家（其中6家养殖企业，1家水产加工厂和3个区渔业行政主管部门）申报安装追溯系统（三期）。

【支渔惠渔】2017年，海南省下达海口市2015—2016年度渔业成品油价格改革财政补贴资金4446.21万元，其中2015年度2363.1万元，2016年度2083.11万元。

【渔业资源保护】2017年，海口市海洋和渔业局加大渔业资源保护力度，开展南渡江禁渔、南海伏季休渔、水生野生动物保护与宣传等工作。(1)南渡江禁渔、南海伏季休渔。3月1日零时至6月30日24时，南渡江干流江段首次纳入禁渔范围，除休闲渔业、娱乐性垂钓外，禁止所有捕捞作业。5月1日12时至8月16日18时，为南海伏季休渔期，除钓具外的所有作业类型休渔，此次调整是伏季休渔制度实施以来最大的一次，伏季休渔时间由2个半月延长至3个半月。5月1日12时，全市1824艘应休渔船（大中型渔船45艘，小型渔船1779艘；拖网船8艘，张网船424艘，刺网船1338艘，围网船4艘，其他船52艘，外地停泊船15艘）全部进入指定区域停泊休渔，全市休渔形势总体向好。休渔期间，利用各种媒体，采取多种方式向渔民宣传，取得渔民的理解和配合。加大伏季休渔执法检查力度。共出动海上执法行动30次，组织清网行动15次，清网2400张，开展联合执法12次，派出执法艇30艘、执法车辆20辆，出动执法人员210人，检查渔船120艘，查处违反休渔规定的渔船56艘，罚款25万元。(2)水生野生动物保护与监管。做好水生野生动物保护宣传。在《海口日报》上刊登《海南省珊瑚礁和砗磲保护规定解读》《保护水生野生动物——走进它们的世界》《科学放生》《海洋保护科普知识》等专题宣传栏15期，普及水生野生动物保护知识，引导市民科学放生；开展水生野生动物保护宣传进“四区”活动。进一步加强海口市水生野生动物的规范管理，逐步规范完善水生野生动物经营、运输、捕捉等利用特许证的初审工作，全年共初审通过海口市水生野生动物驯养繁殖许可证36个。配合做好舆情处理。针对媒体报道的骑楼老街非法销售砗磲、板桥市场非法贩卖海龟行为，配合工商部门进行舆情处理，共查扣砗磲制品83件，解救放生海龟1只。

【渔业技术推广和服务】 （1）加强水产健康养殖技术推广。2017年，海口市海洋和渔业局在三江农场、市海洋和渔业监察支队会议室、演丰镇圆桌会议室举办3期培训班，共培训养殖户120多名。其中在演丰镇圆桌会议室举办的“2017年海口市南美白对虾健康养殖技术暨水产品质量安全培训班”，培训人数50多人次，发放《水产健康养殖手册》共50多份，邀请中国水产科学研究院南海水产研究所杨铿老师进行授课，传授在养殖中藻与菌的调控技术、不良水色的处理、“偷死”和“白便”的原因与预防等实用养殖技术，使养殖户掌握最新的养殖技术及健康养殖模式，提高南美白对虾养殖经济效益。（2）开展渔业科技下乡咨询活动。针对渔业养殖户提出的各种热点和难点问题，坚持开展送科技下乡、送科技入户活动，共下乡开展实用技术咨询活动11次，放发渔业技术资料共100多份，同时向社会公布咨询电话，帮助养殖户解决疑难问题。（3）开展水产养殖病害测报工作。在重点养殖区设立水产病害测报点，并及时将水产病害发生情况录入全国水产养殖动植物病情测报系统；发布《海口市水产养殖病害测报情况通报》7期，对罗非鱼和南美白对虾的病害情况进行分析，并及时反馈给有关部门和养殖户，提高海口市水产养殖病害的防控能力和科学监测能力。（4）加强实验室基础能力建设。通过农业部水生动物防疫系统实验室检测能力验证为加强实验室管理，制定实验室资质认证质量体系文件《程序文件》和《质量手册》，为申请实验室资质认证打下基础。为水产病害快速检测，购置Deaou-308C恒温荧光检测仪1台，购置紫外可见分光光度计等水质检测仪器4台。组织实验人员独立完成白斑综合征、传染性皮下和造血器官坏死病2项病原检测，参加农业部2017年水生动物防疫系统实验室检测能力验证获顺利通过，不断提高实验室检测能力。（5）加强渔业技术人才培训。安排专业技术人员10人次参加省级部门组织的“海洋经济论坛”“深水网箱养殖技术培训暨国家海水鱼产业技术体系养殖技术培训”“深水网箱养殖技术培训暨国家海水鱼产业技术体系养殖技术培训”“2017年海南省水产养殖病害测报与预报培训总结会、水产技术推广站站长会议暨国家虾蟹产业体系对虾养殖技术培训”“2017海南省海洋产业发展论坛暨海南海洋产业联盟成立大会”等，不断增强专业技术人员的本领。

【渔船渔政管理】 2017年，海口市海洋和渔业局严把签证关口，派出工作人员在码头值班，办理进出港签证，对不符合出海条件的渔船一律不予签证，严禁出海作业，全年办理外地渔船进出港签证419艘次。开展船证不符专项整治工作。针对渔船船证不符的情况，研究部署船证不符具体工作，制定《海口市“船证不符”渔船专项整治和船用防伪标识安装工作方案》，收集整理渔船船证不符数据资料。执行渔业无线电台24小时值班制度，全年发布安全生产及海洋气象预警信息共16.75万条。落实渔船跟帮作业责任制。安排专人负责大中型渔船跟帮作业制度落实情况的监督检查，每月更新信息，及时掌握跟帮船只的编队状况及作业情况，确保渔船跟帮作业制度落到实处。完成全市海洋捕捞渔船核查及年审工作。对登记在册的1836艘小型渔船和44艘大中型渔船进行审验和年审，共完成1798艘渔业船舶的年度审检、审核工作，其中海洋小型渔船1756艘、大中型渔船42艘，年审率95%。

【渔业安全生产监管】 2017年，海口市海洋和渔业局加强安全生产责任体系建设，按照“横向到边、纵向到底”的要求，层层签订安全生产责任书。加大执法检查力度，定期开展渔业安全生产执法行动，加强隐患排查治理力度。全年共开展渔业安全生产大检查5次，开展安全隐患排查182次，排查一般事故隐患140项，整改率100%。做好渔业安全生产教育宣传培训，共开展7期渔业职务船员培训班，举办3期大中型渔船主安全生产培训班，共培训142名渔民。组织宣传活动包括“5·12防灾减灾日”“安全宣传月”和“汛期防风防汛”等主题宣传活动。组织修订《海口市重大渔业涉外案件应急预案》和《海口市海洋和渔业局防风防汛工作指南》，并根据《海口市渔业船舶水上安全突发事件应急预案》，对水上火灾、应急自救等项目对渔民和应急队伍人员开展演练，全年共演练5次。

（张德利）

（编辑：杜惠珍）

交通运输业

交通运输业综述

【交通运输业概况】2017年，海口市交通运输完成旅客运输量9599.97万人次，货物运输量1亿吨，分别比上年增长6.68%和下降4.08%；旅客周转量738亿人千米，货物周转量460.17亿吨千米，分别增长15%和下降31.3%。其中：公路运输旅客2666万人次、下降5.7%，旅客周转量28.4亿人千米、下降5.7%，公路货物运输3023万吨、增长13.7%，货物周转量27.85亿吨千米、增长13.65%；水路运输旅客1012万人次、增长7.09%，旅客周转量3.15亿人千米、增长7.5%，水路货物运输6006万吨、下降13.84%；铁路运输旅客2724.4万人、增长16.6%，铁路旅客运输周转量54.21亿人千米、增长20.3%，铁路货物运输量971.8万吨、增长21.55%，铁路货物运输周转量17.82亿吨千米、增长16.76%；航空运输旅客3197.57万人、增长10.6%，航空旅客运输周转量652.22亿人千米、增长15.7%，航空货物运输量35.13万吨、增长5.9%，航空货物运输周转量12.33亿吨千米、增长25.2%。

【交通规划编制】2017年，海口市交通港航局完成《海口市综合交通体系规划编制工作》和《海口市交通枢纽专项规划》（初稿）编制工作；完成《海口市城市轨道交通线网规划》，启动《海口市轨道交通一期建设线路（1号线和2号线）工程可行性研究》编制工作和《海口市轨道交通近期建设规划（2018—2024年）》编制及相关规划配套专题研究工作。

2017年，海口市建设的公交电子站牌　（市公交集团 供）

【智能公交示范城市建设】2016年12月，海口市智能公交系统项目（二期）通过市发改委立项。2017年，追加5131.80万元资金，用于启动海口市智能公交系统项目建设。推进公交车电子信息化建设，实现全市公交车辆具备电子支付功能，完成公交车电子抓拍项目，并正式投入使用。

【运输项目签约落地】2017年，在海南综合招商活动中，海口市交通港航局积极联系对接，推动“粮食贸易物流合作”“航铁海陆联营配送物流中心”“琼州海峡水上半小时交通圈”“海口市轨道交通咨询服务框架协议”和“上海大众交通项目”5个运输及物流方面的项目，分别在海口市招商活动会场、海口市招商活动上海专题会场和海南综合招商活动主会场上签约，持续跟踪项目落地。鼓励本地企业与北京、上海、广东等流通体系发达区域进行合作，引进国内先进技术、资金和管理理念，助推海口市贸易流通现代化建设。

交通监管

【汽车驾驶员培训管理】2017年，海口市共有驾校64家（一级驾校6家、二级驾校27家、三级31家），驾培教练员2603人，各类驾培教学车辆

2695辆。年内，根据《海南省道路运输局关于进一步严格落实〈机动车驾驶培训教学与考试大纲〉有关工作的通知》，推行使用驾驶培训计时系统培训，强化科目阶段培训考核，严把学员结业审批关，打击驾培机构违法违规行为；实现全市机动车驾驶员培训机构教练车辆统一标识，全面放开驾驶员培训经营许可，取消前置审批和全省的规划限制，完成20家新成立驾培机构的查验工作并发放经营许可证。全年，驾驶员道路运输从业资格证共培训7285人，其中普货运输4750人、旅客运输934人、危险品运输577人、出租车运输1024人；客、货从业资格驾驶人员继续教育培训人员16671人次，从业资格证到期换证8425人；完成网络预约出租汽车驾驶员证的前期协调准备工作和考试开展工作，开展16期考试，参考人员1311人。

【机动车维修管理】 至2017年底，海口市共有汽车维修企业786家，其中一类维修企业27家、二类维修企业129家、三类维修企业630家。市交通管理部门做好维修企业经营许可审批工作，共受理234家维修企业申请许可，其中新开业123家，延续换证63家。同时，对全市一、二类机动车维修企业2016年度的从业人员素质、安全生产、维修质量、服务质量、遵纪守法方面进行全面的质量信誉考核，其中37家维修企业获AAA级、99家企业获AA级、3家企业获A级评级，依规降低质量信誉考核等级评至B级的企业14家。

【交通运输运营秩序整治】 2017年，海口市交通管理部门共出动执法人员7万多人次，查处非法运营、非法载客电动自行车、异地营运出租车等违法违规案件4509宗，共处理各类违章3575宗，收缴罚款831.67万元；重点布控、打击超限运输，治超罚没收入83万元。联合多部门查处违规运输煤气瓶、成品油、易爆危险品等车辆，全年共查处无道路运输证擅自从事危险品运输车辆19辆，普通货车超越范围从事危险品运输车辆19辆，联合取缔利用车辆销售、储存煤气瓶黑窝点15个，移交暂扣煤气瓶2000多个，及时消除道路运输安全隐患。

现代物流业

【现代物流业运行基本情况】 2017年，海口市社会物流需求稳定增长，实现社会物流总额2123亿元，按可比价格计算，比上年增长3.46%；占全省的30.51%，占比增长0.26%。物流需求增长放缓，内部结构出现调整，其中农产品物流总额104.8亿元，工业物流总额540.85亿元，外域流入物品物流总额1467.8亿元，单位与居民物品物流（即邮政快递）总额9.64亿元。现代物流业对社会经济拉动力增强，全市完成现代物流业增加值78.38亿元，增长3.64%，占GDP的5.64%，下降0.18%；占服务业增加值的7.29%，减少0.30%。现代物流业对GDP的贡献率3.35%，对全市经济拉动力0.25%。

【扶持现代物流业发展】 2017年，海口市将美安综合物流园、海口大型农副产品综合批发市场项目、天力达农产品仓储物流中心、美兰国际机场货运区项目等23个项目列入《海口市现代物流业项目计划表》，把推动企业物流与扶持物流企业结合起来，重点发展第三方物流服务，通过加大重点物流项目推进，鼓励总部经济发展，形成总部集聚辐射作用，提高区域辐射能力。印发《海口市理顺现代物流业发展工作职责方案的通知》，由市交通运输和港航管理局牵头制订《海口市推动现代物流业发展工作联席会议制度》，成立海口市现代物流业发展联席会议，统筹全市现代物流业发展工作。同时，结合《海南省"十三五"现代物流业发展实施方案》，对海口市各部门涉及物流业务管理进行梳理，拟定各相关部门在现代物流领域的职责，共同推进海口市现代物流业发展；根据海南省政府《海口市总体规划（空间类2015—2030）》，立足将海口打造成国家级物流枢纽城市的目标，启动《海口市城市总体规划（2010—2020）》修编工作。出台扶持航运、航空和货物以及现代物流业发展的相关政策，进一步改善代物流业的发展环境，全年共补贴1216.26万元。

【物流信息化建设】 2017年，海口市继续依托大数据、物联网、云计算等信息技术，推动运输服务贸易创新发展。海南港航控股公司等企业加快"互联网+物流"公共信息平台建设，充分利用大数据指引海口市运输服务贸易企业自主创新、流程再造，建立数字服务贸易标准和体系。海口综合保税区跨境电商平台投入运营。完成省公共平台、查验监管中心和卡口联动、数据对接等工作，引进海中免、前海飞象、高培乳业、中万环球、远洋仓等电商平台，经多次测试后投入运营。与此同时，包含3栋厂房、2栋仓库的跨境电商示范区基本建成。

【物流基础设施建设】 "十三五"期间，海口市规划重点建设美兰临空物流园区、马村港保税物流园区和美安3大物流园区。2017年，海口市物流基础设置逐步完善。美兰机场国内新货站落成投入运营，物流设施建设加快向马村地区布局和转移，逐步形成集群；冷链设施建设加快发展，全省规模最大、占地21.33公顷的罗牛山冷链物流园8万吨冷库建成投产，综合保税区中铁冷链2万吨级建成投入运营；航运航线逐步完善，海口开通至泰国、柬埔寨、菲律宾、印尼、越南等国际航运航线，并开通海口至黄埔港内外贸同船航线，海口航运枢纽建设初见雏形。

【专业物流业快速增长】 （1）港口物流增长较快。2017年，海口市港口货物吞吐量完成1.01亿吨，增长14.1%，其中外贸136.50万吨，增长

31.3%；集装箱完成163.60万标准箱，增长16.7%。（2）商贸物流稳定增长。年内，全市社会消费品零售总额715.5亿元，增长9.42%。其中化妆品类13.88亿元，增长45.1%；烟酒类9.12亿元，增长25.8%；药品类5.74亿元，增长15.1%；金银珠宝类5.13亿元，增长11.3%。旅客运输量9599.97万人，增长6.6%，旅客增加所带来的旅游商品消费，促进海口市商贸物流的增长。

【现代物流企业】2017年，海口市有交通、仓储和邮政、快递等企业法人单位1314家。其中水路货运企业61家，道路货运企业678家，铁路运输企业2家，航空运输企业7家，货代企业148家，管道运输企业8家，邮政快递企业410家，第三方物流企业约占规模以上物流企业的10%。有国家A级以上物流企业25家，占全省70%以上，其中交通运输企业20家、仓储和邮政企业4家、快递物流企业1家。

公路、桥梁建设管理

【公路、桥梁概况】2017年，海口市有公路5856.28千米，其中国道169.69千米、省道171.08千米、县道268.70千米、乡道521.31千米、村道4725.50千米。有公路桥梁217座，其中四类桥26座、五类桥30座；由琼山区管养81座、美兰区管养64座、秀英区管养41座、龙华区管养18座、地方公路管理站管养9座、第二地方公路管理站管养2座、市政管养2座。

【农村公路建设】至2017年，海口市境内有农村公路7746条共5515.5千米（县道27条268.7千米；乡道83条521.31千米；村道7636条4725.5千米）。年内，对6212条4884.64千米农村公路进行路面硬化，全市247个行政村（除北港不具备与外界公路连通条件）全通水泥路，尚余1534条630.86千米（其中乡道10.05千米）砂土路未进行硬化。实施海口市交通基础设施扶贫攻坚战农村公路建设工程海口项目，总投资14.88亿元。项目包括六大类工程。其中，第一类自然村通硬化路工程994千米，实现所有自然村村道土路硬化；第二类窄路面拓宽工程368千米，为城乡公交一体化及产业发展提供基础支撑；第三类县道改造工程（拓宽改造）2.63千米；第四类生命安全防护工程357千米，保障农村公路安全运行；第五类危桥改造工程56座9192平方米，保障桥梁的安全运行；第六类旅游资源路工程130千米，助推全域旅游，服务美丽乡村，拉动有效投资。至年底，六大类工程招投标工作全部完成，完成投资6.98亿元。年内，完成年度80千米为民办实事农村公路建设任务。

【危桥改造】2017年，完成省2015年农村公路危桥改造项目龙井桥、东昌桥、坡栋桥竣工验收工作，3座危桥改造总投资（建安费）921万元。

【公路管理养护】海口市交通港航局下属地方公路管理站、第二地方公路管理站和4个区公路站对全市的农村公路进行管养工作，管养公路1428条，总长2438.12千米。2017年，完成第一、二批县道砂土路改造工程验收工作；完成常养县道124.21千米的养护工作。

（黄壮锋）

【海口如意岛跨海大桥开工建设】2017年2月18日，国内首座集公路、有轨电车、输水、电网、燃气、光纤等六大通道功能于一体的跨海大桥——海口如意岛跨海大桥全面开工建设。如意岛跨海大桥位于美兰区，全长5666米，桥面宽27.5米，连接江东地区与外海人工岛如意岛，该海域平均水深10—15米，风浪高达6米。该桥是国内首座由企业自主投资建设的大型跨海桥梁，主桥在国内首次采用新颖独特的风帆形斜拉桥式，充分展现国际旅游岛的地域特点。

【定海大桥海口连接线工程开工】2017年3月16日开工建设，是定海大桥的重要配套工程。该项目起点海口市秀英区东山镇北侧，与国道G224海榆中线在K27千米处平面交叉，途经县道X155、龙山村、昌尾村、东寨水库、紫罗村、文塘村、马坡村等，终点与定海大桥北岸引道相接，全长12.12千米。设计速度采用60千米/小时，一般路段采用二级公路标准建设，双向两车道，路基宽16米；起终点衔接路段采用一级公路标准建设，双向四车道，路基宽24.5米和23米，采用沥青混凝土路面。总概算3.24亿元。定海大桥海口连接线的建设，使海口、定安、澄迈等3市县交通往来更加方便快捷，同时将拉动海口、定安、澄迈经济发展。

（杜惠珍）

公路运输

【公路运输概况】2017年底，海口市有道路旅客运输企业25家，营运客车2577辆，东站、西站、南站和港口站4个汽车客运站。有营运货车32574辆，总吨位10.66万吨（单位企业运货车6767辆，总吨位6.44万吨；个体户运货车25807辆，总吨位4.22万吨）；有普通货运车28930辆，总吨位4.81万吨；有危险货物运输企业26家，车辆344辆，总吨位2120吨。

【春运】2017年1月13日至2月21日为春运期，共40天，海口市道路（班线客运）、水路、航空、铁路共发送旅客1183.1万人次，增长3%。（1）水路运输：海口辖区港口进出港航班6679航次，增长9%（出港3361航次，增长10%；进港3318航次，增长9%）；进出港旅客360.6万人次（平均日进出港旅客 9 万人次），增长 14%（出港旅客 188.1 万人次，增长 12%；进港旅客 172.5 万次，增长 16%）；进出港车辆 68.2 万辆次，增长 21%（出港车辆 34 万辆次，增长 19%；进港车辆 34.16 万辆次，增长 23%）。（2）航空运输：美兰机场进出港航班 20770 架次，增长 5.27%；进出港旅客 321.2 万人次（平均日发送旅客 8 万人次），增长 9.78%。其中进港旅客 160.9 万人次，增长 12.87%；出港旅客 160.3 万人次，增长 6.85%。（3）道路客运：海口地区道路班线客运总班次 55101 个，增长 0.33%；总客运量 108.6 万人次（平均日发送旅客 2.7 万人次），增长 2.5%，其中省际班次 3593 个，减少 7.04%，省际客运量 13.65 万人，减少 7.04%。（4）铁路运输：粤海公司春运期间发送旅客 392.7 万人，日均发送旅客 9.8 万人，增长19.07%。其中：既有线发送旅客 24.86 万人（日均发送旅客 6215 人），下降 0.21%；环岛高铁开行动车组 1766.5 对，发送旅客 367.9 万人（日均发送旅客 9.2 万人），增长 20.66%。

【绿色通道管理】海口市秀英港和南港设置两个绿色通道管理工作站，全年每日 24 小时轮值，加强对进出岛绿色通道运输车辆的监管，并为过海绿色通道车辆核发《海南省鲜活农产品道路运输证》，凡领证车辆享受优先购票、优先上船、优先过海“三优惠”政策。市交通管理部门配合市菜篮子工程管理办做好应急运力调配和保障畅通工作。2017 年，出岛绿色通道运输车辆共 29.55 万辆次，总吨位 626.82 万吨。

【农村客运】至 2017 年底，海口市农村客运经营企业 5 家（国有企业 2 家，民营企业 2 家，股份制企业 1 家），客运线路 31 条，经营车辆 322 辆。其中，乡镇公交客运车辆 63 辆，线路共 9 条；农村客运班线车辆 259 辆，线路 22 条。农村客运通达全市 22 个镇，通达率 100%；覆盖的建制村 220 个，尚未覆盖的建制村 29 个，通达率 88.3%。

城市公共交通

【城市公共交通概况】2017 年，海口市有公交企业 2 家，开通公交线路 111 条，有公交车 2218 辆。其中，海口市公共交通集团有限公司有 1903 辆，约占全市公交车辆总数的 85.8%；六龙公交企业有 315 辆，约占全市公交车总数的 14.2%。现有公交车型中，柴油公交车 365 辆，占 16.46%；LNG（液化天然气）公交车 253 辆，占 14.1%；CNG（压缩天然气）公交车 90 辆，占 5%；气电混合公交车 90 辆，占 5%；油电混合公交车 538 辆，占 30%；纯电动公交车 486 辆，占 27.1%。清洁能源和新能源车辆 1457 辆，占 81.2%。

【公交候车亭建设】2017 年，海口市共有公交候车亭 833 座，临时站牌 640 座，其中新建候车亭、临时站牌 119 座。市交通管理部门及时更换线路图 3227 张，维修维护候车亭（牌）18 座，维修维护候车亭护栏 2 个，新建座椅 202张。

【公交场站建设管理】2017 年，海口市共有 15 座公交场站，覆盖 4 个辖区、高新区及高校区等，公交场站用地面积 16.09 公顷，设计停车位 820 个。按照《海口市公共交通网络整合优化研究》，全市共需要 2271 个公交车辆停车位，现阶段仍有 1451 个公交车辆停车位的缺口，公交车辆的进场率仅为 36%。为有效解决公交场站建设的资金来源问题，市交通运输和港航管理局将 17 座公交场站建设项目打包纳入 PPP 项目库，充分利用公共交通综合开发优势，寻求社会资本方共同开发运营。其中，8 座公交场站项目完成选址工作并取得用地意见，作为海口市公交场站 PPP 项目一期工程（8 个场站）先行实施，总投资约 5.4 亿元，运营维护期为 10 年。

【优化调整及新开公交线路】海口市公共交通网络整合优化工作总共涉及 158 条公交线路，6 条城郊公交线路因城乡公交尚未改革暂缓实施，实际实施 152 条（保留 33 条、调整 63 条、新增 55 条）。首批的 97 条优化线路于 2016 年 12 月 28 日正式实施。至 2017 年底，已实施 111 条公交线路，其中保留 39 条、新增 19 条、优化调整 53 条。

【公交资源整合】2017 年，海口市继续推进公交企业的改革重组，整合 6 家公交企业；完成最后一家六龙公司的 12 条线路和 320 辆公交车资产评估，并于 12 月 26 日在市政府第 19

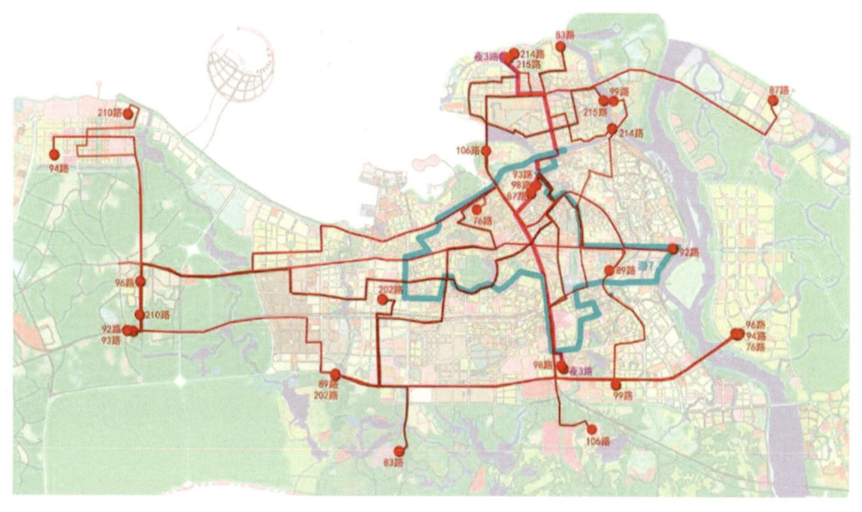

2017 年，海口市公交集团新开通公交线路布局图　　（市公交集团 供）

次常务会议上通过收购价格方案。

【出租车运营与管理】2017年，《海口市人民政府关于出租汽车行业深化改革的实施意见》出台，提出减轻巡游出租汽车（传统出租车）驾驶员和企业负担、优化巡游出租汽车运力指标管理、规范发展网络预约出租汽车等一系列促进网络预约出租汽车与传统出租车客运服务融合发展的新举措。全市共有15家出租车企业（2009年始全面推行出租车行业改革，经过整改、重组，由23家减少至15家），其中国有企业3家，股份制企业5家，民营企业7家。年内更新巡游出租车运力99辆，全市共有2956辆出租汽车，其中常规出租车2530辆、电召车200辆、纯电动车226辆，新能源、清洁能源化100%。

【实施网络预约出租汽车行业改革】2017年7月1日，《海口市网络预约出租车经营服务管理实施细则》正式施行。海口市设立网约车行政审批便民服务点，落实“一站式”服务；同时，取消驾驶员强制培训制度。获得网约车经营资质的企业包括滴滴出行、神州专车、易到等7家平台公司。至12月底，共受理网约车运输证1837张，制证发放1481张；共组织29期网约车驾驶员考试，2238人参加考试，发放网约车驾驶员证435张；完成海口市网约车运政系统模块的开发工作。

水上运输

【水上运输概况】2017年，海口港有秀英、新海、马村3处港区，有码头泊位（指生产性泊位，下同）67个，其中秀英港区泊位20个，万吨级泊位5个；新海港区泊位18个；马村港区泊位30个，万吨级泊位9个。海口市有注册水路运输企业21家，水路运输辅助企业35家。21家水路运输企业注册船舶93艘，船舶总运力108.19万载重吨，其中从事琼州海峡滚装运输企业4家，拥有滚装客船26艘（其中海口至北海2艘）、1248车位、2.43万客位；从事普通客船运输企业1家，拥有普通客船20艘、270客位；其他15家为散杂货船（多用途船）、油船、液化气船运输企业，拥有船舶43艘，其中普通货船35艘，93.55万载重吨；油船10艘，8.02万载重吨；液化气船2艘，3726载重吨。年内新增船舶运力16.4万载重吨。航运业对海口市GDP贡献率达到5.74%，港口对海口市GDP贡献率1.8%。

全年，在海口市注册的水路运输企业共完成旅客运输1012万人次，比上年增长7.09%；旅客周转量3.15亿人千米，增长7.5%。完成水路运输货物运输6006万吨，下降13.84%（2016年扣除海盛数据后，完成水路运输货物运输5232万吨，增长14.79%），货物周转量402.17亿吨千米，下降35.14%（2016年扣除海盛数据后，货物周转量215.8亿吨千米，增长86.36%）。港口货物吞吐量1.01亿吨，增长14.2%。集装箱吞吐量163.6万标准箱，增长16.7%。其中，进口集装箱吞吐量81.7万标准箱，增长16.9%；出口集装箱吞吐量81.9万标准箱，增长16.5%。旅客进出港人数1498.8万人次，增长10.7%。其中，进港人数744.5万人次，增长9.7%；出港人数754.3万人次，增长11.8%。

【港口基础设施建设】至2017年，海口市全面建成海口新海港18个泊位，除危险品泊位、消防泊位尚在履行报批和配套设施完善外，其他泊位均投入营运；新海港区汽车客货滚装码头二期累计完成投资8.8亿元，完成总概算投资9.1亿元的96.7%，于2017年春运期间实现11—16号泊位试投产；新海中路、长椰路等港区配套路网进入施工高峰期，天翔路完工通车。秀英港客货滚装轮渡业务的70%搬迁至新海港区。马村港二期散货码头建成投产；马村港三期散货码头项目累计完成投资6.3亿元，完成总投资概算6.93亿元的91%，投产后，将承接秀英港散杂货业务；马村港区扩建三期集装箱码头累计完成投资3.56亿元，完成岸线使用批复等前期工作。

【水运市场管理】2017年，海口市交通港航局按照秀英港14号危险品泊位监管工作要求，加强对到港的各类运输船舶进行日常运政检查。每周到秀英港14号危险品泊位对现场装卸作业进行一次督查检查，全年共开展检查24次。指导督促港口企业开展危险源排查和安全隐患排查工作，排查一般危险源3处，分别是中石油柴

海口港新海港区。摄于2017年　　（海南海峡航运股份有限公司 供）

油储罐、港口机械加油站（柴油）、14 号泊位危险品滚装泊位；全年出动检查人次 207 人次，检查港口企业 3 家，排查隐患 8 处，整改完成 8 项，3 次未按流程操作、2 次有证未持上岗、5 件消防设备损坏，都采取现场停止作业整改完成再作业。全年未发生非法港口经营行为。

【渡口安全管理】2017 年，海口市共投入 6.31 万元建设渡口监控设施，其中曲口渡口监控项目支付 3700 元，卜史渡口监控项目支付 2.96 万元，梁陈渡口支付 2.98 万元。卜史和梁陈渡口监控项目投入使用。市交通港航局、海口海事局、各区安监局开展渡口渡船安全生产联合检查工作 20 次，落实镇政府与渡口经营人安全生产责任制，4 个镇全部签订安全生产责任书；完成全市乡镇渡船年度审验，计划改造曲口渡口老旧客渡船，撤销东山镇渡口设置。

【贸易航线开通】海口市继开通海口至越南胡志明市、印度尼西亚巨港直达班轮航线后，2017 年新增开通泰国曼谷、菲律宾马尼拉、柬埔寨西哈努克港 3 条直达班轮航线，基本覆盖东南亚；继开通海口至虎门内外贸同船航线后，新增开通海口至黄埔、湛江、厦门、虎门 4 条内外贸同船航线。

【琼州海峡港航一体化】2017 年，海口市继续推动琼州海峡港航一体化发展，打造琼州海峡水上半小时交通圈。建立海口、湛江两市交通部门常态化协调沟通机制；开展新海港区岸线码头规划提升研究工作；开展琼州海峡运输供给侧改革，在现有客货滚装轮渡运输方式的基础上，开通直升飞机“琼州海峡航线”，启动水上飞机首飞仪式，并规划布局高速客滚、高速客船、高铁过海等多种运输方式，努力构建琼州海峡综合立体大交通，打造琼州海峡水上半小时交通圈，同时，规划建设新海港三期国内沿海游轮码头和高速客滚船码头。完成《琼州海峡交通一体化发展综合规划》《琼州海峡交通运输供给侧改革方案》编制工作，并报省交通厅协调广东省争取高速客滚船运力指标。

（黄壮锋）

铁路运输

【铁路运输管理机构概况】2017 年 9 月 6 日，海南高速铁路有限公司吸收合并原粤海铁路有限责任公司、原海南铁路经济技术开发有限公司后，更名为海南铁路有限公司，由中国铁路总公司（原铁道部）、海南省、广东省共同出资组建。海南铁路有限公司办公地址在海口市粤海大道 1 号。内设综合部（党群工作部）、安全质量部、人力资源部、计划财务部、经营管理部、轮渡管理部（SMS 办公室）、工程管理部、工程项目部 8 个职能管理机构；下设海口车务段、海口综合维修段、海口机辆轮渡段、海口房建公寓段 4 个站段。其中，海口车务段主要负责公司管内行车、客运、货运业务，设职能科室 10 个、生产辅助机构 1 个、生产车间 8 个、非运输业单位 2 个，有从业人员 2011 人；海口综合维修段主要负责公司管内工务、信号、通信、牵引供电、水电业务，设职能科室 14 个、生产辅助机构 4 个、生产车间 32 个，有从业人员 2301 人；海口机辆轮渡段主要负责公司管内机车牵引、车辆运用检修（动车除外）和轮渡运输业务，设职能科室 13 个、生产辅助机构 1 个、生产车间 6 个，有从业人员 1677 人；海口房建公寓段主要负责公司管内土地、房建、公寓、生活、后勤服务等业务，设职能科室 9 个、生产车间 5 个，有从业人员 220 人。至 12 月 31 日，公司连续实现无责任一般 C 类及以上铁路交通事故 86 天，劳动安全无责任铁路交通事故 86 天，无责任行船小事故及以上事故 5431 天，环岛高铁连续实现行车安全 2557 天。

【铁路运输完成情况】2017 年，海南铁路有限公司完成旅客发送 2706.4 万人，比上年增长 16.3%。其中，普速线完成旅客发送 158.4 万人，增长 6.1%；高铁线完成旅客发送 2548 万人，增长 17.1%。完成货物发送 972.1 万吨，增长 21.6%。轮渡散客过海 272.1 万人次，增长 11.0%，轮渡汽车过海 67.6 万辆次，增长 12.3%。其中，环岛高铁海口站辖区发送旅客 913 万人次；海口火车站全年发送普速旅客 97 万人次，海口南火车站发送货物 22 万吨；铁路轮渡南港运送散客 133 万人次，过海汽车 32 万辆次，货物列车 1033 趟次共 51万吨，旅客列车 2117 趟次共 114 万人次。

海口南港跨海铁路轮渡。摄于 2017 年 （李成良 摄）

【铁路运输主要行车设备】2017年，海南铁路有限公司管内有普速铁路、高速铁路和琼州海峡铁路轮渡，铁路里程共1354.6千米。(1) 普速铁路：广东省境内的湛江至海安铁路（湛海线）正线里程139.5千米、海南省境内海口至三亚市天涯镇铁路（海南西环货线）正线里程358.5千米；海南省境内昌江至八所（昌八支线）铁路正线里程11.1千米；海南省境内叉河至石碌（叉石支线）铁路正线里程12.4千米。共正线里程521.5千米。(2) 高速铁路：海南环岛高铁东段正线里程309.6千米；海南环岛高铁西段正线里程345千米；东西段联络线正线里程2.7千米；三亚动车所走行线A段正线里程3千米、B段正线里程1.8千米；天涯联络线正线里程0.4千米。共正线里程662.5千米。(3) 铁路轮渡：由铁路北港（位于海安）、铁路南港（位于海口）及粤海铁1—4号4艘客滚船组成，海上航距约12.5海里（换算铁路营业里程180千米），负责琼州海峡火车过海运输和普通旅客（散客）、汽车过海运输。

【海南铁路公司管内运营】2017年，海南铁路有限公司管内客运运营线路由海南环岛高铁、海南西环货线、湛海线（湛江至海安南）组成，货运运营线路由海南西环货线、湛海线（湛江至海安南）、叉石支线、昌八支线组成。共设车站52个，办理客运业务车站27个，其中高铁车站21个、普铁车站3个、高铁和普速混合车站3个；办理货运业务车站12个；不办理客、货运业务车站13个。管内动车组图定开行48.5对，其中东段列车33对、西段列车4对、环岛列车9对、区段列车2.5对；日均开行动车组42对、进出岛旅客列车6对、市郊旅游列车5对、货物列车43对。粤海铁路轮渡每日开行航班12～14对，其中客列6对、货列4～5对。

【铁路运输安全基础管理】2017年，海南铁路有限公司大力推进环岛高铁“强基达标、提质增效”工程；推进海南西环货线2017年安全优质标准线建设，安全发展基础进一步夯实。健全保障体系，全面加强安全管理制度建设，修订完善安全事故责任追究、突出问题挂牌督办、路地联防联控等一系列制度办法；全面强化源头治理，组织开展接发列车、调车作业、货物装载、劳动安全、施工安全和环岛高铁质量隐患检查整治等专项活动，集中解决一大批影响安全的顽固性问题；修订安全管理文件490个，对照岗位职责逐条逐项细化工作标准，制定工作流程，重新修订完善岗位作业指导书、应急处置指导书和安全风险提示卡。强化关键盯控，突出高铁、旅客和轮渡安全，加强关键时段、关键设备、关键环节的风险防控，确保春运、全国“两会”、香港回归20周年、党的十九大会议等重要期间的铁路安全稳定。

【铁路运输服务质量建设】2017年，海南铁路有限公司完成环岛高铁“两调两优”工作（调整动车组车型、运行图，优化票价和服务），成功打造环岛高铁优质名片，圆满完成博鳌论坛年会运输服务保障工作；优化调整管内列车运行图2次，开行东方至琼海区段列车，发送旅客67.1万人，平均客座率64.2%，最高客座率92.1%。创新服务，在持续推进站车“冷暖、保洁、供水、照明、除臭”5项工程的基础上，着力推进“厕所革命”，站车厕所卫生环境明显改善。进一步加强旅客服务工作，逐步实施高铁各站重点旅客预约服务，免费为重点旅客提供进站、候车、乘车、出站等服务；在海口东站、三亚站一等座候车区增设自助餐饮台、读书吧、自动擦鞋机、充电桩等服务设施；在海口、三亚、东方站开展“爱心服务卡”接送重点旅客服务；在海口东站增设爱心妈妈屋，提供哺乳室，改善母婴候车环境；在海口、三亚、美兰、凤凰机场出站口设置更衣室，供入岛旅客更衣使用；主动联系、邀请海口美兰机场免税店和三亚国际免税城到海口站开办离岛免税业务，并在海口站设置免税商品提货点、海关办公场所、隔离区等，为旅客提供离岛免税服务；研究制定海南环岛高铁站车VIP旅客专项服务实施方案，做好VIP旅客服务；根据铁路总公司“铁路畅行”会员计划实施的系列要求，做好“铁路畅行”常旅客会员服务，进一步提升旅客出行体验。推广自动售票机异地购票功能和微信、支付宝等支付方式，提升售票服务信息化、智能化。实施车站“畅通工程”，全面启用26台自助验证设备，加大引导和宣传力度，提高旅客进站效率。强化应急服务工作，针对因台风、大雾等恶劣天气影响，导致琼州海峡部分时段封航，造成列车停运或出现不同程度晚点的情况，及时启动应急预案，及时制定、提报旅客列车停运、恢复开行方案，抓好客运组织、交通接驳、后勤保障、滞留旅客安抚等工作，确保旅客运输安全有序。

【铁路运输设备质量管理】2017年，海南铁路有限公司机辆轮渡系统开展设备质量问题攻关，惯性故障引发的机破件数有效降低，机破13件，减少3件；机破率0.23件/10万千米，减少0.11件/10万千米；加强车辆技术状态整备检查，共发现52辆车辆上传动轴座辅助梁裂纹；开展船桥港设备设施专项整治，完成粤海铁2号、4号船舶的坞修工作。综合维修系统高质量开展西段线路质量集中整治及隧道隐患排查整治，完成环岛高铁34551组腕臂锈蚀排查整治，全年完成年度工电结合部联合整治计划110%、琼州海峡过海光缆迁移、4处道口铺面大修、19处非繁忙道口安装监控视频，全年发生防洪水害2处，投入194万元完成3项防洪预抢工程建设等。

【铁路运输队伍素质建设】2017年，海南铁路有限公司开展安全规章和业务技术培训，车务系统举办自办班145期，培训2.27万人次；组织生产人员、管理人员、专业技术人员送培

255人次；组织新入路、新转岗、复岗人员等资格培训324人次；组织技能鉴定前培训364人次、送培工班长培训17人；完成学历认定28人。机辆轮渡系统举办各类自办培训班105期，培训人数3089人次；车辆专业自办培训班17期，培训人数1783人次；轮渡专业自办培训班36期，培训人数4354人次。综合维修系统全年举办自办班192个，培训1.38万人次；送外培训64期，培训413人次，其中完成送培高级技师10人次、技师29人次，培养“双师”人才2人。房建系统选拔优秀员工送外培训，先后外送员工62人次参加业务尖子、大学生“双万计划”（1万名大学毕业生班组长、1万名大学生“双师型”人才培养计划）、房建系统安全、高铁维保等32个培训班的培训。

（曾　勇）

民航运输

【机场运营】2017年，海口美兰国际机场各项生产运输指标连续刷新历史记录，完成飞机起降15.61万架次（剔除训练架次）、旅客吞吐量2258.48万人、货邮行吞吐量29.92万吨，分别比上年增长17.43%、20.11%和8.98%。其中，国际及地区旅客吞吐量89.11万人次，增长29.99%；年度旅客吞吐量首次突破2000万人次，成为国内排名第17位、跻身2000万人次航空俱乐部的大型枢纽机场。美兰机场在行业整体运行形势严峻的情况下，运行核心效能大幅提升，靠桥率提升10%，全年航班放行正常率75.20%，位列全国21家协调机场第11名。

【机场基础设施建设】（1）交通枢纽。2017年8月1日，海口美兰国际机场交通枢纽中心（GTC）正式启用，贯通中庭高铁通道，与5家公司实现空铁联运合作，顺利开通7条城际班线、4条公交线路；同时，GTC

2017年11月26日，海口美兰国际机场旅客吞吐量突破2000万人次

（海口美兰机场　供）

一期项目突破行业限制，顺利通过验收，启用团队安检、值机通道，成为国内首家开创外设隔离区联动免税购物创新流程的民用航空运输机场。（2）候机楼改造。对T1航站楼外立面进行提升改造。项目总用地面积5789平方米，总建筑面积为1.53万平方米。（3）美兰机场货运区项目。美兰机场货运区总建筑面积35961平方米，含国内货运中心（含营业厅、货物出发、货物到达、待装区、危险品库房）、进出港库房、搬运工宿舍、设备房等。同时，配套建设道路、站前广场及货运堆场、园林绿化、给排水及供电管线、围界等室外附属配套工程。项目建成运营后，年度货邮吞吐量保障能力可达20万吨。5月27日，项目竣工。

【新航线开通】2017年，海口美兰国际机场开展航线开发工作，新开通航线64条，其中新开国内航线55条，新增9条国际及地区航线，实现始发航线255条；新增28个通航城市，其中国内新增19个城市、国际新增9个城市，通航城市134个；东盟十国航线覆盖率90%。

【机场安全管理】2017年，海口美兰国际机场以持续安全、提升服务为核心，以区域化运行管理为载体，以安全绩效、真情服务为抓手，围绕年度安全服务工作目标，优化管控模式，全力促进管理由“符合型”向“成效型”的转变，顺利实现第19个安全年、打造美兰真情服务的工作目标。美兰机场安检站全年检查旅客1357.86万人次、行李4073.57万件次、货邮27.68万吨，查获违禁物品8537件，冒名顶替及假证71人次、故意隐匿火种167例、隐匿或携带管制刀具298例，查获典型违规案例及新奇特类违禁物品65起。组织开展航空安保测试27次，开展测试项目160项。品质控制日常巡查及监控席位共发现问题1536项，期限内整改项目均复核闭环，整改率为100%。深化异常行为识别工作，共排查特殊航线（涉疆、涉藏以及前往重要节庆、会晤活动举办地的）旅客33.24万人次，发现精神异常人员12起。发现并消除安全隐患4起，发现无人认领行李32起。开展安全演练55次，成功处置谎报恐怖威胁信息事件2起。

【机场品牌建设】2017年，海口美兰国际机场共获得省部级（含）以上奖项70个，其中国际奖项9个、国家级奖项26个，实现量与质的双重突破。参加国内外行业峰会并发表主题演讲5次，接待首都、杭州等国内机场来访8次，与国内优秀机场交流先进服务管理经验，在业内树立良好的五星品牌形象。（1）真情服务。将所有与旅客服务触点相关的地方都进行细致入微的优化：在值机排队区域、安检待检区设置引导人员，及时引导疏散旅客；所有值机柜台服务人员全程"站立式微笑"服务；安检员360度绕身安全检查模式，以及将进港行李放置在传送带时把手朝外，便于旅客提取。美兰机场ASQ旅客满意度测评分高达4.98分，位居1500万～2500万吞吐量机场第1名。CAPSE测评分数从年初的3.72分上升至3.93分，于6家同规模机场排名第1名。分数及排名多次创历史新高，全年未发生一般差错以上的不安全服务质量事件。（2）商业创新。深入挖掘商业潜力，立足空港打造横跨机场商业、机场旅客服务、海南本地特色优质供应商供货渠道的跨界型产品，通过"逍遥鲜"展销平台，开展海南各地应季名优特色农产品展销，打造海南永不落幕的冬交会，通过政企合作模式将"逍遥鲜"建设成为海南精准扶贫的平台。（3）星级机场。美兰机场成为全球第八家、国内首家（不含港澳台地区）SKYTRAX五星级机场；获ASQ三项世界大奖并成功举办2017年全球ASQ论坛；连续5次荣获中央文明委授予的"全国文明单位"称号。

2017年1月25日，美兰机场航空旅游城试营业暨海口航空科技馆授牌仪式在美兰机场航空旅游城举行（海口美兰机场 供）

2017年4月7日，美兰机场通过SKYTRAX五星机场认证，成为全球第八家获此殊荣的机场，标志着美兰机场在服务创新及服务品质方面达到世界领先水平

2017年10月17日，在ACI全球年会机场服务质量（ASQ）年度颁奖盛典上，美兰机场凭借完善的服务功能、优秀的服务品质，获ASQ三项世界大奖（海口美兰机场 供）

【机场节能减排】 2017年，海口美兰国际机场坚持硬件设施完善和软实力提升双措并举，以打造智慧机场、无损机场、绿效机场为目标，通过计划管理、培训管理，督办及绩效考核杠杆，有效推进年度各项重点工作。绿色机场建设从规划、新技术应用、碳足迹管理三方面着手，连续3年被评为"节水型先进企业"；通过中水回用、桥载设备替代APU、中央空调节电改造等逾十项技术举措，节约用电逾600万度，节约航油200万千克；新装700多块智能表，实现能源实时监控，通过对监控数据的分析、诊断，杜绝跑、冒、滴、漏，每年可节约100多万度电、4万多吨水。

（姚启皓）

（编辑：张纯龙）

邮电·信息

邮　政

【邮政网络建设】2017年，海口辖区有投递邮路413条，投递邮路总长度约1.2万千米。其中，城市投递邮路351条，投递邮路长度7117千米；农村投递邮路62条，投递邮路长度4927千米。

【邮政业务收入】2017年，海口市邮政管理局强化市场监管，巩固发展态势，巩固安全基础，辖区邮政业发展呈现安全有序快速发展的良好局面。全市邮政行业业务收入（不包括邮政储蓄银行直接营业收入）累计完成11.52亿元，比上年增长20.33%，占全省48.7%，占全市生产总值的0.83%；业务总量累计完成9.64亿元，增长12.54%，占全省50.72%。快递服务企业业务量累计完成4192.34万件，增长22.08%，占全省70.87%；业务收入7.83亿元，增长25.54%，占全省61.65%。

【邮政业务】2017年，海口邮政各项业务实现平稳发展。函件业务总数完成283.5万件，下降12.27%，其中国内函件完成281.6万件。汇票完成4.6万件，下降48.55%；包件完成77.4万件，增长23.89%；特快专递完成21.3万件，下降10.16%；订阅报纸累计完成3938.6万份，下降1.83%。邮政储蓄平均余额81.23亿元，下降1.94%。集邮业务完成458.3万枚，下降2.27%。全年累计开发便民服务站385家，其中村邮站108家，邮掌柜安装241家。完成建设改造政府资金普服改造项目大坡代办点和大致坡邮政支局及桂林洋邮政支局等7个网点改造工程，新增文明东、椰海大道投递部。

【快递业务】2017年，海口市快递服务企业业务量（收寄量）完成4192.34万件，增长22.08%；业务收入7.83亿元，增长24.54%。其中，同城业务量累计完成1557.42万件，增长64%；异地业务量累计完成2630.33万件，增长6.06%；国际/港澳台业务量累计完成4.59万件，增长2.3%。

【邮政业发展规划】2017年3月，海口市政府办公厅印发《海口市邮政业发展“十三五”规划》；将邮政业相关规划纳入《海口市城市黄线规划》《海口市“十三五”国民经济发展纲要》《海口市推进现代物流业实施方案》《海口市“十三五”现代物流发展规划》，为行业长远发展打造有利政策环境。

【邮政普遍服务和特殊服务监管】2017年，海口市邮政管理局对海口市邮政普遍服务营业场所、法定业务开办情况、机要通信监督、信报箱设

2017年8月10日，海口市邮政管理局开展“扫黄打非”专项检查，进一步规范邮政报刊亭市场　（张　玮　摄）

置、邮票发行监督等实施监督检查，共开展监督检查235人次，其中普遍服务监督检查106人次，投递服务合标检查30人次，邮票销售13人次，机要通信8人次，“扫黄打非”专项检查78人次。下发责令整改通知书7份，约谈通知书1份，行政处罚决定书1份，作出行政审批决定1起，受理备案登记26起。年内，海口市城市邮政包裹按址投递到户率100%，乡镇5千克以下包裹按址投递到户率100%，行政村投递到村邮站率100%。邮件投递频次城市每天不少于1次，乡镇政府所在地每周不少于5次，邮政自营网点标准化达标率100%。推动邮政服务农村电商发展。组织邮政企业深入大坡镇、龙泉镇开展调研，引导做好“一市一品”项目。海口市邮乐购站点累计建设180个，参与配送农特产品进城配送量5.53吨，参与配送农特产品交易额5.5万元，带动电商快包业务量203个，带动电商快包业务收入4.17万元。全面贯彻落实新修订《邮政普遍服务》标准，邮政普通包裹实现投递入户，普通包裹全程时限有效提高，经测试，海口市同城包裹次日送达比例93%，2日内送达比例99%；省内包裹3日内送达比例99%。农村地区邮政普遍服务水平进一步提升，投递深度覆盖所有自然村，投递频次均符合邮政普遍服务标准规定。乡镇政府所在地主要党报当日见报率100%，邮政普通包裹时效提速。提升邮政、快递服务“三农”能力。实现建制村100%直接通邮，乡镇快递网点覆盖率100%。如，海南顺丰速运有限公司开展水果生鲜等海南特色产品收寄，特色经济项目除直接提供就业岗位外，还与外部公司产生业务联动，间接带动就业人口1000余人，全年揽收荔枝29.3万票。市邮政管理局组织执法人员及部分邮政特邀监督员对《丁酉年》生肖鸡特种邮票和《香港回归祖国二十周年》《中国人民解放军建军九十周年》《中国共产党第十九次全国代表大会》纪念邮票发行工作进行专项检查，共检查6个网点。重点检查网点发行、供应、销售及服务环境、服务态度、邮票印制质量和规范服务等情况。经查，各网点均能做到销售信息公告提前发布，销售服务规范，秩序井然，工作人员服务态度好，消费者对邮政企业提供的邮票销售整体服务较为满意。

2017年11月24日，海口市邮政管理局举办2017年新聘村邮员业务培训班，对112名新聘村邮员进行培训　（高旭光 摄）

【快递市场监管】2017年，海口市共有许可备案快递企业41家，其中从事落地配（只派件不收件）企业6家，合法快递企业分支机构317家，备案分支机构269家，备案末端网点22家。海口辖区配备安检设备企业24家，配置率65%。市邮政管理局引导企业推广使用新能源汽车，已有韵达、天天、邮政等等企业使用新能源车约150辆。开展全市邮政快递服务质量提升大行动，落实“快件不落地、不抛扔、不摆地摊”等“三不”工作，推动快递网点标准化建设工作，全市快递企业网点标准化率90%。联合市综治、公安、工商、国安等部门，开展危爆物品专项治理行动、邮政行业禁毒、“扫黄打非”等5个行动，推动“平安海口”建设。开展包括收寄验视、实名收寄、过机安检、反恐禁毒、“扫黄打非”以及春节、“两会”、博鳌论坛、“一带一路”高峰论坛、国庆、党的十九大会议、“双11”期间等专项检查。全年共检查101次，检查人数810人次，检查企业315家次，依法查处违反邮政法律法规行为29起，其中邮政行业安全监管类案件24起，快递业务经营许可类2起，快递服务质量监管类2起，罚款28起、罚金18.5万元，警告2起。全年市邮政管理局完成27家企业、29份快递业务经营许可年度报告审核工作。

【村邮站运行管理】2017年，海口市邮政管理局引导邮政、快递企业强化邮政综合服务平台作用，贯彻落实《邮政普遍服务》新标准，加快构建城乡一体化发展的公共邮政服务体系，结合海口实际，研究印发《关于进一步加强海口市村邮站运营管理工作的通知》。举办新聘村邮员业务培训班，对112名新聘村邮员进行培训。全市248个村邮站运营正常，有47个村邮站开办拓展服务，占全市村邮站总数的18.95%，主要提供代收代缴、机票代售、网络代购、保险、助农服务等邮政便民服务。全年累计投送信件印刷品21万件；投送包裹汇款通知单4万件；投送报纸刊物253万份；代收代缴18万笔；代理服务总金额2315万元。

【实名寄递推进】2017年，海口市邮政管理局全面推动海口市快递业实名收寄系统信息化工作，将辖区规模快递企业推进工作落实到科室人员，分企业建立实名制工作推进群，每日由专人对接进行数据汇报。多次组织辖区快递企业落实实名收寄信息系统推广应用培训，对辖区规模企业中实名率较低的网点进行现场督导。年内，实名收寄信息化比率80%。

（严宇霞）

通信

【电信通信】 2017年，中国电信海口分公司业务收入完成12亿元，完成预算目标100%，较上年增长4.2%，其中新兴业务移动互联网、物联网等业务收入占比持续提升。全年新增营业厅店41家，全市共有182家。海府路营业厅等6家营业厅被市文明办授予2017年“文明服务窗口”的称号。

基础设施及网络建设　2017年，中国电信海口分公司持续以光纤高速带宽建设与4G无线信号基站强化建设为主。在城区全光网的基础上，进一步对新开发区域、楼盘以及农村地区实施光网填补建设，新增光纤端口10万个，累计容量可满足120万用户使用。同时，在全省率先引入特高速千兆光纤建设，全年共在城区231个小区完成千兆光纤建设，为满足未来高速通信的需要，引领高速通信应用，在行业内起了较好的示范作用。持续完善4G基站建设，在城区多处折迁影响基站信号覆盖的情况下，加班加点加快推进基站建设，强化信号，满足市民所需。

市场监管　2017年，中国电信海口分公司持续落实执行国家工业及信息化部、海南省通信管理局及中国电信海南公司关于电话用户实名制要求，增配数千套实名制登记的专用软件、拍照设备等，面向数千名从业人员开展多轮次的实名制业务培训，提高业务办理能力，全年用户实名制登记工作超计划完成任务目标，全面达到国家工业及信息化部、海南省通信管理局和中国电信海南公司的要求。

业务经营　2017年，中国电信海口分公司经营的业务有4G移动语音、4G移动互联网、固定电话、光纤宽带等业务，以及主机托管、系统集成等综合信息化业务。加大投入移动互联网新业务经营，打造移动支付品牌业务“翼支付”，与数千家大中型商家合作应用，业务影响力与微信支付、支付宝同列。加大综合信息化业务的投入，深入强化本地重大项目经营，继续推进南海云项目和天网项目；承接12345政府服务热线运营，配合市政府，持续增加台席、增加人员，持续完善政府12345热线项目运营。进一步扩大跨地区合作，与爱奇艺、阿里巴巴等大型公司开展多项业务合作，综合信息服务能力在行业内排名前列。7月，签约全省首个物联网“智慧社区”试点（东方洋社区）；8月，与海南民生燃气公司签约全业务战略合作协议；10月，与市中医院、长流卫生院合作建立医疗影像医联体，树立“互联网+医疗”典范。

电信公司改革工作　2017年3月，中国电信海口分公司全面启动“划小承包”（业务区分片后由员工中止劳动合同实施承包）改革工作，有68名员工自愿中止劳动合同，参与”划小承包”。优化精简机构，撤销原有8个分局（白坡分局、秀英分局、金贸分局、琼山分局、府城分局、海府分局、解放分局、金盘分局），成立4大分局（美兰分局、白坡分局、秀英分局、龙华分局）；撤销原有宽带部3个部门（宽带部、智慧家庭运营部、新业务拓展中心），部门从原先26个精简优化至21个。

（黄丽颖）

【移动通信】 2017年，中国移动通信集团海南有限公司海口分公司（以下简称“海口移动公司”）贯彻落实中国移动“大连接”战略，全力推进4G发展，大力拓展数字化服务规模，加强党风廉政建设，开展组织机制创新，稳步推进转型发展。海口移动拥有遍布全市城乡的各类营业服务网点300余家，结合10086热线、网上营业厅、微信公众号等互联网新型服务渠道，搭建立体化的营业服务网络。

基础设施建设　2017年，海口移动公司全部完成2017年海南省信息基础设施建设目标：小区千兆宽带建设完成8个，光改提速用户完成0.79万户，城区新增4G覆盖完成682个，行政村4G覆盖完成1个，延伸“旅游扶贫”重点村、百镇新村完成1个，自然村4G覆盖建设完成130个，农垦4G覆盖建设完成3个，农业基地4G覆盖建设完成18个，高速公路4G全覆盖完成10个，第二路由光缆建设完成4个，后备电源改造完成3个。与各级政府开展密切合作，持续深化在基础网络、城市信息化等领域的投资建设，助力数字海口的发展，致力于提供高质量的通信保障。

通信网络建设　2017年，海口移动公司投资2亿多元用于通信基础设施建设，新增4G基站1200个，累计4600多个，4G主城区覆盖率99.67%，位居省会城市前列。网络质量不断提升，实现海口主城区、镇区、高铁高速连续覆盖，重点商圈、交通干道、高校、景区等重要区域纵深度覆盖。实现城区及乡镇传输网络全覆盖，全年累计建成城市光网小区3000多个，完成21个镇区宽带覆盖。新建家庭宽带全部采用GPON FTTH（光纤到户）方式，引入10G PON改造FTTB（光纤到楼），确保宽带客户100Mbps（兆位每秒）接入能力，面向未来可提供1Gbps（千兆位每秒）能力；全面部署HGU（家庭网关单元），加快推动智能网关产品成熟，系统规划从用户到内容的一体化网络疏导能力，为未来数字家庭演进奠定基础。

提速降费　2017年，海口移动公司为响应国家提速降费号召，按照集团公司统一部署，推出7项降费举措。21个国家和地区的国际长途直拨资费从6.88元/分钟或1.88元/分钟下调至0.49元/分钟，49个国家和地区从6.88元/分钟或1.88元/分钟下调至0.99元/分钟，“一带一路”沿线全部国家和地区漫游资费下调至0.99元/分钟；9月1日起，全面取消手机客户国内电话长途通话费和漫游通话费（不含港澳台地区），比原计划的10月1日提前1个月完成。推出流量不限量套餐，可以多人共享通话时长和流量优惠，并参加移动宽带和互联网电视活动，人均消费低至49元/月，大大降低用户信息消费支出。打击各类不良信息、骚扰电话及通信信息诈骗行为，实现新入网用户100%实名制。

窗口服务　2017年，海口移动公司对照“双创”工作指挥部标准要求，督促渠道网点对标立行立改。成立“双创”工作迎检小组，加强自有营业厅和合作渠道营业窗口整改，对不配合整改的渠道网点一律予以关停，进一步提高服务质量，4个自营厅被评为海口市“文明服务窗口”。明确分公司12345投诉处理流程，严控投诉处理责任与时限，对投诉热点问题重点跟踪解决，梳理高发性投诉，提高投诉解决率和市民满意度。

重大会议活动保障　2017年，海口移动公司完成海南省“两会”、海口马拉松、（第十八届）海南国际旅游岛欢乐节、（第二届）海南世界休闲旅游博览会等15次大型会议活动通信保障，完成新建基站25个，扩容基站105个，出动应急车辆32次。保障期间，累计投入保障人员382人次，完成701站次的巡检，各项活动会议期间均未出现网络超忙与拥塞现象、未发生严重故障，无会议相关投诉，保障工作效果良好。

【移动助力信息化发展】2017年，海口移动公司整合自身资源和优势，依托全国的信息化成果和经验，加强与各级政府合作，参与政务云、政务畅通、警务通、社服通等项目的建设，助力各项目落地实施，提升信息化水平。发挥自身多渠道的优势，全力协助政府通过海南移动微信公众号推送、发送链接地址、实体渠道宣传等多措并举推介“椰城市民云”，让市民通过APP一站式解决各类民生服务的查询、预约、缴费等功能，大力推广便民惠民措施，移动客户下载约16万户。海南移动公司围绕集团“大连接”战略布局，一期投资超过4亿元在澄迈老城开发区建成海南目前最大的数据中心，IDC机房建筑面积达2.5万平方米，通过充分利用自身核心资源，建成多方合作共赢的云计算服务开放平台，推动产业集群发展，为海口市各中小企业走出去提供企业云服务以及满足更多个性化信息化发展的需求。

（冯　浩）

【联通通信】2017年，海口联通公司加大资源共建共享力度，加快网络基础设施建设步伐，全面实施为客户提质计划，为广大用户加快改善以4G为重点的网络覆盖，提高服务质量，全面推出“沃4G+”“为客户提质计划”等一系列为民、惠民的服务新举措，在创新发展、转型升级和服务民生方面迈出新步伐。全年实现业务收入6.5亿元，为全市75万手机用户、11.4万固话宽带用户提供高速、便捷的通信服务。

基础设施建设　2017年，海口联通公司继续推进4G精品网络建设，建设3G基站2265个，4G基站1599个，进一步增强网络覆盖水平，形成覆盖全市4G高速网络。持续开展光改及光纤网络建设工作，年内光纤网络接入2710个小区、社区，为用户提供更加高速、便捷的宽带网络服务。至年底，共建成26.7万个百兆互联网宽带接入端口。

客户服务　2017年，海口联通公司持续开展渠道拓展工作，持续强化客户触点的容量和能力，建设自有营业厅13家、合作营业厅/专营店231家、便民服务点984家、代理点183家。至年底，形成覆盖全市范围服务网点，同时通过10010客服热线、网上营业厅、手机营业厅、微信等互联网新型服务渠道，为用户搭建立体化营业服务网络。

（梁　翩）

（编辑：张纯龙）

信息化建设

【信息化建设概况】2017年，海口市推进“互联网+”应用，大力提升各领域信息化水平，有力促进城市信息化建设。在2017中国“互联网+”数字经济指数报告中，海口市成为海南省唯一入选“互联网+”数字经济总指数百强城市。加快推进宽带网络基础设施建设，宽带下载速率从2016年底的第12名上升到2017年第三季度的第7名，4G信号基本实现全覆盖。获得“2017年度海南省政府网站绩效评估（市县政府网站）二等奖”“2016年度海南省信息化发展先进市县”。

【信息产业】2017年，海口互联网产业营业收入205.2亿元，比上年增长32.3%，约占全省比重一半。落实省市两级扶持互联网政策资金10970.34万元，扶持互联网企业180家。相继打造包括复兴城互联网创新创业园、江东电子商务产业园等国家小型微型企业创业创新示范基地，海口国家高新技术产业开发区等国家大众创业万众创新示范基地，海南数据谷等省重点互联网创新创业基地等在内近30家创业创新聚集地，引进光谷咖啡、洪泰创新空间等国内外知名孵化机构及加速器入驻，累计孵化初创企业超300家，园区企业获得融资超15亿元。年内，全市电信业务总量为115.4亿元，增速127.3%。

【信息基础设施建设】2017年，海口市大力推进宽带网络基础设施建设和升级步伐，初步形成大容量、高速率、覆盖全市城乡的信息通信网络，综合通信能力显著增强。根据宽带发展联盟发布的第17期《中国宽带速

2017 年 12 月 27 日，海南数据谷在海口市华彩华邑酒店发起成立海南省大数据产业联盟

（市科工信局 供）

率状况报告》（2017 年第三季度）公布的数据，在各主要城市固定宽带平均可用下载速度排行中，海口排第 7 名，达到 17.31Mbit/s（兆比特/秒），高于全国平均值 16.40Mbit/s，从 2016 年底的第 12 名跃升到今年第三季度的第 7 名，不到一年时间在全国排名中上升 5 个名次；在《2017 年上半年海南省宽带质量报告》中，海口市固定宽带平均接入速率达到 61.74 Mbps，高于全省平均水平 57.67Mbps。至 12 月底，海口城区光纤宽带网络、4G 信号基本实现全覆盖；行政村光网覆盖率 100%、4G 信号汇总覆盖率 100%；千兆宽带入户小区建成 241 个；实现重点公共场所无线 WiFi 免费覆盖，同时 2017 年划拨 2041.36 万元财政资金补充优化医院、车站码头、贫困村电商服务站等重点场所 WiFi，并搭建公共 WiFi 监管平台，统一 WiFi 认证标准。

【“智慧海口”建设】2017 年，海口市推进“智慧海口”建设，深化互联网 + 智慧应用，在市科工信局增设大数据管理分析处，推动信息整合共享，制定实施《海口市推进智慧城市建设实施方案及三年行动计划》，打造“市民云”“政务云”和“创新云”三大云平台。其中，“椰城市民云”，于 12 月 14 日正式上线，该平台是由海口市政府打造的在全省范围内的第一款基于大数据的互联网 + 公共服务平台；“政务云”于 9 月 15 日上线；“创新云”完成招标，计划于 2018 年 2 月上线。全市政务信息系统 68 个，共享开放授权 100%，共享信息资源目录 271 个、信息 3955 项，平台数据交换总量达 2.2 亿条。在国家发改委主管中国信息协会专家委员会指导发布的《新型智慧城市惠民服务评价指数报告 2017》中，海口获评 2017 年“惠民服务优秀城市”省会十强，并被海南省信息化建设领导小组办公室授予“2017 年度海南省政府网站绩效评估（市县政府网站）二等奖”“2016 年度海南省信息化发展先进市县”。

【“椰城市民云”上线】2017 年 12 月 14 日上线，是运用大数据思维和信息化手段，着力提升社会服务和政府治理能力，跨部门、跨平台的一站式“互联网 +”公共服务平台。实现“信息查询、生活缴费、寻求帮助”三大功能，市民实名认证后，可在线咨询、投诉、预约挂号，查询个人社保公积金、不动产登记、驾驶违章等信息，具备“一号通行、一库共享、一键服务、一站治理、一体运营”的五大亮点。打通政府部门现有的 15 个 APP 和 25 个微信公众号。至 12 月 27 日，整合汇聚海口市 34 个部门、105 项公共服务，为市民提供全生命周期的大数据服务，初步实现“让数据多跑路，让百姓少跑腿”，该 APP 自上线以来就深受广大市民游客一致好评，先后被各大媒体报道和宣传，并引起广大市民和社会各界的关注。同时，在全国 31 个省会城市综合政务类 APP 中，从用户增长速度、一号通行能力、服务覆盖度、实时数

2017 年 12 月 14 日，海口市“椰城市民云”上线　（市城管委 供）

邮电·信息

据打通、客服能力等几个维度分析，均位居全国领先地位。

【电子政务】2017年，海口市采购服务的形式引进企业参与，有效推进政务信息化建设水平提升，政府信息系统迁移上云平台成为必然趋势。由市政府、中国电信海南分公司、阿里巴巴集团三方合作打造的南海云及大数据服务中心项目，自2016年4月29日开通试运行以来，持续加大系统维护力度，大数据平台建设取得明显成效，至2017年12月底，共有32家单位的60个业务系统、120余个网站运行在南海云上，平台总体运行安全稳定，有力促进信息整合共享，有效节约政府信息化建设经费。

【电子农务】2017年，海口市加强农业科技110体系建设，共建成7个农业科技110服务点和12个农业科技示范基地，并对现有的22个农业科技110服务站进行设备更新和替换。充分利用市电子农务网发布各地农业科技信息、市场信息，利用电子农务微信公众号向信息员发布各种活动、会议信息，消除信息不对称。通过农产品大比拼活动和农产品推介会，对火山荔枝、火山口咖啡、火山黑豆、火山石斛等农产品品牌进行推广，有效地推广新技术、打造农产品品牌。

（肖 念）

【“诚信海口”搭建城市诚信体系】2017年，“诚信海口”服务平台发布海口市“双公示”信息3.12万条，其中行政许可信息2.64万条、行政处罚信息4790条；发布海口市诚信“红名单”信息53条、“黑名单”信息28条，海口市失信被执行人信息1547条（自然人类信息1338条，法人或其他组织类信息209条），海口市企业统一社会信用代码信息7.20万条；归集海口市企业工商登记信息28.55万条。

（王澄峰）

【海口政府门户网站维护】2017年，海口市根据全面推进政务公开和“互联网+政务服务”的要求，对政府信息公开工作常抓不懈，进一步规范和加强市政府网站建设、管理，引领政府网站创新发展，提升政府网上服务能力。根据国家关于政府网站扁平化和集约化的原则，借鉴全国优秀政府门户网站的成功经验，对海口市政府门户网站进行全面改版，不断优化完善信息公开栏目，加强重点领域信息公开，推进决策、执行、管理、服务、结果公开，做好重大政策解读回应，扩大公众参与，增强公开内容实效性，提升市政府门户网站服务功能。至年底，政府网站约300个栏目全部实施各部门责任化更新制度，政府网站栏目内容维护包括4个区、市直机关单位、垂直双管单位及各级下属单位约300家，约400人参与政务信息公开发布；完成信息更新约5万多条。政府网站浏览量313万人次，独立IP 124万个。年内，在清华大学国家治理研究院发布的《2017年中国政府网站绩效评估报告》中，海口市政府门户网站在全国327个副省级城市、省会城市、地市级政府门户网站中，以84分的成绩获得优秀评级，在全国省会城市政府门户网站中排名第九名，其中，信息公开指标的成绩位列省会城市第一，政策解读、展现设计等指标与成都市、济南市、南京市、西安市、武汉市等政府网站并列第一。同时，海口市政府门户网站综合成绩在2017年海南省政府网站绩效评估中获得二等奖。

（周发华）

【地理空间数据库建设】2017年，为适应海口市电子政务发展需要，海口市加快地理空间数据及相关信息库建设及更新维护。不断收集现有地形图数据资源更新海口政务地图库；持续更新海口市卫星影像数据库，至年底，共完成17批次影像数据建库，并实现全市年度至少一次全覆盖更新；持续更新海口市地名数据库，地名信息10万条；持续更新海口市城市部件数据库，部件约64万个；采集建立海口市实景影像数据，共完成1132千米的实景影像采集及建库。更新维护社区网格数据库，社区网格数据覆盖35个镇街（29个镇街、6个管理区）234个村居共2428个网格；采集登记房屋楼栋6.68万栋，房屋50.49万间，140.66万人。开展农村网格划分，建立农村网格数据库，农村网格覆盖20个镇街、11个管理区、247个村居，共2061个网格。持续推动政府职能部门的数据共享。推广应用城建共享平台，推动政府信息化建设步伐，提高信息化水平，避免政府重复投资和建设，提高政府投资的经济效益和社会效益；政府职能部门在共享利用基础地理数据库上，建立市政、城管、园林、环卫、违建、门牌、教育、三防、责任上图等80类专题数据库。

（王儒壮）

（编辑：吴坤涛）

商贸服务业

商贸服务业综述

【商贸业概况】2017年，海口市城市商业综合体发展迅速，消费转型升级态势明显，商品消费市场购销两旺，批发和零售业、住宿和餐饮业平稳较快增长。全市社会消费品零售总额715.5亿元，比上年增长9.42%，其中商品零售拉动显著，实现零售额632.61亿元，增长11.4%，占社会消费品零售总额的87.12%。年内，批发业销售额2180.9亿元，增长4.18%；住宿业营业额45.21亿元，增长11.2%；餐饮业营业额83.41亿元，增长15.1%；零售业销售额837.53亿元，增长14%。零售业实现14%增长的因素：日月广场、吾悦广场、万达广场、远大购物中心等大型商业综合体集中餐饮、购物、娱乐体验休闲等新业态，拉动消费增长；石油价格触底反弹，销售量随着经济的发展增长。

【服务业发展势头较好】2017年，海口市规模以上服务业企业营业收入653.51亿元，增长8.3%。其中其他营利性服务业76.28亿元，增长19.2%。(1)交通运输、仓储和邮政业增速放缓。全年规模以上交通运输、仓储和邮政业营业收入424.41亿元，增长6.5%。其中，航空运输业338.57亿元，增长8.6%，是交通运输、仓储和邮政业增速放缓的主因。(2)信息传输、软件和技术服务业平稳增长。全年规模以上信息传输、软件和技术服务业营业收入119.70亿元，增长5%，对全市规模以上服务业营业收入的增长贡献率为11%。(3)水利、环境和公共设施管理业较快增长。全年规模以上水利、环境和公共设施管理业营业收入3.99亿元，增长92.2%。其中，水利管理业0.55亿元，增长38%；公共设施管理业3.44亿元，增长1.05倍。(4)租赁和商务服务业增长快、拉动明显。全年规模以上租赁和商务服务业营业收入43.19亿元，增长26.7%。其中，规模以上租赁业1.39亿元，增长48.5%；规模以上商务服务业41.80亿元，增长25.8%。租赁和商务服务业在规模以上其他营利性服务业中占比57%，贡献率74%，拉动百分比14.2%。(5)文化、体育和娱乐业持续回温。全年规模以上文化、体育和娱乐业营业收入10.03亿元，增长11.6%。其中，新闻和出版业6.05亿元，增长9.4%；广播、电视、电影和影视录音制作业3.22亿元，增长16.3%；体育业0.56亿元，增长9.5%；娱乐业0.2亿元，增长14.1%。

【1.6亿元扶持现代服务业发展】2017年，海口市扶持现代服务业发展资金累计1.6亿元。其中：海口市影视产业扶持资金193.61万元、会展业申办及补贴费用3163万元、金融业发展补贴资金2055万元、人社部门就业专项资金4707万元、互联网扶持资金5000万元、卫生部门医疗健康产业发展资金1000万元。

【商业网点建设】2017年，海口市拥有批发、零售贸易、住宿餐饮服务业网点3万多个。其中，主要商业网点(3000平方米以上)有272个，面积总计665.4万平方米(不含商业街)，主要为商业中心(综合体)、商业街、百货店及超市、专业店与专业市场、底商等五大业态。其中综合性商业中心57个，百货店及超市23个，商业街17条，专业店与专业市场51个，底商124个。商业网点建设整体布局逐步趋于合理，业态功能日趋完善。拥有日月广场、友谊阳光城、新城吾悦、万达广场、望海国际广场、远大购物广场、万国大都会、海南明珠广场、金棕榈文化商业广场、观澜湖兰桂坊、宜欣广场、上邦百汇城、玉沙京华城、南亚广场、友谊商业广场等一批具有规模的购物中心，大润发、家乐福、华润万家等大型超市。

【市场秩序监管】2017年，海口市商务部门深入全市48家典当行、63家拍卖企业开展风险排查，未发现非法集资吸储、违规发放贷款等问题，未发现股东、高级管理人员和员工参与非法集资活动。开展加油站专项整治，检查加油站102家次，查处8宗涉嫌无证经营成品油案件，涉及油品：柴油1808.25升、汽油6升、煤油186.3升。行政处罚4宗，罚款7000元，没收违法所得4195元，取缔4处无证经营点。开展19家商业预付卡发卡企业单用途预付卡专项执法检查，规范预付卡备案登记管理；开展单用途商业预付卡备案品牌企业、违规发卡企业检查，检查疑似发卡但未备案规模发卡企业16家，责令限期改正16家，完成备案登记3家企业。开展商贸领域打击侵权假冒活动，配合工商、质检、农业等部门开展农村和城乡结合部市场假冒伪劣、车用燃油、互联网领域、清风行动计划等专项行动。推进商务领域诚信建设工作，开展商贸流通服务行业“百城万店讲诚信”活动。

2017 年海口市专业市场情况表

类别	区划	序号	市场名称	地址
汽车	龙华区	1	明城二手车行	龙昆南路
	秀英区	2	海南汽车大世界	南海大道
	秀英区	3	豪门盛享汽车配饰市场	南海大道
	秀英区	4	利星国际汽车城	南海大道
	秀英区	5	汽车交易市场	南海大道
	秀英区	6	汽车城	秀英大道
	琼山区	7	铧顺汽车维修装饰服务中心	琼州大道
建材	秀英区	8	富通钢铁销售中心	海盛路与永万路交接处
	秀英区	9	星鑫建材	港澳开发区兴业西路21号
	秀英区	10	宏欣源钢材	椰海大道
	秀英区	11	海盛钢材	和谐路与海盛路交叉口
	秀英区	12	金盛达建材商城	丘海大道延长线西侧
	秀英区	13	海南金鹿工业园	海榆中线199号
	龙华区	14	城西华庭建材市场	城西路
	龙华区	15	海虹建材城	城西路45号
	龙华区	16	亚豪建材城	豪苑路1号
	龙华区	17	喜盈门建材家居广场	龙昆南路与椰海大道交会处
	琼山区	18	海隆管材城	龙昆南路与椰海大道交叉口
	琼山区	19	金鹿装饰大世界	海府路152号
	琼山区	20	海南机电灯饰城	滨江路390号
家具	秀英区	21	海口居然之家	滨海大道102号
	龙华区	22	华深家具博览中心	海秀路
	龙华区	23	金盘家私广场	南海大道南站附近
	龙华区	24	佰家汇国际家具超市	南海大道南站附近
	龙华区	25	名都润园七星生活家居广场	海秀中路南大桥旁
	龙华区	26	百联家具广场	东沙路6–8号
	龙华区	27	新西源家私广场	东沙路9号
	龙华区	28	宜家家居国际城	蓝天路
	美兰区	29	红木家具广场	流水坡路
副食品	龙华区	30	新港商业城（茶叶）	新港路
	龙华区	31	世贸茶叶城	金贸西路
古玩	龙华区	32	海南古玩城	大同路25号华发大厦
	龙华区	33	亿圣和海口古玩城	海秀东路彩虹天桥旁
	龙华区	34	鼎臻古玩城	新港海运路11号
	美兰区	35	南宝古玩城	南宝路
	美兰区	36	万华广场地下古玩城	万华路18号
花鸟鱼	龙华区	37	世纪大桥下花卉交易市场	滨海大道
	龙华区	38	万绿园花卉盆栽交易市场	滨海大道
	龙华区	39	海南花卉产业园	丘海大道西50米
	龙华区	40	海口花鸟鱼艺市场	迎宾大道

续表

类别	区划	序号	市场名称	地址
水产品	龙华区	41	水产码头批发市场	滨海大道10号水产码头
	美兰区	42	海口水产品综合批发市场	新埠岛东新大道9号
IT电子	美兰区	43	海南DC商业城	海秀东路10号
	美兰区	44	南宝电脑城	南宝路
粮油	龙华区	45	椰海粮油批发市场	椰海大道
	龙华区	46	东盛粮油饲料批发市场	椰海大道377号
其他	美兰区	47	金海酒店用品城	青年路

国内贸易

【城乡农贸市场升级改造】2017年，海口市商务局按照“双创”升级版的要求，在完成全市42家农贸市场硬件升级改造基础上，在金贸文华、海玻、沿江三、城东4家农贸市场成功试点智慧农贸市场运行模式，通过市场配置的“智能电子公平秤”，实现电子化支付，力争实现农贸市场电子化结算、肉菜追溯、远程智能监控三大目标。出台《2017年海口市镇墟农贸市场升级改造设计指导意见》，加快推进镇墟农贸市场升级改造。

【生活必需品市场监测】2017年，海口市商务局为有效应对生活必需品市场异常波动，加强生活必需品市场监测，选取具有代表性的企业报送相关数据至商务部平台，节假日期间要求生活必需品市场监测企业每日报送数据，及时了解市场供需情况。全市列入商务部监测的生产资料企业9家，重点流通企业65家，商贸流通企业108家，生活必需品企业28家。

【肉菜流通追溯项目建设】海口市是商务部确定的全国第二批10个肉菜追溯体系建设试点城市之一。2012年8月开始项目建设，项目建设分两个阶段进行，第一阶段建设工作完成，2014年4月顺利实现与商务部中央平台的对接，实现海口市肉菜追溯信息与中央平台的数据传输和信息上传。2017年，市商务局在推动项目验收的基础上，对全市蔬菜批发市场、农贸市场的肉菜流通追溯体系进行升级创新，以“智慧农贸市场建设”带动肉菜追溯项目升级创新，以“电子结算获取数据”保持项目可持续性。按照商务部最新验收标准和要求升级系统软件和硬件功能，具备微信、支付宝等电子结算功能，保证追溯数据按要求上传，保证系统可持续运行。12月，通过省商务厅组织的项目建设考核验收和专家评审。

【城市共同配送试点工作】至2017年，海口市共同配送试点方案确定的4大任务全部完成，基本实现组建一支专业化、标准化配送车队，搭建一个线上线下服务第四方物流信息平台，扶持一批龙头企业，建设一个城市共同配送服务大厅的目标。经过城市共同配送平台企业持续宣传发动和数据共享对接，平台建设取得明显成效。线下交易大厅建设完成，平台有注册用户2.8万个，参与共配的企业20余家、车辆1100多辆，整合仓储面积100多万平方米，日平均撮合的交易将近200单，日交易额2万元。平台对降低运输空载率，减少运输成本，节约物流时间，提高物流效率起到明显推动作用。

【再生资源回收管理】2017年，海口市商务局继续开展再生资源回收站点整治工作。对违规乱搭乱建、无证无照的废品收购站及属地范围内工业水库、沙坡水库等10个水体及南渡江铁龙段沿岸的300米重点路段的排查整治，共整治37家。以“政府引导，市场化运作”方式指导完善回收网络规划点建设，在建城区内规范建设回收站点70个。编制规划及修订规章制度。对2016年印发的《海口市再生资源回收管理办法》进行修订。将再生资源回收网点规划纳入《海口市商业网点总体规划（2016—2030年）》。

【餐饮业】2017年，海口市有餐饮企业1.3万家，从业人数约10万人，餐饮业呈现平稳上涨态势，全年营业总额83.41亿元，增长15.1%。餐饮企业迎合市场逐步调整经营结构，限额以上住宿餐饮企业逐步转变经营理念，适应消费市场，调整菜品价格，开发面对市民的大众化菜品。加上国际旅游岛、全域旅游建设的不断深入，旅游人数的不断增长，以及新的商业综合体相继建成营业，在转型升级的经营之路中不断成长壮大，呈现快速发展态势。

【海口获评中国休闲美食名城】根据中国饭店协会《中国××美食之乡命名管理办法》（中饭协餐字〔2003〕120号）意见，海口符合“中国休闲美食名城”申报条件。海口是中国首批优秀旅游城市，假日旅游经济蓬勃发展。海口市“十三五”规划提出，要加快旅游产业与康体养生、户外运动、商务休闲、滨海旅游、乡村休闲、养老医疗、邮轮游艇、特色美食、时尚购物、影视体验、文化体育等相关产业的深度融合。至2017年，有已建和在建特色餐饮街区18条，主城区内已建7条特色美食街，分别为欢乐海岸美食广场、丁村万人海鲜广场、骑楼小吃街、泰龙城小吃街、星海湾水岸风情街、南海渔市、骑楼老街海南美食广场，引进国内外品牌餐饮企业3000多家，极大地满足居民和旅客的消费需求。海口菜技法与粤菜差不多，却以椰味见长，如椰奶鸡、椰奶燕窝盅等。海鲜经营实行选购加工一条龙服务，通过现买、现杀、现加工、现吃，消费者可以品尝到鲜美无比的海鲜。海鲜大世界作为省、市商贸重点项目，经营面积6万平方米；海口丁村万人海鲜广场2017年5月开业，将打造成全域4A级景区。2017年，海口市委宣传部牵头提交“中国休闲美食名城”申报材料，中国饭店协会组建专家评审小组于10月17日来海口进行实地考察和评审。11月27日，第二届中国国际饭店业大会在海口召开，会上，海口被授予“中国休闲美食名城”称号。

【典当业】2017年，海口市正常经营典当企业有48家，总资产5.5亿元，负债总额1871.85万元，从业人员226人；典当总金额1.7亿元，典当余额2.4亿元，业务笔数1697笔，上交税金1.46万元。市商务局通过开展典当企业年审工作，进一步规范典当行业，打击非法典当行为，整顿典当行业秩序。对海口市现有的52家典当企业进行年度审验，其中上报材料并参加年检的典当企业48家，未上报年检材料的企业4家。年审结论中被评定为A级典当企业39家，评定为B级典当企业2家，要求整改的企业7家。对海口市的11家典当企业进行“双随机”抽查执法检查工作。组织海口市典当企业有针对性地进行相关业务的培训，内容包括“善意误收”“在司法诉讼中走弯道”“有理防败诉”“怎样做到有理有力有节地胜诉”“如何正确处理债权债务”“当前态势下，怎样防范规避典当业务经营风险”等。对应当前典当行业经营困难的实际情况，指导10多家典当企业分别进行股东股权的合理性变更、法定代表人的变更、地址的变更、注册资本的减资变更等，提高典当企业的防抗风险的能力。

【拍卖业】2017年，海口市正常营业的拍卖企业有92家，拍卖企业从业人员473人，其中拍卖师120人。全年拍卖成交场次406场，下降25.23%。拍卖成交额47.58亿元，下降69.46%；佣金额1.14亿元，增长73.88%；主营业务利润率3252.11万元，下降7.93%；缴纳税金222.44万元，下降8.07%。从拍卖种类看，房地产成交额10.61亿元，下降84.61%；土地使用权成交额27.18亿元，下降67.21%；机动车成交额4720.11万元，下降68.85%。市商务局为进一步规范拍卖行业行为，整顿拍卖行业秩序，根据省商务厅《关于开展2016年度拍卖企业年审工作的通知》要求，开展拍卖企业年审初审工作，全市提交年审资料的拍卖企业共有62家，62家拍卖企业年审结论均为合格；对海口市的9家拍卖企业进行“双随机”抽查执法检查工作；协助完成企业等级评估。11月，中国拍卖行业协会发布《2017年拍卖企业等级评估结果公告》，海口市共有42家企业被评为A级以上资质拍卖企业，其中AAA级拍卖企业2家、AA级拍卖企业16家、A级拍卖企业24家。

【家庭服务业】2017年，海口市正常经营的家庭服务企业有246家，其中个人独资企业6家、公司制企业142家、个体工商户98家，从业人员8万余人。从业人员以农村户口为主，约占从业人员80%，其中女性占从业人员比例约78%。9月8日，市政府颁布实施《海口市鼓励家庭服务业发展若干规定》，主要从培育一批管理科学、运作规范、连锁经营的家庭服务龙头企业；鼓励扶持家庭服务企业，引导创业就业；创建示范性家庭服务站、巾帼家庭服务示范点，完善家庭服务网络布局；鼓励搭建家庭服务业公益性信息服务平台；鼓励开展家庭服务业相关职业技能培训等5个方面支持海口市家庭服务业发展。加大监管力度，规范家庭服务市场。通过督促家庭服务企业落实《海口市家庭服务业行业公约》《海口市家庭服务服务收费标准指导意见表》《海口市家庭服务服务员工资指导价》等行业规范，培育规范有序的家庭服务市场，强化家庭服务业行业自律机制。开展培训，提高从业人员素质。海口市家庭服务业行业协会针对农民工开展免费家庭服务职业技能岗前培训，为想从事家庭服务工作的农民工提供专业技能培训并免费提供就业岗位推荐学员就业。全年组织开展10多场家庭服务招聘会。家庭服务企业开展家庭服务业培训相关项目，通过委托培训机构对城镇失业人员、农村转移就业劳动者、高校毕业生等人群展开家庭服务业培训，培训人数5031人，其中家庭服务从业人员2633人、养老护理员457人、育婴师1137人。同时，还开展由各家庭服务企业委派的职业经理人、高级月嫂、职业催乳师培训，共305人。

电子商务

【电子商务概况】2017年，海口市以服务贸易推进供给侧改革和贸易转型升级，着重发展电子商务产业。继续推进国家电子商务示范城市建设，开展电商扶持奖励评审工作，推进贫困村电子商务服务站建设，重点打造以电商总部企业入驻为主的滨海国际电子商务产业园。建设跨境电商服务平台，特别是跨境电商线下监督、查验和物流平台，设立海口美兰空港综合保税区，鼓励本地企业利用跨境电商开展出口业务。电子商务产业进入快速发展的新阶段，生产规模持续扩大，产业基础逐步夯实，产业范围逐步扩展，平台建设富有特色。电子商务在海口市旅游业、农业、商贸业等领域的应用不断拓展，逐渐形成与实体经济深入融合的发展态势，带动传统产业转型升级。

【扶持电子商务发展】2017年，为加快推进电子商务发展，充分发挥财政资金的导向作用，海口市商务局落实《海口市促进电子商务发展扶持若干措施（试行）实施细则》政策。通过两次公开征集，共征集到52家企业54个电子商务扶持奖励项目。其中第一批共35家企业37个项目，第二批17家企业17个项目。经第三方评审机构评审、实地考察、税务询证、党组讨论等程序，第一批共有10家企业获得电子商务发展扶持奖励资金，累计发放扶持资金595.37万元。第二批奖励扶持项目上报市财政局等待资金下达拨付。

【电子商务产业园】2017年，海口市重点打造以电商总部企业入驻为主的滨海国际电子商务产业园。将园区纳入全省对外招商引资重点推介，推动全省互联网金融高峰论坛等多个活动在滨海园区举办。自2016年11月5日开园以来，已形成113家企业集聚，80多家服务机构进驻的规模。截至2017年12月，园区内总营业额49.3亿元，纳税3.06亿元（不包括房地产），直接就业2100人，带动相关就业人数5000人，园区企业获得的投融资额度17.8亿元，实现6500万元的年租金收入，为海口市年创税1100多万元。利用存量地产和闲置楼宇，打造一批电子商务产业园区和创业孵化载体。截至2017年底，在存量地产方面，打造海口江东电子商务园（住宅地产）、海口滨海国际电子商务产业园（写字楼）、复兴城互联网科技园（商业地产）、滨江海岸文化创意空间（商业地产）；在闲置楼宇方面，打造海口市新华信息产业孵化园、海口昌海中小微企业加速基地（昌海大厦）等一批创新创业孵化载体。通过园区运营方与地产商合作，或者通过利用原有办公楼，打造一批电子商务园区和创业孵化基地，既带动人气，消化库存，又降低创业成本，提升地产价值，实现双赢。

【在线交易】2017年，海口网络交易额1108.4亿元，增长46.38%，高出全省10.69个百分点，龙头带动作用明显。此外，海口依托较强的产业资源优势，推动实物型网络零售额191.25亿元，占全省的80.9%。实物型与服务型协同发展，共同支撑海口网络零售的增长。据阿里巴巴集团与蚂蚁金服集团联手打造的一家互联网本地生活服务平台——口碑最新发布的2017消费数据大盘点，2017年度在线下使用口碑消费的300多个城市中，海口在消费总金额排行榜中排在第54位，比上年提高2位。从统计数据来看，传统的超市、快餐、火锅，是海口市线下消费总额排行前三的行业。便利店在口碑和支付宝平台产生的交易增速很快，对比上年增长近8倍。奶茶、迷你KTV和宠物消费，是线下消费出现的三个典型趋势。消费数据显示，奶茶的年度消费金额打败咖啡、面包，是2017年餐饮类目里的最火单品之一。海口平均每人的年度奶茶花费达到62元，而全国范围内奶茶的平均每笔交易约20元，仅比中式快餐低10%。

【“互联网+新型消费”活动】2017年春节黄金周期间，海口市商务局紧扣春节主题开展海口市第一届互联网+新型消费第三期活动，共24个活动项目，“互联网+年夜饭外卖”“新春街头巡游过大年”“家电迎春大庆”“新春跃岁狂购盛惠”等活动亮点纷呈。1月12日，由海南省酒店与餐饮行业协会、海口市餐饮烹饪协会和百度外卖主办的2017海口“互联网+年夜饭外卖”活动正式启动，活动延续至25日，海南龙泉集团有限公司等10余家品牌酒店餐饮企业参与，覆盖海口国贸、海甸岛等十大商圈约10多万名消费者，本次活动更好地满足消费者年夜饭需求，同时结合线上线下营销模式，活动更加便民，年夜饭预订总额约550万元，总订位数3000桌。1月27日至2月2日，海口日月广场、新城吾悦广场、远大购物中心、万达广场等大型商业综合体的人流量总和超过325万人次；社会消费品零售总额约18.54亿元，同比增长10.12%，其中商场、超市批发零售贸易业实现销售额约15.97亿元，同比增长10.27%；餐饮业实现营业额约1.98亿元，同比增长10.48%。

【贫困村电子商务服务站建设】2017年，根据海南省人民政府办公厅下发的《关于印发海南省建档立卡贫困村电子商务服务站建设实施方案的通知》要求，市商务局制定《海口市推动贫困村电子商务服务站建设工作方案》，经公示后与海南苏宁云商商贸有限公司签订战略合作协议，正式开展贫困村电子商务服务站建设工作。至6月30日，在全市11个贫困村中全部建成并开展运营，提前1年完成省商务厅下达的任务〔原定计划2017年建设贫困村电子商务服务站6个（含2016年1个），下半年计划建设3个，2018年6月建设2个点〕。截至2017年12月底，11个站点已办理个体户营业执照并开通苏宁代理点账号，全部站点均已入驻苏宁、淘宝平台设店，主要为生活类产品、农副产品、土特产品类，同时搭建各类农产品上行平台（网址、APP名称或微信号等）338个。本地区通过贫困村电商服务站、县域电商服务中心、电商协会、电商龙头企业、微信等各类渠道实现的贫困村农产品网络销售额共1652.31万元；通过发展电商产业链吸收贫困人口就业或者创业共261人；带动贫困人口增收共225万元，人均增收8647元。

经济合作

【经济合作概况】2017年，海口市组织参加省内外各大型经贸活动10余场；举办2场大型招商推介会，借助省级招商平台，加强招商引资工作，签约项目金额1780.7亿元。在经贸合作方面，不断深化与国内各省市区域合作，进一步加强与泛珠三角区域、丝绸之路经济带城市及北部湾经济合作组织的经济合作与交流，组织代表团参加第十三届泛珠三角区域省会城市市长联席会议、第25届广州博览会暨2017年中国·天津投资贸易洽谈会暨PCEE国际贸易投资博览会等10多场经贸活动。做好驻海口的异地商会、商贸行业协会的联络和管理工作，全市异地驻海口市商务局商会有21家。

【招商引资】2017年，海口市围绕省委、省政府提出的“十三五”期间重点发展的十二大产业，重点策划书记、市长赴北京、上海敲门招商活动，组织举办博鳌亚洲论坛靶向对接、2017海口综合招商活动、2017中国（海口）—新加坡经贸交流洽谈会、2017厦门国际投资贸易洽谈会（以下简称厦洽会）和自主招商活动等一系列经贸活动，共签约项目141个，总协议投资额1780.7亿元。截至12月底，竣工项目23个，在建项目41个，注册落地项目37个，落地率78.98%。其中，在海口综合招商活动上，改变以往按照产业分类进行推介的模式，分版块进行项目推介，设定城市更新项目、琼州海峡经济带项目、全域旅游项目和园区项目推介4个板块，共签约109个项目，总协议投资额1237.45亿元。

【经济交流合作】2017年，海口市组织椰树集团海南椰汁饮料有限公司、海南鸿豪实业有限公司、海南百椰艺术制品有限公司、海南唯美绿景景观开发有限公司、海口伊源美生物科技有限公司等几十家企业参加2017中国天津投资贸易洽谈会、2017中国东西部合作与投资贸易洽谈会、2017年东亚博览会、第25届广州博览会、第十届中国绿色食品博览会等10多个各类经贸交流会、博览会，参展品种1000多种。5月12—16日，组织10多家名优特新产品企业随省政府参加在天津举行的2017年中国·天津投资贸易洽谈会暨PCEE国际贸易投资博览会，参展的热带水果、饮料食品、海产品等产品成交金额300万元。6月3日，2017年丝绸之路博览会暨中国东西部合作与投资洽谈会在西安举行，组织椰树集团、百椰艺术制品等5家企业参展，参展产品有菩提子、椰雕、椰汁油、诺丽酵素粉等50余种。11月9—11日，副市长孙世文率海口市代表团参加第十三届泛珠三角区域省会城市市长联席会议并代表海口市作主旨演讲。

【行业协会商会】2017年，海口市继续加大培育发展新兴行业协会、商会的力度，打造新型行业协会的品牌。全年新培育3家新型行业协会。全市由市商务局为业务主管部门培育成立的商贸行业协会共有20家，异地驻市商会以市商务局为业务主管部门的商会共21家。

【2017海口综合招商推介会】2017年6月27日，历时1周的2017海南综合招商活动开幕，活动安排20场市县综合招商活动、17场产业专题招商活动和3场合作交流会，同时将举办2017首届海南国际高新技术产业及创新创业博览会、2017首届海商大会暨首届世界海商精品博览会。在此次活动中，海口市以城市更新、琼州海峡经济带、高新技术、全域旅游等领域为主要内容，举办综合招商推介会。其中：6月26日举行综合招商（上海专场）推介会。全国人大原常委、上海市人大常委会原主任龚学平率近60家上海企业负责人一行参加。会上，海口市与上海企业共签约项目16个，签约金额213.2亿元，重点签约水上飞机通航、装配式建筑、高速客运滚装船等项目。以北京板块和央企为主题的“国际化滨江滨海花园城市 美好新海口”——2017海口综合招商推介会6月27日在海口香格里拉酒店召开。推介会改变以往按照产业分类进行推介的模式，分板块进行项目推介，设定城市更新项目、琼州海峡经济带项目、全域旅游项目和园区项目推介4个板块。会上邀请中国船舶重工集团公司、上海申通地铁集团有限公司、上海永达控股（集团）有限公司、中国民生投资集团及股东企业、旭辉集团股份有限公司、宝龙集团等央企、大型国企、民企近700名嘉宾参加。此次活动共签约109个项目，总协议投资额1237.45亿元。其中市政府签署战略合作框架协议7个，各职能部门签署战略合作框架协议8个，投资合作项目94个。按板块分，城市更新板块项目23个，协议投资额751.6亿元；创新驱动板块项目56个，协议投资额356.59亿元；琼州海峡经济带板块项目5个，协议投资额117亿元；人才板块项目5个，协议投资额5.5亿元；其他为农业和会展类项目17个，协议投资额6.75亿元。

【赴北京开展点对点招商】2017年5月22—25日，海南省委常委、海口市委书记张琦，市委副书记、市长倪强率海口市党政代表团，赴京走访拜会中央和国家有关部门寻求支持指导，并到部分央企敲门招商、洽谈合作。代表团走访拜会中央文明办、住房和城乡建设部、国家林业局、国家海洋局、交通运输部5个部委办局，还到中国足球协会、北京协和医院、中国交通建设股份有限公司、中国船舶重工集团公司等敲门招商。此次招商活动共开展9场会谈，签订2个战略框架合作协议。主要是海口市政府与中船重工集团、海南港航控股公司与中国船舶重工国际贸易有限公司分别签署战略合作框架协议，双方将在船舶建造、港口装备建造、新能源动力系统研究、邮轮产业等方面建立全方位合作。在走访中国船舶重工集团公司期间，双方就高速滚装船船舶选型、主尺度等初步方案条件达成共识，就建设海南区域总部、推动琼州海峡一体化交通运输转型升级、打造琼州海峡水上半小时交通圈等议题进行初步沟通，并将适当考虑在海南设立科研院所。

【赴上海开展点对点招商】2017年6月15—18日，海南省委常委、海口市委书记张琦，市委副书记、市长倪强率海口市党政代表团，赴上海开展招商活动，拜会上海市委副书记尹弘、副市长翁铁慧，上海市人大常委会副主任、上海交通大学党委书记姜斯宪及宝山区区委书记汪泓；同时参观考察闵行区网格化中心、徐汇区行政服务中心、徐汇滨江规划展示中心、徐汇区建业里保护项目——石库门里弄建筑群、虹桥综合交通枢纽等地；上门与上海戏剧学院、宝山区吴淞口国际邮轮港发展有限公司、上海申通地铁集团有限公司、上海永达控股（集团）有限公司、中国民生投资集团及股东企业、旭辉集团股份有限公司、宝龙集团等展开交流、洽谈合作。代表团共走访15个单位（点位）。这次招商活动收获颇丰，切实推进水上飞机通航、装配式建筑、火山特色小镇等一批有分量的项目在6月27—29日的全省大型综合招商活动上正式签约。

2017年9月12日，2017中国（海口）—新加坡经贸交流洽谈会暨项目签约仪式在新加坡举行 （市商务局 供）

【2017中国（海口）—新加坡经贸交流洽谈会】2017年9月12日下午，“国际化滨江滨海花园城市 美好新海口”2017中国（海口）—新加坡经贸交流洽谈会暨项目签约仪式举行。会上签约2个项目，分别是：海口复兴城互联网创新创业园与新加坡岛峰科创有限公司签署互设孵化器合作协议，由新加坡岛峰科创在复兴城设立加速器，复兴城在新加坡设立复兴城孵化器，引进新加坡企业到海南来，同时为海南到新加坡设立公司提供服务，双方共同致力为优质项目提供孵化、加速、资金、技术等服务，支持两地的旅游企业共同开发东南亚丰富旅游资源，打造东南亚互联网旅游产业链；海口市会展局与新加坡格洛维克国际有限公司签署的人才交流培训协议，开展两地会展人才与培训的合作，通过学习新加坡会展业先进的管理经验，提高海口市办会办展的各项业务水平。

2017年6月18日，海南省委常委、海口市委书记张琦（中），市委副书记、市长倪强（前右三）率海口市党政代表团参观考察上海虹桥综合交通枢纽（市商务局 供）

对外及对港澳台经济贸易

【对外及对港澳台经济贸易概况】据海口海关统计，2017年海口市415家外贸进出口企业有实际进出口业绩，实现外贸进出口31.09亿美元，比上年下降20.66%，其中，出口8.18亿美元，增长3.8%；进口22.91亿美元，下降26.37%。年内批设外商投资企业46家，下降9.8%；合同投资总额6.13亿美元，下降41.4%；合同外资5.74亿美元，增长46.1%。

【出口贸易】2017年，海口市一般贸易出口5.90亿美元，占同期出口总值的72.13%；加工贸易出口2.05亿美元，占同期出口总值的25.06%。民营企业为出口主力军，出口5.52亿美元，占同期出口总值的67.5%，增长0.74%。外商投资企业出口2.47亿美元，增长13.46%。传统优势出口商品呈现良好的增长优势：医药品出口2267.19万美元，增长62.27%；水海产品出口约2亿美元，农产品出口2.29亿美元；汽车出口2.04亿美元，增长361.54%。出口大幅增长的国家和地区有刚果（金）、马里、拉脱维亚、库腊索岛、加蓬、加纳、蒙古、乌兹别克斯坦、伊朗、埃塞俄比亚、瑞士、克罗地亚，均增长2倍以上。主要出口商品有机电产品、农产品、汽车、水海产品、 天然气、高新技术产品等。

【进口贸易】2017年，海口外贸结构单一，飞机进口占海口外贸进出口总值近6成。美国为最大进口来源地。海口市对美国进口15.72亿美元，增长12.86%；与美国双边贸易总值16.72亿美元，增长9.03%。进口商品方面，全年进口机电产品17.71亿美元，占同期进口的77.3%；进口高新技术产品15.74亿美元；进口飞机16架，共12.05亿美元。

【境外及港澳台资金利用】2017年，海口市实际利用境外及港澳台资金持续下降。全年实际使用境外及港澳台资金2884.7万美元，下降1.9%。实际利用境外及港澳台资金主要来源地：中国香港地区2402.2万美元，占总量的83.3%；英属维尔京群岛444.3万美元，占总量的15.4%；韩国19.8万美元，占总量的0.7%；美国16万美元，占总量的0.5%；其他地区2.4万美元，占总量的0.1%。实际利用境外及港澳台资金按投资方式：独资企业14家，直接投资1689.3万美元，占总量的58.6%；合资企业4家，直接投资395.9万美元，占总量的13.7%；股份制企业2家，直接投资799.5万美元，占总量的27.7%。实际利用境外及港澳台资金投资行业分布：第二产业直接投资952.2万美元，第三产业直接投资1932.5万美元。其中房地产开发经营692.9万美元，占35.9%；电影放映300万美元，占15.5%；工程和技术的研究289.9万美元，占15%；其他能源发电257.3万美元，占13.3%；地基与基础工程施工241.9万美元，占12.5%；其他行业直接投资150.5万美元，占7.8%。

【新批设立境外及港澳台资金企业】2017年，海口市有批设境外及港澳台投资企业46家，下降9.8%；合同投资总额6.13亿美元，下降41.4%；合同外资5.74亿美元，增长46.1%。（1）新设企业按投资方式分：境外及港澳台资金企业36家，新签协议合同投资额56640.7万美元，新签协议合同境外及港澳台资金额56129.2万美元；中外合资企业10家，新签协议合同投资额4654.7万美元，新签协议合同境外及港澳台资金额1272.1万美元。（2）新设企业按投资产业分：第一产业5家，新签协议合同总投资1244万美元，新签协议合同境外及港澳台资金419万美元；第二产业2家，新签协议合同总投资1450万美元，新签协议合同境外及港澳台资金950万美元；第三产业39家，新签协议合同总投资58601.4万美元，新签协议合同境外及港澳台资金56032.3万美元。（3）新签协议合同境外及港澳台资金主要来源地为：美国、马来西亚、韩国、澳大利亚、巴基斯坦、波兰、加拿大、意大利、英国、马里及中国香港、台湾地区。绝大部分投资来源于中国香港地区，占94%。

【外商投资企业经济运行情况】2017年，海口市参报全国外商企业联合年报数为569家，回执数568家，增长25%，其中第一次参加年报的企业44家。年报企业投资总额309亿美元，增长255%；销售（营业）收入905.8亿元，增长112%；利润总额72.5亿元，增长46%；净利润57.2亿元，增长26%；纳税总额24.3亿元，下降26%；就业4.03万人，下降5%。（1）年报企业销售及营业收入。第一产业1.7亿元；第二产业93.1亿元；第三产业811亿元。一、二、三产业收入所占比率分别为：0.2%、10.3%和89.5%。收入10亿元以上的行业有：第二产业中的制造业93.1亿元；第三产业中的交通运输、仓储和邮政业713.7亿元，房地产业41.2亿元，批发和零售业40.2亿元。（2）纳税。第一产业0.03亿元；第二产业9.47亿元；第三产业14.8亿元。一、二、三产业纳税所占比率分别为：0.1%、39%和60.9%。纳税较多的行业主要是：第二产业中的制造业9.47亿元；第三产业中的房地产业5.95亿元，交通运输业4.18亿元，批发和零售业2.58亿元。（3）企业盈亏情况。盈利企业141家，共盈利86.9亿元。从获利行业看，第二产业中的制造业利润11.7亿元，占13.4%；第三产业中的交通运输、仓储和邮政业利润67.3亿元，占77.4%。亏损企业328家，共亏损14.3亿元。亏损面较大的行业有：第二产业中的制造业总体亏损5.6亿元，第三产业中的房地产业亏损2.6亿元。持平企业100家。（4）从业人员。569家企业从业人员4.03万人，第一产业750人，第二产业1.06万人，第三产业2.90万人，所占比率分别为1.86%、26.18%和71.96%。

【外企管理与服务】海口市外资设立变更审批工作从审批制变成备案制，2017年共备案外资企业数119家，增长72%。市商务局加强事中事后监管，对企业进行例行抽查，并将抽查结果报商务部，完成商务部要求的3%的抽检率，在商务部业务系统统一平台外商投资综合管理应用（全国版）进行随机抽查，全年抽查企业数6家；在现场检查，未发现违规经营情况。

2017 年海口市贸易出口主要国家与销售地区
（数据来源于海口海关）

国家或地区	美元值（万元）	美元值同比（%）	人民币（万元）	人民币同比（%）
日本	7681.74	–56.69	52296.07	–54.84
美国	10022.03	–28.88	67982.81	–26.56
欧盟	9366.03	–1.71	63442.13	0.88
东盟	7882.04	–16.84	53735.78	–14.34
中国香港地区	11430.88	45.96	77510.31	48.93

2017 年海口市贸易进口主要国家与地区
（数据来源于海口海关）

产终国或地区	美元值（万元）	美元值同比（%）	人民币（万元）	人民币同比（%）
美国	157209.83	12.87	1060016.89	14.88
欧盟	28804.86	–78.56	195114.98	–77.83
德国	5282.16	–91.96	35988.85	–91.59
法国	4309.06	–92.75	29296.89	–92.51
东盟	15447.72	34.37	104339.72	37.43

2017 年海口外贸进出口总值前 15 名企业（数据来源于海口海关）
海南航空股份有限公司
海南海航航空进出口有限公司
一汽海马汽车有限公司
康宁（海南）光通信有限公司
中海石油（中国）有限公司崖城作业公司
海南天羽飞行训练有限公司
海南文盛矿业有限公司
海南东洋水产有限公司
海南海邦药业有限公司
海南佳德信食品有限公司
海南照丰水产有限公司
海南蔚蓝海洋食品有限公司
海南金盘电气有限公司
海南港航物流服务有限公司
海南恒乾材料设备有限公司

（廖文霏 黄晓平 蔡丽萍 曾丽娥 杨晓菲 郑威 廖珍臻 陈珍娥 蔡嘉怡 李家煌 符倩碧）

会展服务

【会展服务概况】2017 年，海口市会展局围绕省市中心工作及十二大产业布局，依托海口得天独厚的自然资源及省会城市优势，将做大做强做优会展业作为推动现代服务业发展的重要抓手，培育主题，打造品牌，全市会展业呈现出可持续高速发展的态势，海口成为迅速崛起的新型会展目的地城市。全年共举办各类会展活动 8002 场，其中规模以上会议 242 场，千人以上会议 46 场，国际性会议 20 场；规模以上展览总面积 80.35 万平方米，1 万平方米以上展览 28 个。海口被授予“中国会展名城”称号，实现中国会展业“金海豚”大奖六连冠，荣获“MICE STARS 会奖之星——2017 中国最佳会奖营销目的地”。海口市会展局凭借举办规模大、品质高、影响力强、品牌化、专业化的会议和政府重视程度等高质量的硬性指标成功当选国际大会及会议协会 ICCA 中国理事会成员。

【会展经济运行】2017 年，海口市会展局继续坚持规划引领，努力走功能差异化、特色化、专业化的路子。按照国际旅游岛门户城市、省会中心城市的功能定位，重点以国际性会议、定期年会和品牌展览为主攻方向，以会展旅游和会展产品供应为产业链延伸，发展涵盖“会议、展览、节庆、赛事、演艺、会奖旅游”的大会展产业。（1）会展产业发展呈加速态势，行业运行质量高。全年举办各类会展活动共 8002 场，比上年增长 27%，千人以上会议、国际性会议和上万平米展览数量分别增加 20 个、9 个和 5 个。以供给侧结构改革为主线，发展旅游、医疗健康、海洋、互联网、热带高效农业、教育、文化体育等优势产业的会展项目，带动集商贸、交通运输、宾馆、餐饮、购物、旅游、信息等为一体的经济消费链，创造会展经济综合收入超 100 亿元。（2）品牌会展影响力突出，会展活动呈现多样性。海口会展整体规模不断扩大，项目增加明显，“2017 第二届海南国际旅游岛三角梅花展”“2017 海南世界休闲旅游博览会”“2017 海南国际旅游岛动漫文化博览会”“2017 海南首届孕婴童产业博览会”等规模在 1 万平方米以上的自主品牌展会，提升会展行业的活跃度。举办有影响力的高端国际会议提升海口影响力，如“亚太经济领袖论坛 2017 年高峰会”，来自中国、美国、加拿大、法国、意大利、比利时等20 多个国家和地区的政经人士、世界 500 强、中国 500 强企业家及来自美国华尔街的投资金融界人士共 300 多人出席论坛。“第一届中国（海口）上海六院骨科（糖尿病）联盟高峰论坛”成功举办，并将永久落户海口，有 5 名院士和 1000 多名全国骨科领域的顶尖专家和学者出席论坛。“2017 第十二届城市发展与规划大会”“第十二届中国城镇水务发展国际研讨会与新技术设备博览会”“2017中国小动物医师大会”等学术年会和专业会议的召开，推进会展与旅游、文体、商务等相关产业融合发展，加大会展产业对交通、旅游、酒店、餐饮、房地产等其他产业的带动作用。

【招会引展】 2017年，海口市会展局采取“走出去、请进来”多维度开展会展营销宣传，打开会展营销新局面。主动与全国性行业协会、国内外知名会展公司联系洽谈，全年完成6场岛外促销活动。3月，在重庆举行的2017海南国际旅游岛旅游专场推介会上首次提出“海口——中国会议之角”的概念；4月，在中国会展经济（海口）论坛上，聘请20位专家学者为海口会展业的智库专家，充分利用专家在传播方面的优势，帮助海口在国际会议上进行推广，提升在国内外的知名度，助力海口招会引展；6月，“第八届中国国际会议产业周”在海口举行，吸引业界近400名专家学者和会展业界的专业买家。6月在上海举办海口会展推介会，并与上海市会展行业协会签署为期3年的战略合作协议，就加强两地会展业学习交流、开展会展业联动宣传、动员企业相互组展参展和组会参会、鼓励企业合作办展等达成一致。4月，在北京举行的“会展+健康”专场推介会，邀请医疗健康相关协会30余家，达成意向项目3个落户海口。

【商业展销】 2017年，海口市共举办商业展销共67场。1月2日，由海南省旅游委主办的首届海南世界休闲旅游博览会在海南国际会展中心落幕，有专业观众2.8万人次、参观观众5.5万人次参展，成交额1970万元，成交意向金额1.7亿元。3月2—5日，由中国汽车工业协会主办，海南共好国际会展股份有限公司承办的“第14届海南国际汽车展览会”在海南国际会展中心举行，展出面积近6万平方米，近1000款车型，玛莎拉蒂、保时捷、宝马、奔驰、奥迪等100多个汽车高端品牌亮相车展，

2017年4月14日，2017海南首届（国际）孕婴童产业博览会在海南国际会展中心举行
（市会展局 供）

创下海南车展史上规模新纪录，同期举办“海南国际新能源·智能汽车展览会以及海南国际汽车配件用品展览会”。4月14日，“2017海南首届孕婴童产业博览会”在海南国际会展中心举行，参展厂商150家，参展品牌超1000个，展位750个，展出面积1.32万平方米。6月27日，“2017世界海商大会暨首届世界海商精品博览会”在海口开幕，博览会占地1.3万平方米，来自俄罗斯、意大利、波兰、新西兰、加纳、伊朗、巴基斯坦、印度、马来西亚、新加坡、印尼、泰国、日本、韩国以及中国香港、澳门、台湾等20多个国家和地区的企业参展，是海南建省以来规模最大、来自世界各地外商代表最多的一次博览会。11月3日，由振威展览股份公司主办，成都振威世展展览有限公司承办的“第二届中国（海口）电动车及新能源汽车展览会”在海南国际会展中心开幕，展出面积2.6万平方米，国内外100多家企业共展出2300余辆电动车和新能源汽车。11月18日，2017（第十八届）海南国际旅游岛欢乐节开幕；同日，由海南省旅游发展委员会和海口市人民政府主办的海南世界休闲旅游博览会在海南国际会展中心举行，有30多个国家和地区的旅游局，国内20多个省市区旅游部门，近千家国内外旅游企业参展；同时“活力澳门推广周”海口站活动也在海南国际会展中心开幕，近百家企业参展商携千余种商品亮相。

【公益展览】 2017年，海口市共举办公益展览活动近50场。1月15日由海南省花卉协会主办，海南鑫山源热带园林艺术有限公司、海南花卉大世界共同承办的“海南省第十六届迎春花市”在海南花卉大世界拉开帷幕，展出国内外6000多品种的花卉盆景，参展花商超过250多家。1月20日，由市旅发委、市园林局、市城建集团、龙华区政府、省花卉协会共同承办的“第二届海南国际旅游三角梅展”在滨海公园（主展区）、日月广场（精品艺花科普展区）和玉龙泉国际三角梅主题公园三大展区开展，同时举办三角梅摄影大赛、诗歌大赛、画家采风等十多项文体活动，展期3个月。海南省博物馆、海南省图书馆、国新书苑等场馆，组织策划公益展23场，主要有三大类：反映海口等十几个市县爱国卫生运动取得丰硕成果的海南省纪念爱国卫生运动65周年画展、反映海口城市时代变迁的“海口城投14周年·城市建设发展历程图片展”；与外地省市博物院馆举

办历史文物展，主要有“金玉良缘璀璨——来自江南古代的玉器、温润——南京博物院玉器精粹”和云锦、黎锦、台湾著名玉石雕刻大师李森林艺术特展；文化艺术展，有著名旅琼艺术家李家尧书画作品展、中国南方油画山水画派海口写生展览暨作品集、第五届海南省优秀美术作品展、首届海南画家画海南美术作品展——美丽乡村、春花秋实——曾婉媚油画展、吴天奇风景油画展、尹林华艺术作品展以及方展华、李庆轩书画展、宋瓷集萃展等。

【大型会议】2017 年，海口市共举办规模以上会议 242 场，其中 1000 人以上会议 46 场、国际性会议 20 场，会议和论坛的整体质量和影响力显著提高。其中，“中国会展经济研究会第十二届年会”“2017 国际分析科学大会”“2017（第十二届）城市发展与规划大会”“第六届中国小动物医师大会”“2017 亚太地区酒店合作论坛”“第十二届中国城镇水务发展国际研讨会与新技术设备博览会”等均是 1000 人以上会议。

【会展业发展专项资金】2017 年 1 月 11 日，海口市会展局、海口市财政局联合下发《关于印发海口市扶持会展业发展若干规定实施细则》，涉及会展专项资金的管理及会展项目补贴办理程序、审计部门和财政部门对会展扶持资金使用的监督检查、会展基础工作经费的管理等共 13 条，使海口市会展业专项资金的使用有政策依据。年内，市会展局通过对会展企业申报项目的审核、评估，按照规定程序，对近 90 个会展项目给予资金扶持或补贴，直接使用会展专项资金 3600 万元以上。

【海南国际会展中心】2017 年 12 月 12 日，海南国际会展中心原经营方海南国际会展中心有限责任公司经营期限结束，由东方环球国际会展有限公司负责经营。全年会展中心承接各类会展活动 88 场次，其中展览 25 场次，会议 63 场次，被评为 2016—2017 年度“最佳场地”。

【2017 年国际分析科学大会】2017 年 5 月 6—8 日在海南国际会展中心召开。由中国化学会和国际纯粹与应用化学联合会联合主办，是 IUPAC 重要系列会议之一，每 5 年召开一次，本届是该系列会首次在中国举办。有中国、美国、德国、意大利、芬兰、日本、韩国、加拿大、澳大利亚等 26 个国家和地区的知名学者、企业技术专家、研究人员等近 1400 人参会。其中邀请国外报告者 29 位，国内报告者 59 位，国内有 7 位院士参加大会并演讲。本次大会围绕主题“Analytical Chemistry-From Tool to Science（分析化学—从工具到科学）”，设立“光谱分析”“电分析化学”“色谱分析”“质谱分析”“成像分析”“食品、药物和环境分析”“生物和基因组学”“青年论坛与新技术新方法”8 个分会场，共安排 4 个大会特邀报告，32 个分会主旨报告，120 个分会邀请报告，108 个分会口头报告，700 多个墙报展示。

【海南国际高新技术产业及创新创业博览会】2017 年 6 月 28—30 日在海南国际会展中心举办。由海南省商务厅、省科学技术厅、省教育厅、中国科技产业促进会联合主办，融展示、交易、交流、合作、招商五大功能为一体。会议规模约 2000 人，总展览面积 2.4 万平方米，共有 1000 个标准展位，设立军民融合、“一带一路”国际组团、创业与投资服务组团、互联网及电子商务、高校及科研机构组团、通用航空等六大展区，微软、格力、创维、金林集团、天汇能源、广西海绵城市联盟、国家大学科技园等近 500 多家高科技知名企业参展，集中展示物联网、云计算、移动互联等新技术。主题论坛包括中国（海南）军民融合论坛、中国（海南）投资与创新论坛暨城市对话、知识产权与创新创业论坛分论坛、“一带一路”中新企业交流论坛、格力电器董事长董明珠“创新发展、智造未来”专场演讲 5 场高峰主题论坛，若干场分论坛及路演活动。

【第十二届城市发展与规划大会】2017 年 7 月 27—28 日在海南国际会展中心召开。由中国城市科学研究会、海南省规划委和海口市人民政府主办，市会展局、市规划局、中国国际商会海口商会、北京邦蒂会务有限公司承办。会议主题为“城市双修、生态宜居、绿色智慧”，参会代表

2017 年 6 月 28—30 日，海南国际高新技术产业及创新创业博览会在海南国际会展中心举办
（市会展局 供）

1800人。开设1个主论坛和24个分论坛，有国内外规划领域管理部门和组织机构的200多名专家学者参会，举办近200场顶级主题演讲，共同探讨如何通过“城市双修”推动城市绿色发展，构筑青山绿水的百年大计，展示现阶段中国城市规划的最新成果。会议期间，组委会组织专家学者对海口市城市规划建设进行考察，为海口的生态建设提出宝贵意见和建议。

【第十二届中国城镇水务发展国际研讨会与新技术设备博览会】2017年11月30日至12日2日在海南国际会展中心举办，由中国城市科学研究会、中国城镇供水排水协会、海南省水务厅及海口市人民政府联合举办。有近10个国家和地区的260家知名企业、3000多名专家学者和专业技术人员参加，围绕海绵城市、智慧水务、村镇水环境、污水处理、再生水利用、城市内河水环境整治、水环境保护与水生态修复等议题展开深入探索和交流。作为主办地的海口受到大会格外关注，34场论坛、综合展览、实地考察中，专家深入把脉海口城镇水务，聚焦“治理水污染、修复水生态、优化水系统、保障水安全”，为海口建设建言献策。11月30日，中国城市科学研究会水环境与水生态分会成立大会在海南国际会展中心举行。此外，水务行业的各地优秀企业在展馆展示出最新技术与设备。展览总面积2万平方米，展位800多个，参展单位260多家，设有地方展区、发展理念区、综合展区、主题展区和新产品新技术发布区。展览范围涵盖智慧水务、海绵城市相关技术与设备、水处理技术设备、给排水管网系统技术设备、膜与膜分离技术设备、污泥处理新技术和新设备六大板块，集中展示国内外先进适用的供水、节水和污水处理技术、设备、典型工艺及工程实例。

（王 冰）

粮油流通

【粮油流通概况】2017年，海口市粮食局围绕深化改革和保障粮食安全两大主题，以全面落实粮食安全市县长责任制为核心，抓好粮食流通监管和粮食行业管理，促进粮食各项工作有效开展。根据调查数据，全市粮油供给和总需求基本平衡。粮食供给总量比上年下降，需求总量比上年增长；食用植物油及油料供给和需求总量比上年略有增长。粮食产量略有下降，粮食供给主要依靠岛外调入（少量进口），粮食市场流通有序，省会粮食集散地优势继续凸显。海口市粮食、食用植物油及油料自给率约8%。

全市粮食年需求总量269.5万吨，增加18.3万吨，增长7%。其中：消费总量189.9万吨，增长12.6%（口粮45.2万吨，减少2.6%；饲料用粮136.7万吨，增长19%；工业用粮7.9万吨，增长6.8%）。消费总量增加的主要原因是消费终端对饲料的需求增加，从而使部分粮食转化企业扩大生产经营，新增饲料生产线，饲料用粮有一定增加。

全市粮食年供给总量294.6万吨，减少30.8万吨，减少9%。其中：本地产量14.8万吨，省外购进264.4万吨，进口13万吨。供给总量比上年减少的主要原因是：辖区内2016年国家下达新增各级地方储备任务，2017年供给较往年趋于稳定。

全市社会食用植物油及油料需求总量为8.8万吨，增加0.4万吨，增加4.8%。其中：口油3.3万吨，增加4.8%；工业用油2.04万吨，增加4.6%；销售3.43万吨，增加4.6%；食用植物油及油料供给总量9.9万吨，增加0.34万吨，增加3.5%。其中：本地产量0.8万吨，增加12.7%；省外购进8.8万吨，增加2.9%；省内市县外购进0.3万吨。

【粮食流通监管】2017年，海口市政府印发《海口市市级储备粮管理暂行办法》，市粮食局依据该《办法》组织人员修改权责清单、行政处罚自由裁量权、“双随机一公开”抽查事项清单，促进市级储备粮规范化管理。加强“双随机”粮食流通执法监督抽查。根据权力清单和责任清单，结合全市粮食流通工作实际，转变监管理念，创新监管方式，规范监管行为，全年开展涉粮食企业“双随机一公开”随机抽查，抽查完成事项全面覆盖，对10个抽查事项全面进行执法检查，抽查17个企业，营造守法诚信的粮食市场环境。抓好粮食安全隐患大排查快整治严执法集中行动，牵

2017年4月11日，海口市粮食局开展粮食库存检查工作　（市粮食局 供）

头市财政局、市发改委（物价）、农发行海口市琼山支行完成对属地管理的政策性粮食收储企业开展粮食安全“大快严”集中行动市县抽查工作。

【粮食调控】2017年，海口市粮食局完成对2015年签订合同后即将到期的63家粮食经营户逐一续签粮食应急供应（代销）合同，在全市签订建立粮食应急供应（代销）网点合同80个（覆盖城乡），并全部挂牌；完成应急加工网点合同5个。开展社会粮食流通统计。加强对从事粮食经营加工、销售企业的跟踪调研和统计业务指导，提高统计质量，按时做好粮食销售月报、季报、年报统计工作，及时掌握保供稳价措施贯彻落实。

【粮食储备】2017年，海口市粮食局完成地方粮食储备规模。省下达的地方储备粮规模8.2万吨已全部落实，保证海口市成品粮储备达到当地10天市场供应量。完善轮换管理和库存监管机制。市级储备粮轮换严格执行《海口市市级储备粮管理暂行办法》规定，通过华南网公开竞价采购市级储备粮6批次，公开竞价销售5批次。严格按照检查时点、范围、方法和要求，组成库存核查工作小组，在各企业每月自查的基础上，做到每季度对储备粮库存、出入库、财务收支、统计和安全生产进行核查，确保粮食库存检查的质量和进度。在省粮食局对海口市粮油库存复查结果中显示，海口市粮食库存数量真实，账实、账账相符；储粮管理规范，保管水平明显提升，库存粮食粮情稳定、安全。

【市国有粮食经营企业管理】2017年，海口市粮食局将下属的海南海口粮油储备有限公司、海口第二粮油储备有限公司、海口市粮食局云龙粮食储备库、海口市粮食局红旗粮食储备库、海口市粮食局甲子粮食储备库、海口市粮食局三江粮食储备库、海口市军粮供应管理站7家粮食企业按现状整体移交市国资委管理。市国资委接收7家粮食企业后，下一步将对7家企业进行资源整合，择机成立海口市粮油集团。

【粮食基础设施建设】2017年，海口市粮食局向市财政申请维修改造资金617.6万元，用于金牛岭库区低温仓改造工程、甲子储备库用电安全隐患改造工程，三江储备库粮情监控系统和电线维修及配电房维修改造项目资金缺口部分。同时，与河南工业大学设计研究院签订战略框架合作协议，根据协议，河南工业大学设计研究院对市粮食局监测站改造进行评估，对“危仓老库”改造项目进行审核把关，对金牛岭库区低温仓改造进行专业设计，智慧粮食建设工作取得实质性进展。跟进省市共建粮食物流园区建设项目，推进海口粮食物流园区以及仓储设施项目选址、开发模式、规模、仓型选择等前期工作。

【“放心粮油”工程建设】2017年，海口市粮食局制订“放心粮油”建设标准、评审办法、申报条件和程序，以及“放心粮油”建设奖励资金管理办法。根据评审办法和申报情况，在全市选择海南思香源食品有限公司、海南新供销天润农产品有限公司等3家产品优、服务好、有基础的粮油经营店（点），开展试点建设，通过提升改造，打造“放心粮油”样板示范店，以点带面，稳步推进放心粮油工程。在开展试点建设基础上，研究解决工程实施和运行管理中的突出问题，采取多种方式加强管理，进一步建立和完善产品质量管理制度、卫生安全管理制度、索票索证制度、购销台账制度、不合格粮油退市等制度，引导放心粮油建设企业（店、点）对标进行整改，确保试点建设单位示范效应。

（张丰彩）

供销合作

【供销合作概况】2017年，海口市供销社以“立足公益、盘活资产、拓展经营、激活网络、改造自我”为总体目标，履行公益性和经营性服务职能，全面推进各项工作深入开展。年内，全系统商品总销售9.83亿元，比上年减少20.8%；利润额226万元，减少22.6%；所有者权益715万元，增长1.7%。协助海南省供销社、海口市政府举办2017年“冬交会”，邀请45名全国各地农业经营企业和电商服务大公众号、新媒体人员参加冬交会，与海南禾畔农业科技有限公司共同筹办农业电商峰会，为海口农产品运销开拓市场。

【供销综合改革实现突破】2017年，海口市委、市政府出台《关于深化供销合作社综合改革的实施意见》，明确供销合作社综合改革方向及任务目标，推动供销合作社综合改革。市供销社联合海南大学农学院及海南正业集团等农业龙头企业，以供销社提供场地和服务保障，企业提供专业团队和经营服务的合作模式，逐步完善五一田洋、谭文为农服务中心功能，努力实现生产、供销、信用“三位一体”改革。借力互联网，搭建农村电商平台。8月与海南加么中科电子商务有限公司签署《建设电商服务平台战略合作框架协议》，双方合资成立海南禾畔农业科技有限公司，合作搭建的谭文农村电商平台建成试运行。

【社有资产经营管理】2017年，海口市供销社继续要求各基层社按照“一社一策”的政策盘活资产，恢复经营。通过范例建设，实现典型引路，重塑供销社社会形象。年内，旧州、甲子等基层社危房改建项目相继完工，改造后新增营业面积4500平方米，先后启动大坡、新坡、永兴等基层社的危房改建项目。同时指导基层社经营网点升级改造，在谭文、旧州建成农村超市4家，面积600多平方米。

【供销社农副产品运销】2017年，海口市供销社利用下属全资企业海口销万家农产品运销有限公司经营平台，对接成型的农民专业合作社、基层供销社及运销商，组织开展冬季瓜菜出岛运销业务，主销上海、成都、武汉、贵阳等地，拓宽海口市冬季瓜菜出岛运销渠道。全年运销瓜菜800多吨，价值500多万元。

【烟花爆竹经营管理】2017年，海口市供销社宏利达烟花爆竹有限公司继续与海口富力诚实业公司合作，在取得烟花爆竹经营（批发）许可证的前提下，配合安监、公安等部门合法设点经营。全系统在全市范围内（含各乡镇）共设有烟花爆竹销售点90个，年批发销售额3053万元，增长18.1%。

【五一田洋为农服务中心】2017年，海口市供销社扩充提升龙华供销五一田洋农业科技服务中心功能，将其更名为“五一田洋为农服务中心”。结合各基层社的情况及现时农资市场行情，引进农业龙头企业海南正业集团专业团队及海南省植物总医院进驻五一田洋，在田间地头开展化肥农药减量、农业生态恢复等工作，提供种子种苗、农机农具和化肥农药经营服务，保障当地市场供应，方便农民生产的同时降低农户生产风险。正业集团专利产品海岛素在试验田应用效果明显。服务中心继续组织专家为农户免费提供坐诊、巡诊、问诊等服务，开展现场技术观摩和交流会4场，免费为农解疑答难8300多次。

【供销社农民合作经济组织建设】2017年，海口市供销社发挥综合服务平台作用，加快构建农业社会化服务体系，引导发展农民专业合作社联合社。年内成立谭文农村综合服务社、大坡农村综合服务社2家农村综合服务社，拟筹建农民专业合作社联合社1家。

【谭文为农服务中心】2017年12月10日开业试运营，位于琼山区三门坡镇谭文墟。由海口市供销社与海南正业集团、海南省植物总医院、海南禾畔农业科技有限公司等农业龙头企业共同参与创办的现代农业共融共享社会化组织高效服务运营终端，合作模式为基层供销社提供场地和服务保障、企业提供专业团队和经营服务，以提升为农服务能力为根本，以联结农民利益为核心，以产业壮大为引导，实现跨界资源整合，创新农业服务方式，拓宽农产品市场流通渠道。通过为当地农业提供产前、产中、产后一体化服务，在提高农产品质量、农民增产增收和农业产业扶贫方面发挥积极作用。至年底，中心共举办荔枝免疫诱抗技术示范观摩会及农民知识技能培训班2期，培训农民160多人次，举办农民种植技能比赛1次。

【海口市供销社第二届“工会杯”农民（工）种植技能比赛】2017年12月20—22日，由海口市供销社联合市总工会在谭文为农服务中心举办。比赛项目有：农业知识考试和知识竞赛。参赛对象为市供销社领办的农民专业合作社及三门坡镇谭文墟周边的村委会60多名农民，共有6支代表队。以队为单位进行奖励，奖品为化肥等，各参赛队按笔试成绩和知识竞赛成绩总分高低进行排名。经过农业知识测试、必答题及抢答题三个环节的角逐，谷桥村队、清泉村队和乐来队分别获得前三名。

（吕　潇）

烟草专卖

【烟草专卖概况】2017年，海口市烟草专卖局（公司）管理的全片区坚持稳中求进工作总基调，着力在谋发展、稳增长、强管理、转作风、抓协调、增合力上下功夫，较好地完成各项任务。全年实现含税销售收入71.95亿元，比上年增长4.62%，占全省销售总额47.64%，累计实现税利12.82亿元，增长1.81%。

【烟草市场监管】（1）卷烟打假。2017年，海口市烟草专卖局（公司）与公安、工商等部门联合执法，与湛江、北海、南宁等毗邻市局沟通协作，与市邮政管理局建立长效合作机制，集中整治“蚂蚁搬家”式违法运输行为。全片区共查处案值5万元以上假烟案件39宗，含2宗国标案、1宗省标案；查获“三烟”1029.91万支，其中非渠道卷烟80.44万支、假烟931.68万支、走私烟17.79万支；查获涉案案值1354.01万元，刑事拘留22人，逮捕8人，判刑23人，收缴罚款81.83万元。（2）市场监管。加强与工商部门的协同监管，努力实现业务对接、信息共享、全面监管，打击无证经营及中小学校周边违法售烟行为；全面落实“双随机一公开”监管改革同“APCD”工作法的无缝衔接，上半年提前完成专卖市场监管执法事项100%全覆盖的目标任务。开展“放管服”改革专项自查工作，修订完善权责清单、行政审批事项目录，简化办理流程，缩短办理时限，不断提高零售许可管理和服务能力。（3）内部监管。建立健全依法严管大户的长效机制，全面开展依法严管卖烟大户专项行动，打击大户“二次批发、左右价格、扰乱市场”等违法违规经营活动，查处勾结违法违规卖烟大户的行业内部单位和个人，按照“边查边改、边改边建”的原则，维护良好的卷烟经营环境和市场秩序。

【卷烟网络建设】2017年，海口市烟草专卖局（公司）以卷烟营销平台为抓手，优化资源配置，强化品牌培育，促进营销创新，提高卷烟营销市场化、科学化和规范化水平。（1）加大品牌培育力度。扎实推进品牌培育，创新品牌培育模式，制订《2017年度卷烟品牌培育实施方案》，将

20～30元零售价位的卷烟品类列为海口本部重点品牌培育区间，10～20元零售价位的卷烟品类列为县级营销部重点品牌培育区间，并根据辖区实际选择适销规格进行培育，确保品牌培育有的放矢。按照海南省烟草专卖局（公司）全年地产卷烟培育方向，分解和下达任务目标。以“3·15”消费者维权日等活动为契机，开展“三沙”等海南自主品牌的推广活动，发挥终端在形象展示、产品陈列、产品推介等方面的功能，重点突出自有品牌的陈列，不断提升自主品牌的市场认同感。（2）推进营销服务创新。以省级卷烟营销平台为依托，进一步整合营销移动数据查询平台、海口烟草微信公众号、工商微信群等资源，为品牌培育提供数据支撑。（3）推进现代卷烟零售终端建设。全面推进卷烟零售户自律互助小组建设，进一步提振零售户的经营信心。（4）推进物流建设。推进琼北物流一体化建设，确保“海口＋琼海＋儋州”新业务模式的顺利开展。全年海口物流中心共存储卷烟34.5万箱（海口20.9万箱、琼海8.18万箱、儋州5.41万箱），分拣卷烟32.51万箱，海口配送到户卷烟19.62万箱，物流费用率0.73%，同比降低2.7%。5月，海口公司被中国烟草总公司授予“烟草行业物流工作先进集体”荣誉称号。

【卷烟销售】2017年，海口市烟草专卖局（公司）做优营销服务，做强物流建设，经济运行保持良好发展态势。卷烟销量同比增长，全年销量完成19.61万箱，增长1.07%，占全省总销量的44.21%。卷烟结构持续增长，实现单箱含税批发销售收入3.66万元，增长3.8%，高于全省平均单箱含税批发销售收入0.26万元。自有品牌销售有所增长，累计销售8638.77箱，增长18.07%，其中“三沙”销售987.95箱，增长152.33%。市场状态总体良好，紧俏品牌价格坚挺，顺销品牌价格稳定，在销卷烟没有出现价格倒挂现象；零售户库存普遍在1～2周，全片区卷烟市场状况良好。

【烟草企业基础管理】2017年，海口市烟草专卖局（公司）以加强基础管理为抓手，以改革创新为动力，全面推动企业科学健康发展。精益管理稳步推进。海口公司5个精益课题在全省系统精益管理优秀课题评审中分获1个一等奖、2个二等奖、1个三等奖及1个优秀奖。动力火车QC小组的《减少卧式分拣机卡烟次数》课题获全国烟草行业第二十八届优秀质量管理小组成果发布会三等奖，实现海南省商业系统优秀质量管理小组成果发布零的突破。财务管理增收节支。探索预算定额指标体系建设，严防不合理支出，全年三项费用率2.91%，减少0.13个百分点；开展电子发票系统项目，逐步减少纸质发票的使用，提升企业经营效率，节约经营管理成本。规范管理有力开展。全年共实施采购项目60项，涉及金额1266.32万元，其中公开招标项目比例为77%，与上年同期基本持平；公开招标金额比例为96.9%，比上年同期提高0.3个百分点。审计监督更加严格。对2014—2016年度采购项目开展自查，对发现的7类问题及时进行整改。主动对各项经济合同、大额资金支付、工程项目等开展专项审计，较好地履行风险控制职能。安全生产管理不断强化。按照“党政同责、一岗双责、失职追责”的原则，层层签订安全生产责任书，全面落实安全责任制；开展安全培训，加强消防、交通和库区的现场管理，实现生产安全“零事故”目标，顺利通过安全生产标准化二级企业达标复评评审。

（陈少阳）

食盐专卖

【食盐销售】2017年，海南省盐业总公司海口分公司食盐销量1.21万吨，比上年减少15.76%。其中：销售一级小包装食盐7403.2吨，减少14.62%；销售多品种盐1507.67吨，减少31.79%；销售腌制盐及其他用盐3194.19吨，减少0.08%。食盐销售收入2530万元，减少17.97%。其中：小包装盐收入1711万元，减少12.31%；多品种盐收入580万元，减少26.03%；50千克装食品加工及其他用盐收入239万元，减少31.52%。利润637万元（含缴纳企业所得税27万元），减少24.71%。销区碘盐普及率95%以上。

【开拓食盐市场】2017年，海南省盐业总公司海口分公司加大力度开拓食盐市场，优胜劣汰，遴选各县经销商。在2016年食盐市场摸底调查的基础上，针对定安县、屯昌县、琼中县各副食公司单一经营，懒市场、弱管理、低配送等的情况，更换定安县、屯昌县、琼中县的经销商，分别由复合综合型的大批发商行进行业务整合。在海口市区及琼山区根据市场细分的需要，再确认两家作为经销商。巩固市场，促销回馈客户。在海口片区和琼山片区试行优惠促销活动，在促销活动期间，许多客户回头下订单，销售数量明显回升。

（海南省盐业总公司海口分公司）

（编辑：杜惠珍）

旅游业

旅游业综述

【旅游业概况】2017年，海口市旅发委全面推进全域旅游创建，深化“旅游+”，促产业升级，以发展民宿产业为突破口，盘活城乡资源要素，打造精品旅游线路，形成“旅游+”新业态；大力拓展国际航线，着力组织境外促销活动，发展邮轮新业态，增强海洋旅游吸引力；完善提升旅游公共服务水平，落实全省旅游厕所建设管理3年行动计划，加大旅游信息咨询中心建设，为游客创造便利的出行条件。全市共有旅游行业企业1658家、旅行社（分社）279家，在册导游7966名；旅游饭店和社会旅馆1326家，总客房7.28万间，酒店与旅馆的年接待设计能力超3500万人；国家A级旅游景区10家，具有接待能力的乡村旅游点36个，高尔夫球行业企业7家，年接待能力100万人次。全年接待游客2033.56万人次，比上年增长11.05%。其中，接待国内外过夜游客2033.56万人次，增长12%。旅游总收入265.99亿元，增长14.27%。

【旅游公共服务设施建设】2017年，海口市旅发委继续响应国家旅游局的号召，推进3年“厕所革命”行动计划，把旅游厕所的建设管理作为旅游配套设施建设的一项重要工作。3月召开2017年海口市旅游厕所建设与管理提升工作会，部署旅游厕所建设工作任务。年内，全市完成旅游厕所建设40座（新建15座、改建25座），完成计划100%，提前完成3年“厕所革命”行动计划。“厕所革命”成效先后获得央视《新闻联播》《新闻直播间》《朝闻天下》点赞。此外，海口市还在白沙门公园、火山口公园、观澜湖旅游度假区等景区举办厕所文明漫画展，大力宣传厕所文明。新建海口东站等4个旅游咨询服务中心站点，其中海口东站站点获“海南十佳旅游信息咨询示范点”称号。

【旅游项目建设】2017年，海口市推进建设重点旅游项目10项，完成投资额90.04亿元。其中续建项目为海口观澜湖度假区项目、海口湾南海明珠邮轮港旅游综合开发人工岛项目、海口东海岸人工岛工程项目、海口沁源汇养生度假项目、海口丹娜国际游艇都会项目、海口中心（海口秀英时代广场二期）项目，新建项目为海口万达文体旅游项目、海口演丰观光农业养生度假区项目、海口泰禾嘉年华旅游度假区项目、海口青龙湖生态休闲旅游度假区项目。至年底，长影海南环球100项目一期和观澜湖旅游度假区狂野水世界项目初步建成，桂林洋国家热带农业公园一期基本建成。

【旅游服务标准化建设】2017年，海口市旅发委遴选确定第五批42家旅游标准化试点企业，经督导和终期评估验收，有21家涉旅企业获得“海口市旅游标准化示范单位”称号。对2015年度28家旅游标准化示范单位进行复核评估，最终有19家示范单位通过复核，继续授予“海口市旅游标准化示范单位”称号。至2017年底，市旅发委共培育标准化试点单位200多家，其中101家涉旅企业通过评估验收被确定为海口市旅游标准化示范单位。全年共组织旅游标准化知识及服务操作规范培训26场，培训人数5200多人次；组织标准化经验交流会2场，参会人数300多人。扎实、稳步、有序地推进标准化工作，海口市旅游标准化建设委员会在海口旅游资讯网设立旅游标准化专栏，定期发布标准化相关工作动态，共发布标准化信息139篇；参与编制《海口市公共信息导向系统总体规划设计及设置导则》《海秀快速路慢行道标志牌公共信息导示牌的建设规划方案》《海口市道路交通指路标识牌英文译写》，参与滨海大道、海秀快速路、五指山路慢行道标志牌建设项目验收评审工作；先后指导8个旅游景区和28家旅游饭店建设旅游标识牌；乡村旅游点泮边休闲农庄、冯塘绿园、仁里村、鹤舞九湖等建设旅游标识导视牌60多块。

【创建国家全域旅游示范区】2017年，按照《海口市创建国家全域旅游示范区行动方案》，统筹海口全域旅游示范区创建工作，召开2017年海口市全域旅游推介会。通过“点、线、面”结合，全面发力，持续打造旅游吸引物，完善旅游配套设施，全域旅游创建显现“日月同辉满天星”的格局。7月，在省创建国家全域旅游示范区初步验收工作中，肯定了海口创建国家全域旅游示范区取得的成效，海口市验收总分为898分，在验收的12个市县中排名第一，初步达到验收标准。

【海口旅游警察支队成立】2017年6月8日成立，人员编制22名，办公室设在金龙路原公安局大楼内。旅游警察的职责是维护旅游市场秩序和旅游治安环境。包括：负责办理社会影响大、涉及侵害旅游活动参与者人身和财产安全的违法犯罪案件；负责查处破坏旅游市场秩序的强买强卖，销售假冒、伪劣商品等违法犯罪案件；配合旅游、工商、物价等职能部门开展联合执法，共同维护旅游市场秩序；依法监督检查、指导各旅游景点的内部安全保卫工作等。

旅游经营

【旅游经营概况】2017年，海口市旅发委加强旅游促销活动，大力开拓客源市场，在线上、线下、国际市场三个方面下功夫。针对旅游市场形势转变、时势要求及企业市场动态，除保持增强原有的华南、西南等重点客源市场和旅游专题展会促销形式营销，着重在“大联盟、大推手”打造上进行促销革新。国内市场以北上广为中心，以广东市场为海口自驾游最大开发市场，北部湾城市群和琼州海峡经济带相关区域成为新开发旅游市场。加大旅游产品开发包装，推出水上飞机、滨海夜游等新旅游产品；加强在境外媒体的宣传促销工作，提高海口的“世界能见度”；组织境外促销活动，开拓国际市场客源。全年接待游客2427.66万人次，增长11.05%。其中，接待国内外过夜游客2033.56万人次，增长12%。旅游总收入265.99亿元，增长14.27%。

【旅游营销】2017年，海口市针对旅游市场形势转变、时势要求及企业市场动态，除保持增强原有的华南、西南等重点客源市场和旅游专题展会促销形式营销，着重在“大联盟、大推手”打造上进行促销革新。（1）利用南北城市气候、旅游资源和消费需求差异化，与吉林省松原市达成区域联盟合作，在松原市人流密集聚集点投放户外大型广告，突出海口“国际化滨江滨海花园城市、优质生态、面朝大海、春暖花开”卖点。（2）联合OTA平台、商圈举办线上线下联动促销，整合旅游景区、星级酒店、大型购物中心、旅游出行及旅游采摘等多种业态推出长达3个月（5—8月）的“仲夏海口”全域旅游促销季，5月19日启动当日，直播关注量达到32万。历时105天，交易总额10亿元。（3）深化传统渠道营销，融合新媒体和在线消费平台。以“形象+产品”叠加强化宣传聚焦、覆盖，联合腾讯、滴滴打车组织春季广州、张家界、长沙、哈尔滨、长春、沈阳、大连和海南海口、三亚联动的“海口深呼吸”推广。（4）激发消费者传播对海口的美好感觉和愉悦记忆，宣传和公关手段联合发挥作用，参与征集游客覆盖全国30余个城市。（5）以图片场景还原体验、新鲜生态品鉴等方式组织重庆、山东济南、海南儋州乡村旅游展共3场次旅游专业展销营销活动，终端刺激拉动消费者参与，分享传播目的地形象。（6）以加快琼州海峡经济带建设为题，先后在湛江市举办3场海口交通港航旅游一体化推介会，在2017中国海洋经济博览会滨海旅游展搭建海口馆与湛江馆共同体现琼州海峡一体化，塑造海口新城市形象，策划开发琼州海峡旅游线路和北部湾（广西）旅游线路，邀客“跨过海峡，惊叹海口”，促进加强雷州半岛、北部湾与海口市在旅游、航运、港口等方面的交流合作。（7）开拓线上宣传和线下推介新丝路，与国内著名网络媒体新浪网联合举办“18小时发现海口”活动，首次启动超长时间不间断视频直播“发现”海口，并首次将线上视频直播活动运用到线下旅游推介活动中。“18小时发现海口”不间断视频直播邀请到21位达人主播18小时，创下海口史上直播时间最长、直播阵容最强大、在线观看人数高达140多万人的直播记录，该项营销活动获得IAI事件营销奖。“18小时发现海口”话题阅读量突破1.1亿次，“认识海南从海口开始”话题阅读量突破8760多万人，两个话题数次冲上全国微博热门话题社会榜、旅游榜榜单TOP1、TOP2。（8）加强对港澳台地区及国外促销活动。3

2017年12月17日，海口市旅游发展委员会到广西进行旅游推介活动

（张 茂 摄）

2017年8月17日，海口市旅游发展委员会、美兰机场在海口希尔顿酒店联合举办第七届海口冬春季航空市场推介会 （海口美兰机场 供）

月、9月分别赴俄罗斯莫斯科、圣彼得堡举办“不一样的海口”旅游推介会；5月参加省旅游委组织的法国、德国、西班牙促销并做海口旅游推介；5月组织在台北举办“遇见海口 一‘盐’为定”专场路演活动；6月赴中国香港地区参加旅交会并举办“体验海南 品味海口”旅游推介会，11月在澳门地区举办海口旅游宣传推广周活动。分别参加莫斯科、意大利及中国香港地区和台湾地区的台中、高雄旅游展；随团赴缅甸、菲律宾、印度尼西亚、新加坡开展旅游交流活动。

【旅游客源市场】2017年，海口旅游客源持续变化，自驾游和自由行游客成为客源主体，会展商贸类客源占比有所上升，客源市场二线城市占比上升，人口数量较多的部分内陆城市占比上升。重点境外客源市场为港澳市场、新马市场、日韩市场、俄罗斯市场和澳新市场五大市场。全年接待入境过夜游客18.19万人次，增长33.3%。其中，外国游客9.77万人次，增长34.74%；香港同胞2.7万人次，增长29.98%；澳门同胞0.24万人次，增长39.49%；台湾同胞5.48万人次，增长32.19%。

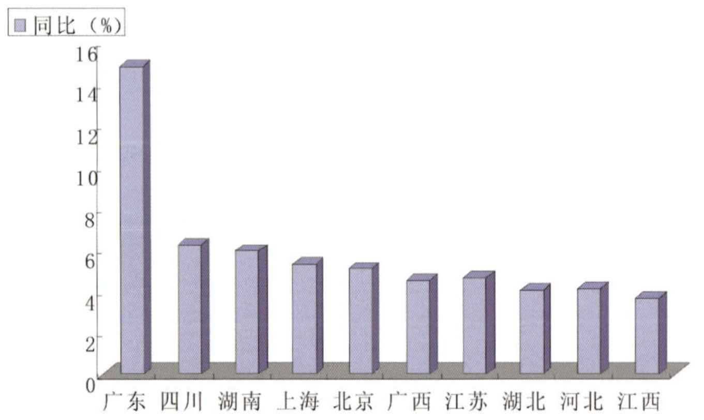

2017年海口游客（省外）客源地前十名（排名靠前的省份）

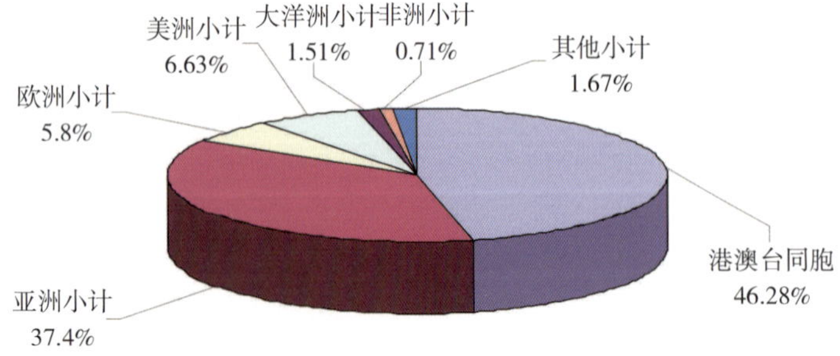

2017年海口市入境客源市场分布图（占入境总数的百分比）

【第二届海南国际旅游岛三角梅花展】2017年1月20日至5月3日举办。以“新花城，新海口”为主题，设有滨海公园主展区、日月广场精品花艺科普展区、市区20个重要路段节点园艺造景以及秀英、龙华、琼山、美兰共有9条三角梅主题街区、6个休憩景观，集17万余株三角梅。本届花展，海口邀请省内多个市县和农垦集团共同参与布展，通过花卉花艺结合小品构筑物等方式，展现各市县的地域文化及特色。本届花展期间，海口围绕旅游、文化、经贸、会展等多个领域推出13项主题活动。三角梅主题宣传片和主题歌曲创作、三角梅摄影大赛、三角梅诗歌大赛、椰树下的三角梅——著名画家采风活动等活动吸引专家学者及爱好者参与，产生出一批三角梅文化艺术作品；“最美花王”“最美阳台”和“最美街区”的评选推广活动，有效激活市民参与的积极性；三角梅系列文创商品的开发推广、三角梅旅游促销等系列活动，有效传播海口“春暖花开”国际化滨江滨海花园城市形象。“赏梅踏春，赏花过节”成为2017年春节海口市民游客出行热门选择，滨海公园主展区接待量突破90万人次。

【海南国际旅游岛欢乐节】2017年11月18日在海南国际会展中心开幕，共有来自15个国家和地区、国内22个省区市的嘉宾出席。本届欢乐节主要分为“欢乐开幕、欢乐节主体活动、海口和三亚主会场配套活动及全域旅游欢乐主题月活动”四大板块。

2017年11月18日，（第十八届）海南国际旅游岛欢乐节在海南国际会展中心开幕。图为开幕式文艺演出　（市文体局 供）

为充分体现全民参与、与民同乐的欢乐节庆氛围，海口陆续开展2017第二届海南世界休闲旅游博览会、活力澳门推广周——海南·海口活动、第三届海口蓝色国际电子音乐节、2017年“认识海南从海口开始”欢乐旅行邀请、2017海口欢乐玩购周、海野动物狂欢季、季末狂欢“带你穿越电影时空”、2017中国（海南）国际海洋产业博览会、2017海南国际房车（汽车）露营休闲旅游博览会、外国人眼中的海南——一带一路美术展、“海上丝绸之路”高尔夫交流发展论坛、欢乐节预热赛事——2017年海南国际竹竿舞邀请赛等精彩活动，共吸引83.2万人次参与，11月全市共接待游客和实现旅游总收入分别为253.34万人次和29.14亿元，同比分别增长11.89%和11.63%。12月31日，欢乐节落幕。海口市被海南国际旅游岛欢乐节组委会授予2017（第十八届）海南国际旅游岛欢乐节全域旅游主题月最佳组织奖和2017年第二届海南世界休闲旅游博览会最佳组织奖两项综合奖项，由市旅发委负责设计搭建的海口馆荣获2017年第二届海南世界休闲旅游博览会最佳展台创意奖。欢乐节期间，海口主会场媒体宣传原创报道共270篇（条），其中电视11篇（条）、报纸27篇（条）、网络110篇（条）、新媒体122篇（条）。

【旅游区域合作】 2017年，琼北旅游加大区域旅游的融合力度，致力于充分调动各市县的优秀资源，联合开发新产品，探索新路线，捂热琼湛区域之间的“小市场”，确保以海澄文为核心的琼北、湛江区域旅游一体化可持续发展。为贯彻落实《粤琼两省政府推进琼州海峡经济带一体化发展联席会议》和《北部湾经济合作组织会议第九次成员大会》工作要求，2016年12月，广东的湛江、雷州和徐闻三市县正式加入，成立琼北、湛江区域旅游合作联盟，2017年联合举办3场推介会和1场新闻发布会，设计近60条线路，成为两地旅游市场发展的良好补充，使旅游产品供给更加多元化、个性化，大大满足消费者的特色化需求。

【旅游宣传】 2017年，海口市旅发委主要策划设计《滨江滨海花园城市·海口深呼吸》《文解海口》《图语海口》《颜绘海口》《海口图册》和配套资料袋，推出“老街”“美食”“休闲度假”“美丽新海口”共4辑产品宣传片，系统性完整呈现海口旅游形象和产品线路，总投放量超过32万册（张），其中市内固定公共产品投放点（店）100余个，并配套国际、国内促销活动及市会展、商务、外办等招商推广、会晤等活动投放公共产品。将“海口旅游”微信平台作为官方宣传口，关注粉丝数23万多，发布微信链接总阅读量超过120万，微信菜单栏移动微网点击量突破220万，微信号月均发稿13篇。通过权威媒体覆盖合作、多点多阵地传播平台建设及策划新闻选题供稿、新闻采风跟踪、新闻综合评论等宣传模式，基本实现发酵性传播海口旅游美誉度的目标。全年关于海口旅游原创报道共3665篇（条），其中电视广播290篇（条）、报纸522篇（条）、网络1564篇（条）、新媒体1289篇（条）。在市旅发委开设的网站群（中、英、俄、日、韩）共发布7215条旅游资讯及900余张图。组织策划“第二届海南国际旅游岛三角梅花展”“海南味道·2017海口风味美食店评选”“暑期长假　海口非去不可”“海口旅游推介会走进西安”“2017年海口市全域旅游示范区”“8天不重样天天主题游海口”“海南欢乐　从海口开始欢乐节专题”等10个营销专题。在香港、澳门重点宣传海口海洋旅游、美食旅游、骑楼文化、高尔夫、亲子旅游、健康旅游等旅游产品；在俄罗斯重点宣传海口气候资源、滨海旅游、中医养生、生态优势、人文风情、直航免签等俄罗斯游客喜爱的旅游产品；在新加坡、马来西亚重点宣传海口侨乡文化、美食旅游、高尔夫旅游、滨海度假等旅游产品。

旅游服务

【旅游服务概况】 至2017年底，海口市有旅游行业企业1658家、旅馆业企业1326家。其中星级饭店40家（五星级6家、四星级14家、三星级18家、二星级2家）、社会旅馆991家、家庭旅馆295家，总客房数7.28万间（套），总床位数突破10万张。

旅行社（分社）企业279家，其中经营出境旅游业务旅行社38家、经营入境和国内旅游业务的旅行社212家、旅行社分社29家；高尔夫球行业企业7家；A级景区10家，具有接待能力的乡村旅游点36个。A级景区10家：海南热带野生动植物园、中国雷琼海口石山火山群世界地质公园（雷琼世界地质公园海口园区）、海口骑楼小吃风情街、五公祠、海口琼洲文化风情街、海口假日海滩、白沙门公园、海瑞墓、海口观澜湖旅游度假区、海口骑楼老街，其中，4A级4家，3A级5家，2A级1家；旅游景区9家；导游服务管理企业5家，有注册导游员7966人。另外，长影海南环球100项目一期和观澜湖旅游度假区狂野水世界项目初步建成，桂林洋国家热带农业公园一期完工。

【旅游产品开发】 2017年，海口市推出水上飞机、滨海夜游、民宿体验等新型业态，结合旅游客源市场变化，整合资源包装设计亲子旅游、自驾旅游、康养旅游、会展旅游等多种多样的主题旅游线路；强调海口交通枢纽优势，围绕“认识海南从海口开始”，注重住宿市场和本地休闲度假产品，深度整合自由行市场，通过推出海口两日游线路、乡村旅游以民宿为中心的旅游新产品。年内有2艘邮轮开发海口邮轮旅游航线，海口邮轮旅游取得较大的进展：1月6日至3月13日，渤海邮轮“中华泰山号”以海口为母港运行海口至越南航线28航次，组织1.13万名游客出游；由海南港航集团与钻石邮轮公司合作，采取包船的方式，承租钻石邮轮“辉煌号”运行海口至越南、菲律宾邮轮航线，12月25日开通海口至越南下龙湾航线，并陆续开通海口至越南岘港、芽庄，菲律宾马尼拉，老挝邮轮旅游航线，航期持续至2018年5月。以“全域旅游”的视野，主推乡村旅游线路，携手湛江、雷州和徐闻联合推出“一程多站”式乡村旅游精品线路，即主题为“一路南下去看海”等5条海口—徐闻—雷州—湛江乡村旅游线路，将沿线的乡村特色景区景点连点成线，打造湛江—海口沿线精品路线；针对琼湛区域各市县差异化的旅游资源，设计琼北、湛江区域采摘亲子游、航天科普游、美食快乐游、都市街区游、乡村乡愁游、文化探秘游、工业特色游七大系列夏季旅游线路产品，推出如“海口都市街区游、海口周边一日游、澄迈文昌古村落探秘一日游、航天科普文化一日游及一路向南去看海——湛江3天2晚游、琼北2日游”等48条线路。在第二届海南国际旅游岛三角梅花展期间，发挥“三角梅+”的叠加效应，将花展作为推进全域旅游建设的切入点，以及推进供给侧改革的新举措，结合冬季营销与春季赏花踏青，把三角梅与城市漫游、乡村游、购物休闲、文化餐饮、亲子体验、婚庆、花卉产业基地观光等模式相结合，推出城市赏花游、海口“深呼吸”亲子游、海南美食游三条精品线路。

【海口首艘水上夜游游轮首航】 2017年8月1日，“海口滨海游”首航仪式在秀英港客运中心举行。海口滨海游项目运营船舶为“海口湾1”轮，游艇长46.2米、宽9.8米、型深3.3米，船体共3层，可载员约150人。为海口市的打造海口海上夜游第一品牌。“海口湾1”轮从秀英客运码头出发，穿越西海岸、世纪大桥、万绿园、美源码头，再回到客运码头，在2个小时的游玩中，游客可在品味美食、欣赏歌舞表演的同时，感受海口湾海风轻抚和滨海沿线夜景的独特魅力。另外，游客还可根据需要自行定制包船，满足观光游览、美食品尝、亲水旅游、海上婚礼及摄影、海上宴会等多元需求。至年底，计划航班79个，因天气等客观因素取消航班25个，实际有效航班54个，搭载游客总人数5885人，收入28.4万元。

【乡村旅游】 2017年，海口市旅发委编制完成《海口市乡村旅游和休闲农业健康发展调研报告》，提出因地制宜编制规划、大力发展支持创意发展、统筹塑造特色品牌等多项对策措施。冯塘绿园、香世界庄园被省旅游委分别评为五椰级、三椰级乡村旅游点；海南世外桃源菠萝蜜休闲观光果园等7家观光果园入选省农业厅、省旅游委2016年海南省休闲农业观光果园名单，进一步丰富海口乡村旅游产品。全年海口市纳入抽样统计的6家乡村旅游点，接待游客25.73万人次，旅游收入1.1亿元。

【民宿经济】 2017年，海口市开发特色主题民宿示范点，打造精品乡村旅游线路，形成“民宿+”旅游新业态。市旅发委起草《关于促进民宿发展的决定》《关于扶持和促进民宿经济发展的指导意见》和《海口市创建民宿示范点工作方案》3部扶持性政策法规，并提请市政府审议，支持和引导民宿发展。聘请旅游专家组建民宿指导团队，完成海口民宿产业调研，指导和服务民宿点的建设和升级改造。邀请岛内外民宿专家先后开展6场大型专业培训，结合当地资源策划“绿游海口”等旅游活动。全市民宿或类民宿风格的旅馆共有22家。其中，秀英区5家（人民骑兵营、美社有个房、火山石坞、雅秀学堂、花梨之家），琼山区6家（世外桃源休闲养生区、泮边休闲农庄、田心思乐农庄、塔昌农家乐、香世界庄园、兰花谷休闲农园），龙华区4家（羊山休闲公社、月茗庄、还客1921、印象海上花酒店），美兰区7家（演丰龙安农庄、桃花源客栈、枷椗山居、世外桃园客栈、连理枝渔家乐、雁阵民宿、椰林海鲜园）。发展特点：民宿开发以重要旅游景区和文明生态村为载体，外来投资者租用当地居民住宅或废旧的集体用房投资建设居多，本地居民自己建设经营仅4家，90%以上的经营房间数超过14间的国内民宿标准要求；经营模式有公司经营、“公司+农户”、农户自发、“公司+合作社”、混合制模式（“公司+合作社+农户”或“公司+公司”等）等 5 种模式，其中，公司经营是当前的主要经营模式。

【旅游免税购物】 2017 年 11 月 1 日，海口航空旅游免税城开业。至此，海口美兰机场免税店购物区域增加 1.8 万平方米，总面积 3 万多平方米，并在原有 400 多个品牌的基础上新增 31 个品牌。开通“提前购”服务，旅客可以于乘机离岛前 1 天进入机场免税店购物。全年，海口美兰机场免税店实现营业额 21.4 亿元，增长 35%。

【海口风味美食店评选】 由海口市旅游发展委员会、市食品药品监督管理局联合海口市旅游标准化建设委员会、4 个区旅游部门及海南省酒店与餐饮行业协会、海口市餐饮烹饪行业协会共同举办，2017 年 3 月 20 日启动。第一阶段为海口美食店推荐征集以及“第一美差”市民美食品鉴员报名。各渠道征集到报名参与市民品鉴的市民游客 596 名，4 个区、协会推荐及各渠道自行报名美食店共 66 家，其中，符合初选条件的有秀英区 2 家，龙华区 38 家，琼山区 7 家，美兰区 17 家。报名争选的美食店品品类涵盖正餐、甜品、海鲜、糕点、小吃等。第二阶段为实地走访。主办方将在第一轮筛选后初选出 30 家风味店，并组织由市民品鉴员、专家评议团以及食药监督管理部门等，组成综合评议团逐一走访打分。最后，根据商家自身实际情况、特色菜品、竞争优势、市民推荐情况、社会反映情况、公众投票结果等综合考评条件，授牌前十九佳，于 5 月 19 日颁发授牌。以“最鲜、最全”海南美食为旅游营销卖点的“海南味道”2017 海口美食店评选活动，以美食与交流为切入点，挖掘海口特色街区美食文化和海岛休闲城市底蕴。通过大众、媒体、专家团等美食评鉴评选，宜游宜食，掀起海口美食游消费热潮。

“海南味道”2017 海口风味美食店评选入选名单

辖区	序号	店名	地址	主打美食
龙华区	1	原味主张椰子鸡	京华城 C 座 3 楼原味主张	椰子鸡
	2	吉祥面包店	大同路 15 号	香菇包、咖夏包
	3	铺前三婆糟粕醋	义龙西路 10 号	糟粕醋、糯米粿、猪肉粽
	4	海口琼菜王美食村	金垦路 20 号	琼岛香蕉虾、礼纪槟榔骨、金瓜海珍汇
	5	东方之猪四更烤乳猪	金垦路 47 号	烤乳猪
	6	海口龙泉人渔村	龙昆南路 18 号	龙泉文昌鸡、膏蟹粉丝煲、琼式烧鱼肚等
	7	米烂君	国贸路城市精英 A 座 1 楼	儋州米烂
	8	舌尖至尚	坡巷村南二街 18 号	鸡屎藤
美兰区	9	皇马假日老街老爸茶馆	长堤路 34 号水巷口	火山泥土窑鸡
	10	么二抱罗粉	蓝天路华锦名都一层 20 号商铺	抱罗粉、红子鸽、粽子等
	11	田园琼菜坊	白驹大道灵山镇政府旁	干腌海南粉、海南糯米鸭、虾球烧鱼肚
	12	椰语堂	上邦百汇城	清补凉
	13	石山乳羊第一家	滨江西路北侧（近琼州大桥）	乳羊宴
	14	饮盟果吧连锁	博爱北路 85 号 -1	老盐系列果汁
琼山区	15	香世界庄园	铁龙路香世界庄园	香草油煸蟹、香草油煸虾、香草炒农家鸡
	16	海口琼山春香土窑海鲜店	滨江路花卉大世界园内沉香路一号	土窑鸡、土窑海鲜
	17	海口琼山百味香园美食城	府城中山南路	羊山黑羊汤、肉沫黑豆腐煲
	18	大椰小馆海南特色风味餐厅	日月广场摩羯座 3 楼	文昌鸡、嘉积鸭、东山羊、和乐蟹等
秀英区	19	冯塘绿园	永兴镇冯塘村冯塘绿园	冯塘飞鸡、橄榄肉粽、橄榄汁

【旅游商品研发】 2017年，在中国特色旅游商品大赛上，海口共有“骑楼”咖啡特色旅游商品、椰之情古韵椰风椰壳智能小家电系列、“锦绣织贝”系列特色旅游商品等12项旅游商品研发产品获奖。获奖旅游商品研发项目与海南热带野生动植物园升级改造项目和海口火山口公园升级改造项目等共16个项目获得2017年省旅游产业发展专项资金。

【出台新的旅行社奖励办法】 2017年1月25日，根据海口市旅游市场变化，重新调整旅行社奖励政策，市政府办公厅印发《海口市旅行社开发客源市场奖励办法》，在海南省内具有合法资质的旅行社、分社，通过组织招徕游客在海口住宿、游览、观光及其他旅游消费的，均可申请奖励。其中旅行社以自身的电子商务平台向海口旅游饭店输送客源，最高奖励金额可达100万元。

旅游管理

【旅游管理概况】 2017年，海口市旅发委大力开展旅游市场综合治理，履行行业安全监管责任，多措并举推进文明旅游建设，打击影响旅游市场秩序的各种违法、违规行为，全面规范旅游企业经营行为和旅游从业人员服务行为，打造安全和谐、文明有序的旅游发展环境。全年市旅游质监所共出动行政执法人员1500余人次、执法车辆500余台次，不间断在旅行社、景区和酒店开展旅游执法检查，强化对旅游企业的监管，行政处罚24家旅游企业、10名旅行社从业人员，处罚金额105.8万元，为游客挽回经济损失31万元；共接到旅游咨询投诉747起，其中咨询300起，电话和书面投诉447起，均及时协调处理，满意率100%。

【旅游饭店管理】 2017年，海口市旅发委对海口市20家三星级以下旅游饭店开展星级饭店复核，取消3家星级饭店资格。开展安全管理工作、专业技术、双创安全生产及技能提升、星评员及星级饭店内审员换届等各类培训共6次，累计1200余人参加培训。海口市星评委聘任海口市星评员49人。

【旅行社及导游管理】 （1）规范管理旅行社。2017年，根据海口市旅游市场变化，市政府办公厅重新调整出台《海口市旅行社开发客源市场奖励办法》，通过经济手段规范行业管理。市旅发委召开海口市旅游市场监管工作会议，通报旅游市场整治和旅游安全生产监管情况，约谈投诉问题较突出企业；要求海口市旅行社协会针对“一日游”制定行业公约，发布行业行规，出台指导价，有效规范“一日游”市场。（2）落实导游体制改革。市旅发委根据国家旅游局《关于“全国导游公共服务监管平台”上线及电子导游证相关事宜的通知》和《关于换发电子导游证相关事宜的补充通知》要求，推动导游员工化，明确导游挂靠单位和工资社保，推进导游体制改革。启动电子导游证换发工作，完成换证前期准备工作。

【旅游市场监管】 2017年，海口市旅游管理部门对旅游企业市场常态化检查共620余次，检查内容包括：对旅行社、景区（点）、酒店等进行“双创”工作检查和企业经营管理服务、安全管理巡查及游客投诉处理。联合市市政市容委、市公安局、市工商局，打击在明珠广场、假日海滩、万绿园、白沙门公园等乱发旅游小广告行为，依法没收各类非法小广告共3000余份。查处不合理低价游。特别针对“不合理低价游”等违法违规行为，开展旅游市场综合整治专项行动，检查旅行社18家、景区2家。春节期间联合公安、交通、工商、商务、物价等部门坚持24小时值班制度，公布咨询、投诉电话，给游客提供全方位服务和质量保证，及时为游客和市民解决矛盾纠纷。共接待旅游咨询服务1.5万人次，4个区所属的旅游巡回法庭无一起旅游投诉纠纷。制定《海口市旅游行业诚信管理机制建设工作方案》，建立海口市旅游诚信平台，评选“放心商家”和“优质商家”，并实行动态管理，促进海口市旅游企业诚信经营，提高旅游企业服务质量和服务水平。

【旅游安全管理】 2017年，海口市旅发委全面落实“党政同责、一岗双责”和行业安全生产监管责任，强化“红线”意识，加大安全检查和整治力度。（1）做好消防安全工作。对高层建筑、大型城市综合体内的宾馆酒店、旅游场所和旅游设施及辖区内景区景点进行火灾隐患排查整治，坚决预防和遏制重特大火灾事故的发生，保持旅游行业安全稳定。（2）开展安全生产大检查活动。组织10个检查组开展旅游行业安全生产大检查，出动检查人员552人次，检查旅游生产经营单位452家次，排查发现一般安全隐患53项，全部完成整改。（3）抓好汛期、防台旅游安全工作。组织各旅游企业防御“桑卡”“帕卡”“杜苏芮”“卡努”台风。完善防风防汛应急预案、强化防御部署检查、加强值班值守，抓好防汛、防风工作，确保景区景点及游客的人身及财产安全。其中，在防御20号台风“卡努”期间共出动30多人次，冒雨检查企业20家，成立2个应急救援分队，全时做好应急救援准备。（4）做好节假日安全工作。在“国庆、中秋”双节长假期间对全市旅游行业开展专项旅游安全生产检查，检查旅游企业20多家。重点对冯小刚电影公社、白沙门公园、火山口公园等点位的旅游接待工作、安全生产等方面展开暗访检查。在党的十九大会议期间，分成2个工作组对全市旅游企业开展综合执法检查，检查海南海天假期旅行社、金海岸罗顿大酒店等16家企业，排查发现隐患4处，现场完成整改2处，限期整改2处，确保十九大会议期间全市旅游行业持续安全稳定。(5)加强安全培训。先后组织旅游企业法人、安全专管员进行培训6场次，培训人员1100多人次。“6·16”安全生产宣传日活动期间，在假日海滩和万绿园举办主题为“全面落实企业主体责任”的安全生产咨询活动。全年没有发生一例旅游安全责任事故，全市旅游行业安全生产形势稳定，旅游经济平稳发展。

【旅游教育培训】2017年，海口市旅发委以人才需求为导向，坚持产教融合的原则，整合社会资源，采用多种形式培养和引进人才，持续加强旅游人才队伍建设。加大培训投入，创新培训模式，重点加强民宿建设与管理培训，打造海口市特色的旅游培训体系，以适应旅游新业态发展。全年组织开展各类人才培训35期，培训人员9026人次。其中：旅游民宿专题讲座2期，约1800人次；旅游行业技能人才类培训13期，约2316人次；政策法规及系统填报操作类培训7期，约2200人次；旅游标准及“双创”类培训6期，约1760人次；扶贫专题培训1期，约150人次；旅游行业安全管理工作培训6期（约1100人次）。

【文明旅游创建评选】2017年，海口市旅发委开展“旅游行业先进单位”“文明旅游形象大使”“海口好游客”等评选活动，评选出推动文明旅游创建工作先进单位47家、文明旅游形象大使16名、海口好游客10名。树立一批先进典型，充分发挥模范引领作用，打造海口“文明旅游形象”名片。

2017年海口市四星级以上旅游饭店名录

序号	星牌编号	名称	星级	电话
1	4650006	海南君华海逸酒店	五星	68548888
2	4650012	海南新国宾馆	五星	68715666
3	4650018	海口喜来登温泉度假酒店	五星	68708888
4	4650019	海口天佑大酒店	五星	31688855
5	4650075	海口明光大酒店	五星	32166666
6	4650030	海口观澜湖度假酒店	五星	68683888
7	4640001	海南宝华海景大酒店	四星	68536699
8	4640004	海口中银海航国商酒店	四星	66796999
9	464005	海口黄金海景大酒店	四星	68519988
10	4640006	海南金银岛大酒店	四星	66763388
11	4640021	海南鑫源温泉大酒店	四星	66735111
12	4640026	海南太阳城大酒店	四星	66206666
13	4640031	海南椰海大酒店	四星	68598888
14	4640032	海南凯威大酒店	四星	68628288
15	4640043	海南和亿华天酒店	四星	66799988
16	4640055	海南万利隆商务酒店	四星	68569666
17	4640056	海南新奥斯罗克酒店	四星	66530666
18	4640060	海南赛仑吉地大酒店	四星	66778888
19	4640061	海南鸿运大酒店	四星	36665606
20	4640062	海口宝驹酒店	四星	36618999

（易建雄）

（编辑：姚　锐）

金融综述

【金融业概况】2017年，海口辖区有银行机构27家，其中政策性银行分行3家、国有银行分行5家、股份制商业银行分行8家、地方股份制商业银行1家、外资银行分行1家、邮政储蓄银行分行1家、农村信用社1家、农村商业银行2家、村镇银行1家、农村资金互助社1家、法人财务公司2家、财务公司分公司1家、证券交易营业部41家、保险公司24家。年末，全市金融机构本外币各项存款余额5409.98亿元，比上年增长8.4%，增速下降14.2个百分点，比年初增加442.35亿元，同比多增420.68亿元。其中住户存款余额1576.09亿元，增加107.87亿元。全市金融机构本外币各项贷款余额5600.33亿元，增长6.3%，增速下降8.3个百分点，比年初增加331.85亿元，同比多增331.84亿元。其中中长期贷款余额4105.72亿元，增长6.5%；短期贷款余额1150.25亿元，增长25.8%。金融业实现增加值167.27亿元，增长5.7%，对全市经济增长的贡献率9.2%，占全市GDP比重12%。

（夏 凡 陈永够）

【涉农信贷产品】2017年，海口市政府与驻海口银行机构、保险机构创新“三农”服务方式，联合推出“农保贷”项目，缓解农业发展“融资难、融资贵”等问题。海口农商行推广“一小通”小额信贷支农模式，发放农户小额贷款，帮助海南农民发展生产。海南银行推出服务于渔民合作社的“渔丰贷”产品，面向有购置、建造渔船（含补给船）需求的企业客户推出的用于购置、建造渔船及采购、安装其他船上设备，并以所购置、建造的渔船作为抵押，按约定还本付息的贷款，贷款期限可长达7年，融资额度可达到渔船建造价格的65%。海口市农信社为重点支持贫困地区发展特色产业和贫困人口发展生产创业，有效发挥金融支持精扶贫、精准脱贫的积极作用，结合实际，推出“一小通”福贷。海口农商行、海口市农信社、农业银行红城湖支行、邮储银行海口分行等涉农银行均推出小额信贷产品，服务“三农”。

【农民小额贷款】2017年3月、9月，海口市分别开始实施《海口市农民小额贷款贴息工作实施细则》《海口市扶贫小额信贷风险补偿资金管理办法》。全年全市累计发放农民小额贷款4.35亿元，完成省下达农民小额贷款3.41亿元年度任务的127.72%，累计放款户数6711户；累计贴息金额313.17万元、贴息户数3241户。其中：海口农商银行累计发放农民小额贷款2.52亿元，完成年度任务的113.87%，累计放款户数4798户；完成贴息192.72万元，贴息户数2720户。海口市农信社累计发放农民小额贷款1.05亿元，完成年度任务的131.09%，累计放款户数976户；完成贴息8.38万元，贴息户数126户。邮储银行海口分行累计发放农民小额贷款6308万元，完成年度任务的197.13%，累计放款户数571户；完成贴息83.95万元，贴息户数179户。农行红城湖支行累计发放农民小额贷款876万元，完成年度任务的124.9%，累计放款户数311户；完成贴息28万元，贴息户数216户。甲子镇龙谭农村资金互助社累计发放农民小额贷款600万元，累计放款户数55户。

（陈永够）

中国人民银行海口中心支行

【金融监管】2017年，人民银行海口中心支行加强对辖区系统性重要性金融机构经营状况的分析，密切监测银行、证券、保险机构风险状况；定期监测农村信用社系统社团贷款、法人金融机构非信贷资产质量和房地产金融风险，完成6家银行业不良资产真实性现场评估工作。开展“两综合、两管理”工作，共核准34家新设金融机构加入人民银行管理与服务体系，对21家银行机构进行综合评价。开展宏观审慎评估工作，完成对辖区31家法人金融机构的宏观审慎评估，通过发放风险提示函、约见高管班子谈话等方式，督促考核为C级的5家机构稳健经营。继续坚持加大对非法金融活动的监测力度，建立非法金融活动监测协调工作机制，在市县支行建立非法金融活动监测点。深入开展电信网络诈骗、互联网金融风险、非法买卖银行卡信息以及非银行支付机构风险等专项整治活动，加大对非法集资、支付结算重大违法犯罪、离岸公司和地下钱庄转移赃款、假币违法犯罪等不法行为的打击力度，有效维护辖区金融市场秩序。围绕“扩流入、控流出、稳预期”中心工作，组织开展“逃骗汇、非法套汇”专项检查，对外汇业务违法违规的银行和企业进行处罚，有效防范跨境资金流动风险。配合公安等部门，妥善处置海南大宗商品交易中心非法经营外汇业务的案件。加大反洗钱监管力度，全面推动“3号令”的贯彻落实，配合海关、公安破获特大骗取国家出口补贴案，涉案金额984亿元。

【金融服务】2017年，人民银行海口中心支行完善金融统计制度，探索建立商业银行非标资产统计制度和金融资产管理公司业务统计监测制度。完善支付清算基础设施，顺利完成ACS、AMIS等系统升级换版工作。牵头建立海南省地方国库现金管理电子招投标系统，推动地方国库现金管理招标工作公平、高效开展，清理国库质量和效率大幅提升。全年，国库现金管理操作投放5期，累计金额250亿元；国库现金管理收回操作6期，累计收回本金220亿元、利息2.01亿元。深化人民币净化工程，加大对残损人民币收缴、销毁力度，不断提升流通中人民币整洁度，推动辖区硬币自循环工作。

【信贷管理】2017年，人民银行海口中心支行引导金融机构增加信贷投放，加大金融支持实体经济发展力度，助推海南省产业转型升级。鼓励金融机构通过总行直贷、银团贷款、新增信贷规模和对相关产业设施项目单列信贷计划等方式，加大对12个重点产业、“五网”基础设施建设、新型城镇化建设和生态文明建设的支持。鼓励金融机构为住房租赁企业提供金融支持，支持房地产业转型升级，构建房地产调控长效机制。推进金融精准扶贫工作，研究出台《关于进一步加强金融支持脱贫攻坚工作的通知》，与省金融办、扶贫办等部门联合组织开展金融扶贫集中推进“百日行动”，通过开展金融精准扶贫政策效果评估、发放支农支小再贷款、创新扶贫再贷款使用等多种方式，加大对贫困地区和农户的金融支持。严格执行商业性差别化住房贷款政策，要求商业银行积极配合做好住房信贷调控工作，将房地产贷款增速保持在合理水平。

【外汇管理】2017年，国家外汇管理局海南分局围绕“扩流入、控流出、稳预期、防风险”的中心工作，深化外汇管理制度改革，强化真实性合规性管理，加强跨境资金流动监测，严厉打击外汇违法违规行为，提高外汇形势分析水平，紧抓信息调研和重点领域的课题研究，着力提升外汇服务实体经济发展能力。全年，“扩流入、控流出”工作成效明显，收付款总额286.78亿美元，增长7.7%；全省涉外收付款逆差56.92亿美元，下降12.7%；结售汇总额94.72亿美元，下降22.1%；银行结售汇逆差62.34亿美元，下降19.6%；辖区4家企业顺利借入外债4.6亿美元，全口径外债宏观审慎管理落到实处。“控流出”项下外汇专项检查，共查处案件10起，涉案金额4428.35万美元，处罚金额174.84万元，增长146%。配合政府相关部门做好海南大宗商品交易中心非法经营外汇案件的查处和维稳工作。

（夏 凡）

驻海口商业银行选介

【国家开发银行海南省分行】2017年，国开行海南省分行在海口市营业网点仅有1个，营业网点柜员7人，员工156人（不含三亚分行）。全年向海南授信681亿元（其中对海口新增授信承诺项目26个，合计承诺额372亿元）。发放贷款1211亿元（其中对海口地区发放贷款336亿元），创历史新高，贷款余额2461亿元（其中在海口地区贷款余额1044亿元），增长1.6%。缴纳地方税收8.2亿元，市场份额占比连续14年保持全省第一。实现金融业增加值49亿元，占全省GDP的1.1%。引入平安保险资产管理公司12.18亿元险资，配以信贷资金5.01亿元，通过“保险债权投资计划+开行棚改贷款”模式支持海口市新琼片区棚改项目，该模式有效拓宽棚改资金渠道，分散项目资金风险。累计向海口市投放棚改贷款资金47亿元，支持新琼片区、五源河片区和灵山片区等棚改项目建设。主动接洽中国交建、中国能建、中国中铁等大型央企，引导央企参与海口PPP项目投资建设，推动海口PPP项目落地。截至年末，承诺PPP项目90亿元，发放PPP项目贷款30亿元，有力支持南渡江饮水、马村港、海口地下管廊等一批重大基础设施项目建设。累计向海口市发放助学贷款1.03亿元，资助贫困学生1.63万人次；向海口市发放生源地助学贷款2023万元，资助学生2964人次。

【中国进出口银行海南省分行】截至2017年末，中国进出口银行海南省分行有营业网点1个，从业人员50人，年末贷款余额309.68亿元，新增2.58亿元。主动服务实体经济，分行全部贷款的35.7%投向制造业，第二产业贷款余额111亿元，在省内金融机构中占比最高。同时，在投向第三产业的贷款中，主要支持交通运输等实体经济，贷款余额近150亿元，占分行全部贷款48.4%。参与海南省PPP项目，海口港马村港区扩建三期集装箱码头工程项目于11月成功签署借款合同。减费让利助力企业降成本，引入中国人民银行PSL资金、优惠贷款等方式，为符合条件的客户提供低成本融资支持。为进一步降低企业财务负担，对网上银行U盾工本费、网上银行客户证书预植费、网上银行客户证书费及汇兑电汇等收费项目予以免费；对福费廷手续费、国内卖方信用证通知、国内卖方信用证审单、进口信用证开证手续费、进口信用证承兑手续费和进口押汇手续费等项目下调收费标准。全年共为企业节约利息、手续费等财务费用超过2000万元。落实扶贫攻坚工作，至年末，产业精准扶贫贷款余额8.74亿元。

2017年12月22日，工商银行海南省分行与加州国际外语学校签订互联网金融战略合作协议 （市金融办 供）

【农业发展银行海南省分行】下辖2个地市级分行、15个县级支行、2个扶贫信贷组，是海南唯一一家农业政策性银行，在职员工406人。截至2017年，各项贷款余额366亿元，比年初增加3.44亿元，政策性金融支农力度保持历史较高水平；日均存款余额157亿元，同比增加51%；实现账面利润5.43亿元，还原PSL利差和补提贷款拨备等因素后，实际利润7.47亿元，增长78%。支持热带特色高效农业发展，审批36.92亿元、投放21.28亿元贷款支持一批农业龙头企业发展壮大。累计发放产业扶贫贷款21.02亿元，辐射带动建档立卡贫困户3536户，惠及贫困人口4万人；引导龙头企业签约帮扶17个贫困村，帮扶贫困户2249户，帮扶贫困人口9466人。围绕农垦八八战略，提供融资融智服务，共同组织对农垦涉农棚改、土地资源资产资本化等专项调研工作，支持桂林洋国家热带农业公园、海岛和牛等一批农垦市场化改革开局性项目。

【工商银行海南省分行】截至2017年末，在海口地区共有54家营业网点，占全省营业网点的44%。从业人员1842名，占全行从业人员的68.9%。全年累计发放贷款总额297.31亿元，其中本外币法人贷款总额246.29亿元，增长5%，比年初增加31.61亿元，主要集中在房地产、交通运输、制造业、住宿餐饮及批发零售等行业。个人贷款总额51.02亿元，增长103.24%。从贷款结构来看，新增贷款以个人住房贷款为主，累计投放42.51亿元，个人非住房贷款投放8.51亿元。发放小微贷款的加权平均利率为5.27%，低于同业贷款利率。通过“续贷”和“年审制”等方式满足小微客户无还本续贷，降低其融资成本。并通过“网贷通”产品的网银随借随还，降低企业实际占用资金成本，减少利息支出。先后推出政保贷、固定资产购建贷款、网上小额贷款、扶贫小额贷款以及两权（农村土地承包经营权和农民住房财产权）抵押贷款等。

【农业银行海南省分行】至2017年，在海口地区共有营业网点63个，其中城区54个、郊区和乡镇9个，从业人员1600人。投放ATM等自助设备315台，遍布海口城乡。海口地区各项贷款余额336.92亿元，比年初增加38.44亿元，增长率12.88%，其中小微企业贷款余额29.32亿元，比年初增加10.16亿元。通过模式创新，成立“管营合一”的普惠金融事业部，负责海口地区小微企业客户的直接营销和维护，实现小微企业金融业务的集约化经营、专业化管理、工厂式运作、综合化服务；产品创新，针对小微企业经营特点，研发推广“厂房贷”“网捷贷”“税银通”等特色金融产品；定价创新，对创业创新型小微企业加大服务收费减免优惠力度，推广以政府增信为代表的低成本增信渠道，降低企业经营成本，解决小微企业融资难、融资贵的问题。同时，以家装贷、房联贷、随薪贷、薪保贷等特色产品，为优质个人客户群提供金融服务；开展汽车分期、美食半价、8元观影等多项信用卡分期活动，促进刷卡消费增长；对满足贷款条件的包干乡镇建档立卡贫困户机遇信贷支持，推动金融精准扶贫工作有效开展。

【中国银行海南省分行】2017年末，海口地区在岗员工1347人，网点41家（含4家海口城区管辖支行、1家分行营业部）。海口地区存款余额（含理财）819.8亿元，比上年提升115.1亿元，增幅16.3%，占四大行市场份额31.52%。海口地区贷款余额393.3亿元，比上年末新增69亿元，占四大行市场份额25.48%；不良贷款余额为2.12亿元，不良率为0.49%，下降0.16个百分点。落实市委市政府部署要求，加大对重点项目和龙头企业的贷款支持力度，全年累计投放公司贷款153.05亿元，重点支持西环高铁、海南电网、华能海南发电、绿地鸿翔棚改等重点项目，华润中心、海口观澜湖旅游度假区、海口万达广场等一批旅游购物项目，以及奇力制药、惠普森等制药企业，立升净水等科技型企业，海航集团、港航控股等龙头企业。持续发挥“中银信贷工厂”的特色产品优势，加大对中小微企业的支持力度，投放首笔扶贫贷款200万元，为海南嘉昕纸箱包装有限公司、海南优之杰汽车有限公司、海南国人药业有限公司等海口地区中小微企业提供融资支持。至年末，海口地区小微企业贷款余额43.13亿元，小微企业贷款客户550户，均比上年末提升。持续深化与绿地、观澜湖、恒大、中海、华润等优质房地产开发商的合作，持续做大个贷业务，全年海口个贷余额126.34亿元，增速44.7%。同时，以中银E贷、爱家分期等特色业务，为海口市优质个人客户群、群鸟客户群提供创新金融服务，通过开展多项营销活动，促进境内外刷卡消费增长。

【交通银行海南省分行】2017年，有营业网点23家，从业人员571人。至年底，各项存款余额400.52亿元，增幅20.52%；贷款余额315.48亿元，增幅33.6%。个人贷款余额122.53亿元，增幅75.91%，小微企业贷款余额25.27亿元，比年初增加3.13亿元。实现经营利润9.17亿元，增长48.61%；经济利润5.54亿元，增长78.06%；完成总行计划138%。不良贷款余额12263万元。2家网点获评中银协文明规范服务“五星级网点”，1家网点获评“四星级网点”。履行社会责任，实施精准扶贫，落实扶贫资金20余万元，助力扶贫点实现脱贫目标。

【海南银行】2017年，在海口地区有总行营业部、海口滨海支行、海口红城湖支行、海口海甸支行、海口五源河支行5个营业网点，共有从业人员348人。累计投放海口市客户贷款金额25.31亿元，全口径税收实缴缴纳1.31亿元。重点支持海南省热带高效农业、海洋渔业、医疗健康业、旅游业的发展，特别是支持省菜篮子集团及上游供应商民生工程发展。陆续为省菜篮子集团和上游供应商发放贷款3932万元。

【平安银行海口分行】截至2017年底，有员工360人，共11家营业网点，其中海口城区支行7家、异地支行4家。支行分布在三亚、儋州、琼海、文昌。零售转型成效显著，零售个人贷款余额占比近50%。运用科技手段构建“社交平台+APP+远程客服”的SAT模式，打造智能零售新门店，提升服务品质和效率。平安银行海口分行为工薪阶层、小企业主提供信用贷款“新一贷”“金领通”“薪易通”、抵押贷款“宅易通”和“持证抵押消费贷款”等多种消费信贷产品。全年通过发放消费信贷类贷款，帮助近1万户居民从居住环境、生活品质、教育等方面做整体改善。

【招商银行海口分行】截至2017年底，有正式员工249名，派遣员工26名。有综合支行6家、零售专业支行1家、小微支行3家，15家自助银行（其中2017年开业2家）和7台单台自助设备（其中2017年开业2家），逐步形成“旗舰店+卫星店互补、重点区域全覆盖”的网络化机构布局。各项贷款余额96.97亿元，较年初新增13.34亿元。其中对公贷款58.66亿元，较年初新增7.41亿元；个人贷款34.31亿元，较年初新增9.2亿元，其中小微贷款2.73亿元，基本与年初持平。分行利用行业销售季节性因素进行小微客户获客，重点发展核心企业供应量项目，如针对空调销售旺季，对格力、美的下游客户名单进行针对性营销。至年末，供应链项目累计发放3692万元，贷款余额1838万元。

【光大银行海口分行】2017年，下辖19家支行，有正式员工697人，派遣员工88人。贷款余额208.37亿元。创新小微企业的融资产品及融资方式，为小微企业量身定做“小额融易贷”“税贷易”“小微结算卡”“POS快贷”等一系列信用类贷款产品。先后与海南省国家税务局、海南省地方税务局、海口市国家税务局等多个税务机关签署《银税合作协议》，开展“银税互动”合作，为小微企业提供信用贷款。同时，通过与海口市财政局“小微企业助保金”业务平台，在小微企业抵质押物担保不足的情况下，为小微企业提供授信支持。至年末，累计为12户小微企业发放助保金贷款，发放授信金额4592.28万元。

【民生银行海口分行】2017年8月3日正式开业，共有3家网点（海口分行营业部、三亚二级分行营业部及三亚解放路支行），持牌社区网点18家（海口10家、三亚8家），员工156人（其中正式员工145人、派遣员工11人）。对公贷款累计投放20.61亿元，累计收回13.28亿元，最终表内对公贷款规模较上年增长7.33亿元，余额23.85亿元。零售贷款余额6.66亿元，其中小微贷0.27亿元，其他消贷0.33亿元。向小微企业主推广云账户业务，至年末，共新增163户云账户，增加对公存款668万元，个人存款411万元，金融资产932万元。向优质企业宣传新型消费贷产品——定额消费贷，9月成功为海南省财政厅员工发放定额贷款，截至12月末，成功提交30笔贷款，授信额度600万元，额度启用123万元。

【海口农商银行】截至2017年末，共有营业网点60个，在职员工1055人。存款余额346.27亿元，贷款余额240.87亿元，总资产869.08亿元，合并报表总资产超过1000亿元。开办票据、理财、承销债券等新业务，中间业务收入历史性突破2亿元。后

2017年9月30日，海口农商银行开展金融扶贫分红活动　（市金融办 供）

督差错率比2015年下降72%。获2项省部级科技进步奖。获“全国用户满意质量工程企业奖”“海南省企业100强”称号、海南省模范劳动关系和谐企业奖。

【海口市农信社】截至2017年，共设立营业网点23个，从业人员354名。投放贷款总额76.29亿元。先后推出“一税通”、小微企业信贷续贷产品、“一小通”社宝贷产品、“一小通”福贷、“农保贷”、社会保障卡持有人无抵（质）押担保小额贷款等贷款项目。

（陈永够）

证券期货

【证券概况】2017年，海口市有沪深证券交易所上市公司25家，挂牌交易的股票27只（A股25只、B股2只），总股本422.13亿股，总市值3172.98亿元。在25家上市公司中，主板上市19家，中小板3家，创业板3家。上市公司2017年年报显示：全市25家上市公司中，18家公司盈利，7家公司亏损；年末上市公司总资产4203.87亿元，净资产1537.05亿元；全年实现营业收入1299.89亿元，归属母公司股东的净利润44.72亿元。有7家公司实现在全国中小企业股份转让系统挂牌。至年底，全市共有全国中小企业股份转让系统挂牌公司30家，总股本54.62亿股。27家挂牌公司2017年年报显示：24家公司盈利，3家公司亏损；年末总资产142.58亿元，净资产73.8亿元；全年实现营业收入56.42亿元，归属母公司股东的净利润4.29亿元。

【证券市场融资】2017年，海口市企业在境内证券市场累计融资94.67亿元。其中：2家公司实现首次公开发行A股，融资6.22亿元；2家上市公司实现股权再融资，融资32.02亿元（现金认购4.87亿元、资产认购27.15亿元）；8家挂牌公司实现股权再融资，融资1.82亿元；3家公司发行公司债券，融资25.5亿元；2家公司发行资产支持证券，融资29.11亿元。

【证券经营机构】2017年，海口市有金元证券股份有限公司和万和证券股份有限公司2家证券公司，证券公司分公司20家，证券营业部42家。年内，万和证券股份有限公司实现增资35亿元、获批新增证券分支机构19家，金元证券股份有限公司获批新增证券分支机构11家。

【期货经营机构】2017年，海口市有金元期货股份有限公司、华融期货有限责任公司2家期货公司，期货分公司2家，期货营业部11家。8月，金元期货股份有限公司实现在全国中小企业股份转让系统挂牌。

【证券期货服务机构】2017年，海口市具有证券投资咨询业务资格的机构有3家，其中：专营证券投资咨询机构1家，即海南港澳资讯产业股份有限公司；兼营证券投资咨询机构2家，即金元证券股份有限公司和万和证券股份有限公司。具有证券期货从业资格的会计师事务所分所6家，即立信会计师事务所（特殊普通合伙）海南分所、中审众环会计师事务所（特殊普通合伙）海南分所、中兴财光华会计师事务所（特殊普通合伙）海南分所、大华会计师事务所（特殊普通合伙）海南分所、致同会计师事务所（特殊普通合伙）海南分所、中天运会计师事务所（特殊普通合伙）海南分所。具有证券期货从业资格的资产评估机构分公司7家，即北京亚超资产评估有限公司海南分公司、北京北方亚事资产评估事务所（特殊普通合伙）海南分所、中威正信（北京）资产评估有限公司海南分公司、中水致远资产评估有限公司海南分公司、北京卓信大华资产评估有限公司海南分公司、银信资产评估有限公司海南分公司、正衡资产评估有限责任公司海南分公司。

【私募机构】2017年，海口市在中国证券基金业协会完成备案的私募基金管理人26家。其中证券投资基金7家，私募股权、创业投资基金18家，其他私募投资基金1家。

【证券市场业务】截至2017年底，海口市2家证券公司为投资者开立资金账户68.49万户、证券账户104.04万户，分别增长6.2%、7.9%；客户托管资产总额1083.24亿元，增长4.3%。2家证券公司全年代理买卖证券总额22117.74亿元，增长17.1%；营业收入10.33亿元，下降4.0%；净利润1.98亿元，下降7.9%。全市证券公司分支机构为投资者开立资金账户101.62万户、证券账户155.18万户、基金账户31.14万户，分别增长24%、30.8%、46%；客户托管资产总额1140.96亿元，增长11.9%。全市证券公司分支机构全年代理买卖证券总额10671.89亿元，增长8.8%；营业收入4.66亿元，下降21.2%；净利润0.78亿元，下降59.4%。

【期货市场业务】2017年底，海口市2家期货公司客户权益总额12.47亿元。2家期货公司全年代理成交量3181.86万手，下降42.3%；代理交易额17686.01亿元，下降28.1%；营业收入14393.11万元，下降3.2%；净利润2246.35万元，下降37.8%。全市期货公司分支机构客户权益总额3.34亿元。期货公司分支机构全年代理成交量502.99万手，下降26.2%；代理交易额2900.33亿元，下降0.9%；营业收入1325.79万元，下降23.6%；净利润-457.94万元，上年同期为-493.27万元。

【证券期货风险防控】2017年，海南证监局落实市场主体防范风险的主体责任，要求市场主体高度重视市场风险防控工作，完善风险防控工作机制，层层落实风险防控责任。梳理各类市场主体的风险点，要求市场主体对照排查风险隐患，针对排查出的具体风险隐患制定有效的应对措施。年初和年中先后2次开展全面风险排查工作，坚持市场主体自查与监管排查相结合，摸清风险底数，完善风险应对方案和举措，确保事前有预案、遇事有对策。加强风险动态监测和研判。日常监管保持高度的敏感性和警惕性，加强信息的收集和分析。建立健全舆情监控机制，加强舆情的实时监控。对公司开展全景式的年报审阅和风险研判。及时调整上市公司的风险等级，针对不同风险等级的公司制定差异化的监管措施。完善证券期货机构监管报表体系，落实风控指标监管规则，督促相关机构审慎安全运营。以突出问题和防范风险为导向，以核查风险和打击违规为目标对机构开展现场检查。妥善应对市场风险。防范上市公司大股东股权质押比例过高引发的公司治理风险，应对公司债券违约风险，防范上市公司退市风险。完善信访、投诉、举报机制和流程，重点做好重点单位的批量投诉举报处理工作，实现把矛盾纠纷化解在基层的目标。协同省政府有关部门研究制定各类交易场所清理整顿“回头看”工作方案，联合开展现场检查，完成交易场所清理整顿工作任务。

【证券期货监管执法】2017年，海南证监局强化质疑式、穿透式和刨根问底式监管，加大对风险类别高、分类评级低、投诉举报和媒体质疑多的市场主体的现场检查力度，着力提高现场检查的针对性和有效性。强化上市公司、证券期货机构等市场主体相关信息的审核工作，落实舆情信息快速响应机制、重大事项信息披露事中询问机制，对非现场审核发现的问题，通过多种方式进行调查核实，并视情况实施现场检查。全程跟进上市公司、证券公司年报审计工作，借助年审会计师专业力量排查公司经营风险。强化监管协作，与上交所、深交所、上期所、郑商所、中金所签署监管协作备忘录，发挥各自监管优势，共享监管信息，实现自律监管和行政监管有效对接。严厉打击违法违规行为，全年查办案件涵盖信息披露违法违规、内幕交易、操纵市场和从业人员违法持有股票等多种类型。针对案件“新、急、难、重”的特点，增加稽查力量，集中优势资源，优先查办重点案件，形成监管威慑，提高稽查执法效能。通过召开会议、组织培训、编发《监管通报》等方式解读监管政策、提出监管要求、开展警示教育，向市场主体传导监管压力，督促规范诚信发展。

【服务证券期货实体经济发展】2017年，海南证监局联合省政府有关部门举办企业上市和债券融资培训，培训企业300多家。实地调研企业35家，支持重点企业加快改制上市步伐。全年海口市共有2家企业上市、7家企业挂牌、1家企业申请首次公开发行。支持企业扩大直接融资，引导企业根据自身发展情况选择合适的融资工具进行直接融资。海口市有2家公司实现首次公开发行，2家上市公司和8家挂牌公司实施股权再融资，3家公司发行公司债券，2家公司发行资产支持证券，合计直接融资94.67亿元，有力地支持实体经济的发展。鼓励上市公司通过并购重组提高公司质量，海口市2家上市公司实施重大并购重组，金额32.02亿元。支持2家证券公司通过增资扩股增强资本实力。万和证券股份有限公司实现增资35亿元。金元证券股份有限公司拟增资26亿元，年底已通过行政审批。支持金元期货股份有限公司到全国中小企业股份转让系统挂牌、华融期货有限责任公司设立风险管理子公司。指导海南证券期货业协会设立海南私募基金专业委员会，组织私募基金管理人签署诚信自律公约，引导私募基金行业规范发展。

【保护证券期货投资者合法权益】2017年，海南证监局联合海南证券期货业协会、海南上市公司协会与中证中小投资者服务中心共同签署《关于促进海南辖区证券期货纠纷解决合作备忘录》和《关于进一步深化纠纷调解合作的会商纪要》，为证券期货纠纷解决和投资者从速获得赔偿提供新的解决路径。支持设立投服中心海南调解工作室，落实与中证中小投资者服务中心的合作机制。加强与地方法院沟通，进一步推进证券期货纠纷诉调对接工作。督导市场主体切实履行投资者保护职责。加强对上市公司年度投资者关系管理计划披露及落实情况的监管。对辖区上市公司电话畅通情况及网站回复投资者情况进行抽查，督促相关公司认真整改。组织上市公司年度业绩网上集体说明会，回复率超过90%。继续组织编写行业投诉处理典型案例和类别投诉处理指引，提升行业投资者投诉处理水平。组织开展省级投资者教育基地申报评审工作。广泛宣传和动员，鼓励市场主体积极申报投资者教育基地。组织市场主体赴深圳参观深交所和万科投资者教育基地，学习先进经验。省内第一家投资者教育基地——“金元证券省级投资者教育基地”年内正式运行。深入开展投资者教育工作，以专项活动为抓手，借助“投资者保护·明规则、识风险”专项宣传活动、债券投资者权益保护教育专项活动等，增强投资者教育的针对性。

（海南证监局）

保 险

【保险业概况】2017年，海口市保险市场共有省分公司24家，其中财产险公司12家，人身险公司12家；有员工2631人、保险营销员1.75万人。海口市累计实现原保险保费收入99.62亿元，增长23.89%。其中，财产险公司实现保费收入30.88亿元，增长23%；人身险公司实现保费收入68.74亿元，增长24.3%。累计赔款和给付支出29.2亿元。其中财产险公司赔款支出14.66亿元，增长4.55%；人身险公司赔付支出14.54亿元，减少7.02%。截至年底，海口市保险公司总资产208.56亿元，较年初增加19.25亿元。

【支农惠农保险】2017年，海南保监局为73.02万户农户提供风险保障387.14亿元，支付赔款2.92亿元。持续推进农险“提标、扩面、增品”，农险产品有41个，新增9个。其中，南繁制种水稻保险承保面积7626.67公顷，增长26%，种植面积由上年的5333.33公顷增至1.07万公顷，每年可解决近6000外来贫困人员的就业问题，外来务工人员每年人均可增加收入3.3万元。橡胶树风灾指数保险分别在万宁市、儋州市承保，为49.4万株（约1686.67公顷）橡胶树提供4315.75万元的风灾风险保障。蔬菜等特色农产品价格指数保险试点顺利推进，有效增强农户抵抗市场风险的能力，扭转价贱伤农、增产不增收的局面。在海口、三亚等市县相继开办胡椒、木瓜等6个种植险种和家禽、果子狸、牛养殖3个养殖险种，有效支持县域经济发展。在省级现代农业示范基地和特色高效农产品种植大户中开展农产品食品质量安全责任保险试点，探索建立海南省农产品质量安全管理新机制，全年共有26家省级现代农业示范基地投保，总保额1.53亿元，保障范围为除投保人故意违法行为导致食品安全事故以外的所有可能出现的农产品质量安全事故。

【民生保险】2017年，海南保监局与省人社厅、省卫计委等部门沟通和配合，在全省范围内初步形成由基本医保、大病保险、大病补充医疗、社会救助组织成的多层次全方位的社会保障机制。大病保险服务能力不断提升，实现全省范围内新农合和城镇居民“一站式”即时结算服务，有效缩短报销周期。截至年末，大病保险累计赔付6.32亿元，12.73万人受益。推动税优健康保险业务落地，提供2.17亿元的风险保障。推出多款民生产品提高特定人群风险保障水平。为失独家庭、大学生村官等特定群体量身定做风险保障计划，提供意外医疗、住院津贴、骨折补贴、疾病身故、重大疾病等风险保障。海南省连续两年将为部分困难群众购买商业保险列为为民办实事的事项，织密织牢社会保障安全网。2017年，省委省政府为民办实事项目老年人综合意外险与重度残疾人意外险分别覆盖7.29万老年人与6.06万重度残疾人，实现了保费价格下降、保障人群扩大、保障金额提升，为重度残疾人提供风险保障30.29万元。

【责任保险】2017年，海南医疗责任险有效促进医患关系和谐，通过第三方调解机制，将医患矛盾从“院内”转移到“院外”，全年成功化解医疗纠纷518件，为2340家医疗机构提供风险保障136.84亿元，支付赔款3067.19万元。食品安全责任保险和诉讼财产保全责任保险分别为食品安全生产和诉讼财产保全提供风险保障。推动社会治安保险在6个市县成功试点，承保12.25万户，发生赔款156.94万元。责任范围包括两抢案件救济救助责任、突发事件责任、政法干部履职过失责任、家庭过失责任等。推动巨灾保险试点，在文昌、琼海开展巨灾保险试点，为105.74万人提供风险保障1063.15亿元。试点期间保费由财政统筹安排，为辖内所有人员提供最高每人10万元的人身保险保障，为常住居民的家庭室内财产提供最高每户2000元的风险保障。

【保险服务实体经济】2017年，海南保监局多举措协调引进险资入琼，支持海南社会投资项目建设。新增保险资金投资40亿元，累计投资金额140亿元，已落地项目还有68亿元的后续资金投入。资金投向包括养老养生社区、酒店、游艇社区、棚户区改造等领域。推动保险服务贸易创新发展试点工作，和省卫计委初步商定，共同考察并引入上海浦东新区外籍人士国际医疗保险结算系统的做法，解决乐城先行区境外人士就医医疗保险赔付问题。协助当地政府协调海保人寿申请筹建及开业有关事项。发挥保险增信作用，全年“政银保”共保体支持银行向小微企业放款3.02亿元，有效缓解小微企业融资难问题。继续推动发展短期出口信用保险，指导行业组建出口信用保险业务共保体，助力海南省中小企业拓展海外市场。构筑实体经济风险保障网，为金海浆纸、海南航空等大企业和卫星发射等大项目提供风险保障，特殊风险保险、企财险、工程险赔款支出分别为1.77亿元、8727.55万元、5078.77万元。

【保险对接精准扶贫】2017年，海南保监局与省扶贫工作办公室联合制定出台《海南保险精准扶贫工作实施方案（试行）》，指导保险公司与扶贫办签订《保险扶贫合作框架协议》，精准对接脱贫攻坚多元化的保险需求。与海南省扶贫办共同推动创建8个“海南保险扶贫示范村”，发挥典型示范带动效应。以全省建档立卡的11.4万户，47.7万贫困人口为扶贫攻坚对象，从惠农扶贫、健康扶贫、民生扶贫三方面持续推进保险扶贫攻坚工作开展。（1）惠农扶贫。为3.29万次建档立卡贫困户的水稻、橡胶、森林、香蕉、圣女果等保险标的提供风险保障1.11亿元。天然橡胶“保险+期货+精准扶贫”项目在白沙等5个国家级贫困县和乐东县成功试点，为1万多名橡胶种植户提供风险保障1.79亿元，赔款465万元，惠及农户1万多户次。（2）健康扶贫。大病补充医疗保险为33.42万名建档立卡贫困人口提供307.94亿元风险保障，对建档立卡贫困户大病保险实行倾斜性政策，起付线由8000元降至4000元，使贫困户获得更大保障。（3）民生扶贫。为5.39万户建档立卡贫困户的农房提供风险保障12.26亿元；为4.83万户贫困人口提供109.89亿元的人身意外伤害保障及疾病保障；为三亚、陵水、五指山3个市县的5.48万名贫困人员提供“一揽子”的综合人身保险，提供包含疾病、意外等责任的一揽子保险保障77.63亿元。（4）找项目、筹资金、出政策。全年保险业累计出资近121万元用于扶贫点的基础设施、扶贫项目及农房改造等项目建设。（5）组织开展送保险下乡活动。全年保险行业共出资15.28万元为8个定点扶贫单位的421户和1992人分别赠送8841万元的家庭人身保险保障和1.59亿元的大病补充医疗保险保障。

【保险业风险防范与监测】2017年，海南保监局坚决把防控风险放在更加重要的位置，加强对重点公司、重点业务的监测和预警，做到早识别、早预警、早发现、早处置，全年辖内保险业运行平稳，守住不发生系统性风险的底线。防范满期给付和退保风险，对2017年全省满期给付和退保情况进行风险监测分析，对重点区域、重点公司及产品的风险进行重点盯防；及时收集、整理满期给付与退保旬报，关注异常数据，加强风险监测。海南省满期给付总体平稳，未发生满期给付与退保群体性事件。探索建立监测预警机制，设定预警指标并要求公司按月度、季度定期报送，开展防范打击非法集资宣传月活动和非法集资风险专项检查工作。及时稳妥处置以慈善、精准扶贫等名义涉嫌开展非法集资的风险，辖内非法集资案件风险得到有效控制，案件风险防控意识明显增强。关注辖内人身险公司落实中短存续期产品新规要求的情况，尤其是对部分中短存续期产品占比较高、发展速度较快的公司，约谈公司高管，加强窗口指导，要求其贯彻落实中短存续期产品新规要求，调整保费规模增速、产品期限结构，引导行业回归本源。坚持问题导向和底线思维，紧盯跨界经营风险，与省金融办、省工商局、“一行两局”密切配合，深入开展互联网保险风险专项整治工作，构建网格化协作机制，深入排查案件线索和风险苗头，及时对风险线索进行汇总分析、开展实地核查，对排查发现的风险点进行准确研判和分类处置，有效化解风险。

【保险机构监管】2017年，海南保监局整治保险市场乱象，累计对辖内保险机构开展现场检查32家次，投入检查人数164人次；做出行政处罚决定6份，警告个人4人次，警告机构3家次，对机构和个人罚款共67.2万元，下发监管函14份，开展监管谈话10人次。持续推进反保险欺诈工作，督促保险公司对承保管理不到位、反欺诈意识薄弱、信息录入不完善等突出问题进行整改，定期上报涉嫌欺诈修理厂信息并建立数据库；发动行业力量，通过微信、短信群发等多种途径，加强反保险欺诈宣传；与省公安厅、交警总队等部门进行联合督办和重点打击，共移送案件线索525条，涉及案件16起。截至年底，立案4起，破获团伙性案件2件，逮捕4人，涉案金额80.42万元。

【保险业改革】2017年，海南保监局配合省委省政府、中国保监会应对国家发改委等国家部委深化海南改革调研工作，提出海南保险业体制机制改革创新的有关意见及建议。推动商业车险二次费改工作，全省全年商业三责险投保率81.27%、车损险投保率58.37%，较2015年分别提高5.66个百分点和1.7个百分点。商业车险市场呈现出保费稳步增长、竞争理性有序、多数消费者获益、出险率与综合赔付率下降的良好态势。推进中介监管改革，落实保险专业中介机构注册资本金托管、职业责任保险投保（或保证金缴纳）等工作，进一步提高海南省保险专业中介机构抗风险能力。全年有15家机构完成注册资本金托管工作，托管率93.75%，共托管资金2560万元。

【保险消费者权益保护】2017年，海南保监局采取专项检查与个案检查相结合、投诉处理与违规处理联动的方式，在辖内继续组织开展打击损害保险消费者合法权益行为的“亮剑行动”。根据消费投诉、舆情监测等日常监管情况，对损害保险消费者合法权益的109件个案开展检查。财产保险重点查处保险机构拒不依法履行保险赔偿义务等行为，人身保险重点查处欺骗消费者、隐瞒保险合同重要内容等行为。对寿险公司客户信息真实性、小额理赔服务落实情况及保险消费投诉处理情况开展重点检查；对上一年度“亮剑行动”中未被检查到的财险公司开展“对照看”专项检查；对消费者反映集中的航空代理机构搭售保险等突出问题，派出检查组进行专项调查。全年对1家兼业代理机构罚款25万元，对保险机构下发监管函4件，对高管监管谈话16人次。开展保险公司服务评价和保险小额理赔服务质量监测工作，评选出8个重要服务创新项目。共接收各类保险消费投诉349件，上升9.4%，在规定期限内结案率100%，帮助消费者维护经济利益443.15万元。12378保险消费者投诉维权热线实际接听总量1977个，上升29.38%，接通率82.96%，消费者满意度99.61%。

【构建保险纠纷诉讼与调解多元化解体系】 2017年，海南保监局指导海南保险纠纷调解委员会开展保险纠纷调处工作。海南保险纠纷调解委员会共接收调解案件13件，调解成功12件，调解成功率92.31%，调解成功金额24.85万元。指导行业协会建立健全纠纷调处工作机制，规范调处工作程序，进一步完善行业道路交通事故人身损害案件赔偿调解标准，争取行业调解标准、行政调解标准和司法审理标准趋同。推动诉调对接工作提质扩面，开展道路交通事故损害赔偿纠纷“网上数据一体化处理”试点工作。

【保险行业信用体系建设】 2017年，海南保监局与海南省发改委、省金融办等政府职能部门共同搭建公共信用信息共享平台，向共享平台推送行政处罚、行政许可等信用信息共302条。中国平安人寿海南分公司、太平洋人寿海南分公司获评“海南首届诚信示范企业”，登上守信“红名单”，为行业优质信用服务树立榜样。完善局内信用信息平台。采集地方政府职能部门推送以及保险监管工作中获取的信用信息，作为实施行政许可事项以及日常监管的重要参考，使守信者处处受益，失信者寸步难行。

（张晓芳）

驻市部分保险公司

【中国平安财产保险股份有限公司海南分公司】 2017年，下辖海口中心支公司等23个分支机构，员工591人。全年整体保费收入17.62亿元，增长28.22%，市场份额29.50%，为近40万客户提供1.16万亿元风险保障。其中，车险保费收入12.79亿元，市场份额33.13%，连续六年名列市场第一。7月，顺利进行二次商业车险费率改革，为车主提供更实惠的风险保障。率先推出车险理赔爆款服务“510极速查勘”及“车险理赔一键包办”。同时，全新推出“客e宝”服务，全面升级财产险客户线上一站式服务体验。

【中国人民财产保险股份有限公司海南省分公司】 2017年，下辖海口、三亚两个地市级分公司，39个经营单位（含三沙支公司）；设立三农营销服务部68个，服务网络覆盖全省各市县。有员工1080人。全年保费收入16.90亿元，增长11.33%。其中承保海南联通、海南电信、海南金海浆纸业有限公司、凤凰岛邮轮码头、中石化、中石油、海南农行、海南交行、海南建行、海矿等企业财产保险；为三亚新机场、万宁至洋浦高速公路项目、文昌滨海旅游公路工程项目、乐东县莺歌海渔业加工区及配套码头建设项目、三亚原武装部危房棚户区改造项目、乐东黎族自治县第二人民医院项目工等重点项目建设提供保险保障。处理赔案共15.98万件，支付赔款8.96亿元。其中为海南电网、华润水泥、海口威立雅水务有限公司等企业支付赔款约2000万元。

【中国人寿保险股份有限公司海南省分公司】 2017年，下辖23个分支公司、94个农村营销服务部。海口市设5个城区专业化支公司、1个综合类支公司。全省系统员工425人，省公司本部设15个部门，员工192人。全省销售人力4271 人。总保费收入17.5亿元，增长2.07%。续期保费收入8.74亿元，增长24.52%。首年期交保费收入3.14亿元，增长20.33%。长险首年标准保费收入1.45亿元，增长29.52%。十年期及以上首年期交保费收入1.83亿元，增长28.97%。保障型产品保费收入4771.41万元，增长72.91%。短险保费收入1.06亿元，增长17.78%。

【华夏人寿保险股份有限公司海南分公司】 2017年，有内勤员工137人、营销员4286人。实现保费收入11.92亿元，增长255.28%。其中营销渠道2.1亿元、银保渠道9.6亿元（长期期交1.1亿元、短期期交2.2亿元、趸交6.3亿元）、战略（团险）渠道1088万元、中介渠道1235万元，全渠道提前3个月完成年度计划任务，并且取得原保险保费市场份额第三的好成绩。

【中国太平洋财产保险股份有限公司海南分公司】 2017年，下辖三亚、洋浦两家中心支公司和琼海等22家分支机构，服务网络遍布海南省各个县市。有正式员工527人。全年保费收入10.43亿元，增长9.27%，其中车险业务实现保费收入6.79亿元、非车险业务实现保费收入3.64亿元、农险业务实现保费收入8164万元。全年赔付总支出约6.04亿元。公司创新开发并推广深水网箱养殖保险、芒果产量保险等特色农业保险新产品；推广手机APP、微信理赔、公估人管理系统等新工具使用，打造“太好赔”服务品牌；发挥保险业优势、服务新海南建设，与海南省政府、海南农垦签署战略合作协议；推进“e农险”新技术运用，有效的提高农险理赔工作效率，缩短理赔业务操作周期。自2011年起，连续7年获得海南省“百强企业”的称号，连续四届荣获海南省优秀企业称号。

（张晓芳）

（编辑：吴钟宝）

财政税务

财　政

【财政收入】2017 年，海口市地方一般公共预算总收入 385.19 亿元，比上年增长 19.1%，完成预算的 174.9%。其中：全市地方一般公共预算收入完成 125.36 亿元，同口径增长 12.8%；省级补助收入 76.5 亿元；省转贷一般债券收入 146.4 亿元（新增债 3.4 亿元，置换债 143 亿元）；调入资金 20.7 亿元；上年结余结转收入 12.4 亿元。全市政府性基金总收入 210.7 亿元，增长 17.3%。其中：全市地方政府性基金收入 150.3 亿元，同口径增长 38.3%；省级补助收入 9 亿元；省转贷专项债券收入 43.3 亿元（新增债 12.4 亿元，置换债 30.9 亿元）；上年结余结转 8.1 亿元。

【财政支出】2017 年，海口市地方一般公共预算总支出 381.4 亿元，增长 19.1%，完成预算的 174.9%。其中：全市地方一般公共预算支出 198.32 亿元，同口径下降 0.9%，完成预算的 100.9%；上解省支出 13 亿元；一般债券还本支出 146.4 亿元；安排预算稳定调节基金 19.3 亿元；年终结余结转 4.2 亿元。全市政府性基金总支出 210.7 亿元，增长 17.3%。其中：全市地方政府性基金支出 148.3 亿元，同口径增长 26.4%；专项债券还本支出 33.3 亿元；调出资金 11.3 亿元；年终结余结转 17.8 亿元。

【预算管理】2017 年，海口市本级部门预算编制遵循当前新《预算法》构建“四位一体预算体系”的要求，真正实现预算管理的全覆盖，做到收入一个“笼子”、预算一个“盘子”、支出一个“口子”。争取上级资金支持，加大市本级对区级财政支持力度，财政支出有保有压。强化预算管理，加强源头规划，按照政府预算统一性与完整性的原则，将政府债务分门别类纳入政府预算统一管理；不断健全预算管理制度。推动支出经济分类科目改革，建立全面规范、公开透明的预算制度，做好预算编制、预算执行、决算和会计核算等财政管理工作。财政部门及时拨付资金，确保项目建设、民生实事等各项工作有序实施。

【保障和改善民生支出】2017 年，海口市民生支出累计完成 139.7 亿元，占地方一般公共预算支出的 70.4%，比重继续保持七成以上。（1）推动教育均衡发展。拨付 2.2 亿元，完善城乡义务教育经费保障机制，提高义务教育办学质量及城乡覆盖，改善义务教育薄弱学校基本办学条件。拨付 2.6 亿元，继续改善办学条件，扩大教育资源供给，新建或改扩建中小学校和幼儿园 8 所，为北师大海口附校及培训基地、海口市（美兰）示范性综合实践基地、“10+2”学校改扩建等项目做好资金保障，新增优质学位 9500 个。拨付 8678.8 万元，继续实施现代职业教育质量提升计划，对中职学校实现全面免学费补助。（2）完善社会保障制度。发放就业社保补贴、公益性岗位（含社保）补贴等各项就业补助 5963 万元，全市城镇新增就业 3.5 万人，超额完成计划；拨付 6210 万元，为全市 3.9 万名 80 岁以上高龄老年人发放补贴；落实创业小额贷款 4394 万元，帮扶 460 人自主创业，带动 1365 人就业；拨付社保养老补助 2619 万元，其中基础养老金 1977 万元、缴费补贴 642 万元，新增社保扩面人数 6.6 万人，城镇居民医保参保 42.5 万人，城乡居民医保参保人数 33.6 万人，参保率 97.9%；拨付市级城乡低保、临时救助、重度残疾人护理补贴 4899 万元，使城乡低保实现应保尽保，进一步兜牢了困难群众的托底保障网。（3）提升卫生服务质量。拨付 2216 万元，巩固基本药物制度改革成果，全面覆盖全市 27 家镇卫生院、228 家行政村卫生室和 109 家社区卫生服务机构，基层群众“看病难，看病贵”进一步缓解。在公立医院、镇卫生院、社区卫生服务机构推行“先看病后付费”诊疗新机制，累计受益人群 7.1 万人，垫付住院费用 4.1 亿元，群众得到实实在在的好处。拨付取消药品加成财政补助经费 2213 万元，公立医疗机构全面取消药品加成，实施药品零差率销售，群众减少开销 4128 万元。拨付基本公共卫生补助资金 2668 万元，保障居民享有健康教育、居民健康档案管理等 13 项基本公共卫生服务，推进家庭医生签约服务。拨付 1.8 亿元，加快推进上海六院海口骨科与糖尿病医院改造建设。

【财政支持“三农”发展】2017年，海口市统筹拨付涉农资金8.5亿元，主要包括：拨付水资源管理和保护经费2.6亿元及农田水利基础设施建设专项资金4582万元，确保水安全和水环境治理工作顺利推进；拨付1.5亿元，用于罗牛山猪场拆迁损失补偿，推动海口市畜牧业转型升级；拨付6000万元，支持桂林洋热带农业公园园区以及蔬菜温室大棚建设；拨付菜篮子保供稳价资金5000万元和蔬菜种植基地土地流转金1768万元，保障“菜篮子”发挥保供稳价作用；拨付1394万元，用于农产品质量安全监管。

【城市建设资金保障】2017年，海口市财政局为加强住房保障建设，共拨付上级补助城镇保障性安居工程专项资金4.9亿元，用于红城湖片区、新琼片区等棚户区改造项目；拨付7432万元用于政府组织实施的公共租赁住房项目；拨付450万元，用于城镇低收入住房保障家庭发放租赁补贴。

【公务支出管理】2017年，海口市财政局进一步加强和规范市级“三公”经费管理，降低公务活动成本。公务支出和一般性支出进一步压缩，全市“三公”经费支出9816.9万元，下降20%，压减一般性支出1.8亿元。

【国库监管】2017年，海口市在全省率先完成国库集中支付电子化管理改革工作，实施财政资金动态监控系统推广覆盖。全市310家市本级预算单位及区级783家预算单位率先全部完成财政资金动态监控系统上线工作，设置15类监控点和监控规则，将财政财务监督重点从事后移到事前和事中，硬化预算约束，实现财政与所有预算部门实时互联互通，强化动态监控管理，有效防止财政资金使用上的违法违规行为。至12月31日，监控系统触发预警阀值共10653笔，总金额54.59亿元，涉及预算部门（单位）299家。其中：红灯预警1543笔，金额38.53亿元，涉及预算单位238家；黄灯预警3393笔，金额4.47亿元；蓝灯预警5717笔，金额11.58亿元。纠正101笔不合规支出，引起预算单位的高度重视，初步实现预警和震慑作用的预期效果。

【国有资产收益管理】2017年，海口市本级行政事业单位经营性国有资产共100宗，涉及土地面积4.92万平方米、房产面积13.51万平方米，税前年收入5011.71万元，增加1899.49万元，增长61.03%。

【非税收入管理】2017年，海口市市本级非税收入154.08亿元，增长13.5%。其中政府性基金收入148.83亿元，增加20.37亿元，增长15.86%，增长主要得益于城市土地规划使用更加合理；行政事业性收费收入2.84亿元，减少2118.64万元，下降6.94%，收入减少的主要原因是国家在减轻企业负担，扶持企业发展的大背景下，出台一系列关于取消、免征部分行政事业性收费项目的政策；专项收入832.34万元，减少1191.09万元，下降58.86%，减少主要原因为科目调整所产生的影响；罚没收入1.07亿元，减少1547.2万元，下降12.64%，收入减少主要原因为各项管理更加规范、群众法律意识提高；国有资源（资产）有偿使用收入8960.95万元，增加3096.96万元，增长52.81%。

【彩票管理】至2017年，海口市有“两彩”投注站1000多个，遍布全市4个区22个乡镇，年销售额16.54亿元。为了确保彩票投注站依法经营，保证彩票市场健康发展，海口市彩票管理中心履行财政监管职责，开展彩票监督检查行动。彩票中心监管人员按区域划分范围分段分组每天巡查彩票市场，共出动2683人，检查“两彩”投注站1906次。海口市的彩票市场不断走向规范，原来一些公益彩票投注站代销私彩的违规行为得到纠正，私彩公开摆卖现象得到遏制。为配合公安机关开展打击非法彩票工作，每年开展两次彩票法规宣传活动。市区以派发宣传单、发送宣传资料、宣传品以及21条线路300台公交车全天循环播出彩票公益宣传片等方式进行宣传；活动以丰富多彩的形式向广大市民宣传彩票法规知识、两彩公益金的筹集和使用情况、彩票游戏的玩法以及非法彩票的危害等。

【“政保贷”业务】2017年，海口市大力推广“政保贷”扶持政策，缓解小微企业融资难题。全市“政保贷”业务合作金融机构共有10家，政府风险补偿金累计注入2.9亿元，预期撬动30亿元贷款融资规模。授信企业326家（其中被评为五星级信用贷款企业24家），授信额度共19.68亿元；实际累计发放贷款企业268家，发放额度共14.94亿元。“政保贷”政策于年底前到期，政策正在修改完善待审批。

【电子支付改革】2017年，海口市311家预算单位全部上线电子支付，在全省居于领先地位。市本级预算单位全部实施电子支付改革，业务范围涵盖财政直接支付、授权支付、划款清算、支付退款、公务卡管理、工资统发、单位实有资金支付和实拨业务等，国库支付业务基本实现电子化管理。截至12月31日，日常支付清算129.03亿元，增加8.39亿元，增长7%。其中：直接支付清算34.28亿元，减少3.19亿元，减少8.5%；授权支付清算94.74亿元，增加11.58亿元，增长13.9%。

【预算支出绩效评价】2017年，海口市预算项目绩效目标编报、部门整体支出绩效评价和预算单位绩效自评首次实现标准内全覆盖。其中，纳入预算项目绩效目标编报管理的100万元以上的项目955个；部门整体支出绩效评价范围从2016年的55家扩大到2017年的79家，履盖市所有一级预算部门（保密部门除外）；预算单位2016年项目支出绩效自评和2017年预算项目绩效跟踪监控也实现全覆盖，“花钱问效”的责任契约机制正逐步形成。年内完成7个重点民生、重点财政政策支出项目的绩效评价，指标体系还依据行业特点进行设计，实现个性化探索。

【政府采购】2017年，海口市简化优化政府采购审批管理。为进一步提高政府采购效率，梳理“变更采购方式”和“采购进口产品”政府采购审批流程管理，推行主管预算单位定期归集变更政府采购方式项目一揽子申报和采购进口产品集中论证和统一报批制度，简化优化审批审核流程，市财政局一揽子批复，提高政府采购审批审核工作效率。全年，全市政府采购金额12.85亿元，节约资金3724万元。其中，市本级政府采购金额9.24亿元，节约资金2932万元。市本级协议供货采购金额4854万元，占市本级政府采购支出5.26%。货物类采购实际金额6.75亿元，增加2.37亿元，增长54.3%，占采购资金总额的52.5%；工程类采购实际金额1.81亿元，增加6331万元，增长53.4%，占采购资金总额的14.1%；服务类采购实际金额4.29亿元，增加1.31亿元，增长43.8%，占采购资金总额的33.4%。

【PPP项目管理】2017年，海口市获评开展PPP创新工作重点中小城市创新城市，因“推广政府和社会资本合作（PPP）模式成效明显、社会参与度较高”被国务院通报表扬，是受到国务院表彰的十个地级市之一。年内，海口市PPP中心还全面梳理优化已完成采购44个项目的前期工作及合同，制定分期实施计划和《海口市政府和社会资本合作项目管理办法（试行）》和《海口市PPP项目管理精细化方案》，以制度建设促进项目规范发展；对照财政部要求逐条对标梳理项目，同时还针对审计署和审计厅的审计意见进行整改，加强项目实施方案及两评审核，推动项目规范实施。争取融资支持，海口市有6个项目获得中国PPP基金定向投资22.12亿元。根据财政部新要求，探索和优化PPP项目商务条件。与财政部PPP管理中心、PPP基金对接，了解PPP发展最新动向，做好规范实施预案，提前防范政策风险。

【车改处置公车挂牌工作】2017年，海口市完成两批车改处置公车挂牌工作。9月12日，第一批封存车辆公开挂牌处置，并在《海南日报》及《海口日报》上发布车辆竞价公告，第一批符合挂牌条件的车辆共109辆。网络竞价于9月27日结束，除4辆公车无人报价流拍外，剩余105辆公车全部成交，成交率96.33%。成交的105辆公车起拍价156.22万元，成交价292.84万元，增值136.62万元，平均增值率87.45%。10月18日，开始第二批车改处置公车挂牌工作，挂牌公车共166辆。11月3日网络竞价结束，除14辆公车无人报价流拍外，剩余152辆公车全部成交，成交金额357.92万元，较始价195.16万元增值162.39万元，增值率83.4%。

（董笑然）

国家税收

【国家税收概况】2017年，海口市国家税务局以落实“管理质效年”要求为突破口，着重抓好党建、深化改革、依法治税、组织收入、队伍建设和优化服务等工作，各项工作呈现出稳中有进的良好态势。全年组织全口径国内税收收入225.86亿元，比上年增收58.7亿元，增长35.1%。其中市级税收收入53.92亿元，增收16.59亿元，增长44.4%；市级税收收入（不含营改增扩围金融业）49.05亿元，增收13.91亿元，增长39.6%。年内，海甸办税服务厅被评为“2015—2016年全国青年文明号”及“2015—2016年海南省青年文明号”，滨海办税服务厅荣获海口市“工人先锋号”称号。

【税收征管改革】2017年，海口市国家税务局强化顶层设计，优化人力资源配置，加速完成分类分级征管模式改革第一阶段“科学划分调整户籍”任务，对17.74万户纳税人户籍进行重新划分，调整后各税源管理机构工作职责更有侧重点，初步实现由固定管户向分类分级管理转变。

【规范征管基础数据】2017年，海口市国家税务局联合海口市地税局对十多万条征管基础问题数据进行分析和清理，对单管户错误数据核实调整，解决多年的错误数据历史欠账，规范征管基础数据管理，为推动“经验管税”向“大数据管税”转变奠定基础。

【规范税收征管工作指引】2017年，海口市国家税务局制定《2017年征管工作指引》，涵盖交通运输、医药、汽车零售、医疗美容等9个行业。房

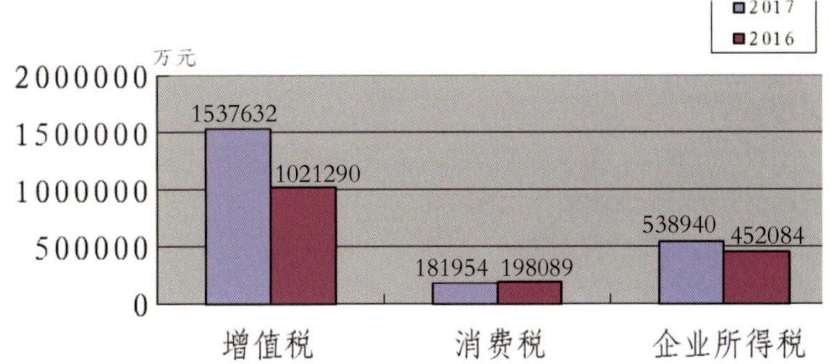

2017年海口市国税主体税种收入对比表

2017 年与 2016 年海口市国税局“两税”（增值税和消费税）收入对比表

单位：万元

项目	一月	二月	三月	四月	五月	六月	七月	八月	九月	十月	十一月	十二月
2017 年“两税”收入	221661	127106	89640	182340	134019	136491	192132	124008	136446	188414	114807	72524
2016 年“两税”收入	96351	77483	59057	61188	62500	78271	145571	94237	99828	155661	114690	152292

地产和建安等行业推行上线两业管理系统，多渠道采集第三方信息，实现多方数据查询、统计、比对、预警等功能。规范二手车交易市场管理，共多征税款 590.65 万元。对全市 58 家大型商场和专业市场进行巡查，掌握其物业出租基准价，既避免市场少报税款，又提高对承租户经营税负核定的准确性。混凝土和制砖业“以电控税”管理逐步规范，道路运输业试行“以油控税”。

【强化税收风险管理】2017 年，海口市国家税务局进一步加大纳税评估力度，做好上级推送的风险任务应对工作，查补入库 7.36 亿元。强化发票风险分析识别，推行分级防控，逐级压实责任，严打发票违法犯罪行为，共查补税款 2300 余万元。通过阻止欠税人出境、拍卖资产抵欠、联合惩戒等措施，共清理陈欠 3311.75 万元，清理新欠 2.54 亿元。强化事中事后管理，在汇算清缴期后对上一年度 490 户次享受企业所得税优惠的企业进行专项核实，补缴税款及滞纳金约 60 万元。全面落实出口退税管理规范，加强征退税衔接，防范出口骗税。全力推进实名办税工作，已采集实名信息 9.49 万户次。

【税收服务】2017 年，海口市国家税务局持续深入推进“放管服”改革，将办税服务厅下沉到税源管理部门管理，采取“互联网＋税务”办税、国地税联合办税、自助办税、优化办税流程、走访行业协会地方商会、网络与实体纳税人学堂相结合等措施，通过微信知识问答、改编歌曲、拍摄宣传片、制作税收漫画等丰富税收宣传形式和内容，努力提升纳税人满意度。在全国税务系统纳税人满意度专项调查中，市国税局综合得分 80.51 分，位列全国省会城市第 16 名，名次上升 9 位。与 5 家银行签订“税银互动”协议，帮助纳税信用等级良好的 54 户纳税人（含小微企业）获得总计 9.43 亿元的银行贷款。完善热线办理、沟通回访等工作机制，实行 7×24 小时值班制。共受理热线办件 3212 起，增长 41.12%，办结率 100%，获评海口市政府“12345 政府服务热线工作”先进单位。统一违法违章处罚标准，对 25926 户纳税人按照统一标准进行处罚，行政复议和诉讼案件幅度下降 60%，执法行为进一步规范，纳税人权益得到充分保护。配合市政府各部门开展行政审批改革，跟进“不见面审批”工作。全面推行“三证合一”“两证整合”商事制度改革，放宽市场准入。对领取执照未开业等涉税风险低的纳税人实行税务简易注销，简化退出程序。

【税务风险内控】2017 年，海口市国家税务局对照岗责梳理税收执法和行政管理业务事项风险点，进行内控风险排查，共排查出 101 个风险点，制定 162 项风险防控措施，推进内控机制建设覆盖至各税收岗位、覆盖税收执法和行政管理“两权”运行全过程。开展税收执法大督查，组织税收执法案卷评查，成立公职律师队伍，加强税收法律顾问团队建设，进一步规范税收执法行为，提升依法治税水平。

【税收共治】2017 年，海口市国家税务局推动“政府主导、部门共治、国地合作”综合治税格局的建设，通过“组建领导机构统筹共治，出台相关制度规范共治，建立信息共享保障共治，召开联席会议落地共治”，营造全市各行政部门共同协税护税的良好氛围。依托公安、住建、工商等部门共享的信息数据，加强对住宿、房地产、建安、交通运输等行业的税收征管。与市公安局联合成立“税警联络机制办公室”，加大涉税经济违法案件查处力度。落实市政府“红黑名单”公布和联合惩戒制度，18 户纳税人列入失信“黑名单”。全面落实国税总局 3.0 合作规范 39 项合作任务，获评为“全国百佳国税地税合作市级示范区”。

【落实税收优惠政策】2017 年，海口市国家税务局落实国务院六项减税措施，全方位、零缝隙加大对各类优惠政策的宣传辅导力度，简化优惠备案手续，高效办理退库，为企业健康发展拓宽道路、注入活力。共为 3140 户盈利的小微企业减免税额 3669.58 万元，增长 64.47%，政策受惠面为 100%；为 29 户高新技术企业减免所得税 1.6 亿元，增长 40.07%；及时足额高效办理出口退税、福利企业增值税退税等合计 5.8 亿元。

【持续推进发票无纸化试点】2017 年，海口市国家税务局持续深入推进发票无纸化试点工作，推广电子发票使用。通过 12366 短信平台、微信公众号等宣传途径加大电子发票推广使用的宣传力度，同时强化对电子发票开具使用的辅导。已有包括餐饮、酒店、快递等行业在内的 152 户纳税人申请使用电子发票，共开具电子发票 285.01 万份。

【推广外管证外网开具系统】2017 年 8 月 1 日起，海口市国家税务局全面推行外管证外网开具系统，纳税人能够通过互联网足不出户办理外管证相关业务。至年底，纳税人通过该系统共申请外管证开具17058条，极大减轻纳税人和办税前台人员工作量，提高办税效率。

(许秀楠)

2017年7月，海口市地税局世贸东路办税服务厅被评为2015—2016度全国青年文明号 (傅启旭 摄)

地方税收

【地方税收概况】2017年，海口市地税局深入推进税收现代化，落实税务系统“放管服”，进一步优化营商环境，更好服务地方经济发展大局。全年共组织税费收入279.1亿元，剔除营改增收入转移影响，比上年增长20.9%，增收48.3亿元。地方税收收入140.7亿元，剔除营改增收入转移影响，增长19.4%，增收22.9亿元，比全省地方税收增幅多1.5个百分点，占海口市一般公共预算收入的36.2%。其中：中央级收入43亿元，增长25.1%，增收8.6亿元；省级收入40.6亿元，增长19.4%，增收6.6亿元；市级收入57.1亿元，增长15.5%，增收7.7亿元。全年，社会保险费收入125.3亿元，增长20.9%，增收21.7亿元；教育费附加收入5.3亿元，增长18.9%，增收0.8亿元；地方教育附加收入3.5亿元，增长19%，增收0.6亿元；文化事业建设费收入108万元，下降60.1%，减收163万元；工会经费收入1.9亿元，增长18.8%，增收0.3亿元；残疾人就业保障金收入2.2亿元，增长1010.98%，增收2亿元。

【地方税收入结构】2017年，海口市经济稳中向好，为税收增长提供重要源泉。分级次收入看，中央级增速较高，增长25.1%，超过地方级增速8个百分点。主要税种均实现增收，企业所得税和个人所得税增收额最大。从各行业来看，房地产业对税收增长贡献巨大，制造业增速较高，电力、燃气及水的生产和供应业、建筑业减收明显，交通运输及仓储邮政业、信息技术产业等税收快速增长。随着海口市十二大产业的快速发展，十二大产业税收增速快于整体税收增速10.3个百分点，占全行业税收比重为73.6%。

【税收征管】2017年，海口市地税局按照“抓大、控中、规范小”的要求，对重点税源企业、千户预测企业、千户集团企业实施集中管理。按照纳税人税收规模、登记类型、涉税事项等类别，重新调整各管户局内设机构管理职责，将占各管户局税收80%以上的重点纳税户集中到重点税源管理科，将税源管理科转为风险应对科，明确划分综合行政、业务指导、重点税源管理、一般税源管理、个体户管理，以及风险应对等部门，实施无差别管理向分类管理转变，提高征管质效。

【社保规费征管】2017年，海口市地税局进一步做好缴费服务，提高征管水平，全年共组织社会保险费收入125.3亿元，占全省社会保险费收入的54%，实现残疾人就业保障金划转市地税局征收后的“开门红”，比上年残联征收增长1010.98%。加强欠费数据的分析整理，加快欠费催缴工作进程，全年共清理欠缴社会保险费入库3781.65万元，申请法院强制执行欠缴社会保险费案件52宗，执行回款244.6万元。

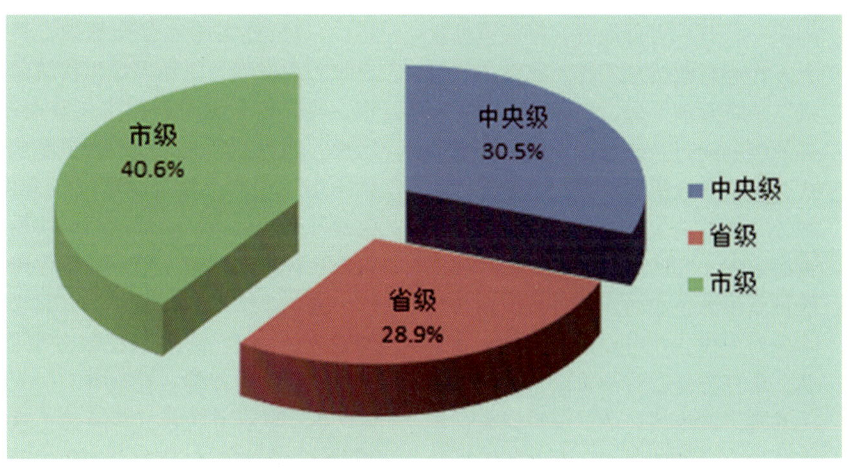

2017年海口地地税三级次占税收收入比重示意图

【纳税服务】2017年，海口市地税局多措并举，大力开展便民办税春风行动。巩固落实首问责任制、一次性告知、限时办结、预约办理等各项制度，坚持“业务不办完不下班”，主动提供延时服务。通过12366和12345热线等纳税人诉求渠道，及时受理纳税人相关意见建议及投诉举报。推进“互联网+税务”，大力推行“e税客”互联网预约服务，设置ATS自助办税终端机，增设网上申报疑点数据的校验、反馈和提醒服务。在“一窗通办”国地税业务的基础上，优化预约取号，科学合理配置服务资源。推行分时分类初审，实现15个事项免填单服务，实行限时办结和当场办结；5个地税窗口进驻海口市房产交易大厅，与海口市住建、国土部门开展业务联办；房产交易涉税信息平台成功上线，房地产交易涉税业务办理流程进一步简化，“二手房”交易涉税业务办理实现“以报代备”，办税资料和办税时间进一步压缩。以税收新政策解读、税收筹划辅导和税收疑难及典型案例解析为重点，采取集中培训、专题讲座等形式开展纳税专项培训，共举办纳税人学堂19期，培训纳税人3418人次。

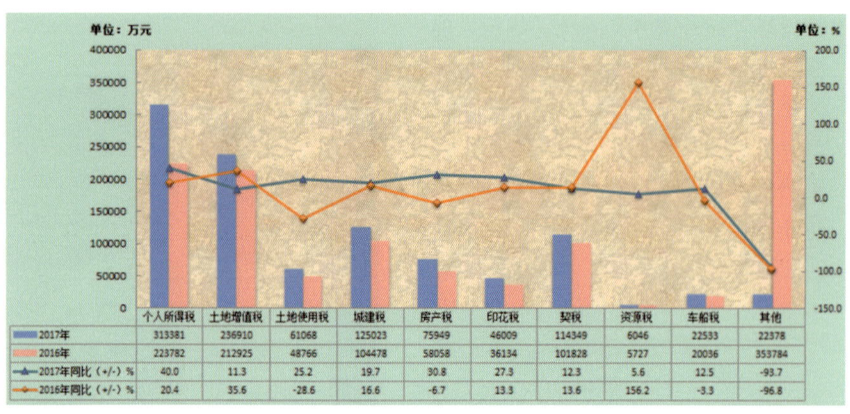

	个人所得税	土地增值税	土地使用税	城建税	房产税	印花税	契税	资源税	车船税	其他
2017年	313381	236910	61068	125023	75949	46009	114349	6046	22533	22378
2016年	223782	212925	48766	104478	58058	36134	101828	5727	20036	353784
2017年同比（+/-）%	40.0	11.3	25.2	19.7	30.8	27.3	12.3	5.6	12.5	-93.7
2016年同比（+/-）%	20.4	35.6	-28.6	16.6	-6.7	13.3	13.6	156.2	-3.3	-96.8

2017年海口地税部分税种收入示意图

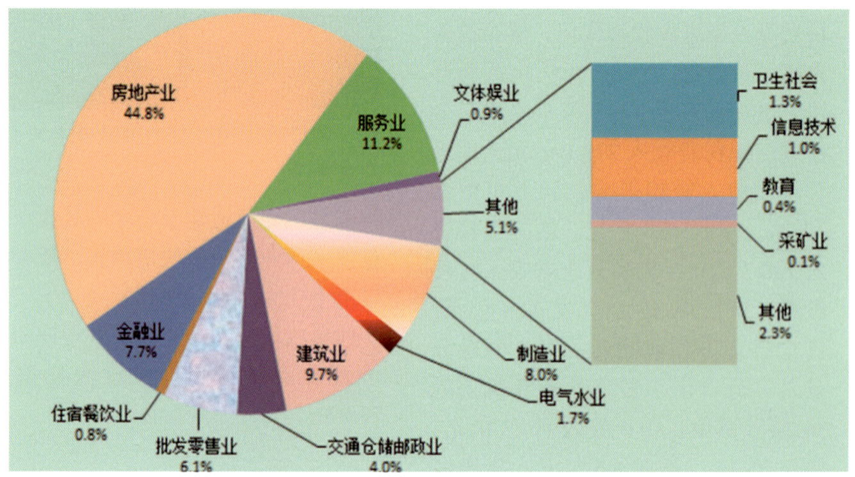

2017年海口地税各行业占税收收入总量比重图

【税务改革】2017年，海口市地税局落实“放管服”改革的各项要求，针对取消的事前审批事项，研究制定加强事中事后管理的工作机制，制定企业所得税核查、欠税追缴、减免税、收入预测分析等13个事中事后“双随机一公开”管理规程，覆盖重点业务工作和行政管理工作，建设“双随机”抽查管理平台，保障事中事后监管的顺利运行。改革属地固定管户模式，配合省地税局推进大企业管理体制改革，取消大企业局管户，专门负责海南省北部区域总局千户集团和省级重点税源企业的风险分析识别和风险应对工作。在市局层面组建专业团队，将部分复杂管理事项上收市局统一管理。改变现行的“分户到人、各事统管”的管理模式，在美兰区局开展基础管理事项分事项管理、团队化管理试点，通过推行“依事定岗、依岗定责、依责定人”，进一步做到职责清晰、分工明确、衔接顺畅。

【国地税合作】2017年，海口市地税局着力在融合、整合、聚合上下功夫，以机制建设为抓手，以扩展合作内容为主线，以整合服务管理资源为载体，扎实推进与海口市国税局的合作。（1）夯实国地合作基础，打造税收共治格局。组建领导机构统筹合作，成立由分管财政副市长及财政、国税、地税、公安等部门人员组成的领导小组；出台相关制度规范合作，全面营造全市各行政部门共同协税护税的良好氛围；建立信息共享保障合作，进一步推动综合治税信息共享框架建立。（2）深融纳税服务资源，提升快捷办税体验。在现有“一人一窗一机”联合办税模式的基础上进一步升级，筹建海口市首个国税地税联合办税大厅，建立“文化共建、前台统一、后台协同”“服务、管理、学习三统一”的联合办税新模式。共同搭建FTP数据平台，强化业务沟通交流，多渠道开展联合宣传，师资互通共建税务讲堂。（3）合力执法共促遵从，信息聚合同控风险。开展联合清理单管户工作；对非正常户采取联合评定D级纳税信用等级、停供发票等后续管理措施；联合清理欠税；联合开展企业所得税核定征收和个体双定户核定工作；统一违法违章处罚标准，进一步规范执法行为；联合开展纳税评估和风险应对工作，借助国地税信息共享平台，联合办结一起已注销企业少缴税款案，追缴税款217万元，滞纳金24万元，创下海口市首例成功追缴已注销企业税款记录。

【综合治税】2017年，海口市适时调整综合治税联席会议制度，将综合治税成员单位范围由原来的22家扩大到32家，重新规范各成员单位涉税信息传递内容，修订信息收集渠道，加强信息传递的针对性，提高信息的传递和使用效率。在市政府政务信息共享平台建设的基础上，推动建立“综合治税信息共享框架”，争取尽快实现各职能部门之间的信息交流共享和业务协同。挂牌成立市公安局派驻地税联络机制办公室，海口市警税协作防范和打击涉税违法犯罪形成常态化、制度化、规范化工作机制；完善与工商部门经济税源信息交换比对平台建设，实时获取省工商局新登记企业信息及股权转让信息；全面推广实名办税，推动纳税信用体系融入社会信用体系，强化守信联合激励和失信联合惩戒；依法联合相关职能部门对失信对象在高消费、融资授信、参加政府采购、政府供应土地和政府性资金支持等方面予以限制。

【信息管税】2017 年，海口市地税局集成推进数据应用工作，打造“工作联动、信息共享、系统融合”的税收大征管工作格局，充分发挥数据应用的乘数效应，切实提高税收征管效能，实现经验管理向大数据管理的转变。以大平台、大数据为导向，将现有独立分散的多个系统按工作主题进行集成整合优化，开发完成海口地税门户集成页面，积极推进综合业务指挥中心项目建设，发挥最大效能；集中建设大数据采集和存储平台，在经济税源比对平台搭建数据库，建立大数据分析与应用平台，强化数据分析应用；以用户思维进一步深化业务与技术的融合，使管理和服务资源的使用效益最大化。利用现有的金三回流数据和第三方涉税数据资源，为业务部门日常税收征管提取涉税信息，推进大数据分析利用，提高征管效率。

【欠税追缴】2017 年，海口市地税局推进欠税清缴工作，累计发布欠税公告 10 期，公告 58 户，查询欠税纳税人银行账户开户信息 180 户，办理阻止欠税纳税人法定代表人出境 12 人。通过海口市信用“红黑榜”发布平台发布纳税失信（欠税）企业名单 4 户。与市国家税务局联合发布欠税公告 2 期，公告欠税户 192 户。全年共清缴欠税 10.04 亿元，清缴欠税户 3.25 万户，其中新欠 96250 万元，陈欠 4185 万元。

【年所得 12 万元以上个人所得税申报】2017 年，海口市地税局通过强化数据分析、实施精准提醒、加强数据审核、广泛开展宣传、针对性开展培训等多种手段，完成年所得 12 万元以上个人所得税全员全额申报工作。全年申报人数 2.6 万人，比上年增加 5526 人，增长 27.31%，约占全省的 57.46%，申报率和准确率均为 100%。

【税收优惠政策落实】2017 年，海口市落实国家有关节能减排、环境保护、资源综合利用等税收优惠政策以及国务院 6 项减税政策。做好小微企业的减免税工作。年内，全市盈利的小型微利企业共 2630 户，共减免税额 3062.39 万元，政策实际受惠面 100%。其中，符合新政策的企业（即 30 万元 < 应纳税所得额 <50 万元的企业）有 159 户，减免税额 941.87 万元，小微企业所得税优惠政策扩围效应显著。推广商业健康保险个人所得税税前扣除政策，全年共有 2454 人次享受商业健康保险，抵扣应纳税额所得额约 47.77 万元。物流企业享受大宗商品仓储设施用地城镇土地使用税优惠政策，共减免税额 28.6 万元。

【纳税评估】2017 年，海口市地税局通过开展土地增值税清算、企业所得税汇算清缴、三大行业专项纳税评估、“特殊纳税户”专项清理和国地税联合专项评估等，共核查有风险纳税人 8201 户，查补税款 6.4 亿元。

【税收执法督察】2017 年，海口市地税局进一步加强内控机制建设，通过建立完善前期预防、中期监控和后期处置“三道防线”，进一步完善防控措施，降低执法和廉政风险。进一步推进督察工作上下联动，纵合横通，形成合力，通过信息监测、日常检查、定期自查、专项督察等方式，对地税工作人员和税务权力运行过程进行动态监控。全年在局属的 28 个部门和单位开展执法督察，税收执法督察项目 12 个，参加督察人数 30 人，发现问题 23 个，制定整改措施 19 项。

（张珊珊）

（编辑：李　敏）

经济监督管理

宏观调控

【海口经济发展概况】2017年，海口市地区生产总值完成1390.48亿元，比上年增长7.5%；固定资产投资完成1415.5亿元，增长11.3%；全口径一般公共预算总收入385.19亿元，增长19.1%，其中地方一般公共预算收入完成125.36亿元，同口径增长12.8%；社会消费品零售总额完成715.5亿元，增长9.42%；旅游总收入完成265.99亿元，增长14.27%；城乡常住居民人均可支配收入28701元，增长8.5%；居民消费价格指数上涨3.3%，低于年度控制目标4%。

【产业结构调整】2017年，海口市把发展经济的着力点放在实体经济上，围绕十二个重点产业和六类园区建设，深入推进供给侧结构性改革，产业结构不断优化，全市十二个重点产业增加值占全省的35.9%，其中6个产业占全省比重超过50%，8个产业增速高于全省平均水平，发展的质量和效益不断提高。全域旅游扎实推进，“美丽海南百千工程”加快建设，镇墟旅游化改造有序开展，施茶村等26个村入选海南美丽乡村。热带高效农业加快发展，成功申报实施“丝路海口·田园综合体”和农村产业融合发展试点等国家级项目，石山黑豆、石山壅羊获国家地理标志证明商标，桂林洋国家热带农业公园一期开园。房地产业平稳健康发展，落实和深化“两个暂停”政策，出台装配式建筑发展政策。互联网产业蓬勃发展，海口入选2017中国“互联网+”数字经济总指数百强城市。医疗健康产业稳步推进，上海六院海口骨科与糖尿病医院、上海中医药大学附属岳阳医院海口分院开诊，观澜湖中医国际康养中心投入运营。金融业不断壮大，民生银行和5家证券公司落户，浦发银行创新开展离岸金融业务。会展业快速发展，荣获中国会议产业大会“会奖之星”。海洋产业创新发展，获批国家海洋经济创新发展示范城市。现代物流业加快推进，马村港区三期散货码头、新海港区二期建成投产，秀英港区滚装轮渡业务完成搬迁。医药产业集群初步形成，出台鼓励药企开展“一致性评价”的政策。低碳制造产业加快培育，新增高新技术企业64家，总数达207家，占全省77%；新增12家院士工作站，灵康制药、椰国食品、一汽海马3家企业获中国专利奖；海口市获评国家知识产权试点城市先进集体。文体产业发展提速，中国足球（南方）训练基地、国家帆船帆板训练基地、五源河文体中心加快建设，《芳华》等4部影视作品在本市完成拍摄并上映，极大提升海口旅游品牌。

【政府投资项目计划编制】2017年，海口市编制形成一批基础设施、产业发展和棚户区改造及社会投资项目计划，共843项，年度计划投资1160亿元，特别是围绕十二大产业，将重大招商项目和带动效益好的社会项目列入投资项目计划。

【投资项目管理】2017年，修订《海口市政府投资项目管理规定》，规范政府投资行为；运用“全息系统”对项目进行全面梳理和进度跟踪；落实“一线工作法”，做好政府投资项目的服务和协调工作。按照大会战、大行动模式推动项目建设，提前冲刺，制定《海口市2017年固定资产投资提前冲刺工作方案》，对棚改项目、省重点项目、代建项目、PPP项目、总投资10亿元以上以及其他社会投资项目7—12月投资进行分解；同时对首批城市更新项目进行倒排工期，进一步落实投资任务。

【建设项目资金筹措与融资管理】2017年，海口市中央预算内投资项目共22个，项目总投资64亿元。争取到中央资金投资3.25亿元；申请地方债资金22.2亿元，落实12.56亿元；加大对上级资金落实督促力度，有效提高资金完成率。

【项目审批管理】2017年，海口市加强项目前期管理，做好项目立项、可研审查工作。严格项目投资规模审查。为确保项目前期工作质量，严格按照国家相关政策法规及行业技术规范，对项目的建设内容、规模、技术方案、投资等内容进行严格审查。全年共签署183个项目的代（理）建合同，委托可研评估116项。做好概预算审查和部门经费及其他费用的复（审）核工作，完成243项概预算、部门经费及其他费用的复（审）核工作，送审金额170.99亿元，审核金额124.05亿元，核减46.94亿元，核减率 27%。

【基础设施项目】2017 年，海口市城市基础设施建设项目包括道路交通（152 个）、水务（55 个）、城市综合管廊项目（17 个）等共 224 项，总投资 654.32 亿元，其中道路交通项目总投资 467.55 亿元、水务项目总投资 143.68 亿元、城市综合管廊项目 43.09 亿元。年内，重点推进琼山大道延长线项目、江东大道二期项目、南渡江引水工程、江东大道二期西延线综合管廊项目等重大基础设施项目。

（劳俊享）

口岸管理

【口岸概况】海口市有两个国家一类开放口岸：海口美兰国际机场口岸和海口港口岸（秀英港区）。2017 年，海口市口岸出入境旅客 91.7 万人次，比上年增长 22.5%，其中：海口美兰机场口岸出入境旅客 89.1 万人次，增长 30%；海口港口岸出入境旅客 2.59 万人次，下降 58.7%。出入境交通工具 8987 架 / 艘次，增长 39.9%，其中：海口美兰机场口岸出入境飞机 8615 架次，增长 40.9%；海口港口岸出入境船舶 372 艘次，增长 18.8%。出入境货物 136.8 万吨，增长 33.7%。其中：海口美兰机场口岸国际及地区货邮量 0.32 万吨，增长 46.9%；海口港口岸出入境货物 136.5 万吨，增长 33.7%。

【口岸开放】2017 年，海口美兰国际机场口岸新开及复航国际航线 11 条：海口⇌广州⇌仰光（2 月开通）、海口⇌清迈（3 月开通）、海口⇌清莱（3 月开通）、海口⇌槟城⇌吉隆坡（3 月开通）、海口⇌马尼拉（7 月开通）、海口⇌普吉（7 月开通）、海口⇌雅加达（7 月开通）、海口⇌巴厘岛（9 月开通）、海口⇌芭提雅（9 月开通），海口⇌莫斯科（7 月复航）、海口⇌首尔（7 月复航）。海口港口岸（秀英港区）新开巴哈马籍邮轮“中华泰山号”和钻石邮轮“辉煌号”，分别以秀英港为始发港运营海口⇌下龙湾、岘港 2 条航线，共运营 61 航次。海口港区汽车整车进口德宝普锐维亚、陆地巡洋舰、戴纳肯、塞纳、普拉多等品牌汽车 1056 辆。海口美兰机场口岸共为外航飞机加注航空保税油 6202 吨，累计节约航煤成本 372.1 万元。7 月，交通运输部批复新埠岛沿海水域（东营海上景区）临时对外开放期限延长至 2018 年 1 月 18 日。

【口岸查验】2017 年，海口市口岸办继续做好免除查验没有问题外贸企业吊装移位仓储费用全面试点工作。自 2016 年 6 月 1 日开展试点工作至 2017 年 9 月 30 日，先后 5 次免除查验没有问题外贸企业吊装移位仓储费用共 26.37 万元，免除箱量 772 个自然箱，涉及企业数量 177 家。

【集装箱进出口环节合规成本专项治理】2017 年 11 月 1 日至 12 月 31 日，海口市在海口港口岸开展为期 2 个月的集装箱进出口环节合规成本专项治理行动，实现全市口岸集装箱进出口通关时间压缩 1/3、通关环节收费减少 5%以上的目标任务。

【推广应用国际贸易“单一窗口”标准版】2017 年 11 月 21 日，海口市口岸办制定下发《关于做好国际贸易“单一窗口”标准版推广应用工作的通知》，明确“单一窗口”标准版推广应用工作目标、方法步骤、工作要求。11 月 28 日，海口港海关成功受理首票企业通过国际贸易“单一窗口”标准版系统向海关申报的报关单。11 月 30 日，举办国际贸易“单一窗口”标准版实际操作培训，海口海事局、海口港海关、秀英出入境边防检查站、海南出入境检验检疫局海口港办事处、海口综合保税区海关 5 家口岸现场查验单位和 44 家进出口企业、24 家口岸经营服务企业共 100 余名报关报检业务人员参加培训。12 月 1 日起，国际贸易“单一窗口”标准版在海口市海港口岸全面铺开。

【重大活动口岸通关与服务】2017 年 3 月 17—25 日，第八届环海南岛国际大帆船赛在海南省举办，海口海港口岸单位保障参加海口赛段的 2 艘外籍帆船安全、便捷通关。3 月 23—26 日，博鳌亚洲论坛 2017 年年会在海南省召开，海口空港口岸单位共保障 4 批次警卫任务、9 架次公务机、39批次部长级 VIP 嘉宾安全、顺利通关。

2017 年 7 月 11 日，海口⇌莫斯科航线开通　（市口岸办 供）

【邮轮到访】2017年1月2日，“银影号”邮轮到访海口秀英港，旅客人数233人（外国籍）。1月6日至3月13日，“中华泰山号”邮轮以秀英港为始发港运营“海口⇌下龙湾”“海口⇌岘港”航线56航次，出入境旅客2.25万人次。12月25—31日，“辉煌号”邮轮以秀英港为始发港运营“海口⇌下龙湾”“海口⇌岘港”航线5航次，出入境旅客2742人次。

资料链接：“银影号”邮轮，巴哈马籍，船长186米，船宽24.8米，总吨位2.83万吨。“中华泰山号”邮轮，隶属渤海邮轮公司，船长180.5米，船宽25.5米，总吨位2.45万吨。“辉煌号”邮轮，隶属钻石邮轮公司，船长181.4米，船宽25.5米，总吨位2.48万吨。

（顾少兴）

2017年3月28日，海口海关邮检现场查获大麻毒品，毛重138克（海口海关 供）

海关监管

【海关监管概况】2017年，海口海关着力强化监管、深化改革、优化服务，正面监管效能稳步提升，打击走私工作再创佳绩，全面深化改革不断深入，服务地方发展有力有效。全年税收入库74.56亿元，监管进出口货运量3275万吨，监管进出口货值217.4亿美元，监管进出境人员200.1万人次。海口海关总关（机关）、八所海关和三亚海关顺利通过“全国文明单位”复查考核，洋浦经济开发区海关和海口港海关获得“全省文明单位”称号。

【海关税收】2017年，海口海关税收入库74.56亿元，增长32.6%，比全国同期高出9.3个百分点，创近3年来新高。通过审价、归类及原产地核查等手段补税7126万元，其中稽查追补税额1467万元，增长60%。

【海关通关监管】2017年，海口海关全面发挥风险防控作用，实现35个业务监控系统进驻监控指挥暨风险情报信息监控中心集成运作。年内，布控查获金属硅、游戏机主板、再生橡胶等固体废物和关区首票跨境电商伪瞒报案件。全面清查监管场所，整改规范海关监管作业场所15家、注销3家，实现367个视频监控摄像头与总署监控指挥中心100%视频联网，增加4倍。优化查验机制，修订人工查验、复查复验等制度规范，引入集中审像平台，实现H986系统图像数据向总关集中审像室传输，出口查验率1.65%，进出口查获率18.98%，高于全国平均水平。强化行邮监管，在行邮渠道查获违法违规案件（含“两简”案件）190宗，查获毒品案件9宗。抓好重点敏感商品专项稽查，新开稽查作业51起，移交缉私作业数14起，分别增长8.5%和367%。

【海关缉私】2017年，海口海关坚持“打岛外、打过路、打本岛”的“三打结合”工作思路，开展“国门利剑2017”、打击洋垃圾走私“蓝天”行动、“国门勇士”缉枪行动、海南全省禁毒三年大会战“秋冬攻势”等专项行动。整合优化警力资源，成功争取地方政府支持配备缉私辅警27名。年内，提前超额完成海南省“秋冬攻势”行动任务目标，成功侦办“HK1701”走私宝石系列案、“4·26”特大骗取出口退税、骗取地方政府补贴走私案、枪毒走私团伙案等全国海关系统大案，1宗案件被列为总署一级挂牌督办案件及公安部部级督办案件。全年刑事立案42宗，案值20.65亿元，涉税2.17亿元，分别增长40%、6.1%和43%；行政立案289宗，案值8883.9万元，涉税378.2万元，案值、涉税分别增长457.9%和158.3%。

【海关全国通关一体化改革】2017年，海口海关配套印发《通关一体化改革验估作业实施细则》等6项制度，7月1日启动全国通关一体化改革，10月1日进出口全部实现通关一体化。全年受理全国海关通关一体化报关单2.04万票。实施“自主申报、自行缴税”等配套改革，推进审价、化验、担保核批、延期缴税等税收征管作业无纸化。推进隶属海关功能化建设，科学测算业务量和人员编制，将辖区隶属单位合理设置为6个口岸型海关、2个属地型和2个综合型海关，按期完成设立风险防控中心、撤销审单处等机构设置，释放人力77名，人力资源节约率30%。

【“三互”大通关等重点改革】2017年，海口海关上线应用“海关通关作业辅助系统”报关单修撤、自动进口许可证通关作业无纸化等配套功能，实现所有信用等级企业适用通关作业无纸化，报关单无纸化率居全国海关第8位。推进“双随机、一公开”，制定布控查验、常规稽查、采购、财务资金安全检查、关税抽样考核5个领域“一单、两库、一细则”，全年随机布控查验占比95.88%，预定式布控查验有效性3.02，指标绩效位居全国海关前列。推动海南国际贸易“单一窗口”上线运作并实现口岸全覆盖，标准版货物报关日覆盖率75%以上，超额完成30%的本地区报关业务量覆盖要求。健全关检合作机制，“一次查验”报关单占同期查验报关单比例37.4%，同比增长1.1倍。全年关区出口、进口平均通关时间分别压缩33.3%和39.2%，位居全国海关第5和第21位，提前实现“通关时间压缩三分之一”的目标。

【关区自主特色改革】2017年，海口海关开展离岛免税监管流程再造，应用物联网RFID等先进技术，推动离岛免税品适用直接转关模式，实现驻店监管岗位和人员分别减少33.3%和25.7%，免税品进口平均通关时间缩短65%以上。主动承接总署“智慧缉私”改革，初步设计“海岛智慧缉私全息作战平台”建设方案并成功纳入《海南警务信息智能岛总体规划》。推广应用“移动查验单兵作业系统”“海关情报系统”等系统，完成跨境电子商务海关监管平台建设，上线“互联网+海关”一体化网上办事平台。实现业务审批网与海南省行政审批系统对接和数据互换，将30%审批事项纳入海南省首批全流程互联网“不见面审批”，驻省政务服务中心审批办实现4个事项审批时限再提速21%，承诺件及时办结率100%。推进精文减会，完成海关总署压缩发文3%的目标，报署公文合格率100%，位列直属海关第一，全年召开各类会议减少7.1%。

【海关服务海南对接好国家开放战略】2017年，海口海关支持海南加快融入国家“一带一路”战略规划，驻三沙办事处挂牌并对外开办业务，配合推动海口马村港扩大开放通过国家验收，有力保障“海口—菲律宾”“海口—柬埔寨”等海运航线和38条空运航线开通。靶向服务博鳌乐城国际医疗旅游先行区建设，审批设立药品公共型保税仓库，运用《中西部产业目录》为区内项目办理首票减免税手续，相关工作得到国务院督查组肯定。支持游艇产业先行先试，研究提出以“总担保+第三方担保”模式降低游艇进境担保成本，成功获总署批准该关拓展游艇保税仓库功能试点仓内展示和保养维护。助推离岛免税政策效应放大，顺利实施乘火车离岛免税购物监管模式，支持海口美兰机场免税店新增营业面积5500平方米，全年监管离岛免税销售金额80.2亿元、离岛免税品1050万件、购买人数233.4万人次，分别增长32%、41.8%、34.8%。

【海关支持海南培育好外贸发展新动能】2017年，海口海关主动发挥海关特殊监管区域政策优势，成功争取海关总署批复海关特殊监管区域间钻石通关试点延期2年，支持研究设立美兰空港综合保税区，推动海口综合保税区正式启动跨境电商业务、实现“双十一”“双十二”期间业务平稳运行，支持洋浦建设能源基地，全年洋浦口岸保税监管场所保税油品进出仓总量1325.72万吨、货值59.84亿美元，分别增长30.12%和49.98%，进出仓量值均创新高。支持海口美兰机场国际快件中心正式运营，结束海南省没有国际快件业务的历史。支持汽车进出口业务加快发展，服务一汽海马汽车打造“万台整车出口菲律宾计划”，推动海口港整车进口业务首次突破1000辆大关。优化“保税仓库+进境维修”的飞机维修监管模式，监管进境维修飞机货值4.3亿美元。全年海南外贸进出口700亿元，下降6.6%；同期海南口岸进出口值899.2亿元，增长14.9%。

【海关统计】2017年，海口海关强化进出口统计分析和监测预警，报送监测预警分析报告118篇，其中被中办国办采用3篇、海关总署《海关要情》采用31篇，增长55%。

【海关法治建设】2017年，海口海关推进执法规范化建设，编制完成《海口海关权力和责任清单（送审稿）》，明确权责事项10大类72个事项，组织536名关员参加全国海关行政执法人员执法资格考试，通过率100%。强化法治宣传，聚焦深化改革、国家安全、民法总则等专题，举办4期法治讲堂，组队到海口、三亚、洋浦等重点市县宣讲，发放海关政策法规资料1500余份。强化知识产权海关保护，推荐4家企业入选“龙腾行动”重点保护企业名录，首次联合省“双打办”等部门举办外商投资企业知识产权保护行动联合宣讲会，与省知识产权局、版权局签订执法协作备忘录，深入开展“清风”“龙腾”等专项行动，成功查获关区首宗货运渠道出口货物涉嫌侵犯知识产权案。

2017 年海口海关主要业务情况统计表

类 别	指 标	单 位	累 计	比上年增减（%）
货物监管	进出口报关单数	份	49449	26.8
	进口	份	32212	45.3
	出口	份	17237	2.4
	进出口记录条数	条	191624	44.5
	进口	条	162477	51.0
	出口	条	29147	16.7
	进出口监管货值	万美元	2174274	10.2
	进口	万美元	1403321	7.6
	出口	万美元	770954	15.2
	进出口货运量	万吨	3275	5.3
	进口	万吨	2535	3.2
	出口	万吨	740	13.3
	集装箱箱数	箱次	161605	21.5
	集装箱箱载货物	吨	1593570	13.6
	监管运输工具数	艘架次	20315	30.7
	进出境船舶	艘次	5294	18.9
	邮轮	艘次	86	-27.7
	游艇	艘次	16	-23.8
	进出境汽车	辆次	0	—
行邮监管	邮递物品	件	35837	-15.1
	印刷品和音像制品	件盘	22073	-26.0
	邮政快件	件	107224	-21.0
	进出境人员	万人次	200.1	41.2
	进出境旅客	万人次	177.7	44.8
	飞机旅客	万人次	171.3	56.7
	邮轮旅客	万人次	6.4	-52.0
	运输工具服务人员	万人次	22.3	18.2
	征收行邮税款	万元	26061	28.9

续表

类别	指标	单位	累计	比上年增减（%）
关税税收	实际入库税收	亿元	74.6	32.7
	实际征收关税	亿元	9.9	25.9
	实际征收代征税	亿元	64.7	33.7
加工贸易	备案加工手册数	份	36	-36.8
	备案加工手册金额	万美元	128094	-33.1
企业管理	新增注册企业数	个	332	0.6
	实有注册企业数	个	3088	11.2
缉私	立案走私犯罪案件数	起	42	40.0
	立案走私犯罪案件值	万元	206461.0	6.1
	立案走私犯罪案件偷逃税额	万元	21715.0	43.0
	立案走私行为案件数	起	23	-4.2
	立案走私行为案件值	万元	86.8	-71.1
	立案走私行为案件偷逃税额	万元	22.0	-71.3
减免税审批	审批进口减免税货物	笔	2304	30.3
	审批进口减免税货值	万美元	232106	99.7
	减免税额	万元	212097	109.6
离境退税	离境退税推算金额	元	53651	44.9
	离境退税商品金额	元	487707	44.9
	离境退税海关验核实际人次	人次	90	95.7
离岛免税	免税购物金额	万元	801587	32.0

（林　慧　陈大敏）

出入境检验检疫

【出入境检验检疫工作概况】2017年，海南出入境检验检疫局突出质量抓提升、监管抓优化、服务抓精准、技术抓进步、安全抓底线、政研抓机制的“六抓”任务，推进提升全域旅游产品质量获得感，提升示范区产品、高标准产品质量获得感，提升“同线同标同质”产品质量获得感等“12项质量获得感工程”，以“一张蓝图干到底”的韧劲，取得全省生态原产地保护产品零突破、澄迈县成功创建国家级出口食品农产品质量安全示范区等多项突破，开创海南检验检疫事业新局面，打造喜获全国文明单位、获上级批示创历史新高、服务省部合作早结硕果、压缩验放时长打造通关“高速路”等十大亮点工作。

【出入境货物检验检疫】2017年，海南出入境检验检疫局推进“进口食品安全放心工程”“出口食品竞争力提升工程”，建立进出口食品化妆品安全监督抽检和风险监测常见问题应对库并实施动态更新，确保海南口岸全年食品安全零事故。构建以出口合格假定，进口风险管理为核心的进出口产品合格评定新机制，实施进口汽车缺陷消除3725辆。持续开展“口岸天平”行动，构建进出口危险化学品闭环监管工作体系，检出重量短少商品25批、184.31万美元，3例被质检总局作为范例在全系统推广。打击洋垃圾违法行为，及时处置进口再生橡胶中夹带的禁止进口固体废物519吨。与兄弟检验检疫局建立联动机制，约谈企业对存在缺陷的6.62万余支儿童软毛牙刷在全国范围内实施召回，顺利实施海南口岸首次进口消费品召回工作。获第五届“全国文明单位”称号。

全年完成出入境货物检验检疫1.85万批，货值82.32亿美元，分别增加19.31%和9.44%，其中出境9377批、20.02亿美元，增加10.92%和减少10.92%；共检出进出口不合格货物1144批，涉及货值2.34亿美元，分别减少21.54%和增加56.52%，不合格率分别为6.2%和2.84%，批次不合格率下降3.23个百分点；出口产品合格率99.85%，进口产品不合格批次减少21.64%。其中，海口地区检验检疫机构完成进出境货物检验检疫7511批次、货值8.49亿美元，其中出境货物4322批次、货值2.81亿美元；入境货物3189批次、货值5.68亿美元；检出货物不合格407批次、货值0.14亿美元；出口产品主要有动物水产品、龟、木制刀座、鲜荔枝、果干、螺旋藻粉等，进口产品主要有香化产品、医疗仪器、游乐设备、机动车辆、成套设备、椰子、大米、板材、服装等。出入境货物仍以工业品为主，全年进出口工业品64.51亿美元，占进出境货物总值近八成；动物及其产品批次较多，占近四成。出口货物产地分布在海口市、洋浦经济开发区等15个市县地区，海口市出口批次排在首位。

【出入境邮寄物查验】2017年，海南出入境检验检疫局检疫查验出入境邮寄物63.7万件，减少7.81%，其中信件50.17万件、包裹13.49万件。在邮寄物中截获禁止进境物96批次、重量159.18千克，分别减少75.82%和94.4%，截获的禁止进境物主要有燕窝、肉制品、水生动物产品、种子等，均根据有关规定进行退回或销毁处理。截获植物有害生物6批次、12种类、13种次，分别增加200%、300%和333.3%。开展“绿蕾3”专项行动，截获非法携带、邮寄的种子种苗89批次、126.7千克。在截获物中检出有害生物39种类、60种次，分别增加457.14%和757.14%，其中检疫性有害生物3种类、3种次。

【出入境旅客携带物查验】2017年，海南出入境检验检疫局通过广泛应用人—机—犬查验模式，有效减少出入境旅客携带物漏检现象发生，提高查验准确率和检出率。全年在全省各空港、海港口岸经X光行李检查机或开包查验旅客携带行李4.74万件，增加62.02%，截获禁止进境物1.37万批次、重量1.08万千克，分别增加20.64%和28.36%，均实施退回或销毁处理。截获的禁止进境物主要是水果、蔬菜、燕窝、禽蛋、水产品、种子种苗、伴侣动物等。截获禁止进境

2017年7月7日，海南出入境检验检疫局海口地区办事处开展进口汽车后市场监管

（符传涛 摄）

2017年海南出入境检验检疫主要业务情况

类 别	项 目	单 位	数 量	比上年增减（%）
货物	出入境货物	批次	18459	19.31
	其中：出境	批次	9377	10.92
	入境	批次	9082	29.41
	出入境货物货值	万美元	823168.27	9.44
	其中：出境	万美元	200168.67	–10.92
	入境	万美元	622999.60	18.11
	不合格货物	批次	1144	–21.54
	其中：出境	批次	14	–12.50
	入境	批次	1130	–21.64
	不合格货物货值	万美元	23412.60	56.52
	其中：出境	万美元	79.85	–29.05
	入境	万美元	23332.76	57.17
交通工具	船舶	艘	4581	22.68
	其中：出境	艘	2275	21.98
	入境	艘	2306	23.38
	飞机	架	13484	50.39
	其中：出境	架	6745	50.29
	入境	架	6739	50.49
集装箱	出入境	标箱	124084	23.37
	其中：出境	标箱	62239	18.35
	入境	标箱	61845	28.88
	检出问题	标箱	6	–88.46
	其中：出境	标箱	3	50.00
	入境	标箱	3	–94.00
动植物疫情	种类	种类	334	–2.34
	其中：出境	种类	—	—
	入境	种类	334	–2.34
	种次	种次	3174	–46.84
	其中：出境	种次	—	—
	入境	种次	3174	–46.84

续表

类 别	项 目	单 位	数 量	比上年增减（%）
人员查验	出入境	人次	2010185	38.60
	其中：出境	人次	1012943	44.49
	入境	人次	997242	33.08
健康检查及预防接种	健康检查	人次	6146	34.02
	其中：出境	人次	2669	37.36
	入境	人次	3477	31.56
	艾滋病监测	人次	6149	34.17
	其中：出境	人次	2675	37.82
	入境	人次	3474	31.49
	发现病例	人次	1097	12.05
	其中：出境	人次	567	20.64
	入境	人次	530	4.13
	预防接种	人次	1997	6.00
	其中：出境	人次	1983	5.99
	入境	人次	14	7.69

物主要来自新加坡、泰国、老挝、柬埔寨、印尼、越南、韩国、哈萨克斯坦等国家和中国香港、澳门、台湾地区。从旅客携带物中截获有害生物143批次、101种类、224种次，分别增加17.21%、80.36%和67.16%，其中检疫性有害生物31批、10种类、34种次。其中，海口地区截获有害生物1571批次、74种类、2420种次，分别增加2.61%、减少27.45%和减少54.96%，有害生物种次占全省口岸截获总数76%，其中检疫性有害生物7批次、4种类、7种次。

2017年4月27日，海口机场出入境检验检疫局在禁止携带进境物品中，截获检疫性有害生物果核芒果象

（海南出入境检验检疫局 供）

【交通工具检疫查验】2017年，海南出入境检验检疫局不断完善口岸现场查验、检疫处理、实验室鉴定设施设备，提升查验、处理、鉴定能力；推行分类管理制度，加强主要贸易往来国家的疫情风险分析，在保障国门生物安全的同时提高通关效率；构建联防联控体系，及时向各口岸单位通报疫情截获情况，完善各类突发事件应急预案，构建起业务相融、工作互通、应急联动的疫情防控体系。全年共完成出入境交通工具检疫查验1.81万艘（架）次，增加42.24%，其中船舶检疫4581艘次，增加22.68%；飞机检疫1.35万架次，增加50.39%；集装箱检疫12.41万个，增加23.37%。完成卫生处理出入境交通工具224艘（架）次，减少27.23%。在入境交通工具中截获有害生物103批、146种类、282种次，其中检疫性有害生物27批、7种类、30种次，综合排名居全国第六名。

【出入境卫生检疫查验】2017年，海南出入境检验检疫局持续提升口岸核心能力建设水平，强化检疫查验与联防联控，联合省委宣传部、省卫计委等17家单位共同建立海南口岸传染病联防联控工作机制，合力维护口岸安全。全年共检疫查验出入境人员201.02万人次，增长38.6%，其中出入境旅客182.37万人次，增长48.75%，发现有传染病症状者323例，减少9.01%，传染病发现率0.16‰，下降0.08个千分点，确诊传染病病例124例，增加44.19%，确诊率38.39%，上升14.16个百分点。其中，海口美兰机场口岸检疫查验出入境人员94.62万人次，增长37.18%；出入境航班7655架次，增长41.81%。完成出入境人员传染病监测体检6146人次，增加34.02%，发现病例1097例，增加12.05%，其中传染病62例，增加1.64%。联合省卫计委妥善处置3起入境登革热病例，其中海口美兰机场口岸检出多年来海南口岸首例登革热确诊病例，首次检出轮状病毒所致腹泻病例，防止疫情输入及传播；检出核生化放射性有害因子超标案例44例，均按相关规定进行检疫处理。

【出入境动植物及其产品检验检疫】2017年，海南出入境检验检疫局实施“免除低风险动植物检疫证书清单制度”，对进境参展动植物及其产品实施网上审批，并将口岸查验改为场馆集中查验；实施出口花卉“即检即放”和出口石斑鱼苗“少检多放”制度；建立进境粮食生产加工和出境竹木草制品企业“双随机、一公开”检查制度，实施4家次企业双随机监管；出台缩短进境水生动物隔离检疫期等13条措施，将进出口农产品检验检疫全流程时长压缩至12月份的0.42天。牵头负责“进口粮食风险管控”项目考核，完善进出口农产品质量安全风险预警和快速反应监管体系，联合相关部门开展海南特色物种专项调研，促进优质产品扩大进口和海南特色产品扩大出口。全年共检验检疫进口木材1160批次、货值4.97亿美元，分别增长46.84%和32.58%；进口对虾8.6万尾、货值429万美元；帮扶200只种用非洲灰鹦鹉落户海南岛；保障260只红腿陆龟种龟进口，丰富海南观赏动植物资源。完成34批次、货值2381万美元的章雄鱼苗顺利出口日本，实现海南口岸番木瓜、南洋杉、棕竹等6种产品首次出口。帮扶海南荔枝顺利打开美国、加拿大国际高端市场，海南口岸共出口荔枝342吨、货值112.6万美元，分别增加56.88%、19.53%。

【检疫犬基地建设】2017年，海南出入境检验检疫局推进检疫犬基地建设，占地面积3150平方米的新检疫犬基地投入使用，增加1.4倍。新聘两名训导员及新购置两只拉布拉多检疫犬“哼伦”“哈奇”进驻基地，促进旅客携带物检出有成效。

【检验检疫流程时长压缩】2017年，海南出入境检验检疫局出台6个压缩流程时长指导意见，科学实施“至简施检”模式；出台12项压缩行政许可审批流程时长措施，推行无纸化、“不见面”审批，将审批时长压缩至5.9个工作日。全面推广应用“e-CIQ主干系统”“中国电子检验检疫网上申报系统”，全省无纸化报检率98.7%，参与建立全省国际贸易“单一窗口”平台，实现检验检疫电子放行信息和海口港电子闸口自动放行功能。与海关、边检、海事等建立联合登临检查工作机制，将进口汽车关检“串联”流程优化为“并联”检验，大大压缩检验检测时长，促进海口港区整车进口量首次突破千辆，同比增长341%，增幅居全国前列。对以海口港为母港的邮轮及海口美兰国际机

2017年6月12日，海南出入境检验检疫局在海口召开全国检验检疫无纸化系统（海南）试点上线新闻发布会　（符传涛　摄）

场进出境航空器实施电讯检疫，构建便捷高效的进出境旅游廊道。支持海南申报跨境电商试点城市，创新中文标签加贴方式，服务新业态发展。出台检验检疫流程时长执纪问责措施，发挥分片派驻纪检组“探头”优势。严格专项督查和结果通报机制，定期召开局务会议通报流程时长监测情况。12月，海南口岸进出口货物检验检疫平均时长0.44天，较1月大幅缩短。

【海南口岸八成入境货物实现检验检疫审单放行】 2017年11月1日起，海南口岸八成入境货物实现检验检疫审单放行，全省检验检疫通关放行进入“秒通关”时代。“审单放行”新模式是在企业提供质量安全合格保证基础上，结合产品风险和企业信用等级，通过审单方式进行合格评定放行。检验检疫部门只需按要求对报检信息和随附单证的齐全性、完整性和有效性进行审核，符合要求的，予以签证放行，无需实施现场和实验室检验检疫，极大提高口岸通关效率。在享受审单放行便利的同时，企业应对货物质量安全作出合格保证，进一步压实产品质量安全主体责任。同时，检验检疫机构对抽检比例实施动态管理，对连续抽批质量安全水平稳定或风险等级降低的货物，以及检验检疫信用A级及以上的收发货人或报检人，经风险评估可以降低抽批比例的，将降至最低比例；对检验检疫不合格或有证据表明风险等级提高的货物，以及检验检疫信用C级及以下的收发货人或报检人，经风险评估可以提高抽批比例，直至100%抽批，充分体现守信者享受便利，失信者处处受限的原则。

【出入境检验检疫服务地方经济建设】 2017年3月，海南出入境检验检疫局与省商务厅联合召集17家单位会商，达成4项协调解决进口椰子问题共识，促进海口港申请建设进境水果指定口岸获批，助力海南口岸进口去皮毛椰子31.48万吨，增长23.06%，保障海南传统加工业进口椰子足量供应。同时帮扶琼中绿橙、幌伞枫、番木瓜、椰果等10多个特色产品首次打入国际市场，促进海南优势农产品价值链升级。服务特色旅游产业体系建设，全力支持博鳌乐城国际医疗旅游先行区建设，试行进口游乐设施“风险评估+过程控制+分类监管+关键控制点”检验监管模式，保障亚特兰蒂斯酒店等海南3大游乐项目顺利建设。牵头协调推进省重点项目“海南进口澳洲屠宰牛项目”建设，每两周专题向省领导及相关单位通报项目进展情况。

【科技兴检】 2017年，海南出入境检验检疫局实施“提升技术进步获得感工程”，注重信息化顶层设计，着力打造信息化“一张网”，努力实现检验检疫全部网络和数据互联互通，在全国系统内率先开发通关放行时长测算系统，开发“双随机、一公开”监管系统，建立“双随机”名录库；实现e-CIQ主干系统与国际贸易“单一窗口”、跨境电商平台、现场移动查验APP、实验室管理系统互联互通，不断增强行政效能，实现与省政府公文密件电子交换。提升检测实力，技术中心检测项目扩项认可617项、同比增加32.75%，技术中心成为全国首批土壤污染状况详查检测实验室、省农产品质量安全指定检测机构，加入“国家供港食品检测实验室联盟”等4个实验室联盟；保健中心推进国家热带虫媒传染病检测重点实验室建设；隔检中心顺利通过CNAS监督评审和扩项评审，认可检测能力项目增加至137项，其中8项填补海南省转基因项目检测领域空白。科研能力不断提升，申报省部级项目32项，增加52.4%；行业标准立项6项，增加50%，利用科技成果转化，建立文心兰切花新品种示范栽培基地，构建“公司+基地+农户+标准生产”的热带花卉产业化模式，推动农民脱贫致富。

（卢　荔）

船舶检验管理

【船舶检验管理概况】 2017年，中国船级社海南分社以加快建设国际一流船级社发展目标为主线，优化改进管理体系，创新提高管理效能，持续提升技术服务能力，保持良好的检验安全质量，无因检验责任导致的重特大恶性事故，保持港口国检查滞留率为零和船旗国检查的良好记录。

【船舶建造检验】 2017年，中国船级社海南分社加强建造合同前服务，扶优扶强，推动海南地区船舶修造厂的修造船业务，加强建造检验的全过程监督，着力培养大型集装箱船建造检验的验船师。2名验船师获得大型集装箱轮建造检验资质、7万吨级散货船建造检验资质、125米客滚船建造检验资质和营运检验资质大型货船的营运检验资质，1名验船师正在实习中。

【入级船舶检验】 2017年，中国船级社海南分社强化入级船舶检验管理，严格检验程序，严格评审、加强监控把关、加强规范标准学习，保证入级船检验案卷质量和及时率，确保入级船舶检验证书没有发现错误，保障分社入级船舶在港口国检验中表现优异，连续18年分社PSC检验责任滞留率为零。

【乡镇渡船管理】 2017年，中国船级社海南分社完成乡镇船舶系列标准船型的开发、升级和推广，组织召开海南省乡镇渡船检验安全管理会，开展乡镇渡船的条例、规定、规则的宣贯和培训。协助各市县交通主管部门和渡运管理单位查找渡口渡船的安全管理问题，提高渡运安全管理水平，完成所有渡船进行抗风等级的核定。落实国家精准扶贫政策，捐钱购买救生圈帮助部分渡船解决救生设备缺失的问题。

【船舶质量体系管理】2017年，中国船级社海南分社组织召开2次检验案例质量分析会，分析现行管理体系运行情况，组织全体验船师就活动监控和月度案卷抽查发现的问题进行深入讨论和交流，剖析质量差错的内因和外因，共同探讨解决办法，统一认识和做法，强化执行力，进一步提高证书报告的准确率和及时率，实现各项服务质量指标。关注三沙旅游市场信息，定期走访三沙梦之旅邮轮公司，开展公司安全运营及体系运行情况的调查并及时向总部汇报，确保船舶西沙航线安全运营。定期开展西沙群岛水域旅游船舶的状况调查，形成报告，及时上报总部入级处和认证处，为总部的决策提供依据。

【船舶安全监管】2017年，中国船级社海南分社充分发挥海南一省一检优势，配合海事、交通主管部门的船舶安全检查活动，确保辖区水域交通安全形势稳定。全面推进2017平安交通专项整治活动，在总结以往客船、易流态船、危险品船的检验管理经验的基础上，完善内部检验流程，细化检验要求，严格管控重点水域和重点船舶的检验质量，有效控制法律风险和责任风险。全年辖区水域交通安全形势平稳，未发生安全责任事故。

（李伟军）

海事管理

【海事管理概况】2017年，海口辖区进出港船舶7.4万艘次，货物吞吐量9900万吨，集装箱吞吐量138万标箱，分别增长8%、8.3%和3%；发生水上交通安全事故6起（小事故5起、一般等级事故1起），直接经济损失150.5万元，事故造成沉船3艘（2艘小渔船、1艘内河船），死亡1人，辖区水上交通安全形势持续稳定。海口海事局获“海南省文明单位”，“憨儿喜就业，求职你我帮”志愿服务项目获第三届中国青年志愿服务公益创业大赛银奖。

【琼州海峡客滚船监管体系建设】2017年，海口海事局持续深化“琼州海峡两岸海事管理协调机制”，推动北海海事局参加客滚船季度安全例会，与湛江海事局、北海海事局开展联合安检5次，联合巡航2次，两岸三省海事联合监管机制初步形成；贯彻落实《海上滚装船舶安全监督管理规定》，联合多家单位开展研讨、外出调研，确保执行工作顺利开展；组织开展客滚船安检培训和《海事劳工公约》履约培训3期，客滚船安全管理水平显著提高；不断强化日常监管，加大公司体系审核力度，开展辖区航运公司走访及“双进”工作，督促企业稳步提升管理水平；强化现场执法，严格落实现场监督检查规定，督促船员做好各项安全工作；扎实开展安全文明示范客滚船创建和客滚船员安全警示教育等专项活动，辖区船员守法意识和安全意识明显增强。全年保障辖区客滚船进出港4.9万艘次，安全运送旅客1400万人次，车辆305万辆，分别增长4.9%、6%和13.8%，切实维护琼州海峡“生命线”“民生线”的安全畅通。

【平安水上交通建设】2017年，海口海事局进一步深化与地方职能部门“联网、联防、联控、联动”的“四联”工作机制和海事现场“3+1”监管模式（CCTV+AIS+VHF+联动执法），深入开展“两船”专项整治行动，查处海上违法运输船舶14艘次，处罚12.5万元，清理非法作业点2个，保持辖区“两船”整治高压态势；推动新海港区锚地设置，对新港水域长期停泊船舶进行整治，推进“商渔协商机制”建立，开展碍航渔网清理行动，辖区通航环境进一步优化；持续加大对危险品船舶现场检查力度，全年共检查危险品船舶412艘次，查处危险货物谎报瞒报行为4起，船载危险货物综合治理能力不断提升；率先建立船舶污染物接收转运处置联单制度，实现海口辖区船舶污染物的闭环管理，多部门联合监管平台初步建成；对辖区渡口进行等级评定，渡口渡船分级分类管理模式初步形成；深化“三位一体”巡航模式（电子巡航、船艇巡航及现场巡查），发挥“海巡21”实训基地作用，建立大小型巡逻艇分区、海事处联合、机关牵头的巡航工作机制，水上交通管控能力持续增强。

【水上应急保障】2017年，海口海事局联合多家单位启动海口市防污应急能力建设规划和应急预案编制工作，完善辖区防污应急体系建设；持续发挥危险品船—岸应急演练评比示范效应，召开总结表彰大会，深化港口应急管理交流学习机制，提升辖区应急处置协作能力；推动搜救经费纳入地方财政预算，持续推进应急搜救志愿者队伍和专家库建设，举办防污应急志愿者培训班，规范溢油应急设备的维护和使用，夯实应急处置基础。共成功处置海上险情13起，救助各类遇险人员48人；成功防抗“卡努”“帕卡”等台风恶劣天气，无人员伤亡及船舶损失。

【海事服务琼州海峡水上交通建设】2017年，海口海事局适应琼州海峡水上交通多元化发展，开展高速客船、水上飞机等新兴事物通航安全监管研究，为做好新形势下船舶安全监督管理工作打牢基础；加强水工作业监管，保障新海港区客滚船码头、马村港区三期码头等重点项目的顺利实施，配合做好马村口岸扩大开放，保障新海客滚码头投入运营，推动港口安全监管配套设施建设，为港口功能整体西迁打下良好基础；评估船舶交通流变化影响，开展琼州海峡定线制调整前期研究；联合推动琼州海峡港航一体化建设，与湛江海事局建立联席会议制度，与市交通港航局商定发展框架协议，促进港航一体化健康发展。

【海事政务服务优化】2017年，海口海事局落实“放管服”改革，深化简政放权，取消3项行政许可和2项行政事业性收费，有效减轻航运企业负担；建立海口港国际航行船舶联合登临检查工作机制，缩减检查频次和时间，提高船舶进出港效率和码头泊位利用率；完善游艇驾驶员理论考试题库，实现辖区游艇无纸化考试全覆盖，培训、考试、发证流程不断优化；开展政务服务标准化建设，推广“互联网+”政务，海事服务更加优质便捷。

【水上安全保障服务】 2017年，海口海事局充分履行海事职能，保障水上重点物资运输安全顺畅，实现民生物资运输船舶零事故；协助南方电网做好琼州海峡超高压海底电缆路由的安全监控，保障海底电缆输电安全；做好博鳌亚洲论坛、环海南岛国际大帆船赛等活动水上安保工作，保障地方重大活动顺利举行；联合多部门送水上安全知识和救生设备下渡口、到社区、进校园，提高社会大众水上交通安全意识和自救能力。

（巩　翔）

统　计

【统计工作概况】 2017年，海口市统计局依法统计完善12个重点产业统计报表制度，规范数据填报、审核、上报、评估程序，共撰写5篇专题报告呈报省统计局、市委市政府供决策参考。每月实时监测经济发展动态，提高调研频次，科学研判经济形势，撰写统计分析报告34篇，分别刊登在《海口统计》《调查与研究》和《领导参阅》上。扩宽统计监测社会管理职能，完成创建国家卫生城市群众满意度，海口妇女儿童发展、市建成区黑臭水体整治效果公众满意度等16项反映社情民意的专项调查。在全省统计工作17个专业考核评比中，取得14个专业优秀的好成绩。被评为全国统计系统先进集体、2011—2015年海南省实施妇女儿童发展规划先进集体。统计数据管理中心获“海南省统计系统先进集体”称号。

【统计服务】 2017年，海口市统计局编印《2017年统计月报》和《横向对比资料》各11期，新增规模以上工业各行业产值、全社会用电量、民间固定资产投资、海口环境质量状况内容。完成《2016年海口国民经济和社会发展统计公报》《2017-海口统计年鉴》和《海口领导干部手册》等统计产品编印，供各级机关和社会公众使用。聚焦统计信息化建设，完成“统计文件柜系统”和“数据海口”APP移动客户端项目开发应用并上线运行，改变统计产品传统服务模式向互联网大数据推送时代转变，将统计产品以精、准、快服务于市委、市政府和社会公众等。改变统计宣传和信息发布方式，首次利用“互联网+”形式宣传“三农普”，通过“美兰之声”“美兰双创心连心”等公众号，以微信形式发布市农业普查动态信息。

【新增注册市场主体清查】 2017年6—8月，海口市统计局抓好新增注册市场主体清查，清查2015年和2016年海口注册资本1000万元以上新增单位和100万元以上个体经营户，共清查审核新增单位2497家，清查结果及时提供给市政府各部门共享，统计数据真实性和有效性得到有力保障。

【企业信息核查】 2017年，海口市统计局主动协调市发改委、财政局、住建局等职能部门，利用行政记录比对分析企业数据，做到应统尽统。同时，抓好“一套表调查单位”核查工作，全力核查企业信息，修改错误信息286条。

【第三次全国农业普查工作】 2017年，海口市农普办按时完成第三次全国农业普查数据上报、审核和验收工作。全市录入农户普查表15.46万户，修改错误数据4.6万余条，审核验收通过率100%。

【统计执法】 2017年，海口市统计局举办各类法制培训20余次。按照“双随机一公开”原则，完成264家企业统计执法抽查任务，完成率100%。完成全省2016年依法行政考核工作，清理规范性文件6份，审批调查项目2项。做好国务院简政放权清理工作，履行“不见面审批”事项。制定《2017年海口市统计法制工作要点》，完善信息和政务公开各项工作制度。

（林　涛）

审计监管

【审计工作概况】 2017年，海口市审计局共完成政策、财政、经责、民生、投资等计划项目和交办项目218个的审计，查出问题金额168.21亿元，增加28.91亿元，增长20.75%；核减工程造价4.65亿元，发现问题173个，提出整改建议265条，移送违法违纪案件线索4宗。

【财政审计】 2017年，海口市审计局组织开展2016年度市本级预算执行审计，揭示财政部门未能及时清理预拨经费结余129.38亿元和市政府综合债务率超过风险预警水平的问题。以“1+N”项目形式，开展市园林局等5家单位2016年度预算执行情况审计及海口市教育费附加和地方教育附加等3项专项资金审计，揭示5家单位预算编报和执行不严格、财政部门未足额安排教育费附加资金以及教育部门未完成教育费附加支出计划等问题，发现12个问题。

【民生审计】 2017年，海口市审计局组织开展2016年保障性安居工程跟踪审计。审计发现棚户区改造多计多付补偿款、不符合条件对象享受住房保障资格、危房改造资格等16个问题，涉及金额7.7亿元，发现的问题引起有关单位高度重视，整改9个，整改金额5.38亿元，谈话提醒4人，纪检部门立案调查8人，处理2人。在国家基本药物制度专项补助资金和国家基本公共卫生服务补助资金专项审计中，揭示市各社区卫生服务站（中心）虚报冒领财政资金等3个问题，涉及资金5676.67万元。在扶贫资金专项审计调查中发现有12户贫困户识别不精准、违规享受财政扶贫资金，部分区教育部门错发、漏发及未足额发放教育扶学补助资金等15个问题，涉及资金206.3万元。

【经济责任审计】2017年，海口市审计局组织实施对6个单位7名领导干部经济责任审计，共查出违规金额1097.65万元，管理不规范金额6701.37万元，核定领导者应负主管责任金额2811.71万元，领导责任金额5187.76万元，提出审计建议14条。开展自然资源资产责任审计试点，组织秀英区党政主要负责人自然资源资产责任审计试点，重点审计水、森林等两方面的自然资源和生态环境保护情况，揭示资源管理和生态环境保护中违规破坏林地采矿面积16.9公顷、违规占用林地面积25.41公顷、水环境存在面源污染源、农村饮用水合格率较低等突出问题13个，审计提出处理意见23条，提出审计建议4条，并将查处违规占用公益林地行为不力的问题线索移送市纪委。

【政府投资审计】2017年，海口市审计局深入推进政府投资项目跟踪审计，在以前年度项目跟踪审计基础上，继续对78个项目开展跟踪审计。对政府投资项目建设程序、工程进度、工程量和工程造价实施全过程跟踪审计。共出具阶段性报告33份，发现问题571个，出具整改建议函217份，审计建议被审计单位采纳465个，整改302个。加强竣工结算审计。审计重点关注工程造价的真实性，揭示部分项目存在超计划投资以及虚报冒领现象。共完成市政府交办结算审计项目194个，送审金额35.2亿元，审定金额29.8亿元，核减金额4.65亿元，核减率13.21%。结合审计发现问题，提出处理意见204条，各被审计单位均接受并认真加以整改，促进财政资金使用的合法合规、安全效益。

【政策跟踪审计】2017年，海口市审计局实施为民办实事十大事项跟踪审计调查。关注为民办实事15大事项的17项任务的进展情况，抽查18个单位15个镇村，及时指出5个项目进展缓慢、工程施工合同不规范等问题，提出建议7条。在对市2015—2016年棚改政府购买服务情况开展审计调查中发现拆迁劳务公司征收测量数据不准确、购买主体未按规定程序选定拆迁劳务公司等8个问题。各区立审立改，严格购买服务审核程序，建立棚改服务台账，纠正测量错误。按省审计厅统一部署，对省道S302翁美线海口三仙公路改造项目等4个重点项目的推进情况进行审计调查，重点调查工程项目计划执行进度，发现项目前期手续履行不完善、项目进度推进缓慢等问题，分析原因并提出审计建议。

【国有企业审计】2017年，海口市审计局组织市属国企“三公”经费开支情况审计调查。抽查33家国有企业，发现部分企业公款吃喝现象依然存在，公务接待费开支和发票报销手续不完善等问题。对3起涉嫌公款吃喝等违纪问题移送至纪检部门，处理6人。组织城市建设投资有限公司2016年资产负债损益情况审计，重点审核城投公司资产情况、负债情况、经营成果情况、上缴利润情况、融资情况，发现超范围列支奖金等问题5个。

【审计服务政府决策】2017年，海口市审计局为政府决策提供参谋。参加政府研究重大项目、重大合作、产业扶持等问题的会议645次，对1250个决策事项、69件“两重一大”议题、80件常务会议题提出意见和建议。服务项目推进管理，牵头组织发改、财政、住建、法制、园林、市政等部门的相关负责人赴厦门市学习考察快速推进政府投资项目的主要做法和经验，梳理厦门市项目推进方式、项目前期工作、执行基本建设程序和建设成本控制等5个方面的经验做法并提出3个方面的建议，得到市政府领导的肯定。

（黎鹏霄）

工商行政管理

【工商行政管理概况】2017年，海口市工商局坚持简政放权与优化服务相结合，有效激发市场主体活力。全市共有企业9.68万户，其中非公企业8.83万户（私营企业8.77万户，港澳侨台资企业662户），占91.2%；个体工商户16.29万户，增长19.56%。新登记注册市场主体5.14万户，下降5.35%。新增非公企业注册数量2.25万户，占全市企业新增总数5.14万户的43.77%，其中私营企业增加2.04万户。全市企业注册资金1.18万亿元，其中非公企业注册资金6599.7亿元（私营企业注册资金6301.8亿元），占95.48%。新增企业注册资金2455.8亿元，其中非公企业注册资金1798.1亿元，占73.21%。截至6月30日，共有22.42万户市场主体报送2016年度报告，年报率94.42%，较上年度年报率上升5.98%。其中企业9.21万户，年报率98.92%；个体工商户13.03万户，年报率91.59%；农民专业合作社1741户，年报率86.36%。

【“工商便利通”商事登记改革】2017年，海口市工商局开展以银行无偿代办工商登记注册业务为主的“工商便利通”商事登记改革，将工商登记注册业务延伸至各银行营业网点。3月29日，与海南银行率先合作，在全省首次启动银行网点无偿代办工商注册业务。至11月15日，海南银行工商代办窗口接待咨询600人次，受理名称核准业务128笔，设立登记业务

2017 年海口市新登记市场主体情况统计表

项目类型		2017 年新登记数	2016 年新登记数	同比增长（%）
合计	户数（户）	51454	54361	-5.35
	注册资本（亿元）	2455.82	5690.16	-56.84
内资	户数（户）	1774	1659	6.93
	注册资本（亿元）	639.77	2810.06	-77.23
外资	户数（户）	89	116	-23.28
	注册资本（亿元）	10.63	251.97	-95.78
私营	户数（户）	20464	18779	8.97
	注册资本（亿元）	1787.47	2611.36	-31.55
个体	户数（户）	28918	33634	-14.02
	注册资本（亿元）	14.51	13.02	11.43
农合	户数（户）	209	173	20.81
	注册资本（亿元）	3.44	3.74	-8.17

156 笔。年内，还分别和中行、农行、工行等各大银行签订“工商便利通”合作备忘录，安排各个银行人员到各工商办事大厅进行跟班学习。12 月 11 日上午，与中国建设银行海南省分行“工商便利通”合作协议签约暨共建“一站式”政银服务窗口项目启动仪式在建行海南分行海口海信支行举行。这是在与银行合作的内容上拓展工商登记注册窗口延伸至银行营业网点服务的内容，建立企业注册官“驻点办公”工作模式。

【一站式集中注册服务】 2017 年 3 月 21 日，海口市企业注册局牵头组织 14 名注册官利用下班时间为喜盈门（海口）建材家具生活广场的 73 家市场主体开展一次市、区、所一站式集中注册服务，现场发放个体户名称预先核准通知书 32 份、个体户营业执照 32 份。

【“多证合一”改革全面实施】 2017 年 5 月，海口市工商局牵头梳理可以整合的“多证合一”事项，推进全市的“多证合一”改革工作。9 月 30 日，海口市全面实施“多证合一”改革暨全市“多证合一、一照一码”营业执照颁发仪式在市政务中心正式启动，当场为海南雅歌贸易有限公司颁发“多证合一、一照一码”营业执照。这标志着全市范围内全面实施“多证合一”改革，以“减证”促“简政”，让信息多跑路，群众少跑腿，降低市场主体制度性交易成本，进一步提升工商注册便利化。截至 11 月 15 日，共办理“多证合一”业务 8348 笔，其中设立 5267 笔、变更 2502 笔、换照 579 笔。

【搭建协同监管平台】 2017 年，海口市市场主体事中事后协同监管平台建设工作小组成立，成员有市科学技术工业信息化局、市发展和改革委员会等 48 家部门和单位。制定《海口市政府部门涉企信息归集资源目录》，搭建海口市市场主体事中事后协同监管子平台。11 月 20—21 日，市工商局对全市相关政府部门召开海口市市场主体事中事后协同监管平台应用与操作培训班，对归集和推送涉企信息，实施“双告知”以及“双随机、一公开”监管方式进行详细讲解。

【工艺品及旅游景点经营户检查】 2017 年，海口市工商局对辖区内工艺品经营户、旅游景点经营户等重点部位进行拉网式检查，重点对古玩市场、鼎臻古玩市场、冯小刚电影公社的旅游景点经营户进行检查，严厉打击销售珊瑚、砗磲及其制品等违法行为。共出动执法人员 298 人次，车辆 142 车次，检查餐饮大排档 25 家，海鲜大排档 2 家、珠宝店 5 家、旅游饰品 1家，配合各镇镇政府联合执法 26 次。立案查处违法销售砗磲案件 3 宗，结案 3 宗，案值 1345 元，罚没款 1.08 万元。

【动产抵押和拍卖】 2017 年，海口市工商局办理动产拍卖备案登记 279 宗，委托拍卖总金额 12.36 亿元，成交拍卖合同总金额 36.93 亿元；办理动产抵押登记 51 宗，登记金额 26.25 亿元。

【旅游市场综合整治】 2017 年，海口市工商局共出动执法人员 2844 人次，检查旅游景点267个次、旅游购物点600个次、海鲜排档468家次、水果摊点1639家次、旅行社143家次、酒店宾馆265家次、其他旅游场所487家次，发放宣传册1.01万本，发送短信350条。立案查处涉及旅游市场违法违规案件4宗，结案4宗，罚没款260.07万元，查扣涉嫌砗磲、红珊瑚等重点海洋野生动物制品58件，责令下架停止销售砗磲半成品361件；受理旅游服务类的消费投诉46件，办结41件；举报8件，办结8件，挽回经济损失2300元。

【农贸市场监管及一次性塑料制品整治】2017年，海口市工商局组织召开64家农贸市场开办单位负责人约谈会，要求农贸市场开办者加强市场环境综合整治，落实市场监管第一责任人的权力和义务。共出动执法人员3358人次、执法车辆966车次，约谈农贸市场开办者120家次，督促并组织农贸市场物业及时清扫垃圾，清运垃圾共1289车，规范商品摆放户数1518家，清除小广告593处。出动人员394人次、车辆126车次，检查塑料制品生产企业5家、农贸市场63家、经营户5314户次，发放宣传资料120份，约谈业户26家，查扣不合格塑料袋7000多个。至年底，已基本实行一次性塑料购物袋明码标价、有偿提供，63个农贸市场已设立环保塑料袋直销点。

【建材市场监管】2017年，海口市工商局共出动执法人员1038人次、316车次，检查钢材经营店775户次，对全市157户经营主体的钢材质量进行现场检查，执法检查率100%，约谈118家，责令限期整改26家（责令2家变更经营地址、24家规范台账），统一张贴由省工商局制作的12345、12315政府服务热线及投诉举报宣传贴360张。抽样送检钢材经营户25户，抽样率16%，抽检样品43个，其中7个样品不合格，不合格率16.3%，7个不合格样品共涉及6个市场主体。立案查处不合格钢材案件7宗，罚没款19.41万元，没收不合格钢筋7.76吨，吊销6家市场主体营业执照。

【二手车市场监管】2017年，海口市有二手车销售点共74家。市工商局开展二手车市场专项整治行动，着重加强对车辆维修点、二手车销售点及配件市场等重点部位进行全面排查检查，并逐一登记造册。全年共出动执法人员225人次、车辆85车次，检查车辆维修点313家次，检查二手车销售点114家次，走访汽车销售企业36家次，发放宣传资料200多份。

【市场经营专项整治】2017年，海口市工商局开展电动自行车整治，立案查处34宗，暂扣涉嫌超标电动自行车63辆；立案查处销售不合格电动自行车电池案件7宗，查扣涉嫌不合格电动自行车电池134块。开展货车非法改装和超限超载专项整治，共出动执法人员320人次、车辆67车次，检查汽车销售业户59家次、汽车维修厂（店）192家次、汽车配件经营业户28家次、沙场8家次、石场18家次、物流企业15家次、其他业户45家次。开展散装煤炭市场专项整治，立案查处加工销售不符合国家标准无烟蜂窝煤案件1宗，罚没款1.35万元。开展红盾护农专项整治，共出动执法人员1002人次、车辆610车次，检查各类农资经营业户493家（次），检查集贸市场25个、专业市场2家，指导企业年报8家，走访企业10次，责令3家农资户整改完善购销台账，回访2家。

【商标广告管理】2017年，海口市商标申请12457件，注册5452件，累计有效注册量3.39万件。石山黑豆、石山壅羊正式通过国家地理标志证明商标认证。先后组织开展打击侵犯商标专用权和制售假冒伪劣商品专项行动、中国制造海外形象维护“清风”专项行动、打击商标侵权“溯源”专项行动、外商投资企业知识产权保护行动以及针对互联网领域侵权假冒行为的“2017—云剑联盟”行动等专项行动，共查处商标侵权案件36件，罚没款25.63万元。利用国家工商总局广告监测平台和全省广告监测平台数据，对监测发现的虚假违法广告线索及时查处，共查处各类违法广告案件22宗，罚没款233.62万元，其中房地产类8宗、医疗服务类2宗、药品类1宗、食品类1宗、金融保险类1宗。开展涉嫌非法集资广告资讯信息排查清理活动，共出动人员1158人次，检查各类经营主体1732家其中公司官网40家、微信公众号10家，检查各类电子显示屏723块次、各类广告2108条次，对“股交所”“积交所”等敏感企业进行监控，对“股交所”涉嫌违法广告立案查处，涉嫌非法集资行为移送相关部门。组织开展医疗广告监管专项整治，对各类药品、医疗及医疗器械广告违法违规行为进行清理整顿，责令整改违法广告34条次，下达行政指导意见书3份，完成216辆公交车车体医疗广告下画工作，其中145辆覆盖“双创”和安全生产公益广告。对海口市公交集团和海口六龙观光巴士有限公司等多家企业进行行政约谈；对16家医疗企业进行电话告知。

【网络市场监管】2017年，海口辖区网站经营主体总数2923家，网站总数3014家，其中发放营业执照电子链接标识2472个，占网站总数82%。立案8宗，办结5宗，未办结3宗，罚没款89万元；受理消费者投诉共170宗，办结170宗，移送案件线索4宗，行政约谈企业350家，为消费者挽回损失16.3万元。规范网监信息化监管，共核查网络主体数据1260家，清除网站及主体611家，共拨打温馨提示电话480个，引导网络主体申请安装电子链接标识153家，网络市场主体亮照率由上年的68%提升到82%。在元旦、春节、“双11”网络购物日等重大节假日活动、重要时间节点前，集中约谈指导辖区网络经营主体，依法诚信经营。共召开行政约谈指导会19次，走访（座谈）348家，企业普法562人次，发放《网络平台规范指引及网购温馨提醒手册》1260份、《网络法律法规汇编》380本。

【市场诚信体系建设】2017年，海口市工商局围绕“宽进严管”事中事后监管工作，切实把诚信建设纳入市场经济活动的各环节，对违反《企业信息公示暂行条例》等法律法规的企业，依法将其列入经营异常名录予以公示，并在办理工商登记等业务时予以限制。这些企业陆续受到不予招投标，银行拒办贷款或POS机刷卡业务等一系列信用约束，促使企业管理者深刻意识到失信经营的严重后果。共吊销企业2.4万户。依法将2000余户企业列入经营异常名录并对外公示。企业由于受到相关限制和影响，主动改正错误，申请移出经营异常名录，信用约束措施作用初步显现。

【消费者权益保护】2017年，海口市工商局共接收“12345”办件1.05万件，办结1.05万件；接收“12315”消费投诉举报7837件，办结7706件，为消费者挽回经济损失864.07万元。“3·15”消费者权益保护日，共设立宣传咨询活动点5个，邀请市“双创”办、市食药监局、市商务局、市卫生局、市烟草专卖局、市消防大队、团市委等共同参与，加大宣传力度，营造诚信、法治、理性、绿色的消费环境；成立应急大队（分队）5个；召开行政约谈会5次，约谈经营者235户次，邀请各集贸市场负责人、商场（超市）负责人137名代表参加消费维权重点行业行政约谈会；举办专题培训4场，企业、消费者、农贸市场管理者等198人参会；在工商办公场所、大型商场、旅游景点、集贸市场等场所悬挂宣传横幅120条，向群众发放宣传资料约8100多份，在主要街道和商场、超市的29个电子显示大屏播放公益广告。

（刘　勇）

物价管理

【物价管理概况】2017年，海口市加强市场价格调控管理工作，整顿规范收费秩序，深化落实服务价格改革工作，建立公平竞争审查制度，确保物价总体稳定。年内，居民消费价格指数（CPI）上涨3.3%，涨幅较上年同期扩大0.3个百分点，为近5年来的新高，比全国平均水平（1.6%）高1.7个百分点，比全省水平（2.8%）高0.5个百分点，涨幅居全国36个大中城市首位，位次比上年（第2位）前移1位，物价调控压力加大。居民消费的八大类商品和服务价格同比“6升2降”。其中，医疗保健、居住价格涨幅明显，分别上涨14.8%和7.8%；其他用品和服务、教育文化和娱乐、交通和通信、食品烟酒价格分别上涨4.4%、3.9%、1.9%、0.2%；衣着、生活用品及服务价格分别下降3%、0.6%。

【春节期间宾馆酒店客房价格调控】2017年，海口市春节期间旅游饭店客房价格实行政府指导价管理。市发改委（物价局）对全市93家旅游饭店春节期间（1月27日至2月2日）标准间客房价格核准备案，并向社会公布。

【落实收费清理改革】2017年4月1日起，海口市发改委（物价局）会同市财政局将国家规定清理的一批行政事业性收费，取消、停征和减免涉及发改部门、环保部门、国土部门等多个部门共41项行政事业性收费进行全面清理规范，对有关单位的政策落实情况进行监督检查。通过对各单位实地检查，未发现相关单位有违规收费行为。8月8日开始，配合海南省价格监督检查与反垄断局对市城管、市水务局开展涉企收费检查，进一步治理各种乱收费行为。

【建立公平竞争审查制度】2017年6月22日，海口市人民政府办公厅印发《海口市市场体系建设建立公平竞争审查制度工作方案的通知》，成立海口市公平竞争审查工作领导小组，协调指导全市各部门、各区政府、各开发区开展建立公平竞争审查制度的相关工作。7月中下旬，领导小组办公室牵头组织对全市37个单位建立公平竞争审查制度情况开展专项督查，至7月底，全市29个政府组成部门及4个区、农场、开发区均按要求开展工作。

【市属公立医院医疗价格改革】2017年，海口市综合改革公立医院调整的医疗服务项目和价格，所列价格为最高指导价，三级管理的医院执行一类价格，二级管理的医院执行二类价格。其他尚未调整的医疗服务项目和价格仍按现行文件规定执行。市人民医院、市中医医院、市妇幼保健院、市第三人民医院、市第四人民医院、琼山区妇幼保健院执行综合改革调整的医疗服务项目和价格，所有药品（中药饮片除外）实行零差率销售。

【农业水价综合改革启动】2017年，海口市出台《海口市推进农业水价综合改革实施方案》和《海口市2017年农业水价综合改革工作任务分解表》，并成立工作领导小组，重新明确农业水价综合改革工作“先建机制、后建工程”的原则，以及各区政府、市直属有关单位的工作任务、完成的时间节点。

【污水处理收费标准调整】2017年，海口市下发《关于调整海口市污水处理收费标准的通知》，居民生活用水类污水处理收费标准由0.80元/立方米调整为0.95元/立方米；非居民用水类污水处理收费标准由1.10元/立方米调整为1.40元/立方米。调整后的海口市污水处理收费标准自4月1日起实施。

【价格审批】2017年，海口市发改委（物价局）公布海口市辖区内发班的公路客运班线、省际班线、海口至四川遂宁公路客运省际班线、海口至琼海潭门公路客运班线及海口至江西宁都公路客运班线的上限票价。

【收费审批】2017年，海口市发改委（物价局）共办理教育收费审批18家，保障性住房物业服务收费审批2家，集贸市场摊位租赁收费审批1家，具有自然垄断经营特征的机动车停放服务收费审批4家，殡葬基本服务收费审批1家，民办幼儿园收费备案125家。

【农产品成本收益常规调查】2017年，海口市完成生猪、瓜菜、糖蔗、蛋鸡等10个品种生产成本收益常规调查。

生猪成本收益常规调查　2017年，生猪收益、养殖总成本减少。从3户大规模养猪场成本收益调查数据显示：养猪场生猪每50千克主产品平均出售价格721.78元，与上年同期比减少186.57元，减幅20.54%；每头猪主产品产值1651.73元，减少485.97元，减幅22.73%；每头猪产值合计1658.08元，减少482.15元，减幅22.53%。海口市大规模养猪场养殖每头猪平均净利润186.31元，减少274.41元，减幅59.56%；养猪总成本每头1471.77元，减少207.74元，减幅12.37%。

蛋鸡成本收益常规调查　2017年，海口市大规模蛋鸡场饲养蛋鸡，每百只蛋鸡（主产品）产值平均14647.03元，增加658.44元，增幅4.71%。但因总成本增加，产蛋量减少，导致蛋鸡净利润减少。3个蛋鸡场每百只蛋鸡总成本2.01万元，增加2114.43元，增幅11.73%；每百只蛋鸡产蛋量平均1182.67千克，减少66.76千克，减幅5.34%；每百只蛋鸡净利润为-2117.14元，亏损增加1355.42元。主要原因是：蛋鸡场设备老化，同时受市场鸡蛋价格低迷影响，饲养蛋鸡数量大幅减少、价格成本倒撑，分摊各项费用相对增加。

【专题专项成本预测调查与调研】2017年，海口市完成农户种植意向、农户购买农资情况、农户存粮和售粮情况调查，早晚稻、甘蔗成本预测调查，上下半年大规模生猪生产成本收益调查等工作。（1）2016—2017年农户存售粮情况。海口市农户存粮售粮调查点（户）分布在龙华区、秀英区、琼山区，调查户共16户，户均人口数6人，户均耕地面积0.61公顷，户均粮食播种面积0.48公顷，户均稻谷总产量2042.1千克，户均出售稻谷885.63千克。至2017年4月1日止，户均存粮（稻谷）572.5千克，与上年813.13千克比下降29.59%。（2）早稻成本收益情况。早稻平均亩产量431.22千克，比上年平均亩产量450.99千克减少4.38%，由于比上年同期产量有所减少，而出售价格基本持平，所以产值和收益也减少，平均亩产值合计1069.39元，减少48.94元，减幅为4.38%；平均亩现金收益为437.29元，减少107.34元，减幅为19.71%；平均亩净利润-192.96元，比上年的-22.04元，净利润减少170.93元。成本投入增加。早稻平均亩总成本为1262.35元，增加121.99元，增幅为10.7%。其中物质与服务费用和人工成本分别增加9.17%和13.51%。土地成本也比上年同期增加5.56%。

【窗口服务行业市场价格专项检查】2017年6月1—30日，海口市共出动检查人员380余人次，集中开展为期1个月的窗口服务行业市场价格专项检查。检查单位（店）2500多家，基本实现重点检查及全面覆盖。其中旅游景区景点10家（含滨海景区景点4家，不包括小商铺）、机场车站码头8家、宾馆酒店62家、海鲜排档及农家乐80家、商店超市2146家、停车场240家。据统计，全市共免费发放商品标价签10万多张，下发《责令改正通知书》30多份；各区物价监督检查局对明码标价不规范的15家单位罚款共2.06万元。

【市场价格监测预警与信息发布】2017年10月中旬，海口市开展城市住房市场情况等专门调查，调查材料上报国家价格监测中心。全年完成每季度价格监测预警与分析4篇、半年价格监测预警与分析1篇、全年价格监测预警与分析1篇。每周完成1篇《海口市主要食品价格监测快报》以及台风期间每日上报价格情况。同时，通过报纸、网站、微信平台等多种渠道向社会发布价格信息，引导正确消费。

【价格认证服务】2017年，海口市发改委（物价局）受理市公安系统办理刑事案件委托涉案财物价格认定3237宗，各级法院、检察院、海关及烟草执法机关委托涉案财物价格认定68宗，税务部门委托的涉税房产价格认定项目400宗，市纪检监察机关查办案件中涉及的涉案财物价格认定2宗。

【价格举报投诉】2017年，海口市发改委（物价局）受理办结各类价格举报投诉案件6542宗（包含各区投诉案件），较上年（4151宗）增长57.6%，按时办结率100%，无逾期办件。价格举报热点主要有停车收费2770宗、物业管理收费1819宗、商品价格360宗、医药价格289宗、交通运输49宗、宾馆酒店（含餐饮收费）195宗、教育收费80宗、资源价格287宗、房地产68宗、邮政通信41宗、农产品62宗、社会服务151宗、网购33宗、价调基金6宗、旅游门票15宗、政府机关服务收费5宗，其他312宗。停车收费和物业管理收费等价格举报投诉案件一直占据各类案件的前两位。

【房地产价格调控】2017年5月10日起，海口市发改委（物价局）对未取得预售许可证和已取得预售许可证或已办理现房销售但未申报价格备案的房地产企业进行商品房预售价格备案。共完成商品房预售价格备案669

件，其中取得预售许可证或已办理现房销售的备案570件、未取得预售许可证的备案99件。

【城乡低收入群体补贴与物价上涨挂钩联动机制启动】 2017年1月、5月和10月，海南省居民消费价格指数（CPI）同比涨幅分别为4.2%、3.3%、3.1%，均超过3%，达到全省统一启动物价联动机制的条件。海口市政府及时启动实施城乡低收入群体补贴与物价上涨联动机制，对城乡低保户、农村五保户、优抚对象、领取失业保险金人员、全日制在校大中专（含技校）学生等发放价格临时补贴，补贴资金426.78万元。

（劳俊享）

质量技术监督

【质量技术监督概况】 2017年，海口质量技术监督局践行“抓质量、保安全、推改革、促发展、惠民生、强质监”方针，动员、指导和推荐9家企业10个产品参评2017年海南省名牌产品，共出动执法人员1500多人次检查单位728家、设备2996台，协调省质监所对海口辖区157家钢材店抽检84个钢筋样品，受理批复符合条件的69家单位156台电梯更新申请，发放电子防作弊秤761台。

【质量监管】 2017年，海口质量技术监督局落实海口市政协委员关于设立“海口市市长质量奖”提案，推进“政府质量奖”奖励机制设立工作。完成2016—2017年度质量工作考核量化质量目标备案工作和制造业产品质量合格率统计调查工作，顺利通过省政府质量工作考核，考核等级A级。

【名牌培育和名牌战略】 2017年，海口质量技术监督局引导和鼓励企业开展争创名牌活动，推广先进的质量管理理念和方法，提升企业竞争能力，动员指导企业申报省名牌产品，有6家企业7个产品获省名牌产品评定。结合开展“中国品牌日”等活动，动员、指导和推荐9家企业10个产品参评2017年海南省名牌产品，组织13家企业21人参加海南省政府质量奖企业培育暨卓越绩效评价准则宣讲培训班。

【标准化监督管理】 2017年，海口质量技术监督局组织云龙镇海南泓缘蛋业公司召开第九批国家蛋鸡养殖标准示范区启动会。启动大坡镇胡椒地理标志保护产品申报调研工作，深入省司法厅司法救助中心、海南省人民医院、海口汉普知识产权代理公司指导帮扶开展社会综合管理国家级服务标准化试点申请、评估和考核验收筹备工作，指导帮扶海口民间旅行社、金贸文华农贸市场申报国家级服务标准化试点单位。海南省人民医院护理国家级服务标准化试点项目通过终期评估验收，海南英利新能源有限公司、海南金盘电气有限公司被确定为AAAA最高等级的标准化良好行为企业。

【特种设备安全监督管理】 2017年，海口质量技术监督局组织开展特种设备隐患排查治理、汛期特种设备安全专项整治、电梯安全攻坚战、油气输送管道隐患整治攻坚战、燃煤锅炉节能减排攻坚战、大型游乐设施专项整治、危化品综合整治等多项专项整治工作，以及日常、重要节日和重要时段人员密集场隐患排查。全年共出动执法人员1500多人次，检查单位728家、设备2996台，下达特种设备安全监察指令书287份，查处隐患717项，落实整改598项，隐患整改率83%，立案处罚单位19家，处罚款51.4万元。先后召开春节期间特种设备安全保障工作会议、2017年度电梯维保企业主要负责人安全生产培训会议、大型游乐设施运营单位负责人培训会议。组织开展白沙门游乐场停电困人、罗牛山食品集团有限公司液氨泄漏和中石化海口金盘气站液化气泄漏事故应急演练。联合省锅检所、三菱电梯公司开展特种设备安全进社区宣传，与市教育局联合开展特种设备安全进校园活动。配合做好国务院对省政府消防考核、安全生产巡查和环保部华南督查中心调研、环保部督查工作。组织省锅检所、电梯公司和维保单位妥善处理“4·11”金福城电梯一般事故及“5·25”中盐大厦电梯故障，协调相关部门对燃气灶伤人事故进行调查处理。开展电梯维保

2017年海口市获“海南省名牌产品”称号产品

序号	单位名称	申报产品	注册商标	认定类型
1	海南永杰幕墙装饰工程有限公司	铝合金门窗	永杰	首次认定
2	海南南国食品实业有限公司	糖果制品	南国	再认定
		椰子粉	南国	再认定
3	海南威特电气集团有限公司	电力变压器	威特	再认定
4	海南金鹿农机发展股份有限公司	金鹿牌系列拖拉机	金鹿	再认定
5	海南金盘床垫有限公司	弹簧软床垫	金盘	再认定
6	海南精功眼镜连锁有限公司	配装眼镜	精功	再认定

（高元兴）

质量整治月活动，督促维保单位开展自查自纠，并完成 20 家电梯维保单位检查。与市科工信局、环保局联合下发执行《海口市 2017 年燃煤锅炉淘汰工作方案》，并按方案组织实施。截至年底，办理停用（报废）燃煤锅炉 24 台。

【打击假冒伪劣产品】2017 年，海口质量技术监督局联合工商、住建、水务和公安等部门开展“瘦身钢筋”舆情处置工作，配合省质监局和市委市政府做好国务院和国家质检总局联合督查组督查工作，协调省质监所对海口辖区 157 家钢材店抽检 84 个钢筋样品，其中 19 个样品检验不合格。对区工商局函告的 6 个不合格样品进行初期的调查和溯源，派员前往广西防城港开展不合格钢筋溯源现场核查工作。组织开展建材产品监督抽查，做好电线电缆国检督查整改和专项监督检查工作，共抽查电线电缆生产企业 15 家次、样品 32 批次，其中 2 批次样品不合格，已进行立案处理。

【老旧小区电梯改造】2017 年，海口质量技术监督局执行年内印发的《海口市无维修基金老旧住宅电梯修理改造更新工作管理办法（修订）》，共受理批复符合条件的 69 家单位 156 台电梯更新申请，其中 9 家单位 13 台电梯通过综合验收、3 家 6 台电梯待综合验收、20 家单位 46 台电梯正在安装，其他正在签订合同中。

【计量监督管理】2017 年，海口质量技术监督局对“双创”重点项目火车头万人海鲜广场、海口市牛龙排振兴市场等发放电子防作弊秤 761 台。加大对大型超市、涉旅游大中型海鲜排档（酒店）、汽车加油（气）站和水果批发点等单位的计量监督检查，共检查单位 122 家，抽查电子秤 144 台、加油（气）枪 587 支次，检定合格率 100%。同时，完成 27 家企业、14 种定量包装商品、74 批次产品的监督抽查工作。做好强检计量器具备案工作，印制强检计量器具备案登记表 400 本 1 万份，完成计量器具备案 913 家 3.38 万台。

安全生产监管

【安全生产概况】2017 年，海口市共发生生产经营性安全事故 59 起，死亡 42 人，受伤 17 人，直接经济损失 1027.2 万元。与上年相比，事故起数、死亡人数、受伤人数各减少 12 起、9 人、4 人，直接经济损失减少 778.4 万元，分别下降 16.9%、17.6%、19%、43.1%。四项指标呈全面下降态势。在 59 起生产经营性安全事故中，工矿商贸行业事故 23 起，占事故总起数的 39%，死亡 20 人，占死亡总人数的 48%；生产经营性火灾事故 17 起，占事故总起数的 29%，无人员死亡；生产经营性道路交通事故 19 起，占事故总起数的 32%，死亡 22 人，占死亡总人数的 52%。全年发生 3 起较大事故。事故起数、死亡人数、较大事故起数均未超出省下达的事故控制指标。

【安全生产监督体系】2017 年，海口市政府将安全生产年度考核纳入全市统一综合考核，实行一票否决权，与 4 个区政府、3 个管委会和 27 个职能部门签订《海口市 2017 年安全生产工作目标责任书》。在编制不变的情况下，海口综合保税区、海口高新技术产业开发区加挂安全生产监督管理局牌子，海口市桂林洋经济开发区加挂安全生产监督管理处牌子，实行“一个机构、两块牌子”管理，明确安全生产监管机构及其职责。

【安全生产执法检查】2017 年，海口市开展“安全生产督查月”“岁末年初”“元旦春节假期”“安全生产督查月回头看”“全市安全生产督查”“安全生产大检查”等各类专项检查工作，执法检查共 194 家次，下达责令整改通知书 39 份、现场检查记录 85 份、立案审批表 34 份。全年共查处违法违规企业 25 家，其中危险化学品经营企业 16 家，非煤矿山企业 2 家，工贸类企业 6 家，建筑类企业 1 家，罚款 268 万元。派出人员核实和现场处理 12345 办件共 122 次。开展“双随机一公开”抽查，共出动执法人员 112 人次，抽查 56 家企业，完成抽查事项 100%，做到全覆盖。

【安全生产专项治理】2017 年，海口市安全生产委员会办公室组织各行业主管部门开展建筑施工、交通运输、工业企业、城镇燃气、特种设备、粉尘防爆、旅游景区、大型商场、人员密集场所等专项治理。共组织检查组 2.02 万组次，出动检查人员 12.1 万人次，检查生产经营单位 5.47 万家。共排查发现隐患 71705 项，完成整改 69367 项，限期整改 474 项，整改率 96.73%。其中排查发现一般隐患 71697 项，完成整改 69361 项，限期整改 472 项，整改率 96.74%；发现安全风险 6288 项，包括较大风险 105 项，一般风险 2097 项，低风险 4086 项。处罚违法行为 7581 起，处罚生产经营单位（项目）381 家，处罚金额 1501.97 万元（含事故处罚），其中事故处罚金额 162.12 万元；关闭取缔企业 85 家，停产整顿企业 166 家，暂扣吊销证照企业 17 家；行政拘留 14 人，刑事拘留 38 人，移交司法机关 9 人；联合惩戒失信企业 1 家；曝光 26 起，其中单位 18 家，个人 8 人。

【重大安全隐患整改】2017 年，海口市共排查发现重大隐患 7 项，完成整改 5 项，2 项限期整改，整改率 71.4%。8 月 8 日，义龙横路（原电影院内）有汽车拉运、储存燃气瓶，非法储存燃气钢瓶 16 个，龙华区城管执法人员依法给予立案并对违规储存的燃气钢瓶给予暂扣。8 月 22 日，在海秀中路北岸青年公寓边旁 50 米（金岭燃气供应站）的两间瓦房内从事在不具备安全条件的场所非法违规存储燃气瓶 114 个进行取缔暂扣，龙

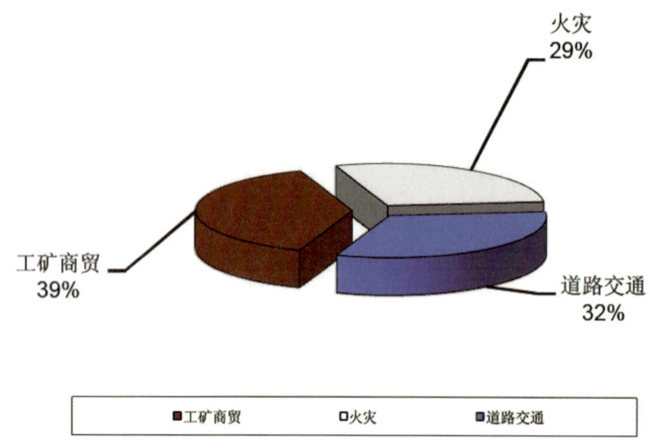

2017年海口市各类生产经营性安全事故起数比例图

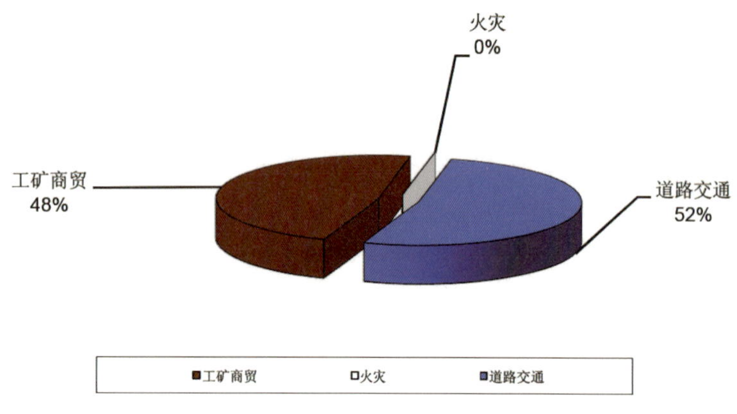

2017年海口市各类生产经营性安全事故死亡人数比例图

华区城管执法人员当场对其下达停止违法（章）行为通知书、限期改正通知书、案件初查通知书和暂扣清单。

【重大危险源管理】2017年，海口市在全市范围内开展危险化学品重大危险源普查工作，依据《重大危险源辨识标准》（GB 18218—2009）的规定，经普查全市构成重大危险源的危险化学品企业共9家，其中美兰区5家、秀英区3家、琼山区1家。

【安全生产许可】2017年，海口市安全生产监督管理局开展服务新常态，坚持“放管服”三管齐下，推进行政审批制度改革，实行全流程“不见面”审批。共受理行政审批事项47项(变更25件、延期19件、设计审查3件)。其中，符合条件办结44件，3件由于存在安全隐患进行退件。

【安全生产标准化建设】2017年，海口市推进安全生产标准化工作，厘清安全生产标准化系统程序等问题，为29家达标企业核发补办标准化达标证书。全市有154家工贸企业达到安全生产标准化三级标准。

【安全生产事故调查处理】2017年，海口市安全生产监督管理局做好12345热线办件工作，将安全生产举报投诉电话68723816与12345热线合并，方便市民对安全生产工作的监督和投诉。共收到举报投诉72件，都做到直接办结，没有退件和逾期审结件。对23起工矿商贸行业事故，均开展立案查处。全年职业卫生检查351家企业，立案6家，处罚4家，共处罚金23.9万元。

【应急管理和救援】2017年，海口市有各种应急救援工程机械车辆94辆，应急救援器材和防护用品1293套。投入1.02亿元，采购消防车辆14辆、消防摩托车40辆、装备器材1.45万件套，基本实现消防装备发展从数量规模型向质量效能型转变。通过举办安全生产应急管理培训班和组织海口海事局船舶危化品泄漏应急演练、海口市公交集团有限公司突发事件应急演练、海南合盛昌烟花爆竹有限公司事故应急演练、海南美亚实业有限公司机场油库模拟事故险情应急演练，提升安全生产应急处置能力，确保企业安全运行。

【职业健康监管】2017年，海口市没有发生重大职业病危害事故。市、区两级职业卫生监管人员会同其他市县相关工作、技术人员，对全市351家用人单位开展职业病防治评估。市、区两级安监部门同时开展职业病执法检查，共检查用人单位371家，下达执法文书287份，发现问题和隐患1117项，行政处罚31万元，警告企业16家。利用“安全生产月”“职业病防治法宣传周”、职业卫生培训和执法检查等时机，进行职业卫生普法宣传，共印发职业健康宣传资料1.12万份，出动宣传人员540人次，宣传受众1.43万人次，培训监管人员85人次，组织培训企业负责人、职业卫生管理人员861人次，培训接触职业病危害劳动者562人次。

【安全生产宣教】2017年，海口市安全生产监督管理局与海口广播电视台合作，开展“6·16”全国安全生产月咨询日活动、安全生产法宣传周等安全生产政策法规宣传工作。通过开展安全文化精品创建与征集、“安康杯”竞赛、安全警示教育片放映活动，宣传安全生产知识及相关法律法规。组织监管监察人员专题培训学习和各部门安全生产监管负责人及联络员的专题培训，组织各企业应急管理负责人、职业健康管理人员、标准化自评员、安全管理人员进行安全生产法律法规培训，全年培训企业负责人

3736人。

【开展遏制重特大事故试点工作】2017年，海口市被列为省遏制重特大事故试点城市。制定印发《海口市实施遏制重特大事故工作指南构建双重预防机制工作方案》《关于遏制重特大事故全面加强安全生产源头管控和安全准入工作实施意见》和《海口市遏制重特大事故试点工作实施方案》等，从安全风险防控和隐患排查治理两方面构建预防重特大事故工作机制。完成全市生产经营单位（项目）底数摸底和安全风险点分布排查工作，做到底数清、情况明，标本兼治，有效遏制重特大事故发生。

（万岸哲　吴淑华　杨　丽　林子淳　杨克丰　杨宗晏　王乙嵋　唐嶓琪）

食品药品监管

【食品药品监管概况】2017年，海口市食品药品监督管理局共出动监管人员5.6万人次，巡查7.1万家次食品药品生产经营企业。先后开展米粉面条、婴幼儿配方乳粉、植物油、农村集体聚餐、网络订餐、建筑工地食堂、药品类易制毒化学品、疫苗、祛斑类不合格化妆品、无菌和植入性医疗器械等53项食品药品专项整治。开展食品药品安全示范创建，推行“不见面”审批、开展零售药店电子处方服务系统试点、着力规范网络订餐行为，受理投诉举报4785宗，处理率100%。查办案件317宗，罚没款238万元。全年海口市没有出现食品药品安全事故。海口市政府在2016年海南省食品安全工作评议考核中考核等次为优秀，考核得分排名全省第一。

【食品生产安全监管】2017年，海口市食品药品监督管理局先后开展米粉、生湿面、粽子、月饼，元旦、春节“两节”期间及博鳌亚洲论坛等12项食品生产专项整治，累计检查食品生产企业789家次，提出整改意见1202条，生产环节专项抽样476份。其中米粉、面条、冷冻饮品、配制酒、粽子、禽畜脱毛剂、甲醛双氧水浸泡食物等抽检合格率均为100%。同时，通过抓综合治理，提升食品小作坊安全保障水平。出台《2017年海口市食品安全工作要点》《食品安全工作评议考核办法》等政策性文件，探索推行“1+N”食品安全监管模式。实施“清单化”管理。制定食品小作坊“必做清单”“禁做清单”，印制公示栏427份，印发《食品生产加工进货记录》《食品生产加工销售记录》等各类台账记录本500份，使食品小作坊各项管理规范化。发放小作坊备案证明183张，完成辖区全部418家食品生产企业风险定级首次评定。全年共办理生产许可审查企业191宗，无一超期或出现差错。

【食品流通安全监管】2017年，海口市食品药品监督管理局组织开展快速筛查含“瘦肉精”牛羊肉，畜禽水产品抗生素、禁用化合物及兽药残留超标，婴幼儿配方乳粉标签标识，冷冻品库，植物油6项食品流通环节专项整治。落实好2017市政府为民办实事事项之——为全市98家农贸市场和16家超市购置检测试剂的经费申请工作。推进第一批两家放心肉菜示范超市的创建工作，组织2017年茶叶经营示范店评选活动。抽检进岛蔬菜2.54万批次、19.11万吨，抽检合格率99.77%。全市5辆食品流动检测车共抽检蔬菜瓜果2.49万批次，合格率99.88%，不合格蔬菜瓜果流向餐桌的几率大幅下降。全市食品流通环节无重大食品安全事故发生。

【餐饮服务食品安全监管】2017年，海口市食品药品监督管理局开展元旦春节、旅游餐饮、春秋季开学学校食堂、“五一”期间、中高考、网络订餐等13项餐饮环节专项整顿。约谈3家网络订餐平台，排查线上餐饮店3614家，下线处理359家，检查线下餐饮店1871家，关停或整改72家，引入第三方网络技术企业实施“以网治网”。引导商家以广告投放的方式为210多家餐饮服务单位安装“明厨亮灶”视频监控。以试点先行的方式在全市范围内推行50家“明厨亮灶”视频监控工程试点学校食堂，其中17家接入有线电视，实现消费者在家通过有线数字电视就能收看后厨实时操作。完成省级食品安全示范学校食堂3家授牌和12家通过创建初核工作。

【重大活动食品安全保障】2017年，海口市食品药品监督管理局完成海南省“两会”、博鳌亚洲论坛、2017年环海南岛国际大帆船赛海口赛段等35项重大活动的餐饮食品安全保障工作，保障用餐21.12万人次，现场食品原料快速检测2854份。对接待酒店、用餐餐厅实施全程食品安全监督，圆满完成重大活动期间食品安全监督保障工作任务，确保各项重大活动的顺利举办。

【校园食品安全监管】2017年，海口市食品药品监督管理局明确校长为学校食品安全第一责任人，学校食品安全工作纳入校领导年度考评关键指标，联合综治、教育等多部门开展执法行动150次，检查学校食堂1361家次。加强校园周边食品经营单位整治，检查学校周边小餐饮点、小食品店等“两小”门店4579家次，查没“五毛”等劣质不合格食品2.6千克。联合各区、镇（街）、教育等部门对学校周边寄宿点开展联合整治，加强对“小餐桌”的备案和管理。联合街道办、工商、消防、教育等部门检查学校周边寄宿站（点）424家，取缔、关停寄宿点28家。开展中高考等特殊时期食安整治，保障考试期间食品安全零事故。结合“3·15”消费者权益日、“3·31”投诉举报宣传日主题宣传活动以及食品安全宣传周活动，对全市中小学校（幼儿园）分管领导和食品安全专兼职管理员进行

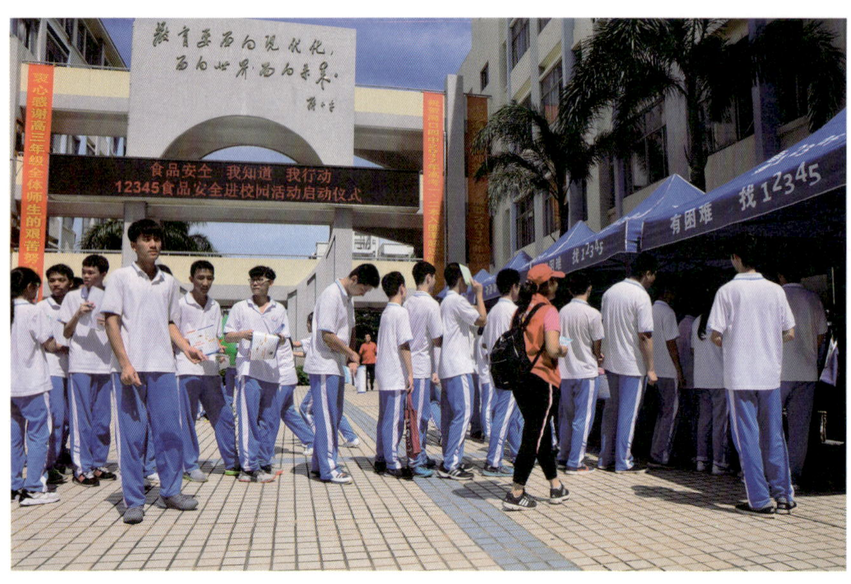

2017年6月29日，海口市食品药品监督管理局开展食品安全宣传周暨食品安全进校园启动仪式 （市食药监局 供）

培训，开展食品安全知识进校园活动，共组织食品安全宣传咨询活动67次。

【农村食品安全监管】2017年，海口市食品药品监督管理局联合各乡镇政府组织各镇街食安委及其成员单位分管领导和联络人、村（居）委会主任、食品安全信息员、农村集体聚餐厨师长等开展农村集体聚餐食品安全知识会议培训、现场讲解等8次，培训444人次。共登记备案农村集体性聚餐50次（其中50人以上的11次），实施农村集体性聚餐食品安全现场监督指导157次。向公众发放《农村集体聚餐厨师长必做和禁做清单》等资料2000余份，提高广大农村干部群众、农村厨师长等的食品安全责任意识及知识水平。

【食品安全示范创建】2017年，海口市已建成欢乐海岸、京华城、兴丹路、枋椤湾等20条示范街（区）和海口希尔顿酒店、海口竹林渡餐饮管理有限公司等130多家示范餐饮单位。开展全省首批放心肉菜示范超市创建，率先建成全省第一家放心肉菜示范超市。完成省级食品安全示范学校食堂3家授牌，12家通过创建初核工作。市菜篮子集团公司获颁全省首张工业化豆芽食品生产许可证，其工业化豆芽在海口日销售约3000千克。建成冯村豆制品集中生产基地，有39家豆腐小作坊业主入驻。通过统一供料、统一生产、统一检测，日生产豆腐12吨。市食品药品监督管理局对全市4家老旧桶装水生产企业进行车间布局、流程设计及生产设备选择等方面技术指导，推动其整合组建。

【保健食品化妆品安全监管】2017年，海口市食品药品监督管理局完成46批次的2017年国家化妆品监督抽样工作。开展无证化妆品专项整治，检查化妆品经营企业297家，发现问题产品19种、93件，扣押无证化妆品3000余件。开展化妆品生产企业产品包装标识专项检查，对辖区内10家化妆品生产企业使用包装标识的情况进行全面梳理和检查。开展美容美发机构使用化妆品情况的调研，对龙华区金盘所、国贸所的16家美容美发场所检查索证索票制度及台账管理制度落实情况及使用产品的合法性。对辖区内未换发化妆品生产许可证的11家企业进行全面梳理，并逐一进行现场检查，确认其停产状态。

【药品生产监管】2017年，海口市食品药品监督管理局以保障药品质量安全为中心，开展药品生产监督巡查工作。全年检查辖区内药品生产企业116家次，发现辖区内企业GMP执行过程中存在的缺陷项495个，下达责令整改通知书4份，发出告诫信2份。根据举报对海南博大制药厂进行飞行检查，并将检查情况上报省食药监局，由省食药监局暂停该企业4个

2017年6月15日，海口市食药监局举办工业化豆芽厂公众开放日，组织市民和媒体人员到海口市新苗豆业有限公司参观工业化豆芽生产 （市菜篮子集团 供）

药品品种的生产。对辖区内8家药品类易制毒化学品生产需用企业进行GMP专项检查，发现企业存在各类质量风险缺陷15条。完成20家药品生产企业174批次药品的抽样工作。

【药品流通监管】2017年，海口市食品药品监督管理局开展零售药店违法违规销售处方药专项整治，对全市1048家零售药店进行全覆盖检查，下达责令整改通知书213份，其中，34家零售药店处以1000元罚款、4家零售药店处以2万元罚款并责令停业整顿7天。全年药品流通领域抽样共抽取综合品种药品73批次和中药饮片1批次。对市、区两级5个疾控中心进行三轮次疫苗储运环节专项检查，共下达责令整改通知书9份；对全市158家疫苗接种点进行两轮次全覆盖检查。

【药品（医疗器械）不良反应与药物滥用监测】2017年，海口市食品药品监督管理局接收并审核评价1317份药品不良反应报告，完成率116%。其中，新的一般不良反应病例报告494份，完成率161%；严重不良反应病例报告94份，完成率109%。医疗器械不良事件报表461份，完成率138%，其中严重报告29份，完成率171%。化妆品不良反应报告表201份，完成率116%。发放药物滥用监测报告表2007份。

【特殊药品监管】2017年，海口市食品药品监督管理局对市辖35家特殊药品经营企业进行上下半年各一轮次的全覆盖监督检查，未发现违法违规经营特殊药品行为。结合日常巡查和处方药专项整治，对零售药店的含特殊药品复方制剂销售情况进行检查，零售药店的检查覆盖率100%，严防出现特殊药品流弊现象。

【医疗器械监管】2017年，海口市食品药品监督管理局共开展无菌和植入性等医疗器械、避孕套质量安全、装饰性彩色平光隐形眼镜、角膜塑形用

2017年1月19日，第十二届粤桂琼九市食品药品稽查打假协作联席会议在海口市召开 （市食药监局 供）

硬性透气接触镜、定制式义齿使用单位义齿产品、打击非法制售和使用医疗美容药械行为6个医疗器械专项检查，对264家医疗器械生产、经营企业开展日常监督检查。其中，无菌和植入性专项检查共检查218家医疗器械经营企业、11家医疗机构，对存在不规范行为的企业限期整改并提交整改报告20份，对3家医疗器械经营企业依法予以注销；装饰性彩色平光隐形眼镜专项检查共检查151家经营企业，发现7家商户涉嫌无证经营第三类医疗器械隐形眼镜，现场扣押69个品种共661瓶隐形眼镜产品，对3家商户进行立案处罚。

【打击食品药品违法违规行为】2017年，海口市食品药品监督管理局共查办食品药品案件317宗，罚没款238万元。查处海口日中天制药有限公司生产销售假药、海南昌之茂食品有限公司涉嫌生产食品添加剂超限量的菠萝片，联合公安部门破获海口各大医院门口兜售“神药”等一批涉案货值大、案情复杂的案件。出台《海口市食品药品投诉举报事权划分规定》《进一步做好12345市政府热线工作的通知》等工作制度，简化转办流程、缩短工作时限，受理各类投诉举报件4785件，办结率和按时回复率均100%。

【食品安全突发事件应急演练】2017年12月16日，海口市在海南华侨中学初中部举办2017年Ⅲ级食品安全突发事件应急演练。演练由省食安办和海口市政府共同主办，市食安办、市应急办、市食药监局、市卫生局、市公安局、市委宣传部、秀英区政府等单位参与。本次演练模拟11月10日海口市光明中学食堂出现学生恶心、呕吐、腹泻、发烧症状后，市、区各级各相关部门在市政府的统一指挥下，依照《海口市食品安全突发事件应急预案》等规定，迅速报告并启动应急响应，及时开展应急处置工作。演练采取前期情景录制与现场集中演练相结合的方式，按照事件报告、启动响应、应急处置、舆情应对、响应终止、善后处理6个科目进行，全程真人演练+视频互动，用时约70分钟，展现海口市、区两级政府根据事态发展情况和患者人数的增加，从区政府Ⅳ级响应到市政府Ⅲ级响应的应急处置全过程。海南省各市县食药监局分管领导、海口市大中小

学负责人和食堂管理者等700余人到场观摩。

【零售药店电子处方服务系统试点】2017年，海口市食品药品监督管理局在全省范围内率先开展零售药店电子处方服务系统试点工作。零售药店电子处方服务系统是以远程视、音频方式，由在合法医疗机构注册的执业医师向零售药店的购药群众提供健康咨询，轻症、慢性病问诊，同时开具电子处方，再经零售药店执业药师审核后，指导购药群众用药的服务。全市有500多家零售药店上线电子处方服务系统，包含17家连锁经营企业和70多家单体药店，服务超过40万人次，尚未接到投诉举报和纠纷。

（贺 昊）

公共资源交易管理

【公共资源交易概况】2017年，海口市公共资源交易中心响应“简政放权、放管结合、优化服务”的改革要求，以提升服务为主线，以履职尽责强作为为抓手，围绕工作“流程再造”“提速增效”和“规范廉洁”三大主题，规范公共资源交易活动，促进电子化交易，推进诚信建设，实现“互联网+公共资源交易”的管理新模式。全年完成交易项目721个，交易金额562.26亿元。其中，政府采购完成交易项目共225个，交易金额约349.73亿元，节约资金1.45亿元，下浮率0.42%；工程建设完成交易项目共496个，交易金额约212.53亿元，节约资金约4.75亿元，下浮率2.18%。获得国家级“2017年度全国公共资源交易平台整合先进单位”、省级“公共资源‘交易一张网’建设和政府采购电子商务化改革”先进单位。

【公共资源交易平台建设】2017年，海口市公共资源交易中心开评标区域及办公场所共4300平方米，设立1个业务受理大厅、1个开标大厅、6个开标室、9个评标室、4个监控室、1个中心总控室，并配套机房、档案室等辅助用房以及监控系统、门禁系统、安检系统等设施。12月2日，海口市电子招标投标三大平台系统项目顺利通过初步验收，实现省市电子交易信息互联互通，实现企业统一的基础信息库、统一的专家库、统一的CA身份认证和投标文件制作工具，实现系统内的电子交易信息互联互通。截至12月31日，共14746家企业降低在海口市公共资源交易平台进行项目交易的准入门槛，压缩办事程序50%。实现进场项目全流程电子化。全面实现交易项目从收退保证金、下载招标文件、上传投标文件、预约交易场地、抽取评标专家、开标、评标等全过程电子化。建立大数据分析体系。公共资源服务平台提供专题多维度信息汇总查询和大数据分析平台，对交易项目进行多维度大数据分析，通过深度数据挖掘分析，得出各类智能分析图表，准确定位交易活动普遍存在的交易程序堵点、问题多发节点、服务效率拐点和监管工作盲点，简化冗余环节，压缩交易时间，为有关部门提供决策参考。

【公共资源交易制度建设】2017年10月14日，《海口市公共资源交易管理暂行办法》和《海口市公共资源交易目录（暂行）》正式实施。通过对交易项目实行标准化管理，要求进入市级交易平台集中交易，推动公共资源配置的合理、高效使用，一定程度上制约腐败现象的滋生，实现全方位透明化，对提高政府管理水平和效率，全力营造公开交易、公平竞争、公正监督的公共资源交易秩序和交易环境具有重要意义。

【公共资源交易服务管理】2017年，海口市公共资源交易中心优化服务内容，实行一次性告知和限时办理交易受理制度及容缺受理制度，减少招标人和招标代理机构反复报送资料的繁琐环节，有效缩短招标文件复核时间，借助互联网+公共资源交易，开通7×24小时“网上大厅”，让群众足不出户即可完成交易流程。减轻企业负担，取消本市CA（电子签章）认证及标书制作工具，与省级平台CA和投标文件制作工具实现互联互通，每年可为企业减负约300多万元；8月起取消收取建设工程交易服务及席位管理费，每年为企业减负超过2700万元，全面实现零收费平台，极大降低企业交易成本，增强市场主体的获得感。对工作质量、工作效率、服务水平、群众满意度以及交易系统使用等方面建立第三方评价体系，全年由市社情民意调查中心发起的政府服务对象满意度调查报告中显示，市公共资源交易中心服务对象总体满意度测评得分93.06分，满意率98.83%，高于海口市机关事业单位民调测评的平均评价。

（潘 蓉）

（编辑：吴钟宝）

国有资产监管

【国有资产监管概况】截至2017年12月末，海口市20户重点企业（含不属于市国资委监管的海口高新发控公司及桂林洋农场）的资产总额为1817.43亿元，比上年期末增加94.06亿元，增长5.5%；负债总额1292.27亿元，增长5.7%；所有者权益总额525.17亿元，增长4.9%；归属母公司的所有者权益总额507.15亿元，增长5%。20户重点企业累计实现营业收入53.14亿元，增长11.7%；同时成本费用总额57.8亿元，增长18.4%；利润总额-1.97亿元，下降165.3%；净利润-4.99亿元，同比转亏；上缴税金7.61亿元，增长28.2%。年内，市城投公司获“第五届全国文明单位”和2016年海南省企业100强荣誉。市菜篮子集团的丝路海口·田园综合体试点项目被列入海南省的田园综合体建设试点项目。管廊公司在财政部驻海南省财政监察专员办事处对海南省2016年度城市管网专项资金（地下综合管廊试点）绩效评价中，被评为优。海旅控股被国家旅游局评为“厕所革命”政企联动类代表单位，海口假日海滩被国家旅游局、中国旅游报社评为“先锋组织”。

【国企重大投资管理】2017年，海口市国资委对市属重点企业重大投资项目实行核准，共核准企业投资项目21个，投资总额11.06亿元，涉及股权和固定资产投资等。其中，固定资产投资项目11个，金额6.38亿元；股权投资项目10个，金额4.68亿元。

【国有资产转让】2017年，海口市2家市属企业完成国有产权（资产）转让处置14宗（含以前年度审批4宗），评估价值1360万元，成交价格1406.27万元，实际成交额增值率3.4%。市国资委共完成5宗单项国有资产转让、经营权转让和报废的审批工作；完成6宗资产评估报告备案项目，涉及资产账面价值15.79亿元，评估价值17.71亿元，评估增值率12.2%。

【国企重点项目推进】2017年，海口市7家市属国有企业承担省、市重点项目28个，年度计划投资54.16亿元。其中，省重点项目25个，年度计划投资52.16亿元；市重点项目3个，年度计划投资2亿元。实际完成省、市重点项目投资56.97亿元，完成年度计划的105.18%。其中，省重点项目实际完成投资54.94亿元，为年度计划的105.31%；市重点项目实际完成投资2.03亿元，为年度计划的101.56%。其中：海口管廊公司负责的椰海大道（一期）等16条管廊项目计划投资14.71亿元，实际投资24.63亿元，完成年度计划的167.43%；海南港航公司负责的海口港新海港区汽车客货滚装码头二期工程项目完成年度计划的135.42%；市城建集团负责的海口五源河文体中心、海口江东大道二期工程、海口三仙公路改造项目分别完成年度计划的106.32%、100%和161%；市城投公司负责的东站国际商业广场项目完成年度计划的100%。

【国企负责人业绩考核】2017年3月，市国资委对市属重点国有企业2016年经营业绩进行考核。经考核，业绩评价为A级的企业有：海南港航、水务集团、城投公司、城建集团、担保公司，业绩评价为B级的企业有：公交集团、海旅集团、国资公司、燃气集团、保税区建总、管廊公司、统发公司、海投公司、菜篮子集团、骑楼公司；业绩评价为C级的企业有公交场站公司。

【国资国企改革】2017年，海口市国资委进一步推进国资国企改革。出台《海口市进一步深化国资国企改革方案》等顶层设计文件，加快市属国有企业重组整合，选择2~3家企业进行混合所有制改革试点。在《省委、省政府关于深化全省国有企业改革的实施意见》出台后，完善海口市政府层面的国有企业改革的实施意见，并完成实施意见初稿。修改完成市国资委责任清单，明确监管考核职责；初步完成国企分类管理、分类考核方案；配合市人社局完善市属国有企业负责人薪酬制度改革方案；制定业绩考核、薪酬审核办法和企业领导班子综合考核办法；完成市属国有企业监事会改革方案制定；正在开展企业董事会职权试点和市场化人才选聘工作。初步完成《市属国有企业资源整合方案》，待进一步修改完善后报市政府审批执行。根据省国资委出台的《海南省省属国有资本投资运营公司授权经营暂行办法》制定海口市的授权管理办法，进一步扩大试点范围。选择海南港航二级子公司港信通公司、市担保公司进行混合所有制改革试点。企业改制工作取得突破。启动燃气集团、保税区建设总公司和桂林洋、三江两家农场的公司化改造；完成市二轻联社转企后新企业工商注册登记工作，十多年未能妥善完成的事转企工作取得突破；完成海口市市政工程开发公司、海口市房产测绘所、海口市房地产评估管理所3家原行政事业单位经济实体改制关闭工作。

【成立新国有企业】2017年7月24日，成立海口德方旅游投资有限公司，为海口旅游文化投资控股集团有限公司全资子公司，注册资本1000万元。经营范围：旅游文化产业及旅游项目投资、景区景点开发建设、度假区投资开发建设、度假区投资开发建设管理、酒店投资建设、民宿投资建设、海上旅游景点投资开发建设、旅游商品开发。9月28日，海口市文体产业投资有限公司成立，为海口市城建集团有限公司全资子公司，注册资本金800万元。经营范围：文化体育项目的投资，文化体育场馆建设、经营及管理，房地产开发经营；文化体育培训、咨询、体育赛事组织与承办，网络游戏的开发；文化体育场馆租赁服务、会务会展服务、电影放映；组织、策划、承办各类文化艺术交流活动、庆典、商业演出、展览及其他大型文体活动；文体用品、工艺品、旅游产品等的开发、销售等；广告设计、制作、发布及代理等。

【三江农场公司化改制】2017年，海口市委、市政府成立市国有农（林）场改革领导小组，启动海口市农（林）场改革工作。三江农场公司化改制采取的模式为：新成立一家公司（海口市三江农场发展控股有限公司），然后将农场可控土地和经营性资产分期分批注入新公司，并保留三江农场牌子，实行“一套人马、两块牌子”。保留三江农场用以解决职工社保和富余人员劳动关系解除等职工安置问题，使新设公司轻装前行，快速发展。12月30日，海口市三江农场发展控股有限公司成立，注册资本金2亿元。

【海口海关缉私局资产置换移交工作完成】2017年，海口市政府与海口海关签订《资产置换交接工作备忘录》，按时开展海口海关缉私局（长堤路旧海关）资产的清理、造册及移交工作，并将相关资产交由海口骑楼老街投资有限公司代为管理；明确旧海关资产过户给市文物局，由市文物局委托骑楼公司管理。

【推动企业资产证券化】 2017年，海口市国资委为拓宽企业融资方式和融资渠道，委托海南港航控股有限公司通过公开招标聘请中美嘉伦国际咨询（北京）有限公司对市属国有企业资产证券化相关情况进行调研，形成《海口市属国有企业资产证券化规划方案的报告》。

【推进“三供一业”分离改造移交工作】 2017年，海口市国资委推进国有企业“三供一业”（企业的供水、供电、供热和物业管理）分离改造移交工作。“三供一业”的供电和物业改造标准已草拟，拟上报市政府审批，供水改造标准正在拟定。

（陆勇荣）

国有企业选介

【海南港航控股有限公司】 2017年，资产总额96.55亿元。拥有秀英港区、马村港区、新海港区和洋浦港区，码头泊位52个：2个5万吨集装箱泊位，3个5万吨级多用途泊位，4个2万吨级泊位，2个万吨级泊位，5个5000吨级通用泊位，4个3000吨级以下杂货泊位，客货滚装泊位32个。散件杂货年设计吞吐能力2124万吨，集装箱吞吐能力166万TEU，旅客通过能力1918万人次，滚装车辆通过能力290万辆。拥有客滚船19艘（其中正常运营的客滚船共18艘，停航1艘）、港作船7艘，游艇1艘，各类主要生产机械设备共309台，仓库8.95万平方米，生产用堆场83.59万平方米，非生产用堆场5.37万平方米。全年货物吞吐量累计完成8998.3万吨，占年度计划的109.6%，比上年增长20.5%。其中，集装箱吞吐量累计完成182.78万TEU（秀英港完成163.6万TEU，超额完成市政府下达的162万TEU目标，小铲滩码头完成19.18万TEU），占年度计划的104.4%，增长30%；轮渡旅客进出口人数累计完成991.7万人次，增长11.2%；轮渡进出口车辆累计完成236.2万辆次，占年度计划的110.9%，增长20.8%。四项主要生产指标均保持两位数增长，超额完成全年生产任务，再创历史新高。全年营业收入27.06亿元。有全资子公司11家，分公司2家，控股公司6家，参股公司8家。

琼州海峡港航一体化建设　自2016年4月启动琼州海峡港航一体化工作以来，2017年在琼粤两省政府的主导和推动下，海口市、湛江市两市政府和政协多次相互往来考察并召开座谈会，携手推进琼州海峡港航一体化建设。根据海口市政府的工作部署和要求，公司加快推进海南方港航重组工作。以海峡航运作为港航一体化整合平台，将新海港一期项目整合进海峡航运。1月23日，新海港一期项目整合进海峡航运方案获得证监会批准，2月17日公司将新海港一期资产整合进海峡航运，完成港航一体化建设第一阶段工作。9月21日，分别与海口能运、海南祥隆公司高管及代表进行“一对一”座谈，征询整合意向及工作意见，海南祥隆和海口能运公司坚决支持政府主导的海南方航运资源整合工作，建议在公平、和谐的环境下推进具体工作，做到价格公允、员工满意，整合工作稳定有序。但3家企业还未达成一致意见，整合工作还在推进中。

旅游业务　深度拓展旅游业务，在投入豪华游轮“长乐公主”号巩固西沙生态旅游航线的同时，又开发5个旅游项目：与北京首航直升机股份有限公司合作开通直升机项目，打造琼州海峡半小时交通圈；投入“海口湾1”游船于8月1日开通海口湾滨海游，填补海口海上旅游空白；对“棋子湾”号客轮进行旅游化改造，12月16日开启海北旅游航线；首创承包“辉煌号”运营海口至越南、海口至菲律宾等泛南海邮轮航线，根据市委市政府关于开通国际邮轮航线的战略部署，与太湖国际邮轮有限公司签订包船协议，于12月25日开启“海口—越南下龙湾”邮轮首航之旅；筹建琼州海峡水上飞机项目，丰富琼州海峡交通运输方式，建立立体交通运输网络。10月2日，由海口市政府主办、海南港航控股有限公司与幸福运通航协办的“海口市水上飞机飞行表演及体验飞行活动”在海口湾西秀海滩成功举行，首次实现载客体验飞行，沿线飞越琼州海峡、绕海口市

2017年3月2日，由海南港航控股有限公司控股的海南海峡股份有限公司投资2.3亿元建造的大型豪华游轮“长乐公主”号，满载游客开启“三亚—西沙”生态旅游航线首航之旅　（王航燕 摄）

岸线飞行观光。

集装箱航线　洋浦港区投入生产后，公司实施“双港驱动”战略，统筹海口港区、洋浦港区航线布局，推动两港互联互通，均衡发展。海口港区全年先后开通的内、外贸集装箱班轮航线有：3月10日，开通海口—泰国、海口—黄埔内外贸集装箱班轮航线；6月19日，开通海口—海安集装箱班轮快线；8月17日，开通海口—柬埔寨外贸航线；8月29日，开通海口—菲律宾外贸班轮航线。洋浦港区从零开始，配合船公司开航布线，先后开通的内、外贸航线有：3月13日，开通“洋浦—宁波”班轮直达航线，这是洋浦地区第一条华东干线；7月14日，开通“洋浦（小铲滩）—泉州”集装箱轮航线；8月15日，开通“洋浦—越南—泰国”和“洋浦—香港”两条集装箱外贸航线。

信息化建设　开发港口生产系统和管理系统项目，用科技手段助力生产，港口信息化建设初具雏形。马村港区扩建二期工程信息化二期工程于6月完成验收投入使用；马村港区三期散货码头工程信息化一期工程12月底完成设备调试进入试运行阶段；散件杂货生产管理系统秀英作业实施项目在2016年10月完成软件系统实施进入正式运行阶段后，经过近1年的运行情况进行优化调整，2017年9月完成验收；散件杂货生产管理系统马村作业区实施项目于2017年6月完成业务培训及硬件系统升级改造，11月完成验收；新海轮渡生产管理系统完成大部分功能，进入测试、优化调整阶段；新海港实名制工程项目于2017年初完成，1月10日上午，举行琼州海峡水路旅客运输实名制管理工作启动仪式，琼州海峡水路客运全面实施实名制管理，实名制二期工程项目、三期工程也全部完成验收；新海港微信公众平台项目6月上线，拓展售票渠道，大大方便司机、旅客购票，提高售票效率；海口港集装箱码头顺利完成4G系统建设调试及终端设备的安装调试工作，消除因原有Wi-Fi系统设备老旧、覆盖区域小、信号弱、信号盲区多对码头作业造成的局部影响。开发的《基于人脸识别技术的实名制无人售取验票终端及系统研发项目》被列入2017年度海口市重大科技创新项目，获得国家软件著作权登记证书，得到市科学技术工业信息化局150万元的应用技术研究与开发经费支持。

项目建设　新海港一期工程上半年顺利通过竣工验收，获得港口经营许可证书；新海港区二期工程11号至16号泊位于1月25日投入试运行，整体工程按计划顺利完成全部施工任务和质量检测工作，正在申请质量鉴定，并着手完善相关验收手续；新海中路、长椰路建设路基填方累计完成总量的72%，路基挖方累计完成总量的63%，建设雨水方沟累计完成总量的62%，钢筋混凝土管累计完成总量的60%，污水管道累计完成总量的43%；马村港区三期散货码头工程项目完工，完成环境影响评价报告（第二次）修编、填海工程海域验收等10项前期手续办理，待施工图变更批复后办理交工验收，正在进行各专项验收，已进入筹备试运行阶段。开展马村港区扩建三期集装箱码头工程、马村港区四期集装箱码头工程和新海滚装码头三期工程等省市重点工程前期工作。

（曾　涛）

【海口市公共交通集团有限公司】2017年，购买100辆纯电动公交车、338辆混合动力大巴车、110辆LNG中巴公交车投入线路运营。完成5家公交企业、18条公交线路、171辆公交车的整合接收工作。共有公交车1799辆，比上年增加728辆；公交线路99条，增加14条，其中旅游公交7条、夜间公交3条；公交线路总长度2073千米，增加759千米。全年公交运营总里程1.01亿千米，增长79.8%。有出租车1507辆，出租运营总里程1.92亿千米，下降2.7%。下属企业共11家，其中分公司4家，即公交二分公司、维修分公司、出租分公司、佳誉传媒分公司；子公司3家，即安捷保险公司、后勤服务公司、新能源公司；控股公司2家，即公交新月出租公司、公交场站公司。托管公司1家，即公交总公司；参股公司1家，即海南瑞华特新能源汽车公司。

新增、优化公交线路　全年新开通公交线路14条、优化调整公交线路26条。新增线路：86路、99路、93路、96路、98路、87路、202路、210路、214路、215路、夜3路、夜4路、公交专线1路、公交专线2路。优化调整线路：2路、11路、17路、29路、36路、54路、76路、17路、65路、77路、4路、9路、13路、18路、23路、28路、34路、43路、48路、83路、1路、202路、209路、65路、106路、K1路。

公交候车亭、场站建设　新建海口汽车西站、吾悦广场站2座候车亭，新建公交临时站牌499个、安装候车亭座椅203个。通过租赁地产公司项目用地、消防公共用地临时调整等方式，完成“千江悦”、药谷二期公交场站建设并投入使用。另外完成1路、3路、9路、22路、44路、62路、76路等线路7个公交调度室的搬迁和建设工作。

充电桩建设　随着新能源公交车的快速增加，集团公司成立海口市公共交通新能源汽车技术有限责任公司，加大充电桩的建设力度。共在7个公交场站建成投入使用充电桩51个，其中龙华路10个、千江悦7个、白沙门13个（含移动式充电桩10个）、白水塘7个、狮子岭7个、石塔村5个、东环铁2个。

公交信息化建设　在海秀东路明珠广场、市九中、龙华路市一中、友谊商场、长堤路钟楼等公交候车亭新建公交电子站牌5套，方便市民即时查询公交班次信息。在31条公交线路600多辆公交车上，安装电子移动支付设备，支持银行卡、手机等电子支付。借助“椰城市民云”APP，上线公交线路公交车实时位置查询服务。安装公交车载抓拍设备1571套，用于记录取证社会车辆侵占公交路权

2017年，海口市公交集团新建的公交车充电桩设施 （市公交集团 供）

等违法行为。

（钱国波）

【海口市城建集团有限公司】 2017年，营业收入2.79亿元，完成国资委考核目标71%；利润总额2188万元，完成国资委考核目标167%；政府代建业务累计完成投资9.47亿元，完成年度计划目标8.83亿元的107.31%。自营投资项目金都二期开展前期工作，教师公寓9.2公顷土地项目编制开发方案；累计完成投资2.04亿元，完成国资委考核项目283%。属下二级企业海口市市政工程设计研究院实施虚拟股权激励，为市国资系统内试行改制的首家单位。市城建集团开辟新业务，完成海口市文体产业投资有限公司的工商注册登记，后续将推进五源河文体中心地块一场十一馆项目资产的注入，并针对一场十一馆的运营进行专业的策划和包装，与市场接轨逐步建立起完善的运营管理体系。下属企业规划院获建设部美丽乡村规划示范项目奖、取得公路工程丙级证书，并完成测绘甲级资质复审延续；物业公司管辖的财银、阳光A、阳光B、金都、和安5个小区获得海南省卫生先进单位荣誉。参与住建部主编的《城市地下综合管廊建设指导手册》等专业技术研究工作。

政府代建项目　五源河文体中心体育场项目于3月7日动工，市民游客中心于8月1日动工建设，项目正在建设中。8月，海景学校、琼山九小、琼山五小及市九中分校竣工交付，确保秋季学校正常招生；9月15日，市妇幼保健医院竣工交付；市精神病人福利机构、市孤儿生活楼、市社会福利院老人福利院均按正常计划施工建设。海秀快速路安置房项目主体施工完成，正在进行室内外装修。市政府临时下达的交通疏导应急建设任务——白沙坊K型路口改造工程和滨海立交、国贸三横路交通优化改造工程，于8月完成施工任务，项目的建成有效解决琼山大道雨天积水的问题，极大改善滨海立交、国贸三横路的交通拥堵状况。临时应急项目——国丰桥拆除项目，于9月完成桥梁的拆除任务。根据2017年市政府投资项目计划，公司负责前期代理的项目共71个，其中采用代建模式建设的项目9个，采用PPP模式建设的项目40个，完成市国资委考核的项目有海秀快速路安置房、海口市人民医院综合保障楼、海口四中、市民政局等项目。

扶贫工作　帮扶红旗镇龙发村、龙榜村、道崇村3个村委会，建档立卡的贫困户28户，115人，于11月全部实现精准脱贫。经过2年的精准脱贫攻坚，其中8户贫困户27人，在2017年被海南省扶贫办确认退除，不再是贫困户。

企业荣誉　下属企业海口市市政工程设计研究院编制设计的《海口市骑楼建筑历史文化街区保护与综合整治工程（一期）》荣获2017年度海南省优秀工程勘察设计（市政公用工程）二等奖；《万宁水厂扩建工程（一期）》《海口市海甸五西路应急维修工程》2个项目荣获2017年度海南省优秀工程勘察设计（市政公用工程）三等奖，研发并获取《一种快速安装的混凝土道路》《一种市政排水系统》《一种路基土搅拌喷料改良装置及其施工方法》3项发明型专利。

（姜黎立）

【海口市城市建设投资有限公司】 国有独资公司，注册资金254亿元，资产总额864.32亿元，主要职能为融资、政府投资项目建设管理、地产开发、城市资产运营等。2017年，共承担70个市政基础设施项目，完成投资额7975.5万元，完成年度预算2440万元的328.86%；承担20个科教文卫项目建设任务，累计完成投资约2.5亿元，完成年度计划投资138%。全年营业收入7.48亿元；上缴各项税金4亿元，为历年来最多。荣获“第五届全国文明单位”、海南省企业100强等荣誉。

融资增资　分两批置换融资平台债务合计119.38亿元，并将注册资本金从145亿元增加至254亿元，资产负债率由原来的80.32%降至67.91%。

项目建设　共承担90个市政基础设施、科教文卫项目的建设任务，其中省重点项目1个、市重点项目2个、城市更新项目14个、纳入市国资委考核的非自营性项目5个。至年底，完成前期项目59个，在建项目14个，完工项目8个，完工未移交项目9个。其中，海南白驹学校临时板房教室仅用时23天完成建设；海口市第二中学改扩建项目（三期）克服长达5个月的建设资金短缺困难，提前完工；市旅游职业学校二期实训楼提前完成国资委考核目标；省重点项目北京师范大学海口附属学校（高中部）项目提前交付使用。

2017年11月17日，海口市城投公司荣获“第五届全国文明单位”称号

（市城投公司 供）

房地产经营　公司把握市场定位，通过提升房地产项目品质，树立良好的企业形象和企业品牌，全年销售火爆。其中针对限购、限贷政策，海口东站国际写字楼项目及时调整营销策略，项目累计成交金额1.52亿元；时代城、和盛园、海一方、蓝城印象二期、凤桐雅苑等项目通过优化户型、调整风格、升级配套等措施提升产品品质，打造宜居环境。各类房地产项目销售额（合同金额）26亿元。

业务拓展　石料矿产资源统筹开发：参与海口市18个重点废弃矿坑修复工作，研究编制完成方案制度等共7项，为各个矿坑提出切实可行的修复方案及提升规划。其中作为海口市18个重点废弃矿坑首批建设项目——秀英1-3#废弃矿坑生态修复项目开工建设，取得实质性的进展。跨区域、市场化转型发展：抢抓琼州海峡经济带发展机遇，成功竞得徐闻县4.53公顷住宅用地，并与徐闻县政府签订《徐闻县人民政府与海口市城市建设投资有限公司战略合作框架协议书》，完成《徐闻杏磊湾项目初步策划方案》及《徐闻县城城南大道片区综合开发项目开发方案》。同时，拟将文昌高铁站前周边土地整合开发，塑造成为多元功能融合、极具文化体验的宜居家园。

精准扶贫　包点旧州镇联丰村、道美村扶贫工作，全年共帮扶17户贫困户，无转移就业人员，共投入资金18万元。至年底，17户贫困户全部脱贫。

（李海燕）

【海口市统筹城乡发展（集团）有限公司】2017年，继续以推进统筹城乡示范镇建设为中心，强化产业培育与孵化，全力以赴抓好新型城镇化、产业培育、扶贫攻坚、“双创”等各项工作。同时，结合集团公司发展新要求，优化公司职能部门的设置，提升集团公司管理水平和管理质量，使集团公司内部机构及部门职能更符合实际情况和未来发展。探索“放活”集团4家二级全资控股子公司开展独立运营，充分调动子公司市场化运营机制，使子公司治理进一步适应市场经济的发展需要，培养核心竞争力。

打造海口市国家第二批新型城镇化综合试点镇演丰镇　继续推进演丰示范镇一期项目的验收、移交及结算报审工作。完成演丰保障性安居工程、供水管线、演丰桥总验工作，加快推进演丰西河整治、红树林生态恢复、路网工程、演丰医院及敬（养）老院等项目总验进度及竣工结算；演美路红林路段项目基本完工，实现功能性通车；中央专项资金项目演丰污水处理厂完成竣工初验，开展污水处理厂通水调试、试运行工作。加快推进演丰示范镇二期公共服务项目前期工作。配合美兰区政府推进演丰综合服务中心项目的选址、项目策划报批等前期工作。协调演丰后山村安置房项目策划方案、用地手续等前期工作。继续协调《海口市演丰示范镇镇区总体策划及概念规划》《海口市演丰示范镇镇区控制线详细规划》报批工作。

产业培育与孵化　借助演丰创新创业服务中心招商平台，加大特色小镇互联网、旅游、文化等产业布局的综合招商，至2017年底，在演丰镇注册企业累计97家，企业注册资金14.03亿元；联合国家卫计委下属单位、工信部下属企业，引入社会资本共同打造具有优质资源的“中医传承”互联网+医疗文化项目落户

演丰镇加强镇域建设，打造海口市国家第二批新型城镇化综合试点镇。摄于2017年

（市统发公司 供）

演丰创业创新服务中心 （市统发公司 供）

演丰，项目通过“互联网＋中医传承”全新模式，打造一个交流和传承中医文化的平台，助推海口中医产业发展。

发展现代农业 围绕“一镇一业、一村一品”，通过有效整合资金、技术和土地资源，加大农业品牌的打造和推广。加强火山石斛品牌的宣传推广，完善基地建设，围绕石山镇火山石斛基地景区旅游化改造战略，完善景区交通网，串联周边旅游点，提升基地景区接待能力，推进互联网＋农业＋旅游示范基地建设，火山石斛基地成功获评“省级农业示范园区”。扩大石斛种植规模。在龙塘镇、遵谭镇新建石斛种植基地，扩大种植规模，增加产品数量。加快完善东山园艺产业扶贫创业孵化园区项目基础设施建设，打造现代农业产业的互联网＋科技发展＋精准扶贫模式。同时联手永兴镇冯塘绿园共同策划打造现代农业旅游综合园区。完成三门坡镇清泉村黑山羊产业扶贫养殖项目3000平方米种羊基地建设和初期300头种羊引进，推进三门坡镇黑山羊精准扶贫养殖产业发展。

培育旅游发展新动能 策划演丰镇西排空心村田园综合体建设项目。鉴于美兰区演丰镇西排村具有优越的地理区位优势、优美的原始热带雨林风貌，开展项目策划包装，启动土地整理工作，拟将演丰镇西排村打造成为美丽乡村、精品民宿、生态恢复、“我在海南有个农庄”样板项目，探索出可推广的空心村治理及资源再利用示范项目。年内项目土地征租工作启动。

棚户区改造资金保障工作 用好用活“政府购买服务”手段，保障棚户区改造、土地收储重点工作的实施。棚户区改造项目推进方面，累计向银行提取棚改贷款资金443.98亿元，向海口市4个区的14个棚改项目拨付款项416.78亿元，保障棚改项目顺利开工建设。

土地整理 与市土地储备整理中心签订《海口市储备土地巡查管护项目政府购买服务协议》，至2017年12月，市土地储备整理中心下达储备土地巡查管护任务四批次，共598宗地，总面积5800公顷；加快海航临空产业园项目安置区建设工作，完成21.63公顷土地征收工作；配合推进省重点项目海口演丰观光农业养生度假区项目的土地整理前期工作。

项目管理 持续推进PPP项目前期工作。根据市政府任务部署，公司作为红旗镇环湖路、海口市农村生活污水项目、三江湿地公园项目、江东垃圾综合处理基地、海文高速立交和西环路连接道路等PPP项目前期代理单位，配合社会投资意向方推进项目各项前期工作。大力推进政府代建项目建设及前期代理工作。2017年，共承接政府代建项目16个，总投资额2.75亿元；前期工作代理项目7个，总投资额20.27亿元。各项目前期工作正有序推进。

探索混合所有制改革 混合所有制改革初见成效。探索国有资本、集体资本、非公有制资本等交叉持股、相互融合的混合所有制经济，改革工作扎实推进，成效显著。如联合岛内外互联网招商服务团队等共同发起成立的一站式创新创业服务机构“海口创新创业服务中心”，为企业进驻演丰提供一站式的落地服务；利用拨改投资金，撬动社会资本，建设海口施茶石斛种植基地、东山休闲农业产业示范园、黑山羊标准化养殖项目，发动周边农户积极参与，充分调动社会投资积极性，通过“公司＋合作社＋农户”的合作开发模式，有效整合社会资金、技术力量和土地资源，打造农业产业品牌，解决农民就业，促进收入增长，实现精准扶贫。

（林方兴）

【海口国家高新区发展控股有限公司】2017年，按照“突破瓶颈、潜心经营、开拓新领域”工作思路和工作目标，采取有效措施，内强管理，外拓市场，以改革促发展，党建工作、基础设施及产业配套建设、城市更新、海绵化及PPP项目建设、土地经营、内部体制建设等各项工作均取得一定成效。年内，美安科技新城一期完成投资约12.24亿元，累计完成投资约75.14亿元，累计配合完成征地1539公顷。经过5年多的发展，公司总资产从8.7亿元增长至86亿元；净资产从5.3亿元增长至51亿元。下辖海口佳和项目管理有限公司、海口美安置业开发有限公司和海口三角梅产业发展有限公司3家子公司。

美安科技新城（一期）基础设施及配套项目建设 年内完成投资约7亿元，累计完成投资约59.67亿元。美安一期30条道路全部开工，道路总长约60千米。美安配套项目建设基本满足入园企业需求。

美安科技新城产业配套项目建设 完成投资约5.24亿元，累计完成投资15.47亿元，包含新总部经济区、南区福邻中心、产业加速器、营销中心、新海美邻中心和孵化器以及海鑫郦都和美安华府两个合作项目。其中，营销中心项目和加速器项目完工；新总部经济区项目主体结构工程完成85%；南区福邻中心项目的邻里中心主体结构已验收并进入装修阶段；科学家工作站项目装修工程基本完成；海鑫郦都项目累计投资5亿元，完成总投资的55%；美安华府项目累计投资2.96亿元，完成总投资的31%。

海绵生态修复　总投资约6.1亿元的美安海绵化改造项目，至2017年美安一横河入库口海绵化改造示范段、美安那内河入库口海绵化改造示范段海绵化改造完成，累计完成投资约2.06亿元。因海绵化工程改造，美安科技新城的生态效益与景观效益实现双提升。完成狮子岭俯视区生态修复工程，生态修复约54.67公顷，完成需修复总面积比例100%，累计完成投资500万元，狮子岭的生态环境得到有效改观。建设5个苗圃基地，占地面积14.27公顷，总投资约700万元，栽种各色苗木共4.82万株。完成绕城高速绿化、美安科技新城参观路线雨树绿化景观提升、全省服务社会投资百日大行动会场绿化美化等工程。

PPP市政道路项目　2017年公司的PPP市政道路项目包括中央大道南段、海马三期规划三路、南海大道药谷段人行道、美安一期专职消防站4个项目，至年底基本完工，正在进行收尾工作及验收工作。年内完成投资6388万元，累计完成投资约1.28亿元。

土地征收及经营　推进美安13.53公顷、金林集团化工厂、化肥厂7.67公顷及云龙股份公司108.73公顷土地征收入库；完成美安13.53公顷土地征收、药谷0.93公顷土地回收工作以及电力迁改和燃油管线补征项目8.2公顷的土地签约。各园区工业用地有序转让回款，省计量所、金澳游艇、亿欣印务、多哈兽药4宗工业用地依程序完成过户手续；海南椰牛、宏远汽车、德法新能源、海南拍拍看、海南九州通、海南创志及雅葆天维7个工业项目的土地转让回款近5007万元。

（郑尼亚）

【海口旅游文化投资控股集团有限公司】2017年，下辖海口假日海滩开发管理有限公司、海口旅游景区物业服务有限公司、海南优拉彩票娱乐有限公司、海口市中国旅行社、海南旅投旅游咨询有限公司、海口国际会展中心经营管理有限公司、海口会展中心建设有限公司、海口海旅文化体育发展有限公司、海口戏院、海口德方旅游投资有限公司、海南印象文化旅游发展有限公司共11家全资子公司，是市国资委直属的国有旅游文化产业集团。作为城市旅游化改造项目投资建设平台、公益性旅游景区运营管理平台和海口旅游中介与会展活动服务平台，为海口市打造了一批城市标志性的省市重点项目和旅游品牌，形成了政府项目代建、景区建设运营、展会活动筹办、旅游中介服务、彩票销售代理等业务板块。

政府项目代建　完工项目：滨海西路改造工程北侧绿化景观项目、海关缉私及业务技术用房项目顺利竣工并移交，西湖南岸景观改造工程项目、扶贫保障房装修工程完成竣工验收；长怡路和假日海滩两个通海过街通道对市民开放；海口帆船帆板训练基地项目中心大楼完成竣工总验收并交付使用，船库、滑道维修改造工程完工并进入工程验收准备阶段。城市更新项目：7月，根据市委市政府的要求，承担35个城市更新项目的前期工作。其中，2017年重点开展18个项目，总投资34.18亿元；其余17个项目涉及棚改或远期规划，被列为中远期实施项目。综合环境整治——三角池片区（一期）、海口湾国家海洋公园帆船帆板公共游艇码头、海口市“五化”工程立面改造（一期）3个项目完成可研批复并于年内开工建设；大同沟南侧滨水绿带、大同沟小游园2个项目完成施工图设计及预算批复并准备实施代建工作；西海岸海湾整治与修复、海口湾带状公园、海秀快速路垂直绿化、东环高铁垂直绿化4个项目完成方案设计，正在开展初步设计工作；海甸溪沿岸改造提升及美化绿化项目、五源河湿地公园二期建设2个项目完成立项批复正在开展可行性研究报告工作。海口城市景观亮化工程：一期一阶段共243栋建筑，完成209栋楼宇施工，完成投资额1.9亿元；一期二阶段共332栋建筑，于9月开工建设，至11月3日完成海口火车站及高铁东站亮灯。海旅文体中心项目（住宅区、商业楼）进入收尾阶段，根据市委市政府的工作部署，推进政府收购合作方70%权益。

下属公司经营情况　假日海滩公司成功举办龙抬头祭海大典、亲水节系列活动，通过拓展品种多样的节日优惠、网购促销及学生团队特色营销活动，提高企业经济效益。景区公司（白沙门公园）新增房车露营地项目和观光小火车、共享商店等业务，对外承接各类绿植租摆、养护业务，对园区苗圃进行规划改造，有效使用面积增加4000平方米；启动智慧景区建设，更新完善景区视频监控系统，完成营业点免费WiFi的选点布局，各营业点均增加自动收银系统、开通微信、支付宝支付功能。海口市中国旅行社顺利承接2017（第十二届）城市发展与规划大会、中国城镇水务发展国际研讨会暨水处理新技术与设备博览会等7个重大会议活动的会务保障服务；开发特色乡村游线路，累计接待参会人员及游客近10万余人。

拓展投资合作　5月，海旅控股集团注册成立二级投资开发公司，拟通过股权投资、并购、财务投资等灵活的投资机制和方式，培育新的利润增长点。6月22日，海旅控股集团与中国华阳经贸集团有限公司签订战略合作协议，双方将在旅游产品开发、基础设施提升、重点项目建设等方面开展合作，共同推动海口全域旅游建设，拉动与引领海口旅游文化产业发展。

（陈　通）

【海口市燃气集团公司】2017年，全力推进公司化改造工作，加大对现有业务板块的经营探索调整，同时围绕未来燃气主业完善公司“十三五”战略发展规划，推进对外燃气项目合作和加强经营、重点工作管理。开展海南镇域燃气管网建设经营业务，与海南民生燃气公司合作，推进燃气项目建设。启动公司化改革工作，先后进行公司改制总体方案编制、清产核资财务审计、员工身份确认、安置方案等一系列工作，并召开职工大会对职工安置方案进行表决。同时对受行业市场、经营模式、内部管理等影响而经营面临困难的包车和驾校培训全资子公司也进行公司化改造，力争引入民营资本等战略投资者，发展混合所有制。完成海口电通实业公司等9家“僵尸企业”前期清理工作。包点负责东山镇环湖村和东城村共27户精准扶贫工作。全年营业收入6699万元，比上年增长40.97%，完成年度预算指标的104.09%；利润总额1442万元，增长184.98%，完成年度预算指标的142.77%。“海岸金城”房产销售金额3352万元，提前完成全年销售任务。至2017年末，资产总额4.23亿元，负债总额4779万元，净资产3.75亿元。拥有全资子公司6家：海口市运输服务公司、海口椰城驾驶员培训有限公司、海口市燃气物业管理公司、海口椰城出租车公司、海口创元物业服务有限公司、海口公交场站建设管理有限公司。

（钟生兵）

【海口市国有资产经营有限公司】2017年，注册资本15.12亿元，资产总额60.65亿元，负债总额42.7亿元，净资产17.95亿元，资产负债率70.4%。下属全资子公司4家，分别是海口市创新产业投资有限公司、海口市国运置业发展有限公司、海口市财金投资管理有限公司、海口市国运物流投资经营有限公司；重要参股企业6家，分别是海南椰岛集团股份有限公司、海口美安（新海）物流园开发公司、海南产权交易所、海南省肿瘤医院、海南世锦文化股份有限公司、海南镀锡薄板工业有限公司；其他三级投资参股或市国资委授权管理的企业20家；受托管理130多家改制、关闭、破产国有企业。有员工80人。

国有资产运营管理 对受托管理的行政事业单位资产通过公开挂牌招租，实现租金收入大幅增加，实现出租收入3077万元。全年共新增10批次资产挂牌工作，房产面积1.45万平方米。公司管理的企业经营性资产收入858万元，比上年增长15.48%，实现国有资产保值增值。履行国有资产管理职责，年内共完成第二公路管理站资产移交、广州椰城宾馆出资人变更、广州市越秀区瑶泉街1号402房等3宗房产过户；签订金宇东路1号就业大厦的铺面回购、货币化安置等协议并收到征收补偿款1743万元；开展海甸人防后续建设工程、海房新村2号楼外立面、人民大道秦吉大厦、文明东路椰润商城等4宗危房旧房资产的改造和修缮工作。

加快推进企业改制实施工作 组织对改制企业的不动产、投资、债权、股权等情况作进一步清理核查。完成种子公司“事转企”工作；制定海口市房产评估所和市房产测绘所企业关闭方案并报市国资委。

对外投资及债权管理 继续推动海南椰岛国有股权转让工作，妥善处理股权转让过渡期间的各项重大公共关系问题；推进海宇锡板3.83%股权转让工作，并报市国资委批准；采取审计介入、查阅报表等措施加强对参股企业深圳易思博网络有限公司、海南世锦文化产业股份有限公司、新海物流园有限公司等监管，履行股东职责；加强对创新投资、“拨改投”等已投项目的投后监管，维护股东权益，控制投资风险。启动司法程序解决汉能光伏项目借款纠纷。再次起诉椰湾集团拖欠借款，待法院审理；跟踪法院对力神公司欠款的追索力度。落实清理收购农行债权工作，完成三江农场（含下属共3家单位）、桂林洋农场共4家的债权移交工作，协调2家农场与市财政局签订还款协议（《关于代回购农行贷款债务的协议》），开展56家债权清理和资产调查工作。

配合政府完成的重点工作 海南省肿瘤医院项目原借款和投资均已到期，作为项目投资参与方与有关各方协商解决借款展期、纳入地方政府债务整改范围的政府补贴利息问题。为配合地方政府债务整改，自2017年起，自筹资金解决国开基金和农发基金等5个棚改项目基金合同约定的用款单位（城投公司）股权回购款项。协助完成长影海南环球100等4宗重大产业项目土地招拍挂整改工作，作为政府债务融资的“过桥”单位拨付22.75亿元资金，保证重大产业项目基础设施建设。按照市公务用车处置领导小组统一安排，受市财政局委托，与海南产权交易所共同承担公车改革取消车辆处置工作。办理和处置1058辆车，其中拍卖294辆车，成交金额约800万元。落实长怡花园遗留问题整改，完成部分配套设施设计建设工作，待土地划转手续完成后开发建设。

房地产开发项目 开发存量国有地产项目中，“天海居”项目于年初开始预售，销售额1.47亿元，其中归属公司的销售款4800余万元；“滨江名苑”项目A/B两栋均建至14层；原橡胶三厂文明东路生活区改造（职工保障性住房）项目A座于9月封顶。

（林怀宇）

【海口保税区开发建设总公司】 2017年，在确保国有资产保值增值的同时，公司以提质增效为中心，以推进转型升级为主线，逐渐由单一的国有园区开发建设平台向多元经营实体转变，形成工业房地产开发经营（租赁）、政府工程代建、项目投资运作、环卫一体化PPP项目等主要业务。全年主营业务总收入1878万元，利润总额1952万元，工业厂房租赁费、办公楼租赁费、土地租赁费、资产租赁费及物业管理费等收入1819.54万元，比上年增长9.81%。至年末，资产总额6.29亿元，净资产4.65亿元，资本增值15.62倍。

政府工程代建　完成儒茅村耕地开垦项目建设任务并已验收；完成桂林洋基本农田整治项目、云龙镇云阁基本农田建设项目、龙山村土地复垦项目建设任务，进入验收环节。开工建设美楠村旱改水耕地提质项目、琼华村旱改水耕地提质项目、群山旱改水耕地提质项目。完成南渡江大道、规划一路和白沙、官村、新丰、中堂、铁炉5个耕地开垦（复垦）PPP项目可研报告编制及评审。代建工程建设质量合格率100%，无迟滞工程项目进度现象。全年到账建设资金6053.54万元，根据工程进度拨付工程款2887.65万元。

推进市政环卫一体化PPP项目建设　2015年7月市政府授权海口保税区开发建设总公司作为市环卫PPP项目的政府平台公司，在全市范围推行环卫一体化PPP项目改革。至2017年，公司分别以4个区环卫现有资产评估作价入股，签订4个PPP项目协议，联合成立海口市京环城市环境服务有限公司、海口龙马环卫环境工程有限公司、海口玉禾田环境服务有限公司、海口市京兰城市环境服务有限公司4家项目公司，联合推行市场化运作。共引进社会资本3.51亿元，占总投入比例70%，在PPP协议框架内，落实项目公司注册资本金到位5.02亿元，到位率100%。配合完成4家项目公司办理项目协议的各项审批手续，协助项目公司开展各项工作，完成对市环卫局资产和各区环卫局资产的移交、注资审批及资产过户。共完成314辆环卫车辆的过户，其中海口京环公司57辆、海口龙马公司103辆、海口玉禾田公司65辆、海口京兰公司89辆；协助项目公司完成36辆环卫车辆的报废工作。先后收到4个项目公司关于环卫一体化PPP项目国有资产的注资确认函，完成总计1.51亿元的环卫实物资产注资工作，有效保证国有资产不流失。10月17日，秀英区政府再次授权保税区建总作为政府方代表，与成交供应商深圳玉禾田物业公司共同授权委托海口玉禾田公司接管海口市秀英区东山镇、石山镇、永兴镇环卫一体化PPP项目，秀英区环卫一体化项目延伸至乡镇范围，实现秀英区城乡环卫一体化全覆盖。此外，受市环境卫生管理局委托，11月6日对全市环卫一体化PPP项目国有固定资产环卫设施开展清查摸底工作，主要包括对海口市环卫一体化PPP项目现有环卫公厕、二级转运站、中转站、垃圾智慧屋等环卫设施国有固定资产开展清查。通过开展清查摸底工作将进一步强化海口市环卫一体化PPP项目国有固定资产环卫设施的管理，推动国有固定资产管理的规范化、数字化、系统化进程。

项目投资　为减少风险，及时兑现投资收益，在海南产权交易中心公开挂牌转让所持有的海口奇力制药股份有限公司股权，4月，收到股权转让款3216万元。投资1979万元建设的研发服务配套中心大楼项目于11月投入使用。

推进公司化改制　按照《国务院国有资产监督管理委员会关于规范国有企业改制工作意见的通知》等有关法律法规和市国资委工作部署，在2016年制定的改制方案基础上，2017年推进改制前期相关工作，完成清产核资、审计、评估等工作。制定两家下属了公司（海口保税区展示中心、海口保税区仓储贸易公司）的关闭注销方案，经律师出具法律意见、董事会及职工代表大会审议，报市国资委审批同意，完成对上述两家子公司的清算、关闭、注销工作。

安全生产　在园区6、7、8号厂房及1、2号开闭所等重点部位继续深入开展3项专项整治工作，开展安全生产检查52次，检查企业21家，制定安全事故隐患排查整改工作方案6个，加强隐患的治理和监控，对排查掌握的事故隐患下发隐患整改通知书32份，按照责任、措施、资金、时间、预案“五落实”的要求，全部整改到位，整改率100%。

扶贫工作　承担红旗镇龙源村和大山村28户贫困户共113人的精准扶贫工作。通过产业帮扶、扶学扶志、资助危房改造等措施助力贫困户脱贫致富。全年投入帮扶资金11.07万元，鼓励剩余劳动力转移就业15人。至年底，实现脱贫26户，尚未脱贫2户。

（段芷薇）

【海口投资管理有限公司】2017年2月8日，海口市政府同意募集海口市棚户区建设股权投资基金第二期第四笔资金，募集规模为20亿元，其中海口投资管理有限公司代海口市政府出资2亿元，吸引社会出资18亿元。截至2017年底，海口市城乡发展股权投资基金及其子基金累计发行180亿元，累计募集到位110亿元，其中子基金海口市棚户区建设股权投资基金累计募集到位90亿元，主要用于棚户区建设项目银行贷款的配套资本金；子基金海口市基础设施股权投资建设基金累计募集到位20亿元，主要用于PPP项目中政府与社会资本合作项目公司（SPV公司）政府出资部分的项目资本金。2017年，公司根据棚户区建设基金相关手续，配合拨付款项4笔，共2.03亿元，按时完成棚户区建设基金的拨付工作。其中配合市统发公司拨付款专项用于棚改项目3笔，用于龙岐村、夏瑶二期、坡博坡巷棚户区（城中村）改造；配合市城投公司拨付款专项用于棚改项目1笔，用于灵山镇棚户区（城中村）改造。截至2017年底，棚户区建设基金通过市城投公司和市统发公司累计对面前坡、坡博坡巷等12个棚改项目片区进行24笔投资，投资金额59.66亿元。年内，公司根据基础设施建设基金相关手续，拨付款项4笔，共1.7亿元，按时完成基础设施建设基金的拨付工作。其中，拨付给海南港航控股有限公司1笔，用于支付海口市农副产品市场配套道路及长堤路综合改造工程中代政府出资的资本金部分；拨付给海口国家高新区发展控股有限公司2笔，用于支付海口国家高新区美安科技新城一期公园

经修缮保护后的海口骑楼重焕光彩。图为夜色中的水巷口。摄于2017年7月

（李咸良 摄）

绿地工程和美安中心公园PPP项目、上海市第六人民医院海口骨科和糖尿病医院建设改造项目中代政府出资的资本金部分；拨付给海口市城建集团有限公司1笔，用于支付主城区重要道路景观提升工程中代政府出资的资本金部分。截至2017年底，公司累计对外拨付基础设施建设基金9.81亿元，剩余未投资部分10.19亿元。对外投资的项目中，用于PPP项目中政府与社会资本合作项目公司（SPV公司）政府出资部分的项目资本金共26笔，累计金额6.33亿元；用于其他项目2笔，累计金额3.48亿元。

（李彦贤）

【海口骑楼老街投资开发有限公司】 2017年，主营业务收入预算目标为1825万元，实际实现经营收入1801.24万元，预算完成率98.69%。

经营管理　将骑楼老街的开发经营与服务民生有机结合，采取合理合规的方式不断调整改善街区业态，加大力度通过业态调整、重点旅游吸引物的打造、配套服务设施的完善升级，夜市经济的发展探索，努力构筑骑楼老街业态新气象、发展新格局。采取“走出去”和“引进来”战略，通过网络招商方式把知名业态如海南知名品牌“京润珍珠”“票证收藏博物馆”引进骑楼。在文化出版物方面，对骑楼系列出版书籍展开线上线下售卖工作。与海南创新书店、海南知和行书局签订代售协议，通过骑楼商家定点售卖的形式销售骑楼系列书籍，宣传骑楼文化。全年销售书籍334册；旅游产品方面，与出租商铺骑楼特色产品商户合作，在线上网店进行代售，同时自主开发骑楼特色旅游产品，推出骑楼老街主题椰雕旅游产品及骑楼文化T恤衫，并在定点商户旅游咨询服务中心和线上网店同步销售。资金扶持方面，获得2017年海南省文化产业发展专项资金50万元。完成新华北路17个老字号的挖掘整理工作，编辑成独立简介；完成5条老街（水巷口街、中山路、博爱北路、新民西路、新华北路）骑楼外立面图片信息的采集及老字号故事归档工作。做好骑楼旅游团的信息登记及奖励系统填报工作，全年共接待国内外散客登记旅行团队701批、2.28万人次。在中山路安装喷雾降温系统，对中山路东西两侧入口横栏进行美化改造；引入海南华侨城实业有限公司投资骑楼老街建设与运营。

推进项目建设　突出抓好重点项目建设，政府代建项目完工：长堤路高压改造工程完工，正在进行验收、移交工作；长堤路弱电改造工程正在进行收尾工作；长堤路南侧彩色喷绘项目完工，正在进行验收工作；长堤路重点骑楼修缮项目完成初步设计评审及概算；琼海关立面修缮工程设计方案经国家文物总局审批通过；琼海关室外环境整治工程设计方案于10月24日在省文物局评审通过，设计单位按照专家意见修改后已报国家文物总局进行行政审批。

策划多种主题活动　全年完成两期“骑楼文化大讲坛”活动的策划和举办，主办“海口骑楼微电影文化节”活动。对接各文化活动主办方在骑楼老街举办各类主题文化活动、文艺表演及取景拍摄活动。协助举办“3·5学雷锋日”和“益起向善·全民公益”活动、2016美丽世界旅游形象大使总决赛拍摄活动、海口城投14周年——城市建设发展历程图片展等文化活动18场，2017年海口春节联欢晚会——“让心回家”、海口市艺术团五一惠民演出、市文体局“我们的节日”大型演出活动、海南八音琼剧展演等文艺表演共27场，对接电影、电视剧、综艺节目、电视台取景拍摄工作12批。

（彭　刚）

（编辑：文海川）

教育·科技

教育综述

【教育概况】2017年，海口市着力提高教育质量，引进“好校长、好教师”12名，新增国家级校园足球特色学校19所，北大附中附小海口学校加快建设，北师大海口附校、海景学校建成招生，新增公办学位9515个。完善随迁子女及留守儿童教育工作机制，海口市义务教育学校接收随迁子女10.9万人。深入推进学校精神文明建设，琼山五小和海口市二十七小分别获得2017年“全国文明校园”和“全国未成年人思想道德建设工作先进单位”的荣誉称号。全市有学校（幼儿园）996所，在校生43.61万人，专任教师2.6万人。

【教育投入】2017年，海口市教育投入31.4亿元。其中投入资金4亿元，用于北师大海口附校、海口（美兰）示范性综合实践基地、增加学位改扩建学校“10+2”项目、全市学校基础设施建设、设备运行购置与维护、校园活动等校园建设项目，有效改善办学环境，增加优质教育资源。投入资金1.4亿元落实义务教育经费保障机制改革政策，投入资金2.29亿元全面免除义务教育学校学杂费、教科书费和作业本费，并落实国家各项学生资助政策。

【落实国家各项学生资助政策】2017年，海口市落实学前贫困家庭幼儿教育资助金资助2832人次，发放212.4万元；“三免一补”落实工作，投入资金2.29亿元全面免除义务教育学校学杂费、教科书费和作业本费，补贴义务教育阶段寄宿生生活费709.77万元、受助学生11574人次（其中小学3431人次、初中7113人次、特殊教育学校1030人次）；普通高中国家助学金资助4774人次发放570.3万元，免除1041人次建档立卡等家庭经济困难学生学费、课本费、作业本费和住宿费88.52万元；落实中等职业学校国家助学金资助学生6043人次发放金额604.3万元，免学费项目资金完成划拨3.74万人次5811.78万元；完成2017年贫困大学新生资助活动（爱心助学活动和计生奖励项目），爱心资助贫困家庭大学新生168人资助金84万元，计划生育特困家庭子女大学新生奖励141人70.5万元；完成生源地信用助学贷款办理工作，共向2964名大学生发放助学贷款2022.87万元。完成教育精准扶贫攻坚战落实从学前教育至高等教育各阶段的特惠性资金发放，向建档立卡贫困家庭学生6184人次发放1140.73万元，向农村低保、特困供养学生4617人发放751.43万元。

【教育督导】2017年，海口市主要开展中小学（幼儿园）办学（园）水平督导评估、省政府对海口市县级政府教育工作督导评估整改督办、各种教育专项督导以及全国义务教育阶段学生学习质量监测。市教育局加强对申报省级规范学校的长流中心小学、永兴中学、秀峰学校、龙塘镇中心小学和红旗镇中心小学5所义务教育学校的过程性督导，其中长流中心小学和红旗镇中心小学顺利通过省政府督导室的“海南省义务教育规范学校”评估认定工作，至此，全市共有省级规范以上学校（含省普通高中一级学校）41所。完成美兰区2所（美苑小学、美兰实验小学）市规范学校的评估和认定工作。加强学前教育督导评估，完成幼儿园自评申报、区教育局初评、市督导室对申报材料的审查工作，并对申报省、市级（市示范、市一级）的30所幼儿园开展过程性督导；完成1所幼儿园申报省示范园和2所申报省一级园的评估；完成22所申报市级幼儿园的督导评估工作，终结性评估认定2所园为省一级幼儿园，11所幼儿园为“市示范”，10所幼儿园为“市一级”幼儿园。监督、检查、指导4个区教育局高质量完成对4个区81个样本校四、八年级学生科学、德育课程的教育质量监测工作。中小学开学专项检查督导、全面改薄“20条底线”专项督导和校园欺凌整治等专项督导工作，较好地履行教育督导在教育行政管理中的监督职能，促进教育行政管理体制改革和教育行政管理职能转变工作的不断深化。跟踪督办完成省政府对海口市各区第三轮县级政府教育工作督导评估的整改工作。

【义务教育阶段学校“全面改薄”】2017年，海口市继续实施“全面改薄”（全面改善农村义务教育薄弱学校基本办学条件）工程。海口市“全面改薄”总体规划（2014—2018年）资金需求共3.46亿元（中央及省级专项资金2.59亿元，市级配套资金8673.37万元），项目涉及4个区208所学校。2014—2017年，共投入资金3.37亿元，占总规划的97.4%，其中2017年投入省级资金2900万元。至2017年底，土建类项目327个，完工325个，占比99.39%；投入设备类采购资金1.09亿元，全部采购项目均完成配送安装和验收支付工作。

【教育基础设施建设】2017年，海口市继续推进桂林洋中心幼儿园项目建设，改善公办幼儿园办学条件，先后对市中心幼儿园、市教育幼儿园、市港湾幼儿园进行改扩建。年内，市中心幼儿园改建项目竣工投入使用，市教育幼儿园扩建项目基本完工，市港湾幼儿园扩建项目正在办理前期手续。北师大海口附校高中部及海景学校在内的增加学位新建、改扩建“10+2”计划项目、海口旅职校实训楼项目、市二中改扩建三期项目竣工并投入使用，市（美兰区）示范性综合实践基地、市四中高中部学生宿舍等续建项目正在按计划推进，五源河幼儿园（长滨分园）、第二轮增加学位新建改扩建项目、长滨小学、和风家园小区配套小学、海南大学国际旅游学院校园基础设施项目（一期）等项目启动前期工作。

【教育对口帮扶】2017年，海口市教育局应邀对五指山市毛道乡中心校进行教育帮扶工作。组织专家组到五指山市毛道乡进行为期2天的帮扶调研，制定帮扶实施方案。9月，完成“海口屯昌促进教育资源互补战略性合作”。该合作由海口市人民政府与屯昌县人民政府牵头，海口市教育局与屯昌县教育局负责，海口市教育研究培训院和屯昌教师教育发展中心具体对接开展。以海口市为主，通过海口市拟培养的骨干教师与屯昌教师合作开展教育教学培训工作，同时海口市教育专家与屯昌县教育专家共同开展屯昌学校教育视导工作。年内，完成屯昌县教师的全员培训、学科骨干教师培训、骨干班主任培训、学校中层以上领导培训，开展屯昌两所学校的视导工作，并对屯昌中学参评标准化学校建设评估也做前期的指导。

【教师队伍建设】2017年，海口市创新师德师风培训模式，2月印发《2017年海口市中小学、幼儿园师德师风培训方案》，以学习《海南省中小学教师违反职业道德行为处理实施细则（试行）》为主要内容，开展师德师风三级全员培训活动，覆盖所有教职工，受教育面100%。5月印发《海口市教育局开展2017中小学师德师风建设年活动的方案》，开展2017中小学师德师风建设年活动，全面开展师德师风集中整治活动，表彰、宣传优秀教师，遏制违反教师职业道德行为。为加强乡村教师人才队伍建设，系统建立乡村教师实施体系，市政府办公厅于7月7日印发《海口市乡村教师支持计划》，8月24日印发《海口市公办中小学校临聘教师管理办法》，进一步规范海口市公办中小学校临聘教师管理，提高公办中小学校教育服务和管理水平。为构建师资合理配置机制，最大限度地激发校长教师人才队伍活力，12月8日，市教育局联合市机构编制委员会办公室、市人力资源和社会保障局、市财政局印发《海口市义务教育学校校长教师交流轮岗工作实施方案》。面向全国引进中小学优秀校长和学科骨干教师12名。推荐中小学教师199人作为海南省2018—2022年省级骨干教师培养对象。省、市骨干教师队伍数量和质量不断提高。青年骨干教师成长助推站经过3年的建设，已建立起专家、学科工作坊坊主、工作坊学科骨干、工作坊坊员四个层级的“传输带”培养模式。组织3所学校成功寻访5名候鸟“柔性引才”专家并开展智力扶持工作。组织开展“国培计划”、省级示范性培训、校本研训提升管理培训等培训十余场，参训教师4.5万人次。建站设坊辐射农村，将农村优秀教师纳入到培养计划，受惠教师6560人。2017年中小学教师职称评审中，有298名教师分别获得中、初级教师资格。为补充并加强师资力量，招聘幼儿教师27名、北京师范大学海口附属学校教师24名。至年底，全市有正高级教师5人，特级教师85人，省级学科带头人42人，国家级、省级、市级骨干教师分别有32人、184人、930人。

2017年4月17日，海南省政府督查组一行调研北师大海口附校高中部项目
（吴清平 摄）

2017 年海口市教师队伍基本情况表

单位：人

类别		全市			市直属			秀英区			龙华区			琼山区			美兰区		
		专业教师人数	其他岗位	合计	专业教师人数	其他岗位	小计	专业教师人数	其他岗位	小计	专业教师人数	其他岗位	小计	专业教师人数	其他岗位	小计	专业教师人数	其他岗位	小计
公办学校	中学	6151	472	6623	3312	322	3634	624	20	644	722	38	760	728	35	763	765	57	822
	小学	7502	241	7743	659	40	699	1263	45	1308	1804	68	1872	1881	34	1915	1895	54	1949
	幼儿园	502	41	543	203	26	229	38	4	42	90	4	94	89	3	92	82	4	86
	职业教育	636	68	704	636	68	704	0	0	0	0	0	0	0	0	0	0	0	0
	特殊教育	130	24	154	130	24	154	0	0	0	0	0	0	0	0	0	0	0	0
公办合计		14921	846	15767	4940	480	5420	1925	69	1994	2616	110	2726	2698	72	2770	2742	115	2857
民办学校	中小学	4314	812	5126	2745	300	3045	287	52	339	599	264	863	371	76	447	312	120	432
	幼儿园	5901	3335	9236	130	7	137	1068	636	1704	2401	1563	3964	1072	617	1689	1230	512	1742
	职业教育	901	209	1110	901	209	1110	0	0	0	0	0	0	0	0	0	0	0	0
民办合计		11116	4356	15472	3776	516	4292	1355	688	2043	3000	1827	4827	1443	693	2136	1542	632	2174
公办民办合计		26037	5202	31239	8716	996	9712	3280	757	4037	5616	1937	7553	4141	765	4906	4284	747	5031

【校园安全管理】2017年，海口市教育局组织落实整改“三防”（人防、物防、技防）措施，做到全覆盖、无盲区。打造视频监控“一键报警”联动平台，创建智能化“平安校园”。组织协调市综治委学校及周边治安综合治理领导小组各成员单位对校园周边治安环境开展集中整治行动。组织开展中小学（幼儿园）安保人员培训及校园防暴演练，300多人参加。开展安全教育，各中小学共开展国旗下讲话598场、安全知识讲座77场、主题班会2300多场，收看安全教育电视节目15万多人次，开展逃生疏散演练584场次。部署暑期消防宣传教育活动，布置学生暑假消防作业，印发《海口市2017年学生暑期安全提示40条》等。通过游泳安全课、进行水灾救援演练、专项督查、水域排查、巡查等加强防范溺水事故工作。借鉴先进发达地区成功的经验和做法，进一步完善海口市校外托管机构的管理机制和监管体系。开展消防专项整治行动、校园欺凌专项治理、“平安校园”创建工作。先后举行四期食品安全管理培训班，联合食药监局、卫生局等职能部门开展春季食品安全联合督查、学校卫生和健康教育联合督导检查以及学校食品安全和传染病防控（含饮用水）专项检查等活动。

【教育信息化建设】2017年，海口市的教育信息化基础设施建设取得较大的进步，全市中小学校（不含教学点）光纤网络接入率95%，校园网建设完成93%，班级多媒体配备完成96%。继续推进教育信息化应用系统建设，其中，基于大数据的发展性评价及教与学分析系统注册总人数16.4万人，其中教师7245人、学生13.13万人、家长2.54万人。各学校组织考试4501科次，网上阅卷205.18万份。

【教育系统“双创”工作】2017年，组织开展3场“海口市教育系统‘双创’工作决战决胜誓师大会暨拒绝乱扔垃圾及车窗抛物万人大签名大会”等大型“双创”动员大会，区、校级召开各级各类“双创”动员会500多场，做到全面动员。组织各校师生走进周边商铺宣传“双创”内容，讲解“门前三包”知识，共走访商户2800多家，发放宣传单1.5万份。开展“万人大扫除”36次，“万家大签名”12次、家长签名人数25万人；“万师进万家”12次，家访教师2.8万人次，走访家庭户数12.5万户，发放“双创”宣传单28.4万份。全力巩固创卫成果。全市各学校开展卫生环境整治，“三防”设施覆盖率100%；建立心理健康咨询室，配齐心理健康教育教师，开齐开足健康教育课程，开课率100%。全系统共开展“万人大扫除”20次，参加师生30万人次。对标落实“创文”工作。借助多种载体，推进社会主义核心价值观宣传教育。各重要节庆日开展主题教育活动，加强未成年人思想道德建设。对2016年获得文明校园的74所学校进行表彰，在全市中小学校开展创建文明校园再动员大会近300场。与市“双创”指挥部、市文明办联合举办2017年中华经典诵读大赛。组织全市中小学校利用微信、校园网、电子问卷、印发纸质问卷等方式开展三轮问卷调查工作。

教学科研

【教研工作概况】2017年，海口市加强教研员队伍建设，落实好教研员“三个一”（帮扶一个区域、展示一节公开课、深入基层一个月）项目活动：进一步修订《海口市“三个一”项目活动实施方案》，明确任务要求；深入学校开展蹲点教研和区域帮扶活动，每学期至少4次；开展每周至少1天教学调研制度，形成常态化；开展教研员上“下水课”，真正凸显教研员的组织、示范和引领作用。此外，注重专题引领，教研活动专题化。各学科教研员立足学科抓教研，围绕《海口市课堂教学指导意见》，以提高课堂教学有效性和提升教师教学能力为中心，根据学科特点，依托市级教研活动和校本教研，通过开展学科专题讲座、主题教研、技能培训、课堂教学观摩课、课堂教学评比、论文、案例评比、研究课和名师展示课，网络在线研讨、沙龙教研、学科教研论坛、集体备课、送教送研、同课异构、职业教育大讲堂等形式的活动，全市中小学28个学科共开展200多次教研活动，其中以专题形式开展的教研活动有90多项，教师参与教研活动人数2.2万人次，逐步使教研工作逐步形成专题化、项目化和课题化特色，不断提高教研品位。

【校本培训】2017年3月，开展“海口市中小学幼儿园、校（园）长及学校中层管理者提升校（园）本研训课程领导力培训班”，分管教学教研副校（园）长、教导主任、教研室主任参加培训，进一步提升中小学幼儿园学校管理者对校（园）本研训课程的领导力；通过在对校（园）本研训的课程开发、建设与评价，对校（园）本研训计划的编制和方案的撰写，对校（园）本培训模式的改革与实践等方面进行集中学习与研修，进一步提升参训者的决策、引领、组织培训课程实施的统筹、策划能力，并善于在实践中发现问题、研究问题和解决问题、提炼研修主题的能力。4—10月，海口市各区域组长学校围绕师德师风开展校本培训，通过对中国道德传统文化结构、心理学、教育实践理论与师德师风建设实践等多维度多的专业引领，全面提升海口市师德师风建设及教师队伍的整体素质和专业化水平。共有237所幼儿园、94所小学、62所中学开展培训。

【课题研究】2017年，海口市各区校和学科教研员按照《海口市课堂教学指导意见》（以下简称《指导意见》）的“限时讲授、先学后教、问题导学、合作学习、积极展示、及时矫正”要求，开展一系列活动课堂教学改革活动。为使《指导意见》的各项要求得到有效的落实，把这六个方面的要求作为小课题进行研究，要求各学校申报课题，经个人申报，单位推荐，全市共有26单位或个人参加申报。聘请专家作《中小学教师如何选择和确定研究课题》的专题培训报告。经评审，确定20项课题为海口市课堂教学改革专项研究课题。组织教师参加2017年省、市级课题结题工作，海口市共有20项省级课题申请结题，全部通过结题评审，其中5项被评为优秀等级课题、7项被评为良好等级课题、其他8项评为合格等级课题；共有11项市级课题申请结题，评出优秀等级课题3项、合格等级课题8项。

【常规教研】2017年，海口市教育局通过新学期开学教学工作检查、高考、中考和小考备考工作调研以及开展的常规教学视导等活动，深入全市20多所学校对教学常规管理进行过程督导，特别是重点调研教师的备课、上课、作业布置和批改情况和校本教研开展情况。各学科教研员通过深入各中小学校、市级教研活动和在线研讨、教研沙龙等活动，对学科的教案撰写、教学目标制定以及课堂教学过程中如何落实教学目标和实施有效教学等方面开展专题讲座和案例分析，进一步规范教师教学行为。依托海南省区域教研支持项目，北片区项目组对新坡中学、遵谭中心小学、新谭小学、石山中学、石山中心小学和美安小学先后开展两次专项教学视导活动，全面了解6所学校在教学常规管理、校本研训和课堂教学方面的现状，并召开视导反馈会，提出改进建议。加强解读培训，在海南华侨中学等学校对《海口市课堂教学指导意见》作专题解读培训；同时把《指导意见》理念转化为课堂行为，10多个学科围绕着《指导意见》中的“限时讲授、先学后教、问题导学、合作学习、积极展示、及时矫正”六个要求，在新学期开展课堂教学研究课、展示课和学科优质课评比活动。加强深度研究，把《指导意见》实施融于课题研究中，开展课堂教学改革的专项课题研究申报活动，共收到课题立项申报26项，确定20项课题为海口市课堂教学改革专项研究课题。开展全市义务教育阶段农村中青年教师教学基本功大比武活动，20多个学科组织100多名农村中青年教师分别开展课堂教学比武、演讲比赛、简笔画和粉笔字展示评比。推进“一师一优课、一课一名师”活动，组织全市各学科骨干教师专家队伍对各区、学校报送的“优课”进行评审，共收到263节，评出全市一等奖38节、二等奖56节、三等奖97节，报送119节优课参加全省评选。在新高考改革背景下，对海南侨中等9所高中学校应对新高考情况进行专题调研。组织部分校长、高三教师和教研员前往上海、浙江和常州等地考察学习和交流，了解高考改革的动向、新课程实施过程中选课和走班制教学方式，借鉴先进地区的方法和经验，助力海口高考改革。出台《海口市推进新高考改革工作实施方案》，明确新高考改革的任务与要求；组织召开全市新高考改革动员大会暨《海南省新高考改革方案》解读和培训活动；组织高中教研员先后深入海南侨中等9所学校进行高考备考调研指导，通过听课评课、与科组教师互动交流、查阅资料和集中反馈等形式，了解2017年各校高考备考情况，帮助教师解决备考中遇到的困惑，指明备考方向，促进各高中学校高三复习备考工作质量和效率的提升；完成每学科两套高考模拟卷的命题、审题和改题工作，组织全市高考模拟测试，并提供测试质量分析报告，召开全市高考模拟考试成绩反馈暨高考备考工作会议；邀请江苏省常州市教科院12名优秀教科研人员组成的高考专家团队到海口市进行高考备考工作指导，近千名高三教师参加备考培训讲座，并与专家就高考命题规律、复习策略、教学方法等问题进行深入交流。组织5次中考备考专项调研活动，分别到海南华侨中学初中部等初中学校进行中考备考调研指导；采取“中考区域联片”调研方式，指导一所，带动一批，有效解决中考备考指导不全面、不到位、难覆盖的问题，大大提高备考的实效性。出台《海口市2017年小学学业质量监测实施方案》，分批组织备考指导活动，深入各区各校开展小考的备考指导活动。8月，分析近几年来的“三考”数据，完成“三考”质量分析报告的撰写，并在全市校长研修班上做“三考”质量分析反馈，推广一些学校的备考典型经验。各学科教研员深入长流中学、秀峰实验学校和美兰实验小学开展“蹲点教研”，采取集中蹲点和分学科单独蹲点的方式，重点围绕着学校的课堂教学有效性和“三考”备考的实效性两个方面入手，开展交流和指导活动：深入课堂，围绕课堂教学有效性开展听课评课活动，学科教研员和骨干教师深入蹲点学校听课、评课总共有60多节课；深入学科备课组，参与集体备课活动，帮助教师处理和整合教材，实施同课异构；深入学科教研组，指导科组开展校本教研，帮助教研组建立规范的教研制度，提高校本教研活动的有效性；带领学科指导专家团队深入蹲点学校，送教送训上门；针对问题，开设专题讲座，主要围绕教材的处理、教学设计、课堂教学方式的转变、学法指导、“三考”备考以及学

2017年海口市各校获省级以上奖项教研成果汇总表

国家级			省级		
一等奖	二等奖	三等奖	一等奖	二等奖	三等奖
71	124	36	109	103	90

说明：含教育教学论文、课题研究、教学设计、教学课件、课堂教学等各类评比

科教学中的难点等问题进行深入的研讨与交流。

基础教育

【基础教育概况】2017年，海口市有各类中小学校及幼儿园996所，其中小学159所；初中80所（含九年制学校），普通高中26所（含12年制学校），幼儿园703所；中等职业学校27所（公办4所，占14.8%；民办23所，占85.2%）；特殊教育学校1所。全市中小学校及幼儿园在校生人数41.5万人，其中有在园幼儿11.1万人，小学生19.6万人，初中生7.39万人，普通高中学生3.41万人。

【学前教育】2017年，海口市共有幼儿园703所，其中公办性质幼儿园46所（含10所行业办园、25所乡镇公办幼儿园），占比6.54%；经认定的普惠性民办幼儿园80所，占比11.38%；其他民办幼儿园577所，占比82.08%。在园幼儿11.1万人，其中公办幼儿园在园幼儿1.4万人，占比13%；普惠性民办幼儿园在园幼儿1.9万人，占比17.1%；其他民办幼儿园在园幼儿7.8万人，占比69.9%。全市学前一年、三年毛入园率分别为92%和82.1%。认定11所民办幼儿园为2017—2020年度海口市普惠性民办幼儿园（第二批），利用中央、省级财政学前教育发展专项资金对符合条件的80所普惠性民办幼儿园进行奖补，共奖补1746.8万元。组织全市幼儿园启动学前教育助学券申请工作，共给43926名在园幼儿发放助学券1757.04万元。对全市703所幼儿园开展安全隐患排查工作。

【义务阶段教育】2017年，有2所新建的学校投入使用，分别是新建的北京师范大学海口附属学校和海口市海景学校，北师大海口附校初中一年级计划招生6个班300人，海景学校小学一年级计划招生6个班300人。全市小学适龄儿童入学率100%，初中入学率100%，义务教育巩固率99.4%。年内，小学27746名六年级毕业生参加小学学业质量监测，报考率99.83%，考生人数比上年增加2096人；学业质量监测科目为语文、数学和英语3个学科，各科满分均为100分；继续保留学生问卷调查，用以了解学生家庭教育、作业负担、对学科教师的评价、对课堂教学的评价等情况。经统计，全市总合格率为52.9%，优秀率30%，总平均分207.6分，总低分率2.6%。共21981人参加中考，报考率97.77%，增长0.99%；优秀率（688.5分以上）21.35%，提高5.89%；及格率（486分以上）62.26%，提高2.22%；低分率（243分以下）10.08%，减少0.49%。中考总体成绩处于全省领先地位，700分以上高分段人数有4033人，占全省700分以上人数（8544人）的47.2%，特别是750分以上高分段人数占全省的59.04%；低分段人数则较少，整个成绩分布呈正偏态分布。

【普通高中教育】2017年，海口市批办北京师范大学海口附属学校（完全中学，2017年秋季开始招收初中学生，计划明年招收高中学生）、海南博雅高级中学、海口黄冈金盘高级中学和海口绿城实验学校4所高中。继续执行农村纯二女户子女中考加分政策及高考上大学经济补助5000元的政策，为女孩接受教育提供更优惠的条件。高中阶段教育毛入学率90%。全市高考考生共有10184人，一本上线3870人，上线率38%，提高0.4%；一、二本（A批）上线6779人，上线率66.6%。一本上线率、一、二本上线率均创历年新高。高考成绩800分以上的有103人，增加19人；700分以上1091人，与2015年的1108人和2016年的1110人基本相当。

【特殊教育】海口市只有一所特殊教育学校，即海南（海口）特殊教育学校。2017年有听障、视障、智障、脑瘫、自闭症等多类残疾学生608人，50个教学班，教职员工192人。海口市通过采取继续加强特殊教育师资培训工作，提高教师专业素养，组织开展课题研究，加快学校教学设备设施建设等有力措施，做好“医教结合”项目后续工作，进一步推广“医教结合”项目实施以来好的做法、好的个案和经验。12月，海南（海口）特殊教育学校《运用AAC提升重度智障学生沟通能力研究》和《视觉化策略提升智障儿童班级常规的行动研究》2个课题申报省级课题立项。学

2017年8月22日，北京师范大学海口附属学校（高中部）项目提前交付使用 （范平健 摄）

校教师承担的海口市教育科学规划课题《我校听障学生数学学习困难的成因及策略研究》和《聋生使用普校语文教材的问题研究》分别被市教育研究培训院评为优秀和合格等级并予以结题。

【民办教育】在教育部《关于鼓励和引导民间资金进入教育领域促进民办教育健康发展的实施意见》指导下，海口市鼓励企业利用自有土地、自有资金发展教育事业建设，满足百姓多层次、多样化的教育需求。2017年，山高学校建成并投入使用，北大附中附小、人大附属小学、寰岛中学开工建设，广外海口学校加紧推进前期工作。海口市共有69所民办中小学校，在校中学生5.11万人，在校小学生3.52万人。至年底，经各区梳理，全市共有培训机构410家，其中证照齐全171家，正在筹办15家，证照不齐全的224家，市区各级教育主管部门正在进一步规范管理。

【体育艺术教育】2017年，海口市教育局完成全市23536名初中毕业生体育考试任务。大力推进校园足球发展，有19所学校被遴选为全国青少年校园足球特色学校，全市共有国家足球特色学校30所，另有11所中小学被新遴选为海南省青少年校园足球特色学校。12月2日举办2017—2018海口市校园足球联赛，参赛学校61所，球队115支，参赛队员2300人，是市校足联赛史上规模最大的一次赛事。年内，海口市第十一小学、海口市城西中学、海口市琼山区第五小学等被省教育厅认定为首批省中小学美育示范学校；海南成美慈善基金会"童声飞扬"乡村音乐教育公益项目增设丘浚学校、苍西小学、琼山第九小学、琼山第十一小学为2017年"童声飞扬"乡村音乐教育公益项目合作学校；主办2017年"中国梦、海南情"青少年儿童美术书法大赛，在选送的498件作品中，评选出一等奖44幅、二等奖52幅、三等奖74幅。学校体育工作取得优异成绩。海南侨中学生丁成贵代表中国队获得世界中学生田径锦标赛300米栏冠军；海口琼山中学排球队夺得全国中学生沙滩排球锦标赛初高中女子冠军、初中男子亚军及高中男子季军；海南华侨中学、海口市一中分别获得2017年海南省中学生运动会篮球赛男子组冠军和女子组冠军。

【中小学招生】2017年，海口市义务教育阶段秋季招生工作压力依旧很大。小学一年级学位缺口仍然有约6000个，学位缺口的原因主要是由于片区内的生源结构变化。市教育局编制印发《2017年秋季小学初中招生工作方案》和《2017年秋季海口市中等学校招生工作方案》。共召开11次专题会议征求意见，涉及招生政策微调、片区调整（含新校划片）、编制招生计划、小升初指标到校操作细则等内容。小学一年级计划招收750个班、招生33429人，其中公办学校计划招收578个班25869人，民办学校计划招收172个班7560人；实际招生36417人，其中公办学校31337人，民办学校5080人。初中一年级计划招收528个班25653人，其中公办学校计划招收418个班20618人，民办学校计划招收110个班5035人；实际招生26886人，其中公办学校23114人，民办学校3772人。高中一年级计划招收241个班招生11740人，其中公办学校计划招收153个班7650人，民办学校计划招收88个班4090人，中外合作计划招收4个班120人；实际招生11884人，其中公办学校招生7609人，民办学校招生4275人。全市小升初指标到校总人数为770人，并取消海口市户籍的限制。省一级普通高中指标到校名额共2454人，并按比例为非本市户籍的海口市学籍考生分配指标到校名额85人。

【德育教育】2017年，海口市中小学德育教育以"双创"活动为抓手，以"中国梦"及以社会主义核心价值观为主题，深入开展一系列德育活动。继续开展核心价值观进校园、进课堂，"我的中国梦"主题教育，开展好弘扬中华美德经典诵读活动，开展优秀童谣征集和推广、传唱活动，加强校园周边环境整治工作等。全市共组织各校师生走访商户5500多家，发放宣传单2万余份；通过开展"万人大扫除""万家大签名""万师进万家"等形式，持续深入开展"双创"工作。经测评，师生对社会主义核心价值观和"双创"知识的知晓率，家长对"双创"的支持率均达100%。组织学生推优评优工作。组织全市评审表彰省、市三好学生和优秀学生干部。共向省教育厅推荐121名省三好学生、40名省优秀学生干部人选。评出833名市级三好学生，582名市级优秀学生干部。

2017年海口市省级规范以上学校（含省普通高中一级学校）一览表

序号	学校名称	评估认定等级	评估认定时间
1	海南华侨中学	海南省普通高中一级甲等学校	2014年复查通过
2	海口市第一中学	海南省普通高中一级甲等学校	2007年复查通过
3	海口市实验中学	海南省普通高中一级甲等学校	2014年复查通过

续表

序号	学校名称	评估认定等级	评估认定时间
4	海口市琼山中学	海南省普通高中一级甲等学校	2013年复查通过
5	海口市第四中学	海南省普通高中一级甲等学校	2015年通过评估
6	海口市第九小学	海南省普通小学规范化学校	2009年评估通过
7	海口市第25小学	海南省普通小学规范化学校	2009年评估通过
8	海口市第27小学	海南省普通小学规范化学校	2009年评估通过
9	海口市琼山二小	海南省普通小学规范化学校	2009年评估通过
10	海口市英才小学	海南省普通小学规范化学校	2010年评估通过
11	海口市琼山五小	海南省普通小学规范化学校	2010年评估通过
12	海口市第十一小	海南省普通小学规范化学校	2011年评估通过
13	海口市琼山一小	海南省普通小学规范化学校	2011年评估通过
14	海口市石山中心小学	海南省普通小学规范化学校	2012年评估通过
15	海口市玉沙学校	海南省普通小学规范化学校	2012年评估通过
16	海南省农垦直属第三小学	海南省普通小学规范化学校	2012年评估通过
17	海口市府城中学	海南省普通初中规范化学校	2013年评估通过
18	海口市灵山中心小学	海南省普通小学规范化学校	2013年评估通过
19	海口市长德学校	海南省义务教育规范化学校	2013年评估通过
20	海口市海秀中心小学	海南省普通小学规范化学校	2013年评估通过
21	海口市东山中心小学	海南省普通小学规范化学校	2013年评估通过
22	海口市秀英东山中学	海南省普通初中规范化学校	2014年评估通过
23	海口市旧州中心小学	海南省普通小学规范化学校	2014年评估通过
24	海口市龙华小学	海南省普通小学规范化学校	2014年评估通过
25	海口市海燕小学	海南省普通小学规范化学校	2014年评估通过
26	海口市龙桥学校	海南省义务教育规范化学校	2014年评估通过
27	海口市第九中学	海南省普通初中规范化学校	2014年评估通过
28	海口市第三十一小	海南省普通小学规范化学校	2014年评估通过
29	海口市桂林洋中心小	海南省普通小学规范化学校	2014年评估通过
30	海口市琼山第二中学	海南省普通初中规范化学校	2015年评估通过
31	海口市琼山第三小学	海南省普通小学规范化学校	2015年评估通过
32	海口市甲子镇中心小学	海南省普通小学规范化学校	2015年评估通过
33	海口市第七中学	海南省普通初中规范化学校	2015年评估通过
34	海口市第十四中学	海南省普通初中规范化学校	2016年评估通过
35	海口市三门坡学校	海南省义务教育规范化学校	2016年评估通过
36	海口市三门坡镇中心小学	海南省普通小学规范化学校	2016年评估通过
37	海口市旧州中学	海南省普通初中规范化学校	2016年评估通过
38	海口市义龙中学	海南省普通初中规范化学校	2016年评估通过
39	海口市遵谭中学	海南省普通初中规范化学校	2016年评估通过
40	海口市红旗镇中心小学	海南省普通小学规范化学校	2017年评估通过
41	海口市长流中心小学	海南省普通小学规范化学校	2017年评估通过

职业教育与成人教育

【职业教育概况】2017年，海口地区有中等职业学校53所，其中市管中等职业学校27所。市管的27所学校中，正常办学的21所（公办学校4所，民办学校17所），暂停办学6所。市管在校中职学生2.11万人，专业教师1537人。校园总建设面积约119.6万平方米，校舍建筑总面积约34.2万平方米。“双师型”教师的比例约为30%。市管各类中职学校开设专业55个，其中省级示范专业5个、市级示范专业20个，有示范实训基地11个。有国家级重点中等职业学校3所，分别是海口旅游职业学校、海南省海口高级技师学院、海口市第一职业中学。各中职学校坚持“产教融合、校企合作”的办学模式，实行“定额招生、订单培养、定岗就业”，不断深化和完善产教融合、校企合作，办学效益显著。中职学校与省内外合作企业单位约470家，合作专业约50个，每年约有6000多名学生毕业，就业率连续多年达到95%，稳定率超过80%。

【中职学校基础能力建设】2017年，海口市中等职业教育投入不断加大，办学条件不断改善，政策性经费得到有效落实，生均拨款3000元。海口市第一职业中学成立信息中心，完成中心机房改造，将原中心机房改造成专业中心机房；推进学校桌面云办公系统，将各部教师办公室安装桌面云办公瘦终端，并在各班级教室都安装上瘦终端；建设3间云电脑教室，主干网络升级到万兆光纤，核心、接入层交换机全部更换成千兆交换机；对学校原录播教室重新布线，录播画面可以全面同步到各个教室；完成物联网实训室建设及智能家居国赛备赛室的建设，新建平面设计组技能大赛备赛室、改造财营组技能大赛备赛；完成商旅部脑11的新建安装，购买云虚拟主机、DNA云解析，重新申请学校域名（www.hksyzz.com）。部署一台磁盘阵列，预装MOBOX企业版文件服务器搭建企业云盘，实现局域网文件共享，同时支持跨平台使用，方便教师上传下载文件。建成包括多媒体素材、课件、案例、试题在内的多媒体教学资源库，覆盖学校各学科，初步建立以科组分类别的教学资源库。海南金盘中等职业技术学校海马新校区、海南华南高级职业技术学校桂林洋新校区开工建设。

【中职教育技能竞赛】2017年，海口市教育部门组织全市中职学校代表队参加全国、全省职业技能大赛，并取得优异成绩。在2017年全省职业院校技能大赛（中职组）中获得奖项97个，其中一等奖15个，二等奖43个，三等奖39个。参加全国技能大赛（中职组）获得三等奖4个。

【中职教学与研究】2017年，海口市各中职学校落实立德树人的根本任务，科学合理设置课程，将社会主义核心价值观、优秀传统文化、职业道德、人文素养教育贯穿育人全过程，努力提高学生思想道德水平、职业素养和综合素质。把握服务发展、促进就业的办学方向，坚持校企合作、工学结合，强化教学、学习实训相融合的教育教学活动。完善中职、大专、本科一体化培养体系，继续大力推进学历证书和职业资格证书“双证书”制度。开展校企联合招生、联合培养的现代学徒制试点。实施重点特色专业建设工程，深化专业、课程、教材体系改革，推进中等职业教育培养目标、专业设置、教学过程等方面的有效衔接，形成对接紧密、特色鲜明、动态调整的职业教育课程体系。深化产教融合、校企合作，推进工学结合、知行合一，提高人才培养的针对性、实效性。健全质量评价体系，重点评价学习者的职业道德、技术技能水平和就业质量，完善学校、行业、企业、研究机构和社会组织共同参与的质量评价机制。

【中职生就业】2017年，海口市采取加强政策宣传、提升就业创业意识、推进与高新区企业合作、着力搭建就业平台、推行顶岗实习制度等有效举措，全力做好中职学校毕业生就业创业工作。全市中等职业学校共有5180人毕业（公办学校2141人，民办3039人），毕业率100%。就业人数5399人，就业率97.3%；直接就业人数4310人，占毕业生人数83.2%。

【成人教育】为全面落实国家“十三五”规划和教育规划纲要关于“加快学习型社会建设”的战略任务，2017年，海口市统一部署开展全民终身学习活动，开展主题突出、特色鲜明、形式多样、内容丰富的学习、咨询、讲座和宣传等活动。据不完全统计，市直属各中职学校、中小学校，4个区教育局，城区街道办参与此项活动，活动周推进覆盖率85%以上，参加各类学习培训、教育咨询人数39万人次。全市各中职学校全年举办各类职业技能培训50多种，年培训量近4.3万人次，农村劳动力转移培训和农村实用技术年培训量近1.2万人次，企业职工年培训10多万人次，服务社会能力显著增强。上半年，自学考试报名人数14474人，设6个考点，下半年报名人数14090人，设7个考点。完成2017年成人高考工作，全市报名总人数11281人，其中专升本5144人，高升本1473人，高升专4035人，设8个考点。高职（专科）升本科及3+2考试报名总人数1964人，同等学历人员申请硕士学位考试海口市报名人数552人（全省只有海口市考点）。

2017年海口市公办中职学校基本情况表

单位：人

学校名称	教师数	毕业生	招生数	在校生数
海口市第一职业中学	159	752	675	2097
海口旅游职业学校	205	758	1066	3382
海口市高级技工学校	232	460	764	2235
海口市中医药学校	40	171	144	512
合计	636	2141	2649	8226

2017年海口市民办中职学校基本情况表

单位：人

学校名称	教师	毕业生	招生数	在校生
海南欧鼎商业艺术学校	147	644	1120	2575
海南华南高级职业技术学校	75	377	413	1211
海南荟艺舞蹈学校	25	62	174	174
海口经济学院附属艺术学校	33	31	402	465
海南同文外国语职业学校	45	156	269	654
海南南方民民族艺术学校	60	102	207	601
海南精英职业学校	14	0	25	124
海南科技经贸学校	56	22	108	189
海南文理中专技术学校	40	436	200	772
海南省歌舞团附属芭蕾舞蹈学校	55	0	26	142
海口立有美术职业技术学校	34	126	338	848
海南华健幼师职业学校	50	0	297	1166
海南金盘中等职业技术学校	125	544	530	1851
海南服装工艺美术学校	63	270	404	939
海南城市工程技术学校	36	113	264	600
海南医药职业技术学校	23	157	0	226
海南省民航职业学校	20	0	320	320
合计	901	3039	5097	12857

（李之乔）

（编辑：杜惠珍）

科学技术

【科学技术概况】2017年，海口市科技经费投入3388.1万元，市本级科学技术支出1亿元，占当年市级地方公共财政预算支出0.52%。全市有高新技术企业207家。各企事业单位申报海口市各类科技计划项目145项。年内新增电子农务新技术新品种示范基地3个，新增市级重点实验室8家、市级企业技术研发中心3家、市级众创空间7家、省级院士工作站12家。共有市级及以上重点实验室69家（其中国家级1家、省级33家、市级35家）、市级及以上技术研发中心65家（其中国家级3家、省级38家、市级24家）、市级及以上众创空间17家（省级及以上6家）、省级院士工作站18家。

2017年海口市省级重点实验室名单

序号	名　　称	依托单位
1	海南省耐盐作物生物技术重点实验室	海南大学
2	海南省精细化工重点实验室	海南大学
3	海南省热带水生生物技术重点实验室	海南大学
4	海南省热带药用植物研究开发重点实验室	海南医学院
5	海南省热带海水养殖技术重点实验室	海南省水产研究所
6	海南省现代药物制剂研究开发重点实验室	海南全星医药业有限公司
7	海南省热带病重点实验室	海南医学院、省疾病预防控制中心
8	海南省南海气象防灾减灾重点实验室	海南省气象局
9	海南省农作物遗传育种重点实验室	海南省农科院
10	海南省热带动植物生态学重点实验室	海南师范大学
11	海南省热带药用植物化学重点实验室	海南师范大学
12	海南省Internet信息检索重点实验室	海南大学
13	海南省黎药资源天然产物研究与利用重点实验室	中国热带农业科学研究院热带生物技术研究所
14	海南省药物质量研究重点实验室	海南省药品检验所
15	海南省药物临床前药理毒理学研究重点实验室	海南医学院
16	海南省硅锆钛资源综合开发与利用重点实验室	海南大学
17	海南省人类生殖与遗传重点实验室	海南医学院附属医院
18	海南省热带动物繁育与疫病研究重点实验室	海南大学、海南省农业科学院畜牧兽医研究所
19	海南省热带微生物资源重点实验室	中国热带农业科学院热带生物技术研究所
20	海南省香蕉遗传改良重点实验室	中国热带农业科学院海口实验室

续表

序号	名　　称	依托单位
21	海南省热带果蔬产品质量安全重点实验室	中国热带农业科学院分析测试中心
22	海南省肿瘤发生和干预重点实验室	海南医学院
23	海南省热带果树生物学重点实验室	海南省农业科学院热带果树研究所
24	海南省眼科学重点实验室	海南省眼科医院
25	海南省植物病虫害防控重点实验室	海南省农业科学院农业环境与植物保护研究所
26	海南省水环境污染治理与资源化重点实验室	海南师范大学
27	海南省特种玻璃重点实验室	海南大学、海南中航特玻材料有限公司
28	海南省创伤与灾难救援研究重点实验室	海南医学院附属医院
29	海南省电网理化分析重点实验室	海南电网有限责任公司
30	海南省细胞与分子遗传转化医学重点实验室	海南省人民医院
31	海南省热带果蔬冷链研究重点实验室	海南省农业科学院农产品加工设计研究所、国家农产品保鲜工程技术研究中心（天津）
32	海南省耕地保育重点实验室	海南省农业科学院农业环境与土壤研究所
33	海南省海洋生物资源功能性成分研究与利用重点实验室	中国热带农业科学院热带生物技术研究所

2017年海口市市级重点实验室名单

序号	名　　称	依托单位
1	海口市生物制药重点实验室	海口维瑅瑷生物研究院
2	海口市电气设备重点实验室	海南金盘电气有限公司
3	海口市动物基因工程重点实验室	海南大学农学院动物科学系
4	海口市生物医药重点实验室	海南全星药物研究院有限公司
5	海口市非人灵长类实验动物质量检测重点实验室	海南金港实验动物科技有限公司
6	海口市黎族医药重点实验室	海南医学院
7	海口市临床医学重点实验室	海口市人民医院
8	海口市功能薄膜重点实验室	海南赛诺实业有限公司
9	海口市电子农务重点实验室	海南大学信息科学技术学院
10	海南实验动物与动物实验综合服务平台	海南省实验动物中心
11	海口市实验动物中心建设	海口市人民医院

续表

序号	名　　称	依托单位
12	海口市海洋药物重点实验室	海南大学
13	海口市热带天然产物研究与利用重点实验室	热带生物技术研究所
14	生物活性物质与功能食品开发重点实验室	海南大学
15	创新药物与制药工艺重点实验室	海南省药物研究所
16	海南医学院创伤重点实验室	海南医学院附属医院
17	海口市人类遗传资源保藏重点实验室	海南医学院附属医院
18	海口市环境毒理学重点实验室	海南大学
19	信息安全综合技术创新实验室	海南大学
20	海口市固废物资源利用及环境保护重点实验室	海南大学
21	海口市热带农产品深加工技术重点实验室	海南大学
22	水环境污染防治重点实验室	海南师范大学
23	海口市香蕉生物学研究重点实验室	中国热带农业科学院海口实验站
24	海口市热带特色药食同源植物研究与开发重点实验室	海南师范大学
25	海口市绿色催化与反应工程重点实验室	海南大学
26	海口市太阳能光伏应用技术重点实验室	海南师范大学
27	海口市电化学储能与光能转换材料重点实验室	海南师范大学
28	海口市海洋无人智能装备与海洋信息技术重点实验室	海南大学
29	海口市功能材料与光电化学重点实验室	海南师范大学
30	海口市海藻生物资源研究与利用技术创新平台	海南大学
31	海口市热带休闲观光设施农业重点实验室	海南大学
32	海口市医学检测重点实验室	海南金域医学检验中心有限公司
33	土壤污染修复与资源化重点实验室	海南师范大学
34	南药资源产业化关键技术研究海口市重点实验室建设	海南师范大学
35	海口市海洋食品精加工重点实验室	海南大学

2017年海口市市级及以上众创空间名单

序号	名　　称	申报单位	级别
1	海口车库咖啡	海口车库咖啡孵化器运营管理有限公司	省、国家级
2	三人咖啡众创空间	海南众创投资服务有限公司	国家级
3	海口市青年电商创客空间	海南行一教育科技有限公司	省级
4	海口国家大学科技园众创空间	海南师范大学科技园管理有限公司	省、国家级
5	海南互联网+众创空间（海口中心）	海南日报责任有限公司	省、国家级
6	海口市新华信息产业孵化园	海口市新华信息产业孵化园	省、国家级
7	创业村江东电子商务产业园	海口恒正实业有限公司	市级
8	海南数据谷·海创空间	海南数据谷投资有限公司	市级
9	海口洪泰复兴城众创空间	海南洪泰复兴城创新空间管理有限公司	市级
10	海南省科协科技成果转移孵化基地	海南星德瑞科技成果转化有限公司	市级
11	海口科技创新服务中心创业孵化基地	海口伯睿科技创新服务中心有限公司	市级
12	海创公社众创空间	海南壹联邦实业有限公司	市级
13	漫游谷众创空间	海南天成宏业互联网投资有限责任公司	市级
14	复兴城互联网创新创业园	海南复兴城产业园投资管理有限公司	市级
15	红树林众创空间	海口红树林创新创业服务中心有限公司	市级
16	石山互联网农业众创空间	海南中海网农科技有限公司	市级
17	海口昌海中小微企业加速基地众创空间	海口洪鑫隆实业有限公司	市级

2017年海口市高新技术企业名录

序号	领域	企业名称
1	电子信息（87家）	天涯社区网络科技股份有限公司
2		海南易建科技股份有限公司
3		海南新境界软件有限公司
4		科力电子信息有限公司
5		海口鑫网计算机网络有限公司
6		海南科澜科技有限公司
7		海南民航凯亚有限公司
8		海南图语地理信息技术有限公司
9		海口海迈科技有限公司
10		海南鹰海医疗信息技术有限公司
11		海南新生信息技术有限公司
12		海南紫天星科技有限公司
13		海南新生中彩科技有限公司
14		海南海岛一卡通支付网络有限公司
15		海南思凡信息科技有限公司
16		海南常盛科技有限公司
17		海南东进航空科技有限公司
18		海南福源灏实业股份有限公司
19		海南联信网络工程有限公司
20		海南天标电子科技有限公司
21		海南港澳资讯产业股份有限公司
22		海口量子网络科技有限公司
23		海南宝岛通科技股份有限公司
24		海南博为通信技术有限公司
25		海口亿游网络科技有限公司
26		海南新生飞翔文化传媒股份有限公司
27		海南大有计算机有限公司
28		海南天大天科科技发展有限公司
29		海口琼测地理信息有限公司
30		海南风铃科技发展有限公司
31		海口迈普新传媒服务有限公司
32		海南软联信息技术有限公司
33		海口丰润动漫单片机微控科技开发有限公司
34		海南宝通实业公司
35		海南甘霖农业科技发展有限公司

续表

序号	领域	企业名称
36		海南数字岛信息科技股份有限公司
37		海口港信通科技有限公司
38		海南大显科技有限公司
39		海口网风科技有限公司
40		海南航冠电子科技有限公司
41		海南数字证书认证有限公司
42		海南伊索网络科技有限公司
43		海口科博瑞信息科技有限公司
44		海南银风科技有限公司
45		佳友通电子支付有限公司
46		海南数造科技有限公司
47		海南飞思网络科技有限公司
48		海南友捷科技开发股份有限公司
49		海南微信通互联网信息技术有限公司
50		海南天成宏业互联网投资有限责任公司
51		海南易登科技有限公司
52		海南北斗天绘科技有限公司
53		海南纽康信息系统有限公司
54		海口华瑞南方电气有限公司
55		海南中通金域通信网络有限公司
56		海南翼蜗牛网络科技有限公司
57		海南民生和泰科技有限公司
58		海南中智信信息技术有限公司
59		海口禹讯信息技术有限公司
60		海南中电智诚电力服务有限公司
61		海南微盟信息科技有限公司
62		海南友友电子商务有限公司
63		海口中为通电子科技有限公司
64		海南小二网络科技有限公司
65		海南邦华电子科技有限公司
66		海航通信有限公司
67		海南房盟网络营销有限公司
68		海南美房网科技股份有限公司
69		海南科力千方科技有限公司
70		酷秀电子商务有限公司

续表

序号	领域	企业名称
71		海南零六网络科技有限公司
72		海南华人智慧科技有限公司
73		海口清源亿程信息科技有限公司
74		海南鲁科信息技术有限公司
75		海南辉扬数据云信息技术有限公司
76		海南中科花海云商科技股份有限公司
77		海南中信达信息技术有限公司
78		海南易乐物联科技有限公司
79		海南星捷安科技股份有限公司
80		海南海旗网络科技有限公司
81		海口极米互联网科技有限公司
82		海南四牧科技有限公司
83		海南中海网农科技有限公司
84		海南麦普地理信息科技咨询有限公司
85		海口酷维网络科技有限公司
86		海口一纬科技有限公司
87		海南瑞志信达科技有限公司
88	生物与新医药（67家）	万特制药（海南）有限公司
89		海南皇隆制药股份有限公司
90		海南康芝药业股份有限公司
91		海南新世通制药有限公司
92		海南通用同盟药业有限公司
93		海南双成药业股份有限公司
94		海南中和药业有限公司
95		海南中化联合制药工业股份有限公司
96		海口奇力制药股份有限公司
97		海南碧凯药业有限公司
98		海南养生堂药业有限公司
99		海南椰国食品有限公司
100		海南神农基因科技股份有限公司
101		海南通用三洋药业有限公司
102		齐鲁制药（海南）有限公司
103		海南天煌制药有限公司
104		海南普利制药有限公司
105		海南京润珍珠生物技术股份有限公司

续表

序号	领域	企业名称
106		海口维瑅瑷生物研究院
107		海南海灵化学制药有限公司
108		海南海神同洲制药有限公司
109		海南全星制药有限公司
110		海南爱科制药有限公司
111		海南葫芦娃药业集团股份有限公司
112		海南利能康泰制药有限公司
113		海南锦瑞制药有限公司
114		海南澳美华制药有限公司
115		先声药业有限公司
116		海南林恒制药股份有限公司
117		海南万维生物制药技术股份有限公司
118		海南思坦德生物科技股份有限公司
119		海南森瑞谱生命科学药业股份有限公司
120		海南华拓天涯制药有限公司
121		海南长安国际制药有限公司
122		海南通用康力制药有限公司
123		海南海力制药有限公司
124		海南赛立克药业有限公司
125		海南亚洲制药有限公司
126		海南伊顺药业有限公司
127		海南九芝堂药业有限公司
128		海南和泽生物科技有限公司
129		海南华研胶原生物科技股份有限公司
130		海南合瑞制药股份有限公司
131		海南海润生物科技股份有限公司
132		海南泓缘生物科技有限公司
133		海口市制药厂有限公司
134		海南先通药业有限公司
135		海南益尔生物制药有限公司
136		海南科晶生物技术有限公司
137		海南一鸿实业有限公司
138		海南灵康制药有限公司
139		海南诺尼生物工程开发有限公司
140		海南石斛健康产业股份有限公司

续表

序号	领域	企业名称
141		海南朗腾医疗设备有限公司
142		海南香树沉香产业股份有限公司
143		海南伟光医疗器械有限公司
144		海南蛛王药业有限公司
145		海南三叶美好制药有限公司
146		海南金港生物技术股份有限公司
147		海南新大食品有限公司
148		海南钟晨生物工程有限责任公司
149		海南慧谷药业有限公司
150		海南正强超越生化技术开发有限公司
151		海南黎药堂生物科技开发有限公司
152		海南南国食品实业有限公司
153		海南舒普生物科技有限公司
154		海南江河农药化工厂有限公司
155	新材料（7家）	海南赛诺实业有限公司
156		海南昆仑新材料科技股份有限公司
157		海南中科翔新材料科技有限公司
158		海南红杉科创实业有限公司
159		海南极风高科技股份有限公司
160		海南中坚电缆有限公司
161		海南同德管业有限公司
162	资源与环境（6家）	海南立升净水科技实业有限公司
163		海南甘泉实业有限公司
164		海南大湖桥园林股份有限公司
165		海南广胜新型建材有限公司
166		海南德沣环保建材科技股份有限公司
167		海口宜坤环境技术有限公司
168	先进制造与自动化（13家）	海南金盘电气有限公司
169		一汽海马汽车有限公司
170		海南威特电气集团有限公司
171		海南钧达汽车配件股份有限公司
172		一汽海马动力有限公司
173		海南宇龙汽车部件有限公司
174		海南誉球汽车部件有限公司
175		海口高新区宏邦机械有限公司

续表

序号	领域	企业名称
176	高技术服务业（27家）	共享钢构有限责任有限公司
177		海南美亚电缆厂有限公司
178		海南泰新电气成套设备工程有限公司
179		海南精翊机电设备有限公司
180		海口全盛汽车配件有限公司
181		海南盛科生命科学院
182		海南拍拍看信息技术有限公司
183		海航航空技术股份有限公司
184		海南拍拍看网络科技有限公司
185		海南康虹医药科技开发有限公司
186		雅克设计有限公司
187		海南正瑞医药科技开发有限公司
188		海南高升医药科技开发股份有限公司
189		海南方瑞环境工程有限公司
190		海口南陆医药科技股份有限公司
191		海南中济医药科技有限公司
192		海南主健细胞分子遗传医学检验中心有限公司
193		大新华飞机维修服务有限公司
194		海南金域医学检验中心有限公司
195		海口市市政工程设计研究院
196		海南天羽飞行训练有限公司
197		海南天鸿市政设计股份有限公司
198		中元国际（海南）工程设计研究院有限公司
199		海南庆禾钢结构设计咨询有限公司
200		海南海神启迈药物开发有限公司
201		海航货运有限公司
202		海南太美航空股份有限公司
203	新能源与节能（5家）	海南英利新能源有限公司
204		海南天能电力有限公司
205		海南昱隆科技开发有限公司
206		海南天聚太阳能有限公司
207		海南省蓝波新能源科技有限公司

【科技扶持】2017年，海口市改革创新科技资金统筹机制，整合科技创新资源，将扶持重点向全省十二大重点产业的创新型科技项目和科技创新平台倾斜，共投入科技扶持资金2951.3万元，带动企业投入研发费用3.9亿元。

【科技计划项目】2017年，海口市科工信局以科技计划项目实施为引导，推进企业自主创新能力建设。组织全市各企事业单位申报海口市各类科技计划项目145项，其中，重大科技创新项目12项、重点科技计划项目119项、科技创新服务平台12项、基础研究专项项目2项。经市政府批准，共安排项目经费2208万元，对7个重大科技创新项目、32个重点科技计划项目、11个科技创新服务平台和2个基础研究专项项目给予立项支持。

【企业创新能力建设】2017年，海口市科技部门完成海南数据谷·海创空间等10个市级众创空间的认定工作，全市共有众创空间40余家，提供创新创业场地18万多平方米，专业创业导师40多名，服务团队600多人，聚集创客1500余人，入驻企业团队1000多家，累计孵化、毕业成功企业100多家，创业创新氛围浓厚。年内，"海南互联网+众创中心"等4家众创空间入选国家级众创空间；依托海南诗博丽生物科技有限公司等12家企业建设的院士工作站启动，为海口市科技创新和人才引进搭建重要平台。

【高新技术企业】2017年，海口市落实扶持高新技术企业发展专项资金268.1万元，其中给予3家高新技术企业高新技术项目三税扶持260.9万元，给予1家企业科技部项目经费配套支持7.2万元。坚持发展数量与质量并举，提供"保姆式"的全过程贴身服务。全市新增通过国家认定的高新技术企业58家，总量207家，占全省77%；高新技术企业实现总营业收入376亿元，比上年增长22%；规模以上高新技术工业企业总产值占全市规模以上工业总产值57%。

【科技示范点建设】2017年，海口市加强农业科技110体系建设，共建成7个农业科技110服务点和12个农业科技示范基地，分别是大致坡镇大东村服务点、大致坡镇崇德村服务点、大坡镇福昌村服务点、三门坡镇昌汉服务点、旧州镇雅秀村服务点、永兴镇雷虎村服务点、永兴镇儒张村服务点和大致坡镇海南仙水生态农业有限责任公司、三江镇三红蜜柚基地、云龙镇白水湖农业科技110（电子农务）示范基地、云龙镇海口坡导坡农业科技110（电子农务）示范基地、云龙镇鸡笼坡红花农业科技110（电子家务）示范基地、旧州镇海口雅秀牧草种植科技示范基地、旧州镇海南黑山羊绿色养殖科技示范基地、旧州镇海口锦峰林种养专业合作社、三门坡镇热带水晶矮晚柚生态示范园、大坡镇田心生态农业综合示范基地、永兴镇金农智慧农业果园示范基地、石山镇福安村委会美城村火山绿头鸭养殖技术研究与推广基地。年内，对现有的22个农业科技110服务站进行设备更新和替换。

【科技下乡】2017年，海口市推动科技下乡工作，依托电子农务运营中心、海口青年创客空间开展农业科技信息化培训3期，共培训800人次，培训内容有农产品溯源、农产品电子商务应用、农村青年创业知识、农村实用技术等；在春节和科技活动月期间共举办8场科技下乡活动，共发放科技资料2000余份，咨询人数3500多人次。

【科技奖励】2017年6月，发放2016年度海口市科学技术奖项目奖金共101万元。2017年度海口市科学技术奖获奖项目共21项，其中科技进步奖17项（一等奖项目4项、二等奖6项、三等奖7项），科技成果转化奖4项（一等奖2项、二等奖2项），于11月发放奖金共75万元。

【科技人才队伍建设】2017年，海口市科技部门通过政策的引导，充分调动高校、企业人才的积极性，激发人才队伍的活力，加快建设开放的人才

2017年度海口市科学技术奖获奖项目

序号	项 目 名 称	完 成 单 位
科技进步奖一等奖（4项）		
1	肿瘤靶向新分子及其信号通路在消化道肿瘤发生发展中的作用研究	海南医学院、美国德州大学MD安德森癌症中心、同济大学附属东方医院、华中科技大学同济医学院附属协和医院
2	创伤性脑水肿发病机制、基因药物疗效及其临床影像学应用研究	海口市人民医院、重庆市第七人民医院、海南医学院第一附属医院
3	海南几种小型农业有害生物的生态学及防控技术研究	琼台师范学院、海南省林业科学研究所、海南师范大学、海南大学
4	注射用奥沙利铂结晶化合物研制及制剂产业化	海南锦瑞制药有限公司

续表

序号	项目名称	完成单位
	科技进步奖二等奖（6项）	
5	WT-3000系列微机保护测控装置	海南威特电气集团有限公司
6	热带复合果粉的开发与神秘果生物活性的研究	海南师范大学、海南科技职业学院
7	轨道交通再生制动能量回馈装置研发与产业化	海南金盘电气有限公司、宁波市轨道交通集团有限公司
8	肝纤维化－肝硬化－肝癌进展和转归精准预测的多模态功能影像学研究	海口市人民医院、海南省人民医院、海南医学院第一附属医院
9	均匀性与非均匀性脂肪肝的动态影像学研究	海南医学院第一附属医院
10	黎族人群酒精性肝病患者血清可溶性MIC A/B表达研究	海口市人民医院
	科技进步奖三等奖（7项）	
11	天涯VR旅游平台V3.0	天涯社区网络科技股份有限公司
12	海南省重要过敏原的基础与临床研究	海口市人民医院
13	急性脑梗塞动脉、静脉溶栓治疗措施优化及风险因子防范的临床研究	海口市人民医院
14	终末期肾脏病高血压患者CYP3A5和MDR1基因多态性对硝苯地平、氨氯地平降压疗效的影响	海口市人民医院
15	脐带自然脱落过程中菌群特征及其影响因素	海南医学院第一附属医院
16	防白蚁型防潮树脂涂料	海南红杉科创实业有限公司
17	湿加松扦插育苗与推广造林技术研究	海南省林业科学研究所
	科技成果转化奖一等奖（2项）	
18	注射用头孢西丁钠的产业化	海口市制药厂有限公司
19	注射用萘普生钠的产业化	海南皇隆制药股份有限公司
	科技成果转化奖二等奖（2项）	
20	静止式动态无功功率补偿及谐波抑制装置（SVG）系列产品的研发与产业化	海南金盘电气有限公司
21	一种单磷酸阿糖腺苷的药物组合物的成果产业化	海南锦瑞制药有限公司

引进奖励管理使用流动机制，重奖在科技创新中做出突出贡献的科技人员。全年共落实34家工业企业申报专业技术人才补贴190.35万元、23家工业企业申报高管个人所得税324.3万元。依托海口市促进互联网产业奖励政策，成功引进海航信息技术有限公司等8家单位的10名互联网专业人才落户海口创业。

【科技成果与应用】2017年，海口市科技部门依托“椰城市民云”，以科技创新为中心打造“椰城创新云”科技创新综合服务的平台，为海口科技人员、企业管理人员和科技爱好者服务，同时创造更多的条件为海口的大众创业、万众创新服务，并提供科技资讯、政策法规、文献检索、专利检索、院士合作、专家人才、仪器共享、知识产权、创业服务、法律服务、科普基地等20项科技创新服务，促进科技成果转化。其中，齐鲁制药(海南）有限公司承担的国家“十二五”重大新药创制项目“吉非替尼片”，该药是治疗非小细胞肺癌的小分子靶向抗肿瘤药物，2016年12月国内上市，截至2017年11月，实现销售收入2.37亿元，利税1.52亿元。

（黄丹丹　陈思卉　潘孝悦）

知识产权工作

【知识产权工作概况】2017年，海口市知识产权工作以引导企业实施知识产权战略，提升知识产权创造、运用、保护和管理能力为主线，通过政策引导和强化服务，提高企业发展的质量和效益，为海口市转变经济发展方式、优化产业结构提供有力的知识产权支撑。全年全市专利申请总量3193件，专利授权总量1451件，每万人有效发明专利拥有量7.74件；有3家企业专利权人获第十九届中国专利奖，分别为2个专利优秀奖，1个外观设计优秀奖。海口市荣获“2016年度国家知识产权试点城市工作先进集体”，被国家知识产权局列为中小企业战略推进工程试点城市。

2017年4月20日，在海口市红城湖路家乐福超市，市知识产权局联合省、区知识产权局及工商、版权等管理部门开展知识产权执法　（陈思卉　摄）

【专利申请与授权】2017年，海口市专利申请总量3193件，占全省的72.3%，其中发明1248件，实用新型1521件，外观设计424件，专利申请总量比上年增长23.3%，发明专利增长35.2%，实用新型增长13.3%，外观设计增长30.9%。专利授权总量1451件，占全省的69.6%。其中发明257件，实用新型911件，外观设计283件，专利授权总量增长5.2%，发明专利下降6.9%，实用新型增长6.2%，外观设计增长18.4%。PCT国际专利申请总量14件，占全省82.4%。有效发明专利1759件，占全省的75%。每万人有效发明专利拥有量7.74件。

【技术合同认定登记】2017年，海口市知识产权部门受理申请技术合同认定登记265件，其中技术开发235件，技术转让8件，技术咨询1件，技术服务21件；合同成交总金额3.53亿元，其中技术交易额2.92亿元。

【专利执法】2017年，海口市开展专利行政执法共42次，出动执法人员192人次，其中市区常态化执法38次，省、市、区三级联合执法4次，执法涉及领域有医药、农药、化肥、日用品等，抽查对象为药店、大型超市、农资店、五金店等企业，共排查各类商品近1万件，查处专利违法案件31宗，结案31宗，均以商品撤下货架处理，结案率100%；处理专利侵权纠纷案件3宗，其中2宗调解成功撤案，1宗作出专利侵权纠纷处理决定书，结案率100%。

【专利消零】2017年，海口市开展“专利消零”工程。从全市没有专利申请的企业中，梳理确定一定数量的企业，深入企业进行“一对一”服务指导，提高企业知识产权意识，帮助企业将发明创造成果及时申请专利进行保护。全年共为95家“零专利”企业进行专利申请，促使221件专利获得授权。

【知识产权创造与运用】2017年，海口市发放奖金282万元，奖励科技奖45个、专利奖（含国家专利奖）8个；安排205万元资助9个专利项目进行转化，通过奖励、资助等形式支持有潜力、市场好、科技含量高的企业研发核心技术和关键技术。

2017年海口市获第十九届中国专利奖项目表

序号	专利号	专利名称	专利权人	获奖时间	奖别
1	ZL201010593633.X	冰爽椰果及含冰爽椰果的食品和饮料	钟春燕	2017.12	专利优秀奖
2	ZL201510154080.0	一种奥美拉唑钠半水合物及其制备方法	天津大学，海南灵康制药有限公司	2017.12	专利优秀奖
3	ZL201530045146.3	汽车	一汽海马汽车有限公司	2017.12	外观设计优秀奖

2017年海口市专利奖项目表

序号	专利名称	专利号	专利权人
金 奖（2项）			
1	一种无菌维生素C组合物的制备方法及其产品和应用	201210121933.7	海口市制药厂有限公司
2	一种改善溶出性能的尼美舒利药物组合物及其制备方法	201010526114.1	海南康芝药业股份有限公司
优秀奖（3项）			
3	车辆电动座椅的控制系统及其控制方法	201310331784.1	一汽海马汽车有限公司
4	基于冲击动作和泄露电流在线检测的避雷器状态诊断系统	201410391525.2	海南电力技术研究院
5	一种软质糖果及其制备方法	201310302263.3	海南南国食品实业有限公司

2017 年海口市专利申请量统计表

单位：件

月份	专利类型			合计	在三种专利申请中					合计
	发明	实用新型	外观设计		个人	大专院校	科研单位	工矿企业	机关团体	
1	61	129	37	227	43	55	35	87	7	227
2	52	100	28	180	44	41	33	52	10	180
3	68	110	62	240	74	71	19	75	1	240
4	170	139	27	336	63	170	26	73	4	336
5	67	136	33	236	79	51	23	77	6	236
6	131	195	28	354	103	123	31	92	5	354
7	74	81	39	194	52	42	17	78	5	194
8	102	121	17	240	57	56	27	91	9	240
9	102	131	36	269	64	88	19	89	9	269
10	99	86	25	210	73	35	17	80	5	210
11	173	180	47	400	110	98	37	148	7	400
12	149	113	45	307	114	65	35	92	1	307
合计	1248	1521	424	3193	876	895	319	1034	69	3193

2017 年海口市专利授权量统计表

单位：件

月份	专利类型			合计	在三种专利申请中					合计
	发明	实用新型	外观设计		个人	大专院校	科研单位	工矿企业	机关团体	
1	24	47	21	92	30	11	11	38	2	92
2	20	54	12	86	18	10	13	41	4	86
3	23	54	12	89	23	20	8	34	4	89
4	16	64	21	101	18	14	23	44	2	101
5	23	64	17	104	23	20	14	46	1	104
6	24	82	24	130	34	40	11	37	8	130
7	8	67	18	93	21	15	10	44	3	93
8	16	77	44	137	42	17	16	55	7	137
9	23	81	49	153	55	38	10	43	7	153
10	22	88	22	132	32	25	11	59	5	132
11	36	81	14	131	25	37	14	47	8	131
12	22	152	29	203	72	33	14	74	10	203
合计	257	911	283	1451	393	280	155	562	61	1451

（陈思卉）

（编辑：吴坤涛）

文化传媒

文化综述

【文化工作概况】2017年，海口市文化体育工作部门全力实施文化惠民工程，推进文化遗产保护，履行文娱市场监管职能，促进文化产业发展。共开展精品文艺演出26场次，送文艺演出、琼剧下乡等活动119场次，完成50个行政村文化室建设任务。投入文化产业发展项目扶持资金1500万元。全市文化体育产业从业单位超过1800家，从业人员4万多人。

【公共文化基础设施建设】2017年，海口市4个区文化馆、图书馆建成，市图书馆、博物馆项目各项工作有序推进。完成《市“两馆”可行性研究报告》的批复、“两馆”概念设计、选址方案评审工作。全市21个镇和街道综合文化站全部建成并投入使用，完成年度50个行政村文化室建设任务，行政村文化室共有267个，覆盖率90%。

【公共文化服务】2017年，海口市继续深入推进公共图书馆、文化馆（站、室）、博物馆、公共体育场、非物质文化遗产传习所等免费开放。逐步推动学校及企事业单位体育场（馆）以及青少年宫、妇女儿童活动中心、工人文化宫、职工书屋、机关事业单位内部文化设施等向社会免费提供基本文化服务。支持民办文化场馆免费提供基本文化服务，鼓励经营性文化、体育设施等提供优惠或免费的文体服务。完善公益性演出补贴制度，通过票价补贴、剧场运营补贴等方式，鼓励艺术表演团体提供公益性演出。开展“2017年文化扶贫暨非遗宣传巡回演出”“我们的节日”系列主题活动、“美丽乡村·文艺万家”文化惠民活动、2017海口“大研讨·大行动”文化宣教进社区便民利民惠民文艺演出等文化惠民活动共71场。由国家、省、市三级财政共投入经费45.85万元，采购图书2.15万册，用以更新全市242家农家书屋出版物。投入475万元建设47家数字农家书屋。启动电子阅报屏项目，在海口市委、市政府、商业中心、机场、码头、火车站、主城区公交站、旅游景区等区域安装200台电子阅报一体机设备。

【文化产业发展】2017年，海口市冯小刚电影公社1942街、南洋街、星光大道、影视拍摄基地发挥影视取景拍摄、观光游览等多种功能，接待游客超过240万人次。打造海口市文化产业园，吸引方金影业、爱沃影视等93家知名影视企业进驻。以影视产业发展为切入点，5月下旬至6月中旬赴北京、上海开展“点对点”敲门招商。市文体局组织北京合作良品公司、喜剧之王影业公司等11家省内外公司参加海口综合招商活动；与北京合作良品公司签署3个项目合作框架协议，与喜剧之王（北京）影业公司签署1个项目框架协议，拟在海口拍摄电影、电视剧，计划投资额共2.2亿元。赴上海戏剧学院上门洽谈合作，强化双方的艺术交流，引进著名现代歌舞剧《红》等优秀作品到海口演出。全年，海口市文化产业总产值47.98亿元，比上年增长6.7%，占GDP比重为3.5%，占全省文化产业总产值比重为38.9%；体育产业总产值约为2.98亿元，增长51.3%，占GDP比重为0.2%，占全省体育产业总产值比重为23.7%。

【扶持影视产业发展】2017年，海口市文体部门按照《海口市扶持影视产业发展暂行规定》，对符合条件的影视企业、影视剧组兑现优惠政策，按照注册资本和影视拍摄活动实时费用等标准补贴。优惠政策吸引方金影业、爱沃影视等90多家知名影视企业进驻海口文化产业园。年内，拨付影视产业扶持资金193.61万元。其中：海南合作良品文化传媒有限公司作品拍摄奖励资金93.61万元、作品播映奖励资金50万元，海口星轶影视文化有限公司注册扶持资金25万元，海口观澜湖华谊冯小刚电影公社影视服务有限公司注册扶持资金25万元。受理乙鸾（海南）文化传媒有限公司、海南美拉传媒有限公司等5家公司申报补助事宜。

【文化经营企业】2017年，海口市文体产业从业单位超过1800家，从业人员4万多人，占全市从业人员总数的4.32%。文化产业单位1200多家，其中歌舞娱乐企业114家、网吧173家、印刷企业182家、影院32家、影视公司233家、动漫企业115家、文化传媒公司400多家；体育产业单位625家，其中，体育服务企业512家、体育设施安装企业20家、行政事业单位20家、社会团体46家、民办非企业27家。全市文体产业增加值21.86亿元，占全市GDP的4.72%，占全省文体产值的62%。

【文化下乡】2017年，海口市组织文化行政部门开展送图书下乡活动4次，参与各种文艺演出及赛事120场，开办免费公益艺术培训班47个。全年免费演出和“文化惠民”下乡演出共109场，开放公益性艺术培训班共培训学员3.45万人次。组织市演艺有限公司、市琼剧演艺有限公司、市琼山区琼剧演艺有限公司3个国有院团、17个民营琼剧团深入全市4个区19个乡镇77个行政村、4个街道、1个社区、1个农场，共送出琼剧119场，投入资金118.7万元，累计惠及群众3万余人。

【海口仲夏文艺季】2017年5—9月举办，在保留海口国际青年实验艺术节、国粹飨民及节庆活动三大版块外，增设“共赏非遗”版块。活动期间共举办33场文化活动。主要组织展演的节目有：5月6—24日，在6个镇完成“文化扶贫暨非遗宣传”巡回演出；6月18—19日，中央民族乐团《印象·又见国乐》海口音乐会在省歌舞剧院上演；9月30日晚，在龙华区“双创”广场举行“迎中秋 庆国庆 喜迎十九大”文艺晚会；10月18—20日，开心麻花爆笑舞台剧《莎士比亚别生气》在省歌舞剧院上演。其中，作为海口仲夏文艺季重头戏的海口国际青年实验艺术节活动，采用公开招标的形式，遴选出优秀的策划公司，在8月26日至9月24日的活动期内，邀请“一带一路”沿线国家和地区的50多位艺术家参与，现场以多种丰富的艺术形式和手法进行展示，不断提升海口的区域影响力。

【社区文化建设】2017年，海口市完善4个区164个社区综合性文化中心建设。文化中心内设有多功能室、图书室、书画交流室、家长学校、志愿者服务站、未成年人文体活动场所，购置图书、电脑、电视、桌椅等设备。社区均定期开展宣传文化、党员教育、市民教育、科技普及、普法教育、体育健身和未成年人思想道德建设教育活动。

【文体广场】2017年，海口市有文体广场85处，总面积13.8万平方米。按区域划分：秀英区17处，面积3.5万平方米；龙华区15处，面积3万平方米；美兰区20处，面积0.8万平方米；琼山32处，面积6.5万平方米；桂林洋开发区1处，面积400平方米。按面积划分：大型的文体广场4个。分别是位于国兴大道的海南省文化体育公园、世纪大桥下的海口市世纪公园、大同路的椰树门广场和位于三叶西路的“双创”广场，均全天无偿对外开放。其中，海口市椰树门广场，内有田径场、足球场及相关配套设施，供市体校训练、周边中小学校上体育课、市民锻炼健身及海口市群众文体活动举办使用，正进行全面升级改造，更加完善场地设施；海南省文化体育公园，主要设施有全民健身路径、运动场、网球场、儿童乐园、省图书馆、海南省歌舞剧院、省博物馆等，功能有：全民健身、儿童娱乐、文艺演出、大型体育赛事和文化展览等。在建的滨水区环境综合整治二期工程项目，总用地面积8.4万平方米，其中音乐广场用地面积5.3万平方米，拟建广场座位2万个，项目总投资2828.76万元，资金来源为申请国家开发银行贷款。建设内容主要有文化广场、临海绿地、配套公用设施等。该项目的建设满足海口市城市功能、演艺功能，丰富城市公共开敞空间的需要；满足海口市民精神文化生活，给市民提供日常休闲游憩场所。

【海口文化产业园】至2017年，共有国内知名的阿里巴巴文化娱乐集团南方总部、爱奇艺创意中心、美拉传媒、方金影业、巨亿制梦、未来年代和阿里巴巴影业文化产业基金、云锋基金、海南文化传媒公司等93家知名文化企业和基金入驻，入驻企业上报的计划项目有40部，项目总投资额19.2亿元。

【海口五源河文体中心项目】位于海口市长滨路，2017年3月开工。总投资约14.4亿元，至2017年底累计完成投资约9.2亿元。五源河文体中心体育场为可容纳约5万名观众规模的甲级体育场，项目用地面积25.72公顷，总建筑面积10.87万平方米。主要包含6.58万平方米的体育场、1.4万平方米的功能配套、1000平方米的票务信息中心、200平方米的开闭所、2200平方米的观众步行连桥及5000平方米的副场管理用房、2.05万平方米的地下面积。

【冼夫人文化节】2017年3月6—12日，第十六届中国（海口）冼夫人文化节举办。主会场设在新坡镇，西秀镇、三江镇、云龙镇、红旗镇、中山街道设分会场，同步进行。本届冼夫人文化节活动围绕传统民俗，组织开展包括民间祭祀和庙会、舞狮表演、装军出游、武术表演、农产品展销、千人军坡宴、美食一条街等一系列的庆祝活动，参加活动的市民和游客近8万人次。新坡冼夫人文化节突出弘扬优秀传统文化，构建文明和谐社会，促进旅游文化发展，通过举办兰花、石斛、蔬菜等产业推介会，展销特色农产品。

【第十二届万春会】2017年1月28日至2月2日（大年初一至初六）及2月11日（元宵节），海口市第十二届万春会在万绿园展开，主题为“幸福年圆梦年·爱海口创未来”。1月28日（大年初一）至2月2日（大年初六）6天，万绿园共举行25场活动及演出。其中，万绿园中心舞台（旗杆大草坪）举行“新春大联欢文艺演出”共13场；万绿园半圆舞台举行

“民意民俗小剧场演出展览”共6场；游园区（中心舞台的对面草坪）举行“全民嘉年华（游园活动）”共6场；游园现场还准备600个白色风筝，供孩子们现场涂鸦风筝、抒写梦想；现场摆放3组创意合影装置，供广大市民群众拍摄全家福或创意合影，同时，还举行全民K歌大赛。万春会期间（1月28日至2月2日）观看演出、参与活动市民及游客累计20.3万人次。

【精品文艺】2017年，海口市文化部门共组织26场精品文艺演出。其中，有国外知名团体带来的音乐会《“漂洋过海来看你”2018新年交响音乐会》等，也不乏国内优秀剧目《诺玛阿美》《金锁记》等。年内每个季度召开海口市精品文艺演出评审会议，全年召开4次，甄选出儿童剧、话剧、舞剧、音乐会等多种类型精品剧目。

2017年海口市文化部门组织精品演出汇总表

序号	剧目名称	剧目类型	演出时间	申报公司	演出地点	场次
1	海底两万里	儿童剧	3月18日 20:00—22:00	海南徽商文化传播有限公司	海大思源学堂	1
2	诺玛阿美	舞剧	3月31日 20:00—22:00	海南徽商文化传播有限公司	省歌舞剧院	1
3	白俄罗斯国家歌舞团中国巡演	歌舞	4月22日 20:00—22:00	海南酷秀文化传播有限公司	省歌舞剧院	1
4	金锁记	话剧	5月3日 20:00—22:00	海南华人国际文化有限公司	省歌舞剧院	1
5	大头儿子和小头爸爸之予曼星球	儿童剧	6月4日 15:00—16:10	海南徽商文化传播有限公司	省歌舞剧院	1
6	大头儿子和小头爸爸之予曼星球2	儿童剧	6月4日 20:00—21:00	海南徽商文化传播有限公司	省歌舞剧院	1
7	酒干倘卖无	音乐剧	6月30日 20:00—22:00	海南徽商文化传播有限公司	省歌舞剧院	1
8	白雪公主	DT儿童剧	7月15日 16:00—17:10	海南中视广告有限公司	海大思源学堂	1
9	白雪公主	DT儿童剧	7月15日 20:00—21:10	海南中视广告有限公司	海大思源学堂	1
10	绿野仙踪	DT儿童剧	7月16日 16:00—17:10	海南中视广告有限公司	海大思源学堂	1
11	绿野仙踪	DT儿童剧	7月16日 20:00—21:10	海南中视广告有限公司	海大思源学堂	1
12	钢琴皇后也疯狂·键盘之旅	钢琴音乐会	7月7日 20:00—22:10	海南徽商文化传播有限公司	海大音乐厅	1
13	原声吉他音乐节	音乐会	9月19日 20:00—22:00	海南徽商文化传播有限公司	海大音乐厅	1
14	超级飞侠——乐迪的秘密任务	儿童剧	7月22日 20:00—21:40	海口珊瑚树文化传媒有限公司	省歌舞剧院	1
15	超级飞侠——乐迪的秘密任务	儿童剧	7月23日 10:00—11:40	海口珊瑚树文化传媒有限公司	省歌舞剧院	1

续表

序号	剧目名称	剧目类型	演出时间	申报公司	演出地点	场次
16	超级飞侠——乐迪的秘密任务	儿童剧	7 月 23 日 15:00—16:40	海口珊瑚树文化传媒有限公司	省歌舞剧院	1
17	经典影视歌曲交响音乐会	音乐会	8 月 2 日	海南爱来文化传媒有限公司	国际会展中心音乐厅	1
18	魔力课堂——奇幻之旅	儿童剧	10 月 2 日 10:00—11:30	海南广电联动文化传播有限公司	海南省工商职业学院	1
19	魔力课堂——奇幻之旅	儿童剧	10 月 2 日 19:30—21:00	海南广电联动文化传播有限公司	海南省工商职业学院	1
20	家书	音乐剧	11 月 9 日 20:00—22:00	海南徽商文化传播有限公司	省歌舞剧院	1
21	如月疑云	悬疑喜剧	11 月 24 日 20:00—22:00	海南华人国际文化有限公司	华人国际剧院	1
22	如月疑云	悬疑喜剧	11 月 25 日 20:00—22:00	海南华人国际文化有限公司	华人国际剧院	1
23	相声新势力——卢鑫玉浩专场巡演	相声	12 月 3 日 20:00-22:00	海南酷秀文化传播有限公司	海口市体育馆	1
24	鱼忌	舞台剧	12 月 30 日 20:00—22:00	海南华人国际文化有限公司	华人国际剧院	1
25	泱泱国风	音乐会	12 月 30 日 20:00—22:00	海南博盛影视文化艺术有限公司	海南省工商职业学院	1
26	“漂洋过海来看你”2018 新年交响音乐会	音乐会	12 月 31 日 20:00—22:00	海南巨龙文化传播有限公司	海南省国际会展中心大剧院	1

文化市场管理

【文化市场管理概况】2017 年，海口市有歌舞娱乐、电子游艺场共 114 家，网吧 173 家。年内，市文化市场综合执法部门共检查各类文化经营场所 3941 家次，立案调查各类违法违规案件 48 件，办结案件 31 件，行政处罚违规企业 47 家次，其中停业整顿 7 家次，吊销许可证 5 家次，没收各类非法物品 1.11 万件，罚款 14.17 万元。

【出版物市场监管】2017 年，海口市文化市场综合执法支队共出动执法检查人员 8586 人次、执法车辆 1830 辆次，检查各类文化经营单位 4548 家次，查缴非法盗版光盘 32205 张，其中淫秽色情 458 张；查缴违法出版物 4.85 万本（册），其中侵权盗版图书报刊出版物 1.74 万本（册）、盗版教材 9559 本、违禁出版物（含淫秽色情内容）1765 本、非法出版物 1434 本；立案查处 19 家经营单位，收缴非法出版物 1043 本（册）。在全国侵权盗版及非法出版物集中销毁活动海南分会场上，海口市组织中小学生代表及经营业主代表 200 多人参加销毁活动，现场销毁各类非法出版物和淫秽盗版光盘 7.99 万张（册），其中光盘 6.5 万张，图书 1.49 万册。

【网吧市场监管】2017 年，海口市文化市场综合执法部门定期巡查检查和受理 12345 热线、12318 热线市民举报等多种方式开展网吧市场专项整治工作，全年累计检查网吧 1560 家次，责令改正 252 家次，查处并移交网吧违规接纳未成年人案件 12 宗。同时，开展“净网”“剑网”等专项整治工作，重点加强对网络视听内容的执法监管，严肃查处低俗网络节目播放，全年查处南海网提供含有禁止内容的视听节目服务、影剧影吧、九七电影院擅自从事互联网视听节目服务 3 起案件，有效规范网络视听经营行为。

【游艺娱乐场所监管】2017 年，海口市深入推进游艺娱乐场所执法检查工作，全年检查娱乐场所 319 家次，责令整改 73 家，查处并移交案件 5 家。同时，根据《文化部关于引导迷你歌咏亭市场健康发展的通知》要求，将游艺娱乐场所内的迷你歌咏亭纳入管理，加强行业规范引导，促进行业市场健康发展。

【卫星电视地面接收设施监管】2017 年，

海口市加大卫星电视地面接收设施监管力度，开展4次大的联合整治行动，共出动人员245人次，出动执法车辆74辆次，共检查涉嫌安装和使用卫星地面接收设施违法行为的小区50家、星级宾馆酒店58家。

【文化市场专项整治】2017年，海口市不断强化文化市场专项整治工作，开展切实有效的文化市场专项整治行动。开展“双创”期间专项整治活动。多次组织开展校园周边文化场所的督查督导工作，共出动执法人员388人次、车辆185辆次，检查琼山一小、三小等12所中小学校周边的网吧、歌舞娱乐场所、电子游艺场所、台球厅、报刊亭、书店等文化经营场所517家次。开展校园周边专项整治行动。共出动人员2265人次、车辆759辆次，检查琼山一小、博雅高级中学等28所中小学周边的网吧1560家次，立案查处12家；检查歌舞娱乐场所319家次，查处5家；检查电子游艺场所35家次；检查印刷经营单位132家次，立案查处12家；检查文具店、书店、报刊亭、音像制品店等出版物销售场所388家次，收缴非法音像制品9759张、淫秽光碟260张、盗版书籍1043本，罚款1.6万元。

【文体广电事项行政审批】2017年，海口市文体局办理文体广电行政审批服务审批办件79件，其中版权办件17件，新设立4件，变更13件（变更地址8件、变更法人4件、升级1件）。广电办件35件，新设立6件，变更4件（变更法人2件、变更地址2件），年审25件。竞体办件27件（运动员人数101人，2件为2016跨年办件），按时办结率100%。全力推进“不见面”网上审批工作，全面实现11个行政审批事项100%“不见面审批”。“电影放映单位许可证年审”事项完成办件量的100%网上审批。

（陈有敏）

文学艺术

【文学艺术概况】2017年，海口市文学艺术硕果累累，推出一批反映海口精神与发展的精品力作。全年出版文学书籍33部，发表文学作品650余篇（首），创作和展出书画摄影作品1500余幅，创作音乐戏曲作品60余首，参加各类文艺演出3500余人次。电影《旋风女队》在第三届中国欧盟电影节中获得“中欧人文交流特别贡献奖”，在第十三届中国国际儿童电影节中获得“最佳中国儿童片特别奖”“我最喜爱的儿童片”。微电影《爱的感恩》荣获第五届亚洲微电影艺术节金海棠奖“特等奖”，《使命》荣获第三届万峰林国际微电影盛典二等奖。由李晓菊主创的广播剧《永远的更路簿》荣获中宣部第十四届精神文明建设“五个一工程”（2014—2017）奖。王丽莹长篇小说《独自长大》获2017年冰心儿童文学图书奖。

【文学】2017年1月14日，《创思远图》首发暨海口“双创”惠民读书活动启动仪式在海南省图书馆举行，该书由海口市文联和市作协联合出版，是以“大美海口，助力‘双创’”为主题的海口市作家优秀作品集，收录国内、省内名家和海口市作协会员近300件作品，分为短篇小说、散文随笔、诗歌和报告文学四辑。年内，王丽莹长篇小说《独自长大》获2017年冰心儿童文学图书奖，并荣登9月中国原创图书热门榜单。1月14日，乐冰创作的组诗《走在英雄的丛林中》在由中共中央国家机关工作委员会主办的《紫光阁》杂志社与中国知网主办的“不朽的丰碑——纪念红军长征胜利80周年”全国优秀作品征集评选活动中荣获一等奖，是海南唯一一位获奖者；2月获得《现代青年》“2016年度最佳诗人”称号；6月，获凤凰诗社诗歌大赛组委会主办的2016年度“御坛一鼎杯”全球华语诗歌大赛一等奖；11月，在《散文百家》杂志、美国西部华侨联合会等主办的第二届中华文艺全国文学大赛中获金奖；11月，在由中国作家协会诗歌委员会和广东省作家协会共同主办的2017粤港澳大湾区海洋诗会上，《南海，我的祖宗海》被评为“当代十佳海洋诗歌”；12月，在《诗歌月刊》《诗潮》《特区文学》杂志社、凤凰网等共同主办的“第五届中国好诗榜”评选中，诗歌《命薄如纸》在1万首诗歌中脱颖而出，成为12首上榜诗歌之一。9月，陈波来获聘海南省文学院首批创作项目签约诗人；当选为2017《现代青年》年度十佳诗人。10月，李木兰的《府城古城墙的由来》获得“家在海南·铭记乡愁”首届海南地名文化系列征集评选活动“海南百个地名传说故事”一等奖。11月，王义和的《这里有个多贤村》获得第二届中华文艺全国文学大赛散文随笔类银奖。12月，王辉俊中篇小说《打开的窗口》获第三届中国金融文学优秀奖。

【音乐】2017年9月27日，海口音协建立音乐家海口市琼州文化风情街创作基地。年内，会员创作音乐作品180多首，在海南电视台、海口电视台、海南广播电台滚动播出。（1）创作成果。1月3日，在第五届CCTV2017新春原创音乐会颁奖盛典上，由裴英杰作词、蔡先民作曲、谢伶俐弹唱的《秋梦长》和《醉秋吟》两部作品同时获得2017 CCTV新春原创音乐会金奖。4月26日，由蔡先民监制的歌曲《美好新海南》在海南日报客户端推出，整首歌用“RAP+琼剧”的全新说唱模式，全景呈现过去五年海南经济社会发展取得的辉煌成就。6月29日，在中国海南2017第六届“大海歌曲”电视大奖赛中，《耕海人》（王英人作词，木一作曲）获一等奖，《大海的呼唤》（裴英杰作词作曲）获二等奖，《南溟有奇甸》（吴小龙作词，蔡先民作曲）、《我心中的小岛》（姚秀芹作词，孙思源作曲）、《金江之恋》（刘玉明作词，赵启腾作曲）获三等奖。

10月13日，由裴英杰作词、黄远舫作曲的《放歌三沙去巡航》获得2014—2016年度海南省优秀精神产品奖（海南省“五个一工程”）。年内，海南爱乐室内团参加“海上丝绸之路”合唱节获银奖；李芳的声乐视频课程《玛依拉变奏曲》荣获海南省教育厅颁发的海南省精品课程奖；周毅音乐剧作品《爱像五彩锦》荣获第二届南海文艺奖戏剧类优秀剧目（短剧）三等奖，《幸福海南》获“2017原创海南年度音乐颁奖典礼”年度传媒推荐大奖。⑵培训与成效。2月，李芳指导学生赴北京参加全国青少年声乐比赛获一等奖，本人获全国优秀指导教师奖；6月，指导学生参加香港国际音乐节比赛获二等奖（一等奖空缺），其本人获香港国际声乐优秀指导教师奖；7月，培养的学生参加全国德艺双馨比赛获一等奖。

【美术】⑴获奖荣誉。2017年，海口市美协会员卢向玲、黄海洋、林国华、欧小康、陈振的作品获第五届海南省优秀美术作品展金奖；陈奕文、梁玉春、王开继的作品获银奖；林坚、刘培军、刘小莉、周铁利、吴武军、王莉、王申海、吴源、陈学博的作品获铜奖。郭欣的作品获“双创杯——庆祝建党95周年美术作品展”特等奖；王娟的作品获一等奖；王义辉获二等奖；欧小康、王江、黄克勤的作品获三等奖。陈雄的作品获“第二届海南省群众美术书法摄影作品大赛”美术类三等奖。⑵组织展览。4月，市美协承办“椰树下的三角梅——第二届艺术家眼中的海口之美作品展”“三角梅与城市精神学术研讨会”“形象对话——中西绘画语境下的三角梅之美研讨会”。4月在海南省博物馆举办“南方品格——中国南方油画山水画派海口写生展”，展示70余幅具有中国气派的油画精品。5月，在江苏无锡凤凰艺都美术馆举办“南海风——油画家眼中的海南之美作品展”，这是自2003年以来能体现海南省油画艺术现状的作品又一次在省外展示，有20多位画家的作品参展。7月、8月，在徽宝轩分别承办“纪念建党九十五周年海口书画作品展”和“纪念建军九十周年海口美术作品展”。10月11日，在河南举办“海南风光——陈海山水画作品展”。11月25日，在海南省图书馆举办“美丽乡村——首届海南画家画海南美术作品展暨乡村文化论坛”，海口、三亚、文昌三地80位画家的80幅作品参展。⑶美术交流。11月，组织策划“美丽中国—诗意陵水”——中国油画名家走进陵水写生活动，再次邀请戴士和等20多位国内著名油画家来陵水写生。年内，市美协组织30位油画家及评论家赴江苏无锡进行写生、展览、交流；组织20位国画家的作品赴兰州、南昌进行学术交流；应邀赴湖南进行写生交流，通过不断走出去与省外各大高校、专业院校、画院、美协的著名画家、教授、博导的交流，提高会员的专业水平。

【书法】2017年，在海南省文体厅主办的第二届海南省群众美术书法摄影大赛中，海口市书协有6位会员入展，其中冯伟获书法一等奖；吴青山获三等奖；邱国华、肖春生、韩杰元获优秀奖。开展志愿服务。3月1日在鼓楼街天然茶社举行“书友咖啡时间”活动，有30多位书友面对面交流学书体会、现场介绍作品、现场点评等；5月20日举办书法笔会雅集，通过诗歌朗诵、周易知识交流、书法笔会等形式开展，海南周易学会与书协书友和各界人士近30人参加活动；12月13—25日派出书协骨干会员22人次先后深入到海口各镇（街），以为群众免费书写书法作品的形式，传播党的十九大精神。年内，市书协承办的展览有：“铸我军魂——纪念中国人民解放军建军90周年书画展”“海口、兰州、南昌三市文联联合举办的书法美术联展”“海口、三亚书法联展”“美丽椰城·生态滨海”2017年海口市干部职工书法摄影大赛及作品展、“不忘初心，继往开来”——海口市文艺界学习贯彻党的十九大精神艺术周书法摄影展。

【摄影】2017年3月31日，海口市摄协举办海口市第二届三角梅摄影大赛；5月23日，举办“我的乡愁 美舍河记忆”摄影作品有奖征集活动。举行“我们的中国梦”摄影作品进万家活动，共送出200多幅作品进百姓家中。举办“你我之城 海口视觉”摄影作品展，展览首次利用4K电子屏展出，从不同角度展现美好新海口之美。年内，吴健华摄影作品《海南羊山古村百姓》荣获第二届南海文艺奖摄影类二等奖；陈黄阶摄影作品《菜市场》荣获第二届南海文艺奖摄影类三等奖；林言作品《小店晨早》《飞球传情》入展第三届“金绣球杯”锦绣靖西全国摄影大展。

【戏曲】2017年，海口市曲艺家协会整理录制完成经典琼剧影视光碟《伦文叙》《凤冠梦》《林秋娘》，用于保存和推向市场发售。拍摄琼剧电影《喜团圆》，是海南省首部琼剧4K数字电影，是继1962年以来拍摄琼剧戏曲电影《红叶题诗》之后的又一部经典之作，4月6日正式在电影院与观众见面。1月，移植创作经典粤剧古装剧目《伦文叙》；9月，复排经典剧目《红丝错》。为了能让琼剧唱腔留下永久的记忆影像，4月完成《陈素珍琼剧唱腔专辑》18个选段录制工作，为非遗文化保存经典。9月，市曲艺家协会为省委宣传部“学习省第七次党代会精神曲艺轻骑队伍”全省巡演专门创作小品《志愿者》、快板书《建设美好新海南》、音乐说唱《党代会精神闪金光》等作品，在全省巡回演出20多场；11月，为省委宣传部“贯彻学习十九大精神曲艺轻骑队伍”全省巡演专门创作音乐说唱《举国同庆十九大》和河南坠子《游海南》等作品，全省巡回演出20多场。全年先后到海口、文昌、万宁等市县城镇、乡村，演出琼剧剧目257场。为提升新老演员的演出水平和舞台技巧，3月15日，组织开展文化界“重品行、树形象、做榜样”琼剧教学活动，教授年轻演员水袖舞、走圆场等技巧。9月，为提高演职人员的表演水平，邀请专业老师为全体演员开设瑜伽课程。10月，琼剧《浴血英魂》获得2014—2016年度海南省优秀精神产品奖（海南省“五个一工程”）。在“记得住乡愁”2017第二届大致坡琼剧文化节琼剧大赛中，《护国皇后》荣获专业组一等奖，《伦文叙》荣获专业组二等奖、最佳舞美奖。

【影视】2017年4月，由李晓菊、马鸣、陈雪峰等执导的“让心回家——2017海口春节联欢晚会”获由中国电视艺术家协会主办的“2017春节晚会、春节特别节目讲评交流活动”好作品奖。4月25日，由海南本土主创团队拍摄（吴海隽编剧，关智心、陈艾哲联合导演）的校园青春题材电影《许我们任性的青春》举行首映礼，在爱奇艺独家播出。10月9日，由琼中女足事迹改编的儿童励志题材电影《旋风女队》在海口举行海南地区首映式。该影片由中国电影集团公司、中国儿童电影制片厂、海南省影视艺术家协会、海口市文联、海南一品天成影业有限公司联合摄制，在第三届中国－欧盟电影节中获得“中欧人文交流特别贡献奖”，在第十三届中国国际儿童电影节中获得“最佳中国儿童片特别奖”“我最喜爱的儿童片”，小主角杨心怡获得“最佳儿童女演员”。10月，由李晓菊主创的广播剧《永远的更路簿》荣获中宣部“五个一工程”奖、海南省“五个一工程”奖。11月，市曲艺家协会与海南天池奇甸文化传媒有限公司携手合作，主持拍摄的微电影《爱的感恩》和《使命》分别荣获第五届亚洲微电影艺术节金海棠奖特等奖和三等奖；12月，主持拍摄的微电影《使命》，荣获第三届万峰林国际微电影盛典二等奖。8月，由海口市文联、海口广播电视台主办，海口市影视家协会、海广网承办的“首届海南省高校微视频”大赛成功举办。5—10月，市电影电视家协会与中共美兰区委、区政府联合主办“记得住乡愁”2017第二届大致坡琼剧文化节。

【舞蹈】2017年5月22—23日，海口市舞协在巴黎演出“友谊地久天长——海南风情特色歌舞晚会”两场。年内，顾雅菲组织成立中国舞蹈家协会街舞委员会海南联盟。《黎族家园》入选国家舞台艺术精品创作扶持工程重点扶持剧目，获得第四届丝路国际艺术节“丝路文化贡献奖”、2014—2016年度海南省优秀精神产品奖（海南省“五个一工程”）、“第二届海南省南海文艺奖”。6月21—28日，在第四届“高加索锦标赛”2017国际表演艺术节上，白金峰编导的作品《花帽子》，获得表演一等奖以及组委会颁发的特别大奖。在2017海南少儿艺术电视大赛中，王小燕编排的舞蹈《鸟仔》荣获“小舞蹈家”类B组优秀奖、《蓝天蓝》荣获B组铜奖、《咿呀》荣获A组银奖，王小燕获银牌导师奖；林栋婷编排的舞蹈《阿婆的幸福生活》荣获“小舞蹈家”类金奖，林栋婷获得金牌导师奖；杨丽燕组织的小星河艺术中心获得最佳组织奖。王苹蕾创作的舞蹈《儋州之恋》在首届海南原创广场舞大赛中获二等奖；舞蹈《恋歌》在海南省第十四届东西南北中文艺汇演中获三等奖。12月31日，马玲创作的《万福万宁》在“美好新海南”海南省广场舞总决赛中获一等奖，并以最佳原创奖、最佳魅力奖入围2018北京“全国中老年电视春节晚会”春晚录制。

（沈音钊）

2017年9月16日，2017年度国家舞台艺术精品创作扶持工程重点扶持剧目——舞蹈诗《黎族家园》专场惠民演出（接受文化部专家组考核评估）　（市文体局 供）

电　影

【城市影院放映】2017年，海口市有依法审批设立的影院30家（屏幕总数207块、3.12万个观众座位），在建影院18家，规划筹建的影院6家，影院分布密度高居全国前列。全年票房收入2.97亿元，比上年增长3%；观影人次923.1万人次，增长5%。

【农村电影放映】2017年，海口市农村公益电影放映专项资金70万元，至12月底累计放映农村公益电影4624场，放映范围覆盖全市248个行政村，超额完成全年放映场次任务。

【中小学生电影放映】2017年，海口市共完成447所学校的中小学生电影放映工作，共放映电影1676场次，观影学生92.17万人次，全市学生观

2017年3月23日，海口市中小学生电影放映教育基地组织海口市二中在中山纪念堂观看爱国主义影片《平原枪声》（符少萍 摄）

影率78.2%。

【电影惠民】2017年，海口市共组织电影惠民放映活动3134场次，观影人次32.9万人次，极大丰富市民群众的文化休闲生活。

（陈有敏）

广播电视

【广播电视概况】2017年，海口广播电视台拥有综合、生活娱乐、城乡经济3个电视频道，综合广播FM101.8、旅游交通广播FM95.4、音乐广播FM91.6、生活广播FM104.4四个广播频率，一个国家一类新闻资质网站海广网，两个资讯类手机客户端海广V豆、嗨皮V直播，以及各个品牌栏目的微信公众号。3套自办电视节目播出总时间约为2.22万小时，5个无线发射电视频道共完成无线信号发射总时间约为2.75万小时，广播年播出2.92万小时。从业人员622人，其中事业编233人，企业编29人，台聘300人，劳务派遣60人。有专业技术职称员工294人，其中高级职称21人、中级职称85人；有省优专家1人，市拔尖人才4人，市重点专家1人。旗下有《海口新闻联播》《热带播报》《亮见》《椰城纠风热线》《看法》《海南华侨》《公益海南》《海口大讲堂》《直播12345》《椰城依家》《城市新动力》《海口新闻》《法官零距离》《直播城市管家》《双创总动员》等电视、广播品牌栏目。“双创”好歌声、琼剧文化节、精功模特大赛、春晚等大型品牌活动精彩纷呈，深入人心。海口广播电视

2017年海口广播电视台荣获国家级奖项（二等奖以上）节目

序号	节目名称	获奖名称
1	广播剧《永远的更路簿》	荣获第十四届全国“五个一工程奖”
2	《凡人善举》系列报道	荣获2016年中央电视台中国电视新闻协作网优秀节目奖二等奖
3	《应急车道＝生命通道》	荣获2016年度公益广告扶持项目评选公益广告广播类二等奖
4	《“让心回家”——2017海口春节联欢晚会》	荣获2017全国春节晚会、春节特别节目讲评好作品奖
5	《北海的味道》	荣获2016年北部湾经济合作组织第三届采访活动奖电视专题片一等奖
6	《风雨中的紧急救助》	荣获“2016年度中国交通广播节目创优评析”路况信息类一等奖
7	《文明上网 拒绝网络暴力》	荣获“2016年度中国交通广播节目创优评析”公益广告类二等奖
8	《文明公交 绿色出行》	荣获“2016年度中国交通广播节目创优评析”专题类三等奖
9	《潮流先锋——东风日产新奇骏》	荣获“2016年度中国交通广播节目创优评析”广告节目类三等奖
10	《疯狂女司机》	荣获全国电视法制创优节目评析专题类节目三等奖
11	《救赎》	荣获全国电视法制创优节目评析栏目剧和微视频类节目三等奖
12	《三代人的乡愁》	荣获2016年度城市台电视节目创优评析社教专题类节目三等奖
13	《看法》栏目	荣获2016年度城市台电视节目创优评析电视新闻栏目类节目三等奖

台被国家新闻出版广电总局授予2016年度公益广告扶持项目优秀传播机构类三等奖。

年内，海广网获中国互联网联盟颁发的“中国地方十大互联网成长媒体”称号，海广V豆获得“中国地方十佳手机APP”称号。论文《新媒介环境下电视法制节目发展路径探析》荣获2016年度城市台电视节目创优评析优秀学术论文三等奖。广播剧《永远的更路簿》荣获2014—2016年度海南省“五个一工程奖”、第二届海南省“南海文艺奖”广播文艺三等奖；歌曲《让梦飞扬》、广播剧《海口“双创”故事》等荣获2014—2016年度海南省“五个一工程”奖。在“第二十七届海南新闻奖”中有13件作品获奖，其中特别奖1件，一等奖1件，二等奖7件，三等奖4件。在“2016年度海南省广播电视优秀节目评选”中获奖作品23件，其中一等奖2件，二等奖10件，三等奖9件，优秀栏目2件，广播消息《航天小学里的航天梦》、广播文艺《春节大联播——海口》、广播原创歌曲《爱上三角梅》、广播剧《海口双创故事》、电视消息《马吾买日——小面馆里传递出来的大情怀》、纪录片《永远的追随——缘系孙中山的海南人》被推荐参评2016年度中国广播影视大奖广播电视节目奖。在中共海南省委宣传部举办的“2017年海南省基层理论宣讲微视频大赛”中，由海口广播电视台制作的《领导带头基层宣讲广结地气凝聚合力》微视频荣获特等奖。

【广播电视节目】2017年，电视时政新闻《海口新闻联播》（原《海口新时空》）栏目围绕中央、省、市重要会议及工作部署，加强重大选题策划，先后推出《决战决胜2017双创》《精准扶贫进行时》《打赢禁毒三年大会战》《绿水清波载乡愁　海绵治理河更美》《城市更新　海口更美》《学习贯彻省第七次党代会精神　做大做优做强海口》《喜迎十九大》等专栏及系列报道，对海口市重点工作的政策、措施和成效进行宣传。广播时政新闻《海口新闻》加大对2017年全国“两会”、省“两会”、市“两会”、省第七次党代会、博鳌亚洲论坛年会和党的十九大的宣传，持续做好“决战决胜双创2017”、生态修复、城市更新的报道工作。同时，根据海口市经济工作和民生工作推进的时间节点，及时推出关于经济成就、重点项目建设、全域旅游发展和“菜篮子”工作建设的报道。民生新闻栏目《热带播报》进行板块调整，结合传统和法定节日，推出《我们的节日》《致敬　椰城劳动者》《快乐“六一”》《庆祝建军90周年》等系列策划报道；结合重大纪念日和公共性节日，围绕“3·15维权在行动”“绿化宝岛一起来”、海南书香节和科技活动月等主题，推出特别报道；结合社会热点、难点，推出《打造平安海口》《消除贫困　改善民生》《关注2017高考》《百日大研讨大行动》等系列报道及专栏；于省第七次党代会会前、会中、会后分别策划推出《迎接省第七次党代会》《庆祝省第七次党代会》和《贯彻省第七次党代会精神》专栏报道，并在三大专栏下推出若干主题式系列报道。《椰城纠风热线》栏目开播10周年，年内，共播出143期，上线单位150个，上线一把手150人次（其中上线市领导8位），上线人数3009人次，共接到咨询、投诉问题1417件，答复、办结1360件，其余57件正在办理当中。栏目办结率96%，满意率94%，并荣获第二十七届海南新闻奖一等奖。广播电视同步直播的民生新闻栏目《直播12345》共受理并播发办件956件，督办办结837件，办结率87.6%。9月19日，海口市12345热线荣获“骏马奖”和“先锋奖”两项大奖。《海口大讲堂》推出《品读〈群书治要〉》《解读〈弟子规〉》等节目，传播优秀的中华传统文化。同时，还推出《俞孔坚纵论生态治水》《俞孔坚——“大脚革命”让城市更美丽》《张明祥——保护和修复湿地，让“地球之肾”造福人类》《胡耀文——城市更新让海口更美好》《王伟军——城让绿化和美化扮靓海口》等一系列生态治理节目，以专家的经验和视角为海口市的生态治理和城市更新进行科学规划和悉心指导。与市侨联联合策划打造的大型电视人文纪录片栏目《海南华侨》，策划“一带一路看海南华侨”系列节目，先后走进泰国、新加坡等东南亚国家采访海南籍华人华侨在“一带一路”大战略中所做的新贡献。《我是共产党员》《公益海南》《看法》《海口大讲堂》等栏目，围绕社会主义核心价值观选取切入点，进行深化普及。其中《我是共产党员》栏目开播以来，共介绍近100位好党员好干部的模范事迹，是海口台在意识形态宣传方面的代表性栏目。

【新媒体】海广网是海口广电打造立体传播的又一重要平台，设立“双创”“迎战台风××”“精准扶贫”“党的19大”等近30个专题，进行200多场的微直播，举办一届城市台微直播联盟会议。截至2017年12月，海广网累计发布消息32万条，直播观看人数141万人次，访问次数730多万次，日活跃用户24万人次。微信公众号传播力4星，一个月的访问量34万次。微信公众平台“交通954”有粉丝12万人，是全岛粉丝数量最多的广播电台，2017年微信文章阅读总量超过1500万人次，单篇阅读最高超过30万人次，岛内重要的交通、气象、政策等信息绝大部分由“交通954”首发。其他各品牌栏目均开设自己的微信公众号，新媒体推送工作与广播、电视节目宣传紧密结合，实现全媒体高效宣传。

【广电产业发展】2017年，海口广播电视台将工作重心放在进一步完善产业布局上，在稳步推进教培、农业电商等项目的同时，向媒体技术衍生产业、媒体传播衍生产业、创投基金、多维购物平台、新媒体园等领域和项目进行探索。产业主推项目经过孵化培育，已开始逐步产生收益。

【影视剧创作】2017年，海口广播电视台持续加强电视剧引进力度，有效拉动收视率的提高。组织拍摄电影《记者的故事》，讲述该台优秀新闻工作者丘航亮因公殉职的先进事迹，年内已完成剧本。与北京天沐影业联合拍摄的抗战题材电视剧《学生兵》制作完成，顺利在广西卫视、陕西卫视播出，取得较高的收视率。

【安全播出与技术管理】2017年，海口广播电视台利用电视转播车、EFP飞行箱等设备，完成大型活动节目的录制、直播工作共68场次，约7600分钟，其中10场为现场直播。常态直播技术日臻成熟，每周直播节目长度40.5小时。针对广播电视播控系统设备老化的状况，加强广播电视播控设备的检修、维护，力保系统、设备的可靠运行。年内，3套自办电视节目播出总时间约2.22万小时，5个无线发射电视频道共完成无线信号发射总时间约2.75万小时。广播4个频率日播共80小时，全年度安全播出2.92万小时，均未出现重大安全播出事故和重大事件。在重大直播活动及直播常态化的情况下，加强值守和技术保障，做好应急处置预案，确保广播、电视安全播出工作顺利完成。加强节目制作系统和播出系统设备的维护力度，重点保障节目播出机房、发射机房、供配电系统以及网站等重要环节，及时排除各类安全播出隐患，按照要求做好设备的备份工作。多次对全台各技术系统设备进行自查，发现问题立即整改。制定和完善应急预案，做好预案演练工作，全面提高应急处置能力和保障水平。严格执行领导干部值班制度，技术骨干实行一岗双人值班制，同时加强巡机力度。

【广电基础设施建设】至2017年，海口广播电视台高清化改造工作取得一定成效。配备绿箱和双通道双机位虚拟演播室设备的4号演播室已投入使用；送播网络完成安装调试；2号演播厅添置气压式脚架、提词器（目前市场上最大号）、2台视频服务器、2台有卡工作站；负一楼演播室完成电源改造；播出系统、媒资系统和非编网间的文件推送系统搭建完成；35频道电视发射机投入使用；地面数字电视信号源监测系统安装调试完毕；新的播控机房改造基本完成，新的高清播出、总控系统（一期）搭建完成。投入使用新的总控系统，并完成发射机房和总控、直播间的配电改造工作和原有天馈线系统的技术改造工作。

（温志钧　林丽雯）

海口日报

【海口日报社工作概况】2017年，海口日报社充分发挥主流媒体作用，聚焦主题主线，服务好中心工作，深入基层一线，采写出许多好稿件，并有多篇新闻作品获奖：《宁可少赚百万也不毁网络订单》（谢大强、王浩宁）获海南省新闻奖一等奖；《600年土糖浓缩海南味道》（童言、陈婉娟）、《借“双创”东风留住海口味道》（张俊其）、《海口会客厅：“走进新乡贤”系列访谈》（冷济龙、冯丹霞、冯韦倩）获海南省新闻奖二等奖；《新江村新风扑面来了“领头雁”》（张树广、余加亮、文关福）、《小书店的一封信让实体书店迎来春天》（梁冰、陈婉娟）、《海南武术“重出江湖”》（童言、许世立）、《海口“双创”一周年：椰城焕新颜》（杨雨霞、林明洋、王秋芳、陈肖梅、衣韵颖）、《海口火车站的“红马甲”（组照）》（陈五男、黄朋威、杨雨霞）、《“阿椰阿城跑两会”系列漫画》（王伟、陈肖梅、林婧、程爱华、衣韵颖、任金辉）获海南省新闻奖三等奖。在版面的编辑上，《海口日报》2016年11月11日14版（陈婉娟）获海南省新闻奖二等奖，2016年6月26日2—7版（许林）获海南省新闻奖三等奖。

【重大主题宣传报道】2017年，海口日报社结合海口网新媒体，以报网联动的方式推出系列报道，全面展示市委市政府贯彻落实党的十九大精神及中央、省委决策部署的具体行动，加快生态文明建设、深化供给侧结构性改革、脱贫攻坚、推动海澄文一体化综合经济圈建设、琼州海峡经济带建设、城市更新、湿地保护、水体治理等重点工作，凝心聚力做大做优做强海口，推动党的十九大精神在海口生根、开花、结果取得的成绩。先后开设“深入学习贯彻十九大精神”“新时代、新气象、新作为”“扛起建设美好新海南的海口担当”“学习贯彻省第七次党代会精神”“琼州海峡经济带建设进行时”等系列专版、专栏。围绕全市学习贯彻党的十九大精神及实际行动、“百日大研讨大行动”、省第七次党代会、市委全会、市委理论研讨会、市委经济工作会议、海洋发展论坛、海口城市更新论坛等重大主题进行深度报道。在《我是共产党员》专题栏目，推出“我是党代表”和“十九大代表风采”专题，全面介绍海南省十九大代表和海口市当选代表中来自基层一线的先进模范党员的事迹，以“身边的先进教育身边的人”。

【反映社情民意】2017年，《海口日报》、海口网配合市委市政府打造“双创”升级版、美舍河治理、精准扶贫、“菜篮子”、夜市经济、民宿旅游、全域旅游发展、12345政府热线、“椰城市民云”上线等民生工作，挖掘素材，用心用情讲好“海口故事”，策划“双创”两周年海口新蝶变专版、决战决胜“双创”系列报道、保护生态环境海口在行动·美舍河治理、城市更新、“椰城市民云”上线系列报道等专栏，为广大市民提供“最海口”的公共产品的发展成果。

【专题报道】2017年，海口日报社推出海澄文一体化综合经济圈建设、琼州海峡经济带建设、城市更新、湿地保护、水体治理、学习贯彻党的十九大精神及实际行动、百日大研讨大行动、海洋发展论坛等重点工作、重大活动的系列报道。

【舆论监督报道】2017年，海口日报社围绕市民的民生关注，利用网站、微信、微博、手机APP、视频等载体，推动网上信息发布、舆论引导、交流互动和民生服务，为读者、为市民提供更加优质的新闻资源和良好的采编服务。为迎接党的十九大胜利召开，在海口网开设《砥砺奋进的五年》专栏，刊发100余篇稿件。省第七次党代会、海口“两会”期间，在海口网新媒体推出《保护生态环境，留住美好乡愁》等多个H5，推送“阿椰阿城跑两会漫画”“阿椰阿城跑省党代会系列漫画”，以富于趣味性的方式带动广大网友的积极参与。利用海口网及“两微一端”，对海口“创卫”“创文”“城市更新”工作的主要开展情况、进展、成效和经验的稿件、图片、评论等进行推送，保持报道密度，发布相关新闻稿件上千条引导市民网友参与讨论，加强网上舆论引导。在微博开设“城市更新·海口更美”“海口禁毒”“精准扶贫进行时”“椰城便民”“魅力海口”等话题，阅读数累计超200万。迅速、准确地发布海口重大活动、法规政策、人事任命、省市“两会”、省党代会等权威信息。及时推送各类天气、交通、旅游等便民服务信息。持续宣传凡人善举、好人好事，弘扬海口正能量。微博开设的话题“温暖海口”，累计阅读量278.4万。

【日报栏目创新】2017年，海口日报社出资27.9万元购置数字报刊V3.0系统及网络服务器，建设并上线《海口日报》数字报轻阅读系统，实现数字报刊外网检索、数字报刊手机微网页版、数据迁移等功能，使读者能够通过使用PC端、手机、平板电脑等即可及时阅读当天的《海口日报》。6月，《海口日报》官方微博微信（《海口日报》公众号）被中央网信办纳入互联网新闻信息稿源管理的新媒体单位，成为国家许可的互联网发布信息平台，列入转载白名单。10月，《海口日报》新闻客户端正式签约入驻人民日报全国党媒公共平台，是全国首批签约入驻全国党媒公共平台的30家知名党媒客户端之一。在联动传播，实现内容、技术和渠道共享方面，加大与《人民日报》、人民网等全国知名党媒客户端的融合力度，取得较好的传播效果。11月，海口网荣获“2017全国地市网络媒体综合实力十强品牌”殊荣，海口网微信公众号也被授予“2017全国地市网络媒体微信公众号三十强品牌”称号。

【日报社多元化经营】2017年，海口日报社探索扩大经营业务范围，促进多元化经营。广告专题部、发行公司、海口网、教育事业部，推进经营转型升级，在稳定传统经营业务的基础上，围绕房产及海南特色产品销售、会展、民宿旅游、同城物流配送、实体店销售、教育及社团培训等方面，组织策划收益显著的经营项目，不断拓宽经营创收的路子，增加经营收入。广告专题部联合全国报盟合作举办的海南购房团、海南特产销售活动，以及全国城市农业地标产品销售、车展都取得很好的效果。发行公司开发的海报优生活、蔬果门店，与美团合作开展物流配送项目业务量不断扩大，经营收入不断增加。教育事业部推进的夏令营和小记者培训项目等，均取得良好的经营效果。10月，报社制作的“海南首届美好生活展系列形象广告”荣获第24届中国国际广告节中国广告长城奖优秀奖。完成投资1021.81万元的印刷厂第二条高斯印刷生产线的购置、安装工作，于4月正式开印，实现《海口日报》16个版双机同时全彩印刷的目标。

（王炫云）

图书馆

【海口市图书馆概况】2017年，海口市图书馆馆藏纸质文献39万册，其中线装古籍5802册，海南地方文献6736册，各类参考工具书2.8万册，港台图书1.2万册；视听文献3010件；电子图书16.5万种，电子期刊8210种，超星视频资料1000集，网上报告厅视频资料4000篇，数字资源总量31TB。

【服务读者】2017年，海口市图书馆进馆读者共28.1万人次，其中报刊阅览16.8万人次，流通借阅6.5万人次，电子阅览室阅览1.5万人次，多功能影视厅接待读者0.23万人次，一楼综合阅览大厅阅报栏、电子阅报机、歌德电子书借阅机、博看期刊借阅机、少儿多媒体图书触控一体机读者阅览及下载电子资源等2.93万人次；在多功能影视厅举办各种讲座、学术报告31场，共接待读者0.28万人次；图书外借12.3万册次；读者查阅古籍及地方文献资料0.16万册次；网络资讯部帮助读者网络下载编辑信息资源0.12万人次；复印文献资料0.14万张；读者通过海口图书馆网站下载数字资源及在线阅读电子图书、电子期刊、观看视频资料等3.6万册次；通过海口图书馆微信公众号移动数字阅读平台阅读移动数字图书馆资源1.5万多册次。

【拓展馆藏】2017年，海口市图书馆购买纸质图书5004册，收到社会捐赠各类纸质图书441册。全年订购纸质报纸77种、纸质杂志293种，其中儿童类纸质报纸6种、纸质杂志60种。新增购数字资源《网上报告厅》视频（镜像+包库）2000篇。

【图书馆活动】2017年1月17—20日，海口市图书馆参与市委宣传部组织的2017年海口市文化、科技、卫生“三下乡”活动，分别给龙华区龙泉镇、美兰区灵山镇、琼山区红旗镇、秀英区海秀镇赠送图书共1056册；“4·23”世界读书日，组织志愿者开展“学雷锋活动培育文明道德新风尚”活动，向市民、周边商铺经营者、进馆读者、在校学生等派送300多份阅读宣传知识礼包；5月6日，在海口骑楼老街开展海口市第十三届科技活动月启动仪式宣传活动，向市民免费发放一批科技类图书；5月7日，在琼山区甲子镇中心小学开展海口市第十三届科技活动——“走进低碳”图片展，向民众发放科技类图书共700多册，宣传资料2500份；5月25至6月25日，图书馆服务宣传周期间，与省新华书店海口购书中心举办第六届“你读书我买单”活动，读者在活动期间购书1148册；儿童节之际，举办“庆祝六一儿童节，童音诵古韵·经典有新声”活动；6月15日，向美兰区新埠街道综合文化站图书室捐赠400册图书，其中单位赠书336册，党员志愿者个人捐书64册；6月17日，与市文化广电出版体育局在图书馆五楼联合举办“寻找海南历史的记忆，讲述《海口故事》”讲座2场，邀请文史专家、教授讲述海口历史文化故事，共有102名读者参与；7月14日，邀请作家吕瑜洁开展主题为“探讨用心教养孩子”的亲子讲座，共有12个家庭参加此次亲子讲座活动；7月27日，前往海军92830部队开展文化慰问活动，为部队官兵送去一批健身器材；8月25日晚，在中山街道居仁坊社区文体广场举办“我们的节日 七夕”文艺晚会；10月28日，在海口图书馆举办“书香童年朗诵比赛”活动，共有160名小学生参加；9月1日至10月31日，与市文体局联合主办“巨变之中说海口”主题征文活动，共收到征文投稿总量421篇，其中青少年组398篇，成年组23篇，共评出一、二、三等奖32名。（罗昌华）

群众艺术馆

【群众艺术馆工作概况】2017年，海口市群众艺术馆参与组织和承办各种文艺演出及赛事136场，开办免费公益艺术培训班49个，组织开展各项非物质文化遗产保护工作。组织文艺骨干参与全国、省市级各艺术门类赛事并取得良好佳绩。馆文艺团队——阳光合唱团分别荣获第十四届中国合唱节混声合唱“金奖”和2017海南“21世纪海上丝绸之路”合唱节成人组金奖；创编的舞蹈《彩环舞》在魅力海南 精彩无限”首届海南原创广场舞大赛中囊括“一等奖”“最佳创作奖”“最佳辅导奖”“最佳服装奖”等所有专业性奖项；馆文艺团队——“山兰放歌”组合分别获得2017年海南省第十四届东西南北中广场文艺汇演表演类二等奖和“喜迎十九大·永远跟党走”2017年海南省职工文艺汇演决赛音乐类一等奖；参加“中国梦·海南情”2017年海南省青少年儿童美术书法大赛获书法类优秀组织奖；在海口市庆三八2017城市健康舞蹈大赛中，馆文艺团队——海口群星舞团《九儿》获一等奖。年内，通过中央文明委授予“全国文明单位”2017年复检工作，连续9年3届蝉联该荣誉称号。

【群众文化活动】2017年，海口市群众艺术馆参与组织、承办大型群众文化艺术活动136场次。其中，1月22日，由馆文艺团队——山兰放歌组合、群星舞团成员组建春节文艺慰问队伍赴临高参加当地驻军中国人民解放军92913部队与海口市文体局联合主办“金鸡贺岁、尖兵起航”春节联欢晚会。1月19日、23日，分别参与2017年海口市文化科技卫生“三下乡”集中示范活动，分别前往龙泉镇东占社区文化广场和红旗镇综合文化广场进行文化惠民下乡汇演，参与乡镇群众4000人次。4月17日，在海口艺术馆举行为期4天的海口市第十期社区文艺辅导员（舞蹈类）培训班，4个区选派群众舞蹈培训骨干60人参加。举办2场文化志愿服务进社区活动。6月3—28日，在海口艺术馆举行2017年海口市第十六届少儿“蒲公英”音乐、美术、朗诵比赛，1000多名4—16岁的少儿参赛。9月29日，在海口万绿园广场举行以“全民健身 舞动椰城”，喜迎十九大，欢度国庆贺中秋为主题的2017年海口市社区广场舞大赛，参演队伍演员上千人。12月16日，在海口骑楼老街举行“不忘初心·继续前行”2017海口市群众艺术馆公益艺术培训汇报文艺演出，歌舞、戏剧、合唱、模特表演、书法国画等文艺节目轮番登台，表演的学员近500人。在海口艺术馆举办4场摄影类、书法类和绘画类等作品展。

【公共文化服务】2017年，海口市群众艺术馆利用公共文化场馆设施资源优势，推出一系列免费开放文化惠民服务。长期对外免费开放“海口市非物质文化遗产保护成果展”。“周末群艺舞台”免费演出和“文化惠民”下乡演出全年演出共81场，其中：福星社相声演出22场、琼剧演出33场、骑楼老街海南公仔戏演出11场和海南八音器乐演出11场、琼剧下乡演出4场；免费开放春季、暑期、秋季的公益性艺术培训班，共开设49个班，涉及摄影、国画、声乐、书法、钢琴、舞蹈、交谊舞等各项艺术门类，培训学员累计3.35万人次；3月起，书法培训基地在海口东山镇进行书法培训活动，培训学员30人。

【非物质文化遗产传承保护】2017年，海口市群众艺术馆把社会主义核心价值观贯穿于弘扬保护非物质文化遗产建设行动中，开展非物质文化遗产展览演出、项目申报、文化培训传承保护等各项工作。1月起，在海口中山路骑楼老街每月定期举行海南公仔戏展演和海南八音器乐表演，共演出22场；在海口艺术馆二楼琼剧剧场每周五定期举办琼剧惠民演出，共演出33场。1月30日至2月1日，在海口艺术馆、骑楼老街等地组织开展恭贺新春系列公益文化活动，有海南琼剧、 海南八音器乐、海南公仔戏等非遗项目展演，演出6场，吸引市民游客上万人次；3月起，在大致坡中心小学、桂林洋中心小学开展“琼剧进校园”少儿培训班，琼剧进校园培训贯穿全学期，共举办2期培训班；4月19日，在乐东县罗马天后宫组织参与“纪念和平女神（妈祖）诞辰1057周年”祭典活动，参加群众2万多人次；5月26日，冼夫人主题（木刻）装饰宣传画制成并悬挂在新坡镇冼夫人纪念馆，耗时两年的8幅木刻作品生动再现冼夫人传奇的人生，给冼夫人纪念馆增色添彩；6月10日，在海口艺术馆、海口骑楼老街举行国内首个“文化和自然遗产日”活动，举办“公约解读暨海口市非遗保护理论研讨会”，进行非遗项目展演展示活动；7月18—20日，在海口艺术馆举行第八届海口市琼剧（业余）演唱比赛，分老、中、青、少年儿童4个组别，海口市120名琼剧爱好者踊跃参加；7月25—28日，在秀英区永兴镇昌儒村举行“海南麒麟舞”第四期培训班，培训人数20多人；在民俗传统节日期间，共组织4场海南琼剧“惠民送戏下乡”演出活动；利用国家中央专项经费扶持排演海口陈育明琼剧艺术团传统地方琼剧《海南才子》和海口市琼剧演艺有限公司经典琼剧《玉堂春》。

至2017年底，海口市列入国家级非遗项目7个：琼剧、海南八音器乐、海南公仔戏、海南椰雕、海南斋戏、海口天后祀奉（妈祖祭典）、冼夫人信俗（军坡节）。省级项目10个：海南虎舞、海南麒麟舞、海南粉烹调技艺、海南龙塘雕刻艺术、海南府城镇元宵换花节、土法制糖工艺、海南黄花梨家具制作工艺、鹿龟酒酿泡技艺、琼式月饼制作技艺、传统浅海捕捞技艺。市级项目2个：海口龙舞、海口狮舞。

（吴佩婷）

文博工作

【文博工作概况】海口文物古迹众多，经第三次全国文物普查登记的不可移动文物达1560处，占全省不可移动文物总量的1/3（全省4274处）。海口市各级文物保护单位共计126处130个点，包括全国重点文物保护单位7处8点，海南省文物保护单位59处，海口市重点文物保护单位60处63点。2017年，海口市根据文物保护的实际情况，共投入市财政资金2334.3万元，争取中央专项补助资金711.3万元，有序推进文物保护提升工作。年内，安排实施珠崖郡治遗址——六神庙维修工程，丘濬墓陈列馆建设项目，五公祠陈列展览及景区改造项目，海瑞墓陈列布展项目，府城鼓楼修缮项目，中共琼崖特委、海口市委旧址修缮项目，元诰赠一品太夫人苟氏婆墓园（苟氏太夫人墓）建设项目及天后宫周边房屋征收和展陈、环境整治项目等政府代建项目，并完成“石室仙踪”石刻遗存的第一阶段保护性考古挖掘及周边调查考证工作。

【文物保护规划】2017年，为配合海南省文物保护总体规划编制工作顺利实施及海口市“多规合一”信息管理平台上线试运行，海口市文物局组织完成海口市全部文物点位地理位置、坐标和名称的核对统计工作，将现有126处各级文物保护单位和1459处未核定为文物保护单位的不可移动文物的规划数据信息纳入省多规合一数据库和市“多规合一”信息管理平台，实现规划资源和空间资源的共享共用，有力推动项目并联审批，实现规划审批信息共享，提高项目审批效率。

【文物保护提升】2017年，包含海瑞墓修缮及改扩建项目、海瑞墓陈列布展项目、海口市丘濬墓陈列馆建设项目、朱云路片区棚户区改造（五公祠修缮）项目、五公祠陈列布展及景区改造项目、府城鼓楼保护修缮及周边地区综合提升、镇琼炮台保护修缮及周边环境整治、南渡江铁桥保护修缮工程及周边地区综合提升一期项目和二期项目，美舍河（五公祠段）两岸景观提升项目、丘濬文化公园景区提升项目、海瑞文化公园综合提升工程，以及迈瀛村“石室仙踪”石刻及周边遗迹文化挖掘、研究和旅游开发第一阶段项目等多个文物项目被列为海口市城市更新工作项目加快实施，其中海瑞墓、丘濬墓、五公祠等文物景区的修缮、扩建和陈列布展项目均被列入城市更新文化复兴组首期启动示范项目。

【文物保护宣教】2017年，海口市文博系统围绕“让文物活起来”，在“5·18博物馆日”前后向游客发放宣传彩页、研究书籍、人物传记、画册和宣传光碟等，广泛宣传文物保护成果，大力弘扬文物保护。具体开展活动有市博物馆“中国梦·我的梦”主题实践活动之未成年夏季美术培训班、《铁血铸军魂》纪念建军90周年、抗战全面爆发80周年图片展等。6月10日，开展主题为“文化遗产与一带一路”的第十二个文化遗产日系列宣传活动。在中山路骑楼老街启动“海口市文化遗产保护成果摄影展”，宣传海口市特色文化遗产，展示海口市文化遗产保护成果，同时设立文化遗产咨询台，向市民发放文化遗产宣传册等宣传材料，并邀请文物专家为市民开展文物鉴定活动。12月3日，参加2017年海南省暨海口市“12·4”国家宪法日法制宣传广场活动，重点向市民宣传普及相关法律法规知识、发放宣传资料，为群众开展相关法律法规咨询活动，切实为广大群众解决民忧、答疑解惑。

【文物执法和巡查】2017年5月，海口市文物局与市文化综合执法支队协助市工商部门对海口市几处大型古玩市场进行突击执法，主要针对市场存在非法销售和贩卖出水文物行为，对违法商户进行法律宣传教育，有效遏制文物违法案件发生。

2017 年 6 月 19 日，在中共琼崖一大旧址开展庆“七一”中共琼崖革命史进校园活动 （中共琼崖一大旧址管理处 供）

【文物调查与发掘】2017 年，海口市文物局完成鼓楼石碑的解读及记录工作，并指导下属单位开展对五公祠五贤和苏东坡、海瑞、丘濬等历史名人生平和在海口事迹的研究工作。完成《拜谒海瑞墓》一书的重新核校及委托印刷工作。基本完成《海瑞及其相关问题探讨》（暂定名）和《八公与海南》（暂定名）的文稿编纂工作。对于海口市在治理美舍河、建设凤翔公园时发现的“石室仙踪”石刻遗存，文物局与省文物考古研究所于 6—9 月合作开展“石室仙踪”周边遗迹抢救性考古发掘，发掘面积 575 平方米。发掘期间，结合相关历史记载和文物资料，在迈瀛村周边及美舍河沿岸进行实地调查走访，并邀请专家对迈瀛村“石室仙踪”“奉县示禁博龙塘碑”石碑进行判读，为了解古代当地风土人情提供史实资料。为保护“石室仙踪”及“瀛惠庵此界”石刻，12 月，委托河南省新乡市吉金文物修复中心开展两处摩崖石刻的保护性清洗修复工作，计划通过表面清洗、脱盐、加固、表面防护等一系列专业程序，最大限度减缓摩崖石刻的风化钙化速度。12 月 3—6 日，邀请北京大学考古文博学院汉唐教研室主任杨哲峰和安徽省文物考古所副所长张钟云来海口进行珠崖郡遗址实地调查，先后踏勘龙塘镇珠崖岭城址、旧州镇旧州城遗址，实地调查洋浦三都的儋耳郡遗址，并察看海南省博物馆收藏的珠崖岭城址出土文物。经与专家就珠崖郡遗址合作研究事宜进行讨论，初步确定从海口市有线索的珠崖岭城址开展合作工作。12 月 10 日，市文体局（市文物局）组织召开海口地区历史文化暨“石室仙踪”考古学术研讨会。邀请省内外 20 余名历史、考古、规划、建筑、文史、非遗等方面的专家学者，从不同角度分享学术研究成果，共同探讨海口地区的历史文化内涵。

【“石室仙踪”遗址重见天日】2017 年，海口市美舍河生态修复现场，施工的工人在美舍河苍屹湖畔，发现一处神秘石洞，石洞上“石室仙踪”四个字清晰可见。市文物局立即组织考古学家前往现场挖掘。考古初步显现，“石室仙踪”题词于明万历三十八年（1610 年），为福建泉州武进士海南副总兵邓钟所题。“石室仙踪”，史书记载为“仙人峒”，洞高 2.7 米，宽 2.1 米。横书行体，字径 40 厘米。民国《琼山县志》记载：“峒口有石炉，内有石版，题曰‘远七里，近七里，不远不近在七里’”。明人发现峒内题字，坦认“其事玄乎”。除这一石洞外，考古还发现石洞附近曾建有 4 个亭子和 1 处由邓钟所建的瀛惠庵。7 月 27 日，“石室仙踪”被列为海口市首批 62 个城市更新示范性项目之一，或将打造成为美舍河畔一处人文景观。

【历史街区和历史建筑管理】2017年，海口市文物局加强对骑楼老街各个片区的巡查管理，对街区内的历史建筑加强监督管理，制止群众违建行为。

2017 年 12 月 4 日，海口市文物局邀请北京大学汉唐专家来琼，实地踏勘珠崖岭城址、旧州城遗址等相关遗址 （市文物局 供）

2017年，海口美舍河生态修复现场，施工人员在美舍河苍屺湖畔发现的距今400余年的“石室仙踪” （石中华 摄）

协助骑楼老街保护规划与综合整治项目的稳步推进，做好历史建筑认定及保护指导工作。全年共完成居民报建建筑类别认定工作13件，完成海口市骑楼街区第一批历史建筑（312处）现状的全面调查与资料收集工作，同步开展拟申报为第二批历史建筑的建筑物（60处）的实地筛选与入室调查。

【博物馆工作】2017年，海口市文博系统接待游客126.5万人次，其中免费参观人数57.6万人次，免费讲解900场次。年内，海口市博物馆组织举办馆藏文物精品展、建市九十周年专题展、雨花“石”韵——仪征市博物馆出土雨花石精品展、“汉字之美”镇江博物馆馆藏历代名碑名帖展、童画童心展、马鞍山“凝固的汉风”拓片展、海口之美——第四届中国油画名家海口写生作品展、贵州黔东南博物馆“贵州黔东南洲民族服饰精品展”及哈尔滨、沈阳满洲省委旧址纪念馆“14年抗战中的中共满洲省委图片资料展”等15个文物交流展览，接待游客31.5万人次。9月，经市机构编制委员会办公室批复，市博物馆加挂海口市美术馆牌子。此外，馆中专设学雷锋志愿者服务站，与海南师范大学旅游学院签订青年志愿者服务基地协议，志愿者服务进一步常态化。

（夏蓓丽）

史志编研

【党史编修】2017年，海口市委党史研究室组织业务骨干对《中国共产党海口历史（第二卷）》（送审稿）进一步进行修改、补充，并邀请有关专家对书稿进行审核。全书约17万多字。《海口党史》全年出版4期，每期发行3800本。先后对离退休老干部进行9人次的口述采访，形成口述文章6篇。

【党史资料汇编】2017年，海口市委党史研究室对《海口党委工作纪事（2016）》的编撰进行大幅度的改进，从不同侧面反映全市各单位在2016年度工作的新成绩、新经验，全书近90多万字。年内，《海口党委工作纪事（2015）》在海口市第五届哲学社会科学优秀成果评选中被评为编著三等奖。

（吴 秦）

【志书编纂】2017年，海口市委办公厅、市政府办公厅联合印发《〈海口市志（1997—2010）·人物篇〉收录标准》；市地方史志办先后制定印发《海口市地方志书编纂规范》《海口市地方综合年鉴编纂出版实施办法》，编辑印刷《海口市地方志工作手册》，进一步规范地方志工作。市地方史志办公室梳理全省市县地方志书质量管理工作座谈会暨《海口市志（1997—2010）》（初稿）评议会上提出的评议意见，制定修改任务责任分解表，组织全体责任编辑修改补充完善市志。通过聘请江苏省5名修志名家对志稿进行审改、召开内部评议会、多途径收集补充各类照片和地图，进一步提升志书编纂质量。至年底，《海口市志（1997—2010）》形成初稿评议稿5稿。年内，继续推进《琼山市志（1991—2002）》初稿编写工作，并审改40%的初稿。《美兰区志》送审4稿报送市地志办审核；《琼山区志》召开复审评议会；《龙华区志》召开复审评议会；《秀英区志》召开初稿评议会。《石山镇志》《演丰镇志》《长流镇志》《云龙镇志》完成初稿，《遵谭镇志》编纂加快推进。《海口粮食志》内部出版，《海口公安志》初稿进一步修改完善。

【年鉴编纂】2017年1月，海口市委、市政府启动《海口年鉴（2017）》编纂工作。2月，市地志办举办全市组稿业务培训班。12月，《海口年鉴（2017）》出版。全书着重反映2017年海口市的基本情况，设32个类目，约148万字。4个区2017年的年鉴编纂工作有序推进。年内《海口年鉴（2016）》获得全国地方志优秀成果（年鉴类）评比地市级地方综合年鉴一等奖，市政府对市地志办1个先进集体和杜惠珍等5名优秀编辑进行通报表彰。

【地方志资料年报工作】2017年1月，海口市地方史志办完成2间年报资料室的建设。市区两级均印发《关于做好2017年度地方志资料年报工作的通知》。2 月，举办全市资料年报征集业务培训班，明确时间节点，提出工作要求。至年底，市一级地方志资料年报征集通过审核验收的有 98 个单位，占应报单位的 71%；4 个区的征集工作加快推进。

【地方志开发利用】2017 年，海口市地志办继续做好地方志的开发利用工作。（1）为各级领导科学决策提供参考。将《海口年鉴（2016）》赠送市级领导人手 1 册，赠送各承编单位 3 本、每个区 120 本、市属学校 60 本。根据市领导有关指示要求，组织业务骨干查阅库存新旧志书及相关书籍，并专门派员赴广东省方志馆、广东省档案馆、广东省立中山图书馆、中山大学图书馆查阅有关旧志书史料，及时为市级领导就相关事项进行科学决策提供参考。（2）挖掘利用地方志资源，服务各项工作开展。在海口市城市更新工作中，市地志办为相关工作开展提供地情资料参考。与美兰区政府、市民宗局、市档案局（馆）、美兰区档案局（馆）联合举办海口市海甸岛历史文化研讨会。分别为市旅发委、市人社局、市住房和城乡建设局、西南财经大学、市商务局提供有关《海南省海洋旅游发展总体规划（2017—2030）》、单位机构历史沿革、海口市建筑产业现代化“十三五”规划、“十三五期间的城镇化与户籍制度改革”、海口市城市历史变化等志鉴参考资料。（3）为宣传和推介海口服务。将《海口年鉴（2016）》赠送相关图书馆，并邮寄至各省市（县）兄弟单位交流，发挥年鉴存史、宣传等作用。（4）以网络为依托，拓展年鉴信息传播平台。以海口市政府门户网站为平台，把《海口年鉴（2016）》上传至“认识海口”栏目，为社会群众读鉴、用鉴提供方便。

【全市“两全目标”推进会召开】2017 年 11 月 2 日下午在海口市政府第二办公区 7 号楼 1 楼第三会议室召开，市政府秘书长邓立松、市政府办公厅副主任黄蛟出席会议。参加会议的有市编委办、市财政局、市人社局、市政府督查议案室分管领导，4 个区政府分管地方志的领导及具体负责同志，区编委办、区财政局、区人社局分管领导，以及市地志办全体人员共 40 余人。会上，书面传达学习全国、全省地方志“两全目标”推进会精神，并通报海口市“两全目标”工作进展情况。市政府办公厅黄蛟副主任宣读顾刚常委、常务副市长对海口市地方志“两全目标”推进工作的批示。市政府分管领导与 4 个区分管副区长签订落实“两全目标”任务责任书。4 个区政府分管领导就“两全目标”工作任务作表态发言。会议明确海口市完成“两全目标”的时间节点，进一步夯实责任，强调要确保 2018 年底前全面完成第二轮市志和各区志书编纂任务，2019 年底前全面做到当年市区地方综合年鉴当年公开出版，尤其是 2019 年之后当年年鉴当年公开出版要实现常态化。

【其他地方志工作】2017 年，海口市地方史志办组织开展《海南传统村落走读》编撰工作，为省史志办提供稿件 18 篇。组织撰写题为《依法治志新常态下的地方志工作》《志鉴数字化传播与利用》《地方志事业发展存在问题与建议》3 篇地方志学术论文。完成 2017 年《中国地方志年鉴》《中国城市年鉴》《海南年鉴》“海口市”稿件编纂与图片提供任务，编辑印刷《市长 2016 年工作纪事》，《市长 2017 年工作纪事》编辑工作完成。

（赵华锋）

档案管理

【馆藏档案种类】2017 年，海口市档案馆馆藏文书档案 4.56 万卷（改革前）、9.85 万件（改革后），民国档案 314 卷，会计档案 5.41 万卷，审计档案 1046 卷，基建档案 217 卷，清房档案 888 卷，实物档案 1283 件，照片档案 1.92 万张，规划报建档案 1.01 万卷，工人介绍信存根档案 616卷，《海口新闻》节目综合稿 445 卷，馆藏资料 5909 册。

【档案征集】2017 年，海口市档案局收集市四套班子领导的主要活动及市里重大活动的纪实摄影，主要内容有：省政协主席于迅到海口对房地产专题调研活动；上海市原人大常委会主任龚学平在海口市的考察活动；倪强市长会见东盟国家驻广州总领事代表团，接待上海浙江商会等代表团考察海口市投资环境，到海口福安社区进行十九大宣讲，对美舍河凤翔湿地公园，海口市“五化”道路工程的建设，东西湖、美舍河等重点水体治理，精准扶贫，义务劳动，民生工作（菜篮子，蔬菜基地，物价等），城市信息化，生态环境，台风预防，交通整治等方面的调研活动，慰问活动；海口市第十六届人民代表大会第三次会议等照片 1727 张。

【档案接收】2017 年，海口市档案局共接收市政府办公厅等 8 个全宗的文书档案 4970 盒 16868 件；会计档案 825 卷；图书资料 12 册。

【档案信息化建设】2017 年，海口市档案局对馆藏 21 个全宗的纸质档案进行全文扫描与数字化加工，共 4752 件 28512 页，28512 幅。

【档案保护利用】2017 年，海口市档案局对馆藏民国档案修裱 11 卷 2074 页。年内共接待档案利用者 1422 人次，调阅档案资料 9806 卷（件）次，提供利用档案资料 5051 卷（件）次，复印、打印、摘录档案资料 16242 页。

【档案编撰整理】2017 年，海口市档案局（馆）撰写 2017 年《海口大事记》4.41 万字，印制《倪强市长 2016 年工作画册》；编制《海口市政府历年关于美舍河等水体治理文件汇编》，约41万字；编印《“以人民为中心，还清水于人民”海口市美舍河水体治理及修复工作画册》；整理并装订2016年《海南日报》《海口晚报》《中国档案报》共26册、2017年《海南日报》《海口日报》《中国档案报》共25册。

【档案信息资源开发】2017年，海口市档案局（馆）共接收海口市政府办等53个单位的政府公开信息纸件信息9345件，机读信息13232条；编印《海口市人民政府公报》共12期，向社会公布市政府、市政府办公厅颁发的各种规章制度、决定、决议、通知及有关人事任免事项，海口大事记等189篇792条54万字。

【档案指导监督】2017年，海口市103个机关、企事业单位完成文书档案归档任务，归档率95%；档案事业统计年报报送率98%。市档案局多次深入到新坡镇、遵谭镇、三门坡镇、海秀镇等单位，对农村土地承包经营权确权登记颁证档案归档工作进行业务指导。7月，会同市农业局等部门对各区土地确权的文书档案、农户档案进行预检查验收；8月，海口市土地确权文书档案、农户档案顺利通过省级检查验收，在全省排名第三；海口市精准扶贫建档立卡试点工作按“一户一档”，乡镇、村分类统一保管的办法进行原始资料建档工作，9月通过省级验收。11月，参与海南省档案局组织的“海南省中线海口至屯昌高速公路工程与屯昌互通二期工程”档案专项验收。

【档案宣传】2017年6月9日，海口市档案局与美兰区档案局联合举办庆祝第五届“国际档案日”宣传活动。活动通过现场咨询、档案展览、视频回放、派发档案宣传资料、挂横幅等多种形式，面向社会各界和广大市民，宣传和解答“档案——我们共同的记忆”的理念，共接待咨询200余人，发放宣传材料500多份。

【档案行政执法】2017年，海口市档案局废止《海口市人民政府办公室关于建立健全机关综合档案室的通知》，重新修订《海口市档案馆收集档案范围》及《海口市行政村档案管理暂行规定》，保留《海口市档案管理办法》《海口市实物档案管理暂行规定》《海口市档案行政处罚自由裁量权标准（试行）》等规范性文件。制定新的执法检查事项清单，并借助双随机抽查平台开展现场抽查执法检查工作，分别对市政府办公厅、市国土资源局、市交通局等7家单位进行档案执法监督随机抽查，抽查结果基本符合档案管理要求；年内完成市场监管执法抽查事项比例为100%，完成其他行政执法抽查事项比例为100%。9月，对未按时完成2017年度归档任务的市发改委等33家单位发出限期完成归档工作的通知，以督促其尽快整改。11月，国家档案行政执法检查组对海口市开展档案行政执法检查“回头看”工作，分别对海口市档案馆、海口市不动产登记中心进行执法检查，检查内容为档案馆建设的落实情况及档案工作服务民生情况。12月，联合美兰区档案局，对美兰区进行2017年档案执法检查，采取先自查后实地检查，边看、边听、边查、边反馈的方式，抽取25个被检查单位进行检查，检查结果基本符合档案管理要求。

【档案业务培训】2017年3月，海口市档案局与海口市国库支付局联合举办财政部、国家档案局“新修订的《会计档案管理办法》培训班”，共有200多名会计参加培训；4月，召开海口市2017年档案业务工作会议，各区档案局、各专业档案馆局长（馆长）及业务骨干共40人参加；5月，举办“海口市新修订的《归档文件整理规则》培训班”，共有260多名档案干部参加培训；5月、6月，派业务骨干前往4个区档案局就新修订的《归档文件整理规则》授课，共有600多名档案干部参与培训；9月，在中改院举行一期税务系统“文书档整理培训班”，共有60多名税务干部参加培训。年内，共安排12人分别参加国家档案局干部教育中心举办的档案保护技术培训班、省档案局举办的全省建设项目档案工作培训班等业务培训班。

【完善档案馆基础设施】2017年，海口市档案局投入4万多元改造馆楼空调外机冷凝液导流系统；投入8000多元改造修裱室；投入6000多元更换消防灭火器和维修抽湿机；投入8万多元更换不间断电源蓄电池。

【档案审批事项梳理】2017年，根据海口市法制局、市审改办、市编办等部门的要求，市档案局及时调整权力清单及责任清单，合并“对企业事业组织或者个人违反《中华人民共和国档案法》第十六条、第十七条规定，擅自出卖或者转让档案的处罚”和“对企业事业组织或者个人倒卖档案牟利或者将档案卖给、赠送给外国人的处罚”两项，取消“对不按规定归档或者不按期移交档案的处罚”和“对明知保存的档案面临危险而不采取措施或档案工作人员玩忽职守，造成档案损失的处罚”两项，恢复行政许可“集体或个人向国家档案馆以外的任何单位或个人出卖其所有的档案的审批”一项，权力清单由2016年的21项改为2017年的19项，行政审批事项实现100%不见面。

（陈明燕）

（编辑：付红琼）

卫生·体育

卫生综述

【卫生概况】2017年，海口市卫生系统围绕健康海口建设，深化医药卫生体制改革，发展医疗健康产业，加强疾病预防控制，完成各项工作目标。全市有卫生机构1298个（含卫生室259个，不含部队医院），卫生机构床位1.61万张，每万人拥有床位数70.76张；卫生技术人员3.41万人，平均每万人拥有医生54.54人，平均每万人拥有护士72.03人。海口市健康医疗便民服务暨海口市人民医院全流程医疗互联网便民服务平台上线，获得首届海南省优质服务大赛“优化服务流程，方便患者就医”项目三等奖。

【医疗机构诊疗量】2017年，海口市总门诊量242.01万人次，总住院量12.04万人次，全市卫生机构实际床位1.61万张，病床使用率81.20%。其中，市人民医院门急诊人数100.33万人次，比上年增长1.06%；住院病人4.89万人次，增长0.94%；病床使用率83.86%，下降37.8%。市中医医院门诊量30.53万人次，增长0.87%，入院1.3万人次，增长0.92%；病床使用率67.4%，上升2.4%。市妇幼保健院门急诊诊疗人数47.63万人次，增长0.16%；入院人数2.35万人次，减少0.09%；病床使用率89.08%，减少1.18%。市第三人民医院门诊诊疗病人39.1万人次，增长0.82%；住院诊疗病人约2.03万人次，增长0.98%。市第四人民医院门诊诊疗病人24.44万人次，增长0.80%；住院诊疗病人1.48万人次。

【卫生应急】2017年，海口市传染病及时报告率98.59%，全年无甲类传染病和重大突发公共卫生事件发生；及时调查处置疑似、聚集性或散发疫情124起，科学处置传染病爆发疫情16起，未出现疫情蔓延，免疫规划疫苗接种率维持在98%高水平。在2017年全省急性传染病防控工作专项考核中获得总分第二名、疾控机构考核得分第一名，市第四人民医院获得医疗机构传染病网络直报第一名。全年120急救中心接诊病人1.66万人次，下降8%；现场救治率98.63%。完成海口富力马拉松赛、春节港口医疗保障、博鳌亚洲论坛、文昌火箭发射、高考等重要活动医疗保障。在全市开展卫生应急知识培训工作。

【卫生事项行政审批】2017年，海口市承接省卫计委下放的消毒产品生产企业卫生许可，省管医疗机构的麻醉药品、第一类精神药品购用印鉴卡审批，职业健康检查与诊断机构资质审批，港澳台医师内地资格认定以及护士执业注册（首次发放）等审批许可事项，消毒产品生产企业卫生许可证和省管医疗机构麻醉药品印鉴卡审批已承接下放，护士执业许可和港澳台医师内地资格认定报法制局法核，正按法制局意见进行修改。年内，下放4个区社区卫生服务中心执业许可审批，草拟下放区管医疗机构麻醉药品及第一类精神药品购用印鉴卡审批以及母婴保健技术服务机构执业许可审批等3个事项。继续精简21项（不含省级下放事项）审批服务事项申报材料，再次精简材料19份，精简比例18.8%。梳理全流程互联网审批事项，年底完成市委市政府关于推行全流程互联网“不见面”审批改革的指标（占审批事项80%）。完成各类医疗机构规划勘查和检查共110家次。全年受理办件2447件，其中托幼机构卫生保健合格证审批17件，公共场所卫生许可117件，医疗机构执业许可证年审53件，供水单位卫生许可47件，母婴保健技术服务执业许可22件，麻醉药品和第一类精神药品印鉴卡审批12件，医疗机构执业登记8件，放射诊疗许可证变更2件，医师、护士执业许可1860件，放射诊疗建设项目职业病危害放射防护预评价审核3件，放射诊疗建设项目职业病危害放射防护设施竣工验收2件，新农合定点医疗机构资质评审9件，医疗机构执业许可证变更36件，医疗机构执业设置审批8件，母婴保健技术服务人员执业许可104件，消毒产品生产企业卫生许可首次发放2件，消毒产品生产企业卫生许可延续（复核）4件，职业健康检查机构资质审批3件，医疗机构发布广告审查102件，外国医疗团体来华短期行医审批1件，执业医师资格认定18件，省卫计委征求意见24件。

【全省首家互联网医院落户海口】2017年1月12日，由海南省、海口市两级政府支持推动的海口互联网医院在海口市启动。启动仪式现场，海口互联网医院与海南医学院第一附属医院签署海医附院医联体信息平台合作协议，实现包括海医第一附属医院、海口市大园社区卫生服务中心、三沙市人民医院在内的海南14家医疗机构联合体信息资源的互联互通。此外，双方还与三沙市人民医院共同签署互联网医院战略合作三方协议，共建三沙互联网医疗服务平台，解决岛上医疗资源匮乏的难题。此后，以互联网医院提供技术支持的海医医联体将实现医院信息、检查检验、影像等信息共享，与海口互联网医院在名医会诊中心、名医手术中心、学科建设等方面展开深入合作，以设置学科带头人、专家团队等形式开通互联网诊室，以图文、电话、视频等形式为患者提供在线问诊、在线会诊、健康管理计划等服务。

2017年海口市卫生机构床位和人员表

机构分类	机构个数	床位数	在岗职工											
			合计	卫生技术人员								其他技术人员	管理人员	工勤技能人员
				小计	执业（助理）医师		注册护士	药师（士）	技师（士）		其他			
						执业医师				检验师				
总　计	1298	16062	87944	34061	12417	11175	16471	1515	2050	1314	2150	1214	2135	3442
医院	123	12860	64062	24404	8869	8295	12001	1068	1573	952	1598	859	1628	2815
社区卫生服务中心（站）	116	856	4732	1991	587	486	1073	145	53	47	133	66	98	53
卫生院	27	706	2462	1021	368	220	450	101	67	55	35	33	35	77
村卫生室	258	0	292	210	47	15	20	0	0	0	143	0	0	0
门诊部	96	0	2007	847	297	260	424	44	33	26	49	1	1	25
诊所、卫生所、医务室	640	0	5655	2364	1175	937	1169	10	0	0	10	0	0	11
疾病预防控制中心	7	0	1353	400	214	193	48	8	107	104	23	40	99	117
专科疾病防治院（所、站）	7	152	1220	428	197	184	144	39	42	29	6	9	52	90
妇幼保健院（所、站）	6	798	3953	1598	485	419	770	70	97	39	176	117	96	86
急救中心（站）	2	0	260	75	32	31	39	1	1	1	2	33	42	3
采供血机构	1	0	528	194	28	25	114	0	33	33	19	18	22	42
卫生监督所（中心）	6	0	176	75	0	0	0	0	0	0	75	0	22	4
计划生育技术服务机构	5	0	73	27	8	5	6	2	5	4	6	4	3	3
疗养院	3	690	1139	411	110	105	213	27	33	24	28	29	33	126
临床检验中心（所、站）	1	0	32	16	6	0	0	0	6	6	0	5	4	1

注：机构个数不含部队医院

2017年海口市各级医疗机构门诊住院费用一览表

单位：元

医院级别	门诊病人次均诊疗费	其中				住院病人人均住院费	其中					出院者平均每日住院医疗费
		挂号费	药费	检查费	治疗费		床位费	药费	检查费	治疗费	手术费	
医院	321.3	2.1	157.2	56.2	35.4	14402.4	465.4	5721.9	1114.5	1803.2	761.1	1386.5
综合医院	327	1.6	161.4	59.8	32.8	15529.3	460.8	6425.1	1205.1	1839.5	733.6	1551
卫生院	52.5	0.1	35.6	1.9	2	1815.8	122.7	925.1	60.4	199.5	83.1	236.7

医药卫生体制改革

【国家基本药物制度】2017年，海口市贯彻《关于巩固完善基本药物制度和基层运行新机制的实施方案》，落实省级统一药品集中采购、统一配送，政府办基层医疗卫生机构全部配备使用基本药物，推动鼓励非政府办基层医疗卫生机构优先使用基本药物，实现基层医疗卫生机构配备和使用基本药物全覆盖。年内，政府办的基层医疗卫生机构基本药物使用率达85%以上。根据2017年进行的各区实施国家基本药物制度工作督导考核结果，市财政下达各区实施国家基本药物制度补助资金共2276万元。其中，秀英区333万元，龙华区623万元，美兰区694万元，琼山区626万元。

【公立医院综合改革】2017年，海口市全面破除“以药养医”，海口地区共15家公立医院（省属9家、市区属6家）全面取消药品15%加成比例，实施药品零差率销售，实现取消药品加成全覆盖。全年市级医院减少群众医药费用4572.17万元，门诊患者用药费用支出情况呈下降趋势。出台《海口市公立医院现代医院管理制度实施方案》，在上海第六人民医院海口骨科与糖尿病医院启动试点工作，实行以理事会领导下的院长负责制为主体的现代医院管理法人治理结构，取消医院行政级别，实行编制备案制、预算管理制和院长年薪制等薪酬分配制度改革。5月1日起，在市人民医院和市第三人民医院试点全面取消成人普通门诊输液，市人民医院输液人数下降40%，市第三人民医院下降55.59%。继续实施“先看病，后付费”诊疗服务模式，累计受益人数7.58万人，垫付住院费用4.33亿元。

【推进分级诊疗制度建设】2017年6月8日，海口市政府办公厅印发《关于海口市推进紧密型医联体建设实施方案的通知》，于6月23日召开紧密型医联体启动会议。建设以市人民医院、市中医医院和市第三人民医院为牵头单位的紧密型医联体和海医一附院与龙华区4家镇卫生院的远程会诊医联体模式，利用第三方医学检验诊断资源，成立琼山区检验专科医联体，逐步实现琼山区域内医联体检验资源共享、结果互认。年内就医流向趋好，分级诊疗制度建设初步建立，优质医疗资源有序有效下沉，基层医疗机构服务能力得到加强，运营效率提升。全年全市基层医疗卫生机构总诊疗量324.17万人次，占比71.55%，比上年增长22.43%。

【全民医保制度】2017年，海口市出台《海口市进一步深化基本医疗保险支付方式改革实施方案》《关于市属二、三级公立医院按病种收费有关工作的通知》，实施按病种付费为主的多元复合式医保支付方式改革。按病种收费的病种数102个；基本医疗保险并入国家异地就医结算平台，实现异地就医直接结算；在新农合将28种慢性疾病的诊治和用药下放基层医疗机构管理报销等。全年全市三项基本医疗保障（职工医保、居民医保、新农合）制度覆盖153.7万人，参保率从2009年的90%左右提高到2017年底的近99%，基本实现基本医疗保障的全民覆盖。

【药品保障制度】2017年，海口市推行药品购销“两票制”（由药品生产企业到药品流通企业开一次购销发票，药品流通企业到公立医疗机构开一次购销发票），落实高值医用耗材阳光挂网采购。从11月1日起，按照省的部署，所有公立医院全面推行药品购销“两票制”，实行省级药品集中采购和耗材阳光采购，有效降低药品耗材虚高费用。同时，在新农合放开允许在基层医疗机构使用慢性病等非基药药品。

【实施医疗控费管理】2017年，海口市卫生局、市发改委、市财政局、市人社局联合印发《海口市控制公立医院医疗费用不合理增长实施方案》，明确控费措施、目标和任务，强化公立医院内部管理，控制公立医院医疗费用不合理增长，减轻群众医药费用负担。全年全市医疗总费用增幅平均6.31%，药占比平均32.16%，百元医疗收入消耗的卫生材料费平均21.48元。

【国家基本公共卫生服务均等化项目】2017年，海口市通过加大宣传、督导力度和严格绩效考核及其结果运用，提高全市居民对基本公共卫生服务项目的知晓率和满意度，以及基层医疗卫生机构的重视程度。全市人均基本公共卫生服务经费标准提高到50元（实际到位补助资金1.1亿元，人均49.40元），全面实施12项基本公共卫生服务。在海口市辖区居住满半年的城乡居民，不论是否本市户籍，均可享受12项基本公共卫生服务。年内，城乡居民健康档案建档数187.14万人，健康管理老年人7.73万人、高血压患者9.22万人、Ⅱ型糖尿病患者3.90万人、严重精神障碍患者9529人，65岁及以上老年人接受中医健康指导服务6.34万人。

医疗健康产业

【明确医疗健康产业发展定位】2017年，海口市明确医疗健康产业的发展定位为：(1)保基本、强基层。以公立医院综合改革为突破口，着力创新体制机制，促进公立医疗机构回归公益性，从根本上缓解群众“看病贵、看病难”问题，提升老百姓获得感。(2)建机制、补短板。一方面提升海口市现有医院的医疗服务水平，另一方面通过引进如上海六院、华山医院、岳阳医院等国内外优质医疗项目，填补医疗服务的短板。(3)抓特色、促产业。把发展医疗健康项目当作一个产业项目来做，努力打造集医疗、养生、康体、旅游为一体的具有热带滨江滨海特色的医疗健康产业项目，使医疗健康产业真正成为海口市现代服务业的龙头产业。

【落实医疗健康产业发展行动计划】2017年，海口市完善《“健康海口2030”行动计划》《海口市医疗健康产业发展“十三五”规划》《海口市推进医疗健康产业发展三年行动方案（2016—2018年）》。具体落实四项工作：（1）结合推进分级诊疗工作，实施分级诊疗与健康服务体系一体化建设，构建均衡发展、联动推进、高效便捷的服务网格。（2）建立医疗管理集团，以医疗集团为平台和载体，构建产权清晰、权责明确、政事分开、监管科学的现代医院管理制度，以此为突破口，系统推进综合医改，不断提升群众的获得感和满意度。（3）以规划为引领，优化产业布局，完善扶持鼓励政策，引进社会资本、民间资金兴办医疗健康产业项目。（4）以创建国家医疗健康大数据区域中心为契机，争取国家医疗健康产业大数据区域中心和医疗健康科技文化产业园区项目落地海口市，加快发展“互联网+医疗健康”产业，打造医疗、医药、旅游、养老、养生、康体以及健康管理等大卫生、大健康产业链。

【国内优质医疗资源引进】2017年，海口市引进一批国内优质医疗资源。（1）与上海六院合作建设海口市骨科与糖尿病医院，填补海南省骨科、糖尿病专科医院空白。医院于11月27日试运行并对外接诊。（2）与复旦大学附属华山医院签订合作协议。年内华山医院共派出专家121人次到海口市人民医院工作，其中会诊和疑难病例分析1051人次，门诊接诊670人次，教学授课108节，开展疑难手术56台，并指导多个学科建设发展，实现华山医院定期指派专家到市人民医院坐诊常态化。12月28日，市人民医院与复旦大学附属华山医院签订共建“复旦大学华山医院专家诊疗工作站”协议，华山医院在市人民医院建立专家诊疗工作站，面积300平方米，设有3个专家诊室、候诊室和专家接待室。（3）与中国中医科学院广安门医院签订医联体合作协议，就广安门医院选派专家来海口市中医医院开展医疗项目、学科建设、人员进修培养及学术合作等达成共识。（4）与上海中医药大学附属岳阳中西医结合医院签订合作协议，整体托管海口市中医医院，全面引进岳阳医院中医优势学科及管理团队，规划建设海口国际中医中心项目。9月28日举行中医国际诊疗中心揭牌仪式和名医工作室授牌仪式。（5）与上海中医药大学签订合作协议筹建上海中医药大学海口国际学院（海口中医药学院）。（6）与上海申康医院发展中心、浙江微医集团、万达信息公司、华润医疗集团、海南恩祥医疗投资有限公司及台湾信和国际健康产业股份有限公司等签订战略合作框架协议、合作意向书等。12月2日在全省香港综合招商签约仪式上，市长倪强和华润健康集团副总裁张宝民共同签署合作框架协议，标示着华润医疗集团即将进入海口市参与医疗健康产业合作，共同打造和发展海口医疗健康产业。（7）与上海六院签署合作举办高峰学术论坛协议，并确定论坛永久落户海口。首次在海口成功举办中国海口·上海六院骨科（糖尿病）联盟高峰论坛，有2名院士和800多名全国骨科领域的知名专家和学者出席。

【打造中医药健康产业示范项目】2017年，海口市通过打造中医药健康产业示范项目，推进“中医药健康产业+”的融合。（1）弘扬本土中医养生优势，打造海南省中医药健康服务示范项目。海口市中医医院于3月被评为海南省中医药健康旅游服务示范项目单位，正在申报创建国家中医药健康旅游示范项目，被确定为海南省中医药健康旅游和服务贸易平台试点单位。（2）引进国内外知名品牌，打造国内外知名示范项目。结合国家2017年中医药发展项目实施方案、海南省中医药健康服务发展“十三五”规划和中医药健康旅游和服务贸易基地建设项目实施要求，与广安门医院、岳阳医院分别签订合作协议，借助海口旅游与环境生态优势，整合北京、上海两地中医特色专科优势和医疗技术、人才优势，通过建立新型的中医药健康旅游办医模式和名中医传承合作方式，打造具有海南行业引领、国内领先、国际知名的医药养生保健、调理疗养、健康咨询、医疗康复、科研和人才培养的中医药健康旅游和服务贸易基地。8月2日，在海口市观澜湖和合中医理疗门诊，由上海中医药大学附属岳阳中西医结合医院和市中医医院选派的专家为40多位俄罗斯游客进行把脉、推拿、火罐、针灸等中医养生服务。

【医疗健康产业人才培养】2017年，海口市多形式、多途径加强医疗人才队伍培养。（1）引进国内品牌教育资源。与上海中医药大学签订合作协议，用3~5年时间，利用其优势中医药教育和医疗资源，打造海口特色专科品牌和中医医疗实体，填补海南中医药专科人才教育的空白。（2）人才请进派出。已签订合作协议的上海六院、上海华山医院、上海岳阳医院、广安门医院等陆续选派专家不定期来市人民医院、市中医医院等开展专题讲座，现场指导。市人民医院、市中医医院等按计划分批分期选派医院管理人员、医生护士等人员到上述机构进修学习1~3个月。（3）推动高峰学术论坛举办，吸引国内外知名专家学者传经讲学。与上海六院签署合作举办的中国海口·上海六院骨科（糖尿病）联盟高峰论坛，吸引众多全国骨科领域的顶尖专家学者出席论坛，让海南的医疗健康产业从业人员享受一次高水平的专业学术盛宴。（4）完善相关政策，引进名医名家、高级人才和国内顶尖学科带头人落户海口，保障医疗健康产业人才支撑。

疾病防控

【疾病防控工作概况】2017年，海口市无甲类传染病报告，共报告乙、丙类传染病20种2.6万例（按审核日期统计），法定传染病发病率1157.65/10万，传染病报告及时率98.59%。全年累计监测霍乱、鼠疫、手足口病等各种重点传染病5090份、狂犬病暴露人群监测2.08万例、登革热布雷图指数调查1.68万户，超额完成各类监测任务。全市累计处置传染病暴发疫情16起，处置疑似、聚集性或散发疫情124起。所有疫情均得到有效控制，没有出现疫情蔓延。及时报告率和调查处理率均100%，预警信息及时处理率98.77%。

【免疫规划】2017年，海口市冷链运转正常，累计入册人数3.41万人，免疫规划疫苗接种73.51万针次，与上年同期基本持平，免疫规划疫苗基础免疫及加强免疫接种率均达到98%的目标要求。及时、规范处置疫苗针对传染病和疑似预防接种异常反应。全年无麻疹、脊灰、白喉、百日咳、乙脑等病例发生，其他疫苗针对传染病发病率均控制在国家规定指标之内。共报告521例AEFI病例，无疫苗质量事故和接种事故，无严重异常反应和死亡病例发生。开展流动儿童专项查漏补种月活动和春秋季入托入学儿童查验预防接种证工作。全市共摸底0~7岁儿童2.28万人，发现漏种疫苗9598针次，补种9274针次，补种率96.6%；督导检查60家托幼机构和学校的查验证落实情况。

【病媒生物监测】2017年，海口市每月开展鼠、蚊、蝇、蟑螂的种群密度和季节消长监测工作，同时开展常用杀虫剂的抗药性监测，完成家蝇对溴氰菊酯、高效氯氰菊酯、氯菊酯、马拉硫磷、残杀威5种常用杀虫剂的抗药性测定，指导病媒生物防制科学用药。组织开展病媒生物防制督查考评和病媒控制专项活动效果评估。召开“海口市纪念爱国卫生运动65周年暨国家卫生城市病媒生物防制工作长效机制研讨会”。

【结核病防治】2017年，海口市进一步规范结核病全程管理和检测，开展结核杆菌培养、药敏试验。全年新发现、登记并免费治疗活动性肺结核患者945例，其中菌阳患者270例，菌阴患者675例。对登记的肺结核患者实行规范化治疗和管理，治疗覆盖率100%。

【职业病防治】2017年，海口市进行职业病诊断咨询及职业健康检查3600人，职业病诊断鉴定2例，新诊断职业病0例、疑似职业病3例、职业禁忌证50例。检测67家工厂企业的工作场所职业病危害因素，其中噪声测定合格率81.9%，工频电场测定合格率100%，粉尘测定合格率96.3%，化学毒物测定合格率99.3%。全市共报告接触有毒有害职业人员7640人，其中接触粉尘作业2616人，接触物理因素作业3349人，接触化学因素作业1675人。

【麻风病、性病、精神病防治】2017年，海口市筛查麻风疑似病例及密切接触者，未发现新发病例，2级畸残病例数为0。全年规范治疗病人2例，期内死亡1人，年末治疗人数1人，规范治疗率100%。各性病门诊开展梅毒检测1000人，各VCT门诊开展梅毒检测1381人、高危人群梅毒检测1300人，阳性病例干预治疗率100%。共开展孕产妇梅毒监测2万例，确诊隐性梅毒60例，梅毒检出率0.03‰；60例梅毒孕妇已分娩12例，所有新生儿梅毒血清检测呈阴性；梅毒孕妇及新生儿均接受正规驱梅治疗，治疗覆盖率及定期随访率100%。全市在册登记精神障碍患者9600人，报告患病率4.32‰，管理率85.56%，规范管理率66.38%，年内启动严重精神障碍免费服用基本抗精神病药物项目。

【艾滋病防控】2017年，海口市共发现HIV阳性288例，随访检测感染者871人，随访检测率85.2%。全市10个VCT门诊共完成艾滋病自愿咨询检测1460例；艾滋病病人和感染者抗病毒治疗覆盖率85.9%；社区美沙酮药物维持治疗年维持率86.2%。开展监管场所羁押人员艾滋病抗体检测、艾滋病哨点监测及高危人群的干预检测工作，共监测1.73万人次，干预高危人群7.1万人次、检测8733人次。通过政府购买服务，利用在民政部门注册成立的6家社会组织扩大工作覆盖面，干预高危人群超2.5万人次，检测超7100人次，阳性关怀900多人。

【狂犬病、手足口病防治】2017年，海口市未报告狂犬病病例。全市狂犬病暴露人群监测2.08万例。报告手足口病病例1.27万例，开展手足口病监测262份，重症病例6~7个月内随访率75%以上。全年无手足口病暴发疫情。

【寄生虫病、地方病防治】2017年，海口市开展疟疾等寄生虫病监测，完成“三热”（临床诊断为疟疾、疑似疟疾、不明原因的发热病人）病人血片制作4010例，复核血片401例；及时处置疟疾病例及疑似病例共10例，其中确诊6例，均为输入性病例。开展碘缺乏病监测，共监测居民食用盐、人群尿碘、水碘等标本2688份。

【慢性非传染性疾病防治】2017年，海口市报告心脑血管病例1.49万例，报告发病率636.43/10万；报告恶性肿瘤3186例，报告发病率142.87/10万。市卫生管理部门指导全市开展基本公共卫生服务居民健康档案、老年人、慢性病患者健康管理项目，老年人、高血压患者、糖尿病患者管理人数分别为6.42万人、8.88万人、3.67万人。全市慢性病综合防控示范区创建工作稳步推进，秀英区、琼山区取得“省级慢性病综合防控示范区”称号，美兰区开展国家级慢病示范区巩固工作，龙华区启动国家级慢病示范区创建工作。

【死因监测】2017 年，海口市报告死亡病例 5864 例，粗死亡率263.79/10 万，乡镇卫生院及以上医疗机构死亡网络覆盖率 98.3%；哨点医院报告伤害监测报告卡 1.09 万张。

【公共卫生监测】2017 年，海口市疾病预防控制机构监测市辖公共场所 213 间次，其中旅店业合格率 94.7%、文化娱乐场所合格率 83.3%、美容理发店合格率 95.7%、游泳场所合格率 75%、图书馆合格率 100%、商城书店合格率 75%、公共交通候车室合格率 0。监测城市和农村生活饮用水 348 份，其中市政出厂水及末梢水合格率均 100%、市政末梢二次供水合格率 76.47%、农村饮用水合格率28.5%。此外还监测全市各类供水单位 1452 家，水样 2585 份，合格率 89.86%。开展医疗机构消毒质量监测，共监测市辖医院、乡镇卫生院等58 间次，合格率 75.86%。开展医院污水监测 40 间次，合格率 80%。

【健康教育】2017 年，海口市进一步健全健康教育网络，覆盖全市 11 类行业共 5000 多家单位。结合各种卫生日，广泛开展健康教育和健康促进活动，共举办健康知识讲座 11 期，大型健康咨询活动 27 次，受益人数 1.08 万人次。开展禁烟、控烟宣传活动，创建无烟场所，对 26 家通过验收的单位授予“无烟单位”称号。改变以往“设咨询台加发传单”的单一方法，探索“互联网 +”模式，设立微信公众号每天推送健康知识，全年推动图文消息 435 条。

【疾控能力建设】2017 年，海口市疾病预防控制中心实验室共 22 类检测领域、595 个项目参数通过海南省质量技术监督局开展的计量认证（扩项）复评审考核；新开展水质中溴氰菊酯项目检测工作；拥有国家生活饮用水卫生标准要求省会市必须具备的 106 项水质检测能力 98 项；A 类仪器设备达标率 93%。

卫生监督

【卫生法治】2017 年，海口市全面落实“谁执法、谁普法”责任制。结合“创建全国文明城市”活动，采取上街设点宣传、行政处罚普法等形式，开展卫生监督普法宣传。共印发各类卫生监督专业法律法规普法宣传资料 6.5 万册；开展行政处罚前教育 144 次，受法律法规教育人数 189 人；分别在海口人民公园和明珠广场开展饮用水卫生与食品卫生安全知识现场宣传咨询活动。举办卫生监督执法人员业务培训班 7 期，市、区执法人员累计参加培训 279 人次，累计培训 4692 学时，平均 54.56 学时；举办卫生监督协管员培训班 6 期，参加培训人数 264 人次；举办监管企业负责人培训班 5 期，累计参加培训 526 人次。

【公共场所、消毒产品卫生监督】2017 年，海口市卫生监督部门出动卫生监督执法人员 1.44 万人次、车辆 3102 辆次，监督检查各类公共场所 8681 间次、消毒产品生产企业 46 家次，覆盖率分别为 97.8%和 100%。共下达卫生监督意见书 7536 份，提出整改意见 1.46 万条，落实 1.43 万条。生产经营单位建档率均 100%，从业人员持健康证上岗率 98.6%。共受理群众公共场所卫生举报投诉案件 61 宗，全部按要求及时现场核实并将处理情况向投诉人或政府服务热线反馈，其中对有违法行为的 32 家公共场所经营单位处以警告、罚款处罚，罚金 3.85 万元。

【传染病防治监督】2017 年，海口市卫生监督部门共出动卫生监督人员 609 人次、监督车辆 324 辆次，开展医疗卫生机构传染病防治工作专项监督检查。监督检查各类医疗机构 271 家次，其中二级以上医疗机构 13 家、社区卫生服务中心 26 家、乡镇卫生院 33 家、其他医疗机构 199 家，下达监督文书 217 份。监督检查内容包括发热门诊和肠道门诊设置、有关制度的落实情况、发热门诊和肠道门诊运作、预检分诊制度落实情况、疫情报告管理情况、医疗废物处置情况、医护人员的培训及个人防护设施等。

【职业卫生和放射卫生监督】2017 年，海口市卫生监督部门出动卫生监督执法人员 340 人次、监督车辆 118 辆次，监督检查职业健康体检机构、职业病诊断机构、放射卫生技术服务机构、放射诊疗机构等各类机构 128 家次，下达卫生监督意见书 103 份，提出整改意见 235 条。进行行政处罚 3 宗。

【学校卫生监督】2017 年，海口市卫生监督部门出动 1316 人次、469 车次，监督检查各类学校 679 间次，下达卫生监督意见书 721 份，提出监督意见 2811 条，已落实 2607 条；进行行政处罚 17 宗，其中警告 15 宗，罚款 2 宗，金额 2000 元。督促学校完善各项卫生管理制度，落实学生晨检、因病缺课追踪登记、生活饮用水卫生管理等制度，抓好教学和生活环境卫生。同时，开展学校春、秋季开学期间的专项卫生监督检查和学校周边环境综合整治行动；与省总队、区卫生监督所联合开展 9 次学校卫生督导检查。

【生活饮用水监督】2017 年，海口市卫生监督部门出动 4319 人次、车辆 1296 辆次，检查供水单位 2814 家次，提出整改意见 5009 条，追踪落实 4327 条，处理投诉 70 宗；进行行政处罚 15 家，处罚金额 1.5 万元。在开展饮用水日常卫生监督同时，重点开展生活饮用水供水单位和水源保护区的日常监督，全面检查各类型供水单位和南渡江龙塘饮用水水源地、永庄水库等水源保护区，以及水源厂水质监控设备、取水设备的运行情况。

组织检查涉水产品的卫生许可批件，标签标识、说明书的内容。

【临床用血监督】2017年，海口市开展打击非法行医、非法采供血专项监督执法检查。全市出动卫生监督执法人员1952人次、车辆712辆次，立案查处无证非法行医场所38户（人）次，罚款23.72万元，没收违法所得3万元，没收违法药品器械29件。全市未发现有非法采供血行为。

【医疗机构监督】2017年，海口市出动卫生监督执法人员9342人次、监督车辆3947辆次，监督检查各级各类医疗卫生机构3848户次，监督覆盖率100%。立案查处各类违法行为97宗，警告39宗，没收违法药品器械29件，没收违法所得3.06万元，罚款40.74万元。其中，查处无证非法行医场所38家（人），查处典型“两非”案件6宗。对各类医疗机构下达不良执业行为记分通知书65份。全市共受理群众举报投诉案件和相关舆情事件39宗，及时现场调查处理39宗，调查处理情况反馈39宗，核实违法事实立案查处19宗。

【打击“两非”】2017年，海口市卫生监督部门出动卫生监督执法人员1729人次，监督车辆814辆次，监督检查各类医疗机构1012家次，监督母婴保健服务机构48家。联合计生、食药监、公安等部门开展常态专项联合执法行动18次，立案查处典型“两非”案件6宗，没收医疗器械3件，没收违法所得7268元，罚款10.5万元。

【重大活动公共卫生安全保障】2017年，海口市卫生监督机构先后承担省市“两会”、博鳌亚洲论坛、环海南岛国际公路自行车赛、全国森林资源管理工作会议、高考等11项重大活动公共卫生安全保障工作。累计出动监督人员356人次，监督车辆123辆次，责成活动承办单位签订公共场所卫生安全责任承诺书32份，现场快速检测公共场所空气质量864项次，泳池水质74份，饮用水质现场快速检测21份126项次；监督检查9个高考考点学校共46（间）次，下达监督意见书19份，提出整改意见81条，追踪落实整改到位78条。

妇幼保健

【妇幼保健工作概况】2017年，海口市各级妇幼保健机构围绕“一法两纲”，坚持“以保健为中心，以保障生殖健康为目的，面向基层，面向群体”的妇幼卫生工作方针，为全市妇女儿童提供系列的保健服务，努力完成“两纲两规”各项群体保健指标，降低孕产妇和5岁以下儿童死亡率，保障妇女儿童身心健康。全市孕产妇住院分娩率100%，农村孕产妇住院分娩率100%；农村高危孕产妇住院分娩率100%；孕产妇保健覆盖率98.75%；孕产妇系统管理率98.06%；婴儿死亡率3.57‰；5岁以下儿童死亡率5.0‰；7岁以下儿童保健覆盖率94.16%；3岁以下儿童系统管理率85.64%；5岁以下儿童低体重率2.65%；低出生体重发生率3.4%；6个月内母乳喂养率92.6%；孕产妇中、重度贫血患病率7.46%；妇科病普查普治率62.05%；完成免费婚前检查7609人，检查率28.19%；出生缺陷发生率124.33/万；孕产妇死亡率8.40/10万。开展新生儿遗传代谢病筛查2.32万人，筛查率97.56%；新生儿听力筛查2.32万人，筛查率97.5%。

【孕产妇及儿童保健】2017年，海口市早孕建册2.17万人，早孕建册率91%；产检2.33万人，产后访视2.06万人，产后访视率86.71%。0—3岁儿童接受中医健康指导服务5.35万人；0—6岁儿童接受健康管理17.59万人，管理率95.76%；3岁以下儿童系统管理6.27万人，系统管理率85.64%；新生儿访视2.12万人，访视率86.29%。

【农村妇女“两癌”免费筛查】2017年，海口市在各乡镇开展“两癌”筛查，共完成宫颈癌筛查2.69万例，乳腺癌筛查4.32万例，超额完成省卫生厅下达的任务数。

【艾滋病、梅毒和乙肝母婴阻断】2017年，海口市完善各种原始登记，组织开展孕产妇艾滋病、梅毒和乙肝监测工作，做好信息收集汇总和上报，加强督导考核和质量控制，追踪随访阳性病例。全年接受艾滋病检测的孕产妇3.91万人，孕产妇HIV抗体检测率89.89%，其中感染HIV的孕产妇5人，均得到HIV母婴阻断干预治疗，母婴阻断率100%。孕产妇梅毒检测4.34万人，筛查率99.68%；接受乙肝检验人数4.35万人，乙肝表面抗原检测筛查率99.88%，母婴阻断率99.7%。

【妇幼保健基层培训】2017年，海口市举办各类妇幼保健培训班13期，培训基层妇幼保健人员1665人。培训内容包括妇幼卫生信息报表要求和填报、孕产妇和0~6岁儿童健康管理适宜技术、新生儿复苏技术、母婴专项技术理论及操作、艾滋病梅毒和乙肝母婴传播防治技术、儿童保健适宜技术和孕产妇死亡监测技术等。

医疗工作

【医政管理】2017年，海口市深入开展“进一步改善医疗服务行动计划”活动，组织专家组对市属各医院开展考核评估通报，进一步强化医疗机构内部管理，改进医疗服务质量，提升人民群众的就医感受。市人民医院在改善患者就医感受，深入落实2017年度“进一步改善医疗服务行动计划”活动中表现突出，受到国家卫计委的通报表扬；该院白树堂同志获得首届“白求恩式好医生”荣誉称号。

【医疗技术创新】2017年，海口市人

民医院开展富血小板纤维蛋白在后牙位点保存术中的应用、超声引导下经下肢股静脉置入PICC导管、软性输尿管镜术、血液透析—人工肝治疗术、植入式给药装置植入术等新项目15项。市妇幼保健院开展儿童高渗盐水激发试验、Hayman子宫缝合术在高危孕妇剖宫产产后出血中的应用、导乐陪伴分娩、千聊直播平台在手术室护理教学授课中的应用、呼出气一氧化氮（FeNO）测定在儿科的应用、应用品管圈活动降低剖宫产产妇术中仰卧位低血压的发生率、穴位贴敷治疗、降低静脉留置针非计划性拔管、血清淀粉样蛋白A等新技术新项目9项。市第三人民医院开展外周静脉置入中心静脉导管（PICC）在危重新生儿的应用与护理、腔镜胃肠肿瘤手术、腔镜甲状腺手术、泌尿腔镜新技术、肛肠治疗应用新技术新项目5项。市第四人民医院开展“聚合酶链反应（PCR）检测技术”、急性脑梗死tt-pA静脉溶栓治疗新技术新项目2项。

【医疗急救】2017年，海口市120急救中心接处警电话12.88万次，市120急救出车2.48万次，网络医院出车7215次，平均接处警时间60秒，呈逐年缩短趋势。接诊病人1.66万名，现场救治成功率98.63%，其中危重症患者1843名、抢救成功率89%，心肺复苏成功22例。参与22起突发事件医疗救援，参与重大活动和会议医疗保障89次，确保活动和会议的顺利开展。

【医疗机构药事管理】2017年，海口市各医院加强临床抗菌药物合理使用，严格执行抗菌药物分级管理制度，建立抗菌药物遴选和定期评估制度，加大抗菌药物临床应用相关指标控制力度，定期开展抗菌药物临床应用监测与评估，加强细菌耐药监测。市人民医院每季度对抗菌药物使用量和使用金额前10名医师和药品进行用药合理性检查考评并全院公示，对不合理使用率超过50%抗菌药物予以暂停使用。市第三人民医院每季度对抗菌药物使用量进行合理性用药检查考评并全院公示，对使用药品超标的医务人员进行诫勉谈话，对药品比例超标的科室停发主任及超标医师绩效，对不合理使用率超过50%的抗菌药物予以暂停使用。

【医院感染管理】2017年，海口市为进一步加强基层各医疗机构医院感染控制工作，举办一期基层医疗机构医院感染管理知识培训班，二、三级医疗机构结合自身情况建章立制，开展医院感染管理相关培训、医院感染监测与管控等工作，全市卫生行政部门审批管理的医疗机构均与医疗废物集中处置单位——益丰达公司和惠康华公司签订协议，医疗废物均由该公司集中无害化处置。全年没有发现医疗机构自行处置医疗废物情况。全市各级各类医疗卫生机构均按要求建设污水处理设施。

【疾病应急救助】2017年，海口市卫生局按照《海口市疾病应急救助方案》《海口市疾病应急救助基金管理暂行办法的通知》，印发《关于做好我市疾病应急救助基金申报工作的紧急通知》，要求各医疗机构认真做好疾病应急救助基金的申报工作，及时将收治费用情况向市合管办申报。年内，向市财政局申请给2名患者拨付救助基金132.43万元。

【继续医学教育及科研】2017年，海口市鼓励市属各医疗卫生单位申报科研项目开展医学科研。全年市卫生系统获批科研立项29项，其中国家自然科学基金5项，省级科研立项24项；成功完成科研项目验收104项；获海口市科技进步奖一等奖1项，二等奖2项，三等奖3项。举办国家级继续医学教育项目11项，参加培训727人次；省级继续医学教育项目20项，参加培训2000人次；举办市级继续医学教育培训50期，参加培训5000人次。完成全市继续医学教育审核工作，审核继续医学教育对象1.12万人，其中继续医学教育学分达标人数8293人，达标率74.17%。全年共发表论文246篇，其中SCI论文11篇，中华级论文5篇，中文核心47篇，中国科技期刊27篇，统计源期刊60篇，普通期刊96篇。

【医疗技术交流与合作】2017年，海口市人民医院安排对外交流活动13项，接待97人次，派送医护人员25人次赴省外进修学习，选派2100人次到省外参加学术会议。市中医医院与上海中医药大学附属岳阳中西医结合医院签订合作协议，岳阳医院派出6名专家到市中医医院开展短期指导工作，市中医医院派出8名业务骨干和管理人员到岳阳医院进修学习，医院医务人员外出参加学术交流及短期培训700人次。市妇幼保健院派出8名医师到省外参加培训，邀请北京律师、省外专家、院内专家进行全院性业务授课42次，4000余人次参加业务学习。市第三人民医院选派36人次外出进修及参加学术会议。市第四人民医院派人参加省内学术交流13次，培训143人次，选派2名医生到北京安贞医院进修学习颈动脉内膜剥脱术、脑卒中内科治疗。市120急救中心举办国际创伤生命支持培训3期，培训55人次；基础生命支持培训班6期，培训100人；高级生命支持培训班5期，培训64人；志愿者认证培训6期，培训248人；外出普及培训169场次，培训1.3万人。

中医事业

【中医保健机构管理】2017年，海口市继续开展中医养生保健服务机构准入试点。市卫生局与海口电视台合作，举办健康大讲堂栏目；组织开展“养生海南岛健康进社区”活动，普及中医养生保健知识；组织海口市中医养生保健协会对机构及人员进行培训，共举办2期，培训200多人次；组织市中医养生保健协会检查、指导辖区内的中医养生保健服务机构。

【中医医院建设】2017年，海口市中医医院面向社会公开招聘中医住院医师18名。为使治疗方案更加规范、临床用药更加合理，从严控制医药费用，提高医疗服务质量，11个临床科室开展临床路径、单病种管理工作，每个科室至少覆盖5个病种。在名科建设方面，市中医医院国家级重点专科——肺病科、推拿科被评为国家级重点专科建设项目；针灸科、骨伤科、妇产科、脑病科被评为省级重点专科建设项目；每个重点专科至少开展4项中医医疗技术。

【中医科研】2017年，海口市中医医院获得省科技厅立项自然科学基金项目4项、省重点研发计划项目1项、省卫计委立项行业科研项目1项。全年发表学术论文47篇，其中中文核心期刊15篇、中国科技核心期刊论文30篇、省级刊物2篇。

【中医服务能力建设】2017年，海口市卫生局派出5位具有丰富经验的副主任中医师参与基层中医能力提升工程工作，指导各卫生院和社区卫生服务中心按标准建设中医药综合服务区，向基层推广中医中药治疗服务。年内，全市有41家基层医疗卫生机构建成中医药综合服务区及8家基层国医馆，可提供6类以上中医药技术方法的镇卫生院和社区卫生服务中心分别为18家和23家，可提供4类以上中医药技术方法的村卫生室62家，基层医疗卫生机构为城乡居民提供中医药服务能力得到明显提升。全市有一家全国名老中医药专家傅汝梅传承工作室；3位老中医药专家获得“第六批全国老中医药专家学术经验继承工作指导老师”称号，6位中青年业务骨干当选该项目继承人。

基层卫生

【农村医疗设施建设】2017年，海口市有镇卫生院及分院26家，其中秀英区7家、龙华区4家、美兰区6家、琼山区9家。根据“一村一室”原则，应建村卫生室数231家，已建村卫生室231家，覆盖率100%。进一步推进镇卫生院、村卫生室标准化建设。年内，永兴镇中心卫生院、龙塘镇中心卫生院、旧州镇卫生院、海秀卫生院、遵谭镇卫生院、新坡镇卫生院、龙桥镇卫生院、三江镇卫生院、石山镇卫生院、西秀卫生院、大坡镇卫生院、大坡卫生院谭文分院、三门坡镇卫生院通过省级标准化乡镇卫生院评审，美兰区演丰镇中心卫生院被列为省基层医疗机构标准化建设试点单位。

【农村卫生人才队伍建设】2017年，海口市印发《〈海口市乡村医生支持计划（2016—2020年）〉的通知》，计划通过10年左右的努力，基本建成一支素质较高、适应需要的乡村医生队伍。加快推进镇村卫生服务一体化管理，促进建立基层首诊、分级诊疗制度，为农村居民提供安全、有效、方便、价廉的基本医疗服务和均等化的基本公共卫生服务，不断提升农村基本医疗服务的公平性和可及性。开展农村订单定向医学生免费培养工作，2015—2016年委托市中医药学校培训的150名“农村医学”乡村医生中的70名乡村医生已实习。全年开展农村卫生人员培训班20期，培训3834人次。至年底，全市镇卫生院有卫生人员1366人，村卫生室医务人员257人，其中获乡村医生证书257人，有执业（助理）医师资格218人。

【家庭医生签约服务】2017年，海口市卫生局加强家庭医生签约服务指导。举办家庭医生签约服务有关政策培训班，培训400多人。组织各基层医疗卫生机构医务人员进社区、进乡村，宣传家庭医生签约服务，开展现场签约。通过《海口日报》等媒体加大家庭医生与居民签约服务宣传。至年底，全市129家基层医疗卫生机构开展了签约服务工作，常住人口签约80.39万人，签约率36.16%；重点人群签约28.86万人，签约率53.57%。

【新型农村合作医疗】2017年，海口市有143.91万人享受新农合补偿，补偿金额3.23亿元。其中，住院补偿4.57万人次，补偿金额2.7亿元；门诊统筹补偿136.8万人次，补偿金额3983.97万元；正常分娩3294人次，补偿金额164.65万元；慢性病门诊补偿2.22万人次，补偿金额1220.06万元。新增海南省农村信用社社保移动终端缴费和海南省农村信用社微信公众号缴费2种缴费方式，总计缴费方式5种，参合居民缴费更加方便快捷。6月22日，海口市新农合、大病医疗保险及民政医疗救助“一站式”即时结算服务上线运行，率先在全省利用信息网络系统，实现参合居民在市内各级医疗机构看病就医新农合、大病医疗保险和民政医疗救助“一站式”结算服务，进一步简化医疗费用报销补偿和医疗救助程序，申请医疗救助的审批时间由过去1个月左右缩短到1天。年内，实现“一站式”结算2469人次，总补偿金额2237.79万元，其中新农合补偿1606.34万元、大病保险补偿112.16万元、民政医疗救助507.6万元。推进新农合异地就医结算工作。全年全市到外省市异地住院就医患者出院结算37人次，总医药费用159.87万元，新农合报销77.9万元；外省市患者在海口市异地住院结算144人次，总医药费用239.16万元，新农合报销85.98万元。

【社区卫生服务管理】2017年1月，海口市组织专家组专项督查全市9家民营医疗卫生机构，内容包括居民健康档案管理、居民健康档案项目资金管理、依法执业、医疗保险4个方面。4月10—20日，对22家社区卫生服务中心进行机构绩效考核通报，督促整改存在的问题。为进一步理顺社区卫生服务管理体系，按照《海口市人民政府办公厅关于印发海口市推进紧密型医联体建设实施方案的通知》要求，年内对所辖街道内的社区卫生服务站由社区卫生服务中心委托或购买其服务。6月19日，全市26家社区卫生服务中心下放各区卫生局管理。

【医疗下乡】2017年，海口市卫生局按照《海口市2017年文化科技卫生“三下乡”活动工作方案》，安排5家市属医疗机构在4个区开展医疗卫生义诊咨询、卫生防病健康教育宣传，深入乡镇为群众服务，共派出医师25人次，护士60人次，药（剂）师8人次，义诊560人次，现场活动诊疗患者2人。免费测血压和测血糖120余次，发放宣传材料1000余份，免费发放药品1200元。安排5家市属医疗卫生机构到市区公共场所以及海口市各乡镇对帮扶的贫困户及当地群众开展精准扶贫巡诊活动，免费为当地患者提供送医送药服务。

【城乡医疗对口支援】2017年，海口市印发《海口市2017年度城乡医院对口支援工作实施方案》，确定市属5家二级以上医院对口帮扶全市所有镇卫生院，并采取分片包干的方式，安排11批231名医护人员下乡开展对口帮扶，促进城市优质医疗卫生资源下沉到基层，进一步提升基层医疗机构服务能力和水平。

（何定培）

爱国卫生

【爱国卫生工作概况】2017年，海口市爱国卫生工作以巩固提升创国家卫生城市成果，举办纪念爱国卫生运动65周年暨第29个爱国卫生月活动；以开展健康城市、健康村镇建设试点的前期准备工作为重点，推进农村改厕、病媒生物防制、健康教育、卫生先进单位和卫生村镇创建等工作。

【海口市获“国家卫生城市”称号】2017年1月9—11日，海口市创建国家卫生城市接受全国爱卫办组织专家技术评估并一次性通过；4月12日，通过全国爱卫会组织的专家综合评审；4月15—28日，进行为期两周的公示。7月14日，全国爱卫会授予海口市“国家卫生城市”称号。

【农村改厕】2017年，海口市政府办公厅印发《海口市2017年农村改厕项目管理实施方案》。市爱卫办通过举办农村改厕技术培训班、编印农村改厕技术宣传资料、制作标准三格无害化粪池模型、深入农村改厕家庭现场指导等，完成农村改厕任务，群众满意率100%，质量合格率99%。农村改厕资金由市、区两级财政扶持补贴900元/户，剩余部分农民自筹。农村计划生育“两户”（独生子女户、两女户）改厕除享受900元扶持补贴资金标准外，另按规定每户奖励1500元。全年建设（改造）农村三格式化粪池家庭卫生户厕7400户，累计建设（改造）农村卫生户厕17.03万户，覆盖率93.58%

【病媒生物防制】2017年，根据《海口市病媒生物防制规划（2015—2017年）》《海口市病媒生物防制基础设施建设方案》，海口市继续加大病媒生物防制投入，病媒生物防制市场化运作全覆盖建成区公共环境。按照《海口市病媒生物预防控制管理办法》《海口市病媒生物预防控制经营服务机构管理办法》，对PCO（病媒生物预防控制经营服务机构）依法实行常态化监督管理，采取“双随机一公开”的方法抽查城乡病媒生物防制工作。以治理病媒生物孳生地为主，有的放矢地组织开展灭鼠、灭蚊、灭蝇、灭蟑专项活动，建成区病媒生物防制达标成果持续巩固。石山、遵谭、新坡、演丰、灵山、三江、大致坡、云龙8个镇病媒生物防制工作基本达到国家控制水平C级要求，通过省爱卫会考核验收。

【健康城市健康村镇建设】2017年6月，海口市政府印发《海口市健康城市健康村镇建设发展规划》，市爱卫办制定《2017年海口市健康城市健康村镇建设试点工作方案》。拟定海口市为省健康城市建设试点，省级健康镇建设试点7个，健康村建设试点20个，市级健康镇建设试点4个，健康村建设试点43个。制订《海口市健康医院标准》《海口市健康学校标准》，健康细胞（医院、学校）繁殖工作示范点取得初步成效。建设健康步道200多千米。

【卫生村镇和先进单位创建】2017年，海口市新创建“海南省卫生镇”2个、“海南省卫生村”10个、“海南省卫生先进单位”10个、“海口市卫生村”25个、“海口市先进单位”49个；通过复查历年被评为“海南省卫生村”113个、“海南省卫生先进单位”243个、“海口市卫生村”224个、“海口市卫生先进单位”407个。启动云龙镇创建国家卫生镇工作。

【爱国卫生运动】2017年4月14日至5月14日，海口市爱卫办组织策划承办海南省爱卫会主办的纪念爱国卫生运动65周年暨第29个爱国卫生月活动启动仪式，海南省纪念爱国卫生运动65周年画展、知识竞赛暨文艺演出活动等海口主会场活动，共有70多万人次参加爱国卫生月活动。协助中央电视台摄制反映海口市爱国卫生运动成就的电视专题片。12月3—5日，在海南国际会议展览中心承办“2017年全国爱国卫生运动学术论坛”，参加论坛的有世界卫生组织驻华代表、联合国儿童基金会驻华代表、中国工程院院士、部分城市市长、各省市爱卫办领导，以及各地区卫生、水务、环保、病媒生物防制等各界精英1300多人。组织爱国卫生监督员复查考核103个历年被评为省、市卫生村的村庄，对卫生水平滑坡的，按省、市卫生村标准指导整改。在2017年海南省爱卫会组织的全省爱国卫生工作督导中，海口市爱国卫生工作综合分数84.3分，排名第一。

【健康教育和健康促进工作】2017年，海口市在广播电视、报刊分别设立健康教育栏目，在重点场所规范张贴禁烟标识，在学校、街道、社区、公共场所、医院、机关、企事业、城中村、城乡结合部、住宅小区等市民集中活动的场地设立健康教育宣传栏，并设立健康主题公园7个、健康步道12条，以社区（行政村）为单位，便捷体育健身设施建设率97.8%以上。按照《海口市2017年健康教育专项活动考评方案》，组织市、区健康教育所两次专项考评机关单位健康教育和健康促进，健康素养水平27.1%。

【卫生难点热点投诉和政协委员提案办理】2017年，海口市爱卫办受理椰城纠风热线监督报道短片2宗，现场受理市民投诉2宗，及时处理率100%，群众满意率100%。受理12345转来市民投诉件4宗，市民信访件1宗，及时处理率100%，群众满意率100%。受理市政协委员提案5宗，现场调研和答复满意率100%。

（何荣真）

（编辑：赵华锋）

体　育

【体育工作概况】2017年，海口市有各类体育场馆2784个，社会体育指导员5927人，全年举办群众体育活动约1490场，参与人数106万人。组织开展国际级大型体育赛事活动5项，举办其他竞技比赛活动28项，海口市运动员参加全国级比赛共获得前八名91个，其中金牌16枚、银牌14枚、铜牌24枚；参加省级比赛获得前八名186个，其中金牌70枚、银牌56枚、铜牌54枚。海口市冠名的船队“海口号”获得第八届环海南岛国际大帆船赛IRC1组的冠军。

【体育设施建设】2017年，海口市推进海口湾帆船帆板基地公共游艇码头项目建设，项目位于西海岸西秀海滩段北侧，港池水域面积约为18.8万平方米，陆域使用面积4.65万平方米，总投资额约3.72亿元，涵盖444个游艇泊位及相关配套设施。继续建设中国足球（南方）训练基地。年内，海口市用体彩公益金投入1060万元，在城乡配建安置230套1960件全民健身路径、篮球架40副、排球架40副、户外乒乓球桌121张。市绿管所投入“双创”资金40万元在城市绿地新添8套56件全民健身路径，省文体厅在海口市建设19套228件全民健身路径。

【中国足球（南方）训练基地项目建设】中国足球（南方）训练基地位于海口观澜湖度假区规划范围内。计划建设30片国际标准化足球训练场以及相关配套设施，总投资额18.4亿元，于2015年10月开工建设。一期建设17个足球训练场，截至2017年建成8个足球训练场。至2017年底，项目建筑物区域场地清表完成100%；建筑物基础开挖完成70%，其中球员公寓、更衣一区、室内足球馆、足协办公楼、人防地下室基础开挖完成100%，医疗健身中心基础开挖完成80%，业余训练中心基础开挖完成30%；球员公寓、更衣一区、室内足球馆、人防地下室垫层浇筑完成，球员公寓基础承台施工完成60%；1号塔吊安装完成，2号塔吊基础完成；临建区域搭设安装完成95%。完成投资额3.68亿元，累计完成投资7.66亿元。

【首家由巴塞罗那俱乐部直管的足球学校成立】2017年2月俱乐部24日，西班牙巴塞罗那足球俱乐部与中国观澜湖集团在海口签订合作协议，双方将合资共建中国首家巴塞罗那足球学校和足球互动体验区。这是巴萨118年历史以来首次在中国建立直管的国际级足球学校，足球学校将引入培育出梅西、哈维、伊涅斯塔等足球巨星的拉玛西亚青训模式，并将其打造成巴塞罗那足球学校的亚洲总部，每年定期举办“巴塞罗那足球学校国际锦标赛”及高端国际足球论坛等赛事和活动。规划建造7片足球场地，招收6~15岁业余足球运动爱好者接受足球培训；协助海口本地学校组建校队，参加由教育部举办的“校园足球”系列比赛；组织冬/夏令营活动，推广西班牙先进的足球理念及文化；举办各种级别的教练员理论和实践培训班，培训国内及亚洲地区的足球教练。9月1日，海口巴萨足校正式运营，注册学员60余名；年内组织开展各项培训活动，受训学员500多人。

【群众体育】2017年，海口市继续以打造全民健身品牌活动为抓手广泛开展全民健身活动，推进全民健身活动深入、持续开展。（1）整合全市现有的全民健身活动资源，首次推出“爱海口·动起来”海口全民健身运动推广季，打造全民健身新品牌，提升全民健身活动规模，分上下半年两季举行。第一季活动从1月开始至3月结束，共举办酷跑、太极、徒步、广场舞、太极拳（剑）、街舞、大讲堂、快闪、趣味运动会、排球、骑行、足球、篮球等13个项目活动，共开展活动37场（81场次），1万人次参与。第二季活动于6月至11月持续开展，活动内容包括羽毛球、瑜伽、足球、篮球、农民排球、健身操和健身气功等10余项运动，共40场（396场次），5万余人次参与。（2）成功举办海口市足球联赛、海口市篮球联赛等海口传统群众体育品牌赛事。至2017年，海口市篮球联赛已举办20周年，本年度的篮球联赛有24支球队参赛。本届海口市足球联赛设置甲级、超级两个级别赛分别举行，全年共进行98场比赛。（3）在

“2017海南亲水运动季”中组织开展“2017海口市亲水节运动季”，发挥海口热带滨海岛屿自然生态优势，推广具有海口地域特色的全民健身活动。活动于8月8日启动，至11月结束，有水上嘉年华、游泳技能培训、沙滩寻宝、泡泡跑、沙滩花妆趣味跑、游泳赛、沙滩足球赛、溺水自救互救知识讲座与技能培训活动、国庆欢乐汇等内容。（4）组织策划开展海口美舍河凤翔湿地公园青少年轮滑刷街赛、海口美舍河凤翔湿地公园定向运动挑战赛、海口美舍河凤翔湿地公园荧光徒步活动、海口美舍河凤翔湿地公园“喜迎十九大”徒步活动、海口美舍河凤翔湿地公园亲水flow运动嘉年华、海口美舍河凤翔湿地公园重阳节太极展演、海口美舍河凤翔湿地公园体育趣味运动会、海口市全民健身啦啦操舞展示活动、海口美舍河凤翔湿地公园穿越海口·城市定向赛、海口市全民健身大展演活动、海口市武术展示暨全民趣味活动、海口市全民健身操舞文化推广活动、海口美舍河凤翔湿地公园瑜伽文化体验活动、海口美舍河凤翔湿地公园太极文化大展演、2018海口全民健身迎新运动嘉年华、迎新年海口市全民健身汇演活动、海口绿色家庭·亲子文化趣味赛等系列活动，参与人数近万人。既推动全民健身的发展，同时也宣传海口市生态修复的成果。（5）先后举办云龙镇徒步活动、海口市第九届小学幼儿园国际象棋联赛、海口市第二十七次“全国助残日”残疾人飞镖比赛、海南海口第二届友谊桥国际男篮挑战赛、海口市“椰城杯”中学生足球赛、海口市气排球邀请赛、海口市第三届“工会杯”职工乒乓球赛、海口市直机关工间操比赛、“新燕泰·国际旅游岛杯”全国业余围棋公开赛、易建联全国三人篮球赛（海口站）、海口市广场舞大赛、海南省第十届老年人运动会气排球选拔赛暨宣传推广活动、海口市社区广场舞大赛、海南省第四届全国高校校友羽毛球联赛、海口市直属机关干部职工篮球赛、“欢庆十九大”为爱开跑公益活动、“为爱奔跑”娱乐清氧跑·海口站、海口骑行文化系列活动、微马赛·10千米跑、中国职业飞镖选拔赛、全国航空模型公开赛（海口站）、璀璨海口·魅力夜跑活动、乐活时尚·优雅骑行、海口市幼儿园武术健身操暨幼儿专项体能赛、第一届海口市“市长杯”校园足球邀请赛等25场群众性体育活动。

【竞技体育】2017年，海口市举办2017第八届环海南岛国际大帆船赛（海口站）、2017第十二届环海南岛国际公路自行车赛（海口赛段）、2017海口国际沙滩马拉松赛、“一带一路”杯海口国际沙滩足球邀请赛、2017年国际旅游岛帆板大奖赛5项国际级大型体育赛事活动，参与活动的国家有50多个、人数100多万人次。同时还组织中国·海口FISE国际极限运动预热巡演、中国帆船帆板国家队开放日活动、2017年全国青少年“未来之星”阳光体育大会海南分会场活动、“爱海口·动起来”2017首届海口全国青少年足球邀请赛、2017全国沙滩排球巡回赛总决赛、2017年海口市直属机关羽毛球混合团体赛等多项全民竞技体育赛事活动。

【海口国际沙滩马拉松赛】2017年11月5日下午在海口市西海岸假日海滩开跑。由中国田径协会、海口市人民政府联合主办。共进行男女沙滩马拉松（10.5千米）以及男女迷你沙滩跑（2.5千米）两项比赛。有20个国家和地区的3000多名专业及业余运动员参赛。赛事也得到海口市当地民众的广泛参与，其中男女迷你沙滩跑中有1000多名选手是来自海口市各部门政府机关的工作人员及群众代表。最终两名肯尼亚选手分别夺得10.5千米组男女冠军。在上海举行的2017年中国马拉松年会中，海口国际沙滩马拉松赛荣获中国田径协会2017年“中国马拉松自然生态特殊赛事奖”和“中国马拉松银牌赛事”两项大奖。海口市是唯一荣获中国马拉松自然生态特殊赛事奖”的城市，也是此次年会中唯一荣获两项大奖的城市。

【“一带一路”杯海口国际沙滩足球邀请赛】2017年11月10—12日在海口白沙门公园沙滩足球场举行。本次比赛邀请中国队、阿富汗队、马来西亚队、阿曼队4支队伍参赛。最终，阿曼队获得冠军。2017中国足球协会“一带一路杯”海口国际沙滩足球邀请赛是国际A级赛事，由国际足联和参赛国所在洲足联批准，中国足球协会和海口市人民政府联合主办，海南省足球协会和海口市文化广电出版体育局共同承办，海口市美兰区人民政府和欢赢体育共同协办，并由欢赢体育独家运营。

【2017第四届国际旅游岛帆板大奖赛】2017年11月15—19日在海口市西海岸举行。由海南省文化广电出版体育厅、海口市人民政府主办，海南省体育赛事中心、海口市文化广电出版体育局、海南体育职业技术学院、海南省帆船运动协会共同承办，本届赛事由海南中体联合赛事有限公司运营。共有来自国内16个省、市、自治区及日本、英国、德国等国家的近20家帆板俱乐部近200名选手参加比赛。大奖赛分为场地赛、团体赛、对抗赛、障碍赛，其中场地赛设有男子组、女子组以及青少年组。其中，团体赛和障碍赛是首次增设，比赛难度有所增加，竞赛体系逐步与国际接轨。

【体育队伍建设】2017年，海口市被授予国家二级运动员荣誉称号的运动员有101名，其中田径二级运动员24名，游泳二级运动员1名，举重二级运动员3名，高尔夫二级运动员2名，篮球二级运动员31名，乒乓球二级运动员3名，羽毛球二级运动员37名。全年共举办4期社会体育指导员培训班，新增二级社会体育指导员140名、三级社会体育指导员237名，全市共有社会体育指导员5927名，按照2016年海口市户籍人口约167.03万人计算，全市每千人口拥有社会体育指导员约3.55名。

【体育社会团体】2017年，海口市成立海口市极限运动协会、海口市徒步协会、海口市摩托车运动协会、海口市扑克运动协会、海口市空竹运动协会、海口帆船帆板协会、海口市钓鱼运动协会7个市级单项体育协会，以及海口风启风帆冲浪俱乐部1个市级单项体育俱乐部。全市有市级单项体育协会33个、综合体育协会2个、单项体育俱乐部15个。

【海口帆船帆板训练基地】2017年1—3月和11月，接待国家帆船帆板队、四川队、海南队冬训，队员约400多人。新基地中心大楼于9月完工，正在办理移交手续，基地工作人员搬迁回中心大楼，着手大楼内部设施配置工作。船库、滑道于4月开工建设，7月完工，正在进行优化改造。

【市体育运动学校】在2017年海南省青少年锦标赛上，学校各项比赛成绩显著，沙滩排球队获金牌3枚、银牌2枚、铜牌1枚。男子排球队获第3名，女子排球队获第2名。羽毛球队获金牌1枚、银牌5枚、铜牌5枚；男子团体第3名，女子团体第3名。游泳队获金牌18枚、银牌14枚、铜牌15枚；男子团体第1名，女子团体第4名。举重队获金牌20枚、银牌10枚、铜牌3枚；男子团体第4名，女子团体第2名。足球获第1名。男、女篮球队均获第3名。田径队获金牌12枚、银牌14枚、铜牌12枚；13~14岁组男子团体第1名，女子团体第4名；15~17岁组男子团体第4名，女子团体第2名。乒乓球队获金牌2枚、银牌4枚、铜牌4枚；团体赛男子第8名，女子第1名。每个队均获体育道德风尚奖。达到等级运动员情况：乒乓球队有3人获一级运动员证书；3人获二级运动员证书；游泳队有1人获二级运动员证书；男子篮球队有6人获二级运动员证书，女子篮球队有4人获二级运动员证书；沙滩排球队有5人获一级运动员证书。

【市体育工作队】2017年，海口市体育工作队有编制17名，实有行政人员6人，教练员4人（正高1人、副高1人、中级2人），医生1人，运动员6人，集训队员30人。设有男女举重项目，是争金夺牌的主要项目。蒙成为国家举重一队运动员，张量为国家队正编教练员。运动员、教练员、医务人员全部按国家体育总局有关专业队管理条例进行管理，享受专业队待遇。年内参加全国赛共获得3枚金牌，2枚铜牌，2个第5名，1个第7名。被人力资源和社会保障部、国家体育总局共同评选为全国体育系统先进集体。

2017年海口籍运动员体坛荣誉表

项目	姓名	性别	竞赛名称	时间	地点	赛项	成绩
举重	蒙　成	男	中华人民共和国第十三届运动会	9月	天津	56公斤级比赛	第三名
举重	俸林梅	女	中华人民共和国第十三届运动会	9月	天津	48公斤级	第七名
游泳	闫思宇	女	中华人民共和国第十三届运动会	9月	天津	游泳公开水域女子10公里	第三名
举重	杨利金	女	2017年“正星杯”全国女子青年举重锦标赛	3月	浙江海宁	48公斤级	抓举第一名，挺举第八名，总成绩第五名
举重	胡鑫柱	男	2017年“正星杯”全国男子青年举重锦标赛	3月	浙江海宁		抓挺举第二名，总成绩第五名
举重	金锦超	男	“体育彩票杯”2017年全国冠军赛	10月	陕西宝鸡		抓举第一名，挺举第一名，总成绩第一名
举重	胡鑫柱	男	“体育彩票杯”2017年全国冠军赛	10月	陕西宝鸡		抓举第一名，挺举第一名，总成绩第一名
举重	谷　峰	男	“体育彩票杯”2017年全国冠军赛	10月	陕西宝鸡	105公斤级	抓举第二名，挺举第一名，总成绩第一名
举重	梁　文	男	“体育彩票杯”2017年全国冠军赛	10月	陕西宝鸡		抓举第六名，挺举第四名，总成绩第五名

（陈有敏）

（编辑：付红琼）

公共就业服务与劳动关系管理

【公共就业服务与劳动关系管理概况】 2017年，海口市改进促进就业工作方式，激发经济发展内生动力和就业创业活力，就业规模不断扩大，就业结构持续优化，创业带动就业能力显著增强，劳动者素质明显提高，就业质量进一步提升。全市城镇新增就业3.47万人，完成年度任务的102.9%。其中，城镇登记失业人员再就业8322人，就业困难人员实现再就业847人，12月末城镇登记失业率1.34%，农村富余劳动力转移就业7277人，组织开展职业培训6445人，组织参加职业技能鉴定考核2.02万人。开展全市性农民工工资支付专项检查、清理整顿人力资源市场秩序、用人单位遵守劳动用工和社会保险法律法规等专项执法活动，全市劳动保障举报投诉案件结案率95%；人事劳动争议仲裁案件期限内结案率97.2%；调解裁决用人单位向劳动者支付各项费用1286.54万元。完成市房产评估所等5家企业改制（关闭）和职工安置工作；7家企业和海口国家高新区分别被表彰为第三批海南省模范劳动关系和谐企业和工业园区。

【公共就业服务】 2017年，海口市充分发挥人力资源市场就业岗位供求资源配置功能，完善城乡一体化的人力资源市场网络体系、公共就业服务和人才服务体系建设，完善覆盖市、区、镇（街）、社区的人力资源市场网络服务平台，畅通就业供求信息发布渠道，提供专场招聘、人才引进、委托招聘、人事代理、劳务派遣、猎头服务等公共服务。同时，依托街道（镇）、社区（村）等基层就业服务平台，就近就地举办岗位供需见面会，不断向基层延伸市场就业服务。加强乡镇公共就业服务信息发布平台建设，累计建设招聘信息发布点19个，通过电子屏幕、宣传栏、设点宣传等方式及时向社会发布各类岗位和培训信息，共提供就业信息3万余条。全年共组织举办现场招聘会75场、专场招聘会13场，2245家单位参加招聘，提供就业岗位招聘信息3.25万个次，进场求职人数3.48万人，参加面试2.49万人，求职者与用工单位达成就业用工意向4128人，拟录率约11.2%。

【高校毕业生就业】 2017年，海口市就业部门完善高校毕业生实名制信息数据库，面向高校毕业生举办人力资源市场高校毕业生就业服务周活动、高校毕业生就业服务月活动等系列服务活动，组织166家本市优质企业参加国家人社部在重庆、西安、南京3站举办的全国大中城市高校毕业生巡回招聘会，提供就业岗位2880个。面向高校毕业生开展预约式“一对一”就业指导活动，1200名毕业生参加现场预约，对400名毕业生进行就业指导。举办第四届海口市大学生市场营销大赛，10所高校约3000名在校大学生参赛。全年市人力资源市场共举办高校毕业生专场招聘会8场，邀约进场招聘企业545家，提供岗位3321个，进场求职人数6532人次，4384人参加面试，拟录人数1120人，拟录率25.5%。新增高校毕业生就业见习基地15家，累计设立高校毕业生就业见习基地150家，全年共拨付高校毕业生就业见习补贴171.1万元。

【就业困难人员援助】 2017年，海口市就业部门采取开展“就业援助月”“春风行动”等多项帮扶举措，对城镇登记失业人员、零就业家庭成员、残疾登记失业人员、长期未就业的高校毕业生、完全失地农民和其他长期失业人员提供就业援助，帮助就业困难对象就业847人，实现城镇“零就业”家庭动态清零；支付就业困难人员灵活就业社保补贴、公益性岗位（含社保）补贴、企业社保补贴等各项补贴1952万元，2.79万人次受益。

【农村富余劳动力转移就业】 2017年，海口市各级就业部门共举办农村富余劳动力转移就业专场招聘会11场，进场招聘企业541家次，提供岗位9040个次，1440人次与用人单位达成初步就业意向。与屯昌县联合举办“2017年建档立卡贫困户精准扶贫”专场招聘会，进场招聘企业100家，提供岗位1800个，达成就业意向580人。同时，加强就业扶贫工作，通过采取“本地企业就近转移一批、政府购买服务帮扶一批、人力资源公司推荐就业一批、引导灵活就业吸收一批”等方式帮扶农村贫困家庭劳动力实现就业，并开展各类职业技能培训和招聘等服务。全年全市有就业意愿、就业能力的农村贫困家庭劳动力实现就业485人，完成省下达年度目标任务的242.5%；组织贫困家庭劳动力参加各类职业培训1483人次；农村富余劳动力转移就业7277人，完成年任务的102.61%。

【创业服务】2017年，海口市就业部门推动大众创业，开展“创业服务进乡镇、进校园”活动，依托“就业援助月”“春风行动”、各类农村富余劳动力招聘会、校园专场招聘会、扶贫电视夜校、市委组织部农村致富带头人宣讲活动、团市委“领头雁”活动等平台，开展现场发放宣传册、提供政策咨询、现场办理创业贷款业务等形式多样的创业政策宣传活动52场次。举办海口市创新创业大赛，互联网、农业、旅游等多个重点行业85个创业项目参赛；海口市代表队“母婴专用浴海绵增养殖技术研发和产品开发”获得海南省创业大赛社会组初创类项目冠军，“自动化开椰机器的设计与实现”获院校组冠军。征集创业项目206个，经专家评审，优选30个初创项目，充实海口市创业项目库。搭建优质、高效的创业项目服务平台，引导创业者更好地利用创业项目开展创业活动，并依托各类现场招聘活动，对创业项目进行宣传和推介。开展创业贷款跟踪服务活动，定期组织聘请养殖业、种植业等行业专家在创业项目相对集中的乡镇开展贷后跟踪服务活动，上门了解创业者生产经营情况，帮助创业者解决遇到的困难和问题。出台《海口市创业担保贷款实施办法》，全年审批发放创业担保贷款4394万元，扶持460人创业，带动1365人实现就业，完成年目标任务的102%。12月，认定海南工商创业孵化基地为海口市创业孵化基地。至2017年底，经市级财政和人社部门联合认定的市级创业孵化基地有3家。

【人力资源市场建设管理】2017年，海口市强化人力资源市场岗位供需对接服务，通过开展就业援助月、“进校园”高校毕业生专场招聘会、高校毕业生服务周和服务月等活动推进就业帮扶，有效提高就业服务质量。全年累计组织开展现场招聘会75场，专场招聘会13场，2245家单位参加招聘，提供岗位3.25万个次，累计需求人数3.48万人，进场面试2.49万人，达成意向4128人，拟录率11.2%。市就业部门根据海口市与屯昌县战略合作协议框架，结合屯昌县劳动就业管理项目需求，援建岗位信息发布的全彩LED显示屏，通过就业信息发布系统实现市县共享人力资源信息，更好地提高人力资源市场供需匹配效率。

【职业技能培训与鉴定】2017年，海口市加快技能人才的培养与开发，对企业急需的高技能人才进行相应的技能培训，指导民办职业培训机构开展满足劳动者和企业用工需求的就业技能培训和创业培训，不断增强培训的针对性和实效性。全年全市各级人社部门组织6445人次参加职业培训，其中技能培训3562人、创业培训2883人。加强职业技能鉴定服务，落实国家职业资格证书管理和国家职业资格目录管理制度，全年组织职业技能鉴定考核110场，完成职业技能鉴定2.02万人，其中4499名考生参加国家职业资格全国统一考试，9659人参加职业技能鉴定全省统考，6023人参加民办学校、培训机构的职业技能鉴定，有1.07万人次获得职业资格证书。

【劳动保障监察】2017年，海口市劳动保障监察部门开展全市性农民工工资支付专项检查、清理整顿人力资源市场秩序专项行动、用人单位遵守劳动用工和社会保险法律法规专项执法等活动。全市企业劳动合同签订4.3万户，小企业和规模以上企业劳动合同签订率分别为85%和95%；1.42万家企业开展工资集体协商签订集体合同工作，覆盖职工人数21.57万人。为1466家市属单位21.19万名职工办理劳动用工备案手续。加强人事劳动争议仲裁案件办理工作，共立案1181宗，结案1148宗，结案率97.2%。调解裁决用人单位向劳动者支付经济补偿金和赔偿金、工资、补缴社保费、两倍工资、加班费等共1286.54万元。完成市房产评估所、海口中国青年旅行社和市房产测绘所、市水电建筑工程公司、市水利电力局物资供应公司共5家企业改制(关闭)，涉及55名职工安置工作。

【保障农民工合法权益】2017年，海口市加快推进保障农民工合法权益体制机制建设，印发《海口市开展全面治理拖欠农民工工资问题的实施意见》《以银行保函方式缴纳农民工工资保证金办理流程》《农民工工资保证金银行保函终止办理流程》，落实农民工工资应急周转金制度，设立市级不少于500万元、区级不少于200万元的农民工工资应急周转金；落实农民工工资专用账户制度。全市共执法检查各类用人单位1763家，结案895件，期限内结案率100%。处理突发性事件362件，其中由拖欠工资引发的283件，涉及劳动者0.85万人；为1.44万名劳动者追回工资12517.1万元。督促8家用人单位为121名劳动者补缴社会保险费15.05万元；办理农民工工资保证金缴存、退还1.74亿元。

【人事劳动争议调解与仲裁】2017年，海口市人事劳动仲裁院与市仲裁院联合成立首家劳动争议工作室，多元解决劳动纠纷。全年劳动人事争议案件结案1148宗，期限内结案率97.2%；调解裁决用人单位向劳动者支付各类资金1286.54万元。

社会保险服务

【社会保险服务概况】2017年，海口市不断完善覆盖城乡的社会保障体系，全面落实社保领域重点改革，进一步提高机关事业单位和企业退休人员基本养老金、城镇居民医保待遇等，依法开展社保经办工作，落实各项新制度、新政策，推进各项社保的扩面征缴、待遇支付、基金管理以及社会保障卡的发行和应用工作，深入实施被征地农民养老保险工作。城镇从业人员基本养老、医疗、工伤、生育、失业五项社会保险参保人数（不含省本级）分别为63.2万人、53万人、40.5万人、40万人、46.2万人。城镇从业人员五项基本社会保险基金总收入65.18亿元，总支出50.64亿元，滚存结余42.25亿元。城镇居民医保参保40.56万人，完成率106%；城乡居民养老保险参保34.65万人，参保率98%。

【城镇从业人员养老保险】2017年，海口市城镇从业人员基本养老保险缴费人数（不含省本级）38.1万人，养老保险在职参保52万人，养老退休参保人数11.2万人；城镇从业人员养老保险基金收入53.56亿元，支出43.47亿元，滚动结余25.43亿元。

【城镇从业人员医疗保险】2017年，海口市职工医疗参保单位27567家，比上年增加8169家；职工医疗参保人数53万人，增加4.96万人。城镇从业人员医疗保险缴费人数（不含省本级）38.1万人。城镇从业人员基本医疗保险基金收入15.8亿元，支出10.87亿元，滚存结余11.44亿元。

【城镇居民医疗保险】2017年，海口市城镇居民医保参保人数40.56万人，完成率106%；全年有住院3.57万人、门诊特病4.62万人享受居民医疗保险待遇。城镇居民医疗保险基金收入2.71亿元，支出2.18亿元，滚存结余4.23亿元。

【失业保险】2017年，海口市继续实施失业保险基金支持企业稳定岗位政策，全年在册领取失业金1.03万人，新增办理失业人员申领失业保险待遇5063人，失业保险参保人数46.2万人；累计发放失业保险金6.91万人次、1.4亿元。全市失业保险基金收入1.31亿元，支出1.4亿元，滚存结余3.05亿元。

【生育保险】2017年，海口市城镇从业人员生育保险参保人数40万人；生育基金收入1.17亿元，支出1.18亿元，滚存结余3111.33万元。共2.7万人次享受生育保险待遇，支出1.13亿元，其中生育医疗待遇支出6327万元、计划生育医疗费用支出115万元、生育津贴支出4815万元。

【机关事业单位人员养老保险】2017年，海口市继续推进机关事业单位养老保险制度改革工作，召开全市机关事业单位社会保险缴费基数和网上申报工作布置会。审核录入机关事业单位基本养老保险信息管理系统1.83万人，完成录入率100%；完成936家机关事业单位的准备期基本养老保险基金结算工作。

【城乡居民养老保险】2017年，海口市城乡居民养老保险参保34.65万人，参保率98%，参保缴费率97%。养老金待遇领取资格认证9.89万人，认证率99.19%；按时足额发放城乡居民养老金1.84亿元。城乡居民养老保险基金总收入3.94亿元，总支出1.8亿元，滚存结余7.64亿元。

【被征地农民社会养老保险】2017年，海口市落实61个被征地参保项目的缴费补贴，涉及征地面积348.02公顷，涉及参保对象1.09万人，到账金额1.18亿元。

【工伤保险与劳动能力鉴定】2017年，海口市建筑业按项目参加工伤保险新增270家，新增参保人数1.92万人。全市城镇从业人员工伤保险参保人数40.5万人；工伤保险基金收入1.48亿元，支出3181.28万元，滚存结余3.62亿元。市人社部门进行工伤认定772件，劳动能力鉴定170件。

【离退休人员管理】2017年，海口市有离退休人员11.2万人，认证率99.5%。按时足额发放11.2万名离退休人员养老金35.5亿元，拨付1799名离退休人员丧葬费和抚恤金1.2亿元。完成8.9万名企业退休退职人员和1.79万名机关事业离退休人员养老金调整工作，企业退休（职）人员基本养老金月人均增加126元，提高至2256元/月；机关事业离退休人员基本养老金人均增加202元，提高至5301元/月。

【社保基金监管】2017年，海口市引进智能审核系统，通过第三方监管和部门协同等方式加强对定点医疗机构监管力度；加强定点医疗机构的考核工作，深化基金监督专项检查，加强对骗取社会保险基金行为的查处，联合市公安局成立海口市查处和移送社会保险欺诈案件协调联动领导小组，移送骗保案件6宗。全年，城镇从业人员五项基本社会保险基金总收入65.18亿元，总支出50.64亿元，滚存结余42.25亿元。

【社保卡发行和应用】2017年，海口市累计发放社保卡111.97万张，覆盖参保人数的98.37%，激活率73.93%，均超额完成全年工作目标。实现电子身份凭证、自助查询和待遇发放等95项社保卡应用功能，各项社保待遇、一次性待遇可统一通过社保卡发放。全年建成70个标准化社保卡服务网点，其中在市社保局、4个区社保所、市人力资源市场、市政府行政办公区、市地税社保征稽局各设立1个社保卡服务网点，在合作金融机构设立62个社保卡服务网点，基本形成覆盖城乡的社保卡服务网络体系，实现“一站式”服务，参保人可就近办理社保卡。自3月起，海口市社保卡卡管中心联合海口农商银行，相继进驻海南大学、海南师范大学、海南医学院、海口经济学院4所高校，开展以“走进基层、走进高校、服务师生”为主题的社保卡服务进校园活动，现场为在校师生提供社保卡申领、激活和应用咨询等服务。

【社会保障服务和信息化建设】 2017年，海口市在全省率先引进人社自助服务一体机和社保卡自助制卡机，在市社保局、市就业局、区社保中心等地布放21台人社自助服务一体机和5台社保卡自助制卡机，将龙华社保所打造成自助服务大厅。海口人社自助服务一体机实现32项社保卡应用，涉及社保、就业相关业务查询凭证打印和业务经办功能，参保人可自助操作在2分钟内完成社保凭证打印。通过操作社保卡自助制卡机，参保人可自助申领社保卡，5分钟即可办理出社保卡，实现“立等可取”。全年人社自助服务一体机共打印社保凭证7万人次，社保卡自助制卡机共制卡2173张。同时，市人社部门结合“互联网+人社”，将社保卡服务延伸到互联网，拓展社保卡服务渠道，开发社保卡个人网上申领系统和“海口人社”APP，参保人可申领社保卡、查询社保卡服务网点、了解社保卡小知识。全年参保人通过线上申领社保卡700张；“海口人社”微信公众号率先在全省开通微信缴费功能，实现海口市城镇居民基本医疗保险微信缴费。

（冯　宁）

人口与计生服务

【人口与计生服务概况】 2017年，海口市投入人口计生经费1.53亿元，比上年增长5.74%。全市计划生育工作坚持稳中求进总基调，抓住调整完善生育政策有利契机，不断深化计划生育服务管理改革，实施好全面两孩政策，围绕重点加快计划生育转型发展，探索和努力建立完善包括生育支持、幼儿养育、青少年发展、老人赡养、病残照料等在内的家庭发展政策，不断提高家庭和谐幸福指数。截至9月30日（人口计生统计年度为每年10月1日至下一年度9月30日，下同），全市期末总人口226.81万人，人口出生率14.47‰，政策外多孩率2.77%，出生人口性别比112.84，三项指标均控制在省下达的指标内。市、区两级人口计生委被国家卫计委、中国人口报社评为“全国新闻宣传工作先进集体”。

【计划生育政策与利益导向】 2017年，海口市贯彻国家“三项制度”和省、市层面计生利益导向政策，切实保障计划生育家庭合法权益。（1）完善利益导向机制。修订发布《海口市计划生育家庭奖励扶助若干规定》（以下简称新修《规定》），制定《海口市计划生育家庭奖励扶助若干规定责任分解表》和《海口市计划生育家庭奖励扶助若干规定解读》，有效衔接新、旧规定，将责任分解到各职能部门，确保各项优惠政策在海口落地生根，落实到计划生育家庭。（2）全面兑现奖扶政策。加大新修《规定》宣传力度，提高政策知晓率，全面落实部分家庭奖扶、特殊家庭奖扶、双农独生子女、城镇无业独生子女等奖励扶助工作，兑现各种奖扶对象3.67万户，奖扶资金2239.7万元。（3）加强部门协作。卫生、扶贫、民政、住建、教育、人社、爱卫、水务等部门加强沟通协作，落实新修《规定》和其他惠民政策，在就读就业、改水改厕、危房改造、精准扶贫等工作中，帮扶计划生育家庭658户，投入资金628.4万元。其中，计划生育困难家庭44户投入100万元，支持121户农村“两户”（独生子女户、二女落实长效节育户）改厕，385名（市本级141名）计生困难家庭子女上大学，30户农村计生家庭危房改造，54户公共租赁住房配租（25户计生特殊家庭），经济适用房分配44户，限价商品房分配53户。（4）落实独生子女意外险购买工作。新修《规定》明确“政府为领取《独生子女父母光荣证》家庭以每户每年100元的标准为其子女购买人身意外保险，从本规定实施之日至子女年满18周岁止。年内，登记符合奖励条件对象1.72万户，受益群众6万余人。（5）加大帮扶计划生育特殊家庭力度。采取购买服务的模式，做好失独家庭心理疏导、精神慰藉和特别扶助工作，建立联系人工作制度，努力提高其健康幸福指数。

【全面两孩政策有序实施】 2017年，海口市继续依法组织实施全面两孩政策。（1）推进计生便民办证服务。深化生育服务证制度改革，实行再生育审批和生育登记服务制度，推广便民服务、网上生育登记、代办服务、便民维权热线等，提高办证效率和质量，群众满意度99.89%。截至9月30日，全市发放一孩生育服务证1.31万本，有符合政策的2.31万对夫妻登记领取二孩生育服务证，其中农村夫妻8898对、城镇夫妻1.42万对，已生育16365对。全市网上生育登记率30.97%，优于省考核指标10.97个百分点。（2）开展优生优育全程服务。抓好优生优育培训普及。全市共举办各类优生优育培训班98场次。开展出生缺陷综合防治工作。继续开展妇女增补叶酸、预防神经管缺陷疾病工作，按规范要求进行叶酸的管理及发放，每个月对新增服用人员开展随访工作，规范填写各种台账记录。全市共发放叶酸6975人份，比指标多975人份。开展生殖健康促进工程，避孕节育优质服务工作常态化，全年为11.78万名已婚育龄妇女提供“三查一治”服务。拓宽免费计生药具发放渠道和服务范围，在拓宽智能药具柜铺设基础上，开展计生药具服务进宾馆活动。（3）完善全面两孩政策配套保障措施。出台《关于实施全面两孩政策改革完善计划生育服务管理的意见》，把完善配套政策措施等内容列入其中，明确牵头单位和责任单位，确保计划生育奖扶、奖励假等惠民政策的落实，加强托幼、教育、就业、社会保障等基本配套公共服务。贯彻省卫计委等9部门《关于加快推进母婴设施建设的实施意见》精神，年内海口美兰机场、海口粤海铁路火车站、海口东环铁路火车站按2017年度配备任务建设7个母婴室，配备率100%；海口汽车站、远大购物广场、日月广场、万绿园等公共场所和用人单位建设14个母婴室，配备率71%，优于省65%的目标。（4）做好全面两孩政策衔接工作。卫生部门将妇幼保健计划生育发展体系建设纳入“十三五”整体规划，加强妇幼卫生公共服务体系建设，增加辖区内卫生院妇产科的床位数；教育部门投资新建幼儿园、小学，完善学校基础设施建设，做好教育资源区域划，分解决入学入托问题；民政部门加大居家养老事业的发展力度，建设老年人日间照料中心解决养老问题；人社及妇联部门组织加大对妇女的劳动就业培训，加强妇女就业权益保障。同时，强化教育、公安、民政、统计、计生等部门信息互联互通，实现资源共享。

【出生医学证明管理】2017年，海口市贯彻《2017年海南省出生医学证明管理专项督查工作实施方案》，《出生医学证明》空白证件发放实行专人负责管理，实行专人凭单位介绍信到海南省妇幼保健院基层指导科领取，按空白证件号码顺序进行发放，不跳号，空白证件入库时，至少有2名证件管理人员在场验收，确认无损坏，核实数量、编号，填写入库登记本无误后才入库接收。《出生医学证明》发放资料按年度归档，档案盒内目录清楚。

【流动人口和住宅小区计生服务管理】截至2017年9月30日，海口市有流动人口35.8万人。其中，总流入31.31万人（跨省流入17.08万人，省内流入14.23万人）；总流出4.21万人。流动人口中有已婚育龄妇女9.29万人，生育二孩及以上2896人。（1）继续统筹流动人口计划生育“一盘棋”。卫生、计生、公安、工商等部门完善流动人口服务管理机制，部门配合、信息共享、综合治理人口问题长效机制基本形成。流动人口电子婚育证核验率和预审率95%以上、建档率95.22%、重点信息提交率95.5%、跨省流入育龄妇女核验率92%，均优于省指标。（2）服务均等化工作有新进展。在流动人口中开展全方位、多层次的宣传活动，举办新市民健康城市行主题宣传、健康巡讲等活动276场次，发放各种计生知识宣传资料120万余份，参加人数12万人次。秀英区投入10万元在海南新世通制药有限公司创建流动人口健康示范企业项目。龙华区在椰树集团继续巩固健康教育工作，组织各类健康体检，做好无病早防、有病早治。美兰区在先峰学校创建流动人口健康促进示范学校，开展系列心理健康主题活动，促进学生潜能发展。琼山区创建促进流动人口健康家庭8户，成为全市健康示范家庭的典范。全市创建健康促进示范企业、学校和健康家庭取得初步成效。推进流动人口均等化扶助服务，加强农村留守儿童健康关爱。全市共提供免费计划生育技术服务1.39万人次，建立流动人口健康档案8441份，为流动人口儿童预防接种13.04万人次。（3）奖励优待服务均等化。协调民政部门及时为流动人口提供生产生活援助；社保部门针对行业特点对街道流动人口用工企业进行执法检查，解决各类纠纷问题，及时维护合法权益；卫生部门及时为流动人口的生育、儿童预防接种等提供优质服务；教育部门深入各学校检查农民工子女入托入学存在问题，确保同等入学。（4）推动住宅小区人口计生规范化管理。探索“镇街管理、社区服务、物业协助、部门配合、业主参与”的住宅小区人口计生管理服务新模式。新创建学苑公寓小区、椰风水韵等26个人口计生规范化管理小区。

【人口计生技术服务】2017年，海口市继续加大免费孕优检查工作经费投入，依托市区、镇、村三级计生服务网络和各类新闻媒体加大宣传力度，免费为辖区育龄群众提供再生育咨询指导和技术服务工作。截至9月30日，全市共为6497对计划在半年内怀孕的夫妇免费提供孕前优生健康检查，完成省责任目标6100对的106.5%。全市地中海贫血及艾滋病初筛1.3万人，地中海基因检测3252人。其中，携带地贫基因人数1470人，双方都携带地中海贫血基因夫妇192对，可能遗传中间型地贫儿夫妇67对，可能遗传重型地贫儿夫妇12对；产前诊断21人，阻断重症地贫胎儿出生2例；艾滋病疑似1人。

【出生人口性别比综合治理】2017年，海口市出台《2017年海口市出生人口性别比偏高问题重点治理年工作方案》。保持高频度检查力度，做好市、区、镇（街）、村（居）四级联动，每月开展明查暗访3次以上。强化孕情跟踪服务管理，实行孕情跟踪随访工作制度，以孕情无故消失为案源，把孕情消失跟踪责任与奖惩挂钩，并把孕情消失倒查列入对区、镇（街）、村（居）的考核评估。坚决查处“两非”案件。截至9月底，全市共出动卫生监督执法人8242人次、监督车辆3389辆次，监督检查各级各类医疗卫生机构3374户次，监督覆盖率95.6%；立案查处各类违法行为95宗，警告39宗，没收违法药品器械29件，没收违法所得3万元，罚款37.74万元，查获海南省首例非法采血鉴定胎儿性别案件。加强“两非”行为巡查，打击游医黑诊所“两非”行为，对计划生育违规案件查结率100%，全年查处“两非”案件5宗。

【人口计生基层基础建设】（1）推进人口信息化建设。2017年，海口市加强统计监测系统、月月清平台、流管平台、便民办证服务平台、孕情登记平台等信息系统的实时跟踪管理，确保人口信息的及时率和准确率。不断完善全员人口数据库，加强市、区、镇（街）、村（居）四级出生监测网络，加强与公安、民政、人社、卫生、住建等部门协调，出台相关部门信息通报制度，实现部门信息共享，推动户籍管理、婚姻、教育、社会保障等信息互联互通。截至9月30日，全员人口入库率100%，身份证准确率99.8%，住院分娩登记和录入及时率97%以上。（2）加强队伍和服务体系建设。全市配备基层计生工作人员1109人，辅助计划生育工作网格员1980人。截至9月30日，全市共举办全面两孩政策法规、依法行政、网上生育服务登记、人口统筹管理信息系统、优生优育、出生缺陷防控等业务培训班60期，参训人数6500人次。在充实市、区、镇（街道）三级计生服务阵地的基础上打造龙桥镇挺丰村等一批村级服务站点，初步形成市、区、镇（街道）、村（居）四级人口计生技术服务体系。在乡镇卫生院设立卫生计生服务站和健康宣传教育站，设置药具发放和服务网点1487个。统筹推进计划生育基层基础工作规范化镇（街）创建活动，新增秀英街道、大致坡镇等7个镇（街）创建，年度创建率20%以上。2015—2017年，全市43个镇（街道）创建通过29个，创建率67.4%，达到省考核60%以上要求。

【人口计生村（居）民自治】2017年，海口市288个村（居）开展计生村居民自治工作达标，占全市村居总数64.86%。新增4个镇开展计生基层群众自治活动且达标。市级投入17.96万元为247名计生特殊家庭购买计生意外伤害保险，区级投入43.63万元为3900名计生员、计生特殊家庭、独生子女、计生家庭等购买计生意外伤害保险。全市在流动人口聚集地创建流动人口计生协会134个，发挥作用的流动人口计生协会比例95%。加大力度创建4个省级流动人口计生协会试点和1个国家级流动人口计生协会试点，并在全省起示范作用。

【科学育儿指导项目稳妥推进】2017年，秀英区作为海口市落实国家计划生育家庭科学育儿工作唯一试点单位，依托区、镇（街）、村（居）科学育儿服务网络开展科学育儿入户指导培训，通过向社会购买服务，推动科学育儿指导项目向专业社会工作模式转变，倡导科学育儿理念，普及科学育儿知识，提高广大群众优生优育优教的意识和能力。全区开展以“大手牵小手　健康迎未来”为主题的科学育儿活动9场次，培训家长450人次，入户指导1.19万户，发放玩具3500份、书籍3500本、宣传袋3500个。龙华区把科学育儿指导工作列入年度考核目标，出台《龙华区计划生育家庭科学育儿工作方案》；与海南天创公司联合开发“新家庭计划——科学育儿信息管理系统”，建立起科学育儿对象档案；建立“龙华区科学育儿指导交流群”，并把微信号和公共号印制在宣传小礼品上发放给育龄群众以扩大影响；举办科学育儿讲座50多场，为在孕夫妻优生优育指导3000多人次，随访服务1600人次。

【计划生育家庭养老照护试点】2017年，海口市龙华区以养老照护多样化需求为出发点，不断探索建立计划生育家庭“医疗＋养老”的服务新模式。出台《龙华区开展计划生育家庭养老照护试点工作实施方案》，建立养老照护服务机制，推行“社区＋社工＋义工”服务模式，上门给老人提供每月20个小时的家政服务和心理辅助服务。年内，养老照护服务覆盖11个镇（街）128个社区，联系城市计生特殊家庭58户、特殊贫困家庭18户、空巢老人29户共156人，提供服务时长1.58万小时。

【幸福家庭创建活动全面开展】2017年，海口市围绕“文明、健康、优生、致富、奉献”创建主题，全面开展“宣传倡导、健康促进、致富发展”三大活动。秀英区充分发挥“中国优秀经济女性”肖玉梅的影响力和典型榜样作用，开展“幸福家庭”创建活动试点，发展电商扶贫，实现“网贷下乡”和“农产品进城”双向流通，逐步提高计生困难家庭的发展能力、生活质量和幸福指数。琼山区逐步铺开幸福家庭示范镇创建项目，打造幸福家庭示范基地、示范村和示范户，落实计生精准扶贫“两户”21户。

【计生志愿服务】2017年，海口市开展“圆梦女孩志愿服务活动”，助学女生92名，共23万元，倡导正确的生育观念，营造关爱女孩的社会氛围。龙华区实施志愿服务关怀行动，在玉沙村、滨濂村、滨海新村、大同里社区组织开展“手指操”“琼韵风华大家唱”等系列社区老人集体娱乐活动，定期上门为老人提供志愿服务。美兰区广泛开展“护航春蕾·为童年撑起保护伞”女童自我保护公益宣讲进校园活动和“高校彩虹行”计生志愿服务活动，成立全省首家计划生育志愿服务站，将人口计生职能与志愿服务有机融合，定期为计生特殊家庭成员、圆梦女孩、留守儿童等服务对象开展专家义诊、心理咨询、学业辅导等健康实效的志愿服务。

（何定培）

城乡居民生活

【居民生活概况】2017年，海口市城乡居民收入继续保持平稳增长，居民人均可支配收入2.87万元，比上年增长8.5%，增速提高0.3个百分点。其中，城镇居民人均可支配收入3.33万元，增长8.3%，扣除价格因素，实际增长4.8%；农村居民人均可支配收入1.38万元，增长8.6%，扣除价格因素，实际增长5.1%。随着收入水平的提高，城乡居民的消费支出也同步增长。全年全市居民人均生活消费支出2.23万元，增长10%。其中，城镇居民人均生活消费支出2.61万元，增长9.8%；农村居民人均生活消费支出 1.01 万元，增长 9.5%。

【城镇常住居民收入增速创 3 年新高】 2017 年，海口市城镇居民人均可支配收入继续呈上涨趋势，名义增速比上年提高 0.4 个百分点，比 2015 年提高 0.7 个百分点，创 2015 年以来增速新高；收入总量高出全省平均水平 2503 元，排名全省第二位。四大项收入均呈上涨态势，其中工资性收入、经营净收入、转移净收入及财产净收入分别为 2.4 万元、1602 元、5797 元、1984 元，涨幅分别为8.4%、4.3%、11%、2.6%。工资性收入对可支配收入增长的贡献率 72.9%，仍然是城镇居民增收的主动力。

【城镇常住居民支出平稳增长】 2017 年，海口市城镇居民人均生活消费支出 2.61 万元，增加 2330 元，名义增长 9.8%，扣除价格因素影响实际增长 6.3%，高于收入增速 1.5 个百分点。（1）八大类消费支出呈全面增长态势。其中，交通通信增长最快，增速 15.0%；医疗保健、教育文化娱乐、生活用品及服务、食品烟酒和居住消费支出分别增长 14.8%、10.6%、9.6%、9.2%和 7.3%；其他用品服务、衣着支出分别增长 6.3%、0.5%。（2）医疗保健消费支出快速增长。随着生活水平的提高，人们更加重视自身健康，用于购买医疗器具、药品的支出增多，推动医疗保健消费支出较快增长。全年城镇居民医疗保健支出 1488 元，增长 14.8%。（3）教育文化娱乐消费支出较快增长。城镇居民人均教育文化娱乐类消费支出 2763 元，增长 10.6%。其中，居民用于自身“充电”的高等教育、职业类培训和用于子女教育的课外培训费用快速增长，参观旅游、观看电影及演出、健身活动等文娱消费服务支出也在不断增加。（4）居住类消费支出增长加速。随着房地产价格和租赁费用的居高不下，城镇居民用于租房、住房维修及管理的费用较快增长，全年人均居住消费支出 5244 元，增长 7.3%。

【农村常住居民收入平稳增长】 2017 年，海口市农村居民收入 1.38 万元，增长 8.6%，扣除物价因素，实际增长 5.1%；与 2012 相比年均增长 10.4%，扣除物价因素，每年实际增长 7.7%。在农村居民人均可支配收入的四项构成中，工资性收入 7414 元，增长 11.6%，占比 53.8%，是农民收入的最主要来源；经营净收入 4535 元，增长 2.8%，占比 32.9%，是农民收入的重要支撑；财产净收入 444 元，增长 15.6%，占比 3.2%，是农民收入的重要补充；转移净收入 1370 元，增长 10.5%，占比 9.9%，是农民收入新的增长点。

【农村常住居民支出有所放缓】 2017 年，海口市农村居民人均生活消费支出 1.01 万元，比上年增长 9.5%，涨幅回落 0.4 个百分点，扣除物价因素，实际增长 6%。（1）八大项消费支出全面增长。在八大项消费支出中，较快增长的是医疗保健支出、交通通信支出和食品烟酒支出，分别增长 19.6%、13.7%和 10.3%；增长较为平稳的是居住类、教育文化娱乐、其他用品和服务、生活用品及服务、衣着类，分别增长 7.2%、6.6%、4.8%、3.9%和 2.7%。（2）消费结构不断改善。农村居民在食品烟酒、衣着和居住上的支出比重从 2012 年的 66.4%下降至 2017 年的 63.1%，在其余六类项目上的支出比重逐年小幅攀升，即生存型消费支出比重不断下降，农村居民消费结构在逐年优化。农村居民的消费模式也逐渐从生存型消费向发展型和享受型转变。（3）主要耐用消费品数量增长迅猛。海口市农村居民每百户拥有汽车数量从 2012 年的 1.4 辆增加到 2017 年的 12.9 辆，增量为 2012 年的 8 倍之多；每百户拥有家用电脑数量从 2012 年的 8 台增加至 2017 年末的 29.6 台；空调机、洗衣机和电冰箱等家用电器的拥有量也较 2012 年呈现快速增长态势。

【居住条件】 2017 年，海口市城镇常住居民人均住宅建筑面积 30.16 平方米，增长 0.13%；农村常住居民人均住宅建筑面积 32.8 平方米，增长 1.5%，居住环境有很大改善，基本上家家门前都通水泥路面，用水冲式厕所。生活用能源主要是罐装液化石油气和电两种。

2017 年海口全市及分城乡居民收入变化情况表

<table>
<tr><th colspan="2">指标名称</th><th>本年水平（元）</th><th>上年水平（元）</th><th>比上年增减（元）</th><th>增长率（%）</th></tr>
<tr><td rowspan="5">全市居民</td><td>人均可支配收入</td><td>28701</td><td>26447</td><td>2254</td><td>8.5</td></tr>
<tr><td>（一）工资性收入</td><td>20034</td><td>18389</td><td>1645</td><td>8.9</td></tr>
<tr><td>（二）经营净收入</td><td>2295</td><td>2224</td><td>71</td><td>3.2</td></tr>
<tr><td>（三）财产净收入</td><td>1620</td><td>1564</td><td>56</td><td rowspan="2">3.6</td></tr>
<tr><td>（四）转移净收入</td><td>4752</td><td>4270</td><td>482</td></tr>
</table>

续表

指标名称		本年水平（元）	上年水平（元）	比上年增减（元）	增长率（%）
全市居民	生活消费支出	22338	20307	2031	10.0
	（一）食品烟酒	7998	7303	696	9.5
	（二）衣着	837	829	8	1.0
	（三）居住	4439	4129	310	7.5
	（四）生活用品及服务	1307	1197	111	9.2
	（五）交通通信	3666	3183	483	15.2
	（六）教育文化娱乐	2398	2174	224	10.3
	（七）医疗保健	1307	1130	177	15.6
	（八）其他用品和服务	386	363	23	6.4
城镇居民	人均可支配收入	33320	30775	2545	8.3
	（一）工资性收入	23937	22081	1856	8.4
	（二）经营净收入	1602	1536	66	4.3
	（三）财产净收入	1984	1934	50	2.6
	（四）转移净收入	5797	5224	573	11.0
	生活消费支出	26110	23780	2330	9.8
	（一）食品烟酒	9167	8396	771	9.2
	（二）衣着	989	984	5	0.5
	（三）居住	5244	4889	355	7.3
	（四）生活用品及服务	1545	1410	135	9.6
	（五）交通通信	4455	3875	580	15.0
	（六）教育文化娱乐	2763	2498	265	10.6
	（七）医疗保健	1488	1296	192	14.8
	（八）其他用品和服务	459	432	27	6.3

续表

指标名称		本年水平（元）	上年水平（元）	比上年增减（元）	增长率（%）
农村居民	人均可支配收入	13763	12679	1085	8.6
	（一）工资性收入	7414	6644	770	11.6
	（二）经营净收入	4535	4411	124	2.8
	（三）财产净收入	444	384	60	15.6
	（四）转移净收入	1370	1240	130	10.5
	生活消费支出	10142	9262	880	9.5
	（一）食品烟酒	4219	3825	394	10.3
	（二）衣着	345	336	9	2.7
	（三）居住	1836	1713	123	7.2
	（四）生活用品及服务	538	518	20	3.9
	（五）交通通信	1115	981	134	13.7
	（六）教育文化娱乐	1217	1142	75	6.6
	（七）医疗保健	720	602	118	19.6
	（八）其他用品和服务	152	145	7	4.8

市场物价

【市场物价概况】2017年，海口市居民消费价格总水平（CPI）比上年上涨3.3%，涨幅扩大0.3个百分点，为近5年来的新高，比全国平均水平高出1.7个百分点，比全省水平高0.5个百分点，涨幅居全国36个大中城市首位，物价调控压力加大。从构成来看，非食品价格涨幅高于食品价格，非食品价格指数上涨4.5%，食品价格指数下跌0.5%；服务项目价格涨幅明显高于消费品价格，服务项目价格指数上涨7.2%，消费品价格指数上涨1.1%；居住价格涨幅高于能源价格，居住（扣除自有住房）价格指数上涨7.1%，能源价格指数上涨4.9%。

【居民消费价格月同比指数】2017年，海口市居民消费价格月同比指数涨幅增大，环比价格指数震荡上行。在翘尾因素和节日因素叠加影响下，1月比上年上涨4.6%，涨幅为全年峰值；5月受居住、教育文化和娱乐价格影响，上涨4.2%；其他月份涨幅在1%~4%之间徘徊。

【居民消费价格月环比指数】2017年，海口市居民消费价格环比指数“9涨3降”。其中，1月受元旦和春节消费旺季影响，价格环比上涨1.2%，为全年涨幅最大的月份；2月、3月价格在节后回落，分别下降0.1%和1.0%；6月受居住、交通和通信价格下降影响，下降0.4%；7—12月指数涨幅在0.1%~0.5%之间震荡上行。

【八大类商品及服务价格】2017年，海口市居民消费八大类商品和服务价格比上年呈“6升2降”。其中，医疗保健、居住价格涨幅明显，分别上涨14.8%和7.8%；其他用品和服务、教育文化和娱乐、交通和通信、食品烟酒价格分别上涨4.4%、3.9%、1.9%、0.2%；衣着、生活用品及服务

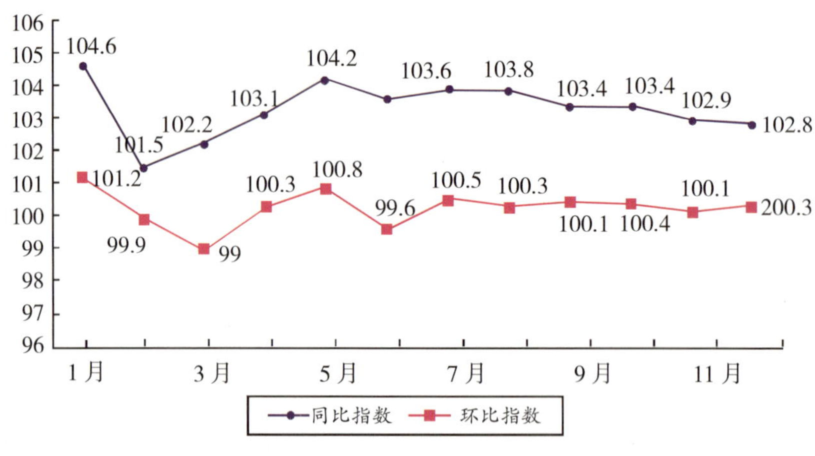

2017年海口居民消费价格分月指数

价格分别下降3%、0.6%。同年全国居民消费价格总水平比上年上涨1.6%，海口市涨幅在36个大中城市排首位。除衣着和生活用品及服务两项外，其他六项分类价格涨幅均高于全国。（1）医疗保健、居住价格上涨是拉动CPI的主要因素，共同拉动CPI上涨约2.6个百分点。受1月开始正式实施公立医院综合改革和国家开放对药品的价格管制影响，海口市医疗服务价格上涨16.1%，全年药品及医疗器具上涨12.9%，其中西药价格上涨13.7%、中药价格上涨17.1%。随着棚户区改造项目的深入推进，租赁需求增加，以及上年底以来海口房地产市场持续升温，租赁房房租价格上涨11.9%，住房装潢材料价格上涨8.7%、住房装潢维修价格上涨16.7%。（2）食品烟酒价格涨幅明显回落。食品烟酒价格上涨0.2%，涨幅收窄5.8个百分点。粮食价格上涨1.1%，其中大米价格下降0.5%，面粉价格上涨1.8%；鲜菜类价格下降，鲜菜类价格1—12月平均下降5.9%。受生猪出栏价格下降和消费量减少影响，全年猪肉平均价格下降4.9%；牛肉价格平稳，下降1.1%。羊肉价格上涨22.2%，同比各月份涨幅均是二位数。（3）人工成本上扬促使服务项目价格上涨7.2%。其中，医疗服务和其他服务类价格上涨是主要因素。医疗服务价格上涨16.1%，其中综合医疗类价格上涨34.9%、诊断类价格上涨5.5%、治疗类价格上涨18.2%；其他服务类价格上涨8.5%；另外，教育服务、家庭服务、旅行社收费价格分别上涨5.3%、4.4%和2.9%。（4）工业品价格稳中有升。海口工业品消费价格上涨2.2%。随着原材料及经营成本上涨，需求增加，交通工具价格上涨2.5%，文娱耐用消费品价格上涨1%，书报杂志价格上涨6.1%，中药、西药价格分别上涨17.1%和13.7%，医疗卫生器具价格上涨3.7%；此外，全年成品油经历17次价格调整后，汽油价格上涨7.6%，柴油价格上涨10%。

2017年海口与全国CPI及主要商品类别价格指数对比表

项目	海口	全国
居民消费价格	103.3	101.6
食品烟酒	100.2	99.6
衣着	97.0	101.3
居住	107.8	102.6
生活用品及服务	99.4	101.1
交通和通信	101.9	101.1
教育文化和娱乐	103.9	102.4
医疗保健	114.8	106.0
其他用品和服务	104.4	102.4

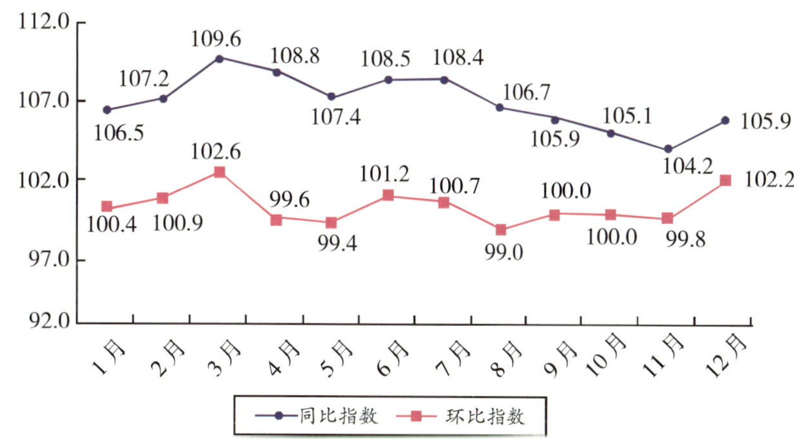

2017年海口市新建商品住宅分月价格指数图

【房地产价格涨势放缓】2017年，海口市进一步深化“两个暂停”政策，实施限购、限贷、限售等房地产调控政策，海口房价上涨过快势头得到遏制，房地产市场保持平稳健康发展。全年海口房地产市场呈现小幅上涨的运行态势。从环比来看，1—12月，海口新建商品住宅销售价格环比涨跌幅分别为0.4%、0.9%、2.6%、-0.4%、-0.6%、1.2%、0.7%、-1%、持平、持平、-0.2%和2.2%。其中，1—3月受全国房价上涨影响，市场快速升温，价格连续上涨；从4月开始，为遏制投机性购房，政府及时出台限购、限贷、限售等房地产调控政策，价格涨幅逐步放缓；12月，随着冬季来临，游客和“候鸟族”增多，购房需求有所增加，新建商品住宅销售价格环比上涨2.2%。从同比来看，1—12月，海口新建商品住宅销售价格同比涨跌幅分别为6.5%、7.2%、9.6%、8.8%、7.4%、8.5%、8.4%、6.7%、5.9%、5.1%、4.2%和5.9%。其中，1—3月价格快速上涨，同比涨幅不断扩大；3月同比上涨9.6%，涨幅达到全年最高值，创下近年来同比上涨新高；4月开始，由于政府陆续出台相关调控政策，4—11月同比涨幅呈逐月收窄态势；12月同比价格涨幅略有扩大。

【工业生产者价格有所回升】2017年，受国内宏观经济稳中向好的影响，海口市持续走低的工业生产者价格有所回升。全市工业生产者出厂价格指数（PPI）上涨0.4%，工业生产者购进价格指数（IPI）上涨2.8%，分别结束过去3年PPI和5年IPI负增长的

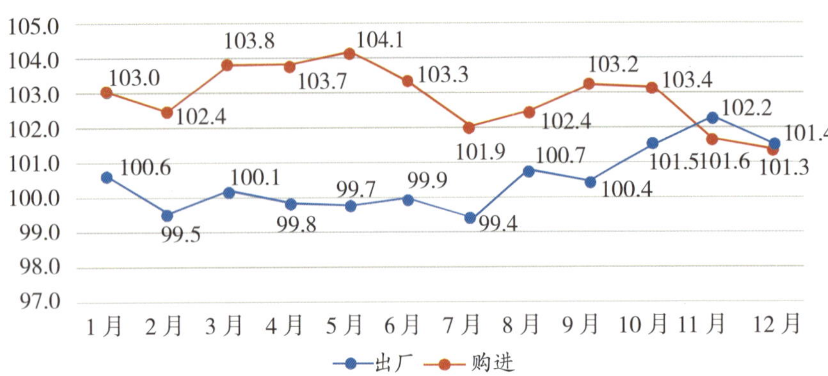

2017 年海口市工业生产者价格月同比走势图

局面。（1）出厂价格。按生产生活资料分，生产资料出厂价格持续上涨，生活资料出厂价格持续下跌，呈两极分化态势。全年全市生产资料类产品价格上涨 3%。其中，原材料工业价格上涨 0.1%，加工工业价格上涨 3.7%。生活资料类产品价格下跌 1.3%，其中食品价格上涨 1%，一般日用品价格上涨 2.1%，耐用消费品价格下降 10.9%。（2）购进价格。九大类原材料中有色金属材料及电线类价格涨幅最大，达 19.4%；其次黑色金属材料类价格、木材及纸浆类价格、建筑材料及非金属类价格、其他工业原材料及半成品类涨幅分别为 16.7%、5%、3.6%、2.2%。持平的类别为燃料、动力类。九大类原材料中下降的有农副产品类、化工原料类、纺织原料类价格，下降幅度分别为 4.9%、4.7%、0.1%。

（王方圆）

民政工作

【民政工作概况】 2017 年，海口市民政工作以改善民生、推进民主、维护民权、服务社会为着力点和落脚点，各项工作成果惠及广大人民群众和民政服务对象。年内，将特困人员救助供养标准由每人每月 480 元提高到每人每月 600 元，增幅 25%；全年发放特困人员救助供养资金 2703.08 万元，惠及特困人员 3671 人。先后出台《海口市民政事业发展“十三五”规划》《海口市养老服务业发展“十三五”规划》和《海口市 2017—2025 年公墓建设规划》《海口市人民政府关于进一步加强基层民政服务能力建设的意见》《海口市人民政府关于加强农村留守儿童关爱保护工作的实施意见》和《海口市健全城市社区功能工作方案》。年内，市革命烈士纪念物管理所被市委、市政府评为“未成年人思想道德建设先进单位”。

【城乡低保】 2017 年，海口市有城乡低保对象 1.02 万户 2.22 万人，累计发放城乡低保金 9226.14 万元。其中，城市 2605 户 4626 人，累计发放城市低保金 2234.15 万元，累计救助城市低保对象 6.05 万人次；农村 7546 户 1.76 万人，累计发放农村低保金 6991.99 万元，累计救助农村低保对象 23.38 万人次。全市特困人员 3671 人，累计发放特困人员救助供养资金 2703.08 万元。为缓解物价上涨对困难群众基本生活质量影响，全年发放价格临时补贴 23.27 万人次，共 402.21 万元。为促进农村低保与扶贫开发政策有效衔接，印发《海口市做好农村最低生活保障制度与扶贫开发政策有效衔接实施方案》，全年教育特惠性补助资金实现 100%发放，医疗保障在市域内实现医疗报销“一站式”即时结算，住房保障实现危房数据入库、阶段改造成功惠民，产业扶持实现有劳动能力且有劳动意愿的扶持项目“一户一案”。全年社会保障兜底帮扶贫困户共 218 户 611 人，累计发放资金 387.93 万元。

【社会救助】 2017 年，海口市累计救助临时对象 6959 户次 2.4 万人次，支出临时救助资金 905.81 万元。累计医疗救助 5386 人次，支出医疗救助资金 2092.9 万元，其中医疗救助 1453 万元，资助参保参合人员 639.28 万元。为 4324 名困难残疾人发放补贴资金 326.96 万元，为 1.31 万名重度残疾人发放补贴资金 3319.16 万元。率先在全省全面启动医疗费用报销“一站式”即时结算服务。6 月，海口市新农合、大病医疗保险及民政

2017 年 7 月 15 日，由海口市救助管理站举办的“合力监护　相伴成长”爱心夏令营闭营。图为营员合影

（市救助管理站 供）

医疗救助“一站式”即时结算服务正式上线运行，年内完成44家医疗机构的签约工作。开展以“传递温暖，关爱救助”为主题的宣传活动和6月19日全国救助开放日活动。全年救助城市生活无着流浪人员21.11万人次，其中生活无着流浪乞讨人员3.08万人次，未成年人救助5107人次，流浪危重病人3700人次；救助流浪精神病人7.95万人次，“三无”精神病人9.2万人次。流动救助、巡查及护送返乡等使用车辆833台次，行程约15万千米。出台《海口市人民政府关于加强农村留守儿童关爱保护工作的实施意见》，印发《海口市人民政府办公厅关于成立海口市农村留守儿童关爱保护工作领导小组的通知》和《海口市农村留守儿童“合力监护　相伴成长”关爱保护专项行动实施方案》；完成全市农村留守儿童关爱保护和困境儿童保障系统录入统计工作，将637名留守儿童和困境儿童列入关心关爱对象。全年对478名流浪精神病人进行DNA血样采集工作并录入全国打拐DNA信息库和全国走失人口DNA数据库。

【灾害救助】 2017年，海口市发放困难群众春节慰问经费770万元、冬春救助经费378万元，向市低保户、五保户、因病致贫户、低收入家庭、孤儿、孤老复员军人和重点优抚对象下拨棉被5200床、毛毯3600床、运动服2500套，保障冬春期间弱势群体及民政对象的基本生活。全面启动农房保险推广工作，全市7.82万户农户购买农房保险。9月，印发《海口市自然灾害救灾应急预案》。在防御台风“卡努”时，安置困难群众（民政对象）1275人；设置困难群众集中安置点550处，储备帐篷420顶、棉被1.58万床、运动服7000套、毛毯7400床、八宝粥2800箱、矿泉水6000箱、方便面2200箱、饼干1500箱等一大批救灾物资。开展“全国防灾减灾示范社区”创建工作，下拨创建经费56万元，其中琼山区国兴街道文坛社区、美兰区和平南街道文明社区被评为“全国综合减灾示范社区”。

【社会养老服务体系建设】 2017年，海口市有27家养老服务机构，72家老年人日间照料中心，各类养老床位7018张。6月，在海口市社会福利院内建设老年人福利院，项目计划总投资6305万元，建筑面积1.7万平方米，为老服务床位400张。年内，投入1200万元完成永兴镇美豪村、永兴镇儒扬村、龙泉镇富伟村、龙泉镇蛟龙村、大坡镇东昌居、甲子镇昌西村、大致坡镇昌福村、三江镇眼镜塘村、昌炳社区、丰兴社区、振家社区、场部社区12家老年人日间照料中心建设。建立养老机构和医疗机构合作机制，全市27家养老机构全部与附近医院签订合作协议。

【医养结合试点】 2017年，海口市以居家养老为基础，社区养老为纽带，社会养老为发展方向，全面开展医养结合工作。秀英区统筹医疗卫生与养老服务资源布局，建立健全医疗卫生机构与养老机构合作机制，与部分乡镇卫生院开展协议合作，建设老年人日间照料中心，为老年人提供住宿、照料、娱乐等一体化的健康和养老服务。推进社区卫生服务站和医务人员与社区、居家养老结合，与老年人家庭建立签约服务关系，为老年人提供连续性的健康管理服务和医疗服务。推行“老邻居·一家亲”居家养老模式，在社区打造一刻钟居家养老服务圈。龙华区制定《龙华区医养结合工作方案》，确定龙桥镇敬老院、滨濂社区养老照护服务中心等一批试点单位。琼山区大力促进医养结合，为老年人提供多层次、多样式的医疗健康服务，构建新型的“医养融合”养老模式，与计划生育家庭老人签约，每月定期上门服务。

【敬老院建设与管理】 2017年，海口市有20家敬老院。市、区级财政共投入敬老院运营管理经费733万元，其中市级投入99万元，改善敬老院基础设施，规范管理，提升服务质量。探索农村敬老院管理新模式，全年政府通过向社会购买服务的方式，把14家农村敬老院委托给养老服务和管理资质好的养老机构或社会组织管理。

【慈善事业】 2017年，海口市慈善事业健康有序发展。9月2日，开展“中华慈善日”活动启动仪式，举办“慈善惠民生　共创文明城”的主题慈善晚会，共收到社会各界爱心捐款

2017年3月5日，海口市社会福利院开展关爱空巢老人志愿服务活动，志愿者和市社会福利院老人一起进行互动游戏　（市社会福利院　供）

2889万元。通过助孤、助残、助老、助学、助医、扶贫济困等系列救助活动，全年发放慈善救助物款665多万元。

【福利事业】2017年，海口市社会福利院孤儿生活楼项目通过主体验收，建设总面积3965平方米，床位98张，总投资1719.79万元。落实好孤儿基本生活保障工作，全年发放孤儿基本生活费323万元。完成“明天计划”手术3例，为3名孤儿实施腹股沟斜疝、地中海贫血、先天性唇腭裂等手术。举办“爱心开放日”活动12次，社会各界爱心人士近万人参加。全年全市销售福利彩票11.36亿元。

【社区建设与管理】2017年，海口市率先在全省完成垦区桂林洋农场、东昌农场、红明农场、三江农场社会职能属地化改革工作，剥离垦区农场原来承担的人力资源和社会保障、民政、扶贫、人口计生、综治等社会管理与公共服务职能，实现政企分开、社企分离，垦区农场各项社会职能与相应镇（区）相关部门无缝对接。印发《海口市健全城市社区功能工作方案》，以“12345+网格化”为抓手，在全市11个试点社区开展以社区党组织领导为核心，以社区居民参与、社区服务供给、社区文化引领、社区依法办事、社区矛盾化解、社区信息化应用等为主要内容的社区功能提升试点。美兰区新安社区成立全省首家社会组织孵化基地，设立志愿者之家和社区居家养老服务孵化基地。充实力量，推动社会治理重心向基层下移，在全市镇（街）设立民政服务站，采取政府购买服务的形式为每个镇（街）配备民政协管员岗位，协助做好民政服务站日常行政工作。加强村（社区）民政力量建设，在村（社区）配备民政专干。

【三江居、红明居挂牌成立】2017年3月18日，海口市美兰区三江镇三江居、琼山区三门坡镇红明居挂牌成立，随着原三江农场、红明农场承担的社会管理职能纳入地方政府统一管理，标志着海口国有农场全部完成社会管理职能属地化改革。三江居、红明居的组织架构由党支部委员会、居民委员会、居民服务中心三部分组成，形成一个在党的领导下集居民自治、社会管理和公共服务为一体的基层社会治理体系。其中，居民服务中心受政府委托，通过政府购买服务的方式，为居民提供公共服务。

【社区网格化管理】2017年，海口市按照“街巷定界、规模适度、无缝覆盖、动态调整”原则，将全市主城区划分为2428个网格，农村划分2061个网格，在主城区配备社区网格员1576名，农村259名。推行“12345+网格化”工作模式，努力充实基层工作队伍，促进政府各部门与基层工作力量的有效融合，进一步夯实社区基础，提升社区功能，强化社会管理，提高城市品位。5月，海口市以秀英区为试点，探索“12345+网格化”工作模式，全面落实市委市政府对12345热线提出的“半小时处置响应”“建立横向到边、纵向到底的组织体系”，达到“真正让热线热起来”的要求。全年社区网格员通过“城管通”和“社服通”共上报办件5493件，通过12345微联动上报并处置办件11.26万件，占全年总办件量95.24%。其中，上报市12345热线办件988件，社区网格员自治处置办件10.99万件，通过与职能部门联勤联动解决办件1720件。组织全市1576名社区网格员先后开展社会工作师培训、12345+网格化办件培训、社区网格员相关业务培训。社区服务信息化系统项目建设通过初步验收，并在全市8个社区进行试点运行。全年为3.15万多人次提供办理老年证、残疾证，提供居民医保、高龄认证、免费孕前检查等服务。全市社区网格员共参与“双创”20多万人次，发放宣传资料30多万份，张贴宣传画约10万张，签订“门前三包”协议3.5万多份，填报调查问卷15多万份，参与文明劝导10多万人次，清理卫生死角2万多次。在抗风救灾中，社区网格员参与转移群众3600多人次，为群众提供服务2.8万多人次，参与重建家园近2万人次。

【村民自治与村务公开】2017年，海口市印发《海口市村务公开和民主管理工作实施细则》，进一步规范全市村务公开的内容、程序、形式和时间，推进农村基层党风廉政建设向前发展。年内，下拨至各区、桂林洋开发区村务公开栏建设经费297万元。首次开启基层群众性自治组织特别法人统一社会信用代码赋码工作。

【社会组织管理】2017年，海口市开展收费情况自查自纠及行业协会清查工作，收到业务主管单位自查自纠报告近50份、行业协会清查工作情况报告45份。全年市本级社会组织有795家，其中完成社会组织核名62家，社会团体成立登记22家，社会团体变更登记9家，注销6家，民非成立登记14家，民非变更登记21家，注销1家。推进社会组织参与海口社会治理各项活动，印发《关于号召全市社会组织发挥表率作用参与海口市创建全国文明城市和国家卫生城市的倡议书》和《关于号召全市社会组织发挥责任担当积极参与海口决战决胜“双创”攻坚战的倡议书》。在防台风“卡努”救灾减灾工作中，向全市各级社会组织发出《关于号召全市社会组织发挥责任担当积极参与防抗台风“卡努”的倡议书》，引导社会力量参与防抗台风工作。

【双拥优抚安置】2017年，海口市开展春节、“八一”等重大节日双拥活动，为驻市师以上部队赠送春节慰问金175万元、“八一”慰问金205万元。下拨支持部队建设经费600万元。发放2016年度驻市军警部队军功奖经费83.24万元。组团前往三亚慰问执行第二十七批护航任务的“海口舰”官兵。全年协调市、区教育局和学校为877名部队子女解决上学问题。协调部队600多人在凤翔公园参加“绿化宝岛行动”群众性义务植树活动，协调驻市军警部队1600多人次参加“双创”活动。全市有重点优抚对象4288人，下拨优抚经费5055.61万元。其中，优抚对象抚恤补助资金3479.41万元，老党员生活补助13.52万元，优抚对象医疗补助资金305.36万元，部分西沙参战民兵补助资金7.58万元，优抚对象“三难”经费40万元，义务兵家庭优待金1191.74万元，省级烈士纪念设施维护管理经费18万元。完成优抚对象元旦、春节“两节”慰问金申报发放224.42万元（500元/人）。各区完成市重点优抚对象物价补贴172.58万元（伤残人员600元/人，其他重点优抚对象400元/人）。全年接收军队退休干部27人、退役士兵715人（安置符合政府安排工作条件退役士兵25人，自主就业690人）。组织457名退役士兵进行专业技能培训（汽车驾驶404人、酒店服务与管理9人、维修电工16人、汽车运用与维修12人、中式面点16人）。落实烈士褒扬工作，组织协调2座烈士墓迁移到解放海南岛战役烈士陵园；推进解放海南岛战役烈士陵园基础设施建设，做好清明期间文明祭扫和“9·30”烈士公祭日工作。进一步落实军休干部“两个待遇”。

【婚姻收养登记】2017年，海口市办理婚姻登记1.96万对。其中，涉外结婚登记334对、涉外离婚登记83对，国内结婚登记15.2万对、国内离婚登记4010对。办理收养登记35件。其中，收养登记33件、解除收养登记1件，补领收养登记证1件，登记合格率100%。

【殡葬管理】2017年，清明节期间，海口市首次将清明安保指挥部设在市“三防”指挥部，采用APP方式提供路况消息。共投入现场安保服务工作人员2633人次，接待集中祭扫群众22.68万人次，车辆40.4万台次，全过程零伤亡，无事故，达到“安全、有序、干净”的要求，实现“文明祭扫，平安清明”的工作目标。殡葬管理工作以深化殡葬改革，推动绿色殡葬为发展理念，印发《殡葬法规》1.2万册、“绿色殡葬”宣传海报1.8万张、惠民政策宣传彩页4.6万张。全年火化遗体2370具，办理减免特困群众殡葬服务费用89例，减免费用67.85万元。走访督查全市19家社会殡葬服务机构，对市内各医院太平间开展例行巡查126次，下达整改通知书8份，协调迁移、平整乱埋乱葬坟墓5座。

【地名管理】2017年，海口市民政部门按照“双创”标准和城市更新计划，完成43条新建道路的命名和路牌设置、城区537块路（街、巷）牌设置安装（修复）和328个自然村453块村牌的安装工作，不断完善地名牌的导示功能，提高全市地名管理标准化、规范化水平。

【地名文化遗产保护】2017年，在海南省民政厅、省文联、南海网联合举办的“家在海南、铭记乡愁”地名文化系列征集评选活动中，海口市8个地名（单位）获奖。做好全市第二次全国地名普查后续工作。按照国家地名委《第二次全国地名普查质量评价体系》《第二次全国地名普查验收办法》的要求，对所有数据进行修订、校验、入库。开展清理不规范地名暨地名文化保护工作，建立不规范地名暨地名文化保护目录。其中，列入不规范地名目录62条，列入地名文化保护目录57条，清理不规范地名8个。

老龄工作

【老龄工作概况】2017年，海口市老龄工作以扎实开展敬老孝老助老系列活动、社区居家养老服务工作、80岁以上高龄老人长寿补贴发放管理、组织开展第三届“敬老文明号”创建活动等工作为抓手，宣传贯彻老年法律法规政策，切实维护老年人合法权益，老龄事业有新的发展和进步。

【老龄人员状况】2017年，海口市有60岁以上户籍老年人口23.18万人，占全市总人口13.88%。其中，80岁以上高龄老人3.73万人，占老年人口总数16.2%；100岁以上老人395人。每10万户籍人口中百岁老人23.6人，超过联合国规定的长寿之乡标准。其中，男性70人，占17.72%；女性325人，占82.28%；女性最高年龄110岁，男性最高年龄108岁。

【老龄优待政策】2017年，海口市继续落实老年人各项优待政策。在全市组织开展关爱空巢老人志愿服务活动8场，组织志愿者150余人，慰问空巢老人300多人，送去价值3万元慰问物资，提供法律咨询、举办书画展、巡回义诊等服务。元旦、春节、重阳节等重大节日广泛开展老年文化演出，走访慰问百岁、空巢老人和困难老年人活动，到乡镇敬老院开展送医送药送戏敬老慰问活动。10月，开展敬老月志愿服务活动23场，组织志愿者500多人，慰问空巢老人480余人，送去价值6万多元的慰问物资，举办金婚银婚庆典活动，为420名老人提供“金婚、银婚婚纱摄影和个人艺术写真拍照”服务。新修正的《海南省实施〈中华人民共和国老年人权益保障法〉若干规定》增加独生子女护理假，从9月1日起施行。10月1日起，政府购买社区居家养老服务小时计费标准由15元/小时提高到25元/小时。推行老年公交优待IC卡，全年累计办卡量1.55万张，自2016年4月启动以来累计办理8.11万张。继续推行老年人意外伤害保险，全年全市累计为1653名居家养老服务对象购买意外险4.96万元。

【80岁以上老人长寿补贴】2017年，海口市继续实施高龄补贴政策，凡具有海口市户籍且年龄在80周岁以上

的老人均可享受高龄老人长寿补贴待遇。其中，80~89 周岁老人每人每月 109 元；90~99 周岁老人每人每月 209 元；100 周岁以上老人每人每月 809 元（含省级百岁长寿保健补助金每人每月 500 元）。全年共为 3.93 万名 80 岁以上高龄老年人发放长寿补贴 5751.7 万元。

【“敬老文明号”创建活动】2017 年 10 月，海口市启动第三届敬老爱老助老创建活动。海口市美兰区光明助老服务中心、龙华区人口家庭公共服务中心被全国老龄委授予第二届全国“敬老文明号”荣誉称号；王钰、王昭进、李萍、冯雯、吴爱黎、陈荣、郑秋平 7 人被授予“全国敬老爱老助老模范人物”。武警海南省边防总队医院、海口市 120 急救中心、龙桥镇敬老院、旧州镇卫生院、海口市助老之家、金福源老年公寓、椰岛之家老年公寓共 7 家单位获得海南省第二届“敬老文明号”荣誉称号。

（张 奕）

民族宗教事务

【民族宗教事务概况】2017 年，海口市有少数民族 47 个，少数民族常住人口 2.93 万人，占全市常住人口 1.4%。全市有佛教、道教、伊斯兰教、天主教、基督教五大宗教。宗教活动场所 31 处（不含基督教聚会点），其中佛教 11 处，道教 2 处，伊斯兰教 1 处，天主教 1 处，基督教 16 处。基督教聚会点 14 个，其中“以会带点”5 个，“委托管理”9 个。宗教团体 2 个，即海口市天主教“两会”和海口市基督教“两会”。有宗教教职人员和管理成员 270 多人，宗教信徒约 5 万人。

【城市民族团结进步创建】2017 年，海口市继续做好城市民族团结进步创建工作。4 月 24 日，在海南省国兴中学开展城市民族团结进步创建进学校活动。5 月 4 日，在美兰区海甸街道新安社区举办城市民族团结进步创建活动进社区活动。5 月 12 日，在美兰区海口马大胡子清真美食汇举办城市民族团结进步进企业活动。11 月 8—12 日，组织海南南方民族艺术学校、海口马大胡子多思迪餐饮有限公司等 15 家企业在骑楼小吃街举办第五届海口市城市民族团结进步创建活动进企业展示会，旨在为少数民族群众提供就业平台，为少数民族企业提供商机。11 月 23 日，在琼山区国兴街道米铺社区开展“学习贯彻党的十九大精神暨民族团结进步进社区”宣讲活动。12 月 1 日，在海南南方民族艺术学校开展“学习贯彻党的十九大精神暨民族团结进步进学校”宣讲活动。5 月，琼山区国兴街道米铺社区和海南南方民族艺术学校被省委宣传部、省委统一战线工作部、省民宗委联合命名为全省民族团结进步创建活动示范单位；12 月，琼山区国兴街道米铺社区被国家民委命名为第五批全国民族团结进步创建活动示范单位。

【少数民族特色活动】2017 年 3 月 24 日，海口市民宗局在琼山区举办 2017 年海南黎族苗族传统节日“三月三”节庆海口分会场活动暨海口市城市民族团结进步宣传月活动启动仪式，同时举办以“宣传民族政策，助力海口双创”为主题的文艺演出。2月 24 日至 3 月 12 日，组队参加在海南省陵水黎族自治县举办的 2017 年“陵水迎春杯”珍珠球联赛，海口市男、女珍珠球代表队分别获得男子组、女子组冠军。3 月 30 日至 4 月 1 日，组队参加在海南省琼中黎族苗族自治县举办的 2017 年海南黎族苗族传统节日“三月三”主会场活动的少数民族传统体育竞技活动，其中男子押加 55 公斤级、男子押加 68 公斤级、男子 60 米板鞋竞速获冠军，女子 60 米板鞋竞速获亚军，男子押加 86 公斤级获季军。

【宗教事务管理】2017 年，海口市民宗局举办各类宗教业务培训班 5 次，其中宗教活动场所消防安全培训 2 次，宗教界人士政策法规培训 3 次，参加培训人数 400 余人次。继续开展以“教风”为主题的和谐寺观教堂创建活动。作为海口市佛教协会业务主管单位，指导、协调海口市佛教协会和海口市道教协会筹备工作。年内，海口市基督教府城堂被评为全国和谐寺观教堂创建活动先进集体。

【服务民族宗教界群众】2017 年，海口市民宗系统接待来访群众 10 多起（次）30 多人，及时协调有关部门调查处理，帮助解决少数民族同胞、信教群众工作生活中遇到的困难或矛盾纠纷，涉及的问题主要有子女上学、清真食品、殡葬、宗教用地等。全年办理变更民族成分 9 份和民族成分审核 84 份。

（竺玉贞）

（编辑：赵华锋）

保税区·开发区·农场

海口综合保税区

【海口综合保税区概况】2017年，海口综合保税区以复制自贸区改革试点经验为抓手，探索发展跨境电商、离岸金融等创新业态，推动开放型经济优化升级。全年营业总收入773.14亿元，比上年增长10.55%；税收17.15亿元，增长57.36%；关税4亿元，增长120.9%；进出口总值4.89亿美元，增长10.18%，其中出口值2.77亿美元，增长161.42%；工业总产值116.25亿元，下降12.52%。固定资产投资完成15.5亿元，完成市政府下达年度任务的110.7%。新增注册企业133家（其中约10%为外资企业），企业总数482家，其中规模以上企业42家、高新技术企业21家。

2017年海口综合保税区主要经济指标表

单位：万元

指标名称	2017年	上年	同比增减（%）	占全市比重（%）
工业总产值	1162468.20	1328871.00	-12.52%	21.49
工业销售产值	1135138.00	1243782.00	-8.73%	23.14
产品销售收入	1120732.00	1496580.00	-25.11%	23.25
工业增加值	0	334222.00	-100.00%	0
利润总额	-20946.40	58553.00	-135.77%	6.40
工商税收（含关税）	171573.00	109035.06	57.36%	4.42
进出口总值（万美元）	48905.04	44387.84	10.18%	2.33
进口值（万美元）	21197.30	33788.74	-37.27%	1.37
出口值（万美元）	27707.70	10599.10	161.42%	5.00
高新技术企业产值	1028277.00	1158502.00	-11.24%	—
生物制药企业产值	439793.60	449151.90	-2.08%	—
汽车制造企业产值	480198.50	623084.10	-22.93%	—
机电信息企业产值	233436.50	248566.30	-6.09%	—
其他加工企业产值	9039.60	8068.26	12.04%	—
从业人员	17910 .00	17669.00	1.36%	37.99
商贸总收入（亿元）	773.14	699.38	10.55%	27.34
固定资产投资	151533.00	349814.00	-56.68%	0.66

说明：1. 进出口剔除上年飞机购置投资（42500-16224=26276）万元，增长86.12%

2. 固定资产投资剔除飞机购置投资增长74.43%

3. 商贸总收入（工业产品销售1120732+老区第三产业431637.2+新区商贸物流6179007）=7731376.2万元

4. 1—12月进口车辆1056辆，货值为3748万美元

2017年海口综合保税区在建固定资产投资项目完成情况总表

单位：万元

序号	项目名称	计划总投资	2017年计划投资	2017年累计完成投资
	总计：（25个）	479240.53	158702.14	155297.26
	一、老区固定资产投资（12个）	428186.65	99775	98034
1	光纤预制棒车间技术改造项目	66000	27200	27200
2	恒远泰富厂房项目	5000	735	735
3	金盘电气综合楼项目	4430	1655	0
4	养生堂药业有限公司药品胶囊涂膜剂车间改建项目	600	320	167
5	海南全星制药有限公司无菌大规格粉针制剂等六条生产线及配套系统技术改造项目	20000	12070	0
6	海南辉能药业有限公司厂房GMP技术升级改造项目	3000	3000	1177
7	海南万玮制药有限公司新建生产线项目	2900	2900	2492
8	上海儿童营养中心有限公司海南分公司厂房技术改造项目	840	840	563
9	南海·幸福城项目	160000	31355	51300
10	海南三叶美好制药有限公司设备更新技术改造项目	600	600	600
11	海南中和国际城（一期）	94816.65	14000	8700
12	光纤预制棒车生产线扩建项目	70000	5100	5100
	二、新区固定资产投资（13个）	51053.88	58927.14	57263.26
13	海口综合保税区经八路工程项目	561	95.58	95.66
14	综合保税区基础设施维修改造及环境整治项目	1500	1500	1185.94
15	海口综合保税区标准厂房项目	8191.88	6000	5936
16	海口综合保税区跨境电子商务综合示范区项目	501	387	385.6
17	中铁国际（海南）食品冷链中心项目	15000	5101.56	5101.56
18	海口安基钻石珠宝加工展销中心项目	24000	1000	164
19	电子游戏机控制盒子的组装生产项目	1300	1300	1300
20	华夏易能光伏电池生产线改造项目	103670	10000	8000
21	国际进口商品集散分拨中心	10000	5000	5500
22	“国际名材贸易、加工基地”项目	8000	1000	1986
23	芭芭乐实业有限公司项目	9000	1000	1056
24	海口综合保税区经三路项目	550	550	559.5
25	海南京华民保健品、化妆品产业基地项目	60000	25102	25102
26	综合性大型医学检测平台项目	891	891	891

【“跨境电子商务综合示范区”建设】2017年，海口综合保税区全力推进跨境电商产业园建设，标准厂房和商务中心进入装修阶段，即将投入使用。区内跨境电商平台在“双11”“双12”期间交易量2228票。出台跨境电商扶持政策，吸引海南海中免税品有限公司、深圳飞象科技有限公司等20多家电商企业入驻。做好中国（海口）跨境电子商务综合试验区申报工作。

【首批复制自贸区改革试点经验清单推出】2017年，海口综合保税区在总结梳理自贸区改革试点经验的基础上，结合园区实际推出首批40项复制自贸区改革试点经验清单，其中海关、检验检疫部门各13项，工商商事改革6项，简化行政审批8项。内容包括海关通关便利化、创新监管新模式，简化检验检疫方法流程、缩短时间、实行负面清单等举措。清单中，海关推出的“先入区、后报关”“一次备案、多次使用”“批次进出、集中申报”，检验检疫实行的“进口货物预检验制度”等措施，大大缩短货物通关放行的时间，节省时间和资金成本。

【保税区汽车进出口业务激增】2017年，海口综合保税区内的海马汽车出口势头迅猛，全年整车（KD件）出口1.76万台套（货值2.11亿美元）至伊朗、菲律宾等国家，增长3倍多。整车进口数量激增，全年汽车整车进口1056辆，货值约3748万美元，关税约1.85亿元，在全国整车口岸中增速位列前茅。

【钻石通关一体化试点】2017年2月15日，海口综合保税区与比利时塔斯（TACHE）旗下深圳塔斯钻石有限公司、印度KARP集团旗下轩尼星有限公司及尚品云智（北京）信息技术有限公司（款多多珠宝首饰供应链平台）举行签约仪式，印度钻石加工企业KARP和比利时“塔斯”入园发展。4月，海关总署批复同意钻石通关一体化试点政策延长试点期限2年。至2017年，海口综合保税区共进口成品钻3820克拉（货值2212万元），保税转免税首饰入境2282件（销售1023件产品，销售总额337万元），有效推动综保区钻石珠宝产业发展，达到预期效果。

【推进“一带一路”自贸驿站建设】2017年5月，海口综合保税区与青岛前湾保税港区签署合作备忘录，共建“一带一路”自贸驿站，加强在汽车整车进口、大宗商品贸易（橡胶）、出口加工以及跨境电商等产业的交流与合作，助力双方企业更好融入“一带一路”。12月，举办“一带一路自贸驿站”海口双向推介会，来自全国各地综保区代表及企业代表120多人参会，确定海口为今后年会主办地；分别与广西凭祥综保区就东南亚水果进口、与青岛前湾保税港区就橡胶贸易达成合作共识。

【探索开展离岸金融业务】2017年，海口综合保税区利用自身优势推进开展离岸金融业务并设立离岸金融业务中心，和具有离岸金融牌照优势的浦发银行总行合作开展业务，该行将在综保区设点。与中国进出口银行海南支行签署合作备忘录，主动为区内贸易企业提供多形态的金融服务，强化银企合作。

【保税区招商引资】2017年，海口综合保税区共接待国内外客商团队500多人次，参加各类招商展会16场次，签约项目20个，投资总额27.84亿元。其中：钻石珠宝加工方面，引进印度KARP、比利时塔斯钻石加工及“款多多”钻石饰品供应链平台等项目，打造以裸钻进口、钻石珠宝加工、展示交易业务为主的钻石珠宝加工产业园；出口加工方面，引进药物研发、化妆品出口等项目，同时依托本地资源，引进山药出口、椰子加工项目，打造农特产品的出口基地；仓储物流方面，引进松之光进口商品集散分拨中心项目、香港金泉运输广告公司的“海南国际冷链物流园”等项目。中国免税和海南免税公司在区内注册合资公司，开展免税店商品保税仓储、分拨业务。

【推进空港综保区申报】2017年，海口综合保税区空港综保区产业规划、规划环评及交通规划编制完成，可研报告通过评审，总规、控规上报市政府。签订空港综保区253.33公顷土地协议，意向招商签约面积153.67公顷，意向签约金额157亿元。《海口美兰空港综合保税区申报工作方案》及拟与海航集团签订的《海口美兰空港保税区（筹）开发合作协议（草拟）》已报市政府待批。

【综保区冷链中心项目建成运营】2017年9月11日，中铁国际冷链中心在海口综合保税区举行开业仪式。该项目为省重点项目和综保区首个保税冷链仓储项目，由海南中铁保税冷链物流有限公司投资建设，总投资约2亿元，占地面积3.27公顷，仓储容量为2万吨，配有分拣加工车间2600平方米、商品展示及办公区域2000平方米，并由专业团队运营管理，涉及冷冻仓储、运输、包装、流通加工、配送、信息处理等功能的综合服务。已建成国际化标准冷库两座，并正式投入使用，冷库的签约商家16家。

（唐顺德）

海口国家高新技术产业开发区

【海口国家高新区概况】2017年，海口国家高新区管辖药谷工业园、狮子岭工业园、海马工业园、云龙产业园4个专业园区和美安生态科技新城。其中美安生态科技新城定位为生态经济旅游示范区，药谷工业园定位为医药产业聚集区，海马工业园定位为汽车配件园区，狮子岭工业园定位为传统与新兴产业园区，云龙工业园定位为产业承接园区。形成制药、新能源、汽车配件、文化创意等产业集群。全年新增注册企业336家，新增注册资金51.2亿元；累计注册企业2036家，注册资金总量1807亿元。有高新技术企业64家，上市企业7家。是海南省最大限度简化行政审批改革试点园区、国家大众创业万众创新示范基地、国家绿色科技产业国际创业园、国家知识产权试点园区、全国黎药产业知名品牌创建示范区、海南省人才服务管理改革试点园区。获“第五届全国文明单位”及“2016年海南省模范劳动关系和谐工业园区”称号；在全国147个高新区中，综合排名78位，较上年上升3位；其中“国际化和参与全球竞争能力”单项一级指标实现大幅提升，从上年的第114名跃升至57名。跻身2016年国家高新区生物医药产业综合竞争力前50强，排名第23位。

全年园区营业总收入305.7亿元，比上年增长52.1%；工业总产值225.3亿元，增长11.5%，占全市工业总产值的41.7%，比上年提高4个百分点；固定资产投资累计完成67.2亿元，增长17.3%，完成海口市2017年分解任务目标的100%。一般公共预算收入32.17亿元，增长18.59%，完成年度预算的109%；地方一般公共预算收入完成6.47亿元，增长37%，完成年度预算的115%。全年签约项目29个，合同投资总额203亿元，履约率85%。

【高新区建设规划】2017年，海口国家高新区编制《产业发展指导目录(2017年版)》，构建“3+X”产业框架，明确聚焦发展生命健康、互联网和轻型低碳制造三大产业集群，围绕制药、食品及农副产品加工、新能源、机电制造、汽车配套和新材料等六大主导产业，着力推进园区实体经济和产业发展。推进“一城四园”总体规划环评，编制《美安科技新城海绵城市专项规划》，完成环评分类管理报告报批工作，实施建设项目环境准入政策，补齐园区生态环保规划短板，挖掘园区核心竞争力，增强园区美誉度和吸引力。修编美安总规和美安科技新城一期控规，基本形成“七分产业、三分配套”的发展布局。启动狮子岭二期控规和狮子岭一期东片区规划编制工作。

【高新区招商引资】2017年，海口国家高新区确立“四个瞄向”招商导向，即瞄向世界500强、央企；前沿科技、新兴产业和品牌项目；发达地区产业转移，承接符合产业导向和“零污染”的高新技术项目；能够带来中下游产业链的龙头企业项目和涵养培育优质税源的项目。确立精准招商、产业招商、点对点招商、代理招商、引智招商、亲情招商等模式，开展、参与招商活动11次，涉足14个省份、2个国家、1个地区。全年签约项目29个，合同投资总额203亿元，签约的项目呈现三大特点：大企业、大项目为主；涵盖省十二大重点产业中的九个产业，有高新技术、教育文化体育、低碳制造、医药、医疗健康、互联网、现代金融服务、现代物流、旅游、房地产（配套）等；国际化水平提升，美国泰基鸿诺、美中药协、挪威潮汐发电、马来西亚福升食品保健品等项目落户。借助“招商与合作”参与北部湾城市群发展和琼州海峡经济带建设。与广东省工商联建立琼州海峡经济带一体化高新技术产业合作机制，与广东徐闻县政府谋划建设“北部湾原料药产业园”。

2017年海口国家高新区各产业高企产值表

单位：亿元

	高企产值	高企占各产业产值
制药产业	104.7	94.2%
机电制造产业	15.6	99.2%
新能源产业	14.3	100.0%
新材料和印刷包装产业	4.8	38.9%
其他产业	3.1	31.9%
食品及农副产品加工产业	1.4	2.5%
汽车配套产业	1.2	30.4%

【高新区高新特色更加突显】2017年，海口国家高新区新增高新技术企业6家，总数64家，约占全省的1/4；已投产高新技术企业完成工业总产值145.2亿元，增长11.9%，占园区工业总产值的64.4%；规模以上高新技术企业产值占规模以上工业总产值67.5%。高新技术企业成为园区发展主力，逐步成为各产业增长的核心支柱。园区有24个产品进入2016年度海南省高新技术产品目录，占全省48%，有3家企业获得2016年度海南省科技成果转化奖，有6家企业荣获“2016年海口工业年度十佳企业”荣誉称号。国家知识产权试点园区通过验收，园区企业专利申请量年增长超过20%，PCT专利申请占全省30%，已取得各项专利和专著累计350余项，在申请专利累计262项，园区6家企业的43个专利质押融资3.72亿元。医药产业作为园区主导产业，在促进药谷深入发展、新药谷加快建设的同时，全力争取重大新药创制国家重大科技专项成果转移转化试点示范基地落户，整合资源谋划建设医药总部经济区。

【高新区创新创业和产业孵化取得新突破】2017年，海口国家高新区全力推进国家创新创业示范基地建设，高新区科技成果转化综合服务平台启动建设。累计拥有20家涵盖省十二大重点产业的创业创新平台，其中，国家资质4家，省级资质4家，市级资质2家。园区一家企业获中国创新创业大赛总决赛三等奖，创省内企业历届最好成绩。

【高新区人才工作】2017年，海口国家高新区成立人力资源管理中心，建立海口市创新创业人才服务平台和高新区人才服务中心，提供人才一站式服务。组建“吴养洁院士工作站”、海外科学家工作站和欧亚国际科学院（海南）院士专家服务中心，3家院士工作站获省级认证，共拥有“千人计划”专家8名、“万人计划”专家3名、特聘专家等30余名。人才带来美国泰基鸿诺医药保健品、美中医药协会生物医药创新产业园两个国际化项目，实现以招才引智促招商引资。与海南省技师学院签订建立园区企业技能人才输出和职工技能培训实习实训基地的合作协议。

【“极简审批”全面完善】2017年，海口国家高新区创建“极简审批”管理服务平台，于10月试运行，对审批事项进行“事前提醒、事中监管、联动执法”，实现审批事项网上咨询、申报、预审、查询、统计、监督、投诉。有236家企业登记注册并录入资料，为63个在建项目提供线上线下同步服务；将所有审批事项纳入省级统一的行政审批监管平台办理，全面实现“不见面”审批。6月成立便民服务站，对“极简审批”项目审批事项进行全程指导服务；完善一站式服务平台，将招商、注册、审批、监管、执法、服务等事项集中到政务服务中心窗口办理，邀请工商、税务等公共服务机构进驻，并开通服务热线；对尚未承接的消防、图审、质监、人防、气象等审批事项，协调市各职能部门进行容缺预审，提前介入服务。完成云龙产业园“极简审批”区域性评估。全年“极简审批”动工项目24个。

【高新区重点项目建设】2017年，海口国家高新区省重点项目14个，年度计划投资37.4亿元，实际完成投资30亿元，完成年度计划投资的80%。新开工项目5个，开工率100%，分别为中民筑友装配式节能建筑科技园项目、美国泰基鸿诺医药高端医药保健品生产研发项目（海南雅葆天维）、香港京都养生堂制药中成药制剂厂项目、广东雄塑高级PVC复合管材生产项目、海洋养殖装备制造和现代农业设施基地项目、海南海灵化学制药有限公司新增生产线项目。

【美安科技新城（一期）建设】2017年，美安生态科技新城一期完成投资约12.24亿元，累计完成投资约75.14亿元，累计配合完成征地1539公顷。一期30条道路全部开工，总长约60千米。美安配套项目建设基本满足入园企业需求：美安南北各建立一个临时污水处理站，1号污水泵站完成建设；1、2号给水泵站达到功能性使用；基本实现美安燃气管道贯通，园区大部分企业具备供气条件；美造变电站3个开闭所建成并投入运送电。2017年产业配套项目完成投资约5.24亿元，累计完成投资15.47亿元，包含新总部经济区、南区福邻中心、产业加速器、营销中心和美安华府等项目。

2017年底，海口国家高新区美安科技新城海绵化生态修复后初见成效

（海口高新区 供）

【美安海绵化生态修复初见成效】海口国家高新区美安生态科技新城海绵化改造主要包括美安科技新城带状公园绿地海绵化改造（含一横河及环河改造）及那内河、荣昆河、那甲河3条河道海绵化改造项目，总面积约56万平方米，改造河道总长度约11千米，总投资约6.6亿元。其中美安生态科技新城带状公园绿地海绵化改造项目（含一横河及环河改造项目）投资约2.4亿元，那内河、荣昆河、那甲河河道海绵化改造总投资约4.2亿元。至2017年底，完成一横河全段等海绵化示范段施工，完成环河海绵化总量的60%，共完成绿化面积17.5万平方米。年内完成投资1.71亿元，累计完成投资2.06亿元。海绵化改造极大程度改善该河流的泄洪和蓄洪能力，同时兼具优美的原生态自然风光，达到人与自然相和谐的效果。经过海绵化改造过的美安一横河、那内河入库口不仅吸引很多野生鸟类入驻，也给园区员工及周边村民提供一个非常好的滨水体验场所，更成为美安科技新城的一张靓丽的生态名片。

（高慧　陈嘉萱）

海口桂林洋经济开发区

【海口桂林洋经济开发区概况】2017年，海口桂林洋经济开发区（农场）有12个社区居委会、72个自然村。

园区内聚集农副产品和水产品加工、生物制药、仓储物流等产业集群，产业规模基本形成。建成罗牛山产业园、开维生态城、椰风海韵、山海度假村等一批项目，桂林洋国家热带农业公园和桂林洋教育科技产业园项目落户桂林洋开发区。辖区有普通高等教育学校4所、中等职业学校6所、普通中学1所、完全小学1所、幼儿园7所，有教职工4458人、在校学生7.24万人，当年新招生2.26万人、毕业生1.92万人，学前教育招生400人。全年实现总产值64.77亿元，比上年增长7.7%。其中，第一产业总产值3.52亿元，增长1.5%；第二产业总产值28.66亿元，增长7.9%，其中工业总产值17.37亿元，增长7.3%；第三产业总产值32.59亿元，增长8.3%。实现国内生产总值（GDP）20.18亿元，增长7.5%，其中，第一产业增加值1.79亿元，增长1.6%；第二产业增加值7.22亿元，增长8%，其中工业增加值4.04亿元，增长7.3%；第三产业增加值11.17亿元，增长8.2%。产业结构为9∶36∶55。固定资产投资完成33.39亿元，增长38.5%，增幅在全市排名第二。常住居民可支配收入26215元，增长7.4%。公共财政收入2.33亿元，减少31%。

2017年海口桂林洋开发区主要经济指标完成情况表

项　目	计量单位	2017年完成	2016年完成	同期对比（%）	备　注
一、开发区总产值（营业收入或非企业支出）	万元	647664	601139	7.7	
其中：第一产业	万元	35172	34638	1.5	
第二产业	万元	286626	265644	7.9	
其中：工业	万元	173664	161815	7.3	
建筑业	万元	112962	103829	8.8	
第三产业	万元	325866	300857	8.3	
二、开发区国内生产总值	万元	201845	187763	7.5	
其中：第一产业	万元	17938	17659	1.6	
第二产业	万元	72185	66859	8	
其中：工业	万元	40433	37674	7.3	
建筑业	万元	31752	29185	8.8	
第三产业	万元	111722	103245	8.2	
三、居民人均可支配收入	元	26215	24418	7.4	
四、居民人均国内生产总值	元	80375	78414	2.5	
五、公共财政收入	万元	23307	33998	–31.4	
六、居民人均公共财政收入	元	9281	14198	–34.6	
七、公共财政支出	万元	33815	31000	9.1	
八、固定资产投资	万元	333895	241084	38.5	
九、居民人均固定资产投资	元	132957	100682	32.1	
十、居民家庭人口	人	25113	23945	4.9	
十一、总人口	人	92765	96134	–3.5	含外来学生

【桂林洋开发区产业发展】2017年，海口桂林洋经济开发区主导产业占的比重不是很大，主导产业不显著，主要集中在健康教育产业，全年生产总值5亿元，占全区国内生产总值的25%。其次的主导产业集中在农产品加工及制造业和制药业，上规模的农产品加工及制造业有11家，年产值12.8亿元，增加值3亿元，占全区国内生产总值的15%。制药业有6家，年产值5.9亿元，增加值2.3亿元，占全区国内生产总值的11.5%。（1）第一产业。完成总产值3.52亿元，增长1.5%；增加值1.79亿元，增长1.6%。其中，渔业产值1.61亿元（含海捞和淡捞），占45.74%，增加值6928万元，养殖面积308.6公顷，产量5042吨（含海捞和淡捞）；种植业产值1.12亿元，占31.82%，增加值6869万元，收获面积802.73公顷，粮食、瓜菜产量1.28万吨，花卉产量1316万枝；畜牧业产值4790万元，占13.61%，增加值2060万元，出栏畜禽15.2万只（头）；农林牧渔服务业、林业产值3081万元，占8.83%，增加值2081万元。（2）第二产业。完成总产值28.66亿元，增长7.9%；增加值7.22亿元，增长8%。工业方面：工业企业（正常生产）有35家，产值17.37亿元，占60.61%，增长7.3%。其中食品加工（制造）业产值占的比重较大，有17家企业，加工（制造）食品6.56万吨，产值10.27亿元，占59.12%（产值最大的海南照丰水产有限公司，产值2.71亿元，但因从9月起资金短缺，第四季度一直处于停产状态）；制药业有6家企业，生产药品2.02亿（件、瓶、盒），产值5.92亿元，占工业产值34.08%（产值最大的制药企业是海南普利制药股份有限公司，产值2.52亿元）；其他工业行业产值1.18亿元，占6.79%。35家工业企业当中，规模以上企业11家，产值14.8亿元，占工业85.20%，增长7.97%。建筑业方面：有注册建筑企业8家，加上外来建筑业的产值，全年完成产值11.3亿元，占39.43%。（3）第三产业。入驻的法人单位约150家，个体户1500多个。完成生产总值11.17亿元，增长8.2%。其中，教育事业的贡献率最大，生产总值5亿元，占44.76%；房地产业生产总值2.35亿元，占21.04%；住宿餐饮和批发零售业生产总值2亿元，占17.91%；其余的第三产业产值占16.29%。个体户当中，批零和住宿餐饮业约有1100多个，占三产个体户73%。（4）出口创汇。全年出口创汇5.85亿元，增长3%。出口企业全部是水产品冷冻加工业，其中海南照丰水产有限公司出口创汇2.21亿元；海南蔚蓝海洋食品有限公司出口创汇2.04亿元；海南泉溢食品有限公司出口创汇1.11亿元；海南华绿食品公司出口创汇4233万元；普利制药厂出口创汇612万元。

【桂林洋开发区固定资产投资】2017年，海口桂林洋经济开发区固定资产投资计划任务56亿元，实际完成33.38亿元，增长38.5%，增幅排全市第二，其中江东大道二期、海师大二期、农业公园、万达文体旅游城、普利制药、海南农业4.0示范6个省重点项目完成投资18亿元，增长63%。

【园区企业】至2017年底，海口桂林洋开发区有在册单位249家，比上年增加19家，其中企业182家，非企业67家。182家企业按产业分：第一产业20家，第二产业43家，第三产业119家。第二产业中工业企业35家，建筑企业8家。第三产业中房地产业8家，酒店5家，其他三产企业106家。249家单位按注册类型分，其中：国有26家，集体2家，股份合作1家，其他有限责任公司138家，股份有限公司5家，私营独资13家，私营合伙1家，私营有限责任公司9家，其他41家，与港澳台商合资经营2家，港澳台商独资5家，中外合资经营2家，中外合作经营1家，外资企业3家。

【桂林洋开发区招商引资】2017年，海口桂林洋开发区主要负责人带队到上海、北京、省内各地参加招商招才、引智引资活动。与首旅集团、深圳华侨城集团、巅峰置业集团、中信集团中景信旅游、海南康泰国际等景区运营商洽商。签约项目3个，计划投资额1.36亿元，分别是：欧美标准模块化反应器快速合成车间改造项目计划投资0.26亿元，明圣家具厂项目计划投资0.6亿元，热带亚热带林业研究院计划投资0.5亿元。在谈项目5个，计划投资金额2.53亿元，分别是：人防设备项目，计划投资0.6亿元，洽谈方是海南战盾人防工程有限公司；南国食品厂项目，计划投资0.5亿元，洽谈方是海南南国食品有限公司；有机农业科教园，计划投资0.43亿元，洽谈方是海南职业技术学院；莲花坛城生态文化颐养园，计划投资0.5亿元，洽谈方是海南莲华生态文化发展有限公司；沉香文化体验园，计划投资0.5亿元，洽谈方是中国沉香营行（香港）有限公司。

【桂林洋开发区基础设施建设】至2017年底，海口桂林洋开发区（含外来企业）先后投入210亿元完成水、电、路、通信、通气、排污、垃圾处理站、综合办公楼、综合厂房、综合仓库、教学楼等基础设施及配套建设。完成3条“断头路”贯通：振洋路东段，西起兴洋大道，东至旺洋四横路，长307.22米、宽16米，实施内容为铺设污水管道402米、雨水管道534米，铺设级配碎石层3518平方米、水泥稳定碎石层3415平方米；振洋路中段，西起美善北路，东至兴洋大道，长246.7米、宽22米，实施内容为铺设污水管道347米、雨水管道514米，铺设级配碎石层4191平方米、水泥稳定碎石层4069平方米；旺洋四横路，北起振洋路东段，南至旺洋路，长199.34米、宽14米，实施内容为铺设污水管道296米、雨水管道301米，铺设级配碎石层2446平方米、水泥稳定碎石层

2017年9月30日，罗牛山集团、海南省农垦投资控股集团、海口桂林洋开发区进行桂林洋国家热带农业公园项目移交签字。项目实施主体由罗牛山集团变更为海南省农垦投资控股集团 （海口桂林洋开发区 供）

2306平方米。

【桂林洋国家热带农业公园】至2017年，项目（一期）已动工子项目18个（含6个新建子项目），计划总投资额19.54亿元，主要有："三通一平"场地平整工程，北入口公共服务中心项目，西（次）入口游客服务中心，农业梦工厂及配套工程，梦工厂北侧生态停车场，起步区配套市政道路，市政配套给水、供电线路及设施（包括兴洋大道电力迁建线路、一期外线工程以及供水管道工程），美丽乡村高山村建设等。2017年累计完成投资额11.6亿元，其中"三通一平"场地平整工程、北入口公共服务中心项目、西（次）入口游客服务中心、农业梦工厂及配套工程、美丽乡村高山村建设等10个子项目基本完工，剩余的市政配套给水供电线路及设施和兴洋大道改造项目、共享农庄（样板段）、生态热带新果园等8个子项目正在推进中，其中兴洋大道改造项目东侧整体进度完成85%，东侧辅道混凝土浇筑100米，累计完成60%；东侧加宽段混凝土浇筑完成55%，东侧机非隔离带路缘石安装完成；东侧箱涵完成96%；西侧人行道透水砖累计完成40%；透水混凝土浇筑累计完成35%。共享农庄（样板段）项目整体进度完成80%，共享菜园项目整体进度完成25%，生态热带新果园项目整体进度完成45%；一期路网水系项目整体进度完成30%。9月30日，农业公园项目的实施主体由罗牛山集团有限公司变更为海南省农垦投资控股集团有限公司。

【海口桂林洋农场公司化改革】2017年，为深入贯彻中共中央国务院关于进一步推进农垦改革发展的决策部署和省委、省政府《关于推进新一轮海南省农垦改革发展的实施意见》精神，海口桂林洋经济开发区成立农场体制改革工作领导小组，起草《海口市桂林洋农场体制改革方案》，12月21日，市政府第18次常务会议研究同意海口市桂林洋农场改制为海口桂林洋投资发展控股有限公司。改制后，海口桂林洋投资发展控股有限公司将建立产权清晰、管理规范的现代化企业制度体系，打造新的市场化投资运营主体，全面提升企业竞争力。

【桂林洋海滨防潮堤加固工程】堤线东边起始于桂林洋滨海浴场西部海边路，向西北方向延伸，经福创溪出海口处，沿海边防风林走向至山湖港右岸折向西南，沿规划路走向与桂林洋现状老堤相接。设计防潮标准为10年一遇，防潮堤工程级别为5级，防潮堤长度3507.34米，堤防沿线配套布置防潮闸1座、排水涵4座，布置步级7座、错车道6座。项目概算批复总投资6399.54万元，其中中央资金3300万元，市配套资金3099.54万元。工程建成后将保护总人口约1.4万人，养殖面积93.33公顷，耕地100公顷，保护区域内各村庄、耕地、养殖场及海边道路、海边别墅的安全。至2017年底，完成建安投资

2017年12月29日，海口桂林洋投资发展控股有限公司举行揭牌仪式 （海口桂林洋开发区 供）

4991万元，占工程建安投资5013.3万元的99.56%。

【小农田水利项目建设】建设内容为：高效节水灌溉工程，主要包括新建起步区51.07公顷喷灌、微喷灌和滴灌工程，基本农田区域400.33公顷高效节水灌溉输配水管网工程，加压泵站4座，高效节水灌溉自动化管理系统；排涝工程，含起步区排涝泵站1座，整治排涝沟8条总长2.31千米，配套建筑物108宗；清淤整治蓄水塘1宗；配套建设区间机耕路。至2017年底，1#、2#、3#、4#灌溉泵站及5#排涝泵站的泵房、配电室、中央控制室土建工程全部完成；2#、3#、4#站主管网管道全部完成，支管能施工的部位全部完成，实际完成主、支管总长约为3.20万米，管网工程配套的附属构件完成95%。起步区果园区域管网工程完成95%。高低压配电设施，5个配电室的高低压配电设备和计量装置，杆上设备均安装完成。基本农田区和果园区的智能化管线与灌溉管道施工完成95%。

【桂林洋中心幼儿园】位于桂林洋开发区振洋东路北侧（兴洋小区南侧），规划用地总面积9160.05平方米，建设1栋综合楼，建筑面积4454.26平方米，办学规模为15个班（一期），每个班30个学生。主要建设内容包括土建工程、装饰工程、照明工程、给排水工程、消防工程、弱电工程、太阳能热水系统，以及室外道路、绿化、电气、游戏场地等相关的配套工程。2016年4月16日动工建设，总投资1498.01万元（概算批复），至2017年底完成总工程的86%。

【桂林洋敬老院】位于桂林洋开发区双塘路东侧、桂林洋医院北侧，项目规划用地总面积3305.16平方米，建设1栋5层综合楼（地上5层、地下1层），建筑面积2792.92平方米，设置床位98个。建设内容包括老年寝室、健身房、活动室、接待室、食堂及餐厅、洗衣房、浴室、办公室、库房、其他附属用房以及基础设施建设、绿化等。2016年6月13日动工建设，总投资1133.01万元（概算调整后总投资），至2017年底完成总工程的96%。

【桂林洋老年人日间照料中心】2015—2017年，海口桂林洋经济开发区先后建设8间老年人日间照料中心，市财政共投入建设资金800万元（每间100万元），资金来源为市福彩公益金。每间中心建设面积约300平方米。至2017年底，青合社区、永卫社区2间老年人日间照料中心投入使用，6间（高山、传忠、丰兴、昌炳、场部、振家社区）建成。

【云山坡公益性墓地】海口桂林洋经济开发区内唯一一块农村公益性墓地，在丰兴居委会辖区内的云山坡地。2014年批准建设，总体规划面积25.87公顷，分六期建设。2015年12月进场开工建设一期，一期建设用地为4.07公顷，规划建设墓穴9000个。至2017年建好墓穴4000个。

（周玉菊　林芳泉　林书东　林春妹　苏小芹　吴鸿化）

农　场

【海口市三江农场】2017年，营业收入366万元，完成全年预算184.84%，比上年增长14.73%；营业利润18.76万元。

改革工作　年内主要开展农业用地规范化管理、属地化、公司化三项农垦改革工作。（1）农业用地规范化管理工作。3月，市政府审批通过《海口市三江农场农业用地规范管理工作实施方案》，该项工作正式启动。4月开始外业测量工作，至8月，完成3826.03公顷农用地的测量工作。12月，换签工作正式启动。（2）属地化改革工作。海口市人民政府办公厅印发《关于抓紧实施〈海口市三江农场社会职能和公共事务移交属地管理实施方案〉和〈国营红明农场社会管理职能属地化改革工作方案〉的通知》，3月18日，美兰区三江镇三江居居民委员会挂牌成立，接收农场原有的社会职能和公共服务。6月29日，农场与美兰区政府签订移交协议，属地化改革工作基本完成。（3）公司化改革工作。2月，市国资委批复同意三江农场公司化改革立项申请。10月，完成《海口市三江农场发展控股（集团）有限公司组建方案》定稿及编写说明，由市国资委报送市政府一处审批。同时继续推进农场清产核资和财务审计工作，对农场资源、资产进行全面清查和财务清理，并逐步推动土地资产化资本化。12月30日，海口市三江农场发展控股有限公司挂牌成立，标志三江农场公司化改革工作取得重要进展。

民生工程　电白村道路硬化绿化改造工程，投资额62.17万元，完工验收投入使用。村庄道路及排水沟建设工程，投资额91.6万元，官路村、上山头村及原修理厂居民点改造道路2767.2平方米，梅坡村新建排水沟385.5米，完工验收。村庄路灯建设工程，投资额54.8万元，在岐山头村、官路村新建路灯108盏，完工验收投入使用。大尼山村基础设施建设工程，投资额22万元，硬化改造大尼山村道路300米，完工验收投入使用。上村村活动场所硬化工程，投资额10万元，硬化面积1000平方米，完工验收投入使用。新江派出所基础设施配套工程，投资额7.5万元，完工验收投入使用。

基础设施建设　三江农场小街小巷改造工程，项目总投资1002万元，改造道路总长1241.27米，道路红线宽度16米，道路等级为支路；新建污水管网总长1.38千米，新建雨水管网总长约1.49千米，项目已投入使用。

（王菲菲）

2017年12月30日，海口市三江农场发展控股有限公司揭牌成立 （市三江农场 供）

【海口中税热带作物农场】2017年，全场总人口1658人，在岗职工397人，干部23人，离退休270人。土地总面积508.66公顷，其中国有土地375.33公顷，集体所有制土地133.33公顷。全年经济总产值933.20万元。主要经济支柱有胡椒、橡胶等各种农作物，人均收入5628元。

（陈文丰）

【新民林场】2017年，全场总人口226人，干部职工104人（含临时工），全场设有四个管护站（即长昌管护站、中堂管护站、辽山管护站）；一个党支部，党员人数20人；一个半专业森林防火队，人员20人。是海口唯一的国有林场，面积717.33公顷，原为琼山区农林局下属不定级别的事业单位。8月21日，国营海口市琼山区新民林场更名为海口市琼山区新民林场，标志着海口国有林场改制完成。原新民林场提升为副科级事业单位，职工工资享受90%的财政差额拨款，10%由单位自筹，全额发放。

（新民林场办公室）

2017年海口中税热带作物农场生产情况表

作物名称	种植面积（公顷）	收获面积（公顷）	总收入（万元）
橡胶	90	40	8.40
胡椒	108	69	536.25
荔枝	4.7	4	42.30
菠萝蜜	15	12	18.00
林木	55	8	13.00
花卉	25	20	175.00
槟榔	25	18	101.25
其他	72		390.00
小计	394.7	171	933.20

（陈文丰）

（编辑：杜惠珍）

市辖区

秀英区

【中共秀英区委】

书　记　张　霁
副书记　王业天
　　　　王晓龙
常　委　吴腾越
　　　　梁同坤
　　　　王　浩
　　　　钟红霞（女）
　　　　胡余亨
　　　　毛卫平

【秀英区人大常委会】

主　任　刘小琴（女）
副主任　吉　军
　　　　符仍辉
　　　　崔海萍（女）
　　　　李传家

【秀英区人民政府】

区　长　王业天
副区长　吴腾越
　　　　杨树坤
　　　　黄奕军
　　　　陈安妮（女）
　　　　戴洪泽
　　　　李　铭
　　　　韩　涛（挂职，9月止）
　　　　曾　武（挂职）
　　　　王录学（挂职）
　　　　邹伟国（挂职，9月止）
　　　　陈绍清（挂职，9月止）

【秀英区概况】 秀英区位于海口市西北部，东起丘海大道，西邻澄迈县，南与定安县接壤，北临琼州海峡，总面积495.18平方千米，是海口市管辖的4个县级区之一。2017年辖海秀、长流、西秀、石山、永兴、东山6个镇，秀英、海秀2个街道，70个村委会，24个居委会，323个自然村，582个村民小组，常往人口38.78万人，其中农村人口13.39万人，城镇人口25.39万人，城镇化率65.48%。

秀英区区位优势明显，区内拥有全国第一条的跨海铁路和全省最大的港口海口港，是海南连接岛外的门户，西线高速、中线高速、东环高铁、西环高铁起点都在秀英，是海口连接其他各市县的重要交通枢纽，随着海口“西扩”加快推进，市行政中心西移，秀英逐步向新的城市中心迈进。与湛江市徐闻县缔结友好区县，并互派年轻干部挂职，促进两地友好合作与交流。

秀英区自然条件得天独厚，北依20多千米的黄金海岸线，南拥全市最高点马鞍岭等火山群，石山、永兴等羊山地区森林覆盖率高，生态保护完好。历史和文化底蕴浓厚，既有道教南宗五祖的南宋白玉蟾故里，明朝著名政治家、学者丘濬葬于水头村的陵墓——丘濬墓，荣山冼太夫人庙等历史文化遗迹，也有永兴麒麟舞、石山八音等传统非物质文化。旅游资源丰富，全市4家4A景区有3家（海南热带野生动植物园、海口火山口世界地质公园、假日海滩）在辖区内，有东山湖、西海岸、美视、观澜湖等高尔夫球场，风光秀美的西海岸带状公园，万年火山、千年古村落、百年民居以及各具特色的生态文明村、休闲农庄催动城郊型乡村旅游发展。万达广场、远大购物中心、恩祥王府井等一批商贸综合体落成开业，白水塘商圈、西海岸商圈加快成型。依托海口港、火车南站等资源，临港加工、仓储、装卸、配送等相关产业发展迅速，海南钢材交易市场、海南国际会展中心、中商农产品中心市场建成并投入使用，是海口临港经济中心区。

【秀英区经济发展】 2017年，秀英区地区生产总值完成203.61亿元，比上年增长8.3%；地方一般公共预算收入10亿元，增长24.9%；固定资产投资420.59亿元，增长21.9%；城镇常住居民人均可支配收入3.04万元，增长8.4%；农村常住居民人均可支配收入1.39万元，增长8.6%。社会消费品零售总额237.91亿元，增长8.8%。招商引进4个项目签约190亿元，140个社会投资备案项目投资总额1047.2亿元。

农　业　完成农业总产值28.22亿元，增长4.6%。石山互联网农业小镇建设成效明显，获得全国特色小镇称号。海南农馨火山南药科技产业园开园，火山石斛产业园获得“2017年省级现代农业示范产业园”称号，新增乡镇级院士工作站2家，“产学研”创新创业基地加快形成。冯塘绿园等休闲农业、共享农庄试点建设扎实推进。永兴荔枝、永兴黄皮获农产品地理标志登记产品，石山壅羊、石山黑豆获地理标志证明商标，品牌知名度更加响亮。2017年5月7日，永兴镇成立海南首家镇级电商扶贫中心、海南首个爱心扶贫集市，让农户足不出户就将自己生产的农产品销售出去，至年底线上总成交额超过1910万元，贫困户线上交易超165万元。石山互联网农业小镇运行日臻成熟，互联网、物联网应用有力推进，农村电子商务快速发展，线上线下销售额超2亿元。

工　业　完成工业总产值244.52亿元，增长5.1%。美安生态科技新城累计完成投资70亿元，“五网”设施更趋完备，入园企业加快建设。一批国际化、高科技药企落户园区，医药制造企业完成产值142.2亿元，增长18.9%，占规模以上工业总产值62.1%，成为拉动全区工业经济增长的主引擎。

现代服务业　秀英港轮渡业务完成搬迁，辖区“三港两站”旅客运输和货物吞吐量稳步增长。海口新海港至徐闻海安港的直升机开通，客滚快船建设加快推进，琼州海峡“半小时水上交通圈”加快形成。全区4A级旅游景区和规模型乡村旅游点总接待人数374.9万人次，旅游总收入3.1亿元。王府井百货生活广场、兴海美食海鲜广场、东南亚美食街相继开业，打造永万路等6个社区“15分钟便民生活服务圈”，商业服务网点更加完善。深入实施“旅游+”战略，大力推进“旅游+休闲农业”“旅游+文化体育”“旅游+互联网产业”等旅游多态化发展，推动文化体育产业与旅游业深度融合。依托火山口地质公园及火山特色旅游资源，先后建成一批特色民宿。全年累计接待游客5.08万人次，总营业额590.16万元，解决当地农民就业约300人。

项目建设　2017年，落户秀英区的各类项目173个，总投资约3373.92亿元。其中，完成G15沈海高速路海口段项目等33个项目集体土地征（租）地签约281.8公顷，办理企业留用地7.53公顷；新海港二期等项目竣工，中国足球南方训练基地配套道路等项目开工，长影“环球100”等项目加快推进。成立固定资产投资工作领导小组，促进39个省重点项目完成投资222.8亿元，带动全区固定资产投资总量和增速排名全市4个区第一。

【秀英区社会发展】2017年，秀英区民生支出16.87亿元，增长1.7%，占地方一般公共预算支出的82%。落实区镇村三级脱贫攻坚责任制，在全省率先成立永兴镇电商扶贫中心，帮扶贫困户开设微店，获中央电视台等媒体点赞；全年实现扶贫精准退出220户1009人，东山镇城西村达标脱贫出列。

社会保障　城镇新增就业7823人，下岗失业人员再就业1392人，组织农村富余劳动力转移就业1338人。新农合参合率稳定在99%以上，城镇居民医疗保险和养老保险参保率分别达100%和98%。完成12个征地项目涉及2696户5046人的被征地农民养老保险办理。发放低保金、特困供养金、医疗救助金4241万元。改造农村危房70户，受理保障房申请1091宗，公共租赁住房配租保障1623户。

社会事业　“健康秀英”加快推进，辖区内的省人民医院新门诊楼落成启用，省儿童医院试营业，市中医院与长流中心卫生院、东山镇卫生院共同组建的“紧密型医疗联合体”正式揭牌。扎实推进文化惠民工程，区文化馆、图书馆和镇街、社区文化场所等覆盖全区的公共文化服务网点基本形成。基本公共卫生服务人均标准提高，家庭医生签约服务率和计划免疫考核全市排名第一。推进石山镇美富村家风家训馆、文明驿站、乡愁馆，美社村乡贤馆，永兴镇冯塘村国学堂文化传承驿站建设，把火山文化、乡贤文化、国学文化、家风家训文化融入到文明生态村建设中，突出差异化、特色化的文化内涵。挖掘保护和传承火山民谣、石山八音、麒麟舞、根雕等传统文化，扶持农民舞蹈队，激发群众参与创建的热情。市二十七小获“全国未成年人思想道德建设工作先进单位”、文明校园称号。美孝村、冯塘村获评全国文明村镇；秀中社区等4个社区获评省级文明单位，美梅村等6个村庄获评省级文明村镇。

【秀英区城乡建设与管理】2017年，在全市率先推进“城管+环卫”联动机制，“公安+城管+N”“社区+媒体”等模式继续完善，精细化管理水平不断提高。农村社区治理取得突破，获批“全国农村社区治理实验区”。继续加大“严打”整治斗争力度，连续8年命案破案率100%。拆除各类违法建筑42万平方米。

环境保护和污染治理　成立区生态环境保护委员会，出台《秀英区环境保护“一岗双责”责任制实施办法》。全面完成中央环境保护督察反馈涉及辖区内的6类150个问题整改工作，办结国家海洋督察、省委巡视、市委巡察、自然资源资产责任审计移交的突出问题，重点查处永烈山非法采石等一批环境违法行为，立案查处环境违法案件117宗。整改土地卫片执法例行督察1471宗问题，立案查处非法采砂采矿24宗。成立河长办、湾长办、湿地办，实现全区范围内的65个主要水体和2个海域的区、镇两级河长、湾长全覆盖，五源河湿地公园被国家林业局授予国家湿地公园。关闭24家永庄水库保护区内污染企业，投入1.18亿元对工业水库等3个水体开展综合治理。开展“绿化宝岛”行动，造林154公顷。西海岸带状公园景观提升工程开工建设，修复民航俯视区裸露黄土区194.87公顷、矿坑334.2公顷、厂房屋面44万平方米，海秀快速路、高铁沿线秀英段两侧环境综合整治加快推进。

市政建设　投入2亿元补足城市基础设施短板，改造小街小巷59条、农贸市场7家，打造5个特色街区、3条主题花街和5处主题休憩景观点。投入2.4亿元，完成自然村通硬化路工程87.7千米、窄路面拓宽工程37.5千米、生命安全防护工程49.4千米、旅游资源路工程15.3千米、改造危桥3座，农村公路养护实现全覆盖。投资3.94亿元，推进镇墟改造提亮美化乡镇风貌工程。推进东山等4个镇墟立面改造和新海村改造回迁商品房建设。

旧城区改造　深入推进新海片区棚改项目（续建）、五源河片区棚改项目、五源河片区博抚村征收改造项目，全年共签订征收补偿协议210户，签约征收土地（宅基地）面积2.62万平方米，房屋面积5.46万平方米。

【秀英区新农村建设】深入推进美丽海南“百镇千村”工程，投入1259万元建设美富村等8个特色美丽乡村，创建生态文明村20个，其中新创建点15个、巩固点5个，文明生态村创建总数309个，占全区328个自然村总数的94.2%。全年共统筹资金765.54万元，共投工投劳7230人次，硬化村巷道8490米、广场6个，修建文化室2个，美化村路3条1000米，新建休闲点8个、篮球场1个。实施美丽乡村建设三年（2017—2019年）行动，完成8个行政村美丽乡村规划编制工作，5个行政村美丽乡村规划通过专家评审。实施农村安全饮水、提质增效工程60宗、农田水利工程21宗。完成美富村等农村生活污水处理设施示范点建设。

基层党建工作　2017年，秀英区共有党组织403个，党员1.19万人。投入区级财政500万元，持续加强村居组织活动场所建设；率先在全市实现94个村（居）“党群活动中心”全覆盖。抓好党建示范点创建，施茶村党支部成为海口首个挂牌全市党建示范基地，在施茶村的带动下，石山镇建新村海南火山南药园、道育村石山壅羊公社等一批党建促脱贫示范基地相继建成投入使用；选派22名优秀机关党员干部任驻村第一书记，使软弱涣散村党组织得到有效转化；积极探索“党建＋电商＋扶贫”模式，把党支部建立在产业链上，成立石山互联网运营中心、永兴电商扶贫中心党支部2个特色党支部，有力地促进扶贫工作稳步推进。

2017年秀英区行政区划表

指标名称	单位	全区合计	区辖镇（街）							
			长流镇	西秀镇	海秀镇	石山镇	永兴镇	东山镇	秀英街道	海秀街道
土地面积	平方千米	495.18	54.60	50.10	18.94	122.22	105.61	126.85	8.05	8.82
户籍人口	人	324972	45125	54243	16079	41962	34504	69671	25233	38155
人口密度	人/平方千米	635.30	940.10	797.70	814.10	347.50	319.50	559.60	1577.10	5870
社区	个	24	4	2	2	1	1	2	5	7
建制村	个	70	12	10	6	11	8	21	2	0

2017年秀英区所辖镇、街道、建制村（社区）情况表

区辖（街）	社区	建制村
长流镇	长流墟、镇海、长彤、长信	长东、康安、会南、长丰、美德、博新、长南、堂善、长流、棠昌、长北、美李
西秀镇	南港、长滨	博养、长德、龙头、祥堂、荣山、新和、丰盈、拨南、新海、荣山寮
海秀镇	海榆东、海榆西	新村、水头、业里、儒益、周仁、永庄
石山镇	石山	和平、扬佳、道堂、北铺、岭西、施茶、安仁、福安、建新、美岭、道育
永兴镇	永兴墟	永秀、永德、美东、建中、雷虎、建群、罗经、博强
东山镇	镇南、镇北	东星、儒万、永华、东山、东溪、光明、溪头、马坡、东苍、玉下、雅德、建丰、文塘、紫罗、前进、环湖、东升、溪南、射钗、东城、城西
秀英街道	秀华、秀海、秀中、秀新、高新	书场、向荣
海秀街道	海口港、东方洋、长秀、金鼎、十一支队、爱华、天海	无

2017年秀英区主要经济指标

单位：万元

指 标 名 称	累计	比上年同期增减（%）
地区生产总值	2036113	8.3
农业总产值	282176	4.6
工业总产值	2445185	5.1
社会消费品零售总额	2379145	8.8
固定资产投资总额（按4个区分）	4661442	25.3
固定资产投资总额（按7个区分）	4205912	21.9
#房地产开发投资	26530	8.6
城镇常住居民人均可支配收入（元）	30428	8.4
农村常住居民人均可支配收入（元）	13923	8.6

注：1. 固定资产投资总额（按4个区分）包含秀英区辖区范围内海口国家高新区、海口综合保税区项目

2. 固定资产投资总额（按7个区分）不含秀英区辖区范围内海口国家高新区、海口综合保税区项目

2017 年秀英区社会事业主要指标

指　标　名　称	单位	2016 年绝对值	比上年增减（%）
一、教育事业投入	万元	39157	12.25
学校（不含民办）	所	59	−3.287
其中：完全中学	所	0	
九年一贯制	所	2	
普通中学	所	6	
小学	所	34	−2.86
教学点	所	17	−5.56
高中就读学生	人	0	
初中就读学生	人	5629	1.86
二、户籍总人口	人	324972	5.34
其中：城镇人口	人	134829	2.65
乡村人口	人	190143	7.34
三、文化事业财政投入	万元	5384	164
四、医疗卫生事业财政投入	万元	29094	26.69
五、卫生机构（不含诊所）	家	141（不含省、市驻区医疗卫生机构）	3.60
六、卫生机构病床数	张	243（不含省、市驻区医疗卫生机构）	13.02
七、卫生技术人员	人	540（其中编制内人员 201 名，不含省、市驻区医疗卫生机构）	5.46
八、创建文明生态村	个	309	5.10
九、社会就业新增岗位	人	7823	1.97
其中：再就业	人	1392	−20.59
转移农村富余劳动力	人	1363	−0.80

（张　珲）

龙华区

【中共龙华区委】

书　记　符　革（1月止）
副书记　凌　云（女）
　　　　陈积卫
常　委　郭　刚
　　　　邢为坚
　　　　蒋海涛（女）
　　　　吴　馨
　　　　李　明
　　　　王　雷（2月止）

【龙华区人大常委会】

主　任　李会文
副主任　刘芳芳（女）
　　　　符锡安
　　　　黄世诚
　　　　郭登良

【龙华区人民政府】

区　长　凌　云（女）
副区长　郭　刚
　　　　陈正参
　　　　李美健
　　　　林　山
　　　　陆乙源
　　　　王才华
　　　　王　雷（挂职，2月止）
　　　　周建国（挂职，3月止）
　　　　龙　健
　　　　肖　亮（女，挂职，10月止）
　　　　蔡　越（挂职，1月任，10月止）

【龙华区概况】龙华区位于海口市中部，是全市经济文化中心。东接美兰区、琼山区，西与秀英区相邻，北临琼州海峡，南依定安县，面积303.24平方千米，是海口市管辖的4个县级区之一。2017年下辖城西、龙桥、龙泉、新坡、遵谭5个镇和中山、大同、滨海、海垦、金宇、金贸6个街道，51个村委会，303个自然村，78个居委会。常住人口66.98万人，其中农村人口8.21万人，城镇人口57.99万人；城镇化率87.6%。

矿藏及其他自然资源主要有玄武岩、河沙、沸石矿和膨润土矿等。金牛岭有沸石矿和膨润土矿，沸石矿探明储量3509.4万吨，居全国第十位；膨润土矿探明储量1376万吨，居全国第23位（该矿床禁止开采）。海秀中路以南贮藏有天然矿泉水，开发的矿泉水品牌有椰树、金盘、伊莎贝尔等。

龙华区位优势明显，交通便利，公路网络覆盖全区。东线高速公路纵贯5镇，绕城高速公路横挂其腰并联通东线、西线、海文三条高速公路，东环轻轨铁路穿梭城区。辖区有高铁东站、海口汽车南站、市公交汽车总站等车站，南大立交桥、滨海立交桥、世纪大桥等桥梁。海南东线高速公路经过境内长24千米。

龙华区历史文化底蕴深厚，旅游资源丰富，辖区内有国家历史文化名街海口骑楼街区、海口天后宫等名胜古迹；国家级重点文物保护单位有秀英炮台、中共琼崖一大会址、海瑞墓3处，省级文物保护单位有冯白驹将军雕像及纪念亭、冼夫人纪念馆、冯平同志纪念馆3处；爱国主义教育基地有中山纪念堂、中共琼崖一大会址、冯白驹将军雕像、解放海南岛战役烈士陵园4个；拥有万绿园、金牛岭公园、世纪公园、海口公园、沙坡白水塘湿地公园等公园，以及观澜湖度假区、冯小刚电影公社、珠崖郡遗址和海瑞清官文化园等文化旅游景区。辖区教育、医疗、卫生、文体等基础设施和公共服务相对完善，义务教育资源优质。信息产业蓬勃发展，有信息传输、软件和信息技术服务企业300多家，有复兴城互联网创新创业园等信息产业园区，是互联网产业聚集地。总部经济发达，有海航集团、香港骏豪、恒大等全国知名企业，银行总部18家（占全市的78%）、保险公司总部22家（占全市的92%），是金融保险中心和企业总部的聚集地。商贸服务业繁荣，有国贸商圈、大同商圈、海秀东商圈、椰海商圈等商圈，有生生百货、宜欣广场、京华城、友谊阳光城等一批大型购物广场和金盛达、吾悦广场等大型商贸物流中心。形成以汽车制造、生物医药、食品饮料、机电制造等四大产业为支柱的工业经济体系，拥有海马集团汽车生产、研发设计和配件制造基地，椰树集团、亚太酿酒、力神咖啡等食品饮料企业，奇力制药、先声药业等医药企业和海宇锡板、金盘电气等金属制造企业，是汽车、食品饮料、医药等生产制造中心。连续四届荣获“全国平安建设先进区”，成为全省唯一两次捧回“长安杯”的县（市、区）。

【龙华区经济发展】2017年，完成地区生产总值632.92亿元，比上年增长8%；固定资产投资完成325.34亿元，增长12.2%；社会消费品零售总额完成242.43亿元，增长11.4%；来自龙华的全口径财政收入128.7亿元，增长7.3%；地方一般公共预算收入20亿元，增长10.8%；城乡常住居民人均可支配收入29412元，增长8.6%，城镇常住居民人均可支配收入34220元，增长8.2%，农村常住居民人均可支配收入13672元，增长8.5%。地区生产总值、社会消费品零售总额、全口径财政收入、服务业增加值稳居4区之首。

农　业　完成总产值13.27亿元，增长4.7%。多措并举保“菜篮子”供给，全年蔬菜种植面积5000公顷（含复种），总产量16.87万吨。加强农业品牌化建设，打造“龙华羊山美味”品牌，成功推介“五黑、五绿、五香”系列农产品。探索“互联网+农业”，建立线上销售平台和农业电商扶贫中心，电商渠道销售额超1000万元。打造“共享农庄”新业态，翰香园获批全省共享农庄创建试点。实施田洋整治工程，改善400公顷田洋生产用水。

工　业　工业增加值完成66.10亿元，增长2.9%。重点工业企业紧紧围绕产业转型升级战略，深入实施国际产能合作，一汽海马有限公司深耕伊朗市场，出口创汇2.3亿美元；

海南先声药业有限公司与多家国际企业合作，被科技部授予“国际科技合作基地”称号。康宁（海南）光通信有限公司作为高科技、低能耗的实体经济项目，其光纤产品是同行中的标杆，产品出口印度、韩国、美国等国家，助力“一带一路”发展。

现代服务业　完成增加值502.06亿元，增长8.8%，全市占比达46.7%。“十三五”服务业综合改革试点有序推进，有效提高主导产业的支撑和带动作用，支持主导产业创新发展，形成以金融、商贸物流、旅游、互联网创新创业、文化创意等主导产业为重点支撑的产业体系。全域旅游品质不断提升。打造高品质旅游吸引物，冯小刚电影公社芳华小院开门迎客，老北京街加快建设，狂野水世界项目主体完工，观澜湖片区逐步形成集国际体育赛事、电影文化旅游、生态休闲度假为一体的国际旅游度假区。全区主要景点年接待游客300余万人次，收入超2亿元。文化产业快速发展。阿里巴巴影业、爱奇艺等103家知名文化企业和基金入驻海口文化产业园，注册资本25亿元。拍摄和计划拍摄的影视作品50多部，总投资21.7亿元，冯小刚执导的电影《芳华》票房超14亿元，园区知名度和影响力不断扩大。互联网产业加速发展。全区注册互联网企业581家，占全市的51.3%，产业规模180亿元，4个基地（园区）被省工信厅认定为互联网创新创业基地（园区）。培育壮大酷秀、超级船东、钢多多等一批本土互联网产业“新秀”。复兴城互联网创新创业园被认定为国家小微企业创业创新示范基地、全国青年创业示范园区，入驻企业200家，产业规模超百亿元，较上年翻一番。举办“海南互联网+创新创业节”系列活动，区域性互联网创新创业中心辐射带动作用进一步增强。商贸物流业持续优化。海垦商业广场、海南单体最大购物中心友谊阳光城开业，华润万象城、林安智慧物流商城、金盛达建材商城加快建设，商业网点布局、业态环境不断优化，国贸、大同、海垦和椰海大道等商圈影响力进一步扩大。金融业聚集发展。民生银行海口分行、海南银行海口首家分支机构——滨海支行开业，开源证券省级总部落户，辖区金融业总注册资本金和银行、保险、证券三大主业注册资本金均位居全市第一，金融业增加值全市占比超70%。

重点项目建设　全区27个省重点项目完成投资168亿元，占年度投资计划的168.5%，完成率全市第一。区内省结核病医院、新城吾悦广场等5个项目竣工，海口足球训练基地配套道路、宏达商城等5个新建项目开工率100%。坡博坡巷、面前坡等棚改项目顺利推进，启动博义盐灶八灶片区二期、凤翔片区（丁村）、椰海商圈片区棚改，征收房屋25万平方米。开展招商引资，围绕文化旅游、互联网、医疗健康、现代物流等产业，引进投资项目18个，意向投资金额43.2亿元。

【龙华区社会发展】2017年，龙华区民生支出16.9亿元，占地方一般公共预算的83.9%。完成为民办实事10项。

社会保障　大力促进就业再就业，城镇新增就业9305人，失业人员再就业2406人，农村富余劳动力转移就业2392人；完成城乡居民基本养老保险参保任务；被征地农民累计参加社会养老保险11520人，补贴资金6851万元；发放低保金1964万元，救助6万人次；五保救助6140人次，发放五保金368.4万元。

社会事业　坚持教育优先发展，新增学位1000个。加强督学责任区建设，把全区50所公、民办中小学校和190所幼儿园划成15个督学责任区，实行无缝隙覆盖，完成市、区、学校三级教育督导组织网络建设。开展精品琼剧下乡等34项免费开放项目，举办各种类型群众文化活动103场次。新建9个行政村文体活动室，配套建设一个篮球场；创建社区文化综合服务中心。完成28个村（小区）的健身路径建设，完善群众体育硬件设施。完成区图书馆、文化馆主体建设，实现街道综合文化站、社区综合文化中心全覆盖，新建一批村级文体场所，举办系列文体赛事活动，区文化馆荣获“第七届全国服务农民、服务基层文化建设先进集体”。成立龙华区公共卫生（医疗）管理协会，进一步调动辖区卫生资源，促进社区卫生服务机构健康和谐发展，推动龙华区家庭医生签约服务、卫生大信息建设、技术帮扶等工作。创建国家卫生城市慢性病综合防控示范区，提高慢性病综合防控水平。完成卫生、计生机构改革。推进医联体建设，与海南医学院第一附属医院签署战略合作框架协议，联合打造卫生院特色专科，龙泉卫生院特色中医科、龙桥卫生院特色妇产科开诊服务，四镇卫生远程会诊系统投入使用，农村群众不进城就能享受三级医院医疗服务。

文明创建　成立区志愿服务联合会，不断完善志愿龙华平台，建立学雷锋志愿服务站75个，全区注册志愿者6万余名，开展文明交通小使者、湿地保护、禁毒等志愿活动，志愿服务75万人次。新建文明生态村10个。斌腾村，居仁坊、滨濂北社区荣获“第五届全国文明单位（村镇）”称号。“乡贤协商会助力乡村发展”项目被授予“2017年度中国十大社会治理创新奖”。

【龙华区城乡建设与管理】2017年启动“净化、绿化、彩化、亮化、美化”工作。加强城市风貌管控，保持违建整治高压态势，拆违636宗、50.3万平方米，控违635宗、43.3万平方米。新建新城吾悦广场南侧规划路、梧桐路等5条市政道路；仅用两个月时间打通薛村“爱心路”，方便特殊教育学校师生和周边村民出行。高标准打造特色餐饮街（区）和夜市，建成丁村万人海鲜广场，升级改造金盘夜市；解放西诚信经营示范街、金贸文华诚信经营示范市场、国贸爱心大院等一批“双创”示范点创建成效明显。完善生活垃圾处理机制，在30个小区开展生活垃圾分类试点。推进城市绿地小游园景观提升，滨海新村花园社区和城西镇头铺公园等首批“五化”示范点成效显现。滨海大道、龙昆路等路段景观亮化工程亮相央视，城市夜景更加璀璨。全力实施高铁沿线、三角池周边环境整治。坚持规划先行，完成所有行政村、自然村村庄规划编制和传统村落保护发展规划编制。落实“六定”“公安+城管+N”等机制，开展“龙华微管家”系列活动。大力推进“12345+网格化”社会治理模式，充分调动社区网格员、专业网格员及社工、志愿者等社会力量参与社区联勤联动，将问题矛盾有效解决在前端、处置在一线。强化城市服务管理创新，在全市率先成立区级城市运行综合管理联动中心，整合14个省市区系统平台，协调统筹35个部门资源力量，实现城市管理与社会治理的精细化、科学化、智能化。

生态建设　全面落实“河长制”“湾长制”，重点开展大同沟、东西湖等10个水体综合整治；利用物联网技术，率先打造“智慧水务”，实现水体实时监控。强化对石材加工厂、混凝土企业、制药厂、餐饮场所大气污染的防治。对不达标的畜禽养殖场零容忍，依法关闭养殖场、屠宰场50家；推进无疫区建设，引导生猪养殖户转产转业、规模化养殖，畜禽养殖污染大幅减少。加强湿地生态修复和保护管理，将潭丰洋土整项目调整为“生态土地平整+湿地公园”项目，保住了万余亩火山熔岩湿地，成功获批省级湿地公园。完成98个生态红线疑似图斑复核工作。“绿化宝岛”造林67.13公顷。成立“追鹭”环保志愿服务队，推动环保志愿服务服务便利化、基层化、常态化发展。推行“环保+城管”“环保+公安”等模式，形成线索移送、监督检查、资源共享工作机制。继续完善网格监管体系，形成区、镇（街）、村（居）三级监管网络，环境监管执法实现全覆盖。

【龙华区新农村建设】稳步推进脱贫攻坚　整合扶贫资金1305万元，落实十大帮扶措施，继续推广“牵手脱贫”“3+X”等模式，完成131户578人的贫困人口脱贫和龙泉镇美定村整村推进任务。有效衔接农村低保制度与扶贫开发政策，切实解决低保对象和特困人员的教育、医疗、住房等问题。对211人开展职业技能培训和就业推介服务，贫困人口就业创业能力逐步提升。

改善农村基础设施　建设75条农村公路；新建18座分散式供水工程，解决4.1万人的安全饮水问题；完成农村改厕2000户。实施城乡环卫一体化，将主城区外各镇墟街道、农村道路及全部自然村纳入环卫一体化保洁，城乡环境卫生提标提质。扎实推进“美丽海南百千工程”，投入4800万元，建设新坡镇仁里片区、遵谭镇东谭片区两个示范点。仁里片区斌腾村“村美人淳‘点石成金’”被央媒点赞。

基层党建　以党建贯穿脱贫攻坚全过程，成立“区扶贫开发领导小组”，区党建工作领导小组与区扶贫开发领导小组成员交叉任职。整顿软弱涣散党组织，按照“一支一案”“一村（社区）一策”要求，实施“先进带后进”，搭建起“一对一”结对帮带、互促共进新平台，全区8个软弱涣散党组织全部完成转化。下派“第一书记”工作得到党员群众广泛认可，2017年度“第一书记”考核结果全部为优秀等次。加强党群活动中心建设，在新坡镇仁里村建设党群活动中心、党员“双培”教育基地和红色革命主题公园，为党员群众活动议事、接受红色教育等方面提供便利的条件和创新党员活动载体。创新建设“海口龙华智慧党建”平台，并在全区各级党组织推广，实现网上缴纳党费、接转党组织关系、开展组织生活和学习党的知识，建成互联互通、线上线下的党建工作新体系，切实解决老党员、流动党员、非公企业党员履行党员义务的难题，基层农村党建工作信息化水平大大提升。

2017年龙华区行政区划表

指标名称	单位	全区合计	区辖镇（街）										
			城西镇	龙桥镇	新坡镇	龙泉镇	遵谭镇	海垦街道	金宇街道	金贸街道	大同街道	滨海街道	中山街道
土地面积	平方千米	303.24	39.22	50.06	53.60	75.76	58.20	6.99	3.97	8.50	2.35	3.40	1.19
户籍总人口	万人	46.81	3.5	2.87	3.73	5.32	2.70	5.70	3.34	5.61	5.34	5.34	3.80
社区	个	78	13	0	0	1	0	14	10	9	10	10	11
建制村	个	51	6	8	13	17	7	0	0	0	0	0	0

2017年龙华区所辖镇、街道、建制村（社区）情况表

镇（街）	社　区	建制村
城西镇	山高东、山高西、丁村南、丁村北、头铺东、头铺西、仁里北、仁里南、府西、四季华庭、金盘、金沙、金星	苍东、苍西、高坡、大样、沙坡、薛村
龙桥镇	无	龙桥、龙洪、挺丰、三角园、永东、玉符、玉荣、道贡
新坡镇	无	文山、文丰、新村、雄丰、农丰、群益、新彩、群丰、民丰、光荣、新坡、仁南、仁里
龙泉镇	东占	元平、永昌、市井、富伟、新联、扬亭、占符、国扬、美定、大叠、雅咏、仁新、美仁坡、椰子头、五一、新江、翰香
遵谭镇	无	新谭、东谭、遵谭、龙合、群力、咸东、咸谅
海垦街道	秀英村、滨濂南、滨濂北、滨涯、滨秀、金垦、金山、金牛岭、垦中、华垦、海秀、疏港、顺发、西岭	无
金宇街道	银湖、昌茂、面前坡、坡博西、坡巷、坡博东、南沙、金坡、海德、坡博南	无
金贸街道	金海、万绿园、世贸、国贸、珠江、龙华南、玉沙、嘉华、电力	无
大同街道	大同里、友谊、彩虹、龙昆上、龙昆下、华海、侨中、正义、义龙东、义龙西	无
滨海街道	滨海、盐灶一、盐灶二、盐灶三、八灶、滨海新村、龙华中、滨港、泰华、玉河	无
中山街道	竹林、永兴、长堤、富兴、西湖、义兴、得胜沙、西门外、人和坊、居仁坊、园内里	无

2017年龙华区国民经济发展指标

指 标 名 称	单位	2017年	2016年	增长（%）
一、地区生产总值	亿元	632.92	564.93	8.0
第一产业	亿元	8.85	6.81	4.10
第二产业	亿元	122.01	112.65	5.30
其中：工 业	亿元	66.10	63.58	2.90
建筑业	亿元	55.91	49.07	8.30
第三产业	亿元	502.06	445.47	8.80
二、农业总产值	亿元	13.27	10.07	4.70
三、工业总产值	亿元	210.41	230.91	–2.60
其中：规模以上工业总产值	亿元	200.63	222.10	–2.80
规模以下工业总产值	亿元	9.78	8.82	2.40
四、固定资产投资总额	亿元	325.34	290	12.20
五、社会消费品零售总额	亿元	242.43	217.67	11.40
六、地方一般公共预算收入	亿元	20	18.10	10.80
七、城镇居民人均可支配收入	元	34220	31627	8.20
八、农村常住居民人均可支配收入	元	13672	12601	8.50

2017年龙华区社会事业主要指标

指 标 名 称	单位	2017年绝对值	比上年增长（%）
一、教育事业财政投入	万元	51221	3.82
学校个数（不含民办）	所	39	0
其中：完全中学	所	—	—
普通中学	所	12	0
小学	所	27	0
高中就读学生	人	—	—
初中就读学生	人	11531	6.62
小学就读学生	人	44713	7.20
二、户籍总人口	万人	47.46	1.03
三、文化事业财政投入	万元	2583	–33.10
四、医疗卫生事业财政投入	万元	30129	16.70
五、卫生机构数（不含诊所）	个	115	–4.30
六、卫生技术人员	人	2388	15.50
七、创建文明生态村	个	257	10（新创建，村改居，多村合并）
八、社会就业新增岗位	人	9305	–0.32
其中：再就业	人	2406	–2
转移农村富余劳力	人	2392	10.70

（符英诗）

琼山区

【中共琼山区委】

书　记　孙　芬（1月任）
副书记　陈昊旻（2月任）
　　　　覃　俊（2月任）
常　委　徐应新（女，11月任）
　　　　陈嘉奋（2月任）
　　　　郑维利
　　　　段福生（2月任）
　　　　仇志明

【琼山区人大常委会】

主　任　吴光亮（9月任）
副主任　李　坚（9月任）
　　　　王康福（2月任）
　　　　方慧玲（女）
　　　　蒙　莽

【琼山区人民政府】

区　长　陈昊旻（2月任）
副区长　陈　力
　　　　林举兆
　　　　王明夫（9月任）
　　　　周启轩（5月任）
　　　　冯　柳（9月任）
　　　　秦立双（女，9月任）
　　　　高晓斌（挂职）
　　　　苏　龙（挂职）
　　　　王承毅（挂职）
　　　　何承雄（挂职）

【琼山区概况】琼山区位于海口市南部，东部、北部与美兰区毗邻，南连文昌市和定安县，西与龙华区接壤。总面积928.69平方千米。其中陆地面积810.7平方千米，占总面积86.3%；水面面积129.2平方千米，占总面积13.7%。森林覆盖率38.38%。2017年辖龙塘镇、云龙镇、红旗镇、三门坡镇、大坡镇、甲子镇、旧州镇7个镇，国兴街道、府城街道、凤翔街道、滨江街道4个街道、34个社区和71个行政村，818个自然村，1008个村民小组。其中云龙镇为海口市“计划单列镇”和“统筹城乡示范镇”；7个镇均被列入海南省100个特色产业小镇范畴；云龙镇、龙塘镇、红旗镇、三门坡镇、旧州镇列为海口市10个中心镇范畴。辖区内有省岭脚热带作物场、省长昌煤矿和区属新民林场、中税热作场等。常住人口51.17万人，其中城镇人口36.01万人，农村人口15.16万人，城镇化率70.38%。户籍人口39.04万人，其中男性20.30万人；女性18.74万人。

琼山历史悠久，人杰地灵，素有“琼台福地”之美称，是“海口市国家历史文化名城”核心区。有丰富的旅游资源和自然资源。区内交通四通八达，十分便利，东线高速、绕城高速以及223国道等主要干线穿境而过，区内有海口汽车东站，毗邻海口汽车南站、高铁东站和美兰机场。主要旅游景点有：五公祠、琼台福地、琼台书院、李硕勋纪念亭、琼崖红军改编旧址、琼崖纵队抗日第一枪纪念园、海瑞故居、丘濬故居、冯白驹将军故居、陈得平将军故居等。龙塘镇珠崖岭古城遗址被国务院列为全国第七批重点文物保护单位。境内有中信·台达高尔夫球场和依必朗高尔夫球场，还有被文化部列为文化产业重点项目的海南花卉大世界琼州文化风情街。以龙鳞村、田心村、本立村、加乐湖村、多谷屯村、泮边村、堆插村等为代表的美丽乡村旅游业十分繁荣。境内发现的矿产资源主要有煤、玻璃砂、硅藻土、建筑材料玄武岩石矿等十多种。海南最长的河流南渡江流经琼山区。国家级的美舍河凤翔湿地公园已打造成生态新名片。珍贵林木有沉香、花梨木、山竹子等。地方主要特产有南渡江麻鱼（蔓鱼）、鲤鱼、红旗乳鸽、大坡牧榕鸡、三门坡荔枝、红明荔枝、云龙淮山、旧州富硒水芹、甲子绿头鸭、羊山雍羊等。

【琼山区经济发展】2017年，全区地区生产总值实现141.68亿元，比上年增长8.2%；固定资产投资完成131.59亿元，增长7.3%；来源地一般公共预算收入完成38.95亿元，增长8%；社会消费品零售总额完成61.61亿元，增长11.2%；城乡居民人均可支配收入完成27230元，增长8.5%；城镇常住居民人均可支配收入完成31405元，增长8.3%；农村常住居民人均可支配收入完成13731元，增长8.5%。三次产业结构比调整为15.8∶24.0∶60.2。

工　业　工业生产呈现恢复性增长，扭转上年负增长的态势。全区工业总产值完成42.34万元，增长8%。规模以上工业总产值完成35亿元，增长9.2%；规模以下工业总产值完成7.34亿元，增长2.4%。其中红塔卷烟厂工业产值27.96亿元，增长5.8%；海南立升净水企业规模扩大，工业产值2.77亿元，成为辖区第二大工业企业。

农　业　完成农业总产值33.5亿元，增长4.2%，发展效益明显增强。启动规划面积约1880公顷的省级田园综合体试点项目，建成海口“菜篮子”生产示范基地、云龙白水湖淮山基地等一批高效特色农业示范基地，其中三门坡荔枝基地荣获农业部“一村一品”产业认定，成为琼北最大的荔枝生产基地。引导注册农产品商标52件，申报地理标志证明商标3件，其中“大坡胡椒”获得国家地理标志认证。推进“互联网＋农业”，搭建农产品电商平台和乡村电商服务站点，建成甲子镇琼星村等5个村电商扶贫服务站。加强农技推广服务工作，全区推广种植杂交稻面积1.13万公顷，良种覆盖率96%以上。深入推进辖区内企业单位申报三产融合创建项目，共有8家单位申报农村产业融合发展项目，4家共享农庄获批2017年海南共享农庄创建试点。大坡“牧榕”文昌鸡连续第三年获得第十五届中国国际农产品交易会参展农产品金奖。

现代服务业　大英山片区商贸圈逐步完善，日月广场成为全省最大的一体化商业综合体；中山路北路、高登街等传统商业街欣欣向荣，福地美食街、陵水美食街、宗伯里一横街等建成开业，形成府城片区新的人气商圈。完成《琼山区全域旅游发展规划》初步编制，启动建设旅游资源公路29千米，拥有田心村鹭鸟天堂、泮边休闲农庄等一批精品民宿，其中森林客栈获评2017年全国最受欢迎民宿客栈。探索荔枝+旅游、湿地+旅游等产业+旅游业态，推出旅游线路6条，全年接待游客360万人次，增长2.51%；旅游总收入5.1亿元，增长1.94%。其中乡村旅游接待人数超过33万人次，乡村旅游总收入突破1000万元。

重点项目建设　2017年列入琼山区重点项目共31个，其中省重点项目有17个，市重点项目14个。完成投资127.43亿元，占年度计划的134.4%。海口优联国际医院、三仙公路改造等项目扎实推进，琼台福地综合整治、忠介路改造等项目前期工作启动。成功签约云龙特色小镇（华侨城）等7个项目，协议投资总额165.3亿元，至年底，有6个项目注册落地。

【琼山区社会发展】2017年，全区民政事业支出9123.38万元，新增财力全部用于改善民生。城乡低保投入2324.66万元，救助78413人次，发放各类补贴金152.5万元。

社会保障　城镇新增就业岗位8845个，农村富余劳动力转移就业1550人。全年发放城乡低保救助资金2324.66万元，特困人员供养金982万元，医疗救助金419.2万元。在覆盖应保未保人员和失地农民、贫困、低保等特特殊人员养老保障工作上逐步完成全民参保登记计划，已登记人数1.82万人，入户调查登记率100%。

社会事业　教育总投入6.4亿元。其中教育事业费投入4亿元，教育费附加投入0.8亿元，其他公共财政预算安排的教育经费投入1.6亿元。将琼山一小拆分为琼山东门一小和琼山文庄一小两所学校，完成琼山五小、琼山九小新建教学楼等项目，有效缓解府城地区学位紧张状况。琼山区教育局关心下一代委员会被教育部关工委评为全国青少年主题教育读书活动先进集体和海南省关心下一代工作先进集体；琼山五小被评为全国文明校园和2017年度国家防震减灾科普示范学校，大坡中学被教育部评为全国足球特色学校。推进红旗卫生院门诊楼和7家乡镇卫生院污水处理项目。在全省率先建成检验专科医联体，启动区妇幼保健院公立医院改革。全面启动家庭医生签约服务，在全区22家社区卫生服务机构、9家卫生院、2家农场医院开展家庭医生签约服务工作。全区共补偿参合农民33.75万人次，产生医疗费用总额1.48亿元；新农合基金补偿8271.86万元，实际补偿比55.97%。全区城乡居民健康档案规范建档人数41万人，建档率80%。旧州卫生院和龙塘卫生院入选2016—2017年度全国群众满意乡镇卫生院。区图书馆改造完成，新文化馆综合大楼建成，16间行政村文化室竣工，城乡文体设施进一步完善。投入270万元建成四个街道文化站；投入47.63万元，补充完善26个社区健身设施；4个街道共安装健身路径25套。启动“琼台复兴计划”完成整体策划、概念规划和专题策划。成立琼山历史文化研究会，挖掘府城历史文化。

改革工作　东昌农场、红明农场社会管理属地化改革取得成功，东昌居被选为全国农垦改革示范点。顺利完成新民林场改革。农村土地确权工作基本完成，农村集体产权制度改革试点扎实推进。落实“放管服”改革，规范行政审批服务，推进三级政务服务体系建设，建成11家村（居）代办点便民服务平台。国有企业改革取得突破，完成8家国有企业关闭改革，安置职工1312人。

【琼山区城乡建设与管理】2017年，开展城市社区功能提升示范点创建，率先在全省实现省级现代化文明司法所全覆盖。全年完成44条小街小巷升级改造，60座免费卫生公厕投入使用。完成城东、东门、凤翔、培龙、龙昆南、椰合（原滨江）、金鹿、北胜、金花9家农贸市场升级改造工作。全区共拆除各类违法建筑927宗，总面积43.69万平方米。滨江街道办博桂社区被认定“国家地震安全示范区”。在7个镇建设垃圾分类亭610座，逐步实现垃圾减量化、资源化、无害化。投入9万多元，完善消防池、消防栓等消防措施。

【琼山区新农村建设】2017年，深入推进美丽海南百镇千村建设，7个镇镇墟改造PPP项目完成投资2.73亿元，占比51.07%。完成桃村洋整治，建成30宗冬修水利项目和21宗农村安全饮水项目，建设农村公路85千米，完成农村改厕2000户，农村危房改造240户。农村网格化划分、上图入库工作基本完成，全区7个镇和凤翔街道共划分网格807个。新建文明生态村31个，大坡镇被评为第五届全国文明村镇，大坡镇树德村被评为海南省五星级美丽乡村。

脱贫攻坚　探索“政府+社会+志愿者”三位一体模式，创新建立“五个强化”为切入点的工作机制。全区专项扶贫资金支出4172.2万元，支出进度100%，创建产业帮扶基地4个、电商扶贫平台5个，三门坡镇清泉村和云龙镇云岭村2个整村推进贫困村脱贫出列，实现建档立卡773人精准脱贫，巩固提升5471人如期稳固，2016年脱贫人口稳固脱贫，脱贫攻坚工作取得阶段性成效。

基层党建　琼山区有基层党组织638个，其中镇党委7个、街道工委4个。有党员1.48万名，其中：农村党员5660名，占38.23%；社区党员2346名，占15.85%。新中国成立前入党农村老党员17名。分级分类、分期分批实施党员教育培训，举办教育培训班168期，培训1.38万人。每月利用远程教育站点组织农村、社区党员集中学习，组织党员观看《榜样》等栏目，共1万多人次。

2017 年琼山区行政区划表

镇、街道、农场名称	土地面积（平方千米）	社区（个）	建制村（个）
合计	928.69	38	74
国兴街道	4.85	7	无
府城街道	42.93	9	无
滨江街道		6	无
凤翔街道		7	5
龙塘镇	39.01	1	10
云龙镇	96.01	1	7
#省岭脚热作场	6.79	无	无
红旗镇	124.30	1	11
三门坡镇	188.41	3	12
#红明居	99.84	无	无
大坡镇	152.18	1	5
#东昌居	88.49	无	无
甲子镇	156.42	1	14
#省长昌煤矿	9.55	无	无
旧州镇	124.58	1	10

说明：海口市国土测绘部门提供的海口市 2016 年土地利用现状矢量成果图统计的全市各镇、街的土地面积中，将府城、滨江、凤翔 3 个街道的土地面积合并统计

2017 年琼山区所辖街道、镇、建制村、居、社区情况表

单位：个

街道、镇	居	社区	建制村
合计	2	37	74
国兴街道		巴伦、攀丹、米铺、道客、文政、文坛、八一	无
府城街道		府城、北官、忠介、文庄、云露、甘蔗园、龙昆南、北胜、鼓楼	无
滨江街道		东门、城东、下坎、铁桥、博桂、北冲溪	无
凤翔街道		大园、三峰、高登、桂林、凤翔、洗马桥、迈瀛	五岳、那央、儒逢、红星、石塔

续表

街道、镇	居	社区	建制村
龙塘镇		龙塘	三桥、龙富、仁三、谭口、龙光、新民、龙新、文道、仁庄、三联
云龙镇		南区	云龙、云阁、云裕、云岭、云蛟、儒林、长泰
红旗镇		土桥	昌文、大山、龙榜、合群、道崇、龙源、龙发、墨桥、红旗、苏寻三、福坡
三门坡镇	红明居	庆丰、谭新	新德、文岭、美城、龙马、谭文、谷桥、乐来、清泉、友爱、文蛟、龙盘、晨光
大坡镇	东昌居	博坡	树德、福昌、中税、大坡、新瑞
甲子镇		甲新	甲子、群星、新昌、民兴、红岭、昌西、青云、民昌、琼新、琼星、益新、益民、大同、仙民
旧州镇		双拥	旧州、联丰、红卫、联星、池连、光明、岭南、道美、雅秀、文新

注：2016年6月琼山区政府在东昌农场设立海口市琼山区大坡镇东昌居，隶属大坡镇，下设36个居民小组；2017年3月琼山区政府在红明农场设立海口市琼山区三门坡镇红明居居民委员会，隶属三门坡镇，下设68个居民小组

2017年琼山区国民经济和社会发展主要指标

指　标　名　称	单位	2017年	2016年	增长（%）
一、地区生产总值	万元	1416843	1228096	8.20
其中：第一产业	万元	224254	223062	4.20
第二产业	万元	340138	313137	7.60
其中：工　业	万元	230659	210387	8.20
建筑业	万元	109479	102750	6.50
第三产业	万元	852451	691897	9.80
人均地区生产总值	元	27866	24391	7.10
二、农业总产值	万元	347324	343318	5.10
三、工业总产值	万元	423417	363065	8.0
其中：规模以上工业总产值	万元	350039	296937	9.20
规模以下工业总产值	万元	73378	66128	2.40
四、固定资产投资总额	万元	1315857	1225875	7.30
其中：房地产开发投资	万元	692138	765035	-9.50
五、社会消费品零售总额	万元	616077	554026	11.20
六、公共财政预算收入	万元	389520	360654	8.0
公共财政预算支出	万元	237972	202396	17.60
七、城乡居民人均可支配收入	元	27230	25089	8.50
城镇常住居民人均可支配收入	元	31405	28998	8.30
农村常住居民人均可支配收入	元	13731	12655	8.50
九、年底户籍总人口	人	390406	385348	1.31
十、年底常住总人口	人	511700	505200	1.29
十一、旅游接待人数	万人次	360.87	352.03	2.50
十二、旅游总收入	万元	51899	50908	1.90

（陈南安）

美兰区

【中共美兰区委】

书　记　龙卫东
副书记　冯　琳
　　　　裴克波
常　委　符　曜
　　　　李新亮
　　　　陈　新（女）
　　　　朱贵权
　　　　郑　艳（女）

【美兰区人大常委会】

主　任　李春明
副主任　张秀颜（女）
　　　　林志刚
　　　　刘慧义
　　　　王祥建

【美兰区人民政府】

区　长　冯　琳
副区长　陈　新（女）
　　　　程守学
　　　　符朝阳
　　　　杨柳芳（女）
　　　　王业民
　　　　李　庚（挂职）
　　　　李爱国（挂职）
　　　　杨定海（挂职）
　　　　黄宏春（女，挂职）
　　　　邓剑雄（挂职）
　　　　韩　文（挂职）

【美兰区概况】美兰区位于海口市东北部，东接文昌市，南靠琼山区，西邻龙华区，北临琼州海峡，南渡江、美舍河、海甸溪横穿城区注入大海，是海南的政治、经济和文化中心城区。总面积562.62平方千米。2017年，下辖白龙、白沙、博爱、海甸、蓝天、海府路、人民路、新埠、和平南9个街道办事处和灵山、演丰、三江、大致坡4个镇，共57个社区居民委员会、53个村民委员会，750个自然村，821个村民小组。桂林洋、罗牛山、三江3个农场和冲坡岭热带作物场（区管）位于区内。总人口65.5万人。

区位资源优势明显，有以海府大道和海秀大道为轴心的集旅游、购物、休闲、娱乐为一体的海口市旅游购物中央商贸区；以国兴大道为新轴线的大英山开发片区；海南大学、海南科技职业学院、中国（海南）改革发展研究院等多家教育和科研机构；有118千米黄金海岸线，有旅游开发价值高、热带海岛资源、生物资源和景观资源丰富的海甸岛、新埠岛、司马坡岛和北港岛；世界第三、亚洲第一的东寨港国家级红树林自然保护区和东寨港琼北地震遗址；有位于大致坡镇的中国戏剧家活动基地和国家文化事业示范基地；有中国十大空港之一的美兰国际机场；海文高速公路、东环铁路纵贯全境，辖区内交通网络四通八达，供水、供电、通讯、医疗、旅游等设施较为完善，城市服务功能日臻完备，是海口重要的交通枢纽和信息、物流中心。区内种植的泰国黑金刚莲雾，是全国连片面积最大的莲雾种植基地，是农业部、海南省农业厅的重要热带水果示范基地。境内土特产品主要有演丰镇的咸水鸭、曲口海鲜，灵山镇的灵山粉。

【美兰区经济发展】2017年，美兰区完成地区生产总值341.2亿元，比上年增长8%；固定资产投资461.08亿元（含飞机购置投资119亿元），增长2.3%，其中，46个重点项目累计完成投资226亿元，占年度投资计划190亿元的118.9%，提前超额完成年度投资任务；地方一般公共预算收入14.2亿元，同口径增长9.7%；社会消费品零售总额179.7亿元，增长10.8%；城镇常住居民人均可支配收入31503元，增长8.2%；农村常住居民人均可支配收入1.38万元，增长8.7%；城乡常住居民人均可支配收入2.73万元，增长8.5%。全区投资结构不断优化，非房地产项目投资占比达到57.8%，是美兰区历史以来非房地产投资占比最高的一年，经济发展对房地产的依赖程度逐步降低。

工　业　辖区共有工业企业208家（不包含桂林洋开发区），其中规模以上工业企业15家；规模以下工业企业193家。规模以上（年产值2000万元以上）工业企业主要分布灵山镇10家，三江镇1家，演丰镇3家，城区1家。完成工业总产值43.6亿元。工业企业努力克服发展空间、市场需求等各种制约因素，通过技术改造、新产品开发和加大营销力度等有效措施，实现工业经济较快增长。

农　业　大力推动常规农业向都市农业转变、传统农业向现代农业转变，冬季瓜菜、花卉、畜牧、水果等优势产业不断发展，农业产业不断优化，有力促进农业增效、农民增收。完成农业总产值28.27亿元。完成水稻种植面积3060公顷；瓜菜种植面积2813.33公顷（含复种），全区2公顷以上露地常年蔬菜基地有28个，20公顷以上冬季瓜菜基地3个；完成畜类出栏29.7万头，禽类出栏706.4万只，有标准化畜禽养殖小区26个，500头以上规模生猪养殖场76个，1万只以上规模文昌鸡养殖场52个；热带高效农业快速发展，花卉、瓜菜、水果等热带经济作物和水果种植面积7000公顷，20公顷以上热带水果基地4个，3.33公顷以上的规模花卉基地有70多个，6.67公顷以上的规模花卉基地有20多个，美兰三角宁地瓜、演丰沉香、三江莲雾、大致坡蜜柚等农业品牌效应扩大，国开融乡海口演丰市民农庄开工建设，农业产业化、基地化、规模化发展的成效进一步凸显。

商贸服务业　全区第三产业占地区生产总值比重82.8%，逐步呈现高人力资本、高技术含量、高附加值特点的现代产业发展趋势。现代服务业快速发展，国兴大道北侧一带有15家企业总部落户，江东琼山大道沿线有20多家汽车4S店落户运营，全区商贸业网点突破4万家，以美兰国际机场为主要平台的现代物流企业发展至63家，邮货吞吐量26万吨。互联网产业悄然兴起，全区互联网创新创业产业园注册企业567家、入驻218

家，年产值及销售额突破35亿元，成为推动全区产业转型升级的新引擎。

【美兰区社会发展】2017年，美兰区将财政支出的80%以上投入民生，10类23件民生实事如期全面完成。

社会保障　社会保障体系进一步健全，全区参加新农合12.3万人，参加城镇居民医保13.5万人。全区新增城镇就业8256人，下岗失业再就业2806人。开展慢性病综合防控示范区建设工作，45家卫生院及社区卫生服务机构开展家庭医生签约服务，惠及26.65万人。加强住房保障工作，完成限价商品房、经济适用房配售306户，低收入公共廉租房住房补贴213户、共152万元。

社会事业　教育事业全面发展。北京师范大学海口附属学校落户美兰，向社会公开招聘186名教师，新扩建九中小学部、三江文明小学等10所学校，新增学位700个，灵山中心小学等3所小学特色教学获教育部主要领导赞许。践行现代教研主张，在中小学实施教师成长助推站等教研项目。推进区公共文化馆、图书馆项目及各行政村文化室建设，并投入经费540多万元用于辖区各街道综合文化站、社区文化服务中心配套建设及组织文体活动。全区9个街道综合文化站，48个社区文化服务中心均投入使用。通过举办“海南八音与你相约”文艺演出，开设少儿八音培训班等形式，加强项目推广，抓好海南公仔戏、海南八音非物质文化遗产保护和利用工作。

脱贫攻坚　投入专项扶贫资金1187.8万元，产业扶贫、教育扶贫等各项帮扶措施完成率均为100%，圆满完成建档立卡贫困人口110户445人和1个整村推进贫困村的年度脱贫任务。整合投入资金433.81万元，完成14条环村道路的建设项目共5.396千米和村庄主要干道亮化工程；下达中央革命老区转移支付资金382万元，用于5个乡镇3个村庄1个农场等的基础设施项目建设。此外，安排区级革命老区资金173万元，用于6个革命老区村庄7个基础设施建设项目已全部完成。

【美兰区城市建设和管理】2017年，美兰区加大整治力度，实施三角池片区改造，完成建成区民航航线俯视区及裸露地复绿58.27公顷，拆除重点商圈和道路广告牌匾925块、6.6万平方米。棚户区改造加快推进，11个棚改项目累计完成征收5676户，灵山、上贤沙亮、流水坡安置户陆续回迁，下洋瓦灶、白沙坊及新琼项目启动安置区建设工作。拆违70.75万平方米，控违12.27万平方米，有效遏制违法建筑高发势头。

环境保护　全力配合做好中央环保督察工作，立行立改，转办33批次156件环保案件，办结153件，正在整改3件。全面落实“河长制”“湾长制”，开展海洋生态系统修复工程和蓝色海湾整治行动，将全区87个水体纳入河长制范围，在全市率先推行“五个一”工作机制，对鸭尾溪等11个水体进行综合治理，执行美舍河保护管理规定。建立健全生态文明绩效评价考核体系，在全省率先探索编制自然资源资产负债表和自然资源资产干部绩效考核制度研究报告；率先成立“美兰区绿水青山志愿服务队”，开展以湿地污染调查等为主要内容的常态化志愿服务活动。在白沙门公园建设全市第一个环保教育站，为辖区群众提供生态环保宣传教育服务。

【美兰区新农村建设】2017年，继续推进“美丽海南百镇千村”工程，建设美丽乡村17个，新建和巩固提升文明生态村19个，新建村委会文化室10个，植树造林334.87公顷，修建自然村道路188.8千米，改造危桥15座，实施农村危房改造61户、农村饮用水提质增效工程174个，全区农村人居环境持续改善，基础设施短板不断补齐，美丽乡村建设品质得到提升。

海口市美兰区三江镇东坡湖文明生态村村前湖景色

东坡湖村中的红色长廊

（美兰区政府办 供）

2017 年美兰区行政区划表

指标	单位	全区合计	区辖镇（街）												
			灵山镇	演丰镇	三江镇	大致坡镇	新埠街道	白龙街道	蓝天街道	和平南街道	海府路街道	博爱街道	白沙街道	海甸街道	人民路街道
土地面积	平方千米	562.62	109.83	167.60	127.93	115.42	11.16	4.64	3.06	1.12	2.02	1.08	3.17	6.74	8.86
社区	个	57	2	1	2	3	4	6	4	5	6	7	4	6	7
建制村	个	53	22	13	8	10	0	0	0	0	0	0	0	0	0

2017 年美兰区所辖镇、街道、建制村（社区）情况表

区辖镇（街）	社区	建制村
灵山镇	晋美、仙云	晋文、群山、灵山、桥东、福玉、锦丰、红丰、大林、林昌、大昌、美庄、新岛、新琼、新市、新管、爱群、东头、东平、东营、仲恺、东湖、东和
演丰镇	演丰	北港、边海、演海、演东、演南、演西、演中、昌城、群庄、山尾、美兰、苏民、塔市
三江镇	三江、三江居	三江、眼镜塘、江源、上云、茄南、苏寻三、道学、茄芮
大致坡镇	民乐、椰林、咸来	大东、金堆、栽群、咸来、永群、美桐、美良、崇德、大榕、昌福
新埠街道	新埠、三联、新东、土尾	无
白龙街道	美舍、五贤、千家、流水坡、振兴、群上	无
蓝天街道	龙岐、万华、下洋、塔光	无
和平南街道	君尧、上坡、文明、光阳、琼苑	无
海府街道	东湖、白坡里、龙舌坡、龙峰、南宝、大英	无
博爱街道	三亚、振龙、龙文、新风里、南联、联桂坊、红坎坡	无
白沙街道	岭下、锦山里、白沙坊、白龙	无
海甸街道	海达、新安、金甸、白沙门、福安、沿江	无
人民街道	银甸、捕捞、邦墩、拦海、新利、万福、美丽沙	无

2017年美兰区国民经济发展指标

指 标 名 称	单位	2017年	2016年	增长（%）
一、地区生产总值	亿元	341.20	307.20	8.00
第一产业	亿元	18.50	19.40	4.10
第二产业	亿元	40.40	39.10	0.60
第三产业	亿元	282.30	248.70	10.00
二、农业总产值	亿元	28.30	29.60	4.00
三、工业总产值	亿元	43.60	56.40	-25.00
其中：规模以上工业总产值	亿元	35.40	49	-29.10
规模以下工业总产值	亿元	8.20	7.40	2.40
四、固定资产投资总额	亿元	461.08	336.60	2.30
其中：房地产开发投资	亿元	144.60	160.10	-9.70
五、社会消费品零售总额	亿元	179.70	162.10	10.80
六、地方一般公共预算收入	亿元	79.60	72.06	10.50
七、城镇居民人均可支配收入	元	31503	29116	8.20
八、农村常住居民人均可支配收入	元	13767	12665	8.70

2017年美兰区社会事业主要指标

指 标 名 称	单位	2017年绝对数
一、教育事业财政投入	万元	67769.2
学校（不含民办）	所	78
其中：完全中学	所	无
普通中学	所	10
小学	所	68
高中就读学生	人	无
初中就读学生	人	12372
小学就读学生	人	45142
二、户籍总户数	户	175648
三、户籍总人口	人	520515
其中：非农业人口	人	366262
四、文化事业财政投入	万元	80
五、医疗卫生事业财政投入	万元	23378

（梁鸿鹏）

（编辑：王美芳）

新任市领导

顾　刚　1977年4月出生，陕西镇安人，在职研究生学历，工学博士学位。1997年4月加入中国共产党，1998年7月参加工作。1994年9月至1998年7月在东北财经大学会计学院注册会计师专门化专业学习；1998年7月至2002年7月在中国种子集团、中国银泰投资有限公司财务部先后任财务、会计主管、业务经理；2002年7月至2005年8月在海南三亚瑞达置业有限公司、湖南金果实业股份有限公司先后任财务总监、监事（其间2001年9月至2003年5月在中国人民大学会计学院研究生课程班学习）；2005年8月至2008年9月任北京银泰置业有限公司财务总监；2008年9月至2015年7月任海南省发展控股有限公司副总经理、党委委员（其间：2007年10月至2009年10月在长江商学院高级管理人员工商管理硕士专业学习，2011年9月至2014年7月在中国矿业大学工程管理专业博士研究生学习，2012年7月至2013年7月挂职担任浙江省宁波市北仑区副区长）；2015年7月至2016年11月任海口国家高新技术产业开发区工委书记（副厅级）；2016年11月至2017年2月任海口市人民政府副市长、党组成员，海口国家高新技术产业开发区工委书记；2017年2—5月任海口市委常委、市人民政府副市长、党组成员，海口国家高新技术产业开发区工委书记。2017年5月任海口市委常委，市人民政府副市长、党组成员。

冯汉芬　女，1970年1月出生，海南文昌人，大学学历，公共管理硕士学位，1991年7月参加工作，1993年10月加入中国共产党。1987年9月至1991年7月在中国政法大学法律系法学专业学习；1991年7月至1996年9月先后任海南省司法厅法制宣传处法制宣传通讯科员、副主任科员（其间：1992年4月至1994年10月到琼山市司法局法制宣传股挂职锻炼）；1996年9月至2001年2月先后任海南省纪委办公室副主任科员、主任科员；2001年2月至2004年7月任海南省纪委（省监察厅）政策法规调研室主任科员；2004年7—9月任海南省纪委（省监察厅）政策法规调研室副处级纪检员、监察员；2004年9月至2007年1月任万宁市委常委；2007年1月至2010年8月任万宁市委常委、纪委书记（兼）；2010年8月至2012年9月任海南省纪委办公厅秘书处处长（其间：2010年3月至2012年1月在清华大学公共管理学院公共硕士专业学习）；2012年9月至2014年5月任省预防腐败局办公室主任；2014年5月至2016年10月任海南省纪委、省监察厅纪检监察干部监督室主任；2016年10月至2017年5月任海南省监察厅副厅长；2017年5月任中共海口市委委员、常委，市纪委书记。

（林贻巍）

孙　芬　1967年12月出生，海南乐东人，在职研究生学历、经济学硕士学位。1990年7月参加工作，1998年1月加入中国共产党。1990年7月至1998年11月任海口市财政局副科长；1998年12月至2002年6月先后任市发展计划局副科长、科长；2002年7月至2004年7月任海口市人大财经工委副主任；2004年8月至2007年2月任海口保税区财政局局长；2007年3月至2015年11月任市审计局党组书记、局长；2015年11月至2016年1月任海口琼山区委副书记、区人民政府区长；2016年1月至2017年6月任琼山区委书记；2017年6月任海口市人民政府副市长、党组成员，琼山区委书记。

邓海华　1967年1月出生，江苏南通人，在职研究生学历，医学学士学位。1989年7月参加工作，1991年3月加入中国共产党。1984年9月至1989年7月在东南大学公共卫生学院预防医学系学习；1989年7月至1993年11月先后任铁道部北京二七车辆厂防疫站医师、副站长；1993年11月至1996年11月先后任铁道部北京二七辆厂医院副院长、主管医师；1996年11月至1997年11月为卫生部人事司公务员管理处干部；1997年11月至1998年8月任卫生部人事司公务员管理处主任科员；1998年8月至2000年11月任卫生部人事司干部处主任科员；2000年11月至2002年9月任卫生部办公厅秘书处副处长；2002年9月至2009年7月先后任卫生部办公厅新闻宣传办公室副主任、主任；2009年7月至2013年3月任卫生部办公厅副主任；2013年3月至2013年6月在国家卫生计生委机构改革期间负责新闻宣传工作；2013年6月至2013年10月任国家卫生计生委宣传司副司长；2013年10月至2015年7月先后任健康报社党委副书记、副社长，党委书记；2015年7月至2017年8月先后任健康报社社长、党委书记，《中国卫生》杂志社社长；2017年8—9月任海口市人民政府党组成员（挂职）；2017年9月任海口市人民政府副市长。

（张林杰）

先进人物

冯 晖　1973年11月生，海南海口人，中共党员，现任海口市公安局琼山分局便衣警察大队大队长，曾先后5次荣获个人嘉奖，23次荣获各级各类荣誉称号，其中包括个人三等功1次、二等功1次，被授予全国优秀人民警察、2012年中国十大正义人物、2012年感动海南十大新闻人物、海南青年五四奖章、海南省人民满意的公务员、海南省优秀共产党员等荣誉称号。2017年10月，作为全省唯一一名公安代表出席党的十九大。10年来，“飞鹰大队”在冯晖的带领下，共破获各类案件9243起，抓获违法犯罪嫌疑人16557人，其中破获“两抢”案件467起（98个团伙），抓获835名嫌疑人；盗窃971起（84个团伙），抓获1854名嫌疑人；故意伤害致死15起，抓获42名嫌疑人；网上在逃272起，抓获277名嫌疑人；吸贩毒3865起，抓获6585名嫌疑人；打架斗殴490起，抓获1045名嫌疑人等。缴获各类枪支62支，管制刀具5075把。特别是群众反映强烈的“两抢”案件，琼山辖区由2007年日均20多起下降至2017年的日均0.2起。

王先文　1980年生，侗族，贵州黎平人，中共党员。2004年9月参加公安工作，现任海口市公安局刑事警察支队技术大队DNA室主任。先后协助成功侦破“2010·1·4系列入室抢劫杀人案”“2013·10·10白坡里母子被杀案”“2016·7·20民生路某小区特大入室盗窃案”等大要案件，他负责的全市公安DNA检验工作成绩突出，曾先后荣获专案个人二等功1次，三等功3次，嘉奖2次，获评海口市“青年岗位能手”“优秀共产党员”“优秀公务员”等荣誉称号。2017年5月，被评为全国优秀人民警察。

周永恒　1963年生，海南万宁人，中共党员。1986年2月参加公安工作，现任海口市公安局国内安全保卫支队四大队大队长。1999年、2001年、2002年荣立“个人三等功”；2003年、2008年被省公安厅授予“全省优秀人民警察”称号；2003年被市政府评为“全市优秀人民警察”；2008年、2015年荣立“个人二等功”；2008年被省、市委授予省、市“优秀共产党员”称号。2017年5月被公安部授予“全国特级优秀人民警察”称号。

（王路明）

王剑波　1983年8月生，甘肃合水人，中共党员。2005年6月入伍，现任海口支队新海边防派出所正营职所长，武警少校警衔。入警12年来，扎根基层，忠诚履职，始终战斗在维稳管控、抢险救灾、爱民固边第一线。他15次参加重大抢险救灾，先后化解重点项目施工受阻事件30余起。7年间，每年捐助1万多元，并和爱心团队一起募集资金上百万元，帮助贫困学生200余人，而自己和家人至今挤住在单位的公寓房中。每年调解矛盾纠纷100多起，先后带队侦破10余起恶性案件，摧毁犯罪团伙2个，抓获在逃人员44人。他3次荣立三等功，2008年被海南省委省政府评为“支援四川抗震救灾先进个人”，2009年被海南省委省政府评为“见义勇为先进个人”；2010年被部局评为“岗位练兵先进个人”“爱民固边先进个人”；2010—2012年先后被总队评为“十大群众工作标兵”“爱民固边先进个人”“优秀共产党员”；2014年被海南省委省政府评为“抗风救灾先进个人”；2015年被海南省残联聘为“爱心大使”。2017年被公安部评为“全国优秀人民警察”，共青团海南省委员会授予“五四青年奖章”。

张艳红　女，1968年8月出生，河南许昌人，农工民主党员，硕士学历，海口红妆美容管理有限公司董事长。1996年自筹资金在海口创建专为女性服务的红妆美容院，至今发展成为拥有1300多名员工、70多家直营连锁机构、全国知名的大型专业连锁美业机构——海南红瑞医疗美容投资管理有限公司。自1999年红妆美容学校成立以来，每年为岛内外输送近800名专业美容服务人才，学员结业后开店率20%以上，就业率实现100%。她多年来帮助女性脱贫致富、成长发展。红妆美容学校帮助大量的失业、待岗人员学会美容护理、化妆、美甲等技术，重新走上工作岗位；海南红瑞为女性员工提供1000多个就业岗位。她热心公益，爱护员工，回馈社会。每年组织并亲自参与各项公益活动，至2016年累计捐赠物资共计107.52万元。她将粉红丝带公益活动第一次引入海南，至今持续12年的粉红之爱帮助了许多不幸患癌的姐妹们，影响了海南女性关注乳腺癌、关注胸部健康，帮助更多的海南女性重拾健康与自信。2009年4月，被海南省总工会和海南省质量协会授予“海南杰出质量人”称号；9月，被海南省商务厅、海南省工商局、海南技术监督局联合评为“跨越辉煌60年——推动海南品牌建设60位功勋人物”。2012年3月，被中央电视台授予2011—2012年度CCTV中国影响力·中国美业卓越贡献人物。2016年9月被中华全国工商业联合会美容化妆品商会、中华美业标准管理推行专业委员会授予中华美业名人专家称号。2017年5月，被海南省总工会授予海南省五一劳动奖章。2017年3月，获得全国三八红旗手称号。

赵金玲　女，1973年2月出生，

海南东方人，中共党员，中专高级讲师，研究生学历，现任海口旅游职业学校党总支书记、校长。是海南省教育科研规划专家、海南省政府教育督学。19年如一日在职业教育战线上默默奉献，创造了一流的成绩。从1995年大学毕业至今她一直在校工作，教学成绩突出，关心热爱学生，教书育人为人师表，得到学生的爱戴。1998年起，先后担任教学处副主任、主任、教学副校长、校长，带领教学团队开创学校教学的新局面，在海南中职学校中第一个实施学分制，第一个把目标教学引进职业学校，使学校的教学工作发生翻天覆地的变化，得到质的飞跃，被全国目标教学委员会评为“百优校长”。她本人也先后获得海口市优秀教师、海口市青年岗位能手、海口市教学教研先进个人、市教育局优秀党员、海南省精神文明建设先进个人等荣誉，2012年荣获海南省烹饪餐饮事业卓越贡献奖。2014年被评为海南省三八红旗手，2017年获全国巾帼建功标兵称号。

（苏岐勇）

陈天津 1982年3月出生，海南海口人，海南卓津蜂业有限公司总经理。小时候跟着父亲养蜂，学到很多养蜂知识。2001年毕业后回到家乡，继续经营养蜂事业。卓津蜂产品在2001年第六届国际蜂疗保健品博览会上荣获金奖，首届中国国际农业博览会上被评为名牌产品；2004—2017年，被海南省名牌产品认定委员会评为海南省名牌产品；2005—2017年，“卓津”商标被海南省工商局评为“海南省著名商标”。“卓津”牌蜂产品在全国各大城市销售并远销国外，卓津蜂业已经发展成为中国蜂业知名企业，成为中国养蜂学会常务理事、中国蜂产品协会理事单位、海南省蜂业学会副会长单位、海南省蜜蜂产业协会会长单位；中国养蜂学会蜜蜂生态试验蜂场、海南省农业科技110蜂业服务站（龙头服务站）以及国家蜂产业技术体系海南试验站蜂场都建在公司内。在取得成功的同时，他不断反哺家乡，发动更多农村青年共同走上养蜂致富的道路。2017年，被评为海南省农村青年致富能人。

符芳茹 女，1978年10月出生，海南海口人，现任海口市琼山区甲子镇甲新社区党支部书记、居委会主任。她刻苦学习技术，种植菠萝蜜10公顷。在发展菠萝蜜种植的同时发展林下经济，养起了农家土鸡和猪等家禽家畜，逐步形成“菠萝蜜＋土鸡”种植养殖产业结构。如今菠萝蜜已挂果销售，养猪年出栏200余头，养鸡1000余只，年收入60多万元，成远近闻名的“种养达人”，也率先过上小康生活。“自己富了不算富，大家都富才算富”，她引导群众充分利用土地资源发展林下经济、养殖土鸡，带动群众创收增收，服务群众脱贫致富。2017年，被评为海南省农村青年致富能人。

郭 霖 女，1986年7月出生，致公党党员，海南海口人，法国留学归来后曾在世界500强外企就职，深感于海口石山镇的原生态“富硒”深藏于深山中少有人知，于是决定回到家乡创业。成立电子商务平台“火山公社”，现任海口绿野生态农业科技有限公司总经理。她通过整合当地零散的农户、互联网农业协会、农业专业合作社等资源，打通线下和线上的传播、销售渠道，加速产销信息流通，让有机的原生态农产品搭上“互联网＋”的快车，走出火山，走向全国各地，极大地提高农民的纯利润收入，激发农民种植积极性，推进当地特色产业发展和农民增收致富。此外，郭霖十分注重火山文化的保护与传播以及石山农旅品牌建设。她通过挖掘石山镇传统农业、手工业、火山自然资源和文化资源，在石山镇政府的支持下策划多场农旅品牌推广活动，加强互联网营销和新媒体传播，吸引游客体验火山风情小镇的魅力，推动农旅深度融合，激发这座万年火山喷发形成的古镇焕发新的活力。2017年，被评为海南省农村青年致富能人。

林应锋 1979年5月出生，海南海口人，中共党员。2012年，他发动村里的5户农户一起成立青凡家禽养殖专业合作社，在村里承包3.33公顷土地开始土鸡的养殖。2013年以来，土鸡销售市场良好。经过几年的摸索和借鉴学习，联合泰国正大集团采取“公司＋合作社＋农户”的模式运营生产，建成4000平方米的鸡舍。如今青凡家禽养殖专业合作社已发展到社员57户，养殖规模达到每年饲养量24万只，年出栏肉鸡25万只，年产值1000万元，合作社年分红纯收入可达38万元，参股农户年终可分红6000元。在他的示范带动和技术帮扶下，东山镇的土鸡养殖户如雨后春笋般涌现，形成东山镇新的经济增长点。2017年，被评为海南省农村青年致富能人。

吴金龙 1982年4月出生，海南海口人，现任海南高峰农业科技发展有限公司总经理。他大学毕业后返乡成立海口高峰农业商贸有限公司。筹集几十万元改造40公顷低洼水塘种植莲子，并发动托村、涵泳村周边农户连片种植93.33公顷，打造成总面积133.33公顷的“千亩荷花观赏基地”。随后，相继建成以生产富硒水果、富硒蔬菜，散养鸡、鸭、鹅为主的“澄迈大美基地”，以生产农家土鸡和土鸡蛋为主的“万宁兴隆基地”；开设10家社区商店，其中菜篮子合作店6家。公司形成以自有农场生产的蔬菜、水果、肉类产品为主，以合作基地的优质农产品为辅，专注高端社区，让业主在社区内即可享受到优质的农产品及服务的企业。2017年，被评为海南省农村青年致富能人。

余明宝 1977年7月出生，海南海口人，中共党员，现任甲子镇群星村党支部书记、村委会主任，海口群星宝种养专业合作社理事长。2011年被评为海口市科协“科普惠农兴村计划”先进个人。2010年，余明宝和4个村民一起创办农民合作社，经创业6年初成规模，建成两个乳鸽基地，共有1.6万只种鸽，年产量1万多只，产值170多万元。2011年，为了调整产业结构，余明宝结合土地资源种养互利模式发展种植业，使用鸽粪种植金桔子、柠檬，各村农户在他的鼓励带动下种植金桔、柠檬20多公顷。此外，合作社还通过党员+贫困户的合作模式养殖黑山鸡，带动贫困户脱贫致富。几年中农民陆续盖起新房，生活过得更加富裕。余明宝作为村党支部书记、村委会主任，不仅在带动群众脱贫致富上下苦功夫，更关心贫困学子教育事业。在他的带头倡议下，2016年创办了“群星教育助学基金”，党员群众累计捐助10多万元，资助近10名本村贫困学子就书求学，为村子可持续发展提供人才支撑。2017年，被评为海南省农村青年致富能人。

（朱世贤）

傅海燕 女，1971年11月生，海南琼海人，中共党员，1993年8月参加工作，现为海口市中级人民法院行政庭庭长。工作23年以来，她共审结各类民商事一、二审案件1320多件。近3年来，她共审理各类民商事一、二审案件473件，其中2014年收案164件，结案163件，结案率为99.39%；2015年收案124件，结案121件，结案率为98%；2016年收案185件，结案185件，结案率为100%；历年结案率均居全院个人结案率前茅。在她审结的各类案件中，无一错案和超审限案件。对其承办的每一宗案件都做到认真细致，严把程序关、事实关、证据关和适用法律关，努力让当事人在每一个司法案件中都感觉到公平正义。她重视审理妇女儿童维权案件中的调解工作，注意对妇女儿童合法权益保护以及保障妇女在维权案件中的平等权益，注重办案法律效果和社会效果的相统一。她所在的民一庭被全国妇联授予“全国维护妇女儿童权益先进集体”荣誉称号。2013年2月，她被海南省妇女联合会授予海南省三八红旗手、三八红旗手标兵称号；2015年2月被中华全国妇女联合会授予全国三八红旗手荣誉称号；2017年1月被最高人民法院评为全国法院办案标兵。2017年5月，被授予海南五一劳动奖章。

盘丽芬 女，1974年5月生，海南琼中人，现为海口市龙华区滨海街道盐灶一社区居委会民政委员。作为一名普普通通的基层干部，每次低保年审，盘丽芬都会拖着严重风湿疼痛的双脚，挨家挨户上门查看每户家庭的情况变化。2015年7月底，海口“双创”工作启动以后，盘丽芬与同为社区工作人员的丈夫投入忙碌的工作中。有的时候，孩子就托管在好心的邻居家，等到晚上回去接儿子，儿子已经睡了。她所在的社区有不少“三无”小区，每个周末，街道都会组织到这些无人管的小区开展大扫除。“双创”之后，社区环境改善不少。为了保持良好的状态，促使群众养成良好的习惯，每天除了日常工作，盘丽芬还要不时上街巡逻，检查卫生死角，规范门前三包。民政工作纷繁复杂。社区的服务窗口大多的业务都属于她的范围，包括办理低保、高龄补贴、医疗救助、双拥优抚等10多项工作。2016年12月，荣登“中国好人榜”。2017年，被授予海南省五一劳动奖章。

羊永梅 女，1967年10月生，海南儋州人，大学本科学历，中共党员。1987年7月参加工作，现任海口市人民医院肾病风湿科护士长。在临床一线工作30年，工作踏踏实实、精益求精，勇于创新，率先在全院开展层级护理、品管圈管理及责任制优质护理，改变传统护理模式，优化工作流程，使科室服务质量不断提高；她积极探索慢病护理新模式，创立“医护居家随诊模式”“健康教育互动模式”，率先在全省应用网络系统管理腹膜透析患者，使居家的肾病患者得到有效的治疗；她率先开展PICC置管术，及时为患者减轻痛苦；她善于运用品管圈管理工具，通过PDCA解决科室存在问题，多项品管圈成果在比赛中获奖；实行特色的专科服务，降低医疗费用，提高患者满意率；她创建雷锋护士班，开展互助互爱，赢得患者的尊重和夸奖。先后荣获“海口市青年岗位能手”“十佳护士长”“优秀党员”等多项荣誉，2015年晋升主任护师，2016年出席中国共产党海口市第十三次党代会。2017年被授予海南省五一劳动奖章。

徐自力 1966年6月生，湖北黄石人，1986年7月参加工作，管理工程硕士，高级工程师。海南省第五、六届政协委员，海口市第十二、十三届政协常委，全国工商联农业产业商会副会长，海南省企业家协会副会长。现任罗牛山集团有限公司董事、罗牛山股份有限公司董事长。作为一名行业专家，他多次作为项目牵头人参与国家、省市重点科技项目研发工作，并取得国家、省市科学技术进步奖。他推动公司产业结构和资产结构调整，主导产业优势和发展活力进一步增强，转型升级迈入新阶段。初步构建起以发展“菜篮子”工程和热带现代农业为主线，以国家热带农业公园等重大项目为平台的产业集群格局，实施建设超大规模农产品加工物流园区，为引领示范全省热带现代农业产业化发展做出了重要贡献。在他带领下，公司发展为一家以食品加工、冷链物流及畜牧养殖为主，房地产开发、教育、金融投资多业并举，产业基地遍布海南岛、产业辐射全国的大型集团公司。他积极参政议政，为社会民主和法制建设反映社情民意，建言献策，先后就猪肉食品安全、农村经济发展模式等提交10余份政协提案；他关心员工，成立罗牛山员工互助基金和助学基金，累计补助和慰问困难职工469人次，发放助学金350.5万元；他热心公益，以各种形式支持慈善事业，长期以个人名义捐资助学，帮困扶贫100余万元；每年组织企业给贫困户送温暖，发放补助款约10万元；面对台风侵袭，在奋力自救的同时，向社会捐助资金物资千万元，并持续半年提供平价肉保城市供应；与重点贫困村七水一村建立点对点结对帮扶，捐款30万元，并带动农户发展致富。公司自2010以来累计创税4亿余元，为地方经济建设做出巨大贡献。2012年被授予“全国优秀企业家”“海南省有突出贡献优秀专家”称号，2016年被授予“国务院特贴专家”称号。2017年被授予海南省五一劳动奖章。

（王 聂）

吴香来 1997年9月出生，四

川巴中市巴州区下八庙镇泡木梁村村民。2016年4月4日15时20分左右，四川籍男子李鑫与几名朋友在新埠岛广物滨海国际前的海湾玩水过程中，不慎失足掉入附近的海沟中。坐在岸边休息的吴香来见状迅速跑到海里救人，因李鑫落水后求生欲望强烈，将前来救援的吴香来拉入深水区。吴香来并不会游泳，被拉入深水区后，立即陷入溺水状态。但是，在危及生命的关键时刻，吴香来奋力把李鑫推回岸边，而自己不幸被海水淹没。4日16时左右，吴香来的遗体才被前来救援的边防民警和群众找到。2017年5月被授予海口市见义勇为先进分子荣誉称号，8月被授予第十三届全省见义勇为英雄荣誉称号。

陶　卫　1984年3月出生，江苏东海人，中共党员，海南洋浦经济开发区某部队班长。2016年6月4日19时30分左右，海秀中路107号领秀公寓308房的租户杨先生妻子在做饭时因电路短路造成抽油烟机起火，并引起油锅和煤气灶起火，火势很大，整个房间和走廊充满烟雾，杨先生夫妇吓得逃离现场并跑到楼下向保安求救。这时，刚好从外面吃饭回到小区的陶卫见此情况就冲上楼去救火。他仅用衣服包住口鼻，奋不顾身冲进房间，首先关掉房间电源，然后用灭火器灭火，但由于煤气处于打开状态，房间其他易燃物也开始着火，大火一时无法扑灭，情况非常危急，煤气罐随时都有爆炸的可能。陶卫用水打湿衣服后，再次冲进去，设法关掉煤气阀门，并拆掉煤气罐搬出房间，将其放在安全地方，然后用灭火器对准火苗猛喷，逐渐将火势控制。消防队员赶到时，大火已经扑灭。2017年5月被授予海口市见义勇为先进分子荣誉称号，8月被授予第十三届全省见义勇为英雄荣誉称号。

林启辉　1972年4月出生，海南乐东人，海南职业技术学院教师。2016年6月26日15点左右，林启辉在海口市得胜沙步行街购物时，发现一家服装店内女店主突然昏倒在地，围观的人正在救助，但都无济于事。林启辉学过一些急救的知识，发现周围的人施救方法都不对，在征得林女士家属的同意后，立即对林女士展开急救，通过心肺复苏和人工呼吸等一系列措施施救近10分钟后，林女士还是没有清醒过来，且心跳和呼吸都没有了，瞳孔放大，情况十分危急。林启辉当时已非常疲惫，这时发现林女士嘴里有痰闭塞了她的呼吸，随即就用嘴帮她吸出口中的淤痰，继续对林女士进行施救，又努力施救近15分钟，林女士渐渐恢复呼吸。随后，120急救车赶到现场，把林女士送往了海南医学院附属医院进行治疗。林女士家属当场提出要给予2000元现金作为酬谢，被林启辉婉拒。2017年5月被授予“海口市见义勇为积极分子”荣誉称号，8月被授予第十三届全省见义勇为英雄荣誉称号。

李松梅　1973年11月出生，山东莱州人，中共预备党员，海南法制时报社记者。2015年7月20日13时许，省人民医院住院大楼4楼1名内分泌科护士被嫌犯劫持。嫌犯要求媒体记者到场听他反映相关诉求。正在家中写稿的李松梅接到警方电话后赶往现场。在案发现场，李松梅沉着冷静地与嫌犯周旋，并主动提出由自己替换护士做人质，为警方成功抓捕嫌犯创造有利时机。2015年8月被授予海口市见义勇为先进分子荣誉称号，2017年8月被授予海南省见义勇为英雄荣誉称号。

阿卜杜杰力力　维吾尔族，1985年5月出生，新疆和田县人。2017年2月8日15时40分许，在海口白沙门公园海域游泳的阿卜杜杰力力正在岸边休息时，突然跑来一名男子恳求他帮忙救落水的朋友。阿卜杜杰力力二话不说跑过去并跳入海水中，费尽九牛二虎之力将已昏迷的落水男子拖上岸。经医院全力抢救，深度昏迷的落水男子脱离生命危险。2017年5月被授予海口市见义勇为先进分子荣誉称号，8月被授予第十三届全省见义勇为英雄荣誉称号。

林　海　1974年出生，海南文昌人，海口市白龙派出所便衣联防队员。2015年7月19日11时30分许，林海下班路过美苑路国兴大润发超市门口时，发现一名男子持刀追赶群众。林海见状，立即跑过去制止，持刀男子勒住一名刚从知行书屋走出来的女子脖子。女子受惊，本能地猛力挣扎，使两人同时摔倒在地。男子挥刀乱舞，女子随时有被砍伤的可能。在此危急时刻，林海迅速扑向持刀男子，并将该男子持刀的手紧紧抓住，该男子恼羞成怒，挥拳击打林海，林海忍住疼痛，死死抓住男子持刀的手不放。在林海的帮助下，被劫持女子挣脱男子爬起来。此时，接到报警的民警及时赶到，迅速将该男子制服（经公安机关审查，该男子因吸食冰毒后产生幻觉，导致行为失常），林海才松开持刀男子的手腕。2017年5月被授予海口市见义勇为先进分子荣誉称号，8月被授予第十三届全省见义勇为先进分子荣誉称号。

陈　建　1971年出生，海南文昌人，昌导出租车公司司机。2015年9月11日6时40分许，陈建开出租车经过龙华路与解放西路交会处时，看到市民洪先生不断呼喊“抓小偷”“抓贼啊”，并奋力将两名抢夺其妻子金项链并欲图骑摩托车逃离的男子，连人带车撞倒在地。陈建迅速下车，看到其中一名男子从地上爬起来想跑，便与洪先生一起追赶并将其抓获，移交派出所处理。2017年5月被授予海口市见义勇为先进分子荣誉称号，8月被授予第十三届全省见义勇为先进分子荣誉称号。

邓振奎　1947年出生，海南海口人。2015年12月1日20时50分许，在河边钓鱼的邓振奎准备收竿回家，欲和钓友黄魁文告别时，却发现黄魁文被一个一米八的壮汉持刀刺伤并被挟持正往河里拽，他看到后便大声呵斥该男子赶快放人。听了邓振奎的话，歹徒将黄魁文放了，但又将目标转移到邓振奎身上，邓振奎立即冲上去与歹徒搏斗。在搏斗过程中，邓振奎的双臂被刺伤。歹徒逃走，后被赶来的民警当场抓获。经法医鉴定：邓振奎的伤构成轻伤二级。2017年5月被授予海口市见义勇为先进分子荣誉称号，8月被授予第十三届全省见义勇为先进分子荣誉称号。

（付 良）

2017年度海口十大新闻人物

冯 晖 1973年11月生，海南海口人，中共党员，现任海口市公安局琼山分局便衣警察大队大队长。（具体事迹参见第460页“冯晖”）

邓新兵 现任海口市水务集团党委书记、董事长。2017年伊始，他作为支援干部从三亚到海口参与美舍河的水体治理和修复工作。他实地走访，勘察河道，指导施工，事无巨细，精益求精。而两年前，邓新兵曾因患有骨髓增生异常综合症做过骨髓移植手术，身体尚未痊愈的他，克服病魔，顽强地战斗在美舍河治理工作的第一线。被称作“拼命三郎”的他，书写了新时期共产党员的风采。

李 香 海南省义家亲义工服务中心志愿者、老陶义工服务社的义工。2009年开始，每年高考期间，她都自发组织爱心人士为高考考生和家长送绿豆汤，被称作“绿豆汤妈妈”。这位公益路上的“赶场人”，即使被诊断出肺癌，依然坚持参与交通劝导、敬老爱老、义务清洁社区等各类公益活动。2017年4月，李香病情加重，在病床上依然情系志愿服务活动，而社会各界的关怀也让她倍感温暖。

吴腾飞 被称为“海鹰突击队”的武警海南省总队特勤中队中队长，他带着特战队员，在近乎残酷的高强度训练中，刷新了快速射击的极限纪录，被誉为“枪王”。在2017年的一次海上反恐处突实兵对抗演练中，吴腾飞的团队首次将武警部队“绝对快相对准”实战化快速射击理念融入实战，取得优异的成绩。一次次挑战极限的吴腾飞，荣获“中国武警十大忠诚卫士”称号。

黄忠海 秀英区永兴镇儒张村的精准扶贫户。2017年，永兴镇开展电商扶贫工作，黄忠海借着电商东风，搭上了脱贫致富的快车。他努力学习电商知识，当微商，开微店，把自家的农产品卖到全国各地。2017年7月，黄忠海拿着自拍杆在网上推销农家鸡蛋的视频在央视播出，黄忠海变成“网红”。随后，他还当上电商讲师，带着贫困户一起踏上越走越宽的致富路。

阿卜杜杰力力 维吾尔族，1985年5月出生，新疆和田县人。（具体事迹参见第463页“阿卜杜杰力力”）

冯推波 海口公交集团司机，当公交司机25年来，多次帮乘客从小偷手中夺回财物。2017年11月16日，他驾驶公交车到达海口汽车东站时，一名乘客的手机被两名小偷扒走，冯推波当场识别出行窃套路，下车帮助乘客追回手机。冯师傅“路见不平一声吼”的事迹登上央视《新闻直播间》。12月，冯推波被评为“海南十佳好司机”，并入围中央文明办“中国好人榜”。

洪义乾 秀英区石山镇施茶村党支部书记、村委会主任，省第七次党代会代表。这位担任了25年村干部的老党员带领村民，持之以恒，把施茶村从一个贫困落后的小山村建设成为远近闻名、游客纷至沓来的文明生态村和美丽乡村。特别是洪义乾以前瞻眼光，引导村民抓住“互联网+”机遇种植石斛，书写了“石头缝里长黄金”的脱贫致富故事，为推进乡村振兴战略提供了典型范例。

王小虎 海口灵山中学初二学生。从小学六年级开始，就坚持背行动不便的同桌冯贻崇上学、放学。日复一日，风雨无阻，王小虎用小小脊梁托起大爱，他助人为乐的精神在校园里得到广泛发扬，许多同学纷纷加入帮助冯贻崇的行列。2016年，残联机构给冯贻崇捐助了一辆轮椅，王小虎和小伙伴们就每天推着冯贻崇上学和放学。

刘丽桃 秀英区海秀镇海榆东社区网格组组长。作为海口市1500多名网格员的杰出代表，她践行“12345+网格化”工作模式，用热心肠和阳光微笑为社区居民办实事、解难题。无论是关爱空巢老人、解决矛盾纠纷、排查安全隐患，还是采集住户人口信息、征缴城镇居民医保，刘丽桃都用心用情用力，实现小事不出网格、大事不出社区，自己也因此成为居民眼中的贴心人。

2016—2017年海口入选“中国好人榜”名单

序号	姓名	入选时间	序号	姓名	入选时间
1	郑 健	2016.08	5	王小虎	2017.05
2	盘丽芬	2016.12	6	符良玲	2017.06
3	欧阳亚洲	2017.03	7	孙望东	2017.08
4	林 琳	2017.04	8	曾弘祥	2017.11

2007—2017 年海口市级以上道德模范

级别	序号	姓名	入选时间	备注	序号	姓名	入选时间	备注
全国道德奖模范提名	1	林　琳	2015	助人为乐	7	陈春香	2009	孝老爱亲
	2	郑芳茂	2015	诚实守信	8	罗刚辉	2009	见义勇为
	3	刘汉惜	2013	诚实守信	9	赵红亮	2009	助人为乐
	4	邱宏锐	2011	助人为乐	10	李忠定	2007	见义勇为
	5	叶　茂	2009	城实守信	11	姚　敏	2007	孝老爱亲
	6	符传泉	2009	敬业奉献				
省级道德模范	1	薛小兰	2017	助人为乐	14	甘亚梅	2009	敬业奉献
	2	郭津好	2017	孝老爱亲	15	宋英维	2009	孝老爱亲
	3	潘孝敬	2015	助人为乐	16	郑阳武	2009	见义勇为
	4	梁其生	2015	见义勇为	17	李达亮	2009	
	5	马牙古拜	2015	诚实守信	18	陈　渊	2007	
	6	吴妚梅	2013	助人为乐	19	郑兴杰	2007	助人为乐
	7	陈明旭	2013	见义勇为	20	金保明	2007	诚实守信
	8	卜大军	2013	见义勇为	21	林　雄	2007	敬业奉献
	9	李　萍	2013	孝老爱亲	22	黄合兴	2007	孝老爱亲
	10	黄　明	2013	见义勇为	23	郑玉金	2007	孝老爱亲
	11	傅友芽	2011	见义勇为	24	黄晓红	2007	助人为乐
	12	麦发强	2009	助人为乐	25	刘育峰	2007	敬业奉献
	13	陈起贤	2009	助人为乐				
市级道德模范	1	冯成妹	2017	孝老爱亲	20	吴清章	2017	助人为乐
	2	陈琼英	2017	孝老爱亲	21	李超国	2017	诚实守信
	3	曾令成	2017	孝老爱亲	22	林爱花	2017	孝老爱亲
	4	张林菊	2017	孝老爱亲	23	宋小怡	2017	敬业奉献
	5	黄辉云	2017	孝老爱亲	24	罗杰珍	2017	敬业奉献
	6	刘刚辉	2017	见义勇为	25	庞　雯	2017	敬业奉献
	7	钟玉静	2017	敬业奉献	26	盘丽芬	2017	敬业奉献

续表

级别	序号	姓名	入选时间	备注	序号	姓名	入选时间	备注
市级道德模范	8	高　松	2017	敬业奉献	27	吴凤旧	2017	助人为乐
	9	黄　卓	2017	敬业奉献	28	孙秀山	2017	诚实守信
	10	吴家华	2017	见义勇为	29	陈　洪	2017	孝老爱亲
	11	吴海山	2017	助人为乐	30	焉海生	2017	孝老爱亲
	12	李　素	2017	孝老爱亲	31	崔兆海	2017	敬业奉献
	13	洪义乾	2017	敬业奉献	32	陈　兴	2017	见义勇为
	14	卢国仁	2017	助人为乐	33	金　舟	2017	见义勇为
	15	王亚琴	2017	敬业奉献	34	符德乐	2017	见义勇为
	16	王式军	2017	敬业奉献	35	丁海军	2017	助人为乐
	17	刘建红	2017	敬业奉献	36	钟辉平	2017	助人为乐
	18	符良玲	2017	敬业奉献	37	徐红涛	2017	助人为乐
	19	王小虎	2017	助人为乐				
	38	黄良辉	2015	诚实守信	63	陈世良	2015	见义勇为
	39	范华泰	2015	助人为乐	64	李传华	2015	见义勇为
	40	颜春来	2015	助人为乐	65	林　健	2015	见义勇为
	41	杨海龙	2015	助人为乐	66	沈　慧	2015	孝老爱亲
	42	云玉坤	2015	助人为乐	67	吴淑玉	2015	孝老爱亲
	43	杜贵芳	2015	助人为乐	68	吴末花	2015	孝老爱亲
	44	郑　建	2015	助人为乐	69	陈金芳	2015	孝老爱亲
	45	邱裕新	2015	见义勇为	70	熊光华	2015	孝老爱亲
	46	郑　辉	2015	见义勇为	71	洪庆芝	2015	敬业奉献
	47	冯建南	2015	见义勇为	72	邓育军	2015	敬业奉献
	48	张德存	2015	见义勇为	73	陆受伦	2015	敬业奉献
	49	梁平桥	2015	孝老爱亲	74	刘恒威	2015	敬业奉献
	50	林英荣	2015	孝老爱亲	75	王小燕	2015	敬业奉献
	51	周　海	2015	孝老爱亲	76	蔡红曼	2015	敬业奉献
	52	吴琼美	2015	孝老爱亲	77	杨　冯	2015	敬业奉献
	53	卢传香	2015	孝老爱亲	78	李观连	2015	敬业奉献
	54	蔡敷理	2015	敬业奉献	79	马牙古拜	2015	诚实守信
	55	陈传荣	2015	敬业奉献	80	郑芳茂	2015	诚实守信
	56	尚　晓	2015	敬业奉献	81	符进燕	2015	诚实守信
	57	杨海荣	2015	助人为乐	82	陈清琪	2015	敬业奉献
	58	吴永赞	2015	助人为乐	83	王珊珊	2015	敬业奉献
	59	李鸿策	2015	助人为乐	84	冯小琴	2015	敬业奉献
	60	包昌盛	2015	助人为乐	85	王世兴	2015	诚实守信
	61	王才发	2015	见义勇为	86	黄庆文	2015	诚实守信

续表

级别	序号	姓名	入选时间	备注	序号	姓名	入选时间	备注
市级道德模范	62	李润富	2015	见义勇为				
	87	蒙光伟	2013	助人为乐	102	林　琳	2013	市道德模范提名奖
	88	陈明孝	2013	助人为乐	103	郑芳茂	2013	市道德模范提名奖
	89	王世健	2013	助人为乐	104	陈中亮	2013	见义勇为
	90	冯　晖	2013	敬业奉献	105	黄良强	2013	见义勇为
	91	王经雨	2013	敬业奉献	106	欧　雄	2013	敬业奉献
	92	邱之玲	2013	孝老爱亲	107	潘　琅	2013	敬业奉献
	93	丘航亮	2013	敬业奉献	108	吴雅琼	2013	敬业奉献
	94	莫裕雄	2013	助人为乐	109	王小霞	2013	敬业奉献
	95	姚海丽	2013	助人为乐	110	周乃文	2013	敬业奉献
	96	爱心车队	2013	助人为乐	111	陈吉雄	2013	敬业奉献
	97	李　香	2013	助人为乐	112	周安杨	2013	敬业奉献
	98	段书恒	2013	助人为乐	113	黄海雷	2013	敬业奉献
	99	李叶态	2013	见义勇为	114	丁为民	2013	敬业奉献
	100	许伟星	2013	孝老爱亲	115	罗永峰	2013	敬业奉献
	101	郑秀芳	2013	孝老爱亲				
	116	吴建雄	2007	市“十大道德模范”	130	唐海深	2007	敬业奉献
	117	周　香	2007	市“十大道德模范”	131	程　劲	2007	敬业奉献
	118	李庆国	2007	市“十大道德模范”	132	李承国	2007	助人为乐
	119	符成辉	2007	市“十大道德模范”	133	谭新厚	2007	见义勇为
	120	洪志功	2007	市“十大道德模范”	134	王绍益	2007	敬业奉献
	121	吴　师	2007	市“十大道德模范”	135	梁红英	2007	见义勇为
	122	李炳毅	2007	市“十大道德模范”	136	李景辉	2007	敬业奉献
	123	陈海转	2007	市“十大道德模范”	137	苏波清	2007	敬业奉献
	124	张会发	2007	市“十大道德模范”	138	包　德	2007	见义勇为
	125	叶纯超	2007	诚实守信	139	姜宗连	2007	见义勇为
	126	王秀珍	2007	孝老爱亲	140	杨达长	2007	敬业奉献
	127	李传明	2007	诚实守信	141	陈明娟	2007	助人为乐
	128	冯　雯	2007	孝老爱亲	142	陈　伟	2007	敬业奉献
	129	孙　茜	2007	敬业奉献				

（王　华　王跃聪）

2017年海口市百岁以上老人名录（395人）

序号	姓名	性别	民族	出生年月	所属辖区	户籍登记机关（派出所）	所在基层组织名称（村/居）
1	郑许氏	女	汉	1917.12	美兰区	演丰镇派出所	演西村委会
2	吴乾明	男	汉	1917.09	美兰区	演丰镇派出所	演丰居委会
3	张吴氏	女	汉	1917.09	美兰区	演丰镇派出所	苏民村委会
4	翁柯氏	女	汉	1917.07	美兰区	演丰镇派出所	演东村委会
5	梁成芬	男	汉	1917.07	美兰区	博爱街道派出所	三亚居委会
6	王梅英	女	汉	1917.05	美兰区	博爱街道派出所	三亚居委会
7	王凤兰	女	汉	1917.10	美兰区	演丰镇派出所	山尾村委会
8	黎凤英	女	汉	1917.09	美兰区	大致坡镇派出所	崇德村委会
9	周荣华	女	汉	1917.12	美兰区	演丰镇派出所	演东村委会
10	史月娥	女	汉	1917.10	美兰区	三江农场派出所	农业三队
11	张因俊	男	汉	1917.09	美兰区	海甸派出所	新安居委会
12	郭妚妹	女	汉	1917.08	美兰区	海甸派出所	白沙门居委会
13	吴妚二	女	汉	1917.06	美兰区	海甸派出所	金甸居委会
14	王俊香	女	汉	1911.11	美兰区	演丰派出所	演中村委会
15	邓荣英	女	汉	1908.12	美兰区	演丰派出所	塔市村委会
16	冯玉凤	女	汉	1912.01	美兰区	演丰派出所	昌城村委会
17	刘金梅	女	汉	1913.07	美兰区	演丰派出所	演海村委会
18	林吴氏	女	汉	1913.12	美兰区	演丰派出所	演东村委会
19	张琴香	女	汉	1913.04	美兰区	演丰派出所	塔市村委会
20	朱林氏	女	汉	1913.12	美兰区	演丰派出所	美兰村委会
21	林孟兰	女	汉	1905.03	美兰区	灵山派出所	福玉村委会
22	上方姩	女	汉	1907.04	美兰区	灵山派出所	大昌村委会
23	黄吴氏	女	汉	1905.04	美兰区	灵山派出所	晋文村委会
24	黄陈氏	女	汉	1907.08	美兰区	灵山派出所	晋文村委会
25	张祖仁	男	汉	1907.09	美兰区	灵山派出所	大林村委会
26	周荣福	男	汉	1912.10	美兰区	灵山派出所	仲恺村委会
27	蔡张氏	女	汉	1906.09	美兰区	灵山派出所	爱群村委会
28	冯陈氏	女	汉	1911.10	美兰区	灵山派出所	新管村委会
29	吴转旧	女	汉	1911.03	美兰区	灵山派出所	爱群村委会
30	张英南	女	汉	1912.09	美兰区	灵山派出所	仲恺村委会

续表

序号	姓名	性别	民族	出生年月	所属辖区	户籍登记机关（派出所）	所在基层组织名称（村/居）
31	吴春梅	女	汉	1913.09	美兰区	灵山派出所	桥东村委会
32	颜玉娥	女	汉	1913.07	美兰区	灵山派出所	大林村委会
33	曾月凤	女	汉	1912.10	美兰区	大致坡镇派出所	大榕村委会
34	林玉梅	女	汉	1910.04	美兰区	桂林洋派出所	迈进村委会
35	潭连姩	女	汉	1911.02	美兰区	桂林洋派出所	第七社区村委会
36	彭爱英	女	汉	1911.02	美兰区	桂林洋派出所	道立村委会
37	苏定统	男	汉	1911.08	美兰区	桂林洋派出所	第五社区
38	罗姩大	女	汉	1913.02	美兰区	桂林洋派出所	第四社区居委会
39	林素勤	女	汉	1913.09	美兰区	桂林洋派出所	第三社区居委会
40	殿坡姩	女	汉	1913.05	美兰区	桂林洋派出所	第七社区村委会
41	唐玲	女	汉	1911.12	美兰区	海府路派出所	白坡里居委会
42	吴淑珍	女	汉	1907.10	美兰区	博爱派出所	振龙居委会
43	阙天福	男	汉	1911.09	美兰区	博爱派出所	南联居委会
44	陈刘珠	女	汉	1913.03	美兰区	博爱派出所	振龙居委会
45	韩月兰	女	汉	1912.04	美兰区	和平南派出所	琼苑居委会
46	符月旧	女	汉	1913.08	美兰区	人民路派出所	银甸居委会
47	邹桂香	女	汉	1913.03	美兰区	人民路派出所	捕捞居委会
48	罗转南	女	汉	1913.01	美兰区	海甸派出所	金甸居委会
49	林换旧	女	汉	1911.02	美兰区	白沙派出所	白龙居委会
50	陈爱妹	女	汉	1912.06	美兰区	蓝天派出所	龙岐居委会
51	林春英	女	汉	1914.05	美兰区	人民路派出所	邦墩居委会
52	严玉花	女	汉	1914.07	美兰区	人民路派出所	邦墩居委会
53	王金荣	女	汉	1914.09	美兰区	演丰派出所	山尾村委会
54	吴琼花	女	汉	1914.02	美兰区	演丰派出所	演丰村委会
55	黄二	女	汉	1914.08	美兰区	演丰派出所	演海村委会
56	李秋莲	女	汉	1914.07	美兰区	和平南街道	光阳居委会
57	王月兰	女	汉	1914.09	美兰区	灵山镇	大林村委会
58	邢杏花	女	汉	1915.09	美兰区	大致坡镇派出所	永群村委会
59	韦爱玉	女	汉	1915.07	美兰区	大致坡镇派出所	栽群村委会
60	李云生	男	汉	1915.06	美兰区	灵山镇人民政府	东和村委会

续表

序号	姓名	性别	民族	出生年月	所属辖区	户籍登记机关（派出所）	所在基层组织名称（村 / 居）
61	蒙奶二	女	汉	1915.05	美兰区	和平南街道	上坡居委会
62	王陈氏	女	汉	1915.09	美兰区	演丰派出所	演东村委会
63	林梅姑	女	汉	1915.02	美兰区	演丰派出所	演丰社区居委会
64	吴桂花	女	汉	1915.06	美兰区	海府路派出所	大英居委会
65	陈奶二	女	汉	1915.08	美兰区	灵山镇派出所	东湖村委会
66	张奶英	女	汉	1915.07	美兰区	灵山镇派出所	东营村委会
67	何金英	女	汉	1915.06	美兰区	灵山镇派出所	林昌村委会
68	吴奶凤	女	汉	1915.07	美兰区	灵山镇派出所	新琼村委会
69	余光母	女	汉	1915.05	美兰区	灵山镇派出所	福玉村委会
70	吴林氏	女	汉	1915.02	美兰区	灵山镇派出所	灵山居委会
71	柯奶换	女	汉	1915.04	美兰区	海甸派出所	沿江居委会
72	李桂凤	女	汉	1915.03	美兰区	桂林洋派出所	桂林洋第七社区
73	梁玉兰	女	汉	1915.10	美兰区	桂林洋派出所	桂林洋第六社区
74	冯林氏	女	汉	1915.02	美兰区	灵山镇派出所	灵山镇东头村委会
75	林玉娟	女	汉	1915.03	美兰区	博爱街道	联桂坊居委会
76	何元娘	女	汉	1915.04	美兰区	博爱街道	振龙居委会
77	李奶瘦	女	汉	1915.02	美兰区	白沙街道	锦山里居委会
78	吴惠英	女	汉	1915.09	美兰区	三江农场派出所	大尼山村
79	陈春桂	女	汉	1915.04	美兰区	三江农场派出所	白石村
80	高玉英	女	汉	1916.07	美兰区	灵山镇派出所	晋文村委会
81	林排姩	女	汉	1916.06	美兰区	灵山镇派出所	大昌村委会
82	黄桂连	女	汉	1916.03	美兰区	灵山镇派出所	大路村委会
83	甘家梧	男	汉	1916.12	美兰区	灵山镇派出所	东和村委会
84	吴陈氏	女	汉	1916.04	美兰区	灵山镇派出所	群山村委会
85	梁志深	男	汉	1916.10	美兰区	灵山镇派出所	大昌村委会
86	陈秀芳	女	汉	1916.07	美兰区	灵山镇派出所	灵山居委会
87	井上姩	女	汉	1916.08	美兰区	灵山镇派出所	大林村委会
88	陈秀菊	女	汉	1916.08	美兰区	灵山镇派出所	灵山村委会
89	林秋菊	女	汉	1916.01	美兰区	桂林洋派出所	忠东队
90	高玉兰	女	汉	1916.11	美兰区	桂林洋派出所	新群队

续表

序号	姓名	性别	民族	出生年月	所属辖区	户籍登记机关（派出所）	所在基层组织名称（村 / 居）
91	林月民	女	汉	1916.04	美兰区	桂林洋派出所	振家队
92	张琴英	女	汉	1916.11	美兰区	桂林洋派出所	振家队
93	蔡美英	女	汉	1916.09	美兰区	蓝天派出所	下洋居委会
94	吴振英	女	汉	1916.05	美兰区	蓝天派出所	龙岐居委会
95	吴陈氏	女	汉	1916.09	美兰区	和平南派出所	琼苑居委会
96	郑兆安	男	汉	1916.09	美兰区	和平南派出所	琼苑居委会
97	陈凤霞	女	汉	1916.06	美兰区	和平南派出所	光阳居委会
98	张妚南	女	汉	1916.07	美兰区	海甸派出所	新安居委会
99	刘道协	男	汉	1916.08	美兰区	海府派出所	东湖里居委会
100	钟瑞兰	女	汉	1916.10	美兰区	人民派出所	拦海居委会
101	周祝坚	女	汉	1916.10	美兰区	博爱派出所	龙文坊居委会
102	陈玉英	女	汉	1916.05	美兰区	博爱派出所	龙文坊居委会
103	符妚二	女	汉	1916.03	美兰区	博爱派出所	红坎坡居委会
104	邹育英	女	汉	1916.06	美兰区	博爱派出所	龙文坊居委会
105	林月光	女	汉	1916.03	美兰区	白沙派出所	白龙居委会
106	邢玉梅	女	汉	1916.04	美兰区	大致坡镇派出所	金堆村委会
107	冯　坚	男	汉	1916.11	美兰区	演丰派出所	演丰村委会
108	林梅英	女	汉	1916.04	美兰区	演丰派出所	石头村
109	李雪霞	女	汉	1916.08	美兰区	三江农场派出所	田尾村
110	林　氏	女	汉	1916.08	美兰区	灵山镇派出所	东头村委会
111	陈妚娃	女	汉	1916.02	美兰区	灵山镇派出所	东湖村委会
112	王桂娃	女	汉	1911.12	龙华区	龙华分局	遵谭镇咸梁村委会
113	吴春英	女	汉	1914.08	龙华区	龙华分局	遵谭镇新谭村委会
114	谢朝英	女	汉	1916.07	龙华区	新坡派出所	新坡镇文山村委会
115	陈玉花	女	汉	1916.11	龙华区	龙华分局	新坡镇雄丰村委会
116	唐玉菊	女	汉	1916.05	龙华区	龙华分局	新坡镇雄丰村委会
117	吴玉菊	女	汉	1916.12	龙华区	龙华分局	新坡镇光荣村委会
118	周玉美	女	汉	1916.06	龙华区	新坡派出所	新坡镇光荣村委会
119	王金花	女	汉	1917.09	龙华区	金盘派出所	城西镇金沙村委会
120	柯玉转	女	汉	1917.09	龙华区	龙华分局	金贸办玉沙居委会

续表

序号	姓名	性别	民族	出生年月	所属辖区	户籍登记机关（派出所）	所在基层组织名称（村/居）
121	邓桂花	女	汉	1917.02	龙华区	龙华分局	龙泉镇美定村委会
122	袁锦英	女	汉	1917.08	龙华区	龙华分局	龙泉镇大叠村委会
123	吴坤惠	男	汉	1917.11	龙华区	龙华分局	遵谭镇东谭村委会
124	吴琼香	女	汉	1917.09	龙华区	龙华分局	遵谭镇龙合村委会
125	符礼銮	男	汉	1917.01	龙华区	龙华分局	遵谭镇新谭村委会
126	符春兰	女	汉	1917.06	龙华区	龙华分局	滨海办盐灶三居委会
127	洪登母	女	汉	1917.06	龙华区	龙华分局	龙桥镇永东村委会
128	王月英	女	汉	1917.09	龙华区	龙华分局	龙桥镇永东村委会
129	登爱梅	女	汉	1917.06	龙华区	龙华分局	龙桥镇龙桥村委会
130	胡　氏	女	汉	1917.11	龙华区	龙华分局	龙桥镇龙洪村委会
131	韦吴氏	女	汉	1917.12	龙华区	龙华分局	龙桥镇雄赫村委会
132	朱运登	男	汉	1917.06	龙华区	龙华分局	龙桥镇龙桥村委会
133	刘　香	女	汉	1917.03	龙华区	龙华分局	龙桥镇三角园村委会
134	林玉英	女	汉	1917.08	龙华区	新坡派出所	新坡镇新彩村委会
135	陈周氏	女	汉	1917.06	龙华区	新坡派出所	新坡镇群丰村委会
136	蔡月平	女	汉	1917.06	龙华区	龙华分局	新坡镇雄丰村委会
137	冯玉花	女	汉	1917.10	龙华区	龙华分局	新坡镇雄丰村委会
138	王月珍	女	汉	1917.10	龙华区	新坡派出所	新坡镇新坡村委会
139	林　梅	女	汉	1917.02	龙华区	龙华分局	新坡镇梁沙村委会
140	林淑珠	女	汉	1917.03	龙华区	龙华分局	中山办人和坊居委会
141	陈王氏	女	汉	1915.07	龙华区	龙华分局	龙桥镇龙洪居委会
142	周爱凤	女	汉	1915.07	龙华区	龙华分局	新坡镇仁南村委会
143	陈爱群	女	汉	1915.05	龙华区	龙华分局	滨海办滨海新村居委会
144	蒙姀四	女	汉	1915.08	龙华区	龙华分局	大同办龙昆上村居委会
145	蔡引旧	女	汉	1915.07	龙华区	龙华分局	滨海办八灶居委会
146	蒙玉妹	女	汉	1915.07	龙华区	龙华分局	龙泉镇雅咏村委会
147	冯志参	男	汉	1915.12	龙华区	龙华分局	遵谭镇群力村委会
148	黄信大	男	汉	1915.05	龙华区	龙华分局	遵谭镇东谭村委会
149	王玉连	女	汉	1915.09	龙华区	龙华分局	遵谭镇咸谅村委会
150	吴桂珍	女	汉	1915.09	龙华区	龙华分局	遵谭镇新谭村委会

续表

序号	姓名	性别	民族	出生年月	所属辖区	户籍登记机关（派出所）	所在基层组织名称（村 / 居）
151	林淑珍	女	汉	1915.11	龙华区	龙华分局	中山办人和坊居委会
152	应素贞	女	汉	1915.08	龙华区	龙华分局	金贸办国贸居委会
153	叶汝英	女	汉	1916.07	龙华区	龙华分局	金宇办博地苑居委会
154	陈玉秀	女	汉	1916.08	龙华区	龙华分局	遵谭镇东谭村委会
155	林玉花	女	汉	1916.02	龙华区	龙华分局	遵谭镇东谭村委会
156	周利华	男	汉	1916.08	龙华区	龙华分局	遵谭镇遵谭村委会
157	张玉连	女	汉	1916.05	龙华区	龙华分局	遵谭镇咸谅村委会
158	杜在周	男	汉	1916.06	龙华区	龙华分局	龙泉镇新联村委会
159	吴王氏	女	汉	1916.04	龙华区	龙华分局	龙泉镇市井村委会
160	壮爱花	女	汉	1916.07	龙华区	龙华分局	龙泉镇扬亭村委会
161	吴桂姑	女	汉	1916.07	龙华区	龙华分局	龙泉镇翰香村委会
162	韦吉进	男	汉	1916.03	龙华区	龙华分局	龙泉镇新联村委会
163	符兰花	女	汉	1916.01	龙华区	龙华分局	龙泉镇翰香村委会
164	陈世月	男	汉	1916.09	龙华区	龙华分局	龙泉镇五一村委会
165	韦妚大	女	汉	1916.04	龙华区	龙华分局	龙泉镇东占村委会
166	李爱金	女	汉	1916.12	龙华区	龙华分局	龙泉镇元平村委会
167	韦陈氏	女	汉	1916.02	龙华区	龙华分局	龙泉镇元平村委会
168	李家栋	男	汉	1916.02	龙华区	龙华分局	龙桥镇三角园村委会
169	陈克波	男	汉	1916.03	龙华区	龙华分局	大同办正义居委会
170	李才喜	女	汉	1916.08	龙华区	龙华分局	中山办永兴居委会
171	梁松山	男	汉	1916.11	龙华区	龙华分局	中山办居仁坊居委会
172	韩妚姑	女	汉	1916.06	龙华区	龙华分局	中山办西门外居委会
173	李妚三	女	汉	1906.03	龙华区	龙华分局	龙泉镇富伟村委会
174	韦林氏	女	汉	1903.05	龙华区	龙华分局	龙泉镇市井村委会
175	陈桂兰	女	汉	1908.09	龙华区	龙华分局	龙泉镇占符村委会
176	黄妚花	女	汉	1907.06	龙华区	龙华分局	龙泉镇占符村委会
177	王玉珍	女	汉	1908.05	龙华区	龙华分局	龙泉镇国扬村委会
178	吴爱珍	女	汉	1908.03	龙华区	龙华分局	龙泉镇元平村委会
179	潘玉英	女	汉	1909.06	龙华区	龙华分局	大同办华海居委会
180	李彩风	女	汉	1910.07	龙华区	龙华分局	龙泉镇永昌村委会

续表

序号	姓名	性别	民族	出生年月	所属辖区	户籍登记机关（派出所）	所在基层组织名称（村 / 居）
181	王妚七	女	汉	1910.09	龙华区	龙华分局	龙泉镇东占居委会
182	杜新兰	女	汉	1911.04	龙华区	龙华分局	遵谭镇东谭村委会
183	陈琼兰	女	汉	1911.02	龙华区	龙华分局	新坡镇文丰村委会
184	王学姬	女	汉	1911.04	龙华区	龙华分局	城西镇府西居委会
185	杜妚尾	女	汉	1911.06	龙华区	龙华分局	龙泉镇元平村委会
186	韦美丽	女	汉	1912.08	龙华区	龙华分局	龙泉镇东占村委会
187	冼爱金	女	汉	1912.04	龙华区	龙华分局	龙泉镇元平村委会
188	吴连梅	女	汉	1912.07	龙华区	新坡派出所	新坡镇文山村委会
189	梁谢氏	女	汉	1911.09	龙华区	龙华分局	龙桥镇龙洪村委会
190	吴南风	女	汉	1909.09	龙华区	龙华分局	遵谭镇群力村委会
191	梁玉兰	女	汉	1911.11	龙华区	龙华分局	新坡镇雄丰村委会
192	陈玉菊	女	汉	1912.10	龙华区	龙华分局	龙桥镇挺丰村委会
193	王琼花	女	汉	1913.04	龙华区	龙泉派出所	龙泉镇美定村委会
194	周升阶	男	汉	1913.02	龙华区	龙桥派出所	龙桥镇永东村委会
195	王金银	女	汉	1913.10	龙华区	龙华分局	龙泉镇东占村委会
196	李云生	男	汉	1913.01	龙华区	龙华分局	龙桥镇龙桥村委会
197	严妚姑	女	汉	1913.04	龙华区	龙华分局	海垦办滨濂居委会
198	杜爱莲	女	汉	1914.11	龙华区	龙华分局	龙泉镇道平村 21 号
199	符桂妹	女	汉	1914.06	龙华区	龙华分局	龙泉镇儒扬村 81 号
200	陈尊广	男	汉	1914.02	龙华区	龙华分局	龙泉镇道巢村 77 号
201	王李氏	女	汉	1914.09	龙华区	龙华分局	龙泉镇道斐村 15 号
202	黄桂英	女	汉	1914.11	龙华区	龙华分局	城西镇府西居委会
203	王妚三	女	汉	1914.09	龙华区	龙华分局	龙桥镇玉符村委会
204	吴玉英	女	汉	1914.09	龙华区	龙华分局	遵谭镇涌谭村委会
205	李治诚	男	汉	1915.07	龙华区	龙华分局	龙泉镇东占居委会
206	吴长花	女	汉	1915.06	龙华区	龙华分局	龙泉镇新联村委会
207	泽香母	女	汉	1915.08	龙华区	龙华分局	龙桥镇雄赫村委会
208	曾月梅	女	汉	1915.11	龙华区	龙华分局	金宇办坡巷居委会
209	吴月金	女	汉	1913.05	龙华区	龙华分局	龙泉镇扬亭村委会
210	冯瑞兰	女	汉	1917.02	琼山区	甲子派出所	益新村委会

续表

序号	姓名	性别	民族	出生年月	所属辖区	户籍登记机关（派出所）	所在基层组织名称（村 / 居）
211	郑王氏	女	汉	1917.04	琼山区	琼山分局	红星村委会玉成村
212	林秀琼	女	汉	1917.05	琼山区	红旗镇派出所	龙源美管村
213	邢玉英	女	汉	1917.08	琼山区	东昌派出所	东昌农场 5 队
214	王桂英	女	汉	1917.08	琼山区	甲子派出所	长昌村委会
215	王瑞风	女	汉	1917.09	琼山区	红旗镇派出所	墨桥七水一村
216	符位连	男	汉	1917.10	琼山区	琼山分局	北官社区
217	邵琼花	女	汉	1917.10	琼山区	龙塘镇派出所	龙塘镇文道村委会
218	张玉花	女	汉	1917.11	琼山区	云龙派出所	儒林村委会美上村
219	张琼梅	女	汉	1917.12	琼山区	云龙派出所	长泰村委会谭连村
220	王月英	女	汉	1917.07	琼山区	国兴派出所	道客社区
221	吴淑奇	男	汉	1917.04	琼山区	甲子派出所	长昌村委会
222	李丁花	女	汉	1917.03	琼山区	谭文派出所	谷桥村委会
223	陈月琴	女	汉	1917.02	琼山区	甲子派出所	益新村委会
224	梁瑞香	女	汉	1917.10	琼山区	甲子派出所	益新村委会
225	王爱民	男	汉	1917.12	琼山区	龙塘镇派出所	龙塘镇仁庄村委会
226	周植英	男	汉	1916.12	琼山区	龙塘镇派出所	龙塘镇潭口村委会
227	郑建川	男	汉	1917.12	琼山区	龙塘镇派出所	龙塘镇仁三村委会
228	蔡育琼	男	汉	1908.12	琼山区	旧州镇派出所	旧州镇雅秀村委会
229	林尤茂	男	汉	1912.05	琼山区	红旗镇派出所	红旗镇龙榜村委福地村
230	何　香	女	汉	1910.07	琼山区	红旗镇红旗派出所	红旗镇红旗糖厂
231	吴兰英	女	汉	1911.03	琼山区	龙塘镇龙塘派出所	龙塘镇仁庄村委会
232	王秀华	女	汉	1911.02	琼山区	忠介派出所	桂林居委会
233	潘奷三	女	汉	1911.11	琼山区	忠介派出所	府城居委会
234	吴可兴	男	汉	1911.12	琼山区	红旗镇派出所	红旗镇合群村委会本务村一队
235	丁桂花	女	汉	1912.05	琼山区	甲子镇派出所	甲子镇长昌村委会罗案村
236	陈梅英	女	汉	1912.10	琼山区	红明农场派出所	国营红明农场敬老院
237	吴奷厌	女	汉	1912.05	琼山区	国兴派出所	道客居委会道客村二里 62 号
238	杨美波	女	汉	1912.05	琼山区	甲子镇派出所	甲子镇甲子村委会龙朝下村
239	梁月娥	女	汉	1912.03	琼山区	甲子镇派出所	甲子镇正街甲子供销社
240	李爱连	女	汉	1913.07	琼山区	龙塘镇派出所	龙塘镇龙新村委会玉冯村

续表

序号	姓名	性别	民族	出生年月	所属辖区	户籍登记机关（派出所）	所在基层组织名称（村/居）
241	杜桂荣	女	汉	1913.04	琼山区	龙塘镇派出所	龙塘镇仁庄村委会昌森村
242	柯花香	女	汉	1913.02	琼山区	龙塘镇派出所	龙塘镇龙光村委会美味村 49 号
243	黄缵书	男	汉	1913.01	琼山区	红旗镇派出所	红旗镇大山村委那佑村
244	肖国镗	男	汉	1913.03	琼山区	文庄派出所	府城街道文庄路 10 号琼山中学
245	周琼南	女	汉	1912.03	琼山区	龙塘镇派出所	龙塘镇龙富村委会玉胡村
246	王桂荣	女	汉	1912.03	琼山区	龙塘镇派出所	龙塘镇龙富村委会玉胡村上村
247	林爱花	女	汉	1914.10	琼山区	红旗镇派出所	红旗镇土桥居委会红旗中学
248	刘春兰	女	汉	1914.10	琼山区	东昌农场派出所	东昌农场四十队 017 号
249	林玉莲	女	汉	1914.05	琼山区	东昌农场派出所	东昌农场四十队石掘村 024-02 号
250	陈玉莲	女	汉	1914.10	琼山区	谭文派出所	三门坡镇清泉村委会大路仔村
251	周世保	男	汉	1914.03	琼山区	云龙镇派出所	云龙镇新市场食品站
252	丁月美	女	汉	1914.07	琼山区	云龙镇派出所	云龙镇云蛟村委会坡云外村组 5 号
253	王传德	男	汉	1914.08	琼山区	旧州长镇派出所	旧州镇岭南村委会南柳村
254	廖玉琼	女	汉	1914.04	琼山区	凤翔街道铁桥派出所	凤翔街道五岳村委会玉杖村
255	杜琼南	女	汉	1914.09	琼山区	龙塘派出所	龙塘镇文道村委会王熙村
256	邓妚四	女	汉	1914.11	琼山区	龙塘派出所	龙塘镇文道村委会道隆村
257	许月桂	女	汉	1914.03	琼山区	文庄派出所	府城街道忠介居委会
258	符德兴	男	汉	1914.11	琼山区	红明农场派出所	国营红明农场五十一队
259	杜正亭	男	汉	1912.05	琼山区	龙塘镇派出所	龙塘镇仁庄村委会昌森村
260	蔡秀兰	女	汉	1914.07	琼山区	红旗镇派出所	红旗镇龙榜村委会龙逢村 37 号
261	符爱芹	女	汉	1915.11	琼山区	三门坡镇谭文派出所	三门坡镇文蛟村委会文多村
262	王金兰	女	汉	1915.12	琼山区	旧州镇派出所	旧州镇联丰村委会托东村
263	龙爱花	女	汉	1915.04	琼山区	甲子镇派出所	甲子镇正街甲子供销社
264	戴月凤	女	汉	1915.07	琼山区	红明农场派出所	红明农场云龙分场五十八队
265	何月梅	女	汉	1915.07	琼山区	红明农场派出所	红明农场晨兴管区长坡村
266	刘彭氏	女	汉	1915.12	琼山区	龙塘镇派出所	龙塘镇龙光村委会美味村
267	占王氏	女	汉	1915.03	琼山区	龙塘镇派出所	龙塘镇龙塘财委会文彩村
268	符王氏	女	汉	1915.06	琼山区	龙塘镇派出所	龙塘镇三桥村委会玉李村
269	范梅兰	女	汉	1915.05	琼山区	龙塘镇派出所	龙塘镇龙新村委心雅村
270	蒋林氏	女	汉	1915.07	琼山区	龙塘镇派出所	龙塘镇新民村委会玉里村

续表

序号	姓名	性别	民族	出生年月	所属辖区	户籍登记机关（派出所）	所在基层组织名称（村/居）
271	薛来荣	女	汉	1915.08	琼山区	云龙镇派出所	云龙镇云岭村委会迈宏村
272	吴玉雪	女	汉	1915.08	琼山区	甲子镇派出所	甲子镇长昌海丰村委会杨梧村
273	陈玉琼	女	汉	1915.10	琼山区	甲子镇派出所	甲子镇长昌村委会群望村
274	梁邦修	男	汉	1915.11	琼山区	铁桥墩派出所	凤翔街道办那央村委会珠良村
275	周爱琼	女	汉	1914.07	琼山区	龙塘镇派出所	龙塘镇三桥村委会玉李村
276	林次	女	汉	1911.10	琼山区	文庄派出所	府城街道文庄社区居委会
277	吴桂英	女	汉	1915.05	琼山区	文庄派出所	滨江东门琼州大道 39 号
278	梁准家	女	汉	1916.09	琼山区	凤翔铁桥派出所	凤翔街道五岳村委会尚道村
279	吴以书	男	汉	1916.01	琼山区	凤翔铁桥派出所	凤翔街道那央村委会洲村
280	张艮英	女	汉	1916.02	琼山区	琼山分局	凤翔街道大园红塔卷烟有限公司
281	冯尔兴	男	汉	1916.08	琼山区	旧州镇派出所	旧州镇联星村委会
282	陈书成	男	汉	1916.07	琼山区	红明农场派出所	红明农场云龙分场六十四队
283	柳昌松	男	汉	1916.10	琼山区	红明农场派出所	红明农场六十四队
284	陈秀荣	女	汉	1916.03	琼山区	大坡镇派出所	大坡镇福昌村委会龙兴村
285	吴桂花	女	汉	1916.11	琼山区	琼山分局	长昌海丰村委会昌头村
286	林洪汉	男	汉	1916.10	琼山区	红旗镇派出所	红旗镇大山村委会美涯村
287	李秋香	女	汉	1916.12	琼山区	忠介派出所	府城建国路 1 号
288	梁定发	男	汉	1916.10	琼山区	文庄派出所	文庄路 20 号
289	郑心德	男	汉	1916.09	琼山区	甲子镇派出所	甲子镇正街甲子学区
290	梁玉琼	女	汉	1916.09	琼山区	甲子镇派出所	甲子镇益新村委会儒上村
291	邵端英	女	汉	1916.02	琼山区	龙塘镇派出所	龙塘镇龙光村委会玉璜村
292	王何氏	女	汉	1916.02	琼山区	龙塘镇派出所	龙塘镇龙塘委会文彩村
293	杜献胜	男	汉	1916.02	琼山区	龙塘镇派出所	龙塘镇龙新村委会美本村
294	陈启明	男	汉	1916.05	琼山区	龙塘镇派出所	龙塘镇龙新村委会玉冯村
295	陈玉香	女	汉	1916.02	琼山区	龙塘镇派出所	龙塘镇文道村委会洋滨村
296	吴金花	女	汉	1916.09	琼山区	龙塘镇派出所	龙塘镇卜让村
297	许爱恩	女	汉	1915.04	秀英区	秀英分局	东山镇前进村委会
298	李玉男	女	汉	1917.08	秀英区	秀英分局	西秀镇龙头村委会
299	李孝香	女	汉	1917.12	秀英区	秀英分局	西秀镇荣山村委会
300	黄引芳	女	汉	1917.10	秀英区	秀英分局	长流镇美李村委会

续表

序号	姓名	性别	民族	出生年月	所属辖区	户籍登记机关（派出所）	所在基层组织名称（村/居）
301	吴玉英	女	汉	1916.08	秀英区	秀英分局	石山镇福安村委会
302	陈桂妹	女	汉	1917.10	秀英区	秀英分局	永兴镇美东村委会
303	王学兰	女	汉	1917.06	秀英区	秀英分局	永兴镇雷虎村委会
304	吴淑兰	女	汉	1917.03	秀英区	秀英分局	永兴镇罗经村委会
305	劳秋菊	女	汉	1917.06	秀英区	秀英分局	永兴镇罗经村委会
306	郑玉英	女	汉	1917.10	秀英区	秀英分局	永兴镇博强村委会
307	陈科长	男	汉	1917.12	秀英区	秀英分局	永兴镇博强村委会
308	王桂兰	女	汉	1917.09	秀英区	秀英分局	永兴镇罗经村委会
309	叶爱平	女	汉	1917.07	秀英区	秀英分局	东山镇射钗村委会
310	梁爱梅	女	汉	1917.09	秀英区	秀英分局	东山镇光明村委会
311	许连英	女	汉	1917.12	秀英区	秀英分局	东山镇玉下村委会
312	王秀琼	女	汉	1917.10	秀英区	秀英分局	东山镇紫罗村委会
313	王玉琼	女	汉	1917.08	秀英区	秀英分局	东山镇东溪村委会
314	陈玉金	女	汉	1911.02	秀英区	秀英分局	石山镇建新村委会
315	王美山	女	汉	1905.07	秀英区	西秀派出所	西秀镇荣山寮村委会
316	张粘永氏	女	汉	1910.07	秀英区	荣山派出所	西秀镇荣山村委会
317	冼兰英	女	汉	1916.04	秀英区	秀英分局	西秀镇荣山村委会
318	吴妚三	女	汉	1916.06	秀英区	荣山派出所	西秀镇荣山村委会
319	张妚五	女	汉	1913.08	秀英区	荣山派出所	西秀镇长德村委会
320	伍桂真	女	汉	1912.05	秀英区	秀英分局	西秀镇长德村委会
321	杜彩銮	女	汉	1912.10	秀英区	秀英分局	西秀镇长德村委会
322	郑为美氏	女	汉	1915.06	秀英区	秀英分局	西秀镇长德村委会
323	李和英	女	汉	1913.08	秀英区	秀英分局	西秀镇拔南村委会
324	伍国欣	男	汉	1911.07	秀英区	秀英分局	西秀镇博养村委会
325	伍以瑞妻	女	汉	1911.03	秀英区	秀英分局	西秀镇博养村委会
326	吴妚二	女	汉	1915.10	秀英区	西秀派出所	西秀镇博养村委会
327	陈转英	女	汉	1916.05	秀英区	秀英分局	西秀镇博养村委会
328	王桂花	女	汉	1916.09	秀英区	秀英分局	西秀镇博养村委会
329	林玉汝	女	汉	1916.10	秀英区	边防派出所	西秀镇新海村委会
330	陈妚七	女	汉	1910.08	秀英区	长流派出所	长流镇堂善村委会
331	杜妚尾	女	汉	1911.09	秀英区	秀英分局	长流镇长丰村委会
332	陈妚六	女	汉	1914.04	秀英区	长流派出所	长流镇长丰村委会
333	李妚二	女	汉	1914.10	秀英区	秀英分局	长流镇长东村委会

续表

序号	姓名	性别	民族	出生年月	所属辖区	户籍登记机关（派出所）	所在基层组织名称（村/居）
334	叶奷三	女	汉	1915.09	秀英区	秀英分局	长流镇长东村委会
335	吴奷四	女	汉	1915.09	秀英区	秀英分局	长流镇长东村委会
336	黄奷日	女	汉	1912.05	秀英区	秀英分局	海秀镇儒益村委会
337	肖春梅	女	汉	1914.03	秀英区	秀英分局	海秀镇业里村委会
338	陈桂兰	女	汉	1916.03	秀英区	秀英分局	海秀镇水头村委会
339	王月美	女	汉	1905.09	秀英区	石山派出所	石山镇安仁村委会
340	王玉妹	女	汉	1910.07	秀英区	秀英分局	石山镇安仁村委会
341	何玉兰	女	汉	1913.10	秀英区	秀英分局	石山镇安仁村委会
342	陈爱玉	女	汉	1915.04	秀英区	秀英分局	石山镇安仁村委会
343	王玉姑	女	汉	1916.07	秀英区	石山派出所	石山镇安仁村委会
344	陈玉凤	女	汉	1910.04	秀英区	秀英分局	石山镇道育村委会
345	陈美修	女	汉	1916.04	秀英区	石山派出所	石山镇道育村委会
346	李金桂	女	汉	1910.05	秀英区	秀英分局	石山镇美岭村委会
347	吴月香	女	汉	1914.02	秀英区	秀英分局	石山镇美岭村委会
348	陈经维	男	汉	1961.07	秀英区	石山派出所	石山镇施茶村委会
349	唐和来	女	汉	1916.10	秀英区	石山派出所	石山镇施茶村委会
350	陈桂玉	女	汉	1911.05	秀英区	秀英分局	石山镇扬佳村委会
351	罗泽浦	男	汉	1915.10	秀英区	秀英分局	石山镇杨佳村委会
352	李琼美	女	汉	1914.07	秀英区	秀英分局	石山镇道堂村委会
353	陈琼英	女	汉	1914.03	秀英区	秀英分局	石山镇和平村委会
354	家培母	女	汉	1915.12	秀英区	秀英分局	石山镇和平村委会
355	冯孝增	男	汉	1906.06	秀英区	永兴派出所	永兴镇永秀村委会
356	陈奷居	女	汉	1914.07	秀英区	秀英分局	永兴镇永秀村委会
357	莫士茂	男	汉	1913.09	秀英区	秀英分局	永兴镇永秀村委会
358	黄瑞德	男	汉	1910.03	秀英区	秀英分局	永兴镇罗经村委会
359	王爱珍	女	汉	1916.02	秀英区	秀英分局	永兴镇罗经村委会
360	张玉华	女	汉	1915.10	秀英区	秀英分局	永兴镇罗经村委会
361	陈爱玉	女	汉	1916.08	秀英区	永兴派出所	永兴镇罗经村委会
362	吴琼梅	女	汉	1914.03	秀英区	秀英分局	永兴镇建群村委会
363	廖玉花	女	汉	1915.10	秀英区	秀英分局	永兴镇建群村委会
364	廖家仕	男	汉	1916.08	秀英区	秀英分局	永兴镇建群村委会
365	吴坤吉	男	汉	1916.09	秀英区	秀英分局	永兴镇建群村委会

续表

序号	姓名	性别	民族	出生年月	所属辖区	户籍登记机关（派出所）	所在基层组织名称（村/居）
366	钟秀南	女	汉	1914.03	秀英区	秀英分局	永兴镇雷虎村委会
367	吴月珠	女	汉	1916.12	秀英区	秀英分局	永兴镇雷虎村委会
368	王传兴	男	汉	1916.09	秀英区	秀英分局	永兴镇雷虎村委会
369	吴玉珍	女	汉	1916.04	秀英区	秀英分局	永兴镇美东村委会
370	王恒太	男	汉	1911.06	秀英区	秀英分局	永兴镇博强村委会
371	劳玉新	女	汉	1912.04	秀英区	秀英分局	永兴镇建中村委会
372	吴玉连	女	汉	1913.12	秀英区	秀英分局	永兴镇永兴居委会
373	吴玉南	女	汉	1916.04	秀英区	秀英分局	永兴镇永德村委会
374	黄恒义	男	汉	1916.12	秀英区	秀英分局	东山镇东山村委会
375	王昌道	男	汉	1912.02	秀英区	东山派出所	东山镇永华村委会
376	蔡春香	女	汉	1913.12	秀英区	秀英分局	东山镇永华村委会
377	蔡家坤	女	汉	1915.02	秀英区	秀英分局	东山镇马坡村委会
378	邓莲花	女	汉	1914.08	秀英区	秀英分局	东山镇东苍村委会
379	黄汉传	男	汉	1915.01	秀英区	秀英分局	东山镇东苍村委会
380	林桂香	女	汉	1916.11	秀英区	秀英分局	东山镇东溪村委会
381	黄月芳	女	汉	1915.11	秀英区	秀英分局	东山镇雅德村委会
382	陈爱清	女	汉	1914.08	秀英区	秀英分局	东山镇镇北居委会
383	周桂月	女	汉	1916.02	秀英区	秀英分局	东山镇镇南居委会
384	李秀英	女	汉	1911.10	秀英区	秀英分局	东山镇紫罗村委会
385	工爱鸾	女	汉	1913.02	秀英区	秀英分局	东山镇玉下村委会
386	曾木桂	女	汉	1914.04	秀英区	秀英分局	东山镇城西村委会
387	黄碧玉	女	汉	1916.03	秀英区	秀英分局	东山镇溪南村委会
388	吴玉凤	女	汉	1916.11	秀英区	秀英分局	东山镇溪头村委会
389	邝爱金	女	汉	1916.06	秀英区	秀英分局	东山镇射钗村委会
390	钟云英	女	汉	1914.01	秀英区	秀英分局	海秀办海口港居委会
391	汤翠英	女	汉	1911.12	秀英区	秀英分局	海秀办东方洋居委会
392	苏发煌	男	汉	1912.07	秀英区	秀英分局	秀英办秀海居委会
393	蔡玉珍	女	汉	1913.06	秀英区	秀英分局	秀英办秀华居委会
394	黄锦清	男	汉	1916.05	秀英区	秀英派出所	秀英办秀新居委会
395	孙文熙	男	汉	1915.06	秀英区	秀英分局	东山镇马坡村委会

（张　奕）

海口市美舍河保护管理规定

（2017年9月1日海口市第十六届人民代表大会常务委员会第七次会议通过，2017年9月27日海南省第五届人民代表大会常务委员会第三十二次会议批准）

第一条 为了加强美舍河的保护管理，改善生态环境和人居环境，推进生态文明建设，根据《中华人民共和国水法》《中华人民共和国水污染防治法》《中华人民共和国环境保护法》等法律、法规，结合本市实际，制定本规定。

第二条 本规定适用于美舍河河道、生态环境以及相关设施等的保护管理活动。

美舍河保护管理范围应当包括自沙坡水库大坝以下至海甸溪交会处的美舍河及其两岸绿线以内的区域，具体范围由市人民政府依法划定，并向社会公布。

第三条 市、区人民政府应当将美舍河保护管理纳入国民经济和社会发展规划，并将美舍河保护管理经费纳入本级政府财政预算。

第四条 美舍河的保护管理实行河长制。

市人民政府应当组织建立市、区、镇（街道）三级河长体系，分级分段设立美舍河河长。

美舍河河长依法履行美舍河保护管理职责，组织领导本责任区内美舍河水资源保护、水域岸线管理、水污染防治以及水环境治理等工作。

第五条 市人民政府应当加强对美舍河保护管理工作的统一领导，建立美舍河保护管理工作协调机制，协调解决美舍河保护管理中的重大问题。

区人民政府负责本行政区域内美舍河的保护管理工作。

镇人民政府、街道办事处负责做好辖区内美舍河保护管理的相关工作。

第六条 市水行政主管部门是美舍河河道和水资源的行政主管部门，负责美舍河河道治理、水资源开发利用等保护管理工作。

市生态环境保护行政主管部门对美舍河水污染防治实施统一监督管理。

市市政市容行政主管部门负责美舍河保护管理范围内城市市政设施、环境卫生、城市园林绿化等保护管理工作。

市发改、财政、土地、规划、住建、农业、林业、渔业、文化等行政主管部门应当按照各自职责，做好美舍河保护管理相关工作。

第七条 市人民政府应当组织编制全市水污染防治、河道整治、城镇排水与污水处理等规划，并将美舍河保护管理纳入相关规划。

第八条 任何单位和个人都有保护和协助管理美舍河的义务，对违反美舍河保护管理的行为有权劝阻、制止和举报。

市、区人民政府对在美舍河保护管理工作中取得显著成绩的单位和个人，应当给予表彰和奖励。

鼓励国内外组织和个人以捐赠、资助、自愿服务等多种形式参与美舍河的保护管理。

第九条 美舍河保护管理和开发利用应当符合城市总体规划、有关专项规划以及生态要求，注重保护和恢复周边的生态环境、人文景观以及历史风貌，不得擅自改变河道功能和走向。有条件的河段，应当恢复原有水系的连接和自然河岸。

第十条 美舍河治理应当加强对沙坡水库、玉龙泉等水源地的污染防治，注重生态修复，将生态保护措施与河道治理、湿地保护、堤防绿化、水土保持、排污口整治等相结合，实施生态保护综合治理工程，建设河滨生态湿地和特色园林景观，恢复美舍河自然生态系统。

第十一条 市、区人民政府应当加强城市基础设施建设，依据城镇排水与污水处理规划，新建、改建、扩建城镇污水集中处理设施以及配套管网，并采取截留、调蓄和治理等措施，实行污水集中处理和雨水、污水分流。

第十二条 在美舍河保护管理范围内，不得设置排污口，现有的排污口应当依法限期取消。

第十三条 在美舍河保护管理范围内，农业行政主管部门应当推广测土配方施肥技术，加强农药、化肥使用的监督管理，推进农业废弃物的回收利用，降低农药、化肥、农膜等对环境的污染。

在美舍河保护管理范围内从事种植业的单位和个人，应当按照国家相关规定科学使用农药、化肥。鼓励发展绿色生态农业，减少农药、化肥使用量。

第十四条 生态环境保护行政主管部门应当组织对美舍河保护管理范围内的土壤环境质量进行监测和调查，对土壤污染防治进行监督管理。

第十五条 环境卫生行政主管部门应当组织做好美舍河保护管理范围内的保洁工作，及时清理沿岸污染物、垃圾，防止地表径流对美舍河造成污染。

第十六条 市、区人民政府及其有关行政主管部门应当加强美舍河保护管理范围内动植物及其生存环境的保护管理。

任何单位和个人都应当爱护美舍河保护管理范围内的动植物。

第十七条 在美舍河保护管理范围内，禁止下列行为:

（一）建设畜禽养殖场、屠宰厂（场）；

（二）在水体清洗装贮过油类、有毒污染物的车辆或者容器；

（三）向水体排放、倾倒工业废渣、城镇垃圾或者其他废弃物；

（四）在美舍河最高水位线以下的滩地和岸坡堆放、存贮固体废弃物和其他污染物；

（五）利用渗井、渗坑、裂隙、溶洞，私设暗管，篡改、伪造监测数据，或者不正常运行水污染防治设施等逃避监管的方式排放水污染物；

（六）违法将污水排入雨水管网；

（七）破坏河道护岸、沿河栏杆、栈道、园林绿化设施等公共设施；

（八）炸鱼、毒鱼、电鱼以及在禁止区域内垂钓、围网鱼虾等水生动物；

（九）猎捕、惊吓鸟类，捡拾鸟蛋，毁巢，干扰鸟类觅食、繁殖；

（十）擅自砍伐、移植树木，偷盗、践踏或者损毁树木花草；

（十一）擅自采摘椰子、芒果等园林景观树木的果实；

（十二）其他破坏美舍河河道、生态环境以及相关设施的行为。

第十八条 市、区人民政府应当建立美舍河保护管理执法信息公开制度，及时将美舍河保护管理的规划、治理、水污染防治、防洪排涝、重点工程项目建设以及违法行为等信息向社会公布，接受社会监督。

第十九条 市、区人民政府应当制定和完善突发水污染事故处置应急预案，落实责任主体，明确预警预报与响应程序、应急处置以及保障措施等内容，依法及时发布预警信息。

在美舍河保护管理范围内，可能造成水污染事故的单位和个人，应当制定有关水污染事故的应急预案，做好应急准备。

第二十条 沿河镇人民政府、街道办事处可以聘请义务监督员，从事美舍河保护管理的宣传教育、巡查、违法行为劝阻等工作。

第二十一条 违反本规定第十七条第二项、第四项规定的，由生态环境保护行政主管部门责令停止违法行为，限期采取治理措施，消除污染，处二万元以上二十万元以下的罚款；逾期不采取治理措施的，生态环境保护行政主管部门可以指定有治理能力的单位代为治理，所需费用由违法者承担。

违反本规定第十七条第三项规定的，由城市管理综合行政执法部门责令停止违法行为，限期采取治理措施，消除污染，处二万元以上二十万元以下的罚款；逾期不采取治理措施的，城市管理综合行政执法部门可以指定有治理能力的单位代为治理，所需费用由违法者承担。

违反本规定第十七条第五项规定的，由生态环境保护行政主管部门责令改正或者责令限制生产、停产整治，并处十万元以上一百万元以下的罚款；情节严重的，报经有批准权的人民政府批准，责令停业、关闭。

违反本规定第十七条第六项规定的，由城镇排水行政主管部门责令改正，给予警告；逾期不改正或者造成严重后果的，对单位处十万元以上二十万元以下的罚款；对个人处二万元以上十万元以下的罚款；造成损失的，依法承担赔偿责任。

违反本规定第十七条第八项规定的，由渔业行政主管部门或者其所属的渔政监督管理机构没收渔获物和违法所得，处五万元以下的罚款；情节严重的，没收渔具，吊销捕捞许可证；情节特别严重的，可以没收渔船；构成犯罪的，依法追究刑事责任。

违反本规定第十七条第九项规定，惊吓鸟类，捡拾鸟蛋，毁巢，干扰鸟类觅食、繁殖的，由林业行政主管部门责令停止违法行为，根据情节轻重，处二百元以上二千元以下的罚款。

违反本规定第十七条第十一项规定的，由城市管理综合行政执法部门处擅自采摘果实价值三倍的罚款；有违法所得的，没收违法所得。

第二十二条 违反本规定的行为，本规定未设定处罚，但其他法律、法规已作出处罚规定的，依照有关法律、法规的规定处罚。

第二十三条 有关国家机关及其工作人员玩忽职守、滥用职权、徇私舞弊的，由其所在单位、监察机关或者上级主管部门责令改正；情节严重的，对直接负责的主管人员和其他直接责任人员依法给予处分；构成犯罪的，依法追究刑事责任。

第二十四条 本规定具体应用问题由市人民政府负责解释。

第二十五条 本规定自 2018 年 1 月 1 日起施行。

海口市人民代表大会常务委员会关于加强湿地保护管理的决定

（2017 年 6 月 30 日海口市第十六届人民代表大会常务委员会第六次会议通过）

为了加强湿地保护和管理，维护湿地生态功能和生物多样性，促进湿地资源可持续利用，推进生态文明建设，根据有关法律、法规，结合本市实际，特作如下决定：

一、本决定适用于本市行政区域内湿地的保护管理活动。

本决定所称湿地，是指常年或者季节性积水地带、水域和低潮时水深不超过六米的海域，包括沼泽湿地、湖泊湿地、河流湿地、滨海湿地等自然湿地，以及重点保护野生动物栖息地或者重点保护野生植物的原生地等人工湿地。

二、湿地保护范围以依法批准的本市湿地保护专项规划所划定的界线为准。

三、湿地保护管理遵循全面保护、分级管理、科学修复、合理利用、社会监督、可持续发展的原则。

四、市、区人民政府应当将湿地保护管理工作纳入国民经济和社会发展规划，将湿地保护管理所需经费列入本级财政预算。

五、市人民政府应当加强对湿地保护管理工作的领导，依法设立湿地保护管理专门机构，建立健全湿地保护管理体制机制，协调解决湿地保护管理工作中的重大问题。

六、市、区林业行政主管部门是湿地保护管理的行政主管部门，负责组织、指导和监督本行政区域内的湿地保护管理工作。

海洋和渔业、水务、规划、国土资源、生态环保、农业、旅游、科学技术等行政主管部门，按照市、区人民政府确定的职责分工负责有关湿地保护管理工作。

区、镇人民政府和街道办事处按照属地管理职责，做好湿地保护管理的相关工作。

七、市林业行政主管部门应当会同有关行政主管部门根据湿地类型、分布情况、生态功能和水资源、野生生物资源、土地利用状况等实际，编制湿地保护专项规划，经市人民政府批准后公布实施，并报市人民代表大会常务委员会备案。

湿地保护专项规划是湿地保护管理的依据，任何单位和个人不得擅自变更。为完善专项规划确需变更的，应当经市人民政府批准并报市人民代表大会常务委员会备案；确需重大变更的，市人民政府应当向市人民代表大会常务委员会报告，经市人民代表大会常务委员会审议同意后方可组织实施。

八、市人民政府应当对湿地实行分级保护和名录管理，设立保护界标，标明湿地的名称、类型、保护级别、保护范围、责任单位等事项。

任何单位和个人不得擅自涂改、掩埋、移动、毁损或者破坏湿地保护界标。

九、市人民政府应当采取建立湿地自然保护区、湿地公园、湿地保护小区和湿地多用途管理区等方式，对湿地进行保护；通过建立湿地自然保护区、国家或者省级湿地公园、水产种质资源保护区和海洋特别保护区等方式，对重要湿地进行严格保护；将已遭到破坏的重要湿地划为恢复重建区，予以抢救性保护和修复。

红树林湿地、热带火山熔岩湿地等稀有和独特的湿地资源，应当予以特殊保护。

五源河、美舍河、响水河、三江等湿地，符合条件的，可以申请建立国家或者省级湿地公园。

十、在湿地保护范围内禁止下列行为：

（一）投放有毒有害物质、倾倒废弃物和污染物或者排放未达到排放标准的污水；

（二）擅自排放湿地水资源或者截断湿地与外围的水系联系；

（三）破坏鱼类等水生生物洄游通道和野生动物的重要繁殖区与栖息地；

（四）擅自猎捕重点保护的野生动物，采集、砍伐重点保护的野生植物，掏拾或者破坏野生鸟蛋；

（五）投放有害物种或者擅自引进外来物种；

（六）擅自开垦、围垦、填埋、占用湿地或者改变湿地用途；

（七）擅自采矿、采砂（石）、取土、烧荒、揭取草皮；

（八）擅自新建、改建、扩建建筑物或者修筑设施；

（九）破坏湿地保护设施设备；

（十）其他破坏湿地及其生态功能的行为。

十一、市林业行政主管部门应当会同有关行政主管部门编制湿地修复工程规划和修复方案，按照“谁破坏、谁修复”的原则明确修复责任主体，采取生态补水、封育、退耕、截污、恢复植被等措施，对退化的湿地进行重建或者修复改造，逐步恢复湿地生态功能。

十二、湿地利用应当符合湿地保护专项规划，与湿地资源的承载能力相适应，不得破坏生物的生存环境或者改变湿地生态功能。

十三、市、区人民政府应当建立湿地生态补偿制度，对因湿地生态保护而合法权益受到损害的相关权利人，依法给予补偿。

十四、市、区人民政府应当建立健全湿地资源监测联动机制。

市林业行政主管部门应当组织开展湿地资源普查并建立湿地资源信息档案，与有关行政主管部门建立信息公开和共享机制，共同对湿地面积、保护率、生态状况、水体质量等进行动态监测和预警。

十五、市、区人民政府应当建立湿地保护管理考核评价机制，将湿地监测结果、面积、保护率、生态状况等指标纳入生态文明建设目标评价考核等制度体系。

十六、市、区人民政府应当加强对湿地保护的宣传和教育，普及有关法律、法规和科学知识，增强公众的湿地保护意识，建立健全社会监督机制。

十七、市、区人民政府应当组织开展湿地保护科学研究，应用推广先进研究成果，提高湿地保护水平。

鼓励单位和个人开展或者参与湿地保护科学研究，支持公民、法人和其他组织以志愿服务、捐赠或者其他方式参与湿地保护工作。

十八、违反有关法律、法规和本决定，从事危害湿地的活动或者妨碍湿地保护管理人员依法执行职务的，依照有关法律、法规的规定给予处罚；构成犯罪的，依法追究刑事责任。

十九、国家工作人员玩忽职守、滥用职权、徇私舞弊，造成湿地生态环境和自然资源遭受破坏或者污染的，依法给予行政处分，承担赔偿责任；构成犯罪的，依法追究刑事责任。

二十、本决定自公布之日起施行。

海口市促进医疗健康产业发展若干规定

第一条 为促进我市医疗健康产业发展，提升现代医疗服务水平，根据国家发展改革委等10部委《关于加快推进健康与养老服务工程建设的通知》（发改投资〔2014〕2091号）、《海南省促进健康服务业发展实施方案（2015—2020年）》《海口市国民经济和社会发展第十三个五年规划纲要》等相关文件，结合我市实际，制定本规定。

第二条 本规定所指的医疗健康产业范围为医疗和康复两大类别产业项目，医药产业和医疗器械类产业等其他大健康产业项目不属于本规定范围。

第三条 将健康产业发展资金纳入医疗健康服务发展专项资金，在本规定有效期内，市财政行政主管部门每年安排不低于5000万元扶持资金，重点用于扶持引导我市医疗健康产业发展，具体资金扶持实施细则另行规定。

第四条 成立海口市医疗健康产业推进工作领导小组办公室，设在市卫生局，负责医疗健康产业发展规划、行动计划的制定，医疗健康产业项目建设的指导和服务，统筹协调落实各项扶持政策等。海口国家高新区以及市发改、财政、卫生、人社、规划、住建、国土、旅游、地税等部门在各自职责范围配合推进医疗健康产业发展的相关工作。

第五条 在本市行政区域范围内新建、在建和利用现有医疗健康项目升级改造且同时符合下列条件的医疗健康项目可向我市卫生主管部门（医疗健康产业推进工作领导小组办公室）申请本规定相关政策扶持：

（一）由社会资本（包括国外引资和混合资本）投入的。

（二）特色专科医院不低于150张床位、综合医院不低于200张床位（可分两期建设、首期专科医院不低于100张床位、综合医院不低于150张床位）。

（三）按照二级（含二级）以上医院标准建设的。

（四）新建项目投资额不低于2亿元人民币；利用现有医疗健康项目升级改造，项目增加投资额不低于1亿元人民币（含医疗设备购置投入，不含土地成本、上级转移支付资金）的。

第六条 对符合条件的医疗健康产业项目给予以下政策扶持：

（一）在项目审批过程中，实行绿色通道，列入市重点项目库，申报省政府列为省重点项目，并享有相关扶持政策。

（二）鼓励并支持建立医疗健康产业人才培养、引进机制，享受相关人才优惠政策。

（三）鼓励并支持医疗健康产业项目按照规定申办本市医保定点资质。

（四）非营利性医疗健康项目提供的基本服务按照政府规定的价格政策执行，其他服务实行经营者自主定价。

（五）鼓励支持医疗健康产业项目同时开展医养结合项目建设，并享受医养结合相关政策规定，但相同项目不能重复享受政策规定。

（六）支持医疗健康产业项目纳入我市健康产业特色旅游项目，争取省、市旅游专项发展资金扶持。

第七条 对符合条件的医疗健康项目用地应根据我市医疗健康发展规划纳入年度用地计划，并给予以下政策扶持：

（一）非营利性医疗健康项目用地可按《划拨用地目录》实行划拨；营利性医疗健康项目按照相关政策安排土地供应。严格用地用途管制，所供应的医疗健康用地不得擅自改变用途。

（二）可根据项目需要依法配套建设一定比例的专家工作保障用房和医疗卫生人员周转房（具体方案一事一议）。

第八条 对符合条件的医疗健康产业项目给予以下财政、金融政策扶持：

（一）建设非营利性医疗健康项目，按建成实际床位，每张床位按2万元的补助标准，给予一次性建设补助。营利性医疗健康项目按此标准的25%补助。

（二）建设非营利性医疗健康项

目，建成运营后三年内，按建成后实际床位，每张床位每年1万元的标准给予运营补助，按年发放补贴。营利性医疗健康项目按此标准的25%补助。

（三）建设非营利性医疗健康项目，项目自取得施工许可证后2年内建成投入运营的，其项目建设投入（含医疗设备购置投入，不含土地成本、上级转移支付资金），可按项目投入运营当年的流动贷款基准利率给予2年建设期补助，一次性发放，单个项目不超过500万元。营利性医疗健康项目按此标准的25%补助。

（四）建设非营利性医疗健康项目，单体大型设备采购超过500万元，每个设备可凭购置发票获得购置费2%奖励，单个设备最高补助限额不超过100万元。营利性医疗健康项目按此标准的25%补助。

第九条 对符合条件的医疗健康产业项目依法给予相关税费扶持：

（一）由社会资本投入的医疗健康项目，按规定享受行政事业性收费和城市基础设施配套费的减免政策。

（二）民办医疗机构用电、用水、用气、用热与公办医疗机构执行相同的价格政策。

（三）民办医疗机构可以按照税收法律法规的规定，享受相关税收扶持政策。

第十条 其他扶持政策

（一）非营利性医疗健康项目从本省外聘请国家级、省级专家在海口服务满6个月以上的，服务期间每人每月国家级专家可获得2000元住房补贴，省级专家可获得1500元住房补贴（由专家服务的医疗机构按年度统一向市卫生行政部门申请），已建专家工作保障用房和医疗卫生人员周转房的单位除外，但不能同时享受市人才安居相关优惠政策。营利性医疗健康项目聘请的国家级和省级专家按此标准的25%补助。

（二）特殊情况一事一议。

第十一条 本规定具体应用中的问题由市卫生行政主管部门负责解释。

第十二条 本规定自颁布之日起施行，有效期三年，有效期满自行失效。

（海口市人民政府办公厅2017年4月1日印发）

海口市湿地保护修复调研报告（节选）

国家湿地保护与修复技术中心
天泽（北京）湿地保护技术研究院
二〇一七年一月

2016年12月20—24日，应海口市市委、市政府的邀请，湿地保护专家组及规划团队人员对海口市湿地资源现状及其保护管理状况进行了现场考察和调研，随后在查阅大量文献、解译多期遥感影像数据的基础上，经专家组多次讨论，形成海口市湿地保护修复调研报告如下：

一、海口市湿地资源现状

海口市湿地资源丰富，民国年间海口水网密布，曾被誉为“水城”，有辞赋如此描述海口，“其地则一城带水，三面环渤，北挹神州，南镇广陌”“近郊饶沃，品物赡博，七水渥野，一江护郭，疏瀹沟洫，渟滀湖泊，环带村邑，襟接阡陌”。海口湿地环境质量优良，湿地类型独特多样，滨海滩涂广阔，红树林湿地富有特色，是众多野生动植物的生长栖息之地，是鸟类越冬、繁殖、迁徙和停留的重要区域。

1. 海口湿地类型多样，独具特色。根据全国第二次湿地资源调查表明，海口市有近海与海岸湿地、河流湿地、湖泊湿地和人工湿地4个湿地类，其中最为丰富和多样的是近海与海岸湿地。海口的湿地资源具有三个显著特点：以近海及海岸湿地为主；拥有我国面积最大的红树林湿地；湿地的生物多样性丰富。

2. 海口市湿地资源丰富，分布广泛。由于独特的自然地理环境和区位条件，海口具有丰富的湿地资源，而且类型多样，特色明显。海口市的湿地分布非常广泛，东西南北中全域都有分布。全市有湿地资源29093公顷（经过海口市“多规合一”确认后的湿地总面积），其中近海与海岸湿地19200公顷，占全市湿地面积的66.0%；人工湿地5193公顷，占17.8%；河流湿地为4535公顷，占15.6%；湖泊湿地165公顷，占0.6%。

3. 湿地生物多样性丰富，特别是红树林资源丰富。据调查，海口有湿地植物439种，湿地野生动物514种，其中鸟类达286种。每年到海口越冬的鸟类超过数万只，其中白鹭最高峰时达2万只左右。东寨港国家级自然保护区是以保护红树林为主的北热带边缘河口港湾和海岸滩涂生态系统及越冬鸟类的重要栖息地，有红树植物27种，半红树植物10种，红树林伴生植物29种。红树植物占全国红树植物（38种）的97.37%，是中国红树植物种类最多的地方，因此可以称为“中国红树植物基因库”。

二、海口市湿地面临的威胁与问题

1. 海口湿地资源逐年萎缩、湿地面积快速减少。由于城乡建设、工业开发、道路建设、农业开发和围垦等，仅仅考虑了人的生存环境，而忽略了动植物的生存环境，导致湿地空间被挤占或填埋，湿地面积严重缩小，特别是滨海湿地和红树林。根据全国第二次湿地资源数据显示，海口市现有湿地比20世纪50年代减少了近一半，从1959年至2014年有50%以上的天然红树林被毁掉。

其中：

（1）海口滨海湿地1991年为1600多公顷，2001年减少为1400多公顷，2008年进一步减少到1300多公顷，每年以0.03%的速率递减；

（2）东寨港红树林湿地的面积从1959年的3200多公顷减少到1989年的1600多公顷、1996年的2000多公顷、2002年的1552.6公顷和2014年的1578.2公顷，从1959年至2014年有50%以上的天然红树林被毁掉；

(3) 海口市滨海潮间带滩涂面积由上世纪80年代为364公顷，急剧减少，到现在仅少量斑块残存，面积近乎为零。

2. 湿地环境污染日益加剧。随着工农业生产的不断发展和城市建设规模的迅速扩大，海口市湿地逐渐成为沿河建筑垃圾、工业废水、生活污水的排泄区和承泄地，使得湿地水体污染、水域生态系统富营养化现象严重，最终导致生态环境不断恶化。根据2014年海口市水质监测报告显示，全市65.85%的地表水水质为Ⅴ类水或劣Ⅴ类水质，只有水源地及南部地区少量水库达到Ⅳ类水质标准。

主要原因包括：

(1) 海口市大部分库塘、河流补给主要依靠天然降雨，水量少，水体流动性差，自净能力差；

(2) 农业面源污染严重。大量农药、化肥、除草剂的残留物沉积土壤或直排沟渠，随降雨汇入或渗透进入河内，对土质和流经的水域形成污染，不仅造成湿地水质恶化，也对湿地生物多样性造成了严重危害，甚至在一定程度上对人类健康也造成不良影响。根据实地调研，存在农业面源污染的水库有日富水库等21座；

(3) 城镇、农村生活污水随意排放。由于城乡基础设施极度滞后，不少地区管网不完善、排水不畅、清污不分，水体污染物沉积土表和浅层地下水，是影响水体安全的主要因素。在实地调研过程中，发现紧邻河流、水库等区域无序建有一些无排污管道的房屋；

(4) 工业废水废渣任意排放。在现场调研过程中，发现美涯水库、美舍河、田文策河等区域存在水泥厂随意取水、任意排放废水废渣现象；

(5) 随意占用河道。沿河垃圾及临河建筑、设施占河等严重滞缓流水，减弱水环境生态交换功能，不利于水体的自然循环。在现场调研中，发现铁炉溪、美舍河等河流两岸存在上述现象；

(6) 过度种养殖导致排污现象严重。在海口市近海与海岸湿地，以及分散在农村居民居住区和耕作区周边的小型库、塘与沟渠，是农业种养殖的主要集中区，也是水质污染较为严重的区域。现场调研过程中，发现有铁炉水库等14座水库存在过度水产或家禽养殖现象。

3. 过度建设导致湿地人工化、园林化和工程化。按照《湿地保护修复制度方案》的要求，“坚持自然恢复为主、与人工修复相结合的方式”，在湿地的开发利用中，过分追求其经济价值，忽略了湿地生态保护，常常造成湿地生态价值、经济价值、社会价值的失衡。

(1) 在海口市湿地较为集中的地区仍存在以保护湿地的名义，大量修建公园、别墅、高尔夫球场、度假区等，在很多地方以建设湿地公园的名义，过度开发利用湿地资源；

(2) 企业借用生态名义对湿地区域过度开发，目前仍有进一步发展的趋势，而且每项工程动辄投入数十亿元。这样大手笔的投入，必然导致在湿地公园建设过程中的人工化、园林化，重开发利用而轻生态保护，重旅游开发而轻宣传教育，重基础设施建设而轻保护修复投入。

4. 湿地生态功能不断退化。导致湿地生态功能退化的因素中，人为因素是海口市湿地生态功能退化的主要原因。

(1) 城市地域的扩展、道路建设、工农业等经济高速发展对湿地的大量占用，使得集中连片的大面积的湿地迅速减少，造成湿地被分割、阻断，湿地生境严重破碎化。过度的人类活动严重扰乱了湿地中野生动植物和微生物的生存状况，使得野生动植物的分布区萎缩、种群数量下降、生长受阻、繁殖成功率降低，从而进一步降低湿地生态系统的完整性和稳定性，影响生态系统服务功能的正常发挥；

(2) 水岸破坏严重。水利工程建设将大量的自然河流沟渠化、取直、硬化，使得水中难以生长具有净水功能的动植物、微生物、鱼类和其他水生生物，河水失去自净能力，水质越来越差，最终导致湿地净水功能严重退化；

(3) 挖沙采石现象较为突出。挖沙采石常常导致滩涂湿地丧失，破坏动植物生境，导致河流地貌改变，严重的甚至影响泄洪。在实地调研过程中，发现南洋水库等区域存在工业采沙现象；

(4) 外来物种入侵。在湿地现场调研过程中，发现美舍河、白水塘等多处河流和库塘生长着大量的凤眼莲（俗称水葫芦），不仅造成水域景观质量恶化，其耗氧、遮光严重影响底栖生物的正常生长；

(5) 红树林损失严重。由于前些年东寨港内过度养殖（在红树林内规模养鸭）、上游又有规模化养猪场以及周边养殖塘污水排放，致使水体富营养化，造成2010—2012年期间东寨港红树林保护区内海洋污损动物—团水虱爆发，大量危害（钻凿）红树林根部，造成局部红树林急速退化与死亡，加上2014年7月特大17级台风“威马逊”正面袭击，毁坏了大量红树林，这些红树林亟待恢复。

5.对湿地及其保护的认识水平普遍较低。根据联合国千年生态评估结论，湿地退化和丧失速度超过其他类型生态系统，湿地中物种的生存状况比其他生态系统中的物种更加恶化。湿地是海口市极其重要的自然资源，但目前的退化和丧失速度远远超过其他生态系统类型，且带来的损失极其巨大。造成这种状况的主要原因有：

(1) 人们对湿地科学知识的了解时间短、认知程度低，湿地保护依然缺乏全社会的认同与支持。同时，现有的宣传教育设施落后、宣教内容片面、宣教力度不够；

(2) 政府决策者对湿地保护未引起足够的重视，导致湿地围垦、占用、不合理利用现象普遍。如在有限的国土开发空间格局中，湿地多被定义为“荒滩”、“荒水”，在现行土地分类中被列入“未利用地”，导致对湿地资源的不合理利用现象屡禁不止；

(3) 海口市尚未出台湿地保护的相关行政法规，管理体制机制不健全。湿地保护是个系统工程，涉及流域和区域，涉及的部门多、内容多，协调难度大。因此不制定相关的政策与制度、明确各部门职责、完善湿地保护体系，将很难从根本上遏制上述局面。

三、海口市湿地保护的总体思路

近年来我国对湿地保护的重视程度不断增强，特别是十八大以来，党中央把加强湿地保护提到了前所未有的高度，全国湿地保护条例的制定正在强力推进，全国已有 23 个省（自治区、直辖市）颁布了省级湿地保护条例，南京、济南、西安、苏州等城市已颁布了市级湿地保护条例，强化了湿地自然保护区、湿地保护小区、湿地公园保护体系建设，全国湿地保护率提升到了 43.51%。2013 年 4 月，习近平在海南岛考察时指出：“保护生态环境就是保护生产力，改善生态环境就是发展生产力。青山绿水、碧海蓝天是建设国际旅游岛的最大本钱，必须倍加珍爱、精心呵护。”2013 年 5 月，习近平在主持十八届中央政治局第六次集体学习时强调：“国土是生态文明建设的空间载体，要牢固树立生态红线的观念，划定并严守生态红线，保障国家和区域生态安全，提高生态服务功能。在生态环境保护问题上，就是要不能越雷池一步，否则就应该受到惩罚。”2016 年 11 月国务院办公厅颁布了《湿地保护修复制度方案》，方案明确提出：到 2020 年，全国湿地面积不低于 5333.33 万公顷，湿地保护率提高到 50%以上，重要江河湖泊水功能区水质达标率提高到 80%以上，自然岸线保有率不低于 35%。2016 年 12 月，国家海洋局印发了《关于加强滨海湿地管理与保护工作的指导意见》，指导意见要求：到 2020 年，新建一批国家级、省级及市县级滨海湿地类型的海洋自然保护区、海洋特别保护区（海洋公园）；同时，开展受损湿地生态修复。

针对海口市湿地资源保护现状，以习近平总书记系列重要讲话为指导思想，以“绿水青山就是金山银山”为基本理念，以《湿地保护修复制度方案》《海南省林业生态修复与湿地保护专项行动实施方案》等为依据，从海口市湿地资源实际情况出发，全面加强海口市湿地资源保护与恢复，实现海口市湿地资源的可持续利用，改善全市人居环境质量，重现海口“水城”风貌，打造中国滨海城市湿地保护与修复的样板、“山水林田湖海”生命共同体建设典范，最终建成南中国滨海湿地生态文明高地和国际湿地城市样板。助力海口建设“21 世纪海上丝绸之路”战略支点城市、大南海开发的区域中心城市、“双创”、海南“首善之城”和国际滨江滨海花园城市。

四、有关建议

1. 科学规划、严格控制海口湿地保护的总体布局。

根据海口市地形地貌、湿地资源现状、类型及分布特点，建议将海口市湿地划分为 4 个区：近海与海岸湿地区、北部平原湿地区、中西部熔岩台地湿地区和东南部低山丘陵湿地区。

2. 科学划定湿地保护红线，设定湿地保护的总量目标。

从根本上转变思想观念，纠正“有资源就可开发”的错误思想，把开发和建设思想统一到与社会和环境协调一致的可持续发展的思路上来。加强全市湿地的统筹保护，划定湿地保护红线，对红线范围内湿地实施严格保护，湿地保护绝不允许越雷池一步，全面实施海口湿地生态大保护，保障全市湿地资源的永续利用。规划到 2020 年，全市湿地面积不低于 29093 公顷。

3. 按照国家现有的湿地保护形式，新建湿地公园、湿地保护小区，完善湿地保护体系。

目前，国家现有湿地保护形式主要包括自然保护区、湿地公园和湿地保护小区。截止到 2016 年 12 月 31 日，海口市仅有 1 处国家级湿地自然保护区和 7 处饮用水水源保护区。近年来由于人为过度、无序开发，海口市湿地资源破坏较为严重。按照国务院刚刚下发的《湿地保护修复制度方案》规定，亟需建立自然保护区、湿地公园等保护形式，加强湿地保护，到 2020 年，湿地保护率达到 55%以上。建议如下：

一是将海口湾等滨海湿地建设为海洋公园、滨海湿地保护小区。海口湾是海口市重要的滨海湿地资源，但是目前随着滨海酒店与房地产的蓬勃发展，势必会对沿海海岸滩涂湿地产生严重破坏。建议通过建设海洋公园、滨海湿地保护小区的形式对其进行抢救性保护；

二是建议将三江湿地、五源河、美舍河、响水河建设为国家级湿地公园；将潭丰洋湿地、三十六曲溪、铁炉水库建设为省级湿地公园；

三是建议将丁荣水库、云龙水库、东湖水库、红旗水库和门板水库等水源地，以饮用水水源保护区的形式对其进行保护；

四是建议将玉凤、岭北等水库、河流，以及重要的珍稀濒危动植物栖息地，以湿地保护小区的形式对其进行保护。

4. 按照国家湿地保护的法规，合理确定投资规模，避免过度建设和开发利用。

一是按照总体规划的布局，遵循“保护为本、突出重点、生态优先、持续发展”的原则，开展海口市湿地保护管理工作；

二是建立对天然湿地开发以及用途变更的审批管理程序，实施湿地开发项目的生态影响评价，严格依法科学论证、审批并监督实施。同时，要将湿地面积、湿地保护率、湿地生态状况等保护成效指标纳入生态文明建设目标评价考核，并按照《党政领导干部生态环境损害责任追究办法（试行）》等规定对湿地生态环境损害实施责任追究；

三是针对目前存在的问题，规划

设计单位和施工实施单位必须严格分开，审计部门要严格按照程序进行审查，杜绝出现“既是裁判又是运动员”的现象。

5. 加强湿地资源的综合保护，开展退化湿地的恢复与重建。

鉴于海口市湿地资源的现状及存在的问题，采取多方面有效措施，加强湿地资源的综合保护；重点开展集中连片、破碎化严重、功能退化的自然湿地进行修复和综合整治，尽可能地恢复已退化的湿地，减缓降低人为因素对湿地的负面影响。

一是坚决避免走“先污染后治理”的老路。要严格控制湿地周围的污染源、污染物数量和排污途径，加强污水处理，严防湿地污染；有计划地治理已受污染的水库、河流，并限期达到国家规定的治理标准；对排污超标的部门、企业和单位予以约束和处罚，并限期整改；

二是实施重点恢复工程。明确湿地修复责任主体，对未经批准将湿地转化为其他用途的，按照“谁破坏、谁修复”的原则实施恢复和重建；结合全国湿地保护工程建设，积极实施湿地保护与恢复工程建设，并给予必要的资金投入；结合国家“水十条”的紧迫要求，重点开展对污染严重的河流、湖泊等水体的污染治理与水环境修复；加强与中国沿海湿地保护网络的合作，实行大尺度的湿地恢复工程；

三是按照海岸带、滨海湿地生态功能和生态服务重要性程度、生态系统的完整性、典型性、稀有性或脆弱及受损程度等，确定保护修复和管理措施，严格管理海岸带、滨海湿地开发利用；严厉打击非法采砂挖沙行为；开展西海岸、东海岸自然岸段和重要滨海湿地的保护；开展受侵蚀岸段和受损滨海湿地生态系统的恢复修复；

四是加大退耕还林、还湿力度，强化各级管理部门的责任感，并通过营造生态保护林和水源涵养林，防治水土流失，减少河湖淤积；

五是制定与水资源保护相关的水资源管理战略，加强水资源开发对湿地生态环境影响的监测，并通过建立最优河流水量分配方式来维持流域重要湿地的自然状态及生态功能。

6. 加强湿地资源的可持续利用，加快推进湿地产业的综合发展。

湿地是地球之肾和自然资源，湿地更是自然资产和生产要素。对全市湿地认识的深入，应进一步推动从单纯注重保护，走向保护—恢复—利用有机结合的发展道路。

一是坚持保护是前提，为我们提供生命支持系统；恢复是手段，为我们优化人居环境；合理利用是根本，为全市的长远生计和永久可持续；

二是要充分利用湿地资源带来的生态机遇，进行合理利用的大胆探索和创新，摸索出了一条具有海口特色的湿地资源可持续利用之路，努力把湿地生态产业与区域经济发展、湿地资源保护有机结合起来；

三是发展成集滨海湿地农业、湿地花卉苗木产业、湿地生态旅游业、湿地产品开发的综合性湿地生态产业，建立湿地生态产业基地，构建湿地生态保护、湿地资源合理利用与湿地产品开发有机结合的复合湿地生态经济示范系统。

7. 全面加强湿地宣传教育，提高全社会湿地保护意识。

一是加大对湿地的宣传力度，形成政府重视、媒体关注、公众参与的多形式、多渠道宣传方式，增加全社会的湿地保护意识，促进湿地保护管理主流化；

二是建立公众参与的机制，通过减免税收、冠名、补贴、奖励等措施，建立激励机制，充分调动和激发社会参与湿地保护的积极性。同时，大力发展湿地保护志愿者队伍，壮大民间湿地保护力量，形成全民参与、全民监督的保护管理体系；

三是结合湿地保护与恢复工程，以湿地公园、自然保护区等为主要载体，建设布局合理、功能完备的科普宣教设施。同时，开发系列丰富而形象生动的科普宣教材料和素材；

四是东寨港国家级自然保护区作为我国红树林资源最多、树种最丰富的自然保护区，是我国最早建立的红树林国家级自然保护区，也是我国首批列入《国际重要湿地名录》的国际重要湿地之一。依托东寨港红树林湿地，建立中国红树林博物馆，加强湿地科普教育，充分展示湿地功能和价值。

8. 创新发展模式，建立健全海口市湿地保护相关制度与政策。

尽快制定海口市湿地保护相关制度与政策，提升全社会的湿地保护意识，为海口市建设生态文明和美丽海口提供重要保障。

一是要树立“山河湖海”流域一体化和“山水林田湖”生命共同体理念，制定全市分区、分类、分级湿地保护和绿色发展策略；

二是尽快建立海口市湿地保护条例，严格限制围垦和开发天然湿地，严禁天然湿地中土地利用方式的随意改变，严格限制湿地围垦工程建设；禁止永久性截断湿地水源；禁止对湿地野生动植物栖息地和鱼类洄游通道造成破坏；

三是加快建立湿地生态补偿制度。对因保护湿地生态环境使湿地资源所有者、使用者的合法权益受到损害的，给予补偿。同时，按照“谁受益、谁补偿”的原则，对占用湿地和利用湿地资源的单位或者个人征收湿地生态补偿费；

四是严格实施湿地开发环境影响评价制度。建立对天然湿地开发以及用途变更的生态影响评估、审批管理程序，对涉及湿地开发利用的重大问题实施湿地开发环境影响评价，严格依法论证、审批并监督实施；

五是加大政府投资力度。在加大中央投入力度的基础上，海口市政府要将湿地保护纳入本地区国民经济和社会发展规划，所需经费纳入同级财政预算，确保地方资金的投入；同时要建立湿地保护专项资金和稳定增长的财政投入机制，加大政府财政投入力度，逐步提高湿地保护投入占公共支出的比例，促进海口湿地资源得到有效保护和恢复；另外，积极申请国家级海南省补助资金，积极拓展多元化融资渠道；

六是加强执法力度，建立联合执法和监督执法的机制。通过法律手段，打击破坏湿地资源的违法活动，遏制过度和不合理利用湿地资源的行为；造成湿地生态系统破坏的，由湿地保护管理相关部门责令限期恢复原状，情节严重或逾期未恢复原状的，依法给予相应处罚，涉嫌犯罪的，移送司法机关严肃处理；

七是建立鼓励将生产、生活与生态保护进行有机协调的产业政策，尝试以新型湿地经济的模式取代原有破坏环境的经济模式。

9. 突出生态理念，在条件成熟时积极申报建设国际湿地城市。

湿地城市是指符合《湿地公约》相关标准，由所在的主权国家政府或其授权机构向《湿地公约》申报，并经《湿地公约》独立咨询委员会批准后被列入“湿地城市名录”的城市。海口市拥有东寨港国际重要湿地，具有建设湿地城市得天独厚的优势，建议在条件成熟时，申报《湿地公约》湿地城市。

创建全国文明城市、国家卫生城市大事记

2015 年，海口以“双创”为抓手，开启一场全民参与的城市治理

◆8 月 1 日，市“双创”工作指挥部对一家国有企业开出第一张罚单。2 日，启动“双创”系列专项整治行动第一个战役。13 日，举办创建全国文明城市专题辅导会，市四套班子领导出席。15 日，市“双创”工作指挥部在龙华路交警大厦揭牌。18 日起，组织 2015 年海口市敬业奉献道德模范、助人为乐道德模范等开展“道德模范在身边”基层巡讲活动。20 日，组建由海大相关专业博士学位的优秀年轻教师组成“双创”宣讲团。开展“门前三包”专项整治工作。

◆9 月 1 日，全市 40 万中小学师生宣誓告别不文明行为，争当“双创”的小主人、小使者、小标兵和小火炬。2 日，省委办公厅下发《关于深化省市共建推进海口创建全国文明城市和国家卫生城市的通知》。14 日，邀请上海华夏社会发展研究院院长鲍宗豪对海口市创建全国文明城市网上申报工作进行专题辅导。15 日，召开“双创”工作第一次专家咨询会。12 日，对参与海口创建全国文明城市实地考察、问卷调查督查督办工作的 200 多人进行培训。

◆10 月 13 日起，督查考核组联合市属媒体，连续 4 天对海口市“创文”督查督办工作组的工作开展情况进行现场跟踪检查。13—20 日，组织 27 个督查督办小组深入各镇街 40 类考察点应对中央文明办实地考察、问卷调查的准备工作落实情况进行专项督查督办。27 日，省文明办带领市县文明办考察团考察海口全国文明城市创建工作。30 日，中央文明办、国家发改委及国家工商局总局相关部门就诚信建设制度化工作开展情况调研，并召开座谈会。

◆11 月 26 日，召开创建全国文明城市群众意见座谈会。11 月起，开展海口市创建国家卫生城市“六小”行业专项整治。

◆12 月 1 日，召开创建全国文明城市迎检动员会。4—17 日，组织 80 个工作人员分成 20 个小组对 13 大项重点创文工作进行督查。10 日，市“双创”工作指挥部提交 2015 年创建全国文明城市网上申报材料。12 日，开展大规模的“双创”志愿服务活动，10 万名志愿者参加活动，迎接创建全国文明城市首次国家测评。22—24 日，组织 3 个考察组赴 4 个省会城市实地考察“创文”开展情况。

2016 年，在“双创”进程中建章立制，攻坚克难，夯实基础

◆1 月 26 日，央视《新闻直播间》对海口春运期间关爱旅客活动进行报道。省爱卫会根据《国家卫生城市评审与管理办法》，按程序组织专家，对海口市创卫工作进行暗访检查，暗访检查得分 754.6 分。

◆2 月 17 日，海口市城市管理督察支队揭牌成立。24 日起，“双创”社区行系列活动之“创建暖心服务小站”活动启动。

◆3 月，市“双创”工作指挥部赴新疆奇台县、宁夏银川市考察学习全民公益日先进工作经验。

◆4 月 21 日，召开“海口好人”表彰大会，对 2015 年度 100 位“海口好人”进行表彰。27 日，海口市第十五届人民代表大会常务委员会第三十八次会议通过《海口市爱国卫生管理办法》。

◆5 月 25—26 日，省爱卫会组织专家，对海口市 45 项创卫指标进行技术评估，5 月 30 日通过省级创卫技术评估，综合分数为 810.9 分。26 日，省五届人大二十一次会议审议通过《海口市爱国卫生管理办法》。同日，《人民日报》对海口“双创”工作给予深入报道和积极评价。

◆6 月 1 日，《海口市爱国卫生管理办法》施行。3 日，市政府正式向省爱卫会提出申报国家卫生城市的申请。13 日，十五届市政府第 58 次常务会议原则通过《海口市个人信用信息征集和使用管理办法（送审稿）》《海口市企业信用信息征集和使用管理办法（送审稿）》《海口市诚信“红黑榜”发布和奖惩管理办法（送审稿）》3 个制度性文件。15 日，省爱卫办向国家爱卫办申报海口市创卫工作。30 日，市人大常委会公布《关于深入开展全民公益活动的决定》。

◆7 月 5—6 日，国家知识产权局受理“龙华‘双创’随手拍系统软件著作权”和“龙华‘双创’随手拍系统技术专利”两项申请。21 日，海口市创建国家卫生城市申报资料一次性通过全国爱卫会审核，创卫工作进入国家暗访检查程序。31 日，省委书记罗保铭、省长刘赐贵对海口“双创”一周年作出“巩固提升‘双创’成果”的重要批示。

◆8 月 28 日，海口市志愿服务

联合会第一次会员代表大会召开，标志着海口市志愿服务“五个一”全部落地。

◆9月3日起，围绕四大主题启动2016年原创公益广告征集活动。10日，首个区级志愿服务交流平台“志愿龙华”正式上线。27日，海口市通过国家爱卫办组织的暗访检查，综合评分为879.8分。

◆10月11日，上百名出租车驾驶员、公交车司机分别在出租车和公交车车体上贴上“双创”示范车标语。15日，省长刘赐贵会见来琼调研海口创建全国文明城市工作的中央文明办专职副主任夏伟东一行，就如何更好地推动海南的精神文明建设和海口的创建全国文明城市工作进行了深入交流。

◆11月13日，省委常委、市委书记张琦履新海口后调研的第一项工作就是“双创”，强调“双创”标准不能降，力度不能减，体现了市委市政府推进“双创”的意志与决心。

◆12月1日，海口市通过省爱卫办组织省创卫专家考核组对海口市创卫暗访存在问题整改情况的考核验收，6日，市委组织部下发通知，要把各级党员干部在“双创”中的表现，作为干部选拔任用和奖惩问责的重要依据。9日，省委常委、市委书记张琦调研海口“创文”工作时强调，要以“让人民群众满意”为根本出发点，把创建全国文明城市作为推进城市建设和管理的重要载体，统一思想、全面动员、落实落细、全力以赴，把“创文”工作推向新的高度，不断提升人民群众幸福感和获得感。

2017年，海口“双创”工作决战决胜，收获累累硕果

◆1月9—11日，国家爱卫办组织专家对海口市创建国家卫生城市进行技术评估检查。22日，通过技术评估检查。

◆3月5日，海口启动全市首个“全民公益日”，市四套班子领导带领800名省市机关党员干部开展义务植树活动。此次活动以“传递公益爱心，建设生态文明”为主题，以期深入践行“创新、协调、绿色、开放、共享”的发展理念，培育和践行社会主义核心价值观，弘扬“奉献、友爱、互助、进步”精神，激发全社会关心、支持和参与社会公益事业，引导广大群众开展各种形式的公益活动。

◆4月11—12日，海口市创建国家卫生城市通过国家综合评审。15日，召开人文城市建设工作会议，研究部署海口市非物质文化遗产展示传承、文物保护和设施建设、加快完善公共文化设施网络、提高公共文化设施的服务效能和推进文化大发展大繁荣等工作，为深化人文城市建设，提升海口城市品质，助推文明城市创建起到了积极作用。15—28日，海口市创建国家卫生城市通过社会公示。

◆5月2日，召开2017年决战决胜“双创”工作动员会，传达全国创建文明城市工作经验交流会精神，通报上年度全市文明卫生先进集体和先进个人以及各区、市属各单位上年度“双创”工作考评情况。

◆6月2日，召开全市副处以上领导干部专题培训班，让市级领导、各区各部门领导干部深入了解创建全国文明城市工作，准确把握全国文明城市测评体系，提升创建工作能力和水平，实现创建“全国文明城市”目标。

◆7月14日，全国爱卫会发布《关于命名2015—2017周期国家卫生城市（区）的决定》，海口成功摘得“国家卫生城市”的金字招牌。22日，为帮助省市各单位各部门进一步准确理解2017年版测评体系，改进工作方法，不断提高创建能力和水平，全力以赴做好全国文明城市综合测评迎评工作，海口举办创建全国文明城市专题培训班。

◆8月8日，海口召开2017年“文明服务窗口”“文明服务标兵”表彰暨窗口服务行业“创文”工作动员大会。表彰100个“文明服务窗口”和100名“文明服务标兵”，对窗口服务行业及从业人员在创建全国文明城市方面所取得的成绩表示肯定，号召全市各行各业向先进学习，切实将文明服务“内化于心”“外化于行”，更好地服务海口人民。

◆11月14日，中央文明委发布《关于表彰第五届全国文明城市（区）、文明村镇、文明单位的决定》，海口荣膺“全国文明城市”称号。

统计资料

海口市国民经济主要指标

指　　标	单　位	2013 年	2014 年	2015 年	2016 年	2017 年
一、人口						
年末常住人口	万人	217.11	220.07	222.30	224.36	227.21
年末户籍人口	万人	163.23	165.31	164.80	167.03	171.05
二、年底社会从业人员	万人	153.00	161.22	168.43	165.05	175.16
# 职工人数	万人	48.62	50.02	49.16	49.53	49.94
三、地区生产总值（含农垦）	亿元	989.49	1091.70	1161.96	1257.67	1390.58
四、工业总产值（当年价）	亿元	537.13	532.59	537.67	540.29	542.49
五、农业总产值（当年价）	亿元	92.08	92.99	93.20	103.83	103.71
六、运输邮电						
社会货物周转量	亿吨公里	839.76	963.54	708.73	669.68	460.17
社会旅客周转量	亿人公里	485.07	466.56	513.75	641.84	737.99
港口货物吞吐量	万吨	7421.39	7581.00	8209.90	8866.93	10112.78
邮电计费业务总量	亿元	50.99	66.31	70.57	121.31	123.06
七、固定资产投资总额	亿元	649.33	821.53	1012.05	1271.73	1415.50
基本建设	亿元	392.93	522.56	555.65	720.63	812.25
房地产开发	亿元	256.40	298.97	456.39	551.09	603.25
八、国内商业						
社会消费品零售总额	亿元	505.35	558.47	595.53	653.89	715.50
九、外经外贸						
1. 新签协议合同	宗	37	33	35	51	46
# 外商协议合同	宗	37	33	35	51	46

续表

指　　标	单位	2013年	2014年	2015年	2016年	2017年
协议合同总投资	亿美元	3.37	1.83	12.70	10.47	6.13
#外商合同投资	亿美元	1.22	0.95	3.16	3.93	5.74
实际利用外资	亿美元	5.12	3.30	2.91	0.36	0.29
#外商直接投资	亿美元	5.12	3.30	2.91	0.36	0.29
2. 外贸进出口总值	亿美元	51.4	34.00	43.40	39.20	31.10
进口总值	亿美元	32.55	21.70	33.77	31.30	22.90
出口总值	亿美元	18.85	12.30	9.63	7.90	8.20
十、旅游						
接待国内外过夜旅游人数	万人次	1044.3	1130.68	1225.20	1329.19	2033.56
#入境旅游者	万人次	15.66	13.69	12.20	13.65	18.19
旅游总收入	亿元	120.16	142.02	160.06	181.24	265.99
旅游外汇收入	万美元	4210.23	3753.61	4084.27	4503.55	5938.29
十一、财政						
财政收入	亿元	240.82	268.08	290.63	330.94	385.19
其中:上划中央、省收入	亿元	154.09	167.96	179.12	215.44	259.82
地方财政收入	亿元	86.73	100.12	111.50	115.51	125.36
地方财政支出	亿元	132	150.92	170.93	200.30	198.32
十二、金融（含外币）						
金融机构年末存款余额	亿元	2955.19	3213.55	3962.82	4851.25	5318.03
#城乡居民年末储蓄存款余额	亿元	1074.06	1189.85	1262.06	1445.49	1555.56
金融机构年末贷款余额	亿元	3188.25	3649.27	3656.03	4178.05	4538.22

续表

指　标	单位	2013 年	2014 年	2015 年	2016 年	2017 年
十三、职工工资						
在岗职工工资总额	亿元	220.79	253.36	282.26	303.84	333.84
# 国有单位	亿元	82.93	97.26	112.62	120.29	133.37
在岗职工平均工资	元	46175	50608	57455	62030	68037
# 国有单位	元	55602	64926	74332	81334	86713
十四、人民生活						
城镇居民人均可支配收入	元	24461	26530	28535	30775	33320
城镇居民人均消费支出	元	16856	20097	21809	23780	26110
农民人均纯收入	元	9155	10290			
农民人均生活消费支出	元	6740	7629	8428	9262	10142
十五、物价指数（以上年为 100）						
商品零售价格指数	%	101.6	101.2	100.20	100.90	101.70
居民消费价格指数	%	102.9	102.2	101.20	103.00	103.30
十六、教育卫生文化						
普通高等学校在校学生数	人	146231	180565	150559	147969	146597
中等职业学校在校学生数	人	90143	82198	76547	74350	76158
普通中学学校在校学生数	万人	12.04	11.85	10.24	11.66	12.14
小学在校学生数	万人	16.80	17.36	17.94	18.80	19.59
图书出版量	亿册			0.98	0.62	0.49
杂志出版量	亿册			0.24	0.0006	
报纸出版量	亿印份			3.49	0.68	
卫生机构病床数	张	12762	12772	15373	15767	16062
卫生技术人员数	人	18831	20432	26055	30060	34061
# 执业医师（助理医师）	人	6454	6883	8341	10517	12417

注：1. 农业总产值从 2011 年起含农垦数
2. 邮电计费业务总量从 2010 年起按 2010 年不变价计算
3. 地方财政收入和地方财政支出从 2007 年起不含基金口径
4. 从 2012 年开始财政收入改为全口径公共财政预算收入

海口市国民经济主要指标占全省比重

（2017年）

指　　标	单位	全　省	海口市	海口市占全省比重(%)
一、年末常住人口	万人	925.76	227.21	24.5
年末户籍人口	万人	910.41	171.05	18.8
#城镇人口	万人	354.38	99.95	28.2
二、从业人员	万人	583.88	175.16	30.0
三、国内生产总值（当年价）	亿元	4462.54	1390.58	31.2
第一产业	亿元	962.84	62.51	6.5
第二产业	亿元	996.35	252.22	25.3
第三产业	亿元	2503.35	1075.85	43.0
四、工农业总产值（当年价）				
工业总产值	亿元	2075.83	542.49	26.1
农业总产值	亿元	1528.18	103.71	6.8
五、运输邮电				
社会旅客周转量	亿人公里	837.61	737.99	88.1
港口货物吞吐量	万吨	18473.00	10112.78	54.7
邮电计费业务总量	亿元	270.03	123.06	45.6
固定电话数	万户	160.50	51.81	32.3
六、固定资产投资总额	亿元	4125.40	1415.50	34.3
#房地产开发	亿元	2053.11	603.25	29.4
七、社会消费品零售总额	亿元	1618.76	715.50	44.2
八、外贸口岸进出口总值	亿元	702.70	210.22	29.9
进口总值	亿元	407.06	154.76	38.0
出口总值	亿元	295.65	55.46	18.8
九、实际利用外资	亿美元	23.06	0.29	1.3

续表

指　　标	单位	全　省	海口市	海口市占全省比重(%)
十、接待国内外过夜旅游人数	万人次	5591.43	2033.56	36.4
#入境旅游者	万人次	111.94	18.19	16.3
十一、地方财政收支				
地方一般预算收入	亿元	674.11	125.36	18.6
地方一般预算支出	亿元	1443.97	198.32	13.7
十二、人民生活				
职工工资总额	亿元	660.51	333.84	50.5
职工平均工资	元	69062	68037	98.5
城镇居民人均可支配收入	元	30817	33320	108.1
农民人均纯收入	元			
城乡居民储蓄存款余额	亿元	3790.10	1555.56	41.0
十三、物价				
零售物价指数	%	102.0	101.70	99.7
居民消费价格指数	%	102.8	103.30	100.5
十四、教育卫生				
在校生				
普通高等学校	万人	18.55	14.66	79.0
中等职业学校（含中师\技工学校）	万人	13.36	7.62	57.0
普通中学	万人	50.44	12.14	24.1
小学在校学生	万人	80.95	19.59	24.2
卫生机构数	个	5177	1298.00	25.1
#医院	个	505	123.00	24.4
卫生技术人员数	人	77652	34061.00	43.9
#执业医师	人	20882	12417.00	59.5
病床位	张	42002	16062.00	38.2

35个大中城市主要经济指标

（2017年）

城市名称	生产总值（亿元）	规模以上工业增加值（亿元）	社会消费品零售总额（亿元）	进出口总额（亿美元）
北京	28000.40	–	11575.44	3237.20
成都	13889.39	–	6403.50	583.20
大连	7363.90	–	3722.50	617.90
福州	7104.02	2202.69	4193.87	345.49
广州	21503.15	–	9402.59	1432.32
贵阳	3537.96	817.80	1335.28	30.36
哈尔滨	6355.00	–	4044.80	33.50
海口	1390.48	130.29	726.12	31.09
杭州	12556.16	3204.63	5717.43	750.65
合肥	7213.45	–	2728.51	249.59
呼和浩特	2743.72	–	1570.95	15.99
济南	7201.96	–	4146.10	104.72
昆明	4857.64	–	2590.95	78.18
兰州	2523.54	583.69	1358.72	–
南昌	5003.19	–	2096.96	98.97
南京	11715.10	3166.63	5604.66	611.87
南宁	4118.83	1159.08	2204.16	89.78
宁波	9846.94	3266.70	4047.80	1122.00
青岛	11037.28	–	4541.00	744.42
厦门	4351.18	1437.16	1446.74	860.15
上海	30133.86	–	11830.27	4761.23
深圳	22438.39	8087.62	6016.19	4139.50
沈阳	5865.00	–	3989.80	128.50
石家庄	6460.90	2355.80	3296.00	127.51
太原	3382.18	631.23	1767.82	135.27
天津	18595.38	–	5729.67	1130.91
乌鲁木齐	2743.82	602.81	1317.00	68.07
武汉	13410.34	–	6196.30	285.97
西安	7469.85	1361.77	4329.51	376.45
西宁	1284.91	–	560.79	4.87
银川	1803.17	–	562.31	40.02
长春	6530.00	2654.60	2922.80	140.87
长沙	10535.51	3533.26	4547.68	138.86
郑州	9130.20	3191.31	4057.22	596.35
重庆	19500.27	–	8067.67	666.04

注:各大中城市主要经济指标为快报数

续表

城市名称	外商直接投资（亿美元）	固定资产投资额（亿元）	# 房地产开发投资（亿元）	城市居民人均可支配收入（元）	农村居民人均可支配收入（元）
北京	243.30	8948.10	3745.88	62406.00	24240.00
成都	62.00	9404.20	2487.90	38918.00	20298.00
大连	32.50	1652.80	566.60	40587.00	16865.00
福州	–	5823.39	1694.18	40973.00	17865.00
广州	62.89	5919.83	2702.89	55400.00	23484.00
贵阳	13.45	3850.60	1026.43	32186.00	14264.00
哈尔滨	34.40	5395.50	494.30	35546.00	15614.20
海口	0.29	1415.50	603.25	33320.00	13763.00
杭州	66.10	5856.65	2734.00	56276.00	30397.00
合肥	30.20	6351.43	1557.41	37972.00	18594.00
呼和浩特	–	1490.78	238.40	43518.00	15710.00
济南	–	4363.60	1232.60	46642.00	16594.00
昆明	8.01	4217.94	1683.33	39788.00	13698.00
兰州	–	1315.35	432.20	32331.00	11305.00
南昌	31.81	5115.18	790.69	37675.00	16364.00
南京	36.73	6215.20	2170.21	54538.00	23133.00
南宁	9.60	4307.95	958.09	33217.00	12515.00
宁波	40.30	5009.60	1374.50	55656.00	30871.00
青岛	77.40	7777.10	1330.50	47176.00	19364.00
厦门	–	2381.46	879.86	50019.00	20460.00
上海	170.08	7246.60	3856.53	62596.00	27825.00
深圳	74.01	5147.32	2135.86	52938.00	–
沈阳	10.10	1484.00	814.20	41359.00	15461.00
石家庄	12.90	6310.10	1212.70	32929.00	13345.00
太原	1.07	964.86	478.14	31469.00	15595.00
天津	106.08	11274.69	2233.39	40278.00	21754.00
乌鲁木齐	–	2020.00	428.74	37028.00	17839.00
武汉	96.50	7871.66	2686.34	43405.00	20887.00
西安	53.07	7556.47	2333.34	38536.00	16522.00
西宁	–	1600.03	351.33	30043.00	10548.00
银川	–	1719.05	402.82	32981.00	13087.00
长春	14.00	5194.80	573.80	33167.71	13431.00
长沙	52.50	7567.77	1489.69	46948.00	27360.00
郑州	40.50	7573.44	3358.84	36050.00	19974.00
重庆	22.20	17440.57	3980.08	32193.00	12638.00

续表

城市名称	地方财政一般预算收入（亿元）	金融机构存款余额（亿元）人民币	金融机构贷款余额（亿元）人民币	居民消费价格总指数（%）
北京	5430.80	137952.12	63382.55	101.9
成都	1275.50	34423.00	28359.00	102.0
大连	657.70	13562.20	11212.80	102.1
福州	634.16	13136.68	13320.41	101.1
广州	1533.06	49332.53	33312.73	102.3
贵阳	377.77	10814.51	10403.12	101.0
哈尔滨	368.10	10512.60	9968.30	101.6
海口	125.36	5318.03	4538.22	103.3
杭州	1567.42	35321.94	28573.63	102.5
合肥	655.90	13881.72	12865.46	101.4
呼和浩特	201.63	6312.61	7646.01	101.4
济南	677.20	15957.70	12883.70	102.0
昆明	560.86	13492.69	14830.89	100.5
兰州	234.20	8513.59	9643.55	101.5
南昌	417.08	10011.39	10209.28	102.1
南京	1271.91	29944.86	24578.25	101.9
南宁	332.15	9367.53	10470.44	102.3
宁波	1245.30	17392.53	17125.29	101.8
青岛	1157.10	14388.00	13265.00	102.0
厦门	696.78	10015.12	8850.58	102.0
上海	6642.26	105098.80	61188.87	101.7
深圳	3332.13	64487.38	41046.78	101.4
沈阳	656.20	15559.20	12952.50	101.4
石家庄	460.70	11702.97	8924.98	101.4
太原	311.85	11621.28	11340.29	101.8
天津	2310.11	29746.16	30103.05	102.1
乌鲁木齐	400.78	8320.71	6235.78	102.8
武汉	1402.93	23967.69	22558.03	101.9
西安	654.50	20047.62	16954.81	102.0
西宁	79.16	3883.79	5109.15	101.4
银川	177.46	3587.23	4460.31	101.7
长春	450.10	11467.60	10341.90	101.3
长沙	800.35	–	–	101.3
郑州	1056.67	20349.56	17992.36	101.8
重庆	2252.40	33718.98	27871.89	101.0

海口市人民物质文化生活状况

指　　标	单　位	2013年	2014年	2015年	2016年	2017年
收　　入						
城市居民人均可支配收入	元	24461	26530	28535	30775	33320
农民人均纯收入	元	9155	10290	—	—	—
职工平均工资	元	46175	50608	57455	62030	68037
消　　费						
城市居民人均消费支出	元	16856	20097	21809	23780	26110
#食品支出	元	7202	6865	7609	8396	9167
*恩格尔系数	%	42.7	34.2	34.9		
农民人均生活费支出	元	6740	7629	8428	9262	10142
储　　蓄						
城乡居民储蓄存款年末余额	亿元	1074.06	1189.85	1262.06	1445.49	1555.56
人均储蓄余额	元	49471	54067	56773	64427	68463
住　　房						
城市人均住房面积	平方米	29.95	29.99	30.10	30.12	30.16
农村人均住房面积	平方米	31.90	32.00	32.20	32.60	32.80
邮　　电						
每百人拥有固定电话机	部	28.44	18.99	11.30	11.27	11.94
城建设施水平						
家庭用燃气普及率	%	95.47	99.69	99.57	99.77	
人均日生活用水量	升	232.9	185.01	217.07	210.59	210
人均拥有道路面积	平方米	19.79	18.69	15.72	17.1	
人均公共绿地面积	平方米	12.55	12.50	12.80	12.10	12.30
文化教育卫生						
城市每百户拥有彩色电视机	台					
农村每百户拥有彩色电视机	台	105	113	104.4	107.2	107.6
学龄儿童入学率	%	100	100	100	100	100
每万人拥有在校大学生	人	673.53	820.49	677.28	659.51	645.20
每万人拥有在校中专生	人	601.68	371.94	439.32	427.45	431.46
每万人拥有在校中学生	人	554.58	536.26	460.44	519.5	534.42
每万人拥有在校小学生	人	773.99	785.40	807.20	837.77	862.35
每万人拥有中（西）医师	人	29.70	31.28	37.52	46.87	36.87
每万人拥有医院床位	张	58.80	58.04	69.15		67.73

海口市从业人员年末人数

单位：人

指　标	2013年	2014年	2015年	2016年	2017年
一、就业人员	1530004	1612228	1684317	1650537	1751574
1. 城镇国有单位	151372	152477	153296	151453	158588
2. 城镇集体单位	10127	8776	7079	7061	5877
3. 城镇其他经济类型单位	332068	351512	331245	355644	357087
4. 城镇私营单位	474425	550471	611794	549852	582442
5. 城镇个体	210704	192016	194245	214371	267351
6. 乡村	351308	356976	373335	372156	380229
二、按三次产业分					
第一产业	242592	307738	301355	289067	285562
第二产业	272182	274800	283841	273673	275274
第三产业	1015230	1029690	1099121	1087797	1190738

注：从2011年起职工、其他从业人员均含农垦单位数

1988—2017年海口市按经济类型分组城镇非私营单位在岗职工工资总额和平均工资

年份	工资总额(万元)	国有经济单位	城镇集体经济单位	其他各种经济类型单位	平均工资(元)	国有经济单位	城镇集体经济单位	其他各种经济类型单位
1988	22760	18956	3082	722	1824	1964	1270	1796
1989	33548	27997	3404	2147	2406	2571	1447	3063
1990	44540	37232	3782	3526	2921	3119	1647	3482
1991	54216	44086	4034	6096	3264	3387	2017	3822
1992	95127	76996	7889	10242	4450	4668	3134	4328
1993	133717	100650	12225	20838	5793	5790	4030	7821
1994	181740	141328	12736	27676	7657	7910	5014	8331
1995	205964	155828	16065	34071	8205	8455	5870	8656
1996	197234	145328	11303	40603	8162	8352	4844	9163
1997	211968	151221	11907	48840	8470	8554	4986	9717
1998	185803	129480	6659	49664	8525	8639	3928	9731
1999	198138	136655	7268	54216	10425	10659	6790	10599
2000	207888	143956	7540	56392	11658	12377	7407	10881
2001	233318	163739	6775	62804	13323	14211	7871	12243
2002	313423	217628	9314	86481	13777	15165	7966	11960
2003	340392	233133	10784	96475	14820	16308	8405	13055
2004	424218	293311	10328	120579	17613	19431	9166	15333
2005	498116	343348	12278	142490	20220	22118	11151	17788
2006	557936	350096	15096	192744	21815	22896	12516	21231
2007	683963	407226	20547	256190	25722	27920	14915	24107
2008	789541	429397	20206	339938	27361	28992	19917	26087
2009	943375	495653	24785	422937	30643	32283	30424	29745
2010	1114645	583442	31409	499794	34192	36904	21998	32534
2011	1645326	927027	34720	683577	38060	38543	30212	37916
2012	1821039	959147	38731	823161	40805	40307	35137	41724
2013	2207863	829302	34287	1344274	46175	55602	34605	42128
2014	2533640	972561	33845	1527234	50608	64926	32714	44853
2015	2822584	1126235	29769	1666580	57455	74332	41141	50120
2016	3038393	1202900	32647	1802846	62030	81334	45943	53844
2017	3338371	1333678	31185	1973508	68037	86713	53666	59613

注：不含私营、乡镇企业和个体户，从2011年起在岗职工含农垦单位数（下同）

海口市各区按行业分组城镇非私营单位在岗职工工资总额和平均工资

（2017年）

指　　标	全　市	秀英区	龙华区	琼山区	美兰区
一、工资总额（万元）	3338371	575060	1403679	329945	1029687
1. 农、林、牧、渔业	153024	883	141928	2935	7278
2. 采矿业	35	2	33		
3. 制造业	243296	112816	82853	19251	28376
4. 电力、热力、燃气及水生产和供应业	85568	2065	13384	2775	67344
5. 建筑业	141598	10799	83867	11392	35540
6. 批发和零售业	219304	57107	92603	14663	54931
7. 交通运输、仓储和邮政业	402728	123984	36238	2187	240319
8. 住宿和餐饮业	63870	12022	22380	4699	24769
9. 信息传输、软件和信息技术服务业	156117	9790	136170	771	9386
10. 金融业	315379	4534	261432	45	49368
11. 房地产业	236415	36172	108880	26634	64729
12. 租赁和商务服务业	76122	7131	23488	6679	38824
13. 科学研究、技术服务业	114164	7920	46549	17699	41996
14. 水利、环境和公共设施管理业	59875	17511	26969	1970	13425
15. 居民服务、修理和其他服务业	6851	1334	3188	817	1512
16. 教育	363630	38201	89470	103529	132430
17. 卫生和社会工作	252122	58449	71302	54621	67750
18. 文化、体育和娱乐业	58545	3227	40663	8530	6125
19. 公共管理、社会保障和社会组织	389728	71113	122282	50748	145585
二、平均工资（元）	68037	65873	63802	69324	75839
1. 农、林、牧、渔业	37558	47203	37279	36240	43471
2. 采矿业	28750	15000	30000		
3. 制造业	54428	56809	50852	75317	47348
4. 电力、热力、燃气及水生产和供应业	91360	59342	96078	58174	94214
5. 建筑业	40363	36383	39057	34437	48472
6. 批发和零售业	55767	64129	52154	82517	50456
7. 交通运输、仓储和邮政业	88107	77758	59183	26031	105398
8. 住宿和餐饮业	39733	44874	37740	32887	41029
9. 信息传输、软件和信息技术服务业	101811	61963	117125	59308	46980
10. 金融业	141090	207046	137069	25167	162233
11. 房地产业	49223	57225	47477	53720	46847
12. 租赁和商务服务业	55968	55288	51951	41228	62924
13. 科学研究、技术服务业	78679	64386	78300	80593	81720
14. 水利、环境和公共设施管理业	42804	47468	35900	61937	54375
15. 居民服务、修理和其他服务业	35180	43582	35427	35960	29403
16. 教育	76891	68277	74683	76542	81792
17. 卫生和社会工作	87421	90999	85423	91954	83335
18. 文化、体育和娱乐业	74014	67077	81570	63098	56092
19. 公共管理、社会保障和社会组织	84993	76697	80815	83016	94918

海口市农村基本情况

指　　标	单位	2013 年	2014 年	2015 年	2016 年	2017 年
农村乡镇	个	22	22	22	22	22
村民委员会	个	248	249	249	245	248
自然村	个	2205	2204	2203	2204	2195
村民小组	个	2754	2750	2757	2751	2740
乡村户数	户	167991	182320	182006	192760	194728
#农业户	户	149323	150922	156419	161919	157151
乡村人口	人	724634	745953	772972	791293	793458
#农业人口	人	638716	628839	661276	644738	587864
乡村实有劳动力合计	人	392366	401150	413096	417543	422899
按性别分						
男劳动力	人	201424	207926	214644	218207	218492
女劳动力	人	190942	193224	198452	199336	204407
按行业分						
农林牧渔业劳动力	人	210868	211203	215504	216081	220937
工业劳动力	人	30296	28079	33677	35026	34046
建筑业劳动力	人	28479	30050	31281	33058	33392
交通运输和邮电劳动力	人	11882	13367	12838	12893	14370
商业、饮食业劳动力	人	35266	35703	38303	39045	39432
其他劳动力	人	32184	35881	38442	32576	34245

注：2011 年及以后为含农垦数

海口市耕地面积

单位：公顷

指　　标	2013 年	2014 年	2015 年	2016 年	2017 年
年末耕地面积	49241	49465	48293	47880	48071.5
水　田	19100	19126	18763	19096	18535.3
旱　田	6901	7277	6750	6890	7295
旱　地	23240	23062	22780	21894	22241
年内增加的耕地面积	151	260	25	2	186.6
年内减少的耕地面积	252	273	210	453	140.08
# 国家基地占用	176	175	67	453	68.45

注：2011 年及以后为含农垦数

海口市农林牧渔业总产值

单位：万元

年　份	总　计	农　业	林　业	牧　业	渔　业	农林牧渔业服务业
2013	920755	373518	60751	356614	85272	44600
2014	929870	402154	56547	326956	93438	50775
2015	932000	413488	53082	307759	102007	55664
2016	1038285	479570	54843	328752	113274	61846
2017	1037054	494976	57914	291317	122556	70291

注：以上 2008—2010 年 3 年数据为农业普查后的衔接数，2011 年及以后为含农垦数

海口市主要农作物播种面积及农产品产量

指　　标	2013年	2014年	2015年	2016年	2017年
播种面积（公顷）	83004	82004	80548	76247	73376
一、粮食作物	40948	41010	38395	35314	33581
（一）按品种分					
稻　谷	33247	32218	31334	28048	27115
早　稻	16495	16436	16126	13945	12967
晚　稻	16711	15782	15208	14103	14147
山兰坡稻	40				
旱　粮	756	351	350	446	
薯　类	6945	8441	6710	6819	6027
（二）按季节分					
春　收	3088	2913	2634	1942	1870
夏　收	18946	18773	18091	16012	15008
秋（冬）收	18913	19324	17669	17359	16703
二、经济作物	5546	5729	4890	4305	4661
糖　蔗	1983	1882	1458	1021	882
果　蔗	159	151	175	136	205
花　生	2754	2900	2512	2384	2833
芝　麻	650	796	745	764	741
三、其他作物	28012	26820	28818	28524	26404
蔬　菜	27245	26388	28354	28123	25919
瓜　类	767	432	464	401	485
农产品产量（吨）					
一、粮食作物	181625	167839	165262	151025	48004
（一）按品种分					
稻　谷	157051	137538	138559	125672	123103
早　稻	85504	87880	77135	68325	5020
晚　稻	71441	49655	61424	57347	58083
山兰坡稻	105				
旱　粮	1863	305	304	1188	
薯　类	22710	29996	26398	24164	23265
（二）按季节分					
春　收	10201	9898	8923	6771	6128
夏　收	94377	96193	84139	76776	73968
秋（冬）收	77047	61748	72200	67477	57907

续表

指　　标	2013年	2014年	2015年	2016年	2017年
二、经济作物					
糖　蔗	76790	65386	57409	32641	25820
果　蔗	7980	8099	11218	6332	10487
花　生	4918	5042	6238	6782	7331
芝　麻	907	1042	973	804	779
三、其他作物					
蔬　菜	546169	538749	566051	556321	14658
瓜　类	18407	12835	12761	9393	14552

海口市主要农产品单位面积产量

单位：千克/公顷

指　　标	2013年	2014年	2015年	2016年	2017年
一、粮食作物	4440	4095	4305	4275	4410
稻　　谷	4725	4275	4425	4485	4545
旱　　粮	2464	869	868	2663	
薯　　类	3270	3555	3930	3540	3855
二、经济作物					
糖　　蔗	38730	34740	39360	31950	29280
果　　蔗	50310	53580	64050	46425	51105
花　　生	1785	1740	2490	2850	2595
芝　　麻	1395	1305	1305	1050	1050
三、其他作物					
蔬　　菜	20040	20415	19965	19785	19860
瓜　　类	24000	29685	27480	23430	30000

海口市水果面积和产量

指标	年末面积（公顷）			# 当年新种面积			# 收获面积			总产量（吨）		
	2015年	2016年	2017年	2015年	2016年	2017年	2015年	2016年	2017年	2015年	2016年	2017年
水果合计	18058	17640	18808	681	499	798	11968	12281	13342	208233	211082	233728
菠萝	2004	2058	2287	124	103	163	1595	1665	1799	49574	48527	50636
荔枝	6308	5845	6371	136	93	1.5	3974	4074	4206	28298	29944	29621
柑桔橙	745	705	638	41	52	76	294	288	238	3058	2895	2775
香蕉	2993	2998	3469	318	131	443	2306	2325	3030	70331	73274	92047
龙眼	742	674	647	12	9	1.1	265	204	272	2252	1230	1525
芒果	90	49	53				53	32	37	401	323	371

海口市热带作物面积和产量

指标	年末面积（公顷）			# 当年新种面积			# 收获面积			总产量（吨，椰子：百个）		
	2015年	2016年	2017年	2015年	2016年	2017年	2015年	2016年	2017年	2015年	2016年	2017年
合计	19434	18188	19341	316	450	390	7559	8078	9298			
橡胶	12528	11796	12241	116	84	146	3018	3588	4139	1740	2638	2763
椰子	1728	1666	1689	13	11	11	1245	1165	1085	98072	80831	130053.79
槟榔	2196	1948	2261	98	179	96	857	1040	1226	2350	194	2978
胡椒	2981	2755	3148	87	176	137	2437	2272	2847	3128	232	3905

海口市牲畜头数及禽畜产品产量

指　　标	单　位	2013年	2014年	2015年	2016年	2017年
一、牛年末存栏头数	头	62308	63332	64412	56008	22462
黄　牛	头	27602	30949	31950	31248	9970
水　牛	头	34200	31895	31900	24229	12442
奶　牛	头	506	488	562	531	-
二、生猪年末存栏头数	头	553740	496450	402049	377645	343138
#能繁殖母猪	头	69668	67517	57645	51372	43449
生猪全年饲养量	头	1533891	1360288	1184083	1082475	1063293
肉猪出栏头数	头	980151	863838	782034	704830	720155
三、山羊年末存栏头数	头	71246	68607	56099	60195	60250
山羊出栏只数	只	109174	111923	99647	100634	98787
四、家禽出栏量	万只	1243	1253	1219	1285	1280
五、肉类产量	吨	112747	100228	92360	85914	87763
猪肉产量	吨	85773	75301	67800	59572	60704
牛肉产量	吨	2368	2434	2297	2081	1162
羊肉产量	吨	1505	1515	1341	1366	1367
禽肉产量	吨	20666	18816	19625	21724	21394
六、牛奶产量	吨	1262	1442	1453	1382	-
七、禽蛋产量	吨	6220	5821	8589	9462	9392

海口市水产品产量及养殖面积

指　　标	单　位	2013年	2014年	2015年	2016年	2017年
一、水产品产量	吨	59992	61944	68803	73235	73149
海水产品	吨	27742	36402	40495	42060	40524
#养殖	吨	16846	16043	19001	20374	21361
淡水产品	吨	32250	25542	28308	31175	32625
#养殖	吨	31202	24233	26819	29499	30906
二、水产养殖面积	公顷	6450	6551	6522	6203	5304
海水养殖面积	公顷	2146	2090	2834	2155	1780.9
淡水养殖面积	公顷	4304	4461	3688	4047	3523.38

2011—2017年海口市工业总产值

（当年价）

单位：万元

年　份	全部工业总产值	规模以上工业总产值	按轻重工业分		按经济类型分		
			轻工业	重工业	国　有	集　体	其　他
2011	5236348	4885602	2109187	2776415	351959	–	4533643
2012	5502193	5160173	2210430	2949743	409338	–	4750835
2013	5371319	4995513	2371037	2624476	352716	–	4642797
2014	5325945	4929392	2536045	2393347	407329	–	4522063
2015	5376670	5014319	2751914	2262405	513802	–	4500517
2016	5402932	5035554	2860177	2175377	514923	–	4520631
2017	5424858	5017200	3226091	1791109	506720	–	4510480

注：规模以上工业产值指标，为主营业务收入2000万元及以上的法人工业企业

海口市主要工业产品产量

指　标	计量单位	2017年	2016年	2015年	2014年	2013年	2012年
配混合饲料	吨	884296	920144	844359	886450	1024942	922186
水产加工品	吨	37138	38383	33492	32661	37039	36510
罐　头	吨	225966	192787	242641	246113	265189	244960
饮料酒	吨	56876	69171	72817	84071	94718	110932
啤　酒	千升	38218	53589	61873	71371	76807	87525
软饮料	吨	545660	521793	521502	445354	495292	478654
卷　烟	箱	240000	239000	245000	245000	230000	210000
家　具	件	1190	620	1474	–	–	–
纸制品	吨	1533	1451	1457	1591	1938	542

续表

指　　标	计量单位	2017年	2016年	2015年	2014年	2013年	2012年
炸　药	吨	16285	16715	15000	15000	14741	15000
化妆品	千元	169149	184109	184050	144912	168444	105169
中成药	吨	1459	1202	1143	939	960	1126
其他中成药	吨	0	296	400	295	358	522
塑料制品总计	吨	10855	9440	17484	18735	24550	25012
# 塑料薄膜	吨	10855	9440	17484	18735	16285	20579
小型拖拉机	台	952	2221	1201	1252	1850	3072
汽　车	辆	39585	67160	69766	90039	108478	129459
#轿　车	辆	9857	43753	50665	61405	54373	83352
变压器	万千伏安	1167	1163	1110	944	895	782
高压开关板	面	4042	10337	7439	10392	2471	1658
低压开关板	面	6159	8507	7169	5645	4363	2458
电力电缆	公里	65655	160082	161559	134206	85550	66204
售电量	万千瓦时	735400	703400	646000	605774	560773	526751
自来水	万立方米	19896	18963	18062	17313	16198	12899

注：自来水指标为销售量

海口市规模以上工业年主营业务收入2000万元及以上主要指标

（2017年）

单位：万元

指　　标	企业单位数（个）	#亏损企业	工业总产值（当年价）	工业销售产值（当年价）	出口交货值
总　计	151	35	5017200	5018445	293625
在总计中：国有控股企业	17	1	1010641	1029426	
在总计中：轻工业	103	18	3226091	3066414	108911
重工业	48	17	1791109	1952031	184714
在总计中：大型企业	7	2	1485305	1510008	147691
中型企业	38	5	2357943	2338076	88625
小型企业	106	28	1173952	1170361	57309
纯小型企业	102	25	1165943	1162650	57309
微型企业	4	3	8009	7711	
一、按登记注册类型分组：					
内资企业	114	19	4308502	4328343	218503
国有企业	3		506720	524238	
中央企业	2		49030	66549	
地方企业	1		457690	457690	
集体企业					
股份合作企业					
联营企业					
国有联营企业					
集体联营企业					
国有与集体联营企业					
其他联营企业					
有限责任公司	81	17	3079089	3160107	199317
国有独资公司	2		14388	14434	
其他有限责任公司	79	17	3064701	3145673	199317
股份有限公司	12		568986	487105	234
私营企业	18	2	153708	156893	18952
私营独资企业					
私营合伙企业					
私营有限责任公司	15	2	98765	102274	18952
私营股份有限公司	3		54943	54619	
其他企业					
港、澳、台商投资企业	14	4	317283	288533	26485
合资经营企业（港或澳、台资）	5	1	204615	173176	658
合作经营企业（港或澳、台资）					
港澳台商独资经营企业	7	3	82748	86162	20444
港澳台商投资股份有限公司	1		25196	24415	610
其他港澳台商投资企业	1		4723	4780	4772
外商投资企业	23	12	391415	401569	48637
中外合资经营企业	8	4	249396	256341	22130
中外合作经营企业					
外资企业	14	8	141555	144764	26507
外商投资股份有限公司	1		464	464	
其他外商投资企业					

续表

指　　标	资产合计	固定资产原价	利润总额	利税总额	全部从业人员年平均人数（人）
总　计	7715305	3701466	329541	772192	46620
在总计中：国有控股企业	1724428	1400198	83398	295822	7178
在总计中：轻工业	4243302	1422364	399834	783461	29837
重工业	3472003	2279102	-70293	-11269	16783
在总计中:大型企业	2323770	1771793	-89930	-17236	10955
中型企业	2994618	996405	309917	634410	20469
小型企业	2396917	933269	109554	155017	15196
纯小型企业	2380952	928255	111187	156125	15102
微型企业	15965	5014	-1633	-1107	94
一、按登记注册类型分组：					
内资企业	6283559	3094047	254998	654014	36644
国有企业	1036474	1008551	24911	51730	2681
中央企业	184167	46524	21848	25252	864
地方企业	852307	962028	3063	26479	1817
集体企业					
股份合作企业					
联营企业					
国有联营企业					
集体联营企业					
国有与集体联营企业					
其他联营企业					
有限责任公司	4077063	1771792	124487	436292	26474
国有独资公司	27274	24378	2394	3428	197
其他有限责任公司	4049789	1747414	122093	432864	26277
股份有限公司	859549	247138	96367	149358	4091
私营企业	310473	66566	9233	16634	3398
私营独资企业					
私营合伙企业					
私营有限责任公司	173487	44792	6859	12495	2830
私营股份有限公司	136986	21774	2374	4138	568
其他企业					
港、澳、台商投资企业	423722	166028	67603	99242	3993
合资经营企业（港或澳、台资）	218493	70046	52708	77405	1302
合作经营企业（港或澳、台资）					
港澳台商独资经营企业	112688	76134	2742	7345	1922
港澳台商投资股份有限公司	89285	16418	12135	14468	228
其他港澳台商投资企业	3256	3430	18	24	541
外商投资企业	1008024	441392	6940	18935	5983
中外合资经营企业	555051	179533	20905	32786	3121
中外合作经营企业					
外资企业	447628	260451	-13998	-13992	2816
外商投资股份有限公司	5345	1407	33	141	46
其他外商投资企业					

续表

指　　标	企业单位数（个）	# 亏损企业	工业总产值（当年价）	工业销售产值（当年价）	出口交货值
二、按工业行业分	151	35	5017200	5018445	293625
农副食品加工业	18	6	394186	395872	84670
食品制造业	11	2	398320	369358	5803
酒、饮料和精制茶制造业	14	6	129022	129890	57
烟草制品业	1		279618	276009	
木材加工及木、竹、藤、棕、草制品业	1		13324	13400	
造纸及纸制品业	3		20694	20636	4772
印刷业和记录媒介的复制	5	1	50174	44448	
化学原料及化学制品制造业	2		26644	24031	
医药制造业	45	3	1905832	1784505	6700
橡胶和塑料制品业	4		28736	28743	6909
非金属矿物制品业	8	1	73340	73803	
金属制品业	3	1	68858	68777	
专用设备制造业	3		34140	29599	545
汽车制造业	19	12	504440	512257	135787
铁路、船舶、航空航天和其他运输设备制造业	1		2932	2932	
电气机械和器材制造业	6	2	517305	560716	48382
计算机、通信和其他电子设备制造业	1		14532	38358	
电力、热力的生产和供应业	1		457690	457690	
燃气生产和供应业	2		55317	145324	
水的生产和供应业	3	1	42097	42097	

续表

指　　标	资产合计	固定资产原价	利润总额	利税总额	全部从业人员年平均人数（人）
二、按工业行业分	7715305	3701466	329541	772192	46620
农副食品加工业	238023	112719	745	1982	4080
食品制造业	509862	182653	30832	59574	5069
酒、饮料和精制茶制造业	247338	139818	-1857	11608	3385
烟草制品业	272886	133623	12298	174647	592
木材加工及木、竹、藤、棕、草制品业	26725	9198	3993	5840	810
造纸及纸制品业	13441	8098	736	1451	890
印刷业和记录媒介的复制	126583	45499	12345	17020	749
化学原料及化学制品制造业	53599	13012	3491	5974	626
医药制造业	2708718	760908	342286	511903	14189
橡胶和塑料制品业	56013	25791	628	1270	393
非金属矿物制品业	49209	26827	1785	4511	627
金属制品业	212022	34502	9664	15112	893
专用设备制造业	101351	21816	4017	5614	664
汽车制造业	817437	460798	-101918	-87700	4685
铁路、船舶、航空航天和其他运输设备制造业	3902	3293	56	227	190
电气机械和器材制造业	1004393	525680	-18516	-14870	4288
计算机、通信和其他电子设备制造业	106208	11700	10593	10593	574
电力、热力的生产和供应业	852307	962028	3063	26479	1817
燃气生产和供应业	155154	72895	6457	9203	757
水的生产和供应业	160135	150610	8843	11753	1342

海口市全社会固定资产投资基本情况

指　　标	2013年	2014年	2015年	2016年	2017年
一、投资总额（万元）	6493348	8215298	10120455	12717285	14155026
1、按报表种类分					
基本建设	3929323	5225573	5556506	7206338	8122541
更新改造					
房地产开发	2564025	2989725	4563949	5510947	6032485
其他投资合计					
农村投资					
城镇私人					
农村私人					
2、按构成分					
建筑安装工程	4050239	5424331	6672334	7853476	9309164
设备、工器具购置	1037265	1574803	1205799	1715704	1892045
其他费用	1405844	1216164	2242322	3148105	2953817
二、房屋建筑面积（平方米）					
房屋施工面积	18367818	25470043	29847286	36730912	36475607
#住　宅	14350041	17057134	17925694	19805230	21056561
房屋竣工面积	1950092	3936635	2366070	3752762	5958434
#住　宅	1476078	3261140	1767498	2454001	3253152
三、商品销售及空置					
商品房销售额（万元）	2510383	2665760	2967448	3912774	6587877
商品房销售面积（平方米）	3376774	3371164	3733498	4326499	5494700
商品房空置面积（平方米）	1491986	1885185	2424932	2596137	1847391
四、新增固定资产（万元）	2309469	3803820	2771743	3513005	3968791
基本建设	1447721	1865569	1407362	2114467	1122476
更新改造					
房地产开发	861748	1938251	1364381	1398538	2846315
其他投资合计					
#其他投资					
农村投资					
城镇私人					
农村私人					

海口市房地产开发投资情况

单位：万元

指　　标	2013年	2014年	2015年	2016年	2017年
一、投资总额	2564025	2989725	4563949	5510947	6032485
按构成分					
建筑工程	1909251	2048494	2859806	3732976	3844342
安装工程	105715	252373	148825	378261	460782
设备、工器具购置	14694	15461	30683	30859	53253
其他费用	534365	673397	1524635	1368851	1674108
按用途分					
住　宅	2057313	2063974	2761388	3422209	4125878
办公楼	54348	71739	152639	434123	259550
商业营业用房	160040	327843	483996	816046	814490
其　他	292324	526169	1165926	838569	832567
二、本年资金来源合计	5106545	5820938	8298873	8356142	10130607
上年末结余资金	797272	848195	1469499	1222344	1838408
本年资金来源小计	4309273	4972743	6829374	7133798	8292199
国家预算内资金					
国内贷款	708457	1020319	874138	1273674	1438554
债　券					
利用外资			7900	0	
# 外商直接投资			7900		
自筹资金	1298219	1607339	1756948	3367626	2218066
# 自有资金	478691	578155	720945	1232827	
其他资金来源	2302597	2345085	4190388	2492498	4635579
# 集　资					
定金及预收款	965404	947222	1674747	1622209	2954221
三、本年各项应付款合计	2165602	699198	2512918	2067530	1925775
# 工程款	471942	699198	702917	889672	902908
设备、器材款					
四、本年新增固定资产	861748	1938251	1364381	1398538	2846315

海口市房地产施工、销售情况

指　　标	2013 年	2014 年	2015 年	2016 年	2017 年
一、房屋施工面积（平方米）	18058905	22484444	25692325	30777088	33325607
住　宅	14300335	15872300	17671188	19716031	20836161
# 别墅、高档公寓	1869101	1988205	1539641	1470097	1326965
经济适用房					
办公楼	353966	1079080	1191927	1613104	1817022
商业营业用房	893552	1891570	2302937	3603219	4695088
其　他	2510852	3641494	4526273	5844734	5977336
二、本年新开工面积（平方米）	2763429	3591423	4853247	8114709	5698080
住　宅	1896358	2088315	3453764	4610527	3930787
# 别墅、高档公寓	194839	19744	27468	107516	415918
经济适用房					
办公楼	131957	24813	57893	487097	127574
商业营业用房	204134	1068868	460906	931639	774723
其　他	530980	409427	880684	2085446	864996
三、竣工房屋面积（平方米）	1950092	3936635	2164569	3065753	5481034
住　宅	1476078	3261140	1696230	2341533	3169352
# 别墅、高档公寓	84837	850622	117894	133848	195279
经济适用房					
办公楼		12374	50074	26774	450891
商业营业用房	167311	151042	111166	224047	1142499
其　他	306703	512079	307099	473399	718292

续表

指　　标	2013年	2014年	2015年	2016年	2017年
四、商品房实际销售面积（平方米）	3376774	3371164	3733498	4326499	5494700
住　宅	3185267	2970823	3302324	3942698	4872745
#别墅、高档公寓	441436	243519	187553	389123	398862
经济适用房					
办公楼	5057	44725	70663	69661	132711
商业营业用房	125014	299842	248717	164505	298416
其　他	61436	55774	111794	149635	190828
五、商品房实际销售额（万元）	2510383	2665760	2967448	3912774	6587877
住　宅	2342310	2221457	2521782	3496576	5698984
#别墅、高档公寓	406591	298918	203940	476970	677828
经济适用房					
办公楼	7726	115946	89906	96888	235021
商业营业用房	131214	303853	279537	231565	503123
其　他	29133	24504	76223	87745	150749
六、商品房待售面积（平方米）	1491986	1885185	2424932	2596137	1847391
住　宅	997469	1275111	1541490	1576095	797388
#别墅、高档公寓	226362	346039	241150	190606	157930
经济适用房					
办公楼	41304	42694	28635	54046	35577
商业营业用房	159994	205068	341399	388941	422294
其　他	293219	362312	513408	577055	592132

海口市按经济类型分的建筑施工企业生产情况

（2017 年）

指　　标	单位	合计	国有企业	集体企业	联营企业	有限责任	股份公司	私营企业	外商企业
建筑业总产值	万元	2402747	179462	69372	1513	1465036	316383	367758	3222
#装饰装修产值	万元	103322	3536			63902	4	35879	
在外省完成产值	万元	60315			1375	44825		14115	
#建筑工程产值	万元	1984665	158956	46677		1206601	302864	269130	439
安装工程产值	万元	291567	7531	9978		240288	4	30984	2783
其他产值	万元	126515	12975	12718	1513	18148	13515	67645	
竣工产值	万元	1380777	127396	45239	1513	775296	236119	193556	1657
施工面积	平方米	16575584	1299790	280865		10627796	3214365	1152768	
#新开工面积	平方米	4454186	267937	260215		2830404	741135	354495	
实行投标承包面积	平方米								
#新开工面积	平方米								
竣工面积	平方米	3611350	472942	247431		1926815	334000	630125	37
年末自有机械设备净值	万元	23376	45			17672	3946	1674	39
年末自有机械设备总台数	台	4236	3			2417	1645	135	36
年末自有机械设备总功率	千瓦	137671	100			51534	80882	4485	670
计算劳动生产率的平均人数	人	58445	6145	2364	65	34342	8508	6855	166

海口市城市基础设施投资情况

单位:万元

指　　标	2013年	2014年	2015年	2016年	2017年
总　计	736232	689347	1167334	4509873	4564662
供　水	9419	5919	1235		975
煤　气					
排　水	4950				
道　路	398907	214950	462890	1840550	1492260
桥　梁	25325	1041	21630		
公　交	8378	11564		624	
绿　化				15401	29974
环　卫	4074	8853	660	13089	25709
污　水	18667	20075	1235	9975	144821
防　洪	26864	19019	22525	2752	43596
其　他	239648	407926	657159	2627482	2827327

海口市民用车辆拥有量

（2017 年）

单位：辆

指　　标	总　计				总　计			报　废
		营　运	非营运	校车	进　口	个　人	新注册	
合　计	772487	50781	721383	323	41985	686858	124640	5547
一、汽　车	741962	48501	693138	240	41982	658762	123653	5517
载客汽车	664737	12650	651764	323	41875	598574	110373	3229
# 大型	7213	4313	2780	120	70	171	749	471
中型	2359	644	1512	203	124	683	435	245
小型	651161	7693	643468		41347	594779	108187	2476
微型	4004		4004		334	2941	1002	37
# 轿车	445867	7526	438341		15293	408591	64578	1816
载货汽车	74291	35370	38921		77	58963	13002	2180
# 重型	5090	4519	571		6	2143	1786	114
中型	4349	4035	314			3636	384	59
轻型	64729	26746	37983		71	53068	10831	2007
微型	123	70	53			116	1	
# 普通载货	35401	3462	31939		64	29447	5273	1073
其他汽车	2934	481	2453		30	1225	278	108
# 三轮汽车	132	84	48			132		1
低速货车	399	114	285			394		2
二、电　车								
无轨								
轻便								
三、摩托车	28214	1	28213		1	27989	167	27
普通	28133	1	28132		1	27908	167	27
轻便	81		81			81		
四、拖拉机								
五、挂　车	2311	2279	32		2	107	820	3
六、其他类型车								

补充资料：机动车驾驶员 766418 人，其中汽车驾驶员 729094 人

海口市独立核算水上运输企业运输工具

（2017 年）

指　　标	单　位	总　计	按航区分		
			内河	沿海	远洋
一、机动船	艘	80	1	69	10
载客量	客位	26485	155	26330	
净载重量	吨位	972661		507661	465000
总功率	千瓦	487416	1790	403298	82328
（一）客　船	艘	1	1		
载客量	客位	155	155		
净载重量	吨位				
功　率	千瓦	1790	1790		
（二）客货船	艘	28		28	
载客量	客位	26330		26330	
净载重量	吨位	68528		68528	
功　率	千瓦	129420		129420	
（三）货　船	艘	50		40	10
净载重量	吨位	904133		439133	465000
功　率	千瓦	353264		270936	82328
（四）拖　船	艘	1		1	
功　率	千瓦	2942		2942	
二、驳　船	艘				
载客量	客位				
净载重量	吨位				
三、帆　船	艘				
净载重量	吨位				

海口市旅客、货物运输量

指　　标	2013年	2014年	2015年	2016年	2017年
一、旅客运输量（万人）	45538.1	6897.8	7079.0	8998.9	9600.0
公　　路	41180.0	2100.3	2170.0	2827.0	2666.0
水　　运	974.5	1006.8	929.0	945.0	1012.0
民用航空	1961.3	2208.7	2310.2	2890.1	3197.6
铁　　路	1422.3	1582.0	1669.8	2336.8	2724.4
二、旅客周转量（万人公里）	4850661.8	4665585.0	5137533.6	6418394.1	7379905.7
公　　路	1040845.0	302406.5	314147.0	301225.0	284013.0
水　　运	27713.0	29738.0	29518.0	29338.0	31539.0
民用航空	3486016.0	4004945.5	4438872.9	5637183.1	6522228.3
铁　　路	296087.8	328495.0	354995.7	450648.0	542125.4
三、货物运输量（万吨）	12167.9	12346.0	11307.8	10462.7	10035.9
公　　路	4122.0	3447.8	3558.0	2659.0	3023.0
水　　运	7057.0	8001.0	6928.8	6971.0	6006.0
民用航空	25.3	27.4	29.9	33.2	35.1
铁　　路	963.7	869.8	791.1	799.5	971.8
四、货物周转量（万吨公里）	8397564.5	9635366.2	7087300.8	6696771.5	4601701.8
公　　路	287152.0	163792.5	168927.0	245037.0	278486.0
水　　运	7888535.0	9246483.0	6684155.0	6200570.0	4021674.0
民用航空	64322.9	71485.2	82186.6	98509.2	123300.9
铁　　路	157554.6	153605.5	152032.2	152655.3	178240.9

海口市港口旅客、货物吞吐量

指　　标	2013年	2014年	2015年	2016年	2017年
一、旅客吞吐量（万人）	1283.31	1087.60	1318.00	1353.46	1499.01
海口港	724.10	742.10	794.20	892.10	991.50
粤海南港	559.21	345.50	523.80	461.36	507.51
（一）进港量	626.11	537.10	658.80	678.94	744.87
海口港	349.50	361.30	391.10	444.80	484.40
粤海南港	276.61	175.80	267.70	234.14	260.47
（二）离　港	657.20	550.50	659.20	674.52	754.14
海口港	374.60	380.80	403.10	447.30	507.10
粤海南港	282.60	169.70	256.10	227.22	247.04
二、货物吞吐量（万吨）	7421.39	7581.00	8209.90	8866.93	10112.78
海口港	5423.70	5939.50	6157.30	6979.70	8125.60
粤海南港	1997.69	1641.50	2052.60	1887.23	1987.18
三、集装箱吞吐量（万TEU）	116.82	134.67	127.50	140.18	163.60

海口市邮政电信业务情况

指　　标	单　位	2013年	2014年	2015年	2016年	2017年
邮电局、所	处	58	58	58	58	58
邮路长度（单程）	公里	78033	87538	90921.8	85339	80713.65
#航空邮路（单程）	公里	72671	80385	80385		67189
农村投递路线总长度	公里	4389	4432	4617	4760	5179
邮电计费业务总量	万元	509861.829	663064	705669	1213132	1230568
函　件	万件				325.63	285.42
包　裹	万件				5.15	6.93
快　递	万件				3434.23	4192.3445
快递业务收入	万元				62850.45	78271.57
市内电话用户	户	617500	569100	529500	468800	518100
#住户电话	户	332000	309300	251100	252900	271400
公用电话	户	68400	58600	48719		
移动短信业务量	亿条	26.19	43	15.65	14.78	11.39
移动电话用户	户	3856564	4253000	3219586	3344982	3871351
其中：3G移动电话用户	户	1806372	2095500	961100	349400	259194
互联网宽带接入用户	户	528000	549500	556900	626900	854444
年末电话交换机总数	门					

注：1. 2013年国家报表制度不再统计年末电话交换机总数指标

2. 邮电计费业务量从2017年起按2015年不变价计算

海口市居民消费价格指数

（以上年价格为 100）　　单位：%

类别及名称	2017年
居民消费价格指数	103.3
食品烟酒类	100.2
#食　品	99.5
#粮　食	101.1
食用油	100.7
菜	94.6
#鲜　菜	94.1
畜肉类	98.4
禽肉类	102.8
水产品	100.3
蛋　类	97.1
烟　酒	100.5
衣着类	97.0
#服　装	96.0
服装材料	105.7
鞋　类	98.5
居住类	107.8
生活用品及服务类	99.4
交通和通信类	101.9
教育文化和娱乐类	103.9
医疗保健类	114.8
其他用品和服务类	104.4

海口市商品零售价格指数

（以上年价格为 100）　　单位：%

类别及名称	2017 年
商品零售价格指数	101.7
食品类	100.2
#粮　食	101.0
食用油	100.7
菜	94.6
#鲜　菜	94.1
畜肉类	98.3
禽肉类	102.8
水产品	100.3
蛋　类	97.1
饮料、烟酒类	101.0
服装、鞋帽类	97.0
纺织品类	87.2
家用电器及音像器材类	99.5
文化办公用品类	99.2
日用品类	100.0
体育娱乐用品类	99.5
交通、通信用品类	99.2
家具类	100.7
化妆品类	102.4
金银饰品类	101.5
中西药品及医疗保健用品类	113.2
书报杂志及电子出版物类	103.0
燃料类	107.6
建筑材料及五金电料类	107.1

海口市城镇常住居民家庭基本情况

（2017 年）

指　　标	单位	总　计	低收入户	中低收入户	中等收入户	中高收入户	高收入户
基本情况							
调查户	户	325	64.00	66.00	65.00	65.00	65.00
平均每户家庭人口	人	3.33	4.11	3.39	3.60	2.92	2.61
平均每户就业人口	人	1.7	1.82	1.76	1.77	1.58	1.55
平均每户就业面	%	51.1	44.30	51.90	49.20	54.10	59.40
平均每人家庭总收入	元	37171.92	15115.19	23517.46	32148.56	46914.42	91782.51
#可支配收入	元	33320	14128.91	21579.36	30015.68	41361.95	76364.54
平均每人借贷收入	元	3665.62	1476.46	1487.32	5774.88	3984.19	7953.79
#提取储蓄款	元	3665.25	1476.46	1487.32	5774.88	3984.19	7951.25
平均每人家庭总支出	元	29598.72	14462.09	18520.32	28861.89	35371.64	66004.23
#消费性支出	元	26110	12947.37	15602.43	20462.74	25103.45	42373.23
平均每人借贷支出	元	852.56	33.02	199.83	608.51	1640.38	1648.95
#存入储蓄款	元	145.06	17.33		165.05	386.46	542.56
平均每人总建筑面积	平方米	30.16	16.97	16.15	29.59	25.08	40.55
平均每户净存款	元						
平均每户年末手存现金	元						

海口市城镇常住居民家庭人均可支配收入和消费性支出

（按收入水平分组）

单位：元

指　　标	2012年	2013年	2014年	2015年	2016年	2017年
人均可支配收入	22331.00	24461.00	26530.00	28535.00	30775.00	33320.00
最低收入户	6575.38					
#更低收入户	5189.33					
低收入户	10703.65	9589.99	10449.74	11220.55	13295.03	14128.91
中等偏下户	15263.14	14794.35	17021.01	18844.43	19906.14	21579.36
中等收入户	20962.13	20814.99	23179.99	26249.24	27121.34	30015.68
中等偏上户	27656.26	31372.17	32883.39	36165.35	38205.91	41361.95
高收入户	40339.15	59021.90	60551.97	63438.44	73136.85	76364.54
最高收入户	69337.31					
人均消费性支出	15759.98	16855.56	20097.00	21809.00	23780.00	26110.00
最低收入户	6382.15					
#更低收入户	5958.90					
低收入户	10055.83	7908.94	10688.27	11376.91	11818.57	12947.37
中等偏下户	12057.48	10771.42	12187.31	13951.29	15003.46	15602.43
中等收入户	14494.76	15987.90	17143.75	18360.77	18554.69	20462.74
中等偏上户	19461.71	21615.34	26391.89	27531.81	26181.31	25103.45
高收入户	27186.84	35539.10	41631.58	35850.96	45175.87	42373.23
最高收入户	38080.19					

注：2013年最低收入户及最高收入户指标取消

海口市城镇常住居民居住情况

(2017 年)

指　　标	调查户数（户）
总　　计	325
一、按使用面积分	
无房户	
10 平方米以内	
10~20 平方米	29
20~30 平方米	12
30~60 平方米	58
60~90 平方米	92
90~120 平方米	93
120~200 平方米	23
200 平方米以上	18
二、按房屋产权分	
租赁公房	2
租赁私房	71
原有私房	47
房改私房	118
商品房	62
其　他	25
三、按自来水使用情况分	
无自来水	1
独用自来水	323
公用自来水	1

续表

指　　标	调查户数（户）
四、按卫生设备拥有情况分	
无卫生设备	5
有浴室厕所	302
有厕所无浴室	8
公用卫生设备	10
五、按燃料使用情况分	325
管道天然气	136
罐装液化石油气	172
煤	
其　他	17
六、按电话拥有情况分	
无电话	
有电话	325
七、按住宅建设式样分	
家庭单栋配套楼房	70
单元式配套住宅	242
一居室	38
二居室	84
三居室	107
四居室及以上	13
普通楼房	13
其他住宅	

海口市农村常住居民家庭人均收入情况

单位：元

指　　标	2012年	2013年	2014年	2015年	2016年	2017年
人均总收入	9844	11078	12463	13771	18646	18914
工资性收入	3193	3680	5265	5937	9252	9466
在非企业组织劳动得到	397					
在本地劳动得到	2225					
常住人口外出从业得到	571					
家庭经营收入	5478	5971	5754	6257	7801	7141
第一产业收入	4405	4477	4198	4470	5638	4810
第二产业收入	223	281	349	395	216	275
第三产业收入	850	1213	1207	1392	1947	2056
财产性收入	404	430	322	373	371	680
转移性收入	769	997	1122	1204	1222	1627
人均纯收入	8134	9155	10290			
工资性收入	3193	3680	5265	5937	6644	7414
在非企业组织劳动得到	397					
在本地劳动得到	2225					
常住人口外出从业得到	571					
家庭经营净收入	3822	4221	3921	4132	4411	4535
第一产业收入	2969	3200	2527	2729	2876	2413
第二产业收入	40	63	299	261	306	251
第三产业收入	813	958	1095	1142	1229	1871
财产净收入	397	430	322	367	384	444
转移净收入	687	824	1122	1199	1240	1370
可支配收入	–	–	10630	11635	12679	13763

注：2014年以前农村住户使用人均纯收入指标，人均纯收入＝工资性收入＋家庭经营收入＋财产性收入＋转移性收入；2014年后使用可支配收入，人均可支配收入＝工资性收入＋家庭经营收入＋财产性收入＋转移性收入

海口市农村常住居民家庭人均支出情况

单位：元

指　　标	2012年	2013年	2014年	2015年	2016年	2017年
总支出	7538	8790	10109	11524	12619	13943
家庭经营费用支出	1271	1465	1889	2266	2691	2509
第一产业支出	1205	1255	1602	1938	2341	2349
第二产业支出		50	100	129	149	25
第三产业支出	66	160	187	199	201	135
购置生产性固定资产支出	12	40	23	39	51	27
建、造生产性固定资产雇工支出		6		5		
生活消费支出	5887	6740	7629	8428	9262	10142
食品	3093	3249	2988	3373	3825	4219
衣着	221	250	304	324	336	345
居住	865	1050	1526	1589	1713	1836
家庭设备、用品及服务	264	330	475	498	518	538
医疗保健	489	715	475	545	602	720
交通通信	411	539	719	868	981	1115
文教娱乐用品及服务	326	391	1025	1099	1142	1217
其他商品及服务	218	216	119	132	145	152
财产性支出				9.3	11	25
转移性支出	368	539	568	585	604	625

海口市农民家庭基本情况

指　标	单位	2012年	2013年	2014年	2015年	2016年	2017年
调查户数	户	140	220	240	249	259	256
家庭常住人口	人	624	920	935.5	946	1006	983
平均每户常住人口	人	4.46	4.18	3.9	3.8	3.9	3.8
家庭劳动力人数	人	354	554	561	594	658	641
期末生产性固定资产原值	元/人	694	2470	2731	2243	1602.6	881.29
农　业	元/人	308	96	690	454	406	602
住房面积	平方米/人	31.80	31.9	32	32.2	32.6	32.8
住房价值	元/平方米	1055	1054	1380	1498	1647	1606
居住条件							
住房有卫生设备的住户	户	121	182	196	205	212	211
使用安全饮用水的住户	户	140	220	229	231	238	237
燃料使用情况							
使用液化气的住户	户	84	81	96	100	149	150
使用柴草的住户	户	50	117	123	110	67	66
生活用电数量	度/户	941	950	1102	1203.8	1162.8	1175.5

海口市优抚、社会救济和福利事业情况

项　　目	2017年
优抚事业	
优抚收养性事业单位数（个）	1
#编制登记	
优抚收养性单位收养人数（人次）	9
优抚事业费用（万元）	5685
社会救济	
社会救济总人数（人）	25878.0
城乡居民最低生活保障人数（人）	22207
城镇	4626
农村	17581
城乡居民最低生活保障家庭户数（户）	10151
城镇	2605
农村	7546
城乡居民最低生活保障金支出（万元）	92260.14
城镇	2334.15
农村	6991.99
社会救济福利事业费　（万元）	14156
自然灾害冬春救助费　（万元）	378
社会福利	
社会福利收养性事业单位数（个）	2
编制登记	2
工商登记	
民政登记	
未登记	
社会福利收养性事业单位收养人数	203
编制登记	
工商登记	
民政登记	
未登记	
社会福利企业单位　（个）	
安排“四残”人员就业数　（人）	
编制登记	
工商登记	
城乡基层社会保障	
农村建立社会保障网络乡镇数（个）	
城镇社区服务设施数（个）	
社区服务中心数	210
社区服务站数	210
城镇社区服务设施数	210

海口市文化艺术、体育、广播电视事业情况

指　　标	单位	1987年	2011年	2012年	2013年	2014年	2015年	2016年	2017年
电影放映单位	个	39	8	8	11	11	11	26	30
#电影院（场）	个	9	7	7	9	11	11	26	30
电影放映场次	场	16885	64982	57803	72830	100838	104646	153949	430481
电影观众	万人次	890.81	469.96	260.87	428	433.3	587.8	614	923.1
艺术表演团体	个	4	35	35			30		37
文化事业机构数	个								
文化馆	个	2	3	3	3	3	3	4	4
全国体育比赛获奖牌	枚	5	29	41		38	49	149	91
金　牌	枚	1	16	13		11	5	31	16
银　牌	枚	3	9	16		15	8	20	14
铜　牌	枚	1	4	12		12	10	13	24
公共图书馆	个	2	2	2	2	2	2	3	4
公共图书馆总藏量	千册		451	460	573	510	2045	484	490
图书出版印数	亿册		0.73	0.78			0.98	0.62	0.49
杂志出版印数	亿册						0.24	0.0006	
报纸出版印数	亿印张	0.97					3.49	0.68	
博物(纪念)馆	个	4	1	1		1	1	3	6
广播电台	座	2	1	1	1	1	1	1	1
电视台	座	1	1	1		1	1	1	1

说 明

一、本索引采用内容分析法编制，按索引款目首字的汉语拼音字母（同音字按声调）顺序排列，同音同调按第二字母的音序排列，依次类推。

二、索引款目后的数字表示内容所在的页码，数字后的a、b、c分别表示该页码的左、中、右栏。

三、分目作款目用黑体字表明，其余款目用宋体字表明。

四、同一主题的内容在文中多处出现的，在其款目后用不同的页码标明。

五、特载、大事记、组织机构及负责人名录、统计资料、附录未做索引。

A

B

C

D

E

F

G

H

J

M

N

P

Q

R

S

X

Y

Z

海口市区图
审图号：琼 S（2018）044 号
W E S
琼州海峡
海口湾
南海明珠（在建）
新埠岛
新埠岛滨海公园
海甸岛
美兰区
龙华区
秀英区
琼山区
港澳工业开发区
海口保税区
狮子岭开发区
海口市行政中心
市政府
省政府
省委、省人大、省政协
西海岸风光带
东海岸风光带
海口火车站
海口秀英港
世纪大桥
南渡江
环岛高速公路
至美兰国际机场
至观澜湖高尔夫球会
至美安工业城
海南测绘资料信息中心 编制
图例
省级行政中心
地级行政中心
区政府驻地
镇级政府驻地
汽车站
港口
学校
旅游景点
企事业单位
地区界
高铁及车站
铁路及车站
城市快速路
高速公路
城市主干道
城市次干道
一般街道
河流、水库